LES TABLES DU MONDE

Anne Wilson

LES TABLES DU MONDE

Recettes et ingrédients de A à Z

KÖNEMANN

Murdoch Books®, une branche de Murdoch Magazines Pty Ltd,
213 Miller Street, North Sidney, NSW 2060

Managing Editor : Susan Tomnay
Designer : Marylouise Brammer
Project Editor : Sue Wagner
Photo Librarian and Manuscript Research : Dianne Bedford
Editors : Deirdre Blayney, Wendy Stephen, Amanda Bishop
Copy Editor : Elaine Myors
Dictionary Entries : Margaret McPhee
Additional Recipes : Barbara Lowery
Additional Text : John Fenton Smith
Murdoch Books® Food Editor : Kerrie Ray
Family Circle® Food Editor : Jo Anne Calabria

Titre original : The Family Circle Recipe Encyclopedia

© 1997 pour l'édition française :
Könemann Verlagsgesellschaft mbH
Bonner Str. 126, D-50968 Köln

Coordination éditoriale et rédaction : Anouk Journo, Saint-Cloud
Traduction de l'anglais :
Marie-Hélène Alfonsi, Paris
Brigitte Le Guillou, Vanves
Delphine Nègre, Paris
Mise en page : Ambre Créative, Vanves
Flashage : HD Publishing, Paris
Couverture : Peter Feierabend
Chef de Fabrication : Detlev Schaper
Assemblage : Reproservice Werner Pees, Essen
Impression et reliure : Lee Fung Asco Printers, Chine
Imprimé en Chine
ISBN : 3-89508-332-1

Dépôt légal : juillet 1997

ILLUSTRATION PAGE 2, DE GAUCHE À DROITE : PÂTES PENNE AUX CŒURS D'ARTICHAUT (PAGE 34) ET TARTES AUX OLIVES ET À L'OIGNON (PAGE 328).
ILLUSTRATIONS PAGE 6, DE HAUT EN BAS : MANGUE CHAUDES AU CARAMEL (PAGE 286) ET ABRICOTS CONFITS AU CHOCOLAT (PAGE 11).

SOMMAIRE

LES TABLES DU MONDE

Lorsqu'on aime cuisiner, et lorsqu'on apprécie une bonne table, on prend plaisir à faire son marché, à préparer les plats, et à les présenter joliment. On aime aussi connaître les ingrédients, l'harmonie de leurs saveurs, et les principales techniques culinaires qui permettent de concocter des repas simples ou élaborés, mais délicieux.

C'est dans cet esprit que nous avons conçu *Les Tables du Monde*, guide culinaire et ouvrage de référence de recettes et saveurs internationales.
Les Tables du Monde comporte en outre un lexique culinaire intégrant termes spécifiques, plats de renommée internationale, informations sur les cuisines nationales et sur l'histoire passionnante des mets et ingrédients.
Enfin, vous trouverez tout au long de l'ouvrage des conseils pratiques, ainsi que de nombreuses double pages thématiques, ingrédients particuliers et modes de préparation.

Les recettes - plus de 800 - ont toutes été testées et goûtées pour vous. Quelques 1 500 illustrations en couleur vous mettront en appétit, et un code d'étoiles indique le degré d'expertise requis pour chaque recette.

Les Tables du Monde, facile à consulter car les recettes sont classées par ingrédients, et complété d'un index indispensable, deviendra vite votre meilleur compagnon pour un tour du monde gourmand !

UTILISER CE LIVRE

Les mesures sont fournies en tasses ou en grammes. Une tasse représente un volume de 250 ml. Les recettes sont classées en fonction de leur ingrédient de base (fraises, par exemple), du type de plat (gâteau, par exemple) ou de leur mode de cuisson (barbecue, par exemple). En cas de doute, consulter l'index. Le lexique culinaire est présenté par ordre alphabétique, et propose une liste des ingrédients, des cuisines nationales, des termes spécifiques et des plats les plus connus. De nombreuses doubles pages thématiques offrent des informations supplémentaires sur certains aliments et ingrédients.

★ Facile   ★ ★ Moyen   ★ ★ ★ Difficile

Abaisser Étaler, sur une surface farinée, une pâte au moyen d'un rouleau à pâtisserie jusqu'à lui donner la

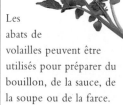

dimension et la forme souhaitées.

Abats Terme général désignant les organes comestibles des animaux : cœur, foie, tripes, rognons, ris et cervelle, ainsi que la langue, la queue, les pieds et la tête.

Abats de volaille (abattis) Organes comestibles des volailles (cœur, foie et gésier mais parfois aussi le cou).

Les abats de volailles peuvent être utilisés pour préparer du bouillon, de la sauce, de la soupe ou de la farce.

Abbachio Terme italien désignant la viande d'un agneau de lait non sevré. Il est la base de spécialités de l'Italie centrale et de l'Italie du Sud depuis l'antiquité romaine. Rôti avec de l'ail et du romarin, l'abacchio est le

ABATS

ROGNONS AU BACON

✻ **Préparation :** 10 minutes
Cuisson : 10 minutes
Pour 4 personnes

4 tranches de bacon
8 rognons d'agneau
¼ de tasse de farine
Sel et poivre fraîchement moulu
30 g de beurre
1 cuil. à soupe d'huile d'olive
½ tasse de bouillon de volaille ou de veau
2 cuil. à café de moutarde de Dijon
2 cuil. à café de jus de citron
1 cuil. à soupe de persil haché

1 Ôter la couenne du bacon. Faire revenir les tranches dans une poêle sans matières grasses et les transférer dans le plat de service. Réserver au chaud. Essuyer la poêle avec du papier absorbant.
2 Parer les rognons et les couper en deux. Dans un bol, mélanger la farine, le sel et le poivre et y rouler les rognons. Chauffer le beurre et l'huile dans une poêle à fond épais et faire cuire les rognons à feu moyen jusqu'à ce qu'ils brunissent et que l'intérieur soit encore rose et tendre. Les retirer de la poêle et les réserver au chaud.
3 Mettre le bouillon, la moutarde, le jus de citron et le persil dans la poêle et faire mijoter jusqu'à ce que la sauce réduise de moitié. Remettre les rognons dans la poêle pendant quelques secondes pour les réchauffer.
4 Servir les rognons avec la sauce et le bacon, accompagnés de toasts beurrés.

CERVELLES PANÉES

✻ **Préparation :** 20 minutes
Cuisson : 12 minutes
Pour 4 personnes

4 cervelles d'agneau
2 cuil. à soupe de farine
Sel et poivre fraîchement moulu
1 œuf
2 cuil. à soupe de lait
½ tasse de chapelure
Huile d'olive pour friture
Bacon grillé pour la garniture

1 Rincer les cervelles à l'eau froide et retirer les membranes nerveuses et les filaments sanguins. Les plonger dans une casserole d'eau légèrement salée et porter à ébullition. Baisser le feu et laisser mijoter 6 à 7 minutes ; égoutter. Plonger les cervelles dans un bol d'eau glacée afin de stopper la cuisson ; les égoutter puis les essuyer avec du papier absorbant. Éventuellement, couper les cervelles en deux horizontalement pour obtenir deux morceaux.
2 Sur une feuille de papier sulfurisé, mélanger la farine, le sel et le poivre. Y rouler les cervelles en ôtant tout excès de farine. Battre l'œuf dans un bol, ajouter le lait et bien mélanger. Plonger les cervelles dans le mélange à l'œuf puis les recouvrir de chapelure. Les passer 30 minutes au réfrigérateur avant de les cuire.
3 Chauffer l'huile dans une poêle à fond épais ; faire frire les cervelles jusqu'à ce qu'elles brunissent sur toutes leurs faces. Les ôter de la poêle et les égoutter sur du papier absorbant. Servir chaud avec du bacon grillé.

CI-CONTRE : ROGNONS AU BACON ;
CI-DESSUS : CERVELLES PANÉES.

FOIE DE VEAU À LA VÉNITIENNE

✻ **Préparation :** 15 minutes
Cuisson : 30 minutes
Pour 4 personnes

500 g de foie de veau	Sel et poivre fraîchement
60 g de beurre	moulu
4 oignons blancs moyens,	60 g de beurre, + environ
émincés	10 g supplémentaires
3/4 de tasse de vin blanc sec	Persil ou cerfeuil

1 Ôter la peau du foie et le couper en très fines tranches, en retirant les vaisseaux. Couvrir et réserver.
2 Chauffer le beurre dans une poêle à fond épais et faire revenir les oignons jusqu'à ce qu'ils soient tendres, mais pas bruns. Ajouter le vin et laisser mijoter doucement pendant 20 minutes, en remuant de temps à autre, jusqu'à ce qu'ils dorent légèrement. Si nécessaire, ajouter un peu d'eau pour les empêcher de se dessécher. Ajouter sel et poivre ; les retirer de la poêle et réserver au chaud dans le plat de service. Nettoyer la poêle avec du papier absorbant.
3 Faire blondir la noix de beurre supplémentaire dans la même poêle. Saisir les tranches de foie à feu vif pendant 1 minute en les retournant une seule fois. L'intérieur doit être tout juste cuit et encore tendre.
4 Disposer les foies sur les oignons et garnir de persil ou de cerfeuil.

TRIPES AUX OIGNONS

✻ **Préparation :** 25 minutes
Cuisson : 2 heures 30
Pour 4 personnes

1 kg de tripes	1 tasse 1/2 de bouillon de
1 petit oignon émincé	tripes (voir ci-dessous)
45 g de beurre	1 tasse de lait
3 oignons moyens émincés	Sel, poivre et muscade
1/4 de tasse de farine	2 cuil. à soupe de persil
	haché

1 Laver soigneusement les tripes et les blanchir en les plongeant dans une casserole d'eau froide agrémentée d'un généreux filet de citron. Porter à ébullition, puis jeter l'eau et plonger les tripes dans de l'eau froide. Bien égoutter.
2 Couper les tripes blanchies en petites lamelles et les mettre dans une grande casserole avec 2 des oignons émincés. Recouvrir d'eau et porter à ébullition. Couvrir et laisser mijoter 2 heures, jusqu'à ce que les tripes soient tendres. Les égoutter et réserver 1 tasse 1/2 de jus de cuisson, pour le bouillon.
3 Chauffer le beurre dans une casserole moyenne et faire revenir l'oignon restant jusqu'à ce qu'il soit tendre, mais pas brun. Incorporer la farine et faire cuire 1 minute. Ajouter le bouillon et le lait petit à petit, en mélangeant bien. Laisser cuire à feu moyen en remuant constamment, jusqu'à ébullition et épaississement de la sauce. Ajouter les tripes, le sel, le poivre, la muscade et le persil, et laisser mijoter 5 minutes.

*CI-CONTRE : FOIE DE VEAU À LA VÉNITIENNE ;
CI-DESSUS : TRIPES AUX OIGNONS.*

plat traditionnel des fêtes de Pâques.

Abricot Ce fruit a d'abord été cultivé en Chine il y a plus de 4 000 ans. Il poussait dans les jardins suspendus de Babylone de Nabuchodonosor, et était un mets coûteux dans l'antiquité romaine. Les Perses appelaient ce doux fruit doré "œuf du soleil". L'abricot a été introduit par l'Italie en Grande-Bretagne vers le milieu du XVIe siècle, par le jardinier d'Henry VIII. Les abricots à maturité se mangent crus. Ils peuvent être cuits pour confectionner des desserts ou des confitures. Ils accompagnent, dans la cuisine raffinée, des viandes d'agneau ou de poulet. On trouve tout au long de l'année des abricots secs, en conserve ou glacés.

Achards Entrée composée de légumes variés coupés en petits morceaux, assaisonnés avec de l'huile et diverses épices.

Agar-agar Épaississant blanc, semi-transparent, dépourvu de goût et d'odeur et composé de diverses algues marines asiatiques. L'agar-agar épaissit sans réfrigération et on l'utilise dans la cuisine asiatique pour épaissir les soupes et pour confectionner des gelées.

Agneau Nom donné à de la viande de moutons âgés de moins d'un an ; les agneaux sous la mère ou les agneaux de lait doivent avoir moins de 3 mois ; les agneaux de printemps de 3 à 9 mois. L'agneau doit avoir une chair rouge-rosée, ferme, une texture fine et même une petite couche de graisse

blanche. Il est généralement succulent et convient pour des rôtis, des grillades et des cuissons au barbecue. Il apparaît dans la cuisine de nombreux pays. En Grèce, il est rôti à feu doux pour les *kleftico* ; au Moyen-Orient, les kebabs sont des dés d'agneau marinés et grillés, et le plat de fête appelé *mansaaf* est de l'agneau mijoté dans une sauce au yaourt épicée ; le *méchoui*, mangé en Afrique du Nord et au Moyen-Orient, est un agneau entier rôti à la broche ; en France, les gigots ou les épaules d'agneau sont rôtis et régulièrement arrosés de leur jus de cuisson ; on fait du ragoût d'agneau en Iran ; l'agneau de Mongolie à la sauce épicée est le plat favori des Chinois ; et dans les Iles britanniques, l'agneau constitue le principal ingrédient du ragoût irlandais (Irish stew) et du Lancashire Hot Pot. Dans l'Inde musulmane,

ABRICOTS

PAUPIETTES DE VEAU AUX ABRICOTS

✶✶ **Préparation :** 30 minutes
Cuisson : 30 minutes
Pour 4 à 6 personnes

8 escalopes de veau fines, chacune de 100 g environ

1 tasse de riz cuit
125 g d'abricots secs finement hachés
1 cuil. à soupe de gingembre confit finement haché
1/4 de tasse de coriandre fraîche hachée

2 cuil. à soupe d'huile
30 g de beurre

Sauce
1 oignon émincé
1 tasse de jus d'abricot
1/2 tasse de vin blanc de qualité
1/4 de tasse de préparation pour soupe à l'oignon en sachet

1 Préchauffer le four à 160 °C. Parer la viande. Aplatir les escalopes entre deux films plastique, de sorte qu'elles soient d'égale épaisseur.
2 Dans un bol, mélanger soigneusement le riz, les abricots, le gingembre et la coriandre. Disposer les escalopes sur une surface plane et verser une cuillerée de farce à l'une de leurs extrémités. Rouler l'escalope en paupiette et la fixer en nouant une ficelle à intervalles réguliers.
3 Chauffer l'huile et le beurre dans une poêle à fond épais. Faire cuire les paupiettes rapidement à feu moyen jusqu'à ce qu'elles brunissent ; les égoutter sur du papier absorbant, puis les disposer dans une cocotte.
4 Sauce : retirer l'huile et le beurre de la poêle pour n'en laisser qu'une cuillerée. Faire revenir l'oignon 2 à

3 minutes à feu moyen jusqu'à ce qu'il brunisse. Ajouter le mélange de jus d'abricot, de vin et de préparation pour soupe. Remuer le tout à feu doux jusqu'à ébullition et épaississement. Retirer du feu et verser sur les paupiettes. Couvrir et cuire 25 minutes jusqu'à ce que la viande soit tendre. Ôter la ficelle des paupiettes avant de servir. Accompagner de salade verte ou de légumes vapeur.

CONFITURE D'ABRICOTS ET DE CITRON

✶✶ **Préparation :** 15 minutes + 24 heures de trempage
Cuisson : 1 heure
Pour 2,5 litres

500 g d'abricots secs
1,25 l d'eau

5 citrons
1 kg de sucre, chauffé

1 Faire tremper les abricots dans la moitié de l'eau pendant 24 heures. Faire bouillir les citrons dans le reste de l'eau jusqu'à ce qu'ils s'amollissent.
2 Lorsque les citrons sont refroidis, les trancher finement en ôtant les pépins (sans les jeter).
3 Faire bouillir les abricots dans leur eau de trempage jusqu'à ce qu'ils soient tendres. Verser le sucre et les rondelles de citron en même temps que leur eau de cuisson. Ajouter les pépins retenus dans un petit sac de mousseline. Faire bouillir le mélange jusqu'à ce qu'il gélifie (voir Confitures). Jeter le sac de mousseline.
4 Verser la confiture à la louche dans les bocaux stérilisés et chauffés, et couvrir. Lorsque les bocaux sont froids, les étiqueter.

À PROPOS DES ABRICOTS

■ Acheter les abricots fermes et charnus. Leur couleur doit être vive. Les conserver dans un endroit frais. Pour les faire mûrir, les placer dans un sac en papier brun à l'abri de la lumière.

■ Pour cuire des abricots frais, couper les fruits en deux et ôter les noyaux. Les mettre dans une casserole, les recouvrir d'eau et ajouter 2 cuil. à soupe de sucre. Porter à ébullition, baisser le feu et laisser mijoter jusqu'à ce qu'ils soient tendres.

■ Pour cuire rapidement des abricots secs, les mettre dans une casserole d'eau froide et porter à ébullition. Baisser le feu, couvrir et laisser mijoter jusqu'à ce qu'ils soient tendres.

■ La confiture d'abricots peut être réchauffée, tamisée et utilisée pour glacer les tartes aux fruits et les gâteaux. Pour napper des fruits cuits ou de la glace, faire chauffer 3/4 de tasse de confiture d'abricots avec 4 cuil. à soupe d'eau. La passer au tamis dans une saucière et incorporer 1 cuil. à soupe de liqueur d'abricots. Servir chaud.

CI-DESSUS : PAUPIETTES DE VEAU AUX ABRICOTS.

TARTE FOURRÉE AUX ABRICOTS

★ ★ **Préparation :** 40 minutes
Cuisson : 35 minutes
Pour une tarte de 23 cm de diamètre

2 tasses ¹/₂ de farine	*1 œuf légèrement battu*
¹/₄ de tasse de farine avec levure incorporée	*850 g d'abricots en compote, concassés*
²/₃ de tasse de cornflakes	*¹/₄ de tasse de sucre roux*
250 g de beurre doux, coupé en petits morceaux	*1 jaune d'œuf*
	1 cuil. à soupe d'eau
2 cuil. à soupe de sucre	*1 à 2 cuil. à soupe de*
¹/₂ tasse de lait	*sucre blanc*

1 Beurrer un plat à tarte de 23 cm. Verser la farine, les cornflakes et le beurre dans un mixeur ; ajouter le sucre. Mixer 15 secondes, jusqu'à ce que le mélange soit fin et friable. Ajouter le mélange d'œuf et de lait et mixer 15 à 20 secondes jusqu'à ce que le mélange forme une boule. Couvrir la pâte de film plastique et réfrigérer 10 minutes au réfrigérateur. Étaler les ²/₃ de la pâte entre deux feuilles de film plastique ou de papier sulfurisé afin de couvrir le fond et les bords du plat.
2 Préchauffer le four à 180 °C. Saupoudrer la pâte de sucre roux et verser la compote d'abricots en l'égalisant avec une lame de couteau. Étaler le reste de la pâte pour recouvrir le tout. Badigeonner les bords de la pâte avec le jaune d'œuf allongé d'eau, puis les souder. Ôter l'excédent de pâte et passer au pinceau le reste de l'œuf sur la pâte.
3 Étaler l'excédent de pâte. A l'aide d'un emporte-pièce cannelé, découper suffisamment de petits ronds pour couvrir le bord de la tarte.
4 Disposer les petits ronds en les chevauchant sur

toute la circonférence. Saupoudrer de sucre et faire trois trous pour laisser échapper la vapeur. Cuire 35 minutes, jusqu'à ce que la pâte soit dorée. Laisser reposer 5 minutes avant de couper. Servir avec de la crème fouettée ou de la glace à la vanille.

ABRICOTS CONFITS AU CHOCOLAT

★ **Préparation :** 45 minutes
Cuisson : 5 à 10 minutes
Pour 24 bâtonnets

250 g d'abricots confits	*50 g de chocolat à cuire*
100 g de chocolat à cuire noir ou au lait	*blanc*

1 Garnir une plaque de papier sulfurisé. Couper chaque abricot en trois morceaux.
2 Faire fondre le chocolat noir au bain-marie. Laisser refroidir légèrement. Tremper les morceaux d'abricots un à un dans le chocolat, de façon à en napper la moitié. Égoutter l'excédent de chocolat et disposer sur la plaque. Réserver.
3 Faire fondre le chocolat blanc au bain-marie. Laisser refroidir légèrement. Verser le chocolat dans une petite poche à douille en papier dont vous refermerez l'extrémité ouverte. Retirer le bouchon et dessiner des zigzags, lignes, initiales ou tout autre motif sur le chocolat noir. Laisser refroidir.

Remarque : les abricots confits au chocolat peuvent se préparer jusqu'à trois semaines à l'avance. Les conserver dans un récipient hermétique.

*CI-CONTRE : ABRICOTS CONFITS AU CHOCOLAT ;
CI-DESSUS : TARTE FOURRÉE AUX ABRICOTS.*

l'agneau constitue la viande principale.

Agrume Famille de fruits tropicaux (rutacées) qui comprend l'orange, le citron, le pamplemousse, le citron vert,

la tangerine, la mandarine, la clémentine et le kumquat. La plupart des espèces ne résistant pas aux gelées, la culture des agrumes est donc limitée aux régions chaudes. De nos jours, une meilleure résistance de ces arbres fruitiers a pu être obtenue grâce aux méthodes de bouturage, de greffe et d'hybridation.

Aiglefin Poisson de mer appartenant à la famille des gadidés, et se nourrissant en eau profonde. L'aiglefin se déplace en bancs ; on le trouve surtout dans l'Atlantique Nord. L'aiglefin consommé fumé est appelé haddock.

Aiguillette Très fine tranche de chair que l'on prélève sur le dos d'une volaille (aiguillettes de canard).

Ail Il appartient à la famille des liliacées. Son bulbe fortement

parfumé donne un arôme caractéristique essentiel à la cuisine asiatique, méditerranéenne et du Moyen-Orient. Chaque tête est formée de caïeux appelés gousses d'ail. On perçoit sa forte odeur lorsque l'on coupe une gousse ; elle est encore plus forte si on l'écrase ou si on la pile.

Si l'on souhaite donner un goût d'ail à un plat, il suffit de frotter celui-ci avec une gousse d'ail coupée en deux. Il faut éviter de le faire frire à haute température car il devient amer et perd ainsi ses qualités gustatives. Outre ses propriétés culinaires, l'ail possède des vertus thérapeutiques.

L'ail était déjà considéré par les Égyptiens de la plus haute Antiquité comme un élément essentiel de l'alimentation. L'ail diminue le taux de cholestérol, et préviendrait l'athérosclérose. Il améliore la circulation sanguine. Enfin, la poudre de bulbe d'ail est un bon désinfectant intestinal, notamment en association avec le thym.

Aïoli Mayonnaise à l'ail qui trouve ses origines en Provence ; il est parfois appelé "beurre de Provence". On dit à Marseille que l'aïoli doit contenir au

AGNEAU

COURONNE D'AGNEAU FARCIE AU ROMARIN

★ ★   **Préparation :** 20 minutes
      Cuisson : 45 minutes
      Pour 6 personnes

12 côtelettes minimum dressées en couronne	*2 cuil. à soupe de romarin frais haché*
2 oignons pelés et coupés en petits dés	*1 cuil. à soupe de persil frais haché*
1 pomme verte ou à cuire, pelée et détaillée	*¼ de tasse de jus de pomme non sucré*
15 g de beurre	*2 œufs, jaune et blanc séparés*
2 tasses de mie de pain	

1 Préchauffer le four à 210 °C. Parer la viande. Faire revenir l'oignon et la pomme dans le beurre jusqu'à ce qu'ils soient tendres. Retirer du feu et incorporer la mie de pain et les herbes. Dans un bol, battre le jus de pomme et les jaunes d'œuf et les incorporer au mélange.

2 Battre les blancs en neige. Les incorporer avec précaution dans le mélange.

3 Mettre la couronne dans un plat de cuisson, en veillant à placer une feuille d'aluminium légèrement beurrée en dessous pour soutenir la farce. Verser la farce au centre à l'aide d'une cuillère et faire rôtir

pendant 45 minutes environ. Découper les côtelettes à l'aide d'un couteau tranchant.

Remarque : commander la couronne à l'avance et demander à votre boucher de la préparer et de la ficeler. Entourer l'extrémité des côtelettes de papier aluminium afin de les empêcher de brûler ; le retirer avant de servir.

À PROPOS DE L'AGNEAU

■ Les morceaux d'agneau désossés et dégraissés sont de plus en plus appréciés à table. Aussi goûteux et nutritifs que le bœuf, les filets d'agneau sont généralement cuits rapidement et servis saignants ou à point. Pour vérifier la cuisson, pressez délicatement la viande à l'aide de pincettes ; molle, elle est saignante ; légèrement ferme, elle est à point. L'agneau haché peut remplacer le bœuf dans certaines recettes, notamment les hamburgers.

■ Une manière plus traditionnelle – mais tout aussi savoureuse – de cuire l'agneau est de le laisser mijoter jusqu'à ce que la viande soit prête à se détacher de l'os. Les currys et ragoûts d'agneau doivent être cuits à feu très doux pour donner une viande agréablement fondante.

CI-DESSUS : COURONNE D'AGNEAU FARCIE AU ROMARIN. PAGE CI-CONTRE, EN BAS : GIGOT D'AGNEAU ; EN HAUT : NAVARIN D'AGNEAU AUX LÉGUMES.

GIGOT D'AGNEAU À LA SAUGE ET À L'ESTRAGON

✻ **Préparation :** 15 minutes
Cuisson : 1 heure 30
Pour 6 personnes

1 gigot de 2 kg	*1 oignon moyen finement*
¼ de tasse de sauge fraîche	*détaillé*
découpée en petits brins	*1 cuil. à soupe d'huile*
2 cuil. à soupe d'estragon	*2 cuil. à soupe de sauce à*
frais découpé en petits	*la prune*
brins	*1 tasse de vin blanc*
1 gousse d'ail	*¼ de tasse de bouillon de*
	poulet

1 Préchauffer le four à 180 °C. A l'aide d'un petit couteau tranchant, parer la viande. Passer la sauge, l'estragon, l'ail, l'oignon, l'huile et la sauce à la prune au mixeur pendant 30 secondes.

2 Mettre le gigot dans un grand plat à four et le badigeonner du mélange aux herbes. Ajouter un peu d'eau au fond du plat.
Faire cuire à découvert pendant 1 heure 15. Retirer le gigot du four et le poser sur une planche à découper. Le couvrir de papier aluminium et le laisser reposer 10 minutes au chaud avant de le découper.

3 Mettre le plat sur une plaque chauffante. Ajouter le vin et le bouillon au jus de cuisson en mélangeant bien pour déglacer le jus. Porter à ébullition, baisser le feu et laisser mijoter 5 minutes. Verser le jus sur le gigot tranché au moment de servir.

NAVARIN D'AGNEAU AUX LÉGUMES

✻ **Préparation :** 20 minutes
Cuisson : 1 heure 45
Pour 6 personnes

1 kg de tranches de gigot	*½ tasse d'eau*
30 g de beurre	*1 tasse de bouillon de*
¼ de tasse d'huile d'olive	*volaille*
2 oignons moyens finement	*2 cuil. à soupe de menthe*
détaillés	*fraîche hachée*
1 gousse d'ail écrasée	*½ tasse de haricots verts*
2 panais hachés	*surgelés*
2 carottes émincées	*½ tasse de persil frais*
2 branches de céleri	*haché, + ½ tasse*
émincées	*1 cuil. à café de thym frais*
¼ de tasse de farine	*Poivre moulu*
440 g de tomates en boîte	*1 cuil. à soupe de*
(jus à réserver)	*moutarde*

1 Préchauffer le four à 150 °C. Parer la viande et la couper en cubes de 2 cm. Chauffer le beurre et l'huile dans une cocotte et faire cuire les morceaux de viande en plusieurs fois à feu moyen, jusqu'à ce qu'ils brunissent. Égoutter sur du papier absorbant.

2 Faire blondir les oignons, ajouter l'ail, les panais, les carottes et le céleri ; prolonger la cuisson jusqu'à ce que les légumes soient légèrement dorés. Incorporer la farine, les tomates concassées, le jus de tomate, l'eau, le bouillon, la menthe, les haricots, le persil, le thym, le poivre et la moutarde. Bien remuer jusqu'à ce que la sauce épaississe.

3 Ajouter la viande et verser le tout dans un plat à four. Couvrir et laisser cuire 1 heure 30. Garnir de persil haché.

moins deux gousses d'ail par personne. Accompagnant traditionnellement la morue salée et pochée, l'aïoli peut également être servi avec d'autres poissons, de la viande ou des légumes, et ajouté à la soupe.

Airelle Voir myrtille.

Alcool Produit obtenu par distillation, qui doit être différencié des boissons alcooliques obtenues par fermentation (bière, vin) contenant un degré d'alcool plus ou moins fort. L'alcool résulte de la fermentation du sucre contenu dans le raisin : il faut 17 grammes de sucre par litre pour obtenir 1 degré d'alcool. Il n'y a pas un mais plusieurs alcools dans le vin, le principal étant l'éthanol. Contrairement aux boissons fermentées, l'alcool est impropre à la consommation immédiatement après sa fabrication.
Voir spiritueux.

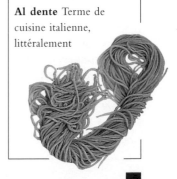

Al dente Terme de cuisine italienne, littéralement

"à la dent", employé pour décrire de la nourriture, particulièrement les pâtes, devant rester un peu fermes après la cuisson, sans ramollir.

Alfalfa Plante commune des zones tempérées d'Europe possédant des propriétés reminéralisantes et nutritives. On l'utilise en phytothérapie. Une prise régulière d'alfalfa préviendrait l'hypercholestérolémie (excès de cholestérol), et l'athérosclérose.

Algues marines Végétaux sources de sels minéraux et de vitamines, très utilisés en Asie pour l'alimentation, particulièrement au Japon, par exemple pour préparer les sushis.

Aligot Recette de l'Aubrac composée d'une

purée de pommes de terre à laquelle on ajoute de la tomme fraîche.

Alkékenge Voir physalis.

Allemande (à l') Terme de cuisine désignant des plats cuisinés à l'allemande : traditionnellement, des plats contenant des saucisses fumées ou garnis avec de la choucroute ou du porc. Ce terme est également employé pour

CÔTELETTES D'AGNEAU À LA SAUCE TOMATE-MENTHE

✳ **Préparation :** 20 minutes + 1 heure de repos
Cuisson : 15 minutes
Pour 6 personnes

12 côtelettes d'agneau
1 cuil. à soupe d'huile d'olive

Sauce tomate-menthe
3 tomates moyennes
1 cuil. à café de vinaigre de cidre

2 cuil. à café de sucre roux
1 petit oignon nouveau finement émincé
2 cuil. à café de menthe fraîche finement hachée

1 Parer les côtelettes. Gratter l'os pour le nettoyer et couper la noix pour qu'elle soit bien ronde. Chauffer l'huile dans une poêle et faire sauter les côtelettes à feu vif 2 minutes sur chaque face, puis 1 minute sur chaque face. Servir accompagné de sauce tomate-menthe.
2 Sauce tomate-menthe : inciser le haut de chaque tomate d'une petite croix. Les plonger 1 à 2 minutes dans l'eau bouillante, puis immédiatement après dans l'eau froide. Les peler en partant de la croix. Couper les tomates en deux et les presser doucement pour faire sortir les graines. Hacher finement la pulpe.
3 Dans une casserole, mettre les tomates, le vinaigre, le sucre et l'oignon et faire cuire à feu moyen jusqu'à ébullition. Baisser le feu et laisser mijoter 5 minutes. Retirer la sauce du feu, la transférer dans un récipient et la maintenir à température ambiante pendant 1 heure minimum. Incorporer la menthe juste avant de servir.

AGNEAU AU GINGEMBRE

✳ **Préparation :** 15 minutes + 1 heure de marinade
Cuisson : 10 minutes
Pour 4 personnes

750 g de filets d'agneau
2 gousses d'ail écrasées
1 cuil. à café de gingembre frais râpé
1 cuil. à soupe d'huile de sésame
2 cuil. à soupe d'huile d'arachide

4 oignons moyens, coupés en triangles
3 cuil. à café de Maïzena
1 cuil. à soupe de sauce de soja
¼ de tasse de xérès sec
1 cuil. à soupe de graines de sésame grillées

1 Parer la viande. La couper en tranches fines dans le sens des fibres. Dans un bol, mélanger l'ail, le gingembre et l'huile de sésame ; ajouter la viande et bien l'enduire du mélange. Réfrigérer, sous un film plastique, pendant 1 heure ou toute la nuit, en remuant de temps en temps.
2 Chauffer l'huile d'arachide dans une poêle à fond épais (un wok est l'idéal), et en napper la base et les bords. Faire revenir les oignons 4 minutes à feu moyen, jusqu'à ce qu'ils soient tendres. Les retirer de la poêle et les réserver au chaud. Réchauffer la poêle et faire sauter la viande rapidement en plusieurs fois jusqu'à ce qu'elle soit dorée mais pas entièrement cuite. La retirer de la poêle et l'égoutter sur du papier absorbant.
3 Dans un récipient, mélanger la Maïzena, la sauce de soja et le xérès afin d'obtenir une pâte lisse. Remettre la viande dans la poêle avec le mélange de Maïzena, et la faire sauter à feu vif jusqu'à ce qu'elle soit cuite et que la sauce épaississe. Retirer du feu, ajouter les oignons et saupoudrer de graines de sésame préalablement grillées dans une poêle à sec.

LANCASHIRE HOT POT (RAGOÛT CUIT AU FOUR)

✱ ✱   **Préparation :** 20 minutes
     Cuisson : 2 heures
     Pour 8 personnes

8 côtelettes d'agneau dans le carré, de 2,5 cm d'épaisseur	200 g de champignons émincés
1/4 de tasse de farine	1/2 cuil. à café de poivre blanc
45 g de beurre ou de saindoux	Sel
2 gros oignons émincés	2 cuil. à café de fines herbes séchées
2 branches de céleri émincées	1 cuil. à soupe de sauce Worcestershire
1 gros panais pelé et émincé	4 pommes de terre moyennes, pelées et en fines rondelles
1 tasse 3/4 de bouillon	

1 Préchauffer le four à 160 °C. Beurrer ou huiler un grand plat à four d'une capacité de 1,5 l. Parer la viande. Verser la farine dans un sac en plastique et y plonger les côtelettes pour les enduire parfaitement. Secouer l'excédent de farine et la réserver. Chauffer le beurre ou le saindoux dans une poêle. Ajouter les côtelettes et les saisir sur leurs deux faces. Les retirer du feu et les disposer dans le plat à four.

PAGE CI-CONTRE, EN HAUT : CÔTELETTES D'AGNEAU À LA SAUCE TOMATE-MENTHE ; EN BAS : AGNEAU AU GINGEMBRE. CI-DESSUS : LANCASHIRE HOT POT.

2 Ajouter l'oignon, le céleri et le panais dans la poêle et les faire cuire jusqu'à ce qu'ils soient juste tendres. Retirer du feu et verser sur les côtelettes.

3 Verser le reste de farine dans la poêle et la faire cuire en remuant jusqu'à ce qu'elle brunisse. Verser peu à peu le bouillon et remuer jusqu'à ébullition. Ajouter les champignons, le poivre, le sel, les herbes et la sauce Worcestershire, et laisser mijoter 10 minutes. Retirer du feu et verser sur les côtelettes.

4 Disposer les rondelles de pommes de terre en surface de façon à recouvrir la viande et les légumes. Couvrir le plat et le mettre au four pendant 1 heure 15. Retirer le couvercle et prolonger la cuisson de 30 minutes, jusqu'à ce que les pommes de terre soient dorées et croustillantes.

JHAL FARAZI (RAGOÛT AUX ÉPICES)

Chauffer un peu d'huile dans une casserole et faire revenir un oignon émincé pendant 8 minutes. Ajouter 1/2 cuil. à café de gingembre râpé et faire cuire 1 minute. Dans un bol, mélanger 1/2 cuil. à café de curcuma moulu, 1/2 cuil. à café de garam masala, 1/4 de cuil. à café de poudre de chili (piment) et 1/2 cuil. à café de sel. Ajouter un peu d'eau froide et mélanger pour former une pâte. La mettre dans la casserole et faire cuire 1 minute de plus en remuant et en veillant à ne pas laisser brûler le mélange. Ajouter 200 g de reste de rôti d'agneau tranché et bien remuer. Ajouter une pomme de terre cuite émincée et remuer, en mouillant le tout avec 2 ou 3 cuil. à soupe d'eau. Couvrir et laisser cuire à feu doux jusqu'à ce que le mélange soit bien chaud. Verser un filet de citron et de la menthe hachée juste avant de servir.

décrire des plats servis avec une sauce allemande, sauce blanche à base de fonds de veau ou de volaille.

Aloyau (en anglais : Sirloin of beef) Pièce de bœuf située entre la hanche et les premières côtes. Les bavettes d'aloyau, les châteaubriants et les biftecks en proviennent ; on peut également en faire des rôtis. Élément du classique rosbif anglais, le roi Henri VIII, grand amateur de viande, l'a anobli en le faisant Sir : Sir loin of beef (baron de bœuf), à l'instar de Caligula qui avait élevé au rang de chevalier son cheval favori.

Alun Sel minéral astringent utilisé en salaison pour conserver le croquant des concombres et des oignons ; on l'utilise aussi pour blanchir la farine.

Amande Graine contenue dans un noyau de forme ovale provenant d'un arbre apparenté au pêcher et à l'abricotier. Originaire du Moyen-Orient, l'amande est un fruit cultivé et utilisé depuis très longtemps. On la mangeait dans la Babylone antique, et on la retrouve dans les écrits hittites et bibliques ; pendant la période minoenne, elle s'est répandue vers l'ouest jusqu'à la Crète. Durant la Grèce antique, on mélangeait l'amande concassée à du miel pour fabriquer des marzipans (massepains) ; elle était très populaire chez les Romains qui l'appelaient la "noix grecque". On pense que la prédominance de l'amande dans la cuisine médiévale est due aux jours de jeûne religieux durant lesquels elle remplaçait la viande et le lait, qui étaient interdits.

Il existe deux sortes d'amandes : l'amande douce, provenant d'un arbre à fleurs roses, qui est la plus utilisée ; et l'amande amère, provenant d'un arbre à fleurs blanches, plus grosse et plus courte qui contient de l'acide prussique et se révèle être un poison violent. Dans certaines cuisines, les deux sortes sont mélangées, dans la proportion d'une amande amère pour cinquante amandes douces.
La Californie est le plus grand producteur mondial d'amandes, suivi de l'Italie et de l'Espagne, où les arbres poussent bien sur les sols pauvres des collines méditerranéennes.
On peut manger les amandes crues, ou grillées et salées ; concassées ou en poudre, elles sont

ROGHAN JOSH (CURRY)

✱ ✱ *Préparation :* 25 minutes
Cuisson : 1 heure 10
Pour 6 personnes

1 cuil. à soupe de graines de coriandre	³/₄ de tasse de yaourt nature
Piment concassé	½ cuil. à café de muscade
1 kg d'agneau désossé, coupé en morceaux de 3 cm	½ cuil. à café de cardamome
½ cuil. à café de gingembre frais râpé	1 tasse d'eau
4 cuil. à soupe de beurre doux	3 cuil. à café de garam masala
4 clous de girofle entiers	¼ de cuil. à café de safran en poudre
	½ tasse de crème liquide

1 Dans une poêle, faire griller à sec les graines de coriandre jusqu'à ce qu'elles exhalent leur parfum. Ajouter le piment concassé et faire cuire très rapidement. Retirer de la poêle et réduire les épices en poudre.
2 Assaisonner la viande de gingembre et la faire revenir dans le ghee ou le beurre avec les clous de girofle. Saupoudrer du mélange de coriandre et de piment. Ajouter le yaourt, la muscade et la cardamome et laisser cuire 8 minutes, en remuant de temps en temps.
3 Ajouter l'eau, couvrir et laisser mijoter 50 minutes environ, jusqu'à ce que la viande soit très tendre. Découvrir à moitié en milieu de cuisson si vous préférez un curry plus sec. Ajouter le garam masala.
4 Incorporer le safran à la crème et la verser dans la poêle. Faire cuire 3 à 4 minutes à feu doux, en remuant. Servir avec du riz blanc cuit à la vapeur.

JARRETS D'AGNEAU À L'AIL RÔTI

✱ *Préparation :* 20 minutes
Cuisson : 1 heure 40
Pour 6 personnes

6 gros jarrets d'agneau	2 poireaux moyens émincés
Poivre noir fraîchement moulu	1 brin de romarin moyen
1 cuil. à soupe d'huile	1 tasse de vin blanc sec
	1 tête d'ail

1 Préchauffer le four à 180 °C. Assaisonner les jarrets de poivre. Chauffer l'huile dans une casserole à fond épais et faire cuire la viande rapidement en plusieurs fois, à feu moyen, jusqu'à ce qu'elle soit bien dorée. L'égoutter sur du papier absorbant et la disposer dans un plat à four.
2 Mettre le poireau dans la poêle et le faire cuire jusqu'à ce qu'il soit tendre. L'ajouter au plat avec le romarin et le vin.
3 Couper l'ail non pelé en deux, horizontalement ; enduire d'huile les parties coupées. Les disposer dans le plat, la partie sectionnée vers le haut, sans les couvrir de liquide. Couvrir le plat et mettre au four pendant 1 heure. Retirer le couvercle et prolonger la cuisson de 15 minutes. Retirer le brin de romarin avant de servir. Accompagnez ce plat de légumes vapeur et de pain frais garni d'ail rôti.

Ci-contre : Roghan Josh ; ci-dessus : Jarrets d'Agneau à l'ail rôti.

PAIN DE MAÏS AUX HERBES ET À L'AIL

★ **Préparation :** 20 minutes
Cuisson : 50 minutes
Pour 16 tranches

²/₃ de tasse de farine avec levure incorporée	**Beurre d'ail aux herbes**
2 cuil. à café de levure	125 g de beurre ramolli
½ cuil. à café de piment en poudre	1 cuil. à soupe de persil frais haché
1 tasse ½ de polenta (fine)	1 cuil. à soupe de ciboulette fraîche hachée
90 g de beurre fondu	2 gousses d'ail écrasées
3 œufs légèrement battus	
¾ de tasse de lait	

1 Préchauffer le four à 180 °C. Beurrer un moule à cake de 21 x 14 x 7 cm et garnir le fond et les côtés de papier sulfurisé. Tamiser la farine, la levure et le piment dans un récipient.
Ajouter la polenta et mélanger.
Faire un puits au centre et y verser le beurre, les œufs et le lait. À l'aide d'une cuillère en bois, mélanger sans trop battre la préparation.
2 Verser le mélange dans le moule. Mettre au four 45 minutes, jusqu'à ce que le pain soit ferme en son centre et légèrement brun sur les bords.
Démouler le pain sur une grille et le laisser refroidir au moins 10 minutes. Avec un couteau aiguisé, le couper en fines tranches.

3 Beurre d'ail aux herbes : mélanger le beurre, le persil, la ciboulette et l'ail. Étaler le mélange sur les tranches de pain et les disposer sur une plaque de four ; faire cuire 5 minutes, jusqu'à ce qu'elles soient légèrement croustillantes.

À PROPOS DE L'AIL

■ Choisir des têtes d'ail fermes et compactes. Rejeter celles qui présentent des gousses grisâtres et sèches, ou celles qui ont commencé à germer.
Conserver les gousses et les têtes d'ail frais dans un endroit frais, sec et à l'abri de la lumière, pendant 2 à 3 semaines.
■ Plus il est cuit, plus l'ail perd de son goût. Une tête d'ail entière passée au four libérera une chair étonnamment douce, alors qu'une simple gousse crue écrasée donnera un piquant distinctif à une salade. Si vous aimez l'ail, l'ajouter en fin de cuisson plutôt qu'en début, contrairement à ce que conseillent nombre de recettes.
■ L'ail, l'un des plus importants condiments culinaires, se trouve en poudre, sec ou haché, mais il est nettement meilleur frais.
■ La façon la plus simple de préparer l'ail est d'écraser la gousse pelée dans un presse-ail. À défaut, écraser la gousse avec la partie plate d'un couteau en appuyant fermement pour former une pâte.
■ Réserver une planche à découper spécialement pour l'ail. Pour ôter l'odeur d'ail sur les mains, les frotter avec du sel ou un citron coupé.

CI-DESSUS : PAIN DE MAÏS AUX HERBES ET À L'AIL.

utilisées pour la confection de farces salées et de divers desserts, pâtisseries et sucreries. Comme tous les fruits oléagineux secs, l'amande est très riche en lipides et en minéraux, notamment en potassium, phosphore, magnésium et calcium.

Amaretti Macaron croustillant

à l'amande d'origine italienne, où on le fabriquait avec des amandes amères.
Ce nom vient du mot italien *amaro*, signifiant amer.

Ambrosia Fromage au lait de vache semi-doux, d'origine suédoise, avec un léger goût âpre et une multitude de trous irréguliers à l'intérieur.

Ambroisie Nom d'un dessert frais composé de couches de fruits, habituellement des tranches d'oranges, de bananes et d'ananas frais, accompagné d'un mélange de noix de coco déshydratée (râpée) et de sucre glace.

Américaine (à l')
Terme désignant de la viande, du poisson ou des œufs servis avec une sauce épicée à base de tomates,

et une garniture de bacon grillé et de tomates. Ce nom fut à l'origine donné à un plat, créé dans les années 1860 à Paris par un chef qui avait travaillé en Amérique du Nord, composé de morceaux de homard cuits dans un mélange de vin et de tomates, servi avec une sauce préparée avec le jus de cuisson. Certains disent que le terme "*américaine*" est une erreur de traduction de "*armoricaine*", faisant allusion à l'Armorique, ancien nom de la Bretagne, et que ce style de cuisine a pour origine cette région.

Américaine (cuisine)

La cuisine de l'Amérique du Nord marie la diversité et l'abondance des ingrédients récoltés sur son immense territoire (qui s'étend des tropiques à l'Arctique et sur les côtes

de deux océans) avec les styles culinaires et les habitudes alimentaires des nombreuses cultures dont son peuple est issu. Le style qui en a découlé a pour origine les cuisines des premiers colons européens, où la poêle à frire et la marmite étaient de mise (aujourd'hui encore la majorité des plats sont cuisinés en ragoût ou frits).

La cuisine américaine est caractérisée par de nombreuses variations sur un thème simple - la tarte

SOUPE À L'AIL

✴ **Préparation :** 15 minutes
Cuisson : 35 à 40 minutes
Pour 4 à 6 personnes

1/4 de tasse d'huile d'olive
6 gousses d'ail écrasées
1 tasse 1/2 de mie de pain
3 tomates moyennes bien mûres, pelées et hachées
1/2 cuil. à café de piment
1 cuil. à café de paprika doux moulu
1 l d'eau
2 œufs légèrement battus
1/2 tasse de persil frais haché

1 Chauffer l'huile dans une grande casserole et ajouter l'ail. Faire revenir à feu doux 1 à 2 minutes. Ajouter la mie de pain et prolonger la cuisson de 3 minutes à feu moyen.
2 Ajouter les tomates, le piment, le paprika et l'eau. Porter à ébullition, couvrir. Laisser mijoter 30 minutes.
3 Ajouter les œufs en un fin ruban dans la soupe frémissante et faire cuire à feu doux pendant 2 minutes.
4 Verser dans le plat de service, saupoudrer de persil et servir très chaud.

PAIN À L'AIL

Il se prépare traditionnellement avec de la baguette, mais tout autre pain croustillant fera l'affaire. Trancher le pain dans le sens de la longueur, le tartiner de beurre parfumé à l'ail et le passer au four pour le réchauffer.

SAUCE AUX NOIX ET À L'AIL

✴ **Préparation :** 10 minutes
Cuisson : 5 minutes
Pour 250 ml

100 g de cerneaux de noix
4 gousses d'ail pelées
2 tasses d'huile d'olive
1/3 de tasse de vinaigre de vin blanc
Sel

1 Disposer les noix sur une plaque de four et les passer au four à 180 °C pendant 5 minutes. Laisser refroidir.
2 Passer les noix et l'ail au mixeur jusqu'à ce qu'ils soient très finement moulus. Ajouter l'huile en un fin ruban pour obtenir un mélange crémeux. Ajouter le vinaigre et le sel à votre goût.
3 Verser dans un petit bocal propre, recouvrir d'une fine couche d'huile et conserver 1 semaine au réfrigérateur. Ôter l'huile avant de servir. Cette sauce accompagne le céleri cru ou la viande de veau et de porc.

PÂTE D'AIL RÔTI

✴ **Préparation :** 5 minutes
Cuisson : 1 heure
Pour 250 ml

10 têtes d'ail
2 cuil. à soupe d'huile d'olive
1/3 de tasse d'eau

1 Préchauffer le four à 180 °C. Ôter les pelures sèches des bulbes. Les placer dans un plat à four beurré et les mouiller d'huile et d'eau.
2 Mettre au four pendant 1 heure environ, jusqu'à ce que l'ail soit très tendre. Pendant la cuisson, imbiber les bulbes du mélange d'huile et d'eau, et rajouter un peu d'eau si nécessaire. Retirer du four et laisser refroidir.
3 Séparer les gousses et faire sortir la chair cuite en les pressant dans un bol. L'écraser à la fourchette jusqu'à obtention d'une pâte lisse.
4 Étaler cette pâte sur des tranches de pain grillées.

AIL RÔTI

On peut rôtir de l'ail en même temps qu'une pièce de viande. À l'aide d'un couteau tranchant, couper l'extrémité supérieure de la tête et passer l'ail au four 30 à 45 minutes. Servir 1 à 2 gousses par personne. La chair tendre et sucrée peut-être consommée avec le reste du plat, ou bien étalée sur des tartines grillées.

CI-DESSUS : SOUPE À L'AIL.

ANCHOIS

POMMES DE TERRE SAUTÉES AUX ANCHOIS

✴ **Préparation :** 10 minutes
Cuisson : 30 minutes
Pour 4 à 6 personnes

750 g de pommes de terre
1/3 de tasse d'huile d'olive
2 cuil. à soupe de beurre
4 filets d'anchois plats

Sel et poivre noir
fraîchement moulu
2 gousses d'ail pelées et
finement hachées
2 cuil. à soupe de romarin
frais haché

1 Peler les pommes de terre et les couper en tranches épaisses de 1 cm. Les plonger dans l'eau pendant 5 minutes minimum. Égoutter et essuyer soigneusement avec du papier absorbant. Chauffer l'huile et le beurre dans une grande sauteuse. Y mettre les anchois hachés et faire cuire 1 minute en les écrasant légèrement à l'aide d'une cuillère en bois.
2 Ajouter les pommes de terre et les faire cuire 2 à 3 minutes à feu vif jusqu'à ce qu'elles soient bien enduites de matières grasses. Baisser le feu ; couvrir la sauteuse et laisser cuire 7 minutes, en remuant de temps en temps.
Retirer le couvercle et prolonger la cuisson de 15 minutes, jusqu'à ce que les pommes de terre soient tendres. Assaisonner. Ajouter l'ail et le romarin. Laisser cuire 1 minute et bien mélanger.
Servir immédiatement en accompagnement d'un rôti, ou en guise de repas léger avec du pain et de la salade.

CI-DESSUS : PISSALADIÈRE.

PISSALADIÈRE

✴ **Préparation :** 15 minutes
Cuisson : 35 minutes
Pour 6 à 8 personnes

1 rouleau de pâte feuilletée
pré-étalée
2 cuil. à café d'huile
d'olive
2 oignons moyens,
finement émincés
1/4 de cuil. à café de thym
1/2 cuil. à café d'origan
séché

2 tomates moyennes
émincées
1/4 de tasse de fromage râpé
45 g de filets d'anchois en
boîte
1/4 de tasse d'olives noires
dénoyautées, coupées en
deux
1 œuf légèrement battu

1 Préchauffer le four à 180 °C. Huiler ou beurrer une plaque de four et déposer la pâte dessus.
2 Chauffer l'huile dans une poêle et faire revenir les oignons et les herbes à feu moyen pendant 10 minutes. En enduire la pâte, en laissant une bordure de 2 cm tout autour. Disposer les tranches de tomates et parsemer de fromage.
3 Égoutter les anchois et couper chaque filet en deux dans le sens de la longueur. Les disposer en croisillons sur la garniture. Placer une demi-olive au centre de chaque croisillon. Mouiller les bords à l'œuf battu et mettre 25 minutes au four, jusqu'à ce que la pâte soit bien dorée. Servir chaud.

À PROPOS DES ANCHOIS

■ Pour dessaler les anchois, les tremper dans du lait froid pendant 5 minutes. Retirer l'arête molle avec les doigts.
■ Une fois la boîte ouverte, les anchois se conservent dans leur huile 5 jours au réfrigérateur, dans un récipient en verre hermétique.

---

fourrée aux pommes, par exemple, est faite différemment selon les régions, chacune ajoutant une touche de ses ingrédients locaux et de son patrimoine culturel et gastronomique.
Les Américains aiment avoir de l'eau fraîche et de la salade sur leur table (souvent avec un choix de sauces) avant le plat principal qui, pour suivre la tradition britannique, est très souvent composé d'un plat de viande simple avec deux légumes. Le maïs, originaire du continent, occupe une large place dans la cuisine américaine, comme la courge et le riz.

L'Amérique a donné au monde les cocktails, les plats préparés et la restauration rapide, le pop-corn, le hot dog et le poulet frit. Elle est le plus grand pays consommateur de hamburgers par personne.

Amuse-gueules On les mange avant le plat principal pour ouvrir l'appétit.
Voir aussi Canapés.

Ananas Grand fruit cylindrique des pays tropicaux, à la peau épaisse, aux feuilles ressemblant à un cactus, à la chair odorante, très douce, juteuse, de couleur jaune. Épluché, évidé et coupé en tranches, on peut manger l'ananas frais, comme un fruit ; coupé en cubes, il est ajouté aux salades de fruits, et il est l'ingrédient des plats aigres-doux ; il se marie très bien avec le poulet, le porc et le canard. L'ananas haché est utilisé pour la pâtisserie ;

grillées, les tranches d'ananas accompagnent traditionnellement le jambon ; la pulpe d'ananas peut être utilisée dans les boissons et les sorbets ; on peut également préparer de la confiture d'ananas. On trouve dans l'ananas cru une enzyme semblable à celle que l'on rencontre dans la papaye, et on ne peut donc pas l'utiliser dans les préparations gélatineuses ; cependant cette enzyme est absente du fruit cuit ou en conserve. La meilleure saison de l'ananas est le printemps, mais on peut l'acheter frais tout au long de l'année. On le trouve également en conserve, en jus ou en confiserie. Son nom vient de sa ressemblance avec une grande pomme de pin.

L'ananas aurait été découvert par Christophe Colomb à la Guadeloupe, où les

AMANDES

CURRY D'AGNEAU AUX AMANDES ET À LA NOIX DE COCO

✶ ✶   **Préparation :** 25 minutes
Cuisson : 50 minutes
Pour 4 personnes

8 côtes d'agneau, chacune de 140 g environ
¼ de tasse d'huile d'olive
1 oignon moyen émincé
1 pomme à cuire moyenne, pelée et hachée
2 carottes moyennes finement détaillées
1 cuil. à soupe de feuilles de coriandre fraîche
3 feuilles de curry séchées

½ cuil. à café de garam masala
½ cuil. à café de cumin en poudre
½ cuil. à café de curcuma
1 boîte de 150 g de crème de coco
1 cuil. à soupe d'amandes concassées
1 tasse ¼ d'amandes effilées et grillées

1 Parer les côtes. Les détailler en morceaux de 3 cm.
2 Chauffer 2 cuil. à soupe d'huile dans une cocotte. Saisir la viande en plusieurs fois à feu vif puis moyen jusqu'à ce qu'elle brunisse. Égoutter sur du papier absorbant.
3 Chauffer le reste de l'huile dans la cocotte. Ajouter l'oignon et le faire revenir 5 minutes à feu moyen, jusqu'à ce qu'il soit tendre. Ajouter la viande, la pomme, les carottes, les herbes, les épices et la crème de coco, et porter à ébullition. Baisser le feu, couvrir et laisser mijoter 35 minutes, jusqu'à ce que la viande soit tendre. Incorporer les amandes concassées juste avant de servir, et garnir le curry d'amandes effilées et grillées.

À PROPOS DES AMANDES

■ Pour monder des amandes, les mettre dans un bol, les couvrir d'eau bouillante et les laisser reposer 4 minutes. Sortir les amandes de l'eau à l'aide d'une cuillère, puis les presser entre l'index et le pouce : la peau devrait se détacher très facilement.

■ Pour griller des amandes, les disposer en une seule couche sur une plaque de four et les passer au four à 180 °C pendant 4 minutes (pour des amandes effilées) ou 8 minutes (pour des amandes entières), en vérifiant la cuisson régulièrement, car les amandes ont tendance à brunir très vite en fin de cuisson.

■ Il est préférable d'acheter des amandes déjà concassées, car il est difficile de les préparer au robot. Si vous souhaitez toutefois les piler vous-même, les mixer très progressivement en petite quantité.

■ Les amandes se conservent 2 mois au réfrigérateur dans un récipient hermétique.

CI-CONTRE : CURRY D'AGNEAU AUX AMANDES ET À LA NOIX DE COCO.

aborigènes l'appelaient "Nana". La couronne qu'arbore cette plante exotique lui confère le titre de "roi des fruits".

L'ananas possède des propriétés appréciées en phytothérapie : la bromélaïne, enzyme protéoliptique concentrée dans la tige, a une action anti–inflammatoire, et éviterait la montée du taux d'insuline dans le sang. Elle prévient ainsi la transformation des sucres en graisses.

Anchois Petit poisson de mer, effilé, ressemblant à un hareng, à la chair légèrement grasse et au fort goût de sardine. Bien que les anchois soient consommés frais dans leur région de production, ils sont probablement mieux connus en conserve. On utilisait traditionnellement le poisson entier, conditionné en saumure dans des barils, pour aromatiser et saler les plats de viande. Pendant la Renaissance italienne, un plat de filets d'anchois marinés dans l'huile d'olive et le vinaigre constituait le premier plat populaire ; et des siècles durant, les filets d'anchois salés ont été l'un des principaux ingrédients de la cuisine provençale.

Aujourd'hui, on trouve l'anchois essentiellement sous forme de filets marinés dans l'huile et vendus en bocaux ou en boîtes.

La pollution a fortement écarté les anchois de leurs eaux d'origine méditerranéenne, bien qu'ils soient encore pêchés au large des côtes françaises et espagnoles au mois de mai. Dans la Manche, par les nuits sans lune, on attire de nombreux bancs d'anchois avec des lumières artificielles. Les anchois sont pêchés dans l'Atlantique et au large des côtes pacifiques de l'Amérique ; on trouve une espèce similaire dans les eaux côtières australiennes.

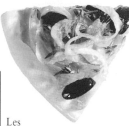

Les filets d'anchois en conserve sont utilisés pour les hors d'œuvre, les pizzas, les salades et en garniture ; les anchois sans arête écrasés donnent une pâte qui constitue la base de nombreuses sauces.

Aneth Herbe aromatique, similaire en apparence et apparentée au fenouil, originaire du sud de l'Europe et de l'Asie occidentale. Ses feuilles vertes duveteuses et ses petites graines marrons sont utilisées comme aromate : les feuilles dans

TARTE AUX POIRES ET AUX AMANDES

✷ ✷   **Préparation :** 35 minutes + 20 minutes de réfrigération
Cuisson : 40 minutes
Pour 4 à 6 personnes

1 tasse 1/4 de farine	50 g de beurre
1/4 de tasse de sucre glace	1/4 de tasse de sucre
90 g de beurre en petits morceaux	1 œuf légèrement battu
1 jaune d'œuf légèrement battu	1 cuil. à café d'essence de vanille
1 à 2 cuil. à soupe d'eau glacée	2 cuil. à café de farine
	50 g d'amandes pilées
	2 cuil. à soupe de confiture d'abricots, réchauffée et tamisée

Garniture
2 grosses poires

1 Passer la farine, le sucre et le beurre 15 secondes au mixeur, jusqu'à ce que le mélange soit friable. Ajouter le jaune d'œuf et presque toute l'eau, et mixer 20 secondes jusqu'à obtention d'une pâte épaisse, en ajoutant de l'eau si nécessaire. Poser la pâte sur un plan de travail fariné et former une boule. Beurrer ou huiler un moule à tarte rectangulaire de 35 x 11 cm. Étaler la pâte et en foncer le moule, en ôtant l'excédent de pâte. Couvrir d'un film plastique et laisser 20 minutes au réfrigérateur.

2 Préchauffer le four à 180 °C. Garnir le moule de papier sulfurisé. Disposer dessus des haricots secs ou du riz. Faire cuire 10 minutes, jusqu'à ce que la pâte soit légèrement dorée. Laisser refroidir.

3 Garniture : peler les poires, les couper en deux et retirer les pépins. Les plonger dans une petite casserole d'eau bouillante et faire cuire 10 minutes à feu moyen, jusqu'à ce qu'elles soient tendres. Égoutter, laisser refroidir et trancher finement.

4 Mélanger le beurre et le sucre au batteur pour obtenir un mélange crémeux et léger. Ajouter progressivement l'œuf battu, en fouettant bien après chaque addition. Ajouter l'essence de vanille et bien mélanger. Avec une cuillère en métal, incorporer la farine et les amandes. Étaler le mélange sur la pâte et disposer les tranches de poire. Faire cuire 20 minutes au four et enduire les poires de confiture pendant qu'elles sont encore chaudes.

AMANDES ÉPICÉES

Chauffer 2 cuil. à soupe d'huile d'olive dans une poêle à fond épais. Ajouter 1/2 cuil. à café de cumin, de coriandre moulue, d'ail en poudre et de chili, et 1/4 de cuil. à café de gingembre moulu et de cannelle. Remuer à feu doux pendant 2 minutes. Retirer du feu, ajouter 2 tasses d'amandes entières mondées et bien mélanger pour les enduire d'épices. Étaler les amandes sur une plaque de four et les passer au four préchauffé à 150 °C pendant 15 minutes. Retirer du four, saupoudrer de sel et laisser refroidir.

CI-DESSUS : TARTE AUX POIRES ET AUX AMANDES.
PAGE CI-CONTRE : MACARONS AUX AMANDES.

MACARONS AUX AMANDES

✳ ✳   **Préparation :** 30 minutes
        Cuisson : 15 à 20 minutes
        Pour 6 personnes

1 tasse de sucre glace	*citron finement râpé*
tamisé	*1 cuil. à café d'essence de*
1 œuf battu	*vanille*
2 tasses d'amandes pilées	*¼ de cuil. à café de*
2 cuil. à café de zeste de	*cannelle en poudre*

1 Dans une jatte, réunir le sucre glace et l'œuf, et battre jusqu'à ce que le mélange blanchisse.
2 Dans un autre récipient, mélanger les amandes, le zeste de citron, la vanille et la cannelle. Incorporer peu à peu le mélange sucre et œuf.
3 Pétrir la pâte dans le récipient pendant 5 minutes, jusqu'à ce qu'elle soit malléable. La couvrir d'un torchon et la laisser reposer 15 minutes.
4 Préchauffer le four à 180 °C. Sur un plan de travail fariné, rouler la pâte pour former un long boudin de 4 cm d'épaisseur. Couper 24 tranches et les rouler en petites boules de même grosseur.
5 Huiler légèrement les paumes de vos mains et aplatir chaque boule en un palet d'environ 4 cm de diamètre. Les disposer sur une plaque huilée en laissant beaucoup d'espace entre chaque macaron. Saupoudrer de sucre glace. Les mettre au four pendant 15 à 20 minutes jusqu'à ce qu'ils soient dorés. Laisser refroidir sur une grille et les conserver dans un récipient hermétique.

PAIN-BISCUIT AUX AMANDES

✳   **Préparation :** 10 minutes
   Cuisson : 45 minutes
   Pour 36 biscuits environ

4 blancs d'œuf	*1 tasse de farine tamisée*
1 pincée de levure	*¾ de tasse d'amandes*
chimique	*entières non mondées*
½ tasse de sucre	*Essence d'amande*

1 Préchauffer le four à 200 °C ; beurrer un moule à cake. Battre les œufs en neige avec la levure. Ajouter progressivement le sucre sans cesser de battre. Incorporer délicatement la farine, les amandes et quelques gouttes de l'essence.
2 Verser la préparation dans le moule et mettre au four 30 à 35 minutes. Laisser reposer 5 minutes dans le moule, puis faire refroidir complètement sur une grille.
3 Couper le pain en tranches très fines à l'aide d'un couteau à lame fine et tranchante. Les disposer sur une plaque non huilée. Réduire la température du four à 150 °C et faire cuire les tranches 10 à 12 minutes. Laisser refroidir et conserver dans un récipient hermétique.

Remarque : vous pouvez remplacer les amandes par des noix, des noix de macadamia ou de pécan, ou encore des pistaches. Le pain juste tranché peut être congelé ; ne faire cuire que le nombre de tranches voulu à chaque fois. Ces biscuits accompagnent merveilleusement le thé, le café ou les desserts crémeux.

les soupes, avec les œufs, les salades, les fromages doux et dans les sauces d'accompagnement du poisson ; les graines dans le pain, les pickles, et pour aromatiser le vinaigre et le chou cuit.

L'aneth est très employé dans la cuisine d'Europe du Nord, où il parfume la choucroute et la salade de pommes de terre, les plats de poissons et de légumes, et les cornichons au vinaigre. Pendant de nombreuses années, on a donné des infusions d'aneth aux bébés pour les aider à trouver le sommeil.

Angélique Herbe mieux connue pour ses tiges sucrées, utilisées pour aromatiser et décorer les pâtisseries et les desserts. On l'a d'abord consommée crue, comme le céleri, et on peut ajouter ses feuilles fraîches dans la salade.
Dans certaines régions d'Islande et de Norvège, on confectionne d'abord de la farine avec les racines séchées, puis une sorte de pain. Les graines d'angélique servent à la préparation du vermouth et de la chartreuse. Originaire de l'Europe du Nord, l'angélique a été amenée dans des contrées plus chaudes par les Vikings au Xe siècle. Là, parce qu'elle fut trouvée en fleur le 8 mai - le jour

de la St Michel - on a cru qu'elle était dotée de pouvoirs surnaturels, et on l'a utilisée pour se protéger contre les sorcières. Au VIIᵉ siècle, la racine était mâchée ou préparée en mixture appelée "eau d'angélique" pour lutter, croyait-on, contre la peste.
Les préparations faites avec la racine ont été

employées pour soulager les coliques et les maux de dents, pour traiter la surdité et les troubles respiratoires ; une espèce nord-américaine a été employée dans les mêmes intentions médicales par les premiers colons européens.
Pour les Américains, la racine d'angélique était connue comme "racine de chasse et de pêche", et ils s'en frottaient les mains pour que l'odeur attire poisson et gibier. L'angélique est surtout une plante de culture, mais elle pousse à l'état sauvage dans les Alpes et les Pyrénées. De même, elle pousse à l'état sauvage au bord des cours d'eau, et dans les marécages, en Europe. L'angélique sauvage a une tige plus fine et plus sombre (violacée) que l'angélique de jardin. Elle appartient à la famille des ombellifères.
En phytothérapie, l'angélique possède d'excellentes propriétés

CUISINE AMÉRICAINE : LES CLASSIQUES

POULET FRIT CROUSTILLANT

✳ ✳   *Préparation :* 10 minutes
Cuisson : 16 minutes
Pour 6 personnes

12 pilons de poulet
¼ de tasse de cornflakes finement écrasés
1 tasse ¼ de farine
1 cuil. à café de sel de céleri
1 cuil. à café de sel d'oignon

2 cuil. à soupe de bouillon de volaille en poudre
½ cuil. à café d'ail en poudre
½ cuil. à café de poivre blanc moulu
Huile à friture

1 Plonger les pilons de poulet dans une grande casserole d'eau bouillante ; baisser le feu et laisser mijoter à découvert pendant 8 minutes, jusqu'à ce que le poulet soit presque cuit. Égoutter.
2 Mélanger les cornflakes, la farine tamisée, les sels, le bouillon, l'ail et le poivre. Mettre les pilons dans une grande jatte et les recouvrir d'eau froide.
3 Tremper les pilons mouillés, un par un, dans le mélange de condiments, et ôter tout excédent.
4 Faire frire délicatement les pilons, 3 ou 4 à la fois, à feu moyen pendant 8 minutes, jusqu'à ce qu'ils soient dorés. Égoutter sur du papier absorbant et réserver au chaud. Frire le reste des pilons et les servir chaud.

HACHIS DE CORNED-BEEF

✳   *Préparation :* 20 minutes
Cuisson : 15 minutes
Pour 2 personnes

50 g de beurre
4 pommes de terre moyennes, cuites, pelées et coupées en cubes
375 g de corned beef cuit, coupé en cubes

1 oignon moyen haché
Sel et poivre
Ketchup ou sauce pimentée
2 œufs pochés ou sur le plat (facultatif)

1 Faire fondre le beurre dans une sauteuse à fond épais. Ajouter les pommes de terre, le corned beef, l'oignon, le sel et le poivre. Faire revenir 1 minute en remuant.
2 Tasser fermement le mélange à l'aide d'une spatule. Faire cuire à feu moyen, sans couvrir, pendant 15 minutes environ, jusqu'à ce qu'une croûte brune se forme au fond.
3 Servir le hachis chaud, accompagné de ketchup ou de sauce pimentée. On peut également le garnir d'œufs pochés ou sur le plat.

Remarque : toutes les variétés de pommes de terre conviennent pour ce hachis. On peut les cuire selon sa préférence : à l'eau, au four ou au micro-ondes.

CI-DESSUS : POULET FRIT CROUSTILLANT.
PAGE CI-CONTRE : CORNBREAD.

HARICOTS À LA BOSTONIENNE

✶ **Préparation :** 10 minutes
Cuisson : 30 minutes
Pour 4 personnes

30 g de lard salé ou de bacon
1 boîte de 850 g de haricots blancs cuits à la sauce tomate
1 gros oignon haché

3 cuil. à soupe de mélasse
2 cuil. à café de poudre de moutarde sèche
1 cuil. à soupe de sauce pimentée ou sauce Worcestershire

1 Préchauffer le four à 180 °C. Beurrer un plat à four de 2 l.
2 Détailler le lard ou le bacon en lardons de 2 cm et les faire dorer à la poêle. Égoutter.
3 Mélanger les haricots non égouttés avec les lardons et ajouter le reste des ingrédients. Verser le mélange dans le plat à four et faire cuire environ 30 minutes, jusqu'à ce que la préparation frémisse. Servir très chaud.

CORNBREAD (PAIN AU MAÏS)

✶ **Préparation :** 10 minutes
Cuisson : 45 minutes
Pour 1 pain

1 tasse ½ de farine
3 cuil. à café de levure
1 cuil. à café de sel
1 tasse de farine de maïs jaune
2 cuil. à soupe de sucre

2 œufs battus
1 tasse ½ de lait ribot (lait fermenté)
¼ de tasse d'huile végétale
50 g de beurre fondu

1 Préchauffer le four à 180 °C. Faire chauffer un moule rectangulaire (à bords bas) de 30 x 20 cm, pendant 5 minutes.
2 Tamiser la farine, la levure et le sel dans une grande jatte ; incorporer la farine de maïs et le sucre. Faire un puits au centre. Dans un bol, mélanger les œufs, le lait et l'huile et battre énergiquement. Verser le mélange sur les ingrédients secs et bien remuer.
3 Beurrer le moule réchauffé et y verser la préparation. Égaliser la surface. Enfourner 25 minutes. Enduire la surface du pain d'un peu de beurre fondu et remettre 15 minutes au four.
4 Couper le pain en carrés et servir chaud.

TARTE AUX NOIX DE PÉCAN

✶ ✶ **Préparation :** 40 minutes
Cuisson : 1 heure 15
Pour 6 à 8 personnes

1 tasse ¼ de farine
¼ de cuil. à café de levure
90 g de beurre, coupé en morceaux
3 à 4 cuil. à soupe d'eau

Garniture
¼ de tasse de sucre roux
¼ de tasse de farine
375 ml de mélasse
4 œufs légèrement battus
30 g de beurre fondu
1 ½ cuil. à café d'essence de vanille
1 tasse de cerneaux de noix de pécan

1 Tamiser la farine et la levure dans un récipient. Incorporer le beurre en l'écrasant avec les doigts, jusqu'à ce que le mélange soit friable. Verser 3 cuil. à soupe d'eau pour obtenir une pâte ferme, en ajoutant le reste d'eau si nécessaire. Déposer la pâte sur un plan de travail fariné et la pétrir 1 minute. La laisser reposer 15 minutes dans un film plastique au réfrigérateur.
2 Préchauffer le four à 210 °C. Étaler la pâte entre deux feuilles de film plastique et en garnir un moule à tarte de 23 cm. Ôter l'excédent de pâte et piquer le fond avec une fourchette.
3 Faire cuire 15 minutes au four jusqu'à ce que la pâte soit légèrement dorée ; retirer du four. Baisser la température à 160 °C.
4 Garniture : dans une jatte, mélanger le sucre et la farine tamisée. À l'aide d'un batteur électrique, incorporer progressivement la mélasse, les œufs, le beurre et la vanille. Ajouter les noix et bien mélanger. Verser le mélange sur la pâte et passer 1 heure au four, jusqu'à ce que la garniture ait légèrement monté. Veiller à ne pas trop cuire la tarte qui doit rester crémeuse. La laisser refroidir sur une grille et servir avec de la crème fraîche ou de la glace.

antispasmodiques, et aide à la digestion.

Anglaise (à l') Terme

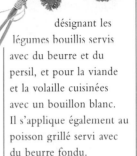

désignant les légumes bouillis servis avec du beurre et du persil, et pour la viande et la volaille cuisinées avec un bouillon blanc. Il s'applique également au poisson grillé servi avec du beurre fondu.

Anglaise (cuisine) La nourriture anglaise a la réputation d'être lourde et inintéressante, mais la cuisine anglaise est en réalité hors pair. Saumon poché avec une salade de concombre et de la mayonnaise, jambon en croûte, pudding aux fruits rouges et Chelsea buns (petits pains au raisin) en sont quelques exemples. Le célèbre "English breakfast" se compose d'œufs au bacon avec une tomate grillée, et parfois d'une saucisse ou de harengs fumés, avec des toasts, de la confiture d'oranges et une tasse de thé.

Le "ploughman's lunch", autre plat anglais réputé, est constitué d'un bon pain de campagne, d'un morceau de cheddar ou d'un autre fromage régional, et de quelques oignons marinés.

Le thé est une institution anglaise, et se prend généralement vers 16 heures. Un "vrai" thé se compose de pain et de beurre, de confiture maison ou de petits sandwichs. Un cake ou un gâteau à la crème, une brioche aux raisins, ou des petits gâteaux peuvent aussi être servis, avec beaucoup de thé chaud. De nos jours, un "vrai" thé remplace aisément le dîner.
Le dîner anglais commence souvent par une soupe, suivie d'un plat principal de viande ou de poisson avec des légumes, un dessert puis le fromage. Les Anglais, contrairement aux Français, mangent le fromage à la fin du repas plutôt qu'avant le dessert.

Un "canapé" - toast à la crème d'anchois ou pruneaux au bacon - termine souvent un repas,

TARTE FOURRÉE AUX POMMES

✳ ✳   **Préparation :** 1 heure
Cuisson : 50 minutes
Pour 6 à 8 personnes

1 tasse de farine avec levure incorporée
1 tasse de farine
125 g de beurre très froid, finement détaillé
2 cuil. à soupe de sucre
1 œuf + 1 autre œuf légèrement battu
1 à 2 cuil. à soupe de lait

Garniture
8 grosses pommes, pelées et coupées en 12 tranches
2 grosses lamelles de zeste de citron
6 clous de girofle
1 bâton de cannelle
2 tasses d'eau
½ tasse de sucre

1 Préchauffer le four à 180 °C. Beurrer un moule rond et profond, de 20 cm de diamètre. Garnir de papier sulfurisé. Saupoudrer de farine.
2 Garniture : dans une grande casserole, mélanger les pommes, le zeste de citron, la girofle, la cannelle, l'eau et le sucre. Couvrir et laisser mijoter 10 minutes. Retirer du feu et bien égoutter. Jeter le zeste, les clous de girofle et le bâton de cannelle. Réserver les pommes.
3 Verser les farines et le beurre dans le bol du mixeur ; ajouter le sucre. Mixer 15 secondes pour obtenir un mélange friable. Ajouter l'œuf et presque tout le lait ; mixer 15 secondes jusqu'à formation d'une pâte ; ajouter de l'eau si nécessaire. Poser la

pâte sur un plan de travail fariné et la pétrir 2 minutes. La réfrigérer 15 minutes, enveloppée de film plastique.
4 Étaler ²∕₃ de la pâte entre deux feuilles de film plastique de façon à garnir le fond et les bords du moule. Verser délicatement le mélange aux pommes. Étaler le reste de la pâte pour former le couvercle. Mouillez les bords à l'œuf battu afin de les sceller. Ôter l'excédent de pâte à l'aide d'un couteau tranchant et presser sur toute la circonférence avec une fourchette. Badigeonner le dessus de la tarte d'œuf battu. Cuire 50 minutes au four, jusqu'à ce que la pâte soit dorée. Laisser la tarte dans son moule pendant 10 minutes puis la démouler sur le plat de service. Servir chaude ou froide avec de la crème fraîche, de la glace ou de la crème anglaise.

Remarque : traditionnellement, la tarte aux pommes américaine s'accompagne d'un morceau de cheddar vieilli.

VARIANTES

■ Ajouter ³∕₄ de tasse de rhubarbe cuite ou de mincemeat (voir recette) à la garniture.
Parfumer à votre goût de cannelle, de muscade, de girofle, de macis ou de poivre de la Jamaïque.
■ Si les pommes sont très sucrées, les arroser d'un peu de jus de citron.

CI-DESSUS : TARTE FOURRÉE AUX POMMES.

CUISINE ANGLAISE : LES CLASSIQUES

CHELSEA BUNS

✳ ✳   **Préparation :** 35 minutes
       Cuisson : 30 à 35 minutes
       Pour 12 petits pains aux raisins secs

*2 tasses de farine avec   1 tasse de raisins secs et de
    levure incorporée   fruits confits
1/4 de tasse de sucre   1 cuil. à café de mixed
30 g de beurre coupé en   spice (mélange d'épices à
    morceaux   pudding : muscade,
1/3 de tasse de lait   cannelle, clous de girofle
1 œuf   et gingembre)*

Garniture   **Glaçage**
*30 g de beurre ramolli   1/4 de tasse de sucre
1 cuil. à soupe de sucre roux 1/4 de tasse d'eau*

1 Préchauffer le four à 210 °C. Beurrer un moule à gâteau carré de 20 cm de côté. Garnir le fond de papier sulfurisé. Dans une jatte, tamiser la farine et le sucre ; ajouter le beurre en morceaux. Pétrir avec les doigts de façon à obtenir une texture friable.
2 Dans un bol, battre le lait et l'œuf ensemble et verser le mélange dans la jatte pour obtenir une pâte souple. La poser sur une feuille de papier sulfurisé et l'étaler en un rectangle de 35 x 22 cm.
3 Enduire la pâte de beurre ramolli, saupoudrer de sucre, de fruits confits et d'épices. La rouler pour

former un long boudin, et couper 12 morceaux d'égale épaisseur. Disposer ces morceaux dans le moule préparé, côte à côte. Baisser la température du four à 180 °C et cuire 25 à 30 minutes jusqu'à ce que les pains soient bruns. Retirer du four et laisser refroidir sur une grille.
4 Glaçage : verser le sucre et l'eau dans une petite casserole. Remuer à feu moyen jusqu'à ce que le sucre se dissolve. Porter à ébullition et laisser bouillir 2 à 3 minutes sans remuer. Retirer du feu et glacer les petits pains pendant qu'ils sont encore chauds. Avant de servir, couper, garnir de beurre et servir.

CORNISH PASTIES (CHAUSSONS À LA VIANDE)

✳   **Préparation :** 30 minutes + 30 minutes
       de réfrigération
       Cuisson : 50 minutes
       Pour 6 chaussons

Pâte brisée
*2 tasses 1/2 de farine avec
    levure incorporée
1/2 cuil. à café de moutarde
    sèche
125 g de beurre coupé en
    morceaux
1 à 3 cuil. à soupe d'eau*

Garniture
*250 g de bifteck haché
2 petites pommes de terre
    pelées et finement
    hachées*

*1 oignon moyen, pelé et
    finement haché
1/4 de tasse de persil frais
    haché
1/4 de tasse de bouillon de
    bœuf ou de volaille
Poivre blanc
Sel
1/4 de cuil. à café de
    moutarde anglaise (type
    Savora)
1 cuil. à café de raifort
    râpé
Œuf battu pour le glaçage*

1 Beurrer une plaque de four. Passer la farine, la moutarde et le beurre au mixeur jusqu'à ce que la préparation soit homogène et friable. Ajouter presque toute l'eau, mixer 20 secondes pour obtenir une pâte ; ajouter le reste d'eau si nécessaire. Former une boule, la couvrir de film plastique et réfrigérer 30 minutes.
2 Garniture : dans un récipient, mélanger le bifteck, les pommes de terre, l'oignon et le persil. Ajouter le bouillon et les assaisonnements. Bien mélanger.
3 Préchauffer le four à 210 °C. Étaler la pâte de façon qu'elle ait 5 mm d'épaisseur et couper 6 cercles de 16 cm de diamètre, en vous aidant d'une soucoupe. Répartir la garniture au centre de chaque cercle.
4 Mouiller le bord des cercles à l'œuf et replier la pâte pour former un chausson. Pincer les bords en collerette et badigeonner les chaussons d'œuf. Les disposer sur la plaque et les passer 10 minutes au four. Baisser la température à 180 °C et prolonger la cuisson de 40 minutes. Servir chaud.

CI-DESSUS : CHELSEA BUNS.

bien que de nos jours ils ne soient généralement offerts que dans les clubs soucieux de conserver une certaine tradition.

Anguille Poisson long, ressemblant à un serpent, à peau douce, glissante, de couleur vert olive ou argentée, que l'on trouve partout dans le monde. Les espèces les plus communément consommées sont les anguilles d'eau douce ; les anguilles de mer sont plus grosses et regroupent la murène et le congre. La chair de l'anguille est ferme, blanche, grasse et s'abîme très rapidement. C'est pour cette raison que dans de nombreux endroits au monde, les anguilles sont mises dans de grands réservoirs et vendues vivantes. L'anguille fumée est un amuse-gueule très répandu en Grande-Bretagne et en Europe du Nord, servie soit en fines tranches, soit en filets, disposée sur une timbale de riz sauvage et arrosée d'un jus de citron. Les jeunes

anguilles, appelées civelles ou pibales, constituent un mets raffiné de certaines régions d'Italie, de France et de Belgique.

Anis L'anis européen appartient à la famille des ombellifères ; il a une

odeur et une saveur particulière de réglisse. La plante est originaire d'Egypte, où elle pousse encore à l'état sauvage, de Grèce, et de certaines régions de l'Asie du Sud-Ouest. Les graines aromatiques sont utilisées pour saupoudrer certaines variétés de pain, pour aromatiser les gâteaux au café, les salades de fruits, le chou cuit, mais aussi le poulet et le veau. L'huile extraite des graines est employée pour aromatiser les sucreries et quelques boissons alcoolisées, comme le pernod et l'anisette. Les Romains mangeaient des gâteaux à l'anis à la fin des repas pour faciliter la digestion, et suspendaient la plante près de leur lit pour ne pas faire de cauchemars. L'anis a des propriétés digestives, "anti-migraines", et astringentes.

Anis étoilé Fruit sec en forme d'étoile provenant d'un arbre que l'on trouve dans le sud de la Chine, utilisé comme épice. Il a une saveur prononcée d'anis. L'anis étoilé a longtemps été utilisé dans la cuisine asiatique pour

SAUCISSES-PURÉE À L'ANGLAISE

✳ **Préparation :** 25 minutes
Cuisson : 25 minutes
Pour 4 personnes

8 saucisses épaisses
1 cuil. à soupe d'huile
2 oignons moyens émincés
2 cuil. à soupe de préparation pour gravy en sachet (vous en trouverez dans les épiceries anglaises ; à défaut, utilisez du bouillon de bœuf en cube)

1 tasse ½ d'eau

Purée
4 pommes de terre moyennes
2 cuil. à soupe de lait
30 g de beurre
Sel et poivre
Persil finement haché pour la garniture

1 Piquer les saucisses à la fourchette. Chauffer dans une poêle à fond épais, huilée, pendant 10 minutes environ. Égoutter et réserver.
2 Conserver l'équivalent d'une cuillerée à soupe de graisse de cuisson dans la poêle et jeter le reste. Y faire dorer les oignons, 5 minutes à feu moyen.
3 Dans un bol, délayer la préparation pour gravy avec de l'eau et bien mélanger. Verser dans la poêle et remuer pour l'incorporer aux oignons. Continuer à remuer à feu doux pendant 2 minutes jusqu'à épaississement. Remettre les saucisses, les mélanger à la sauce et servir avec la purée.
4 Purée : cuire à l'eau bouillante les pommes de terre ; bien les égoutter. Les écraser au presse-purée. Ajouter le lait et le beurre, et battre pour obtenir une consistance crémeuse. Assaisonner et saupoudrer de persil. Ce plat s'accompagne traditionnellement de haricots ou de petits pois.

SHEPHERD'S PIE (HACHIS DE VIANDE ET PURÉE)

✳ **Préparation :** 15 minutes
Cuisson : 1 heure
Pour 6 personnes

750 g d'agneau maigre
25 g de beurre
2 oignons moyens finement émincés
¼ de tasse de farine
½ cuil. à café de moutarde sèche
1 tasse ½ de bouillon de volaille
¼ de tasse de menthe fraîche hachée
¼ de tasse de persil frais haché

½ cuil. à café de poivre moulu
Sel
2 cuil. à soupe de sauce Worcestershire

Purée
4 grosses pommes de terre cuites et écrasées
¼ à ⅓ de tasse de lait chaud
30 g de beurre
Sel et poivre

1 Beurrer un grand plat à four d'une capacité d'environ 2 l. Préchauffer le four à 210 °C. Parer la viande et la détailler en très petits morceaux, ou bien la hacher. Faire fondre le beurre dans une grande casserole. Ajouter les oignons, la viande et faire dorer le tout.
2 Incorporer la farine et la moutarde. Ajouter progressivement le bouillon et remuer jusqu'à ce que la préparation soit homogène. Porter à ébullition, baisser le feu et laisser mijoter 3 minutes. Ajouter, la menthe, le persil, le poivre, le sel et la sauce Worcestershire. Retirer du feu et verser dans le plat de cuisson.
3 Purée : mélanger vigoureusement les pommes de terre, le lait, le beurre, le sel et le poivre jusqu'à obtention d'une texture crémeuse. Étaler de façon régulière sur la viande et tracer des sillons à la fourchette. Faire cuire 40 à 45 minutes jusqu'à ce que la purée soit dorée.

SPOTTED DICK
(PUDDING AUX RAISINS)

✲✲ **Préparation :** 15 minutes
Cuisson : 2 heures 30
Pour 4 personnes

1 tasse 1/3 de farine
1 1/2 cuil. à café de levure
1/2 tasse de sucre
1 1/2 cuil. à café de
gingembre moulu
2 tasses de pain émietté
1/2 tasse de raisins de
Smyrne
3/4 de tasse de raisins de
Corinthe

125 g de graisse de bœuf
en petits morceaux
2 cuil. à café de zeste de
citron finement râpé
2 œufs légèrement battus
1 tasse de lait
Crème liquide ou crème
anglaise en accompagnement

1 Beurrer un moule à pudding d'une capacité de 1,5 l. En garnir le fond de papier sulfurisé également beurré. Beurrer une grande feuille d'aluminium et une grande feuille de papier sulfurisé.
Dans un récipient, tamiser la farine, la levure, le sucre et le gingembre. Ajouter la chapelure, les fruits, la graisse de bœuf et le zeste de citron. Bien mélanger.
2 Mélanger les œufs et le lait et verser sur la préparation, en remuant bien. Verser dans le moule. Poser la feuille de papier sulfurisé, puis la feuille d'aluminium, côtés beurrés vers le bas. Fermer le couvercle du moule hermétiquement, en consolidant le tout à l'aide de ficelle.
3 A défaut de couvercle, plier un torchon sur la feuille d'aluminium, l'attacher solidement avec de la ficelle au-

tour du rebord du moule. Nouer les extrémités du torchon ensemble pour former une anse.
4 Placer le moule couvert sur un trépied dans une grande cocotte. Verser doucement de l'eau bouillante jusqu'à mi-hauteur du moule. Porter à ébullition, couvrir, et laisser cuire 2 heures 30. Remettre de l'eau bouillante avant évaporation. Démouler le pudding, trancher et servir avec de la crème.

ECCLES CAKES
(FEUILLETÉS AUX FRUITS SECS)

✲ **Préparation :** 20 minutes
Cuisson : 15 à 20 minutes
Pour 27 gâteaux

1 tasse de raisins de
Corinthe
1/2 tasse de fruits confits
variés
1 cuil. à soupe de cognac
1/2 cuil. à café de cannelle

1 cuil. à soupe de sucre,
+ 2 cuil. à café
supplémentaires
3 rouleaux de pâte
feuilletée pré-étalée
1 blanc d'œuf

1 Préchauffer le four à 210 °C. Beurrer 2 plaques de four. Dans un récipient, mélanger les raisins, les fruits confits, le cognac, la cannelle et le sucre.
2 Découper 9 cercles de 8 cm dans chaque feuille de pâte. Mettre 2 cuil. à café de garniture au centre de chaque cercle. Raccorder les bords, pincer et placer le raccord en dessous. Aplatir au rouleau pour former des gâteaux épais de 1 cm.
3 Disposer les gâteaux sur les plaques. Les badigeonner de blanc d'œuf et saupoudrer de sucre. Faire trois fentes sur le dessus et laisser cuire 15 à 20 minutes, jusqu'à ce que les gâteaux soient dorés.

PAGE CI-CONTRE, EN HAUT : SAUCISSES-PURÉE ; EN BAS : SHEPHERD'S PIE. CI-DESSUS : ECCLES CAKES.

---

aromatiser viandes et volailles ; il est l'un des constituants des épices 5 parfums ; il est apparu en Europe au début du XVIIe siècle. On le trouve entier ou pilé. On l'appelle également badiane.

Anisette Liqueur préparée avec des graines d'anis.

Anone Appelée aussi cherimoya ou cherimole en Espagne et en Amérique du Sud, c'est un gros fruit rond à la peau verte

originaire du Pérou, et maintenant produit dans de nombreuses régions tropicales. Sa chair crémeuse et odorante a le goût de banane, d'ananas et de fraise (d'où son surnom de "Fraise de paradis"), et se mange à la petite cuillère.

Antipasti Terme italien désignant les amuse-gueules, littéralement "avant le repas". Le plat nommé antipasto a probablement été créé à l'époque de la Renaissance où il était courant de

commencer et de terminer un repas avec une série de petits plats. Il existe trois catégories principales des traditionnels Antipasti : *affettati*, composé de viandes salées en tranches comme le jambon ou le salami, et populaire dans l'Italie du Nord et du centre ; *antipasto misto*, assortiment de plats, souvent sans viande, composé de mini pizzas, de fromages et de légumes crus, cuits et marinés tels que les aubergines ; et *antipasto misto mare*, composé de fruits de mer et de petits poissons.
Voir aussi Canapés.

Anzac (biscuits) Ces biscuits ont fait leur apparition en Australie à l'époque de la Première Guerre mondiale, lorsque les œufs étaient rares. Ils étaient fabriqués avec de l'avoine, du sirop, du beurre et de la noix de coco déshydratée, et étaient envoyés en colis alimentaires aux troupes stationnées en Europe.

Araignée de mer
Crustacé marin vivant près des rivages, ressemblant à une araignée. On peut

MINCEMEAT

✱ **Préparation :** 20 minutes
Cuisson : aucune
Pour 800 ml environ

275 g de raisins secs
  finement hachés
150 g de raisins de
  Smyrne hachés
¼ de tasse d'abricots secs
  finement hachés
2 cuil. à soupe de cerises
  confites hachées
2 cuil. à soupe d'amandes
  hachées
½ tasse d'écorces confites
  hachées
⅓ de tasse de raisins de
  Corinthe
1 tasse de sucre roux
1 pomme pelée et râpée

1 cuil. à café de zeste de
  citron râpé
1 cuil. à café de zeste
  d'orange râpé
1 cuil. à soupe de jus de
  citron
1 cuil. à café de mixed
  spice (épices à pudding :
  muscade, cannelle, clous
  de girofle, gingembre)
¼ de cuil. à café de
  muscade moulue
¼ de tasse de brandy
  (cognac ou eau-de-vie)
60 g de beurre fondu

1 Mettre tous les ingrédients dans un grand saladier. Bien mélanger avec une cuillère en bois.
2 Verser la préparation dans des récipients hermétiques ou des bocaux stérilisés et bien fermer.
3 Conserver ces récipients à l'abri de la chaleur et de la lumière jusqu'à 3 mois. Remuer le mélange de temps en temps, en refermant bien. Le mincemeat peut également se congeler.

Remarque : le mincemeat se prépare généralement avec de la graisse de bœuf, mais nous utilisons du beurre dans cette recette. La graisse de bœuf se vend en morceaux, et doit être râpée ou fondue dans le cas du mincemeat, des gâteaux ou des puddings. Le mincemeat confectionné avec cette graisse se conservera plusieurs années dans un endroit sec à l'abri de la lumière.

TARTELETTES AU MINCEMEAT

Dans un mixeur, réunir 2 tasses de farine, 185 g de beurre en morceaux, 2 cuil. à soupe de sucre et 1 cuil. à café de crème anglaise en poudre. Mixer 20 secondes pour obtenir un mélange friable. Ajouter 2 jaunes d'œuf et 1 cuil. à soupe d'eau et mixer 20 secondes pour former une pâte.
Ajouter un peu d'eau si nécessaire. Pétrir doucement sur un plan de travail fariné et couvrir de film plastique. Laisser reposer 15 minutes au réfrigérateur. Étaler la pâte entre deux feuilles de papier sulfurisé de sorte qu'elle ait 2,5 mm d'épaisseur. Découper la pâte en cercles à l'aide d'un emporte-pièce de 7 cm de diamètre. Garnir de petits moules à tarte individuels beurrés de pâte. Verser 1 à 2 cuil. à soupe de garniture sur la pâte (il vous faudra environ 1 tasse de mincemeat).
Étaler de nouveau l'excédent de pâte et découper des motifs pour décorer la surface des tartelettes.
Mettre au four préchauffé à 180 °C pendant 10 à 15 minutes, jusqu'à ce qu'elles soient dorées. Saupoudrer de sucre glace.

AUBERGINES

SALADE D'AUBERGINES À LA CORIANDRE

✳ ✳   **Préparation :** 25 minutes
      Cuisson : 6 minutes
      Pour 6 personnes

2 petites aubergines, coupées en deux dans le sens de la longueur	*½ tasse de coriandre fraîche hachée*
Sel	*1 cuil. à soupe de jus de citron*
3 petites courgettes	*1 cuil. à soupe de jus d'orange*
2 cuil. à soupe d'huile d'olive	*½ cuil. à café de poivre*

1 Couper les aubergines en fines tranches. Les mettre dans une passoire et les faire dégorger au sel 15 à 20 minutes.
2 À l'aide d'un épluche-légumes, émincer les courgettes dans le sens de la longueur et les réserver. Laver les aubergines et les essuyer avec du papier absorbant. Badigeonner légèrement les deux faces des aubergines d'huile d'olive et disposer sur une plaque de four. Faire cuire au gril préchauffé, jusqu'à ce qu'elles soient légèrement brunes sur les deux faces. Retirer et laisser refroidir.
3 Dans un saladier, mettre les aubergines, les courgettes, l'huile, la coriandre, les jus et le poivre, et bien remuer. Servir la salade en entrée ou en accompagnement d'une viande froide.

AUBERGINES FARCIES

✳   **Préparation :** 15 minutes + 30 minutes de repos
      Cuisson : 1 heure
      Pour 6 personnes

3 aubergines petites ou moyennes	*Poivre noir fraîchement moulu*
1 cuil. à soupe de sel	*2 cuil. à soupe de persil frais haché*
½ tasse d'huile d'olive	
2 gousses d'ail écrasées	*2 à 3 cuil. à soupe de jus de citron*
3 oignons moyens finement émincés	*½ cuil. à café de sucre*
4 tomates mûres finement détaillées	*⅓ de tasse d'eau*

1 Ôter la queue des aubergines et les couper en deux dans le sens de la longueur. Les inciser sur presque toute la longueur, en laissant 1,5 cm à chaque extrémité. Saupoudrer de sel et laisser reposer dans un bol d'eau glacée pendant 30 minutes. Égoutter (en les pressant) et essuyer avec du papier absorbant.
2 Chauffer la moitié de l'huile dans une poêle et faire revenir l'ail et les oignons à feu moyen pendant 5 minutes, jusqu'à ce qu'ils soient tendres. Dans un bol, réunir le mélange d'ail et d'oignon avec la tomate, le poivre et le persil. Bien remuer.
3 Préchauffer le four à 160 °C. Chauffer le reste de l'huile dans la poêle et faire cuire les aubergines à feu moyen jusqu'à ce qu'elles soient légèrement dorées.
4 Retirer de la poêle et disposer dans un plat à four. Presser la farce à l'oignon dans les fentes. Verser le mélange de jus de citron, sucre et eau dans le plat. Couvrir et enfourner 45 à 50 minutes en arrosant de temps à autre du jus de cuisson. Parsemer de persil et arroser de jus de cuisson avant de servir.

À PROPOS DES AUBERGINES

■ Les choisir fermes, lourdes et de couleur foncée et uniforme. Les aubergines flétries peuvent être amères ou sans goût.
■ De préférence, les dégorger avant utilisation. Pour cela, couper la tige, détailler ou émincer la chair, la mettre dans une passoire et la saupoudrer de gros sel. Laisser reposer 15 à 30 minutes. Bien rincer et essuyer avec du papier absorbant.
■ Des tranches d'aubergines dégorgées, roulées dans la farine et frites à l'huile d'olive, composent un savoureux accompagnement.
■ Il existe de petites variétés d'aubergines moins amères qui n'ont pas besoin d'être dégorgées.

PAGE CI-CONTRE : TARTELETTES AU MINCEMEAT.
CI-DESSUS : SALADE D'AUBERGINE À LA CORIANDRE.

---

trouver certaines espèces comestibles dans Atlantique et en Méditerranée.

Arbouse Fruit provenant d'un arbuste à feuilles résistantes. On connaît également ce fruit sous le nom de "fraise chinoise" L'arbouse s'apprécie en salades de fruits, en confitures, et on peut l'utiliser pour la fabrication d'une liqueur. L'arbouse est un fruit riche en vitamine C.

Arroser Humecter la nourriture pendant la cuisson avec le jus de cuisson, du beurre fondu ou de la marinade.

Arrow-root Fine poudre blanche extraite du rhizome de la maranta, plante à fleurs blanches des Caraïbes. C'est un féculent très digeste que l'on utilise pour épaissir des sauces douces et salées. Comme il épaissit à une température plus faible que les farines de blé ou de maïs, l'arrow-root est souvent employé pour les sauces délicates qui ne doivent pas bouillir.

Arroz con Pollo Plat espagnol ou mexicain composé de riz, de poulet, d'ail, d'huile d'olive, d'herbes et d'épices.

ANTIPASTI

Pour concocter une appétissante assiette d'antipasti, il suffit de s'approvisionner dans une bonne épicerie fine. Les antipasti constituent une entrée colorée lors d'un repas italien, ou, accompagnés de pain et de vin, composent un délicieux repas estival.

OLIVES MARINÉES

Utiliser des olives vertes éclatées ou des olives noires entières (pour éclater les olives, les frapper doucement à l'aide d'un petit maillet, ou bien les inciser avec un couteau tranchant). Mettre 250 g d'olives dans un récipient. Verser 3 cuil. à soupe d'huile d'olive, ajouter 1 cuil. à soupe d'origan frais et de ciboulette finement hachés, ½ à 1 cuil. à café de zeste de citron râpé et 1 cuil. à café de poivre noir concassé. Mélanger en veillant à bien enduire les olives. Faire chauffer 1 cuil. à soupe d'huile d'olive dans une petite casserole. Ajouter 1 oignon finement émincé et le faire revenir jusqu'à ce qu'il soit tendre. Laisser refroidir et verser sur les olives.

Les olives marinées se conservent jusqu'à un mois dans un bocal hermétique. Si vous les entreposez au réfrigérateur, les sortir 10 minutes environ avant de les servir. Ces olives peuvent garnir les pizzas et les salades, et sont également délicieuses émincées sur du pain aux herbes avec du fromage.

POIRES FRAÎCHES AU PARMESAN

Préparer les poires juste avant de servir, pour éviter qu'elles brunissent. Les choisir bien mûres mais encore fermes. Les laver et les essuyer, puis les couper en deux et ôter les pépins. Les détailler en fines tranches. Avec un épluche-légumes, couper des copeaux de parmesan et en parsemer les poires.

MELON AU PROSCIUTTO

Pour cette recette, prendre un cantaloup ou un melon d'Espagne. Le peler, ôter les pépins et l'émincer en fins quartiers que l'on enveloppera de très fines tranches de prosciutto.

DE GAUCHE À DROITE : OLIVES MARINÉES, POIRES FRAÎCHES AU PARMESAN, MELON AU PROSCIUTTO, SALADE DE TOMATES, COPPA ET SALAMI, ARTICHAUTS MARINÉS, POIVRONS GRILLÉS, POULPES AU PIMENT ET À L'AIL.

SALADE DE TOMATES

Couper 1 ou 2 bocconcini (mozzarella fraîche en boule) en fines rondelles. Choisir des tomates de même grosseur et les trancher. Sur le plat de service, alterner les tranches de tomates et de bocconcini. Les arroser d'huile d'olive, de quelques gouttes de vinaigre balsamique et parsemer de feuilles de basilic ciselées.

COPPA ET SALAMI

Traditionnellement, un assortiment d'antipasti comporte toujours une assiette de charcuterie variée, notamment de fines tranches de salami ou de coppa (porc fumé servi cru). Il existe un grand choix de salamis ; certains sont épicés, d'autres ont une croûte parfumée. On les dispose en cornets, en éventails, ou simplement en tranches alternées.

ARTICHAUTS MARINÉS

On peut utiliser des artichauts frais, mais il est plus simple de préparer des cœurs d'artichaut en conserve. Les égoutter et bien les rincer pour ôter la saumure. Les couper en quartiers. Les mettre dans un récipient et, pour 400 g d'artichauts, verser 6 cuil. à soupe d'huile d'olive, ajouter 1 gousse d'ail écrasée, 1 cuil. à café de zeste de citron râpé, 2 à 3 cuil. à soupe de fines herbes fraîches hachées, et, à votre goût, 1 piment frais finement pilé. Mélanger le tout, couvrir et réserver. Ces artichauts se conservent une semaine au réfrigérateur, dans un récipient hermétique.

POIVRONS GRILLÉS

Couper les poivrons rouges en deux, ôter les pépins et les membranes. Les placer, côté bombé vers le haut, sous le gril chaud, ou les passer sur la flamme du gaz jusqu'à ce que la peau cloque et noircisse. Les envelopper quelques minutes dans un torchon humide, puis peler la peau noircie. Détailler les poivrons en larges lanières et les arroser d'huile d'olive et de quelques gouttes de vinaigre balsamique.

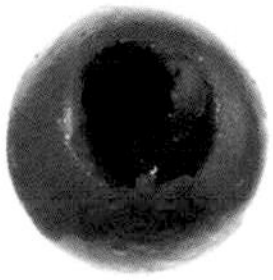

POULPES AU PIMENT

Dans une grande jatte, mélanger 3 cuil. à soupe d'huile d'olive, 1 cuil. à soupe de sauce de soja, 2 cuil. à soupe d'origan frais haché et de persil haché, et 1 piment rouge frais finement pilé. Laver 500 g de petits poulpes et bien les essuyer. Fendre la tête et retirer l'intérieur. En tenant le corps fermement, pousser le bec vers l'extérieur avec l'index. Mettre les poulpes dans la jatte et les enduire de marinade. Égoutter et réserver la marinade. Faire cuire au barbecue bien chaud pendant 3 à 5 minutes, jusqu'à ce que la chair blanchisse. Retourner fréquemment les poulpes et les arroser de marinade pendant la cuisson.

Le safran lui donne sa couleur jaune caractéristique.

Artichaut Deux légumes portent le nom d'artichaut : l'artichaut globe, soit le bouton aux feuilles gris argenté d'une grande plante ressemblant au chardon ; et le topinambour, racine à chair blanche appartenant à la famille des composées.

L'artichaut globe est probablement originaire des côtes de la Méditerranée occidentale.

Il n'était pas beaucoup

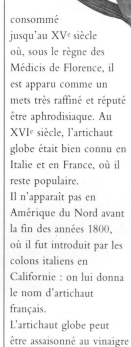

consommé jusqu'au XVe siècle où, sous le règne des Médicis de Florence, il est apparu comme un mets très raffiné et réputé être aphrodisiaque. Au XVIe siècle, l'artichaut globe était bien connu en Italie et en France, où il reste populaire.

Il n'apparaît pas en Amérique du Nord avant la fin des années 1800, où il fut introduit par les colons italiens en Californie : on lui donna le nom d'artichaut français.

L'artichaut globe peut être assaisonné au vinaigre

ARTICHAUTS

SALADE D'ARTICHAUTS ET D'ASPERGES

✳ **Préparation** : 20 minutes
Cuisson : 10 minutes
Pour 4 personnes

1 botte d'asperges fraîches	2 cuil. à soupe d'huile
130 g de haricots verts	d'olive
150 g de petits	2 cuil. à soupe de jus de
champignons de Paris	citron
5 cœurs d'artichaut marinés	1/4 de cuil. à café de poivre
ou en conserve	noir
30 g de beurre	2 cuil. à soupe de menthe
1/2 cuil. à café de paprika	finement hachée
doux moulu	
2 gousses d'ail finement	
émincées	

1 Couper les pointes d'asperge en morceaux de 5 cm. Équeuter les haricots d'un seul côté. Couper les champignons en deux et les cœurs d'artichaut en quartiers.
2 Remplir à moitié d'eau une casserole moyenne et porter à ébullition. Y plonger les asperges et les haricots 1 à 2 minutes, jusqu'à ce qu'ils deviennent vert vif. Retirer du feu et les plonger dans un bol d'eau glacée. Les laisser jusqu'à ce qu'ils aient complètement refroidi et égoutter.
3 Chauffer le beurre. Mettre le paprika et l'ail et faire cuire 1 minute. Ajouter les champignons et prolonger la cuisson de 2 à 3 minutes. Retirer du feu.

4 Dans un récipient, mélanger l'huile, le jus de citron, le poivre et la menthe. Ajouter les asperges, les haricots et les champignons et bien mélanger.

PÂTES PENNE AUX CŒURS D'ARTICHAUT

✳ **Préparation** : 10 minutes
Cuisson : 15 minutes
Pour 8 personnes

500 g de pâtes penne	410 g de cœurs d'artichaut
1 cuil. à soupe d'huile d'olive	en boîte, égouttés et
2 poireaux finement émincés	coupés en quatre
2 poivrons rouges moyens,	1 cuil. à soupe de jus de citron
coupés en lamelles de 1 cm	30 g de beurre
2 gousses d'ail écrasées	1/2 tasse de parmesan frais

1 Cuire les pâtes dans une casserole d'eau bouillante, jusqu'à ce qu'elles soient al dente. Pendant ce temps, chauffer l'huile dans une poêle à fond épais, ajouter les poireaux et les cuire 3 minutes à feu moyen.
2 Ajouter le poivron et l'ail et faire cuire encore 3 minutes, en mélangeant. Incorporer les cœurs d'artichaut et le jus de citron.
3 Égoutter les pâtes et les mettre dans une grande poêle. Ajouter le beurre et bien le mélanger aux pâtes. Verser les légumes et bien remuer. Servir immédiatement avec des copeaux de parmesan.

À PROPOS DES ARTICHAUTS

■ Couper les tiges, retirer les feuilles extérieures et les laver à l'eau froide.
Ce légume peut être cuit à la vapeur ou au four (voir recettes) ; il est cuit lorsque les feuilles du centre se retirent facilement.

CI-CONTRE : SALADE D'ARTICHAUTS ET D'ASPERGES ; CI-DESSUS : PÂTES PENNE AUX CŒURS D'ARTICHAUT. PAGE CI-CONTRE : ARTICHAUTS MAYONNAISE À L'ESTRAGON.

ARTICHAUTS MAYONNAISE
À L'ESTRAGON

✳ ✳   *Préparation :* 30 minutes
Cuisson : 30 minutes
Pour 4 personnes

4 *artichauts moyens*	1 *jaune d'œuf*
¼ *de tasse de jus de*	½ *cuil. à café de moutarde*
citron	⅔ *de tasse d'huile d'olive*
	Sel et poivre blanc

Mayonnaise à l'estragon
1 *cuil. à soupe de vinaigre*
  à l'estragon

1 Couper les tiges. À l'aide de ciseaux, couper l'extrémité des feuilles extérieures. Avec un couteau tranchant, sectionner la partie supérieure des artichauts. Badigeonner les parties sectionnées de jus de citron pour éviter leur décoloration.

2 Faire cuire les artichauts 30 minutes à la vapeur, jusqu'à ce qu'ils soient tendres, en rajoutant de l'eau bouillante si nécessaire. Retirer du feu et laisser refroidir.

3 Mayonnaise à l'estragon : dans un grand bol, mélanger le vinaigre, le jaune d'œuf et la moutarde. Battre pendant une minute avec un fouet métallique. Ajouter l'huile en très petites quantités à la fois sans cesser de battre, jusqu'à ce que le mélange soit crémeux et épais.

Ne cesser de battre que lorsque toute l'huile a été versée. Assaisonner. Garnir chaque assiette d'un artichaut et d'un peu de mayonnaise.

Remarque : n'hésitez pas à déguster les artichauts en toute simplicité, avec les doigts !

Trempez chaque feuille dans la sauce, ou dans du beurre fondu, et mangez les parties charnues. Bien sûr, vous aurez ensuite à retirer le foin de l'artichaut pour apprécier le fond.

Un rince-doigts est le bienvenu, de même qu'un bol pour jeter les feuilles.

quand il est petit ; on trouve les cœurs d'artichaut en conserve ou congelés.

Malgré son nom anglais "d'artichaut de Jérusalem", le topinambour n'a aucun rapport avec la cité du Moyen-Orient : "jerusalem" est une retranscription du mot italien *girasole* désignant le tournesol, dont cette plante est très proche. Il nous vient en fait d'Amérique du Nord où il était cultivé par les Amérindiens ; dans cette partie du monde, on lui donne aussi le nom "d'artichaut canadien". Au début du XVIIᵉ siècle, Samuel de Champlain, le fondateur de Québec, notait dans son carnet de bord que la racine avait un goût comparable à celui du cœur de l'artichaut globe européen, d'où le nom. En l'année 1620, on trouvait l'artichaut sur les marchés de Paris. Il fut cultivé et consommé en Angleterre à la même époque, et est apparu peu après en Italie. Les feuilles d'artichaut sont utilisées en phytothérapie, notamment pour soigner les maladies du foie et de la vésicule biliaire. En outre, c'est un légume

riche en potassium et en phosphore.

Asperge Jeune pousse comestible, délicatement parfumée, appartenant à la famille des liliacées. Il en existe deux variétés de base : l'asperge verte au pied effilé, récoltée lorsque les tiges sont à 20 centimètres au-dessus du sol ; et

l'asperge blanche, pâle, car elle est récoltée lorsque les tiges sont encore sous terre. Bien que l'asperge soit connue depuis l'antiquité - les Égyptiens en faisaient des offrandes à leurs dieux, et Jules César aimait à la manger avec du beurre fondu - elle n'a pas été beaucoup consommée avant le XVIIᵉ siècle, où elle est devenue populaire en France.
Elle est apparue en Amérique du Nord au XVIIIᵉ siècle.

Assa-Fœtida Condiment amer, à l'odeur aillée, préparé depuis l'ère de la Rome ancienne, et maintenant utilisé principalement dans la cuisine indienne et du Moyen-Orient.

ASPERGES

ROULÉS AUX ASPERGES SAUCE HOLLANDAISE

☆ **Préparation :** 30 minutes
Cuisson : 15 minutes
Pour 30 pains

1 botte d'asperges fraîches
30 tranches de pain de mie frais

Sauce hollandaise
1 cuil. à soupe de vinaigre de vin blanc

5 grains de poivre
½ cuil. à café d'estragon sec
2 jaunes d'œuf
125 g de beurre doux fondu
2 cuil. à café de jus de citron

1 Couper les pointes d'asperge en deux. Les mettre dans une casserole moyenne avec un peu d'eau. Cuire à feu doux jusqu'à ce qu'elles soient juste tendres. Plonger dans l'eau froide et égoutter. Essuyer avec du papier absorbant.
2 Couper un rond de mie de pain de 8 cm de diamètre.
3 Disposer un morceau d'asperge au centre de chaque rond. Le couvrir d'une cuillerée de sauce hollandaise. Plier le pain en deux et le fixer avec un pic à cocktail.
4 Sauce hollandaise : dans une petite casserole, mettre le vinaigre, les grains de poivre et l'estragon. Porter à ébullition et laisser mijoter jusqu'à ce qu'il n'y ait plus que l'équivalent d'une cuillerée à café de liquide. Mettre les jaunes d'œuf dans un mixeur. Ajouter le vinaigre préalablement tamisé et mixer. Ajouter le beurre fondu en un fin ruban régulier par le couvercle du mixeur, sans cesser de mélanger. Lorsque la préparation est épaisse, incorporer le jus de citron.

BŒUF AUX ASPERGES

☆ **Préparation :** 15 minutes + 30 minutes de marinade
Cuisson : 10 minutes
Pour 4 personnes

500 g de rumsteck
2 cuil. à soupe de sauce de soja
1 cuil. à soupe de xérès sec
2 cuil. à café de gingembre finement râpé
1 cuil. à café d'huile de sésame

1 gousse d'ail écrasée
1 piment rouge moyen, finement émincé
12 pointes d'asperge fraîches
2 cuil. à soupe d'huile d'arachide
1 cuil. à café de Maïzena

1 Parer la viande. La couper dans le sens contraire des fibres en longues lanières. Dans un récipient, mélanger la sauce de soja, le xérès, le gingembre, l'huile de sésame, l'ail et le piment. Ajouter la viande et bien la remuer dans la préparation. Laisser reposer 30 minutes. Égoutter la viande et réserver la marinade.
2 Couper la queue fibreuse des asperges et la jeter. Couper les pointes en morceaux de 5 cm. Faire chauffer 1 cuil. à soupe d'huile dans une poêle à fond épais (un wok est l'idéal) et tourner pour en napper la base et les bords. Faire sauter les asperges à feu moyen pendant 2 minutes. Retirer de la poêle et réserver au chaud. Chauffer le reste de l'huile dans la poêle et saisir la viande en petites quantités à la fois à feu vif.
3 Incorporer la Maïzena dans la marinade réservée et bien mélanger. Remettre les asperges et la viande dans la poêle avec la marinade. Faire sauter à feu vif jusqu'à ce que la viande soit cuite et que la sauce épaississe.

ASPERGES SAUCE CITRON

✳ **Préparation :** 20 minutes
Cuisson : 10 minutes
Pour 6 personnes

3 bottes d'asperges fraîches épluchées	1/3 de tasse de jus de citron
30 g de beurre	2 cuil. à café de zeste de citron finement râpé
1 cuil. à soupe de farine	1/3 de tasse d'amandes entières mondées et grillées
3/4 de tasse d'eau	
1 jaune d'œuf	

1 Plonger les asperges dans une grande casserole d'eau frémissante et faire cuire 8 à 10 minutes, jusqu'à ce qu'elles soient juste tendres.
Égoutter sur du papier absorbant.
2 Faire fondre le beurre dans une petite casserole. Ajouter la farine et faire cuire 1 minute en remuant. Retirer du feu et ajouter l'eau peu à peu. Remettre sur le feu et remuer constamment jusqu'à ébullition et épaississement. Retirer du feu et incorporer le mélange de jaune d'œuf, jus et zeste de citron. Prolonger la cuisson de 3 à 4 minutes à feu doux, en remuant.
3 Disposer les asperges sur un plat de service ou dans des assiettes individuelles, et les napper de sauce au citron. Garnir d'amandes grillées et servir.

ASPERGES SAUCE THAÏ

✳ **Préparation :** 8 minutes
Cuisson : 6 minutes
Pour 6 à 8 personnes

2 bottes d'asperges fraîches	1 cuil. à soupe de nuoc-mâm
1 petit oignon émincé	1 pincée de piment en flocons
1/2 tasse de menthe hachée	
1/2 tasse de coriandre haché	Feuilles de laitue pour la garniture
1/4 de tasse d'huile végétale	
1 cuil. à soupe de jus de citron ou citron vert	

1 Couper la base des asperges et les détailler en morceaux de 8 cm (en diagonale). Faire cuire 4 à 6 minutes à la vapeur. Les refroidir à l'eau froide courante et les égoutter soigneusement sur du papier absorbant.
2 Mélanger les asperges avec l'oignon, la menthe et la coriandre. Couvrir et réfrigérer 2 à 3 heures avant de servir.
3 Dans un bol, mélanger l'huile, le jus de citron, le nuoc-mâm et le piment ; verser la sauce thaï sur les asperges et présenter sur des assiettes garnies de feuilles de laitue.

PAGE CI-CONTRE : BŒUF AUX ASPERGES.
CI-CONTRE : VELOUTÉ D'ASPERGES.

VELOUTÉ D'ASPERGES

✳ **Préparation :** 5 minutes
Cuisson : 5 minutes
Pour 4 personnes

700 g de pointes d'asperges vertes en boîte	2 jaunes d'œuf
1 tasse de bouillon de volaille	Poivre blanc fraîchement moulu
3/4 de tasse de crème liquide	1 cuil. à soupe de ciboulette finement hachée

1 Passer les pointes d'asperges avec leur jus et le bouillon de volaille au mixeur, jusqu'à obtention d'une soupe homogène. La verser dans une casserole et faire frémir. Retirer du feu.
2 Battre légèrement la crème avec les jaunes d'œuf et incorporer peu à peu le mélange dans la soupe. Poivrer. Réchauffer le velouté à feu très doux.
3 Parsemer de ciboulette et servir.

À PROPOS DES ASPERGES

■ Choisir des asperges bien droites et fermes, de même taille pour une cuisson homogène.
■ Les conserver au réfrigérateur, enveloppées dans du papier absorbant humide et dans un sac en plastique. Pour les préparer, gratter les tiges pour en ôter les aspérités et couper les parties dures de la base.
■ À défaut d'une cuisson vapeur, les attacher ensemble et les plonger dans une grande casserole avec un petit peu d'eau frémissante. Couvrir et cuire à feu doux jusqu'à ce qu'elles soient juste tendres.

Résine séchée et réduite en poudre d'une plante originaire d'Afghanistan et d'Iran, elle est employée en médecine depuis des siècles pour le traitement des flatulences.

Assaisonner Ajouter des condiments à un aliment pour en relever le goût (sel, poivre, moutarde, huile et vinaigre…).

Aubépine Petit épineux feuillu contenant des flavonoïdes qui agissent en régulateur du rythme cardiaque. L'aubépine agit également sur les troubles du sommeil. On peut consommer l'aubépine en tisanes.

Aubergine Fruit employé comme un légume, l'aubergine a la peau douce, épaisse, brillante et de couleur pourpre ; sa chair blanche renferme de nombreuses graines plates comestibles. Elle peut être de forme ovale, ronde, ou longue et fine ; il existe quelques variétés à peau blanche. L'aubergine est originaire de l'Asie du Sud-Est, où les différentes variétés poussent encore à l'état sauvage ; elle était cultivée dans l'antiquité en Inde, en Chine et en Turquie. Elle est apparue en Italie au XVe siècle, et en France au XVIIe siècle. L'aubergine est très employée dans la cuisine méditerranéenne et du Moyen-Orient, particulièrement par les Syriens et les Turcs. Elle peut être cuite à la vapeur, à l'eau bouillante, grillée, sautée ou farcie, ajoutée à des salades ou préparée en sauce froide. Elle est l'ingrédient de base de plats classiques comme la ratatouille ou la moussaka.

Avgolemono Soupe préparée avec un bouillon de volaille aromatisé, du jus de citron puis épaissie avec un jaune d'œuf ; elle est populaire en Grèce et dans les Balkans. Ce nom fait aussi référence à une sauce préparée avec les mêmes ingrédients, qui accompagne des poissons pochés ou des légumes cuits à la vapeur.

Avocat Fruit à la peau tannée, avec un gros noyau et une chair pâle et grasse, au léger goût de noisette. L'avocat est originaire d'Amérique Centrale. À une époque, les Anglais surnommèrent l'avocat "beurre des aspirants de marine", sans doute parce qu'il avait servi comme aliment pour l'équipage des

AVOCATS

SALADE CHAUDE AUX AVOCATS

✻   *Préparation :* 20 minutes
    Cuisson : 15 minutes
    Pour 6 personnes en plat d'accompagnement

3 avocats moyens	2 cuil. à café de sucre
1 tomate moyenne	2 cuil. à café de sauce de
4 tranches de bacon (facultatif)	piment doux
1 oignon rouge moyen,	2 cuil. à soupe de vinaigre
finement haché	balsamique
1 poivron rouge finement	1 tasse de fromage râpé
haché	(cheddar ou mimolette)
1 branche de céleri hachée	

1 Préchauffer le four à 180 °C. Beurrer un plat à tarte de 25 cm. Partager les avocats et ôter les noyaux. Retirer deux tiers de chair et la hacher grossièrement. Réserver les coques.
2 Peler, épépiner et hacher finement les tomates. Découenner le bacon et le cuire à four modérément chaud jusqu'à ce qu'il soit craquant. Le laisser légèrement refroidir et l'émincer. Dans un récipient, mélanger l'avocat, la tomate, le bacon, l'oignon, le poivre et le céleri. Dans un petit bocal doté d'un couvercle, vissé, mélanger le sucre, la sauce pimentée et le vinaigre. Verser sur les ingrédients et remuer.
3 Garnir les coques d'avocat et saupoudrer de fromage. Les disposer dans le plat à tarte et passer 7 à 10 minutes au four. Servir immédiatement avec des chips, des crackers ou du pain grillé.

AVOCATS AU CITRON VERT ET AUX PIMENTS

✻   *Préparation :* 20 minutes
    Cuisson : aucune
    Pour 6 personnes

1 cuil. à café de zeste de	1 cuil. à soupe d'huile d'olive
citron vert finement râpé	2 à 3 piments jalapeño,
2 cuil. à soupe de jus de	épépinés et émincés
citron vert	2 avocats mûrs, pelés et
1 cuil. à café de sucre roux	émincés
1 cuil. à soupe de persil	
frais haché	

1 Dans un bol, bien mélanger le zeste et le jus de citron vert, le sucre, le persil, l'huile et les piments. Verser sur l'avocat émincé.
2 Servir en salade pour relever le poisson, les crustacés, la volaille ou la viande.

À PROPOS DES AVOCATS

■ Les acheter 3 à 7 jours avant utilisation. Les choisir avec une peau uniforme, et légèrement mous près de la queue. Pour accélérer la maturité, les conserver à température ambiante dans un sac en papier avec une banane. La chair d'avocat mûre s'enfonce sous le doigt. La congélation fait virer la couleur de la chair au noir et abîme sa texture.
■ Partager les avocats en deux dans le sens de la longueur en contournant le noyau. Retirer le noyau. Les peler en commençant par l'extrémité la plus étroite. Les badigeonner de jus de citron pour les empêcher de noircir.

FLAN AUX AVOCATS, TOMATES ET JAMBON

✳ **Préparation :** 15 minutes
Cuisson : 40 minutes
Pour 6 personnes

8 tranches de pain sans croûte	¹/₂ gros avocat mûr, émincé
40 g de beurre ramolli	1 tasse de fromage râpé
Garniture	3 œufs
90 g de jambon émincé	¹/₃ de tasse de crème fraîche
4 grosses tomates cerises émincées	¹/₃ de tasse de lait

1 Préchauffer le four à 210 °C. Aplatir les tranches de pain au rouleau à pâtisserie. Tartiner de beurre les deux faces et les couper en diagonale. Les disposer dans un moule à tarte de 23 cm de façon à couvrir uniformément le fond et les bords. Passer 10 minutes au four, jusqu'à ce que le pain soit légèrement brun et croustillant.

2 Garniture : réduire la température à 180 °C. Disposer le jambon, les tomates, l'avocat et le fromage dans le moule. Dans un bol, mélanger les œufs, la crème et le lait, bien battre et verser sur la garniture. Faire cuire 30 minutes, jusqu'à ce que la garniture prenne une couleur doré foncé.

PAGE CI-CONTRE : SALADE CHAUDE AUX AVOCATS.
CI-DESSUS : AVOCATS AU CITRON VERT ET AUX PIMENTS.

SALADE D'AVOCATS ET DE CREVETTES À LA SAUCE AUX AGRUMES

En entrée pour 4 personnes.

Partager 2 gros avocats en deux et ôter les noyaux. Garnir les creux de petites crevettes cuites et pelées (compter environ 150 g), en ôtant un peu de chair d'avocat si nécessaire. Garnir les assiettes de cresson et placer l'avocat dessus.

Dans un bocal dont le couvercle se visse, verser 3 cuil. à soupe d'huile d'olive, 1 cuil. à soupe de jus de citron, 1 cuil. à soupe de jus d'orange, ¹/₂ cuil. à café de miel et 1 cuil. à café de persil.

Agiter. Verser sur les crevettes et servir immédiatement.

AVOCATS VINAIGRETTE

En entrée pour 4 personnes.

Disposer 4 feuilles de salade (romaine, chicorée ou laitue) sur des assiettes individuelles. Peler 2 avocats, les partager en deux dans le sens de la longueur, ôter les noyaux et placer sur la salade.

Battre 1 cuil. à soupe de vinaigre de vin blanc (ou à l'estragon) avec 1 cuil. à café de moutarde, ¹/₄ de cuil. à café de sucre, du sel et du poivre fraîchement moulu.

Ajouter progressivement 4 cuil. à soupe d'huile d'olive, sans cesser de battre.

Verser la sauce dans les avocats. Parsemer de ciboulette ou de persil haché et servir immédiatement.

bateaux navigant sur des eaux lointaines. L'avocat est le principal ingrédient du guacamole mexicain. Il est habituellement servi cru, en salade, en sandwich et comme entrée ; il peut être préparé en purée sur une tranche de pain grillé avec du bacon grillé et émietté, saupoudré de fromage râpé, puis tiédi.

Pour faire mûrir un avocat, on peut l'enfermer dans un sac plastique avec une banane à proximité d'une source de chaleur. On peut aussi retirer le pédoncule que l'on remplace par un grain de gros sel. Pour, au contraire, ralentir le mûrissement de l'avocat, il suffit de le poser sur une couche de farine puis de le recouvrir entièrement de farine, ce qui l'isole de la lumière et de l'air, et permet de le conserver deux ou trois jours supplémentaires. On aurait découvert au Mexique des plantations fossilisées qui dateraient de plus de 5000 ans avant J.-C. L'avocat est un fruit très riche en matière grasse (on utilise de 10 à 20 % de son huile pour la fabrication de produits cosmétiques), et en protéines.

L'avocatier est notamment cultivé à la Martinique et au Brésil.

B

Baba au rhum Gâteau à base de pâte à levain à laquelle on ajoute des raisins, puis que l'on trempe dans un sirop de rhum ou de kirsch après la cuisson. L'origine de ce gâteau est en fait un gâteau levé sucré, nommé *gugelhupf* en Europe Centrale. Le roi de Pologne Stanislas améliorait ce gâteau en le trempant dans du rhum et du malaga et a nommé son invention Baba, faisant ainsi référence au héros de ses lectures favorites *Les Mille et Une Nuits*.

Babaco Fruit cylindrique provenant d'un arbuste d'Amérique tropicale, à chair moelleuse et de couleur jaune, à la saveur réunissant la douceur de la banane et l'astringence de l'ananas. Le babaco appartient à la famille de la papaye. On l'utilise à la fois pour adoucir la viande et pour faciliter la digestion.

Baba Ghannouj Plat du Moyen-Orient, composé de purée d'aubergines aromatisées avec du tahini, de l'ail et du jus de citron, servi en sauce froide.

BACON

SANDWICH BACON, LAITUE ET TOMATE

✲ **Préparation :** 10 minutes
Cuisson : 5 minutes
Pour 2 personnes

2 à 4 tranches de bacon découenné
1 tomate mûre et ferme
4 tranches de pain de mie
2 grandes feuilles de laitue
Mayonnaise

1 Couper les tranches de bacon en deux. Les faire frire dans une poêle à feu moyen ; égoutter et essuyer.
2 Émincer finement les tomates. Faire légèrement griller le pain et le tartiner éventuellement de beurre.
3 Poser une tranche de pain sur l'assiette. La couvrir de laitue, de bacon, de tomate et d'une cuillerée de mayonnaise. Mettre l'autre tranche de pain par-dessus ; couper en deux et servir chaud.
Remarque : ce sandwich est connu dans le monde entier, notamment dans les hôtels internationaux, sous l'appellation de BLT (Bacon, Lettuce and Tomato). On le sert généralement avec des chips.

VARIANTES

■ Ajouter de fines tranches de poulet cuit ou de blanc de dinde pour confectionner un club-sandwich.
■ Disposer une tranche de fromage sur une des tranches de pain et passer au gril. Garnir (sans mayonnaise) et servir chaud.

HAMBURGER AU BACON ET AU FROMAGE

✲ **Préparation :** 30 min. + 30 min. de repos
Cuisson : 12 minutes
Pour 8 hamburgers

500 g de bacon sans couenne, haché
250 g de porc maigre haché
1/2 tasse de fromage râpé
1/4 de tasse de parmesan râpé
1/2 tasse de chapelure fraîche
1 pincée de poivre de Cayenne
Assaisonnement
Pain complet ou petits pains à hamburgers

1 Passer le bacon, le porc, les fromages, la chapelure et les assaisonnements au mixeur jusqu'à obtention d'un hachis fin. Former des galettes de viande et réfrigérer.
2 Faire cuire sur un gril huilé 6 minutes de chaque côté. Servir sur un petit pain à hamburger.

À PROPOS DU BACON

■ Inciser les bords de la couenne du bacon pour l'empêcher de se racornir pendant la cuisson, ou bien le découenner entièrement.
■ Pour le griller, le placer sur une grille froide et le passer au four modérément chaud 2 à 3 minutes de chaque côté. Pour le frire, le mettre dans une poêle sans matières grasses et faire cuire à feu doux en le retournant fréquemment. Pour du bacon très croustillant, égoutter la graisse de la poêle pendant la cuisson.
■ Au micro-ondes, le faire cuire à puissance maximale jusqu'à ce qu'il soit presque prêt. Le laisser reposer 1 à 2 minutes : la cuisson se prolongera légèrement.

BANANES

PAIN ÉPICÉ À LA BANANE

✳ **Préparation :** 15 minutes
Cuisson : 1 heure + 5 min. de repos
Pour un pain de 20 x 15 cm

1 tasse ½ de farine avec levure incorporée	125 g de beurre doux coupé en petits morceaux
1 cuil. à café de mixed spice (mélange d'épices sucrées : muscade, cannelle, clous de girofle et gingembre)	¾ de tasse de sucre
	2 œufs légèrement battus
	⅓ de tasse de yaourt nature
	⅔ de tasse de banane mûre écrasée

1 Préchauffer le four à 180 °C. Beurrer un moule à cake de 20 x 15 x 7 cm. Le garnir de papier sulfurisé beurré. Passer la farine, les épices, le beurre et le sucre au mixeur pendant 20 secondes, jusqu'à ce que la préparation soit homogène et friable. Ajouter le mélange d'œufs, de yaourt et de banane et mixer 10 secondes pour l'incorporer à la préparation.
2 Verser le mélange dans le moule et égaliser la surface. Faire cuire 1 heure, en vérifiant la cuisson en piquant à l'aide d'un couteau à lame fine et pointue. Laisser reposer le gâteau 5 minutes dans son moule, puis le mettre à refroidir sur une grille.

PAGE CI-CONTRE : SANDWICH BACON, LAITUE ET TOMATE. CI-DESSUS : BANANA SPLIT.

BANANA SPLIT

✳ **Préparation :** 5 minutes
Cuisson : 10 minutes
Pour 4 personnes

Sauce Butterscotch

½ tasse de sucre roux	8 petites boules de glace à la vanille
½ tasse de crème	250 g de fraises équeutées
50 g de beurre	12 petites boules de marshmallow blanc

Split

4 grosses bananes mûres	¼ de tasse de noix de pécan hachées

1 Sauce Butterscotch : dans une casserole, mélanger le sucre, la crème et le beurre. Faire cuire à feu moyen en remuant sans cesse jusqu'à ébullition.
Baisser le feu et laisser mijoter 3 minutes, puis laisser refroidir à température ambiante.
2 Peler les bananes et les couper en deux dans le sens de la longueur. Les disposer dans une coupelle oblongue et garnir de deux boules de glace.
Verser la sauce par-dessus et parsemer de fraises, de marshmallow et de noix de pécan. Servir immédiatement.

À PROPOS DES BANANES

■ Laisser mûrir les bananes à température ambiante. Une fois mûres, on peut les conserver au réfrigérateur ; la peau noircira, mais la chair n'en sera pas affectée. Pour éviter que la chair noircisse une fois exposée à l'air, enduire les rondelles de banane de jus de citron.

Babeurre Terme qui désignait à l'origine le résidu liquide obtenu après transformation de la crème en beurre. Le babeurre est maintenant fabriqué à partir de lait pasteurisé écrémé, auquel on ajoute une levure pour l'épaissir et pour augmenter son contenu d'acide lactique. On peut l'utiliser de diverses façons : en boisson (généralement mélangé à du jus de fruit), en cuisine et en pâtisserie ; on peut l'ajouter à des soupes chaudes ou à des plats mijotés, ou encore l'employer comme substitut allégé d'huile ou de crème dans les sauces de salades. Voir lait Ribot.

Bacon Fines tranches de lard salé et fumé.

Le bacon peut être consommé cru, en accompagnement de la raclette, ou frit à la poêle avec des œufs.

Badiane Voir anis étoilé.

Bagel Pain fait de pâte à levain en forme de couronne, avec une croûte caractéristique brillante et dure obtenue en le trempant dans l'eau bouillante avant la cuisson. Le bagel est apparu en Europe de l'Est au XVIᵉ ou XVIIᵉ siècle.

■

La communauté juive de Vienne l'a d'abord

consommé, puis a commencé à le produire et à le commercialiser. Le nom provient d'un terme yiddish signifiant "bague".

Bagna cauda
Préparation aromatisée à l'ail et à l'anchois servie en sauce froide épicée pour accompagner des légumes crus. Originaire du Piémont, en Italie, cette sauce est

associée aux vendanges et aux rituels qui accompagnent la fabrication du vin. Ce nom signifie "bain chaud".

Bain-marie Méthode de cuisson consistant à placer le récipient contenant les aliments à cuire dans un autre récipient contenant de l'eau chaude. On peut employer cette méthode pour les cuissons au four ou sur une plaque électrique.

Baklava Gâteau composé de couches alternant pâte feuilletée et noisettes

GÂTEAU À LA BANANE ET AU BEURRE DE CACAHUÈTES

✳ **Préparation :** 10 minutes
Cuisson : 1 heure
Pour un cake de 20 cm de long

125 g de beurre doux
1/2 tasse de sucre roux
1/4 de tasse de miel
2 œufs légèrement battus

1/3 de tasse de beurre de cacahuètes avec morceaux
1 tasse de banane en purée
2 tasses de farine complète avec levure incorporée

1 Préchauffer le four à 180 °C. Beurrer un moule à cake de 21 x 14 x 7 cm. Le garnir de papier sulfurisé beurré. Dans un bol, battre le beurre, le sucre et le miel au mixeur jusqu'à obtention d'une texture crémeuse et légère. Verser l'œuf progressivement en battant après chaque ajout. Ajouter le beurre de cacahuètes et bien mélanger le tout.
2 Verser le mélange dans un grand récipient ; ajouter la banane. À l'aide d'une cuillère en métal, incorporer la farine tamisée. Remuer jusqu'à ce que le mélange soit presque lisse.
3 Verser la préparation dans le moule et égaliser la surface. Faire cuire 1 heure, en vérifiant la cuisson en piquant à l'aide d'un couteau à lame fine et pointue. Laisser reposer le cake 10 minutes avant de le démouler sur une grille.
Attendre qu'il soit froid puis le servir en tranches, nature ou avec du beurre.

BANANES CHAUDES ET CRÈME À LA NOIX DE COCO

✳ **Préparation :** 5 minutes
Cuisson : 10 minutes
Pour 4 personnes

4 belles bananes

Crème à la noix de coco
1 cuil. à soupe de farine
2 cuil. à soupe de sucre

1/2 cuil. à café de cannelle moulue
1 tasse 1/3 de lait de coco en conserve

1 Rincer les bananes non pelées et ôter les extrémités. Les faire cuire 5 minutes dans un panier à vapeur couvert placé au-dessus d'une casserole d'eau bouillante. À l'aide de pincettes et d'un couteau, peler les bananes (la peau est noire, mais la chair est dorée).
2 Crème à la noix de coco : mélanger la farine, le sucre et la cannelle dans une casserole. Ajouter le lait de coco et remuer jusqu'à obtention d'un mélange lisse. Faire cuire à feu moyen sans cesser de remuer jusqu'à ébullition et épaississement. Laisser mijoter 2 minutes. Servir avec les bananes chaudes.

MILK-SHAKE À LA BANANE

Dans un mixeur, mélanger 1/2 tasse de lait glacé, 1 banane, 1/4 de tasse de yaourt nature ou aux fruits, 1 cuil. à café de miel, 1 à 2 boules de glace à la vanille et 1 pincée de muscade. Mixer jusqu'à obtention d'un mélange lisse. Verser dans un grand verre et saupoudrer de muscade pour décorer.

MILK-SHAKE À LA BANANE ET AU FRUIT DE LA PASSION

Dans un mixeur, mettre 1 banane, la pulpe de 2 fruits de la passion et 1/2 tasse de yaourt au fruit de la Passion. Mixer jusqu'à obtention d'un mélange lisse.

VARIANTES

■ Ajouter 1 à 2 cuil. à soupe de pépites de chocolat au milk-shake avant de mixer.
■ Ajouter 1 à 2 cuil. à soupe de germes de blé au milk-shake avant de mixer : vous obtenez une boisson « coupe-faim » riche en protéines.
■ En général, et comme pour toutes les boissons mixées, l'ajout de glace pilée épaissit le milk-shake.

CI-DESSUS : BANANES CHAUDES ET CRÈME À LA NOIX DE COCO. PAGE CI-CONTRE : STEAK À LA MARINADE BARBECUE.

BARBECUE

STEAK À LA MARINADE BARBECUE

✳ ***Préparation :*** 5 minutes + 2 heures de marinade
Cuisson : 6 à 12 minutes
Pour 4 personnes

1 kg de rumsteck	*1 cuil. à soupe de concentré*
1 tasse de vin rouge	*de tomates*
2 cuil. à soupe d'huile d'olive	*1 cuil. à soupe de*
1 cuil. à soupe de vinaigre	*moutarde de Dijon*
balsamique	*1 gousse d'ail écrasée*
	2 cuil. à café de sucre roux

1 Parer la viande. Dans un bol, réunir le vin, l'huile, le vinaigre, le concentré de tomates, la moutarde, l'ail et le sucre. Battre 1 minute pour bien mélanger. Mettre la viande dans un grand plat et recouvrir de marinade. Garder au réfrigérateur sous un film plastique entre 2 et 12 heures (par exemple, pendant la nuit), en remuant de temps en temps. Égoutter la viande et réserver la marinade.
2 Mettre la viande sur un gril légèrement huilé. La faire cuire à feu vif 2 minutes sur chaque face en ne la retournant qu'une fois. Poursuivre 1 minute de plus pour avoir une viande saignante ; 2 à 3 minutes de plus pour une viande à point ; 4 à 6 minutes de plus pour une viande bien cuite (pour ces deux dernières cuis-

sons, placer la viande sur la partie du barbecue la moins exposée à la chaleur). Badigeonner la viande du reste de marinade pendant la cuisson.
3 Réserver la viande au chaud, couverte de papier aluminium, pendant 2 à 3 minutes. La couper dans le sens contraire des fibres en tranches de 2 cm d'épaisseur avant de servir.

BROCHETTES DE PORC AU GINGEMBRE

✳ ***Préparation :*** 20 minutes + 1 heure de marinade
Cuisson : 10 minutes
Pour 6 personnes

500 g de filet de porc	*1 cuil. à café d'huile de*
2 cuil. à soupe de	*sésame*
gingembre frais râpé	*1 cuil. à soupe de jus de citron*
½ cuil. à café de poivre	*1 petit oignon râpé*
moulu	*Sel et poivre*

1 Détailler le porc en cubes. Dans un bol, réunir le gingembre, le poivre, l'huile de sésame, le jus de citron et l'oignon. Verser le mélange sur les cubes de porc et laisser mariner 1 heure.
2 Piquer les morceaux de viande sur des brochettes et les faire cuire au barbecue 5 minutes environ sur chaque face. Servir avec une salade.

Remarque : les filets de porc sont un morceau délicat et peu gras. À défaut, les remplacer par un autre morceau maigre.

À PROPOS DE LA CUISINE AU BARBECUE

■ Faire longuement préchauffer le barbecue. Pour s'assurer que la chaleur est bonne, mettre la paume de la main à 10 cm environ des braises : si vous la retirez au bout de 2 secondes, le barbecue est prêt. De même, pour la cuisine au feu de bois, il convient d'attendre que les flammes soient complètement éteintes et que les braises soient recouvertes de cendre avant d'entamer la cuisson.
■ Le temps de cuisson dépend de l'épaisseur de la viande et de l'efficacité du barbecue.
■ Pour vérifier la cuisson, appuyer sur la viande avec des pincettes non tranchantes. Si elle est élastique, c'est qu'elle est saignante ; si elle résiste légèrement, elle est à point ; si elle est ferme, elle est bien cuite.
■ Pour cuire les kebabs au barbecue, les brochettes métalliques huilées sont idéales car la viande s'en détache plus facilement. On peut également utiliser des brochettes en bambou préalablement trempées 1 heure dans l'eau, afin d'éviter qu'elles ne brûlent.
■ Pour donner aux mets un goût fumé, ajouter du prosopis imbibé d'eau ou des copeaux de hickory juste avant la cuisson.

concassées, qui est trempé encore chaud dans du sirop puis découpé en triangles. D'origine grecque ou turque, le baklava est apparu à l'ère de l'empire ottoman, aux environs de 1300 après J.-C. Il est très populaire au Moyen-Orient.

Balthazar Terme désignant une grosse bouteille, habituellement de champagne, d'une contenance équivalente à celle de seize bouteilles ordinaires.

Bambou (pousses de) Jeunes pousses tendres,

légèrement croquantes, d'un plant de bambou comestible répandu dans toute l'Asie tropicale. Leur consommation dans la cuisine chinoise date du XVIᵉ siècle, mais elles sont également un ingrédient important des cuisines japonaise et coréenne.

Banane Fruit à peau jaune en forme de croissant de lune provenant d'une plante à longues feuilles (réellement une herbe géante, pas un arbre), cultivée partout sous les tropiques et probablement originaire d'une région située entre l'Inde et la Nouvelle-Guinée. Elle poussait en Afrique aux environs du XIVᵉ siècle.

La banane existait en Amérique tropicale depuis qu'elle y avait été

amenée par les Espagnols et les Portugais au XVIᵉ siècle. La banane n'est devenue populaire en Europe et en Amérique du Nord que vers le milieu du XXᵉ siècle.

En règle générale, plus la banane est petite, plus la chair est douce. Elle peut être mangée crue ou cuisinée dans une variété de plats sucrés et salés.

Une autre espèce de musacée, la banane plantain, moins sucrée et plus farineuse, se consomme cuisinée. Elle est alors un légume d'accompagnement des plats d'Inde occidentale, d'Amérique du Sud, des Antilles et d'Afrique.

L'Afrique produit la moitié de la récolte mondiale de bananes. Les autres principales régions

exportatrices de bananes sont le nord de l'Amérique du Sud et l'Amérique centrale. Les

TRAVERS DE PORC AU BARBECUE

✳ **Préparation :** 15 minutes + 3 heures de marinade
Cuisson : 30 minutes
Pour 4 à 6 personnes

1 kg de travers de porc
2 tasses de sauce tomate (ketchup)
½ tasse de xérès
2 cuil. à soupe de sauce de soja

2 cuil. à soupe de miel
3 gousses d'ail écrasées
1 cuil. à soupe de gingembre frais râpé

1 Parer la viande. Couper les travers en morceaux de sorte que chaque morceau se compose de 3 ou 4 côtes. Dans une grande casserole, bien mélanger la sauce tomate, le xérès, la sauce de soja, le miel, l'ail et le gingembre.
2 Ajouter les travers à ce mélange. Porter à ébullition. Réduire le feu, couvrir et laisser mijoter 15 minutes. Remuer de temps en temps pour une cuisson homogène. Verser les travers et la sauce dans un plat peu profond non métallique ; laisser refroidir. Mettre quelques heures ou toute la nuit au réfrigérateur, sous un film plastique. Préparer et allumer le barbecue 1 heure avant la cuisson.
3 Disposer les travers sur le gril légèrement huilé du barbecue. Cuire sur la partie la plus chaude du feu pendant 15 minutes, en retournant et badigeonnant la viande de sauce de temps en temps. Servir avec un épi de maïs cuit au barbecue et de la salade de pommes de terre.

CI-CONTRE : GAMBAS À L'AIL ; CI-DESSUS : TRAVERS DE PORC AU BARBECUE. PAGE CI-CONTRE : SATÉ DE POULET SAUCE CACAHUÈTES.

GAMBAS À L'AIL

✳ **Préparation :** 10 minutes + 3 heures de marinade
Cuisson : 3 à 5 minutes
Pour 4 personnes

500 g de gambas crues

Marinade
2 cuil. à soupe de jus de citron

2 cuil. à soupe d'huile de sésame
2 gousses d'ail écrasées
2 cuil. à café de gingembre frais râpé

1 Ôter la tête des gambas, les décortiquer et retirer la veine centrale en laissant la queue intacte (réserver les têtes et les carapaces pour faire du bouillon). Inciser le corps des gambas au trois quarts, de la tête à la queue.
2 Marinade : dans un bol, bien mélanger le jus de citron, l'huile, l'ail et le gingembre. Mettre les gambas dans un récipient ; verser la marinade dessus et bien remuer. Couvrir et entreposer quelques heures ou toute la nuit au réfrigérateur. Préparer et allumer le barbecue 1 heure avant la cuisson.
3 Faire cuire les gambas 3 à 5 minutes sur une plaque légèrement huilée, jusqu'à ce qu'elles soient cuites et roses. Badigeonner fréquemment de marinade pendant la cuisson. Servir immédiatement.

bananes importées en France proviennent principalement de la Guadeloupe, de la Martinique, du Cameroun et de la Côte-d'Ivoire.

Bar Poisson de mer que l'on trouve dans la Méditerranée et dans

l'Atlantique, à chair ferme, très fine et blanche. On mange le bar grillé ; les plus gros se cuisent à la vapeur ou au four sur un lit de gros sel. Le bar est aussi connu sous le nom de "loup".

Barbecue (cuisine au) Nourriture grillée ou rôtie à l'air libre sur des charbons de bois. C'est le plus ancien mode de cuisson.

La viande, la volaille, le poisson,

les fruits de mer, les légumes et même les fruits peuvent être cuits de cette façon. On peut faire ressortir leur saveur en les badigeonnant de marinade ou de sauce, et aussi par l'agréable parfum de bois et d'herbes aromatiques jetées dans les braises.

SATÉ DE POULET SAUCE CACAHUÈTES

☆ **Préparation :** 30 minutes + 2 heures de marinade
Cuisson : 10 minutes
Pour 12 brochettes

1 kg de blanc de poulet (dans la cuisse)	*3/4 de tasse de beurre de cacahuètes avec morceaux*
1/4 de tasse de sauce de soja	*1/2 tasse de crème de coco*
1 cuil. à soupe de miel	*1 cuil. à soupe de sauce de soja*
2 cuil. à soupe d'huile	
	2 cuil. à soupe de sauce de piment doux
Sauce aux cacahuètes	*1/2 tasse d'eau*
1 cuil. à soupe d'huile	*Sel*
2 cuil. à café d'oignon séché	

1 Parer le poulet. Le couper en lamelles de 2 cm et les enfiler sur les brochettes. Les disposer dans un plat en verre peu profond. Dans un bol, mélanger la sauce de soja, le miel et l'huile et verser sur le poulet. Couvrir de film plastique et mettre 2 heures au réfrigérateur.
2 Sauce cacahuètes : chauffer l'huile dans une petite poêle à fond épais. Ajouter l'oignon et faire cuire 30 secondes à feu doux. Ajouter le beurre de cacahuètes, la crème de coco, la sauce de soja, la sauce pimentée, l'eau et le sel ; bien remuer et chauffer le tout.
3 Égoutter le poulet et réserver la marinade. Faire cuire les brochettes 8 minutes à feu moyen sur un gril légèrement huilé. Tourner régulièrement et badigeonner de marinade. Servir immédiatement avec la sauce aux cacahuètes.

Remarque : si vous utilisez des brochettes en bambou, les faire tremper au moins 30 minutes dans l'eau froi de pour éviter qu'elles ne brûlent. On peut également recouvrir les extrémités de papier aluminium.

POULET EN CRAPAUDINE AUX PRUNES ET AUX ÉPICES

☆ **Préparation :** 40 minutes + 24 heures de marinade
Cuisson : 30 minutes
Pour 8 personnes

4 poulets en crapaudine (soit coupés en deux), nettoyés	*1/4 de tasse de sauce teriyaki*
Marinade	*2 cuil. à soupe de sauce pimentée*
825 g de prunes en conserve, égouttées et dénoyautées	*1 citron pressé en jus*
1 oignon grossièrement haché	*1 cuil. à café d'huile de sésame*
2 gousses d'ail écrasées	*Poivre fraîchement moulu*
1/4 de tasse de vin rouge	

1 Inciser profondément la chair de chaque demi-poulet. Réserver.
2 Marinade : passer tous les ingrédients au mixeur jusqu'à ce que le mélange soit lisse. Disposer les poulets dans un plat non métallique, côté coupé en bas. Verser la marinade sur le poulet et couvrir le plat. Garder au moins 24 heures au réfrigérateur, en tournant et badigeonnant fréquemment.
3 Égoutter les poulets. Cuire sur des braises chaudes 15 minutes sur chaque face, en enduisant fréquemment de marinade.

Barder Envelopper d'une fine tranche de lard, avant de la rôtir, une volaille ou une viande.

Barquette Petite tarte en forme de bateau composée de pâte sablée ou de pâte feuilletée, mise dans un petit moule pour cuisson à blanc avant remplissage avec des ingrédients sucrés ou salés.

Basilic Herbe aromatique très parfumée appartenant à la famille des labiacées.

Sa saveur particulière convient parfaitement aux tomates, aux courgettes et aux épinards ; elle peut également être ajoutée aux salades, aux sauces et aux farces, mais on peut aussi en faire une garniture pour les pâtes.

   Les Grecs, qui l'utilisaient pour la cuisine au IIIᵉ siècle avant J.-C., considéraient le basilic comme une herbe royale, comme l'indique son nom scientifique de basilic doux, *basilicum*, dérivé du mot grec signifiant roi. Le basilic est originaire de l'Asie tropicale. Utilisé en infusion, il possède des vertus digestives.

STEAKS TERIYAKI AU BEURRE D'HERBES ET AU BLEU

★ ★   ***Préparation :*** 20 minutes + 2 heures de marinade + 4 heures de réfrigération
      Cuisson : 6 à 16 minutes
      Pour 8 personnes

8 entrecôtes de 200 g chacune, ou 8 biftecks dans l'aloyau	125 g de beurre ramolli
¼ de tasse de sauce teriyaki	1 cuil. à soupe de vin blanc sec
2 gousses d'ail écrasées	1 cuil. à café de menthe fraîche finement hachée
	½ cuil. à café de romarin séché
Beurre d'herbes au bleu	½ cuil. à café d'origan séché
125 g de bleu (d'Auvergne ou de Bresse), écrasé	

1 Parer la viande. L'enduire de sauce teriyaki et d'ail. Couvrir et mettre 2 heures ou toute la nuit au réfrigérateur, en tournant de temps en temps. Égoutter la viande et réserver la marinade.

2 Mettre la viande sur un gril légèrement huilé. Saisir les tranches 2 minutes sur chaque face à feu vif, en ne les retournant qu'une fois. Si vous la voulez saignante, prolonger la cuisson de 1 minute sur chaque face. Pour une viande plus cuite, la pousser sur une partie du barbecue moins exposée à la chaleur et faire cuire 2 à 3 minutes sur chaque face (à point) ou 4 à 6 minutes (bien cuit). Badigeonner

les steaks de marinade en fin de cuisson. Servir accompagné de beurre d'herbes au bleu.

3 Beurre d'herbes au bleu : mixer le fromage et le beurre au batteur dans un bol pour obtenir une crème onctueuse. Ajouter le vin et les herbes et bien mélanger. Verser la préparation sur une grande feuille de papier aluminium. Replier et rouler la feuille pour donner au mélange une forme oblongue de 4 x 16 cm. Réfrigérer 4 heures ou toute la nuit.

FEUILLES DE MAÏS FOURRÉES AU POISSON

★ ★   ***Préparation :*** 30 minutes + 10 minutes de repos
      Cuisson : 20 minutes
      Pour 4 personnes

Papier aluminium	1 cuil. à soupe de piments jalapeño en conserve, finement pilés
4 épis de maïs dans leur enveloppe	
500 g de filet de poisson blanc ferme, coupé en dés	1 œuf battu
	½ cuil. à café de poivre noir moulu
2 gousses d'ail écrasées	
2 cuil. à café de chili mexicain en poudre (voir remarque)	1 cuil. à soupe de jus de citron
	2 cuil. à soupe d'oignons nouveaux hachés
⅓ de tasse de coriandre fraîche finement hachée	1 cuil. à café de cumin moulu

1 Découper le papier aluminium en carrés de 16 cm de côté. Enlever 4 feuilles de chaque épi de maïs et les réserver. Déplier les feuilles restantes (en veillant à ne pas les détacher), ôter les fils soyeux, puis les redresser en place. Tremper les épis 10 à 15 minutes dans l'eau froide.

2 A l'aide d'un mixeur, réduire le poisson en purée. Ajouter l'ail, le chili, la coriandre, les piments, l'œuf, le poivre, le jus de citron, l'oignon nouveau et le cumin et mixer jusqu'à ce que les ingrédients soient bien mélangés. Diviser le mélange en 8 portions égales.

3 Envelopper chaque portion dans 2 des feuilles de maïs réservées, pour former 8 petits paquets. Envelopper chaque paquet d'un carré d'aluminium.

4 Faire griller les épis de maïs au barbecue pendant 20 minutes, en les tournant une ou deux fois en cours de cuisson.

5 Mettre les papillotes de poisson sur une plaque assez chaude pendant les 8 dernières minutes de la cuisson du maïs.

Remarque : le chili mexicain en poudre, combinaison de paprika, piment, cumin et origan, est disponible dans la plupart des grandes surfaces.

Ci-dessus : Steak teriyaki au beurre d'herbes et au bleu.

SALADE DE TOMATES À LA MOZZARELLA ET AU BASILIC

✻ **Préparation :** 10 minutes
Cuisson : aucune
Pour 6 personnes

6 tomates moyennes bien
  mûres
3 à 4 petites boules de
  mozzarella (bocconcini)
1 cuil. à soupe de jus de
  citron

4 cuil. à soupe d'huile
  d'olive vierge
Feuilles de basilic hachées
Poivre noir fraîchement
  moulu

1 Émincer les tomates en tranches épaisses. Couper la mozzarella en fines rondelles que vous intercalerez entre les tranches de tomates. Disposer le tout sur le plat de service.
2 Dans un bol, mélanger le jus de citron et l'huile d'olive. Battre au fouet et arroser la salade. Parsemer de basilic et de poivre.

Remarque : cette salade se prépare juste avant d'être servie. Conserver les tomates à température ambiante pour un meilleur goût.

CI-DESSUS : SALADE DE TOMATES À LA MOZZARELLA ET AU BASILIC.

PESTO

✻ **Préparation :** 10 minutes
Cuisson : aucune
Pour 500 ml

4 gousses d'ail pelées
2 tasses de basilic frais
1 tasse de persil
²/₃ de tasse de pignons

1 tasse ½ de parmesan
  râpé
1 tasse ½ d'huile d'olive

1 Hacher l'ail, le basilic, le persil, les pignons et le parmesan au robot à vitesse moyenne, en ajoutant l'huile en un fin ruban. Le mélange doit être lisse.
2 Verser dans un bocal, couvrir d'une fine couche d'huile et conserver au réfrigérateur jusqu'à 2 semaines. Jeter l'huile avant utilisation.

À PROPOS DU BASILIC
■ On utilise souvent une seule espèce de basilic. Mais il en existe à feuilles violacées, très bon en garniture, à petites feuilles (basilic grec), et à feuilles rouges (espèce ornementale).
■ Le basilic frais se conserve 3 jours au réfrigérateur, dans un bocal d'eau et enveloppé d'un sac en plastique.
■ Le basilic séché a plus de goût que le basilic en poudre. Le conserver dans un bocal hermétique à l'abri de la chaleur et de la lumière.

Bavarois (crème bavaroise) Dessert composé de crème anglaise et de crème fouettée, aromatisé avec des

compotes de fruits, du chocolat, du café ou de la liqueur. Son nom peut être attribué aux nombreux chefs français qui travaillèrent à la Cour de Bavière sous le règne des rois Wittelsbach (de 1806 à 1918).

Beaufort Fromage à pâte cuite, sans trous, de saveur légèrement salée et au goût de noisette.

Beignet
Pâte à frire fourrée ou non d'aliments, puis trempée dans la friture jusqu'à ce qu'elle soit croustillante et dorée. On consomme ainsi des beignets d'aubergines, de crevettes, de pommes, entre autres.

Beignets soufflés Petits beignets légers aussi appelés "pets de nonne", faits de pâte à choux trempée dans la

friture et saupoudrés de sucre glace. On peut les servir accompagnés d'un coulis de fruits, de confiture ou de chocolat.

Bel Paese Fromage de lait de vache doux, crémeux, d'abord apparu dans la région de Lombardie (Italie) dans les années 1920 ; il est maintenant produit dans d'autres pays européens et en Amérique du Nord. Son nom vient de l'italien et signifie "joli pays".

Bergamote Fruit provenant du bergamotier, voisin de l'oranger. La bergamote est très utilisée dans les cuisines thaïlandaise et d'Asie du Sud-Est. On la trouve fraîche dans les magasins d'alimentation asiatique. On peut la remplacer par du pamplemousse ou du citron vert. La bergamote est également employée en confiserie (les bergamotes de Nancy). On extrait aussi de son fruit une essence au parfum agréable.

Betterave Légume-racine, à la chair rouge-violet. La betterave provient d'une région située entre la Méditerranée et la mer Caspienne. À l'origine, on

BEIGNETS

BEIGNETS D'OIGNONS

✻ **Préparation :** 20 minutes
Cuisson : 15 minutes
Pour 18 à 24 beignets

4 gros oignons
4 gousses d'ail
³/₄ de tasse de farine de besan
¹/₂ tasse de farine
1 œuf
1 ¹/₂ cuil. à café de bicarbonate de soude

1 cuil. à café de piment en poudre (ou de paprika doux pour un goût moins épicé)
Huile végétale pour la friture

1 Peler et couper les oignons en deux, puis les émincer très finement. Hacher l'ail.
2 Dans une jatte, mélanger les farines avec l'œuf, le bicarbonate de sodium, le piment (ou paprika) et suffisamment d'eau pour former une pâte onctueuse. Ajouter l'oignon et l'ail.
3 Faire chauffer 2 cm d'huile dans une grande poêle plate. Verser une cuillerée à soupe de pâte et la presser pour lui donner une forme ronde et plate. Faire frire des deux côtés jusqu'à ce que le beignet soit bien doré et mettre sur une grille garnie de papier absorbant.
4 Servir les beignets chauds avec de la sauce pimentée ou du chutney à la mangue.

Remarque : le besan est une farine de pois chiches, fine et dorée.

CI-DESSUS : BEIGNETS D'OIGNONS ; CI-CONTRE : BEIGNETS AU COULIS DE FRAISES.

BEIGNETS AU COULIS DE FRAISES

✻ **Préparation :** 30 minutes
Cuisson : 35 minutes
Pour 6 à 8 personnes

Beignets
1 tasse d'eau
60 g de beurre
¹/₄ de tasse de sucre
¹/₂ tasse de raisins secs
1 cuil. à café de zeste d'orange râpé
1 tasse de farine
3 œufs légèrement battus

Coulis de fraises
¹/₄ de tasse de sucre
¹/₄ de tasse d'eau
250 g de fraises
2 cuil. à soupe de cognac ou de liqueur de fraises
Huile à friture
Sucre glace
Crème fouettée

1 Beignets : réunir l'eau, le beurre, le sucre, les raisins secs et le zeste dans une petite casserole ; porter à ébullition. Incorporer la farine et battre à la cuillère en bois jusqu'à ce que le mélange soit lisse. Laisser refroidir légèrement. Ajouter progressivement les œufs, en battant vigoureusement après chaque ajout. Réserver.
2 Coulis de fraises : faire chauffer le sucre et l'eau jusqu'à ce que le sucre se dissolve. Ajouter les fraises et laisser mijoter 5 minutes à découvert. Passer 30 secondes au mixeur, pour obtenir un mélange lisse. Parfumer au cognac ou à la liqueur de fraises.
3 Faire chauffer l'huile dans une poêle profonde. Déposer des cuillerées à soupe de pâte à beignet dans l'huile chaude, et faire cuire à feu moyen jusqu'à ce que les beignets gonflent et dorent. Égoutter sur du papier absorbant et saupoudrer de sucre glace.
4 Servir avec du coulis de fraises et de la crème fouettée. On peut varier en remplaçant les fraises par des kiwis, des mangues, des fruits de la passion ou d'autres fruits rouges.

SALADE DE BETTERAVES

☆ **Préparation :** 25 minutes
Cuisson : aucune
Pour 4 à 6 personnes

3 betteraves entières, pelées
et râpées

2 grosses carottes, pelées et
râpées

1/3 de tasse de jus d'orange

2 cuil. à café de zeste
d'orange râpé

1 cuil. à soupe de tahini

1/2 petit piment rouge
finement haché

1 cuil. à soupe de graines
de sésame grillées

1 Dans un grand récipient, réunir la betterave et la carotte râpées.
2 Dans un bol, mélanger le jus d'orange, le zeste, le tahini et le piment. Bien battre au fouet.
3 Verser la sauce sur la salade. Bien remuer et saupoudrer de graines de sésame grillées.

BORSCHT

Préparation : 5 minutes
Cuisson : 1 heure 15
Pour 8 personnes

1 kg de gîte de bœuf

2 l d'eau

1 oignon haché

3 feuilles de laurier

1 cuil. à café de poivre de
la Jamaïque

2 tomates pelées et hachées

2 pommes de terre pelées et
coupées en julienne

1 petit chou émincé

2 carottes pelées et coupées
en julienne

750 g de betteraves coupées
en julienne

2 cuil. à café de vinaigre

Poivre fraîchement moulu

1/4 de tasse de persil haché

2 cuil. à soupe d'aneth
frais haché

1 Mettre le bœuf, l'eau, l'oignon, le laurier et le poivre de la Jamaïque dans une grande casserole ; porter à ébullition.
Écumer si nécessaire et laisser mijoter, à couvert, pendant 1 heure, jusqu'à ce que la viande soit tendre.
2 Pendant ce temps, couper les légumes en julienne.
Quand la viande est cuite, la retirer de la casserole.
Couper la viande en lanières et la remettre dans la casserole.
Ajouter les légumes et faire bouillir 15 minutes à découvert (si l'on remet le couvercle, la soupe ne gardera pas sa couleur vive).
3 Ajouter le vinaigre, le poivre, le persil et l'aneth.
Servir chaud avec du pain bis et une cuillerée de crème fouettée au raifort.

CI-DESSUS : BETTERAVES ÉPICÉES AU FOUR.

BETTERAVES

BETTERAVES ÉPICÉES
AU FOUR

☆ **Préparation :** 15 minutes
Cuisson : 1 heure 25
Pour 6 personnes

12 petites betteraves
(environ 1,2 kg)

2 cuil. à soupe d'huile
d'olive

1 cuil. à café de cumin en
poudre

1 cuil. à café de coriandre
moulue

1/2 cuil. à café de
cardamome moulue

1/2 cuil. à café de muscade

3 cuil. à café de sucre

1 cuil. à soupe de vinaigre
de vin rouge

1 Préchauffer le·four à 180 °C. Huiler une plaque de four. Couper l'extrémité feuillue des betteraves et les laver soigneusement. Les disposer sur la plaque et faire cuire 1 heure 15 jusqu'à ce qu'elles soient très tendres. Laisser refroidir légèrement. Les peler et couper le haut et la queue.
2 Faire chauffer l'huile dans une grande poêle. Mettre les épices et faire cuire 1 minute à feu moyen, sans cesser de remuer. Ajouter le sucre et le vinaigre et remuer pendant 2 à 3 minutes jusqu'à ce que le sucre se dissolve.
3 Mettre les betteraves dans la poêle, baisser le feu et remuer doucement pendant 5 minutes pour que les betteraves soient bien enduites d'épices.

Remarque : ce plat peut être préparé jusqu'à 2 jours à l'avance. Conserver au réfrigérateur dans un récipient fermé.

---

consommait les feuilles (qui peuvent être cuites de la même façon que les épinards) et non la racine. On pense que les variétés actuelles furent produites par les jardiniers allemands.
Au XVe siècle, elle était connue en France et en Angleterre. La betterave est l'ingrédient principal du borscht (soupe d'Europe de l'Est). On la mange également en salade.

Bettes Légume voisin de la betterave, appelé également blettes, avec de grandes feuilles vertes nervurées, au goût proche de celui des épinards, aux côtes plates blanches et charnues. Les feuilles vertes sont cuisinées et mangées comme des épinards ; sautées, elles peuvent être ajoutées aux salades.

Beurre Substance grasse et onctueuse obtenue après barattage de la crème.
Dans la majorité des pays, le beurre doit contenir, d'après la loi, 80 % de matières grasses et pas plus de 16 % d'eau.

Le beurre est employé en pâte à tartiner, pour la cuisson des aliments et en ingrédient de nombreux plats salés et sucrés. On le sale pour améliorer ses qualités de conservation ; le beurre clarifié est chauffé pour faire évaporer l'eau qu'il contient avant d'être tamisé pour éliminer les aliments solides non gras.

Les premiers hommes à avoir fabriqué du beurre étaient probablement les Sumériens, bien que l'on ait fait du beurre auparavant avec du lait de brebis ou de chèvre ; on employait alors les bovins pour des tâches très dures et les animaux de trait donnaient peu de lait.

Dans l'antiquité, les Grecs et les Romains n'utilisaient pas le beurre pour la cuisine : ils préféraient l'huile d'olive, et appréciaient le beurre pour ses propriétés médicinales en tant qu'onguent. Les Gaulois produisaient du beurre, et son usage fut répandu par les Normands dans toute l'Europe du Nord. La France est l'un des plus grands consommateurs de beurre. Dans les autres pays industrialisés, l'apparition et l'utilisation croissante de la margarine et de diverses pâtes à tartiner allégées ont entraîné la chute des ventes de beurre.

BISCUITS SUCRÉS

FONDANTS AUX CERISES

☆   **Préparation :** 15 minutes
Cuisson : 15 minutes
Pour 45 fondants

180 g de beurre doux
¹/₃ de tasse de sucre glace
1 cuil. à café d'essence de vanille

¹/₃ de tasse de Maïzena
1 tasse de farine
100 g de cerises confites

1 Préchauffer le four à 180 °C. Garnir une plaque à biscuits de 32 x 28 cm de papier sulfurisé.
Mélanger le beurre, le sucre et l'essence de vanille au batteur jusqu'à obtention d'un mélange crémeux.
À l'aide d'un couteau à lame plate, incorporer la farine et la Maïzena jusqu'à ce que la préparation soit homogène.
2 Verser le mélange dans une poche à douille dotée d'un embout cannelé et former des rosettes de 4 cm sur la plaque préparée.
3 Garnir chaque rosette d'une demi-cerise. Faire cuire 15 minutes jusqu'à ce qu'elles soient dorées et craquantes. Laisser refroidir sur une grille.

Remarque : on peut accoler deux fondants aux cerises avec de la confiture de framboise ou de la crème au beurre ; ou décorer les fondants de sucre glace ou de crème au beurre, les arroser ou les tremper dans du chocolat fondu.

TUILES AUX AMANDES

☆   **Préparation :** 8 minutes + 2 heures
☆ ☆   de repos
Cuisson : 5 minutes
Pour 22 tuiles

²/₃ de tasse de farine
¹/₂ tasse de sucre
60 g de beurre doux fondu
2 blancs d'œuf, légèrement battus

¹/₄ de cuil. à café d'essence d'amande
¹/₂ tasse d'amandes effilées grillées

1 Beurrer deux plaques à biscuits de 32 x 28 cm et garnir le fond de papier sulfurisé beurré.
Dans une jatte, tamiser la farine et ajouter le sucre. Faire un puits au centre et ajouter le beurre, les blancs d'œuf et l'essence d'amande.
Mélanger à l'aide d'une cuillère en bois, jusqu'à ce que la préparation soit homogène. Couvrir d'un film plastique et laisser reposer 2 heures.
2 Chauffer le four à 180 °C. Former des petits tas sur la plaque (équivalent à 2 cuil. à café rases) et les étaler

Beurre aux amandes

Préparation composée d'amandes effilées revenues dans du beurre clarifié. Le beurre aux amandes est servi avec des viandes blanches et des poissons.

Beurre d'anchois

Beurre mélangé à des filets d'anchois que l'on a préalablement rincés et passés au mortier, auquel on ajoute un filet de jus de citron. Tamiser le mélange avant l'emploi.

Beurre de cacahuète

Pâte à tartiner préparée à partir de cacahuètes grillées, utilisée pour les sandwichs (elle accompagne le céleri, le bacon grillé, les raisins,

le miel et la confiture), mais aussi pour les toasts ou comme ingrédient du saté. Il existe deux variétés de beurre de cacahuète : une pâte crémeuse, douce, ou une pâte croustillante contenant des morceaux de cacahuètes concassées. Le beurre de cacahuète est devenu populaire en Amérique du Nord au XXe siècle.

en ronds de 10 à 12 cm de diamètre. Saupoudrer chaque rond d'amandes effilées.

3 Faire cuire 5 minutes jusqu'à ce qu'ils commencent à dorer. Retirer du four et laisser 30 secondes sur la plaque.

Détacher les biscuits avec précaution et les rouler légèrement sur une bouteille ou un rouleau à pâtisserie pour leur donner une forme incurvée.

FLORENTINS

✳ ✳   ***Préparation :*** 25 minutes
      Cuisson : 7 minutes par fournée
      Pour 24 florentins

¼ de tasse de farine	*2 cuil. à soupe de fruits*
2 cuil. à soupe de noix	*confits variés hachés*
hachées	*75 g de beurre doux*
2 cuil. à soupe d'amandes	*¼ de tasse de sucre roux*
effilées	*185 g de chocolat noir,*
2 cuil. à soupe de cerises	*finement écrasé*
confites hachées	

1 Préchauffer le four à 180 °C. Garnir une plaque à biscuits de 32 x 28 cm de papier sulfurisé.

Dans un récipient, tamiser la farine et ajouter les noix, les amandes, les cerises et les fruits confits. Bien mélanger et faire un puits au centre.

Dans une petite casserole, réunir le beurre et le sucre et remuer à feu doux jusqu'à ce que le beurre soit fondu et le sucre dissout. Retirer du feu.

2 Verser le mélange au beurre sur la préparation de farine. Remuer avec une cuillère en bois pour mélanger, sans trop travailler la pâte.

Déposer des cuillerées à café bien remplies de pâte sur les plaques, en les espaçant de 8 cm. Étaler pour former des ronds de 5 cm.

Faire cuire 7 minutes et retirer la plaque du four. Pendant que les biscuits sont encore mous, rassembler le pourtour avec la lame d'un couteau pour obtenir des ronds bien nets. Laisser refroidir 5 minutes sur la plaque, puis transférer sur une grille.

3 Faire fondre le chocolat au bain-marie. Avec une lame de couteau plate, étaler le chocolat sur le dessous des florentins. Tracer des sillons avec les dents d'une fourchette.

Disposer les biscuits sur une grille jusqu'à ce que le chocolat refroidisse.

Remarque : les florentins sont meilleurs préparés le jour même ; ils sont délicieux avec le café.

CI-DESSUS : FLORENTINS.
PAGE CI-CONTRE : FONDANTS AUX CERISES.

Beurre aux herbes aromatiques
Mélange composé de beurre et de d'herbes lavées et finement hachées, assaisonné avec du sel, du poivre, de l'ail pressé et un filet de jus de citron.

Cette préparation peut être servie avec des pommes de terre en robe des champs, de la viande rouge ou du poisson grillés.

Beurre Maître d'Hôtel
Beurre doux mélangé à du persil haché, du jus de citron et du poivre blanc fraîchement moulu, puis mis au frais jusqu'à ce qu'il devienne ferme.

On le sert sur les viandes ou les poissons grillés.

Beurre manié Mélange de beurre et de farine que l'on utilise pour épaissir les potages, pour lier les sauces en le battant au fouet dans le liquide chaud.

Beurre noir Sauce obtenue en faisant fondre du beurre dans une poêle à feu doux jusqu'à ce qu'il devienne couleur noisette. On y ajoute alors du jus de citron et il doit être versé

BONSHOMMES EN PAIN D'ÉPICE (GINGERBREAD)

✦ ✦   ***Préparation :*** 30 minutes + 15 minutes de réfrigération
Cuisson : 10 minutes
Pour 16 figurines

125 g de beurre doux
1/3 de tasse de sucre roux
1/4 de tasse de mélasse raffinée
1 œuf légèrement battu
2 tasses de farine
1/4 de tasse de farine avec levure incorporée
1 cuil. à soupe de gingembre moulu
1 cuil. à café de bicarbonate de soude

1 cuil. à soupe de raisins secs

Glaçage
1 blanc d'œuf
1/2 cuil. à café de jus de citron
1 tasse 1/4 de sucre glace
Colorants alimentaires variés

1 Préchauffer le four à 180 °C.
Garnir 2 ou 3 plaques à biscuits de papier sulfurisé. Mélanger le beurre, le sucre et la mélasse au batteur pour obtenir un mélange crémeux. Ajouter l'œuf progressivement, en battant bien après chaque ajout.

2 Verser cette préparation dans une grande jatte. Ajouter les autres ingrédients et mélanger avec un couteau, sans battre. Malaxer la pâte (se fariner les mains au préalable) ; pétrir 1 à 2 minutes sur un plan de travail fariné.

3 Recouvrir une grande planche à découper de papier sulfurisé. Étaler la pâte (5 mm d'épaisseur) et la mettre au frais 15 minutes pour l'affermir.

4 Découper la pâte avec un emporte-pièce « bonhomme » de 13 cm. Former une boule avec la pâte restante et l'étaler à nouveau.
Découper d'autres bonshommes. Disposer les biscuits sur les plaques préparées. Mettre des raisins secs à la place des yeux et du nez. Faire cuire 10 minutes jusqu'à ce que les biscuits soient dorés. Retirer du four et laisser refroidir sur les plaques.

5 Glaçage : battre le blanc d'œuf dans un bol jusqu'à ce qu'il soit mousseux. Ajouter progressivement le jus de citron et le sucre glace. Continuer à battre pour obtenir un mélange épais et crémeux. Répartir le glaçage dans plusieurs bols. Colorer le mélange avec les colorants choisis. Verser dans de petites poches à douille en papier ; sceller l'ouverture. Ôter les embouts et décorer le visage et le corps des figurines.

Remarque : lorsque le glaçage est totalement sec, ces biscuits peuvent être conservés jusqu'à 3 jours dans un récipient hermétique.

CI-CONTRE : BONSHOMMES EN PAIN D'ÉPICE.

immédiatement. On l'utilise avec le poisson, la cervelle, les œufs ou les légumes cuits.

Beurre noisette
On désigne par ce terme du beurre chauffé jusqu'à obtention d'une légère odeur de noisette et d'une couleur brune.

Bicarbonate de soude
Fine poudre blanche, ingrédient alcalin de la levure chimique. Utilisé seul, il ne possède pas de propriétés de levage, mais quand il est en présence d'acide ou de sel acide (comme le pyrophosphate de sodium, l'autre principal ingrédient de la levure chimique), puis légèrement mouillé, il produit du gaz carbonique.

Bière Boisson alcoolisée obtenue par la fermentation d'extraits de malt, principalement de l'orge, et aromatisée avec du houblon.
Les Sumériens et les Babyloniens fabriquaient dans l'antiquité une sorte de bière en brassant une boisson trouble faite d'orge ou de blé, ou un mélange des deux.
Au Moyen-Âge, les monastères comportaient presque tous une brasserie, et la bière qu'ils produisaient apportait des revenus au clergé (les moines furent probablement les premiers

à ajouter du houblon, qui transformait l'épaisse bière brune en bière blonde).

Les bières de millet et de riz sont fabriquées en Afrique et en Asie, et le manioc est utilisé en Amérique du Sud.

La bière est employée en cuisine pour relever les marinades, les ragoûts et les sauces, mais aussi pour préparer une pâte à frire légère.

Les plus importants pays producteurs de bière sont actuellement l'Allemagne, le Royaume-Uni et les États-Unis.

Bigarade (orange amère) Fruit du bigaradier que l'on utilise pour la fabrication du curaçao et de confitures, mais aussi en confiserie. On retrouve le délicat parfum des fleurs blanches du bigaradier dans l'essence de néroli. On extrait également de l'eau de fleurs d'oranger à partir de ses fleurs.

Bigorneau Petits mollusques gastéropodes que l'on peut trouver sur les rivages partout dans le monde. Le bigorneau noir, comestible, est abondant sur les côtes de l'Atlantique nord.

Biryani (Biriani) Plat mongol originaire d'Asie

fait de couches de riz pilaf et d'agneau ou de poulet épicé.

BISCUITS FOURRÉS À LA CRÈME

❋ **Préparation** : 30 minutes
Cuisson : 15 à 20 minutes
Pour 25 biscuits

125 g de beurre doux
½ tasse de sucre
¼ de tasse de lait
1 tasse ½ de farine avec levure incorporée
¼ de tasse de préparation en sachet pour crème anglaise, tamisée

⅓ de tasse de noix de coco séchée

Garniture

75 g de beurre doux
⅔ de tasse de sucre glace
2 cuil. à café de lait
⅓ de tasse de confiture de fraises

1 Préchauffer le four à 180 °C. Garnir 2 plaques à biscuits de 32 x 28 cm de papier sulfurisé. Mélanger le beurre et le sucre au batteur pour obtenir une préparation crémeuse. Ajouter le lait et continuer à battre. Ajouter la farine, la crème anglaise en poudre et la noix de coco ; mélanger pour former une pâte souple.

2 Former des petites boules avec 2 cuil. à café de pâte ; les disposer sur les plaques et les aplatir à la fourchette. Tremper de temps en temps la fourchette dans de la crème en poudre pour l'empêcher de coller. Faire cuire 15 à 20 minutes, jusqu'à ce qu'ils commencent à dorer. Laisser refroidir complètement sur une grille.

3 Garniture : mélanger le beurre et le sucre glace au batteur pour obtenir une préparation onctueuse. Ajouter le lait et continuer à battre. Étaler ½ cuil. à café de cette crème sur un biscuit, et ½ cuil. à café de confiture sur un autre. Les coller ensemble.

Ci-dessus : Biscuits fourrés à la crème ;
ci-contre : Cookies aux pépites de chocolat.

COOKIES AUX PÉPITES DE CHOCOLAT

❋ **Préparation** : 10 minutes
Cuisson : 15 minutes
Pour 24 cookies

150 g de beurre doux
¼ de tasse de sucre roux
⅓ de tasse de sucre blanc
1 jaune d'œuf
1 cuil. à café d'essence de vanille

1 tasse ½ de farine avec levure incorporée
1 tasse de pépites de chocolat

1 Préchauffer le four à 180 °C.
Garnir une plaque de four de 32 x 28 cm de papier sulfurisé. Au batteur, mélanger le beurre, les sucres et le jaune d'œuf pour obtenir une préparation crémeuse. Ajouter l'essence de vanille et continuer à battre.

2 Verser le mélange dans une grande jatte ; ajouter la farine et deux-tiers des pépites.
À l'aide d'une cuillère en métal, remuer juste assez pour mélanger les ingrédients.

3 Travailler la pâte avec les doigts et former des petites boules avec l'équivalent d'1 cuil. à soupe de pâte.

4 Enfoncer les pépites restantes sur le dessus des boules. Les disposer sur la plaque en les espaçant bien. Faire cuire 15 minutes, jusqu'à ce que les cookies soient légèrement dorés. Laisser refroidir sur la plaque.

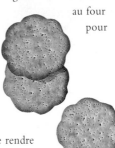

Biscuit Gâteau sec et plat, sucré ou salé. Le nom vient du français bis (deux fois) cuit, car à l'origine on le remettait au four pour

le rendre plus croustillant, et en conséquence, améliorer ses propriétés de conservation. Aux États-Unis, on emploie le terme biscuit pour désigner de légers petits gâteaux ronds ressemblant au pain et servis chauds, ouverts en deux et tartinés de beurre. Les biscuits salés sont appelés crackers aux Etats-Unis, de même que dans d'autres pays du monde. Les biscuits ont beaucoup évolué, car ils ont d'abord été l'aliment de base, peu digeste, des soldats et des marins ; ainsi, Pline pensait que ceux des Romains pouvaient être conservés pendant des siècles, et dans l'armée de Louis XIV on appelait les rations de biscuits "pain de pierre".

Bisque Soupe riche et épaisse préparée avec des fruits de mer

BISCUITS CHOCOLAT-MENTHE

✲✲ **Préparation :** 30 minutes
Cuisson : 15 minutes
Pour 22 biscuits

65 g de beurre doux
1/4 de tasse de sucre
1/2 tasse de farine
1/3 de tasse de farine avec levure incorporée
2 cuil. à soupe de cacao en poudre
1 à 2 cuil. à soupe de lait

Garniture
100 g de beurre doux
1/3 de tasse de sucre glace
Quelques gouttes d'essence de menthe
22 copeaux de chocolat
1 cuil. à café de sucre glace
1 cuil. à café de cacao en poudre

1 Préchauffer le four à 180 °C. Garnir 2 plaques à biscuits de 32 x 28 cm de papier sulfurisé. Battre le beurre et le sucre pour obtenir un mélange crémeux. Ajouter les farines tamisées, le cacao et le lait. Remuer avec une lame de couteau plate pour former une pâte souple. La déposer sur une feuille de papier sulfurisé et la pétrir 1 minute.
2 Étaler la pâte (5 mm d'épaisseur). Découper des ronds avec un emporte-pièce de 4 cm. Les disposer sur les plaques et faire cuire 15 minutes. Laisser refroidir sur une grille.
3 Garniture : travailler le beurre en crème. Ajouter le sucre glace et continuer à battre. Ajouter l'essence de menthe et battre pour bien l'incorporer. Lorsque les biscuits sont refroidis, verser la garniture dans une poche à douille munie d'un embout cannelé et former une fleur sur chaque biscuit. Poser une pépite de chocolat au centre de chaque fleur et saupoudrer de sucre glace et de cacao tamisés ensemble.

BISCUITS AU GINGEMBRE

✲ **Préparation :** 15 minutes
Cuisson : 15 minutes
Pour 55 biscuits

2 tasses de farine
1/2 cuil. à café de bicarbonate de soude
1 cuil. à soupe de gingembre moulu
1/2 cuil. à café de mixed spice (mélange d'épices : muscade, cannelle, clous de girofle et gingembre)

125 g de beurre doux
1 tasse de sucre roux
1/4 de tasse d'eau bouillante
1 cuil. à soupe de mélasse raffinée

1 Préchauffer le four à 180 °C. Garnir 2 plaques à biscuits de 32 x 28 cm de papier sulfurisé.
Dans une grande jatte, tamiser la farine avec le reste des ingrédients secs ; ajouter le beurre coupé en morceaux et le sucre. Écraser le beurre dans la farine avec les doigts pendant 3 minutes, jusqu'à ce que la pâte soit homogène et friable.
2 Dans un bocal, verser l'eau bouillante et ajouter la mélasse. Remuer jusqu'à dissolution complète.
Ajouter le liquide à la pâte et bien mélanger.
3 Former des petites boules de pâte équivalant à 2 cuil. à café.
Les disposer sur les plaques et les aplatir légèrement du bout des doigts. Enfourner 15 minutes.
Laisser refroidir 10 minutes sur les plaques avant de poser les biscuits sur une grille.

CI-DESSUS : BISCUITS CHOCOLAT-MENTHE.

réduits en purée, du bouillon et de la crème. A l'origine, les bisques étaient faites de gibier ou de volaille bouillis, et ce n'est qu'après le XVIIe siècle que les fruits de mer devinrent le principal ingrédient de la bisque.

Les bisques les plus connues sont : la bisque de crabe, la bisque de homard, la bisque de crevette et, plus particulièrement aux États-Unis, la bisque de palourde. Elles sont servies en entrée.

Blanc-manger
Entremets fait d'un mélange de lait chaud et de farine de maïs, aromatisé, sucré et versé dans un moule.

Blanchir Plonger les aliments quelques minutes dans l'eau bouillante salée sans les faire cuire. C'est un moyen de conserver le vert des légumes avant de les congeler, d'ôter l'excès de sel, de graisse, les odeurs et les goûts forts, ou d'éliminer les bactéries. On emploie également ce terme pour le procédé consistant à plonger les fruits ou les noix dans l'eau bouillante pour faciliter l'épluchage.

Blanquette Ragoût, généralement de veau, d'agneau ou de poulet, où la viande

AMARETTI

✲ ✲ **Préparation :** 15 minutes + 1 heure de repos
Cuisson : 15 à 20 minutes
Pour 40 biscuits

1 cuil. à soupe de farine
1 cuil. à soupe de Maïzena
1 cuil. à café de cannelle moulue
2/3 de tasse de sucre

1 cuil. à café de zeste de citron râpé
125 g d'amandes pilées
2 blancs d'œuf
1/4 de tasse de sucre glace

1 Garnir une plaque à biscuits de 32 x 28 cm de papier sulfurisé. Dans un grand récipient, verser la farine tamisée, la Maïzena, la cannelle et la moitié du sucre ; ajouter le zeste et les amandes.
2 Battre les œufs en neige. Ajouter le restant de sucre progressivement, sans cesser de battre, jusqu'à ce que les blancs soient onctueux et le sucre entièrement dissout. Avec une cuillère en métal, incorporer les blancs dans les ingrédients secs.
Remuer juste assez pour mélanger et obtenir une pâte onctueuse.
3 Former des petites boules avec 2 cuil. à café rases de pâte en huilant ou mouillant vos mains au préalable. Disposer les boules sur la plaque en les espaçant bien. Laisser reposer, non couvert, 1 heure avant la cuisson.
4 Allumer le four à 180 °C. Saupoudrer généreusement les biscuits de sucre glace tamisé et faire cuire 15 à 20 minutes, jusqu'à ce qu'ils commencent à dorer. Mettre à refroidir sur une grille.

BISCUITS AU GINGEMBRE FOURRÉS AU CAFÉ

✲
✲ ✲ **Préparation :** 12 minutes + 1 heure de repos
Cuisson : 6 minutes par fournée
Pour 25 biscuits

60 g de beurre doux
2 cuil. à soupe de mélasse raffinée
1/3 de tasse de sucre roux, légèrement tassé
1/4 de tasse de farine
1 1/2 cuil. à café de gingembre moulu

Crème au café
2/3 de tasse de crème liquide
1 cuil. à soupe de sucre glace
1 cuil. à café de café instantané
1 cuil. à soupe de liqueur de café
80 g de chocolat noir fondu, pour la décoration

1 Préchauffer le four à 180 °C. Garnir 2 plaques à biscuits de 32 x 28 cm de papier sulfurisé.

Dans une petite casserole, mélanger le beurre, la mélasse et le sucre. Remuer à feu doux jusqu'à ce que le beurre fonde et que le sucre se dissolve ; retirer du feu.
Ajouter la farine tamisée et le gingembre. À l'aide d'une cuillère en bois, remuer pour bien mélanger, mais sans battre.
2 Procéder en plusieurs fournées. Déposer 3 ou 4 cuil. à café bien remplies de préparation, espacées de 13 cm, sur les plaques. Étaler en ronds de 8 cm.
Faire cuire 6 minutes jusqu'à ce qu'ils commencent à dorer.
3 Laisser les biscuits sur la plaque pendant 30 secondes, puis les détacher soigneusement et les enrouler autour d'un manche de cuillère en bois pendant qu'ils sont chauds. Laisser refroidir. Répéter l'opération avec le reste des biscuits.
4 Crème au café : réunir tous les ingrédients dans un bol et bien mélanger. Couvrir d'un film plastique et réfrigérer pendant 1 heure. Mixer au batteur jusqu'à ce que le mélange soit épais et très ferme.
Remplir les biscuits de crème et les décorer de chocolat fondu.

Remarque : on peut conserver ces biscuits jusqu'à 2 jours au réfrigérateur, dans un récipient hermétique, ou bien les congeler sans crème pendant 1 mois.
Pour les fourrer, verser la crème dans une petite poche à douille en papier. Fermer l'ouverture et ôter l'embout. Remplir les biscuits.

CI-DESSUS : BISCUITS ANZAC.
PAGE CI-CONTRE : LEBKUCHEN.

LEBKUCHEN

✳ **Préparation :** 25 minutes
Cuisson : 25 minutes
Pour 35 biscuits

2 tasses ¹/₃ de farine
¹/₂ tasse de Maïzena
2 cuil. à café de cacao
1 cuil. à café de mixed
  spice (mélange d'épices :
  muscade, cannelle, clous
  de girofle et gingembre)
  + ¹/₄ de cuil. à café
  supplémentaire

1 cuil. à café de cannelle
¹/₂ cuil. à café de muscade
100 g de beurre doux
¹/₄ de tasse de mélasse
  raffinée
2 cuil. à soupe de lait
150 g de copeaux de
  chocolat blanc à cuire

1 Préchauffer le four à 180 °C. Garnir une plaque à biscuits de 32 x 28 cm de papier sulfurisé. Dans un grand récipient, réunir la farine et la Maïzena tamisées, le cacao et les épices. Faire un puits au centre.
2 Réunir le beurre, la mélasse et le lait dans une petite casserole. Remuer à feu doux jusqu'à ce que le beurre fonde et que le mélange soit lisse. Retirer du feu.
3 Verser le mélange au beurre dans le puits des ingrédients secs. Bien mélanger avec un couteau pour former une pâte onctueuse. Pétrir 1 minute sur un plan de travail fariné et former une boule.
4 Étaler la pâte de façon qu'elle ait 1 cm d'épaisseur. Découper des cœurs à l'aide d'un emporte-pièce de 6 cm. Disposer sur la plaque et enfourner 25 minutes, jusqu'à ce que les biscuits commencent à dorer. Laisser refroidir sur une grille.

5 Faire fondre le chocolat au bain-marie. Retirer du feu.
6 Plonger un côté des biscuits dans le chocolat et les placer sur du papier sulfurisé jusqu'à ce que le chocolat prenne. Saupoudrer de mélange d'épices.

BISCUITS ANZAC

✳ **Préparation :** 12 minutes
Cuisson : 20 minutes
Pour 26 biscuits

1 tasse de farine
²/₃ de tasse de sucre
1 tasse de flocons d'avoine
1 tasse de noix de coco
  séchée
125 g de beurre doux

¹/₄ de tasse de mélasse
  raffinée
¹/₂ cuil. à soupe de
  bicarbonate de soude
1 cuil. à soupe d'eau
  bouillante

1 Préchauffer le four à 180 °C. Couvrir une plaque à biscuits de 32 x 28 cm de papier sulfurisé. Réunir la farine tamisée et le sucre dans un saladier. Ajouter les flocons d'avoine et la noix de coco ; creuser un puits au centre.
2 Mélanger le beurre et la mélasse dans une petite casserole. Remuer à feu doux pour obtenir un mélange lisse ; retirer du feu. Dissoudre le bicarbonate dans l'eau et l'ajouter immédiatement au mélange au beurre. Verser la préparation sur les ingrédients secs et bien mélanger à l'aide d'une cuillère en bois.
3 Déposer 1 cuil. à soupe rase de préparation sur la plaque et l'aplatir légèrement. Disposer les autres en les espaçant. Faire cuire 20 minutes jusqu'à ce que les biscuits commencent à dorer. Retirer du four et laisser refroidir sur une grille.

cuite à l'eau est nappée de sauce blanche et enrichie avec du lait ou de la crème et du jaune d'œuf.
Ce plat peut être accompagné de pommes de terre cuites à la vapeur ou de riz blanc.

Blé Céréale à la base de l'alimentation de la moitié de la population mondiale. Le blé est transformé en farine et utilisé pour fabriquer du pain, de la pâte, des gâteaux, des biscuits, et en céréales pour le petit déjeuner.
Au début des années 1990, la production mondiale de blé était en augmentation d'environ 30 % par rapport à la période allant de 1979 à 1981, lorsque l'Union soviétique était le premier producteur mondial.
En 1990, la Chine occupait la seconde position, et les États-Unis arrivaient en troisième position. La France, l'Australie, le Canada et l'Inde sont les autres principaux pays producteurs de blé.

Blé concassé Graines entières de blé qui ont été trempées, cuites, séchées puis écrasées en petits morceaux.

Blé dur Variété de blé moulu pour fabriquer de la semoule, farine plus résistante que celle utilisée pour préparer le pain. Elle est idéale pour la fabrication des pâtes. Le blé est réputé pour son extrême fermeté et sa couleur jaune.

Blettes Voir Bettes.

Bleu Fromage doux à pâte persillée, habituellement fabriqué avec du lait de vache. On le prépare en ajoutant des moisissures au lait caillé affiné, et on aide leur propagation en salant et en perforant la pâte.

Ce type de fromage fut créé il y a deux cents ans environ dans le petit village de Roquefort.
Les nombreuses variétés comprennent le Gorgonzola, le Bleu danois, le Roquefort et le Stilton.

Bleu danois Fromage doux à pâte persillée fait de lait de vache doux, crémeux, au goût prononcé, parfois salé. Il a une texture crémeuse et peut être soit tartiné, soit coupé en tranches, ou accompagner le saumon. Fabriqué sur le modèle du Roquefort, il fut produit au Danemark au début des années 1900 pour concurrencer les ventes de Roquefort aux États-Unis.

Blini Petite crêpe épaisse à base de pâte au levain faite avec de la farine de blé noir. Originaire de Russie, le blini est habituellement servi avec de la crème fraîche et du caviar ou du saumon fumé.

BISCUITS SALÉS (CRACKERS)

BISCUITS AU TOURNESOL ET AU PARMESAN

✳ **Préparation :** 30 minutes
Cuisson : 10 à 15 minutes
Pour 30 biscuits

150 g de beurre doux
³/₄ de tasse de parmesan râpé + ¹/₄ de tasse supplémentaire
¹/₃ de tasse de cheddar râpé (ou mimolette)

1 tasse ¹/₄ de farine
2 à 3 cuil. à café de poivre au citron
¹/₄ de tasse de graines de tournesol

1 Préchauffer le four à 180 °C. Garnir deux plaques de four de papier sulfurisé. Passer le beurre au batteur jusqu'à ce qu'il soit crémeux. Ajouter le parmesan et le cheddar, et bien mélanger.
2 Avec une cuillère en métal, incorporer la farine tamisée et le poivre. Ajouter les graines de tournesol. Malaxer après avoir fariné vos mains. Poser la pâte sur un plan de travail fariné et pétrir 2 à 3 minutes.
3 Étaler la pâte entre deux feuilles de papier sulfurisé jusqu'à ce qu'elle soit épaisse de 5 mm. Couper en carrés de 4 cm de côté. Disposer sur les plaques préparées. Saupoudrer de parmesan et cuire 10 à 15 minutes, jusqu'à ce que les crackers soient dorés. Laisser refroidir sur les plaques.

CI-DESSUS : BUISCUITS AU TOURNESOL ET AU PARMESAN; CI-CONTRE : ROSBIF AU YORKSHIRE PUDDING.

BRETZELS AUX HERBES

✳ **Préparation :** 25 minutes
Cuisson : 10 à 15 minutes
Pour 25 bretzels environ

40 de beurre ramolli + 20 g de beurre fondu
1 cuil. à soupe de persil, de ciboulette et de romarin
1 gousse d'ail écrasée

Poivre
2 rouleaux de pâte feuilletée pré-étalée
2 cuil. à soupe de graines de pavot

1 Dans un bol, réunir le beurre, les herbes, l'ail et le poivre et bien mélanger.
2 Étaler le mélange de façon uniforme sur toute la surface d'un des rectangles de pâte. Recouvrir de l'autre rectangle de pâte. Souder les bords en pressant. Badigeonner la surface de beurre fondu et saupoudrer de graines de pavot.
3 Couper la préparation en bandes larges de 2 cm. Torsader les bandes depuis chaque extrémité pour former une spirale. Disposer sur une plaque non huilée.
4 Faire cuire à 230 °C pendant 10 à 15 minutes, ou jusqu'à ce qu'ils soient dorés. Conserver dans un récipient hermétique. Servir chaud ou froid.

CRACKERS AU FROMAGE

✳ **Préparation :** 25 minutes
Cuisson : 15 à 20 minutes
Pour 60 crackers environ

¹/₂ tasse de farine tamisée
¹/₂ tasse de farine avec levure incorporée
¹/₂ cuil. à café de sel
¹/₄ de cuil. à café de paprika
¹/₄ de cuil. à café de poivre de Cayenne

1 tasse ¹/₂ de vieux cheddar râpé (à défaut, utiliser de la mimolette vieillie)
1 œuf
¹/₄ de tasse de bière + un petit volume pour badigeonner
Gros sel

1 Dans un récipient, mélanger les farines avec le sel, le paprika, le poivre de Cayenne et le fromage. Dans un bol, battre l'œuf légèrement et incorporer la bière. Verser sur le mélange de farine et former une pâte ferme.
2 Pétrir la pâte sur un plan de travail fariné. L'étaler finement et découper des rectangles de 1 x 5 cm. Les disposer sur une plaque non huilée et les badigeonner légèrement de bière. Saupoudrer de sel.
3 Faire cuire à 180 °C pendant 15 à 20 minutes, jusqu'à ce qu'ils soient dorés. Laisser refroidir 2 à 3 minutes sur la plaque, puis sur une grille. Conserver dans un récipient hermétique.

À PROPOS DES BISCUITS SALÉS

■ Sauf indication contraire, utiliser des ingrédients à température ambiante. Ne pas ouvrir la porte du four avant les deux tiers de la cuisson.

BŒUF

ROSBIF AU YORKSHIRE PUDDING

✳ ✳ **Préparation :** 15 minutes
Cuisson : 1 heure 30 à 2 heures
Pour 6 personnes

1 morceau d'aloyau (avec l'os) de 2 kg	**Yorkshire pudding**
¹/₂ cuil. à café de moutarde sèche	*³/₄ de tasse de farine*
	Sel
¹/₂ cuil. à café de poivre noir moulu	*1 œuf légèrement battu*
	¹/₄ de tasse d'eau
Sel	*¹/₂ tasse de lait*
60 g de saindoux	*30 g de saindoux ou de beurre fondu*

1 Préchauffer le four à 180 °C. Parer la viande ; inciser le gras et en frotter la surface avec un mélange de moutarde, poivre et sel. Faire chauffer l'huile dans une poêle ; y mettre la viande, côté gras en bas et la saisir rapidement sur toutes ses faces.

2 Poser la viande sur une grille à rôtir placée dans un plat à four, côté gras vers le haut. Faire rôtir 25 à 30 minutes par 500 g pour un rosbif à point, ou se conformer aux temps indiqués ci-dessous. Laisser reposer la viande 15 minutes avant de la découper.

3 Yorkshire pudding : tamiser la farine et le sel dans un saladier. Ajouter le mélange d'œuf et d'eau et mélanger. Chauffer le lait et le verser sur le mélange ; battre pour obtenir une préparation homogène. Réserver. Verser le saindoux dans un moule comportant 10 à 12 découpes suffisamment profondes (il existe des moules spécifiques pour ce genre de préparation) ; faire chauffer 5 minutes à 210 °C. Retirer du four. Verser la pâte à pudding dans le moule et enfourner 10 à 15 minutes jusqu'à ce que les puddings soient gonflés.

À PROPOS DU RÔTI DE BŒUF

Rôtir le bœuf en fonction de votre goût et des temps de cuisson indiqués ci-dessous (les temps sont donnés pour 500 g de viande) :

■ **Saignant :** 20 à 25 minutes (température interne de 60 °C sur un thermomètre à viande) ;

■ **À point :** 25 à 30 minutes (température interne de 70 °C) ;

■ **Bien cuit :** 30 à 35 minutes (température interne de 75 °C).

■ Utilisation d'un thermomètre à viande : l'insérer dans la partie la plus épaisse de la viande, loin du gras ou de l'os.

Blintz Crêpe fourrée salée ou sucrée. Elle est d'abord cuite sur une face ; la garniture est alors placée au centre, puis la crêpe est pliée et les bords sont pincés avant de frire de nouveau le tout. Le blintz est un plat traditionnel de la cuisine juive.

Bœuf Viande de bovin élevé pour la boucherie. Bien que la domestication des bovins ait commencé il y a 10 000 ans environ, on les élevait surtout pour en faire des animaux de trait. En Inde, la vache est un animal sacré et sa viande n'est pas consommée. Le bœuf rôti apparut dans les grands banquets du Moyen-Âge ; le mot "Beefeater", employé maintenant pour nommer les gardes de la Tour de Londres, désignait auparavant les domestiques bien nourris et logés.

En France, la consommation de bœuf grillé semble remonter à l'époque où les troupes anglaises traversèrent la Manche pour la bataille de Waterloo. Les Français sont aujourd'hui les plus grands consommateurs de bœuf, tandis que les Américains détiennent le record pour la production et la consommation.

Lorsqu'elle est de bonne qualité, la viande de bœuf doit posséder les caractéristiques suivantes : belle couleur rouge, chair fine et brillante, parsemée de légers filaments de graisse dans les parties les plus épaisses, tissu élastique (la chair doit s'affaisser un peu sous la pression des doigts puis revenir à sa position initiale). La découpe est différente selon les pays. En général les morceaux les plus tendres proviennent du quartier postérieur, et les morceaux demandant une cuisson plus longue proviennent du quartier antérieur.

Bombay duck Variété de poisson que l'on peut trouver dans la mer d'Arabie, particulièrement dans les eaux au large de Bombay. Ce poisson prédateur vit en bancs ; il est pêché en grandes quantités au moment de la mousson, lorsqu'il nage presque à la surface (habitude qui serait à l'origine de son nom "duck", mot anglais signifiant canard). En Inde, il est mangé frais ; en Occident, on le consomme salé et séché ; trempé dans la friture, il accompagne les currys.

Bombe glacée Dessert glacé moulé constitué

BŒUF ÉPICÉ À LA CAMPAGNARDE ET PETITS SOUFFLÉS AUX HERBES

✴ ✴   **Préparation** : 30 minutes
       Cuisson : 2 heures 10
       Pour 4 personnes

1 kg de bœuf dans le paleron
1/4 de tasse de farine
3 cuil. à soupe d'huile
4 oignons moyens, grossièrement hachés
2 gousses d'ail écrasées
1/3 de tasse de confiture de prunes
1/3 de tasse de vinaigre brun
1 tasse de bouillon de bœuf

2 cuil. à café de sauce de piment doux

Soufflés aux herbes
2 tasses de farine avec levure incorporée
30 g de beurre
2 cuil. à soupe de ciboulette fraîche hachée
2 cuil. à soupe de persil frais
3/4 de tasse de lait

1 Préchauffer le four à 180 °C. Parer la viande et la détailler en cubes de 3 cm. Les rouler dans la farine. Faire chauffer 2 cuil. à soupe d'huile dans une poêle à fond épais. Saisir la viande à feu moyen en petites quantités, jusqu'à ce qu'elle brunisse. L'égoutter sur du papier absorbant.

2 Faire chauffer le reste d'huile dans la poêle et mettre l'oignon et l'ail. Faire revenir 3 minutes en remuant. Dans récipient, réunir le mélange à l'oignon et la viande.

3 Ajouter la confiture, le vinaigre, le bouillon et la sauce pimentée ; bien mélanger. Verser le tout dans un plat à four. Couvrir et faire cuire 1 heure 30, jusqu'à ce que la viande soit tendre.

4 Ôter le couvercle, mettre le four à 240 °C. Disposer les soufflés aux herbes sur la viande et faire cuire 30 minutes jusqu'à ce qu'ils dorent.

5 Soufflés aux herbes : tamiser la farine dans une jatte et y écraser le beurre du bout des doigts jusqu'à obtention d'une texture très friable. Incorporer la ciboulette et le persil. Ajouter le lait et mélanger, sans battre. Pétrir la pâte sur un plan de travail fariné jusqu'à ce qu'elle soit homogène. L'étaler en un rond épais de 4 cm ; à l'aide d'un emporte-pièce, découper des ronds de 5 cm.

Remarque : ce ragoût peut être préparé 2 jours à l'avance sans les soufflés, en le conservant au réfrigérateur. On peut aussi le congeler pendant 2 semaines.

VARIANTE

■ SOUFFLÉS AU FROMAGE : remplacer 1/4 de tasse de farine par la même quantité de parmesan râpé. Ajouter 2 oignons nouveaux ciselés.

PAGE CI-CONTRE : QUEUE DE BŒUF BRAISÉE.
CI-DESSUS : BŒUF ÉPICÉ À LA CAMPAGNARDE.

d'un biscuit fourré, d'une
mousse de fruits et
recouvert d'une couche
de glace.

Ce dessert doit son nom
au moule sphérique dans
lequel il était préparé à
l'origine.

Bordelaise (à la) Terme
désignant un plat de
viande grillée ou rôtie,
servi avec une sauce
obtenue en faisant
réduire du très bon vin
rouge, de la moelle de
bœuf, des
échalotes
sautées, du
thym, du
laurier et
du poivre.
La même
sauce peut
être préparée
avec du vin blanc pour
accompagner des
poissons.

Börek Pâte fourrée
d'ingrédients salés,
traditionnellement du
fromage, servie en amuse-
gueule. Les Böreks ont
généralement la forme de
petits cigares ou de demi-
lunes, et sont originaires
de Turquie.

Borscht Soupe de
betteraves originaire
d'Europe de l'Est,

QUEUE DE BŒUF BRAISÉE

★ **Préparation :** 15 minutes
Cuisson : 2 heures 20
Pour 6 personnes

¼ de tasse d'huile	250 g de petits champignons
16 petits morceaux de queue	de Paris
de bœuf (environ 1,5 kg)	2 cuil. à soupe de farine
4 petites pommes de terre	3 tasses de bouillon de bœuf
coupées en deux	1 cuil. à café de feuilles de
1 gros oignon haché	marjolaine
2 carottes moyennes émincées	2 cuil. à soupe de sauce
	Worcestershire

1 Préchauffer le four à 180 °C. Chauffer 2 cuil. à soupe d'huile dans une sauteuse à fond épais. Faire cuire les morceaux de viande par petites quantités à feu moyen jusqu'à ce qu'ils soient bruns. Les mettre dans un plat à four profond et ajouter les pommes de terre.
2 Chauffer le reste d'huile dans la sauteuse. Ajouter l'oignon et les carottes et les faire revenir 5 minutes à feu moyen en remuant. Les disposer dans le plat. Mettre les champignons dans la poêle et les faire cuire 5 minute à feu moyen en remuant. Incorporer la farine. Baisser le feu et remuer pendant 2 minutes.
3 Ajouter le bouillon peu à peu, en remuant jusqu'à ébullition et épaississement. Ajouter la marjolaine et la sauce. Verser ce mélange dans le plat. Mettre celui-ci au four, le couvrir et faire cuire 1 heure 30. Remuer puis prolonger la cuisson de 30 minutes à découvert.

BOUILLON DE BŒUF

Pour 1,5 l environ.

Mettre environ 500 g de bœuf à ragoût (os inclus) dans une cocotte. Ajouter 2 litres d'eau et porter très doucement à ébullition sans remuer (pour ne pas troubler le bouillon). Couvrir, baisser le feu et laisser mijoter 3 à 4 heures. Écumer de temps en temps. Durant la dernière heure de cuisson, ajouter de gros morceaux de carotte, de poireau, de céleri, des oignons entiers et des gousses d'ail entières non pelées. Ajouter éventuellement un bouquet garni de laurier, thym et persil. Lorsque le bouillon est cuit, passer soigneusement le liquide au tamis fin dans un grand récipient. Retirer toute graisse de la surface à l'aide de papier absorbant ; couvrir et réfrigérer (la graisse restante se solidifiera en surface et sera plus facile à ôter).

À PROPOS DU BOUILLON DE BŒUF
■ Un bon bouillon doit être préparé à partir d'ingrédients de qualité. Il ne faut pas croire que n'importe quels viande ou légumes feront l'affaire !
■ On peut garder le bouillon 1 semaine au réfrigérateur ou jusqu'à 4 mois au congélateur. Pour le congeler, déterminer à l'avance son utilisation. Si vous le consommez sous forme de soupe, le congeler dans un bocal en plastique doté d'un couvercle qui se visse. Si vous l'utilisez en petites quantités destinées à parfumer les sauces ou les ragoûts, ou à cuire les légumes, le congeler dans des bacs à glaçons. Une fois congelé, détacher les glaçons de bouillon et les mettre au congélateur dans un sac en plastique étiqueté.

devenue populaire en France après l'arrivée des émigrés russes dans les années 1920.

Servie chaude ou froide, on y ajoute de la crème fraîche. Voir betterave.

Bouchées Petites boules faites de pâte feuilletée ou de pâte à choux, remplies peu avant d'être servies avec un mélange d'ingrédients chauds ou froids, sucrés ou salés.

Boudin noir Variété de saucisse faite d'un mélange de sang de porc assaisonné, de graisse et de céréales finement concassées.

Elle est ensuite cuite puis passée à la poêle ou tranchée et grillée, ou frite. Le boudin noir date de la Grèce antique.

Boudoirs Biscuits légers de forme allongée à base de génoise, ils sont fermes sur le dessus et moelleux à l'intérieur. Le dessus est saupoudré de sucre glace avant la cuisson. Les boudoirs accompagnent les desserts frais à la

BŒUF WELLINGTON (BŒUF EN CROÛTE)

✳ ✳   *Préparation :* 25 minutes
      Cuisson : 50 minutes à 1 heure 35
      Pour 6 à 8 personnes

1 kg de filet de bœuf en un morceau
Poivre noir fraîchement moulu
1 cuil. à soupe d'huile
2 cuil. à soupe de cognac

125 g de pâté aux grains de poivre
2 rouleaux de pâte feuilletée (surgelée ou prête à étaler)
1 œuf légèrement battu

1 Préchauffer le four à 210 °C. Parer la viande et replier l'extrémité pointue sous le morceau. Ficeler la viande à intervalles réguliers et la frotter de poivre.
2 Faire chauffer l'huile dans une poêle à fond épais. Y saisir la viande à feu vif sur toutes ses faces. Retirer du feu. Ajouter le cognac et le faire flamber avec précaution à l'aide d'une longue allumette ou d'une bougie fine. Secouer la poêle jusqu'à ce que les flammes s'étei-

gnent. Ôter la viande de la poêle et la laisser refroidir. Retirer la ficelle et tartiner la viande de pâté, sur la surface et les côtés.
3 Étaler les rouleaux de pâte sur un plan de travail fariné. Mouiller le bord du premier rectanble à l'œuf battu et y souder le bord de l'autre rectangle pour les joindre. Poser la viande sur la pâte et replier la pâte pour envelopper entièrement la viande. Ôter l'excédent de pâte et l'utiliser éventuellement pour décorer la surface. Badigeonner à l'œuf les bords de la pâte et les souder. Faire quelques incisions sur la surface pour laisser s'échapper la vapeur. Dorer la surface et les bords à l'œuf.
4 Mettre la viande préparée dans un plat à four. Faire cuire 45 minutes pour une viande saignante, 1 heure pour une viande à point et 1 heure 30 pour une viande bien cuite. Retirer du four. Réserver 10 minutes au chaud, légèrement couvert d'aluminium. Découper des tranches de 2 cm de large et les servir avec de la crème au raifort, préparée avec 1 tasse de crème liquide légère additionnée d'1 cuil. à soupe de raifort en bocal.

1

2

3

CHAUSSONS AU BŒUF, À L'OIGNON ET À LA TOMATE

✶ ✶   **Préparation :** 10 minutes
        Cuisson : 2 heures
        Pour 4 chaussons

750 g de paleron de bœuf	*1 cuil. à soupe d'eau*
Farine	*2 rouleaux de pâte brisée pré-*
2 cuil. à soupe d'huile	*étalée*
1 gros oignon finement	*1 tomate émincée*
émincé	*1 œuf légèrement battu*
1 tasse 1/2 de bouillon de	*2 rouleaux de pâte feuilletée*
bœuf	*pré-étalée*
1 cuil. à café de sauce de soja	
2 cuil. à café de Maïzena	

1 Parer la viande et la détailler en cubes de 1 cm. Les enduire de farine dans un sac en plastique, puis ôter l'excédent.
Faire chauffer l'huile dans une poêle à fond épais. Saisir rapidement la viande à feu vif, puis moyen, par petites quantités, jusqu'à ce qu'elle brunisse sur toutes ses faces. Égoutter sur du papier absorbant.
2 Faire revenir l'oignon à feu moyen dans la poêle. Remettre la viande dans la poêle ; ajouter le bouillon et la sauce de soja. Porter à ébullition et baisser le feu. Couvrir et laisser mijoter 1 heure 15 en remuant de temps à autre, jusqu'à ce que la viande soit tendre.
Dans un bol, mélanger la Maïzena et l'eau, et verser le mélange dans la poêle. Faire mijoter en remuant jusqu'à épaississement. Retirer du feu et laisser légèrement refroidir.
3 Préchauffer le four à 210 °C. Couper les rouleaux

PAGE CI-CONTRE : BŒUF WELLINGTON.
CI-DESSUS : CHAUSSONS AU BŒUF, À L'OIGNON ET À LA TOMATE.

---

de pâte en diagonale. Garnir 4 moules à tarte individuels de pâte brisée ; ôter l'excédent.
Répartir 1/4 de la préparation dans chaque moule. Recouvrir de tranches de tomate. Recouvrir de pâte feuilletée et souder les bords en les badigeonnant d'œuf et en ôtant l'excédent.
Dans l'excédent de pâte, découper des motifs de feuilles pour garnir le dessus des chaussons. Dorer à l'œuf et faire cuire 25 minutes, jusqu'à ce que la pâte soit dorée.
Retirer les chaussons de leur moule, les placer sur une plaque de four et les faire cuire encore 5 minutes.

RÔTI DE BŒUF SAUCE BÉARNAISE

✶   **Préparation :** 10 minutes
     Cuisson : 45 minutes à 1 heure 10
     Pour 6 personnes

1,5 kg de filet de bœuf	**Sauce béarnaise**
Poivre noir fraîchement	*2 feuilles de laurier*
moulu	*1/2 tasse de vinaigre à*
1 cuil. à soupe d'huile	*l'estragon*
30 g de beurre	*2 cuil. à café de grains de*
1 gousse d'ail écrasée	*poivre noir*
1 tasse d'eau	*4 oignons nouveaux*
	finement émincés
	5 jaunes d'œuf légèrement
	battus
	250 g de beurre fondu

1 Préchauffer le four à 210 °C. Parer la viande et la ficeler à intervalles réguliers. La frotter de poivre.
2 Chauffer l'huile, le beurre et l'ail dans une poêle. Ajouter la viande et la saisir sur toutes ses faces à feu vif.
Verser le jus de cuisson dans un plat à four (le choisir profond).
Mettre une grille dans ce plat ; déposer la viande sur la grille et ajouter l'eau. Enfourner et cuire 45 minutes pour une viande saignante, 1 heure pour une viande à point et 1 heure 10 pour une viande bien cuite.
Arroser de jus de temps en temps. Retirer du four et réserver 10 minutes au chaud, couvert d'aluminium. Ôter la ficelle du rôti avant de le trancher.
3 Sauce béarnaise : dans une petite casserole, réunir le laurier, le vinaigre, les grains de poivre et les oignons. Porter à ébullition, baisser le feu et faire mijoter à découvert jusqu'à ce que le jus soit réduit à 2 cuil. à soupe.
Tamiser et réserver le jus. Au batteur, mélanger le jus et les jaunes d'œuf pendant 30 secondes. Sans cesser de mixer, ajouter le beurre fondu en un fin ruban. Servir la sauce béarnaise sur les tranches de rôti.

---

crème, les glaces, les compotes de fruits, et servent aussi à préparer les charlottes.

Bouillabaisse Soupe faite avec plusieurs sortes de poissons (traditionnellement des poissons durs

à chair blanche), des fruits de mer, des tomates, des oignons, de l'ail, des herbes aromatiques, du vin et du safran. Le nom du plat est associé à la méthode de cuisson rapide utilisée et vient du français bouillir et abaisser (réduire le feu). À l'origine, on servait la bouillabaisse en deux plats : d'abord le bouillon, servi sur des croûtons grillés, puis les poissons.

Bouillon Liquide clair, fin, aromatisé, obtenu en cuisant dans de l'eau frémissante des légumes, des herbes et des épices avec de la viande,

de la volaille ou du poisson. Le liquide est ensuite tamisé et refroidi pour que l'on puisse enlever la graisse qui remonte alors à la surface. Le bouillon est employé pour enrichir les soupes, les plats mijotés et les sauces. Il peut être préparé à la maison mais on peut aussi le trouver conditionné en conserve et en longue conservation, en poudre et en bouillon-cube.

Bouillon de bœuf
Boisson nutritionnelle préparée en faisant cuire à feu doux dans de l'eau de la viande hachée de bœuf puis en tamisant le jus.

Boulettes de viande
Préparation à base de viande hachée de bœuf, d'agneau, de veau ou de porc, assaisonnée et battue avec de l'œuf ou de la chapelure.

Les boulettes de viande peuvent être cuites à la vapeur, dans l'eau frémissante, légèrement revenues ou plongées dans la friture et servies en buffet froid (avec une sauce froide) ou en plat principal.

Bouquet garni Bouquet d'herbes aromatiques,

BŒUF SAUCE AUX HARICOTS NOIRS

✳ **Préparation :** 10 minutes
Cuisson : 10 minutes
Pour 4 personnes

400 g de rumsteak ou filet de bœuf, en fines lanières
2 cuil. à soupe de haricots noirs salés en conserve
1 oignon moyen
1 petit poivron rouge
1 petit poivron vert
2 cuil. à café de Maïzena
½ tasse de bouillon
2 cuil. à café de sauce au soja
1 cuil. à café de sucre
2 cuil. à soupe d'huile
1 cuil. à café d'ail écrasé
¼ de cuil. à café de poivre noir moulu

1 Rincer les haricots noirs à plusieurs eaux. Les égoutter et les réduire en purée. Couper l'oignon en fins quartiers. Partager les poivrons en deux, ôter les graines et les détailler en petits morceaux. Délayer la Maïzena dans le bouillon ; ajouter la sauce de soja et le sucre.
2 Faire chauffer 1 cuil. à soupe d'huile dans une poêle à fond épais (un wok est l'idéal), en tournant de façon à bien enduire la base et les bords. Ajouter l'ail, le poivre, l'oignon et les poivrons et faire revenir à feu vif pendant 1 minute ; réserver dans un bol.
3 Verser le reste d'huile dans la poêle et bien enduire la base et les bords. Saisir le bœuf 2 minutes à feu vif, jusqu'à ce qu'il change de couleur. Ajouter les haricots noirs, le mélange de Maïzena et les légumes. Remuer jusqu'à épaississement. Servir avec du riz vapeur.

PAGE CI-CONTRE : SOUPE DE QUEUE DE BŒUF.
CI-DESSUS : RÔTI DE BŒUF COCOTTE.

RÔTI DE BŒUF COCOTTE AUX AUBERGINES ET PATATES DOUCES

✳ **Préparation :** 20 minutes
Cuisson : 1 heure 15 minutes
Pour 4 personnes

1 kg de tende de tranche de bœuf
2 cuil. à soupe d'huile
1 tasse de bouillon de bœuf
1 oignon moyen émincé
1 gousse d'ail écrasée
4 grosses tomates pelées, épépinées et hachées
1 cuil. à café de cumin moulu
1 cuil. à café de curcuma
1 cuil. à café de zeste de
citron finement râpé
2 cuil. à soupe de jus de citron
1 aubergine moyenne, coupée en morceaux de 3 cm
1 patate douce moyenne, coupée en rondelles
2 cuil. à soupe de farine
3 cuil. à soupe d'eau
1 cuil. à soupe de coriandre fraîche hachée

1 Parer la viande. Faire chauffer l'huile dans une cocotte ; ajouter la viande et la faire revenir à feu moyen.
2 Retirer la cocotte du feu, ajouter le bouillon, l'oignon, l'ail, la tomate, les épices, le zeste et le jus de citron. Remettre à feu doux. Couvrir et laisser doucement mijoter 45 minutes.
3 Ajouter l'aubergine et la patate douce, prolonger la cuisson de 30 minutes à découvert, jusqu'à ce que la viande et les légumes soient tendres. Retirer la viande de la sauce. La couvrir d'aluminium et laisser reposer 10 minutes avant de la découper. Verser le mélange farine et eau dans la sauce, ajouter la coriandre et remuer à feu moyen jusqu'à ébullition et épaississement. Poursuivre la cuisson de 3 minutes. Verser sur la viande.

SOUPE DE QUEUE DE BŒUF

✳ **Préparation :** 10 minutes
Cuisson : 3 heures
Pour 4 litres

1 queue de bœuf (environ 750 g)
30 g de beurre
1 gros panais pelé et finement émincé
1 navet pelé et finement émincé
2 belles carottes pelées et coupées en dés

2 branches de céleri finement émincées
1 gros oignon finement émincé
2 cuil. à soupe d'orge
4 clous de girofle
¼ de tasse de persil haché
2 l de bouillon de bœuf
Poivre blanc
Sel

1 Parer la queue de bœuf et la détailler en morceaux de 2,5 cm.
2 Faire fondre le beurre dans une casserole à fond épais et rissoler la queue de bœuf par petites quantités à la fois. Retirer de la casserole et égoutter. Ajouter le panais, le navet, les carottes, le céleri et l'oignon ; remuer jusqu'à ce que l'oignon devienne transparent. Remettre la viande dans la casserole ; ajouter l'orge, la girofle, le persil, le bouillon, le poivre et le sel.
3 Laisser mijoter 2 heures 30, en écumant la surface de temps en temps. Servir la soupe dans des bols individuels, accompagnée de pain grillé.

À PROPOS DE LA QUEUE DE BŒUF

■ La queue de bœuf doit se cuit longuement afin que la viande devienne parfaitement tendre et moelleuse. La couche de graisse qui l'entoure doit être conservée pendant la cuisson, car elle donne à la viande son parfum caractéristique. L'écume qui se forme en surface doit être éliminée régulièrement à la cuillère. Une autre solution consiste à faire cuire la queue de bœuf la veille (ce qui rehaussera son goût) et à ôter la couche graisseuse solidifiée qui se sera formée en surface.
■ La queue de bœuf se prépare également en ragoût ou encore braisée à feu doux, après avoir été désossée et farcie.

attachées ensemble ou ensachées dans une petite mousseline, employées pour aromatiser les potages, les plats mijotés. On les ôte du plat après la cuisson. Le bouquet garni est généralement composé de thym, de laurier, de persil ; on peut également y ajouter d'autres ingrédients comme le romarin, l'ail, le poireau, le fenouil ou la sauge.

Boulgour Blé craquant obtenu en chauffant le blé, puis en le séchant et en le faisant griller. Il absorbe deux fois son volume en eau lorsqu'on le fait tremper, ou si on cuit de nouveau brièvement avant emploi. Le boulgour contient du germe de blé, et est donc riche en protéines. On l'utilise dans la cuisine du Moyen-Orient, notamment pour le taboulé.

Bourguignonne (à la) Terme désignant un plat mijoté (par exemple le bœuf bourguignon) dans du vin rouge, des oignons et des champignons.

Bourrache Herbe aromatique à longues feuilles pointues de couleur gris-vert, originaire du Moyen-

Orient et des régions méditerranéennes, où elle pousse encore à l'état sauvage.

La bourrache a une saveur proche de celle du concombre. Les jeunes feuilles sont ajoutées aux boissons et employées dans les salades de printemps ; les feuilles plus mûres sont cuisinées comme les épinards. Les fleurs bleues en forme d'étoile sont souvent utilisées en décoration des plats.

Bourride Potage épais fait de poisson à chair blanche et

parfumé avec de l'aïoli. Ce plat est originaire de Provence.

Braiser Faire cuire des aliments dans un peu de liquide, à couvert et à feu doux.

Brandade Purée préparée avec de la morue salée, de l'huile d'olive et du lait et qui se mange chaude ; la brandade était une spécialité de la ville de Nîmes.

Dans quelques régions, on ajoute du persil à cette préparation. La brandade a pour origine le mot provençal *brandar*, qui signifie mélanger.

BOISSONS - COCKTAILS

MARTINI

Mélanger de la glace, 75 ml de gin et 15 ml de vermouth sec dans une carafe. Passer le mélange dans un verre de martini et garnir d'une olive.
Pour 1 personne.

MARGARITA

Dans un shaker, mettre de la glace, 45 ml de tequila, 30 ml de jus de citron, 15 ml de Cointreau et un filet de blanc d'œuf.
Passer le mélange dans un verre garni de sel sur son pourtour. Décorer d'un zeste de citron. Pour 1 personne.

COCKTAIL JAPONAIS

Dans un shaker, mettre de la glace, 30 ml chaque de Midori, Cointreau et jus de citron.
Bien agiter et passer. Servir dans un verre glacé et garnir d'une rondelle de citron et d'une fleur. Pour 1 personne.

PIÑA COLADA

Dans un shaker, mettre de la glace, 45 ml de rhum léger, 30 ml de crème de coco, 15 ml de crème fraîche, 15 ml de sucre en sirop et 90 ml de jus d'ananas ; bien agiter.
Passer dans un verre et garnir d'un morceau d'ananas frais et d'une cerise au marasquin.

BRANDY ALEXANDER

Dans un shaker, mettre de la glace, 30 ml de cognac, 30 ml de crème de cacao et 60 ml de crème fraîche ; bien secouer.
Passer dans un verre et garnir d'une pincée de muscade et d'une fraise. Pour 1 personne.

THÉ GLACÉ LONG ISLAND

Mettre de la glace pilée, 15 ml de rhum léger, 15 ml de vodka, 15 ml de gin, 15 ml de Cointreau et 15 ml de tequila dans un grand verre.
Ajouter du coca-cola et un filet de jus de citron. Garnir d'une rondelle de citron. Pour 1 personne.

DAIQUIRI À LA FRAISE

Passer 45 ml de rhum léger, 15 ml de liqueur de fraise, 15 ml de jus de citron vert, 6 fraises et de la glace pilée au mixeur.
Verser dans un verre, garnir d'une fraise. Pour 1 personne.

CI-DESSUS, DE GAUCHE À DROITE : MARGARITA, PIÑA COLADA, DAIQUIRI À LA FRAISE, COCKTAIL JAPONAIS.

PAGE CI-CONTRE, DE GAUCHE À DROITE : SANGRIA, PIMMS PUNCH, PUNCH À L'ANANAS ET AU FRUIT DE LA PASSION.

BOISSONS - FRUITS ET PUNCHS

PUNCH AU CHAMPAGNE

Mettre 250 g de fraises dans un saladier, saupoudrer d'$\frac{1}{3}$ de tasse de sucre, et ajouter $\frac{1}{2}$ bouteille de Sauternes et $\frac{1}{2}$ tasse de cognac. Mettre au réfrigérateur pendant 1 heure minimum. Juste avant de servir, verser lentement 3 bouteilles de champagne et mélanger avec précaution. Pour 18 à 20 personnes.

SANGRIA

Dans un grand bol à punch ou dans 2 ou 3 carafes, mélanger 3 bouteilles de vin rouge, $\frac{3}{4}$ de tasse de Grand-Marnier (ou autre liqueur à l'orange) et 3 cuil. à soupe de sucre en poudre. Couper 3 oranges et 3 citrons en 24 morceaux chacun et les mettre dans la sangria. Conserver au réfrigérateur jusqu'à 24 heures. Juste avant de servir, ajouter 3 tasses d'eau gazeuse et des glaçons. Pour 18 à 20 personnes.

PUNCH À L'ANANAS ET AU FRUIT DE LA PASSION

Dans un saladier, mettre 2 tasses de thé chaud fort et $\frac{1}{4}$ de tasse de cassonade. Remuer jusqu'à ce que le sucre soit dissout. Laisser refroidir.
Dans un grand bol à punch, verser $\frac{3}{4}$ de tasse de jus de citron, 4 tasses de jus d'ananas, 1 à 2 cuil. à soupe de liqueur de citron vert, 1,25 l d'eau gazeuse, 2 bouteilles de 1,25 l de citron pressé, 425 g d'ananas en boîte, écrasé, le thé refroidi et la pulpe de 5 fruits de la Passion. Bien mélanger. Avant de servir, ajouter de la glace pilée, de la menthe fraîche hachée et des rondelles d'orange. On peut aussi ajouter quelques gouttes de bitter à l'angusture. Pour 18 à 20 personnes.

PUNCH AU BRANDY ALEXANDER

Dans un saladier ou une grande carafe, mettre 3 tasses de cognac, 1 tasse $\frac{1}{2}$ de crème de cacao et 2 tasses $\frac{1}{3}$ de crème fraîche. Battre pour bien mélanger. Mettre de la glace pilée dans un grand bol à punch, et verser le punch dessus. Saupoudrer de muscade et décorer de tranches de fraise. Pour 10 à 15 personnes.

PIMMS PUNCH

Mettre de la glace dans un bol à punch ou une grande carafe. Ajouter 1 tasse $\frac{1}{2}$ de Pimm's N° 1 et de Southern Comfort, $\frac{3}{4}$ de tasse chaque de vermouth doux et de rhum ambré, 1 tasse $\frac{1}{2}$ de jus d'orange, 3 tasses de champagne, 250 g de fraises équeutées et émincées, et des rondelles d'orange, de citron et de citron vert. Ajouter de la mangue fraîchement coupée pour une note exotique. Bien mélanger.
Servir immédiatement. Pour 10 à 15 personnes.

Bretzel Amuse-gueule salé fabriqué avec de la pâte au levain à laquelle on a donné la forme d'un nœud, qui a ensuite été plongée dans l'eau bouillante, égouttée, badigeonnée avec un œuf et saupoudrée de gros sel avant la cuisson. On peut en faire un pain croustillant à la mie tendre ou un biscuit croquant. Le bretzel est originaire d'Alsace où il accompagne traditionnellement la bière. Les bretzels sont également commercialisés sous la forme de longues baguettes.

Brider Ficeler un gibier, une volaille ou une viande afin de lui préserver sa forme durant la cuisson.

Brie Fromage à pâte molle et à croûte fleurie fabriqué avec du lait entier de vache ; sa croûte est fine, blanche et comestible.

Il est vieilli de l'extérieur par des moisissures et des bactéries qui poussent sur la croûte. Le brie est fabriqué dans de grands moules ronds, servi coupé en portions.
Ce fromage existe depuis

le VIIIᵉ siècle : Charlemagne en aurait mangé au prieuré de Reuil-en-Brie, déclarant que c'était "une denrée succulente".

Brioche Pain légèrement sucré de texture aérée et douce préparé avec de la pâte au levain à laquelle on ajoute du beurre et des œufs.

La brioche accompagne traditionnellement le petit déjeuner français, où elle est mangée chaude, tartinée de beurre et de confiture. Elle est souvent cuite sous forme de brioche à tête.

Brocoli Légume appartenant à la famille des choux et des choux-fleurs.
La variété la plus commune a une tête vert foncé faite de bourgeons disposés

en grappes très serrées, et une tige épaisse et juteuse.
Le brocoli était connu en Italie depuis la Rome antique et fut apporté en

BOULETTES DE VIANDE

BOULETTES DE VIANDE AUX HERBES ET AU COULIS DE TOMATES

✳ **Préparation :** 40 minutes
Cuisson : 10 à 15 minutes
Pour 45 boulettes

1 oignon moyen finement haché
750 g de bifteck haché
1 œuf légèrement battu
2 gousses d'ail écrasées
2 cuil. à café de poivre noir concassé
1/4 de cuil. à café de sel
2 cuil. à soupe de sauce à la prune
1 cuil. à soupe de sauce Worcestershire
2 cuil. à soupe de romarin frais finement haché

1 à 2 cuil. à soupe de menthe ou basilic finement haché
Huile pour friture

Coulis de tomates
1 tasse 1/2 de vin rouge
1 gousse d'ail écrasée
3/4 de tasse de purée de tomates
1/3 de tasse de sauce tomate en bouteille
2 à 3 cuil. à café de moutarde de Dijon
30 g de beurre coupé en morceaux

1 Dans un récipient, réunir l'oignon, le bœuf, l'œuf, l'ail, le poivre, le sel, les sauces et les herbes. Malaxer le tout. Former des petites boules avec l'équivalent d'1 cuil. à soupe rase de préparation.
2 Chauffer l'huile dans une grande poêle et faire cuire la viande par petites quantités à feu moyen pendant 5 minutes. Secouer la poêle en cours de cuisson pour empêcher les boulettes d'adhérer. Égoutter sur du papier absorbant. Réserver au chaud.

3 Coulis de tomates : égoutter l'huile de la poêle ; ajouter le vin et l'ail au jus de cuisson. Porter à ébullition, baisser le feu et laisser mijoter jusqu'à ce que le liquide ait réduit de moitié. Ajouter la purée de tomates et la moutarde. Laisser réduire et incorporer progressivement le beurre.

SOUPE DE POIS CASSÉS AUX BOULETTES DE VIANDE

✳ **Préparation :** 1 heure 30
Cuisson : 1 heure 30
Pour 6 personnes

500 g de porc et de veau hachés
2 tasses de pois cassés
1,5 l de bouillon de volaille ou d'eau
1/4 tasse de céleri haché
1 gros oignon haché
1/4 cuil. à café de marjolaine
1/4 de cuil. à café de poivre

2 tranches de bacon hachées
2 cuil. à soupe de persil frais
2 cuil. à café de zeste de citron râpé
1/2 cuil. à café de sauge séchée
3 pommes de terre pelées et coupées en dés
1 citron pressé en jus

1 Laver les pois à l'eau froide. Égoutter, mettre dans une grande casserole, ajouter le bouillon ou l'eau, le céleri, l'oignon, la marjolaine et le poivre. Porter à ébullition. Baisser le feu, couvrir et laisser mijoter 1 heure. Ne pas égoutter.
2 Mélanger le porc, le veau, le bacon, le persil, le zeste et la sauge. Former des petites boules de la taille d'une noix.
3 Déposer les boulettes de viande et les pommes de terre dans la soupe et porter de nouveau à ébullition. Couvrir et laisser mijoter 20 à 30 minutes. Ajouter le jus de citron avant de servir.

Ci-dessus : Boulettes de viandes ; ci-contre : Soupe de pois cassés.

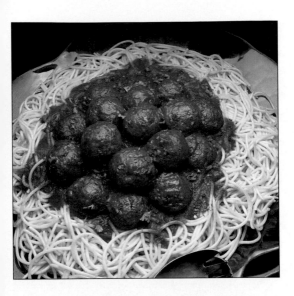

SPAGHETTIS AUX BOULETTES DE VIANDE

☆☆ **Préparation :** 25 minutes
Cuisson : 50 minutes
Pour 6 personnes

Sauce
1 cuil. à soupe d'huile
1 petit oignon haché
425 g de tomates en boîte
4 cuil. à soupe de concentré de tomates
1/2 tasse d'eau
1/2 tasse de vin rouge sec
1 petite gousse d'ail écrasée
1 feuille de laurier
1 pincée de poivre noir

Boulettes de viande
500 g de bifteck haché
1/2 tasse de lait
1 tasse de pain émietté
1 petit oignon très finement haché
1 cuil. à soupe de parmesan râpé
1 œuf légèrement battu
1 cuil. à soupe de persil frais haché
1 pincée de poivre noir
1/4 de cuil. à café d'origan séché

4 cuil. à soupe d'huile
500 g de spaghettis
Parmesan râpé pour la garniture

1 Sauce : chauffer l'huile dans une casserole. Faire revenir l'oignon. Ajouter le reste des ingrédients pour la sauce et laisser mijoter 20 minutes jusqu'à épaississement.
2 Boulettes de viande : verser le lait sur la chapelure et laisser reposer 5 minutes. Mélanger la chapelure imbibée avec le reste des ingrédients. Former des boulettes et les faire revenir dans 3 cuil. à soupe d'huile. Les ajouter à la sauce et laisser mijoter doucement pendant 15 minutes. Retirer le laurier.
3 Cuire les spaghettis dans une casserole d'eau bouillante avec le reste d'huile, 10 à 12 minutes. Égoutter. Déposer les boulettes de viande et la sauce sur les spaghettis et servir avec du parmesan.

CI-DESSUS : SPAGHETTIS AUX BOULETTES DE VIANDES; CI-CONTRE : BOULETTES DE VIANDES SAUCE XÉRÈS.

BOULETTES DE VIANDE SAUCE AU XÉRÈS

☆ **Préparation :** 35 minutes
Cuisson : 30 minutes
Pour 4 à 6 personnes

500 g de porc et de veau hachés
1/2 tasse de mie de pain
1/4 de tasse de persil frais haché + 1/4 de tasse pour la garniture
2 gousses d'ail écrasées
2 cuil. à café de paprika doux moulu + 1 cuil. à café supplémentaire
2 cuil. à soupe d'huile d'olive
30 g de beurre
1 oignon moyen finement émincé
1 cuil. à soupe de farine
1 cuil. à soupe de xérès sec ou doux
1 tasse de bouillon de volaille
10 petites pommes de terre nouvelles

1 Réunir la viande hachée, la mie de pain, le persil, l'ail et le paprika dans un récipient. Bien mélanger. Avec les mains mouillées, former des petites boules de la taille d'une noix.
2 Chauffer l'huile et le beurre dans une poêle moyenne et faire revenir les boulettes de viande 3 à 4 minutes à feu vif puis moyen. Retirer du feu et égoutter.
3 Ajouter l'oignon, le paprika (sup.), la farine, et faire cuire 2 minutes en remuant. Verser le xérès et le bouillon progressivement, en remuant jusqu'à ce que le mélange soit homogène. Continuer à mélanger 2 minutes à feu moyen, jusqu'à ébullition et épaississement.
4 Remettre les boulettes de viande dans la casserole, ajouter les pommes de terre. Couvrir et faire cuire 20 minutes à feu doux. Servir avec du persil.

France au XVIe siècle par Catherine de Médicis. Ce nom vient de l'italien broccolo, signifiant pousse ou bras.

chocolat, riche, très connu en Amérique du Nord. Sa texture peut être lourde ou très légère.

Brunoise Terme désignant un mélange de légumes coupés en très petits dés.

Bun Petit pain rond anglo-saxon légèrement sucré, avec parfois des épices et des fruits secs.

Burrito Mets consistant en un pain plat (tortilla) fait de farine de blé, enroulé autour d'une garniture de viande hachée, de haricots et parfois de fromage que l'on mange immédiatement, ou que l'on cuit après avoir scellé les bords. Le burrito est d'origine mexicaine. Son nom vient de burro, petit âne de somme, car la modeste tortilla peut contenir une garniture généreuse. Un burrito frit est appelé *chimichanga*.

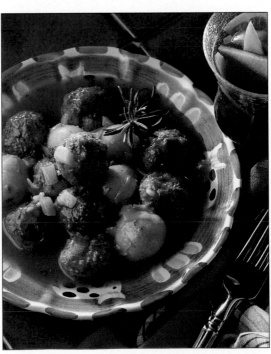

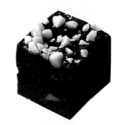

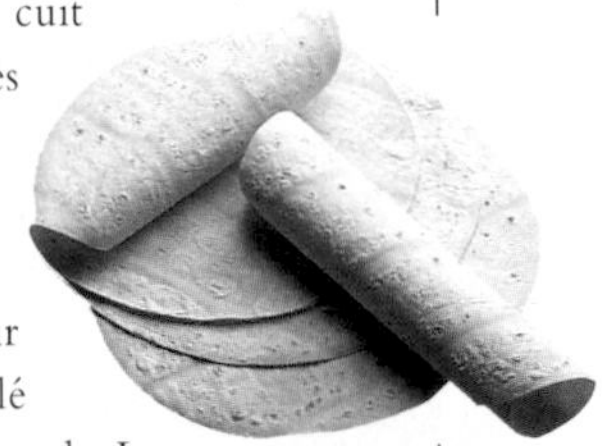

C

Cabanossi Saucisse fine, épicée, précuite, faite de viande hachée et assaisonnée de porc ou de bœuf, ou d'un mélange des deux. Originaire de Pologne, le cabanossi constituait le repas

des chasseurs éloignés de leur maison. Il peut être servi en amuse-gueule ou dans des sandwichs.

Cabécou Fromage de chèvre à pâte molle en forme de petits gâteaux,

originaire du Quercy. On peut le manger frais ou râpé. Sa saveur s'intensifie avec le temps.

Cacahuète Appelée aussi arachide, c'est une graine comestible d'un légume enfermée dans des gousses marron clair qui se développent et mûrissent sous terre. Les cacahuètes peuvent être mangées crues, grillées et salées en

CACAHUÈTES

SALADE DE POULET VIETNAMIENNE

✱ **Préparation :** 30 minutes
Cuisson : 5 minutes
Pour 4 personnes

1 à 2 cuil. à soupe d'huile végétale
1 tasse 1/2 de radis blanc râpé
1 branche de céleri émincée
1 oignon moyen émincé
1 grosse carotte râpée
3 oignons nouveaux émincées
250 g de poulet cuit émincé
Feuilles de laitue
2 cuil. à soupe de cacahuètes grillées concassées

Herbes fraîches (menthe, persil)

Sauce vietnamienne

2 cuil. 1/2 à soupe de nuoc-mâm ou de sauce de soja claire
3 cuil. à soupe de jus de citron ou citron vert
3 cuil. à soupe d'huile végétale
2 cuil. à café de sucre
1 gousse d'ail écrasée

1 Chauffer l'huile dans un wok ou dans une poêle à fond épais. Faire revenir le radis et le céleri 2 minutes à feu moyen en remuant ; ajouter l'oignon et le faire cuire 1 minute. Retirer du feu et laisser refroidir.
2 Mélanger le radis, le céleri, l'oignon, la carotte, l'oignon nouveau et le poulet. Dresser le mélange sur les feuilles de laitue et garnir de cacahuètes et d'herbes.
3 Sauce vietnamienne : mélanger tous les ingrédients. Verser sur la salade quelques minutes avant de servir.

BOUCHÉES AU CHOCOLAT ET À LA CACAHUÈTE

✱ **Préparation :** 30 minutes
Cuisson : aucune
Pour 20 bouchées environ

3 tasses de sucre glace
3/4 de tasse de sucre roux
125 g de beurre ramolli + 15 g

2 tasses de beurre de cacahuètes
1 tasse de cacahuètes non salées (facultatif)
250 g de chocolat noir

1 Travailler les sucres et le beurre pour obtenir un mélange friable. Ajouter le beurre de cacahuètes et les cacahuètes.
2 Tasser le mélange dans un moule de 30 x 25 cm non beurré, en égalisant la surface.
3 Faire fondre le chocolat avec le reste de beurre. L'étaler sur la préparation. Laisser refroidir. Couper en morceaux de 2,5 cm.

À PROPOS DES CACAHUÈTES

■ Les cacahuètes se décortiquent facilement à la main et se conservent longtemps.
Mais n'hésitez pas à acheter des cacahuètes déjà décortiquées !
■ Pour griller les cacahuètes, les étaler en une seule couche sur une plaque de four et les mettre à four moyen pendant 10 minutes.
On peut aussi les passer sous un gril chaud pendant 5 minutes environ.
Veiller à ne pas les laisser brûler.

CUISINE CAJUN : LES CLASSIQUES

ÉPICES CAJUN

Mélanger 1 cuil. à soupe d'ail en poudre, 1 cuil. à soupe d'oignon en poudre, 2 cuil. à café de poivre blanc, 2 cuil. à café de poivre noir concassé, 1 ½ cuil. à café de poivre de Cayenne, 2 cuil. à café de thym séché et ½ cuil. à café d'origan séché. Conserver dans un bocal à épices.

LÉGUMES CAJUN

Peler et hacher finement un gros oignon, 1 poivron vert et 2 petites branches de céleri. Pour 3 à 3 tasses ½.

ROUX

Le roux est un élément essentiel de la cuisine cajun. Pour le réaliser, utiliser une quantité égale d'huile et de farine. Chauffer une casserole épaisse (en fonte, de préférence) et verser l'huile. Lorsque celle-ci est très chaude, saupoudrer un quart de la farine et remuer vigoureusement. Ajouter progressivement le reste de la farine, sans cesser de remuer jusqu'à obtention de la couleur souhaitée. Le mélange doit constamment garder de petits bouillons à la surface. Le roux blond demande 2 minutes de cuisson à feu vif, le roux brun 5 minutes environ. Pour un meilleur résultat, garder le feu assez vif et retirer régulièrement la poêle du feu pendant

30 secondes. Ne jamais cesser de remuer rapidement pour éviter que le roux ne brûle, ce qui le rendrait amer. Veiller à ne pas asperger votre peau de roux chaud ; le port de longs gants de caoutchouc est idéal. Conserver le roux au réfrigérateur et le laisser à température ambiante avant utilisation.

POISSON NOIRCI

✳ **Préparation :** 5 minutes
   Cuisson : 6 à 8 minutes
   Pour 6 personnes

125 g de beurre doux
6 gros filets de poisson
   blanc

2 cuil. à soupe d'épices
   cajun
2 cuil. à café de paprika
   doux

1 Faire fondre le beurre dans une petite casserole.
2 Badigeonner généreusement chaque filet de beurre fondu. Mélanger les épices cajun et le paprika et en saupoudrer largement le poisson.
3 Disposer les filets, un ou deux à la fois, dans une poêle chaude et saisir 1 à 2 minutes à feu vif. Retourner et prolonger la cuisson de quelques minutes. La surface doit être très grillée des deux côtés, presque noire. Ajouter un peu plus de beurre si nécessaire. Cuire le reste des filets. Servir chaud avec le reste de beurre fondu et du riz blanc nature.

PAGE CI-CONTRE : SALADE DE POULET VIETNAMIENNE. CI-DESSUS : POISSON NOIRCI.

amuse-gueules, ou enrobées de caramel ou de chocolat en confiserie (bonbons). Les cacahuètes occupent une grande place dans la cuisine d'Asie du Sud-Est, notamment dans les sauces saté, ou ajoutées entières dans les plats. Les cacahuètes sont transformées en beurre de cacahuète ; on en extrait aussi de l'huile.

Cacao Poudre marron foncé fabriquée avec des graines de cacao, d'un arbre tropical originaire d'Amérique. Les graines sont torréfiées et concassées pour préparer une pâte de chocolat pur. Les résidus solides secs obtenus après extraction de la graisse (connue sous le nom de beurre de cacao) sont moulus pour être transformés en poudre de cacao.

Caerphilly Fromage demi-sec très friable, fabriqué avec du lait de vache et au goût légèrement salé. Il est généralement de couleur blanche, et parvient à maturité en deux semaines seulement. Le Caerphilly doit son nom à une ville du Pays de Galles. Il constituait la base des repas des mineurs de cette région, probablement parce qu'il est facile à digérer et qu'il reste frais et humide.

Café Graines torréfiées et concassées d'un arbre tropical, transformées en boisson et également employées comme arôme.
Les grains de café proviennent d'une baie rouge ; il y a deux grains par baie. Lorsque les grains sont torréfiés, il en émane l'arôme et la saveur typiques du café. Le caféier, originaire d'Éthiopie ou du Soudan, est aujourd'hui cultivé en Nouvelle-Guinée, en Amérique et en

Afrique. En tant que boisson, le café n'a été populaire qu'à partir du XVIIe siècle. On peut trouver le café en grains ou moulu, en poudre instantanée ou en granulés. Le café frappé est noir, fort, sucré, rafraîchi et servi dans un grand verre avec du lait ou recouvert de crème Chantilly. On l'aurait d'abord consommé à Vienne au XVIIe siècle, suite au siège d'une ville turque, où l'armée vaincue avait laissé un butin de grains de café. Le caffè latte, italien, est

GOMBO AUX CREVETTES

✺ ✺ **Préparation :** 20 minutes
Cuisson : 1 heure
Pour 6 personnes

315 g de gombos en conserve, rincés
425 g de tomates en boîte
2 tasses de légumes cajun émincés
60 g de beurre
2 gousses d'ail hachées
2 cuil. à café de concentré de tomates
2 cuil. à café d'épices cajun
2 feuilles de laurier
1/4 de cuil. à café de poivre de la Jamaïque moulu

2 cuil. à café de flocons de piment
1 cuil. à café de sauce Worcestershire
Poivre
2 tasses de bouillon de crustacés
1/4 de tasse de roux brun
600 g de crevettes crues, décortiquées déveinées
1 cuil. à café d'épice filé en poudre (facultatif)

1 Réunir les gombos et les tomates concassées dans une casserole. Porter à ébullition, baisser le feu, couvrir et laisser mijoter 15 minutes doucement.
2 Faire revenir les légumes cajun 2 à 3 minutes dans le beurre, ajouter l'ail et prolonger la cuisson de 20 minutes.
3 Ajouter le mélange gombos et tomates aux légumes cajun, avec le concentré de tomates, les épices cajun, le laurier, le poivre de la Jamaïque, le piment, la sauce et le poivre. Remuer 2 minutes, puis ajouter le bouillon et le roux et poursuivre la cuisson de 15 minutes.
4 Ajouter les crevettes et laisser mijoter à petit feu jusqu'à ce qu'elles soient cuites. Assaisonner et incorporer l'épice filé.

RIZ CAJUN

✺ ✺ **Préparation :** 15 minutes
Cuisson : 30 minutes
Pour 6 personnes

2 tasses 1/2 de légumes cajun émincés
60 g de beurre
2 gousses d'ail hachées
185 g de foie de volaille
250 g de porc haché
1 1/2 cuil. à café de bouillon de volaille déshydraté

1/4 de tasse de roux brun
1/2 cuil. à café de Tabasco
2 cuil. à café d'épices cajun
Poivre noir
2 tasses de riz blanc long grain
3 tasses de bouillon de volaille

1 Faire revenir les légumes dans la moitié du beurre ; ajouter l'ail et cuire rapidement. Retirer de la poêle.
2 Cuire le foie haché et la viande de porc 2 à 3 minutes, en écrasant bien le porc à la fourchette. Ajouter les légumes, prolonger la cuisson de 2 à 3 minutes.
3 Incorporer la poudre de bouillon, le roux, le Tabasco, les épices cajun, le poivre, le riz et le bouillon, et porter à ébullition. Baisser le feu et laisser mijoter 20 minutes environ.
4 Vérifier l'assaisonnement, bien mélanger et servir.

Remarque : on peut aussi agrémenter d'oignon nouveau. Pour un plat principal substantiel, ajouter des quartiers d'œufs durs, des dés de poulet ou de jambon, des crevettes cuites et des haricots rouges.

CI-DESSUS : GOMBO AUX CREVETTES.

JAMBALAYA AU POULET ET AU JAMBON FUMÉ

✴ **Préparation :** 45 minutes
Cuisson : 1 heure 45
Pour 6 personnes

1 kg de poulet en
    morceaux désossés
1 petite carotte émincée
1 petit oignon haché
6 grains de poivre
2 brins de persil
1 brin de thym frais
4 tasses d'eau
500 g de jambon fumé
    (tasso) coupé en dés

2 cuil. à soupe d'huile
    végétale
2 tasses de légumes cajun
    émincés
2 gousses d'ail hachées
1 boîte de 425 g de
    tomates pelées, hachées
2 tasses ¹/₂ de riz blanc
    long grain
2 cuil. à café d'épices cajun

1 Mettre les os et la peau du poulet, la carotte, l'oignon, le poivre, le persil et le thym dans une casserole, ajouter 4 tasses d'eau. Porter à ébullition, baisser le feu et laisser mijoter 30 minutes à découvert. Passer et réserver le bouillon.
2 Détailler le poulet en dés et le cuire avec le jambon 6 minutes dans l'huile. Ajouter les légumes cajun et l'ail, et cuire jusqu'à ce qu'ils dorent. Ajouter les tomates, le riz, 3 tasses de bouillon de volaille réservé et les épices cajun ; porter à ébullition.
3 Verser dans un grand plat à four beurré et faire cuire 1 heure à découvert à 180 °C. Le riz doit être légèrement craquant sur le dessus.

HUSHPUPPIES (CROQUETTES À LA FARINE DE MAÏS)

✴ **Préparation :** 10 minutes
Cuisson : 10 minutes
Pour 24 à 36 croquettes

1 tasse de farine de maïs
¹/₂ tasse de farine avec levure
    incorporée
2 cuil. à soupe de Maïzena
1 cuil. à soupe de levure
¹/₂ cuil. à café de sel d'oignon
¹/₄ de cuil. à café de chili
1 cuil. à café d'épices cajun

1 gousse d'ail finement
    hachée
2 cuil. à soupe d'oignon râpé
2 œufs légèrement battus
³/₄ de tasse de lait
1 cuil. à soupe de saindoux
Huile à friture

1 Dans un récipient, réunir les farines, la Maïzena, la levure, le sel d'oignon, le chili et les épices. Ajouter l'ail, l'oignon et les œufs.
2 Mettre le lait et le saindoux dans une petite casserole. Faire cuire à feu doux jusqu'à ce que le saindoux soit fondu et le mélange chaud. Verser sur les ingrédients secs ; bien mélanger et laisser refroidir.
3 Faire chauffer l'huile dans une friteuse jusqu'à ce qu'elle soit modérément chaude. Déposer une cuillerée à soupe de préparation dans l'huile. N'en frire que 4 ou 5 à la fois. Les retourner une ou deux fois jusqu'à ce qu'ils soient dorés.
4 Égoutter les beignets et servir chaud.

CI-DESSUS : HUSHPUPPIES ; CI-CONTRE : JAMBALAYA AU POULET ET AU JAMBON FUMÉ.

un fort espresso mélangé dans un verre à du lait très chaud. On le boit généralement au petit déjeuner.

Caille Petit oiseau et gibier au plumage tacheté de marron que l'on trouve dans les plaines d'Europe, d'Asie, d'Amérique du Nord, d'Afrique et d'Australie. Les cailles peuvent être rôties (avec une farce à base de veau ou de porc), coupées en deux, aplaties et grillées, cuites au barbecue, à la poêle (avec des raisins), ou mijotées. La chair est délicate, et pour ne pas la dessécher lors de la cuisson, on entoure les cailles d'une tranche de lard, on les enveloppe dans une feuille de vigne, et on les arrose souvent. En Italie du Nord la caille est souvent marinée dans du vin avec de la sauge, du romarin et du poivre, puis cuite à feu doux dans la marinade et servie sur des tranches de polenta grillées. La meilleure saison de la caille est l'automne, lorsque l'oiseau est dodu et

que sa chair est bien parfumée. Servir deux cailles par personne.

Les œufs de caille sont de la forme d'une petite prune, de couleur vert-beige avec de petites taches marron foncé, et de la taille d'environ le tiers de celle des œufs de poule. Ils peuvent être

CAFÉ

Le café à l'arôme incomparable est l'une des boissons les plus appréciées dans le monde. On peut le torréfier, le mélanger et l'infuser de mille et une façons, et le servir chaud ou froid, noir ou additionné de lait ou de crème, sucré ou parfumé d'épices ou à l'alcool.

CAFÉ DE GAUCHE À DROITE :
CAFÉ LATTE ;
CAPPUCCINO ;
CAFÉ GLACÉ ;
ESPRESSO ;
CAFÉ MACCHIATO

MÉLANGES ET TORRÉFACTION

Le type de grain, la région, le climat et le sol de culture, sont autant de facteurs affectant le goût du café. Les spécialistes choisissent et mélangent des grains en provenance de tous les coins du monde afin de produire de subtiles nuances de goût. La température à laquelle les grains sont brûlés influe également sur l'arôme et le goût du café.

■ Une torréfaction légère rehausse les parfums délicats ; le café ainsi préparé s'accommode très bien de lait.

■ Une torréfaction moyenne donne une saveur et un parfum particuliers, appréciés dans la journée avec ou sans lait.

■ Une forte torréfaction produit un arôme et un goût forts, particulièrement adaptés au café du soir, généralement servi noir.

■ Une torréfaction double libère un puissant arôme fumé. Les grains sont luisants et très foncés, et le café a un goût presque amer. On le sert noir.

MOUTURES

Le café peut s'acheter en grains ou moulu ; dans ce cas, il est disponible en différents degrés de mouture : grosse, moyenne, fine ou extra-fine ("espresso" ou "café turc"). Le choix du type de mouture dépend de la façon dont on veut le préparer. Le café en poudre perd de son goût plus rapidement que le café en grains, qui doit être moulu juste avant utilisation.

INFUSION DU CAFÉ

En dépit de la grande variété d'appareils disponibles, le café se prépare selon deux méthodes principales : l'infusion et l'ébullition.

■ **PERCOLATEUR :** la pression de la vapeur fait remonter l'eau bouillante par un tube central pour se déverser sur la mouture. L'opération dure 15 minutes environ. Utiliser une grosse mouture.

■ **CAFETIÈRE À PISTON :** l'eau qui vient de bouillir est versée sur la mouture dans un récipient que l'on ferme par un couvercle doté d'un piston. On laisse le café infuser quelques minutes puis on pousse lentement le piston, qui conservera la mouture dans la partie inférieure du récipient pour laisser remonter le café liquide. Il convient d'employer une mouture moyenne.

■ **CAFETIÈRE À FILTRE :** on garnit un réceptacle de papier filtre au-dessus d'une cafetière ou d'une tasse ; on met le café moulu dans le filtre et on verse de l'eau qui vient de bouillir très lentement sur le café. Le café sera ainsi filtré dans la cafetière. Les cafetières électriques effectuent l'opération intégralement. Une mouture fine est conseillée.

SPÉCIALITÉS INTERNATIONALES

■ **ESPRESSO** Ce café très fort (appelé également "Expresso" et "Express") se prépare dans un appareil qui fait passer un mélange de vapeur et d'eau à travers du café moulu très fin. On utilise une importante proportion de café : environ 2 cuillerées à soupe de café pour 6 cuillerées à soupe d'eau. On le sert généralement dans une petite tasse, accompagné de sucre.

■ **CAPPUCCINO** Ce café se prépare également dans un percolateur, mais il n'est pas aussi fort que l'espresso. On le sert dans une tasse plus grande et on le garnit de lait chaud transformé en mousse par la vapeur. On le saupoudre souvent de chocolat râpé, de cacao en poudre ou de cannelle.

CAFFÈ MACCHIATO Pour faire ce café très prisé des Italiens, remplir un verre de 90 ml d'espresso jusqu'à 5 mm du bord. Ajouter un nuage de lait froid en le versant contre le bord du verre pour former une couche "café au lait" sur le dessus. Mettre le verre sur une soucoupe garnie d'une petite serviette en papier.

CAFFÈ LATTE Ce café pris au petit déjeuner en Italie se prépare avec une même quantité d'espresso et de lait chaud. Remplir à moitié un verre de 250 ml d'espresso et verser dessus du lait chaud, qui formera une légère mousse. Servir sur une soucoupe et nouer une serviette en papier autour du verre pour éviter de se brûler les doigts.

CAFÉ AU LAIT Le café traditionnel du petit déjeuner français consiste en un mélange de café noir fort et de lait chaud en proportions égales (parfois 2 ou 3 parts de lait pour 1 part de café). Les verser simultanément dans un bol ou une grande tasse.

CAFÉ TURC En Turquie, au Moyen-Orient et en Grèce, le café est fait dans un ibrik, une petite cafetière de cuivre munie d'une longue anse. Pour chaque petite tasse, mettre 1 cuil. à café bien remplie de café très torréfié (en poudre fine), 60 ml d'eau chaude et 1 cuil. à café de sucre dans la cafetière. Porter à ébullition à feu moyen ; retirer du feu dès qu'une mousse se forme. Verser un peu de café dans chaque tasse, porter de nouveau le café à ébullition et répartir dans les

tasses ; répéter l'opération une troisième fois, en veillant à ce qu'une mousse se forme dans chaque tasse. Le café turc se boit traditionnellement dans de petites tasses à pied ; on le sert souvent avec un verre d'eau glacée.

IRISH COFFEE Pour chaque personne, mettre 2 morceaux de sucre et 1 mesure (45 ml) de whisky irlandais dans un grand verre à pied chauffé. Le remplir aux deux tiers de café noir chaud. Remuer un peu et ajouter de la crème fraîche en la versant sur le dos d'une cuillère pour qu'elle flotte en surface. Boire le café parfumé au whisky à travers la couche de crème, sans le mélanger.

CAFÉ VIENNOIS ÉPICÉ Mettre 3 tasses de café fort chaud, 2 bâtons de cannelle, 4 clous de girofle et 4 graines de poivre de la Jamaïque dans une casserole. Laisser frémir 10 à 15 minutes à feu doux. Passer le mélange et le verser dans des verres à vin chauffés ou des mugs (tasses hautes). Garnir de crème fouettée et saupoudrer de muscade. On peut ajouter du sucre. Pour le servir froid, ne pas mettre de crème mais décorer de citron.

CAFÉ GLACÉ Préparer un café noir fort et le sucrer à votre goût tant qu'il est chaud. Laisser refroidir et mettre au réfrigérateur. Verser une partie du café dans un bac à glaçons. Au moment de servir, verser le café glacé dans de grands verres, ajouter un glaçon au café et garnir de crème fouettée.

GRANITA DI CAFFÈ Cette boisson glacée, appelée aussi café frappé, est très appréciée l'été. Préparer un café noir bien fort, le sucrer à votre goût, le laisser refroidir et le passer dans un papier filtre. Le verser dans un grand récipient plat et le congeler. Le piler brièvement au mixeur et verser dans de grands verres. Garnir de crème fouettée et saupoudrer de cacao en poudre.

Moka Java Le moka est un café au goût très fort, souvent utilisé pour parfumer le chocolat. Dans cette recette, il est additionné d'anis. Mélanger le zeste d'1 orange et d'1 citron, 4 bâtons de cannelle, 1/4 de tasse de sirop de chocolat, 4 gouttes d'huile d'anis et 8 tasses de café chaud bien fort. Faire mariner ce mélange 15 minutes à feu doux ; passer et verser dans des tasses à café. Ajouter un zeste de citron dans chaque tasse et garnir de crème fouettée. Pour 12 personnes.

CLÉS DE RÉUSSITE

- *Le café noir doit être fort, clair et très chaud. Utiliser 1 à 1 1/2 cuil. à soupe de café pour 200 ml d'eau. Pour un café moins fort, le préparer normalement, puis le diluer dans de l'eau chaude.*

- *Un café conservé trop longtemps après avoir été filtré perd de son goût, en raison de la formation de résidus amers.*

- *Nettoyer soigneusement les cafetières après utilisation ; des résidus gras peuvent s'y accumuler et rancir, altérant ainsi le café.*

- *Acheter le café en quantités suffisantes pour 2 semaines maximum. Le conserver au réfrigérateur dans un récipient hermétique.*

dégustés durs en salade ou en aspic. On les trouve aussi en bocaux marinés dans du vinaigre. Il y a des cailles d'élevage (fraîches et congelées), et des œufs de caille chez les volaillers.

Cajun (cuisine) Le pays cajun est composé des baies, des bayous et de l'arrière-pays de la Louisiane. Au milieu de XVIIIᵉ, c'était le refuge des Huguenots français chassés d'Acadie par les Anglais de la Nouvelle Écosse, au Canada ("Cajun" est dérivé de "Acadien"). La cuisine cajun est une cuisine de terroir, robuste. Elle trouve ses origines dans la cuisine paysanne de la France

rurale, mais son style particulier provient de l'utilisation d'un mélange d'herbes aromatiques, de racines et d'ingrédients amenés en Amérique par les esclaves africains, et de l'héritage culinaire des premiers colons espagnols. La cuisine cajun est simple : repas à plat unique utilisant les produits frais de la ferme - oignons, piments et poivrons à la fois doux et forts, okra, céleri, poulet et porc, lard et jambon ; nourriture abondante des bayous saumâtres et des eaux du Golfe du Mexique - écrevisses, crevettes, homards, crabes, huîtres et poissons. Beaucoup de plats sont à base de roux

CAKES

CAKE AUX CERISES

✴ **Préparation :** 15 minutes
Cuisson : 30 minutes
Pour un cake rond

60 g de beurre doux
²/₃ de tasse de sucre
¹/₂ cuil. à café d'essence de noix de coco
3 œufs légèrement battus
¹/₃ de tasse de cerises confites hachées
¹/₄ de tasse de noix de coco séchée
1 tasse ¹/₄ de farine avec levure incorporée

¹/₃ de tasse de Maïzena

Glaçage rose
1 tasse ¹/₂ de sucre glace
1 cuil. à café de beurre doux
2 cuil. à café d'eau bouillante
2 à 3 gouttes de colorant alimentaire rose

1 Préchauffer le four à 180 °C. Beurrer et chemiser un moule à manqué de 20 cm. Battre le beurre, le sucre et l'essence de noix de coco.
2 Ajouter les œufs et battre 3 minutes. Verser dans une terrine. Ajouter les cerises, la noix de coco, la farine et la Maïzena tamisées et battre 1 minute jusqu'à ce que la préparation soit homogène. Verser dans le moule et mettre 30 minutes au four (le gâteau est cuit lorsqu'une lame de couteau en ressort sèche). Laisser le cake 10 minutes dans son moule, puis le faire refroidir sur une grille.
3 Glaçage rose : dans un bol, mélanger le sucre glace tamisé, le beurre et l'eau pour obtenir une crème ferme. Mettre le bol dans une casserole d'eau frémissante, jusqu'à ce que le glaçage devienne lisse et brillant ; retirer du feu et verser le colorant. En napper le dessus du cake.

CAKE AU MIEL ET À LA NOIX DE COCO

✴ **Préparation :** 40 minutes
Cuisson : 30 minutes
Pour un cake

125 g de beurre doux
²/₃ de tasse de sucre brut
2 œufs légèrement battus
1 cuil. à café d'essence de vanille
¹/₄ de tasse de miel
¹/₄ de tasse de noix de coco séchée
1 tasse ³/₄ de farine avec levure incorporée
1 cuil. à café de muscade moulue + 1 pincée pour la décoration

¹/₄ de cuil. à café de cannelle moulue
¹/₄ de cuil. à café de poivre de la Jamaïque moulu
¹/₂ tasse de lait

Glaçage au miel et au fromage frais
125 g de fromage frais crémeux (cream cheese ou équivalent), ramolli
¹/₂ tasse de sucre glace
1 cuil. à soupe de miel

1 Préchauffer le four à 180 °C. Beurrer et chemiser un moule à cake. Battre le beurre et le sucre jusqu'à ce que le mélange soit onctueux. Ajouter progressivement les œufs en battant après chaque ajout. Ajouter l'essence de vanille et le miel ; battre pour bien mélanger.
2 Verser la préparation dans une grande jatte ; ajouter la noix de coco. Avec une cuillère en métal, incorporer la farine tamisée et les épices, en alternant avec le lait. Remuer jusqu'à ce que le mélange soit homogène. Verser dans le moule et égaliser la surface.
3 Faire cuire 30 minutes (le gâteau est cuit lorsque la lame d'un couteau en ressort sèche).
4 Glaçage au miel et au fromage frais : battre le fromage frais. Ajouter le sucre glace tamisé et le miel, battre 3 minutes pour obtenir une texture lisse et légère.
Napper le cake et saupoudrer de muscade.

CI-DESSUS : CAKE AU MIEL ; CI-CONTRE : CAKE AUX CERISES.

CALAMARS

CALAMARS FRITS SAUCE TARTARE

  ✻   **Préparation :** 20 minutes
✻ ✻   **Cuisson :** 1 minute par bain de friture
         Pour 4 personnes

500 g de petits calamars nettoyés	***Sauce tartare***
2 cuil. à soupe de Maïzena	*1 tasse de mayonnaise*
2 œufs légèrement battus	*2 cuil. à soupe de ciboulette fraîche hachée*
2 gousses d'ail écrasées	*2 cuil. à soupe de petits oignons marinés hachés*
2 cuil. à café de zeste de citron râpé	*1 cuil. à soupe de moutarde en grains*
1 tasse de chapelure	
Huile à friture	

1 Émincer finement les calamars. Verser la Maïzena dans une assiette. Dans un bol, mélanger les œufs, l'ail et le zeste. Verser la chapelure dans une autre assiette. Passer les calamars dans la Maïzena, et secouer pour ôter l'excédent. Les plonger dans l'œuf puis les enduire de chapelure. Secouer pour ôter l'excédent.
2 Faire chauffer l'huile dans une friteuse. Déposer de petites quantités de calamars à la fois dans l'huile modérément chaude. Faire frire 1 minute à feu vif puis moyen. Les égouter.
3 Sauce tartare : bien mélanger tous les ingrédients et servir pour y tremper les calamars.

CI-DESSUS : CALAMARS FRITS ; CI-CONTRE : CALAMARS À LA GRECQUE.

CALAMARS À LA GRECQUE

  ✻   **Préparation :** 30 minutes
      Cuisson : 35 minutes
      Pour 6 à 8 personnes

1 kg de calamars moyens	*1 œuf légèrement battu*

Farce	***Sauce***
1 cuil. à soupe d'huile d'olive	*1 cuil. à soupe d'huile d'olive*
2 oignons nouveaux hachés	*1 oignon finement haché*
1/3 de tasse de pignons	*1 gousse d'ail écrasée*
1/2 tasse de raisins secs	*4 grosses tomates mûres, pelées et hachées*
2 cuil. à soupe de persil frais haché	*1/4 de tasse de vin rouge de qualité*
2 cuil. à café de zeste de citron finement râpé	*1 cuil. à soupe d'origan frais haché*
1 tasse 1/2 de riz cuit	

1 Préchauffer le four à 160 °C. Laver et essuyer les calamars. Dans un récipient, bien mélanger l'huile, l'oignon, les pignons, les raisins secs, le persil, le zeste et le riz. Ajouter suffisamment d'œuf pour humidifier les ingrédients.
2 Remplir les calamars aux trois quarts. Fermer le bout à l'aide d'un pic à cocktail. Disposer en une seule couche dans un plat à four.
3 Sauce : chauffer l'huile dans une poêle et y faire revenir l'oignon et l'ail 2 minutes à feu doux. Ajouter la tomate, le vin et l'origan. Couvrir et faire cuire 10 minutes à feu doux.
4 Verser la sauce sur les calamars ; couvrir et mettre 20 minutes au four. Retirer les pics à cocktail et couper en lamelles épaisses. Verser la sauce sur les calamars juste avant de servir.

brun ; le riz ou les haricots accompagnent la majorité des plats. Le filé, poudre obtenue après séchage et pulvérisation des feuilles de sassafras, ajoute une saveur particulière. Les spécialités cajun sont les suivantes : gombos épicés, jambalayas (riz aromatisé, porc, saucisse, jambon et fruits de mer), étouffée (fruits de mer cuits dans une sauce assaisonnée et servis sur du riz) et tartes à la crème.

Calamar Mollusque vivant dans l'eau de mer, au corps long et cylindrique, doté de dix tentacules entourant un bec qui ressemble à celui d'un perroquet. Il est apprécié pour sa chair blanche, ferme et délicatement parfumée. On trouve le calamar dans les eaux tempérées partout dans le monde. Il a longtemps été le principal ingrédient des cuisines asiatique et méditerranéenne.

Camembert Fromage de lait de vache à pâte molle et à croûte fleurie, fabriqué sous la forme de petits disques plats, au goût crémeux et acidulé. Comme le brie, le camembert s'affine par l'extérieur où les moisissures forment une fine croûte blanche qui enveloppe son cœur crémeux. Originaire de Normandie, le camembert est apparu au XVIIᵉ siècle, mais on dit que le fromage actuel serait dû à une certaine Marie Harel, fermière qui aurait protégé pendant la Révolution française un prêtre fugitif de la région de la Brie. Ce dernier lui aurait enseigné les méthodes de fabrication du fromage qu'elle aurait ensuite adaptées en employant les techniques locales pour produire une version améliorée. Dans les années 1890, le camembert a été plus largement diffusé car on l'a alors emballé dans des petites boîtes en bois qui permettaient de l'expédier, sans altérer sa qualité, vers de nouveaux marchés plus lointains.

Camomille Plante appartenant à la famille des marguerites, originaire d'Europe occidentale. Elle est utilisée depuis l'Égypte

antique, soit en infusions, soit appliquée pour traiter les entorses, les tensions musculaires, les crampes et les coliques. Au Moyen-Âge, l'arôme qui se dégageait de ses feuilles concassées servait à chasser les mauvaises odeurs des maisons. L'infusion de camomille, préparée avec les têtes des fleurs, est une boisson apaisante.

CANAPÉS

Les canapés sont généralement servis à l'apéritif ou à l'occasion d'un cocktail. Ils doivent être de la taille d'une bouchée.

QUELQUES IDÉES RAPIDES

■ Tartiner de pesto des croûtes au four et décorer de demi-tomates cerises.

■ Remplir des tartelettes d'un mélange de fromage blanc léger, saumon fumé haché et ciboulette hachée.

■ Garnir des mini-blinis complets de crème fraîche épaisse et de caviar.

■ Garnir d'épaisses rondelles de concombre non pelé de bleu et de noix, ou de saumon fumé et de crème fraîche.

■ Garnir des croûtes au four de tapenade décorée d'une tranche d'œuf dur ou d'un œuf de caille poché.

■ Tartiner des croûtes de pain d'aïoli. Déposer une pointe d'asperge verte et garnir d'une fine lamelle de poivron rouge grillé.

■ Garnir des petits triangles de frittata aux épinards de julienne de jambon.

■ Garnir des huîtres fraîches d'une épaisse mayonnaise aux herbes.

■ Tartiner des croûtes de pain de pâté de foie ou de saumon, et garnir d'un petit morceau de concombre et d'aneth.

■ Tartiner des ronds de pumpernickel (pain de seigle noir) de bleu castello et garnir d'olives fourrées émincées.

■ Entourer des tranches de poire ou des cubes de melon de très fines tranches de prosciutto.

■ Tartiner des croûtes de pain ou des tranches de pumpernickel (pain de seigle noir) de moutarde en grains ; déposer une fine tranche de rôti de bœuf et garnir d'un morceau de mangue.

■ Remplir des têtes de champignon de Paris d'un mélange de jambon haché et de fromage blanc. Garnir de pignons grillés et de persil frais.

■ Garnir des tartelettes non cuites de tomates séchées, de basilic et de fromage de chèvre émietté. Cuire au four jusqu'à ce que le fromage fonde.

■ Préparer une pâte à pizza, la garnir d'oignons sautés, de filets d'anchois hachés et de parmesan. Découper en petits carrés.

CROÛTES DE PAIN

Ôter la croûte de tranches de pain de mie blanc ou complet. Avec un emporte-pièce, découper des cercles de 4 cm dans chaque tranche. Badigeonner les deux faces de beurre fondu, mettre 10 minutes au four à 180 °C jusqu'à ce qu'ils dorent. Laisser refroidir et conserver dans une boîte hermétique.

CI-DESSUS : ASSORTIMENT DE CANAPÉS. PAGE CI-CONTRE : CANARD RÔTI SAUCE MANDARINE.

CANARD

CANARD RÔTI SAUCE MANDARINE

★ **Préparation :** 30 minutes
Cuisson : 1 heure 50
Pour 8 personnes

3 canards de 1,6 kg	**Sauce mandarine**
60 g de beurre fondu	315 g de quartiers de
	mandarines en boîte
Farce	2 cuil. à soupe de
90 g de beurre	Maïzena
12 oignons nouveaux	4 tasses de bouillon de
hachés	volaille léger
3 gousses d'ail écrasées	½ tasse de jus d'orange
3 cuil. à café de gingembre	2 cuil. à soupe de jus de
râpé	citron
8 tasses de mie de pain	1 cuil. à soupe de miel
émiettée	1 cuil. à soupe de sauce de
¼ de tasse de coriandre	soja
fraîche hachée	2 cuil. à café de gingembre
2 œufs légèrement battus	râpé
	1 cuil. à soupe de sucre

1 Préchauffer le four à 180 °C. Rincer les canards et les essuyer avec du papier absorbant.
2 Farce : faire chauffer le beurre dans une casserole moyenne et faire sauter les oignons, l'ail et le gingembre 3 minutes. Ajouter la mie de pain, la coriandre et les

œufs, et bien remuer. Retirer du feu. Garnir les canards de farce, en veillant à la répartir de façon égale.
3 Ficeler les ailes et les pilons. Poser les canards sur la grille d'un plat à four et badigeonner de beurre. Rôtir 1 heure en arrosant régulièrement les canards du jus de cuisson. Pendant ce temps, préparer la sauce mandarine.
4 Sauce mandarine : passer les quartiers de mandarines non égouttés au mixeur pour obtenir un mélange homogène. Dans une petite casserole, mettre la Maïzena avec un peu de bouillon et bien mélanger. Ajouter le reste du bouillon, les jus d'orange et de citron, le miel, la sauce de soja, le gingembre, le sucre et la purée de mandarines. Remuer à feu moyen jusqu'à ébullition et épaississement.
5 Retirer les canards du four, égoutter le jus de cuisson et mettre les canards dans le plat. Verser la sauce mandarine. Prolonger la cuisson au four de 40 minutes. Pour vérifier s'ils sont cuits, insérer un pic à cocktail dans la cuisse. Si du jus en coule, le canard est prêt. Passer la sauce au chinois et la servir avec la volaille.

À PROPOS DU CANARD
■ Pour préparer le canard, retirer la graisse à la base de la queue, rincer abondamment à l'eau froide et essuyer avec du papier absorbant. Le piquer partout à l'aide d'une brochette métallique. Avant de le rôtir, brider la peau du cou contre le dos, ficeler les pattes à la queue et rentrer le bout des ailes sous la carcasse.

Canapé Petit morceau de pain à croquer, tartiné de beurre salé et agrémenté, par exemple, de chair de crabe, de caviar, de saumon fumé, de jambon ou de pointes d'asperges avec une garniture d'olives farcies, de piment, de câpres ou de cornichons. Les canapés sont servis chauds ou froids en amuse-gueules. À l'origine, les canapés se mangeaient avant le repas du soir, assis dans le salon, d'où leur nom.

Canard Gros oiseau aquatique au corps allongé, à chair foncée, tendre et richement parfumée. Le canard fait partie de l'alimentation de l'homme depuis l'époque des premiers chasseurs. Toujours en abondance sur les rivières, les lacs, les mares et les marais partout dans le monde, le canard était une proie facile. Il a été le premier gibier domestiqué, probablement par les Chinois il y a 4000 ans environ ; on prétend aussi

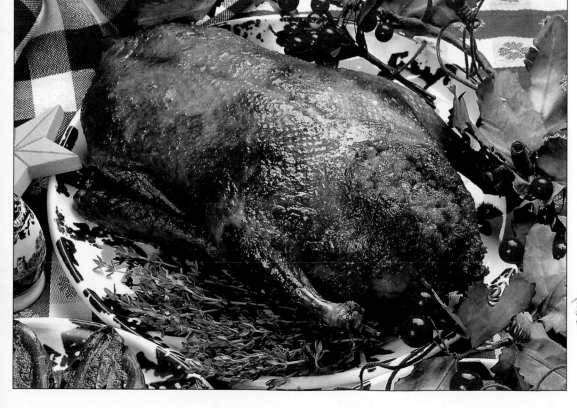

que les premiers éleveurs de canards ont été les Incas d'Amérique du Sud.

Il existe des élevages de canards partout dans le monde. Les canards élevés pour l'alimentation sont le gros et fin canard de Barbarie d'Europe, le Aylesburry et le Gadwell d'Angleterre, le Nantais, qui est souvent élevé à moitié sauvage, le Rouennais et le canard pékinois de Chine. En Australie, l'élevage le plus commun est un croisement entre le canard pékinois et l'Aylesburry.

Dans l'antiquité,

les Égyptiens mangeaient les canards du Nil. Lors de festins, les Romains dégustaient les blancs et cervelles des canards sauvages. De même, dans toute l'Europe avant l'époque médiévale, le canard sauvage était régulièrement servi à table.

Le canard est très apprécié dans les cuisines française et chinoise. L'art de faire sécher la viande de canard pour conserver sa chair et amplifier son parfum est pratiqué en Chine depuis plus de 2000 ans (traditionnellement, les carcasses aplaties, désossées, salées et assaisonnées étaient suspendues dans des cages en bambou pour sécher au soleil).

CANARD AU XÉRÈS, AUX OLIVES ET AUX NOIX

✳ ✳ **Préparation** : 20 minutes
Cuisson : 1 heure 45
Pour 4 à 6 personnes

2 cuil. à soupe d'huile d'olive
1 canard de 2 kg, apprêté et troussé
2 oignons coupés en deux
2 carottes coupées en gros morceaux
$\frac{1}{4}$ de tasse de xérès plutôt sec + $\frac{1}{4}$ de tasse supplémentaire
$\frac{1}{4}$ de tasse de bouillon de volaille ou d'eau + $\frac{1}{2}$ tasse supplémentaire
40 g de beurre
2 cuil. à soupe de farine
$\frac{1}{2}$ tasse de jus d'orange frais
$\frac{1}{2}$ tasse d'olives vertes fourrées, réchauffées dans leur saumure
$\frac{1}{2}$ tasse de cerneaux de noix, réchauffés au four

1 Préchauffer le four à 180 °C. Faire chauffer l'huile dans une grande sauteuse. Mettre le canard, les oignons et les carottes. Retourner le canard pour le saisir sur toutes ses faces, en veillant à ne pas fendre la peau. Mettre la préparation dans un plat à four, et verser le mélange de xérès et de bouillon (ou eau). Couvrir de papier aluminium et mettre 1 heure au four, en arrosant du jus de cuisson de temps en temps. Pour une peau croustillante, cuire à découvert les 15 dernières minutes. Réserver le jus de cuisson et ôter les légumes.
2 Dans la sauteuse, faire fondre et roussir le beurre à feu moyen. Veiller à ne pas le laisser brûler. Retirer du feu, incorporer la farine. Ajouter progressivement le mélange de xérès (sup.), jus d'orange, bouillon (sup.) et jus de cuisson. Remettre sur le feu et cuire sans cesser de remuer jusqu'à ébullition et épaississement.

3 Badigeonner le canard de sauce et enfourner 15 à 20 minutes à 180 °C. Dresser dans un plat de service chauffé, et verser la sauce. Garnir d'olives fourrées et de noix chaudes.

SALADE DE CANARD CHAUD

✳ **Préparation** : 15 minutes
Cuisson : aucune
Pour 4 personnes

Sauce salade orientale
$\frac{1}{4}$ de tasse d'huile d'arachide
1 cuil. à soupe de cidre ou de vinaigre de vin blanc
1 cuil. à soupe de miel, réchauffé
2 cuil. à café de gingembre frais râpé
1 cuil. à café de sauce de soja
$\frac{1}{4}$ de tasse de poudre de cinq épices
1 gros canard cuit au barbecue à la chinoise, émincé
315 g de quartiers de mandarines en boîte, égouttés
100 g de pois mange-tout équeutés
1 tasse de germes de soja
$\frac{1}{2}$ tasse de châtaignes d'eau en conserve, émincées
$\frac{1}{2}$ tasse d'oignons nouveaux émincés

1 Une demi-heure avant de servir, mettre les ingrédients de la sauce dans un petit bocal et secouer vigoureusement pendant 1 minute.
2 Dans un saladier, mettre le canard, les mandarines, les pois mange-tout, le soja, les châtaignes d'eau et les ciboules. Ajouter la sauce, remuer et servir.

CI-DESSUS : SALADE DE CANARD CHAUD.
PAGE CI-CONTRE : GÂTEAU À LA CAROTTE.

CAROTTES

GÂTEAU À LA CAROTTE

✳ **Préparation :** 15 minutes
Cuisson : 35 minutes
Pour 8 personnes

125 g de beurre
1 tasse de sucre
1 pincée de cannelle,
muscade et poivre de la
Jamaïque
Le zeste râpé d'1 orange
2 œufs
1 grosse carotte râpée

60 g d'amandes non
mondées et hachées
1 tasse ¼ de farine
(complète ou blanche, ou
mélange des deux)
1 cuil. ½ à café de levure
chimique
1 pincée de sel
¼ de tasse d'eau chaude

1 Préchauffer le four à 180 °C. Beurrer un moule carré de 20 cm. En garnir la base et les bords de papier beurré.
2 Travailler le beurre au batteur électrique ou à la cuillère en bois pour obtenir une texture légère et onctueuse. Ajouter le sucre et bien remuer. Ajouter les épices et le zeste d'orange ; bien remuer. Ajouter les œufs, un à la fois, et bien remuer. Ajouter la carotte et les amandes. Ajouter la farine tamisée, la levure et le sel. Verser l'eau petit à petit jusqu'à ce que la consistance soit lisse mais pas trop battue.
3 Verser la préparation dans le moule ; égaliser la surface. Faire cuire 35 minutes (le gâteau est cuit lorsque la lame d'un couteau en ressort sèche). Laisser le gâteau 10 minutes dans son moule avant de le faire refroidir sur une grille. Décorer d'un glaçage au citron ou à la crème au beurre.

POTAGE À LA CAROTTE

✳ **Préparation :** 12 minutes
Cuisson : 30 minutes environ
Pour 4 personnes

30 g de beurre
6 carottes émincées
1 gousse d'ail écrasée
1 oignon haché
2 pommes de terre
moyennes coupées en dés

4 tasses de bouillon de
volaille
¾ de tasse de crème fraîche
ou de yaourt
2 cuil. à soupe de fines
herbes hachées pour la
garniture

1 Faire fondre le beurre dans une grande casserole ; ajouter les carottes, l'ail et l'oignon et faire revenir 2 à 3 minutes. Incorporer les pommes de terre, baisser à feu doux, couvrir et faire suer les légumes 4 à 5 minutes.
2 Verser le bouillon et porter à ébullition. Assaisonner. Baisser le feu et laisser mijoter à couvert pendant 25 minutes.
3 Passer les légumes au mixeur. Servir avec une cuillerée de crème fraîche ou de yaourt et garnir d'herbes aromatiques.

SALADE DE CAROTTES RÂPÉES

✳ **Préparation :** 15 minutes
Cuisson : aucune
Pour 6 personnes

10 grosses carottes
2 petits concombres
100 g de raisins secs
1 cuil. à soupe de jus de
citron
½ cuil. à café de gingembre
râpé

1 cuil. à soupe de miel
1 cuil. à café de cannelle
moulue
100 ml d'huile d'olive
Poivre moulu
½ tasse d'amandes effilées

1 Peler et râper grossièrement les carottes. Couper les concombres en quartiers dans le sens de la longueur, puis les détailler en tranches épaisses. Réunir les carottes et le concombre dans un saladier, ajouter les raisins secs et bien remuer.
2 Dans un bol ou un bocal à couvercle vissé, mélanger le jus de citron, le gingembre, la cannelle, le miel, l'huile et le poivre. Secouer vigoureusement pour bien mélanger.
3 Faire dorer les amandes à feu doux dans une poêle, en remuant constamment.
4 Verser la sauce sur la salade, garnir d'amandes et servir.

À PROPOS DES CAROTTES

■ Acheter les carottes fermes et lisses, avec une couleur orange foncé. Pour les préparer, les laver et les gratter, ou les peler si on le désire. Les jeunes carottes n'ont pas besoin d'être pelées.
■ La carotte s'accommode très bien de gingembre, de clou de girofle, d'aneth, de miel et de marjolaine.

Puisque le canard est riche en graisse – à poids égal avec un poulet il contient plus de graisse et moins de viande – il peut être rôti ou grillé. Il est souvent servi accompagné de fruits pour compenser sa teneur en graisse, ainsi le célèbre canard à l'orange. Il y a très peu de déchets : on peut faire du bouillon avec la carcasse, et du pâté avec le foie. Le marché du foie gras de canard est en nette progression en France pour suppléer au traditionnel foie gras d'oie. La canette, jeune cane âgée de six semaines

à deux mois, est meilleure grillée ou rôtie ; il n'est pas nécessaire de la farcir. Plus âgés, les canards sont nettement plus parfumés. On peut acheter le canard frais ou surgelé.

Canneberge Petite baie ronde et rouge qui peut être mangée crue, mais plus connue en sauce car c'est l'accompagnement traditionnel de la dinde rôtie.

Cannelle Écorce marron clair, parfumée, fragile, d'une variété de laurier originaire de

Cantaloup Melon rond à grosses côtes

rugueuses, à chair orange foncé. Ce melon était cultivé à l'époque de la Renaissance par les moines de Cantaloup, près de Rome, résidence d'été du Pape.

Câpres Boutons de fleur non ouverts, de couleur vert olive, provenant d'un arbuste piquant que l'on trouve en Méditerranée, au Moyen-Orient et en Afrique du Nord. On conserve les

câpres dans des bocaux de vinaigre assaisonné, ou en saumure dans des boîtes en bois. Elles peuvent être très petites ou atteindre la taille d'un petit pois, et doivent être récoltées avant l'aube car les fleurs s'ouvrent au lever du soleil. Les câpres étaient déjà utilisées comme condiment dans la Grèce antique. Leur goût acide et âpre permet d'accommoder poissons,

CÉLERI

CÉLERI BRAISÉ

✳ **Préparation :** 15 minutes
Cuisson : 40 minutes
Pour 6 personnes

1 céleri en branches
30 g de beurre
2 tasses de bouillon de volaille
2 cuil. à café de zeste de citron finement râpé
1/4 de tasse de jus de citron

1/4 de tasse de crème fraîche liquide
2 jaunes d'œuf
1 cuil. à soupe de Maïzena
1/4 de tasse de persil haché
Poivre blanc et sel
1/2 cuil. café de macis moulu

1 Beurrer un plat à four d'une capacité de 1,5 l. Préchauffer le four à 180 °C. Détailler le céleri en morceaux de 5 cm.
Faire fondre le beurre dans une grande casserole. Ajouter le céleri et remuer pour bien l'enduire de beurre. Couvrir et laisser cuire 2 minutes.
2 Verser le bouillon, le zeste et le jus de citron ; couvrir et laisser mijoter 10 minutes. Retirer le céleri à l'aide d'une écumoire et le mettre dans le plat préparé. Réserver 1/4 de tasse de jus de cuisson.
3 Dans un bol, battre la crème, les jaunes d'œuf et la Maïzena. Incorporer le jus de cuisson. Remettre sur le feu et faire cuire jusqu'à ébullition et épaississement. Ajouter le persil, le poivre, le sel et le macis.
4 Verser la sauce sur le céleri dans le plat. Faire cuire 15 à 20 minutes au four, jusqu'à ce que le céleri soit tendre.

SALADE DE POULET, POMME ET CÉLERI AU CURRY

✳ **Préparation :** 30 minutes
Cuisson : 20 minutes
Pour 8 personnes

2 kg de cuisses de poulet
1 tasse de jus d'orange
2 tasses d'eau
2 pommes rouges moyennes
2 branches de céleri
220 g de raisin vert sans pépins
3/4 de tasse de noix grossièrement hachées

Mayonnaise au curry
60 g de beurre
1 petit oignon finement haché
3 cuil. à café de curry en poudre
1/3 de tasse de mayonnaise
1/3 tasse de crème
1/2 de tasse de crème fraîche
2 cuil. à soupe de jus de citron
2 cuil. à café de sucre roux
Sel

1 Parer le poulet et le mettre dans une grande sauteuse à fond épais. Ajouter le jus d'orange et l'eau. Couvrir et porter à ébullition. Baisser le feu ; laisser mijoter à couvert jusqu'à ce que la viande soit tendre. Retirer du feu, égoutter et laisser refroidir. Ôter les os et détailler la viande en morceaux de 2 cm.
2 Couper les pommes en dés. Émincer le céleri. Réunir tous les ingrédients dans un saldier.
3 Mayonnaise au curry : faire fondre le beurre dans une petite casserole. Ajouter l'oignon et le faire revenir 2 minutes. Incorporer le curry et faire cuire 30 secondes. Transférer le mélange dans un bol. Ajouter la mayonnaise, la crème fraîche, la crème liquide, le sucre et le sel ; bien mélanger. Verser sur la salade et la tourner délicatement.

CONFITURE DE CERISES NOIRES

✶ ✶ **Préparation :** 35 minutes + 1 nuit de repos
Cuisson : 1 heure
Pour 1 litre

1 kg de cerises noires	1 tasse d'eau
Le jus de 2 citrons	2 tasses 1/2 de sucre

1 Rincer les cerises, les égoutter et les dénoyauter. Dans un récipient, mettre le jus de citron et l'eau ; ajouter une partie du sucre puis une couche de cerises. Continuer avec le reste de sucre et de cerises. Couvrir et laisser reposer toute la nuit.
2 Le lendemain, passer le sirop dans une grande casserole et remuer à feu moyen jusqu'à ce que le sucre se dissolve. Porter à ébullition, ajouter les cerises et faire bouillir 45 minutes, jusqu'à ce que la confiture prenne (voir Confitures et marmelades). Remuer fréquemment pour empêcher le mélange de brûler.
3 Retirer du feu et laisser reposer 5 minutes. Verser la confiture dans des bocaux stérilisés et chauffés, et les fermer immédiatement. Lorsqu'ils sont froids, les étiqueter et les dater.

CLAFOUTIS AUX CERISES

✶ **Préparation :** 25 minutes
Cuisson : 50 minutes
Pour 8 personnes

500 g de cerises équeutées	1 pincée de sel
30 g de beurre doux	1/3 de tasse de sucre
+ 30 g de beurre fondu	4 œufs légèrement battus
2 cuil. à soupe de sucre	1 tasse 1/2 de lait
2 cuil. à soupe de farine	2 cuil. à soupe de cognac
1/2 cuil. à café de levure	

1 Préchauffer le four à 180 °C. Faire fondre le beurre dans une grande poêle et y faire cuire les cerises 2 à 3 minutes.
Saupoudrer de sucre et prolonger la cuisson de 5 minutes à feu moyen, jusqu'à ce que le jus se forme. Retirer du feu et laisser refroidir.
2 Tamiser la farine, la levure et le sel dans un saladier. Ajouter le sucre. Battre les œufs et le lait et verser sur la farine préparée. Incorporer le mélange de beurre fondu et de cognac.
Disposer les cerises dans un plat à four peu profond et recouvrir de pâte.
Faire cuire 40 minutes jusqu'à ce que le clafoutis gonfle et soit juste pris. Servir chaud ou tiède, saupoudré de sucre glace.

CI-DESSUS : GLACE AUX CERISES FLAMBÉES.
PAGE CI-CONTRE : CÉLERI BRAISÉ.

CERISES

GLACE AUX CERISES FLAMBÉES

✶ **Préparation :** 20 minutes
Cuisson : 15 minutes
Pour 4 personnes

1/2 tasse d'eau	noires, dénoyautées
3/4 de tasse de sucre	1 cuil. à soupe d'arrow-root ou de Maïzena
2 lamelles de zeste de citron	Glace à la vanille
500 g de cerises rouges ou	1/4 de tasse de cognac

1 Faire chauffer l'eau dans une casserole, ajouter le sucre et bien remuer pour le dissoudre. Porter le sirop à ébullition, ajouter le zeste et les cerises, et laisser mijoter jusqu'à ce que les cerises soient tendres.
2 Retirer les cerises du sirop à l'aide d'une écumoire, jeter le zeste et faire bouillir le sirop rapidement pendant 3 minutes. Délayer l'arrow-root dans un peu d'eau et y incorporer un peu de sirop. Remettre le mélange dans la casserole et remuer jusqu'à ébullition et épaississement. Ajouter les cerises.
3 Disposer la glace dans des coupes résistant à la chaleur. Lorsque les cerises commencent à bouillir, faire chauffer le cognac, l'ajouter aux cerises et le faire flamber. Verser la sauce aux cerises flambante sur la glace et servir.

Remarque : on peut utiliser des cerises au sirop en conserve (425 g). Dans ce cas, il est bien sûr inutile de préparer un sirop. Ajouter simplement 1 à 2 cuil. à soupe de sucre et le zeste du citron au sirop en boîte.

fromages ou plats à la crème, ainsi que les sauces blanches, les salades et la mayonnaise. On les utilise également comme garniture pour les canapés apéritifs, les pizzas et les sandwichs. Les câpres salées doivent être soigneusement rincées à l'eau froide avant consommation.

Carambole Fruit récolté sur un arbre originaire d'Indonésie et de Malaisie mais qui pousse maintenant en Asie du Sud-Est, en Chine, en Inde, aux Caraïbes et en Amérique du Sud. Ce petit fruit ovale, jaune d'or, aux côtes anguleuses, donne lorsqu'il est découpé dans le sens de la largeur une étoile à 5 branches - d'où son nom commun de fruit étoile et de fruit à cinq pointes. Son goût est âpre, aigre-doux et il peut être consommé frais, dans des salades de fruits ou en canapés. Il peut également accompagner des fromages, être utilisé en garniture, en purée ou dans des sorbets et des glaces, ou aussi être cuisiné, comme dans les plats du Sud-Est asiatique par exemple.

Caramel Sucre chauffé jusqu'à obtention d'un sirop ambré. On l'utilise dans des gâteaux, des sauces sucrées et des puddings, pour garnir le fond des moules des puddings et des crèmes anglaises, et aussi

pour napper des fruits ou colorer les soupes, les ragoûts et les sauces.

On emploie également le terme caramel pour désigner un bonbon moelleux et riche fait avec du sucre, du beurre, de la crème ou du lait. Voir fudge.

Carbonade de bœuf
Fines tranches de bœuf, légèrement saisies à feu vif, puis mijotées avec de la bière et des oignons. Ce plat est originaire de Belgique, mais son nom vient de l'italien *carbonata*, grillé au charbon. En France, on donne aussi le nom de carbonade au filet mignon grillé, et dans le Sud de la France, à une marinade de bœuf.

Cardamome Gousse aromatique, ronde, d'un arbuste originaire d'Asie tropicale, mais également connue depuis l'antiquité dans certaines régions d'Europe où elle était utilisée comme épice. Les

CHAMPIGNONS

CHAMPIGNONS FARCIS

✻ **Préparation :** 15 minutes
Cuisson : 20 minutes
Pour 16 champignons

16 têtes de champignons moyens
2 cuil. à soupe d'huile d'olive
2 tranches de bacon finement hachées
1/2 tasse de mie de pain
1 gousse d'ail écrasée

2 oignons nouveaux finement hachés
1/4 de tasse de parmesan râpé
2 cuil. à soupe de persil plat finement haché
1 œuf légèrement battu

1 Préchauffer le four à 240 °C. Garnir une plaque de four de 32 x 28 cm de papier-aluminium beurré. Séparer les têtes de champignon de leurs pieds et hacher les pieds. Disposer les champignons sur la plaque.
2 Faire chauffer l'huile dans une grande poêle et faire revenir le bacon 3 minutes en remuant de temps en temps. Ajouter les pieds de champignons hachés et prolonger la cuisson de 2 minutes à feu vif. Retirer la poêle du feu.
3 Transférer le mélange dans un récipient. Ajouter la mie de pain, l'ail, l'oignon, le fromage, le persil et l'œuf; mélanger à l'aide d'une cuillère en bois.
4 Répartir équitablement la farce dans les têtes de champignon, en tassant bien.
Faire cuire 12 minutes au four, jusqu'à ce qu'ils commencent à dorer.

CHAMPIGNONS À LA PROVENÇALE

✻ **Préparation :** 45 minutes
Cuisson : 50 minutes
Pour 4 à 6 personnes

500 g de champignons
1 poireau moyen
60 g de beurre
1 gousse d'ail écrasée
1 citron, pressé, et le zeste râpé
Poivre
1/2 tasse de persil haché

Muscade fraîchement moulue
1 tasse 1/2 de mie de pain complet, émiettée
2 cuil. à soupe d'huile d'olive
1 gousse d'ail entière

1 Essuyer les champignons et les émincer. Bien laver le poireau après en avoir coupé la base ; le détailler en fines lamelles. Préchauffer le four à 200 °C et beurrer un plat à four de 20 cm.
2 Faire fondre le beurre dans une poêle à fond épais et faire revenir le poireau 5 minutes à feu doux.
Ajouter les champignons et bien remuer. Couvrir et laisser cuire 10 minutes.
Ôter le couvercle, ajouter l'ail et le zeste de citron et faire cuire 15 à 20 minutes, jusqu'à ce que le jus se soit évaporé.
3 Verser le jus de citron, baisser le feu et assaisonner de poivre, persil et muscade. Incorporer 1/2 tasse de mie de pain et verser la préparation dans le plat.
4 Chauffer l'huile dans une poêle et faire dorer l'ail entier. Éliminer l'ail. Ajouter le reste de mie de pain et bien remuer pour l'imbiber d'huile.
5 Saupoudrer cette préparation sur les champignons. Faire cuire 20 minutes au four, jusqu'à ce que les légumes soient bien chauds et la croûte bien dorée.

CHAMPIGNONS SAUCE À L'AIL ET AU POIVRON ROUGE

★ ★ **Préparation** : 30 minutes + 1 heure de réfrigération
Cuisson : 2 minutes par bain de friture
Pour 8 personnes

700 g de petits
champignons de Paris
1/3 de tasse de farine
3 œufs
1 tasse de chapelure
1 petit poivron rouge
1 tasse d'huile d'olive
2 jaunes d'œuf
1 cuil. à café de moutarde
de Dijon

1 cuil. à soupe de jus de
citron
1 petite gousse d'ail écrasée
2 cuil. à soupe de yaourt
nature
2 cuil. à café de persil frais
haché
Huile d'olive pour la
friture

1 Nettoyer les champignons avec un torchon humide pour en ôter le sable. Verser la farine dans un sac en plastique et y plonger les champignons en secouant pour bien les enduire.
Dans un bol, battre légèrement les œufs entiers. Ôter l'excédent de farine des champignons et les tremper dans l'œuf.

2 Verser la chapelure dans un grand sac en plastique. Y plonger une moitié de champignons enduits d'œuf et bien agiter pour les garnir de chapelure.
Les réserver dans un récipient, et répéter l'opération

avec le reste des champignons. Couvrir et mettre 1 heure au frais.

3 Badigeonner le poivron d'un peu d'huile. Le faire griller au four jusqu'à ce que la peau noircisse, puis l'envelopper d'un torchon humide pour le refroidir. Le peler et le réduire en purée dans un mixeur.
Dans un grand bol, réunir les jaunes d'œuf, la moutarde et la moitié du jus de citron et mixer (utiliser un batteur électrique de préférence).
Ajouter l'huile (environ 1 cuil. à café à la fois) sans cesser de battre, jusqu'à ce que le mélange s'épaississe. Augmenter les ajouts d'huile à mesure que la mayonnaise prend.
Continuer à battre jusqu'à ce que toute l'huile soit versée et ajouter le reste du jus de citron.
Répartir la mayonnaise dans deux bols. Dans l'un, incorporer l'ail, le yaourt et le persil ; dans l'autre, ajouter la purée de poivron.

4 Faire chauffer l'huile dans une poêle à fond épais. Déposer délicatement une poignée de champignons dans l'huile modérément chaude.
Faire cuire 1 minute à feu vif puis moyen, jusqu'à ce qu'ils soient dorés. Retirer à l'aide d'une écumoire et égoutter sur du papier absorbant.
Présenter les champignons sur les assiettes et servir avec les sauces séparées.

CI-DESSUS : CHAMPIGNONS SAUCE À L'AIL ET AU POIVRON ROUGE. PAGE CI-CONTRE : CHAMPIGNONS FARCIS.

gousses, qui contiennent de petites graines noires, sont cueillies avant d'être mûres et ensuite séchées. Elles doivent être stockées, non ouvertes, dans des récipients étanches où elles finissent de mûrir.
La cardamome est l'un des principaux ingrédients de la poudre de curry ; elle est également utilisée dans les légumes marinés au vinaigre, le riz et les desserts. On a retrouvé des graines en Suisse dans des sédiments néolithiques de lacs. Dans les pays arabes, on ajoute souvent les graines de cardamome aux grains de café avant de les moudre. Chaque gousse devant être cueillie à la main, c'est l'épice la plus chère au monde après le safran.

Cardon Plante originaire du sud de l'Europe appartenant à la famille de l'artichaut. On mange les tiges de cardon en légume bouilli, à la vapeur ou frit, habituellement accompagnées d'une sauce. Les cardons les plus tendres et les plus fins sont ceux dont les tiges ont été enveloppées dans du papier pour rester blanches.

Carotte Légume-racine de la famille des ombellifères (persil, panais et céleri) à chair orange, qui se mange crue en salade, ou cuite dans des plats salés ou sucrés. Son ancêtre était une plante sauvage. Elle fut introduite en Europe au Moyen-Âge par les Hollandais. Les carottes naines et les jeunes carottes peuvent simplement être nettoyées avec une brosse avant consommation.

Les jeunes carottes peuvent

être cuites entières. Les carottes plus anciennes doivent être épluchées puis coupées en tranches, en deux ou en julienne pour être cuites. Mangées crues, en salades ou dans des sandwichs, elles sont râpées ou détaillées en bâtonnets, accompagnées d'une sauce froide.

Caroube Fruit du caroubier, originaire de la Méditerranée. A l'intérieur de la gousse, longue et dure, on trouve une pulpe brune renfermant des graines dures et rougeâtres. Crues, les gousses et la pulpe fraîches ont une douce saveur ressemblant à celle du chocolat. On peut utiliser en cuisine, tout comme la poudre de cacao, une poudre fabriquée à partir des gousses et de la pulpe séchées.

Carpaccio Plat composé de très fines tranches de

LÉGUMES CHINOIS AUX CHAMPIGNONS ET À LA SAUCE D'HUÎTRES

☆ **Préparation** : 20 minutes
Cuisson : 8 minutes
Pour 4 personnes

8 champignons chinois séchés
1 botte de légumes verts chinois (bok choy, choy sum, gai lan)

2 cuil. à soupe d'huile végétale
2 cuil. à soupe de sauce d'huîtres

1 Faire tremper les champignons dans de l'eau chaude. Bien laver les légumes verts et les égoutter. Séparer les queues des feuilles.

2 Débarrasser les champignons de leur pied et ôter l'eau des têtes en les pressant. Les plonger 5 minutes dans de l'eau frémissante légèrement salée, et égoutter.

3 Porter une casserole d'eau à ébullition et y plonger les queues de légumes ; faire cuire 1 à 2 minutes. Retirer les queues et les égoutter. Faire rapidement blanchir les feuilles et les égoutter.

4 Chauffer l'huile dans une poêle et faire revenir les champignons et les légumes bien égouttés à feu moyen. Servir arrosé de sauce d'huîtres.

CHAMPIGNONS MARINÉS

☆ **Préparation** : 5 minutes
Cuisson : 8 minutes
Pour 4 personnes

375 g de petits champignons de Paris
1/4 de tasse d'huile d'olive
1 gousse d'ail écrasée
1 cuil. à soupe de jus de citron
1 tasse de vin blanc sec ou de jus de pommes

1 feuille de laurier
1 cuil. à soupe d'estragon frais haché
Poivre noir fraîchement moulu
1 cuil. à soupe de persil frais haché

1 Nettoyer les champignons avec un torchon humide et couper les pieds au niveau de la tête. Chauffer l'huile dans une poêle et faire sauter l'ail et les champignons à feu vif jusqu'à ce que ceux-ci aient absorbé l'huile.

2 Ajouter le jus de citron, le vin blanc, le laurier, l'estragon et le poivre. Porter à ébullition et laisser mijoter 5 minutes. Laisser refroidir les champignons dans le jus de cuisson. Retirer la feuille de laurier. Saupoudrer les champignons de persil.

3 Égoutter les champignons et les servir sur des pics à cocktail en guise d'entrée, ou en salade.

Remarque : on peut rajouter 2 tomates pelées et hachées en même temps que le vin.

POTAGE AUX CHAMPIGNONS

☆ **Préparation** : 15 minutes
Cuisson : 20 minutes
Pour 4 personnes

500 g de champignons des champs (têtes ouvertes)
90 g de beurre
1 gros oignon haché
2 cuil. à soupe de farine
1 l de bouillon de volaille

1 feuille de laurier
Sel
Poivre noir fraîchement moulu
1/2 tasse de crème fraîche

1 Nettoyer les champignons. Hacher les pieds et les têtes. Faire revenir l'oignon et l'ail dans du beurre. Ajouter les champignons et les cuire 3 minutes à feu vif tout en remuant.

2 Saupoudrer de farine, bien mélanger, puis verser le bouillon chaud. Porter à ébullition, ajouter la feuille de laurier et laisser mijoter 10 minutes. Retirer le laurier et laisser refroidir légèrement le potage.

3 Lisser le potage au mixeur.

4 Remettre le potage dans la casserole préalablement rincée, assaisonner et porter à ébullition. Incorporer la crème et servir.

CI-DESSUS : LÉGUMES CHINOIS AUX CHAMPIGNONS ET À LA SAUCE D'HUÎTRES.

MINI-ROULEAUX DE PRINTEMPS

✲ ✲ **Préparation :** 45 minutes
Cuisson : 30 minutes
Pour 20 rouleaux

4 champignons chinois séchés	1 cuil. à soupe de sauce de soja
3 tasses de chou chinois finement émincé	1/4 de cuil. à café de poivre noir moulu
2 cuil. à café de sel	1 cuil. à soupe de sauce d'huîtres
6 cuil. à café d'huile	
1/2 cuil. à café d'ail écrasé	3 cuil. à café de Maïzena
1 cuil. à café de gingembre	2 cuil. à soupe d'eau
150 g de bœuf haché	10 grandes galettes de riz
2 grosses carottes râpées	Huile à friture

1 Faire tremper les champignons 30 minutes dans de l'eau chaude. Égoutter et presser pour ôter l'excédent d'eau. Retirer les pieds et hacher finement les têtes. Mettre le chou dans une passoire, le saupoudrer de gros sel et laisser dégorger 10 minutes. Le rincer à l'eau froide en le pressant pour retirer l'eau.
2 Faire chauffer l'huile dans un wok ou une poêle à fond épais en tournant doucement pour en napper la base et les bords. Faire blondir l'ail et le gingembre. Mettre à feu vif, ajouter la viande hachée et la faire sauter en écrasant les grumeaux. Incorporer le poivre et les sauces. Ajou-

ter les champignons, le chou et les carottes ; continuer à faire sauter 3 minutes en remuant. Délayer la Maïzena dans de l'eau et l'ajouter au mélange. Cuire en remuant jusqu'à ce que le jus soit clair et épais. Laisser refroidir.
3 Couper les feuilles à rouleau de printemps en diagonale. Travailler un seul triangle à la fois, en gardant l'autre couvert d'un torchon humide. Mettre 2 cuil. à café de farce au centre. Replier deux pointes, puis rouler vers la troisième pointe pour former un petit rouleau. Répéter l'opération avec le reste des feuilles.
4 Chauffer l'huile dans le wok et y frire les rouleaux quatre par quatre jusqu'à ce qu'ils soient dorés. Égoutter. Servir avec de la sauce aigre-douce.
Remarque : préparer les rouleaux la veille et les conserver au réfrigérateur. On peut également les congeler pendant 1 mois. Faire frire les rouleaux congelés 5 minutes dans de l'huile modérément chaude.

CANARD LAQUÉ AUX CRÊPES PÉKINOISES

✲
✲ ✲ **Préparation :** 1 heure + 4 heures de repos + 1 heure pour les crêpes
Cuisson : 1 heure
Pour 4 personnes

	Crêpes pékinoises
1 canard de 1,75 kg	
3 l d'eau bouillante	2 tasses 1/2 de farine
1 cuil. à soupe de miel	2 cuil. à café de sucre
1/2 tasse d'eau chaude	1 tasse d'eau bouillante
1 concombre	1 cuil. à soupe d'huile de sésame
12 oignons nouveaux	
2 cuil. à soupe de sauce hoisin	

CI-DESSUS : MINI-ROULEAUX DE PRINTEMPS.

viande crue, habituellement du bœuf, présenté avec de l'huile et du jus de citron ou une vinaigrette épaisse préparée avec de l'huile d'olive, et servi en entrée. Son nom lui fut donné par son inventeur, le propriétaire du Harry's Bar de Venise, d'après Vittore Carpaccio, peintre vénitien du XVe siècle.

Carvi Plante de la famille des ombellifères et originaire d'Europe du Sud et de quelques régions de l'Asie occidentale. Dans l'antiquité, les Egyptiens utilisaient ses graines dures,

marrons, très parfumées et en forme de croissant, pour traiter les maux de ventre et les flatulences ; elles furent d'abord utilisées comme condiment par les Arabes, et on les ajouta des siècles durant aux pâtisseries, au pain de seigle, aux fromages, aux plats mijotés, aux pommes de terre, aux salades et à la choucroute.

Cassate Dessert glacé d'origine italienne composé de couches de glace, dont une au moins contient des éclats de noisettes et des fruits confits, et parfois aussi une couche de crème fouettée sucrée. La cassate sicilienne est composée de tranches de génoise trempées dans de la liqueur ou dans un vin cuit, entourant de la ricotta mélangée à des

noix et des fruits confits puis refroidis. Les deux variétés de cassate sont habituellement fabriquées dans des moules rectangulaires – d'où le nom, qui est dérivé du mot italien signifiant "petite brique"

Cassis Fruit juteux, noir, plutôt âpre, d'un arbuste du même nom, que l'on trouve en Europe du Nord. Le cassis constitue la base de la liqueur de cassis française ; il aromatise également les sirops. On le consomme en confiture, en gelée et en garniture de tartes.

Cassonade Sucre de canne blanc traité avec de la mélasse pour produire de grands cristaux marron clair légèrement collants. On la sert souvent avec le café, et on l'utilise aussi pour la confection des biscuits, des pâtisseries et des sucreries. On peut la remplacer par le sucre brun ou sucre brut. Le cassonade aurait d'abord été produite dans la région de Demerara en Guyane.

1 Laver le canard, ôter le cou et les gros morceaux de gras à l'intérieur de la carcasse.

Tenir le canard par la peau et verser délicatement l'eau bouillante dessus, en le tournant pour que toute la peau soit ébouillantée.

2 Mettre le canard sur une grille à gâteaux placée au-dessus d'un plat à four. Mélanger le miel et l'eau chaude et en badigeonner le canard de deux couches, de façon à le couvrir complètement. Le faire sécher, de préférence en le suspendant dans un endroit frais et aéré. On peut aussi le placer à 1 m d'un ventilateur frais. La peau est sèche lorsqu'elle présente une texture de papier au toucher.

3 Ôter les graines du concombre et le détailler en bâtonnets. Inciser les oignons nouveaux sur 8 cm, du centre vers l'extrémité, en fentes parallèles. Les plonger dans l'eau glacée et attendre qu'ils s'ouvrent.

4 Préchauffer le four à 210 °C. Faire rôtir le canard 30 minutes sur la grille placée au-dessus d'une lèche-frite. Retirer du four et laisser reposer 1 ou 2 minutes. Dresser dans un plat chaud.

5 **Crêpes pékinoises :** dans un récipient, réunir la farine et le sucre et verser l'eau bouillante dessus. Mélanger brièvement et laisser tiédir.

Pétrir sur un plan de travail fariné et former une pâte homogène. Laisser reposer 30 minutes.

Prendre 2 cuil. à soupe rases de pâte et former deux petites boules. Les étaler en 2 cercles de 8 cm de diamètre. Badigeonner légèrement l'un d'entre eux d'huile de sésame et disposer l'autre cercle dessus. Étaler de nouveau pour obtenir une fine crêpe de 15 cm de dia-

mètre. Répéter l'opération avec le reste de pâte et d'huile pour former une dizaine de "doubles" crêpes. Faire chauffer une poêle et les cuire une à une sans matière grasse. Lorsque de petites bulles apparaissent en surface, tourner la crêpe et la faire cuire sur l'autre face en la pressant avec un torchon propre. La crêpe doit gonfler lorsqu'elle est prête.

6 Transférer sur une assiette. Lorsque la crêpe a suffisamment refroidi, la séparer en deux. Empiler les deux fines crêpes sur un plat et les couvrir immédiatement pour les empêcher de se dessécher.

7 Au moment de servir, disposer les bâtonnets de concombre et les oignons nouveaux sur le plat de service. Verser la sauce hoi-sin dans un ramequin.

Disposer les crêpes et le canard tranché sur des assiettes séparées. Chaque convive prend une crêpe, étale un peu de sauce dessus et la garnit de morceaux de concombre, d'un oignon nouveau et d'un morceau de peau de canard croustillante. Replier soigneusement la crêpe et la manger avec les doigts. Suivre le même procédé avec la viande de canard, quand toute la peau a été consommée.

Remarque : ces crêpes sont généralement extrêmement fines. Une fois la technique maîtrisée, les confectionner à partir d'une seule cuillerée à soupe rase de pâte.

CI-DESSUS : CANARD LAQUÉ AUX CRÊPES PÉKINOISES. PAGE CI-CONTRE EN HAUT : RIZ CANTONNAIS ; EN BAS : SOUPE DE WONTONS.

SOUPE DE WONTONS (RAVIOLIS CHINOIS)

✱ ✱ *Préparation :* 40 minutes
Cuisson : 5 minutes
Pour 6 personnes

4 champignons chinois séchés	*finement hachées + 4 très finement émincées pour la garniture*
250 g de porc haché	
125 g de crevettes crues finement hachées	*1 cuil. à café de gingembre râpé*
1 cuil. à café de sel	*2 cuil. à soupe de châtaignes d'eau finement émincées*
1 cuil. à soupe de sauce de soja	
1 cuil. à café d'huile de sésame	*250 g de pâte à wontons (raviolis chinois)*
2 oignons nouveaux	*1,25 l de bouillon*

1 Faire tremper les champignons 30 minutes dans l'eau chaude. Les égoutter et les presser pour ôter l'excédent d'eau. Retirer les pieds et hacher finement les têtes. Bien mélanger les champignons, le porc, les crevettes, le sel, la sauce de soja, l'huile, les ciboules, le gingembre et les châtaignes d'eau. Travailler avec un carré de pâte à wonton à la fois, en gardant le reste sous un torchon humide. Placer 1 cuil. à café pleine de préparation au centre de chaque carré.

2 Mouiller les bords, les plier en deux diagonalement pour former un triangle. Les disposer sur assiette farinée pour les empêcher de coller.

3 Faire cuire les wontons 4 à 5 minutes à l'eau bouillante. Porter le bouillon à ébullition dans une autre casserole. Retirer les wontons de l'eau. Garnir de oignons nouveaux émincés et couvrir de bouillon frémissant.

RIZ CANTONNAIS

✱ *Préparation :* 15 minutes
Cuisson : 10 minutes
Pour 4 personnes

2 œufs légèrement battus	*4 tasses de riz cuit froid*
1 oignon moyen	*1/4 de tasse de petits pois cuits*
4 oignons nouveaux	
250 g de jambon dans le talon	*2 cuil. à soupe de sauce de soja*
2 cuil. à soupe d'huile d'arachide	*250 g de petites crevettes cuites décortiquées*

1 Saler et poivrer les œufs. Peler l'oignon et le couper morceaux de 1,5 cm de large. Détailler les oignons nouveaux en petits morceaux obliques.
Couper le jambon en très fines lanières. Chauffer 1 cuil. à soupe d'huile dans un wok ou une grande poêle et y verser les œufs. Repousser l'œuf cuit au centre et incliner la poêle pour laisser l'œuf liquide couvrir la base.

2 Lorsque l'œuf est presque cuit, le lacérer en gros morceaux. Transférer sur une assiette.

3 Faire chauffer le reste d'huile et le lard dans le wok, en le tournant de façon à en napper la base et les bords.
Faire sauter l'oignon à feu vif, en remuant jusqu'à ce qu'il soit presque transparent. Ajouter le jambon et faire sauter 1 minute. Ajouter le riz et les petits pois et prolonger la cuisson de 3 minutes jusqu'à ce que le riz soit bien chaud. Ajouter les œufs, la sauce de soja, les oignons nouveaux et les crevettes.
Chauffer le tout et servir.

CHEESECAKES
GÂTEAUX AU FROMAGE

Les cheesecakes, délicieux desserts anglo-saxons à base de fromage frais crémeux (cream cheese), se déclinent en toutes sortes de parfums et garnitures. Voici des recettes faciles et de multiples variantes pour préparer des gâteaux aussi savoureux que somptueux.

CHEESECAKE CUIT À LA CRÈME FRAÎCHE

Le cheesecake cuit est délicieux avec une simple couche de crème fraîche, mais il se prête également à toutes les combinaisons de fruits et de crèmes. On peut omettre la couche de crème fraîche si on le désire, et poser fruits et crème directement sur le cheesecake refroidi.

■ Piler 60 g de biscuits secs au robot et ajouter 1 cuil. à café de mélange d'épices. Faire fondre 100 g de beurre et l'ajouter aux biscuits écrasés, en mixant jusqu'à ce les miettes soient bien imbibées.

Garnir un moule à manqué de 20 cm de papier aluminium beurré. Tasser la pâte de biscuits sur la base et les bords. Mettre 20 minutes au réfrigérateur.

Garniture : préchauffer le four à 180 °C. Battre 500 g de fromage frais crémeux. Ajouter $\frac{2}{3}$ de tasse de sucre, 1 cuil. à café d'essence de vanille et 1 cuil. à soupe de jus de citron. Battre pour obtenir un mélange homogène. Ajouter 4 œufs entiers, un à un, en battant bien après chaque ajout.

Verser la préparation sur la pâte de biscuits et enfourner 45 minutes, jusqu'à ce que le gâteau soit juste ferme au toucher.

Décoration : dans un récipient, mettre 1 tasse de crème fraîche et ajouter $\frac{1}{2}$ cuil. à café d'essence de vanille, 3 cuil. à café de jus de citron et 1 cuil. à soupe de sucre.

Bien battre. Étaler cette préparation sur le cheesecake encore chaud, saupoudrer de muscade et remettre le gâteau 7 minutes au four. Laisser refroidir dans le four et mettre au réfrigérateur.

VARIANTES

■ **CHEESECAKE À LA MYRTILLE ET À LA FRAISE**
Battre $\frac{3}{4}$ de tasse de crème fraîche jusqu'à ce qu'elle soit ferme. L'étaler sur le gâteau, garnir de myrtilles fraîches et de tranches de fraises. Saupoudrer légèrement de sucre glace.

■ **CHEESECAKE AUX NOIX DU BRÉSIL**
À l'aide d'un épluche-légumes, faire de fins copeaux avec 1 tasse de noix du Brésil entières. Fouetter 1 tasse de crème fraîche jusqu'à ce qu'elle soit ferme. Décorer le cheesecake de crème fouettée et de copeaux de noix du Brésil. Saupoudrer de muscade moulue, selon le goût.

■ **CHEESECAKE À LA MANGUE**
Émincer finement 1 à 2 mangues fraîches. Disposer joliment les tranches sur le gâteau. Chauffer $\frac{1}{3}$ de tasse de confiture d'abricot avec 2 à 3 cuil. à café de brandy. Passer au tamis et badigeonner les tranches de mangue. Laisser refroidir.

■ **CHEESECAKE AU KIWI ET À LA NOIX DE COCO**
Fouetter 1 tasse de crème fraîche liquide jusqu'à ce qu'elle soit ferme. L'étaler sur le gâteau et garnir de fines tranches de 1 ou 2 kiwis. Parsemer de $\frac{1}{4}$ de tasse de flocons de noix de coco grillés.

CHEESECAKE NEW-YORKAIS

Ce cheesecake particulièrement dense est réalisé avec de la pâte à tarte. On l'agrémente souvent de raisins de Smyrne La recette suivante est parfumée aux agrumes et décorée d'écorces confites.

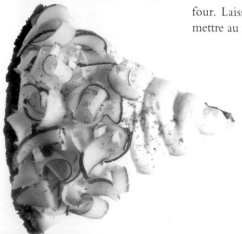

■ Passer ¹/₂ tasse de farine avec levure incorporée, 1 tasse de farine ordinaire, ¹/₄ de tasse de sucre, 1 cuil. à café de zeste de citron râpé et 75 g de beurre en morceaux au mixeur. Mélanger jusqu'à obtention d'une pâte. La pétrir doucement, former une boule, l'envelopper de film plastique et la laisser 20 minutes au réfrigérateur. Étaler la pâte et en garnir un moule à manqué rond et haut de 20 cm environ. La faire cuire 10 minutes au four préchauffé à 210 °C. Laisser refroidir. Dans une grande jatte, mettre 750 g de fromage frais crémeux et le battre (utiliser de préférence un batteur électrique). Ajouter ¹/₄ de tasse de farine et 1 cuil. à café de zeste d'orange râpé et 1 cuil. à café de zeste de citron râpé. Bien battre. Ajouter 4 œufs, un à un, en battant après chaque ajout. Ajouter ²/₃ de tasse de crème fraîche liquide et bien battre. Verser la garniture dans le moule foncé et faire cuire 1 heure, jusqu'à ce que le gâteau soit ferme au toucher. Laisser refroidir et mettre au réfrigérateur.

Écorces confites : dans une casserole, réunir 1 tasse de sucre et ¹/₄ de tasse d'eau. Chauffer en remuant sans porter à ébullition, jusqu'à ce que le sucre se dissolve. Ajouter le zeste râpé de 3 citrons verts et de 3 oranges. Porter à ébullition, baisser le feu et laisser mijoter 10 minutes à découvert. Retirer du feu et laisser refroidir. Égoutter les zestes et réserver le sirop. Fouetter 1 tasse de crème fraîche liquide jusqu'à ce qu'elle soit ferme. L'étaler sur le cheesecake et décorer d'écorces confites. Servir en parts avec le sirop réservé, à votre goût.

CHEESECAKE AUX TROIS CHOCOLATS

Cette version de cheesecake non cuit se prépare avec de la gélatine et doit reposer au réfrigérateur. Il existe des recettes plus simples, mais celle-ci est particulièrement succulente.

■ Garnir la base d'un moule à manqué rond et haut de 20 cm environ de papier aluminium beurré. Écraser 125 g de biscuits au chocolat noir au mixeur. Ajouter ¹/₂ cuil. à café de cannelle moulue et 60 g de beurre fondu. Bien mélanger. Tasser la pâte de biscuits sur la base du moule et mettre 20 minutes au frais.

Garniture : saupoudrer 1 cuil. à soupe de gélatine en poudre sur ¹/₄ de tasse d'eau. Faire cuire au bain-marie en remuant jusqu'à ce que la gélatine se dissolve. Laisser légèrement refroidir. Battre 375 g de fromage frais crémeux (utiliser de préférence un batteur électrique). Incorporer ¹/₂ tasse de lait et ¹/₂ tasse de sucre sans cesser de battre. Diviser la préparation en trois parts égales dans trois grands bols. Incorporer 60 g de chocolat blanc fondu dans un bol, la même quantité de chocolat au lait dans le deuxième, et la même quantité de chocolat noir dans le troisième. Incorporer ¹/₃ de gélatine dans chaque bol. Fouetter 1 tasse de crème fraîche, la diviser en trois portions et l'incorporer délicatement dans chaque bol. Étaler le mélange au chocolat blanc sur la pâte de biscuits. Couvrir d'une couche de chocolat au lait, puis d'une couche de chocolat noir. Laisser reposer 3 heures au réfrigérateur, jusqu'à ce que le gâteau soit pris. Décorer le cheesecake de crème fouettée, de demi-disques et de rouleaux de chocolat, et saupoudrer de sucre glace.

Rouleaux de chocolat : étaler 250 g de chocolat fondu sur un marbre, de sorte qu'il ait 1 cm d'épaisseur. Égaliser la surface. Laisser refroidir jusqu'à ce qu'il soit presque solidifié. En tenant une lame de couteau plate et tranchante horizontalement, racler sur le chocolat vers vous. L'épaisseur des rouleaux dépend de la pression pratiquée. Il faut du temps, de l'expérience et de la patience pour maîtriser cette technique, mais le résultat est spectaculaire !

LES GÂTEAUX SONT PRÉSENTÉS EN COUPE TRANSVERSALE ET VUS D'EN HAUT. DEPUIS LE HAUT DE LA PAGE CI-CONTRE : CHEESECAKE CUIT À LA MYRTILLE ET À LA FRAISE, CHEESECAKE AUX NOIX DU BRÉSIL, CHEESECAKE À LA MANGUE ; CHEESECAKE NEW-YORKAIS, CHEESECAKE AUX TROIS CHOCOLATS ET CHEESECAKE CUIT AU KIWI ET À LA NOIX DE COCO.

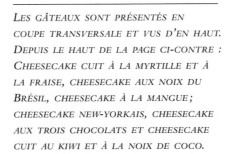

ramassaient les pousses dans les marécages du bord de mer, et les Grecs l'employaient comme condiment. Au XVIIe siècle en France, le céleri servait à aromatiser les soupes et les ragoûts ; la technique du "blanchissage" (recouvrir les pousses avec de la terre pour les rendre plus claires) date de l'époque de Louis XIV, et fut employée pour la première fois dans les jardins de Versailles.

Le céleri peut être mangé cru, en soupes, en ragoûts et en plats mijotés, ou bouilli, cuit à la vapeur, ou encore braisé et servi comme légume.

Céleri-rave Racine bulbeuse, à chair blanche, d'une variété de céleri. Il est devenu populaire en Italie à l'époque de la Renaissance, et puis en France, en Allemagne et en Italie au XVIIIe siècle.

On peut l'éplucher comme une pomme de terre et le servir en salade (cru, râpé et mélangé à une sauce), ou encore bouilli ou cuit à la vapeur et servi chaud avec une sauce.

CHOCOLAT

MOUSSE AU CHOCOLAT

✱ *Préparation :* 25 minutes + 2 heures de réfrigération
Cuisson : 5 minutes
Pour 6 personnes

200 g de chocolat noir mi-amer concassé
45 g de beurre doux
1 cuil. à soupe de sucre glace
1 cuil. à café d'essence de vanille

4 œufs séparés
²/₃ de tasse de crème fraîche fouettée + un peu pour la garniture
1 cuil. à soupe d'eau de vie, de cognac ou de liqueur d'orange

1 Faire fondre le chocolat au bain-marie. Retirer du feu et laisser refroidir légèrement.
2 Battre le beurre, le sucre et l'essence de vanille pour obtenir un mélange crémeux (utiliser de préférence un batteur électrique). Ajouter les jaunes d'œuf, un à un, en battant après chaque ajout.
  Ajouter le chocolat et bien battre. Incorporer un tiers de la crème fouettée.
3 Battre les blancs en neige. À l'aide d'une cuillère en métal, incorporer les blancs en neige, le reste de crème et la liqueur dans le mélange au chocolat. Verser la préparation dans des coupes individuelles et mettre 2 heures au réfrigérateur. Servir avec de la crème fouettée.

GÂTEAU-CARAMEL AU CHOCOLAT (FUDGE)

✱ *Préparation :* 10 minutes
Cuisson : 5 minutes
Pour 64 bouchées

125 g de chocolat noir mi-amer concassé
125 g de beurre doux
1 tasse ¹/₂ de sucre glace tamisé

2 cuil. à soupe de lait
¹/₂ tasse de noix de pécan, d'amandes et de noix ou noisettes grossièrement hachées

1 Garnir le fond et les bords d'un moule à gâteau carré de 17 cm environ, peu profond, de papier-aluminium beurré.
Dans une casserole à fond épais, mélanger le chocolat, le beurre, le sucre et le lait. Remuer à feu doux jusqu'à ce que le mélange soit lisse. Porter à ébullition et ne faire bouillir qu'une minute.
Retirer du feu ; battre à la cuillère en bois jusqu'à ce que le mélange soit homogène. Incorporer les fruits secs.
2 Verser la préparation dans le moule ; égaliser la surface avec le dos d'une cuillère en métal. Poser le moule sur une grille pour le refroidir.
Lorsque le gâteau est ferme, le retirer du moule. Détacher soigneusement le papier-aluminium et couper en petits carrés. On peut le conserver 1 semaine dans un récipient hermétique à l'abri de la chaleur et de la lumière.

COULIS DE CHOCOLAT

Pour 250 ml environ : concasser 150 g de chocolat noir et le mettre dans une casserole avec ¹/₂ tasse de crème fraîche. Remuer à feu doux jusqu'à ce que le chocolat fonde. Servir chaud ou à température ambiante.

BOUCHÉES À LA CRÈME FRAÎCHE ET AU CHOCOLAT

✳ **Préparation :** 15 minutes
Cuisson : 40 minutes
Pour une préparation de
30 x 20 cm environ

100 g de chocolat noir mi-amer concassé	*150 g de beurre fondu*
1 tasse de sucre	**Glaçage**
1 tasse de farine	*100 g de chocolat au lait concassé*
¼ de tasse de cacao en poudre	*2 cuil. à soupe de crème fraîche*
3 œufs	
²/₃ de tasse de crème fraîche	

1 Préchauffer le four à 180 °C. Beurrer un plat rectangulaire de 30 x 20 cm environ, peu profond. En garnir le fond et les bords de papier beurré.
2 Faire fondre le chocolat au bain-marie.
3 Mixer tous les ingrédients pendant 10 secondes pour obtenir un mélange homogène. Verser dans le moule et égaliser la surface.
Enfourner 35 minutes, en vérifiant la cuisson avec une lame de couteau. Laisser reposer 10 minutes avant de le mettre à refroidir sur une grille.
4 Glaçage : dans une petite casserole, mettre le chocolat et la crème fraîche. Remuer à feu doux pour obtenir un mélange homogène. Laisser refroidir légèrement.
Étaler une fine couche sur le gâteau à l'aide d'une palette. Couper en petites tranches.

FONDANT AUX DATTES ET AU CHOCOLAT

✳ **Préparation :** 25 minutes
Cuisson : 35 minutes
Pour une préparation de
30 x 20 cm environ

1 tasse de farine avec levure incorporée	*2 cuil. à soupe de cacao en poudre*
½ tasse de dattes hachées	*2 cuil. à soupe de mélasse raffinée*
½ tasse de noix hachées	*1 œuf légèrement battu*
1 cuil. à café de zeste de citron râpé	*60 g de chocolat noir mi-amer concassé*
125 g de beurre	
1 tasse de sucre roux	

1 Préchauffer le four à 180 °C. Beurrer un moule à gâteau de 30 x 20 cm environ, peu profond. En garnir la base et deux bords de papier beurré. Mélanger la farine, les dattes, les noix et le zeste. Faire un puits au centre.
2 Dans une petite casserole, mélanger le beurre, le sucre, le cacao et la mélasse. Remuer à feu doux jusqu'à ce que le beurre fonde et que le sucre se dissolve ; retirer du feu. Laisser légèrement refroidir et incorporer l'œuf.
3 Verser ce mélange sur les ingrédients secs. Remuer avec une cuillère en métal pour bien mélanger. Verser la préparation dans le moule et égaliser la surface. Enfourner 25 minutes, en vérifiant la cuisson à l'aide d'une lame de couteau : elle doit en ressortir sèche quand il est cuit. Laisser refroidir.
4 Faire fondre le chocolat au bain-marie et en arroser le gâteau. Couper en petites tranches.

FRUITS ET PÉTALES NAPPÉS DE CHOCOLAT

Les pétales plongés dans le chocolat constituent une très jolie décoration pour les gâteaux et les desserts. Les fruits au chocolat composent un dessert délicieux.
Faire fondre 125 g de chocolat noir au bain-marie et laisser légèrement refroidir. Détacher soigneusement les pétales de petites roses ou d'autres fleurs comestibles. En travaillant un pétale à la fois, le tremper dans le chocolat pour le napper à moitié. Égoutter l'excédent de chocolat et laisser refroidir les pétales ainsi nappés sur un plateau garni de papier aluminium.
Napper des fraises ou des morceaux de fruits confits de la même manière, en les plongeant entièrement ou à moitié. Servir avec du café et des liqueurs.

CI-DESSUS : BOUCHÉES À LA CRÈME FRAÎCHE ET AU CHOCOLAT, ET FONDANT AUX DATTES ET AU CHOCOLAT.

PAGE CI-CONTRE, EN HAUT : GÂTEAU CARAMEL ET CHOCOLAT ; EN BAS : MOUSSE AU CHOCOLAT.

Cèpe Gros champignon sauvage, comestible, du sud-ouest de l'Europe. Il a un pied bulbeux et un chapeau à chair marron ; on peut le cueillir à l'automne sous les feuilles mortes près des chênes et des châtaigniers. Très apprécié en France pour son arôme subtil et champêtre, on le trouve séché ou en conserve. Voir Champignons.

Céréales Plantes cultivées pour leurs graines comestibles, par exemple le blé, le seigle, l'avoine, le maïs et l'orge. Les céréales sont riches en protéines, vitamines et minéraux, et très riches en hydrates de carbone. Elles sont la base, sous différentes formes, de l'alimentation de la majorité des populations du monde.

Cerfeuil Petite herbe aromatique, ressemblant au persil, avec de petites feuilles en dentelle vert brillant et un délicat parfum anisé. On l'appréciait dans la Rome antique non seulement comme condiment mais aussi comme remède contre le hoquet. Principal ingrédient des fines herbes, le cerfeuil parfume de nombreuses sauces, notamment la béarnaise. On peut faire revenir des

feuilles de cerfeuil et les ajouter à des œufs, de la volaille, du poisson, des salades, de la purée de pommes de terre, des sauces, des soupes et des préparations Mornay.

Cerise Petit fruit juteux à noyau unique de diverses espèces d'arbres appartenant à la famille du prunier. Elle est probablement originaire d'Asie, mais à l'époque préhistorique, elle était répandue en Europe et en Amérique du Nord ; elle fut introduite en Grande-Bretagne par les Romains. Depuis le Moyen Âge, la cueillette des cerises marquait le début de l'été et l'époque des réjouissances.

Les cerises sont très fragiles, et on les trouve seulement au début de l'été, pendant peu de temps. Consommées crues, elles sont meilleures le plus fraîches possible.

Cervelas Petite saucisse ronde fabriquée avec du porc, assaisonnée avec du poivre et de l'ail, et parfois fumée.

Cervelle La cervelle appartient à la catégorie des abats. On consomme généralement des cervelles d'agneau ou de veau, délicates et tendres, d'une haute teneur en graisse. Voir abats.

GÂTEAU ROULÉ AU CHOCOLAT ET AUX FRAMBOISES

★ ★ **Préparation :** 30 minutes
Cuisson : 20 minutes
Pour un gâteau roulé

60 g de chocolat noir mi-amer concassé
4 œufs
3/4 de tasse de sucre
1 cuil. à café d'essence de vanille
1/2 tasse de farine tamisée
1/2 cuil. à café de levure tamisée
2 cuil. à soupe d'eau froide

1/2 cuil. à café de bicarbonate de soude
Sucre glace tamisé

Garniture

1 tasse de crème fouettée
250 g de framboises fraîches, coupées en deux

1 Préchauffer le four à 200 °C. Beurrer un moule à gâteau roulé de 30 x 25 x 2 cm environ. En garnir le fond et deux bords de papier beurré. Faire fondre le chocolat au bain-marie. Battre les œufs pour obtenir un mélange épais et pâle. Ajouter le sucre peu à peu sans cesser de battre, puis ajouter l'essence de vanille. Avec une cuillère en métal, incorporer la farine et la levure.
2 Incorporer l'eau et le bicarbonate dans le chocolat refroidi, puis cette préparation aux œufs. Verser dans le moule préparé et enfourner 15 minutes, jusqu'à ce que le gâteau soit élastique au toucher. Transférer sur un torchon couvert de papier parcheminé beurré. À l'aide du torchon, rouler le gâteau avec le papier. Laisser refroidir 5 minutes. Dérouler le gâteau et jeter le papier.
3 Tartiner le gâteau de crème et couvrir de framboises ; le rouler à nouveau. Égaliser les bords et saupoudrer de sucre glace.

TRUFFES AUX PISTACHES PRALINÉES

★ ★ **Préparation :** 50 minutes + 15 minutes de réfrigération
Cuisson : 20 minutes
Pour 55 truffes

1/3 de tasse de pistaches décortiquées
1/2 tasse de sucre
1/4 tasse d'eau
45 g de beurre doux coupé en petits morceaux

250 g de chocolat noir mi-amer concassé
1/3 de tasse de crème fraîche
2 cuil. à café de cognac ou d'eau de vie
1/3 de tasse de cacao en poudre tamisé

1 Préchauffer le four à 180 °C. Disposer les pistaches dans un moule à gâteau plat. Enfourner 5 à 10 minutes, jusqu'à ce qu'elles soient légèrement grillées. Laisser refroidir. Dans une casserole, mélanger le sucre et l'eau. Remuer à feu doux sans faire bouillir jusqu'à ce que le sucre se dissolve. Détacher les cristaux de sucre des parois de la casserole à l'aide d'un pinceau humide. Porter à ébullition, baisser le feu et laisser mijoter 8 à 10 minutes, jusqu'à ce que le sirop blondisse. Retirer du feu et incorporer les pistaches. Verser le mélange sur une plaque creuse garnie de papier-aluminium beurré.
2 Faire fondre le beurre et le chocolat au bain-marie. Lorsque le mélange est lisse, laisser refroidir un peu. Ajouter la crème et le cognac, bien mélanger. Laisser refroidir complètement.
3 À l'aide d'un petit maillet ou d'un rouleau à pâtisserie, écraser finement les pistaches pralinées. Les ajouter au mélange de chocolat et bien mélanger. Couvrir et mettre 45 minutes au réfrigérateur.
4 Former des petites boules avec l'équivalent d'une cuillerée à café de préparation. Les disposer sur une plaque garnie de papier et réfrigérer 15 minutes. Les rouler dans du cacao et servir.

CHOU-FLEUR

BEIGNETS DE CHOU-FLEUR AU CONDIMENT À LA TOMATE

✳ ✳ **Préparation :** 35 minutes
Cuisson : 30 minutes
Pour 4 à 6 personnes

1 petit chou-fleur	*1 oignon moyen finement*
1/2 tasse de farine de pois	*haché*
cassés (voir remarque)	*400 g de tomates pelées et*
1/2 de tasse de farine avec	*hachées*
levure incorporée	*1/2 tasse de vinaigre de vin*
1 cuil. à café de cumin	*blanc*
moulu	*3/4 de tasse de sucre*
1/4 de cuil. à café de	*1 gousse d'ail écrasée*
bicarbonate de soude	*1 cuil. à café de cumin*
2/3 de tasse d'eau	*moulu*
1 œuf	*1/2 tasse de raisins de*
200 g de yaourt nature	*Smyrne*
Huile végétale à friture	*3/4 de tasse de coriandre*
	fraîche finement hachée

Condiment à la tomate
2 cuil. à soupe d'huile

1 Partager le chou-fleur en gros bouquets. Laver et égoutter. Mélanger la farine de pois, la farine, le cumin et le bicarbonate ; faire un puits au centre. Dans un bol, battre l'eau, l'œuf et le yaourt ; verser la farine. Remuer jusqu'à ce que la pâte soit homogène. Laisser reposer 10 minutes.
2 Chauffer l'huile dans une friteuse. Plonger les bou-quets dans la pâte et égoutter l'excédent. Déposer délicatement le chou-fleur dans l'huile chaude, par petites quantités. Frire 3 à 5 minutes. Égoutter sur du papier absorbant. Servir chaud, accompagné de condiment à la tomate.
3 Condiment à la tomate : dans une casserole, mettre l'huile, l'oignon, la tomate, le vinaigre, le sucre, l'ail, le cumin et les raisins secs. Porter à ébullition, baisser le feu et laisser mijoter 20 minutes, couvert. Augmenter le feu et faire cuire en remuant de temps en temps jusqu'à ce que la sauce épaississe. Retirer du feu. Incorporer la coriandre.
Remarque : la farine de pois cassés s'achète dans les magasins de produits diététiques.

POTAGE AU CHOU-FLEUR

Pour 4 à 6 personnes : faire fondre 45 g de beurre dans une casserole, ajouter 1 oignon moyen haché et le fai-re légèrement revenir. Ajouter 500 g de chou-fleur ha-ché, 2 tasses de lait, 2 tasses de bouillon de volaille ou de légumes et 1 feuille de laurier ; porter à ébullition. Couvrir et laisser mijoter 15 à 20 minutes. Retirer le laurier et laisser refroidir. Lisser le mélange au mixeur pour obtenir une soupe lisse. Remettre dans la casserole et porter à ébullition. Incorporer 1/2 tasse de crème fraîche liquide. Servir chaud ou froid, garni de cibou-lette hachée.

CI-DESSUS : BEIGNETS DE CHOU-FLEUR AU
CONDIMENT À LA TOMATE.
PAGE CI-CONTRE, EN HAUT : TRUFFES AUX
PISTACHES ; EN BAS : GÂTEAU ROULÉ.

Ceviche Plat composé de poissons ou de coquilles Saint Jacques crus marinés dans du jus de citron ou de citron vert jusqu'à ce que la chair devienne opaque. On le sert

souvent accompagné de tranches d'oignons crus et de tomates. Ce plat est populaire en Amérique latine et dans le Pacifique Sud. Voir Citron vert.

Champignons De forme et de taille variables, le goût des champignons peut être doux et délicat, ou au contraire très prononcé. On les mange crus, en salades, ou cuisinés. Les champignons les plus

répandus sont ceux dont le chapeau en forme de parapluie s'ouvre à mesure de la croissance. La morille a un chapeau pointu, spongieux, brun doré, et un goût prononcé. Elle se consomme bien cuite, en petites quantités. Les variétés de champignons asiatiques comprennent le

CHOU & CHOU-FLEUR

Le chou, souvent trop cuit, est rarement apprécié. Pourtant, ce légume extrêmement nutritif peut être délicieux si on le prépare avec imagination. De même, pour parer à la monotonie du chou-fleur noyé dans la béchamel, voici quelques recettes originales et savoureuses.

COLESLAW

Râper finement ½ petit chou vert. Le mélanger à 2 carottes râpées, 1 branche de céleri émincée, 1 oignon finement haché, 1 petit poivron rouge ou vert finement émincé et ½ tasse de sauce à coleslaw toute prête (à défaut, utiliser une sauce-mayonnaise légère). Bien mélanger et ajouter éventuellement ¼ de tasse de fines herbes hachées. Réfrigérer avant de servir.

CROQUETTES DE CHOU ET POMMES DE TERRE

Mélanger 1 tasse de chou râpé cuit, ½ tasse de pommes de terre écrasées, 1 oignon blanc finement haché, 2 œufs légèrement battus, du sel et du poivre. Dans une poêle, faire chauffer de l'huile ou du beurre et déposer quelques cuillerées du mélange à la fois, en les faisant cuire 2 minutes sur chaque face, jusqu'à ce qu'elles dorent. Égoutter sur du papier absorbant. Servir chaud.

CHOU ROUGE CHAUD AUX GRAINES DE CARVI

Hacher finement ½ petit chou rouge. Dans une casserole, faire chauffer 30 g de beurre, 1 cuil. à café de graines de carvi, 1 cuil. à café de vinaigre balsamique et 1 cuil. à café de sucre roux. Ajouter le chou et faire cuire 2 à 3 minutes en remuant, jusqu'à ce qu'il soit tendre. Servir chaud.

CHOU AU POIVRE À L'AIL

Hacher finement ½ petit chou vert. Dans une poêle à fond épais ou un wok, chauffer 30 g de beurre et 1 cuil. à café d'huile. Ajouter 2 cuil. à café de poivre à l'ail. Faire sauter 2 à 3 minutes en remuant. Servir chaud.

COLESLAW

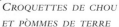

CROQUETTES DE CHOU ET PÒMMES DE TERRE

CHOU ROUGE CHAUD AUX GRAINES DE CARVI

CHOU AU POIVRE À L'AIL

CHOU-FLEUR AU BACON

Partager 1 petit chou-fleur en bouquets. Le cuire à la vapeur ou au micro-ondes. Dans une casserole, faire chauffer 1 cuil. à café d'huile. Ajouter 2 tranches de bacon ou des petits lardons ; les faire revenir. Ajouter le chou-fleur et 2 petits oignons nouveaux finement hachés. Bien mélanger et servir chaud.

CHOU-FLEUR AU BACON

CHOU-FLEUR SAUCE TOMATE

Partager 1 petit chou-fleur en bouquets moyens. Le cuire à la vapeur ou au micro-ondes. Dans une casserole, faire chauffer 1 cuil. à soupe d'huile. Ajouter ½ cuil. à café de poivre concassé, 1 cuil. à café d'herbes italiennes séchées et 1 gousse d'ail écrasée. Faire cuire 1 minute. Ajouter 440 g de tomates en boîte, écrasées. Porter à ébullition, baisser le feu et laisser mijoter 5 minutes, jusqu'à ce que la sauce ait légèrement réduit. Verser la sauce sur le chou-fleur et servir chaud.

*CHOU-FLEUR SAUCE
TOMATE*

CHOU-FLEUR AU PARMESAN

Partager 1 petit chou-fleur en bouquets. Dans un récipient, mélanger ¼ de tasse de farine, 2 cuil. à soupe de parmesan finement râpé et 1 cuil. à café de fines herbes séchées. Enduire le chou-fleur de ce mélange. Faire chauffer 2 cuil. à soupe d'huile et 45 g de beurre dans une poêle à fond épais. Faire cuire le chou-fleur en plusieurs fois à petit feu, jusqu'à ce qu'il soit juste tendre. Égoutter sur du papier absorbant. Servir chaud.

CHOU-FLEUR ÉPICÉ

Partager 1 petit chou-fleur en bouquets. Le cuire à la vapeur ou au micro-ondes. Dans un saladier, mélanger 45 g de beurre fondu, 1 cuil. à soupe de concentré de tomates, 2 cuil. à soupe de coriandre fraîche et ¼ de cuil. à café de piment en poudre (à votre goût). En enduire le chou-fleur et servir chaud.

CHOU-FLEUR AU PARMESAN

CHOU-FLEUR ÉPICÉ

matsutake au chapeau marron foncé et au pied très épais ; consommé légèrement grillé, les Japonais en font un mets raffiné. On utilise aussi dans la cuisine japonaise le enokitake ou enoki, petit champignon à chapeau rond sur un pied effilé. De saveur douce et de texture croustillante, l'enoki est utilisé dans les soupes et les plats mijotés. Le grand chapeau mou du champignon shiitake est généralement vendu séché ; on l'emploie dans les cuisines japonaise et chinoise.

Le champignon de Paris est couramment cultivé, et cueilli très jeune avant que les lamelles ne soient

visibles. Il est apprécié pour sa saveur délicate. On le trouve tout au long de l'année. Le champignon de Paris se consomme cru, en salade ou en sauces froides, mais aussi en tranches ou entier, frit, grillé ou cuit. Voir aussi Cèpe, Girolle.

Chapatti Pain plat, sans levain, provenant de l'Inde. Il est fabriqué avec de la farine de blé complet et cuit sur une plaque en fonte très chaude. On sert les chapattis avec des currys et d'autres plats salés. Ils sont parfois présentés

CHUTNEYS

CHUTNEY AUX BANANES ET AUX DATTES

★　**Préparation** : 45 minutes
　　Cuisson : 45 minutes
　　Pour 2 litres

1 kg de bananes	2/3 de tasse de gingembre
500 g d'oignons	confit haché
375 g de dattes	1 tasse de jus d'orange
dénoyautées	1/2 tasse de jus de citron
2 gousses d'ail écrasées	1 cuil. à soupe de graines
1 tasse 1/2 de vinaigre de	de moutarde jaunes
malt	5 clous de girofle
1 tasse 1/2 de raisins de	1 cuil. à café de sel
Smyrne	1/4 de cuil. à café de
	piment fort en flocons

1 Peler et écraser les bananes ; hacher les oignons et les dattes grossièrement.
2 Dans une grande cocotte, mélanger les bananes, les oignons, les dates, l'ail et le vinaigre et porter à ébullition. Baisser le feu, couvrir et laisser mijoter 20 minutes. Ajouter les raisins secs, le gingembre, les jus d'orange et de citron, les graines de moutarde, la girofle, le sel et le piment. Porter à ébullition. Baisser le feu, et laisser mijoter 15 à 20 minutes en remuant fréquemment jusqu'à épaississement.
3 Verser la préparation dans des bocaux stérilisés et chauffés, et fermer. Les étiqueter une fois refroidis.

CHUTNEY DE POMMES, TOMATES ET MENTHE

★ ★　**Préparation** : 1 heure
　　Cuisson : 2 heures 30
　　Pour 1,5 litre

1 kg de pommes vertes	1 tasse de raisins secs
1 kg de tomates	1/3 de tasse de jus de citron
3 oignons	3 tasses de sucre roux
2/3 de tasse de feuilles de	2 cuil. à café de sel
menthe	2 tasses de vinaigre de
1/2 tasse de persil	cidre
1/2 tasse de jus d'oranges	

1 Laver, peler et hacher finement les pommes, les tomates et les oignons. Ciseler les herbes aromatiques.
2 Mettre tous les ingrédients dans une grande casserole. Porter doucement à ébullition et laisser mijoter environ 2 heures 30 en remuant de temps en temps, jusqu'à ce que le mélange soit épais.
3 Retirer le chutney du feu et laisser reposer 5 minutes. Verser dans des bocaux stérilisés et chauffés et fermer immédiatement. Les étiqueter une fois refroidis.

Remarque : les chutneys sont délicieux servis avec de la viande froide, en particulier dans les sandwichs.

CI-DESSUS : CHUTNEY AUX BANANES ET AUX DATTES, CHUTNEY DE POMMES, TOMATES ET MENTHE.

CITRONS

TARTE GLACÉE
AU CITRON

★★ **Préparation :** 40 minutes +
30 minutes de réfrigération +
1 nuit de réfrigération
Cuisson : 25 minutes
Pour 6 personnes

1 tasse de farine	1 tasse 1/4 d'eau +
75 g de beurre + 30 g	1/2 tasse supplémentaire
supplémentaire	1/2 tasse de jus de citron
2 cuil. à soupe d'eau	1 cuil. à soupe de zeste de
glacée	citron râpé
1 tasse 1/2 de sucre +	4 jaunes d'œuf légèrement
1/2 tasse supplémentaire	battus
1/4 de tasse de Maïzena	2 oignons moyens

1 Tamiser la farine dans une grande jatte ; ajouter le beurre coupé en morceaux. Travailler 2 minutes avec les doigts, jusqu'à ce que la texture soit friable. Ajouter presque toute l'eau et former une pâte ferme ; rajouter un peu d'eau si nécessaire. Pétrir 1 minute sur un plan de travail fariné. Étaler la pâte de façon à couvrir la base et les bords d'un plat à tarte de 23 cm environ. Foncer le plat et ôter l'excédent de pâte. Préchauffer le four à 180 °C. Couvrir la pâte de papier parcheminé et poser dessus une couche de haricots secs ou de riz. Mettre 10 minutes au four, puis jeter le papier et les haricots. Remettre la pâte 5 minutes au four, jusqu'à ce qu'elle commence à dorer. Laisser refroidir.

2 Mélanger le sucre, la Maïzena et l'eau dans une casserole et bien remuer. Ajouter le jus et le zeste de citron et remuer à feu moyen jusqu'à ébullition. Baisser légèrement le feu, ajouter les jaunes d'œuf et bien battre. Prolonger la cuisson de 1 minute. Retirer du feu et incorporer le beurre. Laisser refroidir.

3 Émincer les citrons très finement en veillant à conserver leur forme ronde. Dans une petite casserole à fond épais, mélanger l'eau et le sucre supplémentaires. Remuer à feu moyen sans faire bouillir jusqu'à ce que le sucre se dissolve.

Porter à ébullition, baisser légèrement le feu, ajouter les rondelles de citron et faire bouillir 1 minute sans remuer. Retirer les rondelles de citron et les égoutter soigneusement.

Verser le mélange au citron sur la pâte refroidie et décorer la surface de rondelles. Mettre toute la nuit au réfrigérateur. Sortir la tarte 5 minutes avant de servir. La couper en parts et la servir accompagnée de crème fouettée.

À PROPOS DES CITRONS

■ Les citrons ne mûrissent plus après la cueillette ; les choisir jaune foncé.

■ Il est inutile de couper un citron entier pour recueillir une cuillerée de jus. Percer simplement la peau avec une brochette métallique et presser pour faire sortir la quantité de jus voulue. Si vous le pouvez, passer d'abord le citron 20 secondes au micro-ondes, à puissance moyenne. Un citron moyen donne environ 3 cuillerées à soupe de jus.

CI-DESSUS : TARTE AU CITRON GLACÉE .

comme des assiettes et sont alors mangés avec la nourriture qu'ils contiennent.

Chapon Jeune coq castré pour donner de la chair tendre. Il produit ainsi de savoureux suprêmes de volaille.

Charlotte Dessert composé d'une compote de fruits (généralement des pommes), cuit dans un moule recouvert de fines tranches de pain beurré. On sert la charlotte tiède accompagnée d'une crème anglaise. La charlotte russe est un dessert frais, préparé en tapissant un moule de boudoirs, et en le remplissant avec une crème bavaroise, une mousse crémeuse ou une crème fouettée.

Châtaigne d'eau
Légume-racine à chair blanche, croustillant et au goût délicat. La châtaigne d'eau est utilisée comme ingrédient dans la cuisine chinoise car elle reste craquante après cuisson. On trouve les châtaignes d'eau dans les magasins d'alimentation asiatique, en conserves ou parfois fraîches.

Chateaubriand Tranche épaisse de filet de bœuf, grillée ou saisie à la poêle, et servie accompagnée d'une sauce, généralement de la béarnaise. Elle doit son nom à François René de Chateaubriand, homme d'état, écrivain et gourmet, dont c'était le plat favori.

Chausson Viennoiserie fabriquée avec une pâte à frire légère composée de farine, d'œufs et de lait. Les chaussons sont cuits dans des moules beurrés, à four très chaud ; ils gonflent donc très rapidement, et on obtient ainsi une croûte dorée et croustillante tandis que l'intérieur reste moelleux et le plus souvent creux. On peut manger les chaussons chauds avec du beurre, de la confiture, du miel, du chocolat, mais on peut aussi les fourrer d'une préparation salée à base de viande ou de légumes, d'herbes aromatiques et de fromage fondu. On peut également ajouter du sucre à la pâte.

Chayote Fruit de couleur vert pâle, en forme de poire, provenant d'une plante grimpante apparentée à la calebasse. On la consomme épluchée et cuite comme un légume, ou comme ingrédient dans le chutney. La plante est originaire d'Amérique centrale.

POULET CHINOIS AU CITRON

✳ **Préparation :** 15 minutes
Cuisson : 1 heure 10
Pour 4 personnes

1 poulet de 1,6 kg
1 cuil. à soupe de sauce de soja
1 cuil. à soupe de xérès sec
1 cuil. à soupe de jus de citron
2 cuil. à café de sucre roux

Sauce au citron
2 oignons nouveaux

½ tasse de jus de citron
½ tasse de sucre
2 cuil. à café de xérès sec
1 cuil. à café de sauce de soja
1 cuil. à soupe de Maïzena
½ tasse d'eau
Sel et poivre blanc

1 Préchauffer le four à 180 °C. Ôter les abattis et tout dépôt de graisse du poulet. Le nettoyer avec du papier absorbant et le brider. Poser le poulet sur la grille d'un plat à four. Le badigeonner du mélange de sauce de soja, de xérès, de jus de citron et de sucre.
2 Faire cuire le poulet 1 heure, jusqu'à ce que du jus clair en sorte quand on le pique. L'arroser de temps en temps du reste de sauce de soja. Retirer du four et laisser reposer 10 minutes sous du papier-aluminium. Ôter la ficelle avant de le servir avec la sauce au citron.
3 Sauce au citron : couper les oignons nouveaux en fines lamelles et les plonger dans l'eau glacée pour qu'elles s'enroulent. Dans une casserole, mélanger le jus, le sucre, le xérès et la sauce de soja. Délayer la Maïzena dans l'eau et l'ajouter à la casserole. Remuer à feu moyen pendant 4 minutes, jusqu'à ébullition et épaississement. Assaisonner et incorporer les oignons.

CITRONNADE

✳ **Préparation :** 15 minutes
Cuisson : 15 minutes
Pour 6 personnes

6 citrons
1 tasse ½ de sucre
1,5 l d'eau

Glaçons pour servir
Rondelles de citron pour décorer

1 Laver et sécher les citrons. Avec un épluche-légumes, peler très finement la peau de 3 citrons. La mettre dans une casserole, ajouter le sucre et la moitié de l'eau. Couvrir et laisser mijoter 15 minutes à petit feu. Laisser refroidir le sirop obtenu.
2 Presser le jus des 6 citrons et le verser dans une carafe. Passer le sirop dans la carafe et ajouter le reste d'eau en remuant. Couvrir et réfrigérer.
3 Servir la citronnade dans des verres avec des glaçons et des rondelles de citron.

PÂTE À TARTINER AU CITRON

✳ **Préparation :** 10 minutes
Cuisson : 15 minutes
Pour 500 ml

3 œufs légèrement battus
1 tasse de sucre
1 cuil. à soupe de zeste de citron râpé

½ tasse de jus de citron
60 g de beurre coupé en morceaux

1 Mélanger tous les ingrédients et les faire cuire au bain-marie, sans cesser de remuer, jusqu'à ce que le mélange épaississe et adhère au dos d'une cuillère en métal.
2 Retirer du feu et verser dans des bocaux stérilisés et chauffés. Les étiqueter une fois refroidis. Conserver dans le réfrigérateur jusqu'à utilisation.

CI-CONTRE : PÂTE À TARTINER AU CITRON;
CI-DESSUS : POULET CHINOIS AU CITRON.

GÂTEAU DE SEMOULE AU SIROP DE CITRON

✻ **Préparation :** 30 minutes
Cuisson : 1 heure
Pour 6 à 8 personnes

250 g de beurre doux
1 tasse de sucre
3 œufs légèrement battus
1 cuil. à café d'essence de vanille
1 tasse de semoule fine
³/₄ de tasse de noix de coco séchée

1 tasse ¹/₄ de farine avec levure incorporée

Sirop de citron
³/₄ de tasse de sucre
1 tasse d'eau
1 citron finement émincé

1 Préchauffer le four à 180 °C. Beurrer et chemiser un moule à manqué de 23 cm environ. Battre le beurre et le sucre au batteur pendant 10 minutes. Ajouter les œufs progressivement, en battant après chaque ajout. Ajouter l'essence de vanille et la semoule ; battre 5 minutes.
2 Transférer le mélange dans une terrine ; ajouter la noix de coco. Incorporer la farine tamisée. Remuer jusqu'à ce que le mélange soit homogène.
3 Verser la préparation dans le moule et égaliser la surface. Faire cuire 1 heure (le gâteau est cuit lorsque la lame d'un couteau en ressort sèche). Verser le sirop froid sur le gâteau chaud non démoulé. Servir le gâteau avec des rondelles de citron et de la crème fraîche liquide.
4 Sirop de citron : dans une casserole, mélanger le sucre et l'eau en remuant constamment à feu doux jusqu'à ce que le sucre se dissolve. Ajouter le citron. Porter à ébullition, baisser le feu et laisser mijoter 15 minutes à découvert sans remuer.

BOUCHÉES CHOCOLAT-CITRON

✻ **Préparation :** 10 minutes
Cuisson : 12 minutes
Pour 60 bouchées

125 g de beurre doux
²/₃ de tasse de sucre glace
1 œuf légèrement battu
2 cuil. à café de zeste de citron râpé

1 tasse ¹/₄ de farine
¹/₄ de tasse de cacao en poudre
2 cuil. à soupe de fruits confits finement hachés

1 Préchauffer le four à 180 °C. Couvrir une plaque de four de papier sulfurisé. Battre le beurre et le sucre pour obtenir un mélange léger et onctueux. Ajouter l'œuf et le zeste et bien battre.
2 Incorporer la farine tamisée et le cacao. Avec une cuillère en métal, remuer jusqu'à ce que les ingrédients soient juste mélangés et que la préparation soit presque homogène.
3 Verser la préparation dans une poche à douille munie d'un embout cannelé de 1 cm de large et confectionner des bouchées en forme de fleurs de 3 cm de diamètre sur la plaque préparée. Garnir chaque fleur de fruits confits. Faire cuire 12 minutes et laisser refroidir sur la plaque.

Remarque : les bouchées chocolat-citron se conservent 2 jours au réfrigérateur, dans un récipient hermétique.

CI-CONTRE : GÂTEAU DE SEMOULE ; CI-DESSUS : BOUCHÉES CHOCOLAT-CITRON.

Il existe deux sortes de cheesecake : dans un cas, la préparation fromagée est cuite dans un four à très basse température ; dans l'autre, elle est tout simplement refroidie au réfrigérateur.

Chelsea Bun Brioche fabriquée avec une pâte levée, tartinée de beurre et saupoudrée de raisins et de sucre, puis roulée et coupée en tranches.

Cheshire Fromage anglais à pâte dure, légèrement salé, fabriqué avec du lait de vache et ressemblant au cheddar. Il peut être de couleur orangée, bleue ou blanche. C'est le plus ancien des fromages anglais : on le fabrique dans le Cheshire depuis le XIIᵉ siècle. Voir Cheddar.

Chèvre Le fromage de chèvre frais est doux, et son goût n'est pas très prononcé. Le chèvre mûri est plus dur, plus sec, et nettement plus fort.

Chicorée Salade à feuilles vert foncé et frisées,

au goût légèrement amer. Elle est originaire de la Méditerranée. On peut la consommer crue en salade, comme la laitue, ou cuite comme les épinards.

TARTE AU CITRON MERINGUÉE

✷✷ **Préparation :** 40 minutes + 1 heure de repos
Cuisson : 35 minutes
Pour 6 personnes

Pâte sablée
1 tasse ¹/₂ de farine
1 cuil. à soupe de sucre
125 g de beurre ou de margarine, coupé en petits morceaux
1 jaune d'œuf
1 cuil. à soupe d'eau froide

Garniture et meringue
¹/₂ tasse de sucre +
¹/₂ tasse supplémentaire
¹/₃ de tasse de Maïzena
1 tasse d'eau
Le zeste râpé de 2 citrons
¹/₂ tasse de jus de citron
3 œufs séparés
1 cuil. à soupe de beurre

1 Pâte sablée : mélanger la farine et le sucre. Incorporer le beurre et le travailler avec les doigts. Dans un bol, battre le jaune d'œuf et l'eau et l'ajouter au mélange pour former une pâte ferme.
Réfrigérer 1 heure, couvert de film plastique.
Préchauffer le four à 220 °C. Sur un plan de travail fariné, étaler la pâte pour garnir un moule à tarte de 23 cm environ. Décorer les bords selon le goût. Piquer la pâte régulièrement avec une fourchette et la faire cuire à blanc (voir remarque) pendant 15 minutes, jusqu'à ce qu'elle soit dorée. Laisser refroidir.

2 Garniture : dans une casserole, mélanger ¹/₂ tasse de sucre avec la Maïzena. Incorporer l'eau, le zeste et le jus de citron. Faire cuire à feu moyen puis doux sans cesser de remuer jusqu'à épaississement et ébullition. Baisser le feu et laisser mijoter 2 à 3 minutes. Retirer du feu.
3 Battre les jaunes d'œuf dans un bol. Incorporer un peu de garniture chaude puis remettre le tout dans la casserole. Faire cuire 2 à 3 minutes en remuant. Incorporer le beurre puis verser sur la pâte.
4 Meringue : battre les blancs d'œuf. Ajouter peu à peu ¹/₂ tasse de sucre sans cesser de battre jusqu'à ce que les œufs montent en neige. Étaler sur la garniture.
5 Mettre au four à 220 °C pendant 10 minutes environ, jusqu'à ce que la meringue brunisse.
Laisser refroidir la tarte dans son moule, sur une grille. Servir froid.

Remarque : pour cuire une tarte "à blanc", garnir la pâte piquée de papier sulfurisé ou d'aluminium.
Déposer une couche de haricots secs, de riz ou de perles de cuisson en céramique afin d'empêcher la pâte de gonfler.
Faire cuire jusqu'à ce qu'elle soit ferme et retirer les poids et le papier. Remettre la pâte au four et poursuivre la cuisson jusqu'à ce qu'elle soit bien dorée.

CI-DESSUS : TARTE AU CITRON MERINGUÉE.

Chili (poudre) Mélange de piments rouges séchés et assaisonnés. Il a un goût très épicé, fort, et on l'utilise notamment pour préparer le chili con carne. On le trouve dans les magasins, mais il est préférable de l'acheter en petites quantités car il perd vite sa saveur et devient inutilisable. Il ne faut pas confondre le chili en poudre avec le paprika, qui lui ressemble mais dont le goût est plus léger. Voir Piments.

Chili con carne Plat épicé composé de viande hachée ou coupée en cubes, de haricots rouges, de fines tranches d'oignons, et assaisonné avec des piments rouges. L'origine du chili con carne remonte aux Incas, aux Mayas et aux Aztèques, qui connaissaient les propriétés des piments forts pour la conservation des viandes. De nos jours, c'est un plat populaire, notamment accompagné de chips de maïs.

Chinoise (cuisine) La préparation et la présentation de la nourriture sont très importantes dans la culture chinoise. Les plats demandent une

CITRONS VERTS

TARTE AUX DEUX CITRONS

★ ★ **Préparation :** 1 heure + 1 nuit de repos
Cuisson : 1 heure
Pour une tarte ronde de 23 cm environ

¹/₄ de tasse de farine de riz
¹/₂ tasse de farine
2 cuil. à soupe de sucre glace
2 cuil. à café de sucre
¹/₄ de tasse de noix de coco séchée
¹/₂ tasse d'amandes hachées
125 g de beurre doux bien froid, haché
Garniture

¹/₂ tasse de crème fraîche
1 tasse de crème fouettée

2 cuil. à soupe de préparation pour crème anglaise
2 cuil. à soupe de sucre
¹/₄ de tasse de jus de citron
¹/₄ de tasse de jus de citron vert

Écorces confites
1 tasse de sucre
¹/₄ de tasse d'eau
Le zeste de 3 citrons
Le zeste de 3 citrons verts

1 Préchauffer le four à 180 °C. Beurrer et fariner un moule à tarte de 23 cm environ.
Passer les farines, les sucres, la noix de coco, les amandes et le beurre 20 secondes au mixeur, jusqu'à ce la pâte soit fine et friable. Continuer à mixer pendant 15 à 20 secondes. Transférer la pâte sur un plan de travail fariné et la pétrir 5 minutes. La mettre 15 minutes au réfrigérateur, couverte.

2 Étaler la pâte entre 2 feuilles de film plastique de façon à garnir le fond et les bords du moule. Ôter l'excédent avec un couteau tranchant. Couvrir la pâte de papier parcheminé et déposer une couche de haricots secs ou de riz. Passer 15 minutes au four.
Retirer du four et jeter le papier et les haricots. Remettre 10 à 15 minutes au four, jusqu'à ce qu'elle commence tout juste à dorer. Laisser refroidir dans le moule sur une grille.

3 Garniture : dans une casserole à fond épais, mélanger la crème anglaise en poudre, le sucre, les jus et la crème fraîche.
Cuire à feu doux en remuant constamment, jusqu'à ébullition et épaississement. Retirer du feu et laisser refroidir légèrement. Transférer le mélange dans un récipient. À l'aide d'une cuillère en métal, incorporer la crème liquide. Remuer jusqu'à ce que le mélange soit homogène. Verser la préparation sur la pâte et égaliser la surface. Mettre toute la nuit au réfrigérateur.

4 Écorces confites : dans une casserole à fond épais, mélanger le sucre et l'eau, en remuant à feu doux sans faire bouillir jusqu'à ce que le sucre se dissolve. Ajouter les écorces, porter à ébullition, baisser le feu et laisser mijoter 10 minutes.
Retirer du feu et laisser refroidir. Égoutter les écorces et réserver le sirop. Décorer le pourtour de la tarte avec de la crème fouettée garnie d'écorces confites. Servir avec le sirop.

CI-DESSUS : TARTE AUX DEUX CITRONS.

parfaite harmonie des couleurs, des saveurs et des textures, et l'équilibre des cinq saveurs de base : douce, aigre-douce, salée, amère et piquante. Un repas chinois commence par une soupe, suivie de plats de riz, de viande, de poisson, de volaille et de légumes, tous disposés sur la table en même temps ; chaque convive a devant lui un petit bol pour manger, et une paire de baguettes.

Le dessert est généralement composé de fruits ; on consomme très peu de produits laitiers. Le thé est la boisson principale.

Les cuisines régionales varient en fonction des terres et des climats de cet immense pays, lesquels déterminent non seulement les ingrédients locaux mais la qualité des modes de cuisson et des techniques culinaires ; la plupart des aliments sont découpés en très petits morceaux et cuits rapidement, ou poêlés dans un wok, ou encore cuits à la vapeur.

La cuisine cantonaise, la plus connue hors de Chine, se compose de porc, de poisson ou de coquillages frits, de légumes croustillants, de boulettes de pâtes à la vapeur avec des sauces froides parfumées, et du riz en accompagnement de tous les repas. Voir Wontons.

TARTE AU CITRON VERT

✷ ✷   **Préparation :** 40 minutes + 20 minutes de repos
Cuisson : 30 à 35 minutes
Pour 6 à 8 personnes

1 tasse 1/3 de farine
1 cuil. à café de sucre glace
100 g de beurre coupé en morceaux
1 jaune d'œuf
1 à 2 cuil. à soupe d'eau glacée

Garniture
4 œufs séparés
1/2 tasse de lait condensé
Le zeste finement râpé de 4 citrons verts
1/3 de tasse de jus de citron vert

1 Passer la farine, le sucre et le beurre 30 secondes au mixeur, pour obtenir une texture friable. Ajouter le jaune d'œuf et presque toute l'eau, et mixer encore 20 secondes de plus (la pâte doit former une boule quand on la pétrit).
Pétrir sur un plan de travail fariné pour former une pâte molle. Couvrir de film plastique et réfrigérer pendant 20 minutes.
2 Préchauffer le four à 180 °C. Beurrer un moule à tarte de 23 cm. Étaler la pâte entre deux feuilles de papier sulfurisé de façon à garnir le fond et les bords du moule. Foncer le moule et ôter l'excédent de pâte. Couvrir la pâte de papier parcheminé et étaler une couche de haricots secs ou de riz dessus. Faire cuire 10 minutes, retirer du four et jeter le papier et les haricots. Remettre 7 minutes au four jusqu'à ce que la pâte commence à dorer. Laisser refroidir.

3 Garniture : battre les jaunes d'œufs jusqu'à ce qu'ils soient épais et crémeux. Ajouter peu à peu le lait condensé en un fin ruban. Continuer de battre jusqu'à ce que le mélange soit épais et pâle. Ajouter le zeste et bien mélanger. Incorporer le jus petit à petit en battant jusqu'à ce que le mélange soit homogène. Dans un autre bol, battre les blancs en neige. Avec une cuillère en métal, incorporer les blancs dans la préparation. Bien remuer. Verser la préparation sur la pâte. Faire cuire 15 à 20 minutes, jusqu'à ce que la garniture soit ferme et que la surface soit légèrement dorée. Servir froid ou glacé, avec de la crème fouettée, ou bien saupoudrer la tarte de sucre glace.

CEVICHE

✷   **Préparation :** 20 minutes + 2 heures de marinade
Cuisson : aucune
Pour 4 personnes

750 g de filets de poisson blanc
3 oignons finement émincés
3 gousses d'ail écrasées
1 petit piment rouge finement haché
3/4 de tasse de jus de citron vert
1 cuil. à café de sel

1 cuil. à café de poivre fraîchement moulu

Garniture
3 tomates émincées
1 gros poivron vert haché
4 œufs durs coupés en quartiers

1 Laver et ôter la peau des filets ; les couper en fines lamelles. Les mettre dans un récipient et ajouter l'oignon, l'ail et le piment.
2 Dans un bol, battre le jus, le sel et le poivre. Verser sur le poisson. Laisser mariner 2 heures au réfrigérateur, à couvert. Le poisson est prêt lorsque la chair devient blanche.
3 Servir le poisson accompagné de rondelles de tomates, de poivron haché et de quartiers d'œufs durs.

À PROPOS DES CITRONS VERTS (LIMES)

■ Acheter des citrons verts avec une peau vert foncé ; les fruits virant au jaune sont trop mûrs et ont perdu leur acidité. Les citrons verts se détériorent rapidement ; les garder une semaine à température ambiante, puis les conserver au réfrigérateur.

■ Dans les plats salés ou sucrés, le citron vert donne un goût plus doux et plus sucré que le citron jaune. On peut utiliser le jus de citron vert pour les marinades de viande ou de poisson. Le zeste râpé est délicieux dans les glaces et les sorbets.

■ Confectionner des tortillons, des nœuds ou des spirales avec le zeste d'un citron vert pour décorer les boissons estivales.

COINGS

TAJINE D'AGNEAU AUX COINGS

★ **Préparation :** 50 minutes
Cuisson : 1 heure
Pour 6 personnes

1 kg d'épaule d'agneau
détaillée en cubes de
2 cm
2 gros oignons coupés en
cubes de 2 cm
Poivre moulu
¹/₂ cuil. à café de paprika
modérément fort
1 brin de coriandre fraîche
finement hachée

³/₄ de cuil. à café de safran
en poudre
¹/₂ cuil. à café de
gingembre moulu
500 g de coings coupés en
deux, épépinés et pelés
60 g de beurre
1 tasse de pruneaux
dénoyautés, pré-trempés

1 Mettre l'agneau détaillé et un des oignons dans une grande casserole à fond épais. Poivrer, mettre le paprika et couvrir d'eau.
2 Ajouter la coriandre, le safran et le gingembre. Porter à ébullition, baisser le feu, couvrir et laisser mijoter 1 heure environ, jusqu'à ce que l'agneau soit tendre.
3 Détailler les coings en cubes et les faire cuire dans le beurre avec le deuxième oignon jusqu'à ce qu'ils commencent à dorer.

Page ci-contre : Ceviche. Ci-dessus : Tajine d'agneau aux coings ; ci-contre : Confiture de coings.

4 À mi-cuisson de l'agneau, ajouter l'oignon cuit, les coings et les pruneaux. Lorsque l'agneau est cuit, dresser dans un plat réchauffé.

Remarque : cette spécialité marocaine constitue une merveilleuse combinaison de viande et de fruits. On peut mettre du paprika fort si l'on préfère un plat plus épicé. On peut également remplacer les pruneaux par des dattes, et les coings par des poires.

CONFITURE DE COINGS

★ ★ **Préparation :** 30 minutes
Cuisson : 1 heure 30
Pour 1,5 litre

1,5 kg de coings
2,5 l d'eau
2 cuil. à café de zeste de
citron râpé

³/₄ de tasse de jus de citron
5 tasses ¹/₂ de sucre
réchauffé

1 Peler et épépiner les coings ; les émincer finement. Mettre la peau et les parties centrales dans une étamine nouée.
2 Dans une grande casserole, réunir les coings, l'étamine, l'eau et le zeste. Porter à ébullition et laisser mijoter 50 minutes environ à couvert, jusqu'à ce que le fruit soit pulpeux. Jeter l'étamine. Incorporer le jus de citron.
3 Ajouter le sucre chaud et remuer jusqu'à ce qu'il se dissolve. Faire bouillir à gros bouillons et à découvert pendant 40 minutes environ, jusqu'à ce que la confiture prenne.
4 Retirer du feu et laisser reposer 10 minutes. Verser dans des pots stérilisés chauffés, et fermer immédiatement. Les étiqueter une fois refroidis.

Chipolata Petite saucisse, de la taille d'un doigt, fabriquée avec du porc ou avec un mélange de porc et de bœuf.

Chocolat Il est préparé à partir de graines de cacaoyer, originaire d'Amérique centrale. Les fèves blanches poussent dans des cabosses dont elles sont extraites. Elles sont mises à fermenter pour développer leur

saveur, puis séchées au soleil, grillées et broyées pour obtenir une pâte marron foncé qui est ensuite solidifiée en blocs de chocolat pur, également appelé chocolat amer ou chocolat non sucré. La graisse végétale connue sous le nom de beurre de cacao représente plus de la moitié du poids du chocolat pur ; la poudre de cacao est préparée à partir des solides restant après extraction de la graisse.

Les Mayas, peuple d'Amérique centrale, furent les premiers à cultiver le cacaoyer et à utiliser ses fèves. Christophe Colomb en connaissait l'existence, mais à l'époque on ignorait les méthodes de préparation destinées à ôter le goût amer du chocolat. L'explorateur espagnol Cortez rapporta les fèves, ainsi que le savoir-faire pour leur traitement : on les broyait pour obtenir une pâte mélangée ensuite à du sucre de canne.

L'aliment ainsi produit fut très vite apprécié en Espagne, puis, plus tardivement, dans le reste de l'Europe. Les principales variétés de chocolat comprennent le chocolat à pâtisserie, le chocolat noir et le chocolat au lait.

Chop suey Plat chinois populaire composé d'un mélange de pousses de soja, de légumes finement tranchés et de viande (généralement du poulet ou du porc), sautés à la poêle puis mijotés dans une sauce. Ce nom chinois signifie "mélange de petits morceaux".

Chorizo Saucisse sèche, épicée, d'origine espagnole. Le chorizo est parfumé à l'ail et au piment. On l'ajoute à de nombreux plats espagnols, comme le cocido (ragoût espagnol) et la paella.

Chou Légume à feuilles vert pâle formant une tête très serrée. On peut le manger cru, émincé en salade ou tranché finement et cuit à la vapeur, au micro-ondes,

CONCOMBRES

CONCOMBRES MARINÉS

✳ **Préparation :** 30 minutes + 1 nuit de repos
Cuisson : 10 minutes
Pour 2 litres

3 grands concombres à peau fine
Gros sel
2 tasses de vinaigre blanc
3 cuil. à soupe de sucre
1/2 tasse d'eau chaude
2 cuil. à café de sel
2 cuil. à café de graines de moutarde
1 poivron rouge finement émincé

1 Couper les concombres lavés et non pelés en très fines rondelles. Les disposer en couches successives dans un récipient, et saupoudrer chaque couche de gros sel. Laisser dégorger toute la nuit.
2 Rincer les concombres à l'eau froide et bien les égoutter. Dans une grande casserole, réunir le vinaigre, le sucre, l'eau chaude, le sel et les graines de moutarde. Porter à ébullition en remuant jusqu'à ce que le sucre se dissolve. Laisser mijoter 5 minutes à découvert.
3 Ajouter les rondelles de concombres et porter de nouveau à ébullition. Retirer du feu.
4 Avec des pincettes, tasser les rondelles de concombres dans des bocaux stérilisés chauffés. Ajouter quelques lamelles de poivron dans chaque bocal. Verser le mélange au vinaigre chaud dans les bocaux de façon à recouvrir les concombres. Fermer et laisser refroidir. Étiqueter les bocaux.

Remarque : les concombres marinés accompagnent les salades ou garnissent les sandwichs. On peut également les servir sur des crackers avec du fromage, ou avec du poulet ou du bifteck en guise de condiment.

CONCOMBRE ET FENOUIL À L'ANETH

✳ **Préparation :** 20 minutes
Cuisson : 10 minutes
Pour 4 à 6 personnes

1 cuil. à soupe d'huile d'olive
1 bulbe de fenouil lavé, équeuté et émincé
1 gros concombre pelé, coupé en deux, épépiné et émincé
1/3 de tasse d'aneth haché
Poivre fraîchement moulu
60 g de noisettes grillées, grossièrement hachées

1 Faire chauffer l'huile dans une sauteuse. Mettre le fenouil, couvrir et cuire à feu doux jusqu'à ce qu'il soit tendre.
2 Ajouter le concombre et cuire à feu doux 3 à 4 minutes. Saupoudrer d'aneth et de poivre. Secouer la sauteuse afin de bien mélanger les ingrédients.
3 Dresser dans le plat de service et garnir de noisettes grillées.

CONDIMENT AU CONCOMBRE

✳ **Préparation :** 15 minutes + 1 nuit de repos
Cuisson : 1 heure
Pour 1 litre

1 kg de concombres jaunes, pour condiments
2 petits concombres verts
2 cuil. à café de sel
1 poivron rouge
1 poivron jaune
1 oignon moyen
2 cuil. à café de graines de céleri
315 g de maïs en conserve
2 cuil. à café de graines de moutarde brunes
1 tasse de vinaigre blanc
1 tasse 1/2 de sucre

1 Émincer finement les concombres. Les faire dégorger au gros sel toute la nuit, sous un torchon. Couper les poivrons en dés et hacher l'oignon finement. Égoutter les concombres, les rincer à l'eau froide et les égoutter à nouveau.
2 Dans une grande casserole, réunir les concombres, les poivrons, l'oignon, les graines de céleri, le maïs, les graines de moutarde, le vinaigre et le sucre. Porter à ébullition, baisser le feu et laisser mijoter 1 heure jusqu'à ce que le mélange soit épais, en remuant de temps en temps.
3 Retirer du feu. Verser dans des bocaux stérilisés et chauffés. Étiqueter lorsqu'ils sont refroidis.

Remarque : le condiment au concombre se conserve 1 mois dans un endroit sec. Le garder au réfrigérateur après ouverture.

CI-DESSUS : CONCOMBRES MARINÉS.
PAGE CI-CONTRE : NOUGATINE AUX CACAHUÈTES.

CONFISERIES

NOUGATINE AUX CACAHUÈTES

✷ ✷　　*Préparation :* 20 minutes
　　　　Cuisson : 15 minutes
　　　　Pour 500 g environ

2 tasses de sucre
1 tasse de sucre roux,
　légèrement tassée
1/2 tasse de mélasse raffinée

1/2 tasse d'eau
60 g de beurre
2 tasses 1/2 de cacahuètes
　grillées non salées

1 Garnir un moule à gâteau plat d'environ 30 x 25 x 2 cm de papier-aluminium ou sulfurisé beurré. Dans une casserole, réunir les sucres, la mélasse et l'eau. Remuer à feu moyen sans faire bouillir jusqu'à ce que le sucre se dissolve. Détacher les cristaux de sucre des parois de la casserole avec un pinceau mouillé. Ajouter le beurre et remuer jusqu'à ce qu'il fonde. Porter à ébullition, baisser légèrement le feu et faire bouillir 15 à 20 minutes sans remuer (ou jusqu'à ce qu'une cuillerée de mélange versée dans de l'eau froide soit au petit cassé ; ou jusqu'à ce que le mélange atteigne 138 °C sur un thermomètre à sucre). Retirer du feu immédiatement.
2 Incorporer les cacahuètes. Verser la préparation dans le moule. Laisser refroidir sur une grille. Casser en morceaux lorsque le sucre est presque dur.

CARAMELS

✷ ✷　　*Préparation :* 10 minutes + 30 minutes
　　　　de réfrigération
　　　　Cuisson : 25 minutes
　　　　Pour 36 caramels

125 g de beurre
410 g de lait condensé en
　boîte

1 tasse de sucre
1/2 tasse de mélasse raffinée

1 Garnir le fond et les bords d'un moule à gâteau carré et plat de papier-aluminium beurré, en le laissant déborder du moule. Dans une casserole à fond épais, réunir le beurre, le lait condensé, le sucre et la mélasse. Remuer à feu doux sans faire bouillir jusqu'à ce que le sucre se dissolve complètement. Continuer à remuer sans cesse (pour éviter que le mélange ne brûle) pendant 15 à 20 minutes, jusqu'à ce que le mélange prenne une couleur de caramel foncé. Veiller à ne pas trop cuire la préparation, qui ne durcirait pas.
2 Verser dans le moule préparé et égaliser la surface. Tracer un quadrillage profond pour former des petits carrés. Mettre 30 minutes au réfrigérateur, jusqu'à ce qu'il durcisse. Retirer du moule et détacher les carrés. Les caramels se conservent 3 semaines au réfrigérateur, dans un récipient hermétique.

CARAMELS AU RHUM

✷　　　*Préparation :* 10 minutes
　　　　Cuisson : 25 minutes
　　　　Pour 36 morceaux

3/4 de tasse de raisins de
　Smyrne
2 cuil. à soupe de rhum
3 tasses de sucre

1 tasse de lait
2 cuil. à soupe de sirop de
　glucose
90 g de beurre doux

1 Beurrer un moule à gâteau carré de 20 cm. Garnir le fond et les bords de papier-aluminium beurré. Faire tremper les raisins dans le rhum ; réserver.
2 Dans une casserole à fond épais, mélanger le sucre, le lait et le sirop de glucose. Remuer à feu moyen sans faire bouillir jusqu'à ce que le sucre se dissolve complètement. Détacher les cristaux de sucre des parois de la casserole avec un pinceau mouillé. Porter à ébullition, baisser légèrement le feu et faire bouillir 20 minutes sans remuer ; ou jusqu'à ce qu'une cuillerée de mélange versée dans de l'eau froide soit au petit boulé ; ou jusqu'à ce que le mélange atteigne 115 °C sur un thermomètre à sucre. Retirer du feu immédiatement.
3 Ajouter le beurre sans remuer. Laisser reposer 5 minutes, ajouter les raisins et battre pour obtenir un mélange épais et crémeux. Verser dans le moule et laisser refroidir. Couper en carrés une fois le caramel froid. Il se conserve 1 semaine à l'abri de la chaleur et de la lumière dans un récipient hermétique.

ou encore bouilli. On le sert comme légume, ajouté à des soupes, ou à des ragoûts.

On emploie également les douces feuilles externes pour envelopper des farces salées.

Originaire d'Europe et d'Asie occidentale, le chou est l'un des plus anciens légumes cultivés. Dans l'antiquité, les Grecs et les Romains lui attribuaient des vertus pour combattre l'ivresse. On a d'abord mangé le chou pour son pied plutôt que pour ses feuilles. Dès le Moyen-Âge, on appliqua des emplâtres composés de feuilles de chou sur les blessures et les fractures ouvertes. La haute teneur du chou en vitamine C était connue des navigateurs du XVIIIᵉ siècle qui embarquaient des caisses de choux pour préserver les équipages du scorbut.

Chou de Bruxelles
Légume vert ressemblant à un petit chou. Bien que son nom suggère une origine belge, les Belges eux-mêmes pensent qu'il fut introduit dans leur pays par les Romains, dans l'antiquité. Le chou de Bruxelles est très riche en vitamine C. On le consomme cuit, à la vapeur ou bouilli.

Chou chinois (bok choy) Légume feuillu avec un pied à chair blanche. Il est originaire de la Chine du Sud où il est cultivé depuis plus de 3000 ans. Le chou chinois est le principal légume d'accompagnement pour les plats de viande, de volaille, et à base de fromage de soja. Son nom vient des mots chinois bok, blanc, et choy, légume ; on le connaît également sous le nom de chou chinois blanc.

Chou frisé Légume à feuilles très parfumé, originaire de la Méditerranée. On le prépare et on le cuisine de la même façon que les bettes.

Chou rouge Chou à feuilles rouges, au goût similaire à celui du chou vert. Mijoté avec des pommes, du bacon, du sucre et de la noix de muscade, il accompagne traditionnellement du gibier ou du bœuf rôti. On en fait également un condiment, ou on le sert cru en salade.

Chou-fleur Légume appartenant à la famille des choux, avec une grande tête formée de boutons de fleurs très serrés, dont la couleur va

LOUKOUMS

✳ ✳   *Préparation :* 30 minutes + 1 nuit de repos
Cuisson : 20 minutes
Pour 50 loukoums

Le zeste d'1 citron
Le zeste d'1 orange
¼ de tasse de jus d'orange
2 cuil. à soupe de jus de citron
2 cuil. à café de bicarbonate de soude
3 tasses de sucre

½ tasse d'eau + 1 tasse
2 cuil. à soupe de gélatine
⅔ de tasse de Maïzena
3 à 4 gouttes de fleurs d'oranger ou d'eau de roses
Colorant alimentaire rouge
½ tasse de sucre glace

1 Garnir le fond et les bords d'un moule à gâteau carré de 17 cm (à bords hauts) de papier-aluminium beurré, en le laissant déborder du moule. Retirer la peau blanche des zestes.

2 Dans une grande casserole à fond épais, réunir les zestes, les jus, le sucre et l'eau. Remuer à feu moyen sans faire bouillir jusqu'à ce que le sucre se dissolve complètement.
Détacher les cristaux de sucre des parois de la casserole à l'aide d'un pinceau mouillé. Porter à ébullition, baisser légèrement le feu et faire bouillir 5 minutes environ sans remuer ou jusqu'à ce qu'une cuillerée de mélange versée dans de l'eau froide soit au grand filet.

3 Mélanger la gélatine avec ½ tasse de l'eau supplémentaire. La faire chauffer au bain-marie en remuant jusqu'à dissolution. Dans un bol, délayer la Maïzena dans le reste de l'eau et bien mélanger.

4 Ajouter les mélanges de gélatine et de Maïzena au sirop de sucre. Remuer à feu moyen jusqu'à ce que le mélange commence à bouillir et s'éclaircisse. Incorporer l'eau parfumée et quelques gouttes de colorant. Passer le mélange dans le moule ; laisser reposer toute la nuit au réfrigérateur. Détacher l'aluminium et couper en cubes que l'on roulera dans le sucre glace.

NIDS D'ABEILLE

Garnir le fond et les bords d'un moule rectangulaire d'environ 27 x 18 cm de papier-aluminium beurré. Dans une grande casserole à fond épais, mélanger 1 tasse ¾ de sucre, ¼ de tasse de glucose liquide et ½ tasse d'eau. Remuer à feu moyen sans faire bouillir jusqu'à ce que le sucre se dissolve complètement. Détacher les cristaux de sucre des parois de la casserole à l'aide d'un pinceau mouillé. Porter à ébullition, baisser légèrement le feu et faire bouillir 8 minutes environ sans remuer, jusqu'à ce que le mélange commence à dorer. Retirer immédiatement du feu. Incorporer 2 cuil. à café de bicarbonate de soude. Avec une cuillère en bois, remuer jusqu'à ce que les bouillons commencent à disparaître et que l'on ne voit plus de bicarbonate en surface. Verser délicatement dans le moule et laisser reposer 1 heure 30 environ. Retirer du moule, détacher l'aluminium et couper en morceaux. Cette confiserie se conserve 1 semaine à l'abri de la chaleur et de la lumière dans un récipient hermétique. Pour 28 morceaux environ.

CI-DESSUS : LOUKOUMS, NIDS D'ABEILLE ET FUDGE AU RHUM.

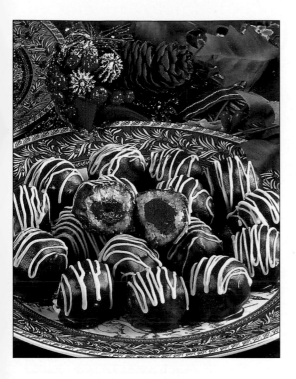

CHOCOLATS À LA CERISE

★ ***Préparation :*** 30 minutes
★★ ***Cuisson :*** 10 minutes
Pour 40 chocolats

125 g de beurre doux
2 tasses de sucre glace
1/3 de tasse de crème
2 tasses de noix de coco séchée
Colorant alimentaire rose
220 g de cerises confites
100 g de chocolat noir
30 g de matière grasse végétale
60 g de chocolat blanc à cuire

1 Faire légèrement brunir le beurre dans une casserole et le retirer du feu. Ajouter le sucre glace, la crème fraîche, la noix de coco et quelques gouttes de colorant. Bien remuer.
2 Prendre l'équivalent de 2 cuil. à café de mélange et en entourer chaque cerise.
3 Faire fondre le chocolat et la matière grasse au bain-marie pour obtenir un mélange lisse.
4 Placer une grille à gâteau au-dessus d'une plaque de four. Avec deux fourchettes, tremper les cerises dans le chocolat ; égoutter l'excédent. Les mettre sur la grille et laisser refroidir.
5 Faire fondre le chocolat blanc au bain-marie et laisser légèrement refroidir.
Verser dans une petite poche à douille en papier ; sceller l'extrémité et retirer le bouchon. Décorer les chocolats selon le goût et laisser refroidir.

CI-DESSUS : CHOCOLATS A LA CERISES ; CI-CONTRE : BARRES AUX ÉPICES ET AUX FRUITS.

BARRES AUX ÉPICES ET AUX FRUITS

★★ ***Préparation :*** 20 minutes
Cuisson : 40 minutes
Pour 32 barres

2/3 de tasse d'amandes mondées
2/3 de tasse de noix
1/2 tasse de fruits confits
1/3 de tasse de fruits secs variés
2 cuil. à soupe de cacao en poudre
2 cuil. à soupe de farine
1/2 cuil. à café de cannelle
1/4 de cuil. à café de clou de girofle moulu
1/4 de cuil. à café de muscade moulue
1/3 de tasse de sucre
1/4 de tasse de miel
1/4 de tasse d'eau
250 g de chocolat noir mi-amer concassé

1 Préchauffer le four à 180 °C. Garnir un moule carré de 20 cm de papier-aluminium beurré. Étaler les amandes et les noix sur une plaque de four et les faire dorer 5 minutes. Retirer de la plaque et laisser refroidir avant de les hacher finement. Dans une jatte, réunir les fruits, le cacao, la farine et les épices.
2 Dans une casserole à fond épais, mélanger le sucre, le miel et l'eau. Remuer à feu moyen sans faire bouillir. Détacher les cristaux de sucre des parois de la casserole à l'aide d'un pinceau mouillé. Porter à ébullition, baisser légèrement le feu et faire bouillir 10 minutes sans remuer. Retirer du feu, verser sur le mélange de fruits et bien mélanger. Tasser la préparation dans le moule avec le dos d'une cuillère huilée et faire cuire 20 minutes. Laisser refroidir dans le moule. Retirer du moule et détacher l'aluminium. Couper la croûte des bords et la jeter. Découper le gâteau en quatre longues barres, puis chaque barre en huit petits rectangles.
3 Garnir une plaque de four de papier-aluminium. Faire fondre le chocolat au bain-marie et laisser légèrement refroidir. Tremper chaque barre dans le chocolat fondu à l'aide d'une cuillère et la retirer avec une fourchette. Égoutter et laisser refroidir sur la plaque préparée.

du blanc cassé au pourpre en passant par le vert. On peut le manger cru, détaillé en bâtonnets trempés dans diverses sauces, ou cuit à la vapeur, bouilli ou encore frit. Il fut d'abord cultivé en Asie occidentale.

Churro Pâte à choux trempée dans de l'huile bouillante, saupoudrée de sucre et servie en dessert. Le churro est originaire d'Espagne où il est souvent servi au petit déjeuner avec une grande tasse de café ou de chocolat chaud.

Chutney Condiment aigre-doux composé de fruits et de légumes cuits avec du sucre, des épices et du vinaigre, jusqu'à épaississement. Le chutney est servi en accompagnement de viandes chaudes ou froides, de poissons, de fromages ou de currys indiens.

Ciboulette Herbe aromatique de la famille des oignons et des poireaux, qui serait originaire de l'Asie du Nord-Est. La ciboulette est utilisée fraîche et finement coupée pour apporter un délicat parfum d'oignon aux légumes, aux fromages, aux œufs, aux salades et aux sauces froides salées ; c'est également un ingrédient des fines

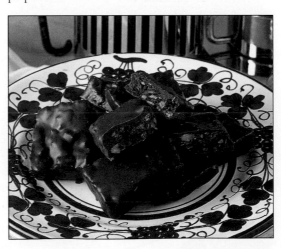

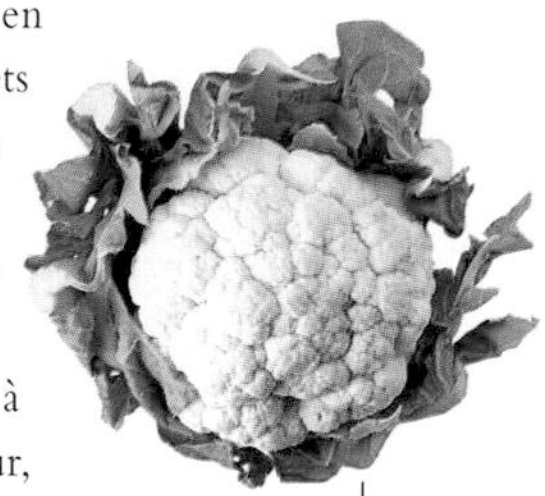

C CONFITURES & MARMELADES

La confiture et la marmelade se préparent en faisant bouillir ensemble du sucre et des fruits en concentration suffisante pour que le mélange se garde un certain temps. La confiture a une durée de conservation d'environ deux ans.

DE GAUCHE À DROITE : MARMELADE D'ORANGES, MARMELADE DE CITRONS VERTS, CONFITURE D'ABRICOTS, CONFITURE DE FRAISES.

CONFITURE

La confiture doit présenter une consistance assez ferme, et une couleur claire et caractéristique du fruit utilisé pour la confectionner. Le goût doit également rappeler celui du fruit, sans être trop sucré ou trop acide. Le fait qu'une confiture "prenne" dépend du mélange de pectine et d'acides (présents naturellement dans le fruit) et de sucres ajoutés. Comme certains fruits n'ont pas assez de pectine ou d'acide, on les mêle souvent à d'autres fruits. On peut aussi ajouter du jus de citron et de la pectine industrielle. Le taux de pectine est particulièrement élevé dans les fruits à peine mûrs ; on la trouve en concentration dans le cœur et dans la peau, ainsi que dans la peau blanche et les pépins des agrumes.

TENEUR EN PECTINE

La teneur en pectine varie considérablement d'un fruit à l'autre. Les fruits riches en pectine et en acides donnent des confitures qui prennent facilement. Voici les différents degrés de pectine de certains fruits courants :

Élevé	Moyen	Faible
agrumes	abricots	bananes
pommes à cuire	mûres (pas trop mûres)	mûres (bien mûries)
pommes sauvages	reines-claudes	cerises
airelles	ronce-framboises	figues
groseilles (et cassis)	framboises	goyaves
prunes de Damas	pommes douces	melon
groseilles à maquereau	pêches	nectarines
raisin	poires	
prunes (certaines variétés)	ananas	
coings	rhubarbe	
	fraises	
	tomates	

LA CONFITURE PAS À PAS

1 PRÉPARATION DES FRUITS

Choisir des fruits à peine mûrs. Les laver soigneusement et les égoutter. Ôter les feuilles et les queues et couper toutes les parties abîmées. Peler, couper ou trancher les fruits selon la recette.

2 LIBÉRATION DE LA PECTINE

Cuire les fruits avec ou sans eau (en fonction de la recette) pour les amollir et libérer la pectine. Les mettre dans une grande casserole ou bassine, ajouter de l'eau si nécessaire, porter à ébullition, baisser le feu et laisser mijoter à couvert.

Vérification du degré de pectine :

mettre 1 cuil. à café de confiture dans un verre. Laisser refroidir, ajouter 3 cuil. à café d'alcool de grain (dénaturé) et laisser 3 minutes. Si le degré de pectine est élevé, la confiture présentera une consistance ferme et gélatineuse. Si la confiture reste assez liquide, c'est que le degré  de pectine est trop faible. Faire bouillir la confiture un peu plus longtemps en ajoutant 1 cuil. à soupe de jus de citron par kilo de fruits. Vérifier à nouveau. Si la confiture ne prend toujours pas, utiliser de la pectine industrielle.

3 CUISSON AVEC LE SUCRE

Utiliser la quantité de sucre indiquée dans la recette. Pour un meilleur résultat, chauffer le sucre au four avant de l'ajouter aux fruits ; ceci réduira les grumeaux en surface pendant la cuisson. Porter les fruits à ébullition et ajouter le sucre ; remuer jusqu'à dissolution complète. Porter de nouveau à ébullition et laisser bouillir sans remuer le temps requis (vérifier avec une cuillère en bois que le mélange ne brûle pas). La cuisson est terminée lorsque le sucre atteint une certaine concentration, qui se traduit par une température de 105 °C sur un ther-

momètre à sucre. Sinon, on peut déposer un peu de confiture sur une assiette et la laisser refroidir. Si la confiture est prête, elle conserve sa forme et plisse légèrement quand on la pousse doucement du bout du doigt. Si cela ne se produit pas la première fois, continuer à cuire et vérifier à intervalles réguliers.

4 MISE EN BOCAUX

Avant de la mettre en bocal, débarrasser la confiture de toute écume superficielle à l'aide d'une cuillère en métal. La laisser reposer 10 minutes pour éviter que les fruits ne tombent en bas du bocal. Verser la confiture chaude dans des bocaux stérilisés chauffés, en les remplissant jusqu'à 1 cm du bord, et fermer immédiatement. On peut utiliser des couvercles en plastique ou en métal plastifié, ou bien sceller les bocaux avec de la paraffine ou des feuilles de cellophane spéciales (suivre les instructions spécifiées sur le paquet).

MARMELADE

La marmelade est de la confiture d'agrumes, et les méthodes de préparation sont dès lors les mêmes. Toutefois, en raison de l'épaisseur de leur peau, les fruits doivent souvent être trempés une nuit entière, et cuits plus longtemps avec plus d'eau. Il est important de faire bouillir la peau jusqu'à ce qu'elle soit molle avant d'ajouter le sucre, qui empêchera les fruits de ramollir davantage.

Pour gagner du temps, on peut trancher les agrumes à l'aide d'un robot ou d'un coupe-légumes.

Les agrumes étant riches en pectine et en acides, il n'est pas nécessaire de vérifier le degré de pectine.

1 Couper les agrumes en fines rondelles. Les couvrir d'eau dans un grand récipient. Laisser tremper toute la nuit, à couvert.

2 Verser les fruits et l'eau dans une grande casserole et porter à ébullition. Laisser mijoter jusqu'à ce que l'écorce soit ramollie.

3 Ajouter le sucre chauffé en remuant jusqu'à ce qu'il se dissolve complètement.

4 Faire bouillir sans remuer jusqu'à ce que le mélange atteigne 105 °C (sur un thermomètre à sucre).

5 Verser soigneusement la marmelade dans des bocaux chauds préalablement stérilisés.

6 Pour sceller les bocaux, verser délicatement de la paraffine en surface. Étiqueter les bocaux une fois qu'ils sont froids.

STÉRILISATION DES BOCAUX

Laver soigneusement les bocaux, les rincer à l'eau très chaude et les égoutter sur une grille. Les placer, ouverture en haut, dans un four doux (150 °C) pendant 30 minutes. Remplir les bocaux dès qu'on les a sortis du four, pour éviter qu'ils ne cèdent sous la chaleur de la confiture. Faire bouillir les couvercles, ou les rincer à l'eau très chaude. Manipuler les bocaux chauds avec des gants de coton.

COUPER LES AGRUMES EN FINES RONDELLES. LES MOUILLER D'EAU ET LAISSER MARINER UNE NUIT.

RÉCHAUFFER LE SUCRE À FOUR DOUX ET L'AJOUTER AUX FRUITS DANS UNE CASSEROLE.

VERSER LA MARMELADE DANS DES BOCAUX STÉRILISÉS ET CHAUFFÉS. MANIPULER LES BOCAUX AVEC DES GANTS DE COTON.

CONGÉLATION

La congélation est un excellent moyen de conserver les aliments. Elle permet d'acheter des produits par lots économiques, de préparer les repas à l'avance, de garder les restes et de savourer ses mets favoris en toute saison. A condition qu'ils soient bien préparés et emballés, les aliments conserveront leur couleur, leur texture et leur valeur nutritionnelle. Règle absolue : ne jamais recongeler un produit !

MATÉRIEL

■ Sacs en plastique pour congélation : aplatir le contenu au maximum, expulser l'air et sceller avec du ruban adhésif.

■ Récipients en plastique rigide avec couvercle hermétique : utiles pour les liquides ; remplir jusqu'à 1 cm du bord en prévision de l'augmentation de volume.

■ Récipients en papier-aluminium : les aliments cuits peuvent être réchauffés dans le récipient (sauf au micro-ondes).

■ Vaisselle spéciale micro-ondes : permet aux aliments de passer du congélateur au micro-ondes, et parfois d'être utilisée à table.

■ Papier-aluminium : pour envelopper et capitonner.

■ Intercalaires plastique pour congélation : les doubles couches permettent de séparer facilement les aliments.

■ Étiquettes autocollantes et stylo étanche : indiquer contenu, nombre de parts, date de congélation, date de péremption et autres détails utiles.

■ Couteau à double tranchant.

VIANDE CRUE

■ La viande achetée en barquette de polystyrène doit être empaquetée sans la barquette. En règle générale, la viande crue peut être congelée jusqu'à 6 mois. Ne pas recongeler de la viande partiellement dégelée ; la faire cuire d'abord.

■ Steaks et côtelettes : les envelopper individuellement de film plastique en expulsant l'air ; entourer les os de papier-aluminium pour éviter qu'ils ne déchirent le film. Mettre le nombre voulu de steaks ou de côtelettes dans un sac plastique pour congélation solide ; expulser l'air, tordre l'extrémité et sceller avec du ruban adhésif.

■ Cubes ou lamelles de viande à ragoût : conserver l'équivalent d'un plat dans des sacs plastique solides, en les remplissant bien de viande. Aplatir les sacs au maximum, expulser l'air, tordre l'extrémité, sceller et étiqueter. Conserver jusqu'à 2 mois.

■ Les pièces à rôtir et les pièces salées peuvent se conserver jusqu'à 6 mois dans un sac plastique solide.

■ Poulet : le poulet cru (sans abats) peut se conserver jusqu'à 9 mois. Les abats peuvent être congelés séparément jusqu'à 8 semaines. Les volailles farcies ne doivent jamais être congelées (certaines bactéries nocives pourraient se développer).

■ Viandes traitées et tranchées : le bacon, le jambon, le saucisson et autres charcuteries peuvent être congelés, bien enveloppés, jusqu'à 1 mois, sans perdre de leur goût.

■ Le foie, les rognons et la cervelle ne se congèlent pas très bien ; mieux vaut les acheter selon les besoins.

VIANDE CUITE

■La congeler lorsqu'elle est déjà froide : la mettre au réfrigérateur dans un récipient peu profond, ou, si le plat est encore chaud, plonger sa base dans de l'eau froide avant de laisser refroidir la pièce au réfrigérateur.

■Ragoûts, currys et soupes : garnir des récipients adéquats de sacs plastique épais et mettre une portion individuelle ou l'équivalent d'un plat dans chaque. Placer les récipients au congélateur. Lorsque les aliments sont congelés, retirer les sacs, expulser l'air, étiqueter et sceller. Conserver jusqu'à 2 mois.

■Sauces à la viande, boulettes de viande et plats de viande hachée : les cuire aux trois quarts ; on peut alors les congeler pendant 1 mois.

■Couvrir les tranches de rôti de sauce avant de les congeler, pour empêcher qu'elles ne se dessèchent. Réchauffer doucement pour éviter qu'elles ne soient trop dures. Les rôtis entiers ne se conservent pas bien ; ils s'imbibent d'eau et perdent leur saveur à la décongélation.

ALIMENTS CUITS AU FOUR

■Le pain de mie tranché enveloppé dans un sac pour congélation se conserve 1 mois.

■Le pain maison, scellé dans un sac plastique, se conserve jusqu'à 3 mois.

■Les gâteaux sans garniture ni glaçage se conservent 3 mois. Les gâteaux avec glaçage se détériorent au bout de 2 mois ; les congeler non emballés jusqu'à ce que le glaçage durcisse, puis les envelopper de papier aluminium dans des récipients.

■Les biscuits se congèlent mieux quand ils ne sont pas cuits et se gardent 6 mois. Les biscuits cuits (refroidis et sans glaçage) peuvent se congeler en couches, intercalés de papier parcheminé, dans un récipient hermétique.

■Les croissants et autres viennoiseries se conservent 1 à 2 mois dans des sacs pour congélation.

■Les sandwichs se congèlent bien jusqu'à 1 mois.

HERBES AROMATIQUES

■Congeler des brins entiers de thym ou romarin dans des sacs pour congélation.

■La menthe, le basilic, la marjolaine et l'origan peuvent être hachés, mélangés à un peu d'eau et versés dans des bacs à glaçons. Enfermer les cubes congelés dans des sacs plastique et les étiqueter (il est difficile de reconnaître les herbes une fois hachées !).

■Le basilic, l'aneth, le cerfeuil, le persil et l'estragon peuvent être hachés, mélangés à du beurre et conservés en cylindres congelés pendant 2 mois.

CONSIGNES DE SÉCURITÉ

■Veiller à ce que la viande que vous achetez surgelée soit hermétiquement enveloppée.

■Dégeler au réfrigérateur le poulet congelé (2 à 3 heures par 500 g) afin d'éviter tout développement de bactéries. La décongélation de poulets entiers au micro-ondes est déconseillée car irrégulière.

■Dégeler au réfrigérateur ou au micro-ondes la viande congelée, jamais à température ambiante. Si la viande congelée est accidentellement décongelée (à la suite d'une coupure de courant, par exemple), ne jamais la recongeler.

■Retirer la viande de son emballage avant de la décongeler. Séparer les morceaux à mesure qu'ils dégèlent.

FRUITS ET LÉGUMES

■Les légumes doivent être blanchis avant congélation, et la plupart des fruits sont congelés dans un sirop de sucre ou dans du sucre.

Les baies rouges font exception car elles se congèlent sans procédé préalable. Garnir des plaques de four de film pour congélation et étaler les fruits lavés et séchés de sorte qu'ils ne se touchent pas. Mettre le congélateur au plus froid et congeler les fruits jusqu'à ce qu'ils durcissent (2 heures environ). Retirer du congélateur, les mettre dans des sacs pour congélation, expulser l'air et sceller.

herbes. On en trouve de la ciboulette fraîche, congelée ou séchée. Voir fines-herbes.

Cidre Boisson alcoolisée fabriquée avec du jus de pomme fermenté. Le cidre peut être non gazeux ou pétillant. On l'utilise en cuisine pour aromatiser les plats de viande, de volaille et de poisson, et aussi pour les desserts.

Cinq épices (poudre de) Mélange aromatique d'épices utilisé dans la cuisine asiatique, composé d'anis étoilé, de poivre du Setchouan, de cannelle, de clous de girofle et de graines de fenouil.

Citron Agrume de forme ovale, à peau jaune, à chair jaune pâle et au goût acide. Le citron est probablement originaire de l'Inde du Nord, puis il fut introduit en Chine et au Moyen-Orient. C'est un des fruits les plus employés en cuisine car son

jus acide et son zeste parfumé servent à aromatiser des plats salés ou sucrés, des boissons, des marinades, des sauces et des rafraîchissements. On

COQUILLES SAINT-JACQUES

BROCHETTES DE COQUILLES SAINT-JACQUES

✶ ✶   **Préparation :** 1 heure
       Cuisson : 5 à 10 minutes
       Pour 8 personnes

24 coquilles Saint-Jacques	1 cuil. à soupe de vin blanc
6 gros oignons nouveaux	2 cuil. à café de fines
2 courgettes	herbes séchées
2 carottes moyennes	¼ de cuil. à café d'oignon
15 g de beurre fondu	en poudre
2 cuil. à café de jus de citron	

1 Nettoyer les coquilles Saint-Jacques. Couper le vert des oignons en deux dans le sens de la longueur, puis en morceaux de 8 cm. Garnir une plaque de four de papier aluminium. Avec un épluche-légumes, râper les courgettes et les carottes en fins rubans. Plonger ces rubans 2 minutes dans de l'eau bouillante ; égoutter, puis les plonger dans de l'eau glacée.
Une fois froids, les égoutter et les essuyer avec du papier absorbant.
2 Rouler une noix dans un morceau d'oignon, de carotte et de courgette et fixer le tout avec une fine brochette. Répéter l'opération avec le reste des noix. Couvrir les extrémités des brochettes de papier aluminium pour éviter qu'elles ne brûlent.
3 Dans un bol, mélanger le beurre, le jus et le vin. En badigeonner les noix de Saint-Jacques. Saupoudrer d'herbes et d'oignon en poudre. Mettre au gril chaud 5 à 10 minutes, jusqu'à ce qu'elles soient tendres.

SALADE DE COQUILLES SAINT-JACQUES AU CITRON VERT ET AU GINGEMBRE

✶   **Préparation :** 20 minutes
   Cuisson : 2 minutes
   Pour 4 personnes

400 g de coquilles Saint-Jacques	½ cuil. à café de miel
1 cuil. à soupe d'huile d'arachide + ¼ de tasse supplémentaire	3 courgettes moyennes coupées en julienne
1 cuil. à soupe de jus de citron vert	2 carottes moyennes coupées en julienne
1 cuil. à café de gingembre frais râpé	2 oignons nouveaux coupés en rondelles diagonales d'1 cm
1 cuil. à soupe de coriandre fraîche hachée	

1 Laver la noix des coquilles et retirer la veine brune. Les essuyer avec du papier absorbant. Faire chauffer l'huile dans une poêle à fond épais ; y mettre les noix de Saint-Jacques. Faire dorer 2 minutes à feu vif, en les retournant une fois. Retirer du feu et réserver au chaud.
2 Dans un bocal doté d'un couvercle qui se visse, mettre le reste d'huile, le jus de citron vert, le gingembre, la coriandre et le miel. Agiter énergiquement.
3 Dresser un lit de légumes sur le plat de service ou sur les assiettes. Disposer les noix dessus, verser la sauce et garnir d'oignons nouveaux. Servir immédiatement.

Ci-dessus : Brochettes de coquilles Saint-Jacques.

CORIANDRE

AGNEAU ÉPICÉ À LA CORIANDRE

★ **Préparation :** 10 minutes
Cuisson : 1 heure 10
Pour 6 personnes

1 kg de côtes d'agneau	2 cuil. à café de cumin
1 cuil. à soupe d'huile	moulu
d'olive	1 cuil. à café de curcuma
2 petits oignons hachés	⅓ de tasse de coriandre
2 gousses d'ail écrasées	fraîche finement hachée
1 cuil. à soupe de	Poivre noir fraîchement
gingembre moulu	moulu
1 cuil. à soupe de coriandre	2 tasses de bouillon de
moulue	volaille

1 Parer la viande. Dans une casserole à fond épais, chauffer l'huile et faire revenir la viande en petite quantité à la fois à feu vif puis moyen, jusqu'à ce qu'elle soit bien rissolée.
L'égoutter sur du papier absorbant.
2 Ajouter l'oignon et l'ail et faire cuire 2 minutes. Incorporer le reste des ingrédients à l'exception du bouillon de volaille.
3 Remettre la viande dans la poêle et ajouter le bouillon ; porter à ébullition.
Baisser le feu et laisser mijoter 1 heure à couvert, jusqu'à ce que la viande soit tendre.
Servir avec du riz vapeur.

CI-DESSUS : TORTILLA CHIPS À LA CORIANDRE.

SALADE DE POMMES DE TERRE À LA CORIANDRE

Pour 4 à 6 personnes.

Couper 6 grosses pommes de terre (environ 2 kg) en épaisses rondelles et les faire cuire dans une casserole d'eau bouillante. Égoutter et réserver dans un saladier. Dans un bol, battre pendant 2 minutes ½ tasse de vinaigre de vin blanc, ⅓ de tasse d'huile d'olive, 1 gousse d'ail écrasée, 1 cuil. à soupe de gingembre finement haché et 1 cuil. à café de piment rouge haché. Verser la sauce sur les pommes de terre, garnir d'½ tasse de coriandre hachée et servir immédiatement.

TORTILLA CHIPS À LA CORIANDRE

★ ★ **Préparation :** 20 minutes
Cuisson : 10 minutes
Pour 24 chips

2 tortillas de 23 cm	425 g de haricots pinto
environ	(haricots secs) en boîte,
¼ de tasse d'huile environ	égouttés et grossièrement
	écrasés
Garniture	1 tasse de salsa épaisse
1 cuil. à soupe d'huile	(condiment mexicain en
1 oignon finement haché	bocal)
2 petits piments rouges	2 cuil. à soupe de coriandre
finement hachés	hachée
2 gousses d'ail écrasées	½ tasse de cheddar râpé (à
	défaut, utiliser de la
	mimolette)

1 Couper les tortillas en quartiers, puis chaque quartier en 3 triangles. Chauffer 2 cuil. à soupe d'huile dans une poêle, déposer quelques triangles et les faire dorer 30 secondes de chaque côté. Retirer de la poêle et égoutter sur du papier absorbant. Répéter l'opération avec le reste des triangles, en rajoutant de l'huile si nécessaire.
2 Garniture : chauffer l'huile dans une poêle ; ajouter l'oignon, l'ail et le piment, et faire remuer à feu moyen pendant 3 minutes. Incorporer les haricots, la salsa et la coriandre. Retirer du feu et laisser refroidir.
3 Étaler la garniture sur les triangles et saupoudrer de fromage. Mettre 1 minute au gril préchauffé, jusqu'à ce que le fromage ait fondu.

Remarque : on peut également cuire les chips au four. Les disposer sur une plaque et mettre au four préchauffé à 180 °C pendant 5 minutes. Ajouter la garniture et prolonger la cuisson de 3 à 5 minutes, jusqu'à ce que le fromage fonde.

À PROPOS DE LA CORIANDRE

■ Les feuilles hachées de cette herbe à l'arôme relevé ajoutent une délicieuse note de fraîcheur aux plats à base de poulet, d'agneau et de légumes.

utilise fréquemment des tranches de citron en décoration. Un filet de jus sur des fruits coupés évite que ceux-ci noircissent au contact de l'air.
Le citron

est riche en vitamine C, et on le trouve frais tout au long de l'année. On peut également acheter du jus de citron concentré.

Citron vert (lime)
Agrume à peau verte de la taille d'un petit citron, avec une pulpe acide de couleur vert-jaune. Son jus et son zeste râpé ajoutent une

note piquante aux plats sucrés (crèmes glacées, sorbets, mousses, soufflés et garnitures de tartes) et salés (currys, ragoûts, notamment au poulet et poisson). On cuit le citron vert en confitures, et on utilise son jus pour fabriquer des sirops de fruits et d'autres boissons. Il est originaire des pays tropicaux, et est très utilisé dans la cuisine de cette partie du monde. Les Espagnols l'ont introduit aux Caraïbes au XVIᵉ siècle. En Amérique latine et dans les Îles du Pacifique, on utilise le jus de citron vert pour "cuire" le poisson cru du ceviche.

Son arôme est étonnamment délicieux dans la garniture crémeuse et sucrée de certaines tartes au citron.

On le sert en condiment avec les plats de

viande et de poisson. Le zeste peut être confit et utilisé en décoration. Les meilleures saisons du citron vert sont le printemps et l'automne.

Citronnelle Herbe longue, touffue, à bouts pointus, au parfum très prononcé de citron, très répandue dans l'Asie tropicale du Sud-Est, et qui pousse très facilement. Le petit bulbe

blanchâtre est souvent employé dans les cuisines thaïlandaise et vietnamienne ; il parfume les currys, les soupes, les ragoûts, les plats mijotés, principalement ceux à base de poulet et de fruits de mer.

Avant d'ajouter la citronnelle à un plat, on en écrase la tige pour casser la chair et extraire le jus parfumé, ou l'on coupe le bas des tiges en laissant le haut intact ;

CORNED-BEEF

CORNED-BEEF SAUCE À L'OIGNON ET À LA CRÈME AU RAIFORT (POTÉE DE BŒUF)

☆ **Préparation :** 5 minutes
Cuisson : 1 heure 45
Pour 6 à 8 personnes

1 morceau de 1,5 kg de gîte de bœuf	**Sauce à l'oignon**
1 cuil. à soupe d'huile	30 g de beurre
1 cuil. à soupe de vinaigre de vin blanc	2 oignons blancs moyens, hachés
1 cuil. à soupe de sucre roux	2 cuil. à soupe de farine
4 clous de girofle	1 tasse 1/3 de lait
4 grains de poivre noir	**Crème au raifort**
2 feuilles de laurier	3 cuil. à soupe de
1 gousse d'ail écrasée	condiment au raifort
1 gros bouquet de persil	1 cuil. à soupe de vinaigre
4 carottes moyennes	de vin blanc
4 pommes de terre moyennes	Poivre noir fraîchement moulu
6 petits oignons	1/2 tasse de crème fouettée

1 Parer la viande. Chauffer l'huile dans une casserole à fond épais et faire cuire la viande à feu vif puis moyen pour la saisir sur toutes ses faces. Retirer la casserole du feu ; ajouter le vinaigre, le sucre, la girofle, le poivre, le laurier, l'ail et le persil.

2 Couvrir d'eau et remettre sur le feu. Baisser le feu, couvrir et porter doucement à ébullition. Laisser mijoter 30 minutes. Couper les carottes et les pommes de

terre en gros morceaux ; les mettre dans la casserole avec les oignons et prolonger la cuisson de 1 heure à couvert. Retirer les légumes à l'aide d'une écumoire et réserver au chaud. Réserver 1/2 tasse de jus de cuisson pour la sauce à l'oignon.

3 Retirer la viande de la casserole et jeter le jus et les épices. Couper la viande en tranches et la servir avec les légumes, la sauce à l'oignon et la crème au raifort.

4 Sauce à l'oignon : chauffer le beurre dans une petite casserole. Ajouter l'oignon et le faire revenir 10 minutes à petit feu jusqu'à ce qu'il soit tendre mais pas brun.

Transférer l'oignon dans un bol. Ajouter la farine au restant de beurre dans la casserole ; remuer 2 minutes à feu doux. Ajouter le lait et la 1/2 tasse de jus peu à peu ; remuer jusqu'à ébullition et épaississement. Laisser bouillir 1 minute ; retirer du feu et incorporer l'oignon cuit. Assaisonner.

5 Crème au raifort : mélanger tous les ingrédients pour former une crème homogène.

À PROPOS DU CORNED-BEEF

■ Le corned-beef est une viande de bœuf salée, à la couleur rosée. On le trouve, prêt-à-cuire, dans les boucheries ou le rayon viande de certains supermarchés. La viande est généralement cuite dans un bouillon parfumé au clou de girofle et à l'oignon.

■ Le corned-beef cuit est également disponible dans les charcuteries et traiteurs en tranches froides. Il convient très bien pour les sandwichs et salades.

PAGE CI-CONTRE : COURGETTES À LA CRÈME AU CUMIN. CI-DESSUS : CORNED-BEEF SAUCE À L'OIGNON ET À LA CRÈME AU RAIFORT.

COURGETTES

CARRÉS AUX COURGETTES, AUX POMMES ET AUX ABRICOTS

✳ ✳ **Préparation :** 20 minutes + 10 minutes
de repos
Cuisson : 1 heure
Pour 8 personnes

125 g de beurre
½ tasse de sucre roux
2 jaunes d'œufs
1 tasse de farine complète
  avec levure incorporée
¼ de tasse de germes de blé
¼ de tasse d'abricots secs
  finement hachés
¼ de tasse d'eau
  bouillante

425 g de compote de
  pommes en boîte
1 petite courgette râpée
½ tasse de flocons d'avoine
½ tasse de noix de coco
  séchée
2 cuil. à soupe de miel
2 blancs d'œuf battus en
  neige

1 Préchauffer le four à 180 °C. Beurrer un moule à gâteau rectangulaire (à bords bas) de 20 x 30 cm environ. Garnir le fond et les bords de papier parcheminé beurré.
2 Dans un bol, battre le beurre et le sucre pour obtenir un mélange léger. Ajouter les jaunes d'œuf et bien mélanger. Avec une cuillère en métal, incorporer la farine tamisée et les germes de blé. Tasser le mélange sur le fond du moule.
3 Faire tremper les abricots dans l'eau bouillante pendant 10 minutes, jusqu'à ce que le liquide soit presque entièrement absorbé.
4 Étaler la compote de pommes sur la pâte du moule. Dans un bol, mélanger les abricots non égouttés avec la courgette, l'avoine, la noix de coco et le miel. Incorporer les blancs en neige avec une cuillère en métal.

5 Verser ce mélange sur la couche de pommes et égaliser la surface. Faire cuire 1 heure jusqu'à ce que la surface dore. Laisser refroidir dans le moule. Servir coupé en carrés avec du yaourt aromatisé, par exemple.

COURGETTES À LA CRÈME AU CUMIN

✳ **Préparation :** 5 minutes
Cuisson : 12 minutes
Pour 4 à 6 personnes

1 citron
4 grosses courgettes
30 g de beurre
1 cuil. à soupe d'huile
½ tasse de crème

½ cuil. à café de graines
  de cumin

Sel et poivre noir
  fraîchement moulu

1 Râper l'équivalent de ½ cuil. à café de zeste du citron et presser l'équivalent de 2 cuil. à café de jus. Réserver. Couper les courgettes en rondelles de 5 mm. Chauffer le beurre et l'huile dans une grande poêle et y mettre la moitié des rondelles de courgettes. Faire cuire à feu vif puis moyen 2 minutes de chaque côté. Retirer de la poêle ; égoutter sur du papier absorbant ; réserver au chaud. Répéter l'opération avec le reste des courgettes.
2 Dans la poêle, mettre les graines de cumin et remuer 1 minute à feu doux. Ajouter le jus et le zeste de citron ; porter à ébullition. Ajouter la crème et faire bouillir 2 minutes jusqu'à ce que la sauce épaississe légèrement ; assaisonner. Ne pas faire trop bouillir la sauce, qui pourrait tourner.
3 Remettre les courgettes dans la poêle et remuer 1 minute à feu doux pour bien les réchauffer. Servir chaud ou froid.

enlever les tiges avant de servir.

On peut se procurer de la citronnelle chez les primeurs ou dans les magasins d'alimentation asiatique. On trouve également des tiges séchées et moulues ou râpées ; les tiges moulues peuvent être ajoutées directement aux plats, alors qu'il faut faire tremper les tiges râpées avant utilisation.
À défaut, un zeste de citron et une pincée de gingembre finement râpés remplacent la citronnelle fraîche.

Citrouille Voir Courge.

Clam Coquillage marin à chair comestible protégée par deux grandes coquilles articulées, et portant de fines stries circulaires. On ouvre les clams de la même façon que les huîtres ; leur chair peut être mangée crue, présentée sur une demi-coquille sur laquelle chaque convive ajoutera un filet de jus de citron.
La côte Est de l'Amérique du Nord est célèbre pour ses pique-niques d'été composés de clams et fruits de mer cuits au barbecue. Au Japon, le bouillon de clams est servi lors des repas de noces. En Italie, les petits clams (vongole) constituent souvent un

ingrédient des sauces pour les pâtes.

Clarifier Débarrasser un liquide de ses impuretés ou de ses sédiments. On clarifie les bouillons pour en faire des potages clairs en ajoutant un blanc d'œuf lorsqu'ils sont refroidis, puis on chauffe à nouveau. En coagulant, le blanc d'œuf retient toutes les impuretés dans une mousse opaque qui se forme à la surface du bouillon, que l'on ôte ensuite à l'aide d'une écumoire.

Clémentine Agrume rond de petite taille résultant d'un croisement de mandarinier et d'oranger. La clémentine a une peau orangée facile à éplucher ; sa chair est également orangée, juteuse, légèrement acidulée et sans pépins.

Clou de girofle Bourgeon fleuri séché au soleil, parfumé, provenant d'un arbre à feuillage persistant originaire des Iles Moluques, ou Iles des Épices, en Indonésie. Les clous de girofle ont un arôme à la fois doux et piquant, et

une senteur chaude, fruitée, légèrement amère. Son usage, à la fois en médecine (on pensait qu'il combattait la peste), et en cuisine (comme conservateur de viande et

ROULEAUX AUX COURGETTES

✳ **Préparation :** 12 minutes + 1 heure de réfrigération
Cuisson : 15 minutes
Pour 25 rouleaux

2 courgettes moyennes grossièrement râpées
1 petit oignon râpé
60 g de salami finement haché
1 gousse d'ail écrasée
1/2 tasse de parmesan frais râpé
4 rouleaux de pâte phyllo
60 g de beurre fondu
1/3 de tasse de chapelure

1 Huiler 2 plaques de four de 32 x 28 cm environ. Dans un saladier, mélanger les courgettes, l'oignon, le salami, l'ail et le parmesan.
2 Badigeonner légèrement de beurre chaque rouleau de pâte et les disposer les uns sur les autres. Verser le mélange à la courgette sur la pâte en laissant une bordure de 5 cm sur un côté. Saupoudrer de chapelure.
3 Rouler la pâte très serrée vers la bordure. Badigeonner le rouleau du reste de beurre ; couvrir d'un film plastique et laisser reposer 1 heure au réfrigérateur. Préchauffer le four à 210 °C. Avec un couteau tranchant, couper le rouleau en 25 tranches ; les disposer sur les plaques préparées. Faire cuire 15 minutes, jusqu'à ce que les rouleaux soient dorés. Laisser refroidir sur les plaques.

TARTE À LA COURGETTE ET AU FROMAGE

✳ **Préparation :** 30 minutes
Cuisson : 30 minutes
Pour 4 à 6 personnes

4 grosses courgettes grossièrement râpées
250 g de feta
250 g de ricotta
2 cuil. à soupe de menthe hachée
8 rouleaux de pâte phyllo
2 cuil. à soupe d'huile d'olive
2 cuil. à soupe de graines de pavot

1 Préchauffer le four à 200 °C. À l'aide d'une cuillère en bois, mélanger les courgettes avec les fromages et la menthe.
2 Huiler chaque rouleau de pâte phyllo et les plier en deux pour former un plus petit rectangle. Mettre un rouleau plié dans un moule à tarte de 23 cm environ, bien huilé, le badigeonner d'huile et poser un deuxième rouleau par-dessus. Étaler 1/3 de la garniture sur la pâte. Répéter jusqu'à ce que tous les rouleaux et la garniture soient utilisés. Terminer par un rouleau de pâte plié. Badigeonner la surface d'huile et saupoudrer de graines de pavot.
3 Faire cuire 10 minutes, puis baisser la température à 180 °C et prolonger la cuisson de 20 minutes, jusqu'à ce que la pâte soit dorée. Couper en parts et servir.

CI-DESSUS : TARTE À LA COURGETTE ET AU FROMAGE ; CI-CONTRE : ROULEAUX AUX COURGETTES. PAGE CI-CONTRE : CRABE À LA SAUCE AUX HARICOTS NOIRS.

CRABE

CRABE À LA SAUCE AUX HARICOTS NOIRS

⁕　　**Préparation :** 40 minutes
　　Cuisson : 10 minutes
　　Pour 4 personnes

4 crabes	1 cuil. à café d'ail
1 oignon moyen	finement haché
½ poivron rouge	1 cuil. à café de gingembre
½ poivron vert	finement haché
2 oignons blancs	1 cuil. à café de sucre
½ tasse d'huile	1 cuil. à soupe de sauce de soja
3 cuil. à café de haricots noirs	⅓ de tasse d'eau
salés finement hachés	2 cuil. à café de Maïzena

1 Retirer le lien rigide sous le ventre des crabes.
2 Retirer la carapace dorsale ; ôter les parties grises fibreuses. Laver les crabes et les couper en deux. Casser les grosses pinces à l'aide d'un maillet de boucher. Couper les légumes en julienne.

3 Chauffer l'huile dans un wok (à défaut, utiliser une grande poêle à fond épais) et faire cuire les morceaux de crabe pendant 3 minutes. Égoutter sur du papier absorbant. Passer l'huile et remettre l'équivalent de 2 cuil. à soupe dans le wok. Faire sauter les haricots noirs, l'ail et le gingembre en remuant 30 secondes. Ajouter le sucre et les légumes et faire sauter 2 minutes.

4 Ajouter le crabe. Dans un bol, mélanger la sauce de soja, l'eau et la Maïzena et verser le tout dans le wok. Faire cuire jusqu'à ébullition et épaississement.

À PROPOS DU CRABE

■ Les crabes s'achètent crus ou cuits. Sauf les étrilles bleues - toujours proposées non cuites - la plupart des autres crabes vendus crus doivent être encore vivants, sinon la chair se détériore rapidement. Les crabes cuits doivent avoir des membres intacts sans décoloration au niveau des articulations, et une agréable odeur de mer.

1

2

3

4

comme aromate dans de nombreux plats), était déjà très répandu au Moyen-Âge. On emploie les clous de girofle dans les compotes de fruits, les pains d'épices, les plats de porc et de jambon, les sauces, les condiments, les chutneys, les marinades, les vins et les liqueurs. On les trouve entiers ou en poudre.

Cochon de lait Jeune porcelet âgé de huit semaines ou moins, très apprécié pour sa chair succulente, riche et douce. On peut cuire le cochon de lait entier, à la broche sur un feu de bois, ou le rôtir au four.

Cocktail Boisson alcoolisée généralement composée d'alcools et de liqueurs, souvent avec du jus de fruits ou de légumes, parfois sucrée, et mélangée ou secouée au shaker. On sert le cocktail frais, à l'apéritif par exemple. Les cocktails non alcoolisés sont préparés avec un mélange de jus de fruits et de boisson gazeuse. Le cocktail est probablement une invention américaine.

Cœur de palmier Chair tendre, de couleur pâle, de certains palmiers.

Cognac Alcool distillé à partir du raisin. Cette eau-de-vie se déguste souvent en fin de repas ; en cuisine, on utilise un cognac spécifique pour aromatiser divers plats salés et sucrés, des sauces, des plats mijotés, des pâtés, des terrines, des consommés, des cakes, des desserts aux fruits, et également pour flamber certaines préparations.

Coing Gros fruit parfumé, à peau jaune, de forme ronde ou allongée comme une poire, et généralement trop dur et trop amer pour être consommé cru ; mais dès lors qu'il est cuit, sa chair devient rose, délicatement parfumée, et prend la texture

légèrement granuleuse de la compote de poires. Le coing appartient à la famille de la pomme et de la poire. Il peut être cuit à feu doux pour garnir des tartes ou des tourtes, au four en fruit entier comme dessert, transformé en pâte de coing pour accompagner des fromages doux, rôti pour accompagner du gibier. Le coing, très riche en pectine, est souvent transformé en gelées, en marmelades et

CRABE PIMENTÉ AUX NOUILLES

☆ **Préparation :** 20 minutes
Cuisson : 7 à 10 minutes
Pour 4 à 6 personnes

10 à 12 grandes feuilles de chou chinois
2 cuil. à soupe d'huile
200 g de nouilles aux œufs, cuites et refroidies
2 cuil. à café de gingembre râpé
1 gousse d'ail hachée
200 g de chair de crabe en morceaux

1 botte d'asperges coupées en morceaux de 4 cm, cuits
1 tasse de pousses de bambou
1 poivron rouge émincé
1 cuil. à soupe d'huile
2 cuil. à soupe de sauce de soja
1 cuil. à café de sauce pimentée

1 Plonger les feuilles de chou, une à une, 30 secondes dans de l'eau bouillante, puis dans de l'eau glacée. Retirer et essuyer sur un torchon propre.
2 Chauffer l'huile dans une grande poêle, mettre les nouilles et les cuire 3 à 4 minutes.
Retirer et réserver. Jeter l'huile de la poêle, ajouter le gingembre, l'ail et la chair de crabe, et remuer 2 à 3 minutes. Retirer et réserver avec les nouilles.
3 Ajouter les asperges, les pousses de bambou et le poivron au mélange.
Dans un bol, réunir l'huile, la sauce de soja et le piment, verser sur le mélange aux nouilles et bien remuer.
4 Disposer les feuilles de chou sur un grand plat de service, et le crabe aux nouilles dans un saladier. Chacun garnira et roulera sa propre feuille de chou.
Servir éventuellement avec de la sauce pimentée.

CROQUETTES DE CRABE À LA SALSA PIQUANTE

☆ **Préparation :** 30 minutes + 30 minutes de réfrigération + 1 heure de repos
Cuisson : 5 à 6 minutes par bain de friture
Pour 6 personnes

100 g de vermicelles coupés en morceaux de 8 cm
600 g de chair de crabe
2 cuil. à soupe de persil frais finement haché
1 petit poivron rouge haché
¼ de tasse de parmesan frais finement râpé
¼ de tasse de farine
2 oignons nouveaux finement hachées
Poivre noir fraîchement moulu

2 œufs légèrement battus
2 à 3 cuil. à soupe d'huile à friture

Salsa piquante
2 grosses tomates mûres
1 oignon moyen finement haché
2 gousses d'ail écrasées
1 cuil. à café d'origan séché
2 cuil. à soupe de sauce pimentée douce

1 Faire cuire les vermicelles à l'eau bouillante ; les égoutter. Dans un grand récipient, réunir les nouilles, la chair de crabe, le persil, le poivron, le parmesan, la farine, les oignons et le poivre. Ajouter les œufs et bien mélanger.
2 Former 12 galettes plates avec le mélange ; réfrigérer pendant 30 minutes. Chauffer l'huile dans une grande poêle à fond épais et faire frire les croquettes, quelques-unes à la fois, à feu vif puis moyen jusqu'à ce qu'elles dorent. Servir accompagné de salsa piquante.
3 Salsa piquante : mélanger tous les ingrédients dans un bol. Laisser reposer 1 heure à température ambiante.

CRÈMES

CRÈME VANILLÉE AU FOUR

✱ **Préparation :** 10 minutes
Cuisson : 40 minutes
Pour 4 personnes

2 tasses de lait
3 œufs
¹⁄₄ de tasse de sucre en poudre

¹⁄₄ de tasse d'essence de vanille
Muscade moulue

1 Préchauffer le four à 180 °C. Huiler un plat à four. Dans un bol, battre le lait, les œufs, le sucre et la vanille pendant 2 minutes.
2 Verser le mélange dans le plat et saupoudrer de muscade.
3 Mettre le plat de crème dans un plat à four plus grand, rempli d'eau froide jusqu'à la moitié du plat de crème. Faire cuire 20 minutes, puis baisser la température à 160 °C. Prolonger la cuisson de 20 minutes (vérifier à l'aide d'une lame de couteau : elle doit en ressortir sèche). Retirer immédiatement le plat de l'eau. Servir tiède ou chaud, avec des fruits.

CRÈME ANGLAISE VANILLÉE

✱ ✱ **Préparation :** 10 minutes
Cuisson : 12 minutes
Pour 600 ml environ

2 tasses de lait
4 jaunes d'œuf
¹⁄₄ de tasse de sucre en poudre

1 cuil. à café d'essence de vanille

1 Faire chauffer le lait (presque à ébullition) dans une casserole à double fond. Dans un bol, battre les jaunes d'œuf et le sucre et verser ce mélange peu à peu dans le lait chaud.
2 Faire cuire la crème au bain-marie et mélanger avec un batteur rotatif jusqu'à ce que la crème nappe le batteur. Retirer du feu et continuer à battre de temps en temps jusqu'à ce que la crème refroidisse. Incorporer la vanille et réfrigérer.

Remarque : à défaut de casserole à double fond, préparer la crème en chauffant le lait dans une casserole et en le transvasant dans un saladier résistant à la chaleur que vous placerez au-dessus d'une casserole. Veiller à ce que le bol de lait ne touche pas l'eau frémissante.

CI-DESSUS : CRÈME VANILLÉE AU FOUR.
PAGE CI-CONTRE, EN HAUT : CRABE PIMENTÉ AUX
NOUILLES ; EN BAS : CROQUETTES DE CRABE À LA
SALSA PIQUANTE.

À PROPOS DE LA CRÈME ANGLAISE

■ Il existe deux sortes de crèmes anglaises : l'une cuite au bain-marie, l'autre cuite au four.
Les deux suivent les mêmes méthodes et emploient les mêmes ingrédients.
■ On cuit toujours la crème à feu très doux (au bain-marie). Ceci est important si l'on veut qu'elle prenne son velouté caractéristique.
Toutefois, si l'on ajoute de la Maïzena, on peut la cuire directement sur le feu sans risquer de la faire tourner.
■ Le succès d'une crème anglaise dépend également de la façon dont on bat les œufs, le sucre et le lait ; selon les recettes, le mélange doit être battu de telle sorte qu'il soit homogène de couleur et de consistance.
■ Une crème cuite au bain-marie est suffisamment épaisse lorsqu'elle nappe le dos d'une cuillère en métal. Si la crème tourne, la retirer immédiatement du feu et la verser dans un plat froid posé au-dessus d'un bol de glace ; battre vigoureusement et la crème devrait retrouver sa fluidité.
■ Si une crème cuite au bain-marie est retirée immédiatement du feu, elle se liquéfiera au repos.
Une chaleur trop intense fera tourner et se liquéfier la crème ; aucune rectification ne sera alors possible.

en confitures (le niveau de pectine est encore plus élevé lorsque le fruit est cueilli avec une peau de couleur vert-jaune). Les coings au sirop sont le dessert favori des Italiens du Nord. Au Moyen-Orient, il est souvent farci avec des pois, des haricots ou avec de la viande hachée et des épices.

Le coing est originaire d'Asie, et est parvenu jusqu'à la Méditerranée orientale dans l'antiquité. À cette époque, il était populaire chez les Grecs qui le mangeaient évidé et cuit avec du miel. Ce fruit, connu du Nord à l'Ouest, a changé de nom : ainsi en France du sud, *kydonia* est devenu *cydonea*, dans la France du nord, *coing*, et de l'autre côté de la Manche, *quince*.

Dans la mythologie grecque, le coing était en fait la

célèbre pomme dorée offerte par Paris à Aphrodite, déesse de l'amour. Depuis l'antiquité, le coing est le symbole de l'amour, du mariage et de la fertilité ; dans l'Europe médiévale, un présent de coings symbolisait la déclaration d'un fervent amour.

Colby Fromage au lait de vache à pâte tendre, ressemblant au cheddar. Il est de couleur jaune, son goût est doux et fruité, et il est parsemé de petits trous.

Colcannon Plat d'origine irlandaise composé de chou cuit, d'oignons sautés et de purée de pommes de terre, mélangés ensemble avec du beurre et du lait chaud.

Coleslaw Salade anglo-saxonne composée de chou finement haché et d'autres légumes tels que des carottes, du céleri, des poivrons, des oignons, et servie avec une mayonnaise.

Concombre Cucurbitacée à chair pâle, croustillante, juteuse. On peut consommer les concombres crus, en salade mais aussi cuits ou comme condiment.

Confit Portion de canard, d'oie ou de porc, conservé plongé dans sa propre graisse. Spécialité du sud-ouest de la France, le confit est

CRÈME BRÛLÉE ET PRUNES AU CITRON VERT

⁂ **Préparation :** 1 heure + 2 heures de réfrigération
Cuisson : 1 heure 10
Pour 6 personnes

3 tasses de crème liquide	**Prunes au citron vert**
2 gousses de vanille	825 g de prunes
8 jaunes d'œuf	dénoyautées en boîte
1/2 tasse de sucre en poudre	1/3 de tasse de jus de citron
1 cuil. à café d'essence de	vert
vanille	Le zeste de 2 citrons verts,
3 cuil. à café de sucre	finement râpé

1 Mettre la crème liquide et les gousses de vanille dans une grande casserole à fond épais. Porter à ébullition et retirer du feu.
Laisser infuser. Retirer les gousses, les rincer et les garder pour une autre utilisation. Battre les jaunes d'œuf et le sucre dans un saladier résistant à la chaleur pour obtenir un mélange pâle et épais. Mettre le saladier au-dessus d'une casserole d'eau frémissante et faire cuire sans cesser de battre jusqu'à ce que le mélange soit chaud. Ajouter la crème peu à peu en battant pendant 10 minutes environ. Continuer à remuer jusqu'à ce que le mélange épaississe légèrement et nappe le dos d'une cuillère en bois. Retirer du feu et incorporer l'essence de vanille. Verser le mélange dans 6 ramequins. Réfri-

gérer jusqu'à ce la crème prenne (compter 2 heures environ).

2 Prunes au citron vert : mélanger tous les ingrédients dans une casserole à fond épais. Remuer à feu doux jusqu'à ce que le sucre se dissolve complètement. Porter à ébullition, baisser le feu et laisser mijoter 40 minutes en remuant de temps en temps et en veillant à garder les prunes entières. Lorsque le liquide a réduit et s'est épaissi, retirer du feu et laisser refroidir.

3 Une demi-heure avant de servir, saupoudrer des ramequins d'1/2 cuil. à café de sucre chacun. Les disposer dans un grand plat rempli de glaçons. Mettre sous un gril chaud préchauffé jusqu'à ce que le sucre caramélise (10 minutes environ). Servir immédiatement avec les prunes au citron vert.

CRÈME PÂTISSIÈRE

Pour 375 ml.

Battre 3 jaunes d'œufs avec 1/4 de tasse de sucre, 1 cuil. à soupe de farine, 1 cuil. à soupe de Maïzena jusqu'à ce que le mélange soit pâle. Dans une casserole, porter 1/2 tasse de lait presque à ébullition et retirer du feu. Verser le lait peu à peu dans la préparation, sans cesser de battre. Passer la crème au chinois dans la casserole. Remuer constamment à feu moyen jusqu'à ébullition et épaississement. Retirer du feu ; ajouter 1 cuil. à café d'essence de vanille. Couvrir la casserole de film plastique pour éviter la formation d'une peau et laisser refroidir. Cette crème s'utilise pour fourrer choux et gâteaux.

CRÈME CARAMEL

✷ ✷   **Préparation :** 25 minutes + 6 heures
      de réfrigération
    Cuisson : 40 à 45 minutes
    Pour 8 personnes

Caramel	1 litre de lait chauffé
1 tasse de sucre	6 œufs
1/4 de tasse d'eau	1 1/2 cuil. à café d'essence
	de vanille
Crème	
1/2 tasse de sucre	

1 Caramel : préchauffer le four à 180 °C. Beurrer 8 ramequins résistant au four.

Dans une casserole, mettre le sucre et l'eau. Remuer à feu doux jusqu'à ce que le sucre se dissolve.

Porter à ébullition, baisser le feu et laisser mijoter 5 à 10 minutes jusqu'à ce que le mélange caramélise. Retirer du feu. Verser un peu de caramel au fond des ramequins et les tourner pour en napper la base.

2 Crème : mettre le sucre et le lait dans une casserole et remuer doucement à feu doux jusqu'à ce que le sucre se dissolve. Dans un bol, battre les œufs et la vanille pendant 2 minutes et incorporer dans le lait chaud. Passer au chinois dans un pot.

CI-DESSUS : CRÈME CARAMEL.
PAGE CI-CONTRE : CRÈME BRULÉE.

3 Répartir la crème dans les ramequins et les disposer dans un plat à four.

Verser de l'eau chaude dans le plat jusqu'à mi-hauteur. Faire cuire 30 minutes jusqu'à ce que la crème prenne et qu'un couteau plongé au centre en ressorte propre. Laisser refroidir et mettre 6 heures minimum au réfrigérateur.

4 Pour démouler, passer un couteau autour de la circonférence de chaque ramequin et retourner délicatement la crème sur l'assiette. Secouer doucement si nécessaire. Servir avec de la crème fouettée et des fraises, par exemple.

TARTELETTES À LA CRÈME

✷ ✷   **Préparation :** 30 minutes + 20 minutes
      de réfrigération
    Cuisson : 45 minutes
    Pour 12 tartelettes de 10 cm

2 tasses de farine	**Garniture**
1/3 de tasse de farine de riz	3 œufs
1/4 de tasse de sucre glace	1 tasse 1/4 de lait
120 g de beurre	1/4 de tasse de sucre
1 jaune d'œuf	1 cuil. à café d'essence de
1/4 de tasse d'eau glacée	vanille
1 blanc d'œuf légèrement	1/2 cuil. à café de muscade
battu	

1 Mettre les farines, le sucre glace et le beurre dans un mixeur. Mélanger 20 secondes pour obtenir une texture fine et friable.

Ajouter le jaune d'œuf et presque toute l'eau et mixer 30 secondes jusqu'à formation d'une pâte, en ajoutant de l'eau si nécessaire.

Pétrir sur un plan de travail fariné. Diviser la pâte en 12 portions égales. Les étaler pour garnir 12 moules individuels de 10 cm. Réfrigérer pendant 20 minutes.

2 Préchauffer le four à 180 °C.

Garnir chaque moule de papier parcheminé et d'une couche de haricots secs ou de riz. Mettre les tartelettes sur une plaque de four et les faire cuire 10 minutes. Retirer du four ; jeter le papier et les haricots.

Remettre 10 minutes au four, jusqu'à ce que la pâte commence à dorer.

Laisser refroidir. Badigeonner le fond et les bords de chaque tartelette de blanc d'œuf battu.

3 Garniture : baisser la température du four à 150 °C. Battre les œufs et le lait ; ajouter le sucre peu à peu sans cesser de battre. Incorporer l'essence de vanille.

Passer le mélange au chinois dans un pot et verser dans les tartelettes.

Saupoudrer de muscade et faire cuire 25 minutes jusqu'à ce que la crème soit juste prise. Servir les tartelettes à température ambiante.

habituellement vendu en bocaux scellés.

Confiture Fruits cuits dans de l'eau et du sucre jusqu'à ce qu'ils prennent. La rapidité de la prise dépend de la teneur en pectine du fruit (les fruits mûrs contiennent naturellement de la pectine, mais on peut également ajouter de la pectine que l'on trouve dans les épiceries, si la quantité est insuffisante). Les fruits à forte teneur en pectine sont les pommes, les mûres, les citrons, les oranges, les coings et les groseilles. L'un de ces fruits peut être mélangé à un autre fruit à faible teneur en pectine pour obtenir une confiture bien prise. La confiture est préparée avec des fruits entiers qui sont écrasés ou coupés en morceaux ; elle diffère en ceci des fruits en sirop, qui restent intacts, mais aussi de la gelée qui est fabriquée avec le jus des fruits, tamisé pour enlever toutes les particules, puis mis à bouillir avec du sucre. La préparation de la marmelade est similaire, mais on n'emploie que des agrumes (fruit unique ou mélange).

Congélation Méthode de conservation de la nourriture consistant à entreposer les aliments au point de congélation, ou à une température inférieure. La congélation stoppe le développement des bactéries, des moisissures et des champignons.

Consommé Soupe riche, claire, préparée à partir de bouillon de bœuf ou de volaille réduit et clarifié. On peut le servir chaud ou froid, souvent avec de très fines tranches de viande ou de légumes, ou avec du vermicelle.

Coquille Saint-Jacques Mollusque à coquille cannelée et en éventail. Il se déplace à l'aide d'un grand muscle qui ouvre et ferme sa coquille alternativement ; c'est ce muscle, de couleur blanchâtre ou rosée, que

l'on mange ; le corail, également comestible, est parfois délaissé. Les coquilles Saint-Jacques sont généralement cuisinées et servies dans leur coquille. On peut également les pocher, et les refroidir avant de les ajouter à une salade de fruits de mer.

Coriandre Ombellifère à feuilles vertes dentelées très aromatisées. Les feuilles, également appelées persil chinois, s'utilisent fraîches ; les racines, finement écrasées, ont un goût similaire mais

CRÈMES ET NAPPAGES

CARAMEL LIQUIDE

Porter 1 tasse d'eau à ébullition dans une casserole. Ajouter 1 tasse de sucre en poudre et remuer jusqu'à ce qu'il se dissolve. Remettre la casserole sur le feu et porter à ébullition. Faire bouillir rapidement (sans remuer) jusqu'à ce que le caramel se forme, en détachant de temps en temps les cristaux de sucre des parois de la casserole à l'aide d'un pinceau trempé dans de l'eau froide. Mettre la casserole dans un évier et, avec la main recouverte d'un torchon, verser $1/2$ tasse d'eau dans la casserole (attention aux éclaboussures). Remettre la casserole sur le feu et remuer jusqu'à dissolution du caramel. Réfrigérer avant de la servir.

SAUCE À LA VANILLE

Faire chauffer 1 tasse de crème fraîche liquide et $1/2$ tasse de lait dans une casserole juste avant le point d'ébullition. Avec un batteur électrique, mixer 3 jaunes d'œuf, 1 cuil. à café de Maïzena et 2 cuil. à soupe de sucre dans un bol, et verser le lait chaud sur les œufs sans cesser de battre. Remettre le mélange sur le feu et faire cuire doucement en remuant constamment, sans faire bouillir. Passer la sauce au chinois dans un bol froid ; ajouter $1/2$ cuil. à café d'essence de vanille et réfrigérer.

SAUCE AU RHUM OU À L'EAU-DE-VIE

Mixer 1 jaune d'œuf et 2 cuil. à soupe de sucre au batteur, jusqu'à ce que la couleur soit pâle. Incorporer 2 cuil. à soupe de rhum ou d'eau-de-vie et $1/2$ tasse de crème fraîche liquide légèrement fouettée. Incorporer 1 blanc d'œuf battu en neige. Servir dans la demi-heure.

CHOCOLAT CHAUD

Concasser 100 g de chocolat noir et le mettre dans une petite casserole avec 30 g de beurre, 2 cuil. à soupe de mélasse, $1/2$ tasse de sucre roux et $1/2$ tasse de crème fraîche liquide. Remuer à feu doux jusqu'à ce que les ingrédients fondent. Porter à ébullition et retirer du feu. Servir tiède ou chaud.

COULIS DE FRAISES

Mettre 250 g de fraises équeutées dans un mixeur avec 2 cuil. à soupe de sucre en poudre et 1 cuil. à soupe de jus de citron ou d'orange.
Mixer jusqu'à obtention d'un mélange homogène ; passer au chinois si on le désire. Réfrigérer avant de servir.

CRÈME ÉPAISSE

Travailler 125 g de beurre doux en crème. Ajouter peu à peu 2 tasses de sucre glace tamisé et battre jusqu'à ce que le mélange soit crémeux et léger. Incorporer 1 cuil. à soupe d'eau-de-vie, de whisky ou de rhum. Couvrir et réfrigérer jusqu'à ce que la crème soit ferme.

SAUCE BUTTERSCOTCH

Mettre 60 g de beurre dans une casserole avec 1 tasse de sucre roux, 1 tasse de crème fraîche liquide et 2 cuil. à soupe de mélasse raffinée.
Remuer à petit feu jusqu'à ce que la crème soit homogène. Porter à ébullition et laisser mijoter 1 minute. Laisser refroidir.

CI-DESSUS : SUNDAE AU COULIS DE FRAISES.
PAGE CI-CONTRE : PETITES CRÊPES ÉPAISSES.

CRÊPES ET PANCAKES

PETITES CRÊPES (ÉPAISSES)

✱ **Préparation :** 10 minutes
Cuisson : 15 minutes
Pour 16 petites crêpes

1 tasse de farine avec levure incorporée	½ cuil. à café de jus de citron ou de vinaigre
2 cuil. à soupe de sucre	½ à ¾ de tasse de lait
¼ de cuil. à café de bicarbonate de soude	1 œuf légèrement battu
	30 g de beurre fondu + beurre fondu en sup.

1 Tamiser la farine, le sucre et le bicarbonate dans une terrine. Ajouter le jus et le vinaigre au lait pour le faire cailler ; laisser reposer 5 minutes.

2 Faire un puits au centre de la préparation de farine et ajouter l'œuf, ½ tasse de lait et le beurre ; bien mélanger pour obtenir une pâte homogène.
Si la pâte est trop épaisse pour couler de la cuillère, ajouter le reste du lait.

3 Beurrer une poêle. Verser 1 ou 2 cuil. à soupe de pâte, en les espaçant de 2 cm. Les faire cuire à feu moyen pendant 1 minute.
Tourner les crêpes et les faire cuire sur l'autre face. Retirer du feu et continuer avec le reste de pâte. Servir chaud avec une noix de beurre.

À PROPOS DES CRÊPES

■ La pâte à crêpe gagne à reposer, mais ne se conserve pas bien. Ne préparer que la quantité de pâte voulue, environ 1 ou 2 heures avant de commencer à les cuire.

■ Varier le goût de vos crêpes en utilisant diverses farines : maïs, sarrasin ou blé complet.

■ Les crêpes se consomment sucrées ou salées. On peut les garnir de restes de ragoûts, de sauces pour pâtes ou de béchamel en guise de dîner rapide.

■ Utiliser une louche pour verser la pâte dans la poêle. Les poêles à crêpes sont idéales, mais une poêle en métal à fond épais fera l'affaire ; la surface de cuisson doit être très chaude.

plus prononcé. Elles sont toutes deux les principaux ingrédients des cuisines d'Asie du Sud-Est, de Chine, d'Amérique centrale et du Moyen-Orient. On emploie les graines grillées et broyées dans les currys ; en Europe du Nord les graines de coriandre sont utilisées pour les condiments, les chutneys et les marinades.

Corned Beef Conserve d'un morceau de bœuf trempé de saumure. Après ce traitement, la viande prend une couleur rose. Le corned beef peut être mangé chaud avec des légumes et une sauce aux oignons, ou cru, coupé en fines tranches et servi en salade.

Cornichon Petite cucurbitacée à peau rêche, employée en condiment pour accompagner du pot-au-feu, des viandes froides, des pâtés.

Cornish Pasty Mélange de viande finement hachée et de légumes roulés dans de la pâte brisée. Ce plat, originaire de Cornouailles, constituait le repas des mineurs d'étain.

Corossol Fruit de la famille des anonacées originaire d'un petit arbuste de l'Amérique centrale. Sa peau de couleur vert brillant est recouverte d'épines recourbées ; son nom lui vient de l'île de Curaçao, où il pousse en abondance.

Coulis Purée de légumes cuits ou de fruits frais cuits.

Courge Terme générique désignant les légumes comestibles de cette famille, originaires d'Amérique. Il existe des courges d'été et des courges d'hiver ; les courges d'été ont la peau douce et poussent rapidement, sont cueillies jeunes et comprennent la courgette et le pâtisson. Les petites courges d'été peuvent être cuites à la vapeur ou par

ébullition. Les courges d'hiver sont les plus grosses ; elles poussent lentement et ont la peau très dure, comme les citrouilles.

Courgette Petit légume mince, appartenant à la famille des courges. Sur le plan botanique, la courgette est un fruit mais on l'emploie comme un légume. Elle a une peau fine (verte ou jaune), une chair pâle avec un noyau central contenant une multitude de petites graines comestibles. Les toutes petites courgettes sont les plus tendres et les plus douces. On peut manger les courgettes crues en salades, ou coupées dans le sens de la longueur et farcies ; on peut les cuire à la vapeur, au gril, ou

CRÊPES CLASSIQUES

❋   **Préparation :** 15 minutes + 1 heure de
repos
Cuisson : 5 à 10 minutes
Pour 12 crêpes environ

1 tasse de farine   Huile
1 pincée de sel   Jus de citron et sucre pour
1 œuf   la garniture
1 tasse ¼ de lait

1 Tamiser la farine et le sel dans une terrine ; faire un puits au centre. Ajouter l'œuf et le lait et battre vigoureusement. Laisser reposer la pâte 1 heure.
2 Chauffer une poêle légèrement huilée. Verser 3 cuil. à soupe de pâte. Faire pivoter la poêle pour étaler la pâte régulièrement. Soulever délicatement les bords avec un couteau. Lorsque le dessous de la crêpe est doré, la retourner et cuire l'autre côté. Transférer sur une assiette et arroser de jus de citron et de sucre. La rouler et servir chaud.

Remarque : vous pouvez remplacer le citron et le sucre par de la crème fraîche ou de la glace. Cette recette de base peut s'utiliser pour confectionner une multitude de crêpes sucrées ou salées.

CI-DESSUS : PANCAKES ; CI-CONTRE : CRÊPES CLASSIQUES. PAGE CI-CONTRE : BLINIS À LA CRÈME FRAÎCHE ET AU SAUMON.

PANCAKES (CRÊPES ÉPAISSES AMÉRICAINES)

❋   **Préparation :** 20 minutes
Cuisson : 20 minutes
Pour 10 pancakes

2 tasse de farine avec   2 œufs légèrement battus
   levure incorporée   45 g de beurre fondu
¼ de cuil. à café de levure   Beurre fouetté et sirop
   chimique   d'érable pour la
1 tasse de lait   garniture
2 cuil. à soupe de miel

1 Tamiser la farine et la levure dans une terrine ; faire un puits au centre. Dans un bol, mélanger le lait, le miel, les œufs et le beurre ; ajouter à la préparation de farine.
2 Battre jusqu'à ce que la pâte n'ait plus de grumeaux (elle doit être assez épaisse).
3 Chauffer une poêle, la graisser avec un peu de beurre. Verser 2 cuil. à soupe de pâte. Faire cuire 2 minutes à feu moyen, jusqu'à ce que le dessous soit doré. Retourner la crêpe et cuire l'autre côté. Transférer sur une assiette et couvrir d'un torchon. Réserver au chaud.
4 Continuer avec le reste de pâte, en graissant la poêle de temps en temps. Servir les pancakes avec du beurre fouetté et du sirop d'érable.
5 Beurre fouetté : laisser le beurre ramollir à température ambiante, puis le fouetter au batteur pendant 3 à 4 minutes, jusqu'à ce qu'il soit léger et crémeux.

Remarque : la pâte à pancake s'épaissit à mesure qu'elle repose. Si vous préparez une grande quantité de pancakes, il faudra délayer la pâte avec du lait de temps en temps. Le vrai sirop d'érable est beaucoup plus cher que son imitation, mais le goût est tellement meilleur que la dépense en vaut la peine !

CRÊPES ASIATIQUES AUX LÉGUMES ET AU SOJA

✳ **Préparation :** 35 minutes
Cuisson : 15 minutes
Pour 4 à 6 personnes

Crêpes

1 tasse 1/4 de farine complète
1 cuil. à café de levure chimique
1 œuf
1 tasse 1/2 de lait
1 cuil. à café d'huile

Garniture

250 g de pois mange-tout frais
250 g de germes de soja
6 oignons nouveaux émincés

250 g de petits champignons de Paris finement émincés
1 grosse carotte râpée
1 tasse de cacahuètes grillées

Sauce

1/4 tasse de beurre de cacahuètes avec morceaux
2 cuil. à soupe de vinaigre de cidre
2 cuil. à soupe de jus de citron
2 cuil. à café de sambal olek

1 Crêpes : tamiser la farine et la levure dans une grande terrine. Faire un puits au centre. Dans un bol, mélanger l'œuf, le lait et l'huile et verser sur la farine. Bien mélanger et verser la pâte dans un pot.
2 Huiler une poêle à crêpes. Verser la pâte pour couvrir finement la base de la poêle. Faire cuire 2 à 3 minutes jusqu'à ce que la pâte prenne. Retourner la crêpe avec une spatule et prolonger la cuisson de 1 à 2 minutes. Transférer sur une assiette et couvrir de papier parcheminé. Continuer avec le reste de la pâte. Réserver les crêpes au chaud.
3 Garniture : mélanger les légumes et les cacahuètes. Répartir le mélange sur toutes les crêpes. Rouler ou plier chaque crêpe et servir.

4 Sauce : mélanger tous les ingrédients dans un petit bol, en battant vigoureusement. Verser sur les crêpes, ou servir séparément.

BLINIS À LA CRÈME FRAÎCHE ET AU SAUMON

✳ **Préparation :** 15 minutes
Cuisson : 10 à 15 minutes
Pour 50 blinis environ

Blinis

1 tasse de farine avec levure incorporée
2 œufs légèrement battus
1/2 tasse de lait
1 cuil. à soupe de crème fraîche

Garniture

1/2 tasse de crème fraîche

2 cuil. à soupe de mayonnaise
2 cuil. à café de jus de citron
1 cuil. à soupe de ciboulette ciselée
1 cuil. à soupe de menthe
125 g de saumon fumé tranché

1 Tamiser la farine dans une terrine ; faire un puits au centre. Ajouter le mélange d'œufs, de lait et de crème fraîche ; remuer jusqu'à ce que la pâte n'ait plus de grumeaux.
Laisser reposer 10 minutes.
2 Chauffer une grande poêle anti-adhésive et la graisser à l'huile ou au beurre. Verser 1 cuil. à café de pâte. Lorsque des bulles apparaissent en surface, retourner le blini et cuire l'autre côté. Retirer de la poêle et réserver. Continuer avec le reste de pâte.
3 Garniture : mélanger la crème fraîche, la mayonnaise, le jus de citron, la ciboulette et la menthe. Répartir ce mélange sur les blinis. Garnir d'une tranche de saumon fumé et décorer d'un zeste de citron.

par ébullition. Les courgettes se marient parfaitement avec les tomates. On peut cueillir la fleur mâle lorsqu'elle est encore fermée et l'utiliser en cuisine pour en faire des beignets, ou la farcir et la cuire au four (on ne cueille

pas la fleur femelle, reconnaissable à sa tige plus épaisse). La courgette a été cultivée en Italie à partir de graine rapportées des Amériques par Christophe Colomb. On trouve des courgettes fraîches tout au long de l'année.

Court-bouillon Mélange aromatisé composé d'eau ou de bouillon, et d'un filet de vinaigre, de vin ou de jus de citron, d'épices, d'un bouquet garni et de légumes coupés en petits morceaux, dans lequel on fait pocher des poissons ou des crustacées.

Couscous Mélange composé de semoule et de farine de blé pressées pour obtenir de fines graines.
On le cuit dans l'eau ou le bouillon jusqu'à ce qu'il devienne tendre, on y ajoute du beurre et on le sert en accompagnement d'un plat de viande en ragoût, ou de poisson.
Le couscous est l'aliment de base de la cuisine d'Afrique du Nord.

Crabe La couleur varie selon les espèces lorsque les crabes sont vivants, mais ils prennent tous une couleur orangée à la cuisson ; leur chair est blanche, douce et tendre. On trouve des crabes dans les eaux côtières partout dans le monde. On peut acheter du crabe frais, congelé ou en conserve.

Crème Partie grasse du lait qui remonte à sa surface lorsqu'on le laisse reposer. On transforme la crème en beurre et en de nombreuses sortes de fromages, et on la sert fraîche pour accompagner des fruits et des desserts, en garnitures de pâtisserie, ou pour épaissir des sauces, des soupes et la crème anglaise. On distingue la crème contenant entre 48 % et 35 % de matière grasse (crème fraîche épaisse, crème crue, crème entière), et la crème légère, contenant entre 12 % et moins de 30 % de matière grasse (fleurette, crème liquide, crème fouettée). La crème fraîche ne doit jamais être portée à ébullition. On la consomme crue ou cuite.

Crème anglaise Crème composée d'œufs, de lait,

CRÊPES DE MAÏS À LA THAÏLANDAISE, SAUCE CORIANDRE

★ ★ **Préparation :** 15 minutes
Cuisson : 3 à 5 minutes chacune
Pour 6 personnes

2 gousses d'ail
1 petit piment rouge
1 morceau de gingembre frais de 2 cm
2 œufs
1/4 de tasse de Maïzena
2 cuil. à soupe de feuilles de coriandre fraîches
Poivre noir fraîchement moulu
1 cuil. à soupe de sauce de piment doux
440 g de maïs en grains en boîte, égoutté

1 cuil. à soupe d'huile d'arachide

Mayonnaise à la coriandre
2/3 de tasse de mayonnaise aux œufs entiers
1/4 de tasse de jus de citron vert
1/3 de tasse de feuilles de coriandre hachées
8 oignons nouveaux finement émincés
Poivre noir fraîchement moulu

1 Hacher l'ail, le piment et le gingembre. Mettre les œufs, la Maïzena, la coriandre, l'ail, le piment, le gingembre, le poivre, la sauce pimentée et la moitié du maïs dans le bol d'un mixeur. Mixer 30 secondes pour obtenir un mélange homogène. Transférer dans un saladier et incorporer le reste du maïs.
2 Chauffer l'huile dans une grande poêle. Déposer 2 cuil. à soupe de pâte au maïs et faire cuire 2 à 3 minutes à feu moyen jusqu'à ce que la crêpe soit dorée. La retourner et faire cuire l'autre côté 1 à 2 minutes. Continuer avec le reste de pâte. Égoutter les crêpes sur du papier absorbant.

3 Mayonnaise à la coriandre : mélanger la mayonnaise, le jus de citron vert, la coriandre et les oignons. Bien remuer. Ajouter le poivre selon le goût. Servir les crêpes chaudes ou froides avec une cuillerée de mayonnaise à la coriandre.

GÂTEAU DE CRÊPES À L'ÉCREVISSE ET À LA CREVETTE

★ ★ **Préparation :** 25 à 30 minutes
Cuisson : 20 minutes
Pour 4 à 6 personnes

250 g de chair d'écrevisses cuite
250 g de chair de crevettes cuite
75 g de beurre
2 oignons blancs finement émincés
4 cuil. à soupe de farine
1 tasse 1/2 de lait
3/4 de tasse de yaourt
1 cuil. à soupe de jus de citron
Poivre

3/4 de tasse de fromage râpé (cheddar ou mimolette)

Pâte à crêpe
1 tasse de farine
2 cuil. à café de zeste de citron râpé
1 œuf
2 à 2 tasses 1/2 de lait
1 cuil. à soupe de beurre fondu
Beurre pour la cuisson

1 Émietter la chair d'écrevisses et hacher les crevettes en petits morceaux.
2 Faire fondre le beurre dans une grande casserole ; faire revenir les oignons blancs 2 à 3 minutes. Ajouter la farine et cuire 1 minute. Incorporer le lait peu à peu et remuer jusqu'à épaississement. Ajouter le yaourt, le jus de citron et le poivre. Bien mélanger. Ajouter l'écrevisse et les crevettes. Réserver.
3 Pâte à crêpe : tamiser la farine dans une terrine. Ajouter le zeste de citron. Dans un bol, battre légèrement les œufs et le lait. Ajouter le beurre fondu. Verser les œufs petit à petit dans la farine. Remuer jusqu'à obtention d'une pâte lisse.
4 Faire fondre un peu de beurre dans la poêle et y faire cuire des crêpes de 20 cm de diamètre environ. Les entasser à mesure qu'elles sont cuites.
5 Préchauffer le feu à 150 °C. Commencer le gâteau de crêpes en mettant une crêpe sur le plat de service et en la tartinant de sauce. Continuer à alterner les crêpes et la sauce jusqu'à la fin des ingrédients.
Saupoudrer le dessus de fromage râpé et mettre 10 minutes au four jusqu'à ce que le fromage fonde et que le gâteau soit chaud.

CI-DESSUS : CRÊPES DE MAÏS THAÏ À LA CORIANDRE.
PAGE CI-CONTRE, EN HAUT : CREVETTE AU SÉSAME ET CHUTNEY RELEVÉ À LA MENTHE ; EN BAS : SALADE DE CREVETTES À L'ESPAGNOLE.

CREVETTES ET GAMBAS

CREVETTES AU SÉSAME ET CHUTNEY RELEVÉ À LA MENTHE

☆ **Préparation :** 20 minutes
☆☆ **Cuisson :** 2 minutes par bain de friture
Pour 4 personnes

24 gambas crues (environ 1 kg)	**Chutney relevé à la**
1/4 de tasse de farine	**menthe**
1 œuf légèrement battu	1 tasse de feuilles de menthe
2/3 de tasse de chapelure	fraîches, bien tassées
1/2 tasse de graines de sésame	1/2 tasse de chutney aux fruits
Huile à friture	2 cuil. à soupe de jus de citron

1 Décortiquer les crevettes en laissant la queue intacte. Les inciser le long du dos, retirer la veine et les aplatir légèrement.
2 Les rouler dans la farine et ôter tout excédent. Les plonger ensuite dans l'œuf, puis les enduire dans le mélange de chapelure et de graines de sésame.
3 Faire chauffer l'huile dans une friteuse. Déposer délicatement les crevettes dans l'huile modérément chaude. Faire frire à feu vif puis moyen pendant 2 minutes, jusqu'à ce qu'elles soient dorées. Les retirer de l'huile à l'aide de pincettes ou d'une écumoire. Égoutter sur du papier absorbant.
4 Chutney à la menthe : passer la menthe, le chutney et le jus de citron 15 secondes au mixeur. Servir dans un bol pour y tremper les crevettes.

SALADE DE CREVETTES À L'ESPAGNOLE

☆ **Préparation :** 25 minutes
Cuisson : aucune
Pour 6 personnes

500 g de gambas cuites	2 cuil. à soupe de vinaigre
2 grosses oranges	de vin rouge
1 petite romaine	1/4 de tasse d'huile d'olive
1 petit oignon rouge	1/2 cuil. à café de zeste
finement émincé	d'orange finement râpé
	1 gousse d'ail écrasée

1 Peler les crevettes en laissant les queues intactes. Retirer la veine du dos. Enlever un rond d'écorce sur les oranges au niveau du pédoncule. Avec un petit couteau, les peler de façon circulaire en veillant à ôter la peau blanche (réserver un peu de zeste à râper). Séparer les quartiers en les coupant entre la chair et la membrane.
2 Laver et sécher la salade. Dresser les feuilles sur les assiettes ou sur un plat de service et les garnir de gambas, de quartiers d'orange et de rondelles d'oignon.
3 Dans un bocal muni d'un couvercle qui se visse, verser le vinaigre, l'huile d'olive, le zeste d'orange et l'ail, et agiter vigoureusement. En arroser la salade et servir immédiatement avec du pain croustillant.

À PROPOS DES CREVETTES
■ Choisir des crevettes fermes avec une carapace rigide et une odeur agréable ; les crevettes non fraîches sont molles et sèches. On trouve des crevettes surgelées, mais sauf spécification dans la recette, on leur préfère toujours les crevettes fraîches.

Crêpe Pâte à base d'œufs, de lait et de farine, que l'on fait ensuite frire de chaque côté dans une poêle. On peut manger les crêpes garnies de jus de citron et de sucre, ou les agrémenter de confiture, de miel, de sirop d'érable, de chocolat, ou de crème Chantilly. On peut également les farcir de préparations salées ou sucrées.

Cresson Plante dont les petites feuilles, vert

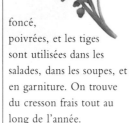

foncé, poivrées, et les tiges sont utilisées dans les salades, dans les soupes, et en garniture. On trouve du cresson frais tout au long de l'année.

Crevette Petit crustacé sans pinces, doté de longues antennes, de pâtes fines et d'un long corps arrondi. La taille et la couleur des crevettes sont différentes en fonction des espèces (variant du jaune, vert, bleuté-marron au gris pâle), mais la plupart deviennent rouge-orangé lors de la cuisson. On peut trouver des espèces dans les mers tropicales, mais aussi dans les eaux froides, en eau douce et en eau de mer. C'est le fruit de mer le plus consommé ; sa chair douce, ferme et moelleuse constitue la base de nombreux plats

CREVETTES CONFITES

★ ★   **Préparation :** 15 minutes + 30 minutes de marinade
      Cuisson : 20 minutes
      Pour 4 personnes

750 g de crevettes crues
2 oignons nouveaux hachés
2 cuil. à café de sel
1 cuil. à soupe de Maïzena + 1 cuil. à café
1 blanc d'œuf légèrement battu
1 petit poivron rouge

125 g de pois mange-tout
1 cuil. à soupe de sauce d'huître
2 cuil. à café de xérès sec
Huile à friture
½ cuil. à café d'ail écrasé
½ cuil. à café de gingembre finement râpé

1 Décortiquer les crevettes et ôter la veine. Mettre les carapaces, les têtes et les oignons dans une casserole ; mouiller à hauteur. Porter à ébullition puis laisser mijoter 15 minutes à découvert. Passer le jus dans un récipient ; en réserver ½ tasse. Mettre les crevettes dans un saladier en verre. Ajouter 1 cuil. à café du sel et battre énergiquement 1 minute. Rincer à l'eau froide et répéter l'opération deux fois, en utilisant ½ cuil. à café de sel à chaque fois. Rincer soigneusement les crevettes après le dernier ajout. Les essuyer avec du papier absorbant.
2 Dans une jatte, réunir le blanc d'œuf et la Maïzena ; ajouter les crevettes et laisser mariner 30 minutes au réfrigérateur.
3 Détailler le poivron en lamelles ; laver et équeuter les pois mange-tout.
Dans un bol, mélanger le jus de cuisson réservé, la sauce d'huître, le xérès, la Maïzena et l'huile de sésame. Faire chauffer l'huile dans un wok ou une poêle profonde à fond épais.
Plonger délicatement les crevettes dans l'huile modérément chaude. Faire cuire 1 à 2 minutes à feu vif puis moyen, jusqu'à ce qu'elles soient dorées.
Les retirer de l'huile avec des pincettes ou une écumoire. Égoutter sur du papier absorbant et réserver au chaud.
4 Ne garder que 2 cuil. à soupe d'huile dans le wok. Le remettre sur le feu et ajouter l'ail et le gingembre. Faire sauter 30 secondes en remuant, puis ajouter les mange-tout et le poivron, et continuer à faire sauter pendant 2 minutes.
Ajouter la sauce et faire cuire en remuant jusqu'à ébullition et épaississement. Ajouter les crevettes et bien mélanger. Retirer du feu et servir immédiatement.

Ci-dessus : Crevettes confites. Page ci-contre, en haut : Soupe de crevettes à la thaïlandaise ; en bas : Croustade aux crevettes.

SPAGHETTIS CRÉOLE

★   **Préparation :** 15 minutes
   Cuisson : 25 à 30 minutes
   Pour 6 personnes

1 cuil. à soupe d'huile
500 g de spaghettis
Persil haché pour la garniture

Sauce aux crevettes
60 g de beurre
500 g de crevettes crues, décortiquées et sans veine
100 ml de vin blanc

425 g de tomates en boîte, pelées et écrasées
1 pincée de poivre noir
2 cuil. à café de curry en poudre
300 ml de crème fraîche fluide
2 cuil. à soupe de parmesan fraîchement râpé

1 Porter une casserole d'eau, additionnée d'huile, à ébullition. Ajouter délicatement les spaghettis et faire cuire 10 à 12 minutes. Égoutter, rincer à l'eau chaude et bien égoutter à nouveau.
Remettre les spaghettis dans la casserole ; ajouter la sauce aux crevettes et remuer 1 à 2 minutes à feu doux. Servir garni de persil.
2 Sauce : faire fondre le beurre dans une poêle. Faire cuire les crevettes jusqu'à ce qu'elles rosissent. Retirer les crevettes et les réserver. Mettre le vin, les tomates, les épices, la crème fraîche et le fromage dans la poêle. Laisser mijoter 10 minutes.

Remarque : le parmesan fraîchement râpé est préférable à du parmesan pré-râpé.

SOUPE DE CREVETTES À LA THAÏLANDAISE

★ **Préparation :** 10 minutes
Cuisson : 20 minutes
Pour 4 personnes

400 g de crevettes crues	1 bulbe de citronnelle
1 cuil. à soupe d'huile	grossièrement haché
1,5 l d'eau	1 cuil. à soupe de coriandre
1 cuil. à café d'ail	fraîche hachée
grossièrement haché	2 oignons nouveaux
³/₄ de cuil. à café de sel	finement émincés
4 piments rouges	6 cuil. à café de nuöc-mám
+ 1 piment rouge	2 cuil. à soupe de jus de
finement émincé	citron vert
3 feuilles de citronnier	

1 Décortiquer et ôter la veine des crevettes. Réserver les têtes et les carapaces. Faire chauffer l'huile dans une poêle et, lorsqu'elle est très chaude, ajouter les têtes et les carapaces de crevette.
Faire cuire à feu vif jusqu'à ce qu'elles rosissent. Ajouter l'eau, l'ail, le sel, les piments, la citronnelle et les feuilles de citronnier. Porter à ébullition ; laisser mijoter 15 minutes à découvert.
2 Passer le bouillon dans une casserole propre à travers du papier absorbant placé dans un tamis.
3 Ajouter les crevettes et faire chauffer jusqu'à ce que le bouillon frémisse. Laisser mijoter jusqu'à ce que les crevettes rosissent (quelques minutes seulement). Retirer du feu, ajouter la coriandre, les oignons, le piment, le nuoc-mâm et le jus de citron vert. Servir immédiatement.

CROUSTADE AUX CREVETTES

★ ★ **Préparation :** 45 minutes
Cuisson : 35 minutes
Pour 6 personnes

¹/₂ pain de mie non tranché	3 cuil. à soupe de farine
¹/₂ tasse d'huile d'olive	Poivre moulu
1 gousse d'ail écrasée	1 cuil. à soupe de jus de
	citron
Garniture	1 cuil. à café d'aneth séché
500 g de crevettes crues	¹/₄ de tasse de crème fraîche
1 tasse ¹/₂ d'eau	liquide
2 rondelles de citron	Persil et citron pour servir
60 g de beurre	
6 oignons blancs	

1 Préchauffer le four à 210 °C. Retirer la croûte du pain et le couper en tranches épaisses de 5 cm. Couper chaque tranche en diagonale pour former 2 triangles. Inciser les tranches à 1 cm du bord tout autour, et ôter une partie de la mie centrale, sans faire de trou. Ceci servira à mettre la garniture. Faire chauffer l'huile et l'ail ensemble dans une poêle et y tremper les triangles de pain en les faisant dorer sur les deux faces pendant 10 minutes
2 Garniture : décortiquer les crevettes et ôter la veine. Les hacher grossièrement. Les mettre dans une petite casserole et mouiller à hauteur. Ajouter les rondelles de citron et laisser mijoter 5 minutes ; passer et réserver le jus.
3 Chauffer le beurre dans une casserole, et faire revenir l'oignon. Ajouter la farine et le poivre ; remuer 2 minutes à feu doux. Ajouter le jus de cuisson réservé petit à petit. Remuer constamment à feu moyen pendant 5 minutes, jusqu'à ébullition et épaississement. Ajouter le jus de citron, l'aneth, la crème et les crevettes, et prolonger la cuisson de 5 minutes à feu doux.
4 Répartir la garniture dans les cavités du pain ; saupoudrer de persil et arroser de citron.

pommes de terre Duchesse, destiné à présenter des mets de viande ou de légumes.

Croûtons Petits dés de pain, frits ou grillés, servis en accompagnement de soupes ou de salades.

Crustacé Animal comestible vivant dans l'eau, à coquille ou à carapace. Il existe trois catégories principales : les crustacés comprennent les langoustes, les crabes, les crevettes et les écrevisses ; les mollusques comprennent les huîtres, les coquilles Saint-Jacques, les moules, les clams et les buccins ; les céphalopodes (avec une petite

coquille interne et classés par les scientifiques dans la catégorie des mollusques) sont les calamars, les seiches et les poulpes.

Cumin Épice fabriquée avec les graines d'une plante ressemblant au persil ; les longues graines aromatisées de couleur jaune-marron ont une odeur prononcée, semblable à celle du carvi, et sont utilisées broyées ou entières dans de nombreux plats salés du Moyen-Orient et d'Inde. On l'utilise également pour parfumer des pains et une eau-de-vie (le kümmel).

CURRYS

CURRY DE BŒUF AUX POMMES DE TERRE

✻ **Préparation :** 15 minutes
Cuisson : 1 heure 30
Pour 4 personnes

1 kg de bœuf dans le paleron	2 gousses d'ail hachées
2 cuil. à soupe d'huile	2 cuil. à café de zeste de citron râpé
3/4 de tasse de crème de coco	2 petits piments rouges
1/2 tasse d'eau	2 cuil. à café de coriandre moulue
1 cuil. à soupe de sauce au tamarin	2 cuil. à café de cumin
500 g de petites pommes de terre coupées en deux	1 cuil. à café de curcuma
	1/2 cuil. à café de cardamome moulue
Pâte d'épices	1 cuil. à café de garam masala
2 oignons moyens hachés	

1 Parer la viande et la couper en cubes de 3 cm. Faire chauffer l'huile dans une sauteuse à fond épais et saisir la viande à feu moyen en petites quantités à la fois, jusqu'à ce qu'elle soit bien brune ; égoutter sur du papier absorbant.

2 Pâte d'épices : passer tous les ingrédients ensemble au mixeur pendant 1 minute, pour obtenir un fin hachis.

3 Mettre la pâte obtenue dans la sauteuse et remuer 2 minutes à feu moyen. Remettre la viande dans la sauteuse avec la crème de coco, l'eau et la sauce au tamarin ; porter à ébullition. Baisser le feu, laisser mijoter 30 minutes à couvert en remuant de temps en temps.

4 Ajouter les pommes de terre et prolonger la cuisson de 30 minutes, jusqu'à ce que la viande soit tendre et que le jus se soit presque évaporé.

CURRY DE POULET

✻ **Préparation :** 10 minutes
Cuisson : 50 minutes
Pour 4 personnes

750 g de cuisses de poulet désossées	2 clous de girofle
3 cuil. à soupe de ghee ou d'huile	2 graines de cardamome
	2 piments séchés
1 gros oignon coupé en deux et finement émincé	1 cuil. à soupe de coriandre moulue
1 cuil. à café d'ail écrasé	2 cuil. à café de garam masala
1 1/2 cuil. à café de gingembre râpé	1/2 cuil. à café de curcuma
1 bâton de cannelle	Poivre
2 feuilles de laurier	Jus de citron
	Rondelles de citron pour la garniture

1 Rissoler les morceaux de poulet dans le ghee ou l'huile et réserver.

2 Faire dorer l'oignon ; ajouter l'ail, le gingembre, la cannelle, le laurier, la girofle, la cardamome et le piment, et faire sauter 2 minutes en remuant. Ajouter les épices moulus et le poivre.

3 Remettre le poulet dans la sauteuse et mouiller à hauteur. Couvrir et laisser mijoter 40 minutes environ, jusqu'à ce que le poulet soit très tendre.

4 Ajouter le jus de citron selon le goût. Garnir de rondelles de citron et servir avec du riz et du chutney.

Remarque : ce curry est délicieux quand il vient d'être fait, mais il gagne à être préparé la veille. Le conserver couvert au réfrigérateur.

ACCOMPAGNEMENTS

■ Les currys, en particulier les currys indiens, sont servis avec des chutneys, condiments ou pickles, qui relèvent ou atténuent les plats, selon qu'ils sont doux ou épicés. Voici quelques idées à essayer.

■ Peler un gros concombre, le couper en deux dans le sens de la longueur et retirer les pépins. Le râper grossièrement dans un bol ; saupoudrer d'1 cuil. à café de sel et laisser dégorger 5 minutes. Égoutter le liquide accumulé. Incorporer 1/2 tasse de yaourt nature et 1 cuil. à soupe de menthe fraîchement hachée. Ajouter 1 pincée de graines de cumin.

■ Mélanger 1 tasse de yaourt nature avec 1/2 tasse de crème fraîche ; incorporer 1/2 cuil. à café de piment rouge finement haché et 1 pincée de sel. Peler et émincer 2 bananes et les incorporer au yaourt.

■ Hacher finement 1 oignon rouge, couper 2 tomates mûres en dés et mélanger le tout. Ajouter du sel, du chili en poudre et de la coriandre fraîche ciselée.

■ Faire frire des papadams ou les cuire au micro-ondes en les badigeonnant d'abord d'huile sur une face, et en les cuisant un à la fois 1 minute à puissance maximale.

CURRY CRÉMEUX AUX CREVETTES

✻ **Préparation :** 20 minutes
Cuisson : 18 à 20 minutes
Pour 4 personnes

1 kg de crevettes crues	1 cuil. à café de coriandre
1 oignon moyen finement	moulue
haché	1 cuil. à café de curcuma
3 cuil. à soupe d'huile	1 cuil. à café de pâte de
d'arachide ou végétale	crevettes séchées
1 cuil. à café de gingembre	400 ml de crème de coco
haché	1 cuil. à café de concentré de
1 gros piment rouge haché	tamarin
1 cuil. à soupe de bulbe de	2 cuil. à soupe de nuoc-mâm
citronnelle finement haché	1 bouquet de coriandre
1 cuil. à café d'ail haché	fraîche

1 Décortiquer les crevettes en laissant la queue et la dernière partie de la carapace intactes. Retirer les têtes. Inciser profondément le dos des crevettes, retirer la veine et les aplatir comme pour des côtelettes.
2 Faire revenir l'oignon dans l'huile. Dans un moulin à épices, un mixeur ou un mortier, écraser l'oignon, le gingembre, le piment, la citronnelle et l'ail en une pâte lisse. Ajouter la coriandre moulue, le curcuma et la pâte de crevettes. Continuer à moudre en ajoutant un peu de crème de coco si nécessaire.
3 Faire cuire la pâte de condiments 5 minutes dans la poêle ayant servi aux oignons. Ajouter la crème de coco et le tamarin. Porter presque à ébullition, baisser le feu et laisser mijoter 5 minutes sans cesser de remuer.
4 Ajouter ³/₄ de tasse d'eau, les crevettes et le nuoc-mâm et prolonger la cuisson de 3 minutes.
5 Ajouter les feuilles de coriandre au curry.

Remarque : la pâte de crevettes séchées donne un meilleur goût si elle est grillée avant utilisation. Pour cela, l'envelopper de papier aluminium et la faire cuire 2 minutes de chaque côté dans un wok (ou une poêle à fond épais) sans matières grasses. Conserver la pâte de crevettes dans un bocal hermétique à l'abri de la lumière.

CURRY DE LÉGUMES

✻ **Préparation :** 10 minutes
Cuisson : 35 minutes
Pour 6 personnes

1 cuil. à soupe d'huile	400 ml de crème de coco en
2 oignons hachés	conserve
1 cuil. à soupe de gingembre	375 g de potiron haché
frais râpé	1 carotte moyenne émincée
2 gousses d'ail écrasées	125 g de haricots verts
2 cuil. à café de curry en	émincés
poudre	125 g de courge jaune ou
2 cuil. à café de pâte de curry	verte, hachée
verte	125 g de chou-fleur en
1 cuil. à café de cumin moulu	bouquets
880 g de tomates en boîte,	2 pommes de terre moyennes
écrasées	pelées et hachées
¹/₄ de tasse de concentré de	315 g de haricots de Lima
tomates	en conserve (comme pour
¹/₂ tasse de chutney aux	les courges, vous en
fruits doux	trouverez dans les épiceries
¹/₄ de tasse de beurre de	indiennes ou exotiques)
cacahuètes avec morceaux	

1 Chauffer l'huile dans une cocotte. Faire revenir l'oignon, le gingembre et l'ail 3 minutes à feu moyen. Incorporer la poudre de curry, la pâte de curry et le cumin, et laisser cuire 2 minutes jusqu'à ce que les épices exhalent leur parfum.
2 Ajouter le reste des ingrédients et bien remuer. Porter à ébullition, puis baisser le feu et laisser mijoter 30 minutes à couvert. Servir avec du riz vapeur.

D

Daikon (radis blanc)
Variété de radis qui pousse au Japon, à racine blanche, rebondie, presque cylindrique, au goût poivré. On le mange en légume cru (râpé ou en tranches dans les salades) ou cuit (à la

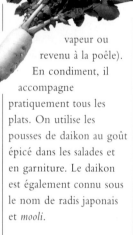

vapeur ou revenu à la poêle). En condiment, il accompagne pratiquement tous les plats. On utilise les pousses de daikon au goût épicé dans les salades et en garniture. Le daikon est également connu sous le nom de radis japonais et *mooli*.

Daiquiri Cocktail composé de rhum blanc, de jus de citron ou de citron vert et de sucre, servi dans un verre rafraîchi. Un petit village de la côte cubaine, près de Santiago, a donné son nom à cette boisson. On peut également y ajouter des pêches, fraises ou kiwis.

DINDE

DINDE FARCIE ET SAUCE AIGRE AUX GRIOTTES

✷ **Préparation :** 20 minutes
Cuisson : 2 heures 55
Pour 8 à 10 personnes

1 dinde de 4 kg
45 g de beurre
1 gros oignon finement haché
250 g de châtaignes d'eau en boîte, égouttées et émincées
2 cuil. à soupe d'amandes mondées hachées
1 pomme moyenne pelée et coupée en petits morceaux
2 oignons nouveaux hachés
Sel, poivre
2 cuil. à soupe de persil plat finement haché
1 œuf

1 tasse de riz cuit long grain
2 tasses d'eau

Sauce aigre aux griottes
670 g de griottes en bocal, dénoyautées
¼ de tasse de gelée de groseilles
2 cuil. à café de vinaigre balsamique
2 tasses de jus de cuisson, passé
Sel, poivre
¼ de tasse de Maïzena
⅓ de tasse d'eau

1 Préchauffer le four à 180 °C. Ôter l'excédent de graisse sur la dinde ; bien rincer et essuyer l'intérieur et l'extérieur avec du papier absorbant. Rentrer le bout des ailes sous la carcasse. Mettre la dinde, côté bombé vers le haut sur une grille placée dans un plat à four profond. Faire fondre le beurre dans une casserole et ajouter l'oignon. Remuer 5 minutes à feu doux. Ajouter les châtaignes d'eau et les amandes et prolonger la cuisson de 5 minutes en remuant de temps à autre. Ajouter la pomme et l'oignon blanc et bien remuer pour les réchauffer. Retirer du feu, ajouter le sel, le poivre, le persil, l'œuf et le riz ; bien mélanger. Insérer la farce dans la dinde et refermer l'ouverture avec de la ficelle ou un bâtonnet. Tasser le reste de farce dans le cou et fermer l'ouverture. Verser l'eau dans le plat.

2 Faire cuire 2 heures en arrosant de temps en temps avec le jus de cuisson. Piquer la dinde avec une fourchette et prolonger la cuisson de 30 minutes. Retirer du four et réserver le jus de cuisson.

3 Sauce aigre aux griottes : égoutter le sirop des griottes dans une casserole à fond épais ; réserver les cerises. Ajouter la gelée, le vinaigre et le jus de cuisson. Remuer 10 minutes à feu moyen, jusqu'à ébullition (la sauce doit réduire légèrement). Ajouter les griottes et faire bouillir 2 minutes ; assaisonner. Délayer la Maïzena dans l'eau pour former une pâte homogène et la verser dans la casserole. Remuer à feu moyen jusqu'à ébullition et épaississement.

Ci-contre : Dinde farcie et sauce aigre aux griottes.

Damper Pain sans levain fabriqué avec une simple pâte composée de farine et d'eau. Ce pain était la base de l'alimentation des premiers colons européens de la brousse

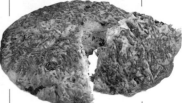

australienne. La pâte était traditionnellement cuite directement dans les cendres chaudes d'un feu en plein air (bien sûr, on enlève les cendres incrustées dans le pain avant de le manger), ou enveloppée dans une feuille verte placée au-dessus du feu (on obtenait un pain connu sous le nom de Johnny cake). Plus tard, on a utilisé les fours des campements et, lorsque ces ingrédients furent disponibles, on ajouta de la levure et du lait en poudre à la préparation de base. Aujourd'hui le terme "damper" fait référence à un pain à pâte levée, de forme ronde, avec une croûte croustillante, au goût et à la texture proches du pain blanc. Le nom provient du dialecte britannique, et signifie "quelque chose qui calme l'appétit".

Danish Pastry Pâtisserie légère et sucrée, fabriquée avec une pâte levée beurrée, renfermant une garniture : fruits en compote, crème pâtissière, fruits au sirop, noix et fromage. La pâte

est ensuite roulée et torsadée, puis saupoudrée d'épices

et de cassonade avant d'être enfournée. On sert habituellement les Danish pastries avec du café.

Dariole Nom donné à un petit moule à bouts relevés et à la préparation qu'il contient. On utilise les moules dariole pour la pâtisserie, les cakes individuels et les puddings. On peut également les utiliser pour faire des aspics en les enduisant de gelée que l'on remplit de farce salée recouverte de gelée. Lorsque la gelée est prise, on retourne le moule sur un plat pour le servir.

Darjeeling Variété de thé

provenant d'une région située dans le nord-est de l'Inde.

Darne Partie médiane d'un gros poisson que l'on coupe dans le sens vertical.

Dashi Bouillon de poisson et de varech géant (*konbu*) qui donne à la cuisine japonaise sa

DINDE RÔTIE À LA GROSEILLE ET AUX POMMES

✳ ✳ *Préparation :* 15 minutes
Cuisson : 1 heure 20
Pour 8 personnes

1 blanc de dinde de 3 kg (avec la carcasse)
¼ de tasse de gelée de groseille
2 cuil. à soupe de mélasse raffinée
¼ de tasse de sucre roux
40 g de beurre fondu
1 tasse d'eau

Sauce
2 cuil. à soupe de farine
¾ de tasse de bouillon de volaille

Farce aux pommes
20 g de beurre
1 oignon moyen finement haché
1 grosse pomme verte finement hachée
2 oignons blancs ciselés
4 tranches de pain sec émietté
1 cuil. à soupe de ciboulette hachée
2 cuil. à café de jus de citron

1 Préchauffer le four à 180 °C. Dégraisser la dinde. Dans un bol, mélanger la gelée de groseille, la mélasse et le sucre ; bien remuer. Badigeonner la dinde de beurre fondu ; la mettre sur une grille à rôtir placée dans un plat à four profond. Verser l'eau dans le plat. Couvrir de papier aluminium et faire cuire 40 minutes. Retirer la dinde du four et la badigeonner généreusement de mélange à la groseille. Poursuivre la cuisson à découvert pendant 20 minutes. Retirer la dinde du four et la mettre sur une planche. Laisser reposer 15 minutes au chaud sous du papier aluminium avant de la découper.
2 Sauce : étaler la farine sur une plaque de four. La mettre sous le gril chaud jusqu'à ce qu'elle soit dorée. Dans une casserole, réunir la farine et le jus de cuisson et remuer 2 minutes à feu doux. Ajouter le bouillon petit à petit en remuant jusqu'à ce que le mélange soit homo-

gène. Remuer constamment à feu moyen pendant 5 minutes, jusqu'à ébullition et épaississement. Prolonger la cuisson de 1 minute puis retirer du feu. Servir chaud avec la dinde.
3 Farce aux pommes : faire chauffer le beurre dans une casserole à fond épais. Ajouter l'oignon et la pomme et remuer à feu moyen jusqu'à ce qu'ils soient dorés. Ajouter le reste des ingrédients et bien remuer. Servir chaud avec la dinde.

SAUTÉ DE DINDE À LA DIABLE

✳ *Préparation :* 10 minutes
Cuisson : 7 minutes
Pour 4 à 6 personnes

1 poivron rouge
1 poivron vert
1 branche de céleri
1 carotte
2 cuil. à soupe d'huile d'arachide
4 tasses de dinde cuite coupée en morceaux
2 cuil. à soupe de chutney à la mangue (en bocal)
1 cuil. à soupe de sauce Worcestershire
1 cuil. à soupe de moutarde de Dijon

1 Partager les poivrons en deux, retirer les graines et les membranes. Les détailler en fines lamelles. Émincer le céleri en diagonale et couper les carottes en rondelles. Chauffer l'huile dans une poêle. Faire sauter les poivrons, le céleri et la carotte à feu vif puis moyen pendant 5 minutes.
2 Ajouter la dinde et remuer pendant 1 minute.
3 Dans un bol, mélanger le chutney, la sauce Worcestershire et la moutarde. Ajouter ce mélange dans la poêle. Faire cuire 1 minute en remuant jusqu'à ce que les ingrédients soient bien enduits de sauce.

DATTES

TARTE CHAUDE AUX DATTES ET MASCARPONE

   ✱   **Préparation :** 25 minutes
        Cuisson : 25 minutes
        Pour 6 à 8 personnes

4 rouleaux de pâte phyllo	2 cuil. à café de
40 g de beurre doux fondu	préparation pour crème
1/4 de tasse d'amandes	anglaise
hachées	1/4 de tasse de sucre
225 g de dattes fraîches,	1/2 tasse de crème
dénoyautées et émincées	2 cuil. à soupe d'amandes
125 g de mascarpone	effilées
2 œufs	

1 Préchauffer le four à 180 °C. Beurrer un moule rectangulaire de 10 x 35 cm, à bords cannelés. Badigeonner légèrement un rouleau de pâte phyllo de beurre fondu et saupoudrer d'amandes hachées. Plier la pâte en deux dans le sens de la longueur.
Poser la pâte pliée dans le moule dans le sens de la longueur. Répéter l'opération avec le reste de pâte, beurre et amandes.
2 Étaler les dattes en une couche régulière sur la pâte. Dans un grand bol, mélanger les œufs, la préparation pour crème anglaise, le fromage, le sucre et la crème. Verser le mélange sur les dattes et saupoudrer d'amandes effilées. Faire cuire au four 25 minutes jusqu'à ce que la crème prenne et dore. Laisser reposer 10 minutes avant de couper. Servir chaud avec de la crème fouettée.

PUDDING AUX DATTES ET AUX NOIX DE PÉCAN

   ✱   **Préparation :** 30 minutes
        Cuisson : 2 heures
        Pour 6 à 8 personnes

125 g de beurre	1 tasse de farine avec
1 tasse de sucre	levure incorporée
4 œufs	**Crème à la cardamome**
2 tasses de dattes hachées	30 g de beurre doux
3/4 de tasse de noix de	2 cuil. à soupe de sucre
pécan hachées	roux
1/4 de tasse de lait	1 cuil. à café de
1 cuil. à café de	cardamome moulue
cardamome moulue	3/4 de tasse de jus d'orange
1 tasse de farine	

1 Beurrer un moule à pudding d'une capacité de 1,5 l. Garnir le fond de papier parcheminé beurré. Travailler le beurre et le sucre en une crème légère.
Ajouter les œufs petit à petit en battant énergiquement après chaque ajout.
2 Transférer le mélange dans une grande jatte, incorporer les dattes, les noix et le lait. Ajouter la cardamome et les farines tamisées. Verser la préparation dans le moule à pudding, couvrir de papier-aluminium beurré et attacher le couvercle avec une ficelle.
3 Poser délicatement le moule sur un trépied placé dans une grande casserole d'eau frémissante (l'eau doit arriver à mi-hauteur du moule).
Couvrir et faire cuire 2 heures. Veiller à ne pas laisser l'eau s'évaporer complètement ; rajouter de l'eau frémissante en cours de cuisson si nécessaire.
4 Crème à la cardamome : dans une casserole, mélanger le beurre, le sucre roux et la cardamome. Faire cuire à feu doux en remuant jusqu'à ce que le beurre fonde. Incorporer le jus d'orange et bien mélanger. Servir chaud.

PAIN AUX DATTES ET AUX NOIX

Pour 2 pains : préchauffer le four à 180 °C. Travailler 125 g de beurre et 1 tasse de sucre roux en crème.
Ajouter 2 œufs, un à la fois, en battant bien après chaque ajout. Incorporer 1 tasse de lait, 1 tasse 1/2 de dattes hachées et 1 tasse de noix hachées. Incorporer délicatement 3 tasses de farine avec levure.
Verser la préparation dans deux moules à cake beurrés de 14 x 21 cm environ. Faire cuire 35 à 40 minutes. Retirer les cakes des moules et laisser refroidir sur une grille. Servir en tranches, tiède ou froid, avec du beurre. Conserver dans un récipient hermétique.

CI-DESSUS : PUDDING AUX DATTES ET AUX NOIX DE PÉCAN. PAGE CI-CONTRE, EN HAUT : DINDE RÔTIE À LA GROSEILLE ET AUX POMMES ; EN BAS : SAUTÉ DE DINDE À LA DIABLE.

saveur caractéristique "marine". On le prépare en plongeant le konbu dans de l'eau que l'on chauffe à feu doux jusqu'à frémissement. On retire alors le konbu et on ajoute du *hano-katsuo* (flocons de bonite, soit une variété de thon, séchée). Le mélange est porté à ébullition jusqu'à ce que les flocons épaississent. Le dashi est également consommé en potage, et utilisé en sauce froide ou en marinade. On le trouve dans les magasins d'alimentation asiatique, conditionné en petits sacs à infuser (*dashi-no-moto*), en liquide concentré et en granulés.

Datte Fruit ovale, de couleur ambrée ou brune, à chair sucrée, provenant du dattier.

Un auteur français l'a ainsi décrite : "La datte représente pour les populations sahariennes l'équivalent du blé pour les Français, et du riz pour les Chinois". Dans les chauds déserts de l'Asie occidentale et de l'Afrique du Nord, le dattier est l'arbre de vie, bordant chaque oasis et poussant là où il n'y a rien d'autre.
Les dattes se transportent bien ; elles étaient exportées (principalement d'Égypte) vers la Grèce et la Rome

DÉCORER LES GÂTEAUX

Saupoudrer un Quatre-quarts de sucre glace tamisé, garnir un gâteau au chocolat de crème au beurre, confectionner des rosettes de crème au chocolat et garnir de copeaux de chocolat et de tranches de fraises… Il existe mille et une façons de décorer joliment les gâteaux !

TECHNIQUES

Toujours travailler avec des gâteaux complètement refroidis, sauf indication contraire. Si le gâteau est encore un petit peu chaud, le glaçage sera difficile à réussir et risque de se détériorer au moment de servir. Certains gâteaux sortent du four légèrement bombés ; égaliser la surface de sorte que le glaçage tienne parfaitement. Pour cela, utiliser un long couteau à dents et ne couper que la partie bombée, en manipulant doucement le couteau à la manière d'une scie. Retourner le gâteau sur le plat de service, côté coupé en bas, avant de le décorer. De nombreux gâteaux sont coupés en deux (ou en plusieurs épaisseurs) horizontalement pour être fourré de garniture ou de crème. Pour rendre la tâche plus facile, marquer le milieu du bord du gâteau à l'aide d'un cure-dents. Utiliser un long couteau à dents et le manipuler doucement à la manière d'une scie. Répéter le marquage et la découpe pour chaque épaisseur.

REFROIDISSEMENT DU GÂTEAU

À sa sortie du four, le gâteau est très fragile. Il convient de le laisser dans son moule le temps requis avant de le faire refroidir sur une grille. Il doit être complètement refroidi avant d'être décoré.

Si le gâteau adhère au moule, passer une palette tout autour de sa circonférence. Les gâteaux chemisés de papier sulfurisé se démoulent mieux ; il suffit de faire levier avec une palette ou un couteau à lame plate avant de le retourner. Ôter le papier immédiatement. Badigeonner la grille d'huile végétale pour l'empêcher de coller.

GLAÇAGE

Balayer les miettes avec un pinceau à pâtisserie. Pour obtenir un glaçage parfaitement lisse, utiliser une palette. Pour assembler les épaisseurs, couper le gâteau selon la méthode expliquée plus haut. Mettre un peu de glaçage dans le plat de service et poser la première épaisseur dessus (ainsi, le gâteau ne bougera plus). Badigeonner de confiture le cas échéant, puis étaler la garniture en une couche régulière avec une palette ou une spatule, en laissant une bordure de 5 mm. On peut réchauffer la lame dans de l'eau chaude pour faciliter la tâche (bien l'essuyer après).

Poser la deuxième épaisseur par-dessus et étaler la garniture selon la méthode indiquée plus haut. Poser la dernière épaisseur et étaler une fine couche de crème ou de glaçage sur la surface et les côtés du gâteau afin de fixer les miettes et remplir les trous. Étendre une dernière couche uniforme de crème ou de glaçage, d'abord sur les côtés, puis en surface, en raccordant bien les bords. Procéder à coups réguliers.

GLAÇAGES ET GARNITURES

Les crèmes au beurre font d'excellentes garnitures et décorations. Les gâteaux recouverts de crème ou de tout autre type de glaçage restent frais et moelleux beaucoup plus longtemps que les gâteaux servis tels quels. Les crèmes au beurre varient du simple mélange de sucre glace, de beurre et d'arômes aux combinaisons élaborées de beurre, de jaunes d'œuf et de sirops de sucre qui donnent des glaçages très veloutés. Pour réussir une crème au beurre, employer du beurre doux et travailler énergiquement le mélange jusqu'à ce qu'il présente une consistance légère et onctueuse.

FABRICATION DES POCHES À DOUILLE

Voici une façon rapide et facile de confectionner soi-même une petite poche à douille : couper un carré de 25 cm de papier parcheminé résistant et le plier en deux en diagonale pour former un triangle.

En travaillant à partir de la base, rouler un coin vers la pointe du haut et le fixer avec du papier adhésif. Rouler l'autre coin par-dessus et le fixer de la même manière. Couper le bout du cornet avec des ciseaux pour obtenir le calibre voulu.

On peut également insérer dans le cornet une douille de taille adéquate.

Avec un couteau remplir à moitié la poche de chocolat ou de glaçage. Replier le bord supérieur à l'intérieur, puis rouler ce bord jusqu'au niveau du glaçage pour fermer la poche. Prendre la poche dans le creux de la main (côté fermé contre la paume) et presser avec la paume pour faire sortir le glaçage par le trou.

CRÈME AU BEURRE VIENNOISE

Travailler 100 g de beurre doux en crème. Ajouter petit à petit 250 g de sucre glace tamisé, en battant jusqu'à ce que le mélange soit onctueux. Ajouter 2 cuil. à soupe d'eau chaude et 1 cuil. à café d'essence de vanille. Bien mélanger. Cette crème garnit gâteaux et biscuits, et sert de glaçage.

CRÈME AU BEURRE VANILLÉE

Dans un bol, battre 250 g de beurre doux et 2 cuil. à soupe de sucre glace jusqu'à obtention d'un mélange

léger, pâle et onctueux. Ajouter progressivement 1 tasse $^1/_4$ de sucre glace en battant bien après chaque ajout. Incorporer 2 jaunes d'œuf battus et 2 cuil. à café d'eau bouillante. Battre le mélange vigoureusement jusqu'à ce qu'il soit bien homogène. Ajouter l'essence de vanille à votre goût.

GLAÇAGE NAPPÉ

Il s'agit d'un fin nappage brillant que l'on verse au centre du gâteau dès qu'il commence à prendre. On le laisse s'écouler le long des côtés en le guidant avec une palette.

Dans une jatte résistant à la chaleur, mélanger 1 tasse de sucre glace, 2 cuil. à café de beurre, le parfum de votre choix et suffisamment de liquide pour former une pâte lisse et ferme. Poser la jatte sur une casserole d'eau frémissante et remuer jusqu'à ce que le glaçage devienne sirupeux et luisant.

■ **GLAÇAGE AU CITRON :** au sucre et au beurre, ajouter 1 cuil. à soupe de zeste de citron finement râpé et 1 à 2 cuil. à soupe de jus de citron.

■ **GLAÇAGE À L'ORANGE :** au sucre et au beurre, ajouter 1 cuil. à café de zeste d'orange finement râpé et 1 à 2 cuil. à soupe de jus d'orange.

■ **GLAÇAGE AU FRUIT DE LA PASSION :** au sucre et au beurre, ajouter 1 à 2 cuil. à soupe de pulpe de fruit de la passion.

■ **GLAÇAGE AU CAFÉ :** au sucre et au beurre, ajouter 1 cuil. à café de café instantané en poudre et 1 à 2 cuil. à soupe d'eau.

■ **GLAÇAGE AU CHOCOLAT :** au sucre et au beurre, ajouter 1 cuil. à soupe de cacao en poudre et 1 à 2 cuil. à soupe de lait chaud.

GLAÇAGE CRÈME

Avec un batteur électrique, mixer 100 g de crème fraîche et $^3/_4$ de tasse de sucre glace tamisé pour obtenir une crème légère. Ajouter le parfum de votre choix et un peu de lait si nécessaire. Battre 2 minutes jusqu'à ce que le mélange soit onctueux. Étaler le glaçage en couche épaisse sur le gâteau à l'aide d'un couteau à lame plate, ou une palette.

■ **GLAÇAGE CRÈME AU CITRON :** à la crème et au sucre, ajouter 1 à 2 cuil. à café de zeste de citron finement râpé et 2 cuil. à café de lait.

■ **GLAÇAGE CRÈME À L'ORANGE :** à la crème et au sucre, ajouter 1 à 2 cuil. à café de zeste d'orange finement râpé et 2 cuil. à café de lait.

■ **GLAÇAGE CRÈME AU MIEL :** à la crème et au sucre, ajouter 1 à 2 cuil. à café de miel réchauffé et 2 cuil. à café de lait.

■ **GLAÇAGE CRÈME AU FRUIT DE LA PASSION :** à la crème et au sucre, ajouter 1 cuil. à soupe de pulpe de fruit de la passion.

DÉCORER LES GÂTEAUX

DÉCORATIONS EN CHOCOLAT

Avec le chocolat, on décore facilement un gâteau simple ou une fournée de biscuits. On l'emploie non seulement dans les glaçages et les garnitures, mais également en rouleaux, copeaux et feuilles pour orner la surface des gâteaux. Le chocolat fondu peut en outre former de jolis motifs sur des gâteaux secs. Sans être aussi savoureux que le chocolat à croquer, le chocolat à cuire est plus facile à manipuler. Il durcit à température ambiante et fond aisément au bain-marie.

FORMES EN CHOCOLAT

Garnir une plaque de four froide de papier parcheminé légèrement huilé. Concasser du chocolat noir ou au lait et le faire fondre au bain-marie. En vous aidant d'une palette, verser le chocolat sur la plaque de façon à former une couche épaisse et régulière. Laisser dans un endroit frais jusqu'à ce que le chocolat soit presque solidifié.

À l'aide d'un couteau ou d'un emporte-pièce fantaisie (étoile, fleur, rond, etc.), découper le chocolat dans les formes de votre choix. Les laisser refroidir totalement avant de les détacher, puis les conserver dans un endroit sec et frais. Ces formes décorent tout aussi bien les gâteaux que les glaces ou autres desserts.

ROULEAUX DE CHOCOLAT

Faire fondre du chocolat noir ou au lait au bain-marie. L'étaler en une couche fine sur un plan de travail lisse en vous aidant d'une palette. Laisser reposer jusqu'à ce qu'il soit presque solidifié. Avec une palette, racler le chocolat vers vous pour former de longs rouleaux.

COPEAUX DE CHOCOLAT

À l'aide d'un couteau économe, confectionner des copeaux sur la partie plate d'un gros bloc de chocolat. Travailler à longs coups réguliers au-dessus de papier sulfurisé ou d'une assiette. Laisser le chocolat 10 à 15 minutes dans un endroit chaud avant de le ciseler ; il est plus facile de le manipuler lorsqu'il est réchauffé. Parsemer le gâteau glacé de copeaux.

PÉTALES DE CHOCOLAT

Couper plusieurs carrés de papier aluminium de la taille de votre choix. Faire fondre du chocolat noir ou au lait au bain-marie et laisser légèrement refroidir. Prendre un carré d'aluminium dans le creux de votre main et, avec une palette ou une cuillère, verser le chocolat fondu en un fin ruban sur l'aluminium en lui donnant la forme d'un pétale. Pendant que le chocolat est encore mou, soulever les doigts sous l'aluminium pour donner au pétale une forme légèrement incurvée. Laisser refroidir. Continuer l'opération avec le reste du chocolat en nettoyant l'aluminium avant de le réutiliser. On peut également créer une fleur avec plusieurs pétales réunis.

TRIANGLES DE CHOCOLAT

Couvrir la base d'un moule rond de 20 cm environ de papier aluminium (les triangles constituent une déco-

ration idéale pour ce genre de gâteau rond). Faire fondre 150 g de chocolat noir ou au lait au bain-marie. Étaler le chocolat fondu en une couche régulière sur l'aluminium et réfrigérer jusqu'à ce qu'il soit à demi solidifié. À l'aide d'un couteau plat et tranchant, tracer 12 parts triangulaires de taille égale. Remettre au réfrigérateur jusqu'à ce qu'il soit complètement refroidi. Détacher l'aluminium.

CARRÉS

Les carrés agrémentent vivement le pourtour d'un gâteau, et ajoutent une note fantaisiste à un dessert. Garnir une plaque de four de 32 x 28 cm environ de papier-aluminium. Étaler 200 g de chocolat fondu sur la plaque et tracer des sillons ondulés à l'aide d'une fourchette, en veillant à ne pas transpercer le chocolat. Mettre au réfrigérateur jusqu'à ce qu'il soit à demi solidifié.

À l'aide d'un couteau tranchant et plat et d'une règle, tracer profondément des carrés de 6 cm de côté. Laisser complètement refroidir au réfrigérateur. Détacher l'aluminium. Enfoncer délicatement les carrés de chocolat sur les côtés du gâteau glacé, ou en garnir une coupe de glace.

CHOCOLAT FONDU

Il vaut mieux employer un chocolat de qualité pour réaliser les décorations et les glaçages. Le chocolat à cuire se travaille plus facilement, mais n'est pas aussi bon. Concasser le chocolat en morceaux de taille égale et les mettre dans un saladier en verre. Poser ce saladier sur une casserole d'eau frémissante; remuer doucement jusqu'à ce que le chocolat fonde. Veiller à ne pas laisser tomber une seule goutte d'eau dans le chocolat, qui durcirait instantanément et serait impossible à manipuler. Laisser légèrement refroidir avant utilisation.

MOTIFS EN SUCRE

Découper du papier parcheminé en longues bandes fines que vous placerez en croisillons ou autre motif sur la surface d'un gâteau non glacé. Saupoudrer de sucre glace et ôter délicatement les bandes de papier. Une manière plus facile de créer un motif en sucre est de poser un napperon en papier sur le gâteau et de le saupoudrer de sucre. Le motif réalisé sera celui d'une délicate dentelle.

SUCRE FILÉ

Mélanger 1 tasse de sucre et ½ tasse d'eau dans une casserole. Remuer constamment à feu moyen jusqu'à ce que le sucre se dissolve. Veiller à ne pas faire bouillir le mélange avant que le sucre ne soit complètement dissout. Porter alors à ébullition et laisser à gros bouillons sans remuer jusqu'à ce que le mélange prenne une couleur de caramel. Retirer du feu et, à l'aide d'une cuillère en métal, verser le sirop en un très fin ruban sur des plaques légèrement huilées, en un mouvement de va-et-vient. Une fois refroidi, casser le sucre en morceaux et en parsemer le gâteau. On peut également filer du sucre sur un gâteau glacé. Pour cela, mettre deux fourchettes dos à dos, les tremper dans le sirop et le faire délicatement couler sur le gâteau.

AMANDES EFFILÉES

Parsemer une plaque de four non huilée de 180 g d'amandes effilées. Les faire cuire 5 minutes à 180 °C, jusqu'à ce qu'elles commencent à dorer. Verser une généreuse cuillerée d'amandes dans le creux de votre main et les enfoncer légèrement sur le pourtour glacé d'un gâteau, avant que le glaçage ne soit complètement durci. Cette décoration d'amandes grillées est très prisée car elle est facile à faire et confère une texture et un goût tout particulier au gâteau.

DÉCORATIONS EN SUCRE, ET AUTRES

Les fruits et fleurs confits, les motifs en pâte d'amande, le sucre filé, les pastilles argentées ou le vermicelle multicolore permettent également d'agrémenter joliment les gâteaux.

FLEURS CONFITES

Battre légèrement un blanc d'œuf jusqu'à ce qu'il mousse. Verser 1 tasse de sucre dans un bol peu profond. Avec un petit pinceau, badigeonner de blanc d'œuf des petites fleurs fraîches (violettes ou boutons de rose) ou des pétales de grandes fleurs (roses), puis les tremper dans le sucre pour bien les enduire. Disposer les fleurs sur une grille pour les laisser sécher. Les conserver dans un récipient hermétique.

DÉCOUPER VIANDES ET VOLAILLES

Un découpage réussi ajoute une touche de perfection aux rôtis et leur permet d'être joliment présentés, même froids. Il convient de laisser reposer les rôtis et les volailles 15 minutes sous du papier-aluminium avant de les découper. Détailler la viande avec délicatesse, sans déchirer la chair.

DÉCOUPAGE DE LA DINDE

1 Utiliser un gros couteau à découper aiguisé et une fourchette à découper pour maintenir la volaille en place. Commencer par couper l'aile à la jointure.

2 Continuer à couper autour de l'aile jusqu'à ce qu'elle puisse être séparée du reste du corps.

3 Incliner la volaille de façon à voir l'angle de séparation entre le blanc et la cuisse. En commençant en haut, inciser la peau et la chair jusqu'à la jointure.

4 Continuer à couper au niveau de l'articulation jusqu'à ce que la partie cuisse et pilon puisse être séparée du reste de la carcasse. Mettre le morceau sur la planche à découper.

5 Séparer la cuisse du pilon en coupant la jointure. Détailler la viande de la cuisse en longues et fines tranches. Servir le pilon en entier ou tranché, selon le goût et la taille de la dinde.

6 Tailler à présent le suprême de la dinde en fines tranches régulières, en commençant par le haut.

■ Procéder de la même façon pour l'autre côté de la volaille. On peut retirer l'os fourchette en entaillant les tendons d'un côté ou de l'autre. Servir un morceau de cuisse avec une tranche de suprême et une portion de farce, le cas échéant.

■ Placer une serviette en papier humidifiée sous la planche à découper, si celle-ci est posée sur une table en verre ou en marbre.

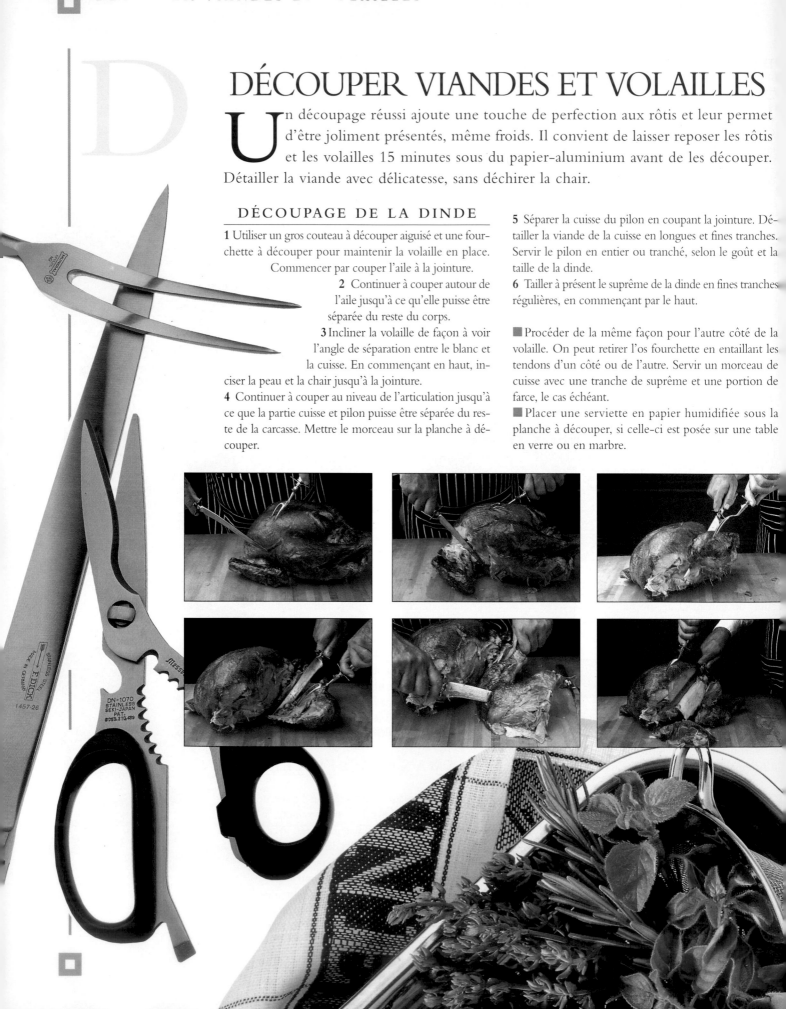

DÉCOUPAGE D'UNE PIÈCE EN CÔTES RÔTIE

Le découpage sera facilité si vous demandez à votre boucher de parer la pièce et de raccourcir les côtes. On la découpe en tranches, comme sur la photo, ou en côtes complètes.

Si on laisse reposer le rôti 15 minutes avant de le découper, très peu de jus sera perdu.

1 Poser le rôti sur une planche, côtes en bas et à gauche. Avec la pointe du couteau, couper la viande à la base des côtes.

2 Détailler la viande en tranches épaisses parallèles aux côtes, à partir du haut.

3 Avec la pointe du couteau, inciser le long de chaque côte, tout près de l'os, pour libérer les tranches.

DÉCOUPAGE DU CANARD

Des ciseaux à volaille ou de cuisine bien aiguisés vous seront très utiles. La méthode suivante s'applique aux volailles en général.

1 En commençant par le croupion, découper la volaille le long du bréchet jusqu'au cou.

2 Retourner la volaille et découper, un côté de la colonne vertébrale pour séparer les deux moitiés.

3 Disposer chaque moitié côté bombé vers le haut et, en suivant la ligne naturelle entre le blanc et la cuisse, détailler en quartiers.

Remarque : on peut également découper le canard à la façon chinoise, en ôtant les cuisses et les ailes, en séparant la cuisse du pilon et en débitant la volaille en petits morceaux à l'aide d'un couperet.

DÉCOUPAGE DU JAMBON

Le jambon se découpe sur une planche ordinaire ou spéciale pour jambon. Il est important de bien le maintenir en place pendant qu'on le coupe. Entourer l'os d'un torchon et l'empoigner fermement. Employer un couteau très tranchant en prenant soin de l'aiguiser avant utilisation.

1 Tenir l'os fermement et sectionner la viande verticalement à 10 cm environ de la jointure.

2 Inciser la viande à angle droit, horizontalement. Couper plusieurs fines tranches jusqu'à l'os. Pour détacher les tranches, passer le couteau le long de l'os.

3 Prendre les tranches sur le plat du couteau et les présenter joliment sur le plat de service.

antiques, où elles étaient vendues dans les rues et dans les théâtres en friandise, et il en fut également ainsi dans l'Europe médiévale.

On trouve des dattes fraîches ou séchées. L'Irak est le principal exportateur de dattes séchées ; Israël, le Liban et les Etats-Unis exportent des dattes "fraîches" congelées. Leur nom vient du grec *dáktylos*, signifiant doigt. Ce fruit contient des minéraux (manganèse, cuivre, zinc, fer) et de la vitamine B.

Le dattier est un arbre originaire d'Afrique du Nord, de l'Inde, et du sud-est asiatique. Aujourd'hui, il est cultivé partout dans le monde, dans les régions au climat

sec et chaud.

Le dattier a un tronc élancé qui peut atteindre plus d'une dizaine de mètres de hauteur, et une couronne formée d'une touffe de feuilles pennées. Chacun des éperons des plants femelles porte de 200 à 1000 dattes. Le dattier produit des fruits au cours de sa huitième année.

Le dattier à sucre est une variété à sève sucrée qui produit, après ébullition, un sucre brut ; non bouillie, la sève permet de préparer une boisson raffraîchissante, ou les vins de palme qui, après distillation, donnent

GRATIN DE FRUITS ROUGES (CRUMBLE)

✻ **Préparation :** 10 minutes
Cuisson : 15 minutes
Pour 6 personnes

250 g de fraises équeutées
200 g de myrtilles
425 g de cerises noires en boîte, dénoyautées et égouttées (réserver ¹/₂ tasse de jus)
¹/₂ cuil. à café de Maïzena

1 cuil. à soupe de sucre glace

Garniture
90 g de beurre
¹/₄ de tasse de mélasse raffinée
2 tasses de flocons d'avoine

1 Préchauffer le four à 180 °C. Couper les fraises en deux et les mettre dans un plat à four avec les myrtilles et les cerises. Bien mélanger.
Délayer la Maïzena dans le jus de cerise réservé. Verser sur les fruits et saupoudrer le tout de sucre glace. Réserver.
2 Garniture : faire fondre le beurre et la mélasse dans une petite casserole à feu doux.
Retirer du feu et incorporer les flocons d'avoine.
Étaler ce mélange sur les fruits. Faire cuire 15 minutes, jusqu'à ce que la garniture devienne dorée et croustillante.
Servir chaud.

CLAFOUTIS À L'ABRICOT

✻ **Préparation :** 10 minutes
Cuisson : 30 minutes
Pour 6 personnes

950 g de moitiés d'abricots en boîte égouttées (réserver ¹/₃ de tasse de sirop)

¹/₄ de tasse de sucre en poudre
2 tasses de mie de pain blanc émiettée
60 g de beurre fondu

1 Préchauffer le four à 180 °C.
Beurrer un plat à tarte de 20 cm environ et y mettre la moitié des abricots.
2 Parsemer les abricots de la moitié du sucre et de la moitié de mie de pain. Verser la moitié du beurre fondu et la moitié du sirop sur les miettes.
3 Répéter avec le reste des ingrédients. Faire cuire 30 minutes au four et servir chaud.

CI-CONTRE, EN HAUT : GRATIN DE FRUITS ROUGES ; EN BAS : PAIN PERDU AUX FRUITS.

une liqueur semblable au rhum.

Daube, en
Terme désignant une méthode de cuisson de viande braisée cuite dans du vin, et aromatisée avec des herbes.

Dauphinois (gratin)
Plat composé de pommes de terre coupées en rondelles, salées, poivrées, et mélangées à du fromage râpé. Le mélange est ensuite disposé dans un plat préalablement aillé et beurré, puis arrosé d'une préparation composée de lait bouillant et de crème.

On recouvre le tout de fromage râpé et de quelques morceaux de beurre, puis on cuit la préparation au four. Le gratin dauphinois est un excellent accompagnement pour de la viande d'agneau ou de bœuf.

Daurade Poisson de mer très apprécié pour sa chair tendre et maigre. On peut cuire la daurade en papillote, au court-bouillon ou au gril. Elle est abondante dans les eaux américaines et européennes.

Débrider Ôter les ficelles entourant un gibier, une viande ou une volaille, après la cuisson.

Décaféiné Café sans caféine ; celle-ci est

extraite par différents procédés, notamment par vapeur d'eau. Voir café.

Décanter Transvaser un liquide avec délicatesse afin de lui ôter son dépôt.

Décoction Préparation par ébullition de plantes dans un liquide afin d'en extraire les principes solubles.

Décoration des mets La présentation d'un plat ou d'un dessert relève de l'art culinaire au même titre que l'harmonie des mets et des vins : légumes ciselés, lit de salade, herbes finement

détaillées, ou, pour les

pâtisseries, nappages, glaçages, sculptures en chocolat ou en pâte d'amande, ou encore

DESSERTS
CHRISTMAS PUDDINGS

CHRISTMAS PUDDING GLACÉ

✼ **Préparation :** 20 minutes + 20 minutes de repos + 1 nuit de congélation
Cuisson : 4 minutes
Pour 8 à 10 personnes

2 tasses de fruits secs variés
90 g de cerises confites, coupées en quatre
45 g d'abricots confits hachés
45 g d'ananas confit haché
2 cuil. à café de gingembre confit haché
2 cuil. à café de zeste d'orange râpé
2 cuil. à soupe de Grand-Marnier
1 cuil. à soupe de cognac
2 l de glace à la vanille

1/4 de tasse de pépites de chocolat
1/2 tasse de noix de pécan concassées

Sauce au chocolat
1/2 tasse d'eau
1/4 de tasse de cacao en poudre tamisé
60 g de beurre
2 cuil. à soupe de sucre roux
100 g de chocolat noir concassé
1 cuil. à soupe de cognac

1 Mélanger les fruits, le zeste, la liqueur et le brandy dans un saladier. Laisser reposer 20 minutes à découvert, en remuant de temps en temps.
2 Avec une cuillère en métal, briser la glace en morceaux dans une jatte. Ajouter le mélange de fruits, les pépites de chocolat et les noix ; remuer.
3 Garnir un moule à pudding ou un saladier rond de 2 l de film plastique. Verser le mélange glacé et égaliser la surface. Couvrir de film plastique et mettre à congeler toute la nuit. Avant de servir, démouler la gla-

ce et la découper. Servir avec de la sauce au chocolat.
4 Sauce au chocolat : réunir l'eau, le cacao, le beurre et le sucre dans une petite casserole. Remuer 4 minutes à feu doux, jusqu'à ébullition et dissolution du sucre. Retirer du feu et ajouter le chocolat. Remuer jusqu'à ce que le chocolat fonde. Incorporer le brandy.

CHRISTMAS PUDDING CLASSIQUE

✼ **Préparation :** 30 minutes
Cuisson : 6 à 7 heures
Pour 8 à 10 personnes

2 tasses de raisins de Smyrne
1 tasse 1/2 de raisins secs ordinaires
3/4 de tasse de raisins de Corinthe
1 cuil. à soupe de fruits confits variés, hachés
1/4 de tasse de brandy
1/4 de tasse de rhum
250 g de beurre
1 tasse de sucre roux

5 œufs
1 tasse de farine
1/2 cuil. à café de bicarbonate de soude
1 1/2 cuil. à café de mixed spice (mélange de cannelle, muscade, girofle, gingembre)
125 g de mie de pain
1/4 de tasse d'amandes hachées

1 Mélanger les fruits secs et confits, le brandy et le rhum dans un grand bol. Travailler le beurre et le sucre jusqu'à obtention d'un mélange pâle. Ajouter les œufs, un à un, en battant bien après chaque ajout. Ajouter petit à petit la farine tamisée, le bicarbonate et les épices. Incorporer les fruits marinés (avec le jus), la mie de pain et les amandes.
2 Verser la préparation dans un moule à pudding de 2 litres, bien beurré. Veiller à ce que le pudding ait la place de lever. Couvrir de papier parcheminé beurré puis de papier-aluminium. Nouer avec de la ficelle, en laissant une boucle pour le soulever. Le poser sur un trépied dans une grande casserole. Verser de l'eau chaude jusqu'aux deux tiers du moule. Porter à ébullition et laisser à gros bouillons 5 à 6 heures. Vérifier l'eau de temps en temps et en rajouter si nécessaire. Laisser refroidir le pudding complètement et réfrigérer.
3 Avant de servir, réchauffer le pudding de la même façon que précédemment pendant 1 heure. Servir avec un beurre au brandy chaud.

BEURRE AU BRANDY

Battre 250 g de beurre, 1/3 de tasse de sucre roux bien tassé et 1 tasse de sucre glace tamisé jusqu'à obtention d'un mélange homogène. Ajouter peu à peu 1/4 de tasse de brandy, sans cesser de battre. Conserver jusqu'à une semaine au réfrigérateur. Pour 250 ml environ.

CI-DESSUS : CHRISTMAS PUDDING GLACÉ. PAGE CI-CONTRE : PAIN PERDU AUX POMMES ET À LA CRÈME.

Décoration de la table
Art qui contribua au faste de la cour de Versailles et qui, au XIXe siècle, fit un triomphe dans la cuisine bourgeoise. De nos jours, la décoration est discrète, s'attachant plutôt au détail qui

DESSERTS
ENTREMETS À BASE DE PAIN

PAIN PERDU AUX POMMES ET À LA CRÈME

☆ **Préparation :** 25 minutes
Cuisson : 35 à 40 minutes
Pour 6 personnes

12 tranches de pain de mie aux raisins, rassis et sans croûte

1/2 tasse de jus de pomme

1/2 tasse de vin rouge

4 grosses pommes vertes pelées, épépinées et tranchées finement

1 cuil. à café de cannelle

3/4 de tasse de noix grossièrement hachées

2 cuil. à soupe de sucre roux + 3 cuil. à soupe supplémentaires

1 cuil. à soupe de beurre doux

1 tasse de crème fraîche

1 Mettre le pain dans un récipient, verser la moitié du mélange de jus et de vin et laisser reposer 5 minutes. Retirer le pain, disposer 4 tranches au fond d'un plat à four profond préalablement beurré. Préchauffer le four à 180 °C.

2 Mélanger les pommes, la cannelle, les noix et le sucre. Verser la moitié du mélange sur le pain. Couvrir de 4 tranches de pain, puis du mélange restant. Ajouter le reste du pain, du jus et du vin. Parsemer de beurre et

faire cuire 35 à 40 minutes.

3 Mélanger la crème fraîche et le sucre supplémentaire. Laisser reposer 10 minutes, puis servir chaud, accompagné d'une cuillerée de crème.

PAIN PERDU AUX FRUITS

☆ **Préparation :** 10 minutes
Cuisson : 50 minutes
Pour 4 à 6 personnes

30 g de beurre ramolli

6 tranches fines de pain de mie rassis, sans croûte

3/4 de tasse de fruits secs variés

3 cuil. à soupe de sucre

1 cuil. à café de mixed spice (mélange de cannelle, muscade, girofle, gingembre)

2 œufs légèrement battus

1 cuil. à café d'essence de vanille

2 tasses 1/2 de lait

1 Préchauffer le four à 180 °C. Beurrer un plat à four peu profond. Beurrer les tranches de pain et les couper en deux en diagonale. En déposer une couche au fond du plat et parsemer de fruits secs, de sucre et d'épices.

2 Battre les œufs, l'essence de vanille et le lait. Verser le mélange sur le pain et le laisser s'imprégner 5 minutes.

3 Faire cuire au four 50 minutes, jusqu'à ce que le pain perdu soit doré.

mettra en valeur les talents des cordons bleus. On peut décorer une table avec des fleurs, mais leur parfum doit rester discret ; on peut, par exemple, choisir les couleurs des fleurs en fonction de la vaisselle et du linge de table. L'éclairage est lui aussi très important, tout comme la vaisselle et le linge de table : on peut simplement rouler les serviettes dans de jolis anneaux ; elles doivent alors être placées à gauche de la première fourchette. Si on choisit de les plier, on les place au centre de l'assiette, ou on peut également les rouler dans les verres de convives. La disposition des couverts suit l'ordre de leur utilisation.

Déglacer Ajouter de l'eau, du bouillon ou du vin au jus de cuisson et aux sucs restants dans le plat après cuisson de la viande. On chauffe alors le mélange, on le délaye et on le fait réduire pour obtenir une sauce.

Dégorger Faire tremper de la viande, de la volaille, des abats ou du poisson dans de l'eau froide pour les débarrasser de leur sang et de leurs impuretés, ou pour éliminer l'odeur de vase des poissons d'eau douce. On emploie aussi ce terme pour les légumes que l'on saupoudre de sel afin d'éliminer l'excès d'eau qu'ils contiennent.

Dégraisser Enlever la couche de graisse d'une viande, ou ôter la graisse de la surface d'un liquide avec une écumoire.

Demi-glace Sauce de base brune ou espagnole que l'on fait réduire pour obtenir un épais sirop riche et brillant. On l'utilise pour badigeonner les viandes et les gibiers, et pour épaissir d'autres sauces.

Dentelle (crêpe) Crêpe préparée avec une très fine couche de pâte.

Déshydraté Terme désignant des aliments traités par déshydratation (l'eau est éliminée des aliments, par action de la chaleur et d'une pression).

DESSERTS ENTREMETS AU FOUR

GÂTEAU RENVERSÉ À L'ANANAS

✶✶ **Préparation :** 15 minutes
Cuisson : 45 minutes
Pour un gâteau rond de 20 cm

1 cuil. à soupe de noix de coco séchée
1/4 de tasse de sucre roux
440 g de conserve d'ananas en tranches, égoutté
90 g de beurre
1/2 tasse de sucre en poudre
2 œufs légèrement battus
1 cuil. à café d'essence de vanille
1 tasse de farine avec levure incorporée
1/3 de tasse de lait de coco

1 Préchauffer le four à 180 °C. Graisser un moule à savarin de 20 cm avec 1 noix de beurre fondu. Saupoudrer de noix de coco et de sucre. Couper les tranches d'ananas en deux et les disposer dans le moule.
2 Battre le beurre et le sucre jusqu'à obtention d'un mélange pâle et onctueux. Ajouter les œufs peu à peu, en battant après chaque ajout. Incorporer l'essence de vanille.
3 Transférer dans une terrine. Avec une cuillère en métal, incorporer la farine tamisée en alternant avec le lait de coco. Remuer jusqu'à ce que les ingrédients soient juste mélangés. Verser délicatement la préparation dans le moule et égaliser la surface. Faire cuire 45 minutes jusqu'à ce qu'on puisse en ressortir une lame de couteau sèche. Laisser reposer le gâteau 5 minutes avant de le démouler sur le plat de service.

PETITS BABAS SAUCE BUTTERSCOTCH

✶ **Préparation :** 15 minutes
Cuisson : 45 minutes
Pour 6 personnes

90 g de beurre en morceaux + 60 g supplémentaire
1 tasse de sucre roux
1 tasse 1/2 de farine avec levure incorporée
1 cuil. à café de mixed spice (mélange de cannelle, girofle, muscade, gingembre)
3/4 de tasse de lait
1/2 tasse de sucre
1/4 de tasse d'eau + 1 tasse supplémentaire

1 Préchauffer le four à 180 °C. Beurrer 6 ramequins de 250 ml. Battre le beurre et le sucre pour obtenir un mélange crémeux. Transférer dans une terrine. A l'aide d'une cuillère en métal, incorporer la farine tamisée et les épices en alternant avec le lait. Répartir équitablement dans les ramequins ; les poser sur une plaque de four.
2 Sauce : dans une petite casserole, remuer le beurre supplémentaire, le sucre et 1/4 de tasse d'eau à feu doux jusqu'à ce que le sucre se dissolve. Porter à ébullition, baisser le feu et laisser mijoter doucement à découvert, jusqu'à ce que le mélange prenne une couleur dorée. Retirer du feu. Incorporer très délicatement l'eau supplémentaire. Remuer à feu doux jusqu'à obtention d'un mélange homogène et laisser tiédir.
3 Verser le mélange dans chaque ramequin. Faire cuire 35 minutes (vérifier avec une lame de couteau : elle doit en ressortir sèche). Démouler les babas en passant un couteau tout autour et les renverser sur les assiettes.

SOUFFLÉS AU BEURRE

✻ **Préparation :** 20 minutes
Cuisson : 20 minutes
Pour 8 personnes

125 g de beurre
³/₄ de tasse de sucre
2 œufs légèrement battus
1 cuil. à café d'essence de
    vanille
1 tasse ¹/₂ de levure avec
    farine incorporée
¹/₂ tasse de lait

Crème au beurre
60 g de beurre
¹/₂ tasse de mélasse raffinée
1 tasse ¹/₄ de crème fraîche
    liquide

1 Préchauffer le four à 180 °C. Beurrer 8 ramequins de 250 ml. Battre le beurre et le sucre jusqu'à obtention d'un mélange pâle et crémeux. Ajouter les œufs peu à peu, en battant bien après chaque ajout. Incorporer l'essence de vanille et bien remuer. Transférer dans une grande jatte. Avec une cuillère en métal, incorporer la farine tamisée en alternant avec le lait. Remuer jusqu'à ce que le mélange soit presque homogène.

2 Verser la préparation dans les ramequins ; les disposer sur une grande plaque de four et les faire cuire 20 minutes (vérifier avec une lame de couteau : elle doit en ressortir sèche). Laisser tiédir 5 minutes dans les ramequins puis les démouler sur une grille.

3 Crème au beurre : faire fondre le beurre dans une petite casserole à fond épais. Ajouter la mélasse et remuer à feu moyen. Ajouter la crème liquide et porter à ébullition sans cesser de remuer.

Transférer dans une saucière. Au moment de servir, placer les babas sur les assiettes individuelles et les arroser de crème au beurre. Accompagner de crème fraîche ou de glace à la vanille.

Remarque : les babas peuvent se préparer jusqu'à 2 heures à l'avance. Les conserver à température ambiante, couvert d'un torchon. Confectionner la crème au beurre au dernier moment.

CRÈME CHANTILLY

La crème Chantilly accompagne merveilleusement les entremets au four, les fruits macérés et les tartes. Mettre 2 tasses de crème fraîche liquide dans un saladier, ajouter 1 cuil. à soupe de sucre vanillé et battre jusqu'à ce qu'elle prenne. Veiller à ne pas trop battre.

Le sucre vanillé se prépare en insérant 2 ou 3 gousses de vanille dans un bocal de sucre en poudre. Remplir le bocal à mesure que vous utilisez le sucre. La vanille continuera à parfumer le sucre pendant un an.

CI-DESSUS : SOUFFLÉS AU BEURRE.

PAGE CI-CONTRE : GÂTEAU RENVERSÉ À L'ANANAS.

La majeure partie de l'eau contenue dans l'aliment est vaporisée par pression atmosphérique, ou sous vide partiel).
Il suffit de plonger les aliments dans l'eau pour qu'ils retrouvent leur forme initiale.
Cette méthode de préparation s'applique notamment aux champignons, carottes, oignons, pommes de terre, ou encore à des fruits tels que les abricots. Les aliments ainsi traités peuvent se conserver très longtemps

Dessécher Réchauffer une préparation à feu doux afin de lui retirer son excès d'humidité.

Dessert Mets sucré mangé à la fin d'un repas. Il peut varier d'une simple compote de fruits frais à des glaces, des gelées, des crèmes anglaises, des tartes sucrées, des puddings et des gâteaux élaborés. Dans l'antiquité, on aimait terminer un repas par un fruit, du miel ou du fromage. À l'époque de l'Europe médiévale, il était de coutume de servir des confitures entre les plats de viande. Au XVIIᵉ siècle, des glaces sucrées et des sorbets (originaires d'Espagne et de Sicile) ont fait une apparition, comme l'avait fait le chocolat ramené des Amériques. Idéalement, un dessert léger à base de fruits termine un repas copieux, alors qu'une tarte sucrée, un gâteau ou un pudding s'apprécient après un repas léger. De nos jours, le dessert peut signifier fromage et biscuits. Ce terme vient du verbe *desservir* : lors d'un dîner de cérémonie, la tradition voulait qu'en fin de repas, on débarrasse la table, nappe comprise, pour la dresser de nouveau avant de servir le dessert.

Détrempe Mélange d'eau et de farine qui constitue la première étape de la confection de la pâte feuilletée.

Devonshire Tea Scones (brioches anglaises), confiture et crème en grumeaux, servis tradition-nellement avec du thé en milieu de matinée ou d'après-midi, en guise de repas léger. La crème en grumeaux, également

DESSERTS AUX FRUITS

CHARLOTTE AUX FRUITS ROUGES

★ ★ **Préparation :** 20 minutes + 1 heure de repos + 1 nuit de réfrigération
Cuisson : 13 minutes

425 g de mûres Boysenberry en boîte
425 g de mûres en boîte (ou 950 g de mûres)
3/4 de tasse de sucre
1 pomme moyenne râpée

300 g de framboises
15 tranches de pain dense, sans croûte
Fruits rouges frais pour la décoration

1 Égoutter les fruits en boîte et les réserver. Verser le sirop dans la casserole et ajouter le sucre. Remuer 3 minutes à feu doux. Porter à ébullition, puis baisser le feu. Laisser mijoter 10 minutes à découvert. Retirer du feu.
2 Mélanger les fruits en boîte avec la pomme et les framboises et bien remuer.
3 Couper les tranches de pain en diagonale. En disposer la moitié sur le fond et les bords d'un moule à gâteau profond de 20 cm. Les badigeonner d'un peu de sirop. Verser la moitié des fruits sur le pain et les arroser d'1/3 du sirop. Couvrir d'une couche de pain, garnir de fruits et d'1/3 de sirop. Terminer par une couche de pain arrosée du reste de sirop.
4 Mettre la préparation moulée sur une assiette. Envelopper de film plastique, couvrir d'une assiette et d'un poids. Laisser reposer 1 heure. Retirer l'assiette et le poids et réfrigérer toute la nuit. Démouler sur le plat de service et décorer avec les fruits rouges.

SALADE DE FRUITS À LA MAROCAINE

★ **Préparation :** 20 minutes
Cuisson : 5 minutes
Pour 6 personnes

2 pommes
2 poires
3/4 de tasse de jus d'orange
1 cuil. à soupe de jus de citron
2 bananes

2 cuil. à soupe d'eau de fleurs d'oranger
Sucre glace
250 g de fraises équeutées et coupées en deux
Feuilles de menthe fraîche
Le zeste d'1 orange

1 Épépiner les pommes et les poires et les couper en fines tranches. Les mettre dans un saladier et les arroser de jus d'orange et de citron pour éviter que les fruits ne brunissent.
2 Peler et émincer finement les bananes. Les ajouter aux fruits du saladier et remuer délicatement. Ajouter l'eau de fleur d'oranger et saupoudrer de sucre glace, selon le goût. Garnir de fraises et de feuilles de menthe.
3 Ôter la peau blanche du zeste d'orange. Détailler le zeste en une fine julienne et le cuire dans de l'eau ou un sirop léger pendant 5 minutes. Égoutter et en décorer la salade de fruits.

Remarque : cette salade de fruits est meilleure nature, sans ajout de crème ou de glace.

CI-DESSUS : SALADE DE FRUITS À LA MAROCAINE; CI-CONTRE : CHARLOTTE AUX FRUITS ROUGES. PAGE CI-CONTRE : PÊCHES ET FRAISES À L'ANGLAISE.

PÊCHES ET FRAISES À L'ANGLAISE (TRIFLE)

✱ **Préparation** : 20 minutes + 50 minutes de réfrigération
Cuisson : 10 minutes
Pour 6 à 8 personnes

1 génoise de 16 cm de diamètre et 3 cm d'épaisseur (environ)	2 tasses 1/2 de lait
3/4 de tasse de xérès ou de porto	1 cuil. à café d'essence de vanille
3/4 de tasse d'eau bouillante	1 œuf
90 g de gelée rouge	950 g de pêches en boîte, égouttées
3/4 de tasse d'eau froide	1 tasse de crème liquide
1/4 de tasse de sucre	1/4 de tasse de sucre glace
1/4 de tasse de préparation pour crème anglaise	250 g de fraises équeutées et coupées en deux

1 Couper la génoise en cubes de 2 cm et les mettre dans un plat de service de 2 l. Les arroser de xérès.

2 Verser l'eau bouillante sur la gelée et remuer pour bien la délayer. Ajouter l'eau froide. Verser dans un plat de 28 x 18 cm environ et réfrigérer 30 minutes.

3 Dans une casserole, réunir le sucre et la crème anglaise en poudre et incorporer le lait peu à peu. Remuer à feu moyen avec une cuillère en bois jusqu'à ébullition et épaississement. Retirer du feu. Ajouter l'essence de vanille et l'œuf et bien mélanger. Couvrir la casserole de film plastique et la réserver à température ambiante.

4 À l'aide d'une spatule en plastique, couper la gelée en cubes et les disposer sur la génoise. Ajouter une couche de pêches tranchées, puis arroser le tout de crème à la vanille. Réfrigérer 20 minutes. Fouetter la crème fraîche avec le sucre glace jusqu'à ce qu'elle épaississe, en déposer des cuillerées sur les pêches et garnir de fraises.

SALADE DE FRUITS AU PORTO

✱ **Préparation** : 20 minutes
Cuisson : aucune
Pour 6 personnes

1/2 tasse de sucre	250 g de framboises
1/4 de tasse de jus de citron	1 kiwi pelé et coupé en rondelles
1/4 de tasse de porto	Autres fruits de saison
1 papaye pelée et coupée en tranches	

1 Mélanger le sucre, le jus de citron et le porto dans un bocal hermétique. Bien agiter.

2 Dans un saladier, réunir la papaye, les framboises, le kiwi et les autres fruits. Verser le jus dessus. Couvrir et réfrigérer jusqu'au moment de servir. Accompagner ce dessert de crème fouettée.

ou, avec un diffuseur de chaleur, sur une plaque électrique ou sur une gazinière. Un diable ne doit jamais être lavé.

Diable (à la) Terme désignant des aliments frits ou grillés,

accompagnés d'une sauce piquante composée de vin blanc, de vinaigre, d'épices, d'herbes et de poivre de Cayenne.

Dibs Sirop à la saveur du chocolat préparé à partir de gousses de caroube. En Syrie et au Liban, on le mélange avec du tahini et on l'emploie comme une pâte à tartiner.

Dibs roman Également connu sous le nom de mélasse de grenadine, c'est un épais sirop rouge-violet, à la saveur aigre-douce. Fabriqué à partir de jus de grenade concentré, il est employé dans la cuisine du Moyen-Orient pour relever la saveur des farces d'agneau, des tourtes, en marinade pour l'agneau, et pour ajouter un goût aigre-doux aux soupes et aux ragoûts.

Die (clairette) Vin blanc champagnisé produit à Die, ville du sud-est de la France.

DESSERTS
GLACÉS

BOMBE GLACÉE AUX FRUITS

✳ **Préparation :** 20 minutes + 1 nuit de trempage + 1 nuit de congélation
Cuisson : aucune
Pour 8 personnes

315 g de fruits confits
½ tasse de figues sèches, finement hachées
¼ de tasse de rhum
1 tasse d'amandes effilées
4 œufs
1 tasse de sucre
1 tasse ½ de crème fraîche liquide
¾ de tasse de lait ribot (lait fermenté)

1 Mélanger les fruits confits, les figues et le rhum dans un bol. Couvrir et laisser tremper toute la nuit. Faire griller les amandes au gril chaud jusqu'à ce qu'elles dorent.
2 Avec un batteur électrique, mixer les œufs 5 minutes dans une terrine jusqu'à ce qu'ils soient épais et pâles. Ajouter le sucre petit à petit et battre jusqu'à ce qu'il se dissolve.
Ajouter peu à peu le mélange de crème fraîche et de lait ribot ; battre 5 minutes.
3 À l'aide d'une cuillère en métal, incorporer le mélange de fruits et d'amandes.
Verser la préparation dans un moule à pudding de 2 litres et couvrir de papier-aluminium. Mettre à congeler toute la nuit.
4 Insérer une palette entre la glace et le moule et retourner délicatement sur le plat de service.

GLACE À LA MANGUE

✳ ✳ **Préparation :** 25 minutes + temps de congélation
Cuisson : 10 minutes
Pour 1 litre

4 jaunes d'œufs
¾ de tasse de sucre glace
2 tasses de purée de mangue
1 cuil. à soupe de jus de citron
½ tasse de crème de coco
½ tasse de crème fraîche liquide
Coupelles en biscuit, mangue fraîche et noix de coco râpée pour la garniture

1 Faire cuire les jaunes d'œuf et le sucre glace au bain-marie ; remuer jusqu'à ce que le mélange soit épais et onctueux. Retirer du feu et continuer à battre 1 minute pour le refroidir.
2 Dans une jatte, mettre la purée de mangue, le jus de citron, la crème de coco et la crème fraîche et bien mélanger. Avec une cuillère en métal, incorporer délicatement le mélange aux œufs.
3 Verser dans un moule rectangulaire de 18 x 28 cm environ (capacité d'1 litre). Couvrir de papier-aluminium et mettre 3 heures au congélateur, jusqu'à ce que la préparation soit presque prise.
4 Transférer dans une terrine. Avec le batteur électrique, mixer à vitesse maximale jusqu'à ce que le mélange soit lisse.
Remettre la préparation dans le moule, couvrir de papier aluminium et entreposer 5 heures au congélateur (ou toute la nuit).
Déposer des boules de glace dans les coupelles et garnir de tranches de mangue fraîche et de noix de coco râpée.

DESSERTS
MOUSSES

MOUSSE À L'ORANGE

✳ **Préparation :** 12 minutes + 10 minutes de repos
Cuisson : aucune
Pour 8 personnes

1 tasse de jus d'orange	1/4 de tasse d'eau
2 cuil. à soupe de jus de citron	1 cuil. à soupe de liqueur d'oranges
2/3 de tasse de sucre en poudre	3 blancs d'œufs
1 cuil. à soupe de gélatine	3/4 de tasse de crème liquide, fouettée

1 Mélanger les jus d'orange et de citron dans un bol ; ajouter le sucre. Laisser reposer 10 minutes jusqu'à ce que le sucre se soit amolli.
2 Dans un autre bol, saupoudrer l'eau de gélatine. Faire cuire au bain-marie en remuant jusqu'à ce que la gélatine se dissolve. Ajouter aux jus avec la liqueur d'oranges. Bien remuer.
Réfrigérer jusqu'à ce que le mélange ait la consistance de blanc d'œuf non battu.
3 Battre le mélange à l'orange jusqu'à ce qu'il devienne mousseux et léger, puis battre les blancs d'œufs en neige. Avec une cuillère en métal, mélanger délicatement la crème fraîche et les blancs. Incorporer la gélatine et verser dans des coupes individuelles ou des verres à vin. Décorer de quartiers d'orange, de zeste d'oranges et d'un peu de crème fouettée, selon le goût.

CI-DESSUS : MOUSSE À L'ORANGE ; CI-CONTRE :
FLUMMERY AU FRUIT DE LA PASSION ET AUX AGRUMES.
PAGE CI-CONTRE : BOMBE GLACÉE AUX FRUITS.

FLUMMERY AU FRUIT DE LA PASSION ET AUX AGRUMES

✳ **Préparation :** 35 à 40 minutes + 4 heures de réfrigération
Cuisson : 10 minutes
Pour 8 personnes

1 cuil. à soupe de farine	2/3 de tasse de jus d'orange
1 tasse d'eau chaude	3/4 de tasse de sucre
1 cuil. à soupe de gélatine	La pulpe de 5 fruits de la passion
1/4 de tasse d'eau froide	
1/4 de tasse de jus de citron	

1 Dans une casserole, délayer la farine dans un peu d'eau chaude pour former une pâte, puis ajouter le reste de l'eau petit à petit. Porter à ébullition sans cesser de remuer. Faire bouillir 1 minute et retirer du feu.
2 Saupoudrer la gélatine sur le mélange d'eau froide et de jus de citron. Remuer énergiquement au bain-marie, jusqu'à disparition des grumeaux.
3 Mettre les jus, la gélatine, le sucre et la pulpe de fruit de la passion dans une casserole. Remettre sur le feu et porter à ébullition. Transférer dans un saladier.
4 Placer le saladier sur un plat de glaçons et mixer le mélange au batteur jusqu'à ce qu'il épaississe. Transférer le mélange dans un récipient propre et laisser reposer jusqu'à ce qu'il commence à prendre. Battre de nouveau, légèrement, pour bien répartir les grains de fruit. Verser la préparation dans des coupes à parfaits. Mettre 4 heures au réfrigérateur jusqu'à ce que la mousse commence à prendre. Servir avec de la crème fraîche et de la pulpe de fruit de la passion, à votre goût.

n'importe quelle autre volaille. La dinde entière se mange farcie ou rôtie ; elle est également vendue en rôtis sans os, roulée, ficelée et prête à cuire, et

en escalopes (passées à la poêle comme des escalopes de veau). On trouve aussi des cuisses, des pilons et des ailes. La viande peut être préparée en pastrami, en salami, en jambon, et en saucisse de dinde fumée. Aux États-Unis, on mange traditionnellement une dinde rôtie farcie de mie de pain de maïs le jour de Thanksgiving (le dernier jeudi du mois de Novembre).

Dip Terme anglais désignant une purée de légumes, épices ou autres ingrédients, finement hachés, mélangés à de l'eau ou de l'huile pour former une crème épaisse, dans laquelle on trempe

des aliments : on en sert en amuse-gueule, avec du pain, des biscuits salés, des chips, ou des crudités détaillées en bâtonnets ou en bouquets. Parfaite

DESSERTS
PUDDINGS

PUDDING AU CHOCOLAT NOIR SAUCE MOKA

✱ **Préparation :** 30 minutes
Cuisson : 1 heure 30
Pour 6 personnes

1 tasse 1/4 de farine avec levure incorporée
1 tasse de farine ordinaire
1/4 de tasse de cacao en poudre
1/4 de cuil. à café de bicarbonate de soude
150 g de beurre
1/2 tasse de sucre
1/4 de tasse de sucre roux
100 g de chocolat noir concassé
1 cuil. à café d'essence de vanille

2 œufs légèrement battus
3/4 de tasse de lait ribot (lait fermenté)

Sauce moka
50 g de beurre
150 g de chocolat noir concassé
1 tasse 1/2 de crème liquide
1 cuil. à soupe de café en poudre instantané
1 à 2 cuil. à soupe de liqueur de chocolat

1 Beurrer un moule à pudding de 2 litres. Garnir le fond de papier sulfurisé beurré. Réserver.
2 Tamiser les farines, le cacao et le bicarbonate dans une terrine. Faire un puits au centre.
Dans une casserole, mélanger le beurre, les sucres, le chocolat et l'essence de vanille. Remuer à feu doux jusqu'à ce que le beurre et le chocolat fondent et que le

sucre se dissolve ; retirer du feu. Verser le mélange au beurre, les œufs battus et le lait ribot sur la préparation de farine. Bien remuer avec une cuillère en bois, sans trop battre.
3 Verser la préparation dans le moule. Poser dessus une feuille de papier parcheminé beurrée (côté beurré en bas) ; placer au-dessus une feuille d'aluminium, également beurrée (côté beurré en bas). Fermer hermétiquement le couvercle du moule.
À défaut, couvrir d'un torchon replié : le ficeler sous les rebords du moule et nouer les extrémités pour former une anse.
4 Déposer le moule sur un trépied placé au fond d'une grande casserole ou cocotte.
Verser soigneusement l'eau bouillante dans la casserole jusqu'à mi-hauteur du moule. Porter à ébullition, couvrir et faire cuire 1 heure 15.
Veiller à ce que l'eau ne s'évapore pas complètement ; rajouter de l'eau bouillante si nécessaire.
Lorsque le pudding est cuit, ôter le couvercle et le renverser sur le plat de service. Servir chaud avec la sauce moka.
5 Sauce moka : mélanger le beurre, le chocolat, la crème et le café.
Remuer à feu doux jusqu'à ce que le mélange soit homogène. Ajouter la liqueur de chocolat, bien remuer et retirer du feu.

CI-DESSUS : PUDDING AU CHOCOLAT NOIR SAUCE MOKA. PAGE CI-CONTRE : PUDDING AUX FRUITS ET SAUCE AUX AGRUMES.

PUDDING AUX FRUITS ET SAUCE AUX AGRUMES

⚹ ⚹   ***Préparation :*** 15 minutes
       Cuisson : 1 heure 40
       Pour 6 personnes

125 g de beurre	*1/4 de tasse de jus d'orange*
3/4 de tasse de sucre	
2 œufs légèrement battus	***Sauce aux agrumes***
2 cuil. à café de zeste d'orange finement râpé	*1 cuil. à soupe de sucre*
	1 tasse d'eau
1/2 tasse de mincemeat (fruits confits macérés dans du beurre ou de la graisse de bœuf ; à défaut, utiliser simplement des fruits confits)	*1 tasse de jus d'orange*
	1/2 tasse de jus de citron
	1 cuil. à soupe de zeste d'orange finement râpé
	2 cuil. à café de zeste de citron finement râpé
1 tasse 1/2 de farine avec levure incorporée	*1 cuil. à soupe de Maïzena*
	1 cuil. à café de beurre
1/4 de tasse de lait	*1 jaune d'œuf*

1 Beurrer un moule à pudding ou un cuiseur à vapeur de 18 cm (1,5 l). Garnir le fond de papier sulfurisé beurré. Réserver.
2 Battre le beurre et le sucre jusqu'à obtention d'une consistance crémeuse. Ajouter les œufs peu à peu, en battant bien après chaque ajout. Incorporer le zeste.
3 Transférer la préparation dans une terrine ; ajouter le mincemeat ou les fruits confits. Avec une cuillère en métal, incorporer la farine tamisée en alternance avec les liquides. Remuer jusqu'à ce que le mélange soit presque homogène.
4 Verser la préparation dans le moule. Poser dessus une feuille de papier parcheminé beurrée (côté beurré en bas) ; placer au-dessus une feuille d'aluminium, également beurrée (côté beurré en bas). Fermer hermétiquement le couvercle du moule. À défaut, couvrir d'un torchon replié : le ficeler sous les rebords du moule et nouer les extrémités pour former une anse.
5 Déposer le moule sur un trépied placé au fond d'une grande casserole ou cocotte. Verser soigneusement l'eau bouillante dans la casserole jusqu'à mi-hauteur du moule. Porter à ébullition, couvrir et faire cuire 1 heure 30. Veiller à ce que l'eau ne s'évapore pas complètement ; rajouter de l'eau bouillante si nécessaire. Lorsque le pudding est cuit, le laisser reposer 5 minutes dans son moule avant d'ôter le couvercle et de le renverser sur un plat. Le servir chaud avec la sauce aux agrumes.
6 Sauce aux agrumes : mélanger le sucre et l'eau (sauf 1 cuil. à soupe) dans une petite casserole. Remuer à feu doux jusqu'à ce que le sucre se dissolve. Ajouter les jus et les zestes d'orange et de citron. Délayer la Maïzena dans l'eau réservée pour former une pâte homogène. Porter le mélange de sucre et de jus à ébullition et ajouter la Maïzena ; remuer jusqu'à épaississement. Incorporer le beurre. Retirer du feu, laisser tiédir puis incorporer le jaune d'œuf en battant bien. Passer au chinois fin dans une saucière.

PUDDING À LA CONFITURE

⚹   ***Préparation :*** 10 minutes
     Cuisson : 1 heure
     Pour 6 personnes

1/2 tasse de confiture de fraises	*1 tasse 1/2 de farine*
	1 cuil. à café de levure chimique
60 g de beurre	*1/2 tasse de lait*
1/2 tasse de sucre	
1 œuf	

1 Beurrer un moule à pudding de 1 litre. Étaler la confiture au fond. Travailler le beurre, le sucre et l'œuf en crème.
2 Incorporer la farine et la levure tamisées. Ajouter le lait et bien remuer. Étendre délicatement le mélange par-dessus la confiture.
3 Confectionner un couvercle en papier aluminium et bien presser les bords pour le fixer. Réaliser une anse avec de la ficelle et déposer le moule sur un trépied placé au fond d'une grande casserole remplie de 5 cm d'eau bouillante. Couvrir la casserole. Laisser mijoter à feu doux pendant 1 heure, en veillant à ne pas laisser l'eau s'évaporer (en rajouter si nécessaire). Passer la lame d'un couteau tout autour du pudding et le démouler sur un plat.

pour recevoir des invités, cette manière d'accommoder facilement des aliments est très répandue dans le monde, et depuis longtemps. Ainsi, dans l'antiquité, les Romains appréciaient un repas léger en trempant des morceaux de

pain dans du lait de chèvre ; l'hoummos, mélange de pois chiches, fait partie de la tradition culinaire du Moyen-Orient ; le tarama, pâte préparée avec des œufs de mulet, se dégustait chez les Égéens ; les Mayas d'Amérique centrale savouraient le guacamole bien avant l'arrivée des Espagnols au XVIe siècle ; et en Inde, le dahl, composé de purée de lentilles, est souvent mangé avec des chapattis, divers types de pains plats, et des rôtis.

De nos jours, on en consomme du tout prêt, sous des formes et saveurs variées proposées aussi bien en supermarchés que dans les épiceries fines.

Dolmas Petits pâtés cylindriques composés de riz, d'agneau haché, d'oignons finement hachés et de noix, assaisonnés puis enveloppés dans des feuilles de vignes, braisés dans un peu de bouillon ou de vin, et humectés avec de l'huile d'olive et du jus de citron. Le mélange peut aussi être enveloppé dans des feuilles de chou. On mange généralement les dolmas froides, en entrée.

Originaire du Moyen-Orient, ce plat est aussi servi en Grèce, en Turquie et au Liban. Dolmas vient du Perse *dolmeh*, qui signifie farci.

Doner Kebab Tranches d'agneau et salade humectées avec une sauce à base de tahini, et enveloppées dans un morceau de pain sans levain pour obtenir un plat qui peut être mangé avec les doigts. On fait mariner pendant 24 heures de petits morceaux d'agneau de même taille dans une préparation composée d'huile d'olive, de sel, de poivre, d'oignon, d'origan, de thym, de persil et parfois de menthe. On enfile ensuite ces morceaux, séparés par une fine tranche de lard, bien serrés sur une brochette.

Auparavant, on faisait tourner la brochette au-dessus du charbon de bois ; de nos

DESSERTS
TARTES

TARTE AUX MYRTILLES

✴ **Préparation :** 30 minutes
Cuisson : 45 minutes
Pour 6 personnes

2 rouleaux de pâte brisée pré-étalée
125 g de crème fraîche
2 cuil. à soupe de sucre en poudre
1 œuf légèrement battu + 1 œuf supplémentaire
1 cuil. à café d'essence de vanille
500 g de myrtilles fraîches ou surgelées
2 cuil. à soupe de confiture de mûres (sans grains)
2 cuil. à café de jus de citron

1 Préchauffer le four à 180 °C. Foncer un moule à tarte de 23 cm d'un rouleau de pâte ; couper l'excédent. Couper l'autre rouleau de pâte en longues bandes fines. Les badigeonner d'œuf battu.
2 Battre la crème et le sucre jusqu'à obtention d'un mélange homogène. Ajouter l'œuf battu supplémentaire peu à peu sans cesser de battre. Incorporer l'essence de vanille.
3 Étaler le mélange et garnir d'une couche de myrtilles. Réchauffer la confiture et le jus de citron ensemble jusqu'à ce que la confiture fonde. Verser délicatement sur les myrtilles. Disposer les bandes de pâte en croisillons par-dessus la tarte et les sceller sur les bords. Faire cuire 45 minutes. Laisser refroidir 10 minutes dans le moule. Servir chaud ou froid avec de la glace.

TARTE À LA CRÈME ET À LA MUSCADE

✴ ✴ **Préparation :** 30 minutes
Cuisson : 50 minutes
Pour 6 personnes

1 rouleau de pâte brisée pré-étalée

Garniture
2 cuil. à café de préparation pour crème anglaise
3 œufs légèrement battus
1/3 de tasse de sucre
1 cuil. à café d'essence de vanille
1/2 tasse de crème
1 tasse de lait ribot (lait fermenté)
1 cuil. à café de muscade moulue

1 Préchauffer le four à 180 °C. Beurrer un moule à tarte de 20 cm.
2 Garnir le moule préparé de pâte ; ôter l'excédent. Former un motif cannelé tout autour du bord avec les doigts.
3 Garniture : dans un saladier, fouetter la préparation pour crème anglaise, les œufs et le sucre. Ajouter l'essence de vanille, la crème et le lait ribot. Bien remuer. Verser sur la pâte et saupoudrer de muscade.
4 Poser la tarte sur une plaque de four. Faire cuire 50 minutes (vérifier avec une lame de couteau : elle doit en ressortir sèche). Laisser reposer 10 minutes et servir chaud ou froid avec de la crème.

Remarque : pour que leur garniture ait une consistance parfaite, les tartes à la crème ont besoin d'être légèrement refroidies avant d'être servies.

TARTE AUX FRUITS

☆ **Préparation :** 40 minutes + temps de réfrigération

Cuisson : 30 minutes

Pour 2 tartes de 23 cm environ

2 tasses $^1/_2$ de farine

$^1/_4$ de tasse de sucre

185 g de beurre coupé en petits morceaux

1 œuf entier + 1 jaune d'œuf

1 cuil. à soupe d'eau

Crème

2 tasses $^1/_2$ de lait

3 œufs

2 cuil. à soupe de farine

2 cuil. à soupe de Maïzena

$^1/_2$ tasse de sucre en poudre

2 cuil. à café d'essence de vanille

Garniture

2 kiwis émincés

425 g de pêches en boîte, coupées en tranches

14 grains de raisin noir

250 g de fraises coupées en deux

$^1/_2$ tasse de confiture de fraise

1 cuil. à soupe de cognac

1 Passer la farine, le sucre et le beurre 30 secondes au mixeur, jusqu'à ce que la préparation soit friable. Ajouter l'œuf, le jaune d'œuf et l'eau et mixer encore 20 secondes jusqu'à formation d'une pâte. Pétrir sur un plan de travail fariné pour former une pâte souple. Envelopper de film plastique et réfrigérer 20 minutes.

2 Préchauffer le four à 210 °C.

Partager la pâte en deux, remettre une moitié dans le film plastique et réserver. Étaler la moitié de pâte de façon à garnir un moule à tarte de 23 cm environ. Ôter l'excédent à l'aide d'un couteau.

Répéter l'opération avec la pâte restante, dans un deuxième moule.

Garnir chaque moule de papier sulfurisé et le couvrir de haricots secs ou de riz.

Enfourner 10 minutes.

Retirer le papier et les haricots et prolonger la cuisson au four de 10 minutes, jusqu'à ce que la pâte soit légèrement dorée.

Laisser refroidir.

3 Crème : fouetter $^1/_2$ tasse de lait avec les œufs, les farines tamisées et le sucre. Faire chauffer le reste du lait dans une casserole et le verser peu à peu dans la préparation.

Mettre le mélange ainsi obtenu dans la casserole, et remuer à feu moyen jusqu'à ébullition et épaississement.

Laisser mijoter 3 minutes. Incorporer l'essence de vanille ; retirer du feu et laisser refroidir. Étaler la crème sur la pâte des deux moules.

4 Garniture : disposer joliment les fruits sur la crème. Chauffer la confiture avec le cognac puis la passer au chinois fin.

En badigeonner les fruits et réfrigérer avant de servir.

CI-DESSUS : TARTE AUX FRUITS. PAGE CI-CONTRE : TARTE AUX MYRTILLES (À GAUCHE) ET TARTE À LA CRÈME ET À LA MUSCADE.

jours, il s'agit généralement d'une rôtissoire verticale. Lorsque la surface de la viande d'agneau devient brune, elle est découpée en fines tranches tandis que le reste de la viande continue à rôtir. La salade se compose souvent de taboulé, de tranches d'oignon cru, de laitue et de tomates ; on accompagne de sauces, pimentée ou barbecue, par exemple, et parfois de hommmos. Le doner kebab, originaire de Turquie, est très répandu dans tout le Moyen Orient ; on le connaît sous le nom de *chawarma* au Liban, et de *grass* en Irak.

Dorer Badigeonner avec des œufs battus, et à l'aide d'un pinceau, la surface d'une pâte ou d'un gâteau, afin de lui permettre de se colorer pendant la cuisson.

Doughnut Terme anglais désignant un type de beignet, généralement en forme de petite couronne, fabriqué avec de la pâte levée, frit, et saupoudrée de sucre semoule ou de sucre glace. Possèdant la même texture moelleuse que le pain, les doughnuts peuvent également être ronds et garnis de confiture ou de crème pâtissière. Le doughnut en couronne (ou anneau) est originaire d'Amérique du Nord, et est attribué à John Blondel qui, dans les années 1870, breveta un emporte-pièce à beignet pour une découpe en forme d'anneau.

Douille Petit appareil en forme de cône, que l'on place à l'extrémité d'une poche en toile.
Les douilles peuvent avoir une embouchure cannelée ou unie.

On les utilise pour la décoration des poissons froids, des œufs durs ou des viandes froides (mayonnaise) mais également des pâtisseries (meringue, crème chantilly).

Dourian Gros fruit de forme ovale recouvert d'une écorce à pointes courtes et dures.
Le dourian est originaire de l'Asie du Sud-Est ; il est cultivé principalement en Malaisie, aux Philippines et au Vietnam. Il est si apprécié en Thaïlande que certains exploitants de vergers doivent avoir recours à des gardes pour éloigner les voleurs de fruits.

FLAN AU FRUIT DE LA PASSION ET À LA RICOTTA

★★ **Préparation** : 30 minutes + 1 heure 20 de réfrigération
Cuisson : 20 minutes
Pour 6 personnes

1 tasse ¼ de farine
90 g de beurre coupé en petits morceaux
¼ de tasse de sucre en poudre
2 cuil. à soupe d'eau glacée

Garniture
1 tasse ½ de ricotta
½ tasse de sucre
3 œufs
½ tasse de crème
3 fruits de la Passion
2 cuil. à café de sucre glace

1 Tamiser la farine dans une terrine et ajouter le beurre. Travailler du bout des doigts pendant 2 minutes, jusqu'à ce que le mélange soit friable. Incorporer le sucre. Ajouter presque toute l'eau et former une pâte souple, en rajoutant de l'eau si nécessaire. Pétrir la pâte sur un plan de travail fariné puis l'étaler pour garnir un moule à tarte profond, de 20 cm environ. Couvrir de film plastique et réfrigérer 20 minutes.
2 Préchauffer le four à 180 °C. Couvrir la pâte de papier sulfurisé puis de haricots secs ou de riz. Enfourner 10 minutes puis retirer du four et ôter le papier et les haricots. Mettre de nouveau 10 minutes au four, jusqu'à ce que la pâte soit légèrement dorée. Laisser refroidir.
3 Garniture : passer la ricotta, le sucre, les œufs et la crème 20 secondes au mixeur, jusqu'à ce que le mélange soit homogène. Ajouter la pulpe des fruits et

mixer 5 secondes. Verser la préparation sur la pâte et enfourner 1 heure, jusqu'à ce que la crème soit légèrement dorée. Laisser refroidir puis réfrigérer 1 heure. Saupoudrer de sucre glace.

TARTE AUX POMMES ET À LA CRÈME

★★ **Préparation** : 35 minutes + 30 minutes de réfrigération
Cuisson : 45 minutes
Pour 4 à 6 personnes

1 tasse de farine
50 g de beurre coupé en petits morceaux
1 à 2 cuil. à soupe d'eau glacée

Garniture
2 petites pommes vertes
1 œuf légèrement battu
¼ de tasse de sucre en poudre

2 cuil. à soupe de Maïzena
1 cuil. à café d'essence de vanille
¾ de tasse de crème fraîche liquide
30 g de beurre fondu
2 cuil. à soupe de confiture d'abricots réchauffée et tamisée

1 Passer la farine, et le beurre 20 secondes au mixeur, jusqu'à ce que le mélange soit friable. Ajouter presque toute l'eau et mixer pendant 15 secondes jusqu'à formation d'une boule. Pétrir légèrement sur un plan de travail fariné.
Beurrer ou huiler un moule à tarte de 20 cm environ. Étaler la pâte de façon à couvrir le fond et les bords du moule ; ôter l'excédent. Couvrir de film plastique et réfrigérer 30 minutes.
2 Préchauffer le four à 180 °C. Couvrir la pâte de papier sulfurisé puis de haricots secs ou de riz. Enfourner 10 minutes puis retirer du four et ôter le papier et les haricots. Mettre de nouveau 10 minutes au four, jusqu'à ce que la pâte soit légèrement dorée. Laisser refroidir.
3 Garniture : peler les pommes, retirer les pépins et trancher finement.
Dans un saladier, mélanger l'œuf, le sucre, la Maïzena, l'essence de vanille et la crème fraîche. Verser ce mélange sur la pâte et disposer les tranches de pommes dessus.
Enfourner 25 minutes, jusqu'à ce que les pommes soient légèrement dorées.
Badigeonner la tarte de confiture d'abricots pendant qu'elle est encore chaude. Servir chaud ou froid.

CI-CONTRE : FLAN AU FRUIT DE LA PASSION ET À LA RICOTTA. PAGE CI-CONTRE : TARTELETTES AUX FRUITS SECS.

TARTELETTES AUX FRUITS SECS

✷ ✷　**Préparation :** 30 minutes
　　　Cuisson : 40 minutes
　　　Pour 18 tartelettes

¹/₂ tasse de farine
1 cuil. à soupe de sucre en
　poudre
45 g de beurre
1 cuil. à soupe de lait

Garniture
250 g de fruits secs variés
　entiers
¹/₂ tasse de sucre
¹/₄ de tasse d'eau
¹/₄ de tasse de crème liquide

1 Préchauffer le four à 180 °C. Tamiser la farine dans une terrine ; ajouter le sucre et le beurre. Travailler du bout des doigts jusqu'à ce que le mélange soit friable. Verser le lait et le mélanger pour former une pâte souple. Pétrir 1 minute sur un plan de travail fariné.
2 Étaler la pâte finement ; couper des cercles à l'aide d'un emporte-pièce cannelé de 6 cm environ. Garnir des moules à tarte individuels de pâte et la piquer à l'aide d'une fourchette. Faire cuire 10 minutes au four jusqu'à ce qu'elle soit légèrement dorée.
3 Garniture : étaler les fruits secs sur une plaque de four et faire cuire 10 minutes jusqu'à ce qu'ils commencent à dorer. Dans une casserole, mélanger le sucre et l'eau. Remuer à feu doux jusqu'à ce que le sucre se dissolve, puis porter à ébullition. Laisser mijoter 10 minutes à découvert, jusqu'à obtention d'un caramel. Retirer du feu, ajouter la crème et remuer. Ajouter les fruits secs et remuer.
Verser la préparation dans les moules et laisser refroidir avant de servir.

TARTELETTES À LA CANNELLE

✷　　**Préparation :** 15 minutes
　　　Cuisson : 35 minutes
　　　Pour 18 tartelettes

18 tranches de pain de mie
　blanc, sans croûte
40 g de beurre doux ramolli

Garniture
2 œufs
2 cuil. à soupe de lait

2 cuil. à café de sucre vanillé
Sucre en poudre à votre goût
1 cuil. à café de cannelle
¹/₂ tasse de crème liquide
1 cuil. à café de muscade
　moulue

1 Préchauffer le four à 210 °C.
Beurrer deux moules à muffins (ou 18 petits moules individuels).
Couper le pain en cercles à l'aide d'un emporte-pièce de 8 cm environ. Aplatir chaque cercle au rouleau à pâtisserie.
Beurrer les deux faces du pain et les tasser délicatement dans les moules.
Enfourner 10 minutes, jusqu'à ce que le pain soit légèrement doré. Veiller à ne pas faire trop cuire le pain, qui s'émietterait.
2 Garniture : baisser la température à 180 °C.
Dans une jatte, mélanger les œufs, le lait, le sucre vanillé, le sucre, la cannelle et la crème ; bien remuer.
Verser la préparation dans les moules et saupoudrer de muscade.
Enfourner 25 minutes, jusqu'à ce que la garniture soit dorée. Servir immédiatement.

La pulpe crémeuse du dourian, de couleur ocre, est particulièrement appréciée, notamment pour le contraste entre son odeur âcre, qui peut rappeler celle du fromage, et son goût exquis : ainsi, on dit en Asie que ce fruit "a la senteur de l'enfer et le goût du paradis".
La chair du dourian se mange crue, en dessert, seule ou avec du sucre et de la crème, ou encore avec de la glace. Rafraîchir le fruit lui enlève sa saveur. À Java, on en prépare une gelée de fruits. On peut griller les graines et les manger comme des noix. On trouve également de la pulpe de dourian en conserve.

En Indonésie, on écrase les

graines afin d'obtenir une farine qui est utilisée pour la fabrication des sucreries.

En Thaïlande, on sert le dourian accompagné de riz gluant.

Dragées Confiserie composée d'amandes recouvertes d'une pâte sucrée et dure. Les dragées sont

traditionnellement offertes lors de fêtes familiales

événementielles : à l'occasion d'une naissance, d'un baptême, d'une communion, d'un mariage.

On peut les offrir aux personnes ayant assisté à une cérémonie religieuse mais ne participant pas au repas, puis à tous les convives après le repas. Les dragées symbolisent la fête, et sont offertes pour faire partager la joie de la famille à ses invités et amis.

Drambuie Liqueur fabriquée avec du whisky et du miel, originaire d'Écosse.

Dresser Disposer et éventuellement décorer un mets sur le plat de service.

Dumpling Terme anglais désignant une petite boule de pâte, pochée et servie en accompagnement de plats de viande et de desserts. Les dumplings salés, mijotés dans un bouillon de viande ou dans un ragoût, sont

DUMPLINGS
PETITES BRIOCHES SALÉES

SOUPE AUX DUMPLINGS DE POULET

✶ ✶   **Préparation :** 25 minutes
  Cuisson : 15 minutes
  Pour 6 personnes

1 blanc de poulet	1 cuil. à café de thym
2 œufs	séché
½ tasse de poireau	2 tasses de mie de pain
finement émincé	1 cuil. à soupe de persil
½ tasse d'oignon finement	haché + un peu pour la
haché	garniture
½ tasse de carotte finement	3 tasses de bouillon de
émincée	volaille épais
1 cuil. à café de poivre	

1 Débiter le poulet en petits morceaux. Passer les œufs au mixeur jusqu'à ce qu'ils soient épais et crémeux. Ajouter le poireau et mixer, ajouter l'oignon et la carotte et mixer de nouveau. Ajouter le poulet et mixer jusqu'à ce que le mélange soit épais et homogène. Transférer dans un récipient.

2 Ajouter le poivre, le thym, la mie de pain et le persil. À l'aide de deux cuillères trempées dans l'eau, façonner les dumplings (en forme de petites quenelles). Disposer sur une plaque huilée et couvrir.

3 Porter le bouillon à ébullition et baisser le feu. Plonger délicatement les dumplings dans le bouillon fré-

missant et les faire cuire jusqu'à ce qu'ils remontent en surface. Couvrir et laisser mijoter 10 minutes. Répartir les dumplings dans 6 bols à soupe et verser ½ tasse de bouillon dessus. Saupoudrer de persil haché.

DUMPLINGS (RECETTE DE BASE)

✶   **Préparation :** 5 minutes
  Cuisson : 15 à 20 minutes
  Pour 4 personnes

1 tasse de farine avec	30 g de beurre ou de
levure incorporée	graisse de bœuf
¼ de cuil. à café de sel	1 œuf battu
Poivre blanc moulu	¼ de tasse de lait

1 Tamiser la farine, le sel et le poivre. Ajouter le beurre et le travailler avec les doigts pour former une texture friable. Mélanger l'œuf avec le lait et l'ajouter à la farine. Remuer pour obtenir une pâte homogène.

2 Avec les mains farinées, façonner des petites boules de 3 cm de diamètre. 20 minutes environ avant que votre plat de viande soit prêt, disposer les dumplings dessus en une seule couche et en les espaçant.

3 Couvrir et faire cuire 15 à 20 minutes, jusqu'à ce que les dumplings soient légers et moelleux.

Remarque : les dumplings peuvent également être cuits à la vapeur, 30 à 40 minutes dans un cuiseur perforé.

DUMPLINGS AUX HERBES

Ajouter 1 cuil. à soupe de persil haché et 1 cuil. à café de thym haché à la recette de base. Accompagne très bien les ragoûts de veau, de poulet, de bœuf ou de légumes.

DUMPLINGS AUX COURGETTES ET AU PARMESAN

Ajouter ¼ de tasse de courgette râpée et 1 cuil. à soupe de parmesan à la recette de base. Servir avec les ragoûts de poulet, d'agneau ou de bœuf.

DUMPLINGS À L'ORANGE

Ajouter 1 cuil. à café de zeste d'orange finement râpé et 2 cuil. à café de persil haché à la recette de base. Agrémente les ragoûts de porc, de veau ou d'agneau.

DUMPLINGS À LA FARINE COMPLÈTE

Utiliser de la farine complète avec levure incorporée. Ajouter 1 cuil. à soupe de ciboulette finement hachée à la recette de base. Accompagne les ragoûts de bœuf, d'agneau ou de légumes.

CI-DESSUS : SOUPE AUX DUMPLINGS DE POULET.
CI-CONTRE : GOULASH ET DUMPLINGS AUX GRAINES DE CARVI.

Dundee Cake Gâteau au beurre aromatisé avec des fruits secs et des noix. Avant d'être mis au four, le gâteau est recouvert de

moitiés d'amandes blanchies. Ce gâteau porte le nom d'un port maritime, Dundee, situé sur la côte Est de l'Écosse.

Duxelles Terme désignant un mélange de champignons finement hachés, avec

quelques oignons blancs, puis sautés dans le beurre jusqu'à ce qu'ils deviennent doux et secs.
Cette préparation ajoute une forte saveur aux farces et aux sauces, et peut aussi servir de garniture.

GOULASH ET DUMPLINGS AUX GRAINES DE CARVI

★ ★   **Préparation :** 1 heure
  Cuisson : 1 heure 15
  Pour 6 personnes

1,5 kg de bœuf (tende-de-tranche)
½ tasse de farine
¼ de cuil. à café de poivre noir moulu
⅓ de tasse d'huile d'olive
1 gousse d'ail écrasée
2 oignons moyens émincés
1 cuil. à café de paprika doux moulu
½ cuil. à café de cannelle moulue
½ tasse de bouillon de bœuf
⅓ de tasse de vin rouge

½ cuil. à café d'herbes séchées variées
⅔ de tasse de sauce tomate en bocal
1 gros poivron rouge

Dumplings aux graines de carvi
1 tasse ½ de farine avec levure incorporée
60 g de beurre
½ tasse de lait + 1 cuil. à soupe
1 cuil. à café de graines de carvi

1 Préchauffer le four à 180 °C. Parer la viande et la détailler en morceaux de 3 cm. Mélanger la farine et le poivre sur du papier parcheminé. Rouler la viande dans la farine et secouer pour ôter l'excédent.
2 Faire chauffer 2 cuil. à soupe d'huile dans une cocotte. Saisir la viande par petites quantités à feu vif puis moyen jusqu'à ce qu'elle brunisse ; l'égoutter sur du papier absorbant.

3 Faire chauffer le reste de l'huile. Mettre l'ail et l'oignon et remuer 2 minutes à feu moyen.
4 Remettre la viande dans la cocotte avec les épices, le bouillon, le vin, les herbes et la sauce tomate ; porter à ébullition. Retirer du feu et transférer dans un plat à four profond. Couvrir et faire cuire 45 minutes. Retirer du feu et ôter le couvercle. Monter la température à 240 °C.
5 Partager les poivrons en deux dans le sens de la longueur ; ôter les graines. Les disposer sur une plaque de four huilée, côté bombé en haut. Les passer 10 minutes au gril chaud, jusqu'à ce que la peau cloque. Retirer et laisser refroidir. Peler les poivrons et les couper en lanières larges de 2 cm. Les disposer sur la viande.
6 Dumplings aux graines de carvi : passer la farine et le beurre 10 secondes au mixeur. Ajouter le lait et mixer 10 secondes jusqu'à ce que le mélange forme une pâte souple. La poser sur un plan de travail fariné ; ajouter les graines de carvi et pétrir 1 minute. L'étaler de sorte qu'elle ait 1 cm d'épaisseur. La découper en ronds de 4 cm avec un emporte-pièce cannelé. Couvrir la viande de dumplings et les badigeonner de lait. Remettre au four et faire cuire 15 minutes à découvert, jusqu'à ce que les dumplings soient levés et dorés.

Remarque : on peut remplacer les dumplings par d'épaisses rondelles de pommes de terre (étape 4), ou de fines rondelles de pommes de terre disposées sur la viande et garnies de petits morceaux de beurre. Faire cuire jusqu'à ce qu'elles soient dorées.

E

Échalote Petit oignon, de la forme d'une gousse d'ail, à peau rougeâtre-marron, à chair blanche teintée de pourpre, de saveur douce. On utilise les feuilles et les bulbes crus, coupés finement dans des salades, mais aussi cuits. Les échalotes sont couramment utilisées dans la cuisine du Nord de la France, pour aromatiser les sauces et les plats mijotés.

Écossaise (cuisine)
L'Écosse a la réputation d'avoir une alimentation facile et substantielle, aidant à affronter son air vivifiant. Le porridge chaud, les potages, les gâteaux à la farine d'avoine et les haggis - nourriture traditionnelle des communautés paysannes des Highlands - vont de pair avec un climat qui, bien que très inhospitalier, est idéal pour faire pousser l'avoine, aliment de base. La région offre aussi des mets d'une finesse exceptionnelle, faisant ressortir ainsi l'influence de l'ancienne alliance entre la France et l'Écosse. Pendant des

CUISINE ÉCOSSAISE : LES CLASSIQUES

SCOTCH BROTH (SOUPE DE VIANDE, LÉGUMES ET ORGE)

✳ **Préparation :** 25 minutes + 1 nuit de trempage
Cuisson : 2 heures
Pour 4 à 6 personnes

¼ de tasse de pois secs (entiers)	1 navet coupé en dés
2 cuil. à soupe d'orge perlé	1 grosse carotte coupée en dés
6 côtelettes d'agneau dans le collier (750 g)	1 branche de céleri émincée
1,5 l d'eau	2 tasses de chou râpé
1 poireau coupé en morceaux de 2 cm	Sel, poivre
	¼ de tasse de persil frais haché

1 Mettre les pois dans un récipient ; couvrir d'eau chaude et laisser reposer toute la nuit à découvert. Rincer les pois deux fois et les égoutter soigneusement.

2 Réunir les pois, l'orge, la viande et l'eau dans une grande casserole à fond épais. Porter à ébullition et écumer la surface. Ajouter le poireau et le navet. Baisser le feu, couvrir et laisser mijoter 1 heure 30.

3 Ajouter la carotte et le céleri. Prolonger la cuisson de 30 minutes, à découvert.

4 Ajouter le chou et remuer jusqu'à ce qu'il soit chaud et tendre. Assaisonner selon le goût et garnir de persil.

OATCAKES (GÂTEAUX SECS À L'AVOINE)

✳ **Préparation :** 5 minutes
Cuisson : 25 minutes
Pour 25 gâteaux

1 tasse de farine d'avoine fine	½ cuil. à café de sel
1 tasse de farine d'avoine moyenne	1 cuil. à café de sucre
½ cuil. à café de levure chimique	60 g de saindoux fondu
	½ tasse d'eau chaude

1 Préchauffer le four à 180 °C. Couvrir deux plaques de four de 32 x 28 cm de papier sulfurisé. Dans une jatte, mélanger les farines, la levure, le sel et le sucre. Faire un puits au centre ; y ajouter le saindoux et l'eau.

2 À l'aide d'une palette, travailler le mélange en une pâte molle. Poser pâte sur un plan de travail fariné.

3 Étaler la pâte en un carré de 30 x 30 cm et de 3 mm d'épaisseur en la saupoudrant de farine si nécessaire. La découper en losanges de 6 cm. Répéter l'opération avec le restant de pâte.

4 Disposer les losanges sur les plaques en les séparant de 5 mm. Enfourner 25 minutes. Laisser refroidir sur les plaques et servir tiède avec du beurre.

CI-CONTRE : SCOTCH BROTH; CI-DESSUS : OATCAKES.
PAGE CI-CONTRE, EN HAUT : HOTCH POTCH; EN BAS : TRUITE PANÉE AU BEURRE DE PERSIL.

TRUITE PANÉE AU BEURRE DE PERSIL

✻ **Préparation :** 15 minutes + 20 minutes de réfrigération
Cuisson : 4 minutes
Pour 6 à 8 personnes

2 gros filets de truite
(500 g environ)
2 cuil. à café de lait
¼ de tasse de farine
d'avoine fine
¼ de tasse d'huile

Beurre de persil
60 g de beurre ramolli

3 cuil. à café de jus de
citron
¼ de cuil. à café de grains
de poivre noir concassés
1 oignon blanc finement
haché
1 cuil. à soupe de persil
frais finement haché

1 Couper chaque filet de truite en 4 morceaux égaux. Les badigeonner de lait, puis les enduire de farine d'avoine. Disposer les 8 morceaux de truite sur une plaque. Couvrir de film plastique et mettre 20 minutes au réfrigérateur.
2 Beurre de persil : écraser le beurre avec une fourchette. Incorporer petit à petit le jus de citron et le poivre. Ajouter l'oignon et le persil et bien remuer. Le servir sous forme de noix ou en long cylindre coupé en rondelles.
3 Chauffer l'huile dans une poêle anti-adhésive. Faire cuire les truites à feu moyen 2 minutes sur chaque face, jusqu'à ce qu'elles commencent à dorer. Servir avec le beurre de persil.

HOTCH POTCH (RAGOÛT D'AGNEAU)

✻ **Préparation :** 25 minutes
Cuisson : 1 heure 45
Pour 4 à 6 personnes

1 cuil. à soupe d'huile
3 jarrets d'agneau (1 kg)
1 gros oignon haché
1 gros navet coupé en dés
1 branche de céleri émincée
1 l d'eau
2 cuil. à café de sel
315 g de chou-fleur haché

1 cuil. à café de poivre noir
concassé
2 carottes coupées en dés
1 tasse de petits pois
surgelés, décongelés
2 tasses de salade verte râpée
2 cuil. à soupe de persil
frais finement haché

1 Chauffer l'huile dans une cocotte ; faire cuire l'agneau 10 minutes à feu moyen, jusqu'à ce qu'il brunisse. Ajouter l'oignon, le navet, le céleri, l'eau, le sel et le poivre. Porter à ébullition puis baisser le feu. Laisser mijoter 1 heure à couvert, en remuant de temps en temps.
2 Ajouter le chou-fleur, les carottes et les petits pois. Laisser mijoter 30 minutes à découvert.
3 À l'aide d'une écumoire ou de pincettes, transférer l'agneau sur une planche à découper et laisser légèrement refroidir. Détacher la viande des os et la hacher grossièrement.
4 Remettre l'agneau dans la cocotte, avec la salade et le persil.
Remuer 3 minutes à feu doux, jusqu'à ce que le tout soit bien chaud.

siècles, on trouvait dans les cuisines des riches propriétaires terriens des Highlands de savoureux plats tels que des soupes à la crème, du gibier en daube, des pâtes et des sauces riches. Les rivières de l'Écosse regorgent de saumons et de truites, les landes rapportent les coqs de bruyère, les champs et les forêts amènent les chevreuils et les lièvres. Dans les Lowlands et dans les villes de Glasgow et Edinbourg, où on a de tout temps employé plus couramment la farine de blé, on trouve de délicieux pains, buns et scones (brioches typiques), et gâteaux.

Le petit déjeuner traditionnel consiste en du porridge d'avoine non sucré, avec des œufs et du jambon frits, des kippers ou parfois du finnan haddie

(haddock fumé, spécialité de la côte nord-est,et délicieux poché dans du lait), suivis de tranches de pain grillé ou de gâteaux d'avoine avec de la marmelade et du thé ou du café. Le déjeuner est le repas principal, généralement composé d'une soupe (bouillon épais ou bouillon de viande, parfois servi avec une pomme de terre cuite à la vapeur) et de poisson (truite, saumon, haddock, flétan ou cabillaud), de gibier ou de viande présentés sous forme de saucisses (haggis) ; on mange également des tourtes et du boudin noir. En dessert, on apprécie les tartes aux fruits (principalement des baies rouges), ou les puddings. Le soir, on prend un "high tea" (du thé accompagné de nourriture salée) : viandes froides, shepherd's pie (hachis parmentier typique), "fish and chips" (le fameux poisson-frites consommé dans tout le Royaume-Uni), œufs au bacon. Les gâteaux, scones,

brioches et biscuits sont délicieux, notamment les spécialités telles que les shortbreads (sablés riches en beurre), et le Dundee cake aux amandes. La boisson nationale est, bien entendu, le whisky.

Écrevisse Crustacé d'eau douce ressemblant à une langouste miniature. La plus grande quantité de chair se trouve dans la queue.

Edam Fromage au lait de vache, à pâte pressée non cuite. Sa saveur douce est le résultat d'un mélange de crème entière et de lait écrémé.

TARTE QUEEN MARY

❂ **Préparation :** 8 minutes + 20 minutes de réfrigération
Cuisson : 45 minutes
Pour une tarte ronde de 22 cm

250 g de pâte feuilletée
2 cuil. à soupe de confiture d'abricots
90 g de beurre
1/3 de tasse de sucre
4 œufs légèrement battus
1/2 tasse de fruits confits variés
1/4 de tasse de raisins de Smyrne
3 cuil. à café de farine avec levure incorporée

1 Préchauffer le four à 240 °C. Beurrer un moule à tarte de 22 cm. Étaler la pâte pour en garnir le fond et les bords. Laisser reposer 20 minutes au réfrigérateur. Piquer la pâte avec une fourchette et la faire cuire 10 minutes. Retirer du four et étaler la confiture.
2 Battre le beurre et le sucre pour obtenir une crème onctueuse. Ajouter les œufs peu à peu, en battant après chaque ajout (le mélange doit avoir une apparence caillée).
Ajouter les fruits confits, les raisins secs et la farine tamisée ; battre plus lentement pendant 20 secondes, jusqu'à ce que les ingrédients soient juste mélangés.
3 Verser la préparation sur la pâte et enfourner 10 minutes.
Baisser la température à 210 °C et prolonger la cuisson de 25 minutes (vérifier avec une lame de couteau : elle doit en ressortir sèche).
Servir chaud ou froid.

ATHOLL BROSE (BOISSON AU DRAMBUIE)

❂ **Préparation :** 5 minutes + 30 minutes de repos
Cuisson : aucune
Pour 1 litre

3/4 de tasse de farine d'avoine fine
1 tasse d'eau chaude
2 cuil. à café de miel
1/2 tasse de Drambuie
1/2 tasse de crème épaisse

1 Verser la farine dans une terrine ; faire un puits au centre. Incorporer l'eau peu à peu, en remuant avec une cuillère en bois. Laisser reposer 30 minutes sous un torchon.
2 Verser le mélange dans une passoire épaisse placée sur un pot. Presser jusqu'à ce que la farine soit sèche. Réserver le liquide et le passer une deuxième fois dans une passoire plus fine dans un autre pot.
3 Ajouter le miel, le Drambuie et la crème fraîche. Battre énergiquement. Verser dans des bouteilles ou des bocaux stérilisés et bien secouer. Les fermer et les conserver à l'abri de la chaleur et de la lumière. Bien secouer avant utilisation.

Remarque : l'atholl brose est une boisson qui se sert traditionnellement aux fêtes de fin d'année.

CI-DESSUS : TARTE QUEEN MARY. PAGE CI-CONTRE, EN BAS : BEIGNETS D'ÉPINARDS À LA SAUCE AUX NOIX ; EN HAUT : SALADE D'ÉPINARDS ET D'AVOCAT.

ÉPINARDS

BEIGNETS D'ÉPINARDS À LA SAUCE AUX NOIX

✳ **Préparation :** 20 minutes
Cuisson : 6 à 8 minutes
Pour 6 personnes

12 feuilles d'épinard sans tige	⅓ de tasse d'huile
2 œufs	**Sauce aux noix**
2 tasses de chapelure complète	½ tasse de noix grillées concassées
1 tasse de noix hachées	1 tasse de yaourt nature
4 gouttes de Tabasco	1 pincée de safran moulu

1 Laver les épinards à l'eau froide. Les hacher grossièrement et les faire cuire dans une casserole d'eau bouillante. Égoutter et laisser refroidir. Les presser avec les mains pour ôter l'excédent d'eau. Hacher finement.
2 Dans un récipient, réunir les épinards, les œufs légèrement battus, les noix hachés et le Tabasco. Bien remuer. Répartir la préparation en 12 portions égales, et former des galettes rondes. Chauffer l'huile dans une poêle. Y plonger les galettes d'épinard et les faire frire à feu moyen en les retournant une fois, jusqu'à ce qu'elles soient dorées sur les deux faces.
3 Pendant que les beignets cuisent, préparer la sauce en mélangeant tous les ingrédients. Bien remuer et en garnir les beignets.

Remarque : à défaut d'épinards frais, on peut utiliser 250 g d'épinards surgelés. Les décongeler en ôtant l'excédent d'eau à l'aide de papier absorbant.

SALADE D'ÉPINARDS ET D'AVOCAT

✳ **Préparation :** 15 minutes
Cuisson : aucune
Pour 6 personnes

12 belles feuilles d'épinard	3 cuil. à café de vinaigre de vin blanc
75 g de noix hachées	
1 avocat moyen tranché	
2 cuil. à soupe d'huile de noix	

1 Laver et sécher soigneusement les épinards. Les dresser dans un saladier avec les noix et l'avocat.
2 Mettre l'huile et le vinaigre dans un bocal et secouer vigoureusement. Verser sur la salade et la tourner délicatement. Servir immédiatement.

ÉPINARDS À LA CRÈME

Découper une botte d'épinards. Chauffer 15 g de beurre dans une poêle à fond épais. Faire revenir 1 petit oignon finement émincé pendant 2 à 3 minutes. Ajouter les épinards et faire cuire 1 minute.
Incorporer ¼ de tasse de crème fraîche liquide et la réchauffer. Saupoudrer de muscade et de fromage râpé. Servir chaud.

ÉPINARDS HACHÉS AU BACON

Hacher finement 1 botte d'épinards. Détailler 2 tranches de bacon en fines lanières.
Dans une poêle, chauffer 2 cuil. à soupe d'huile d'olive et faire frire le bacon à feu moyen jusqu'à ce qu'il soit presque craquant. Ajouter les épinards, bien remuer jusqu'à ce qu'ils commencent à mollir. Servir chaud.

L'Edam est fabriqué en forme de boule entourée de cire rouge.

Emmenthal Fromage au lait de vache à pâte dure, de couleur jaune pâle, à la douce saveur de noisette. L'emmenthal est fabriqué en grosses meules plates,

caractérisé par de grands trous espacés régulièrement. C'est le fromage suisse le plus connu.

Empanada Terme espagnol désignant une tourte ou des coquilles individuelles garnies de viande ou de poisson. Ce plat est originaire d'Espagne, où les empanadas sont maintenant préparées avec de la pâte brisée et souvent mangées froides. L'empanada est également populaire dans quelques régions de l'Amérique centrale et latine, où elle est souvent garnie de viande épicée et servie en amuse-gueule.

Enchilada Plat d'origine mexicaine, composé d'une crêpe de farine de blé ou de maïs, trempée dans du piment et dans une sauce tomate, enroulée autour d'une garniture de viande, de légumes ou de fromage, puis recouverte de sauce. Au Mexique, les enchiladas sont souvent servies au petit déjeuner. Le nom provient de *enchilar*, couvrir ou enrober de piment.

Endive (*Cichorium intibus*) Légume composé de têtes compactes en forme de cônes, dont les feuilles pâles se mangent cuites ou crues. L'endive a d'abord été cultivée pour ses racines, lesquelles, après avoir été grillées et broyées, constituent un ersatz de café. De par son origine – l'endive appartient à une espèce comprenant la chicorée frisée et la scarole – il y a une confusion entre les termes "endive" et "chicorée" dans

différentes parties du monde. En Belgique et en Australie, l'endive (chicorée de Bruxelles) est souvent appelée witloof. Aux États-Unis, le terme "chicorée" désigne la salade frisée. Voir Chicorée.

Épice Graines, fruit, écorce, racines ou fleurs aromatiques d'arbres et d'arbustes, généralement secs, utilisés pour parfumer les préparations sucrées ou salées. Bon nombre d'épices poussent dans des climats tropicaux ou semi-tropicaux, principalement en Inde et en Asie du Sud-Est (les Moluques, archipel indonésien d'où proviennent le clou de

TERRINE D'ÉPINARDS ET DE SAUMON

✷ ✷   **Préparation** : 35 minutes
Cuisson : 10 minutes
Pour 8 personnes

2 paquets d'épinards hachés surgelés
30 g de beurre
½ tasse d'oignons nouveaux hachés
1 cuil. à soupe d'aneth frais haché
Muscade et poivre
6 œufs
1 cuil. à soupe de Maïzena
1 cuil. à soupe de jus de citron vert
¼ de tasse de parmesan râpé

Garniture
¼ de tasse d'oignons nouveaux hachés
1 cuil. à café d'aneth frais haché
1 cuil. à soupe de jus de citron vert
1 cuil. à soupe de raifort
250 g de fromage de Neufchâtel
200 g de saumon fumé en tranches

1 Préchauffer le four à 180 °C. Beurrer un moule plat à gâteau roulé de 30 x 25 cm environ. Garnir le fond et les bords de papier sulfurisé en laissant dépasser 5 cm des bords. Décongeler les épinards et ôter l'excédent d'eau en les pressant avec du papier absorbant. Chauffer le beurre dans une casserole et faire revenir l'oignon et l'aneth à feu moyen pendant 1 minute, en remuant. Ajouter les épinards et bien les réchauffer. Assaisonner selon le goût et retirer du feu.
2 Battre les œufs dans un saladier. Délayer la Maïzena et le jus de citron vert dans un bol et verser le mélange dans le saladier avec les épinards. Verser la prépara-

tion dans le moule et faire cuire 7 minutes. Démouler sur un torchon humide couvert d'une feuille de papier sulfurisé, et saupoudrer de parmesan. Couvrir d'un torchon et laisser refroidir.
3 Garniture : passer l'oignon, l'aneth, le jus de citron vert et le raifort 30 secondes au mixeur.
4 Couper le pâté d'épinards en 3 tranches. Poser une tranche sur le plan de travail et étendre une couche de garniture à l'oignon. Garnir d'un tiers des tranches de saumon.
Étaler une fine couche de garniture à l'oignon sur la deuxième tranche d'épinards, et la placer côté garniture sur le saumon de la première tranche. Refaire une épaisseur.
Décorer de tranches de saumon roulées. Couper la terrine en parts de 2 cm d'épaisseur et servir froid en entrée, avec une salade légère.

SALADE D'ÉPINARDS AU BASILIC

Découper une botte d'épinards en morceaux. Les mettre dans un grand saladier avec ¼ de tasse de feuilles de basilic hachées et 2 cuil. à soupe de pignons grillés. Émincer finement 1 tranche de bacon et le faire frire dans une poêle.
L'égoutter sur du papier absorbant. Dans un bol, mélanger 2 cuil. à soupe d'huile, 1 cuil. à soupe de vinaigre de vin blanc, 1 cuil. à soupe de crème fraîche, ½ cuil. à café de sucre et 1 gousse d'ail écrasée. Bien remuer et en arroser la salade. Garnir de bacon et de parmesan.

CI-DESSUS : TERRINE D'ÉPINARDS ET DE SAUMON.

CUISINE ESPAGNOLE : LES CLASSIQUES

GASPACHO

✱   *Préparation* : 15 minutes
+ 1 à 2 heures de réfrigération
Cuisson : aucune
Pour 4 à 6 personnes

3 tranches de pain blanc sans croûte	*2 cuil. à soupe d'huile d'olive*
8 grosses tomates mûres pelées, épépinées et hachées	*1 à 2 tasses d'eau glacée*
1 concombre pelé, épépiné et émincé	***Garniture***
1 petit oignon haché	*1 poivron rouge moyen coupé en fines lamelles*
1 petit poivron vert coupé en dés	*1 oignon moyen finement émincé*
1/3 de tasse de menthe fraîche hachée	*1 petit concombre pelé, épépiné et coupé en dés*
2 gousses d'ail écrasées	*2 œufs durs hachés*
2 cuil. à soupe de vinaigre de vin rouge	*1/2 tasse d'olives vertes émincées*
2 cuil. à soupe de concentré de tomates	

1 Mélanger tous les ingrédients de la soupe, sauf l'eau, dans une grande jatte. Couvrir de film plastique et laisser reposer 20 minutes.
2 Diviser le mélange en 3 portions. Passer 1 portion au mixeur pendant 30 secondes ; verser dans un saladier. Répéter avec les 2 autres portions. Délayer la sou-

---

pe à la consistance voulue avec l'eau glacée. Couvrir de film plastique et réfrigérer au moins 1 heure.
3 Présentation : servir le gaspacho dans des bols individuels à moitié remplis de glaçons. Disposer les garnitures dans des petits bols pour que chaque convive puisse se servir et agrémenter son gaspacho.

OMELETTE AUX POMMES DE TERRE ET AUX OIGNONS

✱   *Préparation* : 15 minutes
Cuisson : 20 minutes
Pour 4 à 6 personnes

2 cuil. à soupe d'huile d'olive + 1 cuil. à soupe supplémentaire	*2 oignons moyens hachés*
	4 œufs
2 grosses pommes de terre coupées en petits dés	*1/4 de tasse de paprika doux moulu*

1 Chauffer l'huile dans une casserole à fond épais ; faire revenir les pommes de terre et l'oignon à feu vif puis moyen jusqu'à ce qu'ils soient dorés et bien enduits d'huile. Baisser le feu, couvrir et faire cuire 5 à 6 minutes en remuant de temps en temps.
2 Retirer les légumes de la casserole et les égoutter sur du papier absorbant. Battre les œufs et le paprika dans un bol jusqu'à ce qu'ils soient mousseux. Incorporer délicatement le mélange de pommes de terre et d'oignons.
3 Faire chauffer l'huile supplémentaire dans une poêle. Verser la préparation, couvrir et faire cuire 15 à 20 minutes à feu moyen, jusqu'à ce que l'omelette soit ferme. La mettre ensuite sous un gril chaud pour la faire dorer.
4 Servir l'omelette chaude ou froide, coupée en parts et accompagnée d'une salade verte.

CI-DESSUS : GASPACHO ; CI-CONTRE : OMELETTE AUX POMMES DE TERRE ET AUX OIGNONS.

---

girofle et la noix de muscade, ont longtemps été appelées les "Iles des Épices". Des centaines d'années durant, les épices furent acheminées vers l'Europe par la traditionnelle route des épices à travers l'Asie du sud-ouest. Parmi les premières à atteindre la Méditerranée, on trouve le poivre et la cannelle. Les épices étaient rares et chères ; on les employait dans d'innombrables plats et sauces, à la fois sucrés et salés. Pendant des siècles, ce marché lucratif fut détenu par les marchands vénitiens, et c'est le désir de connaître l'origine des épices qui lança sur les flots les navires hollandais et portugais. Ces voyages d'exploration atteignirent non seulement leur but - les légendaires Iles des Épices de l'Asie du sud-est - mais ils permirent également de découvrir les côtes de l'Amérique.

On peut trouver des épices entières ; pilées, elles perdent rapidement de leur saveur. Il est conseillé de les piler en petites quantités selon les besoins, et de remplacer souvent les épices moulues achetées toute prêtes dans le commerce.

Épinard Légume à feuilles vert foncé.

L'épinard serait originaire de l'Asie occidentale, et aurait été importé en Espagne par les Maures au XIᵉ ou au XIIᵉ siècle. Ce légume pousse mieux dans les climats froids.

Escalope Fin morceau de viande blanche sans os, généralement de veau ou de volaille. Les tranches sont aplaties jusqu'à ce qu'elles deviennent fines. Les escalopes panées sont délicieuses. En Italie, elles portent le nom de *scallopine*, en Allemagne celui de *schnitzel*.

Escargot Mollusque rampant de petite taille, dont certaines variétés comestibles sont particulièrement appréciées en Europe. On le cuisine souvent avec du beurre à l'ail, et on le sert dans sa coquille. Les escargots d'élevage sont nourris de chou, de blé ou d'avoine. Les escargots les plus appréciés en France sont les escargots de Bourgogne, nourris avec les feuilles de vigne des vignobles bourguignons. Les Romains furent probablement les premiers à élever les escargots. L'héliciculture est le terme spécifique désignant l'élevage d'escargots comestibles.

Espagnole (cuisine)
L'Espagne partage avec ses voisins méditerranéens l'accès à une myriade de poissons et de coquillages, l'emploi des herbes aromatiques qui poussent à flanc de coteau, et l'héritage romain de

PAELLA

★ ★   **Préparation :** 25 minutes
       Cuisson : 50 minutes
       Pour 4 à 6 personnes

1 cuil. à soupe d'huile d'olive + 1 cuil. à soupe supplémentaire	*2 gousses d'ail écrasées*
	1 oignon moyen émincé de haut en bas
4 cuisses de poulet désossées, coupées chacune en 4 morceaux	*½ cuil. à café de curcuma moulu*
1 gros poivron rouge haché	*1 l de bouillon de volaille*
1 cuil. à soupe de persil	*1 tasse de petits pois*
425 g de mélange de fruits de mer	*125 g de salami finement émincé*
2 tasses de riz long grain	*1 citron coupé en 6 quartiers*

1 Chauffer l'huile dans une grande poêle à fond épais. Saisir les morceaux de poulet 2 à 3 minutes à feu vif puis moyen jusqu'à ce qu'ils soient dorés (les retourner une fois).
Retirer de la poêle et égoutter sur du papier absorbant. Ajouter le poivre, le persil et le mélange de fruits de mer ; remuer 1 minute à feu vif puis moyen. Retirer le tout et réserver.
2 Tremper le riz dans de l'eau froide pendant 10 minutes ; l'égoutter, le rincer à l'eau courante et l'égoutter à nouveau.
3 Chauffer le reste de l'huile dans la poêle et faire revenir l'ail et l'oignon 1 minute à feu moyen. Ajouter le riz et bien mélanger pour enduire les grains d'huile. Incorporer le curcuma et le bouillon et couvrir la poêle hermétiquement.

4 Porter le riz et le bouillon à ébullition, en remuant une seule fois. Baisser le feu et laisser mijoter 8 à 10 minutes à couvert.
Poser le poulet sur le riz, couvrir et prolonger la cuisson de 10 minutes à feu doux.
5 Ajouter le poivron, les fruits de mer, les petits pois et le salami. Couvrir et poursuivre la cuisson pendant 8 à 10 minutes, jusqu'à ce que le liquide soit presque entièrement absorbé.
6 Retirer du feu et laisser reposer 5 minutes, couvert, jusqu'à ce que le liquide soit absorbé et que le riz soit tendre.
Séparer les grains de riz à la fourchette juste avant de verser la paella sur le plat de service avec les quartiers de citron.

LÉGUMES VARIÉS À L'AÏOLI

★   **Préparation :** 10 minutes
    Cuisson : 15 minutes
    Pour 4 à 6 personnes

Aïoli	*4 poivrons rouges moyens*
2 jaunes d'œuf	*4 tomates moyennes bien fermes*
4 gousses d'ail écrasées	
1 tasse d'huile d'olive	*4 petits oignons*
1 pincée de poivre	*⅓ de tasse d'huile d'olive*
2 cuil. à soupe de jus de citron	*⅓ de tasse de persil frais haché*
	1 gousse d'ail écrasée
Légumes	*¼ de cuil. à café de poivre moulu*
4 petites aubergines	

1 Aïoli : battre les jaunes d'œuf et l'ail 1 minute. Ajouter l'huile, environ 1 cuil. à café à la fois, sans cesser de battre, jusqu'à ce que le mélange soit épais et crémeux. Augmenter les portions d'huile à mesure que la mayonnaise prend. Incorporer le poivre et le jus de citron. Réserver.
2 Mettre les légumes entiers non pelés sur une plaque de gril légèrement huilée.
Faire cuire 6 à 8 minutes au gril chaud, en les tournant une fois, jusqu'à ce que la peau soit complètement noircie.
Retirer, couvrir d'un torchon humide et laisser légèrement refroidir. Peler et couper les légumes en cubes de 2 cm. Les présenter dans le plat de service.
3 Dans un bol, mélanger l'huile d'olive, le persil, l'ail et le poivre, et en arroser les légumes.
Servir chaud en plat principal avec de l'aïoli et du pain.

CI-DESSUS : LÉGUMES VARIÉS À L'AÏOLI.
PAGE CI-CONTRE, EN HAUT : CRÈME À L'ORANGE ; EN BAS : POULET À L'ESPAGNOLE.

POULET À L'ESPAGNOLE

> ✳ **Préparation :** 30 minutes
> **Cuisson :** 35 minutes
> **Pour** 4 à 6 personnes

6 blancs de poulet	1 cuil. à soupe de farine
6 fines tranches de jambon	1 tasse 1/2 de bouillon de
Pics à cocktail pour tenir	volaille
les blancs de poulet	1 tasse de cidre
60 g de beurre	1/4 de cuil. à café de poivre
1 petit oignon haché	moulu
1 petite carotte coupée en	1/4 de cuil. à café de
dés	muscade moulue

1 Préchauffer le four à 180 °C. Avec un couteau tranchant, inciser la partie la plus épaisse de chaque blanc. Insérer une tranche de jambon et refermer avec des pics à cocktail. Couvrir de film plastique et réserver au réfrigérateur.

2 Chauffer le beurre dans une poêle et faire revenir l'oignon et la carotte 4 minutes à feu doux. Ajouter la farine et remuer à feu doux jusqu'à ce qu'elle soit dorée. Verser le mélange de bouillon et de cidre petit à petit, en remuant jusqu'à ce que le mélange soit homogène. Ajouter le poivre et la muscade. Faire cuire 3 minutes à feu moyen sans cesser de remuer, jusqu'à ébullition et épaississement. Prolonger l'ébullition pendant 1 minute. Retirer du feu.

3 Disposer le poulet en une seule couche dans un plat à four peu profond. Verser la sauce dessus, couvrir et enfourner 20 à 25 minutes.

4 Retirer les pics à cocktail du poulet et servir arrosé d'une cuillerée de sauce.

CRÈME À L'ORANGE ET AU CARAMEL

> ✳ **Préparation :** 30 minutes + 8 heures de réfrigération
> **Cuisson :** 55 minutes
> **Pour** 4 à 6 personnes

Caramel	1 tasse de crème liquide
1/2 tasse d'eau	1 cuil. à café de zeste
1 tasse de sucre	d'orange finement râpé
	3 œufs
Crème	3 jaunes d'œufs
1 tasse de lait	1/3 de tasse de sucre

1 Préchauffer le four à 160 °C. Beurrer un moule à gâteau rond de 20 cm environ.

2 Caramel : mélanger l'eau et le sucre dans une petite casserole. Remuer constamment à feu doux jusqu'à ce que le sucre se dissolve, puis porter à ébullition. Baisser le feu ; laisser mijoter 3 à 4 minutes à découvert, sans remuer, jusqu'à formation du caramel. Verser dans le moule.

3 Crème : chauffer le lait, la crème et le zeste d'orange dans une petite casserole juste avant ébullition. Laisser refroidir et tamiser. Battre les œufs entiers et les jaunes d'œuf pour obtenir un mélange épais et pâle. Ajouter le mélange au lait petit à petit sans cesser de battre.

4 Passer la préparation au chinois fin dans le moule caramélisé. Placer le moule dans un grand plat à four ; mouiller d'eau chaude à mi-hauteur du moule. Faire cuire 45 minutes jusqu'à ce que la crème prenne. Retirer du plat d'eau chaude et laisser refroidir. Réfrigérer au moins 8 heures avant de servir.

l'olive. Les Phéniciens apportèrent le pois chiche et la saumure des poissons. Cependant, la cuisine espagnole se caractérise par l'influence musulmane et arabe des Maures, qui régnèrent sur le pays du VIIIe au XVe siècle. De cette époque date l'usage des épices et assaisonnements, avec l'apparition d'épices telles que la noix de muscade, le clou de girofle, le safran, le cumin, la cannelle, le curcuma et la vanille. Les Maures mirent en place des systèmes d'irrigation pour rendre des champs cultivables, et plantèrent des agrumes, principalement des orangers, dans toute l'Espagne. Ils firent aussi connaître les aubergines et les asperges, les abricots et les grenades, les amandes et les pistaches, le riz et le sucre.

Dans l'ensemble, la cuisine espagnole reste simple, privilégiant la fraîcheur des produits - les arômes naturels de l'ail, de

l'oignon et du poivron doux, l'huile d'olive, le safran et le cumin. On cuisine souvent du porc. La paella est, bien sûr, l'un des plats les plus populaires.

Estouffade Terme désignant un plat mijoté avec du vin rouge, blanc, ou parfois de la bière.

Faisan Gibier à plumes à chair blanche délicatement parfumée, élevé dans de nombreux pays du monde. Les jeunes faisans peuvent être rôtis (il faut les arroser fréquemment pour éviter que la chair ne se dessèche). On peut également larder le faisan ou le recouvrir d'une couche de graisse ou de tranches de bacon pour que sa chair reste tendre. Les faisans plus âgés devront être mis à mijoter.

Falafel Boulettes de pois chiches épicées et frites. Le falafel est originaire du Moyen-Orient.

Farce Mélange salé composé de chapelure, de riz, de viande, de volaille ou de poisson hachés, de fruits ou de légumes coupés en morceaux, d'épices et d'autres aromates. Le tout, souvent lié avec du lait ou de l'œuf, est employé pour ajouter de la consistance et de la saveur à la viande, au poisson, à la volaille et aux légumes. La farce fait très souvent double usage : elle permet de remplir une cavité créée par l'extraction des entrailles ou des graines, et de conserver la forme d'un aliment. La quantité de

FENOUIL

SALADE DE FENOUIL CROQUANTE

✻ **Préparation :** 15 minutes
Cuisson : 3 minutes
Pour 4 personnes

4 fines tranches de
  prosciutto ou de jambon
  de Parme
1 bulbe de fenouil moyen
1 botte d'épinards
2 oranges pelées et coupées
  en quartiers
1 cuil. à soupe de ciboulette
  finement hachée

¼ de tasse de noix hachées

Sauce
½ tasse d'huile d'olive
2 cuil. à soupe de jus
  d'orange
2 cuil. à café de moutarde
  en grains
Poivre fraîchement moulu

1 Cuire le prosciutto dans une poêle à sec, ou au gril. Laisser refroidir et émietter grossièrement. Réserver.
2 Émincer le fenouil et les épinards.
3 Réunir le fenouil, les épinards, les quartiers d'orange, la ciboulette et les noix dans un récipient. Ajouter la sauce et tourner délicatement la salade. La transférer dans un saladier et parsemer de prosciutto. Servir immédiatement.
4 Sauce : battre tous les ingrédients dans un bol pour bien les mélanger.

*CI-DESSUS : SALADE DE FENOUIL CROQUANTE ;
CI-CONTRE : POTAGE DE FENOUIL À LA CRÈME.
PAGE CI-CONTRE : FENOUIL CUIT AU PARMESAN.*

POTAGE DE FENOUIL À LA CRÈME

✻ **Préparation :** 10 minutes
Cuisson : 20 à 25 minutes
Pour 4 personnes

1 bulbe de fenouil moyen
60 g de beurre
2 pommes de terre
  moyennes pelées
2 tasses de bouillon de volaille
Sel

Poivre noir fraîchement moulu
125 g de fromage frais
1 cuil. à soupe de ciboulette
  hachée
1 cuil. à soupe de jus de
  citron

1 Couper les tiges au ras du bulbe et émincer le fenouil. Détailler les pommes de terre en dés. Chauffer le beurre dans une casserole et laisser cuire le fenouil 10 minutes à feu doux, à couvert, en remuant de temps en temps. Ne pas le laisser brunir. Ajouter les pommes de terre et le bouillon. Bien mélanger. Porter à ébullition, puis baisser le feu. Couvrir et prolonger la cuisson de 10 minutes jusqu'à ce que les légumes soient tendres. Assaisonner à votre goût. Retirer du feu et laisser tiédir.
2 Passer la préparation au mixeur jusqu'à obtention d'une texture crémeuse. Remettre le potage dans la casserole. Ajouter la ciboulette et le jus de citron, et remuer à feu doux pour bien réchauffer le tout.

À PROPOS DU FENOUIL
■ La partie comestible du fenouil est le bulbe charnu qui se trouve à la base des tiges vertes. Le bulbe doit être blanc et craquant ; couper la base, séparer les sections et les émincer avant utilisation. Le fenouil s'utilise comme le céleri. Il a une saveur légèrement anisée qui se marie très bien aux salades, sautés et potages. On peut aussi le braiser ou le cuire à la vapeur et le servir avec du beurre et du poivre moulu. Le feuillage vert peut être haché pour décorer et parfumer les plats, à condition de bien retirer les tiges dures.

POISSON BARBECUE AU FENOUIL

✷ **Préparation :** 10 minutes + 1 heure de marinade
Cuisson : 8 à 10 minutes
Pour 4 personnes

4 poissons blancs entiers	Le jus d'1 citron
Quelques tiges de fenouil	4 cuil. à soupe de cognac
	Sel et poivre noir
Marinade	fraîchement moulu
1/2 tasse d'huile d'olive	2 gousses d'ail écrasées

1 Écailler, vider et nettoyer les poissons. Placer une tige de fenouil à l'intérieur de chaque poisson. Inciser le poisson sur ses deux faces.

2 Mélanger les ingrédients de la marinade. Disposer le poisson dans un plat peu profond, verser la marinade, couvrir et réfrigérer 1 heure. Faire sécher le reste des tiges de fenouil à four doux (100 °C), puis les placer sur le barbecue chaud. Mettre le poisson et la marinade dans du papier aluminium (avec les bouts repliés de façon à former une barquette) sur le fenouil. Faire cuire 4 minutes environ, en retournant le poisson, jusqu'à ce qu'il s'émiette facilement.

FENOUIL CUIT AU PARMESAN

✷ **Préparation :** 15 minutes
Cuisson : 20 à 25 minutes
Pour 4 personnes

2 bulbes de fenouil moyens	Poivre noir fraîchement
2 tomates pelées, épépinées et hachées	moulu
	45 g de beurre
2 cuil. à soupe d'olives noires dénoyautées et émincées	1 gousse d'ail écrasée
	1/2 tasse de parmesan fraîchement râpé
2 cuil. à café d'origan frais haché	

1 Préchauffer le four à 180 °C. Partager chaque bulbe de fenouil en deux ; émincer.

2 Faire cuire le fenouil 7 minutes à l'eau bouillante, puis égoutter. Le mélanger aux tomates, aux olives, à l'origan et au poivre. Mettre dans un plat à four peu profond.

3 Faire fondre le beurre dans une casserole et faire revenir l'ail 30 secondes à feu doux. Arroser le fenouil de beurre à l'ail et garnir de fromage. Faire cuire 15 à 20 minutes, jusqu'à ce qu'il gratine.

farce restante peut être cuite séparément dans un plat à four huilé.

Farine Céréales, graines ou racines finement broyées. Les céréales habituellement transformées en farine sont le blé, le maïs (Maïzena), l'orge, l'avoine, le seigle et le riz ; dans les pays occidentaux "farine" signifie souvent "farine de blé". Les pois chiches séchés sont broyés pour fabriquer de la farine de besan. L'arrow-root est obtenue à partir du rhizome d'une plante.

Farine complète Farine de texture brute obtenue en broyant le grain entier du blé, et utilisée pour fabriquer du pain, des gâteaux, des biscuits sucrés et des pâtes.

Farine de maïs Semoule d'un blanc jaune fabriquée à partir de grains de maïs séchés et broyés. La farine de maïs est un ingrédient important de la cuisine de l'Italie du Nord, où elle porte le nom de polenta, mais aussi aux États-Unis et en Amérique latine. On l'utilise pour fabriquer du pain, des muffins, et pour fariner des aliments avant de les frire.

Farine de riz Également appelée crème de riz, c'est une farine obtenue avec des grains de riz moulus, utilisée en Asie pour fabriquer les nouilles et vendue comme épaississant pour les gâteaux et les puddings.

Fécule de maïs (maïzena) Fine poudre blanche obtenue à partir de grains de maïs. On l'emploie pour épaissir les sauces et les puddings ; elle est le principal ingrédient du blanc-manger.

Feijoa Fruit tropical de forme ovale, à peau verte, de la taille d'un œuf. La saveur de sa chair jaune pâle rappelle un mélange d'ananas, de goyave et de fraise. On l'appelle parfois goyave-ananas ou goyave de Montevideo, bien qu'il soit maintenant cultivé en Nouvelle Zélande, en Californie et en Australie. On peut le consommer cru (lorsqu'il est bien mûr), coupé en deux et mangé à la petite cuillère, servi avec du fromage, ou poché pour le mélanger ensuite à une salade de fruits. On en fait également des gelées, des confitures et des sorbets.

Fenouil Grande plante duveteuse aromatique. Ses feuilles finement découpées, de couleur bleu-vert, ont un léger goût d'anis amer et

ressemblent à l'aneth. On peut utiliser les feuilles pour farcir les poissons cuits au four, ou pour envelopper

FIGUES

PUDDING AUX FIGUES ET CRÈME AU COGNAC

✿ ✿   *Préparation :* 15 minutes
        Cuisson : 1 heure 35
        Pour 8 personnes

1 tasse 1/2 de farine avec levure incorporée
3/4 de tasse de farine
2 cuil. à café de mixed spice (mélange de cannelle, muscade, girofle et gingembre)
1/2 cuil. à café de bicarbonate de soude
1/4 de tasse de lait en poudre
150 g de beurre
3/4 de tasse de sucre roux

1 tasse de figues séchées hachées
3/4 de tasse d'eau
2 œufs légèrement battus

Crème au cognac
2 tasses 1/2 de crème anglaise prête à l'emploi
1 tasse 1/4 de crème fraîche liquide
1/4 de tasse de cognac

1 Beurrer un moule à pudding de 21 cm environ (capacité de 2 litres). Garnir le fond de papier beurré. Poser une grande feuille de papier sulfurisé beurré sur une grande feuille de papier aluminium beurré. Former un pli plat central avec les deux feuilles. Réserver.
2 Tamiser les farines avec le reste des ingrédients dans une terrine. Faire un puits au centre. Dans une casserole, mélanger le beurre, le sucre, les figues et l'eau. Remuer à feu doux jusqu'à ce que le beurre fonde et que le sucre se dissolve.

3 Ajouter le mélange de beurre et de sucre à la préparation de farine. Remuer sans trop battre.
4 Verser le mélange dans le moule préparé. Couvrir des feuilles de papier, côté beurré en bas. Fermer hermétiquement le couvercle du moule par-dessus l'aluminium. A défaut de couvercle, étaler un torchon replié sur l'aluminium et l'attacher avec de la ficelle sous le rebord du moule. Nouer les extrémités du torchon de façon à former une anse.
5 Déposer le moule sur un trépied placé au fond d'une grande casserole ou cocotte. Verser soigneusement l'eau bouillante dans la casserole jusqu'à mi-hauteur du moule. Porter à ébullition, couvrir et laisser cuire 1 heure 30. Veiller à ce que l'eau ne s'évapore pas complètement ; rajouter de l'eau bouillante si nécessaire. Ôter le couvercle et renverser le pudding sur le plat de service. Servir chaud avec la crème au cognac.
6 Crème au cognac : réunir tous les ingrédients dans une petite casserole. Remuer à feu doux jusqu'à ce qu'ils soient bien réchauffés. Ne pas faire bouillir la crème.

À PROPOS DES FIGUES
■ Choisir des figues fraîches uniformément colorées, fermes et à la peau non abîmée. Elles doivent avoir une odeur délicate et non aigre (signe de maturité trop avancée), sans trace de suintement. Les figues varient du jaune vert au noir violet. Elles sont extrêmement fragiles et doivent être conservées au réfrigérateur. Éviter de les mettre en contact avec des fruits abîmés, et les déguster le plus tôt possible. On peut les manger fraîches, légèrement pochées, ou coupées en deux et saupoudrées de sucre, et passées brièvement au gril chaud.

FIGUES AU SIROP

★ **Préparation :** 30 minutes + 3 heures
de trempage
Cuisson : 25 minutes
Pour 6 personnes

500 g de figues séchées	*1 bâton de cannelle*
3 tasses de thé froid	*1 cuil. à café d'eau de fleur*
³/₄ de tasse de sucre	*d'oranger*
1 tasse ¹/₂ d'eau	*¹/₃ de tasse d'amandes*
¹/₂ tasse de jus d'orange	*effilées*
¹/₄ de tasse de miel	*200 g de yaourt nature*
Zeste d'orange détaillé en	
fines lamelles	

1 Laver les figues, les arroser de thé froid et les laisser
tremper 3 heures. Retirer les figues
2 Chauffer le sucre, l'eau et le jus d'orange dans une
casserole, en remuant de temps en temps jusqu'à ce que
le sucre se dissolve. Ajouter le miel, le zeste d'orange et
le bâton de cannelle. Porter à ébullition.
3 Ajouter les figues et prolonger l'ébullition de 5 minutes. Baisser le feu et laisser mijoter 20 minutes à découvert, jusqu'à ce que les figues soient tendres et que
le sirop ait réduit. Pour un sirop plus épais, ôter les
figues et prolonger la cuisson. Retirer le zeste et la cannelle. Incorporer l'eau de fleur d'oranger.
4 Verser le sirop sur les figues dans le plat de service,
saupoudrer d'amandes et servir avec du yaourt.

SALADE DE FIGUES AU PROSCIUTTO

Pour 4 personnes : couper 4 figues fraîches en deux,
envelopper chaque moitié d'une fine tranche de prosciutto. Disposer 2 moitiés sur chaque assiette, sur un lit
de roquette. Saupoudrer de poivre noir moulu et arroser d'huile d'olive vierge et de vinaigre balsamique.

ORANGES ET FIGUES ÉPICÉES

Pour 4 personnes : mélanger 1 tasse de jus d'orange,
¹/₄ de tasse de sucre et ¹/₂ cuil. à café de mixed spice
(mélange de muscade, cannelle, clous de girofle, gingembre) dans une casserole et porter à ébullition. Laisser mijoter 3 minutes, puis laisser refroidir.
Trancher 6 figues fraîches non pelées et 4 oranges pelées. Dresser dans le plat de service et napper de sirop.
Réfrigérer 1 heure. Saupoudrer d'1 cuil. à soupe de pignons.

FIGUES À LA RICOTTA

Pour 4 personnes : mélanger 1 tasse de ricotta avec
1 cuil. à soupe de fruits confits hachés, 1 cuil. à soupe
de gingembre finement haché et ¹/₄ de tasse d'amandes
grillées concassées. Dresser dans un saladier. Couper
4 à 5 figues fraîches en deux et les disposer autour de
la ricotta.

*PAGE CI-CONTRE : PUDDING AUX FIGUES ET CRÈME
AU COGNAC. CI-DESSUS : FIGUES AU SIROP.*

les fruits de mer avant de
les faire griller. On peut
également les ajouter au
court-bouillon. On les
utilise aussi coupées en
petits morceaux pour les
sauces, les farces, la
décoration, et les salades
de fruits de mer. Les
petites graines comestibles
ont un goût d'anis.

Fenugrec Petite plante
appartenant à la famille
des papilionacées. Ses
minuscules graines
aromatiques
marrons,
presque
carrées,
ont une
odeur
épicée,
légèrement
amère ; elles sont
très dures et ne peuvent
être broyées qu'avec un
mortier et un pilon, ou
avec un moulin spécial.
Légèrement grillées et
réduites en poudre, elles
sont l'un des principaux
ingrédients des poudres et
des pâtes de curry.

Feta Fromage doux,
blanc, friable, fabriqué à
l'origine avec du lait de
brebis ou de chèvre.
Maintenant, on le prépare
également avec du lait de
vache. La feta existe en
Grèce depuis l'antiquité,
et fut probablement créée
par les bergers dans les
régions montagneuses
éloignées d'Athènes. C'est
un des ingrédients
principaux de la salade
grecque.

Fettuccine Pâtes coupées
en forme de rubans plats.
Elles peuvent être
fabriquées à la maison

FOCACCIA

La focaccia est un pain plat au levain, originaire d'Italie, que l'on badigeonnait d'huile avant de le parfumer aux herbes, aux oignons, aux olives, au gros sel ou aux fruits secs. Aujourd'hui, on le sert plus souvent en sandwich, avec des garnitures chaudes ou froides. On peut le griller ou même le frire au gré de son imagination.

La focaccia remplace agréablement le pain de mie ordinaire. C'est un pain plus sec que celui que l'on trouve en boulangerie, qui se prépare sous forme de grands carrés ou en galettes, ou encore de petites boules plates individuelles. La mie dense et la croûte craquante de la focaccia traditionnelle en font un pain idéal pour contenir les aliments frais et humectés comme les légumes et les fromages marinés.

APHRODITE

Mélanger quelques tranches de feta ou fromage de chèvre marinés, 4 à 5 tomates séchées à l'huile, égouttées, et 4 à 5 feuilles de basilic vert ou violet. Saupoudrer de poivre noir fraîchement concassé et de copeaux de parmesan, à votre goût.

Fromage mariné : dans un bol, réunir ¼ de tasse d'huile d'olive, ½ cuil. à café de zeste de citron râpé, 1 gousse d'ail écrasée, 1 cuil. à café de persil haché, de ciboulette et de thym, ¼ de cuil. à café de piment sec concassé, et du poivre noir fraîchement moulu. Bien remuer. Mettre les tranches de fromage dans le bol et tourner délicatement pour les enduire de marinade. Couvrir et réfrigérer 2 heures.

COPENHAGUE

Plonger des pointes de jeunes asperges dans de l'eau bouillante pendant 1 minute, jusqu'à ce qu'elles deviennent vert vif. Les plonger ensuite dans l'eau glacée, et égoutter. Partager la focaccia en deux et la remplir d'anneaux d'oignon rouge ou jaune, de tranches de saumon fumé, de pointes d'asperge et de petites câpres. Garnir d'une cuillerée de crème au raifort ou de crème fraîche. Saupoudrer de poivre fraîchement concassé et servir.

MÉLI-MÉLO MÉDITERRANÉEN

Couper un poivron rouge en deux ; ôter les graines et les membranes. Badigeonner la peau d'huile d'olive. Cuire au gril chaud, côté bombé vers le haut, jusqu'à ce que la peau noircisse et cloque. Laisser refroidir sous un torchon humide. Peler le poivron et le détailler en fines lamelles. Émincer 1 à 2 petites aubergines fines dans le sens de la longueur. Faire frire les tranches dans 2 à 3 cuil. à soupe d'huile d'olive, avec 1 gousse d'ail écrasée, pendant 2 ou 3 minutes sur chaque face ; égoutter. Intercaler les poivrons, les aubergines et quelques fines tranches de provolone sur de la focaccia légèrement grillée.

ROQUETTE EXPRESS

Laver de la roquette ou de la laitue. Disposer les feuilles sur une part de focaccia avec un peu de piment, du salami au poivre ou aux herbes et de fines tranches de bocconcini (ou mozzarella). Arroser d'huile d'olive vierge et de bon vinaigre balsamique.

POMPÉI

Partager 1 poivron rouge en deux ; ôter le graines et les membranes. Badigeonner la peau d'huile d'olive et cuire au gril chaud, côté bombé vers le haut, jusqu'à ce que la peau noircisse et cloque. Laisser refroidir sous un torchon humide. Peler le poivron et le détailler en lamelles. Partager la focaccia et la tartiner de tapenade. Garnir de poivron, de moitiés d'olives vertes et noires dénoyautées, de moitiés d'artichauts marinés et de fines tranches de mortadelle.

NAPOLI

Émincer finement 1 ou 2 petites tomates et les disposer sur la focaccia partagée. Garnir de feuilles de basilic vert ou violet et de fines tranches de coppa ou de prosciutto. Saupoudrer de gros sel écrasé, de poivre noir concassé et arroser d'huile d'olive. Ajouter un peu de parmesan ou de pecorino râpé, à votre goût.

PAGE CI-CONTRE, DE HAUT EN BAS : APHRODITE, COPENHAGUE, MÉLI-MÉLO MÉDITERRANÉEN, ROQUETTE EXPRESS, POMPÉI ET NAPOLI.

avec une pâte riche en œufs. On peut aussi les acheter fraîches, congelées ou sèches. Elles sont parfois colorées et aromatisées à la tomate ou aux épinards. Les fettuccine sont la spécialité de Rome et de sa région ; c'est le nom romain désignant des "nouilles".

Feuille de vigne La feuille de vigne des raisins est très utilisée dans les cuisines grecque et du Moyen-Orient. Sa saveur un peu amère peut être atténuée en la blanchissant. Les feuilles utilisées en cuisine doivent être de couleur verte pas trop brillante, ni trop jeunes ; on les emploie pour envelopper du poisson et du petit gibier à plumes avant de les faire braiser (donnant ainsi un léger goût citronné). Elles sont probablement plus connues pour leur utilisation dans les fabrications des dolmas, petits paquets cylindriques composés de riz, d'agneau haché, d'oignons finement hachés, de noix, et assaisonnés. On trouve les feuilles de vigne fraîches ou conservées en saumure.

Fève Haricot avec une grande cosse plate et verte contenant de grandes graines vert pâle. Les fèves étaient la base

FONDUES

FONDUE AU CARAMEL

✱ **Préparation :** 30 minutes
Cuisson : 20 minutes
Pour 6 personnes

½ tasse de sucre en poudre
½ tasse de cassonade
½ tasse de lait concentré
2 cuil. à café de Maïzena

1 tasse de crème fraîche épaisse
Fruits de saison

1 Mélanger les sucres dans une grande casserole. Laisser cuire à feu doux jusqu'à ce que le sucre se dissolve. Retirer du feu. Délayer la Maïzena dans un peu de lait concentré et bien remuer.

2 Ajouter la Maïzena, la crème fraîche et le reste du lait concentré au sucre. Remettre sur le feu jusqu'à ce qu'une pâte de caramel se forme. Continuer à remuer à feu doux jusqu'à ce que la pâte se dissolve. La fondue doit être couleur caramel foncé.

3 Transférer le mélange dans un plat à fondue. Remuer fréquemment pour l'empêcher de brûler. Servir immédiatement avec un assortiment de fruits frais piqués au bout de brochettes.

BAGNA CAUDA

✱ **Préparation :** 20 minutes
Cuisson : 10 minutes
Pour 6 personnes

45 g d'anchois, égouttés et très finement détaillés
90 g de beurre doux
5 gousses d'ail écrasées

2 jaunes d'œufs
Assortiment de crudités, en bâtonnets de 5 cm

1 Cuire les anchois, le beurre et l'ail dans une casserole jusqu'à ce que le beurre fonde. Transférer dans un mixeur. Ajouter les jaunes d'œufs et mixer jusqu'à obtention d'une préparation épaisse.

2 Verser dans un plat à fondue et laisser cuire doucement jusqu'à ce que la préparation commence à frémir. Servir immédiatement avec les crudités et du pain piqué au bout de brochettes.

FONDUE AU FROMAGE

Préparation : 20 minutes
Cuisson : 10 minutes
Pour 10 à 15 personnes

2 tasses de fromage doux râpé (raclette, mimolette, ou cheddar)
2 tasses de fromage vieilli râpé (mimolette ou cheddar)
1 tasse de parmesan râpé

¼ de tasse de farine
2 cuil. à café de moutarde en poudre
2 tasses de vin blanc
2 cuil. à café de moutarde de Dijon
Pain détaillé en cubes

1 Mélanger les fromages, la farine et la moutarde en poudre. Verser le vin dans le plat à fondue et le laisser jusqu'à ce qu'il commence à frémir. Ajouter une cuillerée de mélange au fromage à la fois, en remuant jusqu'à ce que la préparation fonde.

2 Continuer jusqu'à ce que tout le fromage soit fondu et que le mélange soit épais. Incorporer la moutarde et poivrer à votre goût.

3 Remuer jusqu'à formation de petits bouillons. Garder au chaud sur un réchaud. Piquer les cubes de pain au bout de fourchettes à fondue ou de brochettes et les plonger dans le fromage.

La fondue peut être préparée la veille ; la conserver à couvert au réfrigérateur. La réchauffer doucement juste avant de servir.

À PROPOS DES FONDUES

■ On pique des morceaux de pain ou de fruits au bout de longues fourchettes à fondue, on les plonge dans le fromage ou autre fondue sucrée ou salée, et on déguste ainsi. C'est une préparation à la fois simple et conviviale.

CI-CONTRE, EN HAUT : BAGNA CAUDA ; EN BAS : FONDUE AU CARAMEL.

FRAISES

BISCUIT AUX FRAISES

✳   **Préparation :** 20 minutes
    Cuisson : 12 à 15 minutes
    Pour un gâteau rond de 20 cm

280 g de farine	³/₄ de tasse de lait
4 cuil. à café de levure chimique	1 tasse ¹/₂ de crème fraîche fouettée
1 cuil. à café de sel	Fraises coupées en deux
1 ¹/₂ cuil. à soupe de sucre	

1 Préchauffer le four à 220 °C. Beurrer un moule à manqué de 20 cm environ. Saupoudrer le fond et les bords de farine et ôter l'excédent. Mélanger la farine, la levure, le sel et le sucre dans une terrine.

2 Incorporer le lait petit à petit, juste assez pour former une pâte. La pétrir 1 à 2 minutes sur un plan de travail fariné. Mettre dans le moule et faire cuire 12 à 15 minutes. Démouler le gâteau sur une grille pour le faire refroidir.

3 Partager le gâteau en deux horizontalement. Enduire le côté sectionné de la partie inférieure avec la moitié de la crème fouettée. Disposer la plupart des fraises sur la crème. Recouvrir de l'autre moitié de gâteau. Étaler le reste de crème sur la surface et décorer avec les fruits restants.

Remarque : vous pouvez remplacer les fraises par les fruits frais de votre choix.

CONFITURE DE FRAISES

✳   **Préparation :** 15 minutes + 1 nuit de trempage
    Cuisson : 30 à 40 minutes
    Pour 375 ml

500 g de fraises	1 tasse ¹/₂ de sucre

1 Laver et égoutter les fraises ; les équeuter. Les couvrir de ¹/₂ tasse de sucre et les laisser reposer toute une nuit.

2 Égoutter le jus des fraises. Le mettre dans une casserole, ajouter le reste du sucre et remuer 10 minutes à feu doux, sans faire bouillir.

3 Ajouter les fruits, les faire cuire jusqu'à ce que la confiture prenne, entre 20 et 30 minutes. Verser dans des bocaux stérilisés et chauffés. Lorsqu'ils sont refroidis, les fermer et les étiqueter.

CRÈME GLACÉE À LA FRAISE

Mettre ¹/₄ de tasse de jus d'orange concentré au congélateur jusqu'à ce qu'il soit glacé, mais pas congelé. Faire ramollir 1 litre de glace à la vanille en la mettant 30 minutes au réfrigérateur. Mettre la vanille dans une jatte et remuer délicatement jusqu'à ce qu'elle soit lisse. Incorporer le concentré d'orange et 2 cuil. à soupe de liqueur à l'orange (Grand-Marnier). Disposer les fraises équeutées dans 4 verres à pied et verser la crème glacée sur les fruits. Saupoudrer de cannelle moulue et servir immédiatement.

de l'alimentation des pauvres de l'ancienne Égypte, généralement consommées sous la forme d'un gâteau de fèves nommé *tamia*, ancêtre de l'actuel *tamiya* égyptien. Les Grecs anciens mangeaient les fèves vertes, dans

la cosse, et utilisaient les grandes fèves séchées comme bulletins de vote lors des élections des magistrats. En Italie, un plat de fèves était servi lors des cérémonies funéraires. Au Moyen-Âge, lorsque le grain était rare, les fèves étaient transformées en farine pour faire du pain. Les fèves poussent en Chine depuis plus de 4 000 ans maintenant, et la Chine est actuellement le principal producteur.

Figue Petit fruit doux en forme de pêche, à chair pulpeuse parsemée de

petites graines comestibles. De nombreuses variétés de figuiers poussent partout dans le monde. La figue est le fruit le plus doux. Lors de sa pleine saison, en été, on la sert crue enveloppée dans des tranches de prosciutto en plat principal, en salade de fruits, avec du fromage ou cuite au four en dessert. Les figues sèches, dont la concentration de sucre est intensifiée par le processus de conservation, peuvent être cuites en compotes ou utilisées dans les gâteaux et les puddings. La figue est probablement originaire du Moyen-Orient, où on la consomme depuis plus de 5 000 ans. Les figues poussaient dans les jardins suspendus de Babylone ; on recouvrait les figues mûres avec du sable chaud du désert pour les sécher et les conserver. Les figues séchées sont vendues sur les marchés parisiens depuis le XIVᵉ siècle.

Filé (poudre de)
Feuilles séchées et broyées des sassafras, employées dans la cuisine cajun comme épaississant, et pour ajouter aux gombos une saveur semblable à celle du thym. Le filé ne doit pas être mis dans le plat pour la cuisson, mais y être ajouté juste au moment de servir, ou présenté à table. Voir gombos.

Filet Pièce peu grasse de viande, de volaille ou de poisson, sans os ou sans arêtes. Le filet de bœuf, ou aloyau, est apprécié pour sa tendresse et sa saveur délicate. Le filet de poulet est la petite bande de chair située près de l'os central. Un filet de poisson est constitué d'une tranche coupée le long de l'arête et contenant très peu, voire aucune arête.

FRAISES À L'ANGLAISE (TRIFLE)

✽ **Préparation :** 35 minutes + temps de réfrigération
Cuisson : 10 à 15 minutes
Pour 4 à 6 personnes

250 g de fraises coupées en deux
425 g de pêches en boîte
1 gâteau roulé à la confiture
¼ de tasse de xérès doux
90 g de gelée en perles, parfum framboise
1 tasse d'eau bouillante

2 cuil. à soupe de préparation pour crème anglaise en poudre
2 cuil. à soupe de sucre
2 tasses de lait
1 tasse ¼ de crème fraîche fouettée
¼ de tasse de cerneaux de noix grillés

1 Égoutter les pêches et réserver le sirop.
Couper le gâteau roulé en tranches de 1 cm. En garnir le fond et les bords du plat de service.
2 Mélanger le xérès et 2 cuil. à soupe de sirop de pêche. Disposer les pêches tranchées sur le gâteau. Verser le mélange au xérès, couvrir et réfrigérer.
3 Dissoudre les perles de gelée dans l'eau. Verser dans un moule carré de 17 cm environ, peu profond. Réfrigérer jusqu'à ce que la gelée prenne, puis la couper en cubes.
4 Délayer la crème anglaise en poudre et le sucre dans un peu de lait ; ajouter le reste du lait.
Remuer à feu doux jusqu'à ébullition et épaississement. Couvrir la surface de film plastique et laisser complètement refroidir.
5 Disposer les cubes de gelée sur les pêches.

Verser la crème. Décorer de crème fouettée, de moitiés de fraises et de noix avant de servir.

PARFAIT AUX FRAISES ET AUX MARSHMALLOWS

✽ **Préparation :** 15 minutes + 3 heures de réfrigération
Cuisson : aucune
Pour 6 personnes

90 g de gelée en perles, parfum fraise
2 tasses d'eau bouillante
250 g de fraises concassées + 6 fraises entières
½ l de glace à la vanille

100 g de marshmallows roses ou blancs, coupés en deux
Crème fouettée pour la décoration

1 Dissoudre les perles de gelée dans l'eau et mettre au réfrigérateur jusqu'à ce que la gelée prenne.
2 Passer la moitié des fraises hachées au mixeur pendant 30 secondes.
3 Alterner la glace, la gelée, le reste de fraises hachées, les marshmallows et la purée de fraise dans 6 coupes à parfait. Décorer de crème fouettée et d'une fraise.

STRAWBERRY MALLOW
Dans un récipient, mettre ½ tasse de marshmallows concassés (les découper avec des ciseaux humides) et incorporer 1 tasse de yaourt nature. Ajouter 250 g de fraises fraîches émincées et bien remuer. Couvrir et réfrigérer 1 heure. Verser le mélange dans 4 coupes à dessert et saupoudrer d'amandes effilées grillées.

CI-DESSUS : FRAISES À L'ANGLAISE.

FRAMBOISES

BISCUIT À LA MOUSSE DE FRAMBOISE

✳ ✳ **Préparation :** 35 minutes + temps de réfrigération
Cuisson : 15 minutes
Pour 8 personnes

2 cuil. à soupe de farine
2 cuil. à soupe de farine avec levure incorporée
2 cuil. à soupe de Maïzena
2 œufs
1/3 de tasse de sucre

1/3 de tasse de sucre
250 g de fromage frais crémeux (cream cheese)
1 tasse 1/4 de crème fraîche épaisse
1 cuil. à soupe de gélatine
2 cuil. à soupe d'eau
Sucre glace pour la décoration

Mousse à la framboise
410 g de framboises fraîches ou surgelées
1 œuf

1 Préchauffer le four à 180 °C. Beurrer un moule haut et rond de 20 cm environ.
2 Tamiser trois fois les farines et la Maïzena sur du papier sulfurisé.
Battre les œufs pendant 3 minutes, jusqu'à ce que le mélange soit épais et pâle.
Ajouter le sucre peu à peu, en battant jusqu'à ce qu'il se dissolve.
3 Transférer la préparation dans une grande jatte. À l'aide d'une cuillère en métal, incorporer la farine tamisée rapidement et délicatement.

Étaler la préparation en une couche régulière dans le moule.
Cuire 15 minutes jusqu'à ce que le biscuit soit légèrement doré et se détache des parois du moule. Le laisser 3 minutes dans le moule avant de le faire refroidir sur une grille.
4 Mousse à la framboise : passer 315 g de framboises au mixeur ; les tamiser au chinois fin. Réserver la moitié de la purée pour la garniture.
Battre l'œuf et le sucre pour obtenir un mélange crémeux.
Ajouter le fromage blanc et bien battre. Dans un autre bol, fouetter la crème fraîche.
5 Délayer la gélatine dans l'eau et chauffer au bain-marie jusqu'à ce qu'elle se dissolve.
Avec une cuillère en métal, incorporer la gélatine, la moitié de la purée de framboises et les framboises entières dans le mélange au fromage blanc. Incorporer ensuite la crème fouettée.
Couvrir de film plastique et réfrigérer 10 minutes, en remuant de temps en temps, jusqu'à ce que la mousse épaississe.
6 Couper le biscuit en deux horizontalement. Disposer la partie inférieure sur le plan de travail.
Étaler la mousse, couvrir de l'autre moitié de biscuit et réfrigérer jusqu'à ce que la mousse prenne.
7 Avant de servir, saupoudrer le biscuit de sucre glace. Servir avec la purée de framboises réservée.

Ci-dessus : Biscuit à la mousse de framboise.

recouvertes de sirop d'érable, les flapjacks constituent un petit déjeuner populaire en Amérique du Nord. En Grande-Bretagne, ce terme désigne également un mélange de farine d'avoine, de sucre roux et de beurre mou pressé dans un moule plat, cuit au four, puis, alors qu'il est encore chaud, coupé en carrés ou en petits rouleaux.

Fleur comestible Des fleurs fraîches entières, ou des pétales de fleurs, apportent une touche colorée aux salades, sorbets et boissons. Lorsqu'elles sont faites de sucre, on les utilise pour décorer les gâteaux et les desserts.

Les fleurs ne sont pas toutes comestibles ; en cas de doute, vérifier auprès du centre antipoison. Il faut s'assurer que les fleurs

n'ont pas été traitées avec des pesticides ou d'autres produits chimiques toxiques. Les fleurs habituellement ajoutées aux salades sont les pétales de chrysanthème blanc et jaune, les pétales entiers de capucine, de souci et de calendula, les fleurs entières de violette, de pensée sauvage, de

BISCUITS À LA FRAMBOISE ET À LA NOIX DE COCO

✳ ✳   **Préparation** : 40 minutes
Cuisson : 15 minutes
Pour 28 biscuits

Pâte à biscuit
60 g de beurre
1/2 tasse de sucre
1 œuf
2/3 de tasse de farine
2/3 de tasse de farine avec levure incorporée

Glaçage
100 g de marshmallows roses
45 g de beurre
1/4 de tasse de sucre glace tamisé
1/2 tasse de noix de coco séchée
1/3 de tasse de confiture de framboises

1 Préchauffer le four à 180 °C. Couvrir 2 plaques de four de papier sulfurisé.

2 Pâte à biscuit : battre le beurre et le sucre jusqu'à obtention d'un mélange onctueux.

Transférer dans une terrine. Ajouter l'œuf et bien battre. Avec une cuillère en métal, incorporer les farines tamisées. Poser la pâte sur un plan de travail fariné et la pétrir 1 minute. L'étaler entre 2 feuilles de papier sulfurisé jusqu'à ce qu'elle ait 5 mm d'épaisseur. Avec un couteau ou une roulette, découper des rectangles de 4,5 x 6 cm. Les disposer sur les plaques de four en les espaçant. Étaler à nouveau l'excédent de pâte et former d'autres rectangles.

Enfourner 10 minutes, jusqu'à ce que la pâte commence à dorer. Laisser refroidir sur une grille.

3 Glaçage : réunir les marshmallows et le beurre dans une casserole. Remuer à feu doux jusqu'à ce que le mélange soit homogène. Incorporer le sucre glace et bien remuer.

Mettre la noix de coco sur une feuille de papier sulfurisé. En travaillant rapidement, étaler 1/4 de cuil. à café de glaçage sur les deux côtés longs du biscuit, en laissant un espace au centre. Passer le biscuit dans la noix de coco et secouer pour ôter l'excédent.

4 Chauffer la confiture dans une casserole. En étaler un peu au centre de chaque biscuit.

COULIS DE FRAMBOISES

Chauffer 250 g de framboises et 1 cuil. à soupe de sucre dans une casserole, en remuant jusqu'à ce que le sucre se dissolve. Passer le mélange au mixeur ou au tamis (en vous aidant d'une cuillère en bois).

Laisser refroidir. On peut servir ce coulis sur de la glace ou en accompagnement d'un gâteau au chocolat ou d'une tarte au citron. Il est conseillé de le préparer le jour même.

CI-CONTRE : BISCUITS À LA FRAMBOISE ET À LA NOIX DE COCO.

pensée, de chèvrefeuille et de bleuet, et les fleurs des plantes aromatiques comme la bourrache et la ciboulette. On compose une salade légère en vinaigre ou au jus de citron, et on ajoute les fleurs après avoir mélangé les feuilles de salade avec la vinaigrette. Les fleurs de citrouille, de courgette et de courge peuvent être farcies ou trempées dans de la pâte à frire et frites. On peut faire des pétales en sucre (les roses et les violettes sont les plus employées) en trempant à l'aide de pinces des pétales propres et secs dans du blanc d'œuf battu, puis dans du sucre jusqu'à ce qu'ils soient entièrement recouverts ; les faire sécher sur une grille à pâtisserie et les conserver dans une boîte fermant hermétiquement.

Fleur d'oranger (eau de) Liquide parfumé traditionnellement composé de neroli, huile essentielle extraite des fleurs suaves de l'oranger amer. Très parfumée, on l'ajoute en petites quantités au gâteau de Savoie et dans les confiseries. L'eau de fleur d'oranger est très utilisée dans la confection des pâtes et des sirops du Moyen-Orient.

Fleuron Petits morceaux de pâte feuilletée, traditionnellement en forme de croissant mais également de forme ovale ou de diamant, utilisés en décoration sur les croûtes des tourtes, ou pour garnir des plats de poisson ou de poulet servi avec une sauce riche. Les morceaux sont découpés dans de la pâte très finement roulée, glacés et cuits au four ou frits.

Flocons d'avoine

Grains d'avoine broyés,

employés comme céréales au petit déjeuner, et en boulangerie. Les flocons d'avoine bruts et moyens sont utilisés pour le porridge et les saucisses, par exemple pour les haggis écossais. Les flocons d'avoine fins sont employés pour les crêpes, les muffins et d'autres mets cuits au four.

Florentin Biscuit très fin contenant des fruits secs et des noix, et nappé sur une face de chocolat fondu, décoré en forme de vagues (en utilisant les dents d'une fourchette).

Florentine (à la)

Terme désignant un plat de poisson, de volaille ou d'œufs, servi sur un lit d'épinards, parfois accompagné d'une sauce Mornay.

GLACE MARBRÉE À LA FRAMBOISE ET À LA FRAISE

✳ ✳   **Préparation :** 20 minutes + temps de congélation
    Cuisson : aucune
    Pour 8 à 10 personnes

500 g de fraises	2 tasses 1/4 de crème liquide
1 tasse 1/2 de sucre + 1/2	légèrement fouettée
tasse supplémentaire	125 g de framboises
2 cuil. à soupe de jus de	Framboises et fraises
citron	fraîches pour la
	décoration

1 Garnir de papier aluminium le fond et les bords d'un moule à cake d'une capacité de 2 litres. Équeuter les fraises, les passer 30 secondes au mixeur avec le sucre et le jus de citron.
2 Réserver 1/3 de tasse de crème fouettée et incorporer le reste dans la purée de fraises. Verser dans un moule en métal (spécial congélateur) et congeler, en remuant de temps en temps, jusqu'à épaississement. Ne pas congeler complètement.
3 Passer les framboises et le sucre supplémentaire au mixeur. Incorporer dans la crème fouettée réservée et bien mélanger.
4 Étaler une couche de glace à la fraise dans le moule préparé. Étendre la crème à la framboise puis le reste de glace à la fraise. Avec un couteau tranchant, remuer les mélanges en veillant à ne pas transpercer l'aluminium. Congeler 3 à 4 heures minimum. Servir en boules ou en tranches. Garnir de fraises et de framboises fraîches.

SALADE DE POULET À LA FRAMBOISE

✳   **Préparation :** 15 minutes
  Cuisson : 10 minutes
  Pour 4 personnes

4 blancs de poulet (450 g	2 cuil. à soupe de vinaigre
environ)	de framboise
1 tasse de vin blanc	1/2 cuil. à café de moutarde
60 g de frisée	Sel et poivre noir
1 lolla rossa (frisée rouge)	fraîchement moulu
60 g de cresson	200 g de framboises
1/2 tasse d'huile d'olive	

1 Parer le poulet. Verser le vin dans une poêle à fond épais et ajouter suffisamment d'eau pour qu'il y ait 2 cm de liquide dans la poêle. Couvrir et porter à ébullition. Baisser le feu, mettre le poulet, couvrir et laisser mijoter 10 minutes environ, jusqu'à ce qu'il soit cuit. Retirer de la poêle. Égoutter et laisser refroidir. Couper en tranches.
2 Laver et sécher les salades. Les découper en morceaux, en retirant les tiges épaisses du cresson. Les mettre dans un saladier.
3 Dans un bocal hermétique, mettre l'huile, le vinaigre, la moutarde et les assaisonnements, et bien agiter. Verser 1/3 de la sauce sur la salade et la tourner délicatement. Passer 1/3 de tasse des framboises et le reste de la sauce au mixeur pendant 10 secondes. Disposer la salade sur les assiettes, garnir de poulet et du reste des framboises. Arroser de sauce à la framboise et servir immédiatement.

CONFITURE DE FRAMBOISES

✳   **Préparation :** 30 minutes
  Cuisson : 15 minutes
  Pour 750 ml

1 kg de framboises	1 cuil. à café d'acide
1 kg de sucre réchauffé	tartrique

1 Nettoyer les framboises en ôtant les queues et les feuilles. Les mettre dans une casserole en inox et les écraser légèrement pour libérer le jus. Chauffer à feu doux jusqu'à ébullition en remuant de temps en temps.
2 Ajouter le sucre réchauffé et remuer jusqu'à ce qu'il se dissolve. Porter de nouveau à ébullition. Laisser cuire 3 minutes à gros bouillons, ajouter l'acide tartrique et prolonger l'ébullition de 5 minutes, jusqu'à ce que la confiture prenne.
3 Laisser tiédir la confiture et la verser dans des bocaux stérilisés chauffés. Les fermer, puis les étiqueter une fois refroidis.

CI-DESSUS : SALADE DE POULET À LA FRAMBOISE.
PAGE CI-CONTRE : CASSOULET.

CUISINE FRANÇAISE : LES CLASSIQUES

CASSOULET

✳ ✳   *Préparation :* 25 minutes
       Cuisson : 2 heures
       Pour 6 personnes

315 g de filets d'oie (dans la cuisse)	*1 tasse de vin blanc*
315 g d'agneau maigre	*1 cuil. à café de thym frais*
315 g d'échine de porc maigre	*2 feuilles de laurier*
60 g de graisse d'oie	*3 clous de girofle*
2 oignons moyens hachés	*Poivre moulu*
2 gousses d'ail écrasées	*410 g de haricots blancs en boîte, égouttés*
2 branches de céleri hachées	*200 g de porc en saumure, détaillé en cubes*
1 cuil. à soupe de farine	*90 g de saucisson à l'ail, en morceaux*
440 g de tomates en boîte, égouttées (réserver le jus)	

1 Parer la viande et la couper en cubes de 2 cm. Chauffer la graisse d'oie dans une cocotte et saisir les filets d'oie. Les retirer de la cocotte. Saisir l'agneau puis le retirer ; faire de même avec le porc. Saisir les oignons, puis l'ail et le céleri. Réserver.
2 Saupoudrer le fond de la cocotte de farine. Ajouter les tomates concassées, le jus de tomate et le vin ; remuer jusqu'à ébullition et épaississement.

Ajouter le thym, le laurier, la girofle et le poivre. Porter à ébullition, baisser le feu et laisser mijoter 10 minutes à découvert.
3 Réunir la viande, les oignons et les haricots dans la cocotte ; couvrir et laisser mijoter 1 heure.
Ajouter alors le porc en saumure et le saucisson, puis prolonger la cuisson de 30 minutes à couvert.

SOUPE À L'OIGNON

✳ ✳   *Préparation :* 15 minutes
       Cuisson : 55 minutes
       Pour 4 à 6 personnes

45 g de beurre	*2 cuil. à soupe de vinaigre de vin rouge*
1 cuil. à soupe d'huile d'olive + 2 cuil. à soupe supplémentaires	*1/3 de tasse de farine*
4 gros oignons jaunes finement émincés	*1/2 tasse de xérès sec*
1 gousse d'ail écrasée + 1 gousse supplémentaire	*1 tasse de vin blanc sec*
	425 g de consommé de bœuf en boîte
	1 tasse 1/4 d'eau
	8 à 12 tranches de pain
1 cuil. à soupe de sucre	*1/2 tasse de gruyère râpé*
	Thym pour la garniture

1 Chauffer le beurre et l'huile dans une grande poêle. Faire revenir les oignons 20 minutes environ.
2 Ajouter l'ail et le sucre et remuer jusqu'à ce que le sucre brunisse.

Flummery Dessert composé de fruits, de jus de fruits et de crème ou de lait, épaissi avec de la gélatine et fouetté jusqu'à ce que le mélange devienne moelleux, puis versé dans un moule humidifié et mis à refroidir avant de servir. Le flummery est d'origine galloise ; à l'origine, on l'épaississait avec des flocons d'avoine.

Focaccia Pain plat d'origine italienne, composé de farine de blé, saupoudré de gros sel, et cuit au four dans un

moule plat bien huilé. Les garnitures aromatisantes et enfournées (telles que les herbes, les tomates, les oignons et l'ail) varient selon les régions. Servie chaude et garnie de salade et de fromage ou de viande, la focaccia constitue un repas léger.

Foie Répertoriés comme abats, les foies d'agneau, de mouton, de veau, de bœuf, de porc, de volaille et de gibier sont consommés. Le foie est l'organe qui purifie le sang de l'animal. Sa chair est de couleur rouge-marron, et il se distingue par son goût particulier. Avant de cuire du foie, il faut le laver et le sécher, ôter la fine membrane qui le recouvre, et le débarrasser de toute graisse, cartilages et vaisseaux. Le couper en tranches fines et régulières, et le cuire jusqu'à ce que sa couleur rose disparaisse (il faut prendre garde à ne pas le faire trop cuire car la viande durcit facilement). On peut aussi le griller, le braiser ou le mijoter. Dans certains pays, du foie de veau ou d'agneau sauté à la poêle avec du bacon constitue un petit déjeuner populaire. On utilise les foies d'oie, de canard et de poulet pour préparer des pâtés.

Foie gras Foie engraissé d'une oie ou d'un canard gavés. Le foie gras, assaisonné, poché et souvent farci avec des truffes, est servi froid au début d'un repas ; transformé en pâte douce, c'est le pâté de foie gras.

Foncer Chemiser un plat ou un moule avec de la pâte.

Fondant Confiserie douce fabriquée avec du sucre, de l'eau et une pincée de pyrophosphate de sodium. Les chocolatiers utilisent beaucoup le fondant, en lui ajoutant des parfums. On l'emploie aussi pour mouler des fruits, des fleurs et des glaces.

Fondue Nourriture cuite sur la table en la plongeant dans une sauce ou de l'huile frémissante, gardée au chaud dans un poêlon à fondue. Les convives utilisent des fourchettes à long manche

Verser le vinaigre et cuire 2 minutes. Saupoudrer la farine sur les oignons ; prolonger la cuisson d'1 minute en remuant. Incorporer le xérès, le vin blanc, le consommé et l'eau.

Continuer à remuer jusqu'à ébullition et épaississement. Baisser le feu et laisser mijoter la soupe à découvert pendant 25 minutes environ.

3 Préchauffer le four à 210 °C. Réunir l'huile et l'ail supplémentaires dans un bol.

En badigeonner les deux faces des tranches de pain puis les saupoudrer de gruyère sur une face. Enfourner 5 minutes jusqu'à ce que le pain soit doré.

4 Avant de servir, disposer une tranche de pain au fond de chaque bol à soupe, verser la soupe par-dessus et garnir de thym.

On peut également préparer les tranches de pain avec de fines tranches de fromage.

Les tremper dans la soupe et les passer au gril chaud 1 à 2 minutes jusqu'à ce que le fromage fonde.

Remarque : il est important de bien faire brunir les oignons pour donner à la soupe son parfum caractéristique.

Le sucre aide à caraméliser les oignons. Commencer à feu vif pendant quelques minutes, puis baisser à feu moyen et faire brunir les oignons doucement.

CI-DESSUS : SOUPE À L'OIGNON ; CI-CONTRE : BŒUF BOURGUIGNON. PAGE CI-CONTRE : CRÊPES SUZETTE.

BŒUF BOURGUIGNON

✻   ***Préparation :*** 25 minutes
      Cuisson : 1 heure 30
      Pour 6 personnes

1 kg de bœuf dans l'aiguillette	2 tasses de vin rouge
2 tranches de poitrine fumée	1 cuil. à café de thym frais + un peu pour la garniture
2 cuil. à soupe d'huile d'olive	1 cuil. à soupe de raifort râpé ou en bocal
12 petits oignons blancs marinés	30 g de beurre
2 gousses d'ail écrasées	375 g de champignons de Paris
1/3 de tasse de farine	

1 Parer l'aiguillette et la couper en morceaux de 1,5 cm. Détailler la poitrine en lardons de 1 cm.

2 Faire chauffer l'huile dans une cocotte ; y faire revenir les lardons et les retirer. Ajouter les oignons, les faire revenir et les retirer. Ajouter l'ail et le laisser cuire 1 minute. Saisir la viande dans le reste de graisse et incorporer la farine. Ajouter le vin rouge, le thym et le raifort ; remuer jusqu'à ébullition et épaississement. Remettre les oignons et les lardons dans la cocotte ; baisser le feu, couvrir et laisser mijoter 1 heure.

3 Chauffer le beurre dans une petite casserole, et y faire revenir les champignons. Incorporer les champignons et leur jus dans la cocotte et prolonger la cuisson de 30 minutes à découvert.

CRÊPES SUZETTE

✷ ✷   **Préparation :** 30 minutes + 1 heure de repos

Cuisson : 35 minutes

Pour 4 à 6 personnes

Pâte à crêpe
1 tasse de farine
2 cuil. à café de sucre en poudre
2 œufs légèrement battus
1 tasse de lait
15 g de beurre fondu
1 cuil. à soupe de cognac

Sauce Suzette
60 g de beurre

$^1/_4$ de tasse de sucre
1 cuil. à soupe de zeste d'orange râpé
1 cuil. à soupe de zeste de citron râpé
1 tasse de jus d'orange
$^1/_4$ de tasse de jus de citron
$^1/_2$ tasse de Grand-Marnier
Crème fraîche fluide ou glace en accompagnement

1 Pâte à crêpe : réunir tous les ingrédients dans un mixeur et mixer 40 secondes jusqu'à ce que la pâte soit homogène et sans grumeaux.

Transférer le mélange dans une terrine, couvrir de film plastique et laisser reposer 1 heure.

La pâte à crêpe doit avoir la consistance d'une crème fluide. Si elle est trop épaisse, la délayer avec un peu de lait ou d'eau.

2 Cuisson des crêpes : verser 2 à 3 cuil. à soupe de pâte dans une poêle à crêpe légèrement huilée ; la fai-

re tourner pour en couvrir entièrement le fond. Laisser cuire 1 minute à feu moyen des deux côtés.

Réserver la crêpe au chaud dans une assiette couverte d'un torchon.

Continuer avec le reste de la pâte, en huilant la poêle si nécessaire.

3 Sauce Suzette : chauffer le beurre dans une casserole ; ajouter le sucre et remuer à feu moyen jusqu'à ce qu'il caramélise.

Ajouter les zestes, les jus et le Grand-Marnier. Laisser mijoter 10 minutes à découvert.

4 Préparation : préchauffer le four à 210 °C.

Plier les crêpes en quatre et les disposer dans un plat à four, en les faisant se chevaucher.

Les napper de sauce.

Enfourner 10 à 15 minutes et servir chaud avec de la crème fraîche fluide ou de la glace.

Remarque : cette pâte à crêpe s'utilise pour toutes les recettes de crêpes sucrées.

On peut également flamber les crêpes : chauffer 2 cuil. à soupe de Grand-Marnier, de cognac ou de liqueur d'orange dans une petite casserole ou une cafetière turque.

Faire délicatement flamber la liqueur au moment de servir, et la verser sur les crêpes.

pour tremper leurs aliments dans le poêlon commun. Il existe différentes sortes de fondues : la fondue au fromage (originaire de Suisse), soit un mélange de fromages ramollis et de vin blanc dans lequel on trempe des croûtons de pain ; la fondue bourguignonne, où l'on trempe des morceaux de viande dans l'huile ; la fondue de poisson ; et aussi les fondues dessert où des morceaux de gâteaux, de fruits ou des marshmallows sont trempés dans une sauce sucrée, très souvent du chocolat.

Fondue chinoise Repas chinois consistant en de petites portions de viande et de fruits de mer cuits à table dans un bouillon frémissant. Chaque convive utilise des baguettes ou un petit panier en fer à long manche pour mettre la nourriture à cuire ; on la trempe ensuite dans une sauce. On cuit d'abord la viande, puis les fruits de mer, et enfin les légumes. À la fin du repas, on cuit des nouilles dans le reste

■

de bouillon et on les sert en soupe. Traditionnellement, la fondue se prépare dans une "marmite de Mongolie" à même les braises, et dotée d'un réceptacle à bouillon. Aujourd'hui, un service à fondue ou une casserole posée sur un gaz font tout aussi bien l'affaire. Ce type de cuisine proviendrait des populations nomades mongoles du nord de la Chine.

Forêt-Noire Gâteau riche en chocolat, humidifié avec du kirsch, garni et recouvert de crème chantilly, décoré avec des cerises et des copeaux de chocolat.

Fraise Baie rouge et juteuse en forme de cœur, provenant d'un arbuste rampant appartenant à la famille des rosiers, et maintenant cultivée partout dans le monde. On peut ajouter des fraises à des salades de fruits ou à des salades salées ; on peut aussi les manger avec un nuage de crème, ou les saupoudrer légèrement de sucre et les arroser d'un filet de

jus de citron. On les dispose entières ou coupées en deux pour décorer nombre de pâtisseries et de desserts. On les réduit en purée pour les transformer en glaces ou en sorbets, on

FRITTATA

FRITTATA AU POULET ET AUX ASPERGES

✳ **Préparation** : 10 minutes
Cuisson : 10 minutes
Pour 4 personnes

30 g de beurre
4 oignons nouveaux finement hachés
6 œufs légèrement battus
1 tasse de lait
2 cuil. à café de moutarde en grains
1 tasse ½ de poulet cuit haché

Poivre noir fraîchement moulu
345 g de pointes d'asperges en boîte, égouttées
¾ de tasse de gruyère râpé

1 Chauffer le beurre dans une poêle ; faire revenir les oignons en remuant jusqu'à ce qu'ils soient tendres. Dans un bol, battre les œufs, le lait et la moutarde.
2 Incorporer le poulet et le poivre dans les œufs et verser le mélange sur les oignons. Faire cuire 8 minutes à feu doux jusqu'à ce que la frittata prenne.
3 Préchauffer le gril.
Disposer les pointes d'asperges sur la frittata et saupoudrer de fromage.
Mettre au gril chaud 2 minutes, jusqu'à ce que le fromage soit doré et fondu. Servir une salade verte, chaud ou froid, coupé en parts.

FRITTATA AUX ÉPINARDS

✳ **Préparation** : 2 minutes
Cuisson : 30 minutes
Pour 4 personnes

6 œufs légèrement battus
1 tasse de lait
250 g d'épinards hachés surgelés
1 oignon haché
½ tasse de cheddar râpé (ou mimolette)

½ tasse de parmesan râpé
1 gousse d'ail écrasée
1 cuil. à soupe de persil frais finement haché
Poivre noir fraîchement moulu

1 Préchauffer le four à 180 °C. Battre les œufs et le lait. Ôter tout excédent d'eau des épinards décongelés.
2 Incorporer les épinards, l'oignon, les fromages, l'ail, le persil et le poivre dans les œufs.
3 Verser dans un moule à tarte beurré de 23 cm environ. Enfourner 30 minutes, jusqu'à ce que la frittata soit dorée. Servir chaud ou froid, coupé en parts et accompagné de pain complet.

À PROPOS DES FRITTATAS

■ Les frittatas sont semblables aux omelettes, sauf que leur garniture est mêlée à la préparation aux œufs. On peut les frire, puis passer la face non cuite au gril, ou bien les cuire au four. Pour les faire frire, utiliser une poêle anti-adhésive à fond épais, munie d'un long manche résistant. Verser le mélange dans la poêle et cuire à feu moyen jusqu'à ce que le dessous soit doré. Mettre la frittata au gril chaud jusqu'à ce que la surface gonfle et dore, mais vous pouvez la retourner comme une omelette.
■ Toutes les garnitures d'omelette sont délicieuses dans les frittatas.

CI-CONTRE : FRITTATA AU POULET ET AUX ASPERGES. CI-DESSUS : FRITTATA AUX ÉPINARDS.

FROMAGE

CRACKERS AU FROMAGE ET AUX HERBES

✱ ✱ **Préparation :** 20 minutes
Cuisson : 8 minutes par fournée
Pour 20 crackers

Pâte à biscuit
1 tasse de farine
½ cuil. à café de levure chimique
60 g de beurre coupé en morceaux
1 œuf légèrement battu
1 cuil. à soupe d'eau glacée
½ tasse de cheddar râpé (ou mimolette)
1 cuil. à café de ciboulette hachée
1 cuil. à café de persil frais haché

Garniture au fromage
75 g de fromage frais crémeux (type cream cheese)
25 g de beurre
1 cuil. à soupe de ciboulette hachée
1 cuil. à soupe de persil frais
¼ de cuil. à café de poivre au citron
¾ de tasse de cheddar râpé (ou mimolette)

1 Préchauffer le four à 210 °C. Couvrir 2 plaques de four de papier sulfurisé.
2 Passer la farine, la levure et le beurre 30 secondes au mixeur, jusqu'à obtention d'une texture friable. Ajouter l'œuf, l'eau et le fromage et mixer 40 secondes, jusqu'à formation d'une pâte. La pétrir sur un plan de travail fariné en incorporant les herbes.
3 Étaler la pâte entre deux feuilles de papier sulfurisé de sorte qu'elle ait 3 mm d'épaisseur. La découper en cercles à l'aide d'un emporte-pièce cannelé. Disposer sur les plaques préparées.

Cuire 8 minutes jusqu'à ce que la pâte commence à dorer. Laisser refroidir sur une grille.
4 Garniture au fromage : battre le fromage frais et le beurre jusqu'à obtention d'un mélange onctueux. Ajouter les herbes, le poivre et le fromage. Battre pour obtenir une crème homogène. Étendre la garniture sur la moitié des biscuits, et les recouvrir de l'autre moitié.

ALLUMETTES AU FROMAGE

✱ **Préparation :** 10 minutes
Cuisson : 10 minutes
Pour 36 allumettes

1 tasse de farine
½ cuil. à café de sel
½ cuil. de moutarde sèche
½ tasse de fromage râpé (cheddar, mimolette ou équivalent)
2 cuil. à soupe de parmesan râpé
60 g de beurre coupé en petits morceaux
1 jaune d'œuf
2 cuil. à café de jus de citron

1 Préchauffer le four à 180 °C.
Mettre la farine, le sel, la moutarde et les fromages dans un mixeur pourvu d'une lame en métal. Mixer quelques secondes pour bien mélanger les ingrédients.
2 Ajouter le beurre et mixer jusqu'à obtention d'une consistance friable.
3 Dans un bol, battre le jaune d'œuf et le jus de citron et verser ce mélange dans le mixeur. Mélanger jusqu'à formation d'une boule. La pétrir légèrement avec les mains.
4 Étaler la pâte sur un plan de travail fariné, de sorte qu'elle ait 5 mm d'épaisseur. Couper des bandes de 6 x 1 cm. Les disposer sur une plaque de four huilée et enfourner 10 minutes, jusqu'à ce que les allumettes soient dorées. Laisser refroidir sur la plaque, puis les conserver dans un récipient hermétique.

TOASTS AU FROMAGE

Dorer au gril une face de tranche de pain complet. Beurrer l'autre face, puis badigeonner d'un mélange de fromage rapé, chutney, oignons ciselés, sauce tomate et sauce Worcestershire. Passer au gril jusqu'à ce que le fromage ait fondu.

CI-CONTRE : CRACKERS AU FROMAGE ET AUX HERBES.

les cuit pour fabriquer des confitures, des gelées, des conserves et pour garnir des tourtes.

On cultive les fraises en Europe depuis le XIIIe siècle. Au début du XVIIIe siècle, la fraise écarlate de Virginie a fait son apparition en France, après avoir été importée d'Amérique - elle est ainsi l'ancêtre d'un grand nombre de variétés commercialisées de nos jours. Les fraises des bois ont un goût plus prononcé.

Française (cuisine) La cuisine française est souvent considérée comme la plus fine des cuisines du monde. Elle a été universellement adoptée, à tel point que beaucoup de plats que l'on croit spécifiques à un pays sont en fait d'origine française : la simple omelette, le pâté, la mayonnaise, la quiche, la tarte aux fruits, le bœuf en daube, les soupes de poisson, et les soufflés.

Depuis les dix dernières années, la grande cuisine française est un mode d'alimentation plus occasionnel. Pour des raisons diététiques, on évite d'abuser de sauces riches en œufs et à base de crème, et on préfère un mode d'alimentation plus simple, du type brasserie, ou plus sain. La tradition gastronomique n'a pas changé, mais elle est réservée aux grandes occasions.

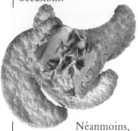

Néanmoins, il aura toujours une place privilégiée pour les desserts comme les profiteroles, les tartes, les crêpes et les gâteaux. Les croissants, servis avec du café au lait, sont rapidement devenus un petit déjeuner international.

Frappé Terme signifiant "glacé". On l'emploie pour désigner à la fois une boisson versée sur de la glace pilée, et un dessert frais composé d'un coulis de fruit légèrement glacé.

Frémir Terme désignant un liquide qui frissonne légèrement, juste avant de bouillir.

Fricassée Plat de viande ou de volaille (généralement du veau ou du poulet) d'abord frit dans le beurre sans dorer, puis cuit à feu doux dans du bouillon épaissi avec de la farine ; on ajoute la crème juste avant de servir. Une fricassée est habituellement accompagnée de petits oignons glacés et de champignons légèrement cuits.

SALADE DE CHÈVRE CHAUD

✳ **Préparation :** 15 minutes
Cuisson : 15 minutes
Pour 6 personnes

6 tranches de pain complet
2 petits fromages de chèvre ronds de 100 g chacun
Feuilles de salade variées

Sauce
1 cuil. à soupe de vinaigre à l'estragon
3 cuil. à soupe d'huile d'olive
½ cuil. à café de moutarde en grains

1 Préchauffer le four à 180 °C. À l'aide d'un emporte-pièce, découper un rond dans le pain, de même diamètre que le fromage (s'il est plus grand, les bords risquent de brûler). Disposer les ronds de pain sur une plaque de four et enfourner 10 minutes.
2 Trancher les fromages en 3 rondelles. Placer chaque rondelle sur un rond de pain. Disposer les feuilles de salade dans de petites assiettes.
3 Faire cuire les tartines au fromage 5 minutes sous un gril chaud, jusqu'à ce que le fromage soit doré.
4 Sauce : mélanger le vinaigre, l'huile et la moutarde. En napper la salade.

CI-DESSUS : SALADE DE CHÈVRE CHAUD ; CI-CONTRE : PUDDING AU FROMAGE. PAGE CI-CONTRE, EN HAUT : POULET AU YAOURT AU CURRY ; EN BAS : GÂTEAU AU YAOURT ET SIROP AU CITRON.

PUDDING AU FROMAGE

✳ **Préparation :** 20 minutes
+ 30 minutes de repos
Cuisson : 30 minutes
Pour 4 personnes

8 tranches de pain rassis
60 g de beurre ramolli
150 g de cheddar râpé (à défaut, utiliser de la mimolette)

4 œufs
1 tasse de bouillon de volaille
½ tasse de crème fluide
Poivre fraîchement moulu

1 Préchauffer le four à 150 °C. Ôter la croûte du pain et beurrer les tranches. Saupoudrer deux tiers du fromage râpé sur 4 tranches et les recouvrir des 4 autres tranches. Couper en deux en diagonale.
2 Beurrer un plat à four peu profond. Disposer les sandwichs sur le fond.
3 Battre les œufs, le bouillon et la crème et verser le mélange sur les sandwichs pour bien les imbiber. Laisser reposer 30 minutes.
4 Saupoudrer le reste du fromage sur la préparation et poivrer. Faire cuire jusqu'à ce que le pudding soit doré.

Remarque : le pudding au fromage est un plat traditionnel irlandais, simple et convivial. Accompagné d'une salade verte, d'un peu de pain frais, il compose un délicieux dîner dominical.

FROMAGE FRAIS ET YAOURT

POULET AU YAOURT ET AU CURRY

✿ **Préparation :** 20 minutes + temps de marinade
Cuisson : 40 à 45 minutes
Pour 6 personnes

1 kg de poulet en morceaux
1 tasse de yaourt nature
  + 1 tasse supplémentaire
½ tasse de crème de coco
¼ de tasse de coriandre fraîche
1 oignon finement émincé
1 gousse d'ail écrasée

1 cuil. à soupe de jus de citron vert
1 cuil. à café de zeste de citron vert râpé
1 cuil. à soupe de curry en poudre
Poivre noir fraîchement moulu

1 Dans un grand saladier en terre ou en verre, mélanger le yaourt, la crème de coco, la coriandre hachée, l'oignon, l'ail, le jus et le zeste de citron vert, le curry et le poivre. Ajouter les morceaux de poulet et bien remuer.
2 Couvrir le saladier de film plastique. Laisser mariner le poulet quelques heures, ou toute la nuit, au réfrigérateur.
3 Retirer le poulet de la marinade et le disposer dans un plat à four peu profond. Allumer le four à 180 °C et enfourner 40 à 45 minutes.

GÂTEAU AU YAOURT ET SIROP AU CITRON

✿ ✿ **Préparation :** 20 minutes
Cuisson : 1 heure 10
Pour 8 à 10 personnes

2 tasses ½ de farine avec levure incorporée, tamisée
½ cuil. à café de levure chimique
1 tasse de sucre en poudre
1 tasse de yaourt nature
1 tasse de lait
2 œufs légèrement battus

Sirop au citron
1 tasse ¼ de sucre en poudre
¾ de tasse d'eau
Le zeste d'1 citron coupé en fines lamelles + zeste supplémentaire pour garnir
¼ de tasse de jus de citron
Crème fouettée pour servir

1 Préchauffer le four à 180 °C. Beurrer un moule à manqué de 23 cm environ. Garnir le fond de papier sulfurisé beurré. Dans une terrine, mettre la farine, la levure et le sucre. Verser le mélange de yaourt, lait et œufs. Battre 2 minutes à vitesse minimum, puis 5 minutes à vitesse maximum.
2 Verser dans le moule. Enfourner 1 heure (vérifier la cuisson avec une lame de couteau : elle doit en ressortir sèche). Verser la moitié du sirop préalablement préparé immédiatement dessus ; le laisser s'imbiber 10 minutes. Servir avec des zestes, le sirop restant et de la crème.

Fricadelle Petite boulette de viande, généralement servie chaude, garnie avec une sauce à la crème fraiche ou à la tomate.

Frire Cuire des aliments dans de l'huile végétale bouillante. Ce mode de cuisson rend les aliments croustillants, et leur donne une couleur dorée. Il faut une quantité suffisante d'huile pour y plonger les aliments. Une friteuse doit contenir suffisamment d'huile pour couvrir les aliments ; une sauteuse est employée pour cuire les aliments badigeonnés de matière grasse. Il faut moins de graisse pour frire les aliments dans une sauteuse s'ils sont légèrement recouverts de farine ou de chapelure.

Frites Petites bandes de pomme de terre plongées dans la friture jusqu'à ce qu'elle dorent.

Frittata Plat composé d'œufs battus, la frittata ressemble à une omelette mais la garniture (légumes coupés en cubes, fromage, viande, poulet et fruits de mer) est mélangée aux œufs avant la cuisson.

Fritto Misto Littéralement *mélange frit*, c'est un plat d'origine italienne composé de légumes

FROMAGES FRAIS ET YAOURTS

Les yaourts et les fromages frais et crémeux sont faciles à confectionner tout en étant très nutritifs. La teneur en matières grasses dépend du lait utilisé. On peut ajouter du lait en poudre (entier ou écrémé) à la préparation du yaourt maison, pour augmenter la teneur en protéines et en calcium, et en perfectionner la texture.

CI-DESSOUS, DE GAUCHE À DROITE : YAOURT MARBRÉ AUX MYRTILLES, CRÈME FRAÎCHE, LASSI, FROMAGE ROULÉ AUX HERBES, FROMAGE FRAIS AUX FINES HERBES.

YAOURT

Le yaourt se consomme nature ou additionné de fruits frais ou cuits, ou encore de fruits secs concassés. On l'incorpore à certaines recettes pour adoucir la marinade des viandes et des volailles, pour enrichir les ragoûts, les plats en sauce et certains potages, ou pour confectionner des sauces dont on nappe les plats de légumes chauds.

Le yaourt nature contient les bactéries "inoffensives" Lactobacillus acidophilus et Bifidobacteria bacterium, qui auraient la propriété d'aider la digestion.

YAOURT CRÉMEUX

Pour ½ litre : dans une casserole, mélanger 2 tasses ¾ de lait avec ⅓ de tasse de lait en poudre entier et porter doucement à ébullition, jusqu'à formation d'une mousse. Baisser le feu et laisser le lait frémir très doucement pendant 20 minutes. Retirer du feu et laisser tiédir. Pour plus de précision, vérifier la température du lait avec un thermomètre : elle doit atteindre 45 °C. Éliminer la peau superficielle puis incorporer délicatement ⅓ de tasse de yaourt nature mélangé à ¼ de tasse de lait. Verser la préparation dans des bocaux préalablement stérilisés et fermer. Disposer les bocaux dans une cocotte et la remplir d'eau chaude. Entourer la cocotte d'une couverture, afin de conserver la chaleur, et laisser reposer au moins 6 heures. Réfrigérer le yaourt 3 à 4 heures avant utilisation.

Le yaourt se conserve au réfrigérateur jusqu'à deux semaines.

Remarque : on peut bien évidemment utiliser une yaourtière électrique.

YAOURT MARBRÉ AUX MYRTILLES

Pour 4 verres.

Passer 200 g de myrtilles fraîches au mixeur pour obtenir une purée lisse. Goûter et ajouter 1 à 2 cuil. à café de sucre en poudre si nécessaire. Verser une cuillerée de yaourt dans un verre haut et, en inclinant le verre, le remplir alternativement de cuillerées de purée de myrtilles et de yaourt, en terminant par les myrtilles.

CRÈME FRAÎCHE MAISON

La crème fraîche est un ingrédient de base. On peut facilement la préparer soi-même, avec un mélange de crème de lait cru et de la crème aigre au yaourt. Couvrir et laisser à température ambiante jusqu'à épaississement du mélange (compter 1 ou 2 jours). Puis couvrir et réfrigérer avant utilisation.

LASSI À LA MENTHE

Boisson rafraîchissante pour 4 personnes.

Dans un grand récipient ou un pichet, fouetter $1/3$ de tasse de yaourt nature, 3 à 4 cuil. à café de sucre et 1 cuil. à soupe de menthe fraîche hachée. Ajouter petit à petit 2 tasses $1/3$ d'eau plate ou gazeuse glacée, et fouetter de nouveau pour bien mélanger le tout. Verser sur des glaçons dans de grands verres. Pour varier, ajouter $1/3$ de tasse de purée de mangues (avec ou sans menthe).

FROMAGES FRAIS

FROMAGE ROULÉ AUX HERBES

Battre 500 g de fromage frais crémeux type cream cheese (utiliser un batteur électrique) jusqu'à obtention d'un mélange onctueux. Ajouter 200 g de ricotta fraîche et bien battre. Étaler en une couche régulière sur une feuille de papier sulfurisé pour former un carré de 25 cm environ. Dans un bol, mélanger 2 cuil. à café de ciboulette hachée, 1 cuil. à soupe de thym citronné et d'origan, 1 à 2 cuil. à café de zeste de citron râpé et 2 à 3 cuil. à soupe de parmesan frais finement râpé. Saupoudrer le mélange sur le fromage, puis faire glisser le fromage et le papier sur une plaque. Couvrir et réfrigérer 2 à 3 heures. À l'aide du papier sulfurisé, rouler délicatement le fromage, comme pour un gâteau roulé. Le poser sur un film plastique, l'envelopper hermétiquement et le réfrigérer toute la nuit. Saupoudrer d'amandes ou de noix grillées et hachées. Servir en tranches avec des crackers ou du pain.

FROMAGE FRAIS AUX FINES HERBES

Passer 250 g de fromage blanc type faisselle et $1/2$ tasse de crème fraîche au chinois fin. Incorporer peu à peu 2 cuil. à café de ciboulette hachée, 2 cuil. à café de persil haché et 2 cuil. à café d'ail écrasé. Saler et poivrer. Passer dans un chinois ou un tamis garni d'une étamine, au-dessus d'un bol. Replier l'étamine sur le fromage et placer un petit poids dessus. Réfrigérer 24 heures. Démouler et servir avec des câpres, de la salade verte et des crackers.

FROMAGE FRAIS : PASSER LA FAISSELLE ET LA CRÈME FRAÎCHE AU CHINOIS

VERSER LE MÉLANGE DANS UN CHINOIS OU UN TAMIS GARNI D'UNE ÉTAMINE ; REPLIER L'ÉTAMINE

assortis, de fruits de mer ou de viande, frits et servis brûlants. Le fritto misto le plus connu est peut-être celui aux fruits de mer, spécialité napolitaine, qui comporte de petits encornets et des tranches de calamars ; la version florentine de ce plat comporte du poulet, du lapin et des légumes tels que des artichauts et des courgettes ; dans la région piémontaise du nord de l'Italie, les fritures salées (cervelle, ris de veau et veau) sont populaires.

Friture Cuisson de morceaux d'aliments dans de l'huile bouillante. La friture a pour effet de former une croûte autour des aliments qui renferme la saveur et les sucs. Les aliments doivent être cuits par petites quantités afin de ne pas abaisser la température de l'huile. Le poisson, le poulet, les croquettes ou les légumes doivent être protégés avec de la pâte à frire ou de la chapelure avant d'être plongés dans la friture. Les huiles d'arachide et de maïs ont un haut point d'enfumage, et sont donc parfaitement adaptées pour les fritures.

Fromage Aliment nutritionnel préparé à partir de lait coagulé,

séparé en crème et en petit lait.

FRUIT DE LA PASSION

GÂTEAU À LA CRÈME VANILLÉE ET AU FRUIT DE LA PASSION

✷ **Préparation** : 35 minutes
Cuisson : 20 à 25 minutes
Pour 12 parts carrées

2 rouleaux de pâte pré-étalée	1 tasse ¹/₂ de lait
	¹/₂ cuil. à café d'essence de vanille

Crème vanillée
¹/₄ de tasse de préparation en sachet pour crème anglaise
¹/₄ de tasse de sucre
1 tasse de crème liquide

Glaçage
¹/₄ de tasse de pulpe de fruit de la passion
25 g de beurre doux
1 tasse ¹/₂ de sucre glace

1 Préchauffer le four à 210 °C. Cuire la pâte, 10 à 15 minutes, sur 2 plaques séparées. Laisser refroidir.
2 Crème vanillée : délayer la crème anglaise en poudre, le sucre et la crème fraîche dans une casserole à fond épais. Ajouter le lait petit à petit. Retirer du feu et incorporer l'essence. Laisser refroidir complètement.
3 Étaler la crème en une couche régulière sur un rouleau de pâte. Recouvrir de l'autre rouleau, posé sens dessus dessous.
4 Glaçage : mélanger la pulpe de fruit, le beurre et le sucre glace. Faire cuire au bain-marie en remuant jusqu'à ce que la préparation soit homogène. Retirer du feu et étaler sur la pâte à l'aide d'un couteau à lame plate. Réfrigérer plusieurs heures jusqu'à ce que la pâte s'amollisse légèrement. Couper en carrés à l'aide d'un couteau à dents.

GLACE PISTACHE-PASSION

✷ **Préparation** : 15 minutes + 1 nuit de réfrigération
Cuisson : 15 minutes
Pour 8 personnes

¹/₂ tasse de lait	La pulpe de 8 fruits de la passion
1 tasse ¹/₂ de crème fraîche liquide	¹/₃ de tasse de pistaches décortiquées et pilées
6 jaunes d'œufs	Pulpe de fruit de la passion pour la garniture
1 tasse ¹/₄ de sucre	

1 Chauffer le lait et la crème jusqu'au point d'ébullition.
2 Mélanger les jaunes d'œuf et le sucre au batteur pour obtenir une préparation épaisse et pâle. Ajouter le mélange de lait et de crème petit à petit. Remettre la préparation dans la casserole et remuer constamment à feu moyen jusqu'à épaississement (sans faire bouillir). Transférer dans une jatte et laisser refroidir en remuant de temps en temps.
3 Réserver ¹/₄ de tasse de pulpe de fruit de la passion et verser le reste dans une casserole. Réchauffer 1 à 2 minutes à feu moyen. Retirer du feu et passer au chinois. Ajouter le jus de fruit de la passion et la pulpe réservée à la crème. Verser dans un moule métallique de 1,5 litres et mettre 3 à 4 heures au congélateur, jusqu'à ce que les bords soient presque congelés.
4 Transférer dans une grande jatte. Battre jusqu'à ce que la préparation soit épaisse et onctueuse. Ajouter les pistaches et bien mélanger. Mettre toute la nuit au congélateur. Servir avec de la pulpe de fruit.

CI-CONTRE : GÂTEAU À LA CRÈME VANILLÉE ET AU FRUIT DE LA PASSION ; CI-DESSUS : GLACE PISTACHE-PASSION. PAGE CI-CONTRE : FRUITS DE MER SAUCE MORNAY.

FRUITS DE MER

FRUITS DE MER SAUCE MORNAY

✳ **Préparation :** 25 minutes
Cuisson : 40 minutes
Pour 4 à 6 personnes

3 filets de poisson blanc
250 g de crevettes crues
200 g coquilles Saint-
Jacques
400 g de moules
1 petit oignon coupé en
deux
2 feuilles de laurier
½ citron émincé
½ tasse de vin de qualité

Sauce Mornay
45 g de beurre
1 branche de céleri émincée
1 grosse carotte finement
émincée

6 cuil. à café de farine
1 tasse ½ de lait
125 g de gruyère râpé
1 tasse de petits pois
surgelés

Garniture
1 tasse de mie de pain
½ tasse d'amandes effilées
2 cuil. à café de zeste de
citron râpé
½ cuil. à café de poivre
noir fraîchement moulu
60 g de beurre coupé en dés

1 Préchauffer le four à 180 °C. Retirer la peau et les arêtes des filets ; couper la chair en cubes de 3 cm. Décortiquer et ôter la veine des crevettes. Laver les coquilles Saint-Jacques et ôter la veine brune. Nettoyer les moules, les ouvrir et retirer la chair. Réunir le poisson, les crevettes, les coquilles Saint-Jacques et les moules dans une casserole. Couvrir d'eau froide ; ajouter l'oignon, le laurier, le citron et le vin. Porter doucement à ébullition. Couvrir, baisser le feu et laisser mijoter 3 à 4 minutes. Retirer les fruits de mer de leur jus de cuisson et les disposer dans un plat à four légèrement beurré.

2 Sauce : chauffer le beurre dans une casserole et faire revenir le céleri et la carotte 1 minute ; ajouter la farine. Remuer 2 minutes à feu doux, jusqu'à ce que le mélange soit doré. Ajouter le lait petit à petit, en remuant jusqu'à ce que la sauce soit homogène. Continuer à remuer à feu moyen pendant 3 minutes, jusqu'à ébullition et épaississement. Prolonger l'ébullition 1 minute, puis retirer du feu et laisser refroidir.

3 Incorporer le fromage et les petits pois. Verser la sauce sur le mélange de fruits de mer et remuer délicatement pour mélanger le tout.

4 Garniture : Mélanger la mie de pain, les amandes, le zeste de citron et le poivre dans un bol ; bien remuer. En saupoudrer le mélange de fruits de mer et parsemer de beurre. Enfourner 20 minutes, jusqu'à ce que le ragoût soit bien chaud et que la garniture soit dorée. Servir garni d'un brin d'aneth.

VARIANTES

■ Pour une version plus économique, préparer ce plat avec un poisson blanc frais, sans crustacés. Pour les grandes occasions, ajouter de la chair de homard et des huîtres fraîches.

■ Remplacer la garniture de la recette par un mélange de cornflakes émiettés et de parmesan râpé.

La majorité des fromages sont faits avec du lait de vache, mais on peut en fabriquer avec du lait de brebis, de chèvre, de bison, de renne, de chameaux et d'autres animaux domestiques de pâturage. Le type de lait employé, écrémé, demi-écrémé, entier ou enrichi avec de la crème, est l'élément qui détermine la texture et la saveur du fromage ; les autres facteurs comprennent l'addition de ferments dans le lait, les ferments employés et les méthodes de fermentation. Si les fromages sont répertoriés par type de pâte, on distingue quatre principales catégories de fromages : les fromages frais, les fromages non affinés (cottage cheese, mascarpone, mozzarella et ricotta) ; les fromages doux, les fromages rapidement affinés, à tartiner et avec une haute teneur en humidité et en matières grasses (brie, camembert, feta et fromages à moisissures internes) ; les fromages demi-tendres ou plus durs renfermant moins d'humidité (cheddar, colby et gruyère) ; et les fromages durs, secs, très affinés et au goût prononcé (parmesan, pecorino et romano).

Le fromage fermenté est fabriqué depuis des centaines d'années. Les populations nomades du Moyen-Orient ont peut-être découvert cette méthode de fabrication du fromage lorsque le lait, transporté dans des bidons constitués de panse animale, commençait à fermenter. En Europe, jusqu'au Moyen-Âge les ferments étaient filtrés dans des paniers en osier puis pressés dans des boîtes en bois (ce moule s'appelait forma, origine du mot fromage).

Fromage blanc
Fromage frais non affiné, doux et blanc. Il a une saveur légèrement acidulée ; il entre dans la composition des sauces pour les salades de légumes, de crudités, et peut être mélangé à des fruits frais.

Fromage de chèvre
Voir Chèvre.

Cottage cheese
Fromage frais anglo-saxon, doux, généralement à faible contenance en matières grasses, fabriqué avec les ferments du lait. On l'a d'abord préparé avec du lait ribot. Le cottage cheese crémeux est fabriqué à partir de ferments lavés.

Cream cheese
Fromage frais anglo-saxon, doux, préparé à base de crème, ou de crème et de lait. Il a une texture plus lisse, et plus de matières grasses que le cottage cheese. Il rappelle le mascarpone.

Fromage de tête
Mélange de viande avec os cuite en ragoût avec un assaisonnement et des épices, puis transformé en aspic préparé à partir du jus de cuisson. Il est

FRUITS DE MER AU FOUR

★   **Préparation :** 25 minutes
Cuisson : 25 minutes
Pour 10 à 12 personnes

30 g de beurre
2 cuil. à soupe de farine
2 cuil. à soupe de vin blanc sec
1 cuil. à soupe de jus de citron
1 cuil. à soupe de concentré de tomates
1 tasse de crème liquide
2 cuil. à café de moutarde en grains

½ cuil. à café de grains de poivre noir concassés
1 kg de crevettes crues
500 g de coquilles Saint-Jacques
1 kg de filets de poisson blanc sans arêtes
2 tasses de croûtons
1 tasse de gruyère râpé
2 cuil. à soupe d'amandes effilées

1 Préchauffer le four à 210 °C. Chauffer le beurre dans une casserole ; ajouter la farine et remuer 1 minute à feu doux, jusqu'à ce que le mélange soit doré. Verser le mélange de vin, jus et concentré de tomates, et remuer jusqu'à ce que la préparation soit homogène. Ajouter la crème fraîche et remuer 3 minutes à feu moyen jusqu'à ébullition et épaississement. Retirer du feu et incorporer la moutarde et le poivre. Laisser refroidir.
2 Décortiquer et ôter la veine des crevettes. Rincer et bien égoutter. Rincer les coquilles Saint-Jacques et retirer la veine, en laissant le corail intact. Bien égoutter. Couper le poisson en cubes de 3 cm. Dans une grande jatte, mélanger les fruits de mer, la sauce, 1 tasse ½

de croûtons et ¼ de tasse de fromage. Bien remuer.
3 Verser le mélange dans un plat à four peu profond ; garnir avec le reste des croûtons et du fromage, et parsemer d'amandes. Enfourner 20 minutes jusqu'à ce que la surface soit dorée.

Remarque : on peut acheter des croûtons tout prêts dans les supermarchés ou les épiceries. Pour les réaliser soi-même, compter 6 tranches de pain de mie épais, dont on retirera la croûte. Couper le pain en cubes de 1,5 cm. Les disposer sur une plaque couverte de papier aluminium et enfourner 15 minutes à four moyen, en les retournant de temps en temps, jusqu'à ce que les croûtons soient dorés. Laisser refroidir sur la plaque.

À PROPOS DES FRUITS DE MER
■ Les coquilles Saint-Jacques fraîches doivent être blanches et fermes au toucher, avec un corail orange vif et une odeur agréable. Ne pas les congeler : elles auraient tendance à se racornir et à exhaler une odeur rance.
■ La chair cuite du homard a un goût salé mais également un peu sucré. Il convient de le faire cuire rapidement (qu'il soit frit, cuit au four, à l'eau bouillante, à la vapeur ou au barbecue, ou poché) pour éviter qu'il ne se dessèche. Mettre les homards vivants au moins 6 heures dans le congélateur avant de les cuire, afin de les engourdir.
■ Les moules fraîches doivent avoir leur coquille hermétiquement fermée. Les retirer du jus de cuisson dès que les coquilles s'ouvrent. Éliminer les moules qui ne s'ouvrent pas.

RAGOÛT DE FRUITS DE MER

★ **Préparation :** 20 minutes
Cuisson : 50 minutes
Pour 4 à 6 personnes

315 g de crevettes crues	1/4 de tasse de vin blanc de
1/4 de tasse d'huile d'olive	qualité + 1/4 de tasse
2 oignons moyens finement	supplémentaire
émincés	1 kg de filets de poisson
2 carottes moyennes coupées	blanc, coupés en
en petits dés	morceaux de 3 cm
2 branches de céleri	Sel et poivre
finement émincées	12 moules brossées
2 gousses d'ail écrasées	2 cuil. à soupe de persil
6 tomates moyennes	haché
(environ 1 kg) pelées et	1 cuil. à soupe de feuilles
coupées en dés	de thym frais
2 cuil. à soupe de concentré	
de tomates	

1 Décortiquer et ôter la veine des crevettes, en laissant la queue intacte. Dans une cocotte, faire revenir l'oignon 10 minutes dans l'huile. Ajouter les carottes, le céleri et l'ail. Faire cuire 10 minutes en remuant.
2 Ajouter les tomates et le vin. Porter à ébullition, baisser le feu et laisser mijoter 20 minutes à couvert. Incorporer le concentré de tomates. Ajouter les crevettes, couvrir et laisser mijoter encore 3 minutes. Ajouter le poisson, le sel et le poivre et laisser mijoter 2 minutes.
3 Mettre les moules dans une grande casserole ; ajouter le vin supplémentaire et les herbes. Couvrir et faire cuire 2 à 3 minutes à feu moyen jusqu'à ce que les moules s'ouvrent. Passer le jus de cuisson dans le mélange à la tomate et bien remuer. Disposer les moules dessus.

FRUITS DE MER ET SALSA À LA MANGUE

★ ★ **Préparation :** 30 minutes + 1 heure de réfrigération
Cuisson : 3 minutes
Pour 6 personnes

1 douzaine d'huîtres	1 cuil. à café de coriandre
écaillées	finement hachée
2 tubes de calamar moyens	1 cuil. à café de gingembre
(environ 315 g)	frais finement râpé
15 g de beurre	
1 cuil. à soupe de jus de	**Vinaigrette à l'aneth**
citron	2 cuil. à soupe de vinaigre
1 cuil. à soupe de persil	de vin blanc
frais finement haché	1/2 tasse d'huile
12 crevettes cuites non	1 cuil. à café de moutarde
décortiquées	de Dijon
	2 cuil. à café d'aneth frais
Salsa à la mangue	ciselé
1 belle mangue mûre	2 cuil. à café de miel
1 petit piment rouge	Sel et poivre blanc
1 bulbe de citronnelle	

1 Nettoyer la surface des huîtres. Couper les tubes de calamar en rondelles d'environ 1 cm de largeur. Faire fondre le beurre dans une poêle, ajouter les calamars et le jus de citron, et remuer 3 minutes environ à feu moyen, jusqu'à ce que les calamars soient opaques.
Ajouter le persil et remuer.
Ôter le mélange de la poêle et le laisser refroidir. Le mettre au réfrigérateur, avec les crevettes et les huîtres, jusqu'à utilisation.
2 Salsa à la mangue : peler la mangue, ôter le noyau et couper la chair en petits dés. Partager le piment en deux dans le sens de la longueur, retirer les graines et l'émincer finement.
Couper un morceau de 2 cm du bulbe de citronnelle (partie blanche) et le ciseler. Dans un bol, mélanger la mangue, le piment, la citronnelle, la coriandre et le gingembre. Réfrigérer 1 heure. Laisser la salsa reposer à température ambiante pendant 10 minutes avant de servir.
3 Vinaigrette à l'aneth : dans un bocal, verser le vinaigre, l'huile, la moutarde, l'aneth et le miel. Agiter vigoureusement pendant 1 minute. Ajouter le sel et le poivre à votre goût.
4 Pour servir, répartir les huîtres, les calamars et les crevettes équitablement dans les assiettes et ajouter une cuillerée à soupe de salsa à la mangue. Verser la vinaigrette dans des petits bols individuels, ou faire passer une saucière.

CI-DESSUS : RAGOÛT DE FRUITS DE MER.
PAGE CI-CONTRE : FRUITS DE MER AU FOUR.

coupé en tranches et servi froid. À l'origine, le fromage de tête était uniquement fabriqué de viande de tête de porc (sauf la cervelle).

Fruit Sur le plan botanique, le fruit est la pulpe qui recouvre les graines de nombreuses plantes fleuries. Cela comprend les noix, et quelques fruits

consommés principalement comme des légumes, par exemple les aubergines, les tomates, le maïs, les olives et les avocats. Ce terme est en principe réservé aux fruits pulpeux, doux et parfois juteux. Pauvres en graisses et riches en fibres, les fruits constituent le principal ingrédient d'une alimentation saine. On les mange frais, mais on peut également les cuire.

Fruit confit Fruit conservé dans le sirop ; il est humide et collant à l'intérieur, et sa surface brillante est le résultat d'un trempage final dans un sirop très sucré. Les fruits confits contiennent quatre fois plus de calories que leurs équivalents frais.

Fruit de la passion Également appelé grenadille et maracuja, fruit en forme d'œuf provenant de la fleur de passion. Juteuse, sa pulpe orange et parfumée est parsemée de petites graines noires comestibles. Sa peau lisse est de couleur variable et peut aller du jaune-vert pâle jusqu'au rose, et même jusqu'au pourpre ou au marron foncé ; elle est douce et brillante lorsque le fruit n'est pas mûr, et très ridée lorsque

le fruit arrive à maturation. On peut manger le fruit de la passion frais (coupé en deux et à la petite cuillère), ou on peut l'ajouter à des salades de fruits, des yaourts ou des glaces, des mousses et des sauces dessert ; c'est la garniture traditionnelle de la pavlova. Le fruit de la passion est originaire du Brésil. Il a été nommé ainsi par les prêtres jésuites espagnols d'Amérique latine car ils voyaient dans sa grande fleur tous les aspects de la crucifixion du Christ (les trois clous, les cinq blessures, la couronne d'épines et les apôtres). La pleine saison du fruit de la passion est à la fin de l'été, mais on peut aussi le trouver frais tout au long de l'année, et bien sûr, en conserve.

Fruit Sec Fruit conservé en faisant évaporer l'eau qu'il contient naturellement par séchage

PÂTES AUX FRUITS DE MER

❋   **Préparation** : 35 minutes
      Cuisson : 30 minutes
      Pour 4 à 6 personnes

500 g de gambas crues	*1 cuil. à café de piment*
500 g de pâtes	*3 petites tomates mûres*
2 filets de poisson sans	*pelées et coupées en dés*
arêtes (environ 250 g)	*2 cuil. à soupe de concentré*
4 petits calamars	*de tomates*
2 cuil. à soupe d'huile	*1 tasse de court-bouillon de*
d'olive	*poisson*
3 gousses d'ail écrasées	*1 tasse de vin rouge*
1 cuil. à café de paprika	*1 cuil. à café de sucre roux*

1 Décortiquer et ôter la veine des gambas, en laissant les queues intactes.
Détailler le poisson en morceaux de 3 cm. À l'aide d'un couteau tranchant, couper les calamars en rondelles. Réserver.
2 Chauffer l'huile dans une poêle (ou un wok) ; ajouter l'ail, le paprika et le piment. Faire cuire 2 minutes à feu moyen. Ajouter les gambas, le poisson et le calamar, et laisser cuire à feu vif 3 à 4 minutes en remuant. Retirer de la poêle et réserver.
3 Mettre la tomate, le concentré de tomates, le court-bouillon, le vin rouge et le sucre dans la poêle. Porter doucement à ébullition, baisser le feu et laisser mijoter 10 minutes à découvert.
Incorporer les fruits de mer. Mélanger le tout aux pâtes cuites et égouttées. Servir immédiatement.

SALADE DE FRUITS DE MER

❋   **Préparation** : 50 minutes
      Cuisson : 10 minutes
      Pour 4 personnes

500 g de gambas crues	*1 cuil. à soupe de jus de*
décortiquées, veine ôtée	*citron*
1 petite écrevisse cuite	*Sel*
250 g de coquilles Saint-	*¼ de cuil. à café de piment*
Jacques	*sec concassé*
2 cuil. à soupe de jus de	*Poivre fraîchement moulu*
citron	
2 filets de poisson blanc	*1 romaine*
bien fermes	*1 avocat pelé et émincé*
	2 œufs durs (1 haché et
Sauce	*1 entier)*
5 cuil. à soupe d'huile	*2 cuil. à soupe de persil*
d'olive	*finement haché*

1 Faire cuire les gambas 3 minutes dans une grande casserole d'eau bouillante salée. Retirer immédiatement et les plonger dans un bol d'eau glacée.
2 Couper l'écrevisse en deux, retirer la chair et la détailler en petits morceaux.
3 Pocher les coquilles Saint-Jacques 1 ou 2 minutes dans de l'eau additionnée de jus de citron, jusqu'à ce qu'elles soient tendres. Égoutter. Pocher le poisson 5 minutes dans la même eau, jusqu'à ce qu'il soit tendre. Égoutter et émietter en gros morceaux.
4 Sauce : dans un récipient, mélanger l'huile, le jus de citron, le sel, le piment et le poivre. Ajouter les fruits de mer égouttés et remuer délicatement.
5 Découper la salade en morceaux et la dresser dans un grand saladier. Retirer une partie des fruits de mer du récipient à l'aide d'une écumoire et les disposer sur la salade. Continuer par une couche d'avocat et une partie de l'œuf haché. Superposer les couches avec le reste des ingrédients en terminant par une couche de fruits de mer.
6 Passer le jaune de l'œuf dur entier au tamis fin et le mélanger au persil. Jeter le blanc, ou le hacher et l'incorporer à la salade, à votre goût.
7 Saupoudrer la salade du mélange d'œuf et de persil et servir avec une mayonnaise aux anchois et à l'ail (voir Sauces pour salades).

Remarque : cette salade disposée en couches a beaucoup d'allure lorsqu'elle est présentée dans un saladier en verre.
Toutefois, on peut simplement mélanger tous les ingrédients ensemble et les servir sur un lit de salade verte, ou encore présenter la salade dans des moitiés d'avocat légèrement creusées.

Ci-dessus : Pâtes aux fruits de mer.
Page ci-contre : Salade de fruits secs.

FRUITS SECS

SALADE DE FRUITS SECS

✳ **Préparation :** 20 minutes + 2 heures
de réfrigération
Cuisson : 15 minutes
Pour 6 personnes

12 graines de cardamome
90 g de figues sèches
90 g de poires sèches
90 g de pommes sèches
200 g d'abricots secs
90 g de raisin muscat
90 g de pruneaux
dénoyautés
1 cuil. à café d'eau de
fleurs d'oranger
1 tasse d'amandes effilées
et grillées

**Crème au yaourt et à la
cardamome**
³/₄ de tasse de yaourt
nature
³/₄ de tasse de crème fraîche
2 cuil. à soupe de sucre
roux
¹/₄ de cuil. à café de
cardamome moulue

1 Envelopper les graines de cardamome dans une étamine ; les écraser légèrement au rouleau à pâtisserie.
2 Couper les figues et les poires en deux. Les cuire dans
un peu d'eau ; ajouter la cardamome après l'ébullition.
Faire mijoter 10 minutes, puis laisser refroidir.
3 Retirer la cardamome, verser les fruits dans un saladier et incorporer l'eau de fleurs d'oranger. Mettre au
réfrigérateur avant de garnir d'amandes grillées. Servir
avec de la crème au yaourt et à la cardamome.
4 Crème au yaourt et à la cardamome : mélanger le yaourt, la crème fraîche, le sucre roux et la cardamome moulue.
Réfrigérer avant de servir.

BISCUIT AUX FRUITS SECS

✳ **Préparation :** 20 minutes
Cuisson : 30 minutes
Pour 6 personnes

500 g de fruits secs hachés
2 tasses d'eau chaude
¹/₃ de tasse de sucre roux
¹/₂ cuil. à café de cannelle
¹/₄ de cuil. à café de
gingembre moulu
¹/₄ de cuil. à café de clous
de girofle moulus

1 cuil. à café de levure
chimique
55 g de beurre coupé en
petits morceaux
1 cuil. à soupe de sucre
+ 1 petite quantité
supplémentaire
³/₄ de tasse de lait
+ 1 petite quantité
supplémentaire

Garniture
2 tasses de farine avec
levure incorporée

1 Préchauffer le four à 180 °C. Beurrer un plat à four de
23 cm environ, d'une capacité de 1,5 litre. Faire tremper les fruits secs dans l'eau chaude pendant 10 minutes ;
bien égoutter. Les mélanger avec le sucre et les épices.
Enfourner 10 minutes, couvert de papier aluminium.
2 Garniture : tamiser la farine et la levure dans une
jatte. Avec les doigts, incorporer le beurre et le travailler
jusqu'à ce que le mélange soit friable. Incorporer le
sucre. Ajouter presque tout le lait et former une pâte
souple (rajouter le reste du lait si nécessaire). Pétrir
2 minutes sur un plan de travail fariné. Étaler la pâte
de sorte qu'elle ait 1 cm d'épaisseur. Avec un emporte-pièce rond de 5 cm, découper environ 17 cercles de
pâte. Disposer les ronds de pâte sur les fruits secs, les
badigeonner de lait et les saupoudrer légèrement de
sucre. Remettre au four pendant 20 minutes.

au soleil ou en le chauffant. Cette déshydratation ralentit le développement bactériologique, permettant ainsi de conserver les fruits secs pendant une année. Les fruits secs les plus courants sont les pommes, les abricots, les bananes, les figues, les raisins, les pêches, les poires et les prunes (pruneaux). Pour les cakes et les puddings aux fruits, il existe des mélanges de fruits secs.

Fruits de mer Terme désignant les poissons et les coquillages comestibles. On trouve dans le commerce des mélanges de fruits de mer composés de calamars, de crevettes décortiquées, de chair de crabe et de petits poulpes ; on peut ajouter ce type de mélange à une sauce tomate pour les spaghetti marinara, ou les étaler sur de la pâte pour préparer une pizza aux fruits de mer. Un assortiment de deux ou trois types de fruits de mer est souvent servi accompagné de mayonnaise, de pain et de beurre.

Fudge Confiserie anglo-saxonne, douce et moelleuse, fabriquée avec du sucre et du lait ou de la crème auxquels on ajoute des fruits secs, des noix et d'autres parfums tels que le chocolat et le café. On cuit la préparation dans un moule plat, et on la découpe en carrés lorsqu'elle est refroidie. Cette confiserie est apparue au XIXᵉ siècle.

G

Gado-gado Salade indonésienne composée d'un mélange de légumes crus et cuits, garnie avec des œufs durs

coupés en tranches, et assaisonnée avec une sauce épaisse et épicée à l'arachide.

Gaillac Vignoble dont les origines remontent à l'occupation romaine.

Galanga Rhizome épicé de deux plantes, très proche du gingembre, et utilisé dans la cuisine de l'Asie du Sud-Est. Le grand galanga, le plus délicatement parfumé, est un rhizome noueux à chair blanche crémeuse. La chair du petit galanga est rouge-orangé ; son parfum est plus prononcé et il est utilisé comme légume.

Galantine Terrine à base morceaux de viande désossée (veau, porc, lapin, gibier ou volaille),

GÂTEAUX AU BEURRE

QUATRE-QUARTS GLACÉ

✳ **Préparation :** 20 minutes
Cuisson : 45 minutes
Pour un gâteau rond de 20 cm environ

125 g de beurre doux
3/4 de tasse de sucre
2 œufs légèrement battus
1 cuil. à café d'essence de vanille
2 tasses de farine avec levure incorporée

1/2 tasse de lait

Glaçage au citron
1 tasse de sucre glace
15 g de beurre doux fondu
3 à 4 cuil. à café de jus de citron

1 Préchauffer le four à 180 °C. Beurrer un moule à gâteau profond, de 20 cm environ.
Garnir le fond et les bords de papier sulfurisé beurré.
Mélanger le beurre et le sucre au batteur pour obtenir une préparation légère et onctueuse.
Ajouter les œufs petit à petit, en battant bien après chaque ajout. Verser l'essence de vanille ; battre jusqu'à ce que le mélange soit homogène.
2 Verser la préparation dans une grande jatte. Avec une cuillère en métal, incorporer la farine tamisée en alternance avec le lait.
Remuer jusqu'à ce que le mélange soit presque homogène. Verser la préparation dans le moule et égaliser la surface.
Enfourner 45 minutes (vérifier la cuisson avec la lame d'un couteau : elle doit en ressortir sèche). Laisser le

gâteau reposer 10 minutes avant de le démouler sur une grille.

3 Glaçage au citron : dans un petit bol, mélanger le sucre glace tamisé, le beurre fondu et suffisamment de jus de citron pour former une crème épaisse.
Faire cuire au bain-marie en remuant jusqu'à ce que le glaçage soit bien lisse (ne pas le faire trop cuire car il deviendrait granuleux).
Retirer du feu et l'étaler sur le gâteau refroidi à l'aide d'un couteau à lame plate.

Remarque : le sucre permet d'incorporer de l'air dans les préparations de gâteaux ; il est donc essentiel de respecter le type de sucre indiqué pour chaque recette.
Le sucre en poudre (très fin) est idéal pour confectionner les gâteaux au beurre : plus les cristaux sont fins, plus les cellules d'air sont nombreuses et allègent la préparation.

GÂTEAU MARBRÉ

Diviser la pâte à quatre-quarts dans trois bols séparés.
Ajouter 2 cuil. à soupe de cacao en poudre et 1 cuil. à soupe de lait supplémentaire dans l'un, et bien remuer.
Ajouter suffisamment de colorant alimentaire rouge dans le deuxième pour teinter le mélange en rose.
Laisser le troisième bol tel quel.
Verser la préparation à la cuillère dans le moule, en alternant les couleurs. Passer la lame d'un couteau dans la préparation pour marier légèrement les couleurs.
Enfourner selon la recette ci-dessus.

PETITS FOURS À LA CRÈME

✶ ✶   **Préparation :** 30 minutes
       Cuisson : 10 à 15 minutes
       Pour 36 petits fours

150 g de beurre doux	*¹/₂ tasse de lait*
³/₄ de tasse de sucre	*¹/₂ tasse de confiture de*
2 œufs légèrement battus	*framboise*
1 cuil. à café d'essence de	*1 tasse ¹/₄ de crème liquide,*
vanille	*fouettée*
2 cuil. à café de jus de citron	*Sucre glace pour décorer*
2 tasses de farine avec	
levure incorporée	

1 Préchauffer le four à 180 °C. Garnir de caissettes en papier 2 moules à 12 découpes profondes (il existe des moules spécifiques pour ce genre de gâteaux). Dans un bol, mélanger le beurre et le sucre au batteur pour obtenir une préparation légère et crémeuse. Ajouter les œufs petit à petit, en battant bien après chaque ajout. Incorporer l'essence de vanille et le jus, et bien battre.
2 Transférer dans une terrine. Avec une cuillère en métal, incorporer la farine tamisée en alternance avec le lait. Remuer jusqu'à ce que le mélange soit presque homogène. Verser des cuillerées de pâte dans les caissettes. Enfourner 10 à 15 minutes jusqu'à ce que les gâteaux soient dorés. Laisser refroidir sur une grille.
3 Garnir de nouveau un moule de caissettes et répéter l'opération avec le restant de pâte. Lorsque les gâteaux sont froids, découper un petit chapeau conique de 2 cm, pour pouvoir les fourrer. Réserver les chapeaux.
4 Verser ¹/₂ cuil. à café de confiture dans chaque gâteau, ajouter 1 cuil. à café de crème fouettée, puis replacer les chapeaux. Saupoudrer de sucre glace.

MADEIRA CAKE

✶   **Préparation :** 20 minutes
   Cuisson : 55 minutes
   Pour un cake

155 g de beurre	*¹/₂ tasse d'amandes en*
³/₄ de tasse de sucre	*poudre*
3 œufs légèrement battus	*1 tasse ³/₄ de farine avec*
2 cuil. à café de zeste	*levure incorporée*
d'orange ou de citron,	*Sucre glace pour décorer*
finement râpé	

1 Préchauffer le four à 180 °C. Beurrer un moule à cake de 23 x 13 x 7 cm environ. Garnir le fond et les bords de papier sulfurisé.
Dans un bol, mélanger le beurre et le sucre au batteur jusqu'à ce que la préparation soit onctueuse.
Ajouter les œufs petit à petit, en battant après chaque ajout. Ajouter le zeste et bien battre.
2 Transférer la préparation dans une grande jatte. Avec une cuillère en métal, incorporer les amandes et la farine tamisée. Remuer jusqu'à ce que le mélange soit presque homogène.
3 Verser la préparation dans le moule et égaliser la surface. Faire cuire 55 minutes (vérifier la cuisson avec la lame d'un couteau : elle doit en ressortir sèche).
Laisser reposer 10 minutes dans le moule avant de le faire refroidir sur une grille. Saupoudrer de sucre glace.

À PROPOS DES GÂTEAUX

■ Pour bien réussir vos gâteaux, lire la recette en entier avant de commencer et rassembler tous les ingrédients ainsi que le matériel. Préchauffer le four à la température indiquée et préparer les moules.
■ Mesurer les ingrédients avec précision, et non pas approximativement. Utiliser des tasses, des cuillères et des balances standard. Veiller à ce que le beurre et les œufs soient à température ambiante. Tamiser à l'avance les ingrédients secs.
■ Le beurre et le sucre doivent être travaillés en crème. Pour cela, les mélanger au batteur jusqu'à ce que la préparation soit légère et onctueuse, sans trace de cristaux de sucre : elle doit presque doubler de volume. Incorporer les ingrédients délicatement, en remuant doucement mais régulièrement. Une préparation trop battue peut donner un gâteau lourd et épais.
■ Vérifier la température du four. Éviter d'ouvrir la porte avant les deux tiers de la cuisson. Le temps de cuisson donné est approximatif et peut varier selon le type de four. Laisser reposer le gâteau dans le moule avant de le faire refroidir sur une grille.

CI-DESSUS : PETITS FOURS À LA CRÈME.
PAGE CI-CONTRE : QUATRE-QUARTS GLACÉ.

et de farce composée de viande, de foie de porc, d'œufs, de lait, d'aromates et d'épices que l'on sert en gelée.
La galantine de légumes est une terrine de légumes mélangés à du pain, lait et beurre, assaisonnés, parfois épicés, que l'on sert en tranches.

Galette Préparation ronde et plate, à base de farine ou de féculents, cuite au four ou à la poêle. On peut faire des galettes salées ou sucrées, au fromage par exemple, avec du maïs (on les appelle *tortillas* au Mexique). Dans certaines régions, la galette est une crêpe salée à base de farine de sarrasin ou de maïs.
La galette des Rois est préparée à l'Épiphanie et contient une fève (petite figurine). Elle est préparée avec une pâte feuilletée fourrée à la frangipane (mélange de poudre d'amandes, de sucre, de beurre et d'œufs),

parfumée avec un zeste d'orange, de Cointreau, ou de Grand-Marnier. Dans certaines régions, par exemple le sud de la France, la galette des rois est une brioche garnie de fruits confits. Traditionnellement, c'est l'enfant le plus jeune qui, caché sous la table, attribue les parts de galettes aux convives. La personne qui trouve la fève devient le roi ou la reine, elle est alors coiffée d'une couronne en carton.

Galette de riz Mince feuille cassante, ressemblant à du papier, fabriquée avec de la farine de riz, que l'on trouve conditionnée sous plastique dans les

magasins d'alimentation asiatique ou dans les rayons spécialisés des supermarchés. On s'en sert pour préparer les rouleaux de printemps. Il faut les ramollir en les trempant quelques secondes dans de l'eau tiède avant de les utiliser.

Ganache Crème à base de chocolat fondu et de crème fraîche. On peut préparer une crème ganache à la menthe, et on l'emploie notamment pour garnir des gâteaux fourrés.

GÂTEAUX AU CHOCOLAT

PANFORTE

✳ **Préparation :** 30 minutes
Cuisson : 50 minutes
Pour un gâteau rond de 20 cm

²/₃ de tasse d'amandes effilées
²/₃ de tasse de noix de macadamia, hachées
²/₃ de tasse de noix, hachées
1 tasse ¹/₂ de fruits secs variés
²/₃ de tasse de farine

2 cuil. à soupe de cacao en poudre
1 cuil. à café de cannelle moulue
60 g de chocolat noir concassé
60 g de beurre doux
¹/₃ de tasse de sucre
¹/₄ de tasse de miel
Sucre glace

1 Préchauffer le four à 180 °C. Beurrer un moule rond peu profond, de 20 cm environ. Garnir le fond de papier sulfurisé beurré. Dans une terrine, mélanger les noix, les amandes et les fruits secs. Ajouter la farine tamisée, le cacao et la cannelle ; bien remuer. Faire un puits au centre.
2 Faire fondre le chocolat, le beurre, le sucre et le miel à feu doux ; retirer du feu. Verser sur les ingrédients secs et bien remuer à l'aide d'une cuillère en bois, sans toutefois trop battre.
3 Verser dans le moule et égaliser la surface. Enfourner 50 minutes jusqu'à ce que le centre du gâteau soit ferme au toucher.
Laisser refroidir dans le moule avant de le démouler. Décorer de sucre glace.
Servir en parts fines, avec du café ou des liqueurs.

GÂTEAU AU CHOCOLAT

✳ **Préparation :** 20 minutes
Cuisson : 35 minutes
Pour un gâteau de 20 cm environ, à double épaisseur

125 g de beurre
³/₄ de tasse de sucre
1 œuf
1 cuil. à café d'essence de vanille
1 tasse ¹/₂ de farine avec levure incorporée, tamisée
1 cuil. à soupe de cacao en poudre tamisé

¹/₂ tasse de lait
¹/₄ de cuil. à café de bicarbonate de soude
¹/₄ de tasse d'eau chaude
¹/₂ tasse de crème liquide, fouettée
Sucre glace
Fraises

1 Préchauffer le four à 180 °C. Beurrer 2 moules ronds peu profonds, de 20 cm environ. Garnir le fond et les bords de papier sulfurisé beurré. Travailler le beurre et le sucre au batteur pour obtenir un mélange léger et onctueux. Ajouter l'œuf et bien battre. Incorporer l'essence de vanille et battre jusqu'à ce que le mélange soit homogène.
2 Transférer le mélange dans une terrine. Avec une cuillère en métal, incorporer les ingrédients tamisés en alternance avec le lait. Remuer jusqu'à ce que la préparation soit presque homogène. Délayer le bicarbonate dans l'eau chaude. L'incorporer à la préparation.
3 Verser dans les moules et égaliser la surface. Enfourner 35 minutes (vérifier la cuisson avec la lame d'un couteau : elle doit en ressortir sèche). Laisser les gâteaux 5 minutes dans leur moule avant de les laisser refroidir sur une grille. Assembler les deux gâteaux avec la crème fouettée. Saupoudrer de sucre glace et garnir de fraises.

GÂTEAU AU CHOCOLAT GLACÉ

★ ★ ***Préparation :*** 40 minutes
   Cuisson : 2 heures à 2 heures 15
   Pour 8 à 10 personnes

2 tasses de sucre	*1 pincée de sel*
1 tasse ¼ de farine	*30 g de beurre fondu*
1 tasse de farine avec levure incorporée	*300 g de chocolat noir finement concassé*
½ tasse de cacao en poudre	*Chocolat blanc pour décorer*
½ cuil. à café de bicarbonate de soude	***Glaçage***
4 œufs légèrement battus	*200 g de chocolat noir concassé*
1 tasse de lait ribot (lait fermenté)	*⅓ de tasse de crème liquide*
1 cuil. à café d'essence de vanille	

1 Préchauffer le four à 150 °C. Beurrer un moule à manqué de 23 cm environ ; en garnir le fond et les bords de papier sulfurisé.

2 Dans une terrine, verser le sucre, puis les farines tamisées, le cacao et le bicarbonate. Faire un puits au centre et, à l'aide d'une cuillère en bois, incorporer le mélange d'œufs, de lait ribot, de vanille et de sel. Bien mélanger.

3 Ajouter le beurre et le chocolat, et remuer. Verser la préparation dans le moule et égaliser la surface. Enfourner 2 à 2 heures 15 (vérifier la cuisson avec la lame d'un couteau : elle doit en ressortir sèche). Laisser refroidir le gâteau dans le moule, puis le démouler sur une grille : il se fendillera en surface. Avec un couteau à dents, découper le haut du gâteau horizontalement pour obtenir une surface plane. Retourner le gâteau et le poser sur une grille placée sur une plaque couverte de papier sulfurisé.

Verser tout le glaçage sur le gâteau ; égaliser la surface et le pourtour à l'aide d'une palette.

Laisser prendre. Transférer le gâteau délicatement sur le plat de service. Le découper en parts et les servir avec de la crème fouettée et quelques copeaux de chocolat blanc.

4 Glaçage : faire fondre le chocolat et la crème à feu doux sans cesser de remuer. Retirer du feu et laisser légèrement refroidir.

À PROPOS DU CHOCOLAT FONDU

■ Casser le chocolat en morceaux de même taille et le faire fondre au bain-marie. Éviter d'y faire tomber de l'eau, qui risquerait de durcir le mélange. Laisser légèrement refroidir avant utilisation.

■ On peut faire facilement fondre du chocolat au micro-ondes. Casser le chocolat en morceaux de même taille et les mettre dans un bol spécial micro-ondes. Laisser cuire à puissance moyenne (50 %) quelques secondes à la fois, en retirant le bol régulièrement et en remuant, jusqu'à ce que le chocolat soit parfaitement lisse.

De cette manière, le chocolat conserve sa forme : il faut donc le remuer avant de le remettre au micro-ondes, pour éviter qu'il ne brûle.

CI-DESSUS : GÂTEAU AU CHOCOLAT GLACÉ.
PAGE CI-CONTRE : PANFORTE.

Garam Masala Mélange d'épices originaire du Nord de l'Inde, employé pour aromatiser les currys et d'autres plats. Les ingrédients de base sont le cumin, la coriandre, la cardamome, la cannelle, le poivre et le clou de girofle.

Garniture
Accompagnements comestibles ajoutés à un plat avant de le servir pour embellir son aspect visuel, et apporter un complément de saveur. Les garnitures utilisées pour les plats salés comprennent des brins de persil (frais, frits ou hachés) et de la coriandre, de l'aneth et du fenouil (en brins ou finement hachés) ; des petites touffes de cresson ; des feuilles de basilic ; des jeunes feuilles de céleri ; des carottes crues râpées dans le sens de la longueur, des rondelles d'oignons ; des boucles de petits oignons blancs et de la ciboulette finement hachée ; des tranches d'œufs durs ; des petites lamelles de tomate ; des fleurs comestibles ; des tranches de citron, d'orange ou de concombre. Des croûtons et des fleurons peuvent également décorer les

soupes et les ragoûts, tout comme des petits morceaux de bacon ou de lard. Les confiseries telles que les pétales de fleur, les fruits et les tranches de fruits sont utilisées pour la décoration des plats sucrés.

Gaspacho Soupe froide, pimentée, d'origine espagnole. La préparation du gaspacho varie selon les régions, mais il est généralement composé de tomates bien

mûres, de poivron, de concombre, d'huile d'olive, et de croûtons de pains ou de croûtons à l'ail.

Gastronomie Art de la bonne chère qui remonte à l'antiquité. De par le monde, la France est réputée être le pays de la gastronomie, grâce au talent de ses chefs cuisiniers, ses produits du terroir et ses vins.

Gâteau Terme regroupant une variété d'aliments sucrés, cuits au four, de texture similaire à celle du pain,

GÂTEAUX
CAKES AUX FRUITS

GÂTEAU AUX FRUITS SECS ET AUX NOIX

✱ **Préparation :** 45 minutes
Cuisson : 2 heures 30 à 3 heures
Pour un gâteau carré de 20 cm

180 g de beurre doux
3/4 de tasse de sucre roux
3 œufs légèrement battus
200 g de figues, hachées
200 g d'abricots secs, hachés
100 g de raisins de Corinthe
100 g de raisins de Smyrne
100 g de noix concassées
1/2 tasse de graines de tournesol
1 tasse 1/2 de farine complète
1/2 tasse de farine avec levure incorporée
1 cuil. à café de cannelle moulue
1 cuil. à café de muscade moulue

1 cuil. à café de poivre de la Jamaïque moulu
1/2 tasse de nectar (jus) d'abricots

Garniture aux noix épicées

1/4 de tasse de noix finement hachées
1 cuil. à soupe de graines de tournesol
1/2 cuil. à café de cannelle moulue
1/2 cuil. à café de muscade moulue
1/2 cuil. à café de poivre de la Jamaïque moulu

1 Préchauffer le four à 160C. Beurrer un moule carré profond, de 20 cm. Garnir le fond et les bords de papier sulfurisé beurré. Mélanger le beurre et le sucre au batteur jusqu'à ce que la préparation soit légère et onctueuse. Ajouter les œufs petit à petit, en battant bien.
2 Transférer le mélange dans une terrine ; ajouter les fruits secs, les noix et les graines de tournesol. Avec une cuillère en métal, incorporer les ingrédients secs tamisés en alternance avec le jus d'abricots. Remuer jusqu'à ce que la préparation soit presque homogène. Verser dans le moule et égaliser la surface.
3 **Garniture aux noix épicées :** mélanger tous les ingrédients. Étaler le mélange sur le gâteau à l'aide d'une cuillère, en tassant bien avec le dos de la cuillère.
4 Mettre au four 2 heures 30 à 3 heures (vérifier la cuisson avec la lame d'un couteau : elle doit en ressortir sèche). Laisser reposer dans le moule plusieurs heures avant de le démouler.

À PROPOS DES CAKES AUX FRUITS

■ Les cakes aux fruits se conservent très bien. On peut les garder au réfrigérateur, enveloppés de plusieurs couches de film plastique, jusqu'à 2 mois.

CI-DESSUS : GÂTEAU AUX FRUITS SECS ET AUX NOIX.
PAGE CI-CONTRE : DUNDEE CAKE.

CAKE AUX FRUITS SPÉCIAL FÊTE

✶ **Préparation** : 30 minutes
Cuisson : 1 heure à 1 heure 30
Pour 2 cakes

125 g de beurre doux
¼ de tasse de sucre roux
2 œufs légèrement battus
¼ de tasse de mélasse raffinée
250 g de dattes, dénoyautées
125 g d'ananas confit coupé en dés
125 g d'abricots confits coupés en dés
200 g de cerises confites entières

125 g de noix de macadamia entières
125 g de noix du Brésil entières
125 g de noisettes entières
¼ de tasse de farine avec levure incorporée
¼ de tasse de farine
2 cuil. à soupe de porto ou de cognac

1 Préchauffer le four à 150 °C. Garnir le fond et les bords de 2 moules à cake (de 26 x 8 x 4,8 cm environ) de papier sulfurisé. Travailler le beurre et le sucre au batteur, jusqu'à ce que le mélange soit léger et onctueux. Ajouter les œufs petit à petit, en battant bien après chaque ajout. Verser la mélasse et bien mélanger.
2 Transférer la préparation dans une grande jatte ; ajouter les fruits confits et secs. Avec une cuillère en métal, incorporer les farines tamisées en alternance avec le porto (ou cognac). Bien remuer jusqu'à ce que la préparation soit presque homogène.
3 Verser dans les moules et égaliser la surface. Enfourner 1 heure 15 (vérifier la cuisson avec la lame d'un couteau : elle doit en ressortir sèche). Laisser refroidir 1 heure dans le moule avant de le démouler.

DUNDEE CAKE

✶ **Préparation** : 30 minutes
Cuisson : 2 heures à 2 heures 15
Pour un gâteau rond de 20 cm

250 g de beurre doux
1 tasse de sucre roux
4 œufs légèrement battus
⅓ de tasse de zeste d'orange et de citron
1 tasse de raisins secs
1 tasse de raisins de Smyrne
¼ de tasse de cerises confites hachées
1 tasse ⅓ de raisins de Corinthe

1 tasse d'amandes en poudre
¾ de tasse d'amandes, effilées
1 tasse ½ de farine
½ tasse de farine avec levure incorporée
2 cuil. à soupe de rhum
½ tasse d'amandes entières, pour la décoration

1 Préchauffer le four à 150 °C. Beurrer un moule à manqué profond, de 20 cm. Garnir le fond et les bords de papier sulfurisé. Travailler le beurre et le sucre au batteur jusqu'à ce que le mélange soit léger et onctueux. Ajouter les œufs petit à petit, en battant bien après chaque ajout.
2 Verser la préparation dans une grande jatte ; ajouter le zeste et les fruits secs et confits. Avec une cuillère en métal, incorporer les farines tamisées en alternance avec le rhum. Remuer jusqu'à ce que la préparation soit presque homogène.
3 Verser dans le moule et égaliser la surface. Disposer les amandes sur la surface. Enfourner 2 à 2 heures 15 (vérifier la cuisson avec la lame d'un couteau : elle doit en ressortir sèche). Laisser reposer quelques heures avant de démouler le gâteau.

généralement composé de farine, de sucre, d'œufs, et d'un liquide.

Les gâteaux sont regroupés en fonction des proportions relatives aux ingrédients de base, et d'après la méthode employée pour leur fabrication. De nombreux gâteaux ont une connotation cérémonieuse, comme par exemple le riche gâteau de Noël (qui faisait à l'origine partie de la fête religieuse), le gâteau de mariage (qui date de la Grèce antique), les gâteaux de baptême et les gâteaux d'anniversaire.

Gâteau de Savoie
Gâteau de couleur blanche, de texture aérée résultant de la proportion importante d'œufs battus en neige dans la préparation. Le gâteau de Savoie est originaire d'Amérique du Nord, où il est connu depuis la fin du XIXᵉ siècle.

Gâteau fourré Pâtisserie préparée avec une pâte composée de beurre, de sucre, de farine, d'œufs, parfumée avec un zeste d'orange ou de citron, ou de

quelques gouttes d'essence

de vanille. Cette pâte est ensuite séparée en deux parties égales, cuites au four dans deux moules. Après cuisson, les pâtes sont mises à refroidir sur des grilles. Il suffit ensuite de disposer une garniture (crème au beurre ou confiture) entre les deux pâtes, puis de décorer l'ensemble avec un glaçage ou avec du sucre glace.

Gâteau marbré Gâteau qui, lorsqu'il est tranché, a l'apparence du marbre, obtenue en colorant les portions de pâte (rose, chocolat et nature), puis en les mélangeant dans le plat avant la cuisson.

Gâteau rocher Petit gâteau individuel de texture

ferme et rugueuse, à l'apparence d'un rocher, contenant des fruits secs. Les gâteaux rochers se mangent chauds ou froids, beurrés ou nature.

Gâteau roulé Fine couche de génoise badigeonnée de garniture sucrée, puis roulée. Lorsque le gâteau

est cuit, on le saupoudre de sucre et on le coupe en tranches.

GÂTEAUX BOUCHÉES ET PARTS

BOUCHÉES CHOCOLAT-NOIX

✳ **Préparation :** 30 minutes + 30 minutes de réfrigération
Cuisson : 5 à 10 minutes
Pour 50 bouchées

250 g de biscuits au chocolat, émiettés
½ tasse de noix de coco, séchée
1 tasse de noix de pécan grossièrement pilées + 50 cerneaux pour la décoration
1 cuil. à soupe de cacao en poudre, tamisé
100 g de chocolat noir concassé

80 g de beurre doux
1 cuil. à soupe de mélasse raffinée
1 œuf légèrement battu
60 g de pépites de chocolat à cuire, pour la décoration

Glaçage
100 g de chocolat noir concassé
45 g de beurre doux

1 Garnir de papier aluminium le fond et les bords d'un moule rectangulaire peu profond (de 30 x 20 cm environ). Dans un récipient, mélanger les miettes de biscuits, la noix de coco, les noix de pécan et le cacao. Faire un puits au centre.
2 Faire fondre le chocolat, le beurre et la mélasse au bain-marie. Retirer du feu et verser sur les ingrédients secs, avec l'œuf. Bien remuer à l'aide d'une cuillère en bois. Verser dans le moule en tassant bien. Réfrigérer pendant 30 minutes.
3 Glaçage : faire fondre le chocolat et le beurre au bain-marie, puis laisser refroidir. Étaler sur le gâteau et

mettre au réfrigérateur. Lorsque le glaçage est pris, découper en carrés. Garnir chaque carré d'un cerneau de noix de pécan trempé dans du chocolat fondu.

CARRÉS À LA CONFITURE ET À LA NOIX DE COCO

✳ **Préparation :** 20 minutes
Cuisson : 35 minutes
Pour 25 carrés

1 tasse ½ de farine
150 g de beurre doux
½ tasse de sucre glace

Garniture
⅓ de tasse de sucre

2 œufs
2 tasses de noix de coco, séchée
⅓ de tasse de confiture de mûres

1 Préchauffer le four à 180 °C. Beurrer un moule à gâteau carré, de 23 cm environ. Le garnir de papier sulfurisé, en faisant déborder le papier sur deux côtés. Passer la farine, le beurre et le sucre 30 secondes au mixeur, jusqu'à obtention d'une pâte. Pétrir 20 secondes sur un plan de travail fariné, puis mettre dans le moule en tassant bien.
Réfrigérer 10 minutes, puis enfourner 15 minutes jusqu'à ce que la pâte soit dorée. Laisser refroidir.
2 Garniture : battre le sucre et les œufs jusqu'à ce que le mélange soit bien homogène. Incorporer la noix de coco.
3 Étaler la confiture sur la pâte refroidie. Étendre la garniture sur la confiture, en tassant avec le dos d'une cuillère. Mettre 20 minutes au four, jusqu'à ce que le gâteau soit légèrement doré. Couper en 25 carrés une fois refroidi.

TRIANGLES AU CHOCOLAT ET AU CARAMEL

✷ ✷   **Préparation :** 15 minutes
     Cuisson : 20 minutes
     Pour 24 triangles

125 g de biscuits nature, émiettés	1/3 de tasse de sucre
80 g de beurre doux fondu + 125 g de beurre supplémentaire	1/3 de tasse de mélasse raffinée
2 cuil. à soupe de noix de coco, séchée	250 g de pépites de chocolat au lait à cuire
410 g de lait condensé sucré en boîte	1 cuil. à soupe d'huile végétale

1 Beurrer ou huiler un moule rectangulaire, de 30 x 20 cm environ. Garnir le fond et les bords de papier aluminium beurré. Dans un saladier, mélanger les miettes de biscuit, le beurre fondu et la noix de coco. Tasser le mélange dans le moule et égaliser la surface.
2 Dans une petite casserole, mélanger le lait condensé, le beurre supplémentaire, le sucre et la mélasse. Remuer 15 minutes à feu doux, jusqu'à ce que le sucre se dissolve et que le mélange soit homogène et épais. Retirer du feu et laisser légèrement refroidir. Verser le caramel sur la pâte de biscuit et égaliser la surface.
3 Faire fondre les pépites de chocolat et l'huile au bain-marie. Étaler ce mélange sur le caramel. Laisser prendre quelque temps avant de découper en 24 triangles (sans les détacher). Mettre au réfrigérateur jusqu'à ce qu'ils soient fermes.

BROWNIES AUX NOIX

✷   **Préparation :** 10 minutes + 20 minutes de repos
  Cuisson : 35 minutes
  Pour 20 brownies

100 g de beurre doux	1/2 tasse de noix, hachées
2/3 de tasse de sucre roux	1/4 de tasse de pépites de chocolat
3/4 de tasse d'eau	20 cerneaux de noix
1/4 de tasse de raisins de Smyrne, hachés	
1 tasse de farine avec levure incorporée	**Glaçage**
1 tasse de farine	60 g de beurre doux
1 cuil. à café de cannelle moulue	3/4 de tasse de sucre glace
1 cuil. à soupe de cacao en poudre	1 cuil. à soupe de cacao en poudre
	1 cuil. à soupe de lait

1 Préchauffer le four à 180 °C. Huiler un moule rectangulaire peu profond, de 27 x 18 cm environ. Couvrir le fond de papier sulfurisé beurré, en laissant le papier déborder sur les deux côtés les plus longs. Dans une casserole, mélanger le beurre, le sucre, l'eau et les raisins secs. Remuer 5 minutes à feu doux jusqu'à ce que le beurre soit fondu et le sucre dissout. Retirer du feu.
2 Tamiser les farines, la cannelle et le cacao dans une jatte ; ajouter les noix et les pépites de chocolat. Faire

CI-DESSUS : TRIANGLES AU CHOCOLAT ET AU CARAMEL. PAGE CI-CONTRE : BOUCHÉES CHOCOLAT-NOIX.

Gâtinais (miel du) Production de miel français très réputé.

Gaufre Gâteau plat, dont la surface est croustillante et l'intérieur moelleux, fabriqué avec de la pâte à frire versée dans un moule spécial doté d'une grille en forme de nids d'abeille. Les gaufres sont servies chaudes, recouvertes de sucre glace, de confiture, de miel ou de sirop d'érable, de crème ou de glace.

Gaufrette Petit biscuit fin et croustillant souvent servi avec des glaces. Lorsqu'elles sont encore chaudes, on leur donne souvent la forme de cigarettes ou d'éventails.

Gazelle (cornes de) Pâtisserie orientale, en forme de demi-lune, et saupoudrée de sucre glace.

Gélatine Agent liant préparé à partir de protéine animale naturelle, le collagène, extrait des os et des cartilages des animaux. On en trouve en poudre ou en fines feuilles ; la gélatine est inodore, fade et de couleur blanc crème. Lorsqu'elle est mélangée à de l'eau chaude, il se forme un liquide visqueux qui se transforme en gelée lorsqu'il refroidit. On emploie la gélatine pour des plats sucrés et salés ; elle peut être utilisée avec pratiquement tous les aliments sauf quelques fruits frais (ananas, kiwi, papaye) qui contiennent une enzyme empêchant la prise.

Gelato Glace italienne, fabriquée avec du lait ou de la crème sucrée, des jaunes d'œufs et des arômes. Elle est ferme et riche.

Gelée Préparation claire faite avec du bouillon clarifié, composé des parties gélatineuses de la viande, du poulet ou du poisson, et généralement aromatisé avec des légumes et des herbes. On l'emploie pour glacer des plats froids, et pour chemiser les moules de préparations salées (aspic). Préparation transparente ou semi-opaque, de consistance élastique due à la

présence de gélatine ou de pectine. On distingue la pâte composée de gelée de fruits, bouillie avec du

un puits au centre et verser le mélange au beurre. Remuer jusqu'à ce que la préparation soit presque homogène. Verser dans le moule.
Enfourner 30 minutes (vérifier la cuisson avec la lame d'un couteau : elle doit en ressortir sèche). Laisser reposer 20 minutes avant de le démouler sur une grille.
3 Glaçage : travailler le beurre en crème. Ajouter le sucre, le cacao et le lait. Bien remuer. Étaler le mélange sur le gâteau. Couper en losanges et garnir chaque losange d'un cerneau de noix.

BROWNIES AU CHOCOLAT

✷ ✷   **Préparation :** 20 minutes
Cuisson : 45 minutes
Pour 36 brownies

1 tasse ¹/₂ de farine
¹/₄ de tasse de cacao en poudre
1 cuil. à café de levure chimique
¹/₂ cuil. à café de bicarbonate de soude
¹/₂ tasse de noix de macadamia, hachées + ¹/₃ de tasse supplémentaire
125 g de beurre doux

200 g de chocolat noir concassé
1 tasse de sucre
2 œufs légèrement battus
¹/₃ de tasse de crème fraîche

Glaçage crémeux au chocolat

150 g de chocolat noir à cuire, concassé
¹/₂ tasse de crème fraîche

1 Préchauffer le four à 180 °C.
Beurrer un moule carré peu profond, de 23 cm envi-

ron. Garnir le fond et les bords de papier sulfurisé beurré.
Dans une terrine, tamiser la farine avec le cacao, la levure et le bicarbonate ; ajouter les noix. Faire un puits au centre.
2 Faire fondre le beurre et le chocolat au bain-marie ; retirer du feu.
Ajouter le sucre, les œufs et la crème.
Battre au fouet jusqu'à ce que les ingrédients soient bien mélangés et que la préparation soit épaisse et homogène.
Ajouter le mélange au chocolat aux ingrédients dans la terrine.
À l'aide d'une cuillère en bois, remuer le tout sans trop battre.
Étaler la préparation dans le moule. Enfourner 40 minutes (vérifier la cuisson avec la lame d'un couteau : elle doit en ressortir sèche). Laisser refroidir dans le moule.
3 Glaçage crémeux au chocolat : faire fondre le chocolat au bain-marie. Retirer du feu et laisser reposer 2 minutes.
Ajouter la crème fraîche et battre au fouet jusqu'à ce que le mélange soit épais.
Étaler le mélange encore chaud sur le gâteau refroidi et saupoudrer de noix.
Laisser le glaçage prendre avant de couper le gâteau en carrés de 4 cm environ.

CI-DESSUS : BROWNIES AU CHOCOLAT.
PAGE CI-CONTRE : BARRES AU CHOCOLAT ET À LA LIQUEUR.

Gelée royale Produit
naturel rare
produit par
les abeilles
qui

l'utilisent pour
nourrir leur
reine, qui,
ainsi, vit bien
plus longtemps que les
abeilles ouvrières. La
gelée royale, souvent
utilisée en phytothérapie,
est riche en minéraux, en
oligo-éléments et en
vitamines. Voir miel.

Génépi Terme d'origine
savoyarde désignant des
plantes très recherchées
que l'on trouve en haute
montagne (à plus de 2 000
mètres d'altitude). Le
génépi entre dans la
composition des
chartreuses vertes
auxquelles il donne sa
couleur. On apprécie la
liqueur de génépi en
remède lorsqu'on a
attrapé froid. On
l'emploie également en
infusion pour ses
propriétés fébrifuges, et
toniques.

Généreux Terme
désignant un vin riche en
alcool, offrant l'ensemble
de ses qualités, et bien
constitué. Au Portugal, ce

BARRES AU CHOCOLAT ET À LA LIQUEUR

✽　**Préparation :** 20 minutes + 3 heures
de réfrigération
Cuisson : 5 minutes
Pour 12 barres

90 g de beurre doux, coupé
en petits morceaux

60 g de chocolat noir à
cuire, concassé

250 g de biscuits au
chocolat, émiettés

310 g de ricotta

1/4 de tasse de crème liquide

1/3 de tasse de sucre glace

1/2 tasse de chocolat au lait
râpé

1 cuil. à soupe de cognac

1 cuil. à soupe de liqueur
de crème de cacao

1/2 cuil. à café de muscade
moulue

60 g de pépites de chocolat
noir à cuire

1 Huiler un moule rectangulaire peu profond, de
30 x 20 cm environ. Garnir le fond et les bords de papier sulfurisé.
Faire fondre le beurre et le chocolat au bain-marie ;
retirer du feu. Dans un bol, verser les miettes de biscuit et ajouter le chocolat fondu ; bien remuer à l'aide d'une palette.
Verser la préparation dans le moule en tassant bien.
Réserver.
2 Travailler la ricotta, la crème et le sucre 3 minutes
au batteur, à puissance moyenne. Ajouter le chocolat,
le cognac et la liqueur. Battre à puissance réduite pendant encore 1 minute.
3 Étaler le mélange à la ricotta sur la pâte au chocolat et saupoudrer de muscade. Réfrigérer plusieurs
heures, ou toute la nuit.

Couper en 12 barres. Faire fondre les pépites de chocolat au bain-marie.
Former une décoration sur chaque barre à l'aide d'une
poche à douille.

ROULEAUX AUX PRUNEAUX ET AU FROMAGE FRAIS

✽ ✽　**Préparation :** 30 minutes + 30 minutes
de réfrigération
Cuisson : 15 minutes
Pour 20 barres

1 tasse 1/2 de farine

1 cuil. à soupe de
préparation pour crème
anglaise en sachet

90 g de beurre doux

1/4 de tasse de sucre

1 jaune d'œuf

2 à 3 cuil. à soupe de lait

Garniture aux pruneaux

250 g de fromage frais
crémeux (cream cheese ou
équivalent)

1/3 de tasse de sucre

2 cuil. à café de zeste de
citron râpé

1 tasse de pruneaux hachés,
dénoyautés

1 Beurrer ou huiler 2 plaques à biscuits de 32 x 28 cm
environ. Passer la farine, la crème anglaise en poudre,
le beurre et le sucre au mixeur pendant 15 secondes,
jusqu'à ce que le mélange soit friable.
Ajouter le jaune d'œuf et mixer encore 15 secondes,
jusqu'à formation d'une pâte.
La pétrir 1 minute sur un plan de travail fariné, puis
l'étaler sur du papier sulfurisée pour former un rectangle de 30 x 28 cm.

sont des vins à appellation d'origine, et de très grande qualité.

Genièvre (baie de) Baie foncée aromatique, à la légère saveur de résine, provenant d'un arbre à feuillage persistant. On utilise les baies de genièvre pour parfumer le gin (le mot "gin" provient du Hollandais *jenever* "genièvre"). Les baies séchées sont ajoutées aux marinades de

marcassin, de sanglier et de chevreuil ; on en met dans les farces des volailles et des gibiers à plumes, et on les utilise pour la salaison des jambons ; le genièvre apporte de la saveur aux plats de viande mijotés et à la choucroute. Écraser les baies avant la cuisson pour libérer leur arôme de pin épicé. Les baies de genièvre doivent être ramassées aux premières gelées. On peut trouver le genévrier commun partout en France, notamment dans les reliefs méditerranéens, et dans les régions tempérées. On utilise le bois du genévrier pour fumer des aliments.

Génoise Gâteau spongieux léger. Les œufs et le sucre sont battus à feu doux jusqu'à ce que le mélange soit chaud et épais ; la farine et le beurre ramolli sont

2 Garniture aux pruneaux : travailler le fromage frais, le sucre et le zeste jusqu'à ce que le mélange soit léger et crémeux. Étaler sur la pâte et garnir de pruneaux.

3 Rouler la pâte dans le sens de la longueur jusqu'au centre. Rouler depuis l'autre côté, également jusqu'au centre.

Réfrigérer 30 minutes, jusqu'à ce que le rouleau soit ferme. Allumer le four à 180 °C.

Couper le rouleau en tranches de 1,5 cm ; les disposer sur les plaques en les espaçant bien.

Enfourner 15 minutes jusqu'à ce que les rouleaux commencent à dorer.

Les laisser refroidir sur des grilles.

BOUCHÉES CHOCOLAT-CAROTTE

✶ *Préparation :* 15 minutes
   Cuisson : 30 minutes
   Pour 32 bouchées

1 tasse de farine avec levure incorporée	*90 g de beurre doux*
1 cuil. à café de cannelle moulue	*1/3 de tasse de noix, hachées*
3/4 de tasse de sucre	
1/2 tasse de carottes finement râpées	**Glaçage**
1 tasse de fruits secs variés	*125 g de fromage frais crémeux (cream cheese ou équivalent)*
1/2 tasse de pépites de chocolat	*30 g de beurre doux*
1/3 de tasse de noix de coco, séchée	*1 tasse 1/2 de sucre glace tamisé*
2 œufs légèrement battus	*1 cuil. à café d'eau chaude*

1 Préchauffer le four à 180 °C. Beurrer un moule carré peu profond, de 23 cm environ. Garnir le fond et les bords de papier sulfurisé.

Tamiser la farine et la cannelle dans une grande jatte. Ajouter le sucre, la carotte, les fruits secs, les pépites de chocolat et la noix de coco ; remuer jusqu'à ce que le mélange soit presque homogène. Ajouter les œufs et le beurre et remuer.

2 Étaler la préparation en une couche régulière dans le moule ; égaliser la surface. Enfourner 30 minutes jusqu'à ce que le gâteau soit doré. Laisser refroidir dans le moule, puis démouler sur un plan de travail.

3 Glaçage : travailler le fromage et le beurre au batteur. Ajouter le sucre glace et battre encore 2 minutes, jusqu'à ce que le mélange soit léger et aéré. Ajouter l'eau et bien remuer. Étaler sur le gâteau à l'aide d'un couteau à lame plate. Saupoudrer de noix. Couper en 16 carrés, puis chaque carré en deux triangles.

CI-CONTRE : BOUCHÉES CHOCOLAT-CAROTTE.

BOUCHÉES AU CHOCOLAT ET AU RHUM

✶ *Préparation :* 15 minutes + 1 heure de réfrigération
   Cuisson : 3 minutes
   Pour 1 gâteau carré de 19 cm environ

250 g de biscuits au chocolat, émiettés	*1 œuf*
1 tasse de raisins secs	*1 cuil. à café de cannelle moulue*
1/2 tasse de noix, hachées	*2 cuil. à soupe de rhum*
125 g de beurre	*125 g de chocolat noir concassé*
1/2 tasse de lait condensé	

1 Beurrer un moule à gâteau carré, de 19 cm environ. Garnir le fond et les bords de papier aluminium beurré. Mélanger les miettes de biscuit, les raisins et les noix dans une terrine. Faire un puits au centre.

2 Dans une casserole, réunir le beurre et le lait. Remuer à feu doux, jusqu'à ce que le beurre soit fondu. Retirer du feu, incorporer l'œuf, la cannelle et le rhum.

3 Ajouter ce mélange dans la terrine. Remuer à l'aide d'une cuillère en bois jusqu'à ce que la préparation soit homogène.

Verser dans le moule en tassant bien.

4 Faire fondre le chocolat au bain-marie ; retirer du feu. L'étaler en une couche régulière sur la pâte, à l'aide d'une palette.

Prédécouper en carrés (sans les détacher), couvrir et réfrigérer. Découper les carrés une fois froids, avant de servir.

ajoutés lorsque la préparation a refroidi. On utilise la génoise pour les gâteaux fourrés, les biscuits à la cuiller et l'omelette norvégienne.

Germes de luzerne
Pousses courtes et fines des graines de luzerne, dont la tige pâle et les extrémités vert foncé sont

employées dans les salades et les sandwichs. Les pousses ont un goût de noisette et accompagnent parfaitement les fromages. La luzerne a d'abord été cultivée par les Arabes comme nourriture pour leurs chevaux, car leur haute teneur en protéines et en calcium favorisait le développement d'animaux solides et forts.

Germes de soja Pousses des haricots de soja (mung), ils sont employés dans les salades ou en légume frit à la poêle. Les germes de soja contiennent très peu de calories.

Gewurztraminer Vin d'Alsace très parfumé.

GÉNOISES ET BISCUITS DE SAVOIE

BISCUIT DE SAVOIE FOURRÉ

✻ **Préparation** : 25 minutes
Cuisson : 20 à 25 minutes
Pour un gâteau rond de 20 cm

3 œufs, blancs et jaunes séparés
³/₄ de tasse de sucre en poudre
1 tasse de farine avec levure incorporée, tamisée
3 cuil. à soupe d'eau très chaude
¹/₂ tasse de confiture de fraises (ou autre, à votre goût)
300 ml de crème épaisse en brique, fouettée
2 cuil. à soupe de sucre glace

1 Préchauffer le four à 180 °C. Beurrer et fariner 2 moules ronds de 20 cm environ. Battre les blancs d'œuf en neige. Incorporer peu à peu le sucre et bien battre.
2 Incorporer les jaunes d'œuf, puis la farine et l'eau.
3 Répartir la préparation équitablement dans les deux moules. Enfourner 20 à 25 minutes, jusqu'à ce que le gâteau soit élastique au toucher.
4 Démouler et laisser refroidir sur une grille couverte d'un torchon. Lorsque les gâteaux sont froids, étaler la confiture puis la crème. Les accoler ensemble et décorer la surface de sucre glace.

Ci-dessus : Biscuit de savoie à l'orange.

VARIANTES

■ **Biscuit au chocolat** : remplacer la tasse de farine avec levure incorporée par ³/₄ de tasse de farine tamisée avec ¹/₄ de tasse de cacao en poudre ; remplacer l'eau par 3 cuil. à soupe de lait bouillant.
■ **Biscuit au café** : tamiser 2 cuil. à café de café instantané avec la farine.
■ **Biscuit au citron** : ajouter 2 cuil. à café de zeste de citron râpé au sucre ; décorer d'un glaçage au citron.
■ **Biscuit à l'orange** : ajouter 2 cuil. à café de zeste d'orange râpé au sucre. Incorporer de la crème parfumée à la liqueur d'orange et décorer d'un glaçage à l'orange et de quartiers d'orange.
■ **Biscuit aux fruits secs** : incorporer ¹/₄ de tasse d'amandes, de noisettes, de noix (ordinaires ou de pécan), hachées. Couper le biscuit en deux et le fourrer à la crème au café.

À PROPOS DES BISCUITS DE SAVOIE

■ Les œufs sont l'ingrédient essentiel des biscuits de Savoie. Ils doivent être frais et conservés au réfrigérateur. Séparer chaque œuf dans deux bols avant de les incorporer à la préparation. Les porter à température ambiante avant utilisation. Ajouter progressivement le sucre aux blancs d'œuf ou aux œufs entiers (environ 1 cuil. à soupe à la fois), et battre après chaque ajout. La technique du mélange des ingrédients est également très importante : employer une grande cuillère en métal et la manipuler de bas en haut en un seul geste, en la ramenant au centre du récipient.

Ghee Beurre clarifié, très utilisé dans la cuisine du Nord de l'Inde. Après avoir enlevé les ferments du lait, on peut le chauffer à plus forte température que le beurre sans le faire brûler. Pour fabriquer du ghee, faire fondre le beurre jusqu'à ce qu'il devienne mousseux, retirer la mousse, puis verser lentement le beurre liquide dans un plat en verre résistant à la chaleur, en laissant les ferments du lait dans la casserole. Lorsqu'il a pris, enlever tous les solides de la base, réchauffer et suivre les mêmes étapes ; filtrer à travers une fine mousseline.

Gibier Animaux traditionnellement chassés pour leur chair, bien que maintenant beaucoup soient élevés pour la table. Ils sont classés en différentes catégories : gibier à plumes (canard sauvage, coq de bruyère, perdrix, faisan et caille) ; petit gibier (lapin et lièvre) ; gros gibier (bison, biche, sanglier). Généralement, la viande de gibier est plus foncée, forte en goût et moins grasse que celle des animaux domestiqués. On fait

GÉNOISE AUX AGRUMES

★ **Préparation :** 40 minutes
Cuisson : 20 minutes
Pour un gâteau rond de 20 cm environ, en 4 épaisseurs

1 tasse de farine avec levure incorporée
4 œufs légèrement battus
1/2 tasse de sucre en poudre
60 g de beurre doux, fondu puis refroidi
2 cuil. à café de zeste d'orange finement râpé
1 cuil. à café de zeste de citron finement râpé

Crème au citron
6 cuil. à café de Maïzena
1/3 de tasse de sucre en poudre
3/4 de tasse de lait
1/3 de tasse de jus de citron
2 œufs légèrement battus

1 Préchauffer le four à 180 °C. Beurrer 2 moules ronds de 20 cm environ.
Garnir le fond de papier sulfurisé beurré. Fariner légèrement les moules et ôter l'excédent. Tamiser la farine trois fois sur du papier sulfurisé.
Mélanger les œufs et le sucre et faire cuire le mélange au bain-marie. Remuer jusqu'à ce que la préparation soit épaisse et jaune pâle.
Retirer du feu et continuer à remuer jusqu'à ce que le mélange soit légèrement refroidi et qu'il ait doublé de volume.
2 Ajouter la farine, le beurre fondu et le zeste de citron et d'orange. Avec une cuillère en métal, mélanger délicatement jusqu'à ce que les ingrédients soient juste combinés.

Verser la préparation dans les deux moules. Enfourner 20 minutes, jusqu'à ce que les gâteaux soit légèrement dorés et s'écartent des parois du moule.
Laisser 5 minutes dans les moules avant de les faire refroidir sur une grille.
3 Crème au citron : dans une casserole, mélanger la Maïzena, le sucre, le lait, le jus de citron et les œufs. Remuer à feu doux jusqu'à ébullition et épaississement, et prolonger la cuisson d'1 minute.
Retirer du feu. Transférer dans une jatte, couvrir de film plastique et laisser refroidir.
4 Couper chaque gâteau en deux, horizontalement. Disposer une épaisseur sur le plat de service.
Badigeonner la surface de crème et répéter l'opération avec le reste des gâteaux et de la crème, en terminant par une épaisseur de gâteau.
Saupoudrer la surface de sucre glace tamisé.

GÂTEAU DE SAVOIE VANILLÉ

★ ★ **Préparation :** 15 minutes
Cuisson : 45 minutes
Pour 8 personnes

1 tasse de farine
1 tasse de sucre en poudre
300 ml de blanc d'œuf (environ 10 œufs)
1/4 de cuil. à café de sel
1 cuil. à café de levure chimique
1 cuil. à café d'essence de vanille
1/4 de cuil. à café d'essence d'amandes
Sucre glace
Fraises en accompagnement

1 Préchauffer le four à 170 °C. Tamiser trois fois la farine et la moitié du sucre. Battre les blancs d'œuf en neige avec le sel et la levure (veiller à ce qu'ils ne soient pas trop fermes).
Ajouter peu à peu le sucre restant, en battant jusqu'à ce que le mélange soit bien épais et lisse.
2 Incorporer délicatement l'essence de vanille et d'amandes.
Tamiser le mélange de farine et de sucre une fois de plus sur les blancs en neige, en trois ou quatre fois, en mélangeant délicatement après chaque ajout.
3 Verser la préparation dans un moule profond de 23 cm environ, non beurré.
Taper légèrement le moule contre le plan de travail pour ôter d'éventuelles bulles d'air. Enfourner 45 minutes (placer le gâteau au milieu du four ; vérifier la cuisson à l'aide d'une lame de couteau : elle doit en ressortir sèche).
Retirer du four et démouler. Laisser le gâteau complètement refroidir avant d'émousser légèrement le pourtour à l'aide d'une spatule.

CI-DESSUS : GÂTEAU DE SAVOIE VANILLÉ.
PAGE CI-CONTRE : CAKE DE NOËL AUX FRUITS CONFITS.

GÂTEAUX DE FÊTE

CAKE DE NOËL AUX FRUITS CONFITS

✳ **Préparation :** 1 heure
Cuisson : 3 heures à 3 heures 30
Pour un gâteau carré de 20 cm

250 g de beurre doux	1 cuil. à café de cannelle
1 tasse de sucre roux	moulue
4 œufs légèrement battus	1/2 tasse de rhum, cognac
1 cuil. à café d'essence de	ou porto
vanille	
1 cuil. à soupe de	**Glaçage royal**
marmelade d'oranges	4 blancs d'œuf
1 cuil. à soupe de mélasse	5 tasses 1/2 de sucre glace
raffinée	tamisé
1,25 kg de fruits confits	2 cuil. à café de jus de
2 tasses de farine	citron
1/2 tasse de farine avec	
levure incorporée	**Décoration**
2 cuil. à café de mixed	1 m de ruban
spice (mélange de	Choix de petites
cannelle, clous de girofle,	décorations à gâteaux
gingembre et muscade)	

1 Préchauffer le four à 150 °C. Garnir de papier sulfurisé la base et les bords d'un moule carré profond, de 20 cm environ de diamètre. Travailler le beurre et le sucre jusqu'à obtention d'un mélange onctueux. Ajouter les œufs peu à peu, en battant bien après chaque ajout. Incorporer l'essence de vanille, la marmelade d'oranges et la mélasse raffinée ; battre jusqu'à ce que les ingrédients soient bien mélangés.

2 Transférer la préparation dans une grande jatte et ajouter les fruits confits. Avec une cuillère en métal, incorporer les farines et les épices en alternance avec l'alcool. Remuer jusqu'à ce que la préparation soit presque homogène. Verser dans le moule et égaliser la surface avec la main (préalablement mouillée).

3 Taper doucement le moule sur le plan de travail pour tasser la préparation.
Envelopper le moule d'une double épaisseur de papier kraft et l'attacher avec des trombones. Enfourner 3 à 3 heures 30 (vérifier la cuisson avec une lame de couteau : elle doit en ressortir sèche). Laisser le gâteau reposer toute la nuit avant de le démouler.

4 Glaçage royal : battre les blancs d'œuf 30 secondes (au batteur électrique, de préférence). Ajouter le sucre glace, une cuillerée à la fois, sans cesser de battre à vitesse minimale. Les blancs doivent monter en neige. Incorporer le jus de citron. Couvrir d'un torchon humide ou d'un film plastique.

5 Poser le gâteau sur un grand plat. Avec une palette, le recouvrir de glaçage en réservant 2 cuil. à café pour la décoration. Former une surface irrégulière à l'aide d'un couteau. Laisser se solidifier pendant 2 heures.

6 Nouer le ruban autour du gâteau, en le fixant à l'aide d'un peu de glaçage. Former un nœud avec l'excès de ruban.
Mettre un peu de glaçage sous le nœud et le fixer sur le ruban à l'aide d'une épingle, que vous ôterez lorsque le glaçage se sera durci. Disposer les décorations de votre choix en les faisant adhérer avec du glaçage.

généralement mariner les morceaux de gibier avant de les cuire, autrement les méthodes de cuisson sont les mêmes que pour la le bœuf ou la volaille. La chair du gibier plus âgé est plus dure : elle est cuite en daube, en ragoût, et on en fait également des quiches et des pâtés. Le jeune gibier à plumes peut être rôti, cuit en ragoût ou mijoté.

Gigot Morceau de première catégorie constitué du membre inférieur de l'agneau. La viande est fine, tendre, maigre et savoureuse. Il faut le choisir avec un manche fin, et de forme arrondie. Le morceau composé des deux gigots et de la selle est appelé "baron". Le gigot peut être rôti au four ou à la broche. Traditionnellement, on le mange le jour de Pâques, époque où la viande est la meilleure, mais aussi la plus chère. Voir agneau.

Gin Eau-de-vie dans laquelle des baies de genièvre sont mises à macérer. On le sert en différents cocktails.

Gingembre Rhizome au goût épicé utilisé dans la cuisine asiatique, et qui entre dans la composition des plats salés et sucrés. La longueur du rhizome indique sa maturité (les racines les plus anciennes sont plus fortes et plus filandreuses). La racine de gingembre frais est pelée, râpée, tranchée finement ou écrasée pour assaisonner les plats de viande, de volaille, de poisson et de légumes. Le gingembre sec et moulu est employé pour les desserts. On trouve aussi du gingembre en condiment, en conserve et cristallisé.

Pour la cuisine japonaise, on utilise les pousses vertes du gingembre. Lorsque vous choisissez du gingembre, il faut qu'il soit bien ferme et sans tâche. Une fois pelé, le gingembre se conserve au réfrigérateur. On le cultive surtout en Afrique de l'Ouest, en Orient, en Jamaïque.

Gingerbread Pain d'épice anglo-saxon,

aromatisé avec du gingembre, de la mélasse, et de la cannelle. Voir pain d'épice.

Ginseng Racine originaire de Corée qui possède un goût très épicé. Le ginseng sert aussi bien à la cuisine qu'à la préparation de certains vins, et du thé.

FORÊT-NOIRE

★ ★   **Préparation :** 1 heure 15
         Cuisson : 40 à 50 minutes
         Pour un gâteau rond de 23 cm

200 g de beurre doux
3/4 de tasse de sucre en poudre
3 œufs légèrement battus
1 cuil. à café d'essence de vanille
1 tasse 2/3 de farine avec levure incorporée
1/3 de tasse de farine
3/4 de tasse de cacao en poudre
1 cuil. à soupe de café instantané en poudre
1/2 cuil. à café de bicarbonate de soude

1/2 tasse de lait ribot (lait fermenté)
1/3 de tasse de lait
1 tasse 1/4 de crème liquide, fouettée
425 g de cerises dénoyautées en conserve, égouttées
Rouleaux de chocolat blanc et noir pour la décoration

Glaçage au chocolat
200 g de chocolat noir semi-amer, concassé
250 g de beurre doux

1 Préchauffer le four à 180 °C. Beurrer un moule rond profond, de 23 cm environ. Garnir le fond et les bords de papier sulfurisé beurré. Travailler le beurre et le sucre jusqu'à obtention d'un mélange crémeux. Ajouter les œufs petit à petit, en battant bien après chaque ajout. Incorporer l'essence de vanille et bien battre. Transférer dans une terrine. Avec une cuillère en métal, incorporer les farines tamisées, le cacao en poudre, le café et le bicarbonate en alternance avec le mélange de lait et de lait fermenté.

Mélanger jusqu'à ce que la préparation soit presque homogène.

2 Verser dans le moule et égaliser la surface. Enfourner 40 à 50 minutes (vérifier la cuisson avec une lame de couteau : elle doit en ressortir sèche). Laisser reposer 20 minutes avant de faire refroidir le gâteau sur une grille.

3 Glaçage au chocolat : faire fondre le chocolat au bain-marie ; retirer du feu. Travailler le beurre en crème dans un bol. Ajouter le chocolat et battre 1 minute pour obtenir un mélange homogène.

4 Mettre le gâteau à l'envers et couper 3 épaisseurs horizontalement. Disposer la première épaisseur sur le plat de service. Étaler la moitié de la crème fouettée et garnir de la moitié des cerises. Répéter l'opération avec l'épaisseur suivante et terminer par la dernière épaisseur de gâteau.

5 Avec une palette, étendre le glaçage au chocolat sur les côtés et la surface du gâteau. Façonner de petites étoiles sur le pourtour et décorer de rouleaux de chocolat.

6 Rouleaux de chocolat : étaler 250 g de chocolat fondu sur un marbre ou un plan de travail froid, de sorte qu'il ait 1 cm d'épaisseur. Égaliser délicatement la surface. Laisser refroidir le chocolat jusqu'à ce qu'il soit presque durci. Racler vers vous un couteau tranchant tenu horizontalement sur la surface du chocolat, en appliquant une pression constante. Le degré de pression détermine l'épaisseur des rouleaux.

CI-DESSUS : FORÊT NOIRE.

PAGE CI-CONTRE : ROCHERS À L'ORANGE ET AUX RAISINS SECS.

GÂTEAUX - ROCHERS

ROCHERS À L'ORANGE ET AUX RAISINS SECS

✳ **Préparation :** 8 minutes
Cuisson : 20 minutes
Pour 9 rochers

1 tasse 1/2 de farine avec
levure incorporée
1 cuil. à café de zeste
d'orange, râpé
60 g de beurre doux
fondu
1/2 tasse de raisins secs

1/4 de tasse de sucre en
poudre
1 œuf légèrement battu
2 cuil. à soupe de jus
d'oranges
2 cuil. à café de sucre

1 Préchauffer le four à 210 °C. Beurrer une plaque de four de 32 x 28 cm environ, et la couvrir de papier sulfurisé beurré.
2 Tamiser la farine dans un saladier ; ajouter le zeste et le beurre. Battre le mélange pendant 2 minutes, pas trop vite.
3 Ajouter les raisins secs, le sucre et le mélange d'œuf et de jus d'oranges.
Battre à vitesse maximale pendant 1 minute, jusqu'à ce que les ingrédients soient juste mélangés.
4 Sur la plaque, former des petites portions de préparation équivalant à 2 cuil. à soupe rases, séparées de 5 cm environ.
Saupoudrer de sucre et enfourner 20 minutes, jusqu'à ce que les rochers soient bien dorés. Laisser refroidir sur une grille.
Servir chaud ou froid, avec du beurre et de la confiture.

ROCHERS AUX FRUITS CONFITS

✳ **Préparation :** 30 minutes
Cuisson : 10 à 15 minutes
Pour 20 rochers environ

2 tasses de farine avec
levure incorporée
90 g de beurre ou de
margarine, coupé en
petits morceaux
1/2 tasse de sucre en poudre
1/2 tasse de fruits confits

1 cuil. à soupe de fruits
secs hachés (facultatif)
1/2 cuil. à café de gingembre
moulu
1 œuf
1/4 de tasse de lait

1 Préchauffer le four à 200 °C. Beurrer ou huiler 2 plaques de four et les couvrir de papier sulfurisé beurré. Dans une jatte, mettre la farine tamisée et ajouter les morceaux de beurre. Travailler avec les doigts jusqu'à obtention d'une préparation friable.
2 Incorporer le sucre, les fruits confits, les fruits secs et le gingembre. Battre l'œuf dans le lait et l'incorporer à la préparation. Former une pâte souple.
3 Sur les plaques, former des petites portions de préparation équivalant à 2 cuil. à soupe rases de pâte. Enfourner 10 à 15 minutes jusqu'à ce que les rochers soient bien dorés.
Laisser refroidir sur une grille et servir nature ou avec du beurre.

VARIANTES

■ Remplacer 1 tasse de farine blanche par 1 tasse de farine complète avec levure incorporée.
■ Saupoudrer les rochers de cannelle, de cassonade ou de cristaux de café avant de les enfourner.

En Occident, on connaît ses vertus thérapeutiques tonifiantes et stimulantes.

Girofle Voir clou de girofle.

Girolle Champignon également nommé chanterelle, de couleur abricot, à chair ferme, en forme de trompette, et très parfumé.

Chaque année, la girolle repousse au même endroit ; on peut en trouver à la fin du printemps mais sa pleine saison est l'été, où elle apparaît quelques jours après les pluies d'orage, dans des forêts de conifères ou d'arbres feuillus.

Gîte Morceau de viande de bœuf constitué du jarret. Le gîte avant est plus gélatineux et plus riche en viande que le gîte arrière. Cette viande nerveuse a tendance à être un peu sèche : on l'utilise pour le pot-au-feu et les ragoûts en y ajoutant une morceau de viande plus grasse (du plat de côtes, par exemple).

Gîte à la noix Gros morceau de bœuf, sans os, situé à l'arrière, en haut de la cuisse. Ce morceau est employé pour le pot-au-feu, le bourguignon, le bœuf mode et les ragoûts.

Le *rond de gîte à la noix* est utilisé pour les biftecks, les rôtis ou les plats en sauce, mais aussi pour les rosbifs froids.

La *boule de gîte de noix* est une viande maigre et savoureuse ; seule une petite partie épluchée est utilisée pour les biftecks, l'autre partie convient pour le bourguignon, le bœuf mode et le pot-au-feu.

Glaçage Couverture sucrée, généralement fabriquée avec du sucre glace et du beurre, employée pour décorer les gâteaux et les biscuits sucrés.

Glace Dessert glacé composé de crème ou de lait entier sucré, parfois épaissi avec de l'œuf ou de la gélatine, aromatisé à divers parfums et brassé dans une sorbetière jusqu'à obtention d'une texture douce. On trouve des glaces dans les magasins sous diverses formes et divers parfums (y compris les versions allégées), mais on peut

GÂTEAUX ROULÉS

GÂTEAU ROULÉ CHOCOLAT-FRAMBOISES

✷ ✷ **Préparation** : 25 minutes
Cuisson : 12 à 15 minutes
Pour un gâteau roulé

½ tasse de farine avec levure incorporée
¼ de tasse de cacao en poudre
3 œufs
½ tasse de sucre en poudre + 1 cuil. à soupe supplémentaire

¼ de tasse de chocolat noir râpé
1 cuil. à soupe d'eau chaude
1 tasse ¼ de crème liquide, légèrement fouettée
Framboises surgelées

1 Préchauffer le four à 180 °C. Huiler un moule à gâteau roulé de 30 x 25 x 2 cm environ. Garnir le fond et les bords de papier sulfurisé beurré. Tamiser trois fois la farine et le cacao sur du papier sulfurisé.

Dans un bol, battre les œufs 4 à 5 minutes, jusqu'à ce qu'ils soient épais et pâles. Ajouter le sucre petit à petit, sans cesser de battre.

2 Transférer la préparation dans une terrine. Avec une cuillère en métal, incorporer rapidement et délicatement la farine, le cacao, le chocolat et l'eau. Étaler la préparation en une couche régulière dans le moule et égaliser la surface. Enfourner 12 à 15 minutes, jusqu'à

ce que le gâteau soit doré et élastique au toucher.

3 Poser une feuille de papier sulfurisé sur un torchon sec. Saupoudrer du sucre supplémentaire. Y démouler le gâteau en le retournant, et laisser reposer 2 minutes. Rouler le gâteau délicatement avec le papier, et laisser reposer 5 minutes.

Dérouler le gâteau ; éliminer le papier. Étaler la crème fouettée et les framboises. Rouler de nouveau et couper les extrémités du rouleau.

À PROPOS DES GÂTEAUX ROULÉS

■ Lorsque le gâteau est cuit, les bords doivent se détacher des parois du moule. Pour vérifier la cuisson, insérer une lame de couteau au centre du gâteau : il est cuit si elle en ressort sèche. Cette méthode ne doit s'appliquer qu'à la fin du temps de cuisson, sinon le gâteau risque de retomber.

■ Le gâteau doit être roulé avec du papier sulfurisé pendant qu'il est encore chaud, pour éviter qu'il ne se fende. Le papier empêche les différentes épaisseurs du gâteau de coller les unes aux autres, et facilite le déroulage.

On peut fourrer le gâteau avec de la confiture tant qu'il est encore chaud (et éviter ainsi d'avoir à le rouler une première fois avec du papier), mais si on veut le garnir de crème fouettée, il faut attendre qu'il soit légèrement refroidi pour qu'elle ne fonde pas.

CI-DESSUS : GÂTEAU ROULÉ CHOCOLAT-FRAMBOISES.

GÉLATINE

ASPIC À LA MOUSSE D'AVOCAT

★ ★ **Préparation :** 30 minutes
Cuisson : 10 à 15 minutes
Pour 6 personnes

Aspic
Huile d'olive légère
1 tasse de bouillon de
volaille (voir remarque)
1 cuil. à soupe de gélatine
Garniture (grains de poivre
rose, fines rondelles de
citron et tranches d'avocat)

1 cuil. à soupe de gélatine
2 avocats moyens mûrs
2 cuil. à soupe de jus de
citron
1 tasse ½ de mayonnaise
1 cuil. à café d'oignon
blanc finement râpé
Sel et poivre blanc
½ tasse de crème liquide,
fouettée

Mousse d'avocat
½ tasse de bouillon de
volaille

1 Aspic : graisser d'huile d'olive un moule d'une capacité d'1 litre. Verser le bouillon de volaille dans une casserole et le saupoudrer de gélatine. Remuer à feu doux jusqu'à ce que la gélatine soit dissoute ; laisser refroidir et verser la moitié du mélange dans le moule. Réfrigérer jusqu'à ce que la gelée soit presque prise, ajouter la garniture et verser le reste du bouillon à la cuillère. Laisser prendre au réfrigérateur.

2 Mousse d'avocats : verser le bouillon dans une casserole et le saupoudrer de gélatine. Remuer à feu doux jusqu'à ce que la gélatine soit dissoute. Laisser tiédir.
3 Peler les avocats, les partager en deux et ôter les noyaux. Les couper en morceaux et les passer au mixeur, avec le jus de citron, la mayonnaise, l'oignon, le sel et le poivre.
Mixer jusqu'à obtention d'une purée lisse. Transférer la préparation dans un saladier. Incorporer le bouillon à la gélatine et réserver jusqu'à ce que la mousse soit presque prise.
4 Incorporer la crème dans la préparation et verser la mousse sur l'aspic, dans le moule. Laisser prendre au réfrigérateur. Pour démouler, détacher délicatement les bords de la mousse pour laisser passer l'air, et la renverser sur le plat de service.

Remarque : pour l'aspic, le bouillon de volaille doit être très parfumé, clair et sans gras. On peut le remplacer par de la préparation pour aspic en sachet.

FRUITS EN GELÉE AU CHARDONNAY

★ **Préparation :** 30 minutes
Cuisson : 5 minutes
Pour 4 personnes

2 cuil. à soupe de gélatine
½ tasse de Chardonnay
½ tasse de sucre
¼ de tasse d'amandes,
mondées et effilées

2 tasses de fruits préparés
(fraises, boules de melon,
grains de raisin sans
pépins, abricots)
Glace ou crème fouettée
pour la garniture

1 Mettre l'eau dans un saladier et saupoudrer de gélatine. Verser le Chardonnay et le sucre dans une casserole et remuer à feu doux jusqu'à ce que le sucre se dissolve. Retirer du feu, ajouter la gélatine et remuer pour bien la délayer.
2 Laisser refroidir la gelée jusqu'à ce qu'elle commence à épaissir. Verser quelques cuillerées de gelée dans un moule d'une capacité de 1,25 à 1,5 litre, préalablement rincé à l'eau froide. Disposer une couche de fruits et d'amandes, laisser prendre et répéter l'opération jusqu'à ce que tous les fruits et les amandes aient été utilisés.
3 Réfrigérer quelques heures jusqu'à ce que la gelée soit bien ferme. Démouler et servir nature, ou avec de la glace ou de la crème fouettée. Décorer de quelques fruits supplémentaires.

Remarque : on peut remplacer le Chardonnay par du jus de pomme clair additionné d'une cuillerée à soupe de jus de citron.

CI-DESSUS : FRUITS EN GELÉE AU CHARDONNAY.

également les fabriquer à la maison. On peut aromatiser la glace à la vanille, au chocolat, au caramel, au miel, au café, à la liqueur ou à l'eau-de-vie ; on peut y ajouter des petits morceaux de noisettes, d'alvéoles de miel ou de fruits en purée.

Une glace maison sera plus dure après congélation qu'une glace du commerce ; si elle est trop dure, la placer au réfrigérateur une demi-heure avant de la servir ; il est préférable de consommer les glaces maison 48 heures après leur fabrication.

La glace a comme origine les glaces aromatisées que mangeaient les Chinois il y a 3 000 ans environ, les boissons aux fruits semi-solides des Perses (le mot "sorbet" provient de *sharbia*, mot arabe signifiant "boisson"), et des sorbets glacés des empereurs mongols du XVIᵉ siècle. Marco Polo, le grand voyageur vénitien du XIIIᵉ siècle, revint de Chine en rapportant des descriptions d'un dessert composé de crème sucrée glacée. Le *kulfi* est un plat indien composé de lait bouilli jusqu'à épaississement puis congelé. Au XVIe siècle, les cuisiniers florentins de Catherine de Médicis, épouse du roi de France Henri II, ont introduit les crèmes glacées en France ; elles furent rapidement reprises par les cafés parisiens qui les servaient dans de petits bols d'argent.

La sorbetière, inventée par l'Américaine Nancy Johnson en 1846, a permis de fabriquer des crèmes glacées de bonne qualité, tant au niveau industriel qu'à la maison. Les meilleures sorbetières sont électriques ou manuelles ; le panier contenant la glace est plongé dans un mélange de sel et d'eau. Lorsque les pales s'arrêtent, la glace est prête. On la met ensuite au congélateur pour qu'elle se solidifie.

Glacer Donner une fine surface brillante à un mets pour embellir son aspect visuel et pour éviter qu'il ne sèche. Les glaçages peuvent être appliqués sur des plats sucrés ou salés, certains avant la cuisson, d'autres sur les plats froids. La pâte peut être glacée avec des blancs d'œuf avant la cuisson ; on saupoudre souvent les biscuits sucrés, les gâteaux et les pains

SOUFFLÉ FROID AU CITRON

* ✶   **Préparation :** 35 minutes
* ✶ ✶   **Cuisson :** aucune
*   **Pour** 4 à 6 personnes

5 œufs, blancs et jaunes séparés	*¼ de tasse d'eau*
1 tasse de sucre en poudre	*300 ml de crème liquide, légèrement fouettée*
2 cuil. à soupe de zeste de citron finement râpé	*Pistaches ou amandes, grillées et pilées*
¾ de tasse de jus de citron sans pulpe	*Crème fouettée supplémentaire pour la décoration*
1 cuil. à soupe de gélatine	

1 Couper une feuille de papier aluminium un peu plus grande que la circonférence d'un plat à soufflé de 16 cm de diamètre environ (capacité de 1,25 litre). Plier la feuille en deux dans le sens de la longueur ; en envelopper le moule en la faisant dépasser de 5 cm du bord supérieur. Fixer la feuille d'aluminium à l'aide de ficelle.

2 Battre les jaunes d'œufs, le sucre et le zeste de citron pendant 3 minutes, jusqu'à ce que le mélange soit épais et pâle. Réchauffer le jus de citron et l'incorporer progressivement à la préparation, sans cesser de battre.

3 Dans un bol, mélanger l'eau et la gélatine. Plonger le bol dans de l'eau chaude et remuer jusqu'à ce que la gélatine se dissolve. Incorporer peu à peu la gélatine à la préparation, en battant à vitesse réduite, jusqu'à ob-

tention d'un mélange homogène. Transférer la préparation dans une grande jatte, la couvrir de film plastique et réfrigérer 15 minutes, jusqu'à ce qu'elle soit épaisse mais pas prise.

4 Avec une cuillère en métal, incorporer la crème fouettée dans la préparation. Battre les blancs d'œufs en neige et les incorporer rapidement et délicatement à la préparation (on ne doit plus voir de morceaux de blanc d'œuf). Verser dans le plat à soufflé et réfrigérer jusqu'à ce que le soufflé prenne. Retirer l'aluminium, saupoudrer de fruits secs sur le pourtour et décorer de crème fouettée.

À PROPOS DE LA GÉLATINE

■ Extraite des os et des cartilages d'animaux, la gélatine s'achète sous forme de poudre ou de feuilles. Elle n'a pas de goût et peut ainsi entrer dans la composition de plats salés ou sucrés.

■ Suivre les consignes des recettes avec attention. Mesurer soigneusement l'eau et la gélatine pour que la gelée prenne une bonne consistance. Éliminer tous cristaux ou fils non dissous à l'aide d'une petite cuillère en métal.

■ Veiller à ce que la préparation dans laquelle vous incorporez la gélatine soit à la même température que cette dernière (légèrement tiède), pour éviter la formation de grumeaux. Ajouter la gélatine dissoute en petites quantités à la fois, en remuant constamment jusqu'à ce que la gelée commence à épaissir.

GELÉES

GELÉE DE GOYAVES

✶　**Préparation :** 30 minutes + 1 nuit de repos
　　Cuisson : 45 minutes
　　Pour 800 ml environ

1 kg de goyaves pas tout à fait mûres	½ tasse de jus de citron
1 pomme verte pelée et épépinée	1 l d'eau
	Sucre

1 Couper les goyaves et la pomme en tranches épaisses.
2 Dans une casserole, réunir la goyave, la pomme, le jus de citron et l'eau. Porter à ébullition et laisser frémir 10 minutes à découvert. Écraser la goyave et la pomme à l'aide d'une cuillère en bois et prolonger l'ébullition de 10 minutes.
3 Passer le mélange dans une étamine suspendue au-dessus d'un récipient et laisser reposer toute la nuit. A l'aide d'une tasse, mesurer le jus ainsi passé et le remettre dans une casserole.
Ajouter 1 tasse de sucre réchauffé par tasse de jus. Remuer à feu doux jusqu'à ce que le sucre se dissolve. Porter à ébullition et faire cuire à gros bouillons jusqu'à ce que la confiture prenne.
4 Retirer du feu et verser dans des bocaux stérilisés et chauffés. Fermer et étiqueter les bocaux une fois refroidis.

PAGE CI-CONTRE : SOUFFLÉ FROID AU CITRON.
CI-DESSUS : GELÉE DE GOYAVES ; CI-CONTRE : GELÉE
DE TOMATES ET DE POMMES AU ROMARIN.

GELÉE DE TOMATES ET DE POMMES AU ROMARIN

✶　**Préparation :** 25 minutes
✶✶　**Cuisson :** 1 heure 45
　　Pour 1 litre ¾

7 pommes vertes moyennes	1 tasse de romarin frais
2 poires moyennes	⅔ de tasse de jus de citron
1 tomate mûre	Sucre

1 Laver les pommes, les poires et la tomate ; égoutter. Les détailler finement et hacher grossièrement le romarin.
2 Dans une grande casserole, réunir les pommes, les poires (avec les cœurs et les pépins), la tomate et le romarin. Couvrir d'eau, porter à ébullition et laisser mijoter environ 1 heure à couvert, jusqu'à ce que les fruits soient ramollis.
3 Passer les fruits dans une étamine suspendue au-dessus d'un bol. A l'aide d'une tasse, mesurer le jus ainsi passé et le remettre à bouillir. Ajouter ¾ de tasse de sucre réchauffé par tasse de jus. Porter à ébullition en remuant jusqu'à ce que le sucre se dissolve. Laisser cuire à gros bouillons pendant 45 minutes à découvert, jusqu'à ce que la confiture prenne.
4 Retirer la gelée du feu et laisser reposer 5 minutes. Écumer la surface à l'aide d'une cuillère en métal. Verser dans des bocaux stérilisés et chauffés, et laisser refroidir avant de les fermer. Lorsque la gelée est presque prise, on peut y insérer un brin de romarin frais à l'aide d'une brochette en bambou. Étiqueter les bocaux une fois qu'ils sont refroidis. Servir avec un gigot d'agneau.

d'un mélange de lait et de sucre avant de les enfourner. On glace les légumes avec du sucre et du beurre ramolli. Les mets salés froids peuvent être recouverts d'une gelée aspic, et un coulis de fruit peut servir de glaçage pour le jambon. Le glaçage des tartes aux fruits et des flans est composé de confiture ou de gelée.

Glucose Sucre simple que l'on trouve en grande quantité dans les fruits et dans le miel. On l'appelle également dextrose.

Glutamate Sel légèrement parfumé.

Beaucoup d'aliments en contiennent naturellement, et il est fabriqué pour être employé comme additif (principalement dans la cuisine asiatique), et pour rehausser la saveur naturelle des plats.

Gluten Produit obtenu à partir de la farine après élimination de la plus grande partie de l'amidon.

L'avoine, le blé, le malt, l'orge, le seigle et le son contiennent du gluten. Le riz, le maïs et le sarrasin n'en contiennent pas.

Le gluten de blé est employé dans la cuisine asiatique, principalement dans les plats de nouilles, ragoûts et certaines soupes. Ce gluten est en principe trempé dans de l'eau tiède avant utilisation.

Gnocchi Boulettes de pâte salée à base de pommes de terre, de semoule ou de pâte brisée. Les gnocchis sont pochés et servis avec une sauce ou avec du beurre fondu et du fromage râpé, accompagnés d'une salade en plat principal,

ou servis en accompagnement d'une viande rôtie ou d'un poulet rôti. *Gnocchi* est un terme italien signifiant "mottes"; on trouve d'autres boulettes portant les noms de *knödel*, *noques* et *knepfe* dans les cuisines autrichienne, hongroise et du Nord-Est de la France.
Dans le commerce, on peut trouver des gnocchis déjà préparés. Voir pâtes.

GELÉE À LA SAUGE

✷ ✷   **Préparation :** 35 minutes + 3 heures de repos
Cuisson : 1 heure 50
Pour 2 litres

8 pommes vertes moyennes
2 pommes rouges moyennes
40 feuilles de sauge fraîche
2 cuil. à café de zeste de citron râpé
2/3 de tasse de jus de citron
Sucre

1 Laver et sécher les fruits. Les détailler en dés et hacher grossièrement la sauge.
2 Dans une grande casserole ou cocotte, réunir les fruits (avec le cœur et les pépins), la sauge et le zeste de citron. Couvrir d'eau, porter à ébullition et laisser mijoter 1 heure à couvert, jusqu'à ce que les fruits soient ramollis.
3 Passer les fruits dans une étamine suspendue au-dessus d'un récipient et laisser reposer 3 heures. À l'aide d'une tasse, mesurer le jus ainsi passé et le remettre dans la casserole. Ajouter le jus de citron et porter à ébullition. Ajouter 3/4 de tasse de sucre réchauffé par tasse de jus. Porter de nouveau à ébullition, en remuant jusqu'à ce que le sucre se dissolve. Laisser cuire à gros bouillons pendant 45 minutes, jusqu'à ce que la gelée prenne.
4 Retirer du feu et laisser reposer 5 minutes. Verser dans des bocaux stérilisés et chauffés, et laisser refroidir complètement. Lorsque la gelée est presque prise, on peut y insérer des feuilles de sauge à l'aide d'une brochette en bambou. Fermer les bocaux et les étiqueter. Servir avec un rôti de porc.

GELÉE À LA MENTHE

✷   **Préparation :** 30 minutes + 1 nuit de repos
Cuisson : 45 minutes
Pour 3 tasses 1/2

1 kg de pommes vertes
1 l d'eau
1/2 tasse de jus de citron
2 tasses de feuilles de menthe fraîche
Sucre
Colorant vert (facultatif)

1 Couper les pommes en tranches épaisses, sans les peler ni ôter les pépins.
2 Réunir les pommes, l'eau, le jus de citron et les feuilles de menthe dans une grande casserole. Porter à ébullition et laisser frémir 10 minutes environ à découvert. Écraser les pommes à l'aide d'une cuillère en bois et laisser mijoter encore 15 minutes.
3 Passer le mélange dans une étamine suspendue au-dessus d'un récipient et laisser reposer toute la nuit. A l'aide d'une tasse, mesurer le jus ainsi passé et le remettre dans la casserole.
Ajouter 1 tasse de sucre réchauffé par tasse de jus et faire chauffer en remuant jusqu'à ce que le sucre se dissolve. Porter à ébullition et faire cuire à gros bouillons jusqu'à ce que la gelée prenne.
4 Retirer la casserole du feu; laisser reposer 2 minutes. Verser la gelée dans des bocaux stérilisés et chauffés. Les fermer et les étiqueter une fois refroidis. Servir avec de l'agneau rôti.

TOURTE À LA VENAISON

★ ★   **Préparation :** 35 minutes
     Cuisson : 45 à 55 minutes
     Pour 6 à 8 personnes

1 kg de venaison sans os	*6 baies de genièvre*
(gibier à votre choix)	*1 tasse de bouillon de*
60 g de beurre	*volaille ou de bœuf*
3 tranches de bacon	*30 g de champignons*
découennées et détaillées	*séchés, trempés*
en dés	*10 minutes dans l'eau*
2 gros oignons émincés	*1/2 cuil. à soupe de feuilles*
3 cuil. à soupe de farine	*de thym frais*
1/2 cuil. à café de moutarde	*Poivre*
sèche	*1/4 de tasse de persil haché*
1/4 de tasse de porto	*375 g de pâte feuilletée*
1/2 tasse de vin rouge	*1 œuf légèrement battu*

1 Couper le gibier en morceaux de 2 cm environ et les saisir rapidement dans le beurre. Retirer de la poêle et égoutter sur du papier absorbant. Mettre le bacon dans la poêle, le faire dorer, puis l'égoutter. Faire revenir l'oignon, le saupoudrer de farine et remuer jusqu'à ce qu'il soit doré.

2 Ajouter la moutarde sèche, le porto, le vin, les baies de genièvre, le bouillon, les champignons et le thym ; remuer jusqu'à ce que le mélange arrive à ébullition. Ajouter le gibier et laisser mijoter doucement 30 à 40 minutes, jusqu'à ce que la viande soit tendre. Préchauffer le four à 210 °C.

3 À l'aide d'une écumoire, transférer la viande dans un grand plat à ragoût beurré. Laisser la sauce frémir jusqu'à ce qu'elle épaississe. Poivrer et verser sur la viande. Saupoudrer de persil.

4 Étaler la pâte de façon à couvrir la surface du plat. Badigeonner d'œuf le bord du plat et le recouvrir de pâte. Badigeonner d'œuf la pâte et pratiquer quelques incisions pour laisser s'échapper la vapeur. Enfourner 10 à 15 minutes, jusqu'à ce que la pâte soit dorée.

Remarque : il est essentiel de ne pas faire trop cuire le gibier, qui serait alors moins tendre.

CI-DESSUS : TOURTE À LA VENAISON. PAGE CI-CONTRE, EN HAUT : GELÉE À LA MENTHE ; EN BAS : GELÉE À LA SAUGE.

Goma Graine de sésame utilisée dans la cuisine japonaise, blanche et noire, moulue ou entière. On l'emploie essentiellement pour la préparation de friandises auxquelles elle donne une légère saveur de noisette.

Gombo (légume) Cosse à graines verte, longue, rigide, à cinq côtés, pointue à une extrémité et contenant une multitude de graines. Ce fruit devient gélatineux à la cuisson, et il joue souvent le rôle d'épaississant. Dans les cuisines du Moyen Orient et grecque, on laisse le gombo entier pour le cuire ; dans la cuisine cajun, on le coupe en rondelles et il est très souvent accompagné de tomates. Le gombo est originaire d'Afrique ; son introduction en Amérique date de la période de l'esclavage, et il est l'ingrédient spécifique de nombreuses soupes et ragoûts du Sud des Etats-Unis et des Caraïbes. La saison du gombo va de l'été à l'automne ; il peut également être vendu congelé, séché et en conserve.
On peut cuisiner les feuilles de gombo comme les épinards.
On connaît également le gombo sous le nom "d'oseille de Guinée".

Gombo (plat) Soupe-ragoût épaisse, épicée,

spécialité de Louisiane. Le gombo est composé de légumes et de fruits de mer, de viande, de volaille ou de saucisse et souvent servi avec du riz. Le nom de ce plat

provient de gombo, ou okra, qui est un légume africain introduit en Amérique à la période de l'esclavage. Le gombo épaissit et donne une texture particulière, légèrement gélatineuse, au ragoût. Toutefois, on peut le remplacer par la poudre de filé. Voir Filé.

Gorgonzola Fromage de lait de vache, à pâte à moisissures internes, de texture crémeuse, au goût très prononcé ; ses veines sont plutôt vertes que bleues.

Il doit son nom à un petit village italien où il fut fabriqué pour la première fois il y a plus de mille ans.

On peut servir le gorgonzola avec des fruits frais (particulièrement des pommes ou des poires), ou l'employer pour la cuisine.

LAPIN À LA MOUTARDE

✳ ✳   **Préparation :** 35 minutes
     Cuisson : 1 heure 40
     Pour 6 personnes

2 lapins, chacun de 1 kg environ
¼ de tasse de farine
Poivre fraîchement moulu
½ cuil. à café de moutarde sèche
60 g de beurre
2 gousses d'ail écrasées
250 g de petits champignons
1 cuil. à soupe d'huile d'olive
3 tranches de bacon découennées et détaillées en dés

2 oignons émincés
2 carottes coupées en dés
1 panais coupé en dés
1 tasse de vin blanc
½ tasse de bouillon de volaille
6 grains de poivre de la Jamaïque
4 cuil. à café de moutarde de Dijon
2 cuil. à soupe de persil frais haché
2 cuil. à soupe de crème fraîche liquide

1 Préchauffer le four à 180 °C. Nettoyer les lapins et les couper en 6 portions chacun. Les enduire de farine, poivre et moutarde sèche.
2 Dorer les morceaux dans une casserole, avec le beurre et l'ail. Transférer dans un plat à four. Saisir les champignons ; réserver ; ajouter l'huile et saisir le bacon, les oignons, les carrottes et le panais. Mélanger.
3 Verser les légumes, le vin, le bouillon, le poivre de la Jamaïque dans le plat avec le lapin. Couvrir et enfourner 1 heure 30, jusqu'à ce que la viande soit tendre. Incorporer le persil et la crème avant de servir.

CAILLES À L'ESTRAGON ET À LA PANCETTA

✳   **Préparation :** 20 minutes
     Cuisson : 40 minutes
     Pour 4 personnes

8 petites cailles
½ tasse de farine
¼ de tasse d'huile d'olive
2 oignons émincés
315 g de champignons de Paris
100 g de pancetta
1 tasse ½ de vin rouge

½ tasse de bouillon de volaille
1 cuil. à soupe de gelée de groseilles
Poivre
1 cuil. à café d'estragon frais haché

1 Brider les cailles. Mettre la farine dans un sac en plastique ; y plonger les cailles et secouer pour ôter l'excédent. Chauffer l'huile dans une casserole à fond épais et saisir les cailles jusqu'à ce qu'elles soient dorées sur toutes leurs faces. Retirer de la casserole et égoutter sur du papier absorbant.
2 Mettre l'oignon dans la casserole et le faire revenir 1 minute. Ajouter les champignons et la pancetta ; cuire jusqu'à ce que les champignons soient tendres. Verser le vin et le bouillon, et remuer jusqu'à ébullition. Incorporer la gelée de groseilles, le poivre et l'estragon.
3 Mettre les cailles dans la sauce et laisser mijoter en les tournant de temps en temps, jusqu'à ce qu'elles soient tendres et que la sauce ait épaissi (compter 20 à 30 minutes).
4 Servir les cailles dans un plat chaud, avec de la polenta frite et des légumes de saison.

■

GINGEMBRE

POULET AU GINGEMBRE ET PIMENT, ET YAOURT AU CONCOMBRE

✳ **Préparation :** 10 minutes + 3 heures de marinade
Cuisson : 16 minutes
Pour 6 personnes

12 cuisses de poulet
(1,2 kg environ)

1 cuil. à soupe de
gingembre frais râpé

2 cuil. à café de piment
écrasé, en bocal

¼ de cuil. à café de
curcuma moulu

1 cuil. à café de jus de citron

1 cuil. à café de zeste de
citron râpé

1 tasse de yaourt nature

1 ½ cuil. à café de sucre
roux

Yaourt au concombre

1 tasse de yaourt nature

1 cuil. à café de piment
écrasé, en bocal

1 petit concombre finement
émincé

Sel

½ cuil. à café de sucre en
poudre

1 Nettoyer le poulet et bien le sécher. Couvrir une plaque de gril avec du papier aluminium. Badigeonner la plaque d'huile ou de beurre fondu. Dans un saladier, mélanger le gingembre, le piment, le curcuma, le jus et le zeste de citron, le yaourt et le sucre ; bien remuer. Ajouter le poulet et bien l'enduire de marinade. Couvrir de film plastique et réfrigérer 3 heures (ou toute la nuit), en remuant de temps en temps. Égoutter le poulet et réserver la marinade.

2 Disposer les cuisses de poulet sur la plaque et les pas-

ser au gril moyen, 8 minutes de chaque côté, en les arrosant fréquemment de marinade. Servir chaud ou froid, accompagné de yaourt au concombre.

3 Yaourt au concombre : mélanger tous les ingrédients dans un bol et bien remuer.

CHOCOLATS AU GINGEMBRE

✳ **Préparation :** 10 minutes
Cuisson : 5 minutes
Pour 24 chocolats environ

100 g de chocolat noir à
cuire (semi-amer)

125 g de gingembre confit
en petits morceaux

1 Couvrir une plaque de four de 32 x 28 cm environ avec du papier-aluminium. Faire fondre le chocolat au bain-marie et le laisser légèrement refroidir.

2 Ajouter le gingembre et remuer pour bien mélanger en veillant à ce que les morceaux de gingembre soient bien enduits de chocolat.

3 Verser des cuillerées bien emplies de mélange en petits tas sur la plaque. Laisser reposer jusqu'à ce que les chocolats durcissent. Servir avec du café ou de la liqueur.

Remarque : on peut préparer les chocolats au gingembre jusqu'à 4 semaines à l'avance. Les conserver dans un récipient hermétique à l'abri de la lumière et de la chaleur, ou les réfrigérer si la température ambiante est trop élevée.

*CI-CONTRE : CHOCOLATS AU GINGEMBRE ;
CI-DESSUS : POULET AU GINGEMBRE ET PIMENT, ET
YAOURT AU CONCOMBRE. PAGE CI-CONTRE : CAILLES
À L'ESTRAGON ET À LA PANCETTA.*

Gouda Fromage hollandais de lait de vache, à pâte pressée non cuite. Sa saveur crémeuse s'accentue avec sa maturité. Le gouda est fabriqué en meules recouvertes de cire rouge ou jaune ; l'intérieur est parsemé de petits trous de formes irrégulières.

Gougère Pâte à choux aromatisée avec du fromage, cuite au four en forme de couronne et servie coupée en tranches, en amuse-gueule avec une boisson (c'est la spécialité servie dans les caves bourguignonnes), ou avec un mélange de viande et de poulet, en première entrée ou en repas léger.

Goujon Petit poisson de rivière à chair blanche, très apprécié des pêcheurs. On le sert en friture.

Goulash Riche ragoût de viande d'origine hongroise, composé de bœuf ou de veau, d'oignons, et assaisonné avec du paprika. On le sert garni de persil haché et accompagné de crème fraîche.

Gourmandises Terme désignant certaines friandises.

Goyave Fruit d'un arbre originaire d'Amérique centrale et des Caraïbes. La goyave a la taille et la forme d'une petite pomme à peau fine de couleur jaune à verte. Sa chair pulpeuse, de couleur blanche à rouge, est parsemée de petites graines comestibles, et a un arrière-goût d'ananas et de citron. On peut manger les goyaves fraîches (coupées en deux et à la petite cuillère), les ajouter à des salades, les réduire en purée pour en faire des glaces ou des sorbets, mais aussi les cuire pour en faire des confitures ou des gelées. Le jus de goyave est une boisson populaire à Hawaï; aux Antilles, il accompagne parfaitement les cocktails. À cause de sa consistance granuleuse, les Aztèques lui avaient donné le surnom de "prune de sable".

Lors de sa conservation, il est recommandé de bien envelopper la goyave car son parfum pourrait imprégner d'autres aliments.

Les principaux pays producteurs de goyave sont la Côte d'Ivoire, le Sénégal, la Thaïlande, le Mali le Brésil et l'Israël.

Graisse de rognons

Graisse blanche recouvrant les rognons d'agneau et de bœuf. Elle est ferme, sèche, non grasse au toucher et employée comme matière grasse pour la cuisson des pâtisseries et des puddings. On peut trouver de la graisse de

GINGERBREAD (PAIN D'ÉPICE AU GINGEMBRE)

☆ *Préparation* : 15 minutes
Cuisson : 30 à 40 minutes
Pour un pain d'épice carré de 19 cm

250 g de beurre	*2 œufs légèrement battus*
½ tasse de cassonade	*3 tasses ½ de farine*
½ tasse de mélasse	*1 cuil. à soupe de*
½ tasse de mélasse raffinée	*gingembre moulu*
1 tasse d'eau + 2 cuil. à	*2 cuil. à café de poivre de*
soupe d'eau bouillante	*la Jamaïque moulu*
1 tasse de raisins de Smyrne	*½ cuil. à café de sel*
2 cuil. à café de bicarbonate	
de soude	

1 Préchauffer le four à 180 °C. Beurrer un moule carré, profond de 19 cm environ, et garnir le fond et les bords de papier sulfurisé beurré. Dans une casserole, réunir le beurre, la cassonade, les mélasses et l'eau. Cuire à feu doux jusqu'à ce que le beurre fonde et que le sucre se dissolve. Ajouter les raisins de Smyrne et les faire légèrement cuire.
2 Délayer le bicarbonate dans l'eau bouillante et verser dans la préparation, avec les œufs.
3 Tamiser la farine, le gingembre, le poivre de la Jamaïque et le sel dans une terrine. Faire un puits au centre et y verser la préparation au beurre. Remuer jusqu'à ce que la préparation soit presque homogène. Verser dans le moule et enfourner 30 minutes, jusqu'à ce que le pain d'épices soit complètement cuit.
4 Servir chaud avec de la crème fouettée, ou froid saupoudré de sucre glace, ou beurré.

HARICOTS VERTS FROIDS AU GINGEMBRE

☆ *Préparation* : 5 minutes
Cuisson : 7 à 8 minutes
Pour 6 personnes

1 morceau de gingembre	*2 cuil. à soupe de menthe*
frais, de 1 cm environ,	*fraîche hachée*
râpé	*500 g de haricots verts,*
1 cuil. à café de fenugrec	*équeutés et émincés*
moulu	*2 cuil. à soupe d'huile*
	d'olive

1 Faire chauffer un fond d'eau dans une casserole. Ajouter le gingembre et le fenugrec, et laisser cuire 2 minutes.
2 Ajouter la menthe et les haricots, et remuer délicatement. Cuire à feu doux jusqu'à ce que les haricots soient juste tendres.
3 Retirer de la casserole et réfrigérer. Arroser d'huile d'olive avant de servir.

CONFITURE DE POMMES AU GINGEMBRE

☆ *Préparation* : 30 minutes
Cuisson : 45 minutes
Pour 1 litre ¼

1 kg de pommes à cuire	*2 cuil. à soupe de*
4 tasses de sucre réchauffé	*gingembre frais râpé*
1 tasse d'eau	*Le zeste râpé et le jus de*
	2 gros citrons

1 Peler, épépiner et hacher finement les pommes.
2 Mettre le sucre et l'eau dans une grande casserole et porter à ébullition, en remuant jusqu'à ce que le sucre se dissolve. Ajouter le gingembre, le zeste et le jus de citron et les pommes.
Baisser le feu et laisser mijoter, en remuant de temps en temps, jusqu'à ce que la confiture prenne.
3 Verser dans des bocaux stérilisés et chauffés; fermer et étiqueter.

À PROPOS DU GINGEMBRE

■ Le gingembre frais occupe une place de choix dans la cuisine asiatique. Il accompagne généralement le poisson, le poulet, le canard, les crevettes ou les légumes. Pour utiliser du gingembre frais, gratter la peau épaisse et râper la chair, ou bien l'émincer très finement. Écraser le gingembre sec, pour séparer ses fibres et libérer son parfum.

■ Un reste de gingembre frais pelé peut se conserver plusieurs mois tassé dans un bocal en verre hermétique. Verser suffisamment de xérès pour le recouvrir totalement, fermer le bocal et réfrigérer.

GNOCCHIS

GNOCCHIS DE POMMES DE TERRE À LA SAUCE TOMATE

✶ ✶   **Préparation :** 40 minutes
       Cuisson : 45 minutes
       Pour 4 à 6 personnes

*3 pommes de terre
  moyennes (700 g
  environ)
2 tasses de farine tamisée
30 g de beurre fondu
¼ de tasse de parmesan
  frais râpé
Poivre fraîchement moulu*

Sauce tomate
*1 cuil. à soupe d'huile
  d'olive*

*1 gros oignon finement
  haché
1 gousse d'ail écrasée
425 g de tomates en boîte,
  non égouttées
2 cuil. à café de câpres
  finement hachées
4 filets d'anchois hachés
1 cuil. à soupe de basilic
  frais finement haché
Copeaux de parmesan pour
  la garniture*

1 Cuire les pommes de terre à l'eau bouillante ; les égoutter et les réduire en purée. Transférer dans une terrine. Ajouter la farine, le beurre, le parmesan et le poivre. Bien remuer. Pétrir 4 minutes sur un plan de travail fariné, jusqu'à obtention d'une pâte souple.
2 Rouler la pâte en un long boudin ; le couper en morceaux de 2,5 cm. Façonner de petits ronds. Les aplatir légèrement avec les doigts ou les dents d'une fourchette.
3 Faire bouillir une grande casserole d'eau. Plonger délicatement les gnocchis, par petites quantités à la fois, et les cuire 5 minutes, jusqu'à ce qu'ils remontent en surface. Égoutter et réserver au chaud.
4 Sauce tomate : chauffer l'huile dans une casserole et faire revenir l'oignon 5 à 8 minutes. Ajouter l'ail et prolonger la cuisson d'1 minute. Ajouter les tomates écrasées et leur jus. Cuire 15 minutes à découvert avant d'ajouter les câpres, les anchois et le basilic. Poursuivre la cuisson pendant 1 minute. Verser la sauce sur les gnocchis et garnir de parmesan.

GNOCCHIS AUX ÉPINARDS

✶ ✶   **Préparation :** 40 minutes
       Cuisson : 45 minutes
       Pour 4 personnes

*750 g d'épinards ou de
  jeunes blettes, lavés,
  équeutés et finement hachés
400 g de ricotta
2 œufs
1 tasse de parmesan
  fraîchement râpé*

*1 pincée de poivre
1 pincée de muscade
  moulue
Farine
90 g de beurre fondu*

1 Dans un récipient, mélanger les épinards avec la ricotta, les œufs, la moitié du parmesan, le poivre et la muscade. Bien remuer.
2 Avec les mains préalablement farinées, former des petites boules de 5 cm ; les rouler légèrement dans la farine pour les empêcher de coller. Réserver sur du papier sulfurisé. Préchauffer le four à 200 °C.
3 Faire bouillir une grande casserole d'eau. Plonger les gnocchis (3 ou 4 à la fois) dans l'eau. Laisser cuire jusqu'à ce qu'ils remontent en surface. Retirer à l'aide d'une écumoire et égoutter rapidement.
4 Transférer les gnocchis dans un plat à four beurré. Saupoudrer avec le reste du parmesan et arroser de beurre fondu. Enfourner 15 minutes, jusqu'à ce que les gnocchis soient dorés.

CI-DESSUS : GNOCCHIS DE POMMES DE TERRE À LA SAUCE TOMATE. PAGE CI-CONTRE : GINGERBREAD.

rognons en blocs solides chez les bouchers, mais on peut aussi l'acheter emballée, râpée et prête à l'emploi.

Granita Sorbet composé de jus de fruits, de fruits doux, de café, de vin ou de liqueur, adoucis avec un peu de sucre, et congelé jusqu'à ce que les grains forment des petits cristaux. On sert la granita entre les plats ou au dessert.

Gras-double Panse du bœuf que l'on trouve crue ou cuite dans le commerce. On peut préparer le gras-double en sauce (béchamel, épicée, à la tomate). Le gras-double à la Lyonnaise est émincé, revenu à la poêle avec des oignons, de l'huile, du vinaigre, et aromatisé de persil haché.
On peut également déguster le gras-double en salade avec une sauce vinaigrette, ravigote ou à la diable.

Gratiner Passer un plat sous le gril du four pour rendre sa surface dorée et croustillante.

Gravlax Filets de saumon cuits dans une marinade de sucre, de sel et d'aneth. Ils sont généralement servis avec un alcool scandinave parfumé au carvi (qui peut être remplacé par du gin, du cognac ou de la vodka).

Gravy Terme anglais désignant une sauce faite dans une poêle avec les sucs d'une viande ou d'un poulet rôti, épaissie avec de la farine, diluée avec du bouillon, du vin ou de l'eau et versée sur la viande, la volaille ou les légumes.

Grecque (à la) Terme désignant un plat cuisiné dans une marinade et aromatisé avec de l'huile d'olive et du citron, servi froid (comme les champignons à la grecque).

Grecque (cuisine) En début de soirée, assis aux terrasses des cafés, les Grecs aiment boire un verre d'ouzo et manger un assortiment d'amuse-gueules, appelés *mezze*. Cet assortiment peut se composer de *tsatziki*

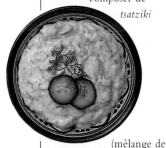

(mélange de yaourt, de concombre et d'ail), de dolmas, de légumes marinés, de viandes froides, de calamars et de poissons. Ils sont servis avec du pain pita. Un petit déjeuner grec est souvent composé de yaourt grec, épais et crémeux, et de miel. La feta, le célèbre fromage de chèvre, garnit de nombreux plats, pas seulement la salade grecque. L'agneau, et plus souvent le mouton,

GNOCCHIS AU POTIRON ET AU BEURRE DE SAUGE

★ ★   **Préparation :** 30 minutes + 5 minutes de repos
Cuisson : 1 heure 45
Pour 4 personnes

500 g de potiron
1 tasse ½ de farine
¼ de tasse de parmesan fraîchement râpé
Poivre noir fraîchement moulu

Beurre de sauge
90 g de beurre
2 cuil. à soupe de sauge fraîche hachée
¼ de tasse de parmesan fraîchement râpé

1 Préchauffer le four à 180 °C. Huiler une plaque de four. Couper le potiron en gros morceaux et les disposer sur la plaque. Enfourner 1 heure 30, jusqu'à ce qu'il soit très tendre. Laisser refroidir légèrement. Retirer la peau en grattant la chair à l'aide d'une cuillère et en éliminant les parties dures. Dans une grande jatte, mettre le potiron, la farine tamisée, le parmesan et le poivre. Bien remuer. Pétrir 2 minutes sur un plan de travail fariné, jusqu'à obtention d'une pâte souple.

2 Diviser la pâte en deux. Avec les mains préalablement farinées, rouler chaque moitié en un boudin de 40 cm de long environ. Couper en 16 morceaux égaux. Donner une forme oblongue à chaque morceau et l'aplatir légèrement avec les dents d'une fourchette.

3 Faire bouillir une grande casserole d'eau. Plonger les gnocchis, en petites quantités à la fois, et les faire cuire jusqu'à ce qu'ils remontent en surface. Prolonger la cuisson de 3 minutes. Égoutter dans une passoire et réserver au chaud.

4 Beurre de sauge : faire fondre le beurre dans une casserole ; le retirer du feu et incorporer la sauge. Laisser reposer 5 minutes et réserver au chaud.
Au moment de servir, répartir les gnocchis équitablement dans des assiettes creuses, les arroser de beurre de sauge et les garnir de parmesan râpé.

Ci-dessous : Gnocchis au potiron et au beurre de sauge.

1

2

3

GOMBOS

GOMBOS À L'OIGNON ET À LA TOMATE

✶ ✶ **Préparation :** 10 minutes + 4 heures de trempage
Cuisson : 1 bonne heure
Pour 4 personnes

1 tasse de pois chiches	1 cuil. à soupe de jus de citron
3 tasses d'eau	
1 cuil. à soupe d'huile d'olive	2 cuil. à soupe de vin rouge (facultatif)
8 petits oignons blancs marinés	500 g de gombos frais, ou 700 g de gombos en boîte égouttés
2 gousses d'ail écrasées	
4 tomates moyennes, pelées et hachées	1 cuil. à soupe d'origan frais haché
1 tasse ½ de jus de tomates	1 cuil. à café de poivre moulu

1 Faire tremper les pois chiches pendant 4 heures (ou toute la nuit). Égoutter.
Chauffer l'huile dans une casserole ; ajouter les oignons et l'ail. Cuire 4 minutes à feu vif puis moyen, jusqu'à ce que les oignons soient dorés. Ajouter les tomates, les pois chiches, le jus de tomate, le jus de citron et le vin.
Laisser mijoter 40 minutes à couvert.
2 Ajouter les gombos et prolonger la cuisson de 20 minutes.
Si vous utilisez des gombos en boîte, les ajouter à la

préparation 5 minutes avant la fin de la cuisson. Incorporer l'origan et le poivre. Servir en plat principal avec du riz, ou en accompagnement d'une viande.

POULET AUX GOMBOS

✶ **Préparation :** 10 minutes
Cuisson : 55 minutes
Pour 4 personnes

8 côtelettes de poulet dans la cuisse (750 g environ)	440 g de tomates en boîte, concassées
2 cuil. à soupe de beurre fondu	¼ de cuil. à café de poivre noir moulu
2 gousses d'ail écrasées	1 kg de petits gombos ou 1,5 kg de gombos en boîte, égouttés et non rincés
¼ de tasse d'huile d'olive	
2 gros oignons finement émincés	

1 Parer le poulet. Disposer les morceaux sur un grille-viande huilé. Cuire 12 minutes à feu vif puis moyen, en les badigeonnant d'un mélange de beurre avec la moitié de l'ail.
2 Saisir les oignons et l'ail restant dans une sauteuse huilée ; faire mijoter 10 minutes ; ajouter tomates et poivre.
3 Préchauffer le four à 210 °C. Équeuter les gombos et les ajouter dans la casserole en remuant délicatement. Laisser mijoter 10 minutes à couvert. Verser la préparation dans un moule à four peu profond.
4 Disposer les morceaux de poulet sur les légumes. Enfourner 15 minutes. Servir avec des olives et du fromage.

CI-DESSUS : POULET AUX GOMBOS. CI-CONTRE : GOMBOS À L'OIGNON ET À LA TOMATE.

occupent une place importante dans la cuisine grecque, spécialement dans le nord du pays. On fait doucement rôtir la viande jusqu'à ce qu'elle devienne très tendre, et on la sert avec des pommes de terre cuites au four. Les Grecs préfèrent servir leurs plats tièdes plutôt que chauds. Les légumes sont souvent marinés - aubergines, courgettes et artichauts, notamment. Les légumes à la grecque font partie des plats d'été délicieux. Les desserts sont riches et

"collants". Les pâtes garnies de noix et de miel (baklava) sont traditionnellement servies avec un verre d'eau froide et une tasse de café à la grecque.

Gremolata Mélange composé de persil finement haché, de zeste de citron finement râpé, d'ail écrasé et parfois d'anchois coupés en petits morceaux, traditionnellement saupoudré sur l'osso bucco. C'est une spécialité milanaise.

Grenade Fruit rond, à la peau rouge dorée, de la taille d'une orange. Elle est divisée par des membranes de peau au goût amer en plusieurs

GLACES & SORBETS

Les glaces, sorbets ou gelati (glaces italiennes) préparés soi-même comptent parmi les desserts les plus raffinés. Les glaces et les gelati peuvent se confectionner à l'aide d'une sorbetière ou manuellement. Les sorbets se préparent dans des bacs à congélateur.

GLACES

La glace à la vanille traditionnelle accompagne la plupart des desserts, et les glaces parfumées aux fruits, aux noix ou au chocolat, par exemple, sont délicieuses. La glace maison est beaucoup plus compacte que la glace achetée dans le commerce. La retirer du congélateur une demi-heure avant de servir.

GLACE À LA VANILLE

Dans une casserole, réunir ¾ de tasse de sucre en poudre et 2 gousses de vanille fendues dans le sens de la longueur. Incorporer 1 tasse de lait et faire cuire au bain-marie, en remuant jusqu'à ce que le sucre se dissolve et que la préparation commence à frémir.
Réchauffer 6 jaunes d'œuf dans un saladier et incorporer peu à peu le lait chaud, en fouettant bien. Poser le saladier sur une casserole d'eau frémissante et remuer sans cesse (sans faire bouillir) jusqu'à ce que le mélange nappe le dos de la cuillère. Laisser refroidir en déposant un film plastique sur la surface pour éviter la formation d'une peau.
Incorporer 2 tasses de crème fraîche liquide dans la crème à la vanille, et réfrigérer pendant 2 heures. Retirer les gousses de vanille et gratter les graines pour les incorporer à la crème. Verser la crème dans une sorbetière et la faire fonctionner 30 minutes jusqu'à ce que la glace soit épaisse et ferme.

Préparation sans sorbetière : verser le mélange à la vanille dans des moules métalliques à congélateur, et congeler 2 à 3 heures, jusqu'à ce que la glace se solidifie sur les bords. Transférer dans une jatte et ramollir à l'aide d'un batteur (électrique de préférence).

VARIANTES

On peut accommoder la préparation à la vanille de toutes sortes de parfums avant de la congeler :

■ **CAFÉ :** ajouter 2 cuil. à soupe de café instantané en poudre dissous dans 1 cuil. à soupe d'eau chaude.

■ **NOIX DE COCO :** ajouter 2 tasses de crème de coco ou 1 tasse de noix de coco séchée.

■ **PÉPITES DE CHOCOLAT :** ajouter 250 g de pépites de chocolat noir finement concassées, et 2 cuil. à soupe de jus ou de liqueur d'orange.

■ **BANANE :** ajouter 3 petites bananes mûres écrasées et 1 cuil. à soupe de jus de citron.

■ **FRUITS ROUGES :** ajouter 250 g de fraises, mûres ou framboises réduites en purée.

■ **FRUIT DE LA PASSION :** passer la pulpe de 8 fruits de la Passion au chinois fin, pour extraire autant de jus que possible. Éliminer les graines. Ajouter 1 cuil. à café de jus de citron au jus passé et l'incorporer à la préparation avant de la verser dans la sorbetière.

■ **NOIX DE MACADAMIA OU PISTACHES :** avant de faire prendre le mélange, ajouter à la préparation 2 tasses de noix ou de pistaches grossièrement hachées.

DE GAUCHE À DROITE : GLACE À LA VANILLE, SORBET AU CITRON, SORBET AUX MÛRES SAUVAGES ET AUX FRAMBOISES, GELATO AU CHOCOLAT.

SORBETS ET GELATI

Un sorbet est une glace à l'eau servie entre deux plats pour rafraîchir le palais, ou en guise de dessert léger. Les sorbets aux fruits sont les plus communs, mais on peut également les parfumer au thé, au café, au champagne, au vin, à l'alcool, à la liqueur ou aux épices. Le gelato est une glace un peu plus riche, uniquement servie au dessert.

SORBET AU CITRON

Verser ¹/₂ tasse d'eau froide dans une casserole et saupoudrer d'1 cuil. à soupe de gélatine. Laisser reposer 10 minutes. Verser ¹/₂ tasse d'eau bouillante et remuer à feu doux jusqu'à ce que la gélatine soit délayée. Ajouter 1 tasse de sucre et remuer à feu doux sans faire bouillir jusqu'à ce que le sucre se dissolve. Retirer du feu. Ajouter 1 tasse d'eau froide et 1 tasse de jus de citron passé. Laisser refroidir puis verser dans des bacs à congélateur. Congeler 2 à 3 heures jusqu'à ce que le sorbet soit juste ferme. Former des copeaux que vous disposerez dans des coupes à dessert réfrigérées.

SORBET AUX MÛRES SAUVAGES ET AUX FRAMBOISES

Dans une grande casserole, réunir 6 tasses de mûres sauvages, fraîches ou surgelées, 2 tasses de framboises et 1 tasse d'eau. Porter à ébullition, baisser le feu et laisser mijoter 2 minutes. Passer à l'étamine et remettre dans la casserole avec 1 tasse d'eau. Ajouter 1 tasse ¹/₂ de sucre et 1 cuil. à soupe de jus de citron, et remuer à feu doux jusqu'à ce que le sucre se dissolve. Laisser refroidir. Verser la préparation dans des bacs à congélateur et congeler jusqu'à ce que le sorbet soit mou. Transférer dans un récipient. Battre 2 blancs d'œuf en neige et les incorporer dans le sorbet avec une cuillère en métal. Remettre dans les bacs et congeler, en remuant de temps en temps pour bien répartir les blancs. Former des copeaux et les disposer dans les coupes à dessert.

GELATO AU CHOCOLAT

Dans une grande casserole, réunir 1 l de lait, 1 tasse ¹/₄ de sucre et ¹/₂ cuil. à café d'essence de vanille. Remuer à feu doux jusqu'à ce que le sucre se dissolve, mais sans faire bouillir. Retirer du feu et incorporer ¹/₄ de cuil. à café de café instantané en poudre et 150 g de chocolat noir concassé. Continuer à remuer jusqu'à ce que le chocolat soit fondu et que la préparation soit lisse. Verser dans une sorbetière et la faire fonctionner 30 minutes, jusqu'à ce que le gelato soit ferme.

Préparation sans sorbetière : verser le mélange au chocolat dans des bacs à congélateur et congeler jusqu'à ce que la glace prenne sur les côtés. Transférer dans un saladier et battre jusqu'à épaississement (utiliser de préférence un batteur électrique). Remettre au congélateur et congeler 3 à 4 heures jusqu'à ce que la glace soit ferme.

LES CLÉS DE LA RÉUSSITE

■ La plupart des glaces et sorbets semblent avoir un goût trop sucré avant congélation ; l'effet du froid sur les papilles gustatives atténue cette impression. Par conséquent, les glaces trop peu sucrées à première dégustation seront fades. Comme les fruits ont une teneur en sucre et en eau différente, il faut varier la proportion de sucre lorsqu'on confectionne le sirop. Il est essentiel de faire dissoudre le sucre complètement en le remuant directement sur le feu ; les cristaux non dissous donnent une texture granuleuse.

■ Utiliser des récipients et des bacs à congélateur déjà glacés. La préparation doit toujours être réfrigérée avant congélation. Si vous vous servez d'une sorbetière, réfrigérer la préparation au moins 4 heures, de préférence toute la nuit, avant de la monter en glace. Congeler les glaces à la température la plus froide, en particulier si vous utilisez des bacs. Une congélation trop lente peut rendre la glace granuleuse. Pour éviter la cristallisation des sorbets, des glaces et gelati, battre la préparation au moins deux fois, à intervalles réguliers (toutes les heures environ), pendant le temps de congélation.

parties, chacune contenant des graines enfermées dans des sacs faits de pulpe sucrée, rose foncée, ressemblant à de la gelée. Les graines et la pulpe peuvent être retirées de l'écorce et mangées, mais on peut aussi les ajouter à des salades de fruits. On utilise le jus de grenade pour fabriquer le sirop de grenadine (boisson rouge clair, non alcoolisée, employée comme colorant, et pour aromatiser les cocktails, les glaces, les salades de fruits et autres desserts). La grenade est d'origine asiatique ; elle est arrivée en Occident et sur les côtes africaines de la Méditerranée il y a plusieurs centaines d'années. Elle était cultivée par les Hittites, les Perses et les Égyptiens. Elle a longtemps été le symbole de la fertilité. Dans la mythologie grecque, Perséphone, déesse du printemps, fut condamnée à passer la moitié de chaque année aux Enfers pour avoir mangé six grenades interdites. Lorsqu'elle sortit de l'ombre, l'herbe poussa avec les premiers signes du printemps et, lorsqu'elle regagna le monde souterrain, l'automne s'installa. La saison de la grenade est la fin de l'automne. En Tunisie, les graines de grenade accompagnent parfois le couscous. En Iran, on trouve du concentré de graines de grenades.

GRAINES DE PAVOT

PAIN AUX GRAINES DE PAVOT

✱ **Préparation :** 15 minutes
Cuisson : 50 minutes
Pour un pain

2 tasses 1/2 de farine avec levure incorporée
1/4 de tasse de sucre
1/4 de tasse de graines de pavot + 1 cuil. à café supplémentaire
1 kg de pommes de terre, pelées et râpées
185 g de beurre fondu et refroidi
2 œufs légèrement battus

1 Préchauffer le four à 180 °C. Beurrer un moule à cake de 21 x 17 x 7 cm environ. Garnir le fond et les bords de papier sulfurisé beurré.
2 Tamiser la farine dans une grande terrine. Ajouter le sucre, les graines de pavot et la pomme de terre. Faire un puits au centre. Incorporer le beurre et les œufs, et remuer avec une cuillère en bois jusqu'à ce que la préparation soit juste homogène, sans trop battre.
3 Verser la préparation dans le moule et égaliser la surface. Saupoudrer des graines de pavot supplémentaires. Enfourner 50 minutes (vérifier la cuisson à l'aide d'une lame de couteau : elle doit en ressortir sèche). Laisser reposer le pain 3 minutes avant de le faire refroidir sur une grille.

Remarque : ce pain se conserve 4 jours au réfrigérateur ou 4 semaines au congélateur. On peut le servir en accompagnement d'un plateau de fromage ou de fruits.

CI-DESSUS : PAIN AUX GRAINES DE PAVOT.
CI-CONTRE : TORSADES AUX GRAINES DE PAVOT.

TORSADES AUX GRAINES DE PAVOT

✱ ✱ **Préparation :** 20 minutes + 15 minutes de réfrigération
Cuisson : 15 minutes
Pour 24 torsades

1/2 tasse de farine
45 g de beurre coupé en petits morceaux
2 cuil. à soupe d'eau glacée
1 cuil. à soupe de graines de pavot
1 œuf battu

1 Préchauffer le four à 180 °C. Beurrer une plaque de four de 32 x 28 cm environ. Verser la farine dans une jatte ; faire un puits au centre et incorporer le beurre. À l'aide de deux couteaux, couper le beurre en mouvements croisés jusqu'à ce qu'il soit réduit en très petits morceaux. Ajouter l'eau, et mélanger avec un couteau jusqu'à obtention d'une pâte ferme. Pétrir 1 minute sur un plan de travail fariné, jusqu'à ce que la pâte soit souple. Envelopper de film plastique, et réfrigérer 15 minutes.
2 Sur le plan de travail fariné, étaler la pâte en un rectangle de 24 x 16 cm environ. Saupoudrer de graines de pavot et les tasser délicatement dans la pâte avec le dos d'une cuillère. Replier la pâte en trois épaisseurs et l'étaler de nouveau en grand un rectangle. Couper 24 bandes dans la largeur.
3 Former des torsades ; les disposer sur la plaque, et les badigeonner d'œuf. Enfourner 15 minutes (elles doivent être dorées). Servir froid, en apéritif ou avec un potage.

CUISINE GRECQUE : LES CLASSIQUES

TARAMA

✳ **Préparation :** 20 minutes + 2 heures de réfrigération
Cuisson : 20 minutes
Pour 375 ml

2 grosses pommes de terre pelées	*²/₃ de tasse d'huile d'olive*
125 g d'œufs de morue ou de cabillaud	*¹/₃ de tasse de jus de citron*
	2 cuil. à soupe de persil frais

1 Couper les pommes de terre en cubes de 2 cm. Les couvrir d'eau dans une casserole. Porter à ébullition, baisser le feu et laisser frémir 15 minutes. Bien égoutter. Réduire les pommes de terre en purée à l'aide d'une fourchette. Laisser refroidir.
2 Battre les œufs de poisson 2 minutes dans un bol (de préférence avec un batteur électrique, à vitesse maximale). Ajouter la purée peu à peu, en battant après chaque ajout.
3 Verser l'huile d'olive et le jus de citron peu à peu, en battant bien après chaque ajout. Lorsque tout est versé, battre le mélange à vitesse maximale pendant 5 minutes.
4 Réfrigérer 2 heures. Hacher finement le persil et en saupoudrer le tarama.
Servir à température ambiante avec du pain et des olives.

Ci-dessus : Tarama ; ci-contre : Tzatziki.

TZATZIKI

✳ **Préparation :** 15 minutes + 2 heures de réfrigération
Cuisson : 20 minutes
Pour 6 personnes

3 petits concombres, grossièrement râpés	*1 cuil. à soupe d'huile d'olive + 2 cuil. à soupe supplémentaires*
500 g de yaourt nature épais	*Sel et poivre noir fraîchement moulu*
3 gousses d'ail écrasées	*2 pains pita*
1 cuil. à café d'aneth finement haché	

1 Garnir un chinois fin d'une étamine. Y mettre le concombre et refermer l'étamine pour l'envelopper. Presser fortement pour éliminer toute l'eau du concombre. Le placer dans un saladier.
2 Ajouter le yaourt, l'ail, l'aneth et l'huile ; bien remuer. Assaisonner à votre goût. Couvrir de film plastique et réfrigérer 2 heures minimum, ou toute la nuit.
3 Préchauffer le four à 180 °C. Couper les pains pita en deux épaisseurs, et badigeonner d'huile le côté rugueux. Détailler chaque galette en 8 triangles. Enfourner sur une plaque non graissée pendant 20 minutes, jusqu'à ce que les pains pita soient croustillants. Servir tiède avec le tzatziki.

Remarque : on peut aussi bien servir le tzatziki avec des crackers ou des chips. C'est une sauce froide (dip) très rafraîchissante.

La grenade peut aussi être servie en accompagnement de gibiers, volailles, et poissons.

Gressin Bâtonnets de pain-biscotte, longs et fins. En Italie, les gressins sont souvent servis aux repas ; on les voit souvent disposés en bouquets dans des timbales sur les tables des restaurants.

Griller Cuire des aliments rapidement au gril ou au barbecue ; les aliments doivent être retournés pour que les deux faces soient exposées à la source de chaleur.

Griotte Cerise acidulée, à queue courte, et de couleur sombre, que l'on appelle également cerise aigre. On l'utilise pour préparer des liqueurs, des gelées et des confitures.

Grog Terme anglais désignant une boisson que l'on boit très chaude, à base de cognac ou de rhum, sucrée, et agrémentée de citron. A l'origine, le grog aurait été utilisé par les marins qui avaient surnommé l'amiral Vernom "Old Grog", à cause de ses vêtements faits d'une étoffe à gros grain (grogram), et parce qu'il obligeait les membres de son équipage à allonger leur rhum avec de l'eau.

Grondin Poisson de mer, également appelé rouget grondin, ou bien rouget. On peut le préparer au gratin, au court-bouillon, ou au four avec une préparation à base de vin blanc, beurre et champignons. Voir Poisson.

Groseille Petite baie acide, ronde, à peau douce ; il existe des variétés de groseilles rouges, blanches (rares), et noires. On peut manger les groseilles rouges fraîches, avec du sucre et de la crème, ou en salade. On utilise les groseilles rouges et les groseilles noires pour préparer des confitures, des gelées et des sauces ; les groseilles noires entrent dans la composition du sirop et de la liqueur de cassis.

Groseille à maquereau Petit fruit ferme, à saveur acide. Sa peau peut être de couleur jaune, verte ou rouge-noire, selon la variété. La groseille à maquereau est originaire des régions froides d'Europe du Nord. Les groseilles à maquereau américaines proviennent de la côte est des États-Unis. On peut les servir fraîches ou en compote ; on peut également les acheter congelées ou en conserve.

SOUVLAKIA (BROCHETTES D'AGNEAU)

✻ **Préparation :** 20 minutes + 1 nuit de réfrigération
Cuisson : 10 minutes
Pour 4 personnes

1 kg de gigot d'agneau, désossé	1 cuil. à soupe de vinaigre de vin blanc
1 poivron vert coupé en carrés de 2 cm	2 gousses d'ail, écrasées
1 poivron rouge coupé en carrés de 2 cm	3 cuil. à café d'origan séché
	2 feuilles de laurier, émiettées
1/3 de tasse de jus de citron	Sel et poivre noir fraîchement moulu
2/3 de tasse d'huile d'olive	

1 Parer l'agneau et le détailler en cubes réguliers de 3 cm.
2 Piquer la viande et les morceaux de poivron sur des brochettes huilées ; les disposer sur un plat non métallique peu profond.
3 Dans un bol, mélanger le jus de citron, l'huile, le vinaigre, l'ail, l'origan, le laurier, le sel et le poivre. Verser sur les brochettes préparées. Couvrir de film plastique et réfrigérer toute la nuit, en remuant de temps en temps. Égoutter les brochettes et réserver la marinade.
4 Disposer les brochettes sur une grille légèrement huilée. Cuire 10 minutes à feu moyen, jusqu'à ce que la viande soit tendre, en arrosant plusieurs fois de marinade pendant la cuisson. Servir avec du pain pita réchauffé et de la salade grecque ou du tzatziki (voir recette précédente).

FOURRÉS AU FROMAGE

✻✻ **Préparation :** 35 minutes
Cuisson : 20 minutes
Pour 4 à 6 personnes

200 g de feta	15 rouleaux de pâte phyllo
100 g de ricotta	2 cuil. à soupe d'huile
1/4 de tasse de mozzarella râpée	d'olive
1 œuf légèrement battu	2 cuil. à soupe de beurre fondu
Poivre blanc	

1 Préchauffer le four à 180 °C. Mettre la feta dans une terrine et l'écraser à la fourchette. Ajouter la ricotta, la mozzarella, l'œuf et le poivre ; bien remuer.
2 Disposer un rectangle de pâte phyllo sur le plan de travail, et le badigeonner du mélange d'huile et de beurre. Replier le rectangle en trois, dans le sens de la longueur.
3 Déposer 1 cuil. à soupe de mélange au fromage sur un coin de la bande de pâte. Replier le coin sur la farce de façon à former un triangle. Continuer à replier la pâte jusqu'au bout de sorte que la farce soit complètement enveloppée. Répéter l'opération avec la pâte et la farce restantes.
4 Disposer les fourrés sur une plaque de four légèrement huilée. Les badigeonner de mélange d'huile et de beurre. Enfourner 20 minutes jusqu'à ce que la pâte soit dorée.

Remarque : durant la préparation, conserver la pâte phyllo sous un torchon humide pour éviter qu'elle ne sèche. Cuits, les fourrés au fromage peuvent se congeler pendant 3 mois.

MOUSSAKA

✷ ✷ **Préparation :** 20 minutes + 1 heure de repos
Cuisson : 1 heure 45
Pour 6 personnes

3 aubergines moyennes
1 cuil. à soupe de sel
½ tasse d'huile d'olive

Sauce à la viande
2 cuil. à soupe d'huile d'olive
1 gros oignon finement émincé
500 g de bifteck haché
2 cuil. à soupe de vin blanc sec
425 g de purée de tomates en boîte
1 cuil. à soupe de persil plat haché

2 cuil. à café de menthe fraîche hachée
½ cuil. à café de cannelle moulue
¼ de cuil. à café de poivre blanc moulu

Sauce au fromage
90 g de beurre
⅓ de tasse de farine
2 tasses de lait
2 œufs légèrement battus
⅔ de tasse de romano râpé

1 Couper les aubergines non pelées en rondelles de 1 cm. Les saupoudrer de sel sur leurs deux faces ; laisser dégorger dans une passoire pendant 1 heure. Rincer à l'eau froide et bien égoutter. Ôter l'excédent d'eau en pressant les rondelles avec du papier absorbant.

2 Sauce à la viande : chauffer l'huile dans une poêle et faire revenir l'oignon et la viande hachée 10 minutes à feu vif, jusqu'à ce que le jus se soit évaporé. Ajouter le vin, la purée de tomates, les herbes, la cannelle et le poivre ; porter à ébullition. Baisser le feu et laisser mijoter 20 minutes à découvert, en remuant de temps en temps. Retirer le couvercle et prolonger la cuisson de 10 minutes.

3 Sauce au fromage : chauffer le beurre dans une petite casserole ; ajouter la farine. Remuer 2 minutes à feu doux, puis ajouter le lait peu à peu, en le délayant bien. Remuer 5 minutes à feu moyen, jusqu'à ébullition et épaississement. Prolonger la cuisson d'1 minute et retirer du feu. Ajouter les œufs et le fromage ; bien battre.

4 Préchauffer le four à 180 °C. Chauffer l'huile dans une poêle à fond épais. Faire revenir les aubergines, en petite quantité à la fois, jusqu'à ce qu'elles soient dorées. Les retirer de la poêle et les égoutter sur du papier absorbant. Diviser les aubergines en trois portions. En disposer une au fond d'un plat à four peu profond. Étaler la moitié de la sauce à la viande, puis une deuxième couche d'aubergines, le reste de sauce à la viande, et le reste des aubergines. Verser la sauce au fromage, et enfourner 45 minutes, jusqu'à ce que la moussaka soit dorée. Laisser reposer 5 minutes dans le plat avant de servir.

PAGE CI-CONTRE, EN HAUT : SOUVLAKIA ; EN BAS : FOURRÉS AU FROMAGE. CI-DESSUS : BAKLAVA.

BAKLAVA

✷ ✷ **Préparation :** 15 minutes
Cuisson : 40 minutes
Pour 4 à 6 personnes

375 g de noix finement hachées, mais non moulues
150 g d'amandes finement hachées
½ cuil. à café de cannelle
½ cuil. à café de mixed spice (mélange de muscade, cannelle, clou de girofle et gingembre)
1 cuil. à soupe de sucre en poudre

2 cuil. à soupe de beurre fondu
1 cuil. à soupe d'huile d'olive
16 rouleaux de pâte phyllo

Sirop : mélanger à feu doux
1 tasse de sucre
⅔ de tasse d'eau
3 clous de girofle entiers
3 cuil. à café de jus de citron

1 Préchauffer le four à 180 °C. Huiler le fond et les bords d'un plat à four de 18 x 28 cm environ. Dans un bol, mélanger les noix, les amandes, les épices et le sucre ; répartir en 3 portions. Placer un rouleau de pâte sur le plan de travail. Badigeonner la moitié de la surface avec le mélange de beurre et d'huile ; replier en deux dans le sens de la largeur. Couper les bords pour que la pâte rentre dans le plat. Répéter l'opération avec 3 autres rouleaux de pâte en les superposant dans le plat.

2 Saupoudrer 1 portion de mélange aux noix sur la pâte. Couvrir de 4 rouleaux de pâte beurrés, puis d'une autre portion de mélange aux noix. Superposer ainsi, en alternant mélange et 4 rouleaux de pâte à la fois (la couche finale est en pâte). Ôter l'excédent sur les bords.

3 Badigeonner la surface du restant de beurre et d'huile. Trancher en 4 bandes dans le sens de la longueur (sans couper la pâte du fond). Enfourner 30 minutes.

4 Verser le sirop refroidi sur le gâteau chaud. Une fois froide, découper en carrés ou en losanges.

Gruau Fin potage composé de bouillie de céréales, habituellement de l'avoine, dans un bouillon de légumes ou dans du lait. C'est l'un des plus anciens styles d'alimentation ; les Égyptiens fabriquaient des gruaux de millet, d'orge et de blé.

Gruyère Fromage de lait de vache à pâte dure, de couleur pâle avec un goût prononcé mais crémeux. La pâte est "cuite" dans des ferments chauffés puis pressée dans de grands moules ronds pour mûrir ; l'intérieur du gruyère est parsemé de petits trous. On peut servir le gruyère sur le plateau de fromage à la fin d'un repas, et il entre également dans la composition des quiches, tourtes, et gratins de toutes sortes.

Guacamole Plat mexicain composé d'avocats mûrs réduits en purée, d'oignons finement hachés, de coriandre et parfois de tomates, et assaisonné avec du piment. On le sert avec des chips de maïs ou en sauce froide (dip).

H

Haddock Poisson des eaux de l'Atlantique nord, de la famille du cabillaud. Le haddock frais a une chair blanche ferme, délicatement parfumée. Il peut être cuit au four en entier ; ses filets peuvent être braisés, pochés, grillés ou frits. Le haddock fumé est généralement poché dans le lait (c'est une tradition culinaire britannique), mais on peut également le cuire au four, le griller, ou le frire à feu doux. Le haddock est le principal ingrédient du plat traditionnel anglo-indien, le *kedgeree*.

Haggis Plat traditionnel écossais, servi lors de *Burns Night* (25 janvier), et à la Saint-Sylvestre, et considéré par de nombreuses personnes comme le plat national écossais. Le cœur, le foie et les poumons hachés d'un mouton sont mélangés avec de la viande de bœuf ou de mouton hachée, de la graisse de rognons et de l'avoine, assaisonnés avec du poivre de Cayenne et de l'oignon très finement détaillé, puis mis à bouillir dans la panse du

HAMBURGERS

HAMBURGERS AUX OIGNONS CARAMÉLISÉS

✳ **Préparation :** 25 minutes
Cuisson : 46 minutes
Pour 6 personnes

1 kg de bifteck haché
1/4 de tasse de crème fraîche
1 cuil. à café de thym séché
1 cuil. à café de basilic séché
1 cuil. à café de romarin séché

Oignons caramélisés
1 cuil. à soupe d'huile d'olive
3 gros oignons rouges émincés en rondelles
1 cuil. à soupe de vinaigre balsamique
2 cuil. à café de miel

1 Mettre le bifteck haché, la crème fraîche et les herbes dans une terrine ; bien mélanger. Diviser la préparation en six portions égales et leur donner la forme de petites galettes épaisses. Couvrir et réfrigérer jusqu'à utilisation.
2 Oignons caramélisés : chauffer l'huile dans une grande poêle ; faire revenir les oignons 20 minutes à feu moyen puis doux. Les oignons doivent être très tendres et dorés. Ajouter le vinaigre et le miel et laisser cuire 10 minutes en remuant.
3 Pendant ce temps, chauffer le gril ou une poêle huilée. Cuire les biftecks hachés 8 minutes de chaque côté, à feu vif puis moyen (ne les retourner qu'une fois). Lorsque la viande est cuite, la servir avec de la salade et des oignons caramélisés chauds.

HAMBURGERS AU POULET ET CRÈME À LA MOUTARDE

✳ **Préparation :** 12 minutes + 20 minutes de repos
Cuisson : 10 minutes
Pour 6 personnes

500 g de poulet haché
2/3 de tasse de chapelure
1 cuil. à soupe de curry doux en poudre
2 cuil. à soupe de chutney à la mangue
2 cuil. à soupe de persil plat finement haché
1 œuf légèrement battu
Sel et poivre noir fraîchement moulu

Crème à la moutarde
1/4 de tasse de crème fraîche
1 cuil. à soupe de moutarde en grains
1 cuil. à soupe de chutney à la mangue
1/4 de tasse d'huile d'olive

1 Réunir le poulet, la chapelure, le curry, le chutney, le persil, l'œuf, le sel et le poivre dans une jatte.
2 Bien malaxer le mélange. Couvrir de film plastique et réfrigérer 20 minutes.
3 Diviser la préparation en six portions égales et former des petites galettes épaisses, avec les mains préalablement huilées. Disposer les galettes sur un gril ou une plaque légèrement huilée. Cuire 5 minutes de chaque côté à feu vif puis moyen, jusqu'à ce que les hamburgers soient bien dorés et cuits (ne les retourner qu'une fois). Servir chaud accompagné de crème à la moutarde.
4 Crème à la moutarde : dans un bol, réunir la crème, la moutarde et le chutney. Battre au fouet pour bien mélanger. Ajouter quelques gouttes d'huile à la fois, sans cesser de battre, jusqu'à ce que toute l'huile soit incorporée.

HAMBURGERS VÉGÉTARIENS AU HOUMMOS

* **Préparation :** 20 minutes + 2 heures de réfrigération
  Cuisson : 20 minutes
  Pour 4 personnes

½ tasse d'huile d'olive
1 oignon moyen finement haché
1 cuil. à soupe de curry en poudre
½ tasse de petits pois surgelés
½ tasse de carotte finement râpée
½ tasse de petits morceaux de potiron
1 tomate mûre pelée et hachée
¾ de tasse de mie de pain blanc, émiettée
1 œuf
315 g de pois chiches en boîte, égouttés
4 petits pains à hamburger, à la farine complète
Laitue
1 petit concombre finement émincée dans le sens de la longueur

1 tomate, finement émincée
1 oignon rouge, coupé en fines rondelles
Sel et poivre

Hoummos
315 g de pois chiches en boîte, égouttés
2 gousses d'ail écrasées
2 cuil. à soupe de jus de citron
2 cuil. à soupe de crème fraîche
1 cuil. à soupe de beurre de cacahuètes
1 cuil. à café de cumin moulu
2 cuil. à soupe de graines de sésame grillées

1 Chauffer 2 cuil. à soupe d'huile dans une poêle et faire revenir les oignons et le curry 3 à 4 minutes à feu moyen. Incorporer les petits pois, la carotte et le potiron ; prolonger la cuisson de 2 minutes. Ajouter la tomate émincée, baisser le feu, couvrir et faire cuire 3 à 5 minutes, jusqu'à ce que les légumes soient tendres. Retirer du feu et laisser légèrement tiédir. Incorporer la mie de pain, l'œuf, le sel et le poivre. Transférer la préparation dans un récipient.
2 Passer les pois chiches au mixeur. Les incorporer à la préparation et bien mélanger. Couvrir et réfrigérer 2 heures. Diviser la préparation en 4 portions et former des petites galettes.
3 Chauffer le reste de l'huile dans une poêle. Cuire les galettes 3 à 4 minutes sur chaque face jusqu'à ce qu'elles soient dorés. Couper les pains à hamburger en deux, et éventuellement, les griller un peu. Disposer un demi-pain sur chaque assiette. Le garnir de laitue, de concombre, de tomate, d'oignon en rondelle, et de galette. Déposer quelques cuillerées de hoummos et couvrir de l'autre moitié de pain.
4 **Hoummos :** passer au mixeur les pois chiches, l'ail, le jus de citron, la crème fraîche, le beurre de cacahuètes, le cumin et les graines de sésames, 20 secondes environ, jusqu'à obtention d'une pâte lisse.

HAMBURGERS AUX HUÎTRES ET À LA CRÈME AU RAIFORT

* **Préparation :** 20 minutes
  Cuisson : 16 minutes
  Pour 6 personnes

750 g de steak haché
1 tasse de mie de pain blanc, émiettée
½ cuil. à café de zeste de citron râpé
5 gouttes de Tabasco
1 œuf légèrement battu
6 huîtres (sans leur coquille)

6 petits pains à hamburger
Laitue émincée

Crème au raifort
½ tasse de crème fraîche
2 cuil. à café de condiment au raifort

1 Réunir le bifteck haché, la chapelure, le zeste de citron, le Tabasco et l'œuf dans une grande terrine ; bien mélanger. Diviser la préparation en 6 portions égales et former des petites galettes de 1,5 cm d'épaisseur. Avec le pouce, former une cavité au centre de chaque galette. Déposer une huître dans la cavité et étaler la viande par-dessus pour l'envelopper complètement. Réfrigérer jusqu'à utilisation.
2 **Crème au raifort :** bien mélanger la crème fraîche et le raifort dans un bol. Réfrigérer jusqu'à utilisation.
3 Chauffer le gril ou une poêle, huilés. Cuire les galettes de viande 8 minutes sur chaque face à feu vif puis moyen (ne les retourner qu'une fois). Couper les pains en deux ; éventuellement, les griller un peu. Disposer un demi-pain sur chaque assiette. Le garnir de laitue et ajouter la préparation de viande cuite. Arroser la crème au raifort, et recouvrir de l'autre moitié de pain.

CI-DESSUS : HAMBURGERS AUX HUÎTRES ET À LA CRÈME AU RAIFORT. PAGE CI-CONTRE, EN HAUT : HAMBURGERS AUX OIGNONS CARAMÉLISÉS ; EN BAS : HAMBURGERS AU POULET ET CRÈME À LA MOUTARDE.

mouton. On le sert chaud, en le prélevant dans son enveloppe, et on l'accompagne d'une purée de navets et de pommes de terre. Composé de parties animales qui ne seraient pas utilisées dans d'autres recettes, le haggis est cependant très apprécié, et réputé être de grande finesse.

Haloumi Fromage fabriqué avec du lait de chèvre, de texture ferme et au goût prononcé, crémeux, se rapprochant de la feta. Il est fabriqué à Chypre, en Syrie et au Liban depuis plus de 2000 ans.
On trouve du haloumi frais dans les commerces spécialisés, ou emballé sous vide.

Halva Sucrerie du

Moyen-Orient fabriquée avec du tahini, du beurre, du sucre, du miel et des noix, et parfumée avec de l'eau de rose ou du safran.

Hareng Poisson des eaux de l'Atlantique nord, à chair grasse, de texture douce et très parfumée. Les harengs frais, vendus entiers ou en filets, sont meilleurs lorsqu'on les fait griller, mais on peut également les cuire au four ou les pocher. À cause de sa forte teneur en graisse, le hareng peut être parfaitement fumé, ou transformé en condiment.

Haricot Légume appartenant à la famille des papilionacées et comportant différentes espèces.

Haricot blanc Variété de haricots à écosser, employée dans les plats mijotés et les soupes. On trouve des haricots blancs en conserve, au naturel, ou accommodés de sauce tomate.

Haricot de Lima Variété de haricots à graines vert pâle ou blanches. On l'emploie le plus souvent sec (on l'ajoute aux soupes ou aux plats mijotés, ou on le sert en salade) ; on peut également le cuisiner frais comme les autres légumes. Le haricot de Lima ne

vient pas de Lima (Pérou) mais du Guatemala. On le trouve frais, sec, en conserve ou congelé.

Haricot rouge Haricot sec, de couleur rouge, légèrement

arrondi, employé dans la cuisine

HARICOTS
SECS ET EN CONSERVE

POTÉE DE HARICOTS ROUGES AU LARD

✳ **Préparation :** 25 minutes
   Cuisson : 40 minutes
   Pour 4 à 6 personnes

200 g de lard (voir remarque)
2 cuil. à soupe d'huile
2 petits poireaux finement émincés
2 cuil. à soupe de farine
2 tasses de bouillon de volaille
3 grosses carottes coupées en dés

4 pommes de terre moyennes (environ 800 g) pelées et coupées en dés
400 g de haricots rouges en boîte, rincés et égouttés
1/2 tasse de persil finement haché
1/2 cuil. à café de poivre noir fraîchement moulu

1 Ôter la couenne du lard et détailler la viande en dés. La faire revenir à feu doux dans une cocotte, puis l'égoutter sur du papier absorbant. Éliminer l'excédent de graisse de la cocotte.
2 Chauffer l'huile dans la cocotte ; mettre les poireaux et les faire revenir 5 minutes, jusqu'à ce qu'ils soient tendres. Ajouter la farine et remuer 2 minutes à feu doux, jusqu'à ce que la préparation soit légèrement dorée.
3 Verser le bouillon de volaille peu à peu, en remuant jusqu'à obtention d'un mélange homogène. Prolonger la cuisson de 3 minutes à feu moyen, sans cesser de remuer, jusqu'à ébullition et épaississement. Faire bouillir 1 minute, réduire le feu et laisser mijoter.

4 Lorsque la préparation frémit, ajouter les pommes de terre, les carottes et le lard. Couvrir et laisser cuire 20 minutes à feu moyen, jusqu'à ce que les légumes soient tendres.
5 Ajouter les haricots, le persil et le poivre, et bien remuer. Prolonger la cuisson de 5 minutes à feu doux. Accompagner éventuellement de légumes verts vapeur (brocoli, ou haricots, par exemple).

Remarque : si vous n'aimez pas le goût prononcé du lard, remplacez-le par d'épaisses tranches de bacon.

SALADE DOUCE AUX FÈVES

✳ **Préparation :** 35 minutes
   Cuisson : 15 minutes
   Pour 4 personnes

500 g de fèves surgelées
2 gousses d'ail écrasées
1 poireau émincé
1 grosse carotte émincée
1/2 tasse d'huile d'olive

1/3 de tasse de vinaigre de cidre
1/4 de tasse de sucre roux
1/4 de tasse de persil haché

1 Cuire les fèves à l'eau bouillante et les égoutter.
2 Remettre les fèves dans la casserole, ajouter l'ail, le poireau, la carotte et l'huile d'olive ; laisser cuire 5 minutes à feu doux. Ajouter le vinaigre et le sucre, et prolonger la cuisson de 5 minutes, en veillant à ce que le sucre soit bien dissout.
3 Réfrigérer. Servir garni de persil haché.

À PROPOS DES HARICOTS SECS

■ Faire tremper les haricots secs toute la nuit dans de l'eau froide, ou les couvrir d'eau bouillante et les laisser reposer 2 heures avant de les égoutter et de les rincer. Les plonger dans une grande casserole d'eau, et faire cuire 40 à 50 minutes à feu doux, jusqu'à ce qu'ils soient tendres (certains haricots, comme les pousses de soja, sont plus longs à cuire).

Pour vérifier la cuisson des haricots, en prendre un ou deux et les presser entre le pouce et l'index : ils doivent être tendres mais pas trop mous. Si le centre est encore dur, prolonger la cuisson de quelques minutes.

Les haricots secs sont bien plus économiques que les haricots en conserve, mais ils demandent plus de préparation et de cuisson.

Dans toutes les recettes, on peut remplacer les haricots secs par des haricots en boîte ; il suffit simplement de les réchauffer.

■ 500 g de haricots secs équivalent à 6 tasses de haricots cuits.

CI-DESSUS : POTÉE DE HARICOTS ROUGES AU LARD.
PAGE CI-CONTRE : SALADE CAMPAGNARDE AUX HARICOTS.

SALADE CAMPAGNARDE AUX HARICOTS

☆ **Préparation :** 15 minutes + 1 heure de repos + 1 heure de réfrigération
Cuisson : 45 minutes
Pour 4 personnes

1 tasse de haricots cannellini secs (haricots blancs)
2 tomates
2 oignons finement émincés
3 oignons nouveaux hachés
1/3 de tasse de persil grossièrement haché
1/2 poivron rouge, coupé en lanières

Sauce
1/4 de tasse d'huile d'olive
1 cuil. à soupe de jus de citron
2 cuil. à café d'aneth frais, finement haché
5 filets d'anchois en boîte, égouttés
Sel et poivre noir fraîchement moulu

1 Mettre les haricots dans une casserole et les couvrir d'eau. Porter à ébullition et retirer du feu ; laisser reposer 1 heure à découvert. Égoutter et rincer. Remettre dans la casserole et couvrir d'eau. Porter à ébullition et baisser le feu. Couvrir et laisser mijoter 40 minutes, jusqu'à ce qu'ils soient tendres. Égoutter.
2 Pour peler les tomates, inciser le haut en croix et les plonger 1 à 2 minutes dans l'eau bouillante, puis immédiatement dans l'eau froide. Ôter la peau à partir de l'incision. Couper les tomates en deux et les presser doucement pour ôter les graines. Hacher la chair.
3 Placer les haricots dans un saladier. Ajouter les tomates, les oignons, les oignons nouveaux, le persil et le poivre ; bien remuer.

4 Sauce : mélanger l'huile, le jus de citron, l'aneth, le sel et le poivre et verser le tout sur la salade. Bien remuer et réfrigérer 1 heure.
5 Couper les anchois en fines lamelles et les disposer sur la salade juste avant de servir.

HARICOTS ET VIANDE DE PORC EN POTAGE

☆ **Préparation :** 30 minutes
Cuisson : 1 heure 40
Pour 4 à 6 personnes

1 cuil. à soupe d'huile d'olive
2 gousses d'ail écrasées
1 gros oignon haché
6 tranches de bacon maigre, finement détaillée
250 g de porc désossé et dégraissé, coupé en dés
2 grosses tomates mûres, pelées et coupées en dés

1 branche de céleri haché
1 carotte émincée
1/2 petit chou émincé
1/2 bulbe de fenouil émincé
2 cuil. à café de thym frais ou 1/2 cuil. à café de thym séché
1,5 l de bouillon de volaille
630 g de haricots secs variés, en boîte, égouttés

1 Chauffer l'huile dans une cocotte ; ajouter l'ail et l'oignon et faire revenir 1 minute.
2 Ajouter le bacon et le porc et faire cuire à feu moyen jusqu'à ce que le porc soit bien doré. Ajouter les tomates, le céleri, la carotte, le chou, le fenouil, le thym et le bouillon.
Couvrir, porter à ébullition, baisser le feu et laisser mijoter 1 heure 15.
3 Ajouter les haricots et prolonger la cuisson de 15 minutes. Servir le potage chaud.

mexicaine et dans les salades.

Haricots secs Graines séchées de différentes variétés de haricots qui, avec les pois cassés et les lentilles, sont classés dans la catégorie des légumineuses. Il existe de nombreuses variétés de haricots secs : haricots blancs, cannellini, de Lima, borlotti, rouges, les fèves, les haricots de soja. Ils sont tous très nutritifs ; il contiennent des fibres alimentaires qui permettent d'équilibrer le taux de cholestérol. Les Romains, dans les périodes de pénurie de céréales, fabriquaient des gâteaux avec les haricots secs, tout comme les paysans d'Europe occidentale dans les siècles derniers. Les haricots secs ont joué un rôle important dans le régime alimentaire des populations d'Amérique centrale et latine, procurant des repas peu coûteux et riches en protéines. Les haricots secs doivent être cuits à feu doux.

Haricots verts Ce sont les gousses comestibles de plusieurs variétés de haricots dont la couleur va du jaune pâle au

HARICOTS VERTS & BROCOLIS

Les haricots trop bouillis perdent leur couleur verte. Cuits rapidement, pour rester fermes, les haricots ont une saveur particulièrement douce. Le brocoli se cuit avec la tige et, comme le haricot, sa cuisson doit être brève.

TOMATES ET HARICOTS ÉPICÉS

Couper 20 haricots verts en deux. Chauffer 1 cuil. à café d'huile dans une poêle. Ajouter 1 gousse d'ail écrasée, 1 cuil. à café de gingembre râpé, 1/2 cuil. à café de coriandre moulue, de cumin et de garam masala, 2 tomates mûres coupées en dés. Cuire 1 minute en remuant. Ajouter les haricots et prolonger la cuisson de 2 à 3 minutes, jusqu'à ce qu'ils soient tendres.

HARICOTS À L'AIL ET AU BASILIC

SALADE DE HARICOTS AUX NOIX

Émincer 20 haricots verts en julienne. Les mélanger avec 1/4 de tasse de feuilles de coriandre, 4 feuilles de chêne, 1/4 de poivron rouge coupé en julienne, 1/4 de tasse de cerneaux de noix, 2 cuil. à soupe de vinaigre à l'estragon, 1 à 2 cuil. à soupe d'huile d'arachide et 2 cuil. à soupe de menthe fraîche. Bien remuer et servir immédiatement.

BOUQUETS DE HARICOTS

Équeuter 20 haricots verts. Les répartir en 4 bouquets de 5. Les lier avec l'extrémité verte d'un oignon nouveau, ou avec de la ciboulette. Les cuire à la vapeur ou au micro-ondes, jusqu'à ce qu'ils soient tendres. Les saupoudrer de poivre au citron et servir chaud.

HARICOTS À L'AIL ET AU BASILIC

Équeuter 20 haricots verts. Chauffer 1 cuil. à soupe d'huile d'olive dans une poêle (ou un wok). Faire revenir 1 gousse d'ail écrasée et les haricots 2 à 3 minutes, en remuant constamment, jusqu'à ce que les haricots soient juste tendres. Incorporer 1 cuil. à soupe de feuilles de basilic hachées. Servir chaud.

BOUQUETS DE HARICOTS

TOMATES ET HARICOTS ÉPICÉS

SALADE DE HARICOTS AUX NOIX

*SAUTÉ DE
BROCOLIS AUX
OIGNONS*

SAUTÉ DE BROCOLIS AUX OIGNONS

Partager 250 g de brocolis en petits bouquets. Détailler un oignon moyen en 8 morceaux. Chauffer 2 cuil. à café d'huile de sésame et 2 cuil. à café d'huile végétale dans une poêle. Faire sauter le brocoli et les oignons jusqu'à ce qu'ils soient juste tendres. Incorporer 2 cuil. à café de sauce de soja et 3 cuil. à café de sauce de piment doux. Saupoudrer de fines herbes.

BROCOLIS AUX CHAMPIGNONS

Partager 250 g de brocolis en petits bouquets. Chauffer 30 g de beurre et 1 gousse d'ail écrasée dans une poêle à fond épais. Ajouter 4 champignons de Paris émincés. Faire revenir 2 minutes à feu moyen jusqu'à ce qu'ils soient tendres. Retirer de la poêle et réserver. Ajouter le brocoli et le faire sauter 3 à 4 minutes jusqu'à ce qu'il soit tendre. Remettre les champignons dans la poêle et bien remuer pour les réchauffer.

H

BROCOLIS AU BACON ET AUX PIGNONS

Partager 250 g de brocolis en petits bouquets. Chauffer 2 cuil. à café d'huile dans une poêle à fond épais (un wok est l'idéal) ; faire revenir 2 tranches de bacon coupées en lamelles pendant 2 minutes. Ajouter le brocoli et faire sauter 3 à 4 minutes jusqu'à ce qu'il soit tendre. Incorporer 2 cuil. à soupe de pignons grillés et 1 cuil. à soupe de ciboulette fraîche hachée. Servir chaud.

BROCOLIS AU BEURRE DE MOUTARDE

Partager 250 g de brocolis en bouquets et les cuire à la vapeur. Dans un bol, mélanger 60 g de beurre ramolli, 2 cuil. à café de moutarde de Dijon et du poivre noir moulu. Bien mélanger et servir sur le brocoli chaud.

*BROCOLIS AU BEURRE
DE MOUTARDE*

*BROCOLIS AU BACON
ET AUX PIGNONS*

*BROCOLIS AUX
CHAMPIGNONS*

H HERBES AROMATIQUES

Les herbes, en particulier lorsqu'elles sont fraîches, peuvent transformer les plats les plus ordinaires en de véritables harmonies de saveurs. Fraîches, elles s'utilisent généreusement ; sèches, on en saupoudre de plus petites quantités, car leur arôme est plus concentré.

BASILIC : herbe vert vif au goût et à l'arôme très particuliers. Il entre dans la composition d'une majorité de plats italiens, dont le pesto. **ACHAT :** frais (à conserver 5 jours dans l'eau), ou sec. **UTILISATION :** en feuilles entières ou hachées, comme ingrédient ou garniture. La cuisson atténue son goût. **POUR :** tomates, aubergines, courgettes, salades vertes et pâtes.

LAURIER : feuilles luisantes et vert foncé, essentielles au bouquet garni et à de nombreuses marinades. **ACHAT :** sec (feuilles entières) ; rarement frais. **UTILISATION :** en feuilles entières pour donner du goût. La cuisson rehausse son parfum ; le retirer avant de servir. **POUR :** viandes et volailles, poisson au four, légumes marinés.

CIBOULETTE : herbe fine et longue, au délicat parfum d'oignon. **ACHAT :** fraîche (à conserver 5 jours dans l'eau), ou sèche, en moindre quantité (un tiers de moins). **UTILISATION :** hachée ou en brins entiers en guise de garniture, ou hachée comme ingrédient. La cuisson atténue son goût. L'ajouter juste avant de servir. **POUR :** œufs, les salades vertes, les salades de pomme de terre, les tomates, les potages et les sauces au yaourt.

CORIANDRE : herbe vert clair aux feuilles délicatement dentelées, et au parfum caractéristique. **ACHAT :** fraîche (en bouquet ; à conserver 2 jours dans l'eau), hachée ou en grains, en bocal. **UTILISATION :** en feuilles entières pour garnir, ou hachée (feuilles et tiges) comme ingrédient. À consommer avec parcimonie. La cuisson réduit son goût. **POUR :** sautés, salades, fruits de mer, chutneys. **AUTRE APPELLATION :** persil chinois.

ANETH : herbe ombellifère à l'arôme et au goût légèrement anisés. **ACHAT :** frais (à conserver 2 ou 3 jours dans l'eau), ou sec. **UTILISATION :** en brins frais ou sec. **POUR :** pommes de terre, œufs, sauces crémeuses, concombres marinés, riz, salade, saumon et fruits de mer.

AIL : bulbe très aromatique utilisé dans de nombreux plats salés. **ACHAT :** frais (en bulbes ; à conserver 2 à 3 semaines), ou sec, en poudre, concassé ou haché. **UTILISATION :** en gousses pelées, hachées ou écrasées. **POUR :** volailles et les viandes, sauces de pâtes, pizzas, certains pains, currys, crustacés et sauces de salades.

CIBOULETTE D'AIL : herbe aromatique au goût prononcé d'ail, très appréciée dans la cuisine asiatique. **ACHAT :** fraîche (plutôt rare en Europe). **UTILISATION :** hachée (parties vertes) comme garniture ou ingrédient ; l'ajouter 2 ou 3 minutes avant de servir. La cuisson atténue son goût. **POUR :** potages, légumes, sauces épicées.

CITRONNELLE : longue plante épaisse, au goût citronné, appréciée dans la cuisine asiatique. **ACHAT :** fraîche (à conserver 2 à 3 jours dans l'eau), ou sèche, en poudre. **UTILISATION :** les 10 premiers centimètres seulement de la tige hachée ou écrasée, comme ingrédient. La cuisson rehausse son parfum ; elle ne se consomme jamais crue. **POUR :** poissons, poulet, currys. **AUTRE APPELLATION :** sereh.

MARJOLAINE : petite herbe vert foncé, de la famille de l'origan, mais au parfum moins prononcé. **ACHAT :** fraîche (à conserver 5 jours dans l'eau), ou sèche. **UTILISATION :** en feuilles hachées. La cuisson diminue son goût. **POUR :** certaines pâtisseries salées, tourtes et pains à la viande, poisson.

MENTHE : herbe vert foncé, au goût frais et puissant. Il existe de nombreuses variétés, dont la menthe verte, la plus commune. **ACHAT :** fraîche (à conserver 5 jours dans l'eau), ou sèche. **UTILISATION :** en feuilles entières pour garnir, et hachées comme ingrédient. La cuisson atténue son goût. **POUR :** petits pois, pommes de terre, agneau, canard rôti, salades exotiques, boissons fruitées, thé. **VARIÉTÉS :** menthe verte, menthe poivrée.

ORIGAN : plante à petites feuilles très aromatiques, employée dans la cuisine grecque et du sud de l'Italie. **ACHAT :** frais (à conserver 5 jours dans l'eau), ou sec. **UTILISATION :** en feuilles hachées comme ingrédient ou garniture. La cuisson réduit son goût. **POUR :** pizzas, salade grecque, moussaka, sauces de salades, sauces à base de tomates, risotto, ragoûts, pâtes

PERSIL FRISÉ : herbe à feuilles frisées, au parfum légèrement acidulé. **ACHAT :** frais (à conserver 2 semaines au réfrigérateur), ou sec. **UTILISATION :** en feuilles hachées comme ingrédient ou garniture. La cuisson diminue son goût. Il est l'un des éléments du bouquet garni, avec le thym et le laurier. **POUR :** tous les plats salés - œufs, ragoûts, plats en sauce, potages, salades, poissons et crustacés, poulet, tomates et aubergines.

PERSIL PLAT : herbe vert foncé, au goût plus prononcé que le persil frisé. **ACHAT :** frais (à conserver 7 jours dans l'eau), ou sec. **UTILISATION :** en feuilles hachées ou entières. La cuisson atténue son goût. **POUR :** salades, potages, omelettes, taboulé, poulet, poisson, crustacés, pâtes, légumes et fromages frais.

ROMARIN : herbe vert foncé aux petites feuilles en épines, et au goût très fort. On l'apprécie souvent avec l'agneau. **ACHAT :** frais (à conserver 5 jours au réfrigérateur), ou sec (n'utiliser qu'un tiers de la quantité fraîche). **UTILISATION :** en brins entiers, en feuilles, ou en feuilles finement ciselées comme ingrédient. La cuisson rehausse son goût. Éliminer les brins ou les feuilles avant de servir. **POUR :** agneau, poulet rôti, veau, porc, bœuf et poisson.

SAUGE : plante à longues feuilles gris vert, à l'arôme sec et salé, et au goût puissant. On l'utilise traditionnellement pour équilibrer les viandes grasses. **ACHAT :** fraîche (à conserver 5 jours dans l'eau), ou sèche (n'utiliser que la moitié de la quantité fraîche). **UTILISATION :** en feuilles entières ou hachées comme ingrédient. La cuisson rehausse le goût ; éliminer les feuilles avant de servir. **POUR :** farces de volaille, veau, foie, saucisses, poissons gras. **VARIÉTÉS :** ananas pourpre.

OSEILLE : plante à feuilles larges, assez proche du jeune épinard, mais au goût légèrement plus amer et citronné. **ACHAT :** fraîche (à conserver 5 jours dans l'eau). **UTILISATION :** en feuilles entières comme ingrédient, ou en doses légères pour garnir. La cuisson atténue son parfum. **POUR :** potages, omelettes, salades. **VARIÉTÉS :** potagère, sauvage.

ESTRAGON : herbe à feuilles fines et vert foncé, à l'arôme et au goût particuliers, très utilisée dans la cuisine française. **ACHAT :** frais (à conserver 2 ou 3 jours dans l'eau), ou sec (n'utiliser qu'un tiers de la quantité fraîche). **UTILISATION :** haché comme ingrédient ou garniture. La cuisson atténue son goût. **POUR :** poulet, omelettes, poisson, sauces de salades, sauce Béarnaise. **VARIÉTÉS :** français (le meilleur), russe.

THYM : herbe odorante à toutes petites feuilles et au goût très fort. **ACHAT :** frais (à conserver 7 jours dans l'eau), ou sec. **UTILISATION :** en brins entiers en guise de garniture, ou en feuilles entières ou hachées comme ingrédient. **POUR :** viandes rôties, pâtés, terrines, pains aux herbes, marinades, farces. **VARIÉTÉS :** thym-citron, maraîcher.

pourpre ; ils comprennent notamment les haricots verts classiques, et les haricots d'Espagne dont les graines pourpres deviennent vertes à la cuisson. Les haricots verts peuvent être cuits par ébullition, à la vapeur, sautés à la poêle, ou cuits pour être mangés en salade.

Les haricots verts sont originaires d'Amérique centrale où ils sont cultivés depuis des milliers d'années. À l'époque des conquêtes européennes, ils se sont propagés au nord et au sud, et on les plantait souvent avec du maïs. Au départ, seules les graines étaient consommées, mais depuis la fin du XVIIIe siècle on mange les gousses entières.

Les longs haricots chinois vert foncé sont cultivés et consommés depuis l'antiquité et font partie de la cuisine du sud-est asiatique.

Harissa Pâte fortement pimentée originaire du Maroc, servie en accompagnement du couscous et des soupes aromatisées au

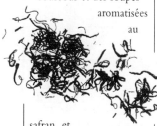

safran, et employée en marinade pour le poulet, l'agneau ou le poisson. On la trouve dans les magasins spécialisés. Les composants principaux sont le piment et l'huile d'olive.

HOMARD ET LANGOUSTE

HOMARD MORNAY

✻ **Préparation :** 15 minutes
Cuisson : 20 minutes
Pour 2 personnes

1 homard moyen (ou langouste), cuit(e) et partagé(e) en deux
1 tasse 1/4 de lait
1 feuille de laurier
1 oignon émincé
6 grains de poivre
30 g de beurre + 15 g de beurre supplémentaire

2 cuil. à soupe de farine
1/4 de tasse de crème liquide
1/2 tasse de fromage râpé (cheddar, gruyère ou mimolette)
Sel et poivre blanc moulu
1/2 tasse de mie de pain

1 Retirer la chair de la queue du homard et réserver la carapace. Couper la chair de homard en cubes et réserver.
2 Mettre le lait dans une casserole avec le laurier, l'oignon et les grains de poivre. Faire chauffer doucement jusqu'au point d'ébullition. Retirer du feu ; laisser reposer 10 minutes à couvert.
3 Faire fondre le beurre dans une autre casserole ; retirer du feu. Incorporer la farine et le lait chaud, filtré. Remettre la casserole sur le feu et remuer constamment jusqu'à ébullition et épaississement. Laisser mijoter la sauce 1 minute. Retirer du feu, ajouter la crème fraîche, le fromage, le sel et le poivre. Remuer jusqu'à ce que le fromage fonde, puis placer le homard dans la sauce.

4 Répartir la sauce au homard dans les moitiés de carapaces ; disposer celles-ci dans un plat à four peu profond. Faire fondre le beurre supplémentaire dans une petite casserole, et incorporer la mie de pain en remuant légèrement. Saupoudrer la mie de pain sur les carapaces et mettre au gril modérément chaud jusqu'à ce que le pain soit doré.

HOMARD GLACÉ ET SAUCE AUX FRUITS DE MER

✻ **Préparation :** 20 minutes + temps de réfrigération
Cuisson : aucune
Pour 4 personnes

2 homards cuits de 1 kg chacun
1 tasse 1/2 de mayonnaise de qualité
1 cuil. à soupe de sauce Worcestershire

2 cuil. à soupe de concentré de tomates
1/2 tasse de crème fraîche
1 cuil. à café de crème de raifort
1/4 de cuil. à café de moutarde sèche

1 Partager les homards en deux dans le sens de la longueur. Laver légèrement l'intérieur et retirer la chair de la queue.
2 Détailler la chair en médaillons et la répartir dans les moitiés de carapace. Couvrir et réfrigérer avant de servir.
3 Mélanger tous les ingrédients restants pour la sauce. Servir une moitié de homard nappée de sauce par personne.

HOMARD BARBECUE ET SAUCE À L'AVOCAT

⋆ ⋆   **Préparation** : 15 minutes + 3 heures de marinade
    Cuisson : 10 minutes
    Pour 4 personnes

¼ de tasse de vin blanc sec	**Sauce à l'avocat**
1 cuil. à soupe de miel	1 avocat moyen mûr, écrasé
1 cuil. à café de sambal ulek	3 cuil. à café de jus de
(piments hachés en bocal)	citron
1 gousse d'ail écrasée	2 cuil. à soupe de crème
1 cuil. à soupe d'huile	fraîche
d'olive	1 petite tomate, finement
4 queues de homard frais	hachée
(environ 400 g)	Sel et poivre

1 Dans un bocal, réunir le vin, le miel, le sambal ulek, l'ail et l'huile d'olive ; bien mélanger. À l'aide d'un couteau tranchant ou de ciseaux de cuisine, détacher la chair de la carapace. La sortir délicatement avec les doigts.
2 Mettre la chair de homard dans un plat peu profond non métallique. Verser la marinade et bien remuer. Couvrir et réfrigérer quelques heures ou toute la nuit. Préparer et allumer le barbecue 1 heure avant la cuisson. Faire cuire les queues de homard sur la grille ou la plaque pendant 5 à 10 minutes, en les tournant fréquemment. Les badigeonner de marinade jusqu'à ce qu'elles soient bien cuites. Les trancher en médaillons et servir avec de la sauce à l'avocat et une salade verte.
3 **Sauce à l'avocat** : mélanger l'avocat, le jus de citron et la crème fraîche dans un bol ; bien remuer. Incorporer la tomate, et ajouter le sel et le poivre à votre goût.

MÉDAILLONS DE HOMARD À LA MARINADE HOISIN

⋆   **Préparation** : 20 minutes + 1 heure de marinade
  Cuisson : 15 minutes
  Pour 4 personnes

1,5 kg de queues de homard	3 cuil. à soupe de concentré
(ou de langouste), cuites	de tomates
1 bottes d'asperges, coupées	2 cuil. à soupe de jus de
en morceaux de 4 cm	citron
	2 cuil. à soupe de miel
Marinade hoisin	2 cuil. à soupe de sauce de
½ tasse de sauce hoisin	soja

1 Préchauffer le four à 180 °C. Détacher la chair des carapaces et éliminer les carapaces. Couper la chair en médaillons épais de 1 cm environ.
2 Mettre les médaillons dans un plat à four peu profond. Mélanger les ingrédients de la marinade et la verser sur le homard. Couvrir et réfrigérer 1 heure.
3 Cuire les asperges jusqu'à ce qu'elles soient juste tendres. Les ajouter au homard.
4 Enfourner 10 minutes et servir immédiatement.

*PAGE CI-CONTRE : HOMARD MORNAY. CI-CONTRE :
MÉDAILLONS DE HOMARD À LA MARINADE HOISIN ;
CI-DESSUS : HOMARD BARBECUE ET SAUCE À
L'AVOCAT.*

Havarti Fromage de lait de vache au goût acidulé qui devient plus prononcé avec le temps. Généralement en forme de pain, l'intérieur est parsemé de petits trous irréguliers.

Herbes Feuilles et tiges de plusieurs plantes aromatiques utilisées dans la cuisine pour relever le goût et la couleur des aliments.
Parmi les herbes le plus souvent utilisées, on compte le persil, la menthe, le thym,

le romarin, la sauge, le basilic, l'aneth, la marjolaine, l'origan et les feuilles de laurier.

Hoisin (sauce) Sauce douce et épicée, rouge-marron, fabriquée avec une pâte composée de haricots de soja fermentés, de farine, de sel, de sucre, d'ail et de riz rouge ; c'est un colorant naturel qui donne un nappage rouge à de nombreux plats de la cuisine chinoise. On emploie la sauce hoisin pour la cuisson du porc et du poulet, en assaisonnement des plats braisés et, en petites quantités, pour les plats frits à la poêle.

Homard Gros crustacé
d'eau de mer, appartenant à la famille de la langouste et du crabe.

Hot Cross Bun Petite brioche fabriquée avec de la pâte levée, aromatisée avec des épices et des fruits secs. On incise le dessus en forme de croix et on nappe avec du sirop de sucre. De nos jours, on la mange traditionnellement le Vendredi Saint, mais à l'origine, elle était préparée en l'honneur de la déesse païenne du printemps ; ainsi, la forme ronde représente la lune, et la croix les quatre saisons.

Hommmos Sauce froide originaire du Moyen-Orient composée de pois chiches cuits et réduits en purée, de graines de sésames grillées et concassées, d'ail et de jus de citron. On peut servir le hommmos en sauce froide (dip) avec du pain pita, des légumes détaillés en en morceaux, ou arrosé d'un filet d'huile d'olive mélangée à du paprika ou du poivre de Cayenne.

Huile Liquide clair extrait de différentes

HUÎTRES

HUÎTRES À LA NOUVELLE-ORLÉANS

★ **Préparation :** 10 minutes
Cuisson : 4 à 6 minutes
Pour 4 personnes

24 grosses huîtres, sans coquilles
1/4 de cuil. à café de poivre blanc
1/4 de cuil. à café de poivre noir moulu
1/4 de cuil. à café de poivre de cayenne
1/4 de cuil. à café de thym
1/4 de cuil. à café d'origan
1/2 cuil. à café de paprika séché
1/4 de cuil. à café de basilic séché
1/2 tasse de farine
1/2 tasse d'huile végétale
45 g de beurre doux
Quartiers de citron et mayonnaise en accompagnement

1 Sécher les huîtres sur du papier absorbant. Dans un plat peu profond, mélanger les poivres, le thym, l'origan, le paprika et le basilic ; réserver 2 cuil. à café du mélange d'épices. Ajouter la farine dans la préparation et bien remuer.
2 Piquer 3 huîtres sur 8 brochettes huilées et les rouler dans le mélange d'épices.
3 Chauffer l'huile et le beurre dans une grande poêle. Faire revenir les huîtres 6 minutes, jusqu'à ce qu'elles soient bien dorées, en les retournant plusieurs fois. Égoutter sur du papier absorbant. Saupoudrer avec les épices réservées et servir avec des quartiers de citron et un bol de mayonnaise.

HUÎTRES MORNAY

Pour 2 à 4 personnes : chauffer 1 cuil. à soupe de beurre dans une petite casserole et ajouter 2 cuil. à soupe de farine. Remuer 2 minutes à feu doux. Verser peu à peu 1 tasse de lait, en remuant jusqu'à obtention d'un mélange homogène. Continuer à remuer 2 minutes jusqu'à ébullition et épaississement. Ajouter 1/4 de tasse de fromage râpé (cheddar), 1/2 cuil. à café de moutarde, 1 cuil. à café de jus de citron, du sel et du poivre blanc ; bien remuer. Verser la sauce sur 24 huîtres dans leur coquille ; saupoudrer d'un peu de fromage râpé et passer au gril jusqu'à ce qu'elles soient légèrement dorées.

GRATIN D'HUÎTRES AUX ÉPINARDS

Pour 2 à 4 personnes : chauffer 1 cuil. à soupe de beurre dans une casserole et faire revenir 1/4 de tasse d'oignon finement émincé et 1 gousse d'ail écrasée. Retirer du feu et ajouter 3/4 de tasse d'épinards finement hachés (bien égouttés), 3/4 de tasse de crème fraîche épaisse, du sel et du poivre fraîchement moulu. Verser le mélange sur 24 huîtres dans leur coquille. Dans un bol, mélanger 1/2 tasse de mie de pain émiettée avec 1/2 tasse de fromage râpé et saupoudrer sur les huîtres. Passer les huîtres au gril.

CI-DESSUS : HUÎTRES À LA NOUVELLE-ORLÉANS.

graines, noix et fruits, comprenant amande, avocat, noix de coco, graine de coton, pépin de raisin, noisette, maïs, olive, arachide, pépin de citrouille, carthame, graine de sésame, pousse de soja, graine de tournesol et de noix. Les huiles finement parfumées, telles que l'huile d'olive, de noix, de noisette, d'amande et de pépins de citrouille, sont généralement utilisées pour aromatiser les aliments froids (salades) et sont ajoutées aux aliments chauds (pâtes, poisson ou légumes cuits) juste avant de les servir, afin de permettre à l'huile de conserver son arôme et son goût. De par le monde, les huiles principalement utilisées en cuisine sont l'huile de maïs, l'huile d'olive, au rocou, d'arachide, de noix de coco, de graine de coton, de tournesol ; les huiles dites végétales sont un mélange vendu comme huile de cuisine multi-usages.

Huître Fruit de mer au corps couleur crème ou gris-crème, enfermé dans une coquille rugueuse, bleu-gris, articulée, et de forme irrégulière.

HUÎTRES SOUFFLÉES

✻ ✻ **Préparation :** 25 minutes
Cuisson : 20 minutes
Pour 3 personnes

18 huîtres dans leur coquille
1 cuil. à soupe de beurre
1 cuil. à soupe de farine, avec levure incorporée
½ tasse de lait
2 cuil. à café de moutarde en grains
1 œuf, blanc et jaune séparés

1 Préchauffer le four à 180 °C. Couvrir d'aluminium une plaque de four. Disposer les huîtres sur la plaque.
2 Chauffer le beurre dans une petite casserole à fond épais ; ajouter la farine.
Remuer 2 minutes à feu doux. Ajouter le lait peu à peu. Continuer à remuer 5 minutes à feu moyen, jusqu'à épaississement. Faire bouillir 1 minute, puis retirer du feu et laisser refroidir. Incorporer la moutarde et le jaune d'œuf.
Transférer dans un saladier.
3 Dans un bol, battre le blanc d'œuf en neige. L'incorporer délicatement à la sauce avec une cuillère métallique.
4 Garnir les huîtres du mélange et enfourner 15 minutes jusqu'à ce qu'elles soient légèrement gonflées et dorées. Servir immédiatement.

CI-DESSUS, À GAUCHE : HUÎTRES SOUFFLÉES ; À DROITE : HUÎTRES AU BACON ET AUX PIGNONS.

HUÎTRES AU BACON ET AUX PIGNONS

✻ **Préparation :** 25 minutes
Cuisson : 20 minutes
Pour 3 personnes

18 huîtres dans leur coquille
2 tranches de bacon finement détaillées
2 cuil. à soupe de pignons grossièrement hachés
3 cuil. à café de sauce Worcestershire
1 cuil. à soupe de ciboulette fraîche finement hachée

1 Préchauffer le four à 180 °C. Couvrir d'aluminium une plaque de four. Disposer les huîtres sur la plaque et éliminer toute écaillure à la surface.
2 Faire revenir le bacon dans une petite poêle à fond épais, jusqu'à ce qu'il soit bruni. Ajouter les pignons et la sauce, et bien remuer. Retirer du feu.
3 Déposer une cuillerée de mélange sur chaque huître. Saupoudrer de ciboulette. Enfourner 5 à 10 minutes et servir immédiatement.

HUÎTRES KILPATRICK

Pour 2 à 4 personnes : dans un bol, mélanger 2 cuil. à soupe de sauce Worcestershire, 2 cuil. à soupe de sauce tomate, 2 cuil. à café de persil haché, ³/₄ de tasse de bacon finement haché et du poivre noir fraîchement moulu. Déposer une cuillerée de mélange sur 24 huîtres dans leur coquille, et passer au gril chaud jusqu'à ce qu'elles soient cuites.

I

Igname Tubercule féculente d'une plante originaire de Chine, appartenant à la famille des dioscoréacées, et que l'on trouve maintenant dans tout le Pacifique, en Afrique, et aux Caraïbes. L'igname a une peau ocre-brun, et une chair allant du jaune au blanc ; elle peut être mangée cuite au four (entière avec la peau), par ébullition, ou en friture. Le goût de l'igname cuite ressemble à celui de la pomme de terre cuite. On la cultive dans le Loir-et-Cher depuis une dizaine d'années. Elle doit être épluchée dans de l'eau vinaigrée, ou citronnée avant sa cuisson, pour éviter que sa chair ne noircisse ou ne rougisse au contact de l'air.
Il faut choisir l'igname sèche et sans tâche.
Cette plante se conserve au sec pendant plusieurs semaines.

Ile flottante
Dessert composé de crème anglaise recouverte d'œufs en neige pochés, arrosés de caramel liquide, éventuellement décoré de pralines moulues ou d'amandes mondées et grillées.

CUISINE INDIENNE : LES CLASSIQUES

SAMOSAS DE BŒUF SAUCE AU CHUTNEY ET À LA MENTHE

☆ **Préparation** : 50 minutes
Cuisson : 30 à 40 minutes
Pour 20 samosas

2 cuil. à soupe d'huile
1 oignon, finement émincé
2 cuil. à café de gingembre frais finement émincé
410 g de bœuf haché
1 cuil. à soupe de curry en poudre
1 cuil. à café de sel
1 tomate pelée et coupée en morceaux
1 pomme de terre coupée en dés
1/4 de tasse d'eau
1 cuil. à soupe de menthe fraîche hachée
1 kg de pâte feuilletée prête à étaler
1 jaune d'œuf légèrement battu

1 cuil. à soupe de crème

Sauce à la menthe et au chutney

1 tasse de brins de menthe fraîche coupés
4 oignons nouveaux
1 piment rouge, épépiné
1/4 de cuil. à café de sel
1 cuil. à soupe de jus de citron
2 cuil. à café de sucre en poudre
1/4 de cuil. à café de garam masala
1/4 de tasse d'eau

1 Chauffer l'huile dans une casserole ; y ajouter l'oignon et le gingembre. Faire revenir. Ajouter la viande et le curry en poudre. Faire cuire à feu vif en remuant jusqu'à ce que la viande soit bien dorée. Ajouter le sel et la tomate, couvrir et laisser cuire 5 minutes. Ajouter la pomme de terre et l'eau, laisser cuire encore 5 minutes. Retirer du feu et laisser refroidir. Incorporer la menthe.

2 Préchauffer le four à 210 °C. Découper la pâte en cercles de 13 cm de diamètre ; les couper en deux. Former des cônes en pliant en deux les demi-cercles et en pressant les bords.

3 Mettre 2 cuil. à café de mélange de viande hachée dans chaque cône. Le fermer en pinçant les bords. Placer les cônes sur une plaque légèrement beurrée. Battre le jaune d'œuf avec la crème. Badigeonner ce mélange sur les cônes. Faire cuire 10 à 15 minutes.

4 Sauce à la menthe et au chutney : couper grossièrement les brins de menthe, les oignons et le piment. Passer le tout au mixeur avec les ingrédients restants ; hacher finement. Servir avec les samosas chauds.

PAKORAS DE LÉGUMES (BEIGNETS)

☆ ☆ **Préparation** : 30 minutes
Cuisson : 20 minutes
Pour 40 pakoras

1 grosse pomme de terre
1 petit chou-fleur
1 petit poivron rouge
1 oignon
2 feuilles de chou ou 5 feuilles d'épinard
1/2 tasse de grains de maïs blanchis
3/4 à 1 tasse d'eau froide
2 cuil. à café de garam masala

2 cuil. à café de coriandre en poudre
1 tasse 1/2 de farine de besan (pois chiche/haricot garbanzo)
3 cuil. à soupe de farine de blé
1 cuil. à café de bicarbonate de soude
1 cuil. à café de piment en poudre
1 cuil. à soupe de jus de citron
Huile végétale pour friture

1 Faire bouillir la pomme de terre. Lorsqu'elle est juste cuite, la peler et la couper en petits morceaux.

2 Émincer finement le chou-fleur, le poivron et l'oignon.

3 Faire une pâte crémeuse avec l'eau et les ingrédients restants. Battre jusqu'à ce que le mélange soit homogène. Ajouter les légumes et incorporer régulièrement.

4 Chauffer l'huile dans la friteuse. Y mettre 8 cuil. à soupe de ce mélange, pour une première série de 8 beignets. Laisser frire jusqu'à ce qu'ils soient dorés. Les retirer et les placer sur une grille couverte de papier absorbant.

5 Servir chaud avec du chutney doux à la mangue ou une sauce sucrée au piment, à votre convenance.

BŒUF VINDALOO

✴ **Préparation :** 15 minutes
Cuisson : 1 heure 15
Pour 4 à 6 personnes

1 kg de bœuf en tranches　　*1/2 tasse de ghee*
3 à 5 cuil. à soupe de pâte　　*1 gros oignon*
vindaloo (selon votre　　*2 cuil. à café d'amandes*
goût)　　*grillées et émincées*

1 Parer la viande et la détailler en dés de 2 cm. Placer ces cubes dans une terrine avec la pâte vindaloo. Mélanger jusqu'à ce qu'ils soient complètement enrobés.

2 Chauffer le ghee dans une cocotte. Y faire cuire l'oignon, émincé finement, jusqu'à ce qu'il soit bien doré. Ajouter la viande et la faire revenir.

3 Ajouter de l'eau pour couvrir à hauteur, couvrir partiellement la cocotte et faire cuire 40 minutes. Retirer le couvercle et poursuivre la cuisson jusqu'à ce que la

viande soit tendre et la sauce bien réduite.

4 Garnir le bœuf vindaloo avec les amandes et servir avec du riz blanc.

RAITA AU YAOURT ET AU CONCOMBRE

✴ **Préparation :** 10 minutes
Cuisson : aucune
Pour 4 à 6 personnes

1 gros concombre　　*3 cuil. à café de menthe*
1 1/4 cuil. à café de sel　　*fraîche hachée*
1/2 tasse de yaourt nature

1 Peler le concombre, le couper en deux et l'épépiner avec une cuillère à café. Le râper grossièrement dans un bol, saler et laisser reposer 5 à 6 minutes.

2 Mélanger le yaourt et la menthe avec le concombre. Servir dans des ramequins en accompagnement des plats au curry.

CHAPATTIS (PETITES GALETTES)

✴ ✴ **Préparation :** 10 minutes + 30 minutes de repos
Cuisson : 25 minutes
Pour 12 chapattis

1 tasse de farine de blé　　*1 cuil. à soupe de ghee*
1 tasse de farine complète　　*1/2 cuil. à café de sel*
ou de farine atta　　*3/4 de tasse d'eau*

1 Tamiser les farines dans une terrine. Du bout des doigts, mélanger le ghee à la farine jusqu'à ce qu'il soit bien incorporé. Dissoudre le sel dans l'eau, verser le tout dans la farine et mélanger immédiatement pour obtenir une boule. Pétrir la pâte 5 minutes, sur une surface légèrement farinée, jusqu'à ce qu'elle soit bien lisse. Laisser reposer au frais 30 minutes.

2 Diviser la pâte en 4, puis chaque quart en 3 pour former 12 petites boules. Étaler chaque boule en une galette 15 cm de diamètre, en prenant soin de conserver les autres boules sous un torchon humide pendant la préparation.

3 Faire chauffer une poêle antiadhésive à feu moyen. Faire cuire chaque chapatti séparément 1 minute environ. Le retourner et laisser cuire encore une minute en appuyant sur le bord du chapatti avec un torchon sec pour qu'il gonfle légèrement.

Remarque : la farine atta est une farine de blé utilisée pour préparer les chapattis. Elle se vend dans les magasins de produits biologiques.

PAGE CI-CONTRE : SAMOSAS DE BŒUF SAUCE AU CHUTNEY ET À LA MENTHE. CI-DESSUS : PAKORAS DE LÉGUMES.

Imam Bayildi Plat turc préparé avec des aubergines coupées en deux et évidées, puis farcies avec une préparation composée d'oignons grossièrement hachés, de tomates, d'ail, de cannelle, de sucre et de persil, assaisonnée de poivre et sel. Ce plat devrait son nom à un imam qui, après avoir goûté ce mets délicieux, se serait évanoui.

Inciser Pratiquer de petites incisions sur la surface des aliments afin de les décorer, de permettre la pénétration d'une marinade, ou en ce qui concerne quelques fruits (comme la pomme), pour éviter que la chair éclate pendant la cuisson au four.

Indienne (cuisine) Bien que beaucoup de personnes pensent à des currys pimentés dès que l'on évoque la cuisine indienne, de nombreux plats indiens ne sont pas particulièrement piquants ; ceux du sud de l'Inde, en revanche, le sont en général. Quelques currys et plats de riz, notamment dans les régions du nord, sont très parfumés et épicés, mais pas forts.

La cuisine indienne varie selon ses régions d'origine, et selon les religions pratiquées par les populations. Les Hindous ne mangent pas de bœuf, les Musulmans ne mangent pas de porc. Les Indiens du Sud sont, pour la plupart d'entre eux, végétariens : d'une part parce qu'ils sont plus pauvres, mais aussi parce que les légumes poussent bien dans les climats chauds.

On mange du riz dans le sud, des chapattis (fabriqués avec de la farine de blé) dans le nord. Delhi est réputée pour ses plats parfumés au tandoori, Madras pour ses plats végétariens, et Bombay pour son poisson.

La poudre de curry n'est jamais utilisée dans la cuisine indienne traditionnelle : les épices fraîches sont réduites en poudre, mélangées et frites. Chaque famille conserve précieusement ses propres recettes de mélanges d'épices. En Inde, on mange les aliments avec les doigts, de la main droite seulement. Les chapattis sont toujours déchirés avec les doigts et employés pour ramasser de petites quantités

AGNEAU KORMA

✶ **Préparation :** 15 minutes
Cuisson : 35 à 45 minutes
Pour 4 personnes

1 kg de gigot d'agneau, avec l'os
2 gros oignons hachés
2 cuil. à café de gingembre râpé
3 cuil. à café d'ail haché
3 gros piments secs, plus ou moins, selon votre goût
3 cuil. à soupe de ghee ou d'huile
³/₄ de cuil. à café de curcuma
2 cuil. à café de cumin en poudre
3 cuil. à café de coriandre en poudre
¹/₄ tasse de tomates, pelées et très finement émincées
¹/₄ de cuil. à café de clous de girofle moulus
¹/₂ cuil. à café de cannelle en poudre
¹/₄ de cuil. à café de cardamome en poudre
¹/₄ de cuil. à café de poivre noir moulu
¹/₃ de tasse d'eau
¹/₂ tasse de crème

Yaourt à l'oignon et à la menthe

1 oignon blanc, détaillé en très fines lanières
2 cuil. à soupe de vinaigre blanc
¹/₄ de cuil. à café de sel
1 cuil. à soupe de menthe fraîche coupée grossièrement
2 cuil. à soupe de yaourt nature

1 Parer la viande ; la détailler en cubes de 3 cm et réserver. Passer l'oignon, le gingembre, l'ail et les piments au mixeur jusqu'à ce que le mélange soit homogène. Ajouter un peu d'eau si nécessaire.

2 Faire chauffer le ghee ou l'huile dans une sauteuse ; ajouter le mélange à l'oignon puis le curcuma, le cumin et la coriandre et faire cuire en remuant jusqu'à épaississement. Ajouter alors la viande. La faire revenir à feu vif en remuant.

3 Baisser le feu et ajouter les ingrédients restants. Couvrir et laisser mijoter 30 à 40 minutes. Remuer de temps à autre pour empêcher le mélange d'attacher. Servir avec du riz long grain cuit à la vapeur, et du yaourt à l'oignon et à la menthe.

4 Yaourt à l'oignon et à la menthe : mettre l'oignon dans un petit récipient en verre ou en céramique. Verser le vinaigre blanc et laisser reposer 30 minutes. Enlever le vinaigre et rincer deux fois l'oignon à l'eau froide. Bien l'égoutter et le remettre dans le récipient. Ajouter le sel, la menthe coupée et le yaourt. Bien mélanger. Conserver au réfrigérateur. Servir bien froid.

Remarque : l'agneau korma peut se garder 3 jours au réfrigérateur et jusqu'à un mois au congélateur.

BROCHETTES DE POULET TANDOORI

✶ **Préparation :** 10 minutes + 5 heures pour la marinade
Cuisson : 10 minutes
Pour 4 à 6 personnes

500 g. de blanc de poulet
¹/₂ tasse de yaourt nature
¹/₂ cuil. à café d'ail écrasé
1 cuil. à soupe de tandoori ou de pâte vindaloo
2 cuil. à soupe de ghee fondu
2 petits citrons verts
1 cuil. à café ¹/₂ de garam masala

1 Couper le poulet en cubes de 3 cm. Les enfiler sur des brochettes huilées (3 ou 4 cubes par brochette). Les disposer côte à côte dans un plat.

2 Mettre le yaourt, l'ail, le tandoori ou la pâte vindaloo dans un bol. Bien mélanger pour obtenir une pâte. L'étendre uniformément sur le poulet. Couvrir d'un film plastique, réfrigérer 4 à 5 heures en retournant les brochettes de temps en temps.

3 Recouvrir la grille du four de papier aluminium et le badigeonner de ghee.
Faire griller les brochettes 4 minutes environ de chaque côté : elles doivent être brunes par endroits et rester tendres. Quand elles sont à moitié cuites, les badigeonner avec le ghee fondu pour que la viande ne se dessèche pas.

4 Disposer sur des assiettes. Servir avec du riz blanc cuit à la vapeur, de petits quartiers de citron vert et saupoudrer de garam masala.

CI-DESSUS : BROCHETTES DE POULET TANDOORI. PAGE CI-CONTRE, EN BAS : LAKSA AUX FRUITS DE MER ; EN HAUT : POULET PANDANG.

CUISINE INDONÉSIENNE : LES CLASSIQUES

LAKSA AUX FRUITS DE MER

☆ **Préparation :** 25 minutes
Cuisson : 10 minutes
Pour 4 personnes

500 g de grosses crevettes crues	1 cuil. à café de sambal ulek
500 g de filets de poisson blanc	1 cuil. à café de pâte de crevette séchée
155 g de vermicelles	1 cuil. à café de curcuma en poudre
1,5 l de bouillon de poisson	1 tasse de lait de coco
4 oignons nouveaux émincés	1 tasse ½ de salade finement ciselée
1 branche de citronnelle de 10 cm de long	
1 cuil. à soupe de pâte de curry	2 cuil. à soupe de menthe hachée

1 Décortiquer et ôter les veines des crevettes ; couper les filets de poisson en cubes de 2 cm.
2 Mettre les vermicelles dans un grand bol ; couvrir avec de l'eau chaude. Laisser reposer 10 minutes. Égoutter.
3 Dans une casserole, mélanger le bouillon de poisson, les oignons, le citronnelle, la pâte de curry, le sambal ulek, la pâte de crevette séchée et le curcuma. Porter à ébullition puis laisser mijoter 3 minutes à feu doux.
4 Ajouter les crevettes, le poisson et le lait de coco. Faire mijoter 3 minutes. Ôter la citronnelle.
5 Présenter la salade et les vermicelles dans des petits bols, avec la soupe, parsemer de menthe et servir.

POULET PANDANG

☆ **Préparation :** 15 minutes + 1 heure pour la marinade
Cuisson : 40 à 50 minutes
Pour 4 personnes

1 kg de cuisses de poulet désossées, détaillées en cubes de 3 cm.	2 cuil. à café de gingembre frais râpé
½ tasse de jus de citron vert	2 gousses d'ail écrasées
250 g de tomates mûres	1 cuil. à café de curcuma en poudre
1 tasse d'eau	
3 petits piments rouges, épépinés et coupés en petites lamelles	1 branche de citronnelle de 10 cm de long
	1 tasse de crème de coco

1 Mettre le poulet découpé en cubes dans une jatte. Ajouter le jus de citron vert, bien mélanger et laisser reposer 1 heure environ.
2 Peler les tomates et les couper en morceaux. Les écraser dans un bol avec l'eau jusqu'à ce que le mélange soit homogène. Tamiser dans une casserole.
3 Ajouter les piments en lamelles, le gingembre râpé, l'ail écrasé, le curcuma, la citronnelle et le poulet dans son jus. Porter à ébullition, baisser le feu, couvrir et laisser mijoter 30 minutes.
4 Incorporer la crème de coco et laisser mijoter environ 10 minutes à découvert. Ôter la citronnelle avec une pince ou une fourchette. Servir avec du riz.

d'aliments. Si vous servez un repas indien, soyez généreux avez le riz : il y a beaucoup plus de riz et moins de viande et de légumes dans un repas indien que dans un repas occidental. Les amuse-gueules sont très populaires, particulièrement les fritures. On les sert en entrée, ou parfois avec le thé.

Indonésienne (cuisine)
Lors d'un repas indonésien, tous les plats sont servis en même temps. La soupe, s'il y en a, ne se mange pas en premier mais se boit par petites gorgées entre les autres plats. Le riz est

l'ingrédient le plus important de l'alimentation indonésienne ; on en mange à chaque repas. Les Indonésiens savent faire bon usage des épices fraîches et des herbes aromatiques comme les piments, le galanga, la

citronnelle, le curcuma (les feuilles et les racines), les feuilles de basilic, de menthe et de curry.

L'alimentation est un pré-mélange d'épicé et de salé, de relevé et de doux. La douceur des plats est due aux noix de coco fraîches, et à la sauce de soja douce ; l'amertume est due aux citrons verts et

aux tamarins, et la texture aux cacahuètes. La cuisine indonésienne se caractérise également par des plats néerlando-indonésiens dont les plus connus sont le rijsttafel et le nasi goreng. Le tempeh est un ingrédient typiquement indonésien qui commence à être connu en Occident. Fabriqué à partir de haricots de soja, on le coupe en petits bâtons fins comme des allumettes, puis on le fait frire avec des cacahuètes, des oignons, des piments et du tamarin. On emploie le tempeh de la même façon que le tofu (pâte de soja), et on l'ajoute à de nombreux plats de légumes, viandes et poissons.

Le saté est composé de petits morceaux de viande embrochés, cuits sur des charbons, servis avec une sauce de cacahuètes. Le sambal, mélange relevé composé de piments frais écrasés et de sel, parfois de jus de citron vert, de tomates ou de sucre roux, est pratiquement servi à chaque repas. Dans les familles pauvres, un repas

NASI GORENG (FRICASSÉE)

✻ ***Préparation :*** 15 minutes
Cuisson : 8 minutes
Pour 4 personnes en plat principal

500 g de grosses crevettes crues
2 cuisses de poulet désossées
2 œufs
3 cuil. à soupe d'huile d'arachide
1 grosse carotte coupée en fine lamelles
1 gousse d'ail écrasée

1 cuil. à café de sambal ulek
1 cuil. à café de sauce de soja
4 tasses de riz cuit (voir remarque)
4 oignons nouveaux coupées en diagonale
Oignon nouveau et poivron rouge pour la garniture

1 Décortiquer et ôter les veines des crevettes. Couper les cuisses de poulet en fines lamelles.
2 Battre les œufs. Chauffer 1 cuillère à soupe d'huile dans une poêle. Verser les œufs, faire cuire à feu doux. Réserver. Quand l'omelette est froide, la replier et la couper en fines lanières.
3 Faire chauffer dans la poêle l'huile restante, ajouter les crevettes, le poulet, les carottes et l'ail, mélanger jusqu'à ce que la préparation soit bien dorée.
4 Ajouter le sambal ulek, la sauce au soja, le riz et les ciboules ; faire frire en remuant jusqu'à ce que soit bien chaud. Garnir avec l'omelette, l'oignon et le poivron rouge émincés.
5 Émincé de oignons nouveaux et de poivron : les détailler en fines tranches qu'on laissera mariner dans de l'eau glacée au réfrigérateur.

Remarque : le riz accompagne délicieusement le Nasi Goreng. En faire cuire 1 tasse ½ ; laisser refroidir le riz puis le frire à la poêle.

BŒUF RENDANG

✻ ***Préparation :*** 15 minutes
Cuisson : 2 heures
Pour 4 personnes

1 kg de rumsteck
2 oignons émincés
4 gousses d'ail écrasées
1 cuil. à soupe de gingembre haché
4 petits piments rouges, finement émincés
½ tasse d'eau

2 cuil. à café de coriandre en poudre
2 cuil. à soupe de sauce au tamarin
1 cuil. à café de curcuma en poudre
10 feuilles de curry
1 branche de citronnelle
4 tasses de lait de coco

1 Parer la viande et la couper en cubes de 3 cm. Les mettre dans un grand bol.
2 Mélanger au mixeur les oignons, l'ail, le gingembre, les piments et l'eau jusqu'à ce que la préparation soit homogène. Ajouter à la viande.
3 Incorporer la coriandre, la sauce au tamarin, le curcuma, les feuilles de curry et la citronnelle et bien mélanger. Mettre le tout dans une casserole. Incorporer le lait de coco. Porter doucement à ébullition puis baisser le feu et laisser mijoter 1 heure sans couvrir, en remuant de temps en temps. Cuire à feu très doux pendant encore 30 minutes, en remuant souvent, jusqu'à ce que la viande soit très tendre et que le jus ait été absorbé. Ôter la citronnelle avant de servir.

Remarque : durant les 30 dernières minutes de cuisson, bien mélanger le Bœuf Rendang pour qu'il soit imprégné du lait de coco, sans attacher.

POULET AU LAIT DE COCO À L'INDONÉSIENNE

✴ **Préparation :** 15 minutes + 1 heure
pour la marinade
Cuisson : 50 minutes
Pour 4 personnes

8 gros pilons de poulet	1/2 cuil. à café de fenouil
2 cuil. à café d'ail écrasé	en poudre
1 cuil. à café de sel	3 cuil. à soupe d'huile
1/2 cuil. à café de poivre	2 oignons finement émincés
noir moulu	3/4 de tasse de lait de coco
2 cuil. à café de cumin en	1 tasse d'eau
poudre	1 cuil. à soupe de jus de
2 cuil. à café de coriandre	citron, de vinaigre de
en poudre	malt ou de sauce au
1/2 cuil. à café de cannelle	tamarin.
en poudre	

1 Laver le poulet et le sécher. Mélanger l'ail, le sel, le poivre, le cumin, la coriandre, la cannelle, le fenouil et 2 cuil. à soupe d'huile. Badigeonner le poulet ; couvrir et réfrigérer 1 heure environ.
2 Chauffer l'huile restante dans une grande casserole. Y faire revenir l'oignon. Ajouter le poulet ; le faire dorer.
3 Mélanger le lait de coco, l'eau et le jus de citron. Verser le tout sur le poulet. Couvrir et laisser mijoter 40 minutes environ, jusqu'à ce que le poulet soit tendre et la sauce bien réduite.

PAGE CI-CONTRE, EN HAUT : NASI GORENG ;
EN BAS : BŒUF RENDANG. CI-DESSUS : GADO GADO
SAUCE ARACHIDE.

GADO GADO (POTÉE DE LÉGUMES)

✴ **Préparation :** 20 minutes
Cuisson : 25 minutes
Pour 6 personnes

3 œufs	125 g de pousses de soja
2 ignames de taille moyenne	fraîches, équeutées, pour la
2 pommes de terre	garniture
125 g de courge jaune	2/3 de tasse de sauce à
250 g de chou	l'arachide (recette ci-
2 carottes coupées en lamelles	dessous)
d'1 cm d'épaisseur	2/3 de tasse de lait de coco
1 concombre à peau fine,	
détaillé en fines lamelles	

1 Cuire les œufs dans une casserole d'eau bouillante pendant 10 minutes. Ensuite, les passer sous l'eau froide. Remplir un grand faitout d'eau et porter à ébullition. Couper les ignames en tranches d'1 cm d'épaisseur. Couper les pommes de terre en tranches d'environ 1,5 cm d'épaisseur, et la courge en deux. Détailler le chou en gros morceaux.
2 Blanchir séparément les ignames, les pommes de terre, la courge, le chou et la carotte. Pour les ignames et les pommes de terre, compter 8 à 10 minutes, pour la courge 1 minute, pour la carotte 2 minutes, pour le chou 2 minutes. Retirer les légumes avec une écumoire et les plonger dans un bol d'eau glacée. Les égoutter et les faire sécher sur un torchon.
3 Éplucher les œufs et les couper en moitiés ou en quarts. Réunir joliment chaque légume sur le plat de service, et garnir d'œufs détaillés, de pousses de soja et de feuilles de cresson.
4 Faire chauffer la sauce à l'arachide et le lait de coco dans une petite casserole. Servir dans un bol, en accompagnement.

SAUCE À L'ARACHIDE

✴ **Préparation :** 5 minutes
Cuisson : 5 à 10 minutes
Pour 500 ml

250 g de cacahuètes grillées	1 cuil. à café de sambal ulek
non salées	1 cuil. à soupe de sauce de
1 petit oignon émincé	soja
1 gousse d'ail hachée	1 cuil. à soupe de jus de
1 cuil. à café de gingembre	citron
frais, très finement émincé	1/2 tasse de chutney à la
1 cuil. à café de pâte de	mangue
crevette séchée	1 tasse d'eau

1 Concasser les cacahuètes et les oignons. Les mixer au robot jusqu'à ce que le mélange soit homogène.
2 Verser dans une casserole, porter à ébullition, puis faire mijoter à feu doux 5 minutes environ.

peut simplement être composé de riz et de sambal.

Infusion Liquide obtenu en versant de l'eau chaude sur des plantes (verveine, tilleul, camomille...) afin de faire dissoudre leurs principes actifs et dégager leur odeur. Voir tisane.

Irish coffee Mélange de whisky irlandais et de café fraîchement moulu, adouci avec du sucre, recouvert d'une couche de crème très froide, et servi généralement à la fin d'un dîner. On peut le présenter dans des mazagrans ou dans de grands verres résistant à la chaleur. Ne pas mélanger après avoir ajouté la crème : ce breuvage chaud doit être bu à petites gorgées à travers la couche de crème. L'Irish coffee aurait été inventé dans les années 50 par un barman de l'aéroport Shannon à Dublin.

Irish stew Ragoût irlandais consistant, composé de couches de viande d'agneau ou de mouton séparées par des couches de pommes de terre et d'oignons coupés en rondelles, arrosé d'eau et cuit à feu doux. On lui donne le nom de "ragoût blanc" (white stew) car on ne fait pas revenir la viande avant de la cuire avec les légumes. Il doit y avoir plus de pommes de terre que de viande ; au cours de la cuisson, longue et lente, les pommes de terre se désagrègent et épaississent la sauce. Pour le service, retirer d'abord les pommes de terre avant de placer la viande par-dessus, puis couvrir de sauce et garnir de persil haché.

Irlandaise (cuisine) La cuisine irlandaise traditionnelle est plus fonctionnelle que sophistiquée. Son style simple fut peu influencé par la

cuisine française, et par celles des autres pays européens. Néanmoins, la fine qualité de bon nombre de ses ingrédients (le saumon frais des rivières, délicieux produits laitiers, agneau et jambon succulents) compense agréablement le manque de sophistication culinaire. En Irlande, la journée commence

CUISINE IRLANDAISE : LES CLASSIQUES

PAIN FONÇÉ

✳ *Préparation :* 10 minutes
Cuisson : 20 à 30 minutes
Pour 4 à 6 personnes

2 tasses de farine complète avec levure incorporée
2 tasses de farine non traitée avec levure incorporée

1 cuil. à café de bicarbonate de soude
2 à 3 tasses de lait ribot (lait fermenté)

1 Préchauffer le four à 190 °C. Beurrer une plaque allant au four. Tamiser les farines et le bicarbonate de soude dans une grande jatte.
Humecter les ingrédients de lait ribot pour former une pâte onctueuse. La quantité de lait nécessaire dépend de la qualité de la farine.
2 Mettre la pâte sur un plan de travail fariné et pétrir légèrement jusqu'à ce qu'elle soit lisse. La mettre dans un moule rond à fond amovible (de 20 cm de diamètre environ). Poser le moule sur la plaque beurrée. Avec un couteau passé dans la farine, tracer une croix profonde d'un tiers de l'épaisseur de la pâte. Badigeonner avec de l'eau et saupoudrer avec un peu de farine. Enfourner 20 à 30 minutes ou jusqu'à ce que le pain "sonne creux" quand on le tapote.

Remarque : à défaut de lait ribot, utiliser du lait caillé. On le prépare en mettant dans une tasse de lait 1 cuil. à café de jus de citron ou de vinaigre. Laisser reposer environ 15 minutes avant de l'utiliser.

COLCANNON (FRICASSÉE DE LÉGUMES)

✳ *Préparation :* 15 minutes
Cuisson : 20 minutes
Pour 4 personnes

4 pommes de terre
315 g de chou râpé
60 g de beurre
½ tasse d'oignons nouveaux émincés

⅔ de tasse de lait tiède
poivre moulu
1 cuil. à café de persil haché pour la garniture

1 Peler les pommes de terre, les couper en 4 et les faire bouillir environ 15 minutes, jusqu'à ce qu'elles soient bien cuites. Les égoutter et les écraser en purée.
2 Cuire le chou 10 minutes à l'eau bouillante, le sortir de la casserole avec une pince et bien l'égoutter. Faire fondre le beurre dans un grand fait tout, ajouter le chou et les oignons et laisser cuire 1 minute.
3 Ajouter la purée de pommes de terre et mélanger. Ajouter du lait tiède pour que la préparation soit crémeuse.
Poivrer, garnir de persil et servir. Pour un Colcannon plus riche, arroser de beurre fondu.

Remarque : on peut ajouter des restes de légumes au Colcannon.

CI-CONTRE : PAIN FONÇÉ ; CI-DESSUS : COLCANNON PAGE CI-CONTRE, EN BAS : RAGOÛT DE BŒUF À LA GUINNESS ; EN HAUT : CODDLE À LA DUBLINOISE.

RAGOÛT DE BŒUF À LA GUINNESS

✻ **Préparation :** 20 minutes
Cuisson : 2 heures
Pour 4 à 6 personnes

1 kg de rumsteck
2 cuil. à café de saindoux
2 gros oignons émincés
2 gousses d'ail écrasées
1/4 de tasse de farine
1 tasse de bouillon de bœuf
1 tasse de Guinness
2 grosses carottes coupées en rondelles
2 feuilles de laurier
1 brindille de thym frais
Poivre moulu
1/2 tasse de pruneaux, coupés en deux et dénoyautés (facultatif)
Persil émincé pour la garniture

1 Parer la viande et la couper en dés d'1 cm. Chauffer la moitié de la graisse dans une poêle. Y faire revenir les oignons. Ajouter l'ail, faire cuire 1 minute. Retirer le tout de la poele et égoutter sur du papier absorbant.
2 Chauffer le saindoux restant dans une grande sauteuse, ajouter la viande et bien la saisir sur toutes ses faces. Baisser le feu et incorporer la farine jusqu'à ce que toute la viande en soit enrobée.
3 Ajouter le bouillon, mélanger jusqu'à ce que la sauce devienne lisse et épaisse. Ajouter la Guinness et mélanger jusqu'à ce que la préparation frémisse.
Ajouter l'ail et l'oignon, les carottes, les herbes et le poivre et bien mélanger.
4 Couvrir et laisser mijoter doucement 1 heure 30, en remuant de temps en temps pour que ça n'attache pas. Ôter le couvercle et faire cuire jusqu'à ce que la sauce ait réduit et épaissi. Ajouter les pruneaux lors de la dernière demi-heure de cuisson. Garnir de persil et servir.

CODDLE À LA DUBLINOISE

✻ **Préparation :** 40 minutes
Cuisson : 1 heure 15
Pour 4 personnes

8 grosses saucisses de porc
4 tranches bacon de 5 mm d'épaisseur
30 g de saindoux
2 gros oignons émincés
2 gousses d'ail écrasées
4 pommes de terre
1/4 de cuil. à café de sauge séchée
3/4 de tasse de bouillon de volaille
2 cuil. à soupe de persil frais haché

1 Préchauffer le four à 180 °C. Plonger les saucisses dans une casserole d'eau froide et porter à ébullition. Laisser cuire 7 minutes à découvert.
Égoutter les saucisses et les laisser refroidir. Couper le bacon en lanières de 2 cm.
2 Chauffer le saindoux dans une poele. Y faire revenir le bacon 1 minute puis l'oignon.
Ajouter l'ail et faire cuire 1 minute. Égoutter le tout sur du papier absorbant.
Saisir les saucisses dans la même poele et les faire cuire jusqu'à ce qu'elles soient bien dorées. Les égoutter sur du papier absorbant.
3 Peler les pommes de terre. Les couper en tranches. Les disposer dans un grand plat à four. Couvrir avec le bacon, l'oignon et l'ail.
Saupoudrer de sauge, poivrer et ajouter le bouillon de volaille. Mettre les saucisses dessus, couvrir et enfourner 1 heure. Garnir de persil haché avant de servir.

traditionnellement par un copieux petit déjeuner composé de porridge, de bacon et d'œufs, ou de poisson, suivis de tranches de pain grillé et de marmelade, puis de thé ou de café. Le déjeuner, appelé "dinner", est le principal repas de la journée. On apprécie un léger souper dans la soirée.
La pomme de terre - la modeste "pratie" - a eu un rôle important dans l'histoire de l'Irlande. Elle aurait été introduite sur l'île à la fin du XVIᵉ siècle par Sir Walter Raleigh. Ce fut une aubaine pour ce pays constamment au bord de la famine car, lorsque la pomme de terre fut plantée, les sols irlandais, jusqu'alors pauvres, rapportèrent six fois plus de nourriture que lorsque l'on semait du grain. L'Irlande devint un pays de culture unique ; le peuple et les stocks alimentaires dépendaient d'une unique denrée : la pomme de terre.
En 1845, la récolte de pommes de terre fut contaminée par le mildiou, provoquant une catastrophe nationale. Ce fut la famine, laquelle déclencha une vague d'émigration. De nombreuses familles irlandaises durent fuir vers des terres plus fertiles. Les pommes de terre restent la culture de base

de toute l'Irlande rurale. Il existe de nombreux plats traditionnels à base de pommes de terre : les "pratie cakes" (gâteaux de pommes de terre) sont des sortes de brioches préparées avec une purée de pommes de terre, cuites sur une grille et servis beurrées pour le repas du soir ; le "champ" est composé de pommes de terre moelleuses auxquelles on ajoute du lait et du beurre, parsemé d'oignons nouveaux finement

émincés. La pomme de terre est aussi l'élément de base des soupes, des ragoûts, des pains et des pâtes ; elle prédomine dans le Irish stew, traditionnellement composé de collier de mouton ou d'agneau, d'oignons et de pommes de terre.

On trouve aussi partout du "soda bread", pain traditionnel à pâte levée (avec l'ajout de bicarbonate de soude) préparée avec du lait fermenté. L'Irlande offre aussi une fine gamme de produits de la

IRISH STEW (RAGOÛT IRLANDAIS)

✷   **Préparation :** 20 minutes
        Cuisson : 1 heure 15
        Pour 4 personnes

8 morceaux de collier d'agneau	3 oignons en tranches épaisses poivre moulu
4 tranches de bacon	2 tasses de bouillon de bœuf
1 cuil. à café de saindoux	1 cuil. à café de thym frais haché
1 kg de pommes de terre, coupées en tranches épaisses	Persil frais haché pour la garniture
3 carottes émincées	

1 Parer la viande. Couper le bacon en tranches de 2 cm. Chauffer le saindoux dans une sauteuse, ajouter le bacon et le faire cuire jusqu'à ce qu'il soit bien doré et croustillant. Égoutter sur du papier absorbant. Rissoler la viande jusqu'à ce qu'elle soit bien cuite et dorée. Égoutter.

2 Disposer la moitié des pommes de terre, des carottes et des oignons dans une cocotte. Poivrer et ajouter la moitié du bacon. Ajouter la viande et la couvrir avec les pommes de terre, les carottes, l'oignon et le bacon restant.

3 Ajouter le bouillon et le thym. Couvrir et porter à ébullition. Baisser le feu et faire mijoter 1 heure, jusqu'à ce que l'agneau soit bien tendre. Garnir de persil haché et servir.

CI-DESSUS : IRISH STEW ; CI-CONTRE : CRÈME GLACÉE À L'IRISH MIST.

CRÈME GLACÉE À L'IRISH MIST

✷ ✷   **Préparation :** 30 minutes + 1 heure 30 de repos
        Cuisson : 10 minutes
        Pour 8 personnes

2 tasses 1/4 de lait	1/3 de tasse de liqueur Irish Mist
4 œufs, séparés	1/2 tasse de crème fouettée + 1 peu en supplément
4 cuil. à soupe de sucre en poudre	Chocolat pour la décoration
2 cuil. à soupe de gélatine	
1/4 de tasse d'eau bouillante	

1 Faire bouillir le lait dans une casserole. Réserver. Dans une jatte, battre les jaunes d'œufs avec 2 cuil. à soupe de sucre. Ajouter le lait et bien le mélanger. Verser dans la casserole et chauffer 7 minutes à feu doux. Ne pas faire bouillir.

2 Dissoudre la gélatine dans de l'eau bouillante. L'ajouter au lait et bien mélanger. Verser l'Irish Mist, et mettre au réfrigérateur environ 40 minutes.

3 Battre les blancs en neige ; les saupoudrer du sucre restant et mixer pour bien l'incorporer aux blancs. Lorsque la préparation réfrigérée commence à prendre, y ajouter la crème fouettée et les blancs en neige à l'aide d'une spatule. Verser dans huit coupelles et la conserver au réfrigérateur jusqu'à ce qu'elle soit bien glacée.

4 Décorer chaque coupelle de crème fouettée et de copeaux de chocolat. Saupoudrer de chocolat râpé.

Remarque : préparer la crème glacée à l'Irish Mist un jour à l'avance.

CARPACCIO

* **Préparation** : 20 minutes + 2 heures
  au réfrigérateur
  Cuisson : aucune
  Pour 4 personnes

410 g de filet de bœuf *en un morceau*	*Poivre noir fraîchement* *moulu*
Huile d'olive	*Sel (facultatif)*
Parmesan frais	*Jus de citron*
	Quartiers de citron

1 Mettre la viande au congélateur pendant environ 2 heures, jusqu'à ce qu'elle soit ferme mais pas congelée. La parer avec un couteau aiguisé et la découper en tranches très fines. En tapisser chaque assiette d'une couche.

2 Arroser la viande d'huile. À l'aide d'un épluche-légumes, peler le parmesan pour obtenir des copeaux. Les disposer sur la viande. Saler, poivrer et arroser de jus de citron. Servir avec des quartiers de citron.

Remarque : pour cette recette, choisir du bœuf de très bonne qualité, peu grasse.

ESCALOPES DE VEAU AUX AUBERGINES

* **Préparation** : 25 minutes
  Cuisson : 30 minutes
  Pour 4 personnes

4 belles escalopes de veau	*4 tranches de fromage*
Farine	*fontina*
60 g de beurre	*2 cuil. à café de feuilles*
1 petite aubergine coupée	*d'origan séché*
en fines tranches	*Poivre fraîchement moulu*
1 grosse tomate émincée	

1 Saupoudrer les escalopes de farine. Chauffer le beurre dans une poêle jusqu'à ce qu'il commence à blondir. Mettre les escalopes, et les faire cuire 30 secondes de chaque côté. Réserver.

2 Faire frire les tranches d'aubergine des deux côtés jusqu'à ce qu'elles soient bien dorées. Les égoutter sur du papier absorbant.

3 Déposer chaque escalope sur une feuille d'aluminium ; les recouvrir chacune d'aubergine, de tomate et de fromage. Saupoudrer d'origan et poivrer.

4 Envelopper la viande avec la feuille d'aluminium, sans serrer. Bien fermer en haut mais laisser de l'espace entre le papier d'aluminium et le fromage. Placer les escalopes sur une plaque à four. Faire cuire à 180 °C pendant 20 minutes, jusqu'à ce que les légumes soient moelleux. Servir avec des pommes de terre sautées.

CI-DESSUS : CARPACCIO.

CUISINE ITALIENNE : LES CLASSIQUES

MINESTRONE

* **Préparation** : 20 minutes
  Cuisson : 1 heure 30
  Pour 6 à 8 personnes

1/3 de tasse d'huile d'olive	*125 g de haricots verts émincés*
2 gousses d'ail, finement *émincées*	*250 g de chou de Milan râpé*
2 oignons émincés	*410 g de tomates en boîte,* *pelées et concassées*
1/2 tasse de bacon ou de *poitrine fumée à détailler* *en petits dés*	*1 cuil. à café d'origan séché*
	2 l de bouillon de volailles ou *de bœuf*
2 carottes émincées	*1 tasse de coquillettes*
3 branches de céleri coupées *en tranches*	*315 g de haricots cannellini* *en boîte, égouttés*
2 pommes de terres pelées et *coupées en dés*	*1 cuil. à soupe de basilic frais* *haché*
2 courgettes émincées	*Parmesan fraîchement râpé*

1 Chauffer l'huile dans un grand fait tout et y faire revenir le bacon, l'ail et les oignons (ils doivent être simplement dorés). Ajouter les carottes et le céleri. Faire cuire 3 minutes en remuant de temps à temps. Ajouter les légumes qui restent, les tomates et le jus de la boite.

2 Incorporer l'origan et le bouillon. Porter à ébullition puis faire mijoter le potage 1 heure. Ajouter les coquillettes, faire cuire 10 minutes. Ajouter les haricots cannellini et le basilic, et laisser mijoter encore 5 minutes.

3 Servir le minestrone saupoudré d'autant de parmesan qu'il vous plaira. Le minestrone peut être servi avec des petits croûtons de pain frits.

mer, notamment dans les villages de pêcheurs et dans les marchés au poisson des villes côtières. Ainsi, on peut déguster du délicieux maquereau fumé tout au long de l'année. Les spécialités régionales comprennent le "crubeen", les pieds de porc de Cork, et le coddle, les saucisses de porc et les pommes de terre de Dublin.

L'Irlande est également célèbre pour la "stout", riche bière brune introduite dans le monde en 1759 par Arthur Guinness. Elle représente une tradition au quotidien dans les pubs, et est également utilisée dans la cuisine ; par exemple, elle donne une saveur légèrement amère au ragoût de bœuf et au cake aux fruits. Le whisky irlandais, fabriqué avec du malt d'orge et de blé ou d'avoine, et vieilli pendant sept ans, est le secret d'un Irish coffee réussi. Les Irlandais furent les premiers à fabriquer du whisky, qu'ils appelèrent uisge breatha, c'est-à-dire *eau bénite*. La légende raconte que Saint Patrick, le saint protecteur de l'Irlande, leur enseigna, au Ve siècle, l'art de distiller en produisant de l'alcool à partir de graines de céréales et non à partir de raisin. Il semblerait que les moines irlandais s'occupaient de leurs distilleries bien avant de commencer à vendre cet alcool aux vertus réchauffantes hors des monastères au XIᵉ siècle.

Italienne (cuisine)
L'Italie produit certaines des denrées les plus appréciées dans le monde. Les différences culinaires qui existaient entre l'Italie du Nord et l'Italie du Sud se sont amoindries ; ainsi, la fameuse pizza napolitaine

est consommée non seulement à Naples, mais aussi dans le nord et partout dans le monde ! Le risotto à la milanaise est apprécié en Sicile comme à Milan. Mais la cuisine italienne est très populaire de par ses savoureuses caractéristiques régionales, employant nombre de produits locaux frais. Du sud proviennent l'huile d'olive, les olives, les tomates et le blé. On retrouve ces prédilections dans la pizza garnie de sauce tomate, de mozzarella, d'olives, et d'anchois, ou dans les pâtes agrémentées d'une onctueuse sauce tomate, d'olives et d'origan frais. Les plats à base d'aubergines sont également très appréciés, de même ceux à base de

SPAGHETTIS À LA PUTTANESCA

✳ **Préparation** : 15 minutes
Cuisson : 20 à 25 minutes
Pour 4 personnes

4 grosses tomates mûres	8 anchois émincés
1 cuil. à café d'huile d'olive	2 cuil. à café de câpres
2 gousses d'ail écrasées	2 cuil. à café de persil frais haché
2 petits piments rouges	1 cuil. à café de basilic frais haché
½ tasse d'eau	
12 olives vertes ou noires dénoyautées, émincées	315 g de spaghettis
	Parmesan fraîchement râpé

1 Peler les tomates, les épépiner et les couper en morceaux.
2 Chauffer l'huile dans une poêle. Ajouter l'ail et les piments. Faire cuire 1 minute à feu moyen à fort. Ajouter la tomate et l'eau. Couvrir et faire mijoter à feu doux 10 minutes, jusqu'à ce que la tomate devienne tendre et pulpeuse. Ajouter un peu d'eau si la sauce commence à attacher.
3 Ajouter les olives, les anchois, les câpres, le persil et le basilic. Faire mijoter 3 minutes.
4 Faire bouillir une grande casserole d'eau. Cuire les spaghettis 10 à 12 minutes, à votre convenance (al dente, bien cuits...). Les égoutter. Les remettre dans la casserole, ajouter la sauce, et laisser à feu doux en mélangeant bien. Servir saupoudré de parmesan.

PIZZA TRADITIONNELLE

✳ **Préparation** : 30 minutes
Cuisson : 30 minutes
Pour 4 personnes

Pâte

7 g de levure en poudre	2 cuil. à soupe de basilic frais haché
2 cuil. à café de sucre en poudre	125 g de petits champignons, émincés
¾ de tasse d'eau tiède	1 oignon émincé
2 tasses ½ de farine	½ poivron vert détaillé en lanières
1 pincée de sel	12 olives noires dénoyautées et coupées en deux

Garniture

¾ de tasse de purée de tomate	6 anchois
125 g de salami italien coupé en rondelles puis en fines lamelles	1 tasse de mozzarella râpée
	¼ de tasse de parmesan fraîchement râpé

1 Préparation de la pâte : mélanger la levure et le sucre dans un bol ; ajouter l'eau tiède. Tamiser la farine et le sel dans une jatte ; y verser la préparation à base de levure et bien mélanger jusqu'à obtention d'une texture homogène.
2 Pétrir la pâte sur un plan de travail légèrement fariné pendant environ 10 minutes, jusqu'à ce qu'elle soit lisse et élastique. L'étaler.
3 Préchauffer le four à 190 °C. Étaler la sauce tomate sur la pizza. Garnir avec le salami, le basilic, les champignons, l'oignon et les olives. Poivrer et disposer les anchois sur le dessus. Saupoudrer de parmesan et de mozzarella. Faire cuire au four 30 minutes.

poivrons rouges et d'artichauts. On prépare les fruits de mer simplement, généralement grillés ou frits. La cuisine du Nord est plus sophistiquée.

On mange plus de viande, particulièrement du bœuf ; on dit que le bistecca de Florence grillé au charbon de bois est le meilleur plat de bœuf italien.

Les pâtes, quant à elles, sont populaires dans toute l'Italie, alors que le risotto est une spécialité du Nord.

En Italie du nord, on utilise plutôt du beurre que de l'huile d'olive, et de nombreux fromages y sont fabriqués, tels que le gorgonzola, le mascarpone et le bel paese.

La mozzarella fabriquée au lait de brebis est le fromage du sud le plus connu. La polenta est une pâte fabriquée avec de la farine de maïs, qui accompagne de nombreux plats du Nord de l'Italie. Elle est cuite, refroidie, coupée en carrés, frite et servie avec des cailles ou d'autres viandes et volailles.

CARRÉ DE VEAU À LA SAUGE ET AU CITRON

✱ **Préparation** : 10 minutes
Cuisson : 10 minutes
Pour 4 personnes

4 côtelettes de veau désossées dans le carré
Farine pour paner
1 œuf battu
2 cuil. à soupe de lait
1 cuil. à soupe de sauge fraîche, hachée, ou 2 cuil. à café de sauge séchée

³/₄ de tasse de chapelure
30 g de beurre
1 cuil. à soupe d'huile d'olive
1 gousse d'ail écrasée
Quartiers de citron

1 Parer la viande.
2 Mettre de la farine dans un sac en plastique. Déposer les cotelettes, une par une, dans le sac et les enrober complètement de farine. Ôter l'excédent de farine. Battre l'œuf et le lait. Mélanger la sauge et la chapelure dans une assiette. Passer les côtelettes farinées dans le mélange lait et œuf puis dans la chapelure.
3 Chauffer le beurre, l'huile et l'ail dans une grande poêle. Frire les cotelettes des deux côtés à feu moyen. Servir avec des quartiers de citron.

SABAYON AU CITRON

✱ **Préparation** : 5 minutes
Cuisson : 5 minutes
Pour 4 personnes

3 jaunes d'œufs
¹/₄ de tasse de sucre
4 cuil. à café de Marsala

¹/₄ de tasse de jus de citron
¹/₂ tasse de vin blanc
8 biscuits aux amandes

1 Battre les jaunes d'œufs et le sucre dans une terrine ou un bol en pyrex jusqu'à ce que le mélange blanchisse.
Ajouter le Marsala, le jus de citron et le vin.
Bien mixer.
2 Placer la terrine en pyrex au bain-marie 5 minutes environ et remuer jusqu'à ce que le mélange ait épaissi.
3 Verser dans des coupes et servir avec des biscuits aux amandes.

Remarque : Le sabayon peut être servi seul, avec des glaces ou comme nappage avec des fruits.
C'est une préparation assez riche à ne proposer qu'en petites quantités.

CI-DESSUS : SABAYON AU CITRON. PAGE CI-CONTRE, EN BAS : SPAGHETTIS À LA PUTTANESCA ; EN HAUT : PIZZA TRADITIONNELLE.

J

Jaffa (sauce) Préparation à base d'huile d'olive, de jus d'oranges, de concombre, d'échalotes, de yaourt grec, de cannelle, de graines de pavot, d'un zeste d'orange et de sel, servie en accompagnement de poissons tels que le barracuda, l'espadon ou le thon.

Jambalaya Plat cajun épicé composé de riz, de

poulet, de crevette, et de jambon, et dérivé de la paella espagnole. C'est une spécialité de la Louisiane ; son nom provient du mot espagnol jamón signifiant "jambon".

Jambon Viande provenant de la cuisse arrière du porc, salée, fumée ou non, et parfois vieillie pour intensifier sa saveur. Il en existe de nombreuses variétés, notamment les jambons crus,

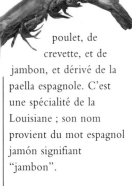

JAMBON

STEAKS DE JAMBON SAUCE WHISKY

✳ **Préparation** : 20 minutes
Cuisson : 35 minutes
Pour 4 personnes

4 steaks de jambon en tranches d'1,5 cm environ
15 g de beurre + 15 g de beurre supplémentaire
1 gros oignon finement émincé
2 pommes vertes, pelées, évidées et coupées en tranches de 5 mm
1 cuil. à soupe de sucre de canne

2 cuil. à soupe de whisky irlandais
1 cuil. à soupe de farine
3/4 de tasse de bouillon de volaille
Poivre moulu
2 cuil. à soupe de crème liquide

1 Parer les tranches de jambon et inciser les bords pour qu'ils ne se recourbent pas pendant la cuisson. Chauffer le beurre dans une grande poêle. Dès qu'il est bien chaud et blondi, cuire les tranches sur leurs deux faces jusqu'à ce qu'elles soient dorées. Réserver au chaud. Dorer l'oignon dans la poêle ; le réserver au chaud.
2 Chauffer les 15 autres grammes de beurre dans la poêle. Y faire cuire les pommes jusqu'à ce qu'elles soient fondantes. Réserver au chaud. Saupoudrer de sucre, le jus de cuisson dans la poêle et faire cuire jusqu'à ce que le sucre soit dissout. Ajouter le whisky et bien le mélanger.
3 Incorporer la farine, faire cuire 1 minute. Ajouter le

bouillon de volaille et mélanger jusqu'à obtention d'une sauce homogène. Cuire jusqu'à ce que la préparation frémisse et épaississe. Poivrer. Ajouter la crème juste avant de servir.
4 Mettre les steaks de jambon sur un plat et les napper de sauce. Disposer les oignons et les tranches de pomme cuites sur le dessus. Servir avec une purée de pommes de terre ou du chou cuit à la vapeur.

À PROPOS DU JAMBON

■ Le jambon compose un plat idéal lorsque vous avez de nombreux invités. Votre boucher vous conseillera quant à la coupe et la taille des tranches. En général, on compte un demi-jambon pour 5 à 10 personnes, et un jambon entier pour une vingtaine de convives.
■ Le jambon peut être rôti au four ou cuit au barbecue fermé. Il faut en retirer la couenne et la plupart des membranes grasses, et inciser la chair de petits croisillons pour le parfumer à votre goût. Traditionnellement, on l'enrobe d'un glaçage fruité, à l'orange ou à la cerise, et le pique de clous de girofle. On le présente, découpé en tranches épaisses, chaud ou froid, accompagnés de sauces.
■ Le jambon se conserve au réfrigérateur enveloppé d'un tissu peu serré, à changer tous les 2 ou 3 jours. Ainsi conservé, le jambon peut se garder jusqu'à 3 semaines. Froid, découpé en tranches il peut être servi avec des œufs frits ou en sandwich. On peut également détailler les tranches en dés pour les mélanger à du riz sauté ou concocter des sauces pour les pâtes. Quant à l'os du jambon, il peut être congelé pendant 1 mois ; il est délicieux pour préparer pour des soupes.

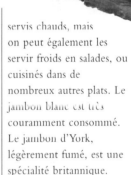

JAMBON NAPPÉ À L'ORANGE

★ ★ **Préparation :** 10 minutes + 1 heure de repos
Cuisson : 3 heures 45
Pour 20 personnes

1 jambon de 7 kg	1 cuil. à café de graines de
1 grosse orange	moutarde jaune
2 tasses d'eau	Clous de girofle
6 clous de girofle	
1 tasse 1/4 de sucre de	**Crème à la moutarde**
canne	2 cuil. à soupe de moutarde
1 cuil. à soupe de poudre	1/2 tasse de crème fraîche
de moutarde	1/2 tasse de crème liquide
1 tasse de mélasse raffinée	

1 Préchauffer le four à 180 °C. Retirer la couenne en commençant par la partie la plus épaisse. À 10 cm de l'os, découper la couenne autour de l'os et, avec un couteau aiguisé, ôter et jeter l'excédent de gras. Presser l'orange et réserver le jus. Découper l'écorce en zestes. Placer le jambon sur une grille, dans un plat à four profond. Ajouter l'eau, la couenne et les clous de girofle. Bien couvrir le jambon et le plat avec du papier aluminium ; faire cuire 2 heures.

2 Retirer le plat du four. Égoutter le jambon et réserver 1 tasse de jus. Entailler la croûte grasse du jambon en diagonales, profondément, et dans les deux sens de manière à former un quadrillage.

Mélanger la poudre de moutarde, le sucre et la mélasse raffinée dans un bol, jusqu'à obtention d'une pâte épaisse. En badigeonner généreusement la moitié sur le jambon. Chauffer le four à 210 °C et cuire le jambon 30 minutes, à découvert.

3 Mélanger l'autre moitié de la pâte avec le jus d'orange et les graines de moutarde pour obtenir un glaçage. Remuer jusqu'à ce que ce soit homogène.
Ôter le jambon du four et l'enduire d'un peu de glaçage. Piquer un clou de girofle dans chaque losange. Remettre au four. Faire rôtir le jambon 1 heure, sans couvrir, en le nappant de glaçage toutes les 10 minutes. Verser la tasse de jus et le reste de glaçage dans une petite casserole. Porter à feu doux et mélanger jusqu'à ébullition. Laisser bouillir 3 minutes sans remuer. Servir le jambon coupé en tranches, tiède ou chaud avec cette sauce et la crème à la moutarde.

Crème à la moutarde : mettre la moutarde, la crème fraîche et la crème liquide dans un bol. Bien mélanger. Couvrir et laisser reposer 1 heure.

Remarque : le jambon se garde environ 3 semaines au réfrigérateur.
Le couvrir d'un tissu humide à changer que vous changerez régulièrement.

PAGE CI-CONTRE : STEAKS DE JAMBON SAUCE WHISKY. CI-DESSUS : JAMBON NAPPÉ À L'ORANGE.

salés et très parfumés, comme le jambon de Westphalie ; les jambons de Parme (ou prosciutto) et de Bayonne sont crus, et non fumés. Les jambons d'Auvergne et des Ardennes sont également crus, mais fumés. On sert ce type de jambon en tranche très fines. Les jambons cuits peuvent être préparés au four et

servis chauds, mais on peut également les servir froids en salades, ou cuisinés dans de nombreux autres plats. Le jambon blanc est très couramment consommé. Le jambon d'York, légèrement fumé, est une spécialité britannique.

Jambon de Parme
Jambon salé de fine qualité, également connu sous le nom de prosciutto, fabriqué avec la cuisse arrière d'une variété de porc élevé dans la région de Parme, en Italie du Nord, et traité de façon traditionnelle. Les jambons sont frottés avec du sel, laissés dans un endroit frais pendant quelques semaines, puis lavés et mis à sécher et à vieillir dans

un endroit frais et bien ventilé, pendant dix à

douze mois. De couleur rose foncé, marbré de lignes de graisse blanche, et très peu salé, le jambon de Parme coupé en fines tranches, et servi avec du melon ou des figues fraîches est une entrée populaire non seulement en Italie mais partout dans le monde. Hannibal en aurait mangé lors de son voyage de Carthage à Rome à l'occasion d'un banquet à Parme en l'an 217 avant J.-C.

Jambonneau Morceau de viande de porc constitué du jarret, gélatineuse, maigre, et assez osseuse. On emploie le jambonneau frais pour les potées, en demi-sel pour les choucroutes, ou pour accompagner un plat de lentilles. Le jambonneau pané peut se manger froid.

Jambose Fruit asiatique ressemblant à une pomme rose, apprécié pour son parfum de rose et sa chair cotonneuse.

Japonaise (cuisine) Le riz est la base essentielle de la cuisine japonaise ; les autres ingrédients les plus utilisés sont le bouillon de poisson, et les pousses de soja.

Le sashimi (poisson cru) est le mets le plus fin de tout repas japonais. Le poisson doit être très frais ; il est tranché et servi avec une sauce froide mélangée à un peu de wasabi vert (pâte de raifort).

CROQUETTES AU JAMBON ET AUX CHAMPIGNONS

✻ **Préparation :** 15 minutes + réfrigération
Cuisson : 10 minutes
Pour 4 personnes

45 g de beurre
1/3 de tasse de farine
1 tasse de lait chaud
125 g de jambon coupé en petits morceaux
15 g de beurre, et un peu en supplément
100 g de champignons de Paris, émincés
Sel
1 cuil. à café de jus de citron
Poivre fraîchement moulu
1 cuil. à soupe de crème
1 cuil. à soupe de persil haché
Chapelure
1 œuf légèrement battu
Huile d'olive légère pour la friture

1 Faire fondre les 15 g de beurre dans une petite casserole et retirer du feu. Incorporer la farine et ajouter le lait chaud. Remettre sur le feu et mélanger sans arrêt jusqu'à ébullition et épaississement. Ajouter le jambon et faire mijoter 1 minute.
2 Dans une autre casserole, faire fondre du beurre et saisir les champignons à feu vif pendant 2 minutes ; ajouter le jus de citron. Mettre le tout dans la sauce au jambon. Saler, poivrer et incorporer la crème et le persil. Étaler ce mélange dans un plat peu profond et réfrigérer (une nuit entière de préférence) jusqu'à ce que la préparation soit ferme.
3 Former 8 petites galettes avec cette préparation. Les rouler dans la chapelure, les passer dans l'œuf battu et à nouveau dans la chapelure. Mettre au réfrigérateur au moins 1 heure. Chauffer l'huile dans une poêle et faire frire les croquettes. Servir dès qu'elles sont dorées.

SALADE AU JAMBON

✻ **Préparation :** 20 minutes
Cuisson : 1 à 2 minutes
Pour 4 à 6 personnes

200 g de feuilles de salade mélangées
1 oignon rouge émincé
1 botte de fines asperge fraîches
3 œufs durs
8 tranches de jambon fumé
Vinaigrette, mayonnaise ou chutney (facultatif)

1 Laver les feuilles de salade et les sécher délicatement avec du papier absorbant. Les mettre avec l'oignon dans un grand saladier.
2 Couper les pointes dures des asperges. Plonger les asperges dans de l'eau bouillante 1 à 2 minutes, jusqu'à ce qu'elles deviennent vert vif et tout juste tendres. Les plonger dans un bol d'eau glacée. Bien égoutter.
3 Écaler les œufs et les couper en quatre. Disposer les feuilles de salade, l'oignon, les asperges, les œufs et les tranches de jambon dans des assiettes individuelles. Assaisonner avec de la vinaigrette ou une mayonnaise légère, ou servir avec un chutney fruité.

CI-DESSUS : SALADE AU JAMBON.

TOURTE AU JAMBON ET AU POULET

★★ **Préparation :** 30 minutes
Cuisson : 1 heure 15
Pour 6 personnes

375 g de pâte brisée surgelée	1 tasse de fromage râpé (cheddar ou mimolette)
375 g de pâte feuilletée surgelée	155 g de jambon maigre, en petits morceaux
6 cuisses de poulet désossées, soit environ 600 g	La moitié d'un gros poivron rouge, finement émincé
2 cuil. à soupe d'huile d'olive	3 oignons nouveaux émincés
60 g de beurre	Sel et poivre fraîchement moulu
1 oignon émincé	2 œufs durs, coupés en quarts
1/3 de tasse de farine	1 tasse 1/2 de lait
1 cuil. à soupe de moutarde, sans graines	1 œuf battu

1 Préchauffer le four à 210 °C. Badigeonner d'huile ou de beurre fondu une tourtière de 20 cm environ. Sur un plan de travail légèrement fariné, étaler la pâte brisée. En garnir le fond et le bord de la tourtière. Couvrir la pâte de papier sulfurisé et y poser des haricots secs ou du riz. Enfourner 7 minutes. Sortir la tourtière ; enlever le papier, les haricots ou le riz. Remettre au four 8 minutes environ, jusqu'à ce que la pâte soit légèrement dorée. Retirer et laisser refroidir.

2 Parer le poulet et le détailler en morceaux de 2 cm. Chauffer l'huile dans une sauteuse. Cuire à feu moyen des petites quantités de poulet jusqu'à ce qu'il soit légèrement doré et bien cuit. Égoutter sur du papier absorbant.

3 Faire fondre le beurre à feu doux dans une casserole à fond épais. Y faire revenir l'oignon, 2 minutes environ. Incorporer la farine jusqu'à ce que la préparation soit légèrement dorée (compter 1 minute). Ajouter le lait petit à petit en remuant pour obtenir une texture lisse. Mettre à feu moyen et continuer de remuer jusqu'à ébullition et épaississement de la sauce. Retirer du feu, et incorporer la moutarde et le fromage râpé ; laisser refroidir un peu. Ajouter le jambon, le poivron, les oignons, le poulet. Saler et poivrer à votre goût. Mélanger délicatement. Verser la moitié de la préparation dans la tourtière. Placer les quartiers d'œuf dur sur le dessus. Recouvrir avec le reste de la préparation. Avec une grosse cuillère, donner à la garniture une forme arrondie.

4 Étaler la pâte feuilletée sur un plan de travail légèrement fariné. Badigeonner d'œuf battu le bord de la pâte déjà cuite. Recouvrir la garniture avec la pâte feuilletée. Appuyer sur le pourtour pour qu'elle adhère au bord de la tourte et enferme la garniture. Découper l'excédent. Badigeonner à l'œuf le dessus de la tourte. Décorer éventuellement de bandelettes de pâte. Baisser la température du four à 180 °C, et cuire 45 minutes environ, jusqu'à ce que la tourte soit bien dorée. Servir chaud.

Remarque : on peut préparer la tourte et ne la cuire que le lendemain. Pour la conserver, la couvrir d'un film plastique et la réfrigérer. Enfourner 45 minutes comme indiqué ci-dessus.

CI-DESSUS : TOURTE AU JAMBON ET AU POULET.

Les sushi sont de petits rouleaux de riz vinaigré enrobés dans une algue marine avec une farce de poisson et de légumes.

Le tempura est probablement le plat japonais le plus apprécié en Occident. Ce sont des beignets de crevettes et de légumes servis dès leur sortie de la friture. On peut boire de la

soupe de miso pendant le repas ou au début du repas. Les plats cuisinés dans la même marmite, tels que les sukiyaki, sont les plats les plus prisés dans les restaurants : chacun cuit sa viande et ses légumes dans un plat placé au centre de la table. Les aliments cuits sur un teppan sont également populaires en Occident. On peut admirer le chef préparer les aliments sur une plaque de cuisson, et la manière dont sont émincés viandes et légumes est spectaculaire. La cuisine japonaise s'apprécie autant pour son aspect visuel que ses saveurs.

Jaque Gros fruit du jaquier, en forme de petit tonneau, à peau noueuse de couleur jaune-vert, à chair blanc crème, de forte

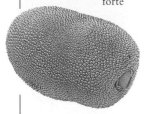

odeur, et comprenant de nombreuses grandes graines blanches.

Le jaquier appartient à la famille de l'arbre à pain ; il est originaire des forêts tropicales humides d'Inde et de Malaisie, mais il pousse maintenant en Asie et en Afrique. On peut manger sa chair craquante seule, ou l'ajouter à une salade de fruits, ou encore la réduire en purée pour préparer de la glace. On peut également la faire bouillir, frire et l'ajouter aux currys. On peut faire cuire ses graines de la même façon que les châtaignes : on en fait de la farine en Afrique. La saison du jaque est l'été, mais on le trouve aussi en conserve ou en confitures.

Jarlsberg Fromage fabriqué avec du lait de vache, de couleur jaune foncé, à pâte mi-dure, avec un goût sucré de noisette.

Le lait caillé est "cuit" dans du lactosérum chauffé, et pressé dans un moule cylindrique pour affinage.

CUISINE JAPONAISE : LES CLASSIQUES

SUNOMONO (SALADE AU CONCOMBRE ET AUX CREVETTES)

✳ **Préparation :** 20 minutes + 1 heure de repos
Cuisson : 5 minutes
Pour 4 personnes

1 grand concombre
Sel
375 g de grosses crevettes crues
1/4 de tasse de riz
Vinaigre
1 cuil. à soupe de sucre en poudre

1/4 de cuil. à café de sauce de soja
1/4 de cuil. à café de gingembre frais finement râpé
1 cuil. à soupe de graines de sésame grillées

1 Couper le concombre en deux dans le sens de la longueur. Retirer les grains avec une cuiller à café. Le couper en lamelles fines, saupoudrer de sel et laisser reposer 5 minutes. Presser délicatement les lamelles pour qu'elles dégorgent.
2 Plonger les crevettes dans une casserole d'eau bouillante salée. Faire mijoter 2 minutes environ, jusqu'à ce qu'elles soient juste cuites. Les égoutter et les plonger dans l'eau froide. Les laisser refroidir puis les décortiquer et ôter les veines.
3 Mélanger le vinaigre, le sucre, la sauce de soja et le gingembre dans un grand saladier. Ajouter les crevettes et le concombre et laisser reposer 1 heure.

4 Égoutter le mélange aux crevettes dans une passoire. Présenter sur des assiettes, parsemer de graines de sésame et servir.

Remarque : griller les graines de sésame à sec dans une petite casserole, à feu doux, et les saisir sur les deux faces jusqu'à ce qu'elles soit bien dorées. Réserver en laissant refroidir sur une assiette.

MISOSHIRU (SOUPE MISO)

✳ **Préparation :** 10 minutes
Cuisson : 10 minutes
Pour 4 personnes

1 l de dashi (bouillon de bonite)
100 g de miso rouge
1 cuil. à soupe de mirin

125 g de tofu coupé en dés
4 champignons de Paris
2 oignons nouveaux

1 Verser le dashi dans une casserole de taille moyenne et porter à ébullition. Mélanger le miso avec le mirin et ajouter au bouillon chaud.
2 Faire mijoter doucement, 2 minutes, à découvert. Ajouter le tofu en dés et laisser à feu très doux 5 minutes.
3 Émincer très finement les champignons après avoir ôté leurs pieds. Émincer les oignons. Verser la soupe dans des bols réchauffés et garnir de lamelles de champignon et de oignon.

CI-DESSUS : SUNOMONO ; CI-CONTRE : ROULEAUX DE SUSHI.

ROULEAUX DE SUSHI

★ ★ **Préparation :** 45 minutes
Cuisson : 10 à 15 minutes
Pour environ 30 personnes

1 tasse de riz blanc, grain court	125 g de saumon fumé, truite ou thon (choisir du poisson extra-frais)
2 tasses d'eau	
2 cuil. à soupe de vinaigre de riz	½ concombre long et mince, pelé
1 cuil. à soupe de sucre	½ avocat, petit
1 cuil. à café de sel	¼ de tasse de gingembre en saumure
3 à 4 feuilles de nori	
1 à 2 cuil. à café de wasabi	Sauce de soja pour tremper

1 Laver le riz à l'eau froide et bien l'égoutter. Le mettre avec l'eau dans une casserole de taille moyenne. Porter à ébullition puis baisser le feu et faire mijoter à découvert 4 à 5 minutes, jusqu'à ce que l'eau soit ab-sorbée. Couvrir et faire cuire à feu très doux encore 4 à 5 minutes. Retirer la casserole du feu, et laisser re-froidir. Mélanger le vinaigre, le sucre et le sel avec le riz. Mettre 1 feuille de nori sur un morceau de papier sulfurisé. Déposer un quart du riz le long d'un bord de la feuille de nori, en laissant un espace de 2 cm sur trois côtés. Étaler régulièrement un peu de wasabi au milieu du riz.

2 Couper le poisson en lamelles, le concombre et l'avo-cat en petits morceaux. Déposer sur le wasabi.

3 À l'aide du papier, rouler la feuille bien serrée et em-prisonner ainsi dans le riz les ingrédients placés au centre. Presser la feuille de nori pour coller les bords. À l'aide d'un couteau aiguisé, sans dents, découper des rouleaux de 2,5 cm. Recommencer avec les ingrédients restants. Servir les rouleaux de sushi avec de la sauce de soja, telle quelle ou mélangée au wasabi restant. Verser la sauce dans de petits bols pour y tremper les rouleaux de sushi.

L'intérieur est parsemé de grands trous de forme irrégulière appelés parfois des "yeux". La croûte est recouverte de cire jaune. Le Jarlsberg peut se servir sur un plateau de fromages (le laisser atteindre la température ambiante auparavant), ou être consommé en sandwichs et salades. On peut également le cuire pour les fondues et les sauces. Ce fromage fut produit dans l'état de Jarlsberg, en Norvège, à la fin des années cinquante.

Juive (cuisine) Bien que la cuisine juive provienne de différents pays, et qu'elle ait été influencée par les

produits locaux de ces différents pays, les plats présentent nombre de similarités. La cuisine juive est liée aux jours de fêtes religieuses. Le pain tressé (challah), le miel et les œufs entrent dans la composition des mets de fêtes, et ont des connotations bibliques.

Tous les fruits et légumes sont *kasher* (autorisés), et il existe des

règles strictes en ce qui concerne la viande, le poisson, et les produits laitiers.

Le porc est interdit, tout comme le gibier, les fruits de mer et les poissons sans écailles. Selon la tradition, les produits laitiers ne doivent pas être mangés en même temps que la viande, ni préparés avec les mêmes ustensiles. De nombreuses traditions culinaires juives sont devenues populaires. Ainsi, la cuisson du poisson dans l'huile d'olive :

l'huile doit être fraîche et chaude, le poisson est fariné puis cuit jusqu'à ce qu'il devienne brun sur les deux faces.

Les plats traditionnels des jours de fête comportent la soupe aux boulettes de matzot, le charoseth (fruits, noix et vin rouge) à la Pâque juive, et le teiglach

(gâteau au miel) à Rosh Hashanah (le Nouvel An juif).

Julienne Aliments, notamment des légumes tels que les carottes, les

TEMPURA DE LÉGUMES

✳ **Préparation :** 30 minutes + 1 heure au réfrigérateur
Cuisson : 5 minutes par séries de beignets
Pour 6 personnes

1 tasse ¼ de farine	60 g de haricots verts
1 œuf	Huile végétale légère pour
1 tasse ¼ d'eau glacée	friture
125 g de brocoli	
1 petit oignon	**Sauce**
1 petit poivron rouge	3 cuil. à soupe de sauce de
1 petit poivron vert	soja
1 carotte	2 cuil. à café de mirin

1 Tamiser la farine dans une grande jatte. Faire un puits au centre, ajouter l'œuf et l'eau et battre jusqu'à ce que ce soit bien mélangé. Couvrir et mettre 1 heure au réfrigérateur.

2 Détailler les brocolis en petits bouquets. Émincer l'oignon, les poivrons, la carotte et les haricots en lamelles d'environ 6 cm de long ; fendre les haricots en deux. Mélanger ces légumes à la pâte.

3 Chauffer l'huile dans une casserole. À l'aide d'une pince, plonger dans l'huile l'équivalent de 2 morceaux de légumes ; les maintenir avec la pince jusqu'à ce qu'ils commencent à frire. À ce moment-là, les lâcher dans l'huile et les laisser cuire jusqu'à ce qu'ils soient bien croustillants. Recommencer l'opération. Déguster les beignets en les trempant dans la sauce de soja et mirin.

4 Sauce : mélanger la sauce de soja et le mirin dans un petit bol.

POULET TERIYAKI (BROCHETTES)

✳ **Préparation :** 20 minutes + 2 heures pour la marinade
Cuisson : 6 minutes
Pour 12 personnes

750 g de blancs de poulet détaillés en petits morceaux	2 cuil. à café de gingembre frais râpé
¼ de tasse de sauce de soja	1 poivron rouge coupé en dés de 2 cm
2 cuil. à soupe de mirin	4 oignons nouveaux, coupés en lamelles de 3 cm
2 cuil. à soupe de xérès	
2 cuil. à soupe de sucre de canne	2 cuil. à soupe d'huile

1 Parer le poulet. Mettre les brochettes de bambou à tremper dans de l'eau pour les empêcher de brûler. Mettre le poulet dans un plat en verre ou en céramique peu profond. Mélanger la sauce de soja, le mirin, le xérès, le sucre de canne et le gingembre dans un petit bol. Verser ce mélange sur le poulet. Couvrir et réfrigérer jusqu'à 2 heures, en retournant de temps à autre. Égoutter.

2 Enfiler alternativement le poulet, le poivron et l'oignon sur les brochettes.

3 Badigeonner d'huile et faire cuire au gril, environ 6 minutes (la chair doit rester tendre) ; retourner les brochettes de temps en temps, en les huilant de nouveau si nécessaire. Servir immédiatement avec du riz cuit à la vapeur ou des nouilles aux œufs et des légumes frits ou grillés.

CUISINE JUIVE : LES CLASSIQUES

CONSOMMÉ DE POULET AUX BOULETTES MATZOT

✳ ✳ **Préparation** : 30 minutes + 1 heure de réfrigération

Cuisson : 2 heures 30

Pour 6 personnes

Consommé

1,75 kg de poulet
4 litres d'eau
3 oignons coupés en tranches
4 carottes émincées
4 branches de céleri coupées en petit morceaux
1 poireau détaillé en morceaux
2 grands brins de persil
1 feuille de laurier
8 grains de poivre

1 cuil. à soupe de sel

Boulettes matzot

2 cuil. à soupe de graisse de poulet ou d'huile végétale
1 oignon finement émincé
1 tasse de semoule matzot
2 œufs battus
1 cuil. à café de persil frais ciselé
Sel et poivre
Poudre d'amande

1 Dégraisser le poulet et réserver la graisse. Le couper en 8 ou 9 morceaux et les mettre dans une grande cocotte avec l'eau et tous les ingrédients. Porter lentement à ébullition puis écumer. Baisser le feu et laisser

mijoter 2 heures (pendant ce temps, préparer les boulettes au matzo), jusqu'à ce que la chair du poulet se détache des os. Filtrer le bouillon. Le remettre dans la cocotte préalablement rincée et porter à ébullition. Réserver le poulet.

2 Ajouter les boulettes au matzo et faire mijoter 15 minutes à découvert. Découper le poulet en lamelles, et le laisser cuire à feu doux 5 à 10 minutes dans la cocotte.

3 Boulettes au matzot : chauffer la graisse de poulet ou l'huile dans une poêle et faire revenir l'oignon. Réserver. Dans une jatte, mélanger l'oignon avec le matzot, les œufs, le persil. Saler et poivrer. Si nécessaire, ajouter de la poudre d'amande pour lier. Couvrir et laisser 1 heure au réfrigérateur. Former des boulettes de 2 cm.

FOIES DE VOLAILLE HACHÉS

✳ **Préparation** : 15 minutes

Cuisson : 10 minutes

Pour 4 personnes

1 cuil. à soupe de graisse de poulet + un peu en supplément
1 oignon émincé
1 gousse d'ail écrasée
2 œufs durs

250 g de foies de volaille, parés
1 cuil. à soupe de miettes de pain blanc frais
Sel, poivre noir fraîchement moulu, muscade

1 Faire revenir l'ail et l'oignon dans la graisse de poulet. Ajouter les foies dans la poêle et faire sauter.

2 Laisser refroidir quelques minutes. Mettre le tout dans un robot avec les œufs durs et les miettes de pain. Bien mixer et ajouter un peu de graisse de poulet si nécessaire pour rendre la préparation plus homogène.

3 Saler, poivrer et relever avec de la muscade.

PAGE CI-CONTRE, EN HAUT : TEMPURA DE LÉGUMES ; EN BAS : POULET TERIYAKI. CI-DESSUS : CONSOMMÉ DE POULET AUX BOULETTES MATZOT ; CI-CONTRE : FOIES DE VOLAILLE HACHÉS.

navets, le céleri, les poireaux, coupés en bâtonnets de la taille d'une allumette ; on peut les utiliser crus

en salades ou légèrement cuits en garniture de soupe, ou encore en légumes d'accompagnement des plats principaux. On peut couper de la même façon la viande cuite mangée en salade, ainsi que les zestes de citron.

Julienne Poisson de mer pêché en Méditerranée (pour les petites espèces), et en mer du Nord (pour les grandes espèces), également appelé "lingue".

On trouve ce poisson entier, en filets ou en tranches. Sa chair est de qualité. On peut le cuire au court-bouillon, sauté à la poêle, ou au four. Voir poisson.

Jumeau Morceau de viande de bœuf de seconde catégorie. C'est une viande moelleuse, grasse et gélatineuse, que l'on ajoute par exemple au morceau de gîte pour la préparation du bourguignon et du pot-au-feu.

Jurançon Vin français qui devint le vin des cérémonies de la Maison de France après avoir été servi au baptême d'Henri IV.
Une surmaturation tardive est nécessaire pour obtenir un Jurançon moelleux.
C'est un vin à la robe dorée, dont l'arôme évoque un mélange d'épices telles que la cannelle et la muscade, et de fruits exotiques comme la goyave et l'ananas.

Ce vin, qui vieillit bien, constitue un très bon accompagnement du foie gras.
Le Jurançon sec, très parfumé, est un blanc de blancs. Il accompagne parfaitement les saumons et les truites.

Jus (au) Terme s'appliquant à une viande servie dans son propre jus ou dans sa propre sauce. On ajoute de l'eau ou du bouillon pour faire bouillir le jus jusqu'à ce qu'il réduise et que l'on obtienne un concentré.

LATKES

✫   **Préparation :** 35 minutes
        Cuisson : 30 minutes
        Pour 4 personnes

1,5 kg de pommes de terre	*Sel*
moyennes	*Poivre fraîchement moulu*
1 cuil. à soupe d'huile	*2 cuil. à soupe de farine*
1 œuf battu	*Huile végétale pour friture*

1 Bien nettoyer les pommes de terre. Les peler et les râper grossièrement. Les rincer et bien les essuyer avec du papier absorbant, puis les mettre dans une jatte.
2 Ajouter l'huile et l'œuf battu aux pommes de terre et bien mélanger. Saler, poivrer et incorporer la farine.
3 Avec les mains farinées, former de petites galettes rondes. Chauffer l'huile dans une poêle et les faire frire jusqu'à ce qu'elles soient bien dorées sur les deux faces. Égoutter sur du papier absorbant et servir.

POITRINE DE BŒUF RÔTIE

Chauffer de l'huile dans une grande cocotte. Rissoler 2,5 kg de poitrine de boeuf maigre, sur toutes ses faces. Retirer du plat et réserver. Faire revenir 3 oignons émincés dans la même huile. Remettre la viande et ajouter une tasse d'eau. Saupoudrer la viande d'1 cuil. à soupe de farine, et assaisonner de sel et d'ail, à votre goût. Cuire 3 heures 30 dans un four préchauffé à 160 °C.

GEFILTE FISH (BOULETTES DE POISSON)

✫ ✫   **Préparation :** 5 minutes
        Cuisson : 1 heure 45
        Pour 4 personnes

1 kg de morue, de brème ou	*3 tasses d'eau*
de haddock, avec la peau	*1 cuil. à soupe de persil*
et l'arête pour le bouillon	*2 cuil. à soupe d'amandes*
2 branches de céleri	*en poudre*
2 oignons émincés	*2 œufs battus*
2 carottes coupées en	*Sel et poivre blanc moulu*
rondelles	*Matzot*

1 Ôter la peau et les arêtes du poisson. Mettre la chair dans une grande casserole avec le céleri, un oignon et une carotte. Ajouter de l'eau, porter à ébullition et laisser mijoter 30 minutes. Tamiser le bouillon.
2 Détailler le poisson en gros morceaux, et le passer au mixeur avec l'oignon restant et le persil. Ajouter les amandes en poudre, les œufs, le sel, le poivre et du matzot pour lier. Mains farinées, former 8 boulettes avec ce mélange.
3 Cuire à petit feu les rondelles de la deuxième carotte dans le bouillon pendant 10 minutes, puis les retirer. Plonger les boulettes dans le bouillon, couvrir et laisser mijoter 1 heure. Les ôter avec une écumoire et les présenter sur une assiette, décorées d'une rondelle de carotte.
4 Filtrer le bouillon de poisson et en verser un peu sur chaque boulette. Laisser refroidir le reste de bouillon : il se transformera en gelée. Ciseler finement la gelée et en agrémenter le poisson gefilte.

BLINTZS AU FROMAGE BLANC

✷ ✷ **Préparation :** 15 minutes + 1 heure de repos
Cuisson : 30 minutes
Pour 4 à 6 personnes

1 tasse de farine
1/2 cuil. à café de sel
3 œufs
1/4 de tasse de lait
45 g de beurre fondu

2 jaunes d'œufs
2 cuil. à soupe de sucre en poudre
1 zeste de citron finement râpé
1/2 cuil. à café d'essence de vanille
1/4 de tasse de raisins de Smyrne

Garniture
375 g de fromage blanc
2 cuil. à soupe de crème fraîche

1 Tamiser la farine et le sel dans une jatte de taille moyenne. Faire un puits au centre. Incorporer les œufs un par un, en tournant bien, puis le lait et le beurre fondu. Couvrir et laisser reposer 1 heure.
2 Faire chauffer et badigeonner d'huile une crêpière de 20 cm environ. Verser 2 à 3 cuil. à café de pâte pour en tapisser le fond.
Cuire à feu moyen jusqu'à ce que la face du dessous soit dorée, puis retourner la crêpe. Empiler les crêpes

PAGE CI-CONTRE, EN HAUT : LATKES ; EN BAS : GEFILTE FISH. CI-DESSUS : BLINTZS AU FROMAGE BLANC.

sur une assiette et couvrir d'un torchon. Huiler de nouveau la poêle si nécessaire.
3 Mettre une bonne cuillerée à soupe de garniture sur chaque crêpe, et les replier étroitement en joignant les côtés pour former des chaussons.
4 Préchauffer le four à 230 °C. Placer les blintzs dans un plat peu profond beurré et cuire 10 minutes. Saupoudrer de sucre glace et servir chaud.
5 **Garniture :** mettre le fromage blanc dans une jatte. Incorporer la crème fraîche et les jaunes d'œufs. Ajouter le sucre en poudre, le zeste de citron, l'essence de vanille et les raisins secs. Bien mélanger.

CHAROSETH

✷ **Préparation :** 15 minutes + 1 heure au réfrigérateur
Pas de cuisson
Pour 6 personnes

2 pommes rouges
1/4 de tasse d'amandes blanchies finement émincées ou de noix

1 cuil. à café de cannelle
2 cuil. à soupe de vin rouge
1 cuil. à soupe de miel

1 Couper les pommes en deux et les évider. Ne pas les peler. Les émincer très finement et placer le tout dans une petite jatte.
2 Ajouter les amandes ou les noix, la cannelle, le vin et le miel et bien mélanger. Si vous utilisez un vin doux, réduire la quantité de miel.
Laisser refroidir pendant 1 heure avant de servir.

Remarque : ce dessert se consomme le jour même car il ne se conserve pas bien.

BAGELS AU SAUMON FUMÉ

Compter un bagel par personne.
Partager les bagels en deux, horizontalement. Couvrir chaque moitié de fromage frais crémeux.
Garnir de 2 à 3 tranches de saumon fumé et, à votre goût, de câpres et d'oignon émincé. Joindre les moitiés de bagels.

Remarque : cette recette classique connaît nombre de variantes.
En effet, toutes les garnitures pour sandwichs sont excellentes avec les bagels. En général, on les sert légèrement grillés, avec des œufs brouillés.
On les achète blancs ou au seigle noir, parsemés de graines de pavot, d'oignon, d'ail ou de cannelle.

Jus de fruits Boisson obtenue avec des fruits frais pressés ou centrifugés qui conservent toutes leurs vitamines, leur  goût, leur couleur et leur parfum.
On peut trouver des jus de fruits frais ou à longue conservation.
Les nectars sont des jus de fruits auxquels on a ajouté du sucre et de l'eau.
Les boissons aux jus de fruits ne contiennent qu'une faible quantité de jus de fruits  auxquels on a ajouté des acidulants, des arômes, du sucre, et de l'eau gazeuse ou plate.
On trouve  également des jus de fruits déshydratés que l'on reconstitue en les diluant dans de l'eau.

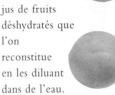

K

Kaki Fruit du plaqueminier en forme de tomate à peau douce, de chair jaune à orange, douce et gélatineuse lorsque le fruit a dépassé la maturité, car autrement il a un goût amer.
On peut manger la chair de kaki mûr seule, comme un fruit, ou ajoutée à une salade de fruits, à une mousse ou à une crème anglaise, ou l'utiliser pour décorer les glaces.
On le transforme également en confiture. Le kaki est originaire du Japon et de Chine, où il est cultivé depuis plus de mille ans.

Kasha Plat d'Europe de l'Est composé de farine de sarrasin, de beurre et de lait.

Kebab Petits morceaux de viande, de volaille, ou de fruits de mer (souvent marinés) enfilés sur une brochette et cuits au gril ou au barbecue.

Kedgeree Mélange de riz et de poisson blanc émietté ou de poisson fumé, d'origine indienne.

KEBABS (BROCHETTES)

BROCHETTES DE BŒUF TERIYAKI

✶ **Préparation :** 15 minutes + 2 heures de marinade
Cuisson : 6 à 14 minutes
Pour 6 personnes

6 steaks d'environ 345 g chacun (tende de tranche)
1 tasse de bouillon de bœuf
1/4 de tasse de sauce teriyaki
2 cuil. à soupe de sauce hoisin
2 cuil. à soupe de jus de citron vert
1 cuil. à soupe de miel
2 oignons nouveaux finement émincés
2 gousses d'ail écrasées
1 cuil. à café de gingembre frais râpé

1 Parer la viande. La trancher en lamelles longues et fines, dans le sens contraire au fil de la viande. Enfiler les lamelles sur une brochette.
2 Dans une petite terrine, réunir le bouillon, la sauce teriyaki et la sauce hoisin, le jus de citron vert, le miel, les oignons et le gingembre.
Battre 1 minute environ. Dans un plat peu profond, disposer les brochettes dans cette marinade et couvrir. Réfrigérer au moins 2 heures ou toute une nuit si possible. Égoutter les brochettes et réserver la marinade.
3 Cuire les brochettes au gril ou au barbecue.
Les saisir 2 minutes par côté, puis prolonger la cuisson selon votre goût.
Les badigeonner régulièrement de marinade.

KEBABS DE POISSON AU CUMIN

✶ **Préparation :** 10 minutes + 3 heures de marinade
Cuisson : 5 à 6 minutes
Pour 4 personnes

750 g de filets de poisson blanc à chair ferme
1 cuil. à soupe de coriandre fraîche ciselée
2 cuil. à café de cumin en poudre
1 cuil. à café de poivre moulu

Marinade
2 cuil. à soupe d'huile d'olive
1 gousse d'ail écrasée

1 Détailler les filets en dés de 3 cm. Les enfiler sur les brochettes.
Réserver.
2 Marinade : mélanger l'huile, l'ail, la coriandre, le cumin et le poivre.
Badigeonner le poisson avec cette marinade. Le couvrir d'un film plastique et réfrigérer 3 heures en retournant les brochettes de temps en temps.
Les égoutter et réserver la marinade.
3 Cuire les brochettes au gril ou au barbecue, 6 minutes environ en les retournant une fois. Les badigeonner régulièrement de marinade.
Servir avec du pain pita et des quartiers de citron vert.

CI-DESSUS : KEBABS DE POISSON AU CUMIN.
PAGE CI-CONTRE, EN BAS : KEBABS D'AGNEAU À LA GRECQUE ; EN HAUT : KEBABS DE POULET À L'AIL.

KEBABS DE POULET À L'AIL

✳ **Préparation** : 20 minutes
Cuisson : 12 minutes
Pour 12 personnes

6 cuisses de poulet désossées
1 poivron rouge coupé en
  morceaux de 3 cm
1 poivron vert coupé en
  morceaux de 3 cm
1 gros oignon rouge coupé
  en 12 quartiers
1/2 tasse d'huile
2 gousses d'ail écrasées

1 cuil. à soupe de ciboulette
  fraîche ciselée
1 cuil. à soupe de menthe
  fraîche ciselée
1 cuil. à soupe de thym
  frais haché
1/2 cuil. à café de poivres
  mélangés

1 Si vous utilisez des brochettes en bambou, les tremper plusieurs heures dans de l'eau. Parer le poulet et le couper en dés de 3 cm.
2 Embrocher alternativement les morceaux de poulet, de poivron et d'oignon. Mélanger l'huile, l'ail, les herbes et le poivre dans une petite jatte.
3 Disposer les brochettes sur une grille légèrement huilée (cuisson au gril ou au barbecue). Faire griller à feu vif puis moyen, 6 minutes de chaque côté environ, jusqu'à ce que le poulet soit bien cuit. Pendant la cuisson, badigeonner plusieurs fois avec la sauce aux herbes.

KEBABS DE VEAU À L'ORIENTALE

✳ **Préparation** : 6 minutes
Cuisson : 6 à 8 minutes
Pour 4 personnes

750 g de veau découpé en
  lamelles
1/2 tasse de sauce à la prune
2 cuil. à café de sauce de
  soja

1 gousse d'ail écrasée
1/2 cuil. à café de gingembre
  frais râpé
1/4 de cuil. à café de piment
  émincé

1 Enfiler la viande sur 8 brochettes en bambou (les faire tremper au préalable).
2 Dans un saladier, mélanger la sauce à la prune, la sauce de soja, l'ail, le gingembre et le piment. En badigeonner les brochettes. Les cuire au barbecue, 3 à 4 minutes par côté, en les badigeonnant constamment de sauce.
3 Servir avec du riz complet et de la salade, éventuellement accompagné du reste de sauce.

KEBABS D'AGNEAU À LA GRECQUE

✳ **Préparation** : 20 minutes + 2 heures
de marinade
Pour 20 brochettes

1,5 kg de gigot d'agneau
  désossé
1/3 de tasse d'huile d'olive
1/4 de tasse de jus de citron
2 cuil. à café de vin blanc sec
2 gousses d'ail écrasées
2 cuil. à soupe de sauce de
  soja

1 cuil. à café de feuilles
  d'origan séchées
1/2 cuil. à café de poivre noir
  moulu
1 gros oignon finement
  émincé
1/4 de tasse de persil frais
  ciselé

1 Détailler la viande en dés de 3 cm. Les enfiler sur des brochettes huilées. Réunir l'huile, le jus de citron, le vin, l'ail, la sauce, l'origan et le poivre. Battre pendant 2 minutes environ, et verser sur la viande.
2 Couvrir d'un film plastique et réfrigérer 2 heures. Égoutter la viande et réserver la marinade.
3 Cuire les brochettes au gril ou au barbecue, 12 minutes environ, en les retournant une fois. Les badigeonner de marinade en cours de cuisson. Parsemer d'oignon et persil avant de servir.

Kibbi Plat du Moyen-Orient composé d'agneau, de boulgour (blé concassé) et d'oignons émincés.

Kiwi Fruit en forme d'œuf, également dénommé "groseille chinoise", à peau

duveteuse, à chair juteuse, sucrée, contenant de petites graines noires. Le kiwi se mange frais, pelé et tranché ou coupé en deux ; on peut l'ajouter à des salades de fruits, des compotes, des glaces et des sorbets.

Kofta Plat populaire d'Asie et du Moyen-Orient composé de boulettes de viande ou de poulet cuites dans une sauce épicée.

Koulibiac Tourte d'origine russe garnie de saumon, de riz, de champignons, d'œufs et de condiments.

Kumquat Petit fruit ressemblant à une orange naine, à chair plus ou moins citronnée en fonction des espèces ; sa peau fine est comestible. Le kumquat est originaire de Chine. On l'utilise pour faire de la confiture d'agrumes, des fruits en sirop, ou de la liqueur.

L

Lait Liquide blanc riche en protéines. Le lait écrémé est un lait sans crème, le lait demi-écrémé est un lait dont le taux de matières grasses a été diminué de moitié.

Lait de chèvre
Lait plus blanc et plus doux que le lait de vache. On l'emploie principalement pour fabriquer des fromages, il est plus digeste que le lait de vache et il peut être consommé par les personnes allergiques au lait de vache.

Lait de coco
Liquide obtenu par pression de la pulpe de la noix de coco. On l'emploie dans de nombreux plats asiatiques, spécialement dans les currys.

La crème de coco est obtenue après refroidissement du lait de coco, en prélevant la surface crémeuse. On trouve du lait et de la crème de coco en conserve.

Lait Ribot Lait fermenté.

LÉGUMES

CURRY DOUX DE LÉGUMES

✳ **Préparation :** 20 minutes
Cuisson : 40 minutes
Pour 4 personnes

2 carottes moyennes
1 panais moyen
1 pomme de terre
2 cuil. à soupe d'huile
2 oignons émincés
1 cuil. à café de cardamome en poudre
¼ de cuil. à café de clous de girofle moulus
1 ½ cuil. à café de graines de cumin
1 cuil. à café de coriandre en poudre
1 cuil. à café de curcuma
1 cuil. à café de graines de moutarde brune
¼ de cuil. à café de piment en poudre

2 cuil. à café de gingembre frais râpé
1 tasse ⅓ de bouillon de légumes
¾ de tasse de nectar d'abricots
2 cuil. à soupe de chutney fruité
1 poivron vert coupé en dés de 2 cm
200 g de petits champignons de Paris
300 g de bouquets de chou-fleur
¼ de tasse d'amandes en poudre

1 Détailler les carottes, le panais et la pomme de terre en dés de 2 cm. Chauffer l'huile dans une cocotte. Faire revenir l'oignon 4 minutes, jusqu'à transparence. Ajouter la cardamome, les clous de girofle, la coriandre, le curcuma, les graines de moutarde, le piment en poudre et le gingembre râpé. Cuire en remuant 1 minute environ, jusqu'à ce que les épices aient dégagé toute leur saveur.

2 Ajouter les carottes, le panais, la pomme de terre, le bouillon, le nectar d'abricot et le chutney. Couvrir et cuire à feu moyen 25 minutes, en remuant de temps en temps.

3 Poivrer et ajouter les champignons et le chou-fleur. Laisser mijoter 10 minutes ou jusqu'à ce que les légumes soient fondants. Incorporer les amandes en poudre et servir.

Remarque : accompagné de riz vapeur et de pois chiches, ce curry compose un plat complet.

RAGOÛT DE LÉGUMES D'HIVER

✳ **Préparation :** 5 minutes
Cuisson : 1 heure 20
Pour 4 personnes

8 petites pommes de terre coupées en deux
2 rutabagas pelés et détaillés en tranches
4 petits oignons coupés en deux
200 g de bouquets de chou-fleur

60 g de beurre
⅓ de tasse de farine
425 g de consommé de poulet en boîte
1 tasse ½ de lait
1 tasse ½ de parmesan fraîchement râpé

1 Préchauffer le four à 180 °C. Réunir les pommes de terre, le rutabaga, l'oignon et le chou-fleur dans un plat à four, beurré.

2 Faire fondre le beurre à feu doux dans une casserole de taille moyenne. Ajouter la farine et remuer 2 minutes environ, jusqu'à ce que le mélange soit légèrement doré.

3 Verser petit à petit le consommé de poulet et le lait en remuant, jusqu'à obtention d'un mélange homogène. Continuer à mélanger, à feu moyen, jusqu'à ébullition et épaississement.

4 Arroser les légumes du consommé de poulet préparé. Couvrir et cuire 1 heure au four. Saupoudrer de parmesan et remettre au four, à découvert, pendant 10 minutes environ, jusqu'à ce que le fromage soit doré et que les légumes soient moelleux.

LÉGUMES À LA MÉDITERRANÉENNE

✱ **Préparation :** 30 minutes + 1 heure 15
Cuisson : 15 minutes
Pour 6 personnes

1 grosse aubergine	1/2 tasse de feuilles de
1 cuil. à café de sel	basilic frais ciselées
250 g de tomates cerises	2 courgettes détaillées en
1 cuil. à soupe d'huile	rondelles
d'olive + 1 cuil. à soupe	90 g de champignons de
supplémentaire	Paris émincés
1 poivron rouge, coupé en	2 cuil. à soupe de feuilles
deux	d'origan frais ciselées
1 petit poivron vert, coupé	2 cuil. à soupe de vinaigre
en deux	balsamique

1 Préchauffer le four à 180 °C. Couper l'aubergine en tranches fines dans le sens de la longueur. Les disposer en une seule couche sur une planche de travail, et les saupoudrer de sel. Laisser dégorger 15 minutes, rincer et bien sécher. Huiler la plaque du four et la recouvrir en une seule couche des tranches d'aubergine.

2 Avec la pointe d'un couteau, entailler chaque tomate de petits croisillons, et les disposer sur la plaque, avec les aubergines. Badigeonner les légumes d'huile, puis les faire cuire 10 minutes. Ôter du four et laisser refroidir. Détailler l'aubergine en lamelles.

3 Epépiner les poivrons et huiler leur peau. Les faire griller jusqu'à ce que la peau noircisse. Les envelopper dans un torchon humide pour les laisser refroidir, puis les peler et les découper en cubes. Placer les courgettes dans une petite terrine résistant à la chaleur, les mouiller d'eau bouillante pendant 1 minute. Les plonger dans l'eau froide et les égoutter.

4 Réunir les légumes et les herbes dans un grand saladier. Assaisonner d'huile et de vinaigre balsamique et bien remuer. Réserver 1 heure à température ambiante : ainsi, les saveurs se mélangent bien. Servir.

Remarque : salée, l'aubergine est moins amère, et absorbe moins de graisse durant la cuisson ; les tomates incisées n'éclatent pas une fois au four.
Ce plat se marie délicieusement avec les rôtis d'agneau et de bœuf. On peut décliner sa saveur en variant les herbes aromatiques, ou en ajoutant une pointe d'ail écrasée à l'huile.

Page ci-contre : Curry doux de légumes.
Ci-dessus : Légumes à la méditerranéenne.

Lancashire Hot Pot
Ragoût composé d'agneau, d'oignons et de pommes de terre, recouverts d'une couche de pommes de terre tranchées. À l'origine, ce plat contenait également des champignons et des huîtres ; il était cuisiné dans un plat en terre.

Langue Est classée parmi les abats. On consomme généralement la langue de bœuf, ou d'agneau. La langue est cuite au court-bouillon, tranchée, servie chaude avec une sauce espagnole. On peut aussi la manger froide, accompagnée de condiments (pickles) et de chutney.

Langue de chat Biscuit allongé, plat, croustillant, servi en accompagnement de desserts glacés, de

salades de fruits, ou avec une coupe de champagne. Le nom donné à ce biscuit provient de sa forme qui évoque une langue de chat.

Lapin domestique Les jeunes lapins élevés pour la table ont une chair maigre, tendre et blanche, ressemblant à celle du poulet ; la chair du lapin sauvage est plus foncée et plus filandreuse.

Une des meilleures préparations culinaires consiste en une marinade dans du vin assaisonné avec des échalotes, de l'ail et du thym avant une cuisson en civet ou en sauté ; le lapin à la moutarde est également très apprécié.

Lard Graisse de porc, de couleur parfaitement blanche et pratiquement inodore, employée pour recouvrir la croûte des tourtes ou pour frire et rôtir les aliments. Le lard est très riche en cholestérol, en acides gras saturés et monoinsaturés.

Larder Insérer, au moyen d'une lardoire (brochette creuse), des lardons dans de la viande et du gibier maigres pour leur ajouter de la saveur et leur donner du jus pendant la cuisson.

Lasagne Variété de pâte alimentaire italienne. Les lasagnes sont plates et larges, avec des bords droits ou ondulés. On fait bouillir les lasagnes dans de l'eau, puis on les égoutte avant de les accommoder avec diverses sauces ; on les recouvre ensuite de fromage et on les cuit au four.

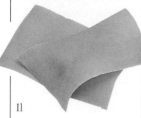

Il existe des lasagnes pré-cuites qu'il n'est pas nécessaire de faire bouillir.

LÉGUMES GRILLÉS À L'AÏOLI

✷ ✷   **Préparation :** 30 minutes
       Cuisson : 15 minutes
       Pour 8 personnes

2 aubergines moyennes, coupées en tranches fines dans le sens de la longueur
4 petits poireaux fendus en deux
2 poivrons rouges coupés en 8 cubes
4 petites courgettes coupées en deux dans le sens de la longueur
8 beaux chapeaux de champignons (à choisir selon votre goût)
Sel

Assaisonnement
1 cuil. à soupe de vinaigre balsamique
2 cuil. à soupe de moutarde de Dijon
2 cuil. à café de feuilles d'origan séché
1 tasse d'huile d'olive

Aïoli
2 jaunes d'oeufs
1 cuil. à soupe de jus de citron
2 gousses d'ail écrasées
1 tasse d'huile d'olive
1 cuil. à soupe de ciboulette fraîche émincée
1 cuil. à soupe de persil frais haché
1 cuil. à soupe d'eau

1 Saupoudrer les tranches d'aubergine de sel et faire dégorger 30 minutes. Les rincer à l'eau froide et les essuyer avec du papier absorbant. Disposer les aubergines, les poireaux, les poivrons et les courgettes sur la plaque du gril. Badigeonner d'assaisonnement.
2 Préchauffer le gril. Faire cuire à température élevée pendant 5 minutes, en badigeonnant les légumes de temps en temps et en les retournant une fois. Ajouter les champignons, et les enduire d'assaisonnement. Cuire encore 10 minutes, jusqu'à ce que les légumes soient moelleux. Ne retourner les champignons qu'une seule fois, et arroser les légumes d'assaisonnement durant la cuisson. Servir avec l'aïoli.

3 Assaisonnement : mélanger le vinaigre, la moutarde et l'origan dans une petite jatte ; incorporer l'huile progressivement en battant bien.
4 Aïoli : mélanger les jaunes d'œufs, le jus de citron et l'ail au batteur pendant 5 secondes environ.
Sans cesser de battre, verser un filet l'huile jusqu'à ce que la préparation soit épaisse et crémeuse. Incorporer la ciboulette, le persil et l'eau en mixant encore 3 secondes.

CHAUSSONS DE LÉGUMES À L'ORIENTALE

✷   **Préparation :** 45 minutes
      Cuisson : 35 à 40 minutes
      Pour 12 chaussons

Farce
3 tasses de carottes râpées
2 gros oignons émincés finement
1 cuil. à soupe de gingembre râpé
1 cuil. à soupe de coriandre fraîche ciselée
1 tasse d'eau
235 g de châtaignes d'eau en boîte, coupées en tranches
1 cuil. à soupe de miso
1/4 de tasse de pâte tahini
Poivre
8 feuilles de pâte phyllo
125 g de beurre fondu

RAGOÛT ÉPICÉ AUX LÉGUMES ET AUX POIS CHICHES

★ **Préparation :** 25 minutes
+ 1 nuit de trempage
Cuisson : 1 heure 30
Pour 4 personnes

1 tasse ½ de pois chiches secs
2 cuil. à soupe d'huile
1 gros oignon émincé
1 gousse d'ail écrasée
3 cuil. à café de cumin en poudre
½ cuil. à café de piment en poudre
½ cuil. à café de poivre de la Jamaïque
425 g de tomates en boîte, pelées et écrasées

1 tasse ½ de bouillon de légumes
315 g de potiron détaillé en cubes de 2 cm
155 g de haricots verts, coupés en morceaux de 3 cm
200 g environ de petites courges, coupées en quatre
2 cuil. à soupe de concentré de tomates
1 cuil. à café d'origan sec

1 Placer les pois chiches dans une grand saladier, mouiller d'eau froide à hauteur et laisser tremper une nuit. Les égoutter. Dans une cocotte, faire revenir à l'huile l'ail et l'oignon 2 minutes en remuant. Incorporer le cumin, le piment et le poivre de la Jamaïque et mélanger encore 1 minute.
2 Ajouter les pois chiches, la tomate et le bouillon. Porter à ébullition. Couvrir et laisser mijoter à feu doux pendant 1 heure, en remuant de temps en temps.
3 Ajouter le potiron en cubes, les haricots verts, les morceaux de courges, le concentré de tomates et l'origan. Bien mélanger. Couvrir et laisser mijoter encore 15 minutes, puis 10 minutes à découvert, pour que la sauce réduise.

1 Garniture : réunir la carotte, l'oignon, le gingembre, la coriandre et l'eau dans une grande casserole. Couvrir et faire cuire à feu doux 20 minutes. Ôter le couvercle et cuire encore 5 minutes, jusqu'à ce que tout le jus se soit évaporé. Retirer du feu et laisser légèrement refroidir. Incorporer les châtaignes d'eau, le miso et la pâte tahini. Poivrer.
2 Préchauffer le four à 180 °C, et graisser deux plaques de four avec du beurre fondu ou de l'huile. Protéger la pâte phyllo d'un torchon humide pour qu'elle ne sèche pas durant la préparation. Sur un plan de travail, disposer une première feuille de pâte phyllo et l'enduire légèrement de beurre. La recouvrir de 3 autres feuilles de pâte, également beurrées. Couper en 6 carrés égaux. Recommencer avec les 4 feuilles restantes pour obtenir 12 carrés au total.
3 Placer une quantité égale de farce au centre de chaque carré de pâte. Replier les 4 coins pour former un chausson. En beurrer le dessous. Disposer les chaussons sur les plaques de four et cuire 10 à 12 minutes, jusqu'à ce qu'ils soient dorés et croustillants. Servir chaud, éventuellement avec une sauce au piment doux.

Remarque : la pâte tahini est une pâte huileuse à base de graines de sésame. Elle tend à se dissocier lorsqu'elle repose. Si tel est le cas, mélanger avant emploi. Comme pour la pâte phyllo et le miso, vous trouverez cet ingrédient dans les épiceries exotiques.

PAGE CI-CONTRE : LÉGUMES GRILLÉS À L'AÏOLI.
CI-DESSUS : CHAUSSONS DE LÉGUMES À L'ORIENTALE;
CI-CONTRE : RAGOÛT ÉPICÉ AUX LÉGUMES ET AUX POIS CHICHES.

Lassi Boisson fraîche au yaourt, populaire en Inde et au Moyen-Orient. On la fabrique en mélangeant du yaourt nature à de l'eau glacée. Cette boisson est traditionnellement assaisonnée de sel et de poivre, ou simplement sucrée pour une version plus douce. On sert le lassi dans de grands verres avec des cubes de glace.

Laurier (ou laurier-sauce) Arbuste originaire de la Méditerranée. Dans la Grèce antique, les couronnes fabriquées avec des feuilles de laurier étaient apposées sur les têtes des victorieux, aussi bien dans le domaine culturel que sportif (le terme "lauréat" provient de cette pratique).

Au Moyen-Âge, on répandait des feuilles de laurier pour éloigner les mauvaises odeurs, ce n'est qu'au cours des derniers siècles que l'on a apprécié ses qualités culinaires. On peut utiliser les feuilles de laurier fraîches ou sèches, broyées ou en poudre, pour relever les soupes et les plats mijotés. Elles entrent dans la composition du bouquet garni. Le laurier-sauce aurait la propriété de calmer les spasmes digestifs.

Légume Partie comestible d'une plante - feuille, tige, bourgeon, fleur, graine, racine, bulbe ou racine - cultivée pour l'alimentation. Quelques fruits sont utilisés comme des légumes, par exemple la tomate, la citrouille, la courge, la courgette, l'aubergine et le poivron. Les légumes à graines et à gousses comprennent les petits pois, les haricots et les lentilles ; les épinards, la salade verte et le chou sont des légumes feuillus ; le céleri est une tige ; les carottes, les navets et les panais sont des racines charnues ; les ignames et les pommes de terre sont des tubercules ; les plantes à bulbe comprennent les oignons, les

échalotes et le fenouil ; le brocoli et le chou-fleur sont des têtes composées de bourgeons en fleur très serrés. Les champignons font aussi partie des légumes.

Les légumes se mangent crus, en salades, et cuits soit en soupe, soit en accompagnement du plat principal, ou comme plat à part entière. Ils peuvent également être marinés dans du vinaigre, pour préparer des condiments.

Récemment, on a découvert de nouveau le plaisir de déguster les mini-pâtissons, la courge-potiron, et le panais,

BEIGNETS DE LÉGUMES À LA SAUCE TOMATE

✶   **Préparation :** 30 minutes
     Cuisson : 40 minutes
     Pour 12 beignets

2 pommes de terre moyennes, pelées	**Sauce tomate**
1 carotte pelée	*1 cuil. à soupe d'huile*
2 courgettes	*1 petit oignon, finement émincé*
125 g de patates douces, pelées	*1 gousse d'ail écrasée*
1 petit poireau	*1/2 cuil. à café de paprika en poudre*
2 cuil. à soupe de farine	*3 tomates mûres coupées en petits morceaux*
3 œufs légèrement battus	*1/2 tasse de basilic frais haché*
Huile pour friture	

1 Râper les pommes de terre, les carottes, les courgettes et la patate douce. Les presser à la main pour en extraire le maximum de pulpe et de jus. Ajouter le poireau, préalablement détaillé en petits morceaux.

2 Saupoudrer le tout de farine, mélanger, puis incorporer les œufs. Chauffer de l'huile dans une grande poêle. Y verser 1/4 de tasse de la préparation et former une galette de 10 cm environ. Frire 2 ou 3 galettes à la fois, à feu moyen jusqu'à ce qu'elles soient croustillantes. Compter 3 minutes par côté. Réserver.

3 Sauce tomate : chauffer l'huile, saisir l'ail, l'oignon et le paprika, 3 minutes à feu moyen. Ajouter la tomate et baisser le feu. Cuire 10 minutes en remuant de temps à autre. Incorporer le basilic.

CANAPÉS AUX CHAMPIGNONS

✶ ✶   **Préparation :** 40 minutes
       Cuisson : 20 à 25 minutes
       Pour 48 canapés

8 tranches de pain de mie	*Sel et poivre*
75 g de beurre fondu	*1 cuil. à soupe de xérès sec*
1 cuil. à soupe d'huile d'olive	*2 cuil. à café de Maïzena*
1 gousse d'ail écrasée	*1/3 de tasse de crème fraîche*
1/2 petit oignon finement émincé	*1 cuil. à soupe de persil frais ciselé*
375 g de petits champignons de Paris, finement émincés	*1 cuil. à café de thym frais finement émincé*
	1/4 de tasse de parmesan râpé

1 Préchauffer le four à 180 °C.
Ôter la croûte du pain. Badigeonner les tranches de beurre fondu, sur leurs deux faces.
Les détailler en 6 petits triangles ou carrés, puis les disposer sur la plaque du four recouverte d'aluminium. Cuire 5 à 10 minutes, jusqu'à ce que les tranches de pain soient dorées et croustillantes.

2 Chauffer l'huile dans une grande poêle. Rissoler l'ail et l'oignon à feu doux.
Ajouter les champignons et cuire à feu moyen 5 minutes, jusqu'à ce qu'ils soient bien tendres. Saler et poivrer.

CI-DESSUS : BEIGNETS DE LÉGUMES À LA SAUCE TOMATE. PAGE CI-CONTRE : GRATIN DE RIZ ET DE RATATOUILLE.

autant de légumes
délicieux et faciles à
préparer.

Légumes secs Graines
comestibles, généralement
sèches, de plantes à
gousses. Ils comprennent
les lentilles, les haricots
et les petits pois.

Ils représentent une
importante source de
protéines, de vitamines et
de minéraux, ce qui les
rend indispensables pour
les régimes végétariens.
Les légumes secs
constituent la base de
l'alimentation dans de
nombreuses régions du
monde depuis des milliers
d'années ; ils sont de nos
jours présents dans la
cuisine de nombreuses
régions – la Chine, le
Moyen-Orient, l'Égypte,
l'Afrique, l'Amérique
centrale et l'Amérique
latine.

Légumineuses Groupe
de plantes dont les
gousses portent des
graines, particulièrement
les haricots, les petits pois
et les lentilles.
Les légumineuses
constituent une bonne
source de protéines dans
les régimes végétariens.
On les utilise depuis
l'antiquité : pousses de
soja en Asie, lentilles de
l'ancienne Égypte,
haricots des Amériques.

3 Verser le xérès dans la poêle. Ajouter la Maïzena et
la crème fraîche ; remuer jusqu'à ébullition et épaissis
sement.
Ôter du feu, incorporer le thym et le persil et laisser
refroidir.
4 Étaler le mélange aux champignons sur le pain grillé.
Saupoudrer de parmesan.
Passer au four 5 minutes, jusqu'à ce que les canapés
soient bien chauds.

GRATIN DE RIZ ET DE RATATOUILLE

★ **Préparation :** 45 minutes
Cuisson : 55 à 60 minutes
Pour 4 à 6 personnes

2 grosses aubergines
1 cuil. à café de sel
750 g de tomates
1/3 de tasse d'huile d'olive
6 gousses d'ail pelées et
écrasées
2 gros oignons coupés en
dés de 2 cm
Sel et poivre
2 gros poivrons rouges
détaillés en cubes de
2 cm
1 gros poivron vert coupé
en dés de 2 cm

500 g de courgettes, émincées en rondelles de 2 cm
1 cuil. à café de sucre en
poudre
1 tasse d'eau
1 tasse de jus de tomate
1/2 tasse de riz long

Garniture
3 œufs
1/2 tasse de crème liquide
2 cuil. à café de moutarde
1 tasse de fromage râpé
Sel et poivre

1 Préchauffer le four à 180 °C.
Peler et couper les aubergines en dés de 3 cm. Sau
poudrer de sel et laisser dégorger 15 minutes dans une
passoire. Rincer à l'eau froide et sécher avec du papier
absorbant.
Avec la pointe d'un couteau, entailler les tomates d'une
petite croix. Les plonger 1 à 2 minutes dans l'eau
bouillante puis immédiatement dans de l'eau froide. Les
sortir, les peler et les couper en quatre.
2 Chauffer l'huile dans une cocotte, faire revenir l'aubergine, l'ail et l'oignon 5 minutes à feu moyen.
Saler, poivrer ; ajouter les poivrons rouges et verts, les
courgettes en rondelles, les tomates et le sucre.
Cuire 5 minutes et ôter du feu.
3 Ajouter l'eau, le jus de tomates et le riz. Mélanger
et placer le tout dans un plat à gratin.
Couvrir et cuire au four 20 à 30 minutes, jusqu'à ce
que le riz ait absorbé le liquide.

4 Garniture : battre les œufs, la crème et la moutarde dans une jatte.
Incorporer le fromage, saler et poivrer. Verser sur les
légumes et le riz cuits.
Gratiner au four 15 minutes, et attendre 5 minutes avant
de servir.

Remarque : pour plus de saveur, ajouter 1 cuil. à soupe d'origan ou de marjolaine frais et ciselés, ainsi qu'un
peu de parmesan fraîchement râpé.

Leicester Fromage à pâte mi-dure, fabriqué avec du lait de vache, à texture friable et au goût fondant ; sa couleur orange foncé est due à l'annatto (colorant). Le Leicester est parfait pour les sandwichs et les amuse-gueules, et il accompagne bien les fruits et les salades à base de légumes. C'est un excellent fromage pour la cuisine. Le Leicester trouve ses origines près du village de Melton Mowbray, dans le Leicestershire, en Angleterre.

Lemon curd Pâte à tartiner sucrée, composée de jus et de zeste de citron, d'œufs, de beurre et de sucre.
On l'emploie aussi pour garnir les tartes, les gâteaux et les biscuits.

Lentille Petite graine plate et ronde d'une plante annuelle, appartenant à la famille des légumineuses.

Très riches en fer, les lentilles constituent une excellente source de protéines végétales et sont consommées depuis l'ère préhistorique. La lentille brune (parfois nommée

ROULEAUX DE PRINTEMPS AUX LÉGUMES

✳   *Préparation* : 35 minutes + 30 minutes de repos
Cuisson : 20 minutes
Pour 20 rouleaux

4 champignons chinois séchés	1 cuil. à café d'ail écrasé
155 g de pâte de soja frite	³/₄ de cuil. à café de gingembre finement râpé
1 cuil. à soupe d'huile + huile supplémentaire pour la friture	3 tasses de chou chinois râpé
6 oignons nouveaux finement émincés	1 grosse carotte râpée
	1 cuil. à soupe de sauce de soja
	5 grandes galettes de riz

1 Laisser gonfler les champignons pendant 30 minutes, dans un bol d'eau chaude. Les égoutter et les presser pour enlever l'excédent de liquide.
Ôter les pieds et émincer finement les chapeaux. Couper la pâte de soja en petits cubes et réserver. Chauffer 1 cuil. à soupe d'huile dans un wok, ou dans une sauteuse, en veillant à en couvrir le fond et les bords. Faire revenir, à feu vif puis moyen, les oignons, l'ail, le gingembre, le chou, la carotte, les champignons et la pâte de soja pendant 5 minutes environ, jusqu'à ce que les légumes soient tendres. Incorporer la sauce de soja et laisser refroidir.

2 Découper en quatre chaque feuille de pâte de riz. Prendre un carré de pâte et conserver les autres sous un torchon humide. Déposer 2 cuil. à café de garniture sur le carré de pâte. Replier le coin à la base, puis les deux coins des côtés et rouler. Recommencer l'opération.

3 Ajouter de l'huile dans le wok ou la sauteuse. Quand elle est chaude, y plonger 4 rouleaux à la fois ; jusqu'à ce qu'ils soient dorés. Retirer avec une écumoire et égoutter sur du papier absorbant. Servir tiède.

CI-DESSOUS : ROULEAUX DE PRINTEMPS AUX LÉGUMES. PAGE CI-CONTRE, EN HAUT : PURÉE DE LENTILLES ÉPICÉES ; EN BAS : SALADE TIÈDE AU RIZ ET AUX LENTILLES.

1

2

3

LENTILLES

SALADE TIÈDE AU RIZ ET AUX LENTILLES

✳ ✳ **Préparation :** 15 minutes
Cuisson : 50 minutes
Pour 6 personnes

1 tasse de lentilles brunes
1 tasse de riz basmati
4 gros oignons rouges, finement émincés
4 gousses d'ail écrasées
1 tasse d'huile d'olive
45 g de beurre
2 cuil. à café de cannelle en poudre

2 cuil. à café de paprika doux en poudre
2 cuil. à café de cumin en poudre
2 cuil. à café de coriandre en poudre
3 oignons nouveaux, émincés
Poivre moulu

1 Cuire les lentilles et le riz dans des casseroles séparées. Les égoutter.
2 Rissoler l'ail et les oignons rouges, à feu doux dans de l'huile ou du beurre, jusqu'à ce que les oignons soient très fondants.
3 Incorporer la cannelle, le paprika et la coriandre et cuire encore quelques minutes.
4 Mélanger cette préparation avec le riz, les lentilles et les oignons nouveaux émincés. Poivrer à votre goût et servir tiède.

Remarque : ne pas utiliser de lentilles rouges, qui forment vite une en purée. Bien rincer bien les lentilles brunes avant de les cuire.

PURÉE DE LENTILLES ÉPICÉES

✳ **Préparation :** 5 minutes
Cuisson : 45 minutes
Pour 4 personnes

1 tasse de lentilles rouges
2 cuil. à soupe de ghee ou d'huile
1 gros oignon émincé finement
2 cuil. à café d'ail finement émincé
1 cuil. à café de gingembre finement émincé

1/2 cuil. à café de curcuma
2 tasses 1/2 d'eau
1/2 cuil. à café de sel
1 cuil. à café de garam masala
Brins de coriandre fraîche pour la garniture

1 Rincer et égoutter les lentilles. Chauffer le ghee dans une casserole. Y faire revenir l'ail, l'oignon et le gingembre. Ajouter le curcuma et les lentilles et laisser cuire 1 à 2 minutes.
2 Ajouter l'eau, porter à ébullition et baisser le feu. Saler et faire mijoter 15 minutes à découvert.
3 Ajouter le garam masala et faire cuire encore 15 minutes jusqu'à ce que les lentilles soient fondantes et le jus en grande partie évaporé.
Présenter sur le plat de service, garni de coriandre fraîche, accompagné de riz ou de pain.

À PROPOS DES LENTILLES

■ Les lentilles rouges sont vendues cassées et n'ont pas besoin de tremper. Elles deviennent fondantes ou forment une purée après environ 20 minutes de cuisson.
■ On les utilise pour les soupes, purées et ragoûts.
Les lentilles vertes et brunes mettant beaucoup plus de temps à cuire, les laisser tremper 2 heures dans l'eau froide pour réduire le temps de cuisson.

lentille continentale) prend une saveur fruitée à la cuisson et accompagne souvent les ragoûts et les plats mijotés ; on peut aussi la manger en salade. La lentille rouge (jaune ou orange) est très employée dans la cuisine asiatique ; elle a une légère saveur épicée et entre dans la composition du dahl (plat indien). On utilise les lentilles rouges et brunes pour fabriquer des pains et des steaks hachés végétariens. On peut acheter des lentilles sèches, ou pré-cuites en conserve ; elles sont également transformées en farine. Dans l'Égypte ancienne, on cultivait, consommait et exportait de grandes quantités de lentilles vers la Grèce et Rome, car elles apportaient des protéines au régime alimentaire des pauvres.

Levain Pâte fermentée, réservée lors de la

fabrication d'une fournée de pain, et employée en remplacement de la levure, pour faire lever le pain lors de la fabrication d'une nouvelle fournée.

Levure Micro-organisme unicellulaire qui se multiplie rapidement dans un milieu chaud et humide.
La levure de boulanger

LÉGUMES ASIATIQUES

Le grand choix de légumes exotiques en vente dans les magasins d'alimentation et supermarchés asiatiques peut parfois déconcerter. Beaucoup ont déjà trouvé leur place dans les cuisines occidentales mais certains restent à découvrir. Cette présentation succincte vous indique différentes façons de les accommoder.

POUSSES DE SOJA (NGA CHOY)

Les petites pousses de soja, blanches et croquantes, sont les plus tendres mais s'abîment vite. On ne peut les garder plus de 3 jours. Les rincer et jeter celles qui sont molles ou brunes.

En général, on coupe la racine et la pointe, laquelle contient pourtant la plupart des vitamines. On les mange en salade, sautées avec des légumes ou légèrement cuites à la vapeur, assaisonnées d'huile de sésame ou de sauce de soja.

MELON AMER (FOO GWA)

Ce melon jaune-vert ressemble à un petit concombre à la peau granuleuse. Pour le préparer, il faut le rincer, l'ouvrir en deux dans le sens de la longueur, ôter les pépins puis le couper en morceaux. Blanchir 3 minutes, égoutter et faire sauter avec des légumes à la sauce chinoise, des haricots noirs ou de l'ail.

Comme son nom l'indique, ce melon a un goût amer assez inhabituel. Toutefois, cuit avec des haricots ou de la viande, il perd de son amertume.

BETTES CHINOISES (BOK CHOY, PAK CHOY)

On utilise ses feuilles craquantes, vert olive, et ses grosses côtes blanches, coupées en morceaux, dans les soupes ou pour accompagner les viandes et les fruits de mer sautés.

Avec une cuisson rapide à la vapeur, les bettes entières restent fermes et délicieuses; on les sert accompagnées d'une sauce d'huîtres. Leurs côtes ont une saveur douce, légèrement sucrée, tandis que leurs feuilles ont un goût piquant.

PIMENTS ROUGES ET PIMENTS VERTS (CHILIS)

Les piments sont d'autant plus fort qu'ils sont petits, et rouges. Ils sont plus souvent utilisés comme épice que comme légume.

Pour qu'un plat ne soit pas trop relevé, y mettre un piment entier, rincé au préalable, et le retirer avant de servir. Sinon, en ôter les pépins et les membranes, qui sont les parties les plus piquantes.

Manipuler les piments avec des gants, et leur réserver une planche à découper spécifique.

CHOU CHINOIS (WONG BOK, CHOU CÉLERI)

Ce légume de forme allongée a des feuilles vert pâle et un léger goût de moutarde. Il est très apprécié dans le nord de la Chine et au Japon. Pour le préparer, rincer les feuilles et les couper en fines lanières ou en petits morceaux. Le chou chinois peut être cuit à la vapeur, sauté ou braisé avec des légumes accompagnés d'une sauce d'huîtres. On peut aussi farcir ses feuilles après les avoir fait blanchir. En Corée, il sert à préparer le kimchi, achard très pimenté.

COURGE CHINOISE (CHIT KOU)

Petite cucurbitacée de 15 cm, à la peau vert foncé. La peler et couper son pédoncule avant de l'utiliser. Détaillée en rondelles ou en lamelles, elle peut être cuite à la vapeur, bouillie ou sautée à la poêle. Elle se marie avec les plats doux amers et absorbe facilement les autres saveurs.

CHOU CHINOIS FLEURI (CHOY SUM)

Ses tiges blanches et tendres sont succulentes. Toutes ses parties sont comestibles, bien que les tiges nécessitent une cuisson plus longue. Il est délicieux cuit à la vapeur ou blanchi, servi avec une sauce d'huîtres ou aux champignons, ou en accompagnement des viandes.

FEUILLES DE CHRYSANTHÈME COMESTIBLES (SHUN-GIKU, TONG HO)

Cette variété de chrysanthème a des feuilles parfumées, entièrement comestibles. Elles doivent être soigneusement rincées pour en enlever tout le sable. Au Japon et en Chine, elles sont souvent blanchies et assaisonnées à l'huile de sésame ou conservées en pot pour cuisiner les viandes. Dans la cuisine chinoise, elles sont sautées et sont appréciées dans les fondues chinoises.

DAIKON (RADIS BLANCS JAPONAIS, LOH BOK, NAVET BLANC CHINOIS)

Ce gros radis blanc se mange surtout en salade. Le peler, le couper en tranches fines, en bâtonnets, ou le râper.

Les Japonais le servent souvent avec des beignets comme les tempuras. Dans les plats chinois, il est détaillé en tranches ou en dés et braisé avec de la viande qu'il rend plus tendre. Le daikon peut être séché ou conservé dans du vinaigre blanc ou de la saumure.

CHOU FRISÉ CHINOIS (BROCOLI CHINOIS, GAI LAN)

Ses branches, ses feuilles vertes et ses fleurs blanches en boutons sont comestibles. Considéré comme un légume très fin, son goût rappelle celui de nos brocolis. Dans les restaurants chinois, il est souvent servi à peine cuit à la vapeur et accompagné d'une sauce d'huîtres. On le consomme aussi blanchi ou sauté, avec du porc ou des légumes.

HARICOTS-FICELLE (DOH GOK)

Ces haricots sans fils pouvant atteindre 30 cm sont coupés en morceaux de 5 cm. Ils entrent dans la préparation des légumes sautés, curries et soupes. On peut les cuisiner comme les autres types de haricots, mais ils perdent en saveur.

POIS MANGE-TOUT (POIS GOURMANDS, HO LAN DOW)

Leurs cosses, vert vif et croquantes, sont blanchies et utilisées dans toutes sortes de salades, fritures et soupes. Les faire tremper dans de l'eau froide, les équeuter et retirer les fils. Ne les ajouter aux plats qu'au dernier moment.

OIGNON NOUVEAU (JSUNG, CIBOULE)

La plupart du temps, elle se vend en botte avec les racines. Couper les racines, le bas de la tige et les parties abîmées des feuilles. Rincer et détailler en biais en morceaux égaux. La saveur est surtout concentrée dans les tiges blanches. Elle donne un léger goût d'oignon aux salades, aux fritures et aux soupes, et ne nécessite qu'une cuisson très brève.

TARO (WOO TOW)

Ce gros bulbe brun a une épaisse peau striée et une chair blanche. Il vaut mieux le garder au frais et dans l'obscurité (mais pas au réfrigérateur). Le peler, le couper en tranches, et le faire bouillir ou cuire à la vapeur jusqu'à ce qu'il soit tendre ; l'ajouter aux ragoûts de viande. Comme la pomme de terre, il peut être réduit en purée, cuit au four ou sauté avec de l'ail. Une fois cuit, sa chair prend une couleur grise.

CRESSON (SAI YEUNG CHOY)

Le choisir quand ses feuilles sont d'un vert sombre tirant sur le violet ; les tiges ne doivent pas avoir d'odeur désagréable si on les casse. Bien le rincer, enlever les feuilles ou couper feuilles et tiges en petits morceaux. En Asie, il est habituellement blanchi, plongé dans de l'eau froide puis assaisonné avec de l'huile de sésame ou de la sauce de soja.

est employée pour faire lever de nombreux types de pâtes ; elle fait fermenter le sucre dans la pâte pour produire des bulles d'oxyde de carbone qui font lever le mélange. La levure est

employée dans la fabrication du pain depuis sa découverte accidentelle qui remonte à 4 000 ans environ. On la trouve sous deux formes différentes : la levure pressée (fraîche) qui est partiellement séchée et en forme de cube, et la levure sèche ou en granulés. La levure est également employée dans la fabrication du vin et de la bière.

Levure chimique Agent levant composé de bicarbonate de soude et d'un acide (généralement du pyrophosphate de sodium), d'amidon ou de farine, utilisée pour la cuisson des gâteaux et des biscuits. Le bicarbonate de soude réagit au contact de l'acide, cette réaction entraîne la formation de bulles d'oxyde de carbone qui font lever la préparation et la rendent poreuse.

Leyden Fromage à pâte mi-dure, fabriqué avec du lait de vache, au goût piquant ; sa pâte est plutôt sèche, de couleur jaune

CUISINE À PÂTE LEVÉE

PETITES PIZZAS

✻ **Préparation :** 1 heure 30
✻ ✻ **Cuisson :** 40 minutes
Pour 35 pizzas environ

1 cuil. à soupe d'huile d'olive	1/2 tasse de farine complète
1 oignon, finement émincé	1 tasse 1/4 d'eau tiède
1/2 tasse de poivron vert, détaillé en petits morceaux	2 tasses 1/4 de farine
	1/2 tasse de farine de seigle
1/4 de tasse d'olives noires, coupées en petits morceaux	1 cuil. à café de sel
	1/4 de tasse de concentré de tomates
30 g de levure de boulanger	2 cuil. à café de basilic séché
1 cuil. à café de sucre en poudre	1 tasse de fromage râpé (cheddar ou mimolette)

1 Chauffer l'huile dans une casserole. Y faire revenir, à feu doux, l'oignon et le poivron 8 minutes environ, jusqu'à ce qu'ils soient fondants. Incorporer les olives et poursuivre la cuisson 2 minutes. Ôter du feu et laisser refroidir.
2 Dans une jatte, préparer un levain en mélangeant la levure, le sucre et la farine complète. Verser l'eau petit à petit en remuant jusqu'à obtention d'une texture homogène. Couvrir d'un film plastique et laisser dans un endroit tiède 10 minutes environ, jusqu'à ce que la préparation mousse.
3 Tamiser les farines de blé et de seigle dans un saladier et saler. Former un puits au centre, y verser le levain et mélanger avec un couteau pour obtenir une pâte souple.

4 Pétrir la pâte sur un plan de travail légèrement fariné pendant 5 minutes environ, jusqu'à ce qu'elle soit lisse. Former une boule et la placer dans un saladier légèrement huilé. Couvrir d'un film plastique et laisser dans un endroit tiède 30 minutes environ, jusqu'à ce que la pâte ait levé.
5 Travailler encore la pâte 3 minutes environ, jusqu'à ce qu'elle soit lisse. Sur un plan de travail légèrement fariné, l'étaler en un rectangle de 30 x 45 cm. Recouvrir uniformément de concentré de tomates. Garnir des légumes et parsemer de basilic et de fromage râpé.
6 Rouler la pâte serrée pour former un long rouleau. Le couper, avec un couteau aiguisé, en tranches d'1 cm de large. Les disposer sur une plaque de four légèrement huilée, en les espaçant de 8 cm environ. Couvrir d'un film plastique et laisser dans un endroit tiède 20 minutes environ, jusqu'à ce qu'elles aient bien levé.
7 Enfourner 5 minutes à 200 °C. Baisser la température à 180 °C et cuire encore 15 minutes environ, jusqu'à ce que les pizzas soient dorées et croustillantes. Les laisser refroidir 5 minutes sur la plaque avant de les placer sur une grille à pâtisserie.

BEIGNETS

✻ ✻ **Préparation :** 1 heure 30
Cuisson : 15 minutes
Pour 25 beignets

4 tasses de farine non traitée ou de farine de boulanger	1 cuil. à café de sel
	1 œuf battu
2 x 7 g de levure chimique	1 tasse 1/4 de lait tiède
2 cuil. à soupe de sucre en poudre + 1/2 tasse supplémentaire	100 g de beurre, fondu
	huile d'olive légère pour la friture
	1 cuil. à café de cannelle

1 Mélanger la farine, la levure, le sel et 2 cuil. à soupe de sucre dans une jatte de taille moyenne. Dans un bol, battre l'œuf, le lait et le beurre fondu. Incorporer petit à petit à la farine pour obtenir une pâte souple.
2 Pétrir la pâte sur un plan de travail légèrement fariné pendant 10 minutes environ, jusqu'à ce qu'elle soit lisse et élastique. Former une boule et la placer dans un saladier légèrement huilé. Couvrir d'un film plastique et laisser lever dans un endroit tiède 45 minutes environ, jusqu'à ce qu'elle ait doublé de volume.
3 Travailler la pâte pendant 1 minute environ, jusqu'à ce qu'elle soit lisse. La laisser reposer 5 minutes, puis l'étaler pour qu'elle ne fasse que 5 mm d'épaisseur. La découper en anneaux avec un emporte-pièce spécial pour beignets, ou à défaut, avec 2 emporte-pièces circulaires de 8 cm et 4 cm de diamètre. Disposer les anneaux sur des plaques de four légèrement farinées ; couvrir et laisser lever 20 minutes dans un endroit tiède.
4 Dans une friteuse, verser 6 cm d'huile. La chauffer, puis y frire les beignets 1 à 2 minutes sur chaque face,

jusqu'à ce qu'ils soient cuits et bien dorés. Égoutter sur du papier absorbant.

5 Dans une jatte, mélanger la cannelle et ¹/₂ tasse de sucre. Passer les beignets dans ce mélange pour bien les enrober.

BABA AU RHUM

✶ ✶   ***Préparation :*** 1 heure 30
        Cuisson : 25 minutes
        Pour 8 personnes

2 tasses de farine	*¹/₂ tasse de raisins secs*
¹/₂ cuil. à café de sel	*émincés*
2 cuil. à soupe de sucre en	
poudre	***Sirop au rhum***
7 g de levure chimique	*1 tasse ¹/₂ d'eau*
¹/₂ tasse de lait tiède	*1 tasse de sucre en poudre*
3 œufs, battu	*¹/₂ tasse de rhum*
60 g de beurre, fondu	

1 Badigeonner de beurre fondu un moule à baba ou à savarin de 23 cm de diamètre environ. Mélanger la farine, le sel, le sucre, et la levure dans une jatte de taille moyenne. Former un puits au centre. Verser le lait, les œufs battus et le beurre fondu et mélanger pour obtenir une pâte épaisse.

2 Avec les mains, frapper cette pâte contre le bord de la jatte pendant 6 minutes environ, jusqu'à ce qu'elle soit un peu collante mais lisse et brillante. Gratter la pâte collée sur le bord de la jatte pour la réincorporer. Couvrir la pâte d'un film plastique et laisser lever dans

un endroit tiède, 1 heure environ, jusqu'à ce qu'elle ait doublé de volume.

3 Préchauffer le four à 210 °C. Incorporer les raisins secs à la pâte. Avec une cuillère, en remplir le moule ; couvrir d'un film de plastique et laisser lever dans un endroit tiède 30 minutes environ (la pâte doit doubler de volume). Enfourner 20 minutes, jusqu'à ce que le baba soit bien cuit et doré.

4 Le démouler immédiatement en le retournant sur une grille à pâtisserie, placée sur une lèchefrite. Le percer de nombreux petits trous avec une fourchette ou une brochette. L'arroser généreusement de sirop chaud jusqu'à ce qu'il soit bien imbibé.

5 Sirop au rhum : dans une casserole, mélanger le sucre et l'eau à feu moyen jusqu'à dissolution du sucre. Porter à ébullition et laisser frémir 5 minutes. Ôter du feu et ajouter le rhum.

À PROPOS DE LA LEVURE

■ La levure fraîche (compacte) perd de son efficacité avec le temps. On la conserve au réfrigérateur au maximum deux semaines, ou on peut la congeler pendant deux mois. La levure sèche peut se garder plus longtemps, dans un endroit frais et sec.

■ L'action de la levure dépend de la température de la pâte : si celle-ci est trop froide, l'activité de la levure est ralentie, alors qu'une température élevée la neutralise.

PAGE CI-CONTRE : PETITES PIZZAS.
CI-DESSUS : BABA AU RHUM.

foncé. Il est généralement épicé avec des graines de carvi ; d'autres sortes sont épicées avec du cumin et des clous de girofle, ou avec un mélange des trois. Le Leyden est fabriqué en cylindres, coloré avec de l'annatto, et sa croûte jaune foncé est recouverte de cire rouge cachetée de deux clés en croix, armoiries de la ville de Leyden, en Hollande.

Libanaise (cuisine) Les ingrédients principaux de la cuisine libanaise sont les graines de sésame, les pistaches, le boulgour (blé concassé), la pâte phyllo, les pois chiches et le yaourt.
Les plats les plus connus sont le taboulé - salade composée de boulgour, de persil, de menthe et de tomates ; les boulettes falafel de

pois chiches concassés ; et le hoummos, sauce froide originaire du Moyen-Orient composée de purée de pois chiches, parfois avec du tahini (pâte de graines de sésame).
Les trois sont roulés dans du pain pita (sandwich falafel).
Comme beaucoup de styles culinaires du Moyen-Orient, c'est une cuisine fine et recherchée.

Le kibbeh, l'un des plus célèbres plats de viande libanais, est préparé avec de l'agneau. Les légumes les plus utilisés dans la cuisine libanaise sont ceux de la Méditerranée : aubergines, courgettes et tomates. Mais les okras (gombos) occupent aussi une grande place, tout comme les fèves et les concombres. Les desserts sont très sucrés et parfumés, préparés avec de l'eau de fleurs d'oranger, de l'eau de roses, du miel, des noix et des épices.

Lier Épaissir un potage ou une sauce en y ajoutant de la farine, de la fécule, du lait, de la crème ou des œufs.

Lièvre Gibier plus gros que le lapin, à chair foncée et grasse, et au goût plus fort. Les jeunes lièvres peuvent être rôtis. La chair des lièvres plus âgés doit être marinée (généralement dans du vin rouge, pendant une nuit) avant d'être cuite en civet, par exemple avec des lardons, des oignons et des champignons.

Limburger Fromage à pâte mi-dure fabriqué avec du lait de vache. Il possède une forte odeur, un goût piquant, et une pâte crémeuse de couleur jaune, recouverte d'une fine croûte rouge-brun. Le Limburger se sert à température ambiante, accompagné de pain de seigle et de légumes au goût très prononcé tels que des oignons ou des radis.

HOT CROSS BUNS

✱ ✱ **Préparation :** 2 heures
Cuisson : 30 à 35 minutes
Pour 12 buns (petits pains)

4 tasses de farine
1 cuil. ¹/₂ à café de mixed spice (muscade, cannelle, clous de girofle, gingembre)
14 g de levure chimique
¹/₂ tasse de sucre en poudre
60 g de beurre fondu
60 g d'œuf battu
1 tasse ¹/₄ de lait tiède
1 tasse de fruits secs mélangés

1 Mixer au robot pendant 1 à 2 minutes la farine, les épices, la levure et le sucre. Dans une petite jatte, mélanger le beurre, l'œuf et le lait ; verser progressivement dans le robot, sans cesser de mixer, jusqu'à obtention d'une pâte homogène. La déposer sur un plan de travail fariné et y incorporer les fruits secs. La pétrir 10 à 15 minutes, jusqu'à ce qu'elle soit lisse et élastique.
2 Placer la pâte dans une jatte beurrée, couvrir avec un torchon et laisser lever dans un endroit tiède, 1 heure environ, jusqu'à ce qu'elle ait doublé de volume.
3 Badigeonner d'huile ou de beurre fondu un moule de 30 x 20 x 3 cm environ.
Diviser la pâte en 12 boules rondes. Les disposer dans le moule, en les espaçant de 2 cm. Couvrir d'un torchon et laisser lever 45 minutes.
4 Préchauffer le four à 210 °C. Décorer les buns d'une croix. Enfourner 30 à 35 minutes, jusqu'à ce qu'ils soient bien dorés. Les badigeonner de glaçage pendant qu'ils sont chauds.

Remarque : pour les croix, mélanger ¹/₄ de tasse de farine avec levure incorporée et ¹/₄ de tasse d'eau. Remplir une poche à douille avec cette préparation et décorer les buns. Glaçage : dans une petite casserole, mélanger à feux doux ¹/₄ de cuil. à café de gélatine, 2 cuil. à café de miel et 1 cuil. à soupe d'eau jusqu'à dissolution de la gélatine et du miel.

PANETTONE

✱ **Préparation :** 1 heure 40
✱ ✱ **Cuisson :** 1 heure 15
Pour un panettone de 20 cm

³/₄ de tasse de fruits secs variés
2 cuil. à soupe de fruits confits variés
2 cuil. à soupe de jus d'orange
45 g de levure de boulanger
3 cuil. à café de sucre en poudre
2 cuil. à soupe d'eau tiède
3 tasses de farine
60 g de beurre coupé en morceaux
3 œufs légèrement battus
¹/₂ tasse de lait tiède + un peu de lait pour le glaçage

1 Badigeonner d'huile ou de beurre fondu un moule à charlotte de 20 cm de diamètre. Dans un bol, mélanger le jus d'orange et les fruits, secs et confits. Réserver.
2 Dans une jatte, battre la levure, 1 cuil. à café de sucre et l'eau jusqu'à obtention d'une texture lisse. Couvrir d'un film plastique et laisser reposer dans un endroit tiède 10 minutes environ.
3 Tamiser la farine dans un saladier. Incorporer le beurre du bout des doigts.
Ajouter la préparation aux fruits, bien mélanger, puis former un puits au centre.
4 Mélanger les œufs, le lait et 2 cuil. à soupe de sucre. Incorporer cette préparation à la pâte levée, et verser le tout dans le puits. Mélanger avec un couteau jusqu'à obtention d'une pâte souple et légèrement humide.
5 Battre énergiquement à la main, 5 minutes environ. Couvrir d'un film plastique et laisser lever dans un endroit tiède, 30 minutes environ.
6 Battre de nouveau la pâte 5 minutes. La pétrir sur un plan de travail légèrement fariné. La placer dans le moule, couvrir d'un film plastique et laisser lever dans un endroit tiède, 30 minutes environ.
7 Préchauffer le four à 210 °C.
Badigeonner la pâte d'un peu de lait et enfourner 15 minutes. Baisser la température à 180 °C, et laisser cuire 1 heure environ, jusqu'à ce que le panettone soit bien doré et bien cuit (il doit sonner creux lorsqu'on "tape" dessus).

CI-DESSUS : HOT CROSS BUN ; PAGE CI-CONTRE, EN HAUT : HOUMMOS ; EN BAS : RISSOLES ROULÉES À L'AGNEAU ET À LA SAUCE AU YAOURT.

CUISINE LIBANAISE : LES CLASSIQUES

RISSOLES ROULÉES À L'AGNEAU ET À LA SAUCE AU YAOURT

✳ ✳   **Préparation** : 25 minutes
  Cuisson : 30 à 35 minutes
  Pour 24 rissoles

500 g d'agneau haché
2 cuil. à soupe d'huile d'olive
1 oignon finement émincé
1/3 de tasse de pignons
1/4 de tasse de raisins secs
1 tasse de fromage râpé (cheddar, ou mimolette)
2 cuil. à soupe de coriandre fraîche émincée
1 cuil. à café de poivre moulu

2 cuil. à soupe de menthe fraîche émincée
375 g de pâte phyllo
90 g de beurre fondu

Sauce au yaourt

1/4 d'un petit concombre
3/4 de tasse de yaourt nature
1 cuil. à soupe de coriandre fraîche ciselée

1 Préchauffer le four à 190 °C. Recouvrir la plaque du four de papier sulfurisé. Dans une sauteuse, chauffer l'huile. Faire revenir l'oignon et les pignons à feu moyen pendant 5 minutes, jusqu'à ce qu'ils soient bien dorés. Ajouter l'agneau et faire cuire encore 5 à 10 minutes, jusqu'à ce qu'il soit bien rissolé et que presque tout le jus se soit évaporé. Bien séparer la viande hachée.
2 Retirer du feu et réserver. Incorporer les raisins secs, le fromage, la coriandre, le poivre et la menthe.
3 Avec un couteau affûté, découper 10 feuilles de pâte phyllo, chacune en 4 bandes de pâte dans le sens de la longueur. Les couvrir d'un linge sec. Enduire 2 bandes de beurre fondu et les superposer. Placer 1 cuil. à soupe de la préparation à l'une des extrémités,

replier les côtés et rouler la bande de pâte. Recommencer avec la pâte et la garniture restantes.
4 Placer les rouleaux sur la plaque du four et les badigeonner de beurre. Enfourner 15 à 20 minutes, jusqu'à ce qu'ils soient bien dorés. Servir les rissoles tièdes ou froides avec de la sauce au yaourt.
5 Sauce au yaourt : peler, épépiner et couper le concombre en petits morceaux. Mettre dans un bol et incorporer le yaourt et la coriandre.

HOUMMOS

✳   **Préparation** : 10 minutes + 4 heures de trempage
  Cuisson : 1 heure
  Pour 8 à 10 personnes

1 tasse de pois chiches
3 tasses d'eau + 2 cuil. à soupe d'eau supplémentaires
1/4 de tasse de jus de citron
1/4 de tasse d'huile d'olive

2 gousses d'ail grossièrement émincées
1/2 cuil. à café de sel
Paprika doux en poudre pour la garniture

1 Laisser tremper les pois chiches dans l'eau pendant 4 heures (une nuit si possible). Les égoutter et les mettre dans une casserole.
Verser l'eau, porter à ébullition et cuire 1 heure à feu doux, à découvert. Égoutter.
2 Mixer les pois chiches, le jus de citron, l'huile d'olive, l'ail, l'eau et le sel pendant 30 secondes environ, jusqu'à ce que le mélange soit homogène. Saupoudrer de paprika et servir avec du pain pita.

Linzer Torte Tarte à la confiture, à base de pâte sablée parfumée à la cannelle et à la

noix, garnie de confiture de framboises, et garnie de bandes de pâte disposées en croisillons. On la sert en fines tranches. La Linzer Torte doit son nom à la ville de Linz, en Autriche.

Liqueur Sirop alcoolisé distillé à partir de vin ou de cognac, parfumé avec des fruits, des herbes ou des épices. Il existe de nombreuses variétés de liqueurs parfumées, plus ou moins alcoolisées. La crème de cacao est fabriquée à partir de la fève de cacao, le kümmel est parfumé avec des graines de cumin, et l'ouzo avec de l'anis. Le cointreau doit son fort goût d'orange à des zestes d'oranges, alors que de nombreuses autres liqueurs de fruits sont fabriquées par macération des fruits dans de l'alcool et par ajout de sucre. Quelques liqueurs sont parfumées avec des herbes ou avec des épices. On utilise les liqueurs pour parfumer des plats sucrés ou salés. On peut également les servir dans de petits verres à liqueur, après le repas.

Litchi Petit fruit ovale de la taille d'une grosse cerise provenant d'un

arbre d'Asie méridionale, à chair rose pâle, et renfermant un noyau brun et brillant. Son goût ressemble à celui du raisin ; son écorce est rougeâtre, fine et cassante.

Le litchi peut être mangé frais, seul, ajouté à une salade de fruits ou à une salade salée, servi en dessert avec de la crème ou de la glace ; poché, il peut être ajouté à des plats salés ou sucrés. La saison des litchis est l'été, mais on peut également trouver ce fruit en conserve ou séché. Le litchi est originaire de la Chine du Sud où il est cultivé depuis 4 000 ans.

Liverwurst Saucisse douce composée d'un mélange de foie, de porc haché, d'oignons et d'assaisonnements. La liverwurst est utilisée en pâte à tartiner sur du pain ou sur des biscuits salés ; on peut également l'ajouter aux farces.

Longane Fruit de forme ovale d'origine asiatique.

Le longane ressemble au litchi mais il est plus petit ; sa peau rouge-marron est terne, sa chair douce, ferme et translucide renferme un

TABOULÉ

✱ **Préparation :** 20 minutes
Cuisson : aucune
Pour 6 à 8 personnes

1 tasse de boulgour moyen (blé concassé)	2 tomates détaillées en petits morceaux
2 tasses d'eau	2 cuil. à soupe de jus de citron
3/4 de tasse persil plat ciselé	
3/4 de tasse de menthe fraîche ciselée	1 cuil. à soupe d'huile d'olive
4 oignons nouveaux émincés	1 cuil. à café de poivre moulu

1 Faire tremper le boulgour dans l'eau pendant 10 minutes. L'égoutter dans un chinois et le presser pour enlever l'eau qui reste.

2 Mélanger dans une jatte le boulgour, le persil, la menthe, les oignons blancs, la tomate, le jus de citron, l'huile et le poivre. Servir en entrée, avec de petites feuilles de salade croquantes, ou en accompagnement du plat principal.

Remarque : protégé par un film plastique, le taboulé se garde 2 jours au réfrigérateur, mais il est meilleur quand il vient d'être préparé.

PAGE CI-CONTRE, EN HAUT : FALAFELS À LA TOMATE ; EN BAS : BABA GHANNOUJ. CI-DESSUS : TABOULÉ ; CI-CONTRE : PITA À L'AGNEAU ÉPICÉ.

PAIN PITA À L'AGNEAU ÉPICÉ

✱ **Préparation :** 10 minutes + 2 heures de marinade
Cuisson : 10 minutes
Pour 6 personnes

	Marinade
2 beaux morceaux d'agneau dans le carré	2 gousses d'ail écrasées
2 cuil. à soupe d'huile d'olive	2 cuil. à café d'oignon en poudre
6 grands pains pita	1 cuil. à café de gingembre frais râpé
2 tomates coupées en tranches	1 cuil. à café de poivre moulu
Hommos et taboulé en garniture	1 cuil. à soupe de coriandre fraîche ciselée
	1/2 tasse de vin rouge

1 Marinade : mélanger tous les éléments dans une terrine de taille moyenne.

2 Parer la viande et bien la mélanger à la marinade. Couvrir d'un film plastique, réfrigérer plusieurs heures (une nuit si possible), et remuer de temps à autre. Égoutter la viande et réserver la marinade.

3 Chauffer l'huile dans un faitout.
Saisir la viande sur chaque face, puis ajouter la marinade et laisser réduire. Émincer très finement.

4 Farcir les pains pita, tièdes, de viande, tomate, hommos, et taboulé.

FALAFELS À LA TOMATE

✶ ✶ **Préparation** : 25 minutes + 4 heures de trempage
Cuisson : 20 à 25 minutes
Pour 6 personnes

Falafels

2 tasses de pois chiches
3 tasses d'eau
1 petit oignon finement émincé
2 gousses d'ail écrasées
2 cuil. à soupe de persil frais ciselé
1 cuil. à soupe de coriandre fraîche ciselée
2 cuil. à café de cumin en poudre
1 cuil. à soupe d'eau
1/2 cuil. à café de levure chimique
Huile pour la friture

Condiment à la tomate

2 tomates pelées et coupées en petits morceaux
1/4 d'un petit concombre détaillé en cubes
1/2 poivron vert émincé
2 cuil. à soupe de persil frais haché
1 cuil. à café de sucre
2 cuil. à café de sauce au piment
1/2 cuil. à café de poivre noir moulu
Le jus d'1 citron et le zeste râpé

1 Falafels : laisser tremper les pois chiches dans l'eau pendant 4 heures (une nuit si possible). Les égoutter et les hacher finement.
2 Incorporer l'oignon, l'ail, le persil, la coriandre, le cumin, l'eau et la levure. Mixer le tout jusqu'à obtention d'une pâte. Laisser reposer 30 minutes.
3 Condiment à la tomate : mélanger tous les ingrédients dans une jatte. Réserver.
4 Former des boulettes de falafel avec l'équivalent à chaque fois d'une cuillerée bien remplie de pâte. Presser les boulettes pour enlever l'excès de jus. Chauffer

modérément l'huile dans un grand faitout à fond épais ; y faire frire chaque boulette l'une après l'autre, en les gardant dans une écumoire 3 à 4 minutes, et en secouant légèrement pour que la boulette n'adhère pas. Lorsque la pâte est dorée, égoutter sur du papier absorbant. Servir chaud ou froid sur un lit de sauce tomate, ou dans un pain pita avec du condiment à la tomate et du hoummos.

BABA GHANNOUJ

✶ **Préparation** : 20 minutes
Cuisson : 20 minutes
Pour 6 à 8 personnes

2 petites aubergines coupées en deux dans le sens de la longueur
2 gousses d'ail écrasées
2 cuil. à soupe de jus de citron

1/4 de tasse de tahini
1 cuil. à soupe d'huile d'olive
1 cuil. à soupe de menthe fraîche ciselée
Sel

1 Préchauffer le four à 190 °C. Saupoudrer de sel les moitiés d'aubergines. Laisser dégorger 10 à 15 minutes. Les rincer et les sécher avec du papier absorbant.
2 Placer les aubergines sur la plaque du four. Enfourner 20 minutes environ, jusqu'à ce que leur chair soit tendre. Sortir et prélever la chair des aubergines.
3 Mixer la chair des aubergines avec l'ail, le jus de citron, le tahini et l'huile d'olive, jusqu'à obtention d'un mélange homogène. Saler à votre goût. Garnir de menthe fraîche et servir avec du pain pita.

noyau marron foncé. On peut manger le longane frais, ajouté à des salades sucrées ou salées, ou poché en accompagnement de plats. Les Chinois l'appellent *lung-yen*, "œil du dragon".

Lotus Variété de nénuphar originaire de Chine et d'Inde. La plante entière est comestible, mais c'est surtout la racine rougeâtre et croustillante qui est employée : cuite à la poêle, braisée, recouverte de pâte à frire et plongée dans la friture ou dans du bouillon. On pique des trous dans la racine, et on la cisèle joliment en forme d'étoile ; elle est très employée dans la cuisine japonaise. On consomme les graines de lotus crues, bouillies ou grillées, ou cuites, sucrées et réduites en purée pour garnir les pâtisseries chinoises et japonaises. On utilise les feuilles de lotus séchées pour enrober les aliments.

Loukoum Confiserie orientale de texture douce et ferme, fabriquée en faisant épaissir un sirop de sucre et de jus de citron avec de la farine de maïs, puis parfumée à l'eau de roses ou à la menthe poivrée. Le nom turc du loukoum est rahat lokum, ce qui signifie *donner du repos au palais*.

Lyonnaise (à la) Terme employé pour désigner des aliments cuits avec des oignons sautés, mode de cuisson caractéristique de la région lyonnaise.

Macaron Petit biscuit plat et rond, croustillant à l'extérieur et tendre à l'intérieur, composé d'amandes concassées mélangées à du sucre et à du blanc d'œuf. Les macarons sont une spécialité de la région de Nancy.

Macaronis Pâtes alimentaires en forme de petits tubes, secs et creux.

Macis Écorce fibreuse et dentelée qui enveloppe la noix de muscade, mais qui possède son propre parfum particulier, et qui est employée comme épice.

Le macis est composé de nombreuses vrilles appelées brins ; l'épice est également vendue en poudre. Les brins de macis sont employés pour parfumer les soupes légères, les gelées et les sauces claires ; le macis en poudre est utilisé pour assaisonner les terrines de viande, les plats de porc et la sauce béchamel.

MAÏS

MAÏS AU PIMENT

✳ **Préparation :** 30 minutes
Cuisson : 10 minutes
Pour 6 personnes

3 épis de maïs coupés en tranches de 3 cm
30 g de beurre fondu
1 cuil. à soupe de concentré de tomates
2 cuil. à soupe de coriandre fraîche ciselée
¹/₄ de cuil. à café de piment en poudre, à doser selon votre goût
Crème fraîche en accompagnement

1 Remplir à moitié une grande casserole d'eau. Porter à ébullition. Y mettre le maïs. Baisser le feu et laisser cuire jusqu'à ce qu'il soit tendre. Égoutter.
2 Mélanger le beurre, le concentré de tomates, la coriandre et le piment. Ajouter le maïs chaud et bien mélanger. Servir avec de la crème fraîche.

RAGOÛT DE MAÏS ET BACON

✳ **Préparation :** 20 minutes
Cuisson : 30 minutes
Pour 4 personnes

250 g de bacon coupé en tranches larges
2 oignons émincés
1 gousse d'ail écrasée
410 g de tomates en boîte
4 petites pommes de terre coupées en tranches
4 épis de maïs frais ou surgelés
Poivre

1 Dans un faitout, faire rissoler le bacon dans sa graisse. Le retirer ; saisir l'ail et l'oignon quelques minutes. Ajouter les tomates avec leur jus, les pommes de terre, remettre le bacon et poivrer à votre goût. Couvrir et laisser cuire à feu doux 10 à 15 minutes.
2 Couper les épis de maïs en tranches. Les tasser dans le faitout en ajoutant un peu de bouillon de légumes si nécessaire. Couvrir et cuire une dizaine de minutes, jusqu'à ce que le maïs soit tendre.

SOUPE AU MAÏS ET AU CRABE

✳ **Préparation :** 20 minutes
Cuisson : 10 minutes
Pour 4 à 6 personnes

2 tasses de maïs en grains, surgelé ou en conserve
100 g de chair de crabe
1 oignon nouveau émincé + 2 cuil. à soupe d'oignon nouveau, partie verte ciselée
2 cuil. à café de préparation pour bouillon de volaille
3 tasses ¹/₂ d'eau
3 cuil. à soupe de Maïzena
1 cuil. ¹/₂ à soupe de sauce de soja

1 Egoutter le maïs. Concasser les grains.
2 Réunir le maïs, la chair de crabe et l'oignon émincé dans un faitout.
Ajouter la préparation pour bouillon de volaille, l'eau et la Maïzena. Porter à ébullition. Baisser le feu et laisser mijoter en mélangeant jusqu'à ce que la préparation épaississe.
3 Parfumer de sauce de soja. Verser dans des assiettes à soupe et garnir avec les parties vertes de l'oignon.

MANGE-TOUT (POIS)

SALADE DE POIS MANGE-TOUT

✳ **Préparation :** 20 minutes
Cuisson : 5 minutes
Pour 8 personnes

200 g de mange-tout
coupés en biais
1 gros poivron rouge émincé
4 feuilles de salade feuille
de chêne
5 feuilles de coeur de
romaine
250 g de tomates cerises
60 g de brins de cresson
Parmesan en
accompagnement

¼ de tasse d'huile d'olive
1 gousse d'ail écrasée

Assaisonnement
2 cuil. à soupe d'huile
d'olive
1 cuil. à soupe de
mayonnaise
1 cuil. à soupe de crème
fraîche
2 cuil. à soupe de jus de
citron
1 cuil. à café de cassonade
Poivre concassé

Croûtons à l'ail
3 tranches de pain de mie

1 Laver les salades et les tomates. Les réunir dans un grand saladier avec les mange-tout, le poivron rouge et le cresson.
2 Croûtons à l'ail : Ôter la croûte des tranches de pain. Les couper en carrés de 1 cm. Dans un poêlon, saisir l'ail et le pain jusqu'à ce que le pain soit doré et croustillant. Ôter du feu et égoutter sur du papier absorbant.
3 Assaisonnement : fouetter les ingrédients dans une jatte pendant 2 minutes. Verser sur la salade de mange-tout juste avant de servir. Garnir de croûtons à l'ail et de copeaux de parmesan.

BŒUF SAUTÉ AUX MANGE-TOUT

✳ **Préparation :** 10 minutes
Cuisson : 5 minutes
Pour 4 personnes

410 g de rumsteck, détaillé
en tranches fines
2 cuil. à soupe de sauce de
soja + 1 cuil. à café
supplémentaire
½ cuil. à café de gingembre
râpé
2 cuil. à soupe d'huile
d'arachide

200 g de mange-tout
équeutés
1 ½ cuil. à café de
Maïzena
½ tasse de bouillon de
bœuf
¼ de cuil. à café d'huile de
sésame

1 Disposer la viande dans un plat. Mélanger la sauce de soja et le gingembre. Arroser la viande de sauce et remuer pour bien l'enrober. Chauffer l'huile dans un wok ou une grande poêle.
2 Saisir la viande et les mange-tout à feu vif pendant 2 minutes environ.
3 Dissoudre la Maïzena dans un peu de bouillon, et verser dans le wok ou la poêle avec le reste de bouillon, l'huile de sésame et 1 cuil. à café de sauce de soja. Mélanger jusqu'à ébullition et épaississement.

SALADE DE MANGE-TOUT ET D'ASPERGES

✳ **Préparation :** 15 minutes
Cuisson : 5 minutes
Pour 4 à 6 personnes

200 g de pois mange-tout
1 botte d'asperges

Assaisonnement
2 cuil. à soupe d'huile
d'arachide
3 cuil. à café d'huile de
sésame

3 cuil. à café de vinaigre de
riz ou de vin rouge
½ cuil. à café de sucre en
poudre
1 cuil. à soupe de graines
de sésame

1 Équeuter les mange-tout. Ôter les bouts durs des asperges. Couper celles-ci en biais, en deux morceaux. Faire blanchir 1 minute, puis égoutter et plonger dans de l'eau froide. Bien égoutter.
2 Assaisonnement : bien mélanger les huiles, le vinaigre et le sucre. Placer les asperges et les mange-tout dans un saladier. Assaisonner et remuer.
3 Griller les graines de sésame dans une poêle à sec, jusqu'à ce qu'elles soient légèrement dorées. En garnir la salade et servir immédiatement.

CI-DESSUS : SALADE DE MANGE-TOUT ET D'ASPERGES.
PAGE CI-CONTRE, EN HAUT : MAÏS AU PIMENT ; EN
BAS : RAGOÛT DE MAÏS ET BACON.

Madeleine Petit biscuit cuit au four dans des moules en forme de coquilles. La madeleine est une spécialité de Commercy, ville située dans le nord-est de la France.

Maïs Grains jaunes et ronds portés par de longs épis coniques enfermés dans une enveloppe verte, qui poussent sur une plante originaire des Amériques. Le maïs fut d'abord cultivé au Mexique il y a 7 000 ans environ ; il représentait la culture principale des Amériques. En Amérique du Nord, les Amérindiens enseignèrent la culture du maïs aux colons anglais.

Malt Nom donné à une graine, généralement de l'orge, qui a été mise à tremper et à germer, puis grillée et écrasée. Au cours de ces étapes, l'amidon contenu dans les graines est transformé en sucre par une fermentation partielle. Si on poursuit la fermentation du malt, on obtient de la bière ; si on le distille, on obtient du whisky. L'extrait de malt, en sirop ou sec, peut être ajouté aux boissons, aux gâteaux, aux puddings et dans la pâte à pain.

Mandarine Petit agrume à peau fine dont les quartiers juteux et sucrés se séparent facilement. On peut

manger la mandarine seule, comme tout autre fruit, l'ajouter à des salades de fruits ou la transformer en confiture.

Mange-tout Voir Pois mange-tout.

Mangouste Fruit tropical, de la taille et de la forme d'une pomme, à épaisse peau brillante et pourpre contenant de quatre à six tranches de chair douce, blanche, ressemblant au litchi, avec un arrière-goût de framboise et d'ananas. On mange la mangouste fraîche comme tout autre fruit. Pour la préparer, la couper en deux puis retirer sa chair avec une cuillère à café.

Mangue Fruit tropical à chair juteuse, sucrée et dorée qui adhère à un gros noyau. La mangue fraîche est délicieuse ; pour en perdre le moins possible, couper des tranches de chaque côté du noyau, puis

MANGUES

CURRY DE POULET À LA MANGUE ET À LA CRÈME

✳ **Préparation :** 10 minutes
Cuisson : 20 minutes
Pour 4 personnes

750 g de blanc de poulet
2 cuil. à soupe de ghee ou d'huile
2 gros oignons finement émincés
2 piments rouges épépinés et coupés en rondelles
1 cuil. à café de gingembre frais râpé
¹/₄ de cuil. à café de brins de safran
1 cuil. à soupe d'eau chaude
¹/₂ cuil. à café de sel
¹/₄ de cuil. à café de poivre blanc moulu
¹/₂ cuil. à café de cardamome en poudre

¹/₂ tasse de crème fraîche liquide
2 mangues mûres ou 425 g de mangues en conserve, en tranches, et égouttées

Raita au yaourt et à la menthe

1 tasse de yaourt nature
¹/₄ de tasse de feuilles de menthe fraîche ciselées
1 piment vert épépiné et coupé en petits morceaux
1 cuil. à café de gingembre finement râpé
¹/₂ cuil. à café de sel

1 Rincer les blancs de poulet à l'eau froide. Les sécher avec du papier absorbant, puis les détailler en bandes de 3 cm de large. Chauffer le ghee ou l'huile dans une casserole et y faire revenir l'oignon avec le piment et le gingembre.
2 Griller à sec les brins de safran à feu doux dans une poêle. Remuer constamment jusqu'à ce qu'ils soient craquants. Laisser refroidir. Dans un saladier, les écraser

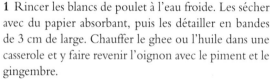

avec le dos d'une cuillère et ajouter l'eau chaude pour les dissoudre. Réunir le poulet, le sel, le poivre et la cardamome dans la casserole contenant la préparation à l'oignon. Remuer pour que les morceaux de poulet soient bien enrobés. Ajouter le safran et la crème. Laisser mijoter 10 minutes à découvert.
3 Peler les mangues et les couper en quartiers. Les mettre dans la casserole et cuire 4 minutes jusqu'à ce qu'elles soit bien chaudes et légèrement ramollies.
4 Raita au yaourt et à la menthe : passer tous les ingrédients au mixeur et servir bien froid.

MANGUES CHAUDES AU CARAMEL

✳ **Préparation :** 20 minutes
Cuisson : 5 minutes
Pour 6 personnes

3 grosses mangues
³/₄ de tasse de crème fraîche liquide

2 cuil. à soupe de cassonade
1 cuil. à soupe de sucre en poudre

1 Peler les mangues et les couper en tranches fines. Les disposer dans 6 ramequins individuels. Verser de la crème sur les mangues, et saupoudrer des sucres mélangés.
2 Préchauffer le gril du four. Cuire les mangues 5 minutes à température élevée jusqu'à ce que le sucre ait caramélisé, et que les fruits soient tièdes. Servir immédiatement avec des biscuits (gaufrettes ou tuiles).

À PROPOS DES MANGUES

■ Les mangues continuent de mûrir une fois cueillies. Mieux vaut donc les choisir légèrement vertes et un peu dures.

CUISINE MAROCAINE : LES CLASSIQUES

COUSCOUS AUX LÉGUMES

✳ ✳ **Préparation :** 40 minutes + 1 nuit de
trempage pour les pois chiches
Cuisson : 2 heures
Pour 6 personnes

2 tasses de pois chiches secs
1/3 de tasse d'huile
1 oignon finement émincé
1 petit bâton de cannelle
200 g d'aubergines
détaillées en dés de 2 cm
3 carottes coupées en
rondelles
3 pommes de terre nouvelles
coupées en dés de 1 cm
155 g de potiron coupé en
dés de 1 cm
1/4 de cuil. à café de poivre
de la Jamaïque
3 cuil. à café d'harissa (à
doser selon votre goût)
2 tasses d'eau bouillante

100 g de petits haricots
sans fils, coupés en biais,
en morceaux de 5 cm
2 courgettes non pelées, coupées en rondelles de 1 cm
1 tomate mûre coupée en 8
1 cuil. à soupe de persil
plat ciselé
1 cuil. à soupe de coriandre
fraîche ciselée
Poivre moulu

Semoule de couscous
1 tasse de semoule pour
couscous
3/4 de tasse d'eau bouillante
2 cuil. à café de beurre

1 Laisser tremper les pois chiches une nuit. Les égoutter, les rincer et cuire dans une grande casserole, à feu
doux pendant 1 heure 30. Les égoutter.
2 Dans un faitout, faire revenir à feu doux l'oignon avec
le bâton de cannelle.
Ajouter l'aubergine, les carottes et les pommes de terre.
Couvrir et cuire à feu doux 10 minutes.

3 Incorporer le potiron, le poivre de Jamaïque et l'harissa. Verser l'eau bouillante sur cette préparation et
ajouter les pois chiches, les haricots et les courgettes.
Couvrir et laisser mijoter 15 minutes. Au moment de
servir, incorporer la tomate et poivrer. Garnir avec le
persil et la coriandre.
4 Semoule : mettre la semoule dans une jatte et y verser l'eau bouillante. Incorporer le beurre et laisser reposer environ 10 minutes.
Cuire à l'étuvé 5 minutes à feu doux dans une casserole bien fermée. Servir avec les légumes.

HARISSA

✳ **Préparation :** 10 minutes
Cuisson : aucune
Pour 6 personnes

100 g de piments rouges
séchés
6 gousses d'ail pelées
1/3 de tasse de sel

1/2 tasse de coriandre en
poudre
1/3 de tasse de cumin en
poudre
2/3 de tasse d'huile d'olive

1 Mettre des gants pour équeuter les piments. Les couper en deux, les épépiner et les adoucir dans de l'eau
chaude.
2 Passer au mixeur l'ail, le sel, la coriandre, le cumin et
les piments égouttés en ajoutant lentement l'huile d'olive pour bien l'incorporer. Servir.

CI-DESSUS : COUSCOUS AUX LÉGUMES.
PAGE CI-CONTRE, EN BAS : MANGUES CHAUDES AU
CARAMEL ; EN HAUT : CURRY DE POULET À LA
MANGUE ET À LA CRÈME.

découper la chair en petits carrés, et ensuite relever la peau afin que les cubes soient présentés ouverts.

La mangue entre parfois dans la composition des currys et d'autres plats salés (elle s'accorde particulièrement bien avec le poulet). On prépare également des chutneys et des condiments (pickles) qui sont souvent servis avec les currys. On utilise la pulpe de la mangue pour faire des glaces, des mousses de fruits et des sorbets. L'été est la saison de la mangue mais on la trouve également en conserve.

Manioc Plante originaire d'Amérique tropicale et répandue dans toutes les îles du Pacifique, en Indonésie, aux Philippines et dans certaines régions d'Afrique.
Les racines - un féculent - se préparent et se cuisent comme les pommes de terre ; les feuilles tendres se cuisent comme les épinards ; en emploie les plus grandes, qui sont aussi plus dures, pour enrober des aliments cuits au four.
La poudre préparée à partir de la racine séchée est utilisée comme épaississant dans la cuisine du sud-est asiatique.

Maquereau Poisson de mer à chair ferme, foncée et grasse.
Il est parfait pour la cuisson au four, les grillades, la cuisson à la poêle, et peut également être poché.

Marengo Plat de poulet cuisiné avec des tomates, des champignons, de l'ail et du vin.
Ce plat fut créé pour Napoléon en 1800, après qu'il eut vaincu les Autrichiens à Marengo, et aurait été préparé pour lui sur le champ de bataille.

Margarine Pâte à tartiner semblable à du beurre, fabriquée à partir d'huile végétale, ou à base d'un mélange d'huiles végétale et animale. La margarine peut être remplacée par le beurre dans la plupart des recettes. Les margarines

polyinsaturées et monoinsaturées sont fabriquées à partir d'huile végétale purifiée et raffinée ; elles sont plus molles et plus faciles à tartiner. La margarine en bloc est plus ferme. Elle contient des graisses animales et végétales saturées, et elle est employée de la même façon que le beurre pour cuire les aliments à la poêle ou au four.

Marinade Mélange assaisonné dans lequel on fait mariner de la viande, du poulet, du poisson ou des fruits de mer crus pour les attendrir et les parfumer avant de les cuire.

POULET AU SAFRAN

✳ **Préparation** : 30 minutes + 1 nuit de trempage pour les pois chiches
Cuisson : 1 heure 15
Pour 6 personnes

12 morceaux de poulet	*125 g de pois chiches*
½ cuil. à café de paprika doux en poudre	*3 tasses de bouillon de volaille*
½ cuil. à café de cumin en poudre	*⅓ de tasse de persil plat ciselé*
Poivre moulu	*1 cuil. à soupe de thym frais*
90 g de beurre	*250 g de riz cuit*
750 g d'oignons rouges ou jaunes, émincés	*1 citron pressé*
¼ de cuil. à café de safran ou de curcuma en poudre	

1 Assaisonner le poulet de paprika, cumin et poivre. Faire fondre le beurre dans une cocotte. Ajouter l'oignon et le poulet et cuire jusqu'à ce que la viande soit dorée.
2 Saupoudrer de safran. Ajouter les pois chiches égouttés et le bouillon de volaille. Laisser mijoter à découvert pendant 1 heure, jusqu'à ce que le poulet soit tendre.
3 Ajouter le persil ciselé et le thym. Mettre le riz dans un plat chaud. Disposer les morceaux de poulet dessus et napper de sauce. Arroser de jus de citron et servir.

PAGE CI-CONTRE, EN HAUT : PASTILLA (TOURTE AU POULET) ; EN BAS : KHOBZ (GALETTES DE PAIN COMPLET). CI-DESSUS : POULET AU SAFRAN ; CI-CONTRE : CITRONS EN SAUMURE.

CITRONS EN SAUMURE

✳ **Préparation** : 1 heure sur 3 jours
Temps de conservation : 3 semaines
Pour 16 citrons

16 citrons à peau fine	*Gros sel*
Eau	*1 citron pressé*

1 Rincer les citrons et les mettre dans un grand récipient de verre, d'inox ou de plastique. Couvrir d'eau froide et laisser tremper 3 à 5 jours, en changeant l'eau chaque jour.
2 Égoutter les citrons. Inciser 4 fentes dans chaque citron, en s'arrêtant à 5 mm de chaque extrémité. Enfoncer le couteau dans une fente pour qu'il ressorte dans celle du côté opposé.
Recommencer de sorte que le citron soit coupé en quatre à l'intérieur.
3 Insérer ¼ de cuil. à café de gros sel au centre de chaque citron.
Mettre les fruits dans des bocaux à conserves stérilisés et saupoudrer d'1 cuil. à soupe de gros sel.
Ajouter le jus d'1 citron dans chaque pot et couvrir les fruits d'eau bouillante. Garder au moins 3 semaines dans un endroit frais et sec.
Avant de déguster les citrons, bien les rincer, les peler, et servir avec des plats de poisson ou de viande préparés à l'orientale.

4 Étaler la sauce aux œufs puis la garniture au poulet. Replier les bords de la pâte, les badigeonner de beurre. Recouvrir la tourte avec 4 feuilles de pâte, découpées suivant la forme du moule et beurrées. À l'aide d'un emporte-pièce, ou à la main, former des boutons de rose avec de la pâte phyllo beurrée. En décorer la tourte et badigeonner de beurre fondu. Cuire au four 30 à 45 minutes. Saupoudrer avec le reste d'amandes.

KHOBZ (GALETTES DE PAIN COMPLET)

✴ ✴ **Préparation :** 1 heure
Cuisson : 12 minutes
Pour 16 galettes

2 tasses ¹/₂ de farine complète
1 cuil. à café de sucre en poudre
1 cuil. à café de sel
7 g de levure en sachet
1 tasse ¹/₂ d'eau tiède
¹/₂ cuil. à café de paprika doux en poudre
¹/₃ de tasse de semoule de maïs
1 cuil. à soupe d'huile
1 œuf légèrement battu
2 cuil. à soupe de graines de sésame

1 Préchauffer le four à 180 °C. Dans une jatte, préparer une pâte levée avec ¹/₂ tasse de farine, le sucre, le sel, la levure et l'eau. Couvrir et laisser lever.
2 Dans un saladier, tamiser le reste de farine, le paprika et la semoule ; verser dans la jatte contenant la pâte levée, ajouter l'huile, et pétrir pour obtenir une pâte ferme. Couvrir et laisser reposer 20 minutes.
3 Diviser la pâte en 16 morceaux. Former des boulettes. Les aplatir pour obtenir des galettes de 10 cm.
4 Disposer sur la plaque du four beurrée. Badigeonner d'œuf et saupoudrer de graines de sésame. Couvrir et laisser reposer les galettes jusqu'à ce qu'elles gonflent. Cuire au four 12 minutes.

PASTILLA (TOURTE AU POULET)

✴ **Préparation :** 45 minutes
✴ ✴ **Cuisson :** 2 heures 30
Pour 8 personnes, en entrée

Garniture

1,6 kg de poulet
1 gros oignon finement émincé
1 beau bouquet de persil plat ciselé
1 bouquet de coriandre fraîche ciselée
¹/₄ de cuil. à café de curcuma en poudre
¹/₄ de cuil. à café de safran en poudre
2 cuil. à soupe d'huile
1 cuil. à café de cannelle en poudre
1 cuil. à café de gingembre en poudre
1 tasse ¹/₂ d'eau
5 œufs légèrement battus
1 tasse de sucre glace + 1 tasse supplémentaire
Cannelle en poudre
Poivre moulu
500 g de pâte phyllo
250 g de beurre non salé, fondu
1 tasse d'amandes en poudre

1 Préchauffer le four à 180 °C. Mettre le poulet, l'oignon, le persil, la coriandre, le curcuma, le safran, l'huile, la cannelle, le gingembre et l'eau dans un plat à four. Enfourner 1 heure 30. Retirer le poulet et réserver. Lorsqu'il est froid, enlever la peau, désosser, et découper la chair en fines lamelles.
2 Dégraisser le jus et le faire mijoter dans une casserole de taille moyenne. Ajouter les œufs, le sucre, la cannelle et le poivre. Cuire la sauce jusqu'à épaississement.
3 Chauffer le four à 190 °C. Beurrer un plat à tarte de 20 cm environ. Couvrir d'une feuille de pâte phyllo et la badigeonner de beurre fondu. Superposer une deuxième feuille, et la badigeonner de beurre fondu. Répéter l'opération avec 7 autres feuilles. Saupoudrer la dernière feuille d'amandes en poudre, de cannelle et de sucre glace mélangés.

Marjolaine Herbe aromatique à petites feuilles gris-vert et à l'odeur épicée, que l'on utilise

dans les plats de viande, de volaille, d'œufs, de fromage, de chou, de haricots verts et de tomates. L'origan, herbe similaire mais plus forte, est aussi connu sous le nom de marjolaine sauvage.

Marmelade Pâte à tartiner épaisse, ressemblant à de la confiture, composée d'agrumes et de zestes (d'un seul fruit ou d'un mélange de plusieurs). On l'apprécie sur des tartines de pain grillées et beurrées.

Marocaine (cuisine) La cuisine marocaine est subtilement épicée. Le principal aromate est le citron, et on emploie des zestes de citron confits dans la majorité des plats les plus connus. On utilise aussi couramment la cannelle, la coriandre

et l'eau de fleurs d'oranger. L'exception à ces arômes délicats est l'harissa, condiment très épicé employé également en Algérie et en Tunisie.

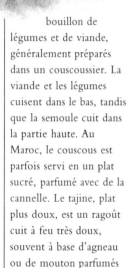

Les principaux ingrédients qui entrent dans sa composition sont les piments, l'ail et la coriandre ; l'harissa est servie avec le couscous et les soupes.

Le couscous est probablement le plat nord-africain le plus connu. Il est composé de graines (semoule) cuites à la vapeur, et d'un bouillon de légumes et de viande, généralement préparés dans un couscoussier. La viande et les légumes cuisent dans le bas, tandis que la semoule cuit dans la partie haute. Au Maroc, le couscous est parfois servi en un plat sucré, parfumé avec de la cannelle. Le tajine, plat plus doux, est un ragoût cuit à feu très doux, souvent à base d'agneau ou de mouton parfumés avec des coings et du miel.

Marron Noix ronde, lourde, à chair blanchâtre recouverte d'une fine écorce brune, enfermée dans une bogue. Après cuisson, le marron prend un goût farineux et doux. On pense que le marronnier est originaire d'Europe du Sud et d'Asie occidentale. Ces noix nutritives faciles à ramasser sont consommées depuis la préhistoire. Contrairement aux autres noix, qui sont riches en

MARRONS

FARCE AUX MARRONS POUR VOLAILLE

★ ★ **Préparation :** 30 minutes
Cuisson : 30 minutes
Pour 10 personnes

20 à 25 gros marrons	500 g de chair à saucisse
60 g de beurre	de porc
1 oignon émincé	1 tasse de mie de pain frais
½ tasse de céleri coupé fin	2 cuil. à café de marjolaine
1 pomme verte pelée et	séchée
émincée	Sel
1 œuf battu	Poivre fraîchement moulu

1 Avec un couteau aiguisé, inciser les marrons de haut en bas. Les mettre dans une casserole d'eau froide. Porter à ébullition, couvrir et laisser mijoter 20 minutes, jusqu'à ce qu'ils aient ramolli. Attendre que l'eau de cuisson ait tiédi pour les retirer. Enlever les enveloppes (extérieure et intérieure). Couper les marrons en gros morceaux.
2 Blondir doucement l'oignon, le céleri et la pomme dans du beurre jusqu'à ce qu'ils soient fondants. Laisser refroidir dans un grand saladier.
Ajouter les marrons en morceaux, l'œuf, la chair à saucisse, la mie de pain, la marjolaine, le sel et le poivre. Mélanger le tout.
3 Utiliser la farce aux marrons pour une dinde, deux poulets ou deux canards.

MOUSSE AU CHOCOLAT ET AUX MARRONS

★ ★ **Préparation :** 30 minutes
Cuisson : 25 minutes
Pour 6 personnes

250 à 300 g de marrons	4 œufs séparés
frais ou ½ tasse de purée	2 cuil. à soupe de cognac
de marrons, non sucrée,	2 cuil. à soupe de sucre en
en conserve	poudre
155 g de chocolat noir à	Crème fouettée et framboises
pâtisserie (semi-amer)	pour la décoration

1 Préparation des marrons : à l'aide d'un couteau aiguisé, inciser les marrons de haut en bas.
Les mettre dans un casserole d'eau froide. Porter à ébullition.
Couvrir, baisser le feu et laisser cuire 20 minutes, jusqu'à ce qu'ils aient ramolli.
Attendre que l'eau de cuisson ait tiédi pour les retirer.
Enlever leurs enveloppes (intérieure et extérieure).
Hacher les marrons, et en remplir une tasse.
2 Casser le chocolat en morceaux égaux et les mettre dans une grande jatte bien sèche. Faire fondre au four à micro-ondes ou au bain-marie. Incorporer les jaunes d'œufs et le cognac en battant bien. Ajouter les marrons.
3 Battre les blancs en neige, puis ajouter progressivement le sucre en poudre sans cesser de battre.
Mélanger 1 cuil. à soupe de blancs en neige au chocolat, pour le rendre plus léger, et incorporer les blancs en neige restants.
4 Verser dans des coupes et réfrigérer jusqu'à ce que la mousse ait pris.
Décorer avec la crème fouettée et les framboises avant de servir.

À PROPOS DES MARRONS

■ Les marrons se conservent mal à température ambiante. Mieux vaut les garder au réfrigérateur, dans un sac en plastique perforé. Les marrons entiers (avec leur écorce) peuvent être ébouillantés et congelés. Ils se conservent alors un mois.
■ Pour rôtir les marrons, les entailler avec un petit couteau. Les laisser une vingtaine de minutes dans un four à 210 °C ou sur des braises chaudes jusqu'à ce que les écorces se fendent et que les marrons soient dorés.
■ On consomme souvent les marrons en tant que légume, car ils contiennent plus d'amidon et tout en étant moins riches en lipides que les noix, amandes et autres fruits du même type.

CI-DESSUS : MOUSSE AU CHOCOLAT ET AUX MARRONS. PAGE CI-CONTRE : BROCHETTES DE MELONS ET PASTÈQUE AU SIROP DE GINGEMBRE.

BROCHETTES DE MELONS ET PASTÈQUE AU SIROP DE GINGEMBRE

* **Préparation :** 40 minutes
Cuisson : 5 minutes
Pour 25 brochettes environ

1 cantaloup coupé en deux
1 melon d'Espagne coupé en deux
La moitié d'une petite pastèque

Sirop de gingembre
1 tasse de sucre en poudre
1 tasse d'eau
2 cuil. à soupe de cognac
2 cuil. à soupe de sirop de gingembre en conserve ou du vin de gingembre vert

1 Après avoir ôté les graines des fruits, les détailler en billes. Mettre dans un saladier, couvrir d'un film plastique et réfrigérer.
2 **Sirop de gingembre :** verser le sucre et l'eau dans une petite casserole. Chauffer doucement jusqu'à ce que le mélange commence à épaissir. Incorporer le cognac et le sirop de gingembre ou le vin de gingembre vert.
3 Laisser refroidir et verser sur les billes de melon. Couvrir d'un film plastique et réfrigérer.
4 Enfiler une bille de chaque fruit sur une brochette en bambou.
Déguster accompagné de crème fouettée ou de glace, à votre goût.

SALADE D'ÉTÉ AUX MELONS ET AUX OIGNONS

* **Préparation :** 15 minutes
Cuisson : aucune
Pour 6 personnes

350 g de melon d'Espagne
350 g de cantaloup
350 g de pastèque (facultatif)
2 petits oignons rouges

1 cuil. à soupe de persil frais ciselé
2 cuil. à soupe de jus de citron

1 Détailler les fruits en cubes d'environ 4 x 1 cm. Émincer les oignons en très fines rondelles.
2 Mélanger les fruits et la moitié des oignons dans un saladier.
3 Mixer le persil, le jus de citron et les oignons restants dans une petite jatte. En assaisonner la salade et servir immédiatement.

À PROPOS DES MELONS

■ Le melon a une chair pulpeuse et sucrée, mais sa peau étant épaisse, il est difficile de savoir s'il est mûr. Choisir un melon parfumé, dont la partie proche du pédoncule est légèrement tendre.
■ Une fois coupé, le melon doit être consommé rapidement.
Au réfrigérateur, et même s'il est bien enveloppé, son parfum imprègne celui des autres aliments.

graisse et pauvres en amidon, les marrons contiennent moins de 3 % de graisse et ont une forte teneur en hydrates de carbone. Les marrons grillés dans leur écorce constituent un traditionnel amuse-gueule hivernal. On peut également cuire les marrons dans du bouillon et les servir comme légume en purée, ou les ajouter à des soupes, à des farces et à des gâteaux, ou les sucrer et les mélanger à de la crème en dessert. On trouve des marrons secs ou en conserve. Ils sont également employés en confiserie pour fabriquer les marrons glacés.

Marshmallow Confiserie dont la texture ressemble à celle de la guimauve, composée de gélatine, de sucre, d'arômes et de colorants.

Mascarpone Fromage frais non affiné, doux, crémeux, fabriqué à partir de la crème du lait de vache, à haute teneur en graisse et au goût prononcé de beurre. On peut le servir en dessert avec des fruits sucrés, ou mélangé à du cognac ou à des liqueurs.

Matzot Fine feuille de pain sans levain, généralement fabriqué uniquement avec de la farine de blé et de l'eau. On mange traditionnellement le matzot à la Pâque Juive, période où seuls les produits à pâte non levée sont autorisés.

Mayonnaise Sauce froide non cuite fabriquée en battant un jaune d'œuf et de l'huile jusqu'à obtention d'une émulsion. On parfume la mayonnaise

avec du jus de citron ou du vinaigre, ou avec de la moutarde et des condiments.

La mayonnaise est servie comme une sauce de salade et accompagne les plats de viande, de poisson et d'œufs froids ; elle est la base de nombreuses sauces froides.

Mélasse Sirop épais, foncé, produit dans les fabriques de canne à sucre.

Mélisse Membre de la famille de la menthe, aux bords plissés, aux feuilles en forme de cœur et sentant le citron. Les feuilles peuvent être ajoutées à presque tous les plats comprenant du jus de citron. On les emploie également pour préparer du thé apaisant. Les fleurs délicatement parfumées constituent la base d'une liqueur : l'eau des

MENTHE

SALADE D'AGNEAU À LA MENTHE

✳ **Préparation :** 25 minutes
Cuisson : 10 minutes
Pour 4 personnes

500 g de filets d'agneau	1 cuil. à soupe de vin blanc
1 cuil. à soupe d'huile d'olive + 1 cuil. à soupe supplémentaire + 1/4 de tasse supplémentaire	Vinaigre
	1/2 cuil. à café de moutarde
	1 cuil. à soupe de menthe fraîche émincée
1 salade feuille de chêne	100 g de fromage haloumi
120 g de tomates cerises	
1/2 cuil. à café de sucre en poudre	

1 Parer la viande. La faire revenir 7 à 8 minutes dans une cocotte, à feu vif puis moyen, en la mélangeant souvent. La chair doit rester rose à cœur. Disposer la viande sur une assiette et couvrir avec un feuille d'aluminium. Laisser refroidir puis découper des tranches en biais.
2 Laver et sécher la salade. La couper en petits morceaux. Dresser sur des assiettes individuelles avec les tomates cerises et la viande.
3 Dans un bocal doté d'un couvercle qui se visse, incorporer l'huile, le sucre, le vinaigre, la moutarde et la menthe et bien secouer.
4 Égoutter le fromage. Le couper en lamelles d'environ 1 cm d'épaisseur et 4 cm de long. Sécher avec du papier absorbant. Chauffer modérément l'huile dans la poêle, et saisir le fromage jusqu'à ce qu'il soit doré.

Égoutter sur du papier absorbant. Disposer le fromage tiède sur la salade. Mixer de nouveau l'assaisonnement et le verser sur la salade. Servir immédiatement.

Remarque : l'haloumi, fromage blanc ferme et salé, est fabriqué à Chypre. Il est délicieux grillé ou frit. Il ne fond pas et ne colle pas à la poêle. On le trouve dans les épiceries grecques ou turques ; à défaut, le remplacer par de la feta crue.

SALADE DE POMMES DE TERRE CHAUDES À LA MENTHE

✳ **Préparation :** 30 minutes
Cuisson : 20 minutes
Pour 8 personnes

1 kg de petites pommes de terre nouvelles	1/4 de tasse de persil frais ciselé
5 belles branches de menthe fraîche	2 cuil. à soupe d'aneth frais ciselé
1 tasse de crème fraîche	2 cuil. à soupe de ciboulette fraîche ciselée
1 oignon nouveau râpé	Sel et poivre moulu
2 cuil. à soupe de mayonnaise	

1 Mettre les pommes de terre et la menthe dans une grande casserole.
Mouiller à hauteur. Porter à ébullition puis baisser le feu et couvrir.
Laisser mijoter 10 à 12 minutes jusqu'à ce que les pommes de terre soient à peine fondantes. Bien égoutter et ôter la menthe.
2 Dans un saladier, mélanger la crème fraîche, l'oignon, la mayonnaise, les herbes, le poivre et le sel.
Ajouter les pommes de terres chaudes et bien mélanger. Servir tiède.

SAMBAL À LA MENTHE

✳ **Préparation :** 5 minutes
Cuisson : aucune
Pour 200 ml environ

1 tasse de feuilles de menthe fraîche	1/2 tasse de yaourt nature
1 oignon pelé	1 piment vert (facultatif)

Hacher la menthe et l'oignon. Ajouter le yaourt pour obtenir un mélange homogène et crémeux. Relever avec du piment, à doser selon votre goût. Servir avec des curries ou du poulet grillé.
Avec du gingembre frais râpé et 1/4 de cuil. à café de curcuma, le sambal est excellent comme marinade pour les morceaux de poulet : les laisser mariner une nuit puis les cuire au barbecue ou au gril.

CI-DESSUS : SALADE D'AGNEAU À LA MENTHE.

MERINGUE

VACHERIN À L'ABRICOT ET AUX AMANDES

✷ ✷   **Préparation :** 40 minutes
     Cuisson : 50 minutes
     Pour 8 à 10 personnes

4 blancs d'œufs	*1 tasse d'eau*
1 tasse de sucre en poudre	*½ tasse de sucre en poudre*
1 ½ cuil. à café d'essence de vanille	*30 g de beurre*
1 ½ cuil. à café de vinaigre blanc	**Décoration**
1 tasse d'amandes en poudre	*1 tasse ½ de crème liquide, fouettée*
	½ tasse d'abricots secs, coupés en petits morceaux
Garniture	*½ tasse d'amandes grillées*
200 g d'abricots secs, coupés en petits morceaux	

1 Préchauffer le four à 150 °C. Tracer un cercle de 22 cm de diamètre sur 2 feuilles de papier sulfurisé ; en recouvrir 2 plaques de four. Monter les blancs en neige dans un petite jatte, bien sèche. Ajouter le sucre en plusieurs fois, sans cesser de battre, 5 à 10 minutes, jusqu'à ce que les blancs soient fermes et brillants. Incorporer délicatement l'essence de vanille, le vinaigre et les amandes.

2 Répartir équitablement la préparation sur les cercles marqués. Enfourner 45 minutes environ, jusqu'à ce que les meringues soient pâles et croustillantes. Éteindre le

four, entrouvrir la porte et laisser refroidir.

3 Garniture : mettre l'eau et les abricots dans une petite casserole. Cuire à feu moyen en remuant. Lorsqu'ils commencent à ramollir, sucrer et laisser cuire à découvert, 3 à 5 minutes, jusqu'à ce que le liquide se soit presque entièrement évaporé. Mixer les abricots, jusqu'à obtention d'une texture lisse ; ajouter le beurre et bien mélanger. Laisser refroidir.

4 Présentation : disposer un disque de meringue sur un plat de service. Étaler sur le dessus le mélange aux abricots puis la moitié de la crème fouettée. Couvrir avec l'autre meringue. Garnir du reste de crème fouettée. Décorer avec les morceaux d'abricots et les amandes. Réfrigérer autant que nécessaire avant de servir.

NIDS DE MERINGUE À LA CRÈME KAHLUA ET AUX FRAISES

✷ ✷   **Préparation :** 40 minutes
     Cuisson : 30 minutes
     Pour 4 personnes

3 blancs d'œufs	*2 cuil. à café de café instantané en poudre*
¾ de tasse de sucre en poudre	*1 cuil. à café d'eau*
	1 cuil. à café de Kahlua ou de liqueur de café
Garniture	*250 g de fraises*
¾ de tasse de crème liquide	*60 g de chocolat noir à cuire, fondu*
1 cuil. à soupe de sucre en poudre	

1 Préchauffer le four à 120 °C. Recouvrir 2 plaques de four de papier sulfurisé sur lequel on aura tracé 2 cercles de 10 cm de diamètre. Monter les blancs en neige dans une petite jatte. Incorporer le sucre en plusieurs fois, sans cesser de battre, 5 à 10 minutes, jusqu'à ce que les blancs soient fermes et brillants.

2 À l'aide d'une poche à douille en forme d'étoile d'1,5 cm environ, recouvrir les cercles de blancs en neige. Avec le reste de la préparation, entourer les cercles pour former un bord élevé (ils doivent ressembler à des nids).

Enfourner 30 minutes environ, jusqu'à ce que les meringues soient pâles et croustillantes. Éteindre le four, entrouvrir la porte et laisser refroidir.

3 Garniture : dans un bol, mélanger le café en poudre, l'eau et la crème Kahlua. Réserver.

Dans une jatte, battre la crème liquide et le sucre jusqu'à ce qu'ils commencent à monter. Incorporer alors la préparation au café en continuant de battre jusqu'à ce que la crème soit bien ferme ; en remplir les meringues. Garnir avec les fraises et napper de chocolat fondu.

CI-CONTRE : VACHERIN À L'ABRICOT ET AUX AMANDES.

Carmes. La mélisse pousse facilement et est meilleure fraîche.

Melon Gros fruit à peau épaisse et à chair juteuse. Les nombreuses variétés de melon se divisent en trois groupes principaux : rond avec une peau nette, comme une écorce, à chair orange parfumée et une grappe de graines pâles en son milieu, comme le melon Cantaloup et le melon de Cavaillon ; ovale et à peau douce, avec une chair allant du blanc crème au vert foncé et une grappe centrale de graines, comme le melon d'Espagne ; et les melons d'eau plus gros avec une chair plus rouge parsemée de graines foncées. On peut manger le melon frais, comme un fruit, ou l'ajouter à des salades de fruits ; quelques variétés de melon peuvent être servies en hors-d'œuvre avec du jambon de Bayonne, de Parme, etc.

Melon amer
Cucurbitacée originaire d'Asie du Sud-Est. On l'utilise souvent mariné dans la cuisine indienne ; dans la cuisine chinoise, le melon est pelé, mi-cuit, avant d'être ajouté à des plats sautés. Il est souvent cuisiné avec des haricots ou de la viande

afin de lui ôter son goût amer. Le melon amer est également connu sous des noms différents : margose, souris verte ou pomme de merveille.

Melon d'Espagne
Melon de couleur pâle, à chair juteuse et vert pâle, comportant de minces graines pâles. La chair peut être mangée crue, seule, ou ajoutée à des salades de fruits, ou encore servie avec du jambon cru en entrée.

Menthe Herbe aromatique, rafraîchissante et forte en goût. Il en existe de nombreuses variétés, avec des

parfums différents : menthe verte, menthe poivrée, menthe à feuilles rondes, menthe des jardins...

Menthe verte C'est la menthe la plus couramment utilisée.

En Angleterre, on l'emploie en sauce ou gelée pour accompagner la viande d'agneau, et parfumer petits pois et pommes de terre bouillies. Elle entre dans la composition de nombreux plats de la cuisine thaïlandaise et du Moyen-Orient. Finement ciselée, elle est délicieuse dans les salades et les sauces froides. Elle aromatise également certaines boissons, comme le thé à la menthe apprécié en Afrique du Nord.

PAVLOVA AUX FRUITS

✳ **Préparation :** 15 minutes
Cuisson : 40 minutes
Pour 6 à 8 personnes

4 blancs d'œufs
1 tasse de sucre en poudre
3 cuil. à café de Maïzena
1 cuil. à café de vinaigre blanc
1 tasse de crème liquide, fouettée

1 banane coupée en rondelles
250 g de fraises coupées en deux
2 kiwis coupés en rondelles
2 fruits de la Passion

1 Préchauffer le four à 150 °C.
Recouvrir une plaque de four de papier sulfurisé sur lequel on aura tracé un cercle de 20 cm.
Monter les blancs en neige dans une grande jatte. Ajouter le sucre en petit à petit, en continuant à battre, 5 à 10 minutes. Incorporer la Maïzena et le vinaigre.
2 Étaler la préparation sur le cercle.
Avec un couteau sans dents, lisser le dessus puis strier le pourtour, de bas en haut. Ainsi, la meringue sera décorée et plus consistante.
3 Enfourner 40 minutes environ, jusqu'à ce que la meringue soit pâle et croustillante.
Éteindre le four, entrouvrir la porte et laisser refroidir. Recouvrir de crème et disposer joliment les fruits. Garnir avec la pulpe de fruits de la Passion.

À PROPOS DES MERINGUES

■ Pour bien les réussir, séparer soigneusement les blancs des jaunes. S'il reste un tout petit peu de jaune, les blancs ne monteront pas en neige.
Utiliser du sucre en poudre, bien sec, ou du sucre glace si la recette le nécessite.
Veiller à ce que le bol et les ustensiles soient bien secs.
■ Les meringues doivent cuire à très basses températures. En fait, elles sont séchées plutôt que cuites. Une fois cuites, elles doivent se détacher aisément de la plaque, être légères et sèches au toucher.
■ Quand on recouvre une tarte de meringue à l'aide d'une cuillère ou d'une poche à douille, veiller à l'étaler uniformément, et jusqu'au bord, car elle se rétracte à la cuisson.

NIDS DE MERINGUE À LA CRÈME KAHLUA ET AUX FRAISES (À GAUCHE) ET PAVLOVA AUX FRUITS.

Menthe poivrée Elle est cultivée principalement pour l'huile extraite de ses feuilles et de ses fleurs. L'essence de menthe poivrée est employée pour aromatiser les confiseries, les farces au chocolat, le glaçage des gâteaux, et la liqueur de crème de menthe. On peut également utiliser les feuilles pour le thé, ou les couper finement et en parsemer des salades de fruits.

Merguez Saucisse épicée originaire d'Afrique du Nord, fabriquée avec de la viande de mouton ou d'un mélange mouton-boeuf, aromatisée avec de l'harissa.

Meringue Mélange de blancs d'œufs et de sucre, battus jusqu'à obtention d'une mousse ferme, puis cuit à four doux. La meringue est

employée dans de nombreux desserts tels que la pavlova, le vacherin et l'omelette norvégienne.

Mesclun Mélange de feuilles légèrement amères et de jeunes pousses de plantes sauvages comme la chicorée, la roquette, le pissenlit, et le cerfeuil. Originaire de la région de Nice, son nom provient du provençal *mesclumo*, signifiant mélange. Une salade similaire de la région de Rome, appelée *mescladissei*, est servie avec des noix.

Meunière Désigne une préparation de poisson. On enduit un petit poisson ou un filet avec de la farine, on le cuit ensuite à la poêle avec du beurre, puis on le sert avec une sauce composée de beurre brun, de jus de citron et de persil haché.

Mexicaine (cuisine) On y retrouve un mélange d'anciennes traditions culinaires des Indiens et de ce qu'apportèrent les colons espagnols. Le piment (chili) est l'ingrédient commun à toute la cuisine mexicaine.

Il en existe un grand nombre d'espèces, plus ou moins fortes. On peut farcir les grands piments avec de la viande et des noix ; les plus petites variétés sont employées moulues ou broyées afin de parfumer les plats. Les tortillas (galettes à base de farine de maïs) constituent la base de la cuisine mexicaine. On peut les frire, et les enrouler en tacos, en préparer des

CUISINE MEXICAINE : LES CLASSIQUES

EMPANADAS À L'AGNEAU

> ✳ **Préparation :** 1 heure
> **Cuisson :** 20 minutes
> **Pour** 6 personnes

2 cuil. à café d'huile d'olive

250 g d'agneau haché

½ petit oignon finement émincé

½ poivron vert coupé en petits morceaux

1 petite carotte détaillée en dés

1 cuil. à café de cannelle en poudre

2 cuil. à café de cassonade

2 cuil. à soupe de concentré de tomates

Pâte

2 tasses de farine avec levure incorporée, tamisée

250 g de beurre en petits morceaux + 30 g de beurre ramolli supplémentaire

1 œuf + 1 jaune d'œuf supplémentaire, légèrement battu

¼ de tasse d'eau

1 Chauffer l'huile dans une sauteuse. Y faire revenir la viande et l'oignon 3 minutes à feu vif puis moyen. Incorporer le poivre, la carotte, la cannelle, le sucre et le concentré de tomates.
Bien mélanger. Ôter du feu.

2 Préchauffer le four à 200 °C. Graisser une plaque de four. Fariner et ôter l'excédent.

3 Pâte : mixer au robot la farine et le beurre pendant 30 secondes ou jusqu'à obtention d'une pâte légèrement grumeleuse.
Ajouter l'œuf et l'eau et mixer 30 secondes. Sur une surface légèrement farinée, pétrir cette pâte pour la rendre

lisse ; ne pas trop la travailler, car elle deviendrait collante. La diviser en trois morceaux.

4 Les aplatir au rouleau à pâtisserie en 3 carrés de 20 x 20 cm.
En beurrer deux, les superposer puis placer le troisième (non beurré) sur le dessus. Étaler.

5 Assemblage : découper la pâte en six cercles de 15 cm et les garnir de viande. Badigeonner les bords de jaune d'œuf. Replier puis bien appuyer sur les bords pour fermer le demi-cercle.
Disposer sur la plaque du four. Badigeonner les empanadas de jaune d'œuf et cuire 15 minutes environ, jusqu'à ce qu'ils soient gonflés et dorés.
Servir avec une salsa à la tomate, et une salade verte.

GUACAMOLE

> ✳ **Préparation :** 20 minutes
> **Cuisson :** aucune
> **Pour** 6 personnes

2 avocats mûrs

1 petit oignon coupé en petits morceaux

1 tomate détaillée en petits morceaux

1 cuil. à soupe de coriandre fraîche ciselée

¼ de tasse de crème fraîche

1 cuil. à soupe de jus de citron

Sauce tabasco à votre goût

1 Couper les avocats en deux, ôter le noyau et les peler. Dans une jatte, réduire la chair en purée avec une fourchette.

2 Mélanger l'oignon, la tomate et la coriandre.
Incorporer à l'avocat ainsi que les autres les ingrédients.
Servir comme sauce avec des chips de maïs ou pour accompagner les tacos.

tostadifas (petites chips),
des enchiladas (farcies
avec des haricots, du
fromage et de la crème
aigre, et cuites au four),
ou des tostadas (tortillas
en "piles" garnies de
farce).

En
Occident, la cuisine tex-
mex est moins épicée, et
comporte plus de viande,
de fromage et de crème
aigre (crème fraîche
additionnée d'un peu de
citron) que la cuisine
originale. Les tortillas
tex-mex sont
généralement préparées
avec de la farine de blé.

**Micro-ondes (cuisine
au)** Méthode de cuisson
employant l'énergie des
ondes qui sont absorbées
par les molécules des
aliments, ce qui entraîne
un déplacement rapide de
ces molécules, créant ainsi
une friction qui procure
la chaleur nécessaire à la
cuisson des aliments. La
cuisson au micro-ondes
est beaucoup plus rapide
que les modes de cuisson
traditionnels. De plus, le
four à micro-ondes est un
excellent moyen pour
décongeler et réchauffer
la nourriture.

Miel Substance sucrée,
durcie ou sirupeuse,
fabriquée par les abeilles à
partir des nectars de
fleurs, et conservée

BURRITOS

✳ **Préparation :** 15 minutes
   Cuisson : 40 minutes
   Pour 4 personnes

500 g de rumsteck
1 cuil. à café d'huile
   d'olive
1 oignon émincé
1 bâton de cannelle
4 clous de girofle

1 feuille de laurier
2 tasses de bouillon de
   bœuf
Tortillas de 8 x 20 cm
Salsa à la tomate, à votre
   goût

1 Parer la viande et la détailler en dés de 2 cm. Dans
une cocotte, faire revenir l'oignon jusqu'à ce qu'il soit
bien doré.
2 Ajouter la viande, la cannelle, les clous de girofle,
le laurier et le bouillon de bœuf. Porter à ébullition.
Baisser le feu et laisser mijoter 30 minutes environ,
jusqu'à ce que la viande soit tendre et que le liquide
soit presque absorbé.
Ôter du feu et retirer la cannelle, les clous de girofle et
le laurier.
3 Déchiqueter la viande avec deux fourchettes.
La servir roulée dans des tortillas avec une salsa à la
tomate et une salade.

SALSA À LA TOMATE

✳ **Préparation :** 10 minutes
   Cuisson : aucune
   Pour 4 à 6 personnes

1 tomate coupée en petits
   morceaux
1 oignon rouge finement
   émincé
3 cuil. à soupe de jus de
   citron

2 cuil. à soupe de coriandre
   fraîche ciselée
2 cuil. à café de zeste de
   citron râpé

1 Bien mélanger tous les ingrédients dans une jatte
de taille moyenne.
2 Servir en accompagnement des burritos (tortillas
roulées), des tacos, des empanadas, des plats de viande,
de poulet ou de fruits de mer.

Remarque : pour concocter une sauce plus douce,
utiliser des oignons nouveaux.

*PAGE CI-CONTRE, EN HAUT : EMPANADAS À
L'AGNEAU ; EN BAS : GUACAMOLE. CI-DESSUS :
BURRITOS ET SALSA À LA TOMATE.*

▪

scellée par de la cire dans les hausses des ruches. La couleur et le goût dépendent des fleurs que les abeilles ont butinées. Plus le miel est foncé, plus il est fort.

Le miel de thym, clair et doré, est un des miels les plus fins au monde. Les fleurs d'oranger donnent un miel ambré,

avec un goût d'agrumes. Le miel de trèfle, le plus répandu en Amérique du Nord, est clair et doux. En France, on trouve facilement du miel d'acacia, ou de lavande. Le miel est liquide lors de l'extraction des hausses. Le miel crémeux perd un peu de son eau et cristallise finement.

Mincemeat Terme anglais désignant un mélange composé de fruits secs et de pommes fraîches finement hachés,

de graisse de rognon de bœuf ou de beurre, et d'épices, humidifié avec du cognac, du rhum ou du Madère. En Grande-Bretagne, il est employé en garniture de tartes ou puddings servis traditionnellement à Noël.

CHILI CON CARNE À LA TEX-MEX

✳ **Préparation :** 30 minutes
Cuisson : 40 minutes
Pour 4 personnes

1 cuil. à soupe d'huile d'olive
2 gousses d'ail écrasées
750 g de bifteck maigre, coupé en dés de 2 cm
1 gros oignon émincé
2 feuilles de laurier
1 tasse de jus de tomates
450 g de tomates pelées en boîte, écrasées

470 g de haricots rouges en boîte, égouttés
½ cuil. à café d'origan moulu
1 cuil. à café de cumin en poudre
½ cuil. à café de chili en poudre

1 Chauffer l'huile et l'ail écrasé dans un faitout. Ajouter la viande et cuire à feu moyen jusqu'à ce qu'elle soit bien dorée.
2 Incorporer l'oignon émincé, le laurier, le jus de tomate et les tomates écrasées.
Remuer et porter à ébullition, puis baisser le feu.
3 Couvrir et faire mijoter jusqu'à ce que la viande soit bien tendre et que le liquide ait réduit de moitié.
Incorporer les haricots rouges, l'origan, le cumin et le chili en poudre.
Laisser chauffer et servir avec du guacamole et des chips de maïs.

TACOS AU BŒUF ÉPICÉ ET AUX HARICOTS

✳ **Préparation :** 25 minutes
Cuisson : 15 minutes
Pour 4 personnes

250 g de bifteck haché
1 petit oignon finement émincé
¼ de cuil. à café de chili en poudre
¼ de tasse de concentré de tomates
1 cuil. à café de cumin en poudre
1 cuil. à café de coriandre en poudre

450 g de purée de haricots à la mexicaine
12 coquilles à tacos
½ tasse de cheddar râpé
2 petites carottes râpées
2 tomates coupées en morceaux
½ petite laitue, coupée en lanières
2 cuil. à café d'huile d'olive

1 Chauffer l'huile dans une poêle de taille moyenne. Faire revenir la viande et l'oignon.
2 Bien incorporer le chili, le concentré de tomates, le cumin, la coriandre et les haricots. Cuire en remuant de temps en temps 2 à 3 minutes.
3 Préchauffer le four à 180 °C. Poser les coquilles, le fond vers le haut, sur la grille du four. Ainsi, elles ne se refermeront pas en chauffant. Cuire 8 minutes environ. Pour chauffer les coquilles au micro-ondes, suivre les instructions sur l'emballage. Garnir de préparation à la viande, de cheddar, de carotte, de tomate et de laitue. Accompagner éventuellement de crème fraîche ou de guacamole.

CI-DESSUS : CHILI CON CARNE À LA TEX-MEX ; EN BAS : TACOS AU BŒUF ÉPICÉ ET AUX HARICOTS ; PAGE CI-CONTRE : MOULES À L'AIL ET À LA TOMATE.

MOULES

MOULES À L'AIL ET À LA TOMATE

✳ **Préparation :** 15 minutes
Cuisson : 15 minutes
Pour 2 à 3 personnes

18 grandes moules
30 g de beurre
3 gousses d'ail écrasées
3 grosses tomates mûres, coupées en morceaux

1 cuil. à soupe de sauce Worcestershire
2 cuil. à soupe de concentré de tomates
½ tasse de jus de pomme

1 Trier les moules et jeter celles dont la coquille est abîmée. Retirer les filaments herbeux et les laver pour ôter tout le sable. Les ouvrir avec un petit couteau. Ne garder que la moitié de coquille contenant la chair.
2 Faire fondre le beurre dans une grande casserole. Y faire revenir l'ail 1 minute environ. Ajouter la tomate, la sauce Worcestershire, le concentré de tomates et le jus de pomme. Cuire à feu moyen, 2 minutes, et laisser mijoter 5 minutes à découvert.
3 Ajouter les moules, couvrir et laisser mijoter 5 minutes environ, jusqu'à ce qu'elles soient cuites.

MOULES GRILLÉES

✳ **Préparation :** 10 minutes
Cuisson : 5 à 10 minutes
Pour 2 à 4 personnes

500 g de moules avec leur coquille
2 cuil. à soupe de jus de citron

1 gousse d'ail écrasée
1 petit piment rouge finement émincé
Persil ciselé

1 Plonger les moules dans une casserole d'eau frémissante. Les retirer quand elles s'ouvrent. Jeter celles qui restent fermées.
2 À l'aide de ciseaux, ouvrir complètement les moules et détacher la chair. Les laisser dans leur moitié de coquille.
3 Dans un bol, mélanger le jus de citron, l'ail et le piment. Verser la sauce sur les moules. Les passer au gril, à température moyenne.
4 Parsemer de persil avant de servir.

À PROPOS DES MOULES
■ Pour les nettoyer, les plonger dans de l'eau salée avec un peu de farine d'avoine ou de blé, pendant au moins 1 heure.

Minestrone Soupe consistante d'origine italienne, qui diffère d'une région à une autre.

Miso Pâte épaisse, salée, au goût de noisette, fabriquée à partir de pousses de soja écrasées et salées, mélangées à du riz, de l'orge ou des grains de blé, puis fermentée. Le miso léger ou jaune, fabriqué avec du riz, est doux et crémeux ; on l'emploie pour parfumer des soupes et les assaisonnements. Le miso rouge, fabriqué avec de l'orge, a un fort goût salé ; il est utilisé pour les soupes, les plats mijotés et la cuisine en général. Lorsque l'on emploie du miso pour des plats chauds, il faut l'ajouter juste avant de servir, et ne pas le faire bouillir.

Mixed spice Également connu sous le nom d'épices à pudding. Mélange traditionnel anglais d'épices douces, généralement de la noix de muscade, de la cannelle, des clous de girofle et du gingembre. On y ajoute parfois du poivre de la Jamaïque et de la coriandre. On l'emploie dans les cakes aux fruits, les puddings, et les biscuits sucrés.

Moka Graine de café arabe fortement parfumée, cultivée à l'origine près

MICRO-ONDES

L e four à micro-ondes est très pratique. On peut y cuire les légumes, chauffer des liquides (lait, café, thé, sauces etc.), faire fondre le beurre ou le chocolat et réchauffer des plats préparés. Il sert aussi à décongeler les aliments crus ou cuits. En outre, il permet la cuisson de la plupart des produits habituellement cuits à la vapeur ou pochés.

Les fours à micro-ondes sont très différents ; par conséquent les temps de cuisson fournis ci-dessous sont approximatifs. Ils varient selon le degré de cuisson désiré (à point, bien cuit etc.) et la puissance du four à micro-ondes.

MATÉRIAUX ALLANT AU MICRO-ONDES

■ **Verre :** utiliser des plats en verre ordinaire pour les cuissons courtes, à faible température ou pour la décongélation. Le verre résistant à la chaleur convient à toutes les cuissons.

■ **Poteries et plats de terre :** ils doivent être non poreux, bien vernis et ne pas comporter de métal. On ne les emploie que pour la décongélation ou les cuissons à faible température.

■ **Porcelaine :** on l'utilise pour réchauffer des aliments. Proscrire la porcelaine comportant des ornements à base de métal.

■ **Papier :** utiliser du papier sulfurisé (non ciré), du papier absorbant, ou des récipients en papier plastifié pour les cuissons rapides et pour réchauffer les aliments.

■ **Papier-aluminium :** peut être utilisé en petites quantités pour éviter que certains aliments (comme les os des côtelettes) ne cuisent trop. Ne jamais couvrir complètement les aliments et faire en sorte que le papier d'aluminium ne touche pas les parois du four.

■ **Plastique :** les récipients et emballages en plastique portant la mention "micro-ondes" conviennent pour la plupart des cuissons, et pour réchauffer les aliments. Ne jamais employer de ruban à fils métalliques pour fermer les sacs, et percer des trous dans les emballages en plastique pour laisser s'évacuer la vapeur. Les récipients et emballages en plastique ordinaire servent surtout à réchauffer ou cuire rapidement les aliments.

DÉCONGÉLATION

■ Sortir les aliments de leur emballage ou de leur récipient (de nombreux récipients en plastique rigide ne peuvent pas aller au micro-ondes). Enlever les pinces ou rubans comportant du métal. Pour le prêt à cuire, suivre les instructions sur l'emballage.

■ Placer les aliments de préférence sur une grille posée dans un plat (les deux allant au micro-ondes). Il doit assez haut pour contenir les aliments et le jus produit lors de la décongélation.

■ Décongeler tous les aliments sans retirer la protection qui les couvre, sauf indication contraire sur l'emballage.

■ Retourner une ou deux fois les grandes pièces, comme les quartiers de viande, pour qu'elles soient bien décongelées de toutes parts.

■ Une fois la décongélation terminée, cuire au micro-ondes autant que nécessaire.

LÉGUMES

Le four à micro-ondes est idéal pour cuire les légumes. Il suffit de les placer dans un plat spécifique avec de l'eau et un assaisonnement. Couvrir et cuire à température élevée pendant la durée indiquée. Ainsi, les légumes garderont leur couleur, leur croquant et leurs vitamines.

DÉCONGÉLATION DES VIANDES ET DES VOLAILLES
Puissance moyenne à faible (30 %)

ALIMENT	POUR 500 G	TEMPS DE REPOS
Rosbif	8 à 10 minutes	10 à 15 minutes
Steaks	4 à 6 minutes	5 à 10 minutes
Bifteck haché	5 à 8 minutes	5 à 10 minutes
Rôti de porc	8 à 12 minutes	5 à 10 minutes
Côtes de porc	5 à 8 minutes	5 à 10 minutes
Travers de porc	6 à 8 minutes	5 à 10 minutes
Porc haché	6 à 8 minutes	5 à 10 minutes
Agneau rôti	8 à 10 minutes	10 à 15 minutes
Épaule d'agneau	7 à 10 minutes	10 à 15 minutes
Côtes d'agneau	5 à 8 minutes	5 à 10 minutes
Dinde entière	6 à 10 minutes	20 à 30 minutes
Morceaux de dinde	7 à 10 minutes	10 à 15 minutes
Poulet entier	5 à 8 minutes	10 à 15 minutes
Morceaux de poulet	5 à 7 minutes	10 à 15 minutes
Canard	8 à 10 minutes	10 à 15 minutes

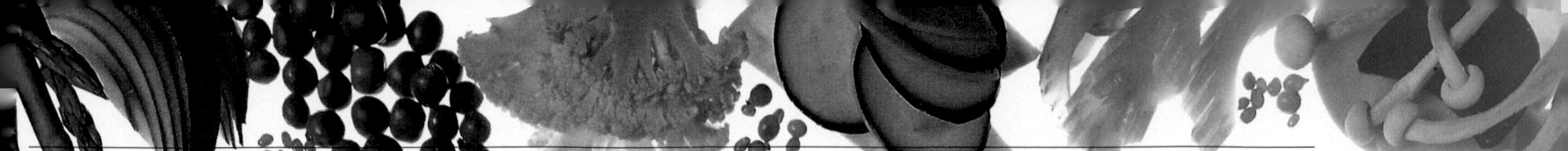

Légumes	Quantité	Préparation	Temps de cuisson (en minutes)
Artichauts	250 g	1/4 de tasse d'eau	8 à 9
Asperges fraîches	250 g	2 cuil. à soupe d'eau	2 à 4
Asperges surgelées	250 g	2 cuil. à soupe d'eau	2 à 3
Haricots frais	250 g	1 à 2 cuil. à soupe d'eau	3 à 4
Haricots surgelés	250 g	1 cuil. à soupe d'eau	5 à 7
Brocolis frais	250 g	2 cuil. à soupe d'eau	3 à 4
Brocolis surgelés	250 g	2 cuil. à soupe d'eau	5 à 7
Choux de Bruxelles frais	250 g	2 cuil. à soupe d'eau	3 à 4
Choux de Bruxelles surgelés	250 g	2 cuil. à soupe d'eau	5 à 7
Chou émincé	1/2 petit chou	eau restant après rinçage, beurre	6 à 8
Carottes fraîches	250 g	2 cuil. à soupe d'eau	3 à 4
Carottes surgelées	250 g	2 cuil. à soupe d'eau	6 à 8
Chou-fleur frais	1/2	couper le trognon, 2 cuil. à soupe d'eau	7 à 8
Chou-fleur surgelé	250 g	2 cuil. à soupe d'eau	5 à 7
Épis de maïs frais	2	ôter les feuilles, enduire de beurre et envelopper de film plastique	6 à 8
Épis de maïs surgelés	250 g	enduire de beurre	8 à 10
Aubergines émincées	250 g	badigeonner d'huile	3 à 4
Poireaux entiers	250 g	2 cuil. à soupe d'eau	5 à 7
Champignons frais	250 g	entiers ou en tranches; parsemer de beurre	3 à 5
Oignons émincés	250 g	1 cuil. à soupe de beurre	3 à 4
Panais émincé	250 g	2 cuil. à soupe d'eau	5 à 6
Pois frais	250 g	2 cuil. à soupe d'eau	3 à 5
Pois surgelés	250 g	1 cuil. à soupe d'eau	2 à 4
Pommes de terre bouillies	250 g	couper en quarts, 2 cuil. à soupe d'eau (les mettre dans un sac plastique)	6 à 8
Pommes de terre en robe des champs	250 g	percer la peau, enduire d'huile, retourner après 3 minutes	4 à 6
Potiron	250 g	couper en morceaux, 2 cuil. à soupe d'eau	4 à 6
Épinards frais	250 g	eau de rinçage, 1 cuil. à soupe de beurre muscade et poivre	4 à 5
Épinards surgelés	250 g		5 à 7
Tomates (moitiés)	250 g	parsemer de beurre et poivre	3 à 4
Courgettes émincées	250 g	1 cuil. à soupe de beurre, poivre	3 à 4

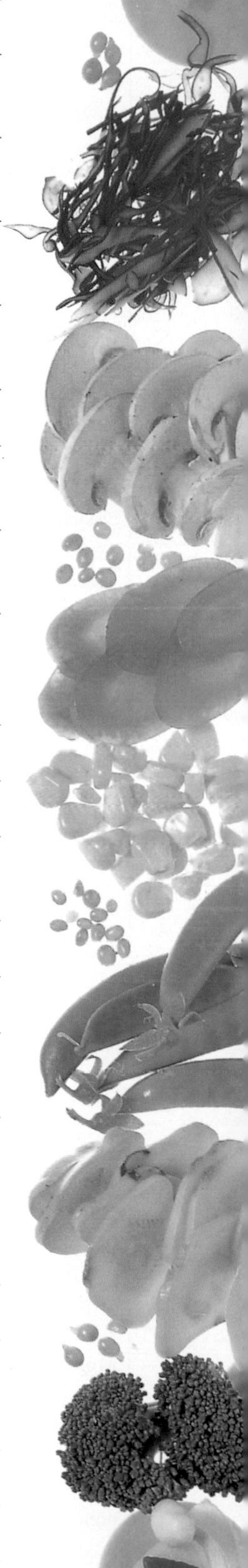

de la Mer Rouge ; elle doit son nom au port marin yéménite d'où elle est exportée. Le terme "moka" désigne des aliments parfumés de café, ou d'un mélange de café et de chocolat.

Mortadelle Saucisse légèrement fumée, épaisse, préparée avec du porc ou avec des mélanges de porc et de bœuf, ou de veau et de jambon, aromatisée avec du persil, et parsemée d'olives vertes et de pistaches.

Morue Poisson à chair moelleuse, ferme, blanc-crème, qui s'émiette après cuisson. Poisson des eaux froides, la morue est particulièrement connue dans l'Atlantique Nord. Les hommes préhistoriques mangeaient de la morue ; les Vikings la faisaient sécher et la salaient, et elle faisait ainsi partie de leurs provisions lors de leurs voyages en mer. La morue fut le premier poisson à être péché et salé pour usage commercial.

Moule Mollusque à coquille lisse en forme d'amande. Comme les huîtres, les moules sont souvent victimes des pollutions marines ; elles ne doivent pas être ramassées dans des zones où l'on suspecte une pollution.

MIEL

POULET RÔTI AU MIEL ET À LA MENTHE

✳ **Préparation** : 15 minutes
Cuisson : 1 heure 10
Pour 4 à 6 personnes

1,6 kg de poulet	¼ de tasse de miel
2 gousses d'ail écrasées	1 tasse ½ d'eau
2 cuil. à soupe de menthe fraîche ciselée	Gingembre en conserve, en accompagnement
60 g de beurre	Amandes mondées, en accompagnement
1 citron pressé	

1 Préchauffer le four à 180 °C. Parer la viande, la rincer et la sécher avec du papier absorbant.
2 Mélanger l'ail écrasé et la menthe. Glisser cette préparation entre peau et chair. Chauffer le beurre, le jus de citron et le miel dans une casserole en mélangeant bien.
3 Enduire le poulet avec cette sauce. Le brider et le placer sur une grille dans un plat allant au four. Verser l'eau dans le plat.
4 Enfourner 1 heure environ, jusqu'à ce que le poulet soit doré, en le badigeonnant avec la préparation au miel. Servir avec le gingembre et les amandes.

CI-DESSUS : POULET RÔTI AU MIEL ET À LA MENTHE. CI-CONTRE : BROCHETTES DE FRUITS DE MER AU MIEL. PAGE CI-CONTRE : GÂTEAU AU MIEL ET AUX DATTES.

BROCHETTES DE FRUITS DE MER AU MIEL

✳ **Préparation** : 15 minutes + 3 heures de marinade
Cuisson : 5 minutes
Pour 8 brochettes

500 g de crevettes moyennes, crues	2 cuil. à soupe de sauce de soja
250 g de coquilles Saint-Jacques fraîches avec leur corail	¼ de tasse de sauce barbecue en bouteille
¼ de tasse de miel	2 cuil. à soupe de xérès doux

1 Laisser tremper 8 brochettes de bois dans l'eau. Retirer les têtes des crevettes. Les décortiquer et ôter leur veine, en gardant leur queue intacte. Nettoyer les coquilles Saint-Jacques et enlever leur membrane brune.
2 Enfiler alternativement 3 crevettes et 3 coquilles Saint-Jacques par brochette. Disposer dans un plat non métallique, peu profond. Mélanger le miel, la sauce de soja, la sauce barbecue et le xérès dans un récipient et verser sur les brochettes. Couvrir et réfrigérer plusieurs heures (une nuit si possible). Allumer le barbecue 1 heure avant la cuisson.
3 Ôter les brochettes du plat et les cuire sur la plaque du barbecue légèrement huilée pendant 5 minutes environ. Pendant la cuisson, les badigeonner fréquemment de marinade.

À PROPOS DU MIEL

■ Les miels ont des couleurs et des consistances différentes : plus ou moins clairs et translucides, ou opaques et épais. Chacun a une saveur particulière, selon la fleur que l'abeille a butinée. Généralement, plus le miel est pâle, plus il est doux.

■ À la cuisson, les sucres contenus dans le miel vont caraméliser et il va perdre de sa saveur.

GÂTEAU AU MIEL ET AUX DATTES

🌿 **Préparation** : 10 minutes + 10 minutes de repos
Cuisson : 35 minutes

340 g de préparation en sachet pour cake
½ tasse de dattes fraîches coupées en petits morceaux
1 cuil. à café de mixed spice (mélange de muscade, cannelle, clous de girofle, gingembre)

1 œuf
½ tasse de lait ribot (lait fermenté)
¼ de tasse de miel
20 g de beurre
1 cuil. à soupe d'eau
Sucre glace pour la décoration (facultatif)

1 Préchauffer le four à 180 °C. Graisser un moule rond, de 20 cm, peu profond. Recouvrir le fond et les côtés de papier parcheminé.
2 Mettre la préparation pour génoise, les dattes, les épices, l'œuf et le lait ribot dans une petite jatte. Avec un batteur électrique, mélanger lentement pendant 1 minute, puis plus rapidement les 2 minutes suivantes pour obtenir un mélange homogène.
3 Verser dans le moule et cuire au four 35 minutes. Vérifier la cuisson avec la pointe d'un couteau : elle doit en ressortir sèche. Attendre 10 minutes puis retourner le gâteau sur une grille à pâtisserie.
4 Dans une petite casserole, mélanger à feu doux le miel, le beurre et l'eau pendant 1 minute environ, jusqu'à ce que le beurre soit à peine fondu. Enduire le gâteau tiède de ce mélange. Décorer de sucre glace, et servir tiède avec de la crème anglaise ou de la glace.

BISCUITS AU MIEL ET AU BEURRE DE CACAHUÈTES

🌿 **Préparation** : 15 minutes
Cuisson : 10 minutes
Pour 30 biscuits environ

1 tasse de farine
½ tasse de farine avec levure incorporée
1 tasse de flocons d'avoine
125 g de beurre
½ tasse de sucre en poudre
2 cuil. à soupe de beurre de cacahuètes

⅓ de tasse de miel
1 tasse de cacahuètes grillées, non salées, pilées

Garniture
¾ de tasse de sucre glace
25 g de beurre
1 cuil. à soupe d'eau tiède

1 Préchauffer le four à 180 °C. Graisser 2 plaques de four avec de l'huile ou du beurre fondu. Tamiser les farines dans un grande jatte et incorporer les flocons d'avoine.
2 Dans une casserole, faire fondre à feu moyen le beurre, le sucre, le beurre de cacahuètes et le miel. Incorporer les farines mélangées avec une cuillère en métal. Former une trentaine de boules avec cette préparation (compter une cuillerée à café par boule). Disposer sur les plaques en espaçant suffisamment les boules car elles s'étalent en cuisant. Les aplatir légèrement. Cuire une dizaine de minutes, jusqu'à ce que les biscuits soient dorés.
Laisser refroidir sur les plaques.
3 Garniture : dans un bol, bien mélanger le sucre glace, le beurre et l'eau. Tremper le dessus de chaque biscuit dans cette préparation, puis dans les cacahuètes pilées.

Moussaka Plat cuit au four composé d'aubergines, de viande de bœuf ou d'agneau hachée, garni d'une sauce au fromage. La moussaka est connue dans tout le Moyen-Orient et, malgré son nom arabe, elle est probablement originaire de Grèce.

Mousseline Plat salé ressemblant à de la mousse, cuit au four dans des ramequins ; on peut incorporer de la viande, des fruits de mer ou de la volaille, à un mélange composé de crème et de blancs d'œufs battus.

Moutarde Épice au goût relevé provenant des graines de trois membres de la famille des choux, et généralement employée comme condiment. La moutarde blanche, de saveur douce, est utilisée pour la confection des moutardes américaines ; les graines des moutardes bruns et noirs sont plus relevées. Les graines de moutarde noire sont utilisées dans la cuisine indienne, dans les pickles et dans les chutneys. Les graines de moutarde noire et brune sont réduites en poudre de moutarde

■

MUFFINS

Les muffins – petits pains anglo-saxons – sont aussi vite mangés que préparés. Ils peuvent être sucrés ou salés, à base de son, ou diététiques. On les savoure à tous les moments de la journée : au petit déjeuner, à midi, ou le soir avec un dîner léger.

CI-DESSOUS, EN PARTANT DU HAUT : MUFFIN AU SON, AU POTIRON ET AUX PRUNEAUX, AU CHOCOLAT, AUX BAIES.

Les muffins sont très faciles à confectionner : il suffit de mélanger séparément ingrédients liquides et secs (voir recettes ci-contre), et d'incorporer ceux-ci l'un à l'autre en remuant rapidement avec une fourchette. On obtient une préparation plutôt granuleuse mais légère (ne pas trop mélanger : la pâte deviendrait dure). Utiliser des moules à muffins de style américain, à bords droits, profonds et anti-adhésifs. Huiler le fond mais pas les côtés pour permettre à la pâte de lever lors de la cuisson ; ainsi, les muffins seront bien gonflés.

Les muffins sont meilleurs quand ils viennent d'être préparés, servis tièdes avec du beurre. Ils peuvent se garder 2 jours dans un récipient hermétiquement fermé et réchauffés au four, à température douce. Ils se conservent 3 mois au congélateur, et enveloppés dans de l'aluminium, se réchauffent alors au four, à température moyenne, pendant 10 à 12 minutes.

MUFFINS CLASSIQUES

Préchauffer le four à 200 °C. Huiler le fond de 12 moules à muffins. Dans une jatte, mélanger 1 tasse 3/4 de farine avec levure incorporée, tamisée, 2 cuil. à soupe de sucre en poudre et 1 cuil. à café de levure chimique. Dans une autre jatte, bien battre 75 g de beurre fondu, 1 œuf et 3/4 de tasse de lait. Verser en une fois sur les ingrédients secs. Mélanger avec une fourchette, doucement, et pas trop longtemps pour obtenir une pâte grumeleuse. Remplir les moules aux deux-tiers. Enfourner 20 à 25 minutes, jusqu'à ce que les muffins soient bien dorés. Démouler avec une spatule et disposer sur une grille à pâtisserie. Servir tiède.

VARIANTES

■ **BAIES :** ajouter aux ingrédients secs 1 tasse de myrtilles fraîches ou de fraises en morceaux.

■ **FARINE COMPLÈTE :** utiliser 3/4 de tasse de farine complète et seulement 1 tasse de farine avec levure incorporée. Enrichir la préparation sèche d'1 cuil. à café de mixed spice (mélange de muscade, cannelle, clou de girofle et gingembre) et d'1/2 tasse de raisins de Smyrne.

■ **POMME ÉPICÉE :** mélanger aux ingrédients secs 1 cuil. à café de cannelle, 1/4 de cuil. à café de muscade, 1 tasse de morceaux de pomme pelée, 1/3 de tasse de sucre.

■ **FROMAGE ET BACON :** frire 3 tranches de bacon jusqu'à ce qu'elles soient croustillantes, et les égoutter. Ajouter aux éléments secs avec 1 tasse de fromage râpé (cheddar ou mimolette) et seulement 1 cuil. à café de sucre.

■ **ORANGE ET GRAINES DE PAVOT :** incorporer aux ingrédients secs 3 cuil. à café de zeste d'orange râpé et 1 ou 2 cuil. à soupe de graines de pavot.

■ **BANANE :** enrichir les ingrédients secs d'1 grosse banane écrasée, et d'1/2 cuil. à café de mixed spice (mélange de muscade, cannelle, clou de girofle et gingembre).

MUFFINS AU SON

Sur 1 tasse de son naturel, verser 1 tasse d'eau bouillante et laisser reposer 1 heure. Préchauffer le four à 200 °C. Huiler le fond de 12 moules à muffins. Incor-

porer à la prépa-
ration à base de son :
1 œuf battu, ⅓ de tasse de
sucre roux et 2 cuil. à soupe
d'huile. Dans une autre jatte, bien
mélanger 1 tasse de farine tamisée, ⅓
de tasse de lait en poudre, 1 cuil. ½ à café de
levure chimique et 1 cuil. ½ à café de bicarbonate de soude. Y ajouter en une fois la préparation à
base de son et mélanger brièvement avec une fourchette. Remplir les moules aux deux-tiers. Cuire au
four 15 à 20 minutes, jusqu'à ce que les muffins soient
dorés.

VARIANTES

■ **CAROTTE ET ANANAS :** au moment d'incorporer
l'œuf, ajouter ½ tasse de carotte râpée, ½ cuil. à café
de gingembre en poudre et ½ tasse d'ananas en boîte,
non sucré, bien égoutté et écrasé.

■ **POTIRON ET PRUNEAUX :** en même temps que
l'œuf, ajouter 1 tasse de potiron cuit et écrasé, ¾ de
tasse de pruneaux en morceaux, et ½ tasse au lieu de
⅓ de tasse de sucre.

MUFFINS AU CHOCOLAT

Préchauffer le four à 180 °C. Huiler le fond de
15 moules à muffins. Dans un saladier, mélanger 2 tasses
de farine avec levure incorporée, ½ tasse de sucre en
poudre, 125 g de chocolat au lait râpé, 2 œufs, 2 cuil.
à café d'essence de vanille, 75 g de beurre fondu et
1 tasse de crème fraîche. Avec un batteur électrique,

mixer à vitesse lente pendant 1 minute.
Augmenter la vitesse et battre encore 1 minute. Verser
la moitié de la pâte dans les moules.
Placer au centre 1 carré de chocolat noir de qualité, et
couvrir avec le reste de la pâte. Enfoncer quelques pépites de chocolat sur le dessus. Enfourner 15 minutes
environ, jusqu'à ce que les muffins soient gonflés et
bien dorés.
Servir tiède, quand le carré de chocolat est encore fondant, ou froid, à votre goût. Dans les deux cas, les muffins doivent être consommés le jour même sinon ils
perdent de leur saveur.

CI-DESSUS, DE GAUCHE À DROITE, RANGÉE DU BAS :
MUFFIN À LA POMME ÉPICÉE, AUX BAIES, À L'ORANGE
ET AUX GRAINES DE PAVOT.
DEUXIÈME RANGÉE : MUFFIN AUX BAIES, AU
CHOCOLAT, AUX BAIES. TROISIÈME RANGÉE : MUFFIN
AUX BAIES, MUFFIN AU SON.

MUFFINS

MUFFINS À L'ANGLAISE

★★ **Préparation :** 20 minutes + 1 heure 40 de repos
Cuisson : 16 minutes
Pour 15 muffins

7 g de levure chimique	½ tasse d'eau tiède
½ cuil. à café de sucre en poudre	1 cuil. à café de sel
	1 tasse ⅓ de lait tiède
1 cuil. à café de farine + 4 tasses supplémentaires	1 œuf légèrement battu
	40 g de beurre fondu

1 Fariner légèrement 2 plaques de four. Dans un petit récipient, mélanger la levure, le sucre, l'eau et 1 cuil. à café de farine jusqu'à obtention d'une pâte homogène. Couvrir d'un film plastique et laisser reposer une dizaine minutes dans un endroit tiède, jusqu'à ce que la préparation soit mousseuse.

2 Verser le reste de la farine, tamisée, et le sel dans un grand saladier. Former un puits au centre et ajouter la préparation levée. Mélanger avec un couteau pour obtenir une pâte souple. Sur une surface légèrement farinée, la pétrir 2 minutes environ, jusqu'à ce qu'elle soit lisse. Former une boule et la placer dans un grande jatte légèrement huilée.

Couvrir d'un film plastique et laisser reposer dans un endroit tiède 1 heure 30, ou jusqu'à ce que la pâte ait bien levé.

3 Préchauffer le four à 210 °C. Travailler la pâte encore 2 minutes et l'étaler pour qu'elle fasse 1 cm d'épaisseur. Avec un emporte-pièce de 8 cm environ, découper des cercles et les disposer sur les plaques de four. Couvrir d'un film plastique et laisser reposer 10 minutes dans un endroit tiède. Découvrir et cuire les muffins au four, 8 minutes de chaque côté.

Remarque : les muffins sont faciles et rapides à préparer. On les apprécie particulièrement au petit déjeuner ou au déjeuner.

Ils sont meilleurs consommés le jour même, tièdes, et servis avec du beurre. On peut également les congeler pendant 3 mois.

(fabrication de la moutarde anglaise), ou transformées en moutarde de type français. La moutarde est préparée par macération de graines de moutarde dans du jus de raisin, vin, vinaigre ou eau, puis pilée pour obtenir une pâte.

Mozzarella Fromage non affiné, de texture élastique, au goût laiteux, doux, légèrement sucré. Il était à l'origine fabriqué avec du lait de buffle, mais on le prépare maintenant avec du lait de vache. La mozzarella est principalement employée pour les pizzas et les pâtes, ou fondue pour garnir certains plats.

Muesli Mélange de céréales crues (son, germes de blé, noix et

fruits secs), que l'on mange avec du lait ou du yaourt.

Muffin Terme anglais désignant un pain léger et lisse cuit au four dans de petits moules ronds et profonds. Les muffins de base sont préparés avec une pâte composée d'œufs, de lait, de farine et de sucre. On peut y ajouter des arômes sucrés ou salés.

1

2

3

MOUTARDE

POULET À LA MOUTARDE

✿ **Préparation :** 10 minutes
Cuisson : 20 minutes
Pour 6 personnes

6 blancs de poulet   ³/₄ de tasse de mayonnaise
¹/₄ de tasse de moutarde de
   Dijon

1 Préchauffer le four à 180 °C. Recouvrir la plaque du four de papier-aluminium, et badigeonner de beurre fondu ou d'huile. Placer les blancs de poulet côte à côte.
2 Dans un bol, mélanger la moutarde et la mayonnaise.
3 Enduire chaque blanc de poulet de cette préparation.
4 Recouvrir d'une feuille de papier-aluminium et replier ensemble les bords des deux feuilles pour bien envelopper le poulet. Enfourner 20 minutes, ou jusqu'à ce que la chair soit tendre.
5 Arroser le poulet de jus, et servir avec une salade verte.

MOUTARDE AUX HERBES

Pour 500 ml environ.
Bien mixer au robot ¹/₄ de tasse de graines de moutarde blanches et 1 tasse d'amandes blanchies.
Dans une jatte de taille moyenne, mélanger 1 tasse d'huile, 1 tasse de vinaigre blanc, ¹/₄ de tasse de xérès avec 1 cuil. à soupe de ciboulette fraîche hachée, 1 cuil. à soupe de persil frais haché, et 1 cuil. à soupe d'aneth frais haché. Verser cette préparation lentement dans le robot, sans cesser de mixer, jusqu'à obtention d'une crème épaisse.
Verser dans des bocaux stérilisés. Fermer hermétiquement, étiqueter et garder au frais au maximum 4 semaines.

MOUTARDE FORTE

Pour 750 ml environ.
Dans une jatte de taille moyenne, résistant à la chaleur, mélanger ¹/₂ tasse de graines de moutarde brunes, ¹/₂ tasse de graines de moutarde jaunes, 1 cuil. à café de poivre noir grossièrement concassé, 1 tasse d'huile, 1 tasse de vinaigre blanc, 1 tasse de vin blanc, 2 cuil. à café d'herbes fraîches à votre choix.
Une fois ces ingrédients bien mélangés, cuire au bain-marie. Incorporer progressivement 2 jaunes d'œufs battus et continuer de mélanger jusqu'à obtention d'une crème épaisse. Retirer de la casserole.
Verser la préparation, une fois refroidie, dans des bocaux stérilisés. Fermer hermétiquement et garder au frais au maximum 2 semaines.

SAUCE MOUTARDE

Dans un bol, mélanger 1 cuil. à café des ingrédients suivants : moutarde de Dijon, sauce d'anchois, sauce Worcestershire, vinaigre de vin blanc, sucre en poudre. Incorporer 1 tasse de crème fouettée.
Servir avec du poulet froid.

PAGE CI-CONTRE : MUFFINS À L'ANGLAISE ;
CI-DESSUS : POULET À LA MOUTARDE.

Mulligatawny Plat de riz bouilli et épicé ressemblant à de la soupe,

recouvert d'un bouillon de viande ou de poule, aromatisé au curry poivré. Ce plat date de l'époque de l'Empire Britannique aux Indes.

Münster Fromage de lait de vache à pâte molle et à croûte lavée dont la texture peut être douce et tendre, ou sèche et croquante.

Mûre Baie juteuse de couleur noire provenant d'un arbuste piquant. Fraîchement cueillie, on peut la manger avec un nuage de sucre et un peu de crème, mais on peut aussi la cuire pour fabriquer des confitures, des gelées, des conserves, et des garnitures de tartes.

Myrtille Petite baie sombre, d'un bleu-violet, provenant d'un arbuste à feuilles résistantes apparenté à la bruyère, originaire d'Amérique du Nord. On peut la manger crue, en garnir des tartes, ou en préparer une confiture.

N

Naan Pain indien plat traditionnellement cuit sur les parois du tandoor, four en terre battue, en forme d'urne.

Nam Pla Voir Nuoc-Mâm.

Nashi Poire dorée-verte, de la taille et de la forme d'une pomme. Sa chair translucide est croustillante, juteuse et sucrée. Ce fruit peut être mangé seul ou avec du fromage. On l'appelle également poire orientale, poire japonaise, poire d'eau.
La saison du nashi est l'automne et le début de l'hiver.

Nasi Goreng Plat indonésien composé de riz frit garni avec des piments, de la viande émincée, des oignons frits et des tranches d'omelette.

NOISETTES

BISCUITS AUX NOISETTES ET AU CAFÉ

★★ **Préparation :** 15 minutes + 30 minutes au congélateur
Cuisson : 15 minutes
Pour 25 biscuits

1 tasse ¼ de farine
100 g de beurre doux, en petits morceaux
⅓ de tasse de sucre en poudre
3 cuil. à café de café instantané
2 cuil. à café d'eau bouillante
1 jaune d'œuf
⅓ de tasse de noisettes en poudre

⅔ de tasse de noisettes pilées
13 noisettes entières, coupées en deux

Glaçage au café
½ tasse de sucre glace
½ cuil. à café de café instantané
10 g de beurre
2 cuil. à café de lait

1 Préchauffer le four à 180 °C. Badigeonner d'huile ou de beurre fondu 2 plaques à biscuits. Couvrir de papier sulfurisé et le graisser. Tamiser la farine dans une grande jatte ; ajouter le beurre et le sucre. Du bout des doigts, travailler le beurre et la farine pendant 2 minutes environ, pour obtenir un mélange fin et friable. Former un puits au centre.

2 Dans un bol, diluer le café avec l'eau bouillante. Laisser refroidir puis ajouter à la pâte, avec l'œuf et les noi-settes en poudre. Travailler la pâte du bout des doigts pour qu'elle soit souple.

3 Sur un plan de travail légèrement fariné, pétrir la pâte 1 minute environ, jusqu'à ce qu'elle soit lisse. Former une bûche de 30 cm de long et 4 cm de large. La rouler dans les noisettes pilées.
Couvrir, laisser 30 minutes au congélateur puis découper en 25 tranches. Les disposer sur les plaques en les espaçant de 3 cm. Cuire 15 minutes environ, jusqu'à ce que les biscuits soient dorés. Laisser refroidir sur les plaques.

4 Glaçage au café : tamiser le sucre glace dans une jatte résistant à la chaleur. Incorporer le café, le beurre et le lait. Chauffer au bain-marie en remuant pour obtenir une sauce lisse. En garnir le centre de chaque biscuit ; décorer d'une moitié de noisette.

À PROPOS DES NOISETTES

■ La poudre de noisettes remplace souvent la farine dans la préparation des biscuits et des gâteaux. Toutefois, la douceur de la noisette convient aussi aux plats salés. Concassées, elles parfument le beurre fondu que l'on étale sur les truites et les homards, les salades vertes, les soupes de champignons ou de légumes.
■ L'huile de noisette est rare et chère, mais délicieuse dans les salades.

CI-DESSUS : BISCUITS AUX NOISETTES ET AU CAFÉ. PAGE CI-CONTRE, EN HAUT : GÂTEAU ROULÉ À LA NOISETTE ET AU CHOCOLAT ; EN BAS : SABLÉS AUX NOISETTES.

GÂTEAU ROULÉ À LA NOISETTE
ET AU CHOCOLAT

☆ **Préparation :** 35 minutes
Cuisson : 12 minutes
Pour un gâteau roulé

½ tasse de farine avec levure incorporée	1 cuil. à café de café noir, fort, + 1 cuil à soupe supplémentaire
3 œufs	
⅓ de tasse de sucre en poudre	1 tasse ¼ de crème liquide
100 g de chocolat coupé en petits morceaux	⅓ de tasse de sucre glace
½ tasse de noisettes en poudre	2 cuil. à soupe de cacao en poudre

1 Préchauffer le four à 210 °C. Huiler un moule à cake de 35 x 20 x 2 cm environ. Couvrir le fond et deux côtés d'un papier sulfurisé, graissé. Tamiser la farine 3 fois au-dessus d'une feuille de papier sulfurisé. Dans une petite jatte, battre les œufs 5 minutes environ (utiliser de préférence un batteur électrique), jusqu'à ce qu'ils blanchissent. Incorporer le sucre petit à petit, sans cesser de battre, jusqu'à ce que la préparation soit jaune et brillante. Transférer dans une grande jatte.
2 Avec une cuillère en métal, incorporer rapidement et délicatement le chocolat, la poudre de noisette, 1 cuil. de café et la farine. Verser dans le moule et lisser la surface. Enfourner 12 minutes environ, jusqu'à ce que le gâteau soit doré. Dans un bol, battre la crème liquide et 1 cuil. à soupe de café jusqu'à ce que la préparation soit bien ferme. Réfrigérer.
3 Sur un torchon, placer une feuille de papier sulfurisé, et le saupoudrer de sucre glace et de cacao. Démouler le gâteau en le retournant sur le papier, et le laisser reposer 1 minute. À l'aide du torchon, enrouler le gâteau avec le papier. Le laisser refroidir 5 minutes environ, puis le dérouler et ôter le papier. Étaler la crème au café sur le gâteau, le rouler à nouveau puis couper les extrémités avec un couteau aiguisé avant de servir.

NOISETTES AUX ÉPICES

☆ **Préparation :** 6 minutes
Cuisson : 30 minutes
Pour 4 à 5 tasses

1 blanc d'œuf	¼ de cuil. à café de muscade en poudre
¼ de tasse de sucre en poudre	¼ de cuil. à café de clous de girofle
3 cuil. à café de cannelle en poudre	250 g de noisettes grillées

1 Préchauffer le four à 160 °C. Battre le blanc d'œuf en neige. Incorporer les autres ingrédients. Ajouter les noisettes et bien mélanger. Enfourner 30 minutes. Laisser refroidir et détailler en petits morceaux.

SABLÉS AUX NOISETTES

☆ **Préparation :** 30 minutes
Cuisson : 15 minutes
Pour 30 sablés environ

250 g de beurre	½ cuil. à café de levure chimique
½ tasse de sucre	
1 œuf + 1 jaune d'œuf	¼ de cuil. à café de bicarbonate de soude
1 cuil. à café d'essence de vanille	½ tasse de noisettes broyées
1 tasse ½ de farine	Environ 30 noisettes entières

1 Préchauffer le four à 180 °C. Fouetter le beurre et le sucre, puis incorporer tous les autres ingrédients sauf les noisettes entières.
2 Former des boules avec 1 cuil. à soupe rase de préparation à chaque fois. Disposer les boules sur des plaques de four beurrées, en les espaçant (elles s'étalent lors de la cuisson). Les aplatir un peu et les garnir d'une noisette.
3 Enfourner 15 minutes environ, jusqu'à ce que les sablés soient dorés. Laisser refroidir 2 à 3 minutes sur les plaques, puis transférer sur une grille à pâtisserie.

Navarin Ragoût de viande d'agneau ou de mouton, avec des légumes, généralement des petits oignons

et des pommes de terre. On peut également préparer du navarin de poisson.

Navet Légume-racine en forme de globe, à chair blanche. On l'emploie dans les soupes et dans les ragoûts. En Italie, on mange des tranches de navet caramélisées en dessert.
Le navet est riche en fibres, en minéraux, et très peu calorique.

Nectarine Variété de pêche à peau rouge et brillante, à chair juteuse et parfumée entourant un grand noyau.
On peut la manger fraîche, ajoutée à des salades de fruits, en compote ou cuite au four. La saison de la nectarine est à la fin de l'été.

Nèfle Fruit de la taille d'une prune, à peau jaune-marron, à chair gris-jaune, ferme, poussant sur un arbre originaire d'Asie centrale. La nèfle n'est comestible que bien mûre, et sa saveur est semblable à celle du vin. On peut également préparer des confitures de nèfle.

Nèfle du Japon Fruit en forme de poire provenant d'un arbuste à feuilles résistantes originaire d'Asie. La nèfle du Japon est maintenant cultivée dans de nombreux pays méditerranéens. Elle est de la taille d'une petite prune, à peau jaune-orange brillante, à chair jaune, juteuse, sucrée et craquante. Sa chair peut se déguster nature et donc bien mûre, ajoutée à des salades de fruits ou à d'autres desserts (en Asie, on l'utilise beaucoup pour la gelée d'agar agar - l'acide cyanhydrique contenu dans ses noyaux permet une prise rapide de la gelée), ou encore sous forme de gelées et de confitures.

Neufchâtel Fromage frais, doux, fabriqué avec du lait de vache, entier ou demi-écrémé. Il est semblable en goût et en apparence au *cream cheese* (fromage frais crémeux) mais sa texture est plus douce,

NOIX

BISCUITS AUX NOIX

✻ ✻ **Préparation :** 10 minutes
Cuisson : 15 à 20 minutes
Pour 28 biscuits

200 g de beurre, ramolli
¹/₂ tasse de sucre en poudre
2 cuil. à soupe d'eau de fleurs d'oranger
2 tasses de farine, tamisée

Garniture aux noix
¹/₂ tasse de noix, concassées
¹/₄ de tasse de sucre en poudre
1 cuil. à café de cannelle en poudre

1 Préchauffer le four à 160 °C. Badigeonner d'huile ou de beurre fondu une plaque de four de 32 x 28 cm environ. La couvrir de papier sulfurisé, graissé. Battre le beurre et le sucre dans une petite jatte jusqu'à ce que la préparation soit légère et crémeuse.
2 Verser le tout dans une grande jatte. Incorporer l'eau de fleurs d'oranger et la farine tamisée, en mélangeant bien avec une cuillère en métal. Travailler la pâte du bout des doigts jusqu'à ce qu'elle soit ferme.
3 Garniture aux noix : mélanger les noix, le sucre et la cannelle dans une jatte de taille moyenne.
4 Pour former les biscuits, prélever une bonne cuillerée à soupe de pâte ; la rouler en boule. En appuyant avec le pouce, former au centre un creux et le remplir de garniture. Recommencer l'opération tant qu'il reste de la pâte. Disposer sur la plaque du four. Aplatir légèrement les boules en veillant à ce que la pâte ne déborde pas sur la garniture. Enfourner 15 à 20 minutes, jusqu'à ce que les biscuits soient dorés. Retirer du four, et laisser refroidir sur une grille à pâtisserie.

SALADE AUX HERBES ET AUX NOIX

✻ **Préparation :** 15 minutes
Cuisson : aucune
Pour 4 à 6 personnes

1 laitue pommée (ou le cœur d'une laitue)
1 lollo verte
¹/₂ botte de cresson
1 botte d'origan frais
1 botte de basilic frais
¹/₂ botte de menthe fraîche
¹/₂ botte de coriandre fraîche
1 tasse de moitiés de cerneaux de noix

Assaisonnement
¹/₄ de tasse de vinaigre à l'estragon
2 cuil. à soupe d'huile de noix
¹/₂ cuil. à café de poivre fraîchement moulu

1 Laver les salades et le cresson ; bien les sécher. Ciseler les herbes.
2 Réunir la salade, le cresson et les herbes dans un grand saladier. Ajouter les noix et mélanger.
3 Assaisonnement : bien mélanger le vinaigre, l'huile et le poivre dans un bol. En napper la salade.

CI-DESSUS : BISCUITS AUX NOIX. PAGE CI-CONTRE, EN HAUT : NOIX SUCRÉES AUX ÉPICES ; EN BAS : SALADE AUX HERBES ET AUX NOIX.

CAKE AUX NOIX, AUX CERISES ET AUX DATTES

✳ **Préparation** : 20 minutes + 15 minutes de repos
Cuisson : 50 minutes
Pour un cake

½ tasse de noix pilées
¼ de tasse de cerises confites en morceaux
75 g de dattes fraîches, finement détaillées
2 cuil. à soupe de raisins de Corinthe
⅓ de tasse d'eau
⅓ de tasse de cassonade
45 g de beurre
½ cuil. à café de bicarbonate de soude
½ cuil. à café de muscade en poudre
1 œuf, légèrement battu
¾ de tasse de farine avec levure incorporée, tamisée

1 Préchauffer le four à 180 °C. Chemiser et graisser un moule à cake. Réunir les dattes, les raisins, l'eau, le sucre et le beurre dans une petite casserole. Chauffer à feu doux, 5 minutes environ. Laisser refroidir un peu avant d'incorporer le bicarbonate de soude. Mélanger. Réserver.
2 Incorporer les noix, les cerises, la muscade, l'œuf et la farine, puis mélanger à l'aide d'une cuillère en bois.
3 Verser le tout dans le moule, et le couvrir hermétiquement de papier aluminium, en le fixant si nécessaire sous les bords.
Enfourner 45 minutes. Attendre 15 minutes avant de démouler le cake sur une grille à pâtisserie. Laisser refroidir.

NOIX SUCRÉES AUX ÉPICES

✳ **Préparation** : 5 minutes
Cuisson : 10 minutes
Pour 8 personnes

2 tasses de moitiés de cerneaux de noix
60 g de beurre
1 cuil. à café de cannelle en poudre
1 cuil. à café de cardamome en poudre
¼ de tasse de sucre en poudre

1 Préchauffer le four à 200 °C. Faire fondre le beurre dans une casserole de taille moyenne. Hors du feu, incorporer la cannelle et la cardamome.
2 Ajouter les noix et remuer jusqu'à ce qu'elles soient bien enrobées. Les étaler en une seule couche sur une plaque de four. Enfourner 8 minutes environ, jusqu'à ce qu'elles soient légèrement dorées. Retirer du four.
3 Verser le sucre en poudre dans une jatte. Y ajouter les noix et remuer pour bien les enrober. Servir chaud ou froid, à votre goût, lors d'un repas léger par exemple.

À PROPOS DES NOIX

■ Les conserver dans un récipient hermétiquement fermé. Décortiquées, elles se gardent environ 6 mois au réfrigérateur, et près d'un an au congélateur.
■ 500 g de noix entières correspondent à 250 g. de noix décortiquées.
■ Les noix sont excellentes dans des gâteaux, biscuits, cookies, cakes, et salades.

plus moelleuse, et il contient moins de matière grasse. Le Neufchâtel peut être mangé frais avec des fruits, ou utilisé pour préparer des cheese-cakes, des mousses, des glaçages et des nappages de gâteaux.

Niçoise (à la) Terme désignant des plats dont la sauce est composée de tomates, d'ail, d'olives noires, d'anchois et d'huile d'olive.  Ce style de cuisine est originaire de la région de Nice.

Noisette Petite noix ronde à coquille dure, à saveur légèrement sucrée ; on peut manger la noisette fraîche (de juin à septembre), sèche (de septembre à mars), ou grillée et salée. L'aveline est une grosse noisette.

Noisette d'agneau Terme désignant une épaisse tranche de viande provenant d'un baron d'agneau (morceau composé des deux gigots et de la selle), enroulée dans une fine tranche de lard et ficelée, comme un tournedos.

Noix Noix enfermée dans une coquille ronde et dure, et composée de deux cerneaux striés à chair blanc-crème, légèrement parfumés, enveloppés d'une fine peau marron clair. On peut manger les noix en amuse-gueules, concassées et ajoutées à des farces et à des salades salées, ou les utiliser pour confectionner des gâteaux, des biscuits et des confiseries. On peut trouver les noix dans leur coquille, ou écalées (en paquets ou en conserves), et en pickles.

Noix du Brésil Noix à coquille dure, à chair crème, provenant d'un grand arbre originaire

d'Amérique tropicale. La majorité de la production mondiale provient des arbres poussant à l'état sauvage le long de l'Amazone. On peut manger les noix du Brésil nature, cuites dans les cakes aux fruits, ou recouvertes de chocolat, ou en toffee.

Noix de cajou Noix crémeuse en forme de haricot, provenant d'un grand arbre originaire d'Amérique du Sud. La noix à coque dure développe à

NOIX DE COCO

CURRY DE POISSON À LA NOIX DE COCO

✻ **Préparation :** 20 minutes
Cuisson : 20 minutes
Pour 4 à 6 personnes

650 g de beaux filets de poisson blanc
2 cuil. à café de jus de citron
1 cuil. à café de graines de cumin
½ cuil. à café de graines de fenouil
½ tasse de noix de coco déshydratée
2 piments rouges séchés, trempés 15 minutes dans l'eau chaude

2 gousses d'ail
1 morceau de gingembre de 2 cm, émincé
1 oignon de taille moyenne
¾ de cuil. à café de curcuma
2 cuil. à café de concentré de tamarin (ou 1 cuil. à soupe de jus de citron)
2 cuil. à soupe de beurre
1 tasse ½ d'eau
2 cuil. à soupe de coriandre ciselée

1 Détailler les filets en tranches. Arroser de jus de citron et réserver.
2 Dans une poêle, griller à sec le cumin, le fenouil et la noix de coco. Moudre le tout.
3 Moudre les piments, l'ail, le gingembre et l'oignon. Y incorporer les épices, le curcuma et le tamarin. Frire le mélange, puis ajouter l'eau et laisser mijoter.
4 Ajouter le poisson, 1 cuil. à soupe de coriandre, et laisser mijoter 6 minutes environ.
Garnir avec le reste de coriandre et servir.

MACARONS À LA NOIX DE COCO

✻ **Préparation :** 15 minutes
Cuisson : 15 à 20 minutes
Pour 60 macarons

3 blancs d'œufs
1 tasse ¼ de sucre en poudre
1 cuil. à café de zeste de citron râpé
2 cuil. à café de Maïzena, tamisée

3 tasses de noix de coco déshydratée
125 g de pépites de chocolat noir (semi-amer), fondues

1 Préchauffer le four à 160 °C. Recouvrir de papier sulfurisé 2 plaques à biscuits de 32 x 28 cm environ. Dans une petite jatte bien sèche, monter les blancs en neige avec un batteur électrique.
Incorporer le sucre progressivement, sans cesser de battre, jusqu'à obtention d'un mélange épais et brillant. Ajouter le zeste râpé et battre pour mélanger.
2 Verser le tout dans une grande jatte.
Incorporer la Maïzena et la noix de coco avec une cuillère en métal, sans trop tourner pour ne pas écraser les blancs.
3 Verser de bonnes cuillerées à café de cette préparation sur les plaques à biscuits, en les espaçant de 3 cm environ. Cuire en haut du four, 15 à 20 minutes, jusqu'à ce que les macarons soient dorés.
4 Laisser refroidir sur les plaques. Tremper les macarons à moitié dans le chocolat fondu. Laisser refroidir avant de servir.

À PROPOS DE LA NOIX DE COCO

■ Traditionnellement, pour préparer du lait de coco, il fallait gratter une noix de coco fraîche dans une jatte, ajouter de l'eau chaude et filtrer le tout. Aujourd'hui, il suffit d'utiliser de la noix de coco déshydratée (sans sucre ajouté) ou, plus simple encore, d'acheter du lait de coco en boîte.

■ La crème de coco est la couche épaisse qui se forme à la surface du lait, après que celui-ci a été réfrigéré. On peut en acheter compressée, sous forme de blocs.

l'intérieur un fruit charnu en forme de pomme (employé pour fabriquer de la liqueur), qui dépasse de l'arrière du fruit lorsqu'il est à maturité. La coquille contient des huiles caustiques qui peuvent être rendues inoffensives en chauffant la noix avant de l'extraire.

Les noix de cajou sont vendues écalées. On les mange grillées et salées, et on les emploie pour confectionner du beurre de noix de cajou. On ajoute les noix crues à des currys ou à d'autres plats asiatiques. Elles peuvent également entrer dans la composition de farces pour poulet, ou être employées comme ingrédient de salade. La noix de cajou possède une haute teneur en graisse (46 %).

Noix de coco Grande noix, fruit du cocotier, qui serait originaire de Mélanésie, et qui pousse sous les tropiques. Elle produit une chair blanche huileuse et un liquide rafraîchissant.

La chair de la jeune noix de coco est tendre et douce. Dans certains endroits du monde, elle est le premier aliment solide donné aux jeunes enfants.

NOIX DE PÉCAN

CANAPÉS AUX NOIX DE PÉCAN ET AU CAFÉ

✳ **Préparation :** 30 minutes
Cuisson : 40 minutes
Pour 15 canapés

1 tasse ¹/₂ de farine
¹/₂ tasse de sucre glace
150 g de beurre

¹/₃ de tasse de cassonade
75 g de beurre fondu
2 œufs légèrement battus
1 cuil. à café de café en poudre

Garniture
2 cuil. à soupe de crème
2 cuil. à soupe de mélasse raffinée
2 tasses de noix de pécan, coupées en deux

1 Préchauffer le four à 180 °C. Badigeonner d'huile ou de beurre fondu un moule rectangulaire, peu profond, d'environ 18 x 27 cm. Recouvrir le fond d'une feuille de papier sulfurisé que l'on laissera dépasser de deux côtés. Mixer dans un robot ménager la farine, le beurre et le sucre glace, 1 minute environ, jusqu'à obtention d'une pâte homogène. La pétrir sur un plan de travail, légèrement fariné, 30 secondes environ. La placer dans le moule et enfourner 15 minutes : la pâte doit être dorée. Retirer du four, laisser refroidir complètement sur une plaque à pâtisserie.
2 Garniture : réunir la crème liquide, la mélasse raffinée, le sucre, le beurre, les œufs et le café dans une jatte de taille moyenne. Mélanger avec une cuillère en bois jusqu'à obtention d'une texture lisse, puis incorporer les noix de pécan.

3 Verser la garniture sur la préparation précuite. Enfourner 25 minutes environ. Laisser refroidir complètement et démouler en soulevant le papier sulfurisé. Découper en carrés avec un couteau aiguisé et servir.

POULET AUX NOIX DE PÉCAN

✳ **Préparation :** 30 minutes
Cuisson : 10 minutes
Pour 4 personnes

4 blancs de poulets
1 tasse de noix de pécan, coupées en deux
¹/₂ tasse de Gouda râpé
¹/₂ tasse de chapelure
¹/₂ tasse de mie de pain blanc
1 cuil. à café de sauge en poudre

Poivre fraîchement moulu
1 œuf, légèrement battu
1 cuil. à soupe d'eau
60 g de beurre
2 cuil. à soupe d'huile
Brins de cresson ou persil pour la garniture

1 Aplatir les blancs de poulet.
2 Réserver 8 moitiés de noix de pécan et concasser les autres. Mélanger les noix concassées, le fromage, la chapelure, la mie de pain et la sauge.
Poivrer à votre goût. Dans une autre jatte, battre l'œuf et l'eau.
3 Enrober le poulet avec la moitié de la préparation aux noix. Le passer dans l'œuf puis le badigeonner avec le reste de préparation aux noix.
4 Chauffer l'huile et le beurre dans une grande poêle. Y cuire les blancs de poulet préparés, jusqu'à ce qu'ils soient bien dorés et tendres, soit 2 à 3 minutes par face. Garnir avec les moitiés de noix de pécan. Décorer de cresson ou de persil, et servir.

NOUILLES

Les nouilles sont préparées avec différentes farines et parfois enrichies d'œufs. Certaines doivent tremper dans de l'eau avant de cuire. Elles sont de toutes tailles, de toutes formes, mais leur longueur les caractérise. Ainsi, en Asie, de par leurs longues formes, les nouilles évoquent la longévité.

Placées dans un endroit frais et sec, les nouilles sèches se conservent indéfiniment. Fraîches, elles se gardent 3 à 4 jours au réfrigérateur.

LES NOUILLES À BASE DE FARINE DE BLÉ sont préparées avec ou sans œufs. Avec des oeufs, leur couleur va du doré pâle ou jaune soutenu. Sans œufs, elles sont plus claires. On les trouve fraîches ou sèches, compressées en paquets. Elles peuvent être épaisses ou fines, plates (pour les soupes) ou rondes (pour les fritures). Pour les préparer, qu'elles soient fraîches ou non, il faut les cuire à l'eau bouillante jusqu'à ce qu'elles soient al dente (juste tendres : les goûter souvent pour vérifier la cuisson). Quand elles sont cuites, les égoutter, les rincer à l'eau froide et les égoutter de nouveau.

LES NOUILLES JAPONAISES à base de farine de blé comprennent les Somen, très fines et blanches. Une fois bouillies et égouttées, elles peuvent être consommées froides avec une sauce. On peut aussi les mijoter et les servir dans des potages au goût très fin. Les nouilles Udon, épaisses et jaune clair, conviennent aux plats plus consistants. On les trouve sèches, présentées en jolis paquets, fraîches (mais plus rarement) ou emballées sous vide.

LES NOUILLES À BASE DE FARINE DE RIZ sont fabriquées avec du riz moulu et de l'eau. Elles sont de largeurs et d'épaisseurs différentes. Toutefois, les plus courantes sont les nouilles plates (Ho Fun), celles en forme de spaghettis, et les vermicelles de riz (Mi Fun). Ces derniers doivent tremper 10 minutes avant d'être sautés ou accommodés dans des soupes. Pour une garniture croustillante, faire frire dans de l'huile chaude de petits paquets de nouilles crues. Les nouilles plus épaisses doivent tremper 30 à 40 minutes, puis cuire à l'eau bouillante 6 à 10 minutes. Les goûter fréquemment car elles doivent être à peine cuites.

LES NOUILLES FRAÎCHES à base de farine de riz, épaisses et blanc nacré, sont vendues dans les épiceries asiatiques. Certaines sont légèrement enrobées d'huile ; pour l'enlever, il suffit de les arroser d'eau bouillante. Ces nouilles se présentent aussi sous forme de grandes feuilles roulées, découpées en rubans. On les ébouillante environ 2 minutes pour qu'elles soient à peine cuites, puis on les égoutte et on les ajoute aux fritures.

DE LA FARINE DE SARRASIN et un peu de farine de blé, tels sont les ingrédients de base des Soba. Ces nouilles japonaises, généralement de couleur beige, sont parfois parfumées au thé vert ou à la betterave. On peut les trouve dans les épiceries asiatiques et les magasins d'alimentation diététique. Les Soba fraîches sont plus rares. Il faut les ébouillanter 2 minutes environ jusqu'à ce qu'elles soient à peine cuites, et les égoutter. Les servir chaudes dans une soupe, ou froides accompagnées de sauce.

LES NOUILLES À BASE DE FARINE DE SOJA sont fabriquées avec de l'amidon de soja. On les appelle aussi vermicelles au soja, ou encore nouilles cellophane, car elles sont très fines et translucides. Pour les préparer, il faut les laisser tremper 10 minutes dans l'eau chaude jusqu'à ce qu'elles ramollissent, bien les égoutter et les ajouter aux fritures.

VERMICELLES DE RIZ

NOUILLES FRAÎCHES À BASE DE RIZ

HARUSAME (NOUILLES JAPONAISES À BASE DE SOJA)

HARUSAME (NOUILLES JAPONAISES À BASE DE SOJA)

NOUILLES CELLOPHANE

NOUILLES CHINOISES SANS ŒUFS

NOUILLES CHINOISES

NOUILLES FRAÎCHES
CHINOISES AUX ŒUFS

NOUILLES FRAÎCHES
CHINOISES

NOUILLES FRAÎCHES
À BASE DE SARRASIN

NOUILLES SÈCHES À BASE DE SARRASIN ET PETITS POIS

NOUILLES SÈCHES À BASE DE SARRASIN

NOUILLES UDON

NOUILLES FRAÎCHES
SANS ŒUFS

NOUILLES SOMEN

On utilise la noix de coco sèche pour la confection de gâteaux, biscuits et confiseries.

Noix de Macadamia

Noix ronde à chair crème, à coquille dure, provenant d'un arbre originaire d'Australie. On mange les noix fraîches ou grillées en amuse-gueules. On peut ajouter des noix écrasées aux glaces, ou les utiliser pour les biscuits, les gâteaux ou les pains ; en confiserie, on recouvre la noix entière de chocolat.

Noix de muscade

Graine dure, ovale, de couleur marron, que l'on écrase pour obtenir une épice relevée.

Elle est plus parfumée lorsqu'elle est fraîchement râpée.

Noyau du fruit d'un arbre à feuilles persistantes, originaire de l'archipel des Épices (les Moluques), la noix de muscade est employée dans la cuisine indienne depuis très longtemps. À l'époque du Moyen Âge, probablement importée en Europe par les Arabes, elle devint une épice très prisée, symbole de raffinement culinaire.

NOUILLES

BOUILLON DE BŒUF AUX VERMICELLES DE RIZ

✶ ✶   **Préparation :** 30 minutes + 1 heure pour la marinade
Cuisson : 1 heure
Pour 4 personnes

375 g de filet de bœuf	1 petit concombre à peau
2 cuil. à café de sauce de	fine
soja	1,5 l de bouillon de bœuf
1/4 de tasse de lait de coco	2 cuil. à soupe de sauce de
1 cuil. à soupe de beurre de	poisson (nuoc-mâm)
cacahuètes	1 tasse de pousses de soja
1 cuil. à soupe de	fraîches
cassonade + 2 cuil. à	2 feuilles de salade,
soupe supplémentaires	finement détaillées
2 cuil. à café de sambal	6 cuil. à soupe de feuilles
ulek ou 1 petit piment	de menthe fraîche,
rouge, finement émincé	ciselées
1 cuil. à café d'huile	1/2 tasse de cacahuètes
125 g de vermicelles de riz	grillées et concassées

1 Parer la viande et la couper en fines lamelles. La mélanger avec la sauce de soja, le lait de coco, le beurre de cacahuètes, le sucre et le sambal ulek. Couvrir et réfrigérer 1 heure.

2 Chauffer l'huile dans une poêle. Faire revenir la vian-

de par petites quantités à feu vif pendant 3 minutes, puis ôter du feu. Mettre les vermicelles à tremper 10 minutes dans de l'eau chaude et les égoutter.

3 Couper le concombre en quatre dans le sens de la longueur, puis en tranches fines. Porter le bouillon à ébullition ; ajouter alors le sucre supplémentaire et la sauce de poisson.

4 Équeuter les pousses de soja. Garnir des bols individuels de pousses de soja, de salade et de menthe en quantités égales et d'1 cuil. à soupe de tranches de concombre. Ajouter les vermicelles, une louche de bouillon et des lamelles de viande. Saupoudrer de cacahuètes et servir immédiatement.

NOUILLES AU PORC ET AUX CREVETTES

✶ ✶   **Préparation :** 20 minutes
Cuisson : 10 minutes
Pour 4 personnes

10 grosses crevettes cuites	1 cuil. à soupe de vinaigre
200 g de porc rôti ou grillé	blanc
au barbecue, à la chinoise	1/4 de tasse de bouillon de
500 g de nouilles fraîches,	volaille
épaisses	125 g de pousses de soja
1/4 de tasse d'huile d'arachide	fraîches, équeutées
2 cuil. à soupe d'ail	3 oignons nouveaux,
finement émincé	coupés en tranches fines
1 cuil. à soupe de sauce de	1/4 de tasse de coriandre
haricots noirs	fraîche ciselée, pour la
1 cuil. à soupe de sauce de soja	garniture
1 cuil. à soupe de sauce au	
gingembre et au piment	
(facultatif)	

1 Décortiquer les crevettes et en ôter la veine. Couper le porc en fines tranches régulières. Plonger les nouilles dans une grande casserole d'eau bouillante. Les retirer quand elles sont à peine cuites, égoutter et réserver.

2 Chauffer l'huile dans un wok ou une sauteuse, en veillant à bien en couvrir les bords. Y faire revenir l'ail en remuant jusqu'à ce qu'il soit légèrement doré. Ajouter les crevettes et le porc ; remuer pendant 1 minute. Incorporer les pâtes, la sauce de haricots noirs, la sauce de soja, la sauce au gingembre et au piment, le vinaigre et le bouillon de volaille. Cuire à feu vif jusqu'à ce que les aliments soient bien chauds et la sauce bien réduite.

3 Ajouter les pousses de soja et les oignons nouveaux ; cuire encore 1 minute. Garnir de coriandre et servir.

Remarque : on trouve du porc préparé à la chinoise dans les magasins d'alimentation asiatique.

CI-DESSUS : BOUILLON DE BŒUF AUX VERMICELLES DE RIZ. PAGE CI-CONTRE : NOUILLES FRITES À LA THAÏLANDAISE.

NOUILLES FRITES À LA THAÏLANDAISE

✶ ✶   *Préparation* : 30 minutes
✶   *Cuisson* : 20 minutes
  Pour 6 personnes, en entrée

Huile pour la friture
125 g de vermicelles de riz
1 cuil. à café d'ail haché
250 g de porc haché
8 grosses crevettes crues,
  décortiquées, veines ôtées
2 cuil. à soupe de sucre en
  poudre
2 cuil. à soupe de vinaigre
  blanc

1 cuil. à soupe de sauce de
  poisson (nuoc-mâm)
1 piment rouge, épépiné et
  finement détaillé
2 œufs légèrement battus
125 g de pousses de soja
  fraîches, équeutées
2 cuil. à soupe de feuilles
  de coriandre fraîche

1 Chauffer l'huile dans un wok ou une sauteuse. À l'aide de pinces, y plonger de petits paquets de vermicelles (ils gonfleront instantanément). Frire chaque paquet jusqu'à ce qu'il soit doré de toutes parts. Égoutter sur du papier absorbant. Laisser l'huile refroidir.
2 Garder seulement 2 cuil. à soupe d'huile dans le wok ou la sauteuse (vider le reste). La chauffer et y faire dorer l'ail en remuant, puis saisir la viande à feu vif, 3 minutes environ pour qu'elle se colore et que le jus soit presque entièrement évaporé. Ajouter les crevettes et mélanger encore 30 secondes. Verser le sucre, le vinaigre, la sauce de poisson et le piment. Porter à ébullition tout en remuant. Incorporer les œufs et continuer à mélanger jusqu'à ce qu'ils soient cuits.
3 Ajouter les pousses de soja et les pâtes en mélangeant bien. Parsemer de feuilles de coriandre. Servir immédiatement.

SALADE DE NOUILLES AUX OEUFS

✶   *Préparation* : 10 minutes + 10 minutes
  de repos + réfrigération
  Cuisson : 20 minutes
  Pour 4 personnes

250 g de nouilles fraîches
  épaisses aux œufs
2 poivrons rouges épépinés,
  coupés en quatre
2 poivrons verts épépinés,
  coupés en quatre
3 oignons nouveaux,
  émincés

1 grosse carotte, coupée en
  fine lamelles de 6 cm de
  long
1/3 de tasse d'huile d'olive
2 cuil. à soupe de jus de
  citron
1 cuil. à soupe de menthe
  fraîche, ciselée

1 Cuire les nouilles dans une grande casserole d'eau bouillante jusqu'à ce qu'elles soient tendres ; égoutter et laisser refroidir.
2 Couvrir une plaque de four de papier-aluminium. Y poser les poivrons, la peau vers le haut.
Passer au gril à feu moyen pendant une vingtaine de minutes, jusqu'à ce que la peau commence à cloquer et à noircir.
Retirer, couvrir avec un torchon humide et laisser reposer 10 minutes.
3 Peler soigneusement les poivrons et les détailler en bandes d'1 cm de large.
Placer dans une jatte et mélanger avec les pâtes, les oignons nouveaux et la carotte.
4 Battre l'huile, le citron et la menthe dans un bol. Verser sur la salade et mélanger. Couvrir et réfrigérer plusieurs heures (une nuit si possible). Mélanger de nouveau avant de servir.

Les fibres qui entourent le fruit contenant la noix de muscade sont utilisées pour préparer une autre épice : le macis, au léger goût de cannelle.
La noix de muscade s'harmonise à merveille avec les clous de girofle, le gingembre, la cannelle, et le poivre de la Jamaïque (on confectionne ainsi un mélange d'épices pour pâtisserie, parfois appelé *mixed spice*). Le célèbre mélange Quatre-Épice contient de la noix de muscade râpée, du gingembre, des clous de girofle et du poivre noir. Moulue, on l'utilise pour aromatiser la sauce béchamel, les préparations de quiches, les compotes et tartes aux pommes, certaines crèmes pâtissières ou encore la crème anglaise. Elle est délicieuse avec certains légumes, notamment les épinards. Dans la mesure du possible, l'ajouter en fin de cuisson, car la chaleur diminue son goût. Il existe des râpes spéciales.
La noix de muscade est très riche en lipides, en fibres, et en vitamine B. En outre, on en extrait une huile.

Noix de pécan Noix en forme d'ellipse, à coquille molle, contenant une amande ridée (d'apparence similaire à l'amande), au goût sucré et beurré. La noix de pécan entière peut être mangée en amuse-gueule (soit crue, soit grillée et salée) ; on l'utilise entière pour la fabrication des biscuits, des gâteaux, des pains et du "pecan pie", gâteau américain très apprécié. On peut saupoudrer les glaces avec des noix de pécan écrasées et moulues, ou les utiliser pour les garnitures de pâtes et pour les confiseries. Le pacanier est originaire du sud-est des États-Unis. On peut trouver les noix de pécan dans leur coquille ou dans des emballages sous vide.

Nougat Confiserie tendre ou dure, tradition-nellement composée de miel, de sucre, de blancs d'œufs et de noix.

Nouilles Pâtes composées de farine et d'eau (parfois avec du jaune d'œuf ou de l'œuf entier) coupées en longues bandes comme des rubans, puis frites ou bouillies. Les nouilles proviennent d'Asie mais elles sont également présentes dans la cuisine

SATÉ D'AGNEAU ET NOUILLES

✳ **Préparation :** 15 minutes
Cuisson : 10 minutes
Pour 4 personnes

750 d'agneau dans le filet
¼ de tasse d'huile d'arachide
3 gros oignons, coupés en fins quartiers
⅓ de tasse de beurre de cacahuètes
2 cuil. à soupe de sauce hoisin

½ tasse de lait de noix de coco
¼ de cuil. à café de garam masala
100 g de nouilles aux œufs
3 cuil. à café d'huile de sésame
2 oignons nouveaux, finement émincés

1 Parer la viande et la couper en travers du grain en fines tranches égales. Chauffer 1 cuil. à soupe d'huile dans un wok, ou une sauteuse, en veillant à en tapisser le fond et les bords. Y faire revenir les oignons à feu vif, 5 minutes. Les retirer et les garder au chaud.
2 Chauffer le reste d'huile dans le wok. Y saisir rapidement de petites quantités de viande, à feu vif, jusqu'à ce qu'elle soit dorée mais pas complètement cuite. L'égoutter sur du papier absorbant.
3 Mélanger le beurre de cacahuètes, la sauce hoisin, le lait de noix de coco et le garam masala dans une petite jatte. Verser dans le wok, et remuer à feu moyen jusqu'à ébullition. Ajouter la viande et l'oignon réservés. Bien mélanger.
4 Cuire les nouilles dans une casserole d'eau bouillante (elles doivent être tendres). Les égoutter, puis les mélanger avec les oignons nouveaux et l'huile de sésame. En napper l'agneau et servir.

SALADE DE NOUILLES AU BŒUF MARINÉ

✳ **Préparation :** 20 minutes + 2 heures de marinade
Cuisson : 5 minutes
Pour 4 à 6 personnes

400 g de rosbif cuit saignant, et émincé

Marinade
¼ de tasse de jus de citron
¼ de tasse de sauce de poisson (nuoc-mâm)
2 cuil. à soupe de sauce de soja
2 cuil. à café de sucre roux
2 cuil. à café de sambal ulek (piments rouges en conserve)

Salade
315 g de nouilles de blé, fraîches
1 tasse de feuilles menthe, grossièrement émincées
1 tasse de coriandre, grossièrement hachée
1 laitue iceberg, coupée en morceaux
1 concombre pelé, épépiné et coupé en rondelles
1 oignon rouge émincé

1 Mélanger les ingrédients de la marinade. Verser sur la viande, couvrir et laisser mariner 2 heures.
2 Cuire les nouilles dans de l'eau bouillante (elles doivent être tendres) ; les égoutter. Pendant qu'elles sont encore chaudes, incorporer la menthe et la coriandre.
3 Dresser la salade, le concombre et l'oignon sur un plat de service ; ajouter les nouilles. Garnir de viande et napper du reste de marinade.

NOUILLES AUX ŒUFS, POULET ET JAMBON

✳ **Préparation :** 20 minutes + 5 minutes de trempage
Cuisson : 5 minutes
Pour 4 à 6 personnes

315 g de pâtes aux œufs, ayant trempé dans l'eau 5 minutes
Huile pour la friture
1 cuil. à soupe de gingembre émincé
2 oignons nouveaux, émincés
½ poulet cuit, coupé en fines lamelles

315 g de petits épis de maïs en conserve, égouttés
100 g de jambon à l'os, coupé en tranches fines
¾ de tasse de bouillon de volaille
2 cuil. à soupe de xérès sec
1 cuil. à soupe de sauce de soja

1 Bien égoutter les nouilles et les sécher sur du papier absorbant.
Les frire à l'huile jusqu'à ce qu'elles soient croustillantes. Ne garder que 2 cuil. à café d'huile dans la friteuse.
2 Y faire revenir le gingembre et l'oignon, 2 minutes. Ajouter le maïs, le poulet, le jambon, le bouillon, le xérès et la sauce de soja et cuire 3 à 4 minutes. Garnir les nouilles de jambon et poulet, et napper de sauce.

MITONNÉE DE NOUILLES
ET FRUITS DE MER

✳ **Préparation :** 15 minutes
   Cuisson : 14 minutes
   Pour 4 à 6 personnes

2 cuil. à soupe d'huile végétale	¼ de tasse de sauce de soja
1 morceau de 4 cm de gingembre frais, pelé et râpé	2 cuil. à soupe de xérès sec
	1 cuil. à café d'huile de sésame
4 oignons nouveaux, émincés + un peu pour la garniture	200 g de nouilles de riz (plates)
	250 g d'huîtres en conserve, égouttées
½ petit chou, émincé	250 g de coquilles Saint-Jacques
2 l d'eau ou de bouillon de poisson	250 g de crevettes crues, décortiquées

1 Chauffer l'huile dans un faitout.
Ajouter le gingembre, les oignons et le chou ; cuire à feu doux jusqu'à ce que celui-ci soit tendre.
2 Verser l'eau, la sauce de soja, le xérès et l'huile de sésame ; porter à ébullition.
Ajouter les nouilles et laisser mijoter 8 minutes. Incorporer tous les fruits de mer, et prolonger la cuisson de 3 ou 4 minutes.
3 Avant de servir, garnir d'oignons nouveaux ciselés.

CI-DESSUS : MITONNÉE DE NOUILLES ET FRUITS DE MER. CI-CONTRE : NOUILLES CROQUANTES ET LÉGUMES PIMENTÉS. PAGE CI-CONTRE : SATÉ D'AGNEAU ET NOUILLES.

NOUILLES CROQUANTES
ET LÉGUMES PIMENTÉS

✳ **Préparation :** 25 minutes
   Cuisson : 10 minutes
   Pour 4 à 6 personnes

100 g de vermicelles de riz (en paquet)	410 g de petits épis de maïs en conserve, égouttés
Huile pour la friture	410 g de champignons de paille en conserve, égouttés
1 cuil. à café d'huile	
2 cuil. à café de gingembre frais, râpé	
1 cuil. à soupe de coriandre, ciselée	½ tasse de sauce de soja
	¼ de tasse de vinaigre de malt
1 gousse d'ail hachée	2 cuil. à café de sucre roux
1 oignon émincé	1 cuil. à café de piment en conserve, émincé
1 poivron vert détaillé en lanières	
1 poivron rouge détaillé en lanières	½ tasse de feuilles de coriandre pour la garniture
1 grosse carotte émincée en bâtonnets	

1 Chauffer l'huile dans une friteuse et y cuire les vermicelles. Les égoutter sur du papier absorbant. Les garder au chaud sur un plat de service.
2 Chauffer 1 cuil. à café d'huile dans une sauteuse. Y faire revenir le gingembre, la coriandre et l'ail pendant 2 minutes. Ajouter l'oignon, les poivrons et la carotte et cuire en remuant pendant 3 minutes. Incorporer les épis de maïs, les champignons et le mélange de sauce de soja, vinaigre, sucre roux et piment. Remuer 3 minutes à feu vif.
3 Garnir les nouilles de légumes, de feuilles de coriandre, et napper du jus restant.

méditerranéenne, particulièrement en Italie et en Europe du Nord. Le nom vient de l'allemand *Nudel*.

Nouvelle cuisine
Style de cuisine qui privilégie les ingrédients

et les arômes frais et naturels, des méthodes de cuisson simples et une présentation imaginative. Les sauces sont légères, préparées à partir de bouillons réduits et de purée, plutôt qu'à base de graisses et de farine.

Nuoc Mâm Sauce d'assaisonnement de couleur ambrée, à saveur salée et forte, également appelée *nam pla*, littéralement "eau de poisson". Cette sauce est utilisée dans les cuisines vietnamienne et thaïlandaise, pour faire ressortir la saveur des autres aliments. Le Nuoc mâm vietnamien est de couleur plus foncée, et son goût de poisson plus prononcé que celui des autres variétés.

Oatcake Gâteau
d'origine britannique,
composé de pâte sans
levain, préparé avec de la
farine d'avoine, de l'eau
et un peu de

matière
grasse. Au
nord de l'Angleterre, la
cuisson traditionnelle est
au gril ; les gâteaux cuits
sont ensuite suspendus
jusqu'à ce qu'ils soient
bien secs et croustillants.
En Écosse et au Pays de
Galles, on cuit les biscuits
dans un four à basse
température.

Œuf On consomme
surtout des œufs de
poule, et également des
œufs de canard, d'oie, de
caille, de faisan, de
pintade et de perdrix.
Dans quelques
régions du
monde,
l'œuf de la
tortue de
mer, à
coquille lisse
et à saveur
de poisson,
est un aliment
important. L'œuf est très
nutritif et bien
équilibré : deux œufs
apportent à eux seuls la
moitié des besoins

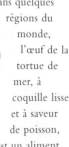

ŒUFS

FOURRÉ AUX ŒUFS, AU SAUMON ET AU RIZ

✳ ✳ **Préparation :** 50 minutes
Cuisson : 1 heure
Pour 8 personnes

³/₄ de tasse de bouillon de
poisson
¹/₄ de tasse de riz à grains
courts
40 g de beurre
2 cuil. à soupe de farine
²/₃ de tasse de lait
1 œuf + 1 œuf
supplémentaire,
légèrement battus

¹/₄ de tasse de persil frais,
ciselé
¹/₂ tasse de pois frais ou
surgelés
2 rouleaux de pâte
feuilletée préétalée
400 g de saumon rose en
boîte, égoutté
4 œufs durs, coupés en
quatre

1 Préchauffer le four à 210 °C. Recouvrir deux plaques à four de papier sulfurisé. Dans une sauteuse de taille moyenne, porter à ébullition le bouillon de poisson. Ajouter le riz et baisser le feu. Couvrir et laisser mijoter une dizaine de minutes jusqu'à ce que le riz ait absorbé tout le liquide, puis ôter du feu.
2 Faire fondre le beurre dans une casserole de taille moyenne. Incorporer la farine à feu doux jusqu'à ce qu'elle soit légèrement dorée. Verser le lait petit à petit, en remuant pour obtenir une texture lisse. Mélanger encore 5 minutes environ, à feu moyen, jusqu'à ébullition et épaississement. Laisser bouillir 1 minute et ôter du feu. Laisser légèrement refroidir et incorporer 1 œuf, le persil et les pois.
3 Écraser le saumon à la fourchette dans une petite jat-

te. Dérouler soigneusement les 2 feuilles de pâtes sur un plan de travail. Poser au centre de chacune le saumon, en donnant à la garniture une forme oblongue, et en ayant soin de laisser 3 cm de pâte de chaque côté. Déposer les quartiers d'œufs durs sur le dessus.
4 Dans une jatte de taille moyenne, bien mélanger le riz et la préparation aux pois. Répartir uniformément sur le saumon. Badigeonner à l'œuf les bords de pâte et les replier pour former 2 rouleaux. Les retourner et les placer sur les plaques. Faire trois incisions en diagonale sur le dessus et badigeonner d'œuf.
Enfourner 30 minutes environ, jusqu'à ce que la pâte soit gonflée et bien dorée. Couper chaque rouleau en 4 tranches. Servir avec une salade verte.

À PROPOS DES ŒUFS

■ Utiliser les œufs le plus vite possible après l'achat (même s'ils peuvent se garder jusqu'à 5 semaines). Les conserver au réfrigérateur, dans leur boîte en carton, l'extrémité pointue tournée vers le bas. Éliminer les œufs fêlés ou cassés car ils peuvent contenir des bactéries.
Dans certains pays, en raison des risques de salmonellose, les œufs crus ou mal cuits sont déconseillés aux enfants, femmes enceintes et personnes âgées. Les préparations aux œufs crus ou presque crus (mayonnaise, mousses etc.) doivent être consommées dans les 2 jours.
■ Les œufs ont la même valeur nutritive quelle que soit la couleur de leur coquille.

CI-DESSUS : FOURRÉS AUX ŒUFS, AU SAUMON ET AU RIZ. PAGE CI-CONTRE : ŒUFS BROUILLÉS À LA CRÈME ET AUX POIVRONS ROUGES.

ŒUFS BROUILLÉS À LA CRÈME ET AUX POIVRONS ROUGES

✳ **Préparation :** 10 minutes
Cuisson : 10 minutes
Pour 4 à 6 personnes

1 cuil. à soupe de beurre ou d'huile d'olive	½ tasse de crème liquide
2 oignons, émincés	Poivre noir fraîchement moulu
2 petits poivrons rouges	Persil ou aneth ciselés
6 œufs	(facultatif)

1 Faire chauffer du beurre ou de l'huile dans une sauteuse. Y faire revenir l'oignon jusqu'à ce qu'il soit bien doré. Ajouter les poivrons, détaillés en fines lanières, et cuire jusqu'à ce qu'ils soient fondants.
2 Dans un bol, bien battre les œufs, la crème et le poivre.
3 Verser dans la sauteuse et remuer doucement jusqu'à ce que la préparation soit crémeuse.
4 Servir immédiatement. Garnir éventuellement de persil ou d'aneth ciselés.

ŒUFS À LA FLORENTINE

Couper 2 bottes d'épinards en morceaux. Cuire à la vapeur ou au four à micro-ondes jusqu'à ce qu'ils soient tendres. Mélanger avec 30 g de beurre, de la muscade en poudre et du sel, à votre goût. Répartir dans deux ramequins. Garnir d'un œuf poché, saupoudrer de fromage râpé (cheddar ou mimolette). Enfourner 5 à 10 minutes, à 180 °C, jusqu'à ce que le fromage soit doré.

HUEVOS RANCHEROS

✳ **Préparation :** 1 heure
Cuisson : 35 minutes
Pour 6 personnes

2 petits poivrons rouges, épépinés et coupés en deux	1 cuil. à café d'origan en poudre
2 cuil. à café d'huile d'olive + 2 cuil. à café supplémentaires	1 poivron vert, détaillé en petits morceaux
1 petit oignon, finement émincé	2 piments jalapeño, finement émincés
2 cuil. à soupe de concentré de tomates	6 tortillas de 15 cm
	6 œufs frits ou pochés
	½ tasse de fromage râpé (cheddar ou mimolette)

1 Huiler les poivrons rouges. Les griller 12 à 15 minutes, jusqu'à ce que leur peau soit noire. Les laisser refroidir sous un torchon humide. Les peler, les couper en petits morceaux et les hacher au robot ménager 30 secondes, jusqu'à obtention d'une purée. Réserver.
2 Chauffer 2 cuil. à café d'huile dans une poêle de taille moyenne. Y mélanger l'oignon, le concentré de tomates, l'origan et le poivron vert, et cuire jusqu'à ce que les légumes soit fondants. Incorporer la purée de poivrons et les piments. Chauffer doucement, en remuant pendant 1 minute.
3 Placer un œuf frit ou poché sur chaque tortilla ; le recouvrir d'1 cuil. à soupe de sauce et saupoudrer de fromage râpé.

ŒUFS POCHÉS

■ Pour les réussir, utiliser des œufs ayant moins d'une semaine. Remplir à moitié d'eau froide une casserole large et peu profonde. Porter à ébullition et puis baisser le feu doux, et laisser frémir. Casser un œuf dans un bol. Le faire glisser doucement dans l'eau frémissante en inclinant le bol. Recommencer avec les œufs restants, en veillant à les espacer. Couvrir et cuire 3 minutes pour obtenir des œufs mollets, 5 minutes pour qu'ils soient plus fermes. Retirer du feu. Enlever les œufs, un par un, à l'aide d'une écumoire. Garder quelques instants sur du papier absorbant avant de déposer chaque œuf sur une tranche de pain grillé.

ŒUFS BROUILLÉS

■ Dans une jatte, battre le nombre d'œufs voulu avec un peu de lait ou de crème liquide (1 cuil. à soupe par œuf). Faire fondre 30 g de beurre dans une poêle. Y verser les œufs, et remuer à feu très doux, jusqu'à ce qu'ils commencent à épaissir et à faire des bulles. Ajouter alors des herbes ou des aromates, mais ne pas saler. Retirer du feu, et continuer à battre 1 minute. Servir immédiatement.

journaliers en protéines et en vitamines. Le jaune, qui représente environ 30 % du poids total de l'œuf, contient plus de 80 % de protéines.

La majorité des œufs proviennent de poules élevées en batteries, à la lumière artificielle et sous température contrôlée. Les œufs de poule élevées en liberté ont meilleur goût.

Il est préférable de consommer des œufs très frais. Pour tester la fraîcheur, il existe deux méthodes, ancestrales et simples, basées sur le fait que la petite quantité de poids et d'humidité perdue chaque jour par évaporation au travers de la coquille poreuse est remplacée par de l'air dans le sac situé à la base de l'œuf. Pour s'assurer de la fraîcheur d'un œuf, le mettre dans un bol d'eau (un œuf frais tombera vers le fond), ou le placer devant une lumière forte (plus le sac d'air est grand, plus l'œuf est ancien). Une autre méthode consiste à casser un œuf frais dans une assiette : le jaune sera bien rond et centré dans un blanc épais ; le blanc d'un œuf plus ancien est liquide, et le jaune est aplati.

L'œuf de canard, plus parfumé, est apprécié en Angleterre, en Hollande, en Belgique, et dans quelques régions d'Asie. Les célèbres "œufs de cent ans" chinois sont en réalité des œufs de canard crus, conservés pendant quelques mois dans un

mélange de sel, de citron vert, de cendres et de feuilles de thé jusqu'à ce que la coquille devienne marbrée de noir, le blanc ferme et marron clair, et le jaune veiné de vert avec une texture de fromage crémeux.

Les Égyptiens mangeaient des œufs d'autruche (un seul œuf d'autruche, d'environ vingt fois la taille d'un œuf de poule, permet de faire une omelette pour dix personnes) et des œufs de pélican. Dans l'antiquité, les Romains mangeaient des œufs de paonne.

Les œufs de faisan, de caille, de perdrix et de pluvier sont très appréciés durs, en salades, ou marinés en saumure ou dans des aspics.

De nombreux rites et traditions sont associés à

ŒUFS VINDALOO

✳ **Préparation :** 25 minutes
Cuisson : 30 minutes
Pour 4 à 6 personnes

8 œufs
1 cuil. à café de vinaigre
3 cuil. à soupe de ghee ou de beurre
1 gros oignon, râpé grossièrement
1 cuil. à café d'ail écrasé
½ cuil. à café de gingembre râpé
1 piment vert, épépiné et coupé en petits morceaux

2 cuil. à soupe de vindaloo ou d'une autre pâte au curry piquante
3 cuil. à soupe de crème de noix de coco
⅓ de tasse d'eau
Huile végétale pour la friture
1 cuil. à soupe de feuilles de coriandre ou de menthe, émincées
Jus de citron

1 Faire bouillir les œufs dans de l'eau additionnée d'1 cuil. à café de vinaigre, pendant 8 à 9 minutes. Les retirer et les plonger dans une casserole d'eau froide. Quand ils sont froids, les peler puis les piquer de toutes parts avec une fourchette. Bien les sécher.
2 Chauffer le ghee ou le beurre dans une poêle. Y faire revenir l'ail, le gingembre, le piment et l'oignon jusqu'à ce que celui-ci soit fondant et doré. Incorporer le vindaloo ou la pâte au curry, et cuire à feu moyen encore 2 minutes. Verser la crème de noix de coco et l'eau, et remuer jusqu'à épaississement.
3 Frire les œufs jusqu'à ce qu'ils soient dorés. Les ajouter alors à la sauce au vindaloo, avec la coriandre et du jus de citron. Laisser mijoter 8 à 9 minutes, et servir avec du riz.

FRITTATA AUX CAROTTES ET AUX PANAIS

✳ **Préparation :** 10 minutes
Cuisson : 20 minutes
Pour 2 à 4 personnes

60 g de beurre
1 gousse d'ail écrasée
2 panais pelés et râpés
2 carottes pelées et râpées
4 œufs

3 cuil. à soupe de persil plat ciselé + un peu pour la garniture (facultatif)
Poivre noir fraîchement moulu
2 cuil. à café d'huile d'olive

1 Faire fondre le beurre dans une poêle. Y faire revenir l'ail 1 minute, sans le dorer. Ajouter les panais et les carottes. Couvrir et cuire à feu doux 10 minutes. Retirer du feu et laisser refroidir.
2 Battre les œufs légèrement, juste assez pour les mélanger. Ajouter le persil et le poivre et incorporer le tout aux carottes et aux panais.
3 Chauffer l'huile d'olive dans une poêle. Y verser la préparation aux œufs. Avec une spatule, gratter les bords afin que l'œuf cru coule au fond de la poêle.
Quand l'omelette est cuite sur le dessus, la retourner ou la passer au gril, à feu vif.
Parsemer de persil, et servir chaud avec une salade verte croquante.

Remarque : pour plus de saveur, incorporer à la préparation du cheddar ou du parmesan fraîchement râpés, ou en saupoudrer l'omelette avant de la passer au gril. Ce plat constitue un délicieux repas léger.

CI-CONTRE : ŒUFS VINDALOO; CI-DESSUS : FRITTATA AUX CAROTTES ET AUX PANAIS. PAGE CI-CONTRE : ŒUFS À L'ÉCOSSAISE.

ŒUFS À L'ÉCOSSAISE

✳ **Préparation :** 15 minutes
Cuisson : 8 minutes
Pour 4 personnes

4 œufs durs
250 g de chair à saucisse
1 petit oignon râpé
2 cuil. à soupe de chapelure
+ ½ tasse
1 jaune d'œuf

1 cuil. à soupe de persil
frais ciselé
Sel et poivre
1 pincée de muscade en
poudre
Huile pour la friture

1 Peler les œufs durs. Dans une jatte de taille moyenne, mélanger la chair à saucisse, l'oignon, le jaune d'œuf, le persil, la muscade, le sel, le poivre et 2 cuil. à soupe de chapelure.
Avec les mains mouillées, diviser la préparation en 4 boules. En aplatir une entre les mains. Enrober un œuf dur en appuyant délicatement.
Recommencer l'opération avec les autres œufs.
2 Battre légèrement le blanc d'œuf dans un bol. Y tremper les œufs avant de les rouler dans la chapelure.
3 Chauffer l'huile dans une poêle à fond épais.
Y plonger les œufs et les cuire à feu moyen 8 minutes environ. Égoutter et servir.

ŒUFS BÉNÉDICTE

✳ **Préparation :** 10 minutes
Cuisson : 10 minutes
Pour 2 personnes

Sauce hollandaise
125 g de beurre
4 jaunes d'œufs
3 cuil. à café de jus de
citron
Poivre de Cayenne, à votre
goût

Jambon et œufs
30 g de beurre
4 tranches de jambon
2 muffins anglais
4 œufs
2 cuil. à café d'œufs de
saumon (facultatif)

1 Sauce hollandaise : chauffer le beurre à feu doux jusqu'à ce qu'il frémisse. Avec un batteur électrique, mélanger les jaunes d'œufs, le jus de citron et le poivre pendant 5 secondes. Incorporer le beurre fondu lentement. Verser dans une jatte, couvrir et laisser reposer dans un endroit tiède.
2 Chauffer le jambon dans un poêle beurrée. Couper les muffins en deux et les griller. Garnir chaque moitié d'une tranche de jambon et réserver au chaud.
3 Pocher les œufs, les égoutter et en poser un sur chaque tranche de jambon. Napper de sauce hollandaise tiède. Garnir d'œufs de poisson, et servir.

l'œuf. Au temps de la Rome antique, on écrasait des coquilles d'œufs pour empêcher les esprits maléfiques de s'y cacher. L'œuf a longtemps été un symbole de fertilité et de renouveau. L'œuf de Pâques, joliment décoré, trouve ses origines dans les œufs colorés caractéristiques des festivals printaniers du Moyen-Âge.

Œufs à la florentine
Plat léger composé de deux œufs pochés, disposés sur un nid d'épinards cuits, recouverts de sauce mornay et de fromage râpé.

Œufs à la neige Dessert d'origine française, composé de meringue de la taille d'un œuf,

pochée dans du lait parfumé à la vanille, égouttée et posée sur un lit de crème anglaise préparée avec le lait ayant servi à pocher la meringue.

Œuf mollet Cuisson d'un œuf dans sa coquille juste avant le point d'ébullition, jusqu'à ce que le blanc devienne opaque et que le jaune soit réchauffé.

Œufs de poisson Les œufs de poisson sont constitués de la masse d'œufs de la femelle et comprennent les œufs d'esturgeon (plus connus

1

2

3

sous le nom de *caviar*), les œufs de lump et les œufs de saumon. La laitance, ou œufs de poisson doux, est le sperme du poisson mâle ; les œufs de poisson du hareng

doux ont une texture lisse et crémeuse, et sont souvent frits dans du beurre et servis avec du jus de citron ; les œufs de poisson doux du cabillaud et du mulet sont mélangés à des pommes de terre cuites, de l'huile d'olive et du jus de citron pour fabriquer le tarama grec.

Oie Gros oiseau palmipède à chair de gibier mais de saveur douce. Comparée aux autres volailles, l'oie comporte beaucoup de graisse et produit peu de viande. Généralement, les oies jeunes se mangent rôties ; les oies plus âgées sont meilleures en confit. On utilise le foie de l'oie pour fabriquer le foie gras.

Oignon Bulbe d'un membre appartenant à la famille des liliacées, apparenté à l'ail et au poireau, avec une chair très parfumée recouverte de fines couches de peau. Il existe plusieurs sortes d'oignons qui varient en fonction de la couleur, de la forme et de l'intensité du goût ; en général, le goût de l'oignon est fort lorsqu'il est cru, et

SOUFFLÉ D'OMELETTE

✻ **Préparation :** 5 minutes
Cuisson : 10 minutes
Pour 2 personnes

4 œufs, blancs et jaunes séparés
1 cuil. à soupe de lait ou de crème liquide

Sel et poivre fraîchement moulu
30 g de beurre

1 Battre les jaunes d'œufs dans une jatte de taille moyenne jusqu'à épaississement. Ajouter le lait ou la crème liquide, le sel et le poivre. À l'aide d'un batteur électrique, monter les blancs en neige ; les incorporer aux jaunes.
2 Chauffer le beurre dans une poêle ; bien en couvrir le fond. Lorsqu'il frémit, verser les œufs et cuire à feu moyen jusqu'à ce que le dessous de l'omelette soit légèrement doré.
3 Passer l'omelette au gril, à température vive, pour qu'elle dore et gonfle légèrement, ou bien l'enfourner **5** minutes à 180 °C. Servir l'omelette de préférence non repliée.

Remarque : pour un soufflé d'omelette sucrée, supprimer le sel et le poivre et ajouter 1 cuil. à soupe de sucre en poudre aux jaunes d'œufs avant de les battre.

OMELETTE CLASSIQUE

✻ **Préparation :** 2 minutes (omelette nature)
Cuisson : 1 minute
Pour 1 personne

3 œufs
1 cuil. à soupe d'eau

Sel et poivre fraîchement moulu
30 g de beurre

1 Dans une petite jatte, battre légèrement les œufs. Incorporer l'eau, le sel et le poivre.
2 Chauffer le beurre dans une poêle jusqu'à ce qu'il en couvre le fond et qu'il frémisse.
Y cuire les œufs à feu moyen, en ramenant les bords vers le centre à l'aide d'une spatule, jusqu'à ce que l'omelette soit à votre goût.
3 L'enrichir éventuellement d'une garniture, et la servir repliée ou roulée, sur une assiette réchauffée.

Remarque : utiliser seulement 2 œufs pour préparer une omelette garnie, par exemple, de fromage râpé, de morceaux de jambon, d'asperges cuites, de champignons ou de fruits de mer.

SOUFFLÉ D'OMELETTE (À DROITE)
OMELETTE CLASSIQUE (À GAUCHE)

fondant lorsqu'il est cuit. On peut employer les oignons comme ingrédients pour les salades, ou les ajouter à des garnitures ; on peut les faire bouillir, les frire ou les cuire au four comme légume, ou les cuisiner. Mijotés dans du beurre, ils deviennent la

garniture presque sucrée des classiques tarte à l'oignon et soupe à l'oignon. Des oignons émincés enrobés de pâte et frits constituent une entrée populaire de la cuisine indienne. Piqué avec des clous de girofle, l'oignon parfume les sauces et les plats mijotés. L'origine ancestrale de l'oignon est probablement l'Asie centrale. L'oignon était la nourriture des pauvres dans la Grèce et dans la Rome antiques, et il fut adopté partout en Europe au Moyen-Âge.

On trouve des oignons frais tout au long de l'année, mais ils sont meilleurs au début de l'automne jusqu'à la fin du printemps ; on trouve également des oignons congelés ou en condiments. Les oignons jaunes peuvent aussi être cueillis avant maturité.

Oignon nouveau Variété d'oignon doux et sucré à petits bulbes blancs, et à longues feuilles vertes ressemblant à de l'herbe. On le mange cru et finement émincé dans les salades, ou on l'incorpore à des préparations de sauces et garnitures. L'oignon nouveau est également appelé oignon de printemps ou ciboule.

Olive Petit fruit ovale, oléagineux, provenant d'un arbre à feuilles résistantes, originaire de la région méditerranéenne. On cueille les olives avant maturité (vertes) ou à maturité (noires). On traite la chair de l'olive pour lui ôter son amertume, puis on la trempe dans une saumure. L'huile extraite du fruit mûr possède des propriétés médicinales et cosmétiques ; elle occupe également une place importante dans l'art culinaire. Les olives vertes ont une saveur acide due à la cueillette du fruit avant

maturité. Les olives offertes en apéritif représentent une tradition qui remonte au temps des Romains. Dans la cuisine, on les emploie pour les sauces, les farces, les pizzas, les pains, les salades et en garniture.

L'olivier est le plus ancien arbre cultivé ; il est apparu au Moyen-Orient il y a environ 6 000 ans. Les peintures égyptiennes montrent la cueillette des olives. La

OIE

OIE FARCIE ET RÔTIE

★ ★   **Préparation :** 40 minutes
Cuisson : 2 heures 45
Pour 6 personnes

1 oie de 3 kg	*3 tasses de morceaux de pain*
30 g de beurre	*2 cuil. à café de zeste de*
1 oignon, finement émincé	*citron râpé*
2 pommes vertes, pelées,	*1/2 tasse de persil frais, ciselé*
évidées et coupées en	*2 cuil. à soupe de farine*
morceaux	*2 cuil. à soupe de cognac*
1 tasse 1/2 de pruneaux,	*1 tasse 1/2 de bouillon de*
dénoyautés en morceaux	*volaille*

1 Enlever l'excès de graisse de l'oie, et piquer la peau de la poitrine avec une brochette. Réserver.
2 Faire fondre le beurre dans une poêle. Y blondir l'oignon. Ajouter les pommes, les pruneaux, le pain, le zeste de citron et le persil et bien mélanger. Farcir l'oie avec cette préparation, à l'aide d'une cuillère, puis refermer l'orifice en joignant les bords avec une brochette. Lier les pattes.
3 Préchauffer le four à 200 °C. Saupoudrer l'oie d'1 cuil. à soupe de farine. La placer sur une grille, posée dans un plat à four où s'écoulera la graisse. Enfourner 15 minutes, retirer et dégraisser le plat. Piquer à nouveau la peau de l'oie. Baisser la température à 180 °C. Couvrir la volaille de papier-aluminium et enfourner 2 heures. L'arroser de sa graisse de temps en temps, tout en enlevant régulièrement celle qui s'accumule dans le plat. Retirer l'aluminium et laisser

cuire encore 15 minutes, jusqu'à ce que l'oie soit dorée. La poser sur une planche et attendre 15 minutes avant de la découper. Réserver au chaud.
4 Garder 2 cuil. à soupe de graisse dans le plat, et le porter sur une plaque de cuisson, à feu doux. Ajouter le reste de farine et bien mélanger.
Remuer constamment à feu moyen jusqu'à ce que la sauce soit bien dorée.
Veiller à ce qu'elle ne brûle pas.
Verser le cognac et le bouillon petit à petit, en continuant de remuer jusqu'à ébullition et épaississement. Servir avec cette sauce, des pommes de terre rôties et une purée d'oignons.

Remarque : pour que la peau de l'oie soit croustillante, l'arroser de sa graisse lors de la cuisson.

À PROPOS DE L'OIE

■ Les oies pesant en général de 3 à 5 kg, compter une volaille pour au moins 6 personnes (environ 500 g par convive).
■ Choisir une volaille jeune, de poids moyen, de préférence une femelle.
■ Toujours arroser l'oie de sa graisse lors de la cuisson. Pour la rendre croustillante, la saupoudrer de farine (de petites taches sombres se forment alors sur sa peau) ou bien augmenter la température du four quelques minutes puis arroser l'oie de quelques gouttes d'eau froide.

CI-DESSUS : OIE FARCIE ET RÔTIE.
PAGE CI-CONTRE : POULET AUX OLIVES.

POULET AUX OLIVES

✷ ✷   **Préparation :** 30 minutes + 1 heure de repos

    Cuisson : 1 heure

    Pour 6 personnes

12 morceaux de poulet	*2 oignons émincés*
1 cuil. à café de cannelle en poudre	*1 poivron rouge, coupé en petits morceaux*
1 cuil. à café de gingembre en poudre	*¼ de tasse de coriandre fraîche, ciselée*
½ cuil. à café de curcuma en poudre	*1 tasse ½ de bouillon de volaille*
1 cuil. à café de paprika doux en poudre	*4 tranches de zeste de citron confit, râpées*
½ cuil. à café de poivre moulu	*2 cuil. à soupe de jus de citron*
¼ de tasse d'huile d'olive	*1 tasse d'olives vertes*

1 Mélanger le poulet et les épices dans une grande terrine. Couvrir et laisser reposer 1 heure. Chauffer 2 cuillerées à soupe d'huile dans une grande casserole. Y faire revenir le poulet jusqu'à ce qu'il soit bien doré, mais sans être complètement cuit. Retirer et mettre dans une cocotte.

2 Verser le reste d'huile dans la casserole. Y blondir les oignons avec le poivre à feu doux, 5 minutes, en remuant, puis les mettre dans la cocotte.

3 Ajouter la coriandre, le bouillon, le zeste, le jus de citron et les olives. Couvrir et laisser mijoter 40 minutes environ, jusqu'à ce que le poulet soit tendre et que le jus ait réduit. Servir avec du riz blanc.

OLIVES MARINÉES

■ Bien mélanger de l'huile d'olive vierge avec de l'ail écrasé, des petits morceaux de zeste d'oranges, du jus d'oranges et du poivre fraîchement moulu. Ajouter des Kalamatas (variété d'olives grecques), et un oignon rouge émincé.
Couvrir et laisser mariner 2 à 3 heures avant de servir.

■ Placer des olives vertes sous un torchon et les concasser délicatement avec un petit maillet de cuisine, ou bien les inciser de petites fentes avec un couteau. Mettre les olives à mariner avec des amandes entières blanchies et des citrons coupés en tranches dans un mélange d'huile d'olive, de vermouth sec, de genièvre concassé et de poivre noir fraîchement moulu.
Couvrir et réfrigérer 12 heures, en remuant de temps en temps.

■ Mélanger de l'huile d'olive, du jus de citron, de l'ail écrasé, de l'origan frais ciselé et une feuille de laurier en petits morceaux. Incorporer des olives noires, du zeste de citron finement râpé, des petits morceaux de céleri et de poivron rouge ainsi que le persil plat ciselé.
Couvrir et laisser mariner 2 à 3 heures.

Crète, il y a environ 3 800 ans, devint le centre du commerce de l'exportation des olives vers l'Égypte et l'Asie Mineure. L'olive était pratiquement indispensable dans l'antiquité ; elle était appréciée pour son fruit et pour les multiples usages de son huile, ainsi que pour le bois dur à grain veiné de l'arbre.

On peut parfois trouver des olives fraîches, mais elles sont le plus souvent vendues entières et assaisonnées (soit en vrac, soit en bocaux ou en boîtes de conserve), creusées et farcies avec du piment ou une amande, ou salées et séchées (soit en vrac, soit en emballage sous vide).

Omelette Plat composé d'œufs battus cuits dans une poêle et souvent replié sur une garniture. Selon le goût, on peut servir une omelette au petit déjeuner ou en repas léger au déjeuner, ou au dîner ; une garniture sucrée la transforme en dessert. En France, on connaît les omelettes depuis le Moyen-Âge.

Orange Agrume rond à peau brillante de couleur orange, à pulpe juteuse divisée en quartiers, riche en vitamine C.

On mange l'orange fraîche en morceaux, par exemple ajoutée à des salades de fruits, ou encore cuisinée avec des plats sucrés ou salés, ou transformée en confiture. On apprécie son jus rafraîchissant et on utilise son zeste frais ou sec pour parfumer desserts, gâteaux ou certaines sauces.

Il existe trois variétés principales d'oranges, dont la navel à peau épaisse, et l'orange de Valence, plus petite et à peau plus fine, utilisées pour les jus, en dessert ou en amuse-gueules. L'orange amère, notamment l'orange de Séville, est employée pour la

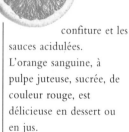

confiture et les sauces acidulées. L'orange sanguine, à pulpe juteuse, sucrée, de couleur rouge, est délicieuse en dessert ou en jus.

L'orange est originaire du sud de l'Asie ; elle est cultivée en Chine depuis au moins 4 000 ans. L'orange était connue des Romains. Elle était cultivée à l'époque du Moyen-Âge : les oranges amères marinées dans du sucre, avec leur peau, pourraient être à l'origine de la marmelade que nous connaissons. Les Maures plantèrent des vergers d'orangers en Espagne à partir du VIIIᵉ siècle. Les Espagnols plantèrent les premiers orangers aux

TARTE AUX OLIVES ET À L'OIGNON

✳ ✳ **Préparation :** 1 heure + 30 minutes de réfrigération
Cuisson : 1 heure 25
Pour 8 personnes

2 tasses de farine
100 g de beurre + 30 g supplémentaire
4 à 5 cuil. à soupe d'eau glacée
1 kg d'oignons blancs, pelés et coupés en tranches
1 cuil. à soupe de moutarde
1 tasse de crème fraîche
3 œufs, légèrement battus
⅓ de tasse d'olives noires, coupées en rondelles

1 Tamiser la farine dans une jatte. Incorporer 100 g de beurre en petits morceaux, et travailler le mélange. Verser presque toute l'eau et mélanger pour obtenir une pâte ferme, en ajoutant de l'eau si nécessaire. Pétrir la pâte sur un plan de travail fariné puis l'étaler. Foncer un moule à tarte et réfrigérer 30 minutes.
2 Préchauffer le four à 180 °C. Couvrir la pâte de papier sulfurisé et le parsemer de haricots secs ou de riz. Enfourner 10 minutes. Retirer du four et jeter le papier et les haricots. Remettre au four 10 minutes.
3 Faire revenir les oignons avec le beurre restant. Étaler la moutarde sur la tarte, garnir d'oignons, de crème fraîche et d'œufs battus, ainsi que d'olives. Enfourner 35 minutes. Laisser refroidir un peu avant de découper.

FOCACCIA AUX OLIVES ET AU ROMARIN

✳ **Préparation :** 30 minutes + 55 minutes de repos
Cuisson : 30 minutes
Pour 8 pains

7 g de levure chimique
1 cuil. à café de sucre en poudre
¾ de tasse d'eau tiède
2 tasses ¾ de farine
1 cuil. à café de sel
1 cuil. à soupe de romarin séché
1 cuil. à soupe d'huile d'olive + 2 cuil. à soupe supplémentaires
⅓ de tasse d'olives noires, coupées en rondelles

1 Dans un bol, délayer la levure et le sucre avec ¼ de tasse d'eau. Couvrir d'1 film plastique et laisser reposer, 10 minutes environ, dans un endroit tiède.
2 Tamiser la farine et le sel dans une grande jatte, et ajouter le romarin. Former un puits au centre. Y verser l'huile, le levain et le reste d'eau. Mélanger avec un couteau pour obtenir une pâte ferme. La pétrir en boule et la placer dans un saladier légèrement huilé. Couvrir et laisser lever dans un endroit tiède, 45 minutes environ.
3 Préchauffer le four à 210 °C. Huiler deux plaques de four. Travailler la pâte et la diviser en 8. Pétrir chaque morceau et en faire une galette de 10 cm de diamètre. Y enfoncer les olives et badigeonner avec le reste d'huile. Enfourner 30 minutes environ.

PALMIERS AUX OLIVES ET AU ROMARIN

✿ **Préparation :** 20 minutes
Cuisson : 15 minutes
Pour 30 palmiers

½ tasse d'olives noires dénoyautées, coupées en morceaux	4 tranches de salami, coupées en morceaux
⅓ de tasse de parmesan râpé	2 cuil. à soupe d'huile
1 cuil. à soupe de romarin ciselé	2 cuil. à café de moutarde de Dijon
	2 rouleaux de pâte feuilletée pré-étalée
	Huile ou beurre fondu

1 Préchauffer le four à 200 °C. Badigeonner d'huile ou de beurre fondu 2 plaques de four. Hacher les olives, le fromage, le romarin, le salami, l'huile et la moutarde.
2 Dérouler une feuille de pâte sur un plan de travail, et recouvrir avec la moitié de la purée. Replier la pâte de sorte que deux bords opposés se rejoignent au centre. Les replier encore une fois de la même façon, puis en deux, pour obtenir 8 couches de pâte superposées.
3 Couper ce rouleau de pâte en tranches d'1 cm. Les déposer sur les plaques en les espaçant. Écarter légèrement en V l'extrémité repliée pour former un palmier. Enfourner 15 minutes environ, jusqu'à ce que les palmiers soient bien dorés.

CRUDITÉS À LA TAPENADE

✿ **Préparation :** 15 minutes
Cuisson : aucune
Pour 4 à 6 personnes

500 g d'olives noires	Poivre noir fraîchement moulu
⅓ de tasse d'huile d'olive	
2 gousses d'ail, pelées	Choix de légumes frais :
¼ de tasse de feuilles de basilic	pois gourmands (mange-tout), petits radis, lamelles de concombre, petits champignons entiers
1 cuil. à soupe de jus de citron	

1 Dénoyauter les olives. Les hacher avec l'huile d'olive, les gousses d'ail, les feuilles de basilic et le jus de citron (utiliser de préférence un robot ménager).
2 Mixer à vitesse rapide, pas trop longtemps, jusqu'à obtention d'un mélange grossier (il faut éviter que la tapenade devienne trop liquide).
Poivrer à votre goût.
3 Verser dans un petit bol, et présenté sur le plat de service, agrémenté des légumes de votre choix.

Remarque : la tapenade peut être préparée 2 à 3 jours à l'avance et conservée au réfrigérateur.

CI-DESSUS : CRUDITÉS À LA TAPENADE. CI-CONTRE : PALMIERS AUX OLIVES ET AU ROMARIN. PAGE CI-CONTRE : TARTE AUX OLIVES ET À L'OIGNON.

États-Unis, en Floride, au XVIe siècle. L'orange est maintenant cultivée dans les régions tropicales et subtropicales partout dans le monde.

Orge Céréale apparentée au blé, originaire des régions vallonnées du Moyen-Orient.
Dans l'antiquité, l'orge représentait la principale céréale consommée par les Grecs ; on l'utilisait à Rome pour préparer du pain, et elle était la nourriture principale des gladiateurs.
Les perles d'orge, grains brillants mondés et broyés jusqu'à ce qu'ils ressemblent à de petites perles, sont utilisées en cuisine depuis l'antiquité, humectées avec de l'huile et de l'eau, et parfumées avec les jus de cuisson des viandes de volaille ou d'agneau ; on les utilise encore dans les soupes et dans les ragoûts.
Le sirop d'orgeat, préparé avec le grain, était la boisson préférée du médecin grec Hippocrate, et constitue toujours une boisson populaire et saine.
De nos jours, l'orge sert essentiellement à fabriquer le malt pour la fermentation de la bière. On le consomme aussi dans des bouillons.

Origan Parfois appelé marjolaine bâtarde ou sauvage, l'origan est une herbe pérenne ressemblant et apparentée à la marjolaine, mais avec un parfum plus robuste. On l'emploie pour parfumer les garnitures de

OIGNONS

Apprécié depuis des siècles, l'oignon, au goût légèrement piquant, appartient à la famille des Liliacées. Grâce à sa saveur assez douce et son arôme fort, il relève la plupart des plats de viande et de légumes. Frit, cuit au four ou conservé en saumure, l'oignon est aussi un légume à part entière que l'on peut accommoder de mille façons.

OIGNONS ET TOMATES ÉPICÉS

Peler et émincer finement 2 oignons rouges. Dans une poêle, chauffer 1 cuil. à soupe de beurre, 1 cuil. à soupe d'huile, et ½ tasse des ingrédients suivants : cumin en poudre, coriandre, curcuma et garam masala. Faire revenir les oignons 2 à 3 minutes. Incorporer 2 tomates mûres, coupées en morceaux. Cuire encore 3 minutes environ, jusqu'à ce que les oignons soient fondants. Garnir de coriandre ciselée et servir chaud.

OIGNONS AU CURRY

OIGNONS ET TOMATES ÉPICÉS

PETITS OIGNONS DORÉS

Peler 12 petits oignons, en gardant la base intacte. Dans une poêle, chauffer 30 g de beurre, 1 cuil. à soupe d'huile et ¼ de cuil. à café de paprika doux en poudre. Faire dorer les oignons à feu moyen, 5 minutes environ, jusqu'à ce qu'ils fondants.
Incorporer ½ cuil. à café de sucre roux. Servir chaud.

OIGNONS AU CURRY

Peler et détailler 2 oignons en fines rondelles. Les blondir dans une poêle avec 2 cuil. à soupe d'huile d'olive et 2 cuil. à soupe de curry en poudre, 5 minutes environ, jusqu'à ce qu'ils soient tendres. Incorporer ½ cuil. à café de sucre roux et servir chaud.

OIGNONS À L'AIL

Peler 2 oignons et les couper en huit. Chauffer 1 cuil. à soupe de beurre et 2 cuil. à soupe d'huile dans une poêle. Faire revenir à feu moyen 1 à 2 gousses d'ail écrasées et les oignons, pendant 5 à 6 minutes, jusqu'à ce qu'ils soient tendres. Garnir de ciboulette ciselée et servir chaud.

OIGNONS À L'AIL

PETITS OIGNONS DORÉS

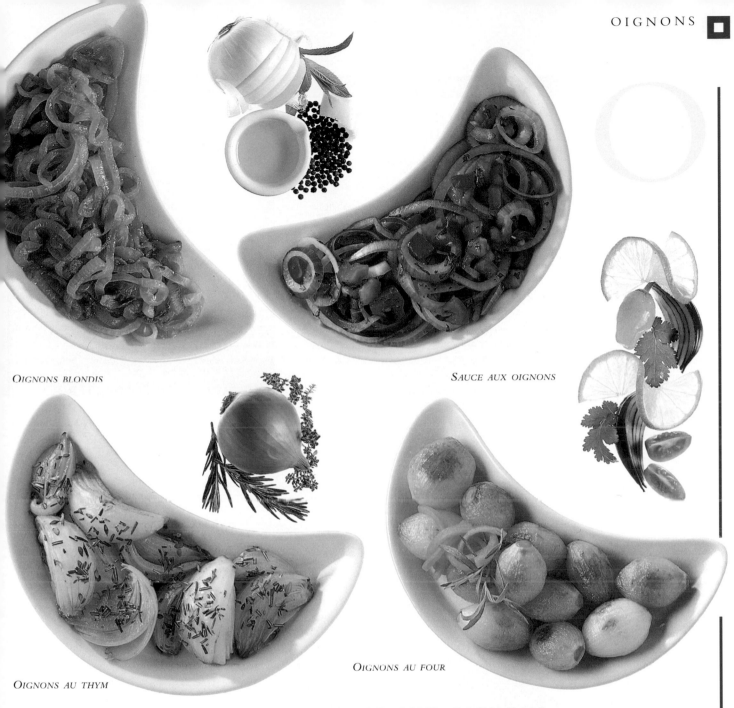

OIGNONS BLONDIS

SAUCE AUX OIGNONS

OIGNONS AU THYM

OIGNONS AU FOUR

OIGNONS BLONDIS

Peler et détailler 2 oignons en fines rondelles. Chauffer 1 cuil. à soupe de beurre et 1 cuil. à soupe d'huile dans une poêle. Faire dorer les oignons à feu doux, 10 à 12 minutes, en remuant de temps en temps. Servir chaud.

OIGNONS AU THYM

Peler 2 oignons et les couper en huit. Chauffer dans une poêle 2 cuil. à café de beurre et 2 cuil. à soupe d'huile. Y faire revenir les oignons à feu moyen, 5 minutes environ, jusqu'à ce qu'ils soient tendres et dorés. Ajouter 1 cuil. à café de thym frais haché, et 1 cuil. à café de romarin frais haché. Cuire encore 1 minute et arroser d'un peu de vinaigre. Servir chaud.

SAUCE AUX OIGNONS

Peler et détailler 1 oignon rouge en tranches fines. Dans une jatte, bien mélanger 2 cuil. à soupe de jus de citron vert, 1 cuil. à soupe d'huile d'olive, 1 cuil. à café de sucre roux, 1 cuil. à soupe de coriandre fraîche ciselée, 1 tomate coupée en morceaux et 1 piment jalapeño finement émincé. Assaisonner à votre goût. Couvrir ; réserver à température ambiante 10 minutes avant de servir.

OIGNONS AU FOUR

Peler 8 petits oignons, en gardant la base intacte, et les placer dans un plat à four. Mélanger 1 cuil. à soupe de beurre fondu et 1 cuil. à soupe d'huile. En badigeonner généreusement les oignons. Enfourner à 180 °C, 30 minutes environ, jusqu'à ce qu'ils soient bien dorés. Servir chaud.

pizzas, les sauces à base de tomates, les courgettes, les aubergines et les farces. Son nom provient du grec " plaisir de la montagne", à cause des montagnes méditerranéennes où il pousse encore à l'état sauvage. L'origan est une herbe du jardin populaire ; on peut également le trouver frais et séché.

Ormeau Grand mollusque marin avec une coquille plate en forme d'oreille. L'ormeau vit près des rivages, en s'accrochant sous les rochers à l'aide d'un muscle épais.

On le trouve partout dans le monde, mais, à un moment donné, il devint si rare en Californie qu'il fut interdit de le mettre en conserve, de le faire sécher ou de l'exporter ; l'apparition de fermes d'élevage facilita ces restrictions. Dans les îles Anglo-Normandes, l'espèce diminua fortement suite à des cueillettes massives lors des grandes marées qui découvrent les rochers. En Australie, des plongeurs les récoltent dans les eaux du sud. La chair de l'ormeau, très ferme, s'attendrit lorsqu'on l'aplatit avant de la manger.

Oseille Plante à feuilles vertes au goût acide, légèrement citronné. On

ORANGES

SALADE D'ORANGES ET DE RIZ, À L'HUILE DE SÉSAME

✳ **Préparation :** 30 minutes
 Cuisson : aucune
 Pour 8 personnes

2 oranges
12 pointes d'asperges fraîches
155 g de petits pois gourmands (mange-tout)
2 tasses de riz à grains longs, cuit et froid
1 petit concombre, coupé en tranches fines
1 gros poivron rouge, détaillé en tranches fines
2 oignons nouveaux

1 gros oignon rouge, coupé en tranches fines

Assaisonnement
2 cuil. à soupe d'huile de sésame
2/3 de tasse de jus d'oranges
2 cuil. à café de gingembre râpé
2 cuil. à café de zeste d'orange râpé fin
1 gousse d'ail, écrasée
1 cuil. à soupe de miel

1 Plonger les asperges, 2 minutes environ, dans un bol d'eau bouillante, jusqu'à ce qu'elles soient vert vif et légèrement tendres. Égoutter puis tremper les pointes dans un bol d'eau glacée. Lorsqu'elles sont froides, égoutter et éponger délicatement avec du papier absorbant. Couper les asperges en diagonale, en morceaux de 3 cm. Équeuter les pois gourmands.
2 Peler les oranges en veillant à enlever la membrane blanche. Séparer les quartiers au couteau. Leur ôter leur membrane en même temps.
3 Réunir tous les ingrédients dans un saladier. Mélanger.
4 Assaisonnement : réunir les ingrédients dans un récipient à couvercle. Secouer 30 secondes environ pour bien les mélanger.

GLACE À L'ORANGE

✳ **Préparation :** 1 heure + temps de congélation
 Cuisson : 20 minutes
 Pour 1,5 litre

1 tasse 1/4 de sucre glace + 1/4 de tasse supplémentaire
1 tasse 1/2 de jus d'oranges fraîchement pressé
2 tasses d'eau
1 cuil. à soupe de jus de citron

2 cuil. à soupe de Cointreau ou de Grand-Marnier
2 blancs d'œufs
Tranches d'oranges pour la garniture

1 Dans une grande casserole, chauffer 1 tasse 1/4 de sucre glace, le jus d'oranges, l'eau et le jus de citron en remuant 4 à 5 minutes, jusqu'à dissolution du sucre. Porter à ébullition, et laisser mijoter 15 minutes.
2 Verser dans un saladier, laisser refroidir puis ajouter la liqueur.
3 Monter les blancs en neige.
Ajouter progressivement 1/4 de tasse de sucre glace, sans cesser de battre.
4 À l'aide d'une cuillère en métal, incorporer délicatement les blancs à la préparation à l'orange.
Mettre le tout dans une sorbetière 30 minutes environ. Servir avec des tranches d'oranges.
5 À défaut de sorbetière : après l'étape 2, verser la préparation à l'orange dans un bac à glaçons, et laisser au congélateur jusqu'à ce qu'elle commence à prendre sur les bords.
6 Procéder ensuite à l'étape 3, et remettre au congélateur jusqu'à ce que la glace soit ferme. Garnir de tranches d'oranges.

endroit tiède, 45 minutes environ.

4 Pétrir la pâte encore 1 minute, jusqu'à ce qu'elle soit lisse. En foncer le moule, couvrir d'un film plastique, et laisser lever dans un endroit tiède 20 minutes environ.

5 Préchauffer le four à 180 °C. Huiler un couteau pointu et aiguisé, puis couper soigneusement la pâte en huit en veillant à ne pas en expulser l'air. Si elle dégonfle, laisser reposer 5 minutes, jusqu'à ce qu'elle ait levé à nouveau.

6 Enfourner 20 minutes environ, jusqu'à ce que la brioche soit dorée et bien cuite (elle doit "sonner creux"). La placer sur une grille à pâtisserie.

7 Glaçage : mélanger l'eau, le sucre et la gélatine dans une petite jatte résistant à la chaleur. Faire chauffer au bain-marie jusqu'à dissolution du sucre et de la gélatine. Badigeonner la brioche encore chaude.

SALADE D'ORANGES AUX ÉPINARDS

☆   **Préparation :** 15 minutes
     Cuisson : aucune
     Pour 4 à 6 personnes

4 oranges
10 à 12 feuilles d'épinards
1 oignon rouge, coupé en tranches
1/2 tasse d'olives noires dénoyautées
1/3 de tasse d'huile d'olive
1/4 de tasse de vinaigre
1/4 de tasse de pignons grillés

1 Placer les oranges sur une planche et couper leurs extrémités.
Les peler et ôter la membrane blanche avec un petit couteau pointu.
Séparer les quartiers et ôter leur membrane en même temps (glisser à chaque fois la lame du couteau entre la membrane et la pulpe).
Effectuer cette opération au-dessus d'une jatte pour récupérer le jus.

2 Couper les feuilles d'épinards en petits morceaux. Les mélanger avec l'oignon, l'orange et les olives noires dans un grand saladier.

3 Mélanger soigneusement l'huile d'olive et le vinaigre dans un bol.

4 Verser sur la salade et bien remuer. Garnir de pignons grillés et servir immédiatement.

À PROPOS DES ORANGES

■ Les oranges se gardent plusieurs semaines. Cependant, lorsque de petite tâches apparaissent sur leur peau, il faut les consommer rapidement.

CI-DESSUS : BRIOCHE À L'ORANGE.
PAGE CI-CONTRE, EN HAUT : GLACE À L'ORANGE ; EN BAS : SALADE D'ORANGES AUX ÉPINARDS.

BRIOCHE À L'ORANGE

☆   **Préparation :** 45 minutes + 1 heure de repos
     Cuisson : 20 minutes
     Pour une brioche ronde de 23 cm de diamètre

2 tasses de farine
7 g de levure chimique
1/3 de tasse de fruits confits variés
2 cuil. à soupe de sucre en poudre
2 cuil. à café de zeste d'orange râpé
1/3 de tasse de lait tiède
1/3 de tasse de jus d'orange
1 œuf légèrement battu
30 g de beurre fondu

Glaçage
1 cuil. à soupe d'eau
1 cuil. à café de sucre en poudre
1 cuil. à café de gélatine

1 Badigeonner d'huile ou de beurre fondu un moule à manqué de 23 cm de diamètre. Dans une grande jatte, tamiser la farine et bien la mélanger avec la levure, les fruits confits, le sucre et le zeste. Former un puits au centre.

2 Mélanger le lait, le jus d'orange, l'œuf et le beurre dans une petite jatte. Incorporer le tout à la farine. Mélanger avec un couteau jusqu'à obtention d'une pâte souple. La travailler sur un plan de travail légèrement fariné, 10 minutes environ, jusqu'à ce qu'elle soit lisse et élastique. Pour vérifier, appuyer sur la pâte avec un doigt. Si la pâte est prête, elle va combler immédiatement l'empreinte et rester bien lisse.

3 Placer la pâte dans un saladier légèrement huilé. Couvrir d'un film plastique et laisser lever dans un

cuit généralement l'oseille comme les épinards. On peut la réduire en purée pour garnir une omelette, ou en faire de la soupe. Les feuilles tendres et très jeunes peuvent être ajoutées (en petite quantité) à une salade verte. On utilise souvent l'oseille pour aromatiser les poissons.

L'oseille est originaire d'Europe. Dans l'antiquité, on la mangeait pour compenser la richesse de certains aliments. Elle est particulièrement populaire dans la cuisine provençale. Le nom est dérivé du mot grec signifiant *aigre*.

Osso Bucco Plat composé de jarret de veau braisé, avec l'os et la moelle intacts, qui, avant d'être servi, est saupoudré de gremolata (mélange de persil et d'ail hachés, et d'un zeste de citron râpé). L'Osso Bucco est une spécialité milanaise. Le nom signifie *os avec un trou*.

Oursin Animal marin à chair lisse enfermé dans une dure coquille ronde recouverte d'épines ; l'oursin est un échinoderme, pas un mollusque. La partie comestible est composée des œufs de poisson de couleur rouge-orange, qui ont un goût salé, et la consistance d'un œuf cru.

P

Paella Plat d'origine espagnole composé de riz, d'huile d'olive, de fruits de mer, de poulet ou de lapin et de légumes, aromatisé à l'ail et au safran. Le nom "paella" provient de paellera, terme désignant une poêle peu profonde à deux anses dans laquelle on cuit la paella. Ce plat est originaire de la région de Valence, à l'est de l'Espagne.

Pain Mélange pétri de farine et d'eau, auquel on ajoute habituellement du levain (agent levant), qui est ensuite cuit au four. Les galettes de pain (sans levain) composées de pâtes de céréales, cuites sur des pierres

brûlantes, sont un des aliments les plus anciens, qui remonterait à plus de 10 000 ans. On prépare encore des variétés de pain sans levain en Inde et au Moyen-Orient. On pense que les Égyptiens furent les premiers à fabriquer du pain au levain, en découvrant les effets de la fermentation

PAIN

PAIN DE MIE

✱ **Préparation :** 30 minutes + temps repos
Cuisson : 50 minutes
Pour un pain

15 g de levure chimique　　*500 g de farine ordinaire*
400 à 500 ml d'eau　　　*ou complète*
2 cuil. à café de sel

1 Dans un bol, mélanger la levure et 2 à 3 cuil. à soupe d'eau froide ou tiède. Dissoudre le sel dans l'eau qui reste. Tamiser la farine dans une grande jatte et former un puits au centre. Y verser la préparation à la levure et la saupoudrer de farine. Ajouter l'eau salée et mélanger à la main ou avec une cuillère en bois.
2 Sur un plan de travail légèrement fariné, pétrir doucement la pâte une dizaine de minutes, en ajoutant de la farine si nécessaire. Former une boule et la placer dans un saladier légèrement huilé. Couvrir d'un film plastique et laisser lever dans un endroit tiède, 1 heure 30 environ, jusqu'à ce que la pâte ait doublé de volume.
3 Badigeonner d'huile ou de beurre fondu un moule à pain d'une contenance d'1 litre. Pétrir la pâte à nouveau, 2 à 3 minutes, jusqu'à ce qu'elle soit lisse. La mettre dans le moule et saupoudrer de farine. Couvrir d'un film plastique et laisser lever 45 minutes environ, jusqu'à ce que la pâte atteigne le haut du moule.

4 Préchauffer le four à 220 °C. Enfourner 50 minutes environ, jusqu'à ce que le pain soit cuit. Retirer du moule et laisser refroidir sur une grille à pâtisserie.

VARIANTES

■ **PETITS PAINS AUX OLIVES ET AUX HERBES :** lors de l'étape 1, ajouter à la farine ¹/₃ de tasse d'olives noires coupées en rondelles, et 2 à 3 cuil. à café d'herbes fraîches ciselées (origan, thym-citron, persil ou ciboulette).
Suivre la recette jusqu'au travail de la pâte à l'étape 3. Diviser la pâte en huit ou dix morceaux (selon la taille voulue). Leur donner la forme de boules, de galettes, de rouleaux ou de nœuds. Disposer sur des grilles à four beurrées. Badigeonner les petits pains de lait, et éventuellement, saupoudrer de farine. Couvrir d'un film plastique et laisser lever 40 minutes environ. Enfourner 40 à 50 minutes, jusqu'à ce que les pains soient dorés et bien cuits.

■ **PAIN ROULÉ AUX HERBES ET AU FROMAGE :** suivre la recette jusqu'à l'étape 3.
Retirer la pâte du saladier et la pétrir 2 à 3 minutes. L'étaler en un rectangle d'environ 20 x 25 cm. Mélanger ¹/₂ tasse de fromage râpé, 2 cuil. à soupe de persil frais ciselé avec du poivre. Saupoudrer la pâte ; la rouler en partant du bord le plus court, comme pour un gâteau roulé. En foncer un moule graissé. Poursuivre la cuisson comme indiqué dans la recette du pain.

PAIN COMPLET

★★ **Préparation** : 30 minutes + temps de repos
Cuisson : 35 à 40 minutes
Pour un pain

1 cuil. à café de sucre roux
15 g de levure de boulanger
ou 7 g de levure séchée
1 tasse ¼ d'eau ou de lait tiède

3 tasses ¼ de farine complète
1 cuil. à café de sel

1 Badigeonner d'huile ou de beurre fondu un moule à pain, profond. Mélanger le sucre et la levure dans une jatte. Ajouter l'eau ou le lait petit à petit pour obtenir une texture lisse. Couvrir d'un film plastique et laisser reposer dans un endroit tiède 10 minutes environ.

2 Tamiser la farine et le sel dans une grande jatte. Former un puits au centre. Verser le levain et mélanger avec un couteau jusqu'à obtention d'une pâte souple.

3 Pétrir la pâte sur un plan légèrement fariné, 5 à 10 minutes, jusqu'à ce qu'elle soit lisse. Former 1 boule. La placer dans un saladier légèrement huilé. Couvrir d'un film plastique et laisser lever dans un endroit tiède, 15 à 20 minutes. Marteler la pâte avec le poing pour en expulser l'air. La travailler encore 3 à 5 minutes. La placer dans le moule ; couvrir d'un film plastique et laisser lever dans un endroit tiède jusqu'à ce qu'elle ait doublé de volume.

4 Préchauffer le four à 210 °C. Badigeonner la pâte avec un peu de lait. Faire des incisions sur le dessus et/ou saupoudrer d'un peu de farine supplémentaire. Enfourner

35 à 40 minutes, jusqu'à ce que le pain soit doré et bien cuit. Après 5 minutes de repos, faire refroidir sur une grille.

VARIANTES

■ Après avoir expulsé l'air de la pâte et l'avoir travaillée à nouveau, la diviser en portions individuelles. Leur donner la forme de ronds. On peut aussi diviser la pâte en trois, former des rouleaux et les tresser. Placer les pains sur des plaques de four beurrées. Les espacer car ils s'étaleront en cuisant. Badigeonner de lait et saupoudrer de graines de pavot, de sésame ou d'herbes séchées et de gros sel. Enfourner.

■ Pour un pain complet plus léger, remplacer la moitié de farine complète par de la farine ordinaire.

■ **PAIN AU FROMAGE, AU BACON ET À LA CIBOULETTE** : mélanger à la farine tamisée ½ tasse de fromage râpé (cheddar ou mimolette), 2 tranches de bacon coupées en petits morceaux, et ¼ de tasse de ciboulette ciselée. Procéder ensuite comme indiqué dans la recette ci-dessus.

■ Après avoir expulsé l'air de la pâte et l'avoir pétrie à nouveau, l'étaler en un rectangle d'1 cm d'épaisseur. Saupoudrer d'½ tasse de fines herbes fraîches ciselées, d'1 à 2 gousses d'ail écrasées. Saler et poivrer. Rouler en partant du bord le plus court. Placer le rouleau, partie lisse vers le haut, dans un moule préparé. Procéder ensuite comme indiqué dans la recette ci-dessus.

CI-DESSUS : PAIN COMPLET. PAGE CI-CONTRE : PAIN DE MIE.

sur la pâte. La consommation de pain s'est répandue dans toute l'Europe au Moyen-Âge. Différents types de pains furent alors créés, et l'on distingua pain noir, fait avec de la farine de sarrazin, et pain blanc. Le pain blanc était consommé par les riches, le pain noir était réservé aux pauvres.

Pendant longtemps, il y eut des fours à pain communs dans les villages et communes, et selon la tradition et les besoins, on préparait également le pain à la maison. À partir du début du XXᵉ siècle, des techniques industrielles de fabrication du pain s'implantèrent peu à peu ; de nos jours, les boulangers utilisent des pétrins mécaniques et des fours à cuisson automatique tandis que subsistent également fabrications artisanales ou ménagères.

La fabrication du pain comprend trois étapes : le pétrissage, la fermentation, et la cuisson.

Le pétrissage consiste à mélanger de manière homogène la farine, le sel, l'eau, la levure, de même que d'autres substances autorisées, par exemple la lécithine de soja, et le malt.

On procède ensuite à une panification sur levain

(c'est-à-dire une pâte à pain préparée la veille et fermentée), ou une panification sur levure, qui est plus rapide (on laisse lever la pâte). La fermentation de la pâte à pain, ou fermentation panaire, relève d'un processus chimique dans lequel les enzymes de la levure jouent un rôle essentiel. La température favorable à une bonne fermentation se situe entre 35 °C et 38 °C. Dès 40 °C, la levure n'agit plus (une température élevée tue les principes actifs).

La cuisson au four varie selon les types de pain, mais en général, on cuit le pain à une température comprise entre 100 °C et 250 °C. Si le pain préparé nécessite une cuisson plus longue, on choisit parfois une température plus basse. Durant la cuisson,

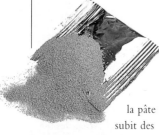

la pâte subit des réactions chimiques qui aboutissent à sa transformation en pain. La qualité du pain dépend de la variété de blé utilisée.

Les différents types de pain sont les suivants : le pain blanc, qui est riche en amidon, et assez calorique. Le pain complet est préparé avec de la farine complète, et est considéré par les nutritionnistes comme étant très sain. Le pain

FOCACCIA À L'AIL (FOUGASSE)

✳ **Préparation :** 20 minutes + 50 minutes de repos
Cuisson : 25 minutes
Pour 4 à 6 personnes

7 g de levure chimique	2 cuil. à soupe d'huile
1 cuil. à café de sucre en poudre	d'olive + 1 cuil. à soupe supplémentaire
2 tasses 1/3 de farine	1 cuil. à soupe de farine de
3/4 de tasse d'eau tiède	maïs (ou de semoule de
1 cuil. à café de sel	maïs)
3 gousses d'ail écrasées	2 cuil. à café de sel fin

1 Dans une petite jatte, mélanger la levure, le sucre, l'eau et 1 cuil. à café de farine. Couvrir d'un film plastique et laisser reposer dans un endroit tiède 10 minutes environ, jusqu'à ce que le levain mousse.
2 Tamiser le reste de farine et 1 cuil. à café de sel dans une grande jatte. Ajouter l'ail et mélanger avec un couteau à lame lisse. Former un puits au centre. Y verser le levain et 2 cuil. à soupe d'huile d'olive. Mélanger avec le couteau jusqu'à obtention d'une pâte ferme.
3 La pétrir 10 minutes sur un plan de travail fariné. Former une boule et la placer dans un saladier légèrement huilé. Couvrir d'un film plastique et laisser dans un endroit tiède, 40 minutes environ, jusqu'à ce que la pâte ait bien levé.
4 Préchauffer le four à 210 °C. Saupoudrer de farine ou de semoule de maïs le fond d'un moule peu profond de 18 x 28 cm environ. Pétrir à nouveau la pâte 2 minutes environ, jusqu'à ce qu'elle soit lisse. En fon-

cer le moule et percer de trous profonds avec une brochette. Arroser d'un peu d'eau et enfourner 10 minutes. Arroser à nouveau d'un peu d'eau et cuire encore 10 minutes. Badigeonner d'huile d'olive, saupoudrer de sel de mer et enfourner 5 minutes. Servir la focaccia tiède ou à température ambiante, après l'avoir découpée en tranches.

VARIANTES

■ **FOCACCIA AU FROMAGE ET À LA CIBOULETTE :** lors de l'étape 2, ajouter à la préparation 1/3 de tasse de parmesan râpé et 1/4 de tasse de ciboulette ciselée.
■ **FOCACCIA AU FROMAGE ET AU BACON :** après avoir piqué la pâte avec une brochette, répartir sur le dessus 3/4 de tasse de fromage râpé (cheddar ou mimolette), 2 à 3 tranches de bacon coupées en petits morceaux et 1 petit oignon finement émincé. Cuire comme indiqué mais sans arroser d'eau.
■ **FOCACCIA AUX OLIVES, AU POIVRON ET AUX ANCHOIS :** après avoir piqué la pâte avec une brochette, garnir avec 1/2 tasse d'olives noires coupées en rondelles, 1/2 petit poivron rouge finement émincé, et 45 g d'anchois en boîte, égouttés et coupés en petits morceaux. Cuire comme indiqué mais sans arroser d'eau.

GALETTE AUX OLIVES ET À L'OIGNON

✳✳ **Préparation :** 20 minutes
Cuisson : 35 minutes
Pour 8 personnes

1 cuil. à soupe d'huile d'olive + 1/2 tasse supplémentaire	3 tasses de farine complète
	2 tasses de farine
2 oignons, finement émincés	1 cuil. à soupe de graines de carvi
1 cuil. à café de sucre en poudre	1 tasse 3/4 d'eau tiède
	1 œuf battu
1/2 tasse de lait tiède	1 tasse d'olives noires dénoyautées
15 g de levure chimique	

1 Préchauffer le four à 210 °C. Huiler un plat à four peu profond, d'environ 35 x 25 cm. Chauffer l'huile dans une poêle. Y faire dorer les oignons 10 minutes environ et laisser refroidir.
2 Dans une jatte, mélanger le sucre, le lait et la levure chimique ; laisser reposer 5 minutes. Tamiser les farines dans un saladier et y ajouter les graines de carvi.
3 Incorporer l'eau, l'œuf et 1/2 tasse d'huile d'olive à la préparation à la levure. Ajouter à la farine et mélanger jusqu'à obtention d'une pâte collante. L'étaler dans le moule et la lisser avec les mains huilées.
4 Répartir les oignons et les olives sur la pâte. Les enfoncer légèrement en les tapotant fermement. Enfourner 35 minutes environ, jusqu'à ce que le pain soit doré et ferme.

PAIN AUX RAISINS ET AUX NOIX

✳ ✳   **Préparation :** 35 minutes + temps de repos

     Cuisson : 40 à 50 minutes

     Pour un pain

345 g de farine (50 % de farine ordinaire, 50 % de farine complète)	*150 ml de lait tiède*
	60 g de beurre fondu (mais pas chaud)
60 g de sucre roux	*125 g de raisins de Smyrne*
¼ de cuil. à café de cannelle en poudre	*125 g de raisins de Corinthe*
¼ de cuil. à café de muscade en poudre	*60 g de zestes confits*
¼ de cuil. à café de gingembre en poudre	*125 g de noix du Brésil, pilées*
¼ de cuil. à café de poivre de la Jamaïque	***Glaçage***
1 pincée de sel	*150 ml de lait*
15 g de levure de boulanger	*6 cuil. à soupe de sucre en poudre*

1 Dans un bol, dissoudre la levure dans un peu du lait. Dans une grande jatte, mélanger la farine, le sucre, les épices et le sel. Former un puits au centre ; y verser la préparation à base de levure. Ajouter le beurre et le lait restant. Mélanger le tout avec un couteau à lame lisse pour obtenir une pâte souple, en rajoutant de la farine ou de l'eau tiède si nécessaire.

2 Sur un plan de travail légèrement fariné, pétrir la pâte 4 minutes environ, jusqu'à ce qu'elle soit souple et élastique. Remettre la pâte dans la jatte, couvrir d'un film plastique et laisser lever 1 heure 30 environ.

3 Préchauffer le four à 200 °C. Badigeonner d'huile ou de beurre un petit moule à pain. Ajouter les fruits, les zestes et les noix du Brésil à la pâte, et la pétrir pour les incorporer. Verser dans le moule, couvrir d'un film plastique et laisser reposer dans un endroit tiède, 30 minutes environ, jusqu'à ce que la pâte atteigne le haut du moule. Enfourner 35 à 45 minutes, jusqu'à ce que la pâte ait légèrement rétréci, et qu'elle soit bien dorée en surface. Démouler le pain en le retournant sur une grille à pâtisserie. S'il est très souple au toucher, le remettre tel quel au four 5 minutes (sans le moule).

4 Lorsque le pain est cuit, et encore chaud, le badigeonner de glaçage. Laisser refroidir sur la grille à pâtisserie.

5 Glaçage : mélanger le lait et le sucre dans une casserole. Porter à ébullition en remuant constamment jusqu'à dissolution du sucre. Laisser bouillir 3 à 5 minutes, jusqu'à ce que la préparation épaississe un peu.

VARIANTES

■ Le pain aux raisins et aux noix peut se préparer en torsades ou en petits pains individuels.

■ Préparer des hot cross bun (voir recette) : garnir les petits pains ronds d'une croix de pâte brisée avant de les cuire. Badigeonner de glaçage.

■ Préparé avec de la farine ordinaire, ce type de pain est plus léger. Uniquement à base de farine complète, il est plus compact.

CI-DESSUS : PAIN AUX RAISINS ET AUX NOIX.
PAGE CI-CONTRE : FOCACCIA À L'AIL.

brioché est du pain de mie auquel on a ajouté du sucre et des oeufs. Le pain de campagne est préparé avec une farine de froment, et du levain. En général, il contient plus d'eau que le pain blanc, et on peut le conserver plus longtemps. Le pain de mie a, comme son nom l'indique, une mie très abondante, et contient du sucre. Le pain viennois comporte un peu de lait. Le pain de seigle, préparé avec de la farine de seigle, le pain aux céréales (seigle, maïs, blé, orge et avoine), le pain aux multi-céréales, le pain au son, et le pain enrichi de fibres (son) ont la réputation d'être bons pour la santé. Il existe aussi des pains biologiques.

Le pain joue un rôle important dans l'équilibre alimentaire : une ration de pain apporte des protides, des lipides, des glucides, ainsi que des vitamines B et des minéraux. Dans certains pays du sud de l'Europe, le pain reste la base de l'alimentation. La traditionnelle baguette de pain fait partie intégrante de nos repas.

Pain-bagnat Spécialité provençale traditionnellement appelée *pan-bagnat*, c'est un petit pain rond, individuel, garni de salade, tomates, oeufs durs, anchois et thon, et aromatisé à l'huile d'olive.

Pain à la bière Pain fabriqué en utilisant de la bière, et non de la levure, comme agent levant.

Pain de Gênes
Préparation sucrée à base de farine, beurre et œufs, parfois agrémentée d'amandes et aromatisée de kirsch. On peut cuire le pain de Gênes dans des tourtières et des moules. On l'emploie notamment pour confectionner des

gâteaux en couches et des pavés individuels. Le pain de Gênes peut être tranché transversalement en trois couches, et garni, entre ces couches, de crème ou de crème et de fruits. On peut ensuite le napper d'un glaçage, ou le décorer de crème fouettée. Selon son épaisseur, on peut également le partager en deux, puis le fourrer et le décorer de la même façon.

Pain d'Irlande
Préparation à pâte levée faite de farine, sucre, raisins de Corinthe, beurre, lait, et aromatisée à l'eau-de-vie et à la cannelle. Le pain d'Irlande se cuit au four, dans un moule à charlotte.

Pain de seigle Pain de couleur foncée, de texture compacte avec un

PAIN AUX OLIVES

★ **Préparation** : 20 minutes
Cuisson : 25 minutes
Pour 8 personnes

2 tasses de farine avec levure incorporée
1 cuil. à café de sel
30 g de beurre en petits morceaux
½ tasse de parmesan râpé + 2 cuil. à soupe supplémentaires
½ tasse d'olives noires, dénoyautées et coupées en rondelles
1 cuil. à soupe de romarin frais, ciselé
½ tasse de lait + 1 cuil. à soupe supplémentaire
¼ de tasse d'eau

1 Préchauffer le four à 210 °C. Badigeonner d'huile ou de beurre fondu une plaque de four et la fariner légèrement. Tamiser la farine et le sel dans un saladier. Ajouter le beurre en petits morceaux. Travailler du bout des doigts jusqu'à obtention d'une pâte fine et friable.
2 Incorporer le parmesan, les olives et le romarin. Mélanger le lait et l'eau dans un bol, et verser dans le saladier. Mélanger le tout avec un couteau à lame lisse jusqu'à obtention d'une pâte souple.
3 La pétrir brièvement sur un plan de travail légèrement fariné, jusqu'à ce qu'elle soit lisse. Former une boule et l'aplatir en un rond d'environ 2 cm d'épaisseur.
4 Placer la pâte sur la plaque de four. L'inciser profondément avec un couteau pour dessiner 8 parts. Badigeonner avec 1 cuil. à soupe de lait et saupoudrer de parmesan. Enfourner 25 minutes environ, jusqu'à ce que le pain soit bien doré et croustillant.

PAIN DE SEIGLE AU CARVI

★★ **Préparation** : 50 minutes + 2 jours pour le levain
Cuisson : 40 minutes
Pour un gros pain ou 2 petits

Levain d'accompagnement
5 g de levure de boulanger
1 tasse d'eau tiède
1 tasse de farine complète

Pâte à pain
1 tasse ½ d'eau
30 g de levure de boulanger
2 cuil. à café de sucre roux
1 tasse de farine complète
2 tasse ½ de farine de seigle + farine supplémentaire pour pétrir
1 cuil. à café de sel
2 cuil. à café de graines de carvi

1 Levain d'accompagnement : dans un bol, dissoudre la levure dans l'eau tiède. Verser sur la farine et mélanger jusqu'à obtention d'une pâte lisse. Couvrir et laisser reposer 2 jours à température ambiante.
2 Pâte à pain : mélanger l'eau, la levure et le sucre dans un bol. Laisser dans un endroit tiède jusqu'à formation d'une pellicule mousseuse.
3 Réunir les farines et le sel dans un très grand saladier (à défaut, utiliser une bassine). Former un puits au centre ; y verser la pâte à pain et ½ tasse de levain d'accompagnement. Pétrir jusqu'à obtention d'une pâte homogène, lisse et élastique. La placer dans une grande jatte, légèrement huilée, et laisser lever dans un endroit tiède jusqu'à ce qu'elle ait doublé de volume.
4 Préchauffer le four à 200 °C. Sur un plan de travail fariné, aplatir la pâte en la frappant avec le poing, et la travailler 10 minutes. Former 1 ou 2 galettes, de forme légèrement allongée.
5 Placer sur une plaque à four graissée et laisser reposer 10 minutes. Humecter d'eau, saupoudrer de graines de carvi et enfourner 30 à 40 minutes jusqu'à ce que le pain soit doré.

PAINS DE VIANDE

PAIN DE VIANDE GOURMET

✳ **Préparation :** 20 minutes
Cuisson : 1 heure 20
Pour 6 personnes

*500 g de porc et de veau
hachés*
250 g de chair à saucisse
*1 tasse 1/2 de mie de pain
frais*
1 petit poivron vert, haché
1 oignon, émincé
2 gousses d'ail écrasées
*1/2 tasse de sauce tomate en
pot (pour pâtes)*
1/2 tasse de chutney fruité
1 œuf, légèrement battu
*1/2 tasse d'abricots secs,
finement détaillés*
*1 cuil. à soupe de grains de
poivre vert, égouttés et
concassés*

*2 cuil. à soupe de menthe
fraîche, ciselée*
*2 cuil. à café de paprika
doux en poudre*
*1 cuil. à soupe de graines
de sésame grillées*

Crème de tomates

*1 tasse 1/2 de sauce tomate
en pot (pour pâtes)*
*1/2 tasse de crème fraîche
liquide*
*3 cuil. à café de moutarde
sans graines*

1 Graisser un moule à pain de 23 x 13 cm environ.
Préchauffer le four à 180 °C. Mélanger les viandes hachées dans une jatte. Ajouter la mie de pain, le poivron, l'oignon, l'ail, la sauce tomate, le chutney, l'œuf,
les abricots, le poivre vert, la menthe et le paprika. Bien
mélanger.
2 Verser dans le moule, bien tasser et enfourner 1 heure 15. Vider soigneusement le moule de son jus.

*PAGE CI-CONTRE, EN HAUT : PAIN DE SEIGLE AU
CARVI ; EN BAS : PAIN AUX OLIVES. CI-DESSUS : PAIN
DE VIANDE GOURMET.*

Démouler le pain de viande et le saupoudrer de graines
de sésame. Servir, coupé en tranches, avec la crème à
la tomate.
3 Crème à la tomate : mélanger tous les ingrédients
dans une casserole. Porter à ébullition, baisser le feu et
laisser mijoter 3 minutes, en remuant de temps en
temps.

PAIN DE BŒUF AU PIMIENTO ET AU FROMAGE

✳ ✳ **Préparation :** 20 minutes
Cuisson : 1 heure
Pour 6 personnes

1 kg de bifteck haché
2 tasses de mie de pain frais
*1/4 de tasse de concentré de
tomates*
*1 cuil. à soupe de moutarde
sèche en poudre*
*2 cuil. à café de fines
herbes séchées*
2 gousses d'ail écrasées
1 œuf légèrement battu

*1 tasse de pimiento émincé
(à défaut, utiliser du
paprika)*
*1/3 de tasse de basilic frais
ciselé*
*2 cuil. à soupe d'olives
noires, coupées en petits
morceaux*
250 g de ricotta
125 g de feta

1 Préchauffer le four à 180 °C. Chemiser de papier-
aluminium un moule à pain, d'environ 12 x 14 x
7 cm. Mélanger la viande, la mie de pain, le concentré
de tomates, la moutarde, les fines herbes, l'ail et l'œuf.
Diviser cette préparation en 3 portions.
2 Mélanger le pimiento, le basilic et les olives.
3 Étaler uniformément dans le moule une portion de
hachis, puis la moitié du mélange au pimiento ; recommencer, en alternant les couches, jusqu'à ce qu'il
n'y ait plus d'ingrédients. Enfourner 1 heure environ,
jusqu'à ce que le pain soit bien cuit. Vider le moule de
son jus, laisser refroidir 5 minutes et démouler.

léger goût aigre. On
l'apprécie avec les fruits
de mer.

Pain de viande Mélange
de bœuf haché, de porc
ou de veau (ou les deux),
assaisonné, mélangé à de
l'œuf battu, de la
chapelure ou du riz,
auquel on donne une
forme de pain et que l'on
cuit au four. On peut le
manger chaud ou froid,
servi avec une sauce ou
du jus de rôti.

Pain perdu Tranches ou
mouillettes de pain,
plongées dans un mélange
d'œuf et de lait, frites
dans le beurre jusqu'à ce
qu'elles deviennent
croustillantes et dorées sur
les deux
faces. On
sert le
pain
perdu

chaud,
saupoudré de sucre
et de cannelle, de sirop
ou de confiture, au petit
déjeuner ou en dessert.

Palme (huile de) Huile
végétale extraite de la
pulpe du fruit du palmier
à huile. On l'utilise
parfois pour fabriquer
de la margarine.
L'huile de palme a une
couleur orange et dorée,
et un léger goût de noix.
Composée en partie
d'acides gras saturés,
elle a des usages
multiples, et est
particulièrement
appréciée pour les
fritures.

Le palmier, arbre constitutif de la famille des palmacées, pousse dans les régions chaudes du globe. Il en existe plus de 1 200 espèces, dont le palmier à huile originaire de l'Afrique, qui fournit l'huile de palme. Les palmiers sont d'importantes ressources alimentaires : outre l'huile, et selon les espèces, on en consomme les dattes, les noix (cocotier), et le sagou (fécule que l'on extrait de la moelle du sagoutier), le chou palmiste (bourgeon comestible de certains palmiers, dont l'arec et le cocotier des Maldives).

Palmiste (huile) Huile végétale que l'on extrait du noyau du fruit de palme, et riche en acides gras saturés.

Palourde Mollusque marin lamellibranche, assez gras (riche en lipides). La palourde a une coquille lourde, épaisse, en forme de coeur. On la récolte dans les eaux côtières, principalement dans la Manche, l'Atlantique nord et la Méditerranée. On peut la manger crue lorsqu'elle est de petite taille.

Pamplemousse Grand agrume rond, à pulpe juteuse divisée en quartiers, à peau jaune ou rose, riche en

PAMPLEMOUSSES

SALADE DE PAMPLEMOUSSE AU CRESSON

✶ **Préparation :** 20 minutes
Cuisson : aucune
Pour 6 personnes

1 pamplemousse
220 g de cresson
1 belle orange
3 cuil. à soupe d'huile d'olive
1 cuil. à soupe de vinaigre de framboises (voir remarque ci-après)

1 Laver et sécher délicatement le cresson. Le couper en gros morceaux. Dresser dans un saladier.
2 Préparer le pamplemousse et l'orange en quartiers (sans les membranes). En garnir le cresson.
3 Avec un couteau aiguisé, ôter la pellicule blanche du zeste réservé et le couper en longues lanières fines.
4 Assaisonner avec l'huile et le vinaigre et mélanger délicatement. Garnir avec le zeste d'orange.

Remarque : on prépare le vinaigre de framboises en mélangeant ²/₃ de tasse de framboises écrasées avec 2 tasses de vinaigre de vin blanc. Verser le tout dans un récipient en verre ou en plastique, hermétiquement fermé. Laisser mariner 3 jours dans un endroit frais et sombre, en remuant de temps en temps. Filtrer avant usage.

MARMELADE DE PAMPLEMOUSSES

✶ **Préparation :** 35 minutes
Cuisson : 1 heure 40
Pour 1 litre

750 g de pamplemousses
2 citrons
2 l d'eau
6 tasses de sucre en poudre, réchauffé

1 Peler finement les pamplemousses et les citrons. Couper le zeste en lanières très fines et les placer dans une grande casserole. Retirer la pulpe des fruits et émincer finement la chair. Réserver les pépins.
2 Envelopper les pépins et une partie de la pulpe dans une mousseline, et ajouter au zeste, avec l'eau. Porter à ébullition et laisser mijoter jusqu'à ce que le zeste soit tendre et que le jus ait réduit de moitié.
3 Verser le sucre en poudre. Mélanger jusqu'à ce qu'il soit dissous et faire bouillir rapidement jusqu'à ce que la préparation prenne.
Laisser reposer 10 minutes. Écumer délicatement et verser dans des bocaux tièdes et stérilisés. Fermer hermétiquement. Les étiqueter.

À PROPOS DU PAMPLEMOUSSE
■ Le pamplemousse jaune est plus gros que le pamplemousse rose. Dans les deux cas, choisir le fruit uniformément coloré et sans défaut. En raison de sa peau épaisse, il se garde au frais plusieurs semaines.

PANAIS ET NAVETS

CHIPS DE PANAIS

☆ **Préparation :** 10 minutes
Cuisson : 6 minutes
Pour 8 personnes

4 gros panais   2 cuil. à soupe de jus de
Huile pour la friture   citron

1 Peler les panais. Les couper, en diagonale, en tranches d'environ 2 mm. Les placer dans une grande jatte et recouvrir d'eau. Ajouter le jus de citron ; réserver.
2 Au moment de la cuisson, égoutter les tranches et bien les éponger avec du papier absorbant.
3 Chauffer modérément l'huile dans un faitout. Y plonger délicatement un tiers des tranches. Les faire dorer, 1 à 2 minutes, à feu moyen, puis les retirer à l'aide de pinces. Renouveler l'opération. Égoutter les tranches sur du papier absorbant et servir immédiatement.

Remarque : pour une meilleure friture, utiliser de l'huile d'arachide, de maïs, de tournesol ou de soja. Ces huiles ont une saveur douce et peuvent être portées à très hautes températures sans brûler ni fumer.

Page ci-contre, en haut : Salade de pamplemousse au cresson ; en bas : Marmelade de pamplemousses. Ci-dessus : Chips de panais ; ci-contre : Soupe aux panais.

SOUPE AUX PANAIS

☆ **Préparation :** 20 minutes
Cuisson : 40 minutes
Pour 4 à 6 personnes

60 g de beurre
1 kg de petits panais, pelés et coupés en morceaux
2 oignons, émincés
1 cuil. à café de curry en poudre
½ cuil. à café de cardamome en poudre
½ cuil. à café de curcuma en poudre
1 l de bouillon de légumes
1 tasse de lait écrémé, condensé et non sucré
Croûtons ou herbes ciselées pour la garniture

1 Faire fondre le beurre dans une cocotte. Ajouter les panais et les oignons. Couvrir et cuire à feu doux 3 à 4 minutes.
2 Incorporer le curry, la cardamome et le curcuma et cuire 1 minute. Arroser avec le bouillon de légumes et porter à ébullition. Baisser le feu, couvrir et laisser mijoter jusqu'à ce que les légumes soient tendres, 30 minutes environ.
3 Retirer du feu et laisser refroidir 10 minutes. Passer au mixeur ou au robot ménager pour obtenir une soupe bien lisse. Remettre dans la cocotte. Incorporer le lait. Mélanger à feu doux jusqu'à ce que la soupe soit bien chaude. Servir avec des croûtons ou une pincée d'herbes fraîches ciselées.

Remarque : les panais ont un léger goût de noisette qui adoucit les soupes et autres plats à base de légumes, comme les ragoûts ou potées. Les choisir petits et fermes. Les plus gros risquent d'être ligneux à cœur, donc peu comestibles.

vitamine C. On peut en préparer une confiture, et son jus s'utilise parfois en cuisine.
On connaît le pamplemoussier, arbuste épineux voisin de l'oranger, et

l'utilisation de ses fruits, depuis le XIXe siècle. Le pamplemousse à peau jaune, et à pulpe blanche, est moins doux que le pamplemousse rose, au jus délicieux.
La pulpe du pamplemousse, et son écorce, sont très riches en fibres et en pectines.

Panade Préparation à base de pain et d'eau, salée, et additionnée d'un peu de lait ou de crème. On utilise du pain rassis que l'on fait cuire dans de l'eau une heure environ, à petit feu. On écrase ensuite le pain jusqu'à obtention d'une texture lisse, puis on ajoute le lait ou la crème.

Panais Légume-racine en forme de carotte et à chair blanc crème. Lorsqu'il est cuit, son goût devient fort et légèrement sucré, et il est

délicieux avec les viandes rôties.

Le panais, originaire d'Europe de l'Est, fut d'abord popularisé en Allemagne, et fut introduit aux États-Unis au début du XVIIe siècle. En Europe, pendant de nombreuses années, ce légume constitua un aliment essentiel pour les pauvres.

Pancake Crêpe épaisse composée de farine, d'œuf et de lait, cuite rapidement sur chaque face dans une poêle graissée ou sur une plaque

en fonte, puis servie chaude, généralement repliée ou enroulée autour d'une garniture qui peut être salée ou sucrée. En Amérique du Nord, on les présente empilées, avec du sirop d'érable.

Pancetta Jambon non fumé fait de poitrine de porc, séché avec des épices, du sel et du poivre. La pancetta est généralement vendue sous forme de saucisse et servie en fines tranches.

Paner Recouvrir des aliments de chapelure ou de mie de pain avant de les poêler ou de les frire.

Panettone Cake italien préparé avec de la pâte

SOUPE AUX NAVETS ET AU BACON

✴ **Préparation :** 20 minutes
Cuisson : 1 heure 25
Pour 4 à 6 personnes

1 cuil. à soupe de saindoux
3 beaux oignons jaunes, pelés, coupés en dés de 1 cm
250 g de bacon sans couenne, détaillé en dés de 1 cm
2 pommes de terre moyennes, coupées en cubes de 1 cm
750 g de navets pelés, finement émincé
1,5 l de bouillon de volaille
Poivre moulu
Muscade en poudre
Persil ciselé pour garnir

1 Dans une cocotte, chauffer le saindoux et y faire revenir les oignons jusqu'à transparence. Ajouter le bacon et laisser cuire 10 minutes environ, jusqu'à ce qu'il soit doré.
2 Ajouter les pommes de terre et les navets. Couvrir, baisser le feu et laisser mijoter 10 minutes.
3 Incorporer le bouillon de volaille, porter à ébullition et laisser mijoter 1 heure, à découvert.
4 Assaisonner de poivre et muscade, à votre goût. Servir dans une soupière réchauffée, et garnir de persil.

CI-DESSUS : PETITS NAVETS AU MIEL ET THYM-CITRON. PAGE CI-CONTRE, EN HAUT : PAPAYE AU SIROP ET AUX ÉPICES ; EN BAS : SALADE DE PAPAYE À LA THAÏLANDAISE.

PETITS NAVETS AU MIEL ET AU THYM-CITRON

✴ **Préparation :** 10 minutes
Cuisson : 7 minutes
Pour 4 personnes

500 g de petits navets
45 g de beurre
1/4 de tasse de miel
3 cuil. à café de jus de citron
1/2 cuil. à café de zeste de citron râpé
3 cuil. à café de feuilles de thym-citron, ciselées

1 Laver les navets et les brosser légèrement sous l'eau. Couper les deux extrémités.
Les blanchir 1 minute et les égoutter.
Rincer à l'eau froide et égoutter à nouveau.
2 Chauffer le beurre dans une cocotte ; y verser le miel. Porter à ébullition, ajouter le zeste et le jus de citron et laisser bouillir 3 minutes.
Ajouter les navets et les cuire 3 minutes, à feu vif, jusqu'à ce qu'ils soient juste tendres (vérifier à l'aide d'une brochette), et bien glacés de miel.
3 Parsemer de thym-citron.
Retirer du feu, et remuer pour bien enrober les navets de sauce au miel.
Servir tiède.

PAPAYE

PAPAYE AU SIROP
ET AUX ÉPICES

★ **Préparation :** 15 minutes + 1 nuit de
marinade
Cuisson : 40 minutes
Pour 1 litre

1 grosse papaye mûre et ferme	1 cuil. à café de piments de la Jamaïque entiers
Sucre	1 bâtonnet de cannelle de 1 x 5 cm, légèrement pilée
Vinaigre blanc	
1 cuil. à soupe de clous de girofle entiers	

1 Peler la papaye, la couper en deux et l'épépiner.
Détailler en petits morceaux de la taille d'un doigt. Laisser mariner une nuit, saupoudré de sucre (1 tasse ½ pour 50 g de fruits).
2 Faire mijoter jusqu'à transparence.
Transférer le sirop dans un saladier : ajouter ¾ de tasse de vinaigre pour 2 tasses ½ de sirop.
Parfumer avec les épices.
3 Cuire le sirop 10 minutes à petits bouillons.
Laisser refroidir et filtrer.
Mélanger la papaye et laisser cuire 7 minutes.
4 Placer les tranches de papaye dans des bocaux stérilisés.
Porter le sirop à ébullition, puis le verser sur la papaye.
Laisser refroidir avant de fermer hermétiquement les bocaux. Étiqueter et dater.

SALADE DE PAPAYE À LA THAÏLANDAISE

★ **Préparation :** 15 minutes
Cuisson : aucune
Pour 4 à 6 personnes

1 papaye d'environ 750 g	1 à 2 cuil. à café de sucre en poudre
¼ de tasse de crevettes chinoise séchées, trempées 10 minutes dans de l'eau bouillante	1 à 4 cuil. à café de sauce pimentée douce
1 cuil. à café d'ail écrasé	Feuilles de laitue, tranches de concombre et oignon nouveau pour la garniture.
4 à 6 cuil à soupe de citron vert	
4 à 6 cuil. à soupe de sauce de poisson (nuoc-mâm)	

1 Peler la papaye et la détailler en gros dés. Les disposer dans un grand saladier.
2 Moudre au robot ou au mortier les crevettes et l'ail pour former une pâte.
Y ajouter la moitié du jus de citron vert et la moitié du nuoc-mâm. Mélanger la préparation à la papaye.
3 Incorporer doucement le nuöc-mam et le jus de citron restants.
Ajouter le sucre et la sauce pimentée, à votre goût, pour obtenir une saveur aigre-douce.

À PROPOS DE LA PAPAYE

■ Arroser de citron vert avant de servir.
■ On en extrait une enzyme utilisée pour attendrir la viande.

levée sucrée, à laquelle on ajoute du jaune d'œuf (ce qui lui donne sa couleur), des fruits confits et des raisins secs. Le panettone a généralement la forme d'un haut pain rond. C'est une spécialité de Milan, mais aujourd'hui, il est fabriqué et exporté partout dans le monde. On le sert avec du café au petit déjeuner, et c'est également un gâteau traditionnel à Noël.

Panforte Gâteau italien, plat, de texture très riche, ressemblant au nougat, et composé de noix, de miel, de fruits

confits et d'épices, très énergétique. C'est une spécialité de Sienne. On dit que les Croisés en emmenaient durant leurs campagnes militaires.

Papadam Fine gaufrette croustillante d'origine indienne, préparée avec de la farine de lentille, de pommes de terre ou de riz. On frit les papadams un par un dans de l'huile végétale bouillante, en les maintenant plongés dans l'huile avec des pincettes pendant 3 secondes, puis

en les retournant pour les cuire à nouveau pendant quelques

PÂTE À FONCER, FEUILLETÉE ET PÂTE À CHOUX

De la pâte dépend en grande partie la réussite de tartes sucrées, salées, et de quiches. Elle doit être légère, croustillante et dorée. Dès lors, il suffit d'acquérir la bonne technique et le résultat sera parfait à chaque fois! Pour les quiches et les tartes, vous pouvez utiliser une pâte brisée ou feuilletée, ou encore une pâte phyllo (pâte orientale). La pâte n'est guère difficile à préparer, mais à défaut, l'usage des pâtes prêtes à l'emploi vendues dans le commerce permet de gagner du temps pour un résultat tout à fait satisfaisant.

PÂTE BRISÉE

En général, on utilise de la farine ordinaire pour préparer la pâte brisée. Toutefois, elle est bien plus légère si on y ajoute un peu de farine avec levure incorporée.

Bien que d'autres matières grasses puissent être employées, c'est le beurre qui donne la meilleure saveur. Il faut le couper en petits morceaux (de la taille d'un pois), et veiller à ce qu'il soit froid au moment de l'utiliser. Les œufs enrichissent la pâte et la rendent friable. Quant au lait, il l'adoucit et lui permet de bien dorer.

Que ce soit à la main ou au robot, il faut la pétrir vite et légèrement pour éviter que le beurre ne fonde. Afin que la pâte ne durcisse pas, il faut la travailler ni trop longtemps ni trop fort, et, une fois le beurre incorporé à la farine, ne pas ajouter trop de liquide.

Verser l'eau glacée (ou un autre liquide) par cuillerées à soupe successives, jusqu'à obtention d'une pâte homogène et ferme. Former une boule, couvrir d'un film plastique et réfrigérer au moins 30 minutes avant de l'étaler. Ainsi, la pâte sera plus facile à travailler et ne rétrécira pas à la cuisson.

PÂTE À CHOUX

Elle est très différente de la pâte brisée. On mélange la farine à un liquide bouillant, puis on ajoute des œufs. On en fait souvent des boules de pâte légères et creuses au cœur. Cette pâte sert à préparer éclairs, choux à la crème et profiteroles. Une fois cuits et garnis de crème, les choux doivent être consommés immédiatement, sinon ils perdent leur fermeté.

PÂTE FEUILLETÉE

Cette pâte aux feuillets disposés régulièrement est considérée comme la meilleure, mais est probablement la plus difficile à réaliser. On peut en acheter de très bonne qualité, en paquet ou prête à l'emploi, préétalée. Par souci d'efficacité, c'est l'astuce que nous utilisons dans nos recettes à base de pâte feuilletée.

ÉTALER LA PÂTE

Utiliser un rouleau à pâtisserie en marbre ou en bois. Diviser la pâte en deux si nécessaire et former deux boules. L'étaler sur un plan de travail légèrement fariné (le marbre est un plan de travail idéal), ou entre deux feuilles de film plastique ou de papier sulfurisé. L'abaisser au rouleau par petits coups, en la faisant tourner régulièrement, pour l'étaler de façon régulière. Veiller à ce que la pâte reste plus grande que le moule.

FONCER LE MOULE

Enrouler la pâte autour du rouleau. La dérouler au-dessus du moule, et le foncer sans déchirer la pâte.

Pincer la pâte sur les bords du moule pour qu'elle adhère bien. Si le moule est en métal, passer le rouleau sur le bord pour ôter l'excédent, ou un couteau aiguisé si le moule est en céramique.

REBORDS DÉCORATIFS

Pour décorer une tarte ou une tourte, on peut plisser ou pincer le bord de la pâte, l'orner de motifs rayés à la fourchette, ou le découper à intervalles réguliers puis replier chaque pointe.

En pièces : couper la pâte qui dépasse du moule, puis badigeonner le bord d'eau. Étaler l'excédent de pâte et y découper des cercles d'environ 1,5 cm de diamètre. Les disposer tout autour de la garniture, en les superposant légèrement ; presser du bout des doigts, avec délicatesse, pour qu'ils adhèrent.

En tresse, pour galettes ou tourtes : foncer le moule et étaler le reste de pâte en un rectangle. Le découper en 9 bandes. En tresser 3, y joindre 3 bandes, tresser de nouveau, et recommencer avec les 3 bandes restantes. Badigeonner d'eau le bord de la tarte. Y poser la pâte tressée, et appuyer légèrement pour qu'elle adhère.

CUISSON À BLANC

Cuire une pâte à blanc la rend ferme et croustillante, même si la garniture que l'on y ajoute ensuite est plus liquide que solide. Certaines recettes nécessitent une précuisson, faute de quoi la garniture est cuite, mais le fond reste mou et pâteux.

Couvrir la pâte de papier sulfurisé, et parsemer de grains de riz cru ou de haricots secs (leur poids empêche la pâte de gonfler). Préchauffer le four à 220 °C et enfourner 10 à 15 minutes. Retirer papier, riz et haricots. Cuire encore 5 à 10 minutes jusqu'à ce que la pâte soit légèrement dorée. Verser alors la garniture et, éventuellement, compléter la cuisson.

CONSEILS

◼ Il est important de cuire la pâte à la bonne température. Adapter le temps de cuisson à votre four, selon qu'il tend à être plus ou moins chaud en fonction des normes. La pâte doit être croustillante et dorée, et la garniture bien cuite.

◼ Les moules à tarte en céramique ou en verre sont plus décoratifs que ceux en métal, mais ils retiennent moins la chaleur. Dans ce cas, pour une cuisson réussie, il est conseillé de placer une plaque à biscuits en métal dans le four. Préchauffer le four, puis placer le moule à tarte sur la plaque chaude. Ainsi, le fond de pâte cuira correctement.

◼ Pour 5 à 6 personnes, compter une tarte de 20 cm de diamètre. Pour 6 à 8 personnes, une tarte de 23 cm de diamètre. Pour 8 à 12 personnes, une tarte de 25 cm de diamètre. Si la garniture est riche, votre tarte se partagera en d'avantage de portions.

PRÉPARER À L'AVANCE

Les moules déjà foncés peuvent être mis au réfrigérateur ou au congélateur. Pour congeler la pâte (12 semaines maximum), la couvrir de papier-aluminium épais ou d'un film plastique. Pour la garder au réfrigérateur (24 heures maximum), la recouvrir d'un film plastique. Avant de garnir une pâte congelée, la laisser décongeler à température ambiante, puis la précuire sans garniture, 10 à 15 minutes, à 220 °C ou bien l'enfourner congelée 15 à 20 minutes.

PÂTE - RECETTES

PÂTE BRISÉE

Pour une tarte salée, et un moule de 23 cm de diamètre

Préparation au robot ménager : mélanger 2 tasses ½ de farine, ½ cuil. à café de moutarde sèche et 125 g de beurre froid en petits morceaux. Il faut obtenir une pâte grumeleuse (comme de grosses miettes de pains). Puis verser lentement 2 cuil. à soupe d'eau froide (plus si nécessaire), et travailler de nouveau la pâte jusqu'à ce qu'elle soit homogène. L'envelopper d'un film plastique, former une boule et réfrigérer 30 minutes.

Préparation à la main : tamiser la farine et la moutarde dans une jatte. Incorporer le beurre et travailler du bout des doigts, 3 minutes environ, jusqu'à obtention d'une texture granuleuse. Ajouter l'eau et pétrir pour obtenir une pâte souple. Former une boule, couvrir d'un film plastique et réfrigérer 30 minutes. Pour une tarte sucrée, remplacer la moutarde par 2 cuil. à soupe de sucre en poudre.

PÂTE BRISÉE À L'ŒUF

Pour une tarte sucrée, et un moule de 23 cm de diamètre

Préparation au robot ménager : mélanger 2 tasses de farine, 125 g de beurre froid en petits morceaux, et 2 cuil. à soupe de sucre en poudre. Le mélange obtenu doit être grumeleux (comme de grosses miettes de pain). Ajouter 1 jaune d'œuf et 1 cuil. à soupe d'eau glacée (plus si nécessaire), et mixer jusqu'à ce que la pâte soit homogène. Envelopper d'un film plastique et réfrigérer 30 minutes.

Préparation à la main : tamiser la farine dans une jatte. Incorporer le beurre et travailler du bout des doigts, 3 minutes environ, jusqu'à obtention d'une texture granuleuse. Incorporer le sucre ; ajouter 1 jaune d'œuf et de l'eau et pétrir pour obtenir une pâte souple. Former une boule, couvrir d'un film plastique et réfrigérer 30 minutes.

MINI-CHAUSSONS AUX ABRICOTS

Pour 18 chaussons

Diviser 2 rouleaux de pâte feuilletée prête à l'emploi et préétalée en 3 bandes chacun. Couper celles-ci en trois pour obtenir 18 carrés de pâte.

Dans une petite jatte, battre 30 g de beurre ramolli et ¼ de tasse de sucre glace jusqu'à obtention d'une texture lisse. Incorporer 1 jaune d'œuf et ¼ de tasse de poudre d'amandes.

Étaler un peu de cette préparation sur chaque carré. Y déposer 2 moitiés d'abricot, en diagonale. Rabattre les deux coins de pâte restants sur les abricots, en les pinçant pour les joindre. Préchauffer le four à 210 °C. Disposer les chaussons sur des plaques de four. Enfourner 15 minutes environ jusqu'à ce qu'elles soient bien dorées. Dans une petite casserole, chauffer ½ tasse de confiture d'abricots et 1 cuil. à soupe d'eau. Filtrer le tout et en badigeonner les chaussons. Laisser refroidir et servir.

PÂTE À CHOUX

Sur du papier sulfurisé, tamiser 1 tasse de farine, 1 cuil. à café de sucre en poudre et ¼ de cuil. à café de sel. Dans une casserole, porter à ébullition 90 g de beurre et 1 tasse d'eau. Retirer du feu et ajouter la farine en une seule fois. Mélanger énergiquement avec une cuillère en bois, jusqu'à ce que la pâte se détache des bords de la casserole et forme une boule lisse.

Transférer dans une jatte. Battre 3 oeufs. À l'aide d'un batteur électrique, les incorporer progressivement dans la jatte. Battre après chaque ajout pour obtenir une pâte lisse et brillante.

En déposer de bonnes cuillerées à café sur une plaque de

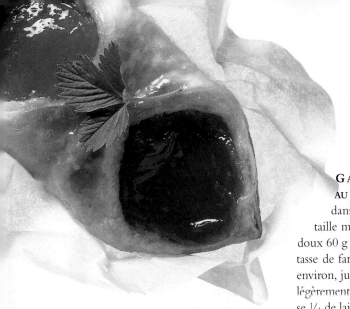

four graissée, en les espaçant car la pâte s'étale à la cuisson. Enfourner 10 minutes à 220 °C, puis 15 minutes à 180 °C, jusqu'à ce que les choux soit croustillants et dorés. Éteindre le four.

Inciser légèrement les choux sur le côté. Les enfourner 10 minutes, sans fermer la porte du four, pour qu'ils sèchent de l'intérieur. Les laisser refroidir sur une grille à pâtisserie. Écarter les incisions dans la pâte et garnir les choux juste avant de servir.

Préparation au robot (utiliser la lame métallique) : mélanger quelques secondes la farine, le sucre et le sel. Dans une casserole, porter à ébullition 90 g de beurre et 1 tasse d'eau.

Verser aussitôt sur la farine par l'entonnoir du robot, et mixer quelques secondes pour obtenir une pâte épaisse et lisse. Laisser refroidir 2 à 3 minutes. Battre 3 oeufs. Par l'entonnoir, les verser lentement sur la pâte, en un filet régulier, et mixer jusqu'à ce que la pâte devienne brillante. En déposer de bonnes cuillerées à café sur une plaque graissée, en les espaçant car la pâte s'étale à la cuisson. Enfourner 10 minutes à 220 °C, puis 15 minutes à 180 °C jusqu'à ce que les choux soient croustillants et dorés. Éteindre le four.

Inciser légèrement les choux sur le côté. Les enfourner 10 minutes, porte ouverte, sans fermer la porte du four, pour qu'ils sèchent de l'intérieur. Les laisser refroidir sur une grille à pâtisserie. Écarter les incisions dans la pâte, et garnir les choux juste avant de servir.

PÂTE À CHOUX ET GARNITURES

CHOUX À LA CRÈME : remplir les choux de crème fouettée, et saupoudrer de sucre glace.

PROFITEROLES : préparer des choux plus petits. Lorsqu'ils sont froids, les fourrer de crème pâtissière et napper de chocolat fondu (consulter l'index des recettes).

CHOUX SALÉS : supprimer le sucre lors de la préparation. Les remplir de garniture au saumon ou au fromage (recettes ci-après).

GARNITURE

AU SAUMON : dans une casserole de taille moyenne, chauffer à feu doux 60 g de beurre. Ajouter $^1/_4$ de tasse de farine et mélanger 2 minutes environ, jusqu'à ce que la préparation soit légèrement dorée. Verser progressivement 1 tasse $^1/_4$ de lait, sans cesser de remuer jusqu'à ce que la texture soit lisse, puis qu'elle épaississe. Laisser bouillir 1 minute et ôter du feu. Égoutter 125 g de saumon rouge en boîte. Retirer la peau, les arêtes et le réduire en morceaux. Verser dans la casserole avec 2 cuil. à café de jus de citron, 1 cuil. à soupe de mayonnaise et $^1/_3$ de tasse de ciboulette ciselée ; mélanger doucement.

AU FROMAGE : dans une casserole de taille moyenne, chauffer 1 cuil. à soupe de beurre. Ajouter 125 g de champignons de Paris, en petits morceaux, et cuire à feu doux 3 minutes environ, jusqu'à ce qu'ils soient tendres. Incorporer $^1/_4$ de tasse de farine et 1 cuil. à café de poivre fraîchement moulu. Mélanger 2 minutes environ, jusqu'à ce que la sauce soit légèrement dorée. Verser doucement 1 tasse de lait et $^1/_4$ de tasse de crème fraîche liquide, sans cesser de remuer jusqu'à ce que la texture soit lisse, puis qu'elle épaississe. Laisser bouillir 1 minute et ôter du feu. Incorporer $^1/_2$ tasse de fromage râpé, et $^1/_4$ de tasse de persil ciselé.

DANS LE SENS DES AIGUILLES D'UNE MONTRE, DU HAUT DE CETTE PAGE À DROITE : QUICHE LORRAINE ; TARTELETTES AU MINCEMEAT ; CHOU À LA CRÈME ; TARTELETTE AUX MYRTILLES ; TARTELETTE AU CITRON ; TARTELETTE AUX FRAISES ; MINI CHAUSSON AUX ABRICOTS (CONSULTER L'INDEX POUR LES RECETTES).

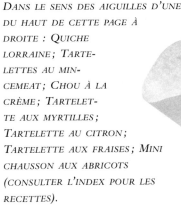

secondes ; les papadams gonflent et prennent une couleur dorée. Il convient de bien les égoutter ensuite.

Les papadams sont meilleurs servis chauds, en accompagnement des plats indiens.

Papaye Gros fruit tropical de forme ovale, à peau lisse de couleur verte à jaune, à chair dorée juteuse, de texture semblable à celle du melon, avec une cavité centrale emplie de petites graines noires. On la sert fraîche et bien mûre avec un filet de citron vert, ou on la coupe en petits dés que l'on ajoute à une salade de fruits (la papaye est délicieuse avec le fruit de la passion). Les papayes non mûres peuvent être cuisinées comme des légumes.

Ce fruit est originaire d'Amérique tropicale. On pense qu'il fut introduit en Europe par les explorateurs portugais. La papaye pousse maintenant dans toutes les régions tropicales du monde. Son nom vient du mot caraïbe *ababai*. La saison de la papaye est le début de l'été.

Papier de riz Papier comestible fin, presque transparent, fabriqué avec de la paille de riz. On l'emploie pour emballer les aliments salés et sucrés. Les macarons sont

PÂTE ORIENTALE FOURRÉE (PÂTE PHYLLO)

ROULÉS À LA CRÈME ANGLAISE

✳ ✳ **Préparation :** 15 minutes + 10 minutes de repos
Cuisson : 50 minutes
Pour 6 à 8 personnes

1 citron
3 tasses de lait
1/2 tasse de semoule (gros grain)
1/4 de tasse de farine de riz
2/3 de tasse de sucre en poudre
2 œufs, légèrement battus
1 cuil. à café d'essence de vanille

14 feuilles de pâte phyllo
2 cuil. à soupe de beurre fondu
1 cuil. à soupe d'huile
2 cuil. à soupe de sucre glace
1/2 cuil. à café de cannelle en poudre

1 Préchauffer le four à 180 °C. Graisser une plaque de four de 32 x 28 cm environ. Peler le citron et couper le zeste en 3 bandes d'1 cm de large et de 5 cm de long. Dans une petite casserole à fond épais, chauffer à feu doux le zeste et le lait et porter presque à ébullition. Baisser le feu, couvrir et laisser mijoter 10 minutes. Retirer du feu et laisser refroidir 10 minutes. Ôter le zeste.
2 À l'aide d'un batteur électrique, mélanger lentement la semoule, la farine de riz, le sucre et les œufs, 2 minutes environ, jusqu'à obtention d'une texture lisse. Incorporer le lait petit à petit, en battant bien après

chaque ajout. Verser la crème dans la casserole et remuer, à feu moyen, pendant une dizaine de minutes jusqu'à ébullition et épaississement. Retirer du feu, et incorporer l'essence de vanille.
3 Couvrir la surface de la préparation d'un film plastique pour éviter qu'une peau ne se forme. Laisser refroidir. Placer les feuilles de pâte phyllo sur un plan de travail. Les couper en 3 morceaux égaux, dans le sens de la largeur. En badigeonner un d'huile et de beurre mélangés. Le recouvrir avec un autre morceau puis badigeonner une des extrémités.
4 Déposer 2 cuil. à soupe de crème préparée à 2 cm de l'autre extrémité. Rabattre ces 2 cm de pâte sur la garniture. Replier les bords et rouler jusqu'au bout. Recommencer l'opération avec le reste de pâte et de crème.
5 Disposer les rouleaux sur la plaque de four en les espaçant d'environ 2 cm. Les badigeonner avec le reste de préparation au beurre. Enfourner 30 minutes environ, jusqu'à ce que les roulés aient gonflé et soient légèrement dorés. Servir les roulés tièdes, saupoudrés de sucre glace et de cannelle mélangés.

À PROPOS DE LA PÂTE PHYLLO
■ On trouve dans le commerce de la pâte phyllo surgelée ou réfrigérée.
■ La pâte phyllo froide est très cassante. Travailler rapidement les feuilles, une par une. Réserver les feuilles déroulées sous un torchon humide.
■ Badigeonner chaque feuille de beurre fondu ou d'huile d'olive, ou parsemer d'huile d'olive ou de colza.

ROULÉS AUX FRUITS DE MER

☆ ☆ **Préparation** : 25 minutes
Cuisson : 25 minutes
Pour 4 personnes

*250 g de filets de poisson
blanc, sans arête*
*100 g de noix de Saint-
Jacques, avec leur corail*
30 g de beurre
*1 cuil. à soupe de jus de
citron*
1 cuil. à soupe de farine
1 tasse de lait
*½ tasse de fromage râpé
(cheddar ou de mimolette)*

*1 cuil. à soupe de ciboulette
fraîche, ciselée*
*1 cuil. à soupe d'aneth
frais, ciselé*
*200 g de grosses crevettes
cuites et décortiquées*
10 feuilles de pâte phyllo
60 g de beurre fondu
*2 cuil. à café de graines de
pavot*

1 Préchauffer le four à 180 °C. Couvrir une plaque de four de papier sulfurisé. Détailler le poisson en bandes d'1 cm de large. Laver les noix de Saint-Jacques, et ôter la veine brune sans abîmer le corail.

2 Chauffer le beurre dans une grande poêle à fond épais. Y cuire à feu moyen le poisson, les noix de Saint-Jacques, avec le jus de citron, 1 minute environ, jusqu'à ce qu'ils soient tendres. Retirer le poisson et les noix avec une écumoire ; les garder tièdes.

3 Mélanger la farine au beurre dans la poêle. Incorporer le lait progressivement, en remuant sans cesse, à feu moyen, jusqu'à ébullition et épaississement (compter 3 minutes environ). Laisser mijoter 1 minute, sans cesser de mélanger. Hors du feu, incorporer le fromage, la

ciboulette, l'aneth, les crevettes, le poisson et les noix de Saint-Jacques. Couvrir d'un film plastique et réserver.

4 Placer 2 feuilles de pâte sur un plan de travail. Les enduire de beurre fondu et les superposer. Couper en 4 bandes égales avec un couteau aiguisé ou des ciseaux. Déposer 2 cuil. à soupe de préparation à l'une des extrémités. Replier les bords et enrouler la bande. Recommencer l'opération avec le reste de pâte et de préparation. Disposer, face lisse vers le haut, sur la plaque préparée. Badigeonner les roulés de beurre et les parsemer de graines de pavot. Enfourner 20 minutes environ, jusqu'à ce qu'ils soient dorés.

STRUDEL AUX ASPERGES

☆ ☆ **Préparation** : 20 minutes
Cuisson : 35 minutes
Pour 4 personnes

2 bottes d'asperges fraîches
2 petits oignons
1 cuil. à soupe d'huile
*125 g de grains de maïs en
boîte, égouttés*
*¼ de tasse de persil frais
ciselé*
*2 cuil. à soupe de basilic
frais, ciselé*

*2 cuil. à soupe de
parmesan frais râpé +
2 cuil. à soupe
supplémentaires*
*⅔ de tasse de fromage râpé
(cheddar ou mimolette)*
1 œuf
6 feuilles de pâte phyllo
45 g de beurre fondu

1 Préchauffer le four à 210 °C. Couper les asperges en morceaux de 3 cm. Enlever les parties dures avec un épluche-légumes. Les ébouillanter 1 minute et les égoutter, puis les plonger dans de l'eau glacée et bien les égoutter à nouveau.

2 Couper les oignons en petits morceaux. Chauffer l'huile dans une grande poêle à fond épais. Y faire revenir les oignons, à feu moyen, 3 minutes environ, jusqu'à ce qu'ils soient tendres. Bien incorporer les asperges, le maïs, le persil, le basilic, le parmesan et le fromage. Retirer du feu et laisser refroidir à température ambiante. Ajouter alors l'œuf et bien mélanger à nouveau.

3 Badigeonner les feuilles de pâte de beurre fondu. Les superposer. Déposer la préparation le long d'un des grands côtés de la pâte, en laissant un bord de 3 cm de pâte.

4 Avec les mains, donner à la préparation la forme d'une bûche. Rouler la pâte fermement, en enveloppant bien la garniture et en repliant les côtés pour former un long rouleau. Badigeonner avec le beurre restant.

5 Déposer sur une plaque de four graissée. Saupoudrer de 2 cuil. à soupe de parmesan. Enfourner 25 minutes, jusqu'à ce que le strudel soit bien doré et que la garniture soit bien cuite. Servir coupé en tranches, en entrée ou en plat principal.

PAGE CI-CONTRE : ROULÉS À LA CRÈME ANGLAISE.
CI-DESSUS : ROULÉS AUX FRUITS DE MER.

souvent cuits sur du papier de riz, il n'est pas nécessaire de l'ôter avant de servir les gâteaux.

Papillote (en) Terme désignant une méthode de cuisson dans laquelle des portions individuelles d'aliments - de la viande, du poisson, de la volaille ou des légumes - sont enveloppées dans du papier sulfurisé graissé ou dans du papier-aluminium (souvent coupé en forme de cœur), puis cuites au four ou au gril. Cette technique permet de conserver les sucs, les arômes et le jus des aliments.

La papillote est également le nom donné au papier utilisé pour décorer l'extrémité d'un os de gigot d'agneau, celui d'une côte de veau ou d'un pilon de poulet.

Paprika Légèrement piquant, le paprika est une épice préparée à partir de la pulpe séchée et moulue d'une variété de piment rouge et doux. Il est employé pour parfumer les goulaschs, les ragoûts, les farces

et les sauces, ou encore saupoudré sur des sauces froides, des œufs, du fromage et des plats de fruits de mer.

Cet arbuste à piments rouges est originaire d'Amérique centrale, et il est connu en Europe

PÂTES

Les pâtes, d'origine italienne, sont essentiellement préparées à base de farine et d'eau. Elles peuvent être accommodées de mille façons. De formes et de tailles très variées, elles possèdent autant de noms originaux, lesquels diffèrent parfois selon les régions d'Italie.

Certaines pâtes, fraîches ou non, sont parfumées aux herbes ou aux épices. D'autres sont colorées par l'ajout de purée d'épinards ou de tomates à la pâte. Chaque sorte de pâte a une forme adaptée à une sauce particulière. Les spaghettis s'accommodent à merveille d'une sauce tomate riche, de beurre et de sauces à base de crème. Les pâtes plus petites comme les penne, les rigatonis et les fusillis sont délicieuses avec les sauces riches en viande : la sauce imprègne les pâtes, et la viande se répartit dans toute l'assiette. Les sauces à la crème, au fromage ou aux œufs, très onctueuses, conviennent bien aux vermicelles. Les pâtes larges et plates, comme les malfade, se marient bien avec les plats de gibier à la sauce tomate. D'autres pâtes plus petites comme les macaronis enrichissent soupes et ragoûts. Les papillons et les coquilles sont plus indiqués avec les légumes, les crevettes et les moules. Les pâtes farcies comme les raviolis et les tortellinis sont meilleures servies avec une sauce légère qui n'altère pas le goût de la farce.

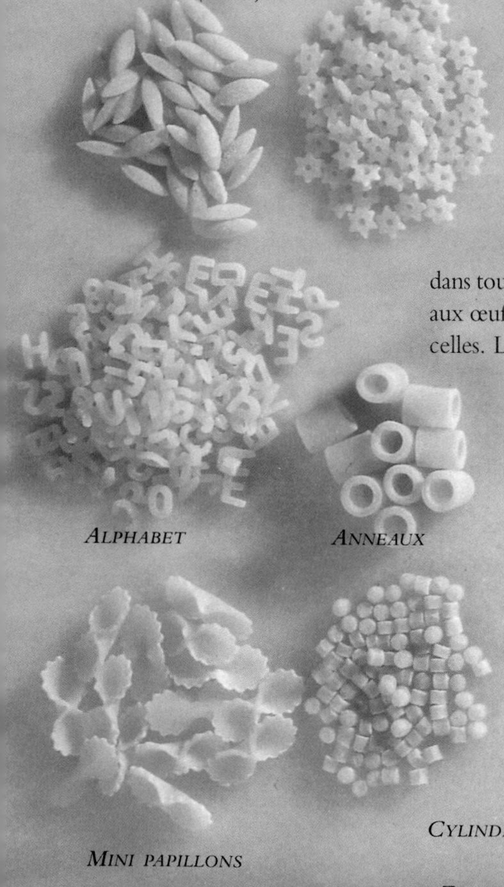

LA CUISSON DES PÂTES

Avant tout, il convient d'utiliser une grande casserole profonde. Compter 1 litre d'eau pour 125 g de pâtes. Ajouter un peu de sel et un peu d'huile, et porter à ébullition. Y mettre les pâtes petit à petit, pour que l'eau ne cesse de bouillir. Lorsqu'on ajoute des nids de pâtes sèches, dénouer les pâtes dans l'eau avec une fourchette. Cuire à découvert en respectant le temps indiqué sur le paquet.

En général, les pâtes sont excellentes "*al dente*" (fermes mais pas dures au milieu). Quand elles sont cuites, les égoutter rapidement, les verser dans un plat de service réchauffé, et ajouter la sauce. Sinon, remettre les pâtes égouttées dans la casserole, y verser environ 1 tasse de sauce et une goutte d'huile d'olive et bien mélanger. Garnir avec le reste de sauce, et servir immédiatement.

Temps de cuisson : pour vérifier la cuisson des pâtes, les goûter après 2 minutes s'il s'agit de pâtes fraîches ou fines comme les fettuccine ; après 5 minutes si ce sont des pâtes farcies comme les raviolis. Les autres pâtes mettent plus de temps à cuire : les goûter au bout de 5 minutes si elles sont petites, après 7 à 8 minutes si elles sont plus grandes, et 10 à 12 minutes si elles sont grosses.

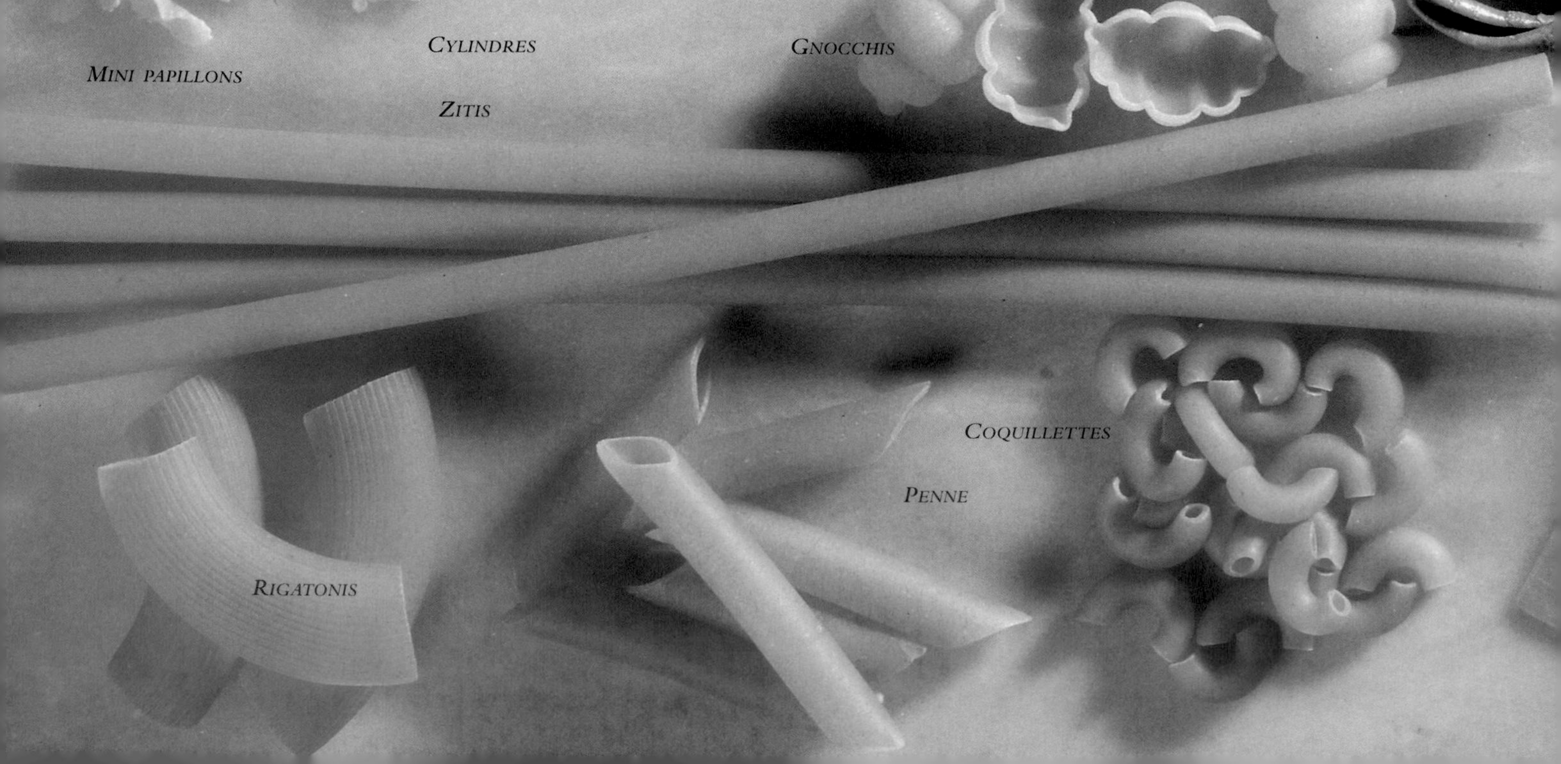

RISONIS (ORZE)

ÉTOILES

ALPHABET

ANNEAUX

MINI PAPILLONS

CYLINDRES

ZITIS

GNOCCHIS

COQUILLETTES

PENNE

RIGATONIS

SPAGHETTIS

CANNELLONIS

LINGUINIS

FUSILLIS LONGS

TAGLIATELLE

PAPILLONS

FUSILLIS

ROUES

COQUILLES

PÂTES ROULÉES

TORTELLINIS VIDES

ORECCHIETTE

TORTELLINIS FRAIS

RAVIOLIS FRAIS

FETTUCCINE FRAÎCHES

LASAGNES

MALFADES

depuis l'époque de Christophe Colomb. Il fut rapidement exporté en Hongrie.

Le paprika de Hongrie est plus relevé que le *pimentón*, paprika espagnol. L'appellation paprika vient d'un terme hongrois signifiant "poivre doux".

Paraffine On utilise de la paraffine pour sceller les pots de confitures, de condiments ou de chutneys.

Cette technique permet aux préparations de bien se conserver sans diminuer en volume. On trouve dans le commerce des blocs de paraffine ; lors de l'utilisation, il faut les détailler en morceaux, puis les faire fondre au bain-marie (en général, on emploie comme contenant une boîte de conserve vide). Il suffit ensuite de verser la paraffine fondue dans les bocaux qui, à cet effet, ne doivent pas être complètement remplis. on peut compter

4 cm de marge par rapport au bord. La préparation doit en outre être protégée par du papier sulfurisé. Une fois que la paraffine a refroidi, la recouvrir de tissu ou de film alimentaire par mesure d'hygiène. Pour

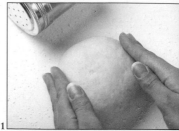

PÂTES ALIMENTAIRES

RAVIOLIS À LA RICOTTA ET À LA SAUCE TOMATE FRAÎCHE

★★ **Préparation** : 45 minutes + 30 minutes de repos
Cuisson : 45 minutes
Pour 4 à 6 personnes

Pâte à raviolis
1 tasse de farine
1 œuf
1 cuil. à soupe d'huile
1 cuil. à café d'eau

Farce
500 g de ricotta
125 g de prosciutto, haché (jambon italien)
1 cuil. à soupe de persil plat, ciselé
1 jaune d'œuf

Sauce
1 cuil. à soupe d'huile
1 oignon émincé
2 gousses d'ail écrasées

1 carotte, coupée en morceaux
1 kg de tomates mûres, pelées et coupées en morceaux
45 g de concentré de tomates
1 cuil. à café de sucre roux
1/2 tasse de bouillon de volaille
1 cuil. à soupe de sauce Worcestershire
1/2 tasse de basilic frais, ciselé
Parmesan frais râpé pour servir

1 Pâte à raviolis : tamiser la farine dans une jatte. Former un puits au centre et y verser l'œuf, l'eau et l'huile. Les incorporer progressivement à la farine et travailler le mélange pour obtenir une pâte lisse. La pétrir, sur un plan de travail légèrement fariné, jusqu'à ce qu'elle soit homogène et élastique. Couvrir et laisser reposer 30 minutes.

2 Farce : bien mélanger la ricotta, le jambon, le persil et le jaune d'œuf.

Sauce : chauffer l'huile dans une poêle à fond épais. Y faire revenir à feu doux, l'oignon, l'ail et la carotte, pendant 5 à 7 minutes. Ajouter les tomates, le concentré de tomates, le sucre, le bouillon de volaille, la sauce Worcestershire et le basilic. Porter à ébullition, baisser le feu, couvrir et laisser mijoter 30 minutes. Passer au mixeur pour obtenir une purée et réserver au chaud.

3 Diviser la pâte en deux et former 2 boules. Étaler chacune en un long rectangle plat. Avec 1 cuil. à café, déposer de petits tas de farce tous les 5 cm sur un des rectangles. Badigeonner les intervalles d'eau. Recouvrir le tout soigneusement avec l'autre rectangle. Appuyer entre chaque tas pour coller les feuilles de pâte. Découper en carrés avec une roulette à pâtisserie ou un couteau aiguisé. Mettre délicatement les raviolis dans une casserole d'eau bouillante et cuire 8 à 10 minutes. Retirer avec une écumoire et présenter dans un plat de service chauffé. Napper de sauce, garnir de copeaux de parmesan et servir immédiatement.

FETTUCCINE À LA BOLOGNAISE

✱ **Préparation :** 10 minutes
Cuisson : 1 heure 40
Pour 6 personnes

2 cuil. à soupe d'huile	440 g de tomates pelées en
2 oignons émincés	boîte, écrasées, avec leur jus
2 gousses d'ail écrasées	½ tasse de concentré de
500 g de bifteck haché	tomates
250 g de petits	1 cuil. à soupe d'origan
champignons, émincés	frais, ciselé
2 cuil. à soupe de basilic	1 l d'eau
frais, ciselé	500 g de fettuccine sèches

1 Chauffer l'huile dans une poêle à fond épais. Faire fondre l'oignon en remuant, à feu moyen, 3 minutes environ. Incorporer l'ail et remuer 1 minute. Ajouter la viande et cuire à feu vif 5 minutes jusqu'à ce qu'elle soit bien dorée et que le jus se soit évaporé. Lors de la cuisson, écraser les blocs de viande avec une fourchette.
2 Ajouter les champignons, le basilic, les tomates écrasées avec leur jus, le concentré de tomates, l'origan et l'eau. Porter à ébullition, baisser le feu et laisser mijoter à découvert 1 heure 30 environ, jusqu'à ce que la sauce ait réduit et épaissi.
3 Porter une grande casserole d'eau à ébullition. Y cuire les fettuccine jusqu'à ce qu'elles soient tendres. Servir avec la sauce à la viande.

SPAGHETTIS À LA CARBONARA

✱ ✱ **Préparation :** 20 minutes
Cuisson : 10 minutes
Pour 6 personnes

4 gousses d'ail	¾ de tasse de parmesan
1 cuil. à soupe d'huile	râpé
6 tranches de bacon, coupées	Poivre noir fraîchement
en petits morceaux	moulu, à votre goût
⅓ de tasse de vin blanc	¼ de tasse de persil ciselé
4 œufs	500 g de spaghettis, cuits
¾ de tasse de fromage râpé	et gardés au chaud
(cheddar, mimolette ou	
gruyère)	

1 Peler et couper en deux les gousses d'ail. Chauffer l'huile dans une casserole. Y faire légèrement dorer l'ail en remuant, puis le retirer. Faire alors revenir le bacon à feu moyen, jusqu'à ce qu'il soit croustillant et doré. Ajouter le vin et cuire encore 1 minute.
2 Battre les œufs dans une jatte. Incorporer les fromages, le poivre et le persil.
3 Dans un grand plat de service, bien mélanger les spaghettis, le bacon et le jus contenu de la casserole. Ajouter la préparation aux œufs et bien remuer. Servir immédiatement et garnir de parmesan, à votre goût.

CI-DESSUS : FETTUCCINE À LA BOLOGNAISE.
PAGE CI-CONTRE : RAVIOLIS À LA RICOTTA ET À LA SAUCE TOMATE FRAÎCHE.

desceller le bocal, glisser la pointe d'un couteau sous la paraffine.

Paratha Pain indien sans levain, riche, feuilleté, préparé avec une pâte composée de farine de blé complet, de beurre clarifié, de sel et d'eau, auquel on donne la forme d'un disque plat frit sur les deux côtés. On peut également replier la pâte sur un mélange de légumes pour en faire une version soufflée. On réserve généralement les parathas à des occasions particulières.

Parer Débarrasser un aliment de sa graisse ou de ses déchets.

Parfait Dessert glacé servi dans un grand verre et mangé avec une cuillère à long manche. Il est habituellement composé de couches de crème anglaise, de gelée, de glace et de crème fouettée. Ce terme désigne également une crème glacée.

Parfum Une préparation culinaire est réussie de par l'harmonie des saveurs, et le parfum, ou arôme, qu'elle dégage. Il existe des parfums naturels, d'origine végétale : ce sont les arômes des herbes et épices utilisées, telles que le thym, le laurier, la menthe, la citronnelle, la vanille, la sauge, l'anis, la coriandre, les poivres... Les parfums artificiels sont reproduits par synthèse.

Parmesan Fromage de lait de vache à pâte très dure, fort en goût et de texture granuleuse, plus connu en fromage râpé.

Le parmesan est fabriqué par la méthode de cuisson de la croûte (la croûte est "cuite" dans du petit-lait chauffé), puis affiné pendant trois ans. A cause de sa très faible teneur en eau, le parmesan peut être très longtemps conservé à basse température.

On l'emploie râpé (il ne devient pas filandreux comme les autres

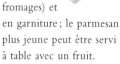

fromages) et en garniture ; le parmesan plus jeune peut être servi à table avec un fruit.

Ce fromage est préparé à Parme, dans le nord de l'Italie, depuis quelques huit cents ans. Il est maintenant fabriqué partout dans le monde selon la même méthode. Le fromage estampillé "parmigiano reggiano" provient d'une région spécifique du nord de l'Italie.

Passiflore Plante à larges fleurs étoilées, avec des filaments en leur centre, et consommée en tisanes. C'est une liane originaire du Mexique, où elle aurait été utilisée par les

PÂTES À L'AGNEAU ET AUX LÉGUMES

★ **Préparation :** 15 minutes
Cuisson : 20 minutes
Pour 4 personnes

2 cuil. à soupe d'huile	125 g de chapeaux de
1 gros oignon coupé en huit	petits champignons,
2 gousses d'ail écrasées	coupés en deux
500 g d'agneau haché	440 g de tomates pelées en
1 petit poivron rouge,	boîte
épépiné et coupé en	2 cuil. à soupe de concentré
morceaux	de tomates
150 g de fèves, sans leur	500 g de pâte penne sèches
peau	125 g de feta
	2 cuil. à soupe de basilic
	frais haché

1 Chauffer l'huile dans une poêle à fond épais. Y faire revenir l'oignon et l'ail à feu moyen, 2 minutes environ, jusqu'à ce qu'ils soient bien dorés. Ajouter la viande à feu vif, 4 minutes environ, jusqu'à ce que le jus soit évaporé. Lors de la cuisson, écraser les blocs de viande avec une fourchette.

2 Ajouter le poivron, les fèves, les champignons non égouttés, les tomates écrasées et le concentré de tomates. Porter à ébullition, baisser le feu et laisser mijoter 10 minutes environ, en remuant de temps en temps, jusqu'à ce que les légumes soient tendres.

3 Cuire les penne dans une casserole d'eau bouillante

avec un peu d'huile, jusqu'à ce qu'elles soient juste tendres. Retirer du feu, égoutter et servir dans des assiettes creuses. Verser la sauce, garnir de petits morceaux de feta et de basilic.

CANNELLONIS AU POULET, ET SAUCE TOMATE PIMENTÉE

★ ★ **Préparation :** 20 minutes
Cuisson : 45 minutes
Pour 4 personnes

1 cuil. à soupe d'huile	1 œuf battu
d'olive	500 g de poulet haché
1 petit oignon, coupé en	2 oignons nouveaux
petits morceaux	émincés
2 cuil. à café de purée de	1/4 de tasse de crème fraîche
piment en pot	liquide
3 petites carottes, détaillées	2 cuil. à soupe de
en dés	parmesan râpé
1/2 tasse de persil ciselé	125 de cannellonis minute
800 g de tomates pelées en	
boîtes, coupées en	**Garniture**
morceaux	1 tasse de crème fraîche
1/4 de tasse de vin blanc ou	2 avocats coupés en
de bouillon de volaille	tranches

1 Préchauffer le four à 180 °C.
Badigeonner légèrement d'huile ou de beurre fondu un plat à four ovale de 35 x 20 x 6 cm.

2 Chauffer l'huile dans une casserole. Y faire revenir l'oignon, le piment et les carottes pendant 3 à 4 minutes, jusqu'à ce que l'oignon soit fondant. Ajouter le persil, les tomates, le vin ou le bouillon, et porter à ébullition en remuant.
Baisser le feu, couvrir et laisser mijoter 10 minutes : la sauce doit rester assez liquide.

3 Dans une jatte, bien mélanger l'œuf, le poulet, les oignons nouveaux, la crème liquide et le parmesan.
À l'aide d'une poche à douille lisse et large, farcir les cannellonis avec cette préparation.

4 Recouvrir le fond du plat avec la moitié de la sauce tomate, puis disposer les cannellonis en une couche et napper avec le reste de sauce.
Cuire 30 minutes environ.
Au moment de servir, garnir de crème fraîche et de tranches d'avocat.

Remarque : remplir délicatement les cannellonis car ils sont fragiles et cassants.
Pour plus de facilité, les tenir à la verticale sur une planche et les farcir à ras bord.

CI-DESSUS : PÂTES À L'AGNEAU ET AUX LÉGUMES.
PAGE CI-CONTRE, EN HAUT : PÂTES AUX LÉGUMES ;
EN BAS : FETTUCCINE AU PESTO.

PÂTES AUX LÉGUMES

✳ **Préparation :** 20 minutes
   Cuisson : 50 à 55 minutes
   Pour 4 personnes

1 cuil. à soupe d'huile	*1 tasse de petits pois*
d'olive + 1 cuil. à soupe	*surgelés*
supplémentaire	*2 tasses de sauce tomate*
1 oignon finement émincé	*pour les pâtes*
1 gousse d'ail écrasée	*Sel et poivre à votre goût*
3 courgettes coupées en	*1 tasse 1/2 de pâtes sèches*
rondelles	*(penne ou spiralis)*
4 champignons de Paris,	*1/3 de tasse de parmesan*
coupés en tranches	*râpé*

1 Préchauffer le four à 150 °C.
Chauffer 1 cuil. à soupe d'huile d'olive dans une poêle. Y faire revenir l'oignon et l'ail à feu doux, 4 minutes environ, jusqu'à ce que l'oignon soit fondant.
Ajouter les courgettes et les champignons et cuire 3 minutes.
Incorporer les petits pois et la sauce tomate et cuire encore 3 minutes. Saler et poivrer. Retirer du feu et réserver.
2 Porter à ébullition une grande casserole d'eau. Y cuire les pâtes avec 1 cuil. à soupe d'huile d'olive pendant 10 minutes, jusqu'à ce qu'elles soient tendres. Égoutter et ajouter aux légumes.
3 Verser le tout dans un grand plat allant au four. Saupoudrer de parmesan, couvrir et enfourner 20 à 30 minutes.

FETTUCCINE AU PESTO

✳ **Préparation :** 20 minutes
   Cuisson : 10 minutes
   Pour 4 personnes

1/3 de tasse de pignons	*45 g de beurre ramolli*
2 tasses de feuilles de	*Poivre noir fraîchement*
basilic frais, bien tassées	*moulu, à votre goût*
1 tasse d'huile d'olive	*500 g de fettuccine, cuites*
2 gousses d'ail	
2/3 de tasse de parmesan râpé	

1 Faire légèrement dorer les pignons dans une poêle à sec, à feu moyen. Les hacher finement avec les feuilles de basilic, l'huile d'olive et l'ail, jusqu'à obtention d'une texture lisse.
Verser dans une grande jatte.
2 Incorporer le parmesan, le beurre et le poivre noir.
3 Bien égoutter les pâtes, y ajouter le pesto et remuer. Saupoudrer éventuellement de parmesan, et servir immédiatement.

Remarque : on peut préparer du pesto en plus grandes quantité pour le conserver.
Il se garde bien au réfrigérateur dans un bocal en verre, hermétiquement fermé, et recouvert d'une fine couche d'huile d'olive.
Conservé au congélateur, le pesto gardera saveur et couleur.

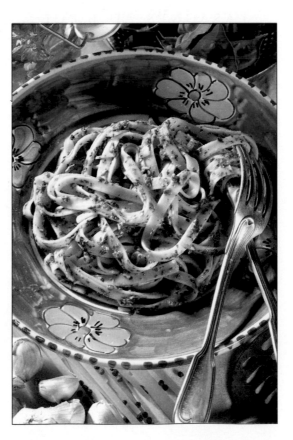

Aztèques pour ses vertus sédatives.

Pastèque Gros melon à peau dure lisse verte et marbrée, à chair rouge, juteuse et sucrée, parsemée de graines noires. On mange la pastèque fraîche, ou on l'ajoute à des salades de fruits. La pastèque est une plante grimpante et on en trouve tout au long de l'année.

Pastrami Bœuf maigre, fumé, épicé et enduit de piment séché et de grains de poivre noirs. Il est de couleur rouge foncé. On le sert en tranches, en viande froide ou en garniture de sandwich.

Patate douce Féculent, sans relation avec la pomme de terre puisqu'il s'agit d'une plante exotique dont on mange les tubercules. Il existe trois variétés principales de couleurs différentes : blanche, orange (également connue sous le nom de *kumara*) et rouge. Elle se cuisent toutes de la même façon que la pomme de terre, bien que l'on ajoute parfois du sucre pour rehausser la douceur naturelle.

Pâte à choux Pâte légère employée pour la fabrication des éclairs, des choux à la crème, des gougères, des profiteroles et des croquembouches. La pâte à choux se prépare en deux fois : une première fois au bain-marie, où l'eau, la farine, le beurre et le sucre –

pour les choux sucrés - sont mélangés avant d'ajouter les œufs et de battre le tout pour obtenir une pâte lisse et brillante ; on dépose ensuite de petits tas de préparation sur une plaque graissée, puis on les cuit au four. Les œufs font gonfler la pâte, ce qui entraîne la formation de boules creuses. Lorsqu'elles sont froides, on les coupe sur le dessus et on les garnit, par exemple de crème anglaise ou de crème pâtissière.

Pâte à frire Mélange de farine et d'un liquide servant à préparer crêpes, gaufres, beignets, et qui peut également être employé en garniture d'aliments à frire. Le poisson frit avec ce type de préparation serait originaire de Chine.

Pâte à tarte Pâte sans levain fabriquée avec du beurre (ou de la margarine), de la farine et parfois du sucre, liée avec de l'eau. Les différents types de pâtes dépendent de la matière

grasse employée et de la proportion des ingrédients. On distingue la pâte sablée, la pâte brisée et la pâte feuilletée.

Pâte brisée Pâte simple, riche et friable, préparée en mélangeant du beurre (ou de la margarine) à de la farine, et en ajoutant

LASAGNES AU BŒUF

★★ **Préparation :** 45 minutes
Cuisson : 1 heure 40
Pour 16 personnes

1 cuil. à soupe d'huile +
  2 cuil. à soupe
  supplémentaires
1,5 kg de bœuf haché
2 oignons émincés
2 courgettes coupées en
  morceaux
250 de petits champignons,
  coupés en tranches
750 g de sauce tomate pour
  pâtes, en pot
820 g de tomates pelées en
  boîte, concassées
280 g de concentré de
  tomates en boîte
1 cuil. à soupe de sucre en
  poudre

1 tasse de vin rouge
Sel et poivre
500 g de lasagnes pré-
  cuites

Sauce au fromage
125 g de beurre
$2/3$ de tasse de farine
1,5 l de lait
Sel et poivre
155 g de fromage râpé
  (cheddar, mimolette ou
  gruyère)
$1/4$ de tasse de parmesan
  râpé

1 Préchauffer le four à 180 °C. Graisser deux plats à gratin de 20 x 35 x 7 cm environ. Chauffer 1 cuil. à soupe l'huile dans une grande poêle, et y faire revenir

la viande par grandes quantités, jusqu'à ce qu'elle soit bien dorée. Réserver dans une jatte. Ajouter 2 cuil. à soupe d'huile dans la poêle. Y faire revenir les oignons jusqu'à transparence, puis ajouter les courgettes et les champignons et cuire jusqu'à ce qu'ils soient tendres. Remettre la viande avec la sauce tomate, les tomates concassées non égouttées, le concentré de tomates, le sucre et le vin. Saler et poivrer. Couvrir et laisser mijoter 30 minutes en remuant de temps en temps. Retirer du feu et réserver.

2 Sauce au fromage : faire fondre le beurre dans une casserole de taille moyenne. Y verser la farine et cuire en remuant jusqu'à ce que la préparation forme des bulles. Retirer du feu, incorporer progressivement le lait en remuant jusqu'à ce que la sauce soit lisse. Remettre sur le feu jusqu'à ébullition et épaississement. Ajouter le sel, le poivre et le fromage, et mélanger jusqu'à ce qu'il ait fondu.

3 Étaler $1/2$ tasse de sauce tomate au fond de chaque plat. Recouvrir successivement de feuilles de lasagne, puis d'$1/6$ de la sauce au fromage et enfin d'$1/4$ de la sauce tomate. Continuer en alternant couche de pâtes, sauce au fromage et sauce tomate. Finir par une couche de lasagne recouverte de sauce à fromage. Saupoudrer de parmesan râpé. Enfourner 45 minutes environ, jusqu'à ce que les pâtes soient bien cuites et le dessus gratiné.

juste assez de liquide -
généralement de l'eau -
pour former un mélange
homogène. La pâte brisée
(ou pâte à foncer) est
employée pour les tourtes
croustillantes et pour les
tartes. On peut y ajouter
du sucre, un œuf, ou la
transformer en pâte salée
en y ajoutant des herbes
aromatiques ou du
fromage râpé.

Pâte d'amande Mélange
d'amandes finement
moulues, de sucre et
d'œufs que l'on utilise
pour recouvrir les cakes
aux fruits d'une surface
lisse et plate avant le
glaçage. Elle permet
également de
le

conserver et
d'empêcher la
décoloration du glaçage.
Pour les préparations
pâtissières, on trouve de la
pâte d'amande en vrac.

**Pâte de crevette
fermentée**
Assaisonnement composé
d'une pâte très relevée,
préparée avec des
crevettes salées et séchées.
Dans la cuisine du sud-est
asiatique, elle parfume les
currys et les sauces
froides. Son nom
vietnamien est *mam tom*,
et son nom thaïlandais est
kapi. Il convient de
l'utiliser en petites
quantités.

Pâte de fruit Confiserie
à la fois acidulée et
sucrée, préparée en faisant
bouillir des fruits en

SPAGHETTIS MARINARA

✳   ***Préparation :*** 20 minutes
      Cuisson : 25 à 30 minutes
      Pour 4 personnes

1 cuil. à soupe d'huile d'olive   *¼ de tasse de persil ciselé*
1 petit oignon, finement haché   *½ tasse de vin blanc*
1 gousse d'ail hachée   *37.5 g de fruits de mer*
1 grosse carotte détaillée en   *mélangés (voir la*
    cubes   *remarque)*
1 branche de céleri coupée   *¼ de tasse de crème fraîche*
    en dés   *liquide*
800 g de tomates pelées en   *500 g de spaghettis cuits*
    boîte, réduites en purée

1 Chauffer l'huile dans une grande poêle. Y faire revenir l'oignon, l'ail, la carotte et le céleri. Incorporer les
tomates réduites en purée, le persil et le vin blanc. Laisser mijoter à découvert en remuant de temps en temps
pendant 15 minutes.
2 Ajouter les fruits de mer et la crème liquide. Bien
mélanger et laisser cuire 2 minutes.
3 Bien mélanger les spaghettis avec cette sauce et servir immédiatement.

Remarque : le mélange de fruits de mer comporte
habituellement du poulpe, des calamars, des moules et
des crevettes.

FETTUCCINE ALFREDO

✳   ***Préparation :*** 10 minutes
      Cuisson : 5 à 10 minutes
      Pour 4 personnes

500 g de fettuccine fraîches,   *60 g de beurre*
    aux épinards ou à la   *⅔ de tasse de parmesan*
    tomate   *râpé*
1 tasse de crème fraîche   *Poivre noir*
    liquide

1 Porter à ébullition une grande casserole d'eau et saler légèrement.
Y plonger les pâtes et couvrir jusqu'à ce que l'ébullition reprenne : les fettuccine fraîches ne mettent que
quelques minutes à cuire. Égoutter.
2 Chauffer ⅔ de tasse de crème liquide avec le beurre
dans un faitout.
Laisser mijoter à feu moyen 1 minute environ, jusqu'à
ce que la crème ait légèrement épaissi.
3 Baisser le feu. Verser les pâtes dans le faitout avec le
reste de crème, le fromage et le poivre. Bien mélanger
pour enrober les pâtes de sauce.
Servir immédiatement, éventuellement avec du
parmesan.

CI-DESSUS : SPAGHETTIS MARINARA.
PAGE CI-CONTRE : LASAGNES AUX BŒUF.

compote (abricot, coing, pêche, pomme, prune, fraise, framboise...) et du sucre, jusqu'à obtention d'une pâte épaisse. On l'étend ensuite sur une plaque graissée, puis on lui donne la forme que l'on souhaite (rond, carré, rectangle, losange...).

Pâte de soja Produit extrait de la pousse de soja, obtenu en faisant tremper, bouillir puis en tamisant les pousses pour produire un liquide qui, après addition d'un coagulant, prend l'apparence du fromage frais. La pâte de soja prend la saveur des

aliments avec lesquels elle est cuisinée ; elle est appréciée pour ses valeurs nutritives. On pense que l'emploi des pousses de soja remonte à la dynastie des Han (206 avant J.-C. à 220 après J.-C.) ; elle fut introduite au Japon par les moines bouddhistes au VIIIᵉ siècle. On connaît aussi la pâte de soja sous son nom japonais, le *tofu*. Au Japon, on l'ajoute à des sauces aigres-douces, on l'emploie pour les soupes, les *sukiyaki* et pour les plats de fruits de mer, coupée en cubes ou émiettée avec des nouilles ou avec d'autres légumes.

LASAGNES AUX LÉGUMES

★★ **Préparation :** 20 minutes
Cuisson : 1 heure 15
Pour 6 personnes

3 gros poivrons rouges
2 grosses aubergines
2 cuil. à soupe d'huile
1 gros oignon, finement haché
3 gousses d'ail hachées
1 cuil. à café de fines herbes sèches
1 cuil. à café d'origan sec
500 g de champignons, émincés
440 g de tomates pelées en boîte, en purée
440 g de haricots rouges en boîte, égouttés
1 cuil. à soupe de sauce pimentée doux
Sel et poivre à votre goût

250 g de lasagnes pré-cuites
1 botte d'épinards, coupés en morceaux
1 tasse de feuilles de basilic
100 g de tomates séchées, détaillées en tranches
¼ de tasse de parmesan râpé
¼ de tasse de fromage râpé (cheddar, mimolette ou gruyère)

Sauce au fromage
60 g de beurre
¼ de tasse de farine
2 tasses de lait
600 g de ricotta

1 Préchauffer le four à 180 °C. Badigeonner d'huile ou de beurre fondu un plat à gratin de 35 x 28 cm environ. Couper les poivrons en quatre, les épépiner et en ôter la membrane. Les placer sur une grille, peau vers le haut, et les huiler. Passer au gril 10 minutes environ, jusqu'à ce que la peau soit noire. Retirer et laisser refroidir sous un torchon humide. Peler et couper les poivrons en lamelles fines. Réserver. Détailler les aubergines en rondelles d'1 cm. Les plonger dans une grande casserole d'eau bouillante 1 minute environ, jusqu'à ce qu'elles soient tendres. Les égoutter et les sécher avec du papier absorbant. Réserver.

2 Chauffer l'huile dans une grande poêle à fond épais. Faire revenir à feu moyen l'oignon, l'ail et les herbes 5 minutes environ, jusqu'à ce que l'oignon soit fondant. Ajouter les champignons et cuire 1 minute. Incorporer les tomates, les haricots, la sauce, le sel et le poivre. Porter à ébullition, baisser le feu et laisser mijoter à découvert 15 minutes environ, jusqu'à épaississement. Retirer du feu.

3 Plonger les lasagnes dans de l'eau chaude pour les ramollir légèrement ; couvrir le fond du plat avec 4 feuilles de lasagne. Recouvrir en couches successives avec la moitié des ingrédients suivants : aubergines, épinards, basilic, poivrons, sauce aux champignons et tomates séchées, puis avec une couche de pâte, et appuyer délicatement. Recommencer l'opération dans le même ordre. Terminer par la sauce au fromage et saupoudrer de parmesan et de fromage râpé. Enfourner 45 minutes environ, jusqu'à ce que les pâtes soient bien cuites.

4 Sauce au fromage : chauffer le beurre dans une casserole de taille moyenne. Ajouter la farine et remuer à feu moyen 2 minutes environ, jusqu'à ce qu'elle soit dorée. Verser progressivement le lait, en remuant jusqu'à ébullition et épaississement. Laisser bouillir 1 minute. Incorporer la ricotta et mélanger jusqu'à ce que la sauce soit lisse.

TORTELLINIS À LA CRÈME ET AUX CHAMPIGNONS

★ **Préparation :** 10 minutes
Cuisson : 8 minutes
Pour 4 personnes

60 g de beurre
185 g de petits champignons émincés
1 gousse d'ail écrasée
300 ml de crème fraîche liquide
1 cuil. à café de zeste de citron râpé

1 pincée de poivre
1 pincée de muscade en poudre
3 cuil. à soupe de parmesan râpé
500 g de tortellinis cuits et gardés au chaud

1 Faire fondre le beurre dans une poêle. Y cuire les champignons à feu moyen 30 secondes. Ajouter l'ail, la crème liquide, le zeste de citron ainsi que le poivre et la muscade à votre goût.

2 Remuer à feu doux 1 à 2 minutes. Incorporer le parmesan et laisser encore 3 minutes.

3 Mélanger les pâtes bien égouttées et la sauce. Servir immédiatement.

PÂTÉS ET TERRINES

PÂTÉ AUX POIVRONS ROUGES

✳ **Préparation :** 8 minutes
Cuisson : 35 minutes
Pour 250 ml

4 gros poivrons rouges	*150 g de beurre fondu*
3 gousses d'ail, non pelées	*1 pincée de sucre en poudre*
2 cuil. à soupe de vinaigre balsamique	*2 cuil. à café de persil ciselé*
1 cuil. à soupe de sauce pimentée douce	

1 Préchauffer le four à 240 °C. Recouvrir de papier-aluminium une plaque de four.
Détailler les poivrons en deux dans le sens de la longueur. En ôter les pépins et la membrane. Les couper à nouveau en deux, les poser avec les gousses d'ail sur la plaque, et enfourner 20 minutes. Retirer et laisser refroidir sous un torchon humide. Peler poivrons et gousses d'ail.
2 Les hacher avec le vinaigre et la sauce au piment, de préférence avec un robot ménager. Sans cesser de mixer, verser progressivement le beurre fondu en un filet régulier jusqu'à obtention d'une texture épaisse et crémeuse.
3 Verser le tout dans une petite casserole. Remuer à feu doux 15 minutes. Retirer du feu, incorporer le sucre et le persil. Servir avec des crackers ou des toasts Melba (voir la recette du pâté au Grand Marnier). Ce pâté se garde 3 semaines dans un récipient hermétiquement fermé.

PÂTÉ DE SAUMON

✳ **Préparation :** 10 minutes
+ réfrigération
Cuisson : aucune
Pour 4 personnes

210 g de saumon rouge en boîte	*2 cuil. à soupe de crème fraîche liquide*
200 g de fromage frais crémeux (type cream cheese)	*1 cuil. à soupe de jus de citron*
1 oignon, coupé en gros morceaux	*1 cuil. à café de moutarde à l'ancienne (avec graines)*
2 cornichons	*Quelques gouttes de Tabasco*
	Poivre fraîchement moulu, à votre goût

1 Hacher finement tous les ingrédients.
2 Verser le tout dans une terrine et réfrigérer quelques heures.
Servir avec des crackers ou des toasts Melba (voir la recette du pâté au Grand Marnier).

CI-DESSUS : PÂTÉ AUX POIVRONS ROUGES. PAGE CI-CONTRE : LASAGNES AUX LÉGUMES.

Pâte feuilletée Pâte employée pour des plats sucrés et salés. Sa légèreté est obtenue en roulant et en pliant la pâte plusieurs fois afin de lui donner plusieurs couches. Pendant la cuisson au four, la pâte lève jusqu'à quatre ou cinq fois par rapport à son épaisseur originale.
Bien que l'on attribue l'invention de la pâte feuilletée à Claude Lorrain, peintre paysagiste français du XVIIe siècle, qui suivit une formation de pâtissier dans sa jeunesse, il semblerait qu'elle ait été créée au XIVe siècle (l'évêque d'Amiens évoquait des gâteaux de pâte feuilletée en 1311). Elle aurait même pu être déjà connue dans la Grèce antique.

Pâte sablée Pâte brisée sucrée et croustillante, préparée avec du beurre ou de la margarine, du sucre et du jaune d'œuf.

Pâté Préparation de viande, de volaille, de gibier, de poisson ou de légumes hachés. Généralement, le pâté est constitué d'une pâte à texture lisse. Le terme "pâté" provient

de "pâté en croûte", mélange de viande, de volaille ou de gibier cuit enroulé dans de la pâte.

On emploie également ce terme pour désigner des mélanges qui ont été cuits au four ou à la poêle, puis réduits en purée jusqu'à obtention d'une structure crémeuse.

Le pâté de campagne contient un mélange d'abats. Le pâté de foie est préparé avec un mélange de foie de veau, de porc ou de mouton. On trouve également des pâtés de lapin, canard et gibiers.

Pâtes On les prépare avec de la farine de blé, de l'eau, du sel, et parfois des œufs. Les pâtes sont découpées de diverses manières - rubans, arcs, pelotes, anneaux, tubes, spirales et coquilles - chacune portant un nom particulier. On peut les préparer à la maison, les acheter fraîches ou sèches. Il existe deux formes principales de pâtes fraîches : les *pasta liscia* (bandes de pâte lisse et plate) et les *pasta ripiena* (pâtes soufflées, comme les tortellinis et les raviolis).

On considère souvent les pâtes comme

étant le plat national de la cuisine italienne. Simples à cuisiner, économiques et variées, elles ont longtemps été un aliment

PÂTÉ AU GRAND MARNIER

✳ **Préparation :** 30 minutes + 1 nuit de réfrigération
Cuisson : 10 à 15 minutes
Pour 8 personnes

500 g de foies de poulet ou de canard	½ tasse de crème fraîche liquide
125 g de beurre	2 cuil. à café de thym frais émincé
1 oignon émincé	
2 oignons nouveaux, émincés	2 cuil. à café de persil frais ciselé (ou de ciboulette)
2 gousses d'ail écrasées	Sel et poivre
2 à 3 cuil. à soupe de Grand Marnier	12 tranches de pain de mie blanc ou complet

1 Préchauffer le four à 180 °C. Parer les foies. Faire chauffer le beurre dans une grande poêle. Cuire à feu moyen les foies, l'oignon, les oignons nouveaux et l'ail, arrosés de Grand Marnier, jusqu'à ce que les foies soient juste cuits et l'oignon fondant. Porter à ébullition et laisser mijoter 4 à 5 minutes. Retirer du feu et laisser refroidir un peu.

2 Hacher le tout jusqu'à obtention d'une texture lisse (avec un robot ménager, compter 20 à 30 secondes). Ajouter la crème et mixer encore 10 secondes. Transférer dans une jatte de taille moyenne. Incorporer les herbes, le sel et le poivre.

Réfrigérer une nuit jusqu'à ce que la préparation soit

ferme. Laisser à température ambiante avant de servir, accompagné de toasts Melba.

3 Toasts Melba : couper les croûtes du pain de mie. Aplatir les tranches au rouleau à pâtisserie. Les couper en deux ou en quatre, en diagonale. Enfourner 5 à 10 minutes jusqu'à ce qu'elles soient croustillantes et légèrement dorées. Laisser refroidir. On peut aussi passer les tranches au gril jusqu'à ce qu'elles soient dorées. Ensuite, ôter les croûtes avec un couteau aiguisé et couper les tranches en 4 carrés. Passer au gril les faces qui ne sont pas dorées.

Remarque : le Grand Marnier peut se remplacer par une quantité équivalente de cognac ou de porto.

PÂTÉ DE FOIES DE VOLAILLE AU COGNAC

✳ **Préparation :** 30 minutes + 1 nuit de réfrigération
Cuisson : 10 à 15 minutes
Pour 4 à 6 personnes

125 g de beurre + 30 g de beurre fondu	Poivre noir fraîchement moulu
1 gros oignon, émincé	2 cuil. à soupe de crème fraîche liquide
2 gousses d'ail écrasées	
2 tranches de bacon sans couenne, émincées	1 cuil. à soupe de cognac
250 g de foies de poulet, parés	**Garniture**
¼ de cuil. à café de thym sec	60 g de beurre
	2 cuil. à soupe de ciboulette ciselée

1 Faire fondre 125 g de beurre dans une poêle. Y dorer l'oignon, l'ail et le bacon jusqu'à ce que l'oignon soit tendre et le bacon cuit.

2 Ajouter les foies et cuire 5 à 10 minutes en remuant de temps en temps.

Hors du feu, incorporer le thym, le poivre, la crème, le cognac et 30 g de beurre fondu.

3 Hacher au robot ménager ou au mixeur, jusqu'à obtention d'une texture lisse. Verser dans des ramequins.

4 Garniture : verser le beurre fondu sur le pâté et le parsemer de ciboulette.

Réfrigérer une nuit. Laisser 30 minutes à température ambiante avant de servir, accompagné de toasts, de crackers ou de pain croustillant.

Remarque : les pâtés à base de foies ont un goût prononcé qui est atténué par celui de l'oignon, de l'ail, des épices et d'un alcool.

Ils sont meilleurs 2 ou 3 jours après avoir été préparés. Couverts, ils se gardent 1 semaine au réfrigérateur.

CI-DESSUS : PÂTÉ AU GRAND MARNIER.

PAGE CI-CONTRE : TERRINE AUX POIVRONS ROUGES.

TERRINE AUX POIVRONS ROUGES

⚹ ⚹   *Préparation :* 30 minutes + 45 minutes
   de repos
   Cuisson : 1 heure 15
   Pour 8 personnes

3 gros poivrons rouges	*¹/₃ de tasse d'huile*
750 g d'aubergines	*500 g d'épinards*
Sel	*¹/₃ de tasse de pesto*

1 Préchauffer le four à 180 °C. Couper les poivrons en deux et les épépiner. Les placer sur une plaque de four, la peau vers le haut.
Cuire 30 minutes environ, jusqu'à ce que la peau cloque et brunisse. Retirer, laisser refroidir sous un torchon humide ; ôter la peau.
2 Détailler les aubergines en tranches de 5 mm. Saupoudrer de sel et laisser dégorger 45 minutes. Les rincer à l'eau froide, égoutter et sécher avec du papier absorbant.
3 Chauffer 1 cuil. à soupe d'huile dans une casserole.
Cuire à feu moyen les tranches d'aubergines, environ 2 minutes par face, jusqu'à ce qu'elles soient légèrement dorées, puis les égoutter. Recommencer avec l'huile et les tranches qui restent.
4 Effeuiller les épinards. Placer les feuilles dans une jatte de taille moyenne et couvrir d'eau chaude. Laisser reposer 1 minute, égoutter et rincer à l'eau froide. Tapisser d'épinards le fond et les bords d'un moule à pain de 31 x 12 cm environ.
5 Déposer dans le moule en couches successives

¹/₄ des tranches d'aubergines (en les faisant se chevaucher), ¹/₃ de poivrons et ¹/₄ du pesto.
6 Couvrir avec le reste d'épinards. Enfourner 30 minutes environ, jusqu'à ce que la préparation soit tendre. Laisser refroidir, couvrir d'un film plastique et réfrigérer. Démouler et servir.

TERRINE DE PORC ET DE VEAU

⚹ ⚹   *Préparation :* 30 minutes
   Cuisson : 2 heures
   Pour 6 personnes

500 g de porc haché	*Sel et poivre fraîchement*
500 g de veau haché	*moulu*
2 œufs battus	*¹/₂ cuil. à café de thym*
1 oignon, finement émincé	*frais, émincé*
1 gousse d'ail, finement	*¹/₂ cuil. à café de macis*
hachée	*moulu*
2 cuil. à soupe de saindoux	*6 tranches de bacon sans*
fondu	*couenne*
1 tasse de vin blanc sec	

1 Préchauffer le four à 150 °C. Dans une grande jatte, mélanger le porc et le veau hachés. Ajouter les œufs battus, l'oignon, l'ail, le saindoux, le vin, le sel, le poivre, le thym et le macis.
2 Tapisser avec les tranches de bacon le fond et les bords d'une terrine ou d'un moule à pain de 21 x 14 cm environ. Y verser la préparation et rabattre les extrémités des tranches de bacon pour couvrir le dessus.
3 Couvrir le moule avec un couvercle ou de l'aluminium. Le placer dans un plat à rôtir à moitié rempli d'eau. Enfourner 2 heures. Retirer, laisser refroidir et réfrigérer.
4 Lorsque la terrine est froide, la démouler en retournant le moule et couper en tranches. Laisser à température ambiante avant de servir, accompagné de pain croustillant ou d'une salade croquante.

À PROPOS DES TERRINES

■ Généralement, les terrines sont cuites dans un moule spécial en terre cuite avec un couvercle fermant bien. Certaines doivent cuire à découvert, refroidir, puis être placées sous un poids pour rendre la préparation plus compacte avant d'être coupée en tranches.
■ Le porc a longtemps été l'ingrédient favori pour préparer terrines et pâtés. Aujourd'hui, il existe toutes sortes de terrines, aux légumes et au poisson notamment, qui comportent des bases moins riches.
■ Les terrines aux couches variées comprenant des ingrédients aux couleurs vives sont agréables à regarder une fois découpées en tranches. Les servir accompagnées de crackers, de pain grillé ou frais.

apprécié des riches comme des pauvres. L'écrivain romain Horace aimait beaucoup une sorte de lasagnes assaisonnées avec des poireaux et des pois chiches (on prépare encore de nos jours un plat similaire en Italie du Sud). Certains manuscrits médiévaux font référence aux macaronis, et mentionnent même des macaronis cuisinés avec du fromage ; un livre de cuisine du XVᵉ siècle donne des instructions pour le séchage des vermicelles ; les tagliatelles sont cuisinées depuis le XVIᵉ siècle. Dès la fin du XVIIIᵉ siècle, on voyait dans les rues des marchands de pâtes : elles étaient cuites sur place et mangées chaudes avec les doigts. La création de la première usine de

fabrication de pâtes alimentaires remonte au XIXᵉ siècle. Les pâtes aux œufs sont originaires de l'Italie du Nord, les pâtes à la farine de blé dur de l'Italie du Sud.
Dans le commerce, on distingue les pâtes aux œufs, qui, en principe, contiennent au moins trois œufs par kilo de semoule ; les pâtes au lait, contenant un extrait sec de lait ; les pâtes au

gluten, à base de semoule de blé dur, et dont la teneur en glucides est plus réduite ; les pâtes de qualité supérieure, fabriquées avec des semoules plus blanches ; les pâtes fraîches, dont la teneur en eau est plus élevée.

Les principales variétés sont les suivantes : spaghettis,

coquillettes, macaronis, vermicelles, lasagnes, nouilles (qui se différentient par leur longueur, et leur forme ronde ou plate), pâtes à potage. Les cannellonis, les raviolis et les gnocchis sont des pâtes farcies. Les fettucinis, les tagliatelles et les linguinis sont des pâtes en forme de rubans. En France, les pâtes sont toujours préparées avec de la semoule de blé dur, comme les pâtes italiennes traditionnelles ; en revanche, d'autres pays européens utilisent du blé tendre, qui est moins coûteux. L'addition de gluten, lait, oeufs, légumes ou extraits de légumes, est réglementée. Denrée attrayante, les pâtes peuvent être préparées de multiples manières : en sauce, au fromage, gratinées, dans du bouillon... Dans le langage courant, on désigne souvent sous l'appellation "nouilles"

PATATES DOUCES

HACHIS DE PATATES DOUCES ET DE POMMES DE TERRE

> ✱ **Préparation :** 20 minutes
> **Cuisson :** 25 minutes
> **Pour** 4 à 6 personnes

3 tranches de bacon, coupées en petits morceaux (facultatif)
250 g de patates douces, à chair orange
500 g de pommes de terre
1 gros oignon, finement haché

2 cuil. à soupe d'huile d'olive
Sel et poivre noir fraîchement moulu, à votre goût
Crème fraîche
2 cuil. à soupe de ciboulette fraîche, émincée

1 Préchauffer le four à 180 °C. Badigeonner d'huile ou de beurre fondu une plaque de four. Graisser un anneau à œuf pour l'utiliser en guise de moule. Cuire le bacon 3 minutes dans une petite poêle à feu vif puis moyen ; l'égoutter sur du papier absorbant. Peler et râper patates douces et pommes de terre. Les éponger en les pressant dans une mousseline.
2 Mélanger les patates douces, les pommes de terre, l'oignon, le bacon, l'huile, le sel et le poivre dans une jatte. Tasser une bonne cuillerée de préparation dans l'anneau à œuf posé sur la plaque de four. Lisser le dessus et enlever l'anneau. Recommencer avec le reste de préparation.
3 Enfourner 20 minutes environ, jusqu'à ce que la préparation soit croustillante et dorée. Garnir de crème fraîche et de ciboulette ciselée. Servir immédiatement.

CROQUETTES DE PATATES DOUCES ET D'AUBERGINES ÉPICÉES

> ✱ **Préparation :** 5 minutes
> **Cuisson :** 20 minutes
> **Pour** 4 à 6 personnes

315 g de patates douces, à chair orange
375 g d'aubergines, fines
Huile pour la friture
¼ de cuil. à café de piment en poudre

¼ de cuil. à café de coriandre en poudre
1 cuil. à café de sel

1 Peler la patate douce. La couper, ainsi que l'aubergine, en longues tranches fines de même taille, et les mélanger dans une grande jatte.
2 Chauffer l'huile dans une poêle à fond épais. Avant qu'elle ne soit trop chaude, y plonger délicatement la moitié des tranches de légumes. Frire à feu vif puis moyen 10 minutes environ, jusqu'à ce qu'elles soient dorées et croustillantes. Les retirer délicatement avec des pinces ou une écumoire. Égoutter sur du papier absorbant. Recommencer l'opération avec les tranches restantes.
3 Mélanger le piment, la coriandre et le sel dans un bol. Saupoudrer sur les tranches chaudes et remuer pour bien les enrober. Servir immédiatement.

À PROPOS DES PATATES DOUCES

■ La chair des patates douces a un goût sucré. Elle peut être orange, blanche ou jaune.
■ Coupées en tranches et frites, les patates douces remplacent agréablement les pommes de terre.

PETITS POIS

POIS MANGE-TOUT ET CAROTTES SAUCE CITRON VERT

✶ **Préparation :** 10 minutes
Cuisson : 10 minutes
Pour 4 personnes

125 g de carottes
125 g de pois mange-tout
45 g de beurre
2 gousses d'ail écrasées

1 cuil. à soupe de jus de
citron vert
1/2 cuil. à café de sucre roux
1 citron vert

1 Peler les carottes et les couper en diagonale, en tranches fines. Laver et enlever les fils des pois gourmands.
Chauffer le beurre dans une grande poêle à fond épais. Y faire revenir l'ail à feu doux 1 minute. Verser le jus de citron vert et le sucre, et mélanger à feu doux jusqu'à dissolution complète du sucre.
2 Ajouter les pois gourmands et les carottes ; cuire à feu moyen 2 à 3 minutes, jusqu'à ce que les légumes soient tendres mais toujours croquants.
Garnir de zeste de citron vert et servir chaud.

Remarque : pour préparer le zeste, peler le citron vert en longues bandes avec un épluche-légumes. Ôter la pulpe, et couper le zeste en fines lanières avec un couteau aiguisé.

PETITS POIS AU POIVRE ET À L'AIL

Chauffer 1 cuil. à soupe d'huile dans une sauteuse. Ajouter 2 gousses d'ail écrasées, 1 cuil. à café de poivre noir concassé, 2 tasses de petits pois surgelés et 1/2 cuil. à café de sucre. Cuire à feu moyen 2 à 3 minutes environ, jusqu'à ce que les petits pois soient tendres. Arroser éventuellement d'un peu de vinaigre balsamique.

PETITS POIS ET OIGNONS NOUVEAUX SAUTÉS

Chauffer 30 g de beurre dans une sauteuse. Ajouter 2 tasses de petits pois surgelés, 1 gousse d'ail écrasé, et 2 oignons nouveaux finement émincés. Mélanger à feu moyen 2 à 3 minutes, jusqu'à ce que les petits pois et les oignons soient juste tendres.

PETITS POIS À LA CORIANDRE

Chauffer 30 g de beurre dans une casserole. Verser 1 1/2 cuil. à café de jus de citron, 1/2 cuil. à café de sucre en poudre et 2 tasses de petits pois surgelés. Cuire à feu moyen 2 à 3 minutes, jusqu'à ce qu'ils soient juste tendres. Ajouter 2 cuil. à soupe de feuilles de coriandre fraîche, ciselées, et bien mélanger.

PAGE CI-CONTRE, EN HAUT : HACHIS DE PATATES DOU-CES ET DE POMMES DE TERRE ; EN BAS : CROQUETTES DE PATATES DOUCES ET D'AUBERGINES ÉPICÉES.
CI-DESSUS : POIS GOURMANDS ET CAROTTES SAUCE CITRON VERT.

toute espèce de pâtes alimentaires, sauf les pâtes à potage.

Pâtes aux œufs Variété de pâtes alimentaires préparées avec de la farine de blé, des œufs et de l'eau.

Paupiette Fine tranche de viande, de volaille ou de poisson, enroulée autour d'une farce composée de viande, d'herbes aromatiques finement coupées, assaisonnée et ficelée pour la cuisson.

Pavlova Dessert composé d'une meringue garnie de crème fouettée recouverte de fruits frais. On attribue ce dessert à Herbert Sachse, chef d'un grand hôtel à Perth, en Australie occidentale, qui le créa et l'appela ainsi en 1935, en hommage à la ballerine Anna Pavlova qui séjourna dans cette ville en 1929.

Pavot (graines de) Fines graines bleu-vert provenant du pavot. Les graines de pavot ont une forte saveur de noisette. Elles sont souvent saupoudrées sur du pain ou sur des biscuits salés, avant la cuisson ; on les ajoute également aux plats composés de pâtes alimentaires et de pommes de terre.

Pêche Fruit à noyau rond, à peau duveteuse de couleur jaune à rose, à chair juteuse, parfumée

et sucrée. Il existe deux variétés principales de pêche : à noyau libre (la pulpe se sépare facilement du noyau), et à noyau adhérent (la pulpe adhère au noyau). Le nom vient du latin Persicum malum, pomme persane. La saison de la pêche s'étend du début de l'été à l'automne.

Pêche melba Dessert composé de pêches pochées dans un sirop de vanille, refroidies, puis servies avec de la glace à la vanille et du coulis de framboise. Ce plat fut créé pour la diva australienne Nellie Melba par le célèbre chef français Auguste Escoffier. Il fut inspiré par la prestation de l'artiste dans son interprétation de l'opéra Lohengrin.

À l'origine, les pêches et la glace étaient servies entre les ailes d'un cygne sculpté dans la glace, et recouvertes de sucre filé.

Pêche (produits de la) Le poisson, bien sûr, les mollusques et coquillages, de même que les crustacés constituent les produits de la pêche. Le poisson, qu'il soit de

PÊCHES

PÊCHES POCHÉES À LA CRÈME AU MARSALA ET TUILES À LA VANILLE

★ ★ **Préparation** : 50 minutes
Cuisson : 30 minutes
Pour 8 personnes

4 jaunes d'œufs
$^1/_4$ de tasse de sucre en poudre + 1 tasse supplémentaire
$^1/_4$ de tasse de marsala
1 tasse $^1/_4$ de crème fouettée
1 tasse de sucre en poudre
4 tasses d'eau
8 pêches

Tuiles à la vanille
60 g de beurre
$^3/_4$ de tasse de sucre glace
2 blancs d'œufs
$^1/_4$ de cuil. à café d'essence de vanille
$^1/_2$ tasse de farine

1 À l'aide d'un batteur électrique, mélanger pendant 1 minute les jaunes d'oeufs et $^1/_4$ de tasse de sucre en poudre dans une jatte de taille moyenne résistant à la chaleur. La poser sur une casserole d'eau frémissante, et remuer continuellement jusqu'à ce que la préparation soit bien chaude. Incorporer progressivement le marsala en battant 3 minutes environ, jusqu'à ce que la crème soit épaisse et mousseuse. Battre encore 2 minutes environ, hors du feu, jusqu'à ce qu'elle refroidisse. Verser dans une jatte et incorporer la crème fouettée. Couvrir et réfrigérer.

2 Mélanger à feu moyen le sucre et l'eau dans une grande casserole à fond épais, jusqu'à dissolution complète du sucre. Porter à ébullition, baisser légèrement le feu et ajouter les pêches entières. Couvrir et laisser mijoter 20 minutes, en les retournant de temps en temps. Les retirer délicatement avec une écumoire et les mettre à refroidir sur un plat. Les peler à la main. Couvrir d'un film plastique et réfrigérer jusqu'à utilisation. Les laisser 15 minutes à température ambiante avant de servir.

3 Tuiles à la vanille : préchauffer le four à 180 °C. Découper dans du papier sulfurisé 2 rectangles de 32 x 28 cm environ (ou format de la plaque du four). Avec un crayon et une règle, tracer des bandes parallèles larges de 7 cm. Badigeonner d'un peu d'huile ou de beurre fondu 2 plaques de four. Les recouvrir avec le papier, partie écrite contre la plaque.

Avec un batteur électrique, mélanger le beurre et le sucre glace, dans une jatte de taille moyenne, jusqu'à ce que la préparation soit légère et crémeuse. Ajouter les blancs progressivement, en battant bien à chaque fois, puis l'essence de vanille. Avec une cuillère en métal, incorporer la farine tamisée.

4 Verser la préparation dans une poche à douille lisse de 1 cm. La presser, entre les bandes dessinées, en bâtonnets de 7 cm, espacés de 5 cm environ. Enfourner 5 minutes jusqu'à ce que les biscuits soient légèrement dorés. Les garder sur la plaque jusqu'à ce qu'ils soient fermes, puis les laisser refroidir sur une grille à pâtisserie.

Disposer sur chaque assiette une pêche garnie d'une bonne cuillerée de crème au marsala, et de trois tuiles à la vanille.

PÊCHES MELBA

☆ **Préparation :** 15 minutes
Cuisson : 8 minutes
Pour 4 personnes

2 tasses d'eau
1/2 tasse de sucre en poudre
1 petite gousse de vanille
4 pêches mûres, dénoyautées
250 g de framboises
1/4 de tasse de sucre glace
2 cuil. à café de jus de citron
4 boules de glace à la vanille

1 Dans une casserole, chauffer l'eau, le sucre et la gousse de vanille en remuant jusqu'à dissolution du sucre. Laisser mijoter le sirop 2 minutes.
2 Couper les pêches en deux, les peler et les dénoyauter. Les pocher dans le sirop jusqu'à ce qu'elles soient à peine tendres. Ôter du feu et laisser les fruits bien refroidir dans le sirop.
3 Réduire en purée les framboises avec le jus de citron et le sucre glace à l'aide d'un robot ou d'un batteur électrique. Tamiser et laisser refroidir.
4 Déposer 1 boule de glace dans chaque coupe. Garnir avec 2 moitiés de pêche, bien égouttées, et napper de coulis de framboises.

MUFFINS À LA PÊCHE ET À LA COURGETTE

☆ **Préparation :** 8 minutes + 5 minutes de repos
Cuisson : 18 minutes
Pour 15 muffins

345 g de préparation pour muffins (ou brioches), en sachet
1 œuf
2 cuil. à café de zeste de citron râpé
2/3 de tasse de courgette, grossièrement râpée
1/2 tasse de pêches en boîte, en morceaux avec leur jus, bien égouttées
60 g de beurre fondu

1 Préchauffer le four à 210 °C. Badigeonner d'huile ou de beurre fondu 15 moules à muffins (contenance de chaque moule : 80 ml environ).
2 Placer dans une grande jatte la préparation pour muffins, l'œuf, le zeste de citron, la courgette, les pêches et le beurre. Avec une cuillère en bois, mélanger jusqu'à ce que les ingrédients soient juste incorporés. Ne pas trop remuer.
3 Remplir les moules au deux-tiers avec cette préparation. Enfourner 18 minutes environ, jusqu'à ce que les muffins soient gonflés et légèrement dorés. Attendre 5 minutes avant de les démouler sur une grille à pâtisserie et laisser refroidir. Décorer éventuellement de crème au beurre ou de glaçage crème (voir l'index pour les recettes), et garnir de tranches de pêches fraîches ou en boîte.

PARFAIT AUX PÊCHES ET À LA CRÈME ANGLAISE

☆ **Préparation :** 10 minutes
Cuisson : aucune
Pour 4 personnes

425 g de pêches en boîte, égouttées et coupées en morceaux
6 cuil. à café d'eau de vie de pêche
1/2 l de glace à la vanille
1 tasse 1/2 de crème anglaise à la vanille
1/2 tasse de crème fouettée
2 cuil. à soupe d'amandes effilées et grillées

1 Faire tremper les pêches 5 minutes dans l'alcool.
2 Dans 4 coupes à parfait, disposer la glace, puis les pêches et napper de crème anglaise.
Garnir de crème fouettée, parsemer d'amandes et servir immédiatement.

À PROPOS DES PÊCHES

■ Pour cuire des pêches, mieux vaut les choisir pas tout à fait mûres. Elles sont en outre plus faciles à peler.
■ Pour les peler, plonger les pêches 30 secondes dans de l'eau bouillante, puis dans de l'eau glacée : la peau se détachera. Les couper en deux et les dénoyauter avant de les peler avec un petit couteau.
Arroser la chair de jus de citron pour qu'elles gardent leur couleur.

CI-DESSUS : PÊCHES MELBA. PAGE CI-CONTRE : PÊCHES POCHÉES À LA CRÈME AU MARSALA ET TUILES À LA VANILLE.

mer ou d'eau douce, est pauvre en lipides et glucides, et riche en sel minéraux, notamment en phosphore, potassium, fer et iode.
Le foie du poisson est riche en vitamine A, vitamine D et certaines vitamines B.

Les mollusques et coquillages (coquilles Saint Jacques, calamars, moules...), et les crustacés, ont en général les mêmes valeurs nutritionnelles que le poisson.
Voir Poisson.

Pecorino Fromage de lait de brebis fabriqué par la méthode de cuisson de la croûte (la croûte est "cuite" dans du petit-lait chauffé). Il en existe deux sortes : le pecorino romain, fromage à râper dur (d'abord fabriqué dans la région de Rome), semblable en goût et en texture au parmesan, employé principalement dans la cuisine ; et le pecorino frais, variante plus tendre et au goût plus doux, qui peut être présentée en fromage de table.
Le pecorino fit son apparition en Italie du Sud il y a 2000 ans ; il était traditionnellement préparé par les bergers. Le nom vient de l'italien *pecora*, signifiant brebis.

P PETITS FOURS SALÉS

Les petits fours salés sont synonymes de fête. Ils sont plus appréciés si, tout en étant nourrissants, ils n'en restent pas moins des gourmandises qui ouvrent l'appétit ! Ils se mangent des yeux, puis, dégustés du bout des doigts, doivent être pratiques à tenir. Les garnitures trop fluides et fragiles sont donc peu recommandées.

CROQUETTES FARCIES À LA CHINOISE (WONTONS FARCIS)

Dans une petite jatte, mélanger 155 g de porc et de veau hachés, 1 cuil. à soupe de coriandre fraîche ciselée, 1 gousse d'ail écrasée, 2 à 3 cuil. à café de sauce de soja, du sel, du poivre et 1 cuil. à soupe de sauce à la prune. Déposer 1 cuil. à café de cette préparation sur le coin d'un carré de pâte à raviolis chinois. Badigeonner les bords d'eau. Rabattre le coin, appuyer pour faire adhérer en laissant un grand bord festonné. Continuer avec le reste de préparation et de pâte. Frire les raviolis à l'huile jusqu'à ce qu'ils soient croustillants. Les égoutter sur du papier absorbant et servir avec une sauce pimentée douce.

BROCHETTES AUX CREVETTES ET AU MELON

Découper 12 boules de melon d'Espagne ou de cantaloup. Décortiquer 12 grosses crevettes, en laissant la queue intacte. Les enfiler avec les

Dans le sens des aiguilles d'une montre, en partant de la gauche : Croquettes farcies à la chinoise, Brochette aux crevettes et au melon, Tartelette au fromage de chèvre et aux artichauts, Mini-sandwich, Coquille à la ricotta et aux oignons, Yakitori, part de pizza, Vol-au-vent au tarama, Huître au caviar, Beignets au maïs, Carré au saumon et fromage.

boules de melon et des tranches d'avocats sur des brochettes en bambou. Arroser d'un peu de jus de citron ou d'orange frais. Servir.

TARTELETTES AU FROMAGE DE CHÈVRE ET AUX ARTICHAUTS

Étaler du fromage de chèvre ou de ricotta dans des fonds de pâte brisée précuits. Couvrir de cœurs d'artichaut (en boîte ou marinés), égouttés et coupés en quatre. Garnir de caviar ou d'œufs de saumon.

MINI-SANDWICHS

Couper 1 avocat en deux et ôter le noyau. Détailler la chair en tranches fines. Les arroser d'un peu de jus de citron pour qu'elles gardent leur couleur. Les disposer côte à côte sur une tranche de pain complet. Saler, poivrer et recouvrir d'une tranche de pain blanc. Garnir de saumon en boîte, égoutté et écrasé. Parsemer d'épinard ou de basilic ciselés. Recouvrir d'une autre tranche de pain complet ; presser en veillant à ne pas écraser la garniture. Couper les croûtes et détailler les tranches en petits rectangles. Recommencer l'opération pour préparer d'autres sandwichs. Les remplir avec vos garnitures préférées, en variant couleurs et textures. Éviter les ingrédients trop liquides qui rendent le pain pâteux.

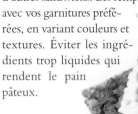

COQUILLES À LA RICOTTA ET AUX OIGNONS

Déposer 2 à 3 cuil. à café de ricotta fraîche dans chacune des 12 coquilles ou fonds de pâte précuits. Garnir de petits morceaux de tomates séchées, de rondelles d'oignon rouge, de moitiés d'olives noires et de petites feuilles de basilic frais.

YAKITORI

Couper en petits morceaux 500 g de cuisses de poulet. Les placer dans une jatte de taille moyenne avec ¼ de tasse de saké (ou de vin blanc), ¼ de tasse de sauce de soja, 1 cuil. à soupe de xérès, une cuil. à soupe d'huile de sésame et 1 cuil. à café de gingembre frais râpé. Poivrer à votre goût et bien mélanger. Couvrir et réfrigérer plusieurs heures (une nuit si possible). Sur de petites brochettes, enfiler alternativement les morceaux de poulet et d'oignons nouveaux coupés en morceaux de 2 cm. Placer sur une plaque de four froide et passer sous le gril préchauffé 5 à 10 minutes, jusqu'à ce que les brochettes soient cuites. Servir chaud.

PARTS DE PIZZA

Étaler du concentré de tomates sur 4 petits fonds de pâte à pizza précuits. Recouvrir de fines tranches de salami épicé et de tomates, de moitiés d'olives noires, d'un oignon finement émincé, d'anchois et de petits brins de thym ou d'origan. Préchauffer le four à 180 °C et cuire 15 à 20 minutes, jusqu'à ce que les pizzas soient cuites. Servir en portions chaudes ou froides.

VOL-AU-VENT AU TARAMA

Préchauffer le four à 180 °C. Cuire 12 petits vol-au-vent, sur une plaque de four 5 à 10 minutes, jusqu'à ce qu'ils soient croustillants. Laisser refroidir. Fouetter 45 g de fromage frais crémeux (type cream cheese) au batteur électrique jusqu'à ce qu'il soit lisse. Ajouter 1 tasse de tarama, acheté ou fait maison, et bien battre. Garnir les vol-au-vent de cette préparation avec une poche à douille. Garnir d'œufs de saumon et servir.

HUÎTRES AU CAVIAR

Déposer une bonne cuillerée de sauce de fruits de mer sur chaque huître fraîche. Ajouter un peu d'œufs de lump ou de caviar dans la coquille. Garnir d'un petit brin d'aneth ou de thym-citron.

BEIGNETS AU MAÏS

Chauffer 60 g de beurre et ½ tasse d'eau dans une petite casserole. Remuer jusqu'à ce que le beurre ait fondu. Porter à ébullition, ôter du feu et incorporer ½ tasse de farine. Remettre sur le feu et mélanger jusqu'à ce que la pâte se détache des bords de la casserole. La mettre dans une jatte et laisser refroidir un peu. Ajouter progressivement 2 œufs légèrement battus. Mélanger au batteur électrique jusqu'à ce que la pâte soit lisse, épaisse et brillante. Incorporer ¼ de tasse de maïs écrasé, du sel et du poivre et 1 cuil. à soupe de parmesan râpé. Faire frire dans de l'huile modérément chaude des cuillerées à soupe rases de cette préparation. Cuire les beignets jusqu'à ce qu'ils aient doré et doublé de volume. Retirer et égoutter du papier absorbant. Ne cuire que 2 ou 3 beignets à la fois.

CARRÉS AU SAUMON ET FROMAGE

Étaler du fromage frais crémeux (type cream cheese) sur de petits carrés ou de petits ronds de pain de seigle noir. Recouvrir de morceaux de saumon ou de truite fumés, et garnir de petits brins d'aneth. Saupoudrer éventuellement d'un peu de poivre fraîchement moulu.

PICKLES ET CHUTNEYS

A l'origine, les pickles et les chutneys (condiments de fruits et légumes) servaient à conserver les aliments pour pallier à la réfrigération. Dans les chutneys, les légumes sont généralement marinés dans du vinaigre, du sucre et des épices jusqu'à ce qu'ils soient fondants. Ainsi préparés, ils sont en principe cuits moins longtemps, et tendent à conserver leur aspect naturel.

La qualité de vos pickles et chutneys dépend de la qualité des ingrédients employés. De vieux légumes, même vivement relevés de vinaigre, d'épices et de sel, n'auront jamais le goût de légumes frais!

■ **LÉGUMES ET FRUITS :** choisissez-les frais et fermes. On peut faire mariner des fruits pas tout à fait mûrs. Les légumes comme les oignons et les concombres doivent être petits et de même taille. Il faut bien les laver pour enlever les impuretés qui favoriseraient le développement de bactéries. Les légumes peuvent être crus ou cuits, selon les recettes. Habituellement, on sale d'abord les fruits et légumes crus pour les faire dégorger, et rendre le procédé plus efficace.

■ **VINAIGRE :** il vaut mieux employer du vinaigre de bonne qualité, avec un taux d'acidité d'au moins 5 %, sinon la conservation risquerait d'être aléatoire. Pour bien relever les ingrédients crus, utiliser du vinaigre de malt. Pour préparer des pickles plus fins, surtout à base de fruits, utiliser des vinaigres de cidre et de vin.

■ **EPICES À PICKLES :** sauf si la recette préconise des épices en poudre, il convient d'employer des épices fraîches et entières (clous de girofle, petits piments rouges, grains de poivre, graines de coriandre et de moutarde, par exemple), car elles ne laissent pas de dépôt. Les épices vieillies peuvent donner un goût rance. Pour concocter des pickles ou épicer les chutneys, envelopper les épices dans une petite mousseline, pour pouvoir les retirer une fois la cuisson terminée.

■ **SEL :** utiliser du gros sel ou du sel cacher pour préparer la saumure. L'iode et les autres produits chimiques contenus dans le sel de table peuvent troubler la préparation et assombrir la couleur des pickles.

PICKLES

PICKLES DE POIRES

Dans une casserole, mettre 3 poires fermes, coupées en deux et évidées, avec le jus d'un citron et de fines lanières de zeste. Couvrir d'eau froide, porter à ébullition, baisser le feu et laisser mijoter jusqu'à ce que les poires soient juste tendres (vérifier en les piquant avec une brochette).

Pendant ce temps, chauffer doucement dans une autre casserole ½ tasse de sucre en poudre, 1 tasse ½ de vinaigre blanc, 1 bâton de cannelle et 1 cuil. à café de clous de girofle. Mélanger jusqu'à dissolution du sucre. Porter à ébullition et retirer du feu.

Avec précaution, placer les poires dans un bocal réchauffé et stérilisé, avec la cannelle et les clous de girofle. Verser le sirop de sucre chaud pour les recouvrir complètement. Aussitôt, fermer hermétiquement le bocal. Une fois qu'il est refroidi, l'étiqueter et le dater. Conserver ainsi 2 semaines avant consommation. Le pickles de poires peut se garder jusqu'à 4 mois. Servir avec une volaille froide, ou du jambon.

PICKLES DE LÉGUMES

Réunir dans une grande jatte la moitié d'un petit chou-fleur, coupé en gros morceaux, 1 poivron rouge, 2 concombres non pelés, 1 carotte, 3 branches de céleri et 2 oignons. Recouvrir d'eau et parsemer de 315 g de gros sel. Couvrir d'un torchon sec et laisser reposer une nuit.

Égoutter, rincer et égoutter à nouveau. Mélanger dans une grande casserole 1,25 litre de vinaigre blanc, 5 piments entiers séchés, $1/2$ tasse de sucre en poudre, 1 cuil. à café de graines de céleri et 1 cuil. à soupe de graines de moutarde.

Remuer à feu doux jusqu'à dissolution du sucre et porter à ébullition. Laisser mijoter 3 minutes, ajouter les légumes et faire bouillir 12 minutes. Ôter du feu, retirer les légumes avec une écumoire et les déposer dans des bocaux tièdes stérilisés. Porter à ébullition le liquide restant dans la casserole. Le verser sur les légumes et fermer hermétiquement les bocaux. Quand ils sont froids, les étiqueter et les dater.

Les pickles de légumes peuvent se servir avec une assiette d'antipasti (entrées italiennes), ou être finement émincés et mélangés à du thon en mayonnaise.

PICKLES AU CITRON VERT ET AU CURRY

Détailler 12 citrons verts en 8 ou 10 quartiers, puis couper ceux-ci en deux dans le sens de la largeur. Dans une jatte de verre, déposer une couche de citrons verts avec 4 cuil. à soupe de sel. Couvrir avec un torchon sec et laisser reposer 3 jours dans un endroit tiède et sec, en remuant de temps en temps. Égoutter et rincer les citrons.

Dans une grande casserole, mélanger 1 tasse $1/2$ d'huile d'olive de bonne qualité, 1 cuil. à soupe de graines de moutarde jaune, grillées et écrasées, 2 cuil. à café de cumin en poudre, 2 cuil. à café de gingembre en poudre et $1/2$ cuil. à café de poivre grossièrement moulu. Mélanger à feu doux jusqu'à ce que la préparation soit chaude. Ajouter les citrons et $1/3$ de tasse de vinaigre de vin blanc, 3 gousses d'ail écrasées et 2 longs piments rouges épépinés et émincés.

Mélanger 5 minutes à feu moyen. Incorporer 3 cuil. à soupe de sucre en poudre et chauffer jusqu'à ce qu'il soit dissous. Verser dans des bocaux tièdes, stérilisés, et fermer hermétiquement. Quand ils sont froids, les étiqueter et les dater. Servir avec des curries.

CHUTNEYS

CHUTNEY À LA TOMATE

Peler et couper en gros morceaux 1 kg de tomates mûres, 3 oignons et 2 pommes vertes. Peler, couper en deux et dénoyauter 3 pêches, et les détailler en gros morceaux. Mettre le tout dans une grande casserole ou un chaudron d'eau chaude. Ajouter 2 tasses $3/4$ de sucre roux, 2 tasses de vinaigre blanc, 1 cuil. à soupe de sel, 1 cuil. à café de mélange d'épices (muscade, cannelle, clou de girofle et gingembre), et 1 cuil. à café de piment mexicain en poudre. Porter doucement à ébullition et laisser réduire 2 heures à découvert jusqu'à épaississement. Remuer de temps en temps. Retirer du feu et laisser refroidir 5 minutes. Verser dans des bocaux tièdes, stérilisés, et fermer hermétiquement aussitôt. Lorsqu'ils sont froids, les étiqueter et les dater.

VARIANTES

■ Remplacer les tomates mûres par des tomates vertes.
■ Ajouter un gros poivron rouge ou vert, pelé et émincé.
■ Utiliser du vinaigre de malt foncé au lieu de vinaigre de vin blanc.

LES CLÉS DE LA RÉUSSITE

■ Fermer hermétiquement avec des couvercles anti-corrosifs les bocaux contenant les pickles et les chutneys dès que ceux-ci ont fini de cuire. Les couvercles en plastique, en métal recouvert de plastique, en liège ou en cire conviennent très bien. En revanche, les couvercles transparents laissant passer la lumière sont à proscrire pour les chutneys. Les couvercles métalliques doivent être enrobés de plastique, sinon l'acidité du vinaigre oxyderait les fruits ou légumes en contact avec le couvercle.
■ Les chutneys sont meilleurs au moins un mois après leur mise en bocal ; ils prennent alors toute leur saveur.
■ Pickles et chutneys peuvent se garder jusqu'à un an dans un endroit frais et sombre. Il n'est pas nécessaire de les réfrigérer tant que le bocal n'a pas été ouvert.

CI-DESSUS, PUIS DANS LE SENS DES AIGUILLES D'UNE MONTRE : PICKLES AU CITRON VERT AU CURRY, CHUTNEY À LA TOMATE, CHUTNEY À LA TOMATE ET AU POIVRON VERT, CHUTNEY À LA TOMATE AVEC DU VINAIGRE DE MALT, CHUTNEY DE TOMATES VERTES, PICKLES DE POIRES ET PICKLES DE LÉGUMES.

PETITS POIS &
POMMES DE TERRE

*PETITS POIS À
LA MENTHE*

Dans ces recettes, et par souci d'efficacité, nous n'utilisons que des petits pois surgelés. On peut bien sûr employer des petits pois frais, mais la cuisson serait plus longue. Pour les pommes de terres, les faire bouillir le jour de la préparation pour qu'elles gardent leur fraîcheur.

PETITS POIS À LA MENTHE

Cuire à la vapeur, au four à micro-ondes, ou dans de l'eau frémissante, 2 tasses de petits pois surgelés. Incorporer 1 cuil. à soupe de menthe fraîche ciselée et ¼ de cuil. à café de sucre roux. Servir chaud.

PURÉE DE PETITS POIS AU BEURRE

Cuire à la vapeur, au four à micro-ondes, ou dans de l'eau frémissante, 2 tasses de petits pois surgelés. Les égoutter et les écraser à la fourchette. Ajouter 2 cuil. à café de beurre, du sel et du poivre fraîchement moulu, à votre goût. Bien mélanger et servir chaud.

PETITS POIS AU BASILIC ET À LA TOMATE

Chauffer 2 cuil. à café d'huile dans une sauteuse. Ajouter 1 gousse d'ail écrasée et ½ tasse de tomates pelées en boîte, coupées en morceaux, avec leur jus. Cuire 1 minute et incorporer 2 tasses de petits pois surgelés et 1 à 2 cuil. à soupe de basilic ciselé. Cuire 2 à 3 minutes, jusqu'à ce que les petits pois soient juste tendres. Servir chaud.

PETITS POIS AU POIVRE ET À L'AIL

Chauffer 1 cuil. à soupe d'huile dans une sauteuse. Ajouter 2 gousses d'ail écrasées et 1 cuil. à café de poivre noir concassé. Incorporer 2 tasses de petits pois surgelés et ½ cuil. à café de sucre en poudre. Cuire à feu moyen 2 à 3 minutes, jusqu'à ce que les petits pois soient tendres. Arroser de vinaigre balsamique.

*PURÉE DE
PETITS POIS
AU BEURRE*

*PETITS POIS AU BASILIC
ET À LA TOMATE*

*PETITS POIS AU POIVRE
ET À L'AIL*

*GRATIN DE POMMES
DE TERRE*

GRATIN DE POMMES DE TERRE

Peler et couper en tranches fines 4 pommes de terre et
1 oignon. Disposer les pommes de terre et l'oignon en
couches dans un plat à gratin. Saupoudrer chacune
d'elles de fromage râpé (cheddar, mimolette ou gruyère). Arroser d'½ tasse de crème fraîche liquide, de
¾ de tasse de lait et d'1 cuil. à café de moutarde en
poudre. Saupoudrer le dessus de fromage râpé et de ciboulette ciselée. Enfourner à 180 °C, 40 minutes environ, jusqu'à ce que le gratin soit cuit. Servir chaud.

POMMES DE TERRE HASSELBACK

Peler et couper en deux 4 pommes de terre. Les poser
face coupée sur une planche et, avec un couteau aiguisé, tailler le dessus en tranches fines sans aller jusqu'à leur extrémité pour ne pas qu'elles se détachent.
Placer les pommes de terre, face incisée vers le haut,
dans un plat à gratin. Les badigeonner d'1 cuil. à soupe d'huile d'olive mélangée à 1 cuil. à soupe de
beurre fondu. Saupoudrer de poivre. Enfourner
à 210 °C, 45 minutes environ, jusqu'à ce que les
pommes de terre soit dorées et légèrement
croustillantes. Servir immédiatement.

*POMMES
DE TERRE
HASSELBACK*

POMMES DE TERRE DUCHESSE

Peler et couper en morceaux 4 pommes de terre.
Cuire dans une grande casserole d'eau bouillante
jusqu'à ce qu'elles soient juste tendres. Les égoutter
et les réduire en purée. Ajouter 3 jaunes d'œufs, 2 cuil.
à soupe de crème fraîche liquide et 2 cuil. à soupe de
parmesan râpé ; bien mélanger. À l'aide d'une poche
à douille, déposer cette préparation en boucles sur
des plaques de four graissées. Les enfourner à
210 °C, 20 minutes environ, jusqu'à ce qu'elles
soient bien dorées. Saupoudrer de paprika et servir chaud.

POMMES DE TERRE FRITES

Peler 4 pommes de terre. Les couper dans le sens de la
longueur en tranches d'1 cm d'épaisseur, puis en bâtonnets d'1 cm de large ; on peut aussi les détailler en longues
lamelles avec un épluche-légumes. Chauffer de l'huile
dans une friteuse. Cuire les pommes de terre, 4 à 5 minutes pour les frites classiques,
2 à 3 minutes pour
des frites en la-
melles. Bien
égoutter.

POMMES DE TERRE DUCHESSE

*POMMES DE TERRE
FRITES*

Pectine Gélifiant naturel que l'on trouve dans certains fruits. Lorsque l'on cuit avec du sucre des fruits contenant de la pectine, on obtient de la confiture ou de la gelée. Les cassis, les baies rouges, les agrumes, les pommes à cuire, les coings, les groseilles à maquereau et les prunes ont une forte teneur en pectine ; les fraises et les poires en contiennent très peu. Les fruits verts et ceux qui sont juste mûrs contiennent plus de pectine que les fruits trop mûrs. On peut aussi acheter de la pectine en poudre.

Peperoni Saucisse d'origine italienne fabriquée avec du porc et du bœuf hachés (salés et séchés pendant la fabrication), et de la graisse, et épicée. Le peperoni, qui ne nécessite aucune cuisson, est surtout utilisé pour garnir les pizzas.

Pépino Fruit de la taille d'une pomme, également connu sous le nom de melon poire ou de concombre sucré. Le pépino appartient à la famille des cucurbitacées. C'est un fruit marbré de la forme d'un melon, de la taille d'une pomme, à peau lisse jaune-vert rayée de pourpre, à chair pâle et juteuse

PIZZAS

PIZZA VÉGÉTARIENNE

✳ ✳   **Préparation :** 30 minutes + 30 minutes de repos
Cuisson : 1 heure
Pour 6 personnes

Pâte à pizza
2 cuil. à soupe de farine de maïs ou de polenta
1 cuil. à café de levure chimique
1 cuil. à café de sucre en poudre
1 tasse 1/2 de farine
1/2 tasse d'eau tiède
1 cuil. à café de sel
1/3 de tasse de feuilles de basilic, ciselées
1 cuil. à soupe d'huile d'olive

Sauce tomate
1 cuil. à soupe d'huile
1 petit oignon rouge, finement haché

1 gousse d'ail écrasée
1 grosse tomate, hachée
1 cuil. à soupe de concentré de tomates
1/2 cuil. à café d'origan séché

Garniture
60 g de champignons de Paris, détaillés en tranches fines
100 g de tout petits épis de maïs
1 tasse 1/2 de mozzarella râpée
60 g de feuilles d'épinards, ciselées
1 petit poivron rouge, détaillé en fines lamelles
2 cuil. à soupe de pignons

1 Huiler un moule à pizza de 30 cm de diamètre et le saupoudrer de polenta ou de farine de maïs.

2 Pâte à pizza : mélanger la levure, le sucre et 2 cuil. à soupe de farine dans une petite jatte. Y verser l'eau progressivement et mélanger jusqu'à obtention d'une texture lisse. Couvrir d'un film plastique et laisser reposer 10 minutes environ, jusqu'à formation d'une pellicule mousseuse.

3 Tamiser le reste de farine dans une grande jatte. Incorporer le basilic et le sel puis former un puits au centre. Ajouter la préparation levée, l'huile, et mélanger avec un couteau jusqu'à obtention d'une pâte homogène.

4 Sur un plan de travail légèrement fariné, la travailler 5 minutes environ, jusqu'à ce qu'elle soit lisse. Former une boule et la placer dans un saladier légèrement huilé. Couvrir d'un film plastique et laisser lever dans un endroit tiède, 20 minutes environ. Pendant ce temps, préparer la sauce.

5 Sauce tomate : chauffer l'huile dans une petite casserole. Faire revenir l'oignon et l'ail à feu moyen 3 minutes environ, jusqu'à ce qu'ils soient fondants. Ajouter la tomate, baisser le feu et laisser mijoter 10 minutes, en remuant de temps en temps. Incorporer le concentré de tomates et l'origan et cuire encore 3 minutes. Laisser refroidir la sauce avant de l'étaler.

6 Préchauffer le four à 210 °C. Sur un plan de travail légèrement fariné, travailler la pâte 5 minutes environ, jusqu'à ce qu'elle soit lisse. L'étaler et en garnir le moule.

7 Répartir la sauce sur la pâte. Garnir avec les champignons et les petits épis de maïs. Les saupoudrer avec la moitié de la mozzarella, les épinards ciselés, le poivre et le reste de mozzarella. Parsemer de pignons et enfourner 40 minutes environ, jusqu'à ce que la pâte soit dorée. Couper en parts et servir immédiatement.

PIZZA NAPOLITAINE

✶ ✶ **Préparation :** 1 heure
Cuisson : 45 minutes
Pour 6 personnes

Pâte à pizza

2 cuil. à café de farine de
  maïs ou de polenta
1 cuil. à café de levure
  chimique
1 cuil. à café de sucre en
  poudre
1 tasse 1/2 de farine
1/2 tasse d'eau tiède
1 cuil. à café de sel
1 cuil. à soupe d'huile
  d'olive

Sauce tomate

1 cuil. à soupe d'huile
  d'olive
1 petit oignon, finement
  haché
1 gousse d'ail écrasée
1 grosse tomate, hachée
1 cuil. à soupe de concentré
  de tomates
1/2 cuil. à café d'origan sec

1 Préchauffer le four à 210 °C. Huiler un moule à pizza de 30 cm de diamètre et le saupoudrer de farine de maïs.
Mélanger la levure, le sucre et 2 cuil. à soupe de farine dans une petite jatte. Verser l'eau progressivement et mélanger jusqu'à obtention d'une texture lisse.
Couvrir d'un film plastique et laisser reposer 10 minutes environ jusqu'à formation d'une pellicule mousseuse.
2 Tamiser le reste de farine dans une grande jatte. Verser le sel et former un puits au centre. Ajouter la préparation levée, l'huile, et mélanger avec un couteau jusqu'à obtention d'une pâte homogène.
3 Sur un plan de travail légèrement fariné, travailler la pâte 5 minutes jusqu'à ce qu'elle soit lisse. Former une

boule et la placer dans un saladier légèrement huilé. Couvrir d'un film plastique et laisser lever, 20 minutes environ, dans un endroit tiède.
4 Sur un plan de travail légèrement fariné, pétrir la pâte encore 5 minutes jusqu'à ce qu'elle soit lisse et élastique. L'étaler et en garnir le moule. Couvrir de sauce tomate et enfourner 30 minutes.
5 Sauce tomate : chauffer l'huile dans une petite casserole. Faire revenir l'oignon et l'ail à feu moyen, 3 minutes environ, jusqu'à ce qu'ils soient fondants. Ajouter la tomate, baisser le feu et laisser mijoter 10 minutes en remuant de temps en temps.
Incorporer le concentré de tomates et l'origan et cuire 2 minutes. Laisser refroidir la sauce avant de l'étaler.

VARIANTES

■ **Mozzarella :** étaler la sauce tomate sur la pâte. Saupoudrer 1 tasse de mozzarella râpé et 1 cuil. à soupe d'origan frais ciselé. Cuire 30 minutes dans le four préchauffé.
■ **Quatre saisons :** étaler la moitié de la sauce tomate sur la pâte.
Frire séparément dans de l'huile 75 g de champignons de Paris, 3 tranches de bacon coupées en morceaux et 1 oignon finement émincé. Couvrir avec chaque ingrédient un quart de la pizza. Disposer 5 anchois sur l'oignon. Sur le quart restant, déposer 3 petits bocconcinis (ou morceaux d'épaule) coupés en tranches, et 1 cuil. à soupe de basilic frais ciselé. Enfourner 30 minutes.

CI-DESSUS : PIZZA NAPOLITAINE.

PAGE CI-CONTRE : PIZZA VÉGÉTARIENNE.

---

avec une grappe centrale composée de graines comestibles. On peut manger le pépino frais, de la même façon que le melon, coupé en deux et ajouté à des salades de fruits, ou légèrement revenu à la poêle et servi en accompagnement de poisson et de viande. Le pépino est originaire du Pérou et du Chili. Il fut introduit en Floride à la fin du XIXe siècle. La saison du pépino s'étend de l'automne au printemps.

Pépins de raisin (huile de) On extrait une huile des pépins de raisin, riche en acides gras polyinsaturés. L'huile de pépins de raisin, délicate et de couleur claire, est idéale pour la préparation de mayonnaises (elle ne se fige pas au réfrigérateur), et ne fume qu'à très hautes températures. Les nutritionnistes la recommandent dans les régimes pauvres en lipides.

Perdrix Gibier à plumes appartenant à la famille du faisan, nichant à terre, originaire d'Europe et des Îles Britanniques.

Persil Herbe aromatique à feuilles d'un vert brillant, dentelées, à saveur légère de céleri, très utilisée pour assaisonner et garnir les plats.

Il en existe deux sortes principales : le persil frisé et le persil plat, ou persil italien. Le persil frisé est plus utilisé en garniture, soit en brins, soit répandu finement haché sur les aliments. Le persil plat, très parfumé, est plus employé pour la cuisine ; il est le principal ingrédient du taboulé.

Le persil accompagne très bien les salades, les œufs, les ragoûts, les légumes, le

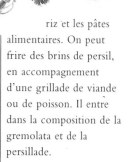

riz et les pâtes alimentaires. On peut frire des brins de persil, en accompagnement d'une grillade de viande ou de poisson. Il entre dans la composition de la gremolata et de la persillade.

Originaire du sud de l'Europe et cultivé depuis l'antiquité, le persil a longtemps été apprécié autant pour ses propriétés culinaires que pour ses vertus médicinales ; il est riche en vitamine C et en minéraux. Dans l'antiquité, les Romains portaient des couronnes de persil pour dissiper les effets de l'alcool.

Persil chinois Voir Coriandre.

Pesto Sauce épaisse, non cuite, fabriquée en mélangeant des feuilles de basilic, de l'huile d'olive, des pignons et du parmesan. Traditionnellement, on la prépare au mortier.

On le sert généralement sur les pâtes, bien qu'à Gênes,

POIREAUX

TOURTE AUX POIREAUX

★ ★ **Préparation :** 30 minutes + 30 minutes de réfrigération
Cuisson : 40 à 50 minutes
Pour une tourte de 23 cm de diamètre

Pâte
2 tasses ¹/₂ de farine
150 g de beurre, coupé en petits morceaux
2 cuil. à soupe de jus de citron
1 cuil. à soupe d'eau

Garniture
30 g de beurre
2 tranches de bacon, hachées
4 poireaux, coupées en tranches fines

1 cuil. à soupe de vinaigre de vin blanc
¹/₄ de tasse de farine
1 tasse de lait
2 œufs, légèrement battus
1 tasse de fromage râpé
1 cuil. à café de poivre noir moulu
1 œuf battu (pour dorer)
Herbes fraîches pour la garniture

1 Préchauffer le four à 210 °C. Badigeonner d'huile ou de beurre fondu un moule à tarte peu profond, à bord cannelé, de 23 cm de diamètre.

2 Pâte : mixer au robot la farine et le beurre coupé en morceaux pendant 30 secondes ou jusqu'à ce que la préparation soit granuleuse. Verser le jus de citron et presque toute l'eau. Mixer 30 secondes environ, jusqu'à ce que la pâte soit lisse. La couvrir d'un film plastique et la réfrigérer environ 30 minutes.

3 Garniture : chauffer le beurre dans une casserole de taille moyenne. Y faire rissoler le bacon jusqu'à ce qu'il

soit croustillant. Ajouter les poireaux et cuire 5 minutes jusqu'à ce qu'ils soient fondants. Incorporer le vinaigre et la farine puis ôter du feu.

Verser le lait progressivement en remuant jusqu'à ce que la sauce soit lisse. Remettre sur le feu et remuer jusqu'à ébullition et épaississement. Laisser refroidir un peu puis incorporer les œufs, le fromage et le poivre.

4 Etaler ²/₃ de la pâte, foncer le moule et y verser la garniture. Abaisser au rouleau le reste de pâte pour former un couvercle. Découper l'excès de pâte et décorer les bords, puis badigeonner d'œuf battu.

Faire 3 entailles profondes dans la pâte pour permettre à la vapeur de sortir. Enfourner 30 à 40 minutes, jusqu'à ce que la pâte soit bien dorée et croustillante.

Couper la tourte en parts, garnir d'herbes fraîches et servir.

POIREAUX SAUCE AUX HERBES

Couper et jeter l'extrémité des feuilles de 12 petits poireaux.

Bien les laver et les laisser mijoter dans de l'eau salée 10 minutes environ, jusqu'à ce qu'ils soient tendres. Égoutter et disposer sur un plat de service.

Préparer une sauce en mélangeant 5 cuil. à soupe d'huile d'olive, 1 cuil. à soupe de vinaigre de vin blanc, 1 gros oignon nouveau émincé, 2 cuil. à café de câpres hachées, 1 cuil. à café d'estragon frais ciselé, ¹/₂ cuil. à café de cerfeuil frais ciselé et 125 ml de crème liquide. Napper les poireaux de sauce et les laisser refroidir. Servir à température ambiante.

CI-DESSUS : TOURTE AUX POIREAUX.

POIRES

POIRES FRAÎCHES POCHÉES AU VIN BLANC

✯ **Préparation :** 15 minutes
Cuisson : 20 minutes
Pour 4 personnes

4 poires mûres
2 tasses d'eau
1 tasse de vin blanc de
  bonne qualité
1 tasse de sucre en poudre
1 bâton de cannelle
1 lamelle de zeste de citron

1 Peler les poires en gardant les queues.
Les évider avec un vide-pomme (ou la pointe d'un épluche-légumes), en les gardant entières.
2 Réunir l'eau, le vin blanc, le sucre, le bâton de cannelle et le zeste de citron dans une grande casserole.
Y pocher les poires entières 5 à 10 minutes, selon la maturité des fruits.
Ils doivent être fermes mais tendres (vérifier en les piquant avec une brochette).
Retirer les poires du sirop avec une écumoire.
Réserver.
3 Faire bouillir le sirop 5 à 10 minutes jusqu'à ce qu'il ait légèrement épaissi et le verser sur les poires.
Servir tiède ou froid.

CI-DESSUS : POIRES FRAÎCHES POCHÉES AU VIN BLANC.
CI-CONTRE : SALADE DE POIRES AU BRIE.

BRIE ET POIRES EN SALADE

✯ **Préparation :** 15 minutes
Cuisson : aucune
Pour 4 personnes

200 g de brie, à
  température ambiante
3 poires
1 laitue
3 cuil. à soupe d'huile
1 cuil. à soupe de vinaigre
  d'estragon
1/3 de tasse de noix de
  pécan, pilées

1 Diviser le brie en petites parts.
Couper les poires en quatre sans les peler ; les évider et les détailler en tranches fines.
2 Laver et bien sécher la laitue.
Détailler les feuilles, et les dresser sur des assiettes individuelles.
Garnir de brie et de poires.
3 Réunir l'huile et le vinaigre dans un petit bocal hermétiquement fermé ; secouer et verser sur la salade. Parsemer de noix de pecan pilées.
Servir immédiatement.

À PROPOS DES POIRES

■ Il existe de nombreuses variétés de poires dans le monde. Certaines, comme la poire Conférence et l'American Bosc, conviennent particulièrement à la cuisson.
■ À l'achat, choisir des poires dont la queue est intacte (pour une meilleure conservation), à la chair un peu tendre près de cette extrémité.

où le pesto trouve ses origines (cette sauce est également connue sous le nom de "pesto alla Genovese"), on l'ajoute aussi au minestrone.

Petits fours salés Petites portions d'aliments salés froids ou tièdes que l'on mange à l'apéritif.

Petits fours sucrés Biscuits fantaisie, gâteaux ou confiseries de la taille d'une bouchée, généralement servis avec le café à la fin d'un repas.

Petits pois Petites graines vertes, rondes et juteuses, enfermées dans une cosse. C'est un légume connu partout dans le monde. Dans la plupart des variétés, les petits pois sont écossés, bien que les cosses puissent être utilisées pour la soupe de petits pois ; quelques variétés telles que le mange-tout ont des cosses très

tendres qu'il suffit d'équeuter avant de les cuire. On peut faire bouillir les petits pois, les braiser, les cuire à la vapeur ou au micro-ondes, les servir chauds en légume ou les ajouter à des soupes, à des plats mijotés et à des salades. On dit que Christophe

Colomb fut le premier à planter des petits pois en Amérique.

Petit salé Morceau de porc (plat de côtes, jarret, poitrine...) conservé dans du sel.

Avant de cuisiner la viande, il convient de la dessaler en la faisant tremper dans de l'eau froide pendant plusieurs heures, et de changer l'eau de trempage plusieurs fois. Une viande pré-salée cuit plus rapidement qu'une viande non salée.

Phyllo Pâte composée de farine à forte teneur en gluten, d'eau et d'huile, qui est étendue jusqu'à ce qu'elle soit très fine, puis coupée en feuilles. La pâte phyllo est très employée dans les cuisines du Moyen-Orient, de Turquie, de Grèce, d'Autriche et de Hongrie. Chaque feuille est légèrement enduite d'huile ou de beurre fondu avant d'être recouverte par une autre feuille. Les

couches de feuilles peuvent être tortillées ou enroulées autour d'une garniture salée ou sucrée ; la cuisson au four permet d'obtenir une pâte feuilletée et croustillante.

Physalis Baie comestible d'une plante tropicale

POIS CASSÉS

TERRINE AUX POIS

✳   **Préparation :** 10 minutes + 1 nuit de trempage
Cuisson : 2 heures
Pour 4 personnes

500 g de pois cassés ayant trempé une nuit, égouttés
1 oignon finement émincé
1 brin de romarin frais
2 œufs, légèrement battus
30 g de beurre ramolli

½ cuil. à café de poivre blanc
Sel à votre goût
2 cuil. à soupe de vinaigre de malt

1 Préchauffer le four à 180 °C. Badigeonner d'huile ou de beurre fondu un moule à four d'une contenance d'1 litre.
2 Réunir les pois, l'oignon et le romarin dans une grande casserole d'eau. Couvrir et cuire à feu doux 1 heure environ, jusqu'à ce que les pois commencent à ramollir.
3 Ôter le romarin, égoutter les pois et les écraser avec un presse-purée.
Ajouter les œufs, le beurre, le poivre, le sel et le vinaigre, et mélanger jusqu'à obtention d'une texture lisse.
4 Verser le tout dans le moule et enfourner, au bain-marie, 30 à 45 minutes, jusqu'à ce que la préparation ait pris. Démouler et servir.

SOUPE AUX POIS ET AU JAMBON

✳   **Préparation :** 30 minutes + 1 nuit de trempage
Cuisson : 1 heure 30 à 2 heures
Pour 6 personnes

250 g de pois cassés
500 g d'échine de jambon sur l'os
2 oignons, coupés en dés
2 carottes, détaillées en dés
1 tasse de céleri, coupé en rondelles
2 feuilles de laurier
2,5 litres de bouillon de volaille ou d'eau

Poivre fraîchement moulu
1 cuil. à café de thym frais ciselé
1 cuil. à soupe de jus de citron
3 à 4 saucisses de Francfort coupées en tranches (facultatif)
Persil ciselé pour la garniture

1 Bien laver les pois et les placer dans une jatte de taille moyenne. Couvrir d'eau et laisser tremper 1 nuit. Égoutter les pois et jeter l'eau.
2 Réunir dans une marmite les pois, le jambon (avec l'os), les oignons, les carottes, le céleri, le laurier, le bouillon, le poivre et le thym. Porter à ébullition, couvrir et laisser mijoter doucement 1 heure 30 à 2 heures.
3 Retirer de la soupe le laurier et le jambon. Désosser la viande, la couper en morceaux et la remettre dans la marmite avec le jus de citron. Porter à ébullition, ajouter les saucisses et chauffer 3 minutes.
4 Parsemer de persil et servir.

À PROPOS DES POIS CASSÉS

■ Certains spécialistes de la cuisine affirment que les pois cassés n'ont pas besoin d'être trempés avant de cuire. Toutefois, cette technique permet malgré tout de raccourcir le temps de cuisson.

■ Il existe deux méthodes de trempage pour les pois cassés et autres légumes secs :

Trempage lent : mettre les pois dans une grande jatte et couvrir d'eau froide. Jeter tous ceux qui flottent à la surface.

Laisser tremper 8 heures ou une nuit. Pour un trempage plus long, placer la jatte au réfrigérateur sinon les pois risquent de fermenter.

Trempage rapide : mettre les pois lavés dans une grande casserole avec beaucoup d'eau froide. Porter à ébullition et laisser bouillir 2 minutes. Ôter du feu, couvrir et réserver 1 à 2 heures, jusqu'à ce que les pois aient gonflé.

■ Mettre les pois égouttés dans une grande casserole et couvrir d'eau froide. Porter très lentement à ébullition sinon les pois resteraient durs.

■ Avec une écumoire, enlever la mousse qui se forme en surface (là encore, les pratiques divergent, mais écumer la mousse donne au plat un goût plus fin).

■ Mélangés à des céréales, comme le riz, les pois cassés forment un plat complet riche en protéines.

POISSON - EN CONSERVE

CROQUETTES DE SAUMON

⁕ **Préparation :** 20 minutes
Cuisson : 6 minutes
Pour 4 personnes

500 g de pommes de terre	Farine
200 g de saumon en boîte, égoutté	1 œuf
2 cuil. à soupe de mayonnaise	¾ de tasse de chapelure
4 oignons nouveaux, émincés	¼ de tasse d'huile
	Quartiers de citron pour servir

1 Peler et couper les pommes de terre en morceaux. Cuire dans de l'eau bouillante jusqu'à ce qu'elles soient tendres. Égoutter et écraser en une purée lisse.
2 Réunir dans une jatte le saumon, la mayonnaise, les oignons nouveaux et les pommes de terre. Bien mélanger avec une cuillère en bois. Diviser la préparation en huit et former avec chaque part une petite galette.
3 Fariner légèrement les galettes, les badigeonner d'œuf battu, puis les passer dans la chapelure.
4 Chauffer l'huile dans une poêle. Y disposer les galettes en une couche. Cuire à feu moyen, 3 minutes environ de chaque côté, en les retournant avec une spatule. Égoutter sur du papier absorbant et servir avec des quartiers de citron.

Remarque : on peut remplacer le saumon par du thon en boîte, égoutté.

FETTUCCINE AU THON ET AUX CÂPRES

⁕ **Préparation :** 10 minutes
Cuisson : 15 minutes
Pour 4 à 6 personnes

500 g de pâtes fettuccine	⅓ de tasse de jus de citron
¼ de tasse d'huile d'olive	2 cuil. à soupe de câpres, hachées
2 gousses d'ail écrasées	½ cuil. à café de piment, haché
225 g de thon en boîte, égoutté	
60 g de beurre	

1 Cuire les fettuccine dans une casserole d'eau bouillante jusqu'à ce qu'elles soient tendres.
2 Chauffer l'huile dans une casserole. Y faire revenir l'ail 1 minute. Ajouter le thon et cuire encore 2 minutes. Incorporer le beurre, le jus de citron, les capres et le piment et bien chauffer à feu doux. Égoutter les fettuccine, les ajouter à la sauce et bien mélanger.

THON SAUCE MORNAY

⁕ **Préparation :** 15 minutes
Cuisson : 30 minutes
Pour 4 à 6 personnes

45 g de beurre	850 g de thon en boîte, égoutté
2 oignons nouveaux, finement hachés	¼ de tasse de mie de pain frais
2 cuil. à soupe de farine	2 cuil. à soupe de persil frais, ciselé
1 tasse ½ de lait	
¾ de tasse de fromage râpé + ¼ de tasse supplémentaire	

1 Préchauffer le four à 210 °C. Faire fondre le beurre dans une casserole de taille moyenne. Y faire revenir les oignons nouveaux, 2 minutes environ, jusqu'à ce qu'ils soient fondants. Ajouter la farine et mélanger, 2 minutes, jusqu'à ce que la préparation soit légèrement dorée.
2 Verser le lait progressivement, en remuant jusqu'à ce que la sauce soit lisse. Continuer de mélanger à feu moyen pendant 4 minutes, jusqu'à ébullition et épaississement. Laisser bouillir 1 minute et ôter du feu. Laisser refroidir un peu et incorporer le fromage râpé.
3 Ajouter le thon et remuer délicatement en veillant à ne pas trop l'émietter.
Verser le tout dans un plat d'une contenance d'1,25 litre. Mélanger la chapelure, ¼ de tasse de fromage râpé et le persil.
Saupoudrer le plat et enfourner 20 minutes environ, jusqu'à ce que le gratin soit bien doré.

CI-DESSUS : CROQUETTES DE SAUMON.
PAGE CI-CONTRE : TERRINE AUX POIS.

originaire du Pérou, mais qui pousse dans les pays chauds partout dans le monde, particulièrement dans la région du Cap, en Afrique du Sud, d'où son autre nom de groseille du Cap. Les deux autres variétés sont le pruinosa et l'alkékenge. De couleur dorée, le fruit est de la taille d'une cerise ; il est enfermé dans son calice, fine membrane rappelant la texture du papier de soie, et a la forme d'un lampion. Le physalis a un goût acide et peut être mangé frais, en compote, ou ajouté à des sorbets et à des glaces, ou encore cuit en sirops et en confitures.

Pickles Terme anglais désignant des marinades de légumes tels que les oignons, le concombre, le chou-fleur et le poivron, parfois émincés.

Pignon Petite graine pâle, fine et lisse, rejetée par les pommes de pin très mûres de certaines espèces de pin. Les pignons enrichissent les farces, les sauces (telles que le pesto), les salades, les plats de légumes, les ragoûts, les gâteaux et les biscuits. On les emploie aussi pour garnir des plats de riz.

Pikelet Terme anglais désignant une petite crêpe épaisse et sucrée, servie chaude ou froide avec du beurre et de la confiture ou du miel. On l'appelle également Scottish pancake.

Pilaf Riz légèrement bruni dans de l'huile ou dans du beurre, cuit ensuite dans un bouillon épicé. On peut y ajouter des légumes, de la viande, de la volaille ou du poisson à mi-cuisson. Le riz pilaf, plat principal ou accompagnement, est originaire du Moyen-Orient (son nom est dérivé d'un mot persan signifiant "riz bouilli") ; le riz est préparé d'une façon semblable en Inde et au Pakistan.

Piment Petites cosses allongées, à peau lisse, d'une plante de la famille du poivron. Les piments plus petits sont en général les plus forts. Il en existe des centaines de variétés, aux formes, couleurs et goûts piquants différents.
   Au Pérou, on consommait du piment en 8 000 avant J.-C. Le piment est un ingrédient important de la cuisine mexicaine. Suite à son introduction en Afrique

et en Asie à la fin du XVIᵉ siècle, il est maintenant associé aux cuisines de ces régions. C'est Christophe Colomb qui aurait fait découvrir l'usage du piment aux Occidentaux.
   Les piments sont essentiellement originaires d'Indonésie et d'Amérique latine, où on

POISSON - FRAIS

FISH AND CHIPS (POISSON - FRITES)

✱ **Préparation :** 15 minutes + 10 minutes de repos
Cuisson : 30 minutes
Pour 6 personnes

Pâte
1 tasse ½ de farine
½ tasse de farine avec levure incorporée
Sel à votre goût
⅔ de tasse d'eau
¾ de tasse de lait
1 œuf légèrement battu

2 cuil. à soupe de vinaigre blanc

1 kg de filets de poisson blanc
5 grosses pommes de terre, bien mûres
Huile pour la friture
Quartiers de citron pour servir

1 Pâte : tamiser les farines et le sel dans une grande jatte et former un puits au centre. Dans un récipient, mélanger l'eau, le lait, l'œuf et le vinaigre. Verser progressivement le tout dans le puits. Mélanger avec une cuillère en bois jusqu'à obtention d'une pâte lisse. Laisser reposer 10 minutes.

2 Préparer le poisson en ôtant la peau et les arêtes. Le couper en morceaux. Peler les pommes de terre et les détailler en tranches d'1 cm d'épaisseur et couper celles-ci en bâtonnets d'1 cm de large. Les placer dans l'eau jusqu'à utilisation.

3 Chauffer l'huile dans un grand faitout (ou une friteuse). Égoutter et sécher les pommes de terre avec du papier absorbant.
Les plonger par petites quantités dans l'huile pas trop chaude. Frire à feu moyen 4 minutes environ, jusqu'à ce qu'elles aient légèrement doré. Égoutter sur du papier absorbant. Réchauffer l'huile et y plonger à nouveau les frites pour qu'elles deviennent croustillantes. Égoutter et réserver au chaud pour servir avec le poisson.

4 Baisser la température de l'huile. Tremper le poisson dans la pâte pour l'enrober. Frire 4 à 5 minutes jusqu'à ce que la pâte soit croustillante et dorée. Égoutter sur du papier absorbant.

À PROPOS DU POISSON
■ Les poissons frais entiers doivent avoir des yeux brillants et bombés, des ouïes rouges, une peau brillante (ou des écailles bien lisses) et une chair ferme et élastique. Il faut qu'ils sentent la marée ; attention s'il y a une odeur d'ammoniaque ou vraiment trop forte !

CI-DESSUS : FISH AND CHIPS. PAGE CI-CONTRE : POISSON MAROCAIN À LA SAUCE DE TOMATES FRAÎCHES.

POISSON MAROCAIN À LA SAUCE DE TOMATES FRAÎCHES

✳ ✳ **Préparation** : 30 minutes + 3 heures de repos
Cuisson : 5 à 10 minutes
Pour 6 personnes

750 g de filets de poisson blanc, charnu, sans la peau

1 oignon rouge, pelé et haché

1 gousse d'ail écrasée

2 cuil. à soupe de coriandre fraîche, ciselée

⅓ de tasse de persil plat, ciselé

½ cuil. à café de paprika doux en poudre

¼ de cuil. à café de piment en poudre

⅓ de tasse d'huile d'olive

2 cuil. à soupe de jus de citron

Sauce tomate

4 grosses tomates mûres, pelées, épépinées et hachées

2 petits piments rouges coupés en 2, épépinés et détaillés en tranches fines

4 petits oignons nouveaux, avec un peu de la partie verte, finement émincés

½ bouquet de coriandre fraîche, ciselée

½ tasse d'huile d'olive extra vierge

Poivre moulu

Jus de citron ou de citron vert (facultatif)

1 oignon rouge, finement haché (facultatif)

1 Couper les filets de poisson en morceaux de 2 x 2 cm et les placer dans une jatte. Dans un bol, mélanger l'oignon, l'ail, la coriandre, le persil, le paprika, le piment, l'huile d'olive et le jus de citron. Verser sur le poisson et mélanger pour bien imprégner les morceaux. Laisser reposer 2 heures (une nuit si possible).

2 Enfiler les morceaux de poisson sur une brochette métallique. Les cuire au gril en les tournant souvent pour bien saisir toutes les faces.

3 Sauce tomate : dans une jatte, mélanger les tomates, les piments, les oignons nouveaux, la coriandre et l'huile d'olive. Poivrer à votre convenance et ajouter éventuellement du jus de citron (ou citron vert) et l'oignon rouge.

4 Réfrigérer la sauce au moins 1 heure avant de la servir avec le poisson.

Remarque : le poisson, qui peut également être grillé au barbecue, est délicieux avec cette simple préparation de sauce tomate. Laisser les tomates s'égoutter dans une passoire au moins 30 minutes pour éliminer l'excès de jus.

POISSON FRIT À LA SAUCE ÉPICÉE AU VINAIGRE

✳ **Préparation** : 20 minutes
Cuisson : 20 minutes
Pour 4 à 6 personnes

Sauce épicée au vinaigre

1 tasse de vinaigre de vin blanc

¼ de tasse de feuilles de thym frais

1 oignon nouveau émincé

1 cuil. à café de sucre en poudre

1 cuil. à café de paprika doux en poudre + 1 cuil. à café supplémentaire

½ tasse de farine

½ cuil. à café de poivre moulu

6 petits filets de poisson blanc d'environ 90 g

3 œufs

1 gousse d'ail écrasée

½ tasse d'huile d'olive

1 Sauce épicée au vinaigre : dans une petite casserole, mélanger le vinaigre, le thym, l'oignon nouveau, le sucre et le paprika. Laisser réduire, à découvert, 10 minutes environ. Mélanger la farine et le poivre dans une jatte de taille moyenne.

2 Dans une autre jatte de même taille, battre légèrement les œufs avec l'ail et le paprika jusqu'à ce que la préparation mousse. Passer chaque filet dans la farine, puis dans la préparation à l'œuf, en secouant l'excès à chaque fois.

3 Chauffer l'huile dans une poêle de taille moyenne. Y cuire le poisson à feu vif puis moyen, 3 à 4 minutes par côté, jusqu'à ce qu'il soit bien doré et cuit. Retirer et égoutter sur du papier absorbant.

4 Servir immédiatement avec la sauce au vinaigre.

Remarque : à la cuisson, la fine couche d'œufs enrobant le poisson croustille légèrement. Servir le poisson dès qu'il est cuit, sinon elle deviendrait pâteuse.

les appelle chilis. Plus d'une centaine d'espèces poussent au Mexique. Dans le commerce, et selon les saisons, on trouve des piments frais pas encore mûrs (verts), mûrs (jaunes ou rouges), séchés (entiers, pilés ou moulus), et préparés (en conserve, en marinade, hachés ou entiers).
Parmi les piments frais, on connaît surtout les variétés suivantes : le piment Anaheim, vert, doux et long, à la saveur de légume, est couramment utilisé. Le piment Anaheim rouge, parfois appelé chili rouge long, est plus doux que l'Anaheim vert. On l'emploie notamment pour les soupes, ragoûts, et les sauces.
Le piment Caraïbe, d'un jaune-vert assez pâle, a une saveur délicate, et n'est pas très fort par rapport à l'échelle de chaleur des piments. Le piment Caraïbe, rose orange, pas très fort, est plus sucré que le piment Caraïbe jaune.
Le piment Jalapeño est également très connu : le Jalapeño rouge, moyennement fort, est utilisé avec

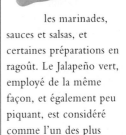

les marinades, sauces et salsas, et certaines préparations en ragoût. Le Jalapeño vert, employé de la même façon, et également peu piquant, est considéré comme l'un des plus

commununs.
Le Poblano, d'un vert sombre teinté de noir, se consomme toujours cuit, grillé par exemple. Le New Mexico rouge, moyennement fort, moelleux, est utilisé notamment pour préparer la sauce pimentée rouge, les sauces barbecue et certains chutneys. Le New Mexico vert, pas très fort non plus, est apprécié avec les sauces et les plats cuisinés. Le piment Cubanelle jaune, à texture et saveur cireuses, et plutôt doux, est excellent en salade. Le Cubanelle rouge, également doux, est toutefois plus sucré. Le piment Habanero est le plus fort de tous : rouge ou orange, il a la forme d'une petite lanterne, et mesure environ six centimètres de long. On l'emploie pour les marinades, les chutneys, et les sauces. Le Habanero rouge est jugé un peu plus doux que le orange.

Parmi les piments séchés,

on note l'Ancho, d'un rouge orange, et plutôt doux. Il est très populaire au Mexique. Le piment oiseau, d'un bel orange, provient quant à lui d'Afrique de l'est ; il a un goût de poivre. Le piment Chipotle, d'un brun

POISSON VAPEUR AU GINGEMBRE

✫ **Préparation :** 45 minutes
+ réfrigération
Cuisson : 12 minutes
Pour 4 personnes

1 serran de 750 g environ, vidé et écaillé
2 cuil. à soupe de gingembre finement râpé
2 cuil. à café de xérès sec
2 cuil. à soupe de sauce de soja
2 cuil. à soupe d'huile d'arachide

2 cuil. à café d'huile de sésame
2 oignons nouveaux, émincés en diagonale
½ tasse de pignons grillés
1 tranche de bacon, coupée en dés et rissolée (facultatif)

1 Laver le poisson, et éventuellement, gratter les écailles restantes. L'éponger avec du papier absorbant et le mettre dans un grand plat résistant à la chaleur. Parfumer avec le gingembre, le xérès et la sauce de soja et réfrigérer 30 minutes.
2 Poser le plat sur une grille à pâtisserie ronde placée dans un wok (à défaut, utiliser une grande poêle profonde). Verser avec précaution 6 à 8 tasses d'eau bouillante dans le wok. Couvrir et laisser cuire le poisson à la vapeur, 10 minutes.
3 Vérifier la cuisson en piquant une fourchette dans la partie la plus épaisse du poisson.

CI-DESSUS : POISSON VAPEUR AU GINGEMBRE.
PAGE CI-CONTRE : GRATIN DE POISSON.

Garder le plat couvert.
4 Chauffer les huiles dans une petite casserole. Parsemer le poisson d'oignons nouveaux, l'arroser délicatement avec l'huile chaude. Garnir de pignons et de bacon. Servir aussitôt avec des légumes frits et du riz vapeur.

POISSON AU FOUR AUX ÉPICES

✫ **Préparation :** 15 minutes
Cuisson : 30 minutes
Pour 2 personnes

2 poissons blancs d'environ 300 g
1 oignon, émincé
1 gousse d'ail, écrasée
1 cuil. à café de gingembre frais, émincé
1 cuil. à café de zeste de citron, haché

2 cuil. à soupe de sauce de tamarin
1 cuil. à soupe de sauce de soja
1 cuil. à soupe d'huile d'arachide

1 Placer les poissons sur 2 feuilles d'aluminium. Inciser profondément chaque côté des poissons.
2 Hacher finement (de préférence au robot) l'oignon, l'ail, le gingembre, le zeste, la sauce de tamarin, la sauce de soja et l'huile.
3 Étaler la préparation sur les côtés et à l'intérieur des poissons.
4 Envelopper les poissons dans l'aluminium. Les placer dans un plat à four et cuire à 180 °C, 30 minutes environ, jusqu'à ce qu'ils soient juste cuits.

GRATIN DE POISSON

✳ ✳   ***Préparation :*** 45 minutes
Cuisson : 50 minutes
Pour 4 à 6 personnes

750 g de filets de poisson
blanc à chair ferme
1 gros poireau, coupé en
morceaux + 1
supplémentaire
2 bandes de zeste de citron
¹/₄ de tasse à café de
muscade en poudre
8 grains de poivre
2 feuilles de laurier
6 brins de persil
2 tasses ¹/₂ de lait
30 g de beurre

1 gousse d'ail écrasée
¹/₂ tasse d'oignons
nouveaux émincés
1 kg de pommes de terre,
en purée
Poivre moulu
1 cuil. à café de paprika
doux en poudre
(facultatif)

Sauce
2 cuil. à soupe de farine
Lait ou crème fraîche liquide

1 Préchauffer le four à 200 °C.
Faire mijoter le poisson dans le lait, avec un poireau,
le zeste, la muscade, le poivre, le laurier et le persil,
15 minutes environ à découvert.
Filtrer le jus et le réserver.
2 Chauffer le beurre dans une casserole.
Ajouter, à feu doux, l'ail, le poireau et les oignons nouveaux, 7 minutes environ. Réserver la moitié de cette
préparation.
3 Sauce : saupoudrer de farine la préparation restant
dans la casserole. Remuer. Ajouter 375 ml du jus réservé, mélangé à du lait. Cuire 1 minute.
4 Ajouter le poisson, en morceaux, et poivrer. Dans un
plat à gratin, graissé, mettre la purée de pommes de terre,

puis tous les ingrédients, en finissant par une couche de
purée.
Saupoudrer de paprika et enfourner 20 minutes.

ROLL MOPS

✳ ✳   ***Préparation :*** 20 minutes + 5 jours de
marinade
Cuisson : 10 minutes
Pour 6 personnes

12 harengs ou sardines
fraîches, vidées et rincées
2 ou 3 concombres en
saumure, émincés
¹/₄ de tasse de petits oignons
nouveaux, hachés
2 cuil. à soupe de câpres,
hachées
2 oignons, coupés en
tranches

2 tasses de vinaigre de vin
blanc ou de cidre
2 tasses d'eau
12 grains de poivre noir
6 baies de poivre de la
Jamaïque, écrasées
6 clous de girofle
1 cuil. à soupe de graines
de moutarde
2 feuilles de laurier

1 Préparer les filets des poissons. Les disposer sur une
planche, la peau vers le bas. Parsemer de morceaux de
concombre, d'oignons et de câpres. Rouler les filets
serrés à partir de la queue et les maintenir avec une petite pique en bois. Disposer dans un bocal en alternant
avec des couches d'oignons.
2 Réunir dans une casserole le vinaigre, l'eau, le poivre,
le piment, les clous de girofle, la moutarde et le laurier.
Porter à ébullition et faire mijoter à découvert 10 minutes. Laisser refroidir puis verser dans le bocal. Couvrir et réfrigérer au moins 5 jours. Égoutter et servir
avec de la salade et du pain.

sombre, est également très
utilisé dans la cuisine
mexicaine. Le Guajilla,
marron foncé, pas très
fort, est excellent avec les
sauces. Le Guindilla est
un piment d'origine
espagnole, et au goût un
peu sucré. Le Habanero
séché, extrêmement fort,
s'emploie surtout avec les
curries, les sauces, et pour
préparer des condiments.
Les piments sont piquants
car ils contiennent de la
capsaïcine, c'est-à-dire un
alcaloïde. C'est une
substance non soluble
dans l'eau, et qui peut
causer des brûlures lors
d'un contact avec la peau
ou les yeux. La chaleur
d'un piment s'évalue en
unités. Les piments sont
utilisés pour des sauces
telles que le sambal, et la
célèbre harissa.

Pimiento Piment
espagnol long et fin, assez
doux. On l'apprécie
émincé, en salade, en
accompagnement de
viandes froides, et en
garniture ou en farce
d'olives dénoyautées.
La couleur du

pimiento va
du vert ou rouge, en
fonction de son degré de
maturité lors de sa
cueillette.
On le trouve en bocaux
ou en conserve dans de
l'huile ou dans de la
saumure.
Sa pulpe sèche et moulue,
le *pimentón*, est une épice
similaire au paprika, très
utilisée dans la cuisine
espagnole.

Piroshki Petits fours salés russes servis en apéritifs ou avec de la soupe. On peut les préparer avec de la pâte levée, de la pâte à choux, de la pâte sablée ou de la pâte feuilletée, puis on les remplit de fromage frais crémeux, de porc fumé, de poisson, de légumes, de gibier ou de volaille. On peut les cuire au four ou en friture.

Pissaladière Tarte salée composée d'oignons cuits à feu doux dans de l'huile d'olive, garnie de filets d'anchois et d'olives noires, puis cuite au four.

La pissaladière est

une spécialité de la région niçoise et ressemble à la pizza : les oignons cuits sont disposés sur un cercle de pâte à pain puis recouverts d'une pâte composée de purée d'anchois, d'huile d'olive, de clous de girofle, de thym, de laurier et de poivre.

Pissenlit Plante à fleurs très connue comme mauvaise herbe, mais dont les jeunes feuilles sont délicieuses en salade. Leur goût amer se marie bien avec la betterave et le bacon. Il faut cueillir les feuilles avant la floraison (autrement elles peuvent être dures et

POISSON FUMÉ

QUICHE AU POISSON FUMÉ

✻ **Préparation :** 20 minutes
Cuisson : 45 minutes
Pour 4 personnes

250 g de filets de poisson fumé	1 tasse de lait
1 petit oignon, émincé	Jus de citron à votre goût
4 cuil. à soupe d'eau	1 œuf battu
4 cuil. à soupe de xérès	½ cuil. à café d'essence d'anchois
4 feuilles de pâte phyllo	1 cuil. à soupe de persil frais, ciselé
75 g de beurre	
2 cuil. à soupe de farine	Sel et poivre à votre goût

1 Préchauffer le four à 180 °C. Réunir le poisson, l'oignon, l'eau et le xérès dans une casserole. Porter à ébullition, baisser le feu et laisser mijoter 10 minutes environ, jusqu'à ce que la chair de poisson se détache facilement. Retirer le poisson, enlever la peau et les arêtes et le séparer en morceaux.

2 Badigeonner les feuilles de pâte avec 45 g de beurre fondu. Les plier en deux et les superposer pour obtenir 8 couches. Poser dessus un moule à tarte de 20 cm de diamètre. Découper en rond l'ensemble des feuilles à 1 cm du bord du moule. En tapisser le fond et les bords.

3 Faire fondre les 30 g de beurre restant dans une casserole. Ajouter la farine et cuire 2 minutes en mélangeant continuellement. Hors du feu, incorporer progressivement le lait, puis porter à ébullition sans cesser de remuer. Baisser le feu et laisser mijoter 5 minutes.

Ajouter le jus de citron, l'œuf battu, l'essence d'anchois et le persil. Saler et poivrer à votre goût.

4 Disposer le poisson et l'oignon sur la pâte et recouvrir avec la sauce. Enfourner 20 minutes. Servir chaud ou froid.

HADDOCK FUMÉ EN SAUCE BLANCHE

✻ **Préparation :** 12 minutes
Cuisson : 20 minutes
Pour 4 personnes

1 gros oignon, coupé en tranches fines	1 cuil. ½ à café de moutarde en poudre
500 g de haddock fumé	25 g de beurre ramolli
1 tasse ⅔ de lait	2 cuil. à café de farine
½ cuil. à café de poivre noir concassé	1 oignon nouveau, haché

1 Couvrir d'oignon le fond d'une casserole. Couper le haddock en morceaux de 2 cm de large et les déposer sur la couche d'oignon.

2 Dans un bol, mélanger le lait, le poivre et la moutarde. Verser sur le poisson et porter lentement à ébullition. Mettre à feu doux, couvrir et laisser mijoter 5 minutes, puis 5 autres minutes à découvert.

3 Retirer le poisson et le garder au chaud dans un plat de service. Laisser mijoter la sauce encore 5 minutes, en remuant.

4 Mélanger le beurre et la farine. Ajouter le mélange à la sauce avec l'oignon nouveau. Remuer à feu doux jusqu'à ébullition et épaississement, puis verser sur le poisson.

CRÊPES AU SAUMON FUMÉ ET À L'ANETH

✶ ✶   **Préparation :** 50 minutes
    Cuisson : 25 minutes
    Pour 9 crêpes

1 tasse de farine	2 cuil. à café de menthe,
1 œuf légèrement battu	hachée
1 tasse 1/2 de lait	1 cuil. à soupe de jus de
	citron
Garniture	1 petit avocat réduit en
155 g de fromage frais	purée
crémeux	200 g de saumon fumé,
1 cuil. à soupe de crème	coupé en tranches fines
fraîche	Brins d'aneth pour la
1 cuil. à soupe d'aneth,	garniture
haché	

1 Tamiser la farine dans une jatte de taille moyenne. Former un puits au centre. Mélanger l'oeuf et le lait. À l'aide d'une cuillère en bois, l'incorporer progressivement à la farine. Bien battre. Verser dans une jatte, couvrir d'un film plastique et laisser reposer 30 minutes.
2 Garniture : mélanger le fromage frais avec la crème fraîche, l'aneth, la menthe, le jus de citron et l'avocat. Couvrir d'un film plastique et réfrigérer.
3 Verser 2 ou 3 cuil. à soupe de pâte sur une poêle à crêpe de 20 cm de diamètre, légèrement graissée. Bien répartir la pâte.
Cuire à feu moyen de chaque côté, pour chaque crêpe. Placer sur une assiette et couvrir d'un torchon.

Recommencer avec le reste de pâte, en graissant la poêle si nécessaire.
4 Garnir, ajouter la saumon, et servir avec une salade verte.

MOUSSE DE TRUITE FUMÉE

✶   **Préparation :** 20 minutes + 1 nuit de réfrigération
  Cuisson : aucune
  Pour 4 personnes

750 g de truite fumée	1 cuil. 1/2 à soupe de
3/4 de tasse de mayonnaise	gélatine
1/2 tasse de céleri, haché	1/2 tasse d'eau froide
1 cuil. à soupe de vinaigre	1 pincée de poivre de
de vin blanc	Cayenne
2 cuil. à café de moutarde	

1 Retirer la peau de la truite ; préparer les filets et les écraser finement dans une jatte.
2 Ajouter la mayonnaise, le céleri, le vinaigre et la moutarde et bien mélanger. Mélanger l'eau et la gélatine, et verser dans la mayonnaise préparée. Poivrer.
3 Humidifier des ramequins individuels ; les remplir de la préparation. Laisser prendre au réfrigérateur pendant une nuit. Démouler sur des assiettes de service.

PAGE CI-CONTRE : HADDOCK FUMÉ EN SAUCE BLANCHE. CI-DESSUS : CRÊPES AU SAUMON FUMÉ ET À L'ANETH.

amères), et les couper à la racine. On peut aussi blanchir les pissenlits en les recouvrant d'un pot de fleurs à l'envers pendant la pousse : les feuilles seront plus pâles et craquantes, et à saveur plus douce.

Pistache Petite noix ovale avec une coquille marron et un noyau vert, à saveur douce et légèrement sucrée.

On peut manger les noix dans leurs coquilles, salées ou non, en apéritif. On ajoute des pistaches décortiquées aux pâtés, aux terrines, aux farces et aux saucisses épicées ; on les utilise aussi pour la confiserie, les glaces, les gâteaux, les garnitures sucrées de pâtes et les biscuits.

La pistache est le fruit d'un arbre originaire du Moyen-Orient, mais elle est maintenant cultivée dans tous les pays méditerranéens et dans le sud des États-Unis.

Pistou Soupe de légumes et de pâtes, semblable au minestrone. Elle est assaisonnée juste avant le service avec un mélange composé de feuilles de basilic pilées, d'huile et de parmesan.

Le pistou, spécialité provençale, est très proche du minestrone au *pesto alla Genovese* servi de l'autre côté de la mer Ligurienne, en Italie du Nord. Le terme *pistou* provient de l'italien "pestle", et la soupe est traditionnel-lement servie avec la sauce au basilic dans un mortier disposé au centre de la table, afin que chaque convive puisse assaisonner la soupe à son goût. Voir Pesto.

Pita Pain de farine de blé originaire du Moyen-Orient, légèrement levé, lisse, cuit au four jusqu'à ce qu'il prenne un aspect

soufflé et creux. Il peut être coupé en deux ou simplement fendue pour être garnie de viande chaude (par exemple des cubes de viande d'agneau), de mélanges de légumes (tels que le *falafel*), ou de salade.

Coupé en plus petites portions, il compose un accompagnement traditionnel des sauces froides comme le hoummous ou le *baba ghannouj*.

Le pain pita peut également servir de base à une pizza.

Pizza Tarte salée composée de pâte à pain plate recouverte de divers ingrédients (purée de tomates, fromage, salami, jambon, fruits de mer, légumes coupés, anchois et olives), assaisonnée

POIVRE

STEAKS GRILLÉS AU POIVRE, À LA SAUCE DE MANGUE ET D'AVOCAT

✷ ✷   **Préparation :** 10 minutes + 30 minutes de repos
Cuisson : 6 à 16 minutes
Pour 6 personnes

6 steaks d'environ 125 g dans le filet	**Sauce à la mangue et à l'avocat**
1 à 2 cuil. à soupe de grains de poivre noir	1 grosse mangue mûre
1 cuil. à soupe de graines de moutarde blanche	1 bel avocat mûr
2 cuil. à soupe d'huile	1 oignon nouveau, finement émincé
	1 cuil. à soupe de jus de citron vert
	1 filet de sauce Tabasco

1 Parer la viande. Aplatir les steaks pour qu'ils aient la même épaisseur. Entailler les bords pour les empêcher de se recourber. Concasser au robot les grains de poivre et les graines de moutarde, ou les placer dans un sac en papier et les écraser au rouleau à pâtisserie. Les étaler sur une assiette.

2 Huiler les steaks ; les passer dans la préparation poivrée et presser pour les bien les enrober. Couvrir d'un film plastique et réfrigérer 30 minutes environ.

3 Huiler et préchauffer le gril (ou la plaque d'un barbecue). Saisir la viande à feu vif 2 minutes de chaque côté. Pour qu'elle soit saignante, griller chaque côté 1 minute de plus. Pour qu'elle soit à point, cuire 2 à

3 minutes par côté, en éloignant la viande de la partie la plus chaude du gril ou du barbecue. Procéder de même 4 à 6 minutes par côté pour qu'elle soit bien cuite. Servir avec la sauce à la mangue et à l'avocat.

4 Sauce à la mangue et à l'avocat : peler les mangues et les couper en deux. Détailler la chair en dés. Peler un avocat et le couper en cubes. Dans une petite jatte, bien mélanger la mangue, l'avocat, l'oignon nouveau, le jus de citron vert et le Tabasco. Couvrir et réfrigérer jusqu'à utilisation.

FILET DE BŒUF RÔTI AU POIVRE VERT

✷   **Préparation :** 10 minutes
Cuisson : 50 minutes à 1 heure 35
Pour 6 personnes

1 kg de filet de bœuf, en une pièce	**Sauce au poivre vert**
1 cuil. à soupe de sauce de soja	½ tasse de bouillon de volaille
2 cuil. à soupe de grains de poivre noir fraîchement concassé	½ tasse de crème fraîche liquide
3 cuil. à soupe d'huile d'olive	2 cuil. à café de grains de poivre vert en bocal, rincés et égouttés
	2 cuil. à café de cognac

1 Préchauffer le four à 210 °C. Bien ficeler la viande, à intervalles réguliers, avec du fil de cuisine pour qu'elle garde sa forme en cuisant.
L'enduire de sauce de soja et la rouler dans le poivre noir en appuyant bien pour enrober la surface et les extrémités.

2 Chauffer un peu d'huile dans une grande poêle et y saisir la viande quelques secondes, à feu vif, sur toutes ses faces. Ensuite, la placer dans un plat à four profond, huilé.

3 Rôtir la viande 45 minutes pour qu'elle soit saignante, 1 heure pour qu'elle soit à point et 1 heure 30 pour qu'elle soit bien cuite. L'arroser de temps en temps avec le jus de cuisson.
Retirer, couvrir de papier-aluminium et laisser reposer 10 minutes dans un endroit tiède. Enlever le fil, couper la viande en tranches et garnir de sauce au poivre vert.

4 Sauce au poivre vert : dans la poêle, ajouter le bouillon de volaille au jus de cuisson de la viande. Chauffer à feu doux en remuant jusqu'à ébullition. Incorporer la crème liquide et le poivre vert égoutté. Faire bouillir 2 minutes sans cesser de remuer. Ajouter le cognac et laisser bouillir encore 1 minute. Verser sur la viande.

PAGE CI-CONTRE : POIVRONS MARINÉS AUX HERBES. CI-DESSUS : STEAKS GRILLÉS AU POIVRE, À LA SAUCE DE MANGUE ET D'AVOCAT.

avec des herbes aromatiques et de l'ail, enduite d'huile d'olive et cuite au four, traditionnellement au feu de bois.

La pizza est originaire de Naples, en Italie du Sud, où les marchands ambulants du XIXᵉ siècle rivalisaient entre eux pour attirer les clients vers leurs savoureuses fantaisies. La pâte de la pizza napolitaine classique est fine et croustillante, garnie de tomates et de mozzarella. À Rome, la pizza est cuite dans de grands plats rectangulaires et vendue au poids. On trouve en Sicile une pizza à croûte épaisse, ou *pan pizza*, cuite au four dans un plat graissé.

Plantain (ou banane plantain) Fruit tropical très proche de la banane, plus rebondi et plus long, à épaisse peau verte, à chair plus ferme et plus filandreuse. Le plantain peut être grillé, frit ou cuit au barbecue, servi en légume, ajouté aux currys, aux soupes et aux plats mijotés. Ce fruit peut devenir amer si on le fait trop cuire. Le plantain cru n'est jamais sucré, même à maturité.

Pocher Cuire des aliments en les plongeant

POIVRONS

POIVRONS MARINÉS AUX HERBES

✳ **Préparation :** 20 minutes + 2 heures de marinade
Cuisson : 5 minutes
Pour 4 personnes

4 poivrons rouges
¹/₂ tasse d'huile d'olive
2 cuil. à soupe de jus de citron
1 cuil. à soupe de basilic frais, ciselé
1 cuil. à soupe de persil frais, ciselé
2 cuil. à café d'origan frais, ciselé
8 feuilles de roquette
8 feuilles de romaine
200 g de feta

1 Préchauffer le gril du four. Pendant ce temps, couper les poivrons en quatre, les épépiner et ôter leur membrane. Les griller au four, peau vers le haut, jusqu'à ce qu'elle cloque et noircisse. Couvrir avec un torchon et laisser refroidir les poivrons 5 minutes avant de les peler.
2 Les détailler en lamelles de 2 cm de large et les placer dans une jatte. Dans un bol, mélanger l'huile d'olive, le jus de citron, le basilic, le persil et l'origan.
3 Verser le tout sur les poivrons et laisser mariner au moins 2 heures (une nuit si possible). Servir les poivrons avec des feuilles de roquette et de romaine, et de la feta détaillée en cubes.

POIVRONS À L'AIL

✳ **Préparation :** 15 minutes
Cuisson : 15 minutes
Pour 1 litre

1 poivron vert
1 poivron rouge
2 gousses d'ail, pelées et émincées
¹/₂ tasse de sucre en poudre
2 tasses de vinaigre de vin blanc
2 cuil. à café de sel

1 Couper les poivrons en quatre dans le sens de la longueur. Enlever le pédoncule puis ôter pépins et membrane. Blanchir les poivrons 1 minute environ, jusqu'à ce qu'ils ramollissent. Les égoutter et les tasser dans un bocal, avec l'ail émincé.
2 Dans une casserole, chauffer lentement le sucre, le vinaigre et le sel en remuant jusqu'à dissolution du sucre. Porter à ébullition.
3 Verser cette préparation chaude sur les poivrons. Fermer hermétiquement le bocal ; étiqueter et dater. Attendre une semaine avant d'ouvrir.

À PROPOS DES POIVRONS

■ Crus ou cuits, les poivrons se marient très bien avec tomates, aubergines, ail, oignons, huile d'olive, thym et origan.
■ Les poivrons rôtis ou grillés se pèlent facilement. Ils perdent alors leur amertume, et la douceur de leur chair est rehaussée.

POIVRONS

dans un liquide frémissant.

Poêler Méthode de cuisson rapide à la poêle, pour la viande ou certains légumes.

Poire Fruit en forme de larme, à peau jaune ou verte, ou encore légèrement brune, à chair blanche et juteuse. On peut manger la poire nature, l'ajouter à des salades de fruits (elle se mêle parfaitement aux framboises et aux cassis) ainsi qu'à des salades salées. On peut aussi la pocher dans du sirop ou dans du vin, et l'employer

pour de nombreux autres desserts tels que les mousses, les soufflés et les tartes.

La poire est originaire d'Asie. Elle fut introduite en Europe par les Grecs anciens, et était très populaire chez les Romains.

Poireau Membre de la famille des liliacées, apprécié pour sa tige moelleuse et parfumée. C'est un légume d'hiver.

Pour préparer des poireaux, il convient d'enlever les couches externes, de couper les racines et la base, et le haut des feuilles vertes ; il faut les laver

CI-DESSUS : POIVRONS FARCIS AU RIZ ET AU FROMAGE.

POIVRONS FARCIS AU RIZ ET AU FROMAGE

✳ **Préparation :** 40 minutes
Cuisson : 25 minutes
Pour 6 personnes

3 petits poivrons rouges
3 petits poivrons verts
1 cuil. à soupe d'huile d'olive
1 petit oignon, émincé
1/4 de cuil. à café de piment en poudre
1/2 cuil. à café de cumin en poudre
1 cuil. à café de bouillon de volaille en poudre
2 cuil. à soupe de concentré de tomates
1 tasse de riz à grains courts
2 tasses d'eau
315 g de grains de maïs en boîte, égouttés
2 piments jalapeños émincés
3/4 de tasse de fromage râpé

1 Préchauffer le four à 180 °C. Couper la partie supérieure des poivrons et la réserver. Enlever la membrane et les pépins, à veillant à ne pas abîmer le poivron.
2 Chauffer l'huile dans une casserole de taille moyenne. Y mélanger l'oignon, le piment en poudre, le cumin, le bouillon de volaille en poudre, le concentré de tomates et le riz.
Verser l'eau et couvrir hermétiquement. Porter lentement à ébullition ; remuer une fois. Couvrir de nouveau, baisser le feu et laisser mijoter jusqu'à absorption presque complète de l'eau. Retirer du feu, laisser couvert et attendre 5 minutes pour que l'eau soit totalement absorbée et le riz moelleux. Incorporer le maïs, les piments et 1/2 tasse de fromage râpé.
3 Remplir chaque poivron de cette préparation et saupoudrer le dessus avec le fromage restant. Couvrir avec la partie supérieure du poivron. Placer les poivrons sur une plaque de four et enfourner 15 minutes environ, jusqu'à ce qu'ils aient légèrement ramolli. Servir tiède, accompagné éventuellement de tortillas ou de salade.

TARTE AUX POIVRONS ET AUX OLIVES

✳ ✳ **Préparation :** 20 minutes
Cuisson : 40 minutes
Pour 4 à 6 personnes

2 rouleaux de pâte feuilletée, préétalée
1 tasse d'olives noires dénoyautées
1 cuil. à café d'huile d'olive + 1 cuil. à soupe supplémentaire
2 gousses d'ail écrasées
1/2 cuil. à café de sucre en poudre
1 poivron rouge
1 poivron jaune
1 gros oignon rouge coupé en fins quartiers
2/3 de tasse de gruyère râpé

1 Préchauffer le four à 210 °C. Graisser légèrement avec de l'huile ou du beurre fondu un moule à tarte cannelé d'environ 23 cm de diamètre. Dérouler une feuille de pâte sur un plan de travail légèrement fariné. Badigeonner d'un peu d'eau et recouvrir avec la seconde feuille. Étaler la pâte à la taille du moule. Le foncer et ôter l'excès avec un couteau aiguisé. Découper un rond de papier sulfurisé pour en couvrir la pâte. Le recouvrir de haricots secs ou de riz. Enfourner 10 minutes puis jeter le papier et les haricots ou le riz. Remettre au four 10 minutes, jusqu'à ce que la pâte soit dorée.
2 Hacher au robot les olives, 1 cuil. à café d'huile, l'ail, le sucre, jusqu'à obtention d'une texture lisse. L'étaler sur la pâte.
Couper les poivrons en quatre et les placer, la peau vers le haut, sur la plaque du four. Enfourner jusqu'à ce que la peau cloque et noircisse. Retirer les poivrons et les laisser refroidir un peu sous un torchon. Les peler et les couper en lamelles d'1 cm de large.
3 Chauffer 1 cuil. à soupe d'huile dans une petite casserole. Y faire blondir l'oignon à feu moyen. Ajouter les poivrons et bien les chauffer.
Pendant ce temps, saupoudrer la tarte avec la moitié du fromage, puis recouvrir avec la préparation à l'oignon et aux poivrons. Garnir avec le reste de fromage. Enfourner 10 minutes environ, jusqu'à ce qu'il ait fondu et que la tarte soit bien chaude.

386

POLENTA

GALETTES DE POLENTA AU BEURRE AILLÉ ET POIVRON RÔTI

☆ **Préparation :** 30 minutes + 2 heures de réfrigération

Cuisson : 10 à 15 minutes

Pour 2 à 4 personnes

1 tasse ⅓ de bouillon de volaille ou de légumes	25 g de beurre + 25 g de beurre fondu
1 tasse d'eau	2 gros poivrons rouges
1 tasse de polenta (semoule de maïs)	1 cuil. à soupe d'huile d'olive
½ tasse de parmesan fraîchement râpé + parmesan pour servir	1 gousse d'ail, écrasée
	Ricotta fraîche pour servir

1 Dans une casserole de taille moyenne, porter à ébullition le bouillon et l'eau. Ajouter la polenta, baisser le feu et remuer continuellement 3 à 6 minutes, jusqu'à ce qu'elle soit bien épaisse. Hors du feu, incorporer ½ tasse de parmesan et 25 g de beurre. Verser dans un long moule de 26 x 8 x 4,5 cm environ, tapissé d'aluminium. Lisser la surface et réfrigérer 2 heures.

2 Préchauffer le gril du four. Couper les poivrons en deux. Retirer les pépins et la membrane. Les placer sur une grille, peau vers le haut et enfourner jusqu'à ce qu'elle cloque et noircisse. Retirer et laisser refroidir sous un torchon humide. Les peler et les détailler en bandes fines.

3 Démouler la polenta et la couper en tranches. Les badigeonner sur une face avec un mélange de beurre fondu, d'huile d'olive et d'ail.

4 Cuire au gril préchauffé, 3 à 4 minutes, jusqu'à ce que les tranches soient dorées. Les sortir du four, et répéter l'opération sur l'autre face. Servir chaud avec les tranches de poivron, du parmesan et de la ricotta.

À PROPOS DE LA POLENTA

■ La polenta est une semoule de maïs fine que l'on cuit lentement dans de l'eau en remuant continuellement pour obtenir une bouillie très épaisse. En Italie, c'est un produit de base que l'on peut accommoder de mille manières. De par son goût assez neutre et sa consistance variable, elle entre dans la composition de nombreux plats sucrés ou salés.

■ Remplaçant avec succès les pommes de terres, le riz ou les pâtes, la polenta est facile à préparer. Elle accompagne bien les viandes relevées (comme les saucisses épicées, les foies sautés et le gibier rôti) ainsi que les grillades de légumes marinés.

■ La polenta peut être enrichie de lait ou de fromage frais (le chèvre par exemple), mélangée aux soupes et ragoûts, ou présentée en boulettes.

■ On peut aussi la passer au four dans un plat beurré, puis une fois froide, la couper en tranches à frire ou rôtir. On peut la consommer telle quelle, avec du beurre ou du fromage, ou avec des plats relevés.

■ On peut rehausser le goût des galettes de polenta cuites soit en les badigeonnant d'un peu d'huile d'olive, soit en les recouvrant de tapenade, d'anchoïade ou de feta.

CI-DESSUS : GALETTES DE POLENTA AU BEURRE AILLÉ.

soigneusement. Les poireaux peuvent être cuits à la vapeur, bouillis ou braisés et mangés chauds. Ils peuvent aussi entrer dans la composition des soupes, des tourtes, des tartes et des plats sautés à la poêle ; ils sont délicieux en salade, avec de la mayonnaise ou une vinaigrette. L'hiver est la saison du poireau.

Le poireau était cultivé dans l'Egypte ancienne, et il est mentionné dans un livre de cuisine chinoise datant de 3 500 ans environ. On dit que l'Empereur Néron mangeait chaque jour de la soupe aux poireaux, persuadé que cela renforçait sa voix pour ses discours.

Les Celtes du Royaume-Uni donnèrent à leur terre potagère le nom de *leactun enclos de poireau* ; le poireau est spécialement associé au Pays de Galles, où, avec la jonquille, il est un symbole du pays. Le jour de la Saint David, on porte des brins de poireaux à la boutonnière, en commémoration de la célèbre victoire du VIIe siècle des guerriers gallois du roi Cadwallader sur les Saxons.

Pois (secs) Graine de quelques variétés de petits pois cultivés spécialement pour être séchés. Ils occupaient une place importante dans l'alimentation avant l'apparition des petits pois surgelés.

Les pois secs peuvent être entiers avec la peau flétrie, ou écossés et fendus en deux lors de la séparation naturelle (pois cassés). En Inde, les pois secs entiers sont rôtis et épicés, mangés en collation ; en Angleterre, où ils sont connus sous le nom de mushy peas, ils sont mis à tremper, cuits à petits bouillons et servis avec du poisson et des frites, ou garnissent des tourtes chaudes à la viande.

Les pois cassés sont préparés à partir des variétés communes de petits pois verts et jaunes ; ils sont plus doux et contiennent moins de fécule que les pois secs. On utilise les pois cassés pour la soupe de pois. En Allemagne, on les prépare au four avec une choucroute et de la crème fraîche.

Pois cassés Pois secs, de couleur jaune ou verte, écossés, et séparés en deux lors de la séparation naturelle ; on emploie les pois cassés pour préparer des soupes. En Inde, les pois cassés jaunes sont utilisés pour le dahl.

Pois chiche Graine ronde, jaune pâle, ressemblant au petit pois, provenant d'une plante

POMMES

POMMES AU FOUR

✻ **Préparation :** 20 minutes
Cuisson : 1 heure 15
Pour 4 personnes

4 pommes vertes
½ tasse de dattes, hachées
1 cuil. à soupe de noix, pilées
1 cuil. à soupe de zeste de citron râpé
½ tasse d'eau
½ tasse de cassonade

30 g de beurre
¼ de cuil. à café de cannelle en poudre
¼ de cuil. à café de muscade en poudre
Glace à la vanille ou crème fouettée pour servir

1 Préchauffer le four à 180 °C. Bien évider les pommes et peler uniquement le quart supérieur du fruit.
2 Mélanger les dattes, les noix et le zeste. Remplir les pommes de cette préparation.
3 Mettre les pommes dans un plat à four ou un moule à pain. Dans une petite casserole, porter à ébullition l'eau, le sucre, le beurre, la cannelle et la muscade. Verser le tout sur les pommes. Les enfourner 1 heure 15, en les arrosant de temps en temps avec le jus. Servir chaud avec de la glace à la vanille ou de la crème fouettée.

CHUTNEY AUX POMMES

✻ **Préparation :** 30 minutes
Cuisson : 2 heures
Pour 1,75 litre

10 petites pommes vertes
5 grosses tomates mûres, hachées
3 gros oignons, émincés
1 cuil. à soupe de gingembre vert, râpé
4 gousses d'ail écrasées

2 petits piments, émincés
1 tasse de raisins secs
½ tasse de jus d'orange
⅓ de tasse de jus de citron
3 tasses de sucre roux
2 tasses de vinaigre de cidre

1 Peler les pommes, les évider et les détailler en morceaux. Dans une cocotte, les mélanger avec les tomates, les oignons, le gingembre, l'ail, les piments, les raisins secs, les jus, le sucre et le vinaigre. Remuer à feu doux jusqu'à dissolution complète du sucre.
2 Monter le feu et porter à ébullition en remuant de temps en temps. Laisser mijoter à découvert en mélangeant de temps à temps, 2 heures environ, jusqu'à ce que les pommes et les légumes soient tendres, et la préparation épaisse.
3 Laisser reposer 5 minutes ; à l'aide d'une louche, verser le chutney dans des bocaux stérilisés, tièdes. Fermer aussitôt hermétiquement. Étiqueter et dater les bocaux lorsqu'ils sont froids. Conserver dans un endroit frais et sombre, jusqu'à un an.

SAUCE AUX POMMES

✻ **Préparation :** 20 minutes
Cuisson : 30 minutes
Pour 500 ml

4 grosses pommes vertes, pelées et évidées
30 g de beurre
¼ de tasse de sucre blanc

2 cuil. à café de zeste de citron râpé
¼ de tasse d'eau

Réunir dans une casserole à fond épais les pommes, le beurre, le sucre, le zeste et l'eau. Cuire à feu doux en remuant souvent jusqu'à ce que les fruits soient presque réduits en purée. Servir avec du porc, du canard ou de l'oie rôtis.

Remarque : la sauce aux pommes peut être préparée 3 jours à l'avance et conservée au réfrigérateur dans un récipient fermé.

À PROPOS DES POMMES

■ Pour éviter que les pommes ne changent de couleur une fois coupées ou pelées, les badigeonner de jus de citron dilué dans un peu d'eau, ou les placer dans une jatte d'eau avec 2 cuil. à soupe de jus de citron.
■ Pour cuire les pommes, les peler, les évider et les couper en tranches épaisses. Les placer dans une casserole avec un peu d'eau (ou de jus de pommes), et quelques clous de girofle. Porter à ébullition, baisser le feu, couvrir et laisser mijoter 15 minutes environ en remuant de temps en temps.
■ Pour éviter qu'elles n'éclatent lorsqu'on les cuit au four, tracer autour du fruit, à mi-hauteur, une incision circulaire avec la pointe d'un couteau.

CI-DESSUS : POMMES AU FOUR.
PAGE CI-CONTRE, EN HAUT : CRUMBLE AUX POMMES ;
EN BAS : CHARLOTTE AUX POMMES.

CHARLOTTE AUX POMMES

✳ ✳ **_Préparation :_** 30 minutes
Cuisson : 25 minutes
Pour 6 personnes

5 pommes à cuire, pelées,
évidées et coupées en
tranches
2 cuil. à soupe de sucre
roux
¹/4 de cuil. à café de
cannelle en poudre
1 pain de mie coupé en
tranches, sans la croûte
100 g de beurre fondu

Crème fraîche liquide
(facultatif)

Sauce à la confiture
1 tasse de confiture de
fraises
1 tasse d'eau
1 cuil ; à café de zeste de
citron râpé
¹/2 tasse de sucre en poudre

1 Préchauffer le four à 180 °C. Badigeonner de beur-re fondu 6 moules à charlotte individuels. Cuire dans une casserole d'eau les pommes, le sucre et la cannel-le. Égoutter et laisser refroidir.

2 À l'aide d'un emporte-pièce, découper 12 ronds dans les tranches de pain. Couper les tranches qui restent en bâtonnets de 2 cm de large et de la hauteur du moule. Placer au fond de chaque moule 1 rond de pain, trem-pé dans le beurre fondu. Presser contre les parois, les bâtonnets imbibés de beurre fondu. Les laisser légère-ment dépasser.

3 Remplir les moules préparés de pommes cuites ; cou-vrir avec les 6 autres ronds de pain, trempés dans le beurre fondu. Poser sur une plaque de four et cuire 20 minutes. Démouler sur des assiettes et servir tiède avec la sauce à la confiture et de la crème liquide.

4 Sauce à la confiture : réunir les ingrédients dans une petite casserole. Porter à ébullition et laisser mijo-ter 15 minutes. Tamiser et servir chaud.

CRUMBLE AUX POMMES

✳ **_Préparation :_** 30 minutes
Cuisson : 25 à 30 minutes
Pour 4 à 6 personnes

4 grosses pommes vertes à
cuire, pelées et coupées en
tranches
1 cuil. à soupe de sucre
roux
2 cuil. à soupe de mélasse
raffinée
2 cuil. à soupe de jus de
citron

Garniture
³/4 de tasse de farine avec
levure incorporée
¹/2 tasse de noix de coco
déshydratée
¹/2 tasse d'avoine
¹/2 tasse de sucre roux
100 g de beurre

1 Badigeonner d'huile ou de beurre fondu un plat peu profond. Réunir dans une grande casserole les pommes, le sucre, la mélasse et le jus de citron. Couvrir et cuire à feu doux 10 minutes. Verser dans le plat ; préchauf-fer le four à 180 °C.

2 Garniture : bien mélanger la farine, la noix de co-co, l'avoine et le sucre. Former un puits au centre. Ajouter le beurre fondu et mélanger pour obtenir une texture friable. En recouvrir les pommes.

3 Enfourner 25 à 30 minutes, jusqu'à ce que le dessus soit croustillant et doré. Servir avec de la crème fouet-tée ou de la glace.

Remarque : le crumble aux pommes peut se consom-mer chaud ou froid. On peut remplacer les pommes par d'autres fruits cuits (pêches, abricots, poires…). On peut aussi utiliser des pêches ou des abricots en boîte, bien égouttés.

buissonnante du sud de l'Europe et de l'Asie occidentale.

Le pois chiche a un goût de noisette. Il est très employé pour les soupes et les ragoûts. Bouilli et réduit en purée, il est le principal ingrédient du hoummous, sauce froide du Moyen-Orient. En Inde, on l'écrase pour préparer de la farine de besan, ou on le grille et on l'assaisonne avec des épices. On dit que les Phéniciens furent les premier à introduire les pois chiches en Espagne. Ils constituent depuis un ingrédient important de la cuisine espagnole.

On peut ajouter les pois chiches aux ragoûts ou, cuits et refroidis, les préparer en salade.

Pois gourmands (mange-tout) Variété vert brillant de pois avec des cosses douces, délicatement parfumées, que l'on mange en entier.

Les pois gourmands sont récoltés avant la maturité des pois ; les pois sucrés sont mûrs, mais la cosse est si tendre que l'on peut la manger. On peut ajouter les deux, cosse et pois, crus, à des salades.

Pour ne préparer que les pois, équeuter et retirer les fils ; faire bouillir légèrement, ou cuire à la vapeur, et servir les pois craquants. Les pois gourmands sont très populaires dans la cuisine asiatique.

Poisson Le poisson est particulièrement apprécié pour sa faible teneur en calories et en cholestérol ainsi que pour sa haute teneur en protéines ; en outre, il est facile à digérer.

Le poisson frais s'abîme rapidement et il est préférable de le cuisiner le jour de son achat. On peut le griller et le cuire au four, le pocher dans de l'eau ou dans du bouillon, le frire, le cuire à la vapeur ou en papillotes, ou encore au micro-ondes. Le poisson est cuit lorsque la chair devient opaque et se détache facilement, et que le jus est laiteux.

Dans quelques plats, tels que la *ceviche* (Mexique et Pacifique Sud) et le *sashimi* (Japon), on consomme du poisson cru.

Le poisson se conserve de différentes manières. Le poisson fumé est d'abord trempé dans une saumure, puis pendu ou étalé sur un égouttoir dans

un local rempli de fumée produite par de la sciure de bois en combustion lente. Le fumage à froid est un procédé lent à basse température : la fumée est refroidie avant d'atteindre le poisson.

POMMES DE TERRE

GRATIN DE POMMES DE TERRE ET DE POMMES

✳ **Préparation :** 20 minutes
Cuisson : 45 minutes
Pour 6 personnes

2 grosses pommes de terre	1 tasse de crème liquide
3 pommes vertes	¼ de cuil. à café de
1 oignon	muscade en poudre
½ tasse de fromage	Poivre noir fraîchement
finement râpé	moulu

1 Préchauffer le four à 180 °C. Badigeonner d'huile ou de beurre fondu un plat à gratin. Peler les pommes de terre et les émincer. Peler, évider et détailler les pommes vertes en quatre, puis les émincer. Couper l'oignon en rondelles très fines.
2 Disposer dans le plat en couches successives les pommes de terre, les pommes et l'oignon ; terminer par une couche de pommes de terre. Couvrir de fromage puis de crème.
3 Saupoudrer de noix de muscade et poivrer à votre goût. Enfourner 45 minutes environ, jusqu'à ce que le gratin soit bien doré.
Retirer et laisser refroidir 5 minutes avant de servir.

Remarque : lors de la préparation, pour éviter que les tranches de pommes de terre et de pommes ne noircissent, les placer dans un bol d'eau froide avec un peu de jus de citron. Les égoutter et les sécher avec du papier absorbant avant utilisation.

CROQUANTS DE POMMES DE TERRE, ET SAUCE PIMENTÉE AU FROMAGE

✳ **Préparation :** 30 minutes
Cuisson : 1 heure 15
Pour 4 à 6 personnes

6 pommes de terre (soit 1,2 kg environ)	1 gousse d'ail écrasée
Huile pour la friture	1 cuil. à café de piment doux en poudre
	¾ de tasse de crème fraîche
Sauce pimentée au fromage	2 tasses de fromage râpé
1 cuil. à soupe d'huile	(cheddar, mimolette, ou
1 petit oignon, finement haché	gruyère)

1 Préchauffer le four à 210 °C. Brosser les pommes de terre et bien les sécher. Ne pas les peler. Piquer deux fois chaque pomme de terre avec une fourchette. Enfourner 1 heure, en les retournant une fois, jusqu'à ce que la peau soit croustillante et la chair tendre (vérifier avec la pointe d'un couteau). Retirer et laisser refroidir.
2 Couper les pommes de terre en deux. Enlever l'essentiel de la chair (la réserver pour une autre recette) en ne laissant qu'une couche de 5 mm sur la peau. Détailler chaque moitié de pomme de terre en trois quartiers.
3 Chauffer l'huile dans une friteuse de taille moyenne. Avant qu'elle ne soit trop chaude, y plonger une grande quantité de quartiers à la fois. Frire 1 à 2 minutes, jusqu'à ce qu'ils soient dorés et croustillants. Égoutter sur du papier absorbant. Servir immédiatement avec une sauce pimentée au fromage.

4 Sauce pimentée au fromage : chauffer l'huile dans une petite casserole. Faire revenir l'oignon à feu moyen 2 minutes, jusqu'à ce qu'il soit fondant. Ajouter l'ail et le piment et cuire 1 minute en remuant. Incorporer la crème et mélanger jusqu'à ce que la préparation soit tiède et légèrement allongée. Ajouter le fromage et remuer jusqu'à ce qu'il ait fondu et que la sauce soit presque lisse. Servir chaud.

À PROPOS DES POMMES DE TERRE

■ Les pommes de terre font partie des solanacées (comme les tomates et les aubergines). Si elles sont exposées à la lumière, un composé verdâtre et toxique peut se former sous leur peau. Les pommes de terre non lavées se gardent plus longtemps, parce que la terre les protège de la lumière.
■ Les pommes de terre se conservent mal au réfrigérateur. En effet, à basse température, leur chair noircit car l'amidon se transforme en sucre. Mieux vaut les garder dans un endroit frais, sec et sombre.
■ Pour obtenir des pommes de terre frites plus croustillantes, les faire tremper environ 1 heure à l'avance afin d'enlever une partie de l'amidon. Bien les égoutter sur du papier absorbant avant de les frire.

Pour le fumage à chaud, la fumée atteint le poisson à des températures suffisamment élevées pour le cuire. Les poissons saumurés sont coupés en deux et vidés, puis

enveloppés de gros sel. Les poissons séchés non salés sont vidés et pendus dans un local aéré pendant six semaines environ.

Flétan, thon, espadon, roussette, turbot, bar, mérou, barbue, dorade, baudroie, lieu jaune, cabillaud, colin, aiglefin, raie, julienne, rascasse, rouget barbet, sole, hareng, mulet, limande, maquereau, merlan, carrelet, éperlan, anchois et sardine comptent parmi les principaux poissons de mer.

Le flétan, l'espadon et le thon sont de très gros poissons. Le turbot, le mérou, le lieu jaune et le cabillaud sont de gros poissons. Le hareng, la sole, le maquereau et le merlan sont de tailles moyennes. Anchois, éperlan et équille sont de tout petits poissons.

L'esturgeon, le saumon, la lamproie, l'anguille, le brochet, la carpe, la truite sauvage et d'élevage (il existe une truite de mer), de même que la lotte sont des poissons d'eau douce. L'esturgeon est un très

POMMES DE TERRE GARNIES EN ROBE DES CHAMPS

Pour 2 personnes. Avec une fourchette, piquer 2 grosses pommes de terre de toutes parts. Ne pas les peler. Les placer sur une grille et enfourner à 210 °C, 1 heure environ, jusqu'à ce qu'elles soient tendres. Pendant ce temps, préparer la garniture. Quand les pommes de terre sont cuites, les inciser en croix ou profondément dans le sens de la longueur. Les presser pour les ouvrir et les garnir.

GARNITURE AU PIMENT

Pour 2 personnes. Chauffer 1 cuil. à café d'huile d'olive dans une poêle. Saisir, à feu vif puis moyen, 250 g de bœuf haché, pendant 5 minutes environ, jusqu'à ce que la viande soit rissolée et le jus entièrement évaporé. Ajouter 1 petit oignon coupé en rondelles, 2 gousses d'ail écrasées, 1 piment rouge coupé en tranches, 1/2 poivron rouge épépiné et coupé en fines lanières, 2 cuil. à soupe de purée de tomates et 1 tasse de bouillon de bœuf. Bien mélanger et porter à ébullition. Baisser le feu et laisser mijoter à découvert 20 minutes. Relever avec du poivre noir fraîchement moulu. Inciser en long 2 pommes de terres cuites au four. Les presser délicatement, les remplir de préparation et les garnir de tranches de piment supplémentaires.

GARNITURE À L'AIL ET AUX CHAMPIGNONS

Pour 2 personnes. Chauffer 45 g de beurre dans une casserole de taille moyenne. Faire revenir 125 g de champignons de Paris coupés en quatre et 1 gousse d'ail écrasée jusqu'à ce qu'ils soient tendres. Ajouter 2 cuil. à ca-fé de persil ciselé et du poivre noir fraîchement moulu. Inciser en croix 2 pommes de terres cuites au four, et les garnir.

GARNITURE NAPOLITAINE

Pour 2 personnes. Peler et couper en morceaux 2 tomates mûres mais fermes. Chauffer 1 cuil. à soupe d'huile d'olive dans une casserole. Faire revenir les tomates, 1 minute, avec 1 pincée d'origan. Hors du feu, ajouter du poivre noir fraîchement moulu. Couper la partie supérieure de 2 pommes de terre cuites au four. Creuser le centre avec une fourchette et le remplir de sauce tomate. Garnir d'anchois et d'olives noires dénoyautées.

GARNITURE AUX CREVETTES PIQUANTES

Pour 2 personnes. Chauffer 15 g de beurre dans une casserole. Faire revenir 1 minute, à feu vif puis moyen, 250 g de crevettes de taille moyenne, cuites et décortiquées, avec une pincée de curcuma et une de coriandre en poudre. Poivrer à votre goût. Inciser en long 2 pommes de terre cuites au four, et les garnir avec cette préparation.

GARNITURE RUSSE

Pour 2 personnes. Inciser en long 2 pommes de terre cuites au four. Les remplir avec 30 g de saumon fumé en tranches, 1/2 tranche de citron et 1 cuil. à soupe de crème fraîche. Garnir d'œufs de poisson et servir.

PAGE CI-CONTRE : CROQUANTS DE POMMES DE TERRE. CI-DESSUS : POMMES DE TERRE GARNIES EN ROBE DES CHAMPS.

gros poisson. Saumon, lamproie, anguille, brochet et carpes sont de gros poissons. Le carrelet, la limande, la sole, le flétan, le barbue et le turbot sont des poissons plats.

Pour préparer le poisson, il faut d'abord l'écailler au couteau, ou avec une râpe à fromage : c'est indispensable pour tous les poissons dont les écailles sont visibles. La texture des écailles dures d'un poisson cuisiné n'est pas agréable !
Ensuite, il convient de le vider : soit en faisant une incision au niveau du ventre, à l'aide d'une paire de ciseau ou d'un couteau bien aiguisé, soit par les ouïes (technique plus difficile réservée en général aux recettes des poissons farcis).
Après avoir écaillé et vidé le poisson, et selon les préparations (notamment le poisson farci), on doit le fendre par le milieu du dos pour ôter l'épine dorsale, les arêtes qui y sont rattachées, et le reste de viscères.

Toutefois, certains poissons comme le rouget-barbet se cuisinent sans

avoir été vidés, car ils conservent ainsi toute leur saveur. De même, certains poissons gagnent à être vidés avec précaution, car les œufs ou la laitance, ou

GALETTES AUX POMMES DE TERRE ET AU SALAMI

✳ **Préparation :** 25 minutes
Cuisson : 6 minutes par série
Pour 18 à 20 galettes

1/2 tasse de lait
1 cuil. à café de vinaigre blanc
1/2 tasse de farine avec levure incorporée
1 cuil. à café de bicarbonate de soude
1/2 tasse de pommes de terre réduites en purée
2 œufs légèrement battus

30 g de beurre fondu + 30 g supplémentaires
45 g de salami, finement haché
30 g de tomates séchées, en fines lamelles, pour la garniture
Feuilles de basilic frais pour la garniture

1 Mélanger le lait et le vinaigre dans un bol et laisser reposer 5 minutes. Tamiser la farine et le bicarbonate de soude dans une jatte de taille moyenne. Former un puits au centre. Ajouter la purée de pommes de terre, les œufs battus et le contenu du bol. Bien mélanger.
2 Incorporer 30 g de beurre fondu et le salami.
3 Chauffer 30 g de beurre fondu dans une casserole de taille moyenne. Y déposer des cuillerées à soupe rases de préparation en les espaçant d'environ 2 cm.
4 Cuire à feu moyen, 3 minutes par côté, jusqu'à ce que les galettes soient bien dorées. Les servir tièdes, garnies de tomates séchées et de feuilles de basilic.

PAGE CI-CONTRE : CHAUSSONS PIMENTÉS AUX POMMES DE TERRE. CI-DESSUS : GALETTES AUX POMMES DE TERRE ET AU SALAMI ; SOUPE AUX POMMES DE TERRE ET À LA TOMATE.

SOUPE AUX POMMES DE TERRE ET À LA TOMATE

✳ **Préparation :** 30 minutes
Cuisson : 25 minutes
Pour 4 à 6 personnes

15 g de beurre
1 gros oignon émincé
1 gousse d'ail écrasée
4 tomates coupées en tranches
2 pommes de terre pelées, détaillées en tranches
2 cuil. à soupe de ciboulette émincée (ou d'oignon nouveau)
1 cuil. à soupe de concentré de tomates
1 cube de bouillon de volaille, émietté

1 cuil. à café de zeste de citron finement râpé
1/2 tasse à café de thym en poudre
1 feuille de laurier
4 tasses d'eau
Poivre noir fraîchement moulu
Crème fraîche pour servir
Brins de thym frais pour la garniture

1 Chauffer le beurre dans un faitout. Y faire revenir l'ail et l'oignon à feu moyen.
Ajouter les tomates, les pommes de terre, la ciboulette, le concentré de tomates, le cube de bouillon, le zeste, le thym, le laurier et l'eau.
2 Porter à ébullition, puis laisser mijoter à découvert 20 minutes. Enlever le laurier et laisser refroidir.
3 Hacher finement.
Poivrer à votre goût, et bien réchauffer. Verser un peu de crème, garnir d'un brin de thym et servir.

SOUFFLÉ AUX POMMES DE TERRE

✳ **Préparation :** 20 minutes
Cuisson : 1 heure
Pour 2 à 4 personnes

2 grosses pommes de terre
1/3 de tasse de crème fraîche
90 g de fromage râpé (cheddar, mimolette ou gruyère)

4 œufs, blancs et jaunes séparés
Sel et poivre à votre goût
4 oignons nouveaux, finement hachés
1 pincée de levure chimique

1 Préchauffer le four à 180 °C. Beurrer un moule à soufflé.
2 Cuire les pommes de terre à l'eau, pelées et coupées en quatre. Les égoutter et les écraser en purée.
3 Incorporer la crème fraîche, le fromage râpé et les jaunes d'œufs. Assaisonner. Bien mélanger et ajouter l'oignon.
4 Monter en neige les blancs d'œufs avec la levure chimique, puis les incorporer à la préparation.
Verser dans le plat à soufflé et enfourner 45 minutes. Servir chaud.

CHAUSSONS PIMENTÉS AUX POMMES DE TERRE

✱   **Préparation :** 40 minutes
Cuisson : 25 minutes
Pour 4 à 6 personnes

4 grosses pommes de terre
pelées, détaillées en petits
cubes

30 g de beurre

1 gousse d'ail écrasée

2 cuil. à café de gingembre
frais, finement râpé

1 oignon, finement haché

1 cuil. à café de curcuma

1 cuil. à café de garam
masala

1 cuil. à café de cardamome
en poudre

1 cuil. à soupe de jus de
citron

¹/₄ de tasse de coriandre
fraîche, ciselée

¹/₄ de tasse de menthe
fraîche, hachée

4 rouleaux de pâte
feuilletée préétalée

1 œuf, légèrement battu

2 cuil. à café de graines de
pavot

1 Préchauffer le four à 180 °C. Badigeonner d'huile ou
de beurre fondu deux plaques de four. Cuire les pommes
de terre à l'eau bouillante.
2 Chauffer le beurre dans une casserole. Faire revenir
l'ail, le gingembre, l'oignon et les épices. Ajouter les
pommes de terre, le jus de citron, la coriandre et la
menthe ; mélanger. Laisser refroidir.
3 Découper chaque feuille de pâte en 9 carrés égaux.
Badigeonner leurs bords d'œuf battu. Mettre 2 cuil. à
café de la préparation au centre des carrés. Les plier en
deux pour former un triangle et pincer les bords.
4 Dorer à l'œuf et saupoudrer de graines de pavot le
dessus des chaussons. Les placer à 2,5 cm d'intervalle
sur les plaques. Enfourner 15 minutes.

CROQUETTES DE POMMES DE TERRE ET DE FROMAGE, SAUCE AUX POMMES.

✱   **Préparation :** 25 minutes
Cuisson : 20 minutes
Pour 18 croquettes

2 tasses de pommes de terre
réduites en purée

125 g de fromage râpé
(cheddar, mimolette ou
gruyère)

2 cuil. à soupe de farine

1 œuf légèrement battu

¹/₂ cuil. à café de muscade
en poudre

1 cuil. à soupe d'huile
d'olive

Sauce aux pommes

2 grosses pommes vertes,
pelées et évidées

2 cuil. à soupe d'eau

2 cuil. à soupe de menthe
fraîche hachée

1 cuil. à soupe de vinaigre
blanc

1 Dans une grande jatte, mélanger les pommes de terre, le fromage, la farine tamisée, l'œuf et la muscade.
2 Chauffer l'huile d'olive dans une poêle à fond épais,
de taille moyenne.
Frire des cuillerées à soupe rases de la préparation. Cuire 5 minutes à feu vif puis moyen. Retourner et cuire
encore 5 minutes, jusqu'à ce que les croquettes soit dorées et bien cuites. Napper chacune d'elles d'une cuillerée de sauce aux pommes.

3 Sauce aux pommes : couper les fruits en gros dés
et les placer dans une petite casserole. Ajouter l'eau,
couvrir et cuire à feu doux jusqu'à ce que les pommes
soient tendres et l'eau entièrement évaporée. Bien les
écraser à la fourchette. Ajouter la menthe et le vinaigre
et bien mélanger.

encore le foie, sont
délicieux : selon votre
goût, vous pouvez ainsi
consommer le foie du
cabillaud, de l'aiglefin, ou
de la lotte. Le foie peut
être frit, ou accommodé
avec la sauce servie en
accompagnement. La
laitance (et les œufs) des
maquereaux, par exemple,
ou des mulets, est aussi
comestible et très
appréciée. N'hésitez pas à
demander conseil à votre
poissonnier.

Une fois
ces préparations
effectuées, il faut, comme
pour la viande, parer le
poisson, c'est-à-dire
couper les nageoires. Puis
on le découpe : selon les
recettes, il s'agit soit de
lever les filets, soit de
détailler des médaillons
ou des darnes. On peut
aussi ôter la tête du
poisson.

La cuisson du poisson
est généralement très
simple : on peut le frire,
le cuire au four, par
exemple en papillote, le
préparer au court-
bouillon, ou encore au
gril.

Gefilte Fish Boulettes
de poisson pochées
composant un plat de
tradition juive. On ajoute
à des filets de poisson
assaisonnés des oignons
détaillés en dés, de la
farine de matzot et des
œufs. Les boulettes sont
préparées avec le mélange
obtenu, et on les cuit
dans du bouillon de
poisson frémissant.

On peut manger le *Gefilte Fish* chaud ou froid.

Poivre Épice obtenue à partir d'une baie séchée (grain de poivre) provenant d'une plante tropicale grimpante.

Le poivre blanc et le poivre noir proviennent de la même plante, mais ils sont récoltés à différents stades de maturité. Le poivre noir est récolté lorsque les baies ne sont pas encore à maturité, le poivre blanc provient des baies parvenues à maturité avant la cueillette.

Elles sont alors mises à tremper dans de l'eau pour enlever la peau. On utilise le poivre noir et le poivre blanc pour parfumer toutes sortes d'aliments salés.

Pour obtenir une meilleure saveur, le poivre moulu doit être ajouté aux plats chauds vers la fin de la cuisson ; pour les plats mijotés, il convient d'envelopper les grains de poivre dans une mousseline et de les ôter avant de servir.

Les grains de poivre vert proviennent de baies cueillies encore vertes ; elles sont généralement conservées dans une saumure et utilisées pour parfumer les soupes, les ragoûts, les pâtés et les sauces.

PORC

PORC PARFUMÉ AU SOJA ET À L'ORANGE

☆ **Préparation :** 10 minutes + 1 nuit pour la marinade
Cuisson : 30 minutes
Pour 8 personnes

8 médaillons de porc d'environ 180 g (ou des côtelettes)	2 cuil. à soupe d'huile d'olive + 1 cuil. à soupe pour la friture
¾ de tasse de jus d'orange	2 gousses d'ail écrasées
¼ de tasse de sauce de soja	2 cuil. à café de romarin séché
	1 cuil. à soupe de miel

1 Parer la viande. En tapisser le fond d'un grand plat peu profond, en céramique ou en verre. Dans une jatte, mélanger le jus d'orange, la sauce de soja, 2 cuil. à soupe d'huile d'olive, l'ail, le romarin et le miel. Verser sur la viande et réfrigérer plusieurs heures (une nuit si possible).

2 Préchauffer le four à 150 °C. Chauffer le reste d'huile dans une grande sauteuse. Retirer la viande de la marinade ; réserver celle-ci. Saisir la viande à feu moyen, 4 à 5 minutes par face. Ôter du feu, égoutter sur du papier absorbant puis disposer sur un plat. Couvrir de papier-aluminium et garder tiède, au four.

3 Verser la marinade dans une casserole et mélanger, à feu moyen, jusqu'à ébullition. Baisser un peu le feu, et laisser mijoter 5 minutes environ, jusqu'à ce qu'elle ait réduit de moitié.

Disposer les tranches de viande sur des assiettes individuelles et napper d'un peu de marinade. Accompagner de légumes verts vapeur (asperges ou pois mange-tout, par exemple).

Remarque : on peut remplacer le porc par des filets de poisson blanc. Dans ce cas, ne faire mariner que 2 heures, ou la chair du poisson se morcellerait à cause de la forte acidité de la marinade. Diminuer aussi le temps de cuisson : ôter du feu dès que la chair se détache facilement.

SATÉ DE PORC AU GINGEMBRE

☆ **Préparation :** 20 minutes + 1 heure de marinade
Cuisson : 10 minutes
Pour 6 personnes

500 g de porc dans le filet	1 cuil. à soupe de jus de citron
2 cuil. à soupe de gingembre frais râpé	1 petit oignon, râpé
½ cuil. à café de poivre moulu	Sel et poivre à votre goût
1 cuil. à café d'huile de sésame	

1 Détailler la viande en cubes de même taille. Dans une jatte, bien mélanger le gingembre, le poivre, l'huile de sésame, le jus de citron, l'oignon, le sel et le poivre. Ajouter la viande, mélanger et laisser reposer 1 heure.

2 Préchauffer le barbecue. Enfiler les cubes sur des brochettes. Griller sur la plaque du barbecue 5 minutes environ par face (à doser selon la cuisson désirée). Servir avec de la salade et des petits pains chauds.

Remarque : le filet de porc est fin et peu gras. À défaut de filet, choisir un autre morceau maigre.

CUISSOT DE PORC RÔTI

✻ **Préparation :** 30 minutes
Cuisson : 3 heures
Pour 6 à 8 personnes

1 cuissot de 4 kg
Gros sel pour la cuisson

Fondant de pommes

500 g de pommes vertes ou à cuire, pelées, évidées et coupées en quartiers
1/2 tasse d'eau
1 cuil. à soupe de sucre en poudre

60 g de beurre, coupé en cubes

Sauce

1 cuil. à soupe de cognac ou de Calvados
2 cuil. à soupe de farine
2 tasses de bouillon de volaille

1 Préchauffer le four à 260 °C. À l'aide d'un couteau aiguisé, inciser la couenne du porc tous les 2 cm. Le badigeonner de gros sel pour que se forme une croûte dorée à la cuisson. Placer la viande, couenne vers le haut, sur une grille placée dans un grand plat. Y verser un peu d'eau et enfourner 30 minutes environ, jusqu'à ce que la peau de la viande commence à grésiller et à cloquer. Baisser le feu à 180 °C et cuire 2 heures 40 (compter environ 20 minutes pour 500 g).

2 De temps en temps, arroser le cuissot de son jus ; ne pas couvrir ou la croûte ramollirait. Retirer, couvrir de papier-aluminium et laisser reposer 10 minutes dans un endroit tiède. Couper en tranches et présenter dans le plat de service. Servir avec le fondant de pommes et la sauce.

3 Fondant de pommes : placer les pommes préparées dans une petite casserole. Verser l'eau, couvrir et laisser mijoter 10 minutes environ. Hors du feu, incorporer le sucre et le beurre tant que les pommes sont encore chaudes. Eventuellement, tamiser le tout pour obtenir une préparation plus lisse.

4 Sauce : dans une grande poêle à fond épais, verser 2 cuil. à soupe du jus de viande ; gratter le plat pour prendre les dépôts, et les ajouter ; chauffer à petit feu ; ajouter le cognac, mélanger rapidement, et cuire 1 minute. Retirer du feu et bien incorporer la farine. Chauffer encore 2 minutes sans cesser de remuer, puis ajouter progressivement le bouillon de volaille. Cuire en mélangeant jusqu'à ébullition et épaississement. Assaisonner à votre goût.

CI-DESSOUS : CUISSOT DE PORC RÔTI. PAGE CI-CONTRE : PORC PARFUMÉ AU SOJA ET À L'ORANGE.

Les grains de poivre roses proviennent des baies douces, presque mûres, d'un arbre d'Amérique du Sud, sans relation avec le poivrier. On les emploie plutôt pour décorer les plats que pour les parfumer.

Le poivre est meilleur fraîchement moulu car il s'altère très rapidement. Le poivre gris est un mélange de poivre noir et de poivre blanc.

Le poivre vert frais est difficile à trouver dans le commerce ; on l'utilise écrasé, pour aromatiser des ragoûts, soupes, sauces et beurres.

Le poivre vert séché, en revanche, peut être mis à tremper, puis employé comme le poivre vert frais.

On trouve également du poivre vert en saumure, qu'il convient de rincer avant utilisation.

Le mélange de grains de poivre (noir, rose, vert...) est apprécié autant pour sa présentation que pour ses arômes.

Le sansho, ou poivre japonais, est plus une épice qu'un poivre ; on en saupoudre des plats cuits.

On trouve le poivre frais (entier), séché (entier, moulu ou concassé), traité (entier, au vinaigre).

Le poivre moulu perd rapidement de son arôme. Il est préférable de se le procurer en grains, et de

1   2   3

le moudre selon l'utilisation désirée. Le poivre a comme origine les Indes néerlandaises, et Sumatra. En tant qu'épice, il est connu depuis l'antiquité. Au XVIIIᵉ siècle, Pierre Poivre, gouverneur de l'île Maurice et de la Réunion, l'introduisit dans les colonies françaises.

Poivre de Cayenne
Épice au goût piquant préparée

à partir des cosses et des graines séchées et réduites en poudre de quelques variétés de petits piments rouges, utilisée en très faible quantité pour parfumer les fromages et les plats de poisson.

Poivre de la Jamaïque
Baie séchée d'un arbre tropical de l'Amérique Centrale et de la Jamaïque.
Son goût ressemble à un mélange de clous de girofle, canelle et noix de muscade.
Les baies sont utilisées entières ou en poudre.

Poivre de Sichuan
Épice très parfumée (mais pas piquante) provenant des baies séchées d'un épineux chinois.

Poivron Gros fruit creux à peau brillante provenant d'un arbuste originaire d'Amérique tropicale. Le poivron appartient également à la famille des piments à goût piquant. Sa chair croustillante moelleuse et parfumée est

PORC AIGRE-DOUX

✶ ✶   *Préparation :* 20 minutes + 20 minutes de marinade
Cuisson : 12 minutes
Pour 4 à 6 personnes

750 g de poitrine ou de côtes découvertes
1 cuil. à soupe de sauce de soja
1 cuil. à soupe de xérès sec
½ concombre
2 cuil. à soupe de condiments variés chinois, doux (pickles)
1 tasse de Maïzena + 1 cuil. à soupe supplémentaire

1,25 l d'huile végétale
¼ de poivron vert, coupé en fines lanières
¼ de poivron rouge, coupé en fines lanières
1 oignon, émincé
½ tasse de vinaigre blanc
1 tasse d'eau
¼ de tasse de sauce tomate
⅓ de tasse de sucre en poudre
1 cuil. à café de bouillon de volaille en poudre

1 Détailler la viande en tranches épaisses.
Badigeonner de sauce de soja et de xérès; laisser reposer 20 minutes.
2 Peler le concombre, le diviser en deux, et ôter les pépins à la cuillère. Le couper en long, en tranches fines. Détailler les condiments chinois en petits morceaux.
3 Bien enrober la viande de Maïzena. Chauffer l'huile dans une friteuse. Saisir la viande en plusieurs fois. Laisser égoutter sur une grille.
4 Dans une poêle, chauffer 3 cuil. à soupe d'huile. Faire revenir les poivrons et l'oignon.
Incorporer le concombre et les condiments chinois, et frire rapidement. Ajouter le vinaigre, l'eau, la sauce réservée (étape 3), le sucre, le bouillon de volaille et 1 cuil. à soupe de Maïzena.

Mélanger jusqu'à dissolution de la Maïzena.
Porter à ébullition, laisser mijoter en remuant jusqu'à épaississement.
5 Frire de nouveau la viande, 2 minutes environ, jusqu'à ce qu'elle soit dorée.
Napper de sauce et servir.

MÉDAILLONS DE PORC CRÈME À LA MOUTARDE

✶   *Préparation :* 15 minutes
Cuisson : 12 minutes
Pour 6 personnes

6 médaillons ou 6 noix de porc d'environ 200 g
3 cuil. à soupe de farine
½ cuil. à café de poivre noir moulu
¼ de tasse d'huile
1 oignon, finement émincé
¾ de tasse de jus d'oranges

1 cube de bouillon de volaille, émietté
1 cuil. à café de sauce de soja
2 cuil. à café de moutarde avec graines
1 cuil. à café de Maïzena
⅓ de tasse de crème fraîche

1 Parer la viande.
Mélanger la farine et le poivre sur du papier sulfurisé. Y retourner la viande jusqu'à ce qu'elle soit légèrement enrobée; secouer un peu pour enlever l'excès.
2 Chauffer 2 cuil. à soupe d'huile dans une sauteuse. Cuire la viande à feu moyen, 2 à 3 minutes par face, jusqu'à ce qu'elle soit tendre. Retirer et égoutter sur du papier absorbant.
3 Chauffer le reste d'huile dans une casserole. Y faire fondre l'oignon à feu moyen, en remuant 3 minutes environ.

Bien incorporer la moitié du jus d'oranges, le bouillon cube, la sauce de soja et la moutarde. Par ailleurs, mélanger la Maïzena et le jus d'oranges restant jusqu'à obtention d'une texture lisse.

Verser dans la casserole et remuer, à feu doux, jusqu'à ébullition et épaississement.

Retirer du feu et laisser légèrement refroidir. Incorporer alors la crème fraîche et mélanger jusqu'à obtention d'une sauce lisse.

Ajouter la viande, bien chauffer le tout et servir.

GRILLADES DE PORC À LA TAPENADE

✳ ***Préparation :*** 20 minutes
    Cuisson : 15 minutes
    Pour 4 personnes

4 médaillons (d'environ 200 g) ou 4 tranches dans l'échine (d'environ 150 g)	*½ petit oignon, finement émincé*
	1 gousse d'ail écrasée
2 cuil. à soupe d'huile d'olive	*125 g d'olives noires dénoyautées, hachées*
1 cuil. à soupe de jus de citron	*2 anchois détaillés en petits morceaux*
1 cuil. à soupe de feuilles de thym frais	*1 petite tomate mûre, pelée, épépinée et hachée*
¼ de cuil. à café de poivre noir moulu	*2 cuil. à café de vinaigre balsamique*
	1 piment rouge finement émincé
Tapenade	*1 cuil. à soupe de feuilles de basilic frais, ciselées*
2 cuil. à soupe d'huile d'olive	

1 Préchauffer le barbecue. Parer la viande.

Si vous utilisez de l'échine, replier la queue des tranches avec une pique.

2 Mélanger l'huile, le jus de citron, le thym et le poivre, et badigeonner la viande de cette préparation.

3 La placer sur la grille ou la plaque du barbecue, légèrement huilée.

Cuire la viande à feu moyen, 5 minutes par face, jusqu'à ce qu'elle soit tendre. Servir avec la tapenade.

4 Tapenade : chauffer l'huile dans une petite casserole.

Ajouter l'ail et l'oignon et remuer jusqu'à ce que celui-ci soit tendre.

Incorporer les olives, les anchois, la tomate, le vinaigre, le piment et le basilic. Mélanger 1 minute. Servir chaud ou froid.

Remarque : pour cette recette, la viande peut également se cuire au gril, mais à température modérée, sinon elle peut durcir et se dessécher.

Les morceaux comme ceux que nous utilisons sont cuits à point quand la chair est assez ferme au toucher : elle doit rester juteuse, et être à peine rosée.

Pour obtenir des médaillons, désosser les côtelettes. À l'aide d'un couteau aiguisé, entailler la viande au milieu, dans le sens de la longueur, en commençant par l'extrémité grasse.

Ne pas couper la viande jusqu'au bout pour ne pas la séparer. L'ouvrir avec les mains et l'aplatir avant de la cuisiner.

PAGE CI-CONTRE, EN HAUT : PORC AIGRE-DOUX ; EN BAS : MÉDAILLONS DE PORC CRÈME À LA MOUTARDE. CI DESSUS : GRILLADES DE PORC À LA TAPENADE.

employée dans les salades, mais on peut aussi la cuire.

On distingue le poivron rouge (le plus doux), le vert, le jaune, l'orange et le noir. Il faut l'équeuter, retirer la membrane blanche et les graines avant de le consommer. On emploie le poivron cru et finement tranché dans les salades et les crudités, on le cuit avec des plats mijotés, on le grille ou on le garnit de diverses farces.

C'est un ingrédient important dans les cuisines d'Amérique Centrale, de Méditerranée, du Moyen-Orient et d'Asie.

On trouve des poivrons frais tout au long de l'année. Le paprika est obtenu à partir de la pulpe séchée d'une variété de piment-poivron.

Polenta Farine de maïs cuite dans de l'eau et du beurre jusqu'à obtention d'une consistance épaisse.

On peut manger la polenta chaude, seule, ou mélangée à du parmesan et cuite au four, grillée ou frite et servie en tranches, et garnie de sauce tomate. On l'apprécie également mélangée à des légumes ou de la viande hachée.

La polenta constitue une des bases de la

cuisine de l'Italie du Nord depuis que le maïs fut importé d'Amérique au XVIᵉ siècle.

Le mot provient de *puls*, grains bouillis (généralement du millet) donnés aux soldats romains.

Pomme C'est le fruit le plus cultivé de par le monde. On pense que les centaines de variétés de pommes disponibles aujourd'hui proviennent d'un arbre originaire du Moyen-Orient et des Balkans. On ignore l'endroit où il fut d'abord cultivé, mais les pommes étaient certainement connues des Égyptiens qui, dans la moitié du second millénaire avant J.-C.,

plantèrent des vergers dans le delta du Nil. La pomme d'api (encore disponible de nos jours et connue aux États-Unis sous le nom de Lady Apple) fut produite par les Étrusques il y a plus de 2000 ans.

La pomme représenta la première récolte introduite et développée aux États-Unis. Aux XVIIIᵉ et XIXᵉ siècles, elle constituait un commerce important pour les colons européens du Nord-Ouest. Johnny Appleseed, héros américain populaire du XIXᵉ siècle, fit fortune en distribuant la pomme dans toute l'Amérique du Nord, et en plantant des vergers de pommiers de

PORC AU FENOUIL

✳ **Préparation :** 35 minutes
Cuisson : 1 heure 40
Pour 6 personnes

1 cuil. à café d'huile d'olive + 1 cuil. à soupe supplémentaire
3 tranches de bacon, coupées en petits morceaux
1,4 kg de rôti de porc dans le filet, couenne enlevée
1 tasse de mie de pain frais
1 tasse de bulbe de fenouil frais, finement émincé
1 cuil. à soupe de câpres, hachées
2 cuil. à soupe de ciboulette émincée
1 œuf légèrement battu
30 g de beurre
½ tasse de xérès doux
½ tasse de jus d'orange
2 cuil. à soupe de vinaigre de vin rouge
1 cuil. à café de zeste d'orange râpé

1 Préchauffer le four à 180 °C. Chauffer 1 cuil. à café d'huile d'olive dans une casserole de taille moyenne. Y saisir le bacon, 2 minutes environ, jusqu'à ce qu'il croustille. Égoutter sur du papier absorbant.
2 Parer la viande. L'entrouvrir en la coupant dans le sens de la longueur, sans la séparer. L'aplatir.
3 Mélanger le bacon, la mie, le fenouil, les câpres et la ciboulette dans une jatte de taille moyenne, puis incorporer l'œuf battu. Placer cette farce sur la viande ouverte en appuyant bien. Rouler et bien ficeler le tout.
4 Chauffer le beurre et 1 cuil. à soupe d'huile d'olive dans une poêle. Saisir la viande 3 à 4 minutes par face, puis la placer dans un grand plat à four.
5 Enlever les dépôts de la poêle. Y réunir le xérès, le jus d'orange, le vinaigre et le zeste. Laisser mijoter à décou-

CI-DESSUS : PORC AU FENOUIL.

vert 2 minutes. Napper la viande de cette sauce et enfourner 1 heure 30 environ.
6 Couper la viande en tranches. Napper avec le jus de cuisson et servir.

PORC À LA CRÈME AU CITRON

✳ **Préparation :** 10 minutes
Cuisson : 45 à 50 minutes
Pour 4 personnes

750 de filet de porc coupé en dés
25 g de beurre
180 g de champignons de Paris, émincés
1 tasse de bouillon de volaille
1 cuil. à soupe de farine
½ tasse de crème fraîche liquide
1 cuil. à soupe de jus de citron
Poivre noir fraîchement moulu, à votre goût
½ petit citron, coupés en petits quartiers
Persil frais ciselé

1 Parer la viande. Chauffer le beurre dans une poêle à fond épais. Y saisir de petites quantités de viande, à feu vif puis moyen, jusqu'à ce qu'elle soit bien dorée. L'égoutter sur du papier absorbant.
2 Faire revenir les champignons 2 minutes dans la poêle. Incorporer la viande saisie et le bouillon de volaille. Porter à ébullition, baisser le feu et couvrir. Laisser mijoter en remuant de temps en temps, 30 minutes environ, jusqu'à ce que la viande soit tendre.
3 Verser la farine et la crème liquide mélangées ; porter à ébullition, et mélanger jusqu'à épaississement. Laisser mijoter 2 minutes, ajouter le jus de citron et poivrer à votre goût. Servir avec des nouilles ou pâtes, et garnir de quartiers de citron et de persil.

POTAGES - SOUPES CONSOMMÉS

POTAGE AU POULET ET CURRY

✶ **Préparation :** 30 minutes
Cuisson : 1 heure 10
Pour 6 personnes

1 kg de morceaux de poulet (cuisses, pilons ou blancs)	12 grains de poivre
2 cuil. à soupe de farine	1 grosse pomme pelée et coupée en dés
2 cuil. à café de curry en poudre	1,5 l de bouillon de volaille
1 cuil. à café de curcuma	2 cuil. à soupe de jus de citron
½ cuil. à café de gingembre en poudre	½ tasse de crème liquide
60 g de beurre	Riz vapeur et chutney en accompagnement
6 clous de girofle	

1 Mélanger la farine, la poudre de curry, le curcuma et le gingembre et en enrober la viande.
2 Chauffer le beurre dans un faitout. Dorer légèrement les morceaux de poulet.
Ajouter les clous de girofle, le poivre, la pomme et le bouillon. Porter à ébullition, couvrir et laisser mijoter 1 heure.
3 Retirer les grains de poivre, les clous de girofle et le poulet. Ôter la peau des morceaux ; couper la chair en petits dés. Les remettre dans le potage, ajouter le jus de citron et la crème, et réchauffer doucement.

CONSOMMÉ DE POULET AUX POIREAUX

✶ **Préparation :** 20 minutes
Cuisson : 1 heure 45
Pour 6 à 8 personnes

1,2 kg de poulet	1 petit bouquet de persil
2 gros poireaux coupés en morceaux	2 cuil. à café de sel
1,5 litre d'eau	1 cuil. à café de poivre noir concassé
1 feuille de laurier	12 pruneaux dénoyautés
1 cuil. à café de feuilles de thym frais	

1 Bien rincer le poulet (intérieur et extérieur) à l'eau froide. Sécher avec du papier absorbant.
Enlever l'excès de gras et couper le poulet en deux ; le placer dans un grand faitout.
2 Ajouter les poireaux, l'eau, les herbes et le sel.
Porter lentement à ébullition, mettre à feu doux et laisser mijoter à découvert, pendant 1 heure 30, en écumant de temps en temps la mousse se formant à la surface.
Enlever le laurier et le persil.
3 Retirer délicatement du faitout les moitiés de poulet et les laisser légèrement refroidir. Couper la chair grossièrement ; éliminer la peau et les os.
4 Mélanger tous les ingrédients et réchauffer le consommé.

Ci-dessus : Consommé de poulet aux poireaux.

l'ouest de la Pennsylvanie jusqu'à l'Indiana.
En Australie, la Tasmanie fut longtemps appelée *Apple Isle* (*Île de la pomme*). Les vergers plantés au début des années 1840 approvisionnaient les marchés de l'Inde et de la Nouvelle-Zélande. L'augmentation rapide de la population des années 1850, causée par la ruée vers l'or sur le continent australien, entraîna un accroissement de la demande, et on cultiva en une seule fois 500 variétés de pommes. De nos jours, cette quantité est passée à moins de dix variétés.

Il existe des variétés de pommes à croquer et de pommes à cuire. On les cuit en préparations salées ou sucrées ; on peut également les faire sécher, et bien sûr, préparer du jus de pommes et du cidre.
Le calvados est une eau-de-vie préparée avec les pommes.
Les principales variétés de pommes que nous pouvons trouver sur nos marchés sont les suivantes : la Boskop, d'un rouge mêlé de vert, est récoltée fin septembre. Son goût est acidulé, sa chair est ferme, et on peut la croquer ou la cuire. La Granny Smith, vert tendre, peut aussi se manger crue ou cuite. Elle est acidulée, juteuse, et très rafraîchissante (mais peut-

être peu appréciée par les personnes ayant les gencives sensibles !). On la récolte fin octobre. La Melrose, également à croquer ou à cuire, et récoltée début octobre, a la peau rouge et jaune. Sa chair est sucrée, parfois légèrement farineuse, et ferme. La célèbre Golden, d'un jaune doré, n'est pas conseillée pour la cuisson. Elle est plutôt très sucrée, et rafraîchissante. On la récolte fin septembre. L'Elstar, assez petite, d'un beau rouge teinté de jaune, est très croquante, et sucrée. On peut la manger crue ou cuite. La Reine des Reinettes, d'un beau rouge orangé, croquante et un peu acide, peut également se manger crue ou cuite. On la récolte fin septembre. Enfin, la Reinette du Canada, d'un jaune vert, à croquer ou à cuire, se récolte début octobre. La culture des pommes nécessite des sols un peu frais, sains, légèrement calcaires ou silico-argileux, dans des régions tempérées.

En France les principales régions productrices de pommes sont le Vaucluse, le Tarn et Garonne, le Maine-et-Loire, le Bas-du-Rhin, et la Sarthe.
La pomme contient de la vitamine C, est riche en pectine, et une

CONSOMMÉ DE POULET AUX CHAMPIGNONS ET AUX VERMICELLES

✳ **Préparation :** 15 minutes + 15 minutes de trempage
Cuisson : 20 minutes
Pour 4 à 6 personnes

2 cuil. à café d'huile de sésame

2 cuil. à café d'huile végétale

3 moitiés de blancs de poulet, coupés en cubes

1, 25 l de bouillon de volaille

2 cuil. à soupe de sauce de soja

1 tranche de racine de gingembre frais

1/2 tasse de champignons séchés, en tranches, ayant trempé 15 minutes dans de l'eau chaude.

100 g de vermicelles cellophane ayant trempé dans l'eau 15 minutes

1/3 de tasse de ciboulette ciselée pour servir

1 Chauffer les huiles dans une grande casserole. Y dorer le poulet. L'ôter de la casserole et la vider de son huile.

2 Y replacer le poulet. Incorporer le bouillon, la sauce de soja, le gingembre et les champignons. Porter à ébullition et laisser mijoter 10 minutes à découvert.
Ajouter les vermicelles, bien égouttés, et faire mijoter encore 5 minutes. Retirer le gingembre.

3 Verser le tout dans une soupière. Garnir de ciboulette et servir immédiatement.

SOUPE AUX FRUITS DE MER ET AUX PÂTES RISONI

✳ **Préparation :** 20 minutes
Cuisson : 20 minutes
Pour 4 à 6 personnes

1/4 de tasse d'huile d'olive

1 oignon, émincé

2 gousses d'ail, écrasées

2 cuil. à soupe de persil ciselé

1 tasse de vin rouge

1 tasse de purée de tomates

2 tasses d'eau

2 cuil. à soupe de concentré de tomates

3/4 de tasse de pâtes risoni

315 g de fruits de mer mélangés

Poivre noir moulu

Croûtons à l'ail

1 petit pain, coupé en tranches fines

1/3 de tasse d'huile d'olive

2 gousses d'ail, écrasées

1 Chauffer l'huile dans un faitout. Y dorer l'ail et l'oignon. Ajouter le persil et le vin et cuire 5 minutes. Verser la purée et le concentré de tomates ainsi que l'eau. Porter à ébullition, ajouter les pâtes et laisser bouillir doucement jusqu'à ce qu'elles soient juste tendres.

2 Incorporer les fruits de mer et chauffer 3 minutes. Servir avec du pain grillé à l'ail.

3 Pain grillé à l'ail : placer les tranches de pain sur une plaque de four. Les badigeonner d'huile et d'ail mélangés. Enfourner à 200 °C jusqu'à ce qu'elles soient croustillantes et bien dorées.

CI-CONTRE : CONSOMMÉ DE POULET AUX CHAMPIGNONS ET AUX VERMICELLES. CI-DESSUS : SOUPE AUX FRUITS DE MER ET AUX PÂTES RISONI.

CONSOMMÉ DE BŒUF

✳ ✳ **Préparation :** 45 minutes
Cuisson : 4 à 5 heures
Pour 6 personnes

1 grosse carotte, hachée	3 l d'eau froide
1 gros oignon brun, haché	2 cuil. à café de sel
3 branches de céleri,	1 bouquet garni
hachées	10 grains de poivre
2 kg d'os de bœuf et de	2 blancs d'œufs
veau, en morceaux	2 coquilles d'œufs, écrasées
500 g de gîte de bœuf pour	1/4 de tasse de xérès sec
le jus, émincé	

1 Réunir la carotte, l'oignon et le céleri dans un grand plat à four. Couvrir avec les os et la viande. Enfourner à 180 °C, 1 heure environ, en remuant de temps en temps, jusqu'à ce que la viande et les légumes soient bien dorés.

2 Mettre le tout dans un grand faitout, couvrir d'eau froide et ajouter le sel, le poivre et le bouquet garni. Porter lentement à ébullition, en écumant bien la surface. Couvrir à moitié et laisser mijoter doucement, 3 à 4 heures, en écumant de temps en temps. Filtrer le bouillon dans passoire recouverte de mousseline ou un tamis fin. Le laisser refroidir puis le réfrigérer pour qu'il se transforme en gelée. Retirer le gras de la surface.

3 Pour clarifier le bouillon dégraissé, le porter doucement à ébullition dans une grande casserole avec les blancs d'œufs et les coquilles écrasées. Mélanger de temps en temps avec un fouet métallique, au fur et à mesure que la gelée se liquéfie. Laisser mijoter doucement 20 minutes. Filtrer dans une passoire recouverte de mousseline ou un tamis.

4 Réchauffer doucement dans une casserole et ajouter le xérès. Servir dans des assiettes à soupe réchauffées.

SOUPE AU CRESSON

✳ **Préparation :** 40 minutes
Cuisson : 15 minutes
Pour 8 personnes

1 gros oignon	2 tasses 1/4 de bouillon de
4 oignons nouveaux	volaille
470 g de cresson	2 tasses d'eau
90 g de beurre	Crème fraîche pour servir
1/3 de tasse de farine	

1 Détailler grossièrement l'oignon, les oignons nouveaux, et le cresson. Chauffer le beurre à feu doux dans un grand faitout. Y faire revenir le tout en remuant, 3 minutes environ, puis bien incorporer la farine.

2 Verser progressivement le bouillon de volaille et l'eau mélangés, en tournant jusqu'à obtention d'une texture lisse. Continuer de mélanger à feu moyen, 10 minutes environ, jusqu'à ébullition et épaississement. Lais-

ser bouillir 1 minute, ôter du feu et laisser refroidir.

3 Verser la préparation dans le robot en plusieurs fois. Hacher par petits coups brefs, pendant 15 secondes, jusqu'à ce que la soupe soit lisse. Bien réchauffer dans le faitout. Garnir d'une cuillerée de crème fraîche et servir.

VICHYSSOISE

✳ **Préparation :** 25 minutes + 1 heure de réfrigération
Cuisson : 30 minutes
Pour 6 personnes

2 gros poireaux, hachés	3 tasses de bouillon de
2 pommes de terre (environ	volaille
460 g), pelées et hachées	1 tasse de lait
2 cuil. à soupe de ciboulette	1/2 tasse de crème liquide
fraîche ciselée	Muscade râpée

1 Réunir les poireaux, les pommes de terre, la ciboulette et le bouillon dans un faitout.
Porter à ébullition, baisser le feu, couvrir et laisser mijoter 30 minutes environ, jusqu'à ce que les légumes soient tendres.
Ajouter le lait et laisser refroidir.

2 Hacher au robot 30 secondes environ, jusqu'à ce que la soupe soit lisse. La verser dans une soupière et incorporer la crème liquide.
Couvrir et réfrigérer 1 heure (une nuit si possible). Saupoudrer de muscade et servir.

Remarque : cette soupe, servie généralement froide, peut se consommer chaude. La réchauffer alors à feu doux.

CI-DESSUS : SOUPE AU CRESSON.

consommation quotidienne permettrait de diminuer le taux de cholestérol. En outre, c'est un fruit peu calorique, et excellent pour la santé.

Pomme de terre
Tubercule farineux à chair croustillante blanche ou jaune, et à peau lisse de couleur marron, rousse, jaune ou pourpre. C'est un aliment remarquable, que l'on peut préparer de mille et une façons : bouilli, rôti, frit, cuit au four ou au barbecue, farci. La pomme de terre est un des accompagnements classiques des plats de viande et de poisson, et elle peut aussi être l'ingrédient de base du plat principal.

Les pommes de terre nouvelles sont de jeunes

pommes de terre et petites ; leur peau est transparente et nacrée (il n'est pas nécessaire de l'ôter), leur pulpe légèrement cireuse. On les fait bouillir entières, et on les sert avec du beurre ou on les consomme en salade.

Les pommes de terre anciennes sont farineuses et meilleures pour la purée, ou cuites au four avec leur peau. On peut aussi les employer pour les soupes et pour garnir des tourtes. Les pommes de terre légèrement cireuses rôtissent bien, et on les utilise pour les frites. Les pommes de terre très cireuses sont idéales pour la salade de pommes de terre.

La pomme de terre est originaire d'Amérique du Sud, et fut d'abord cultivée dans les Andes, il y a 5 000 ans environ. Elle fut introduite en Angleterre par Sir Francis Drake au XVIe siècle, puis fut vite récoltée par les Irlandais, car elle poussait facilement sur les sols peu fertiles. Sir Walter Raleigh aurait planté les premières pommes de terre en Irlande en 1586.

Au début du XVIIIe siècle, la pomme de terre fut adoptée outre-atlantique, bien que plus lentement qu'en Europe continentale, par les colonies américaines. En France, elle fut ignorée jusqu'aux travaux de l'agronome Auguste Parmentier qui, à la fin du XVIIIe siècle, démontra les propriétés de la pomme de terre. De nos jours, c'est un aliment de base.

Pomme sauvage Petite pomme au goût acide, cultivée principalement pour ses qualités ornementales. On utilise les pommes sauvages pour les gelées et les compotes.

VELOUTÉ AU POULET ET AUX LÉGUMES

✱ ✱ **Préparation :** 20 minutes
Cuisson : 1 heure 45
Pour 6 personnes

Bouillon
1 kg de poulet
1,5 l d'eau
½ branche de céleri, hachée
6 grains de poivre
1 feuille de laurier
1 gousse d'ail, détaillée en tranches
1 petit oignon, haché

Soupe
1 carotte
1 cuil. à soupe d'huile d'olive

1 oignon, coupé en tranches
200 g de champignons de Paris, émincés
¼ de tasse de farine
⅔ de tasse de lait
1 tasse de crème liquide
100 g de pois mange-tout, coupés en tranches fines
3 tomates pelées, épépinées et hachées
1 cuil. à soupe de sauce de soja
Sel et poivre fraîchement moulu, à votre goût

1 Bouillon : essuyer le poulet et le sécher avec du papier absorbant. Séparer les blancs, les cuisses, les pilons et les ailes. Placer le tout dans un grand faitout avec l'eau, le céleri, les grains de poivre, le laurier, l'ail et l'oignon. Porter à ébullition, baisser le feu, couvrir et laisser mijoter 1 heure 15. Retirer du feu, laisser refroidir un peu et filtrer le tout. Réserver le poulet et le bouillon (1,25 l) ; éliminer le mélange à l'oignon.

2 Soupe : couper la carotte en fins bâtonnets. Chauffer l'huile dans une marmite. Y faire revenir à feu doux la carotte, les champignons et l'oignon jusqu'à ce que celui-ci soit tendre. Incorporer le bouillon, la farine et le lait mélangés. Porter à ébullition, baisser le feu et laisser mijoter, en remuant, jusqu'à ce que la préparation ait un peu épaissi.

3 Couper le poulet réservé en fines lanières. Les ajouter à la soupe ainsi que la crème liquide, les pois, les tomates et la sauce de soja. Mélanger jusqu'à ce que la soupe soit bien chaude. Saler et poivrer à votre goût. Servir chaud.

SOUPE AU MAÏS ET AU FROMAGE

✱ **Préparation :** 15 minutes
Cuisson : 30 minutes
Pour 8 personnes

90 g de beurre
2 gros oignons, finement hachés
1 gousse d'ail, écrasée
2 cuil. à café de graines de cumin
1 l de bouillon de volaille
2 pommes de terre pelées et hachées
1 tasse de maïs en boîte · réduit en purée
2 tasses de grains de maïs frais

¼ de tasse de persil frais ciselé
1 tasse de fromage râpé (cheddar, mimolette ou gruyère)
Sel et poivre noir fraîchement moulu
¼ de tasse de crème liquide (facultatif)
2 cuil. à soupe de ciboulette fraîche ciselée pour la garniture

1 Chauffer le beurre dans un faitout. Y dorer les oignons, à feu vif puis moyen, 5 minutes environ. Ajouter l'ail et le cumin et remuer 1 minute. Verser le bouillon de volaille et porter à ébullition. Incorporer les pommes de terre, baisser le feu et laisser mijoter 10 minutes à découvert.

2 Ajouter le maïs, en boîte et frais, et le persil. Porter à ébullition, et laisser mijoter encore 10 minutes.

3 Incorporer le fromage et la crème liquide. Saler et poivrer à votre goût. Chauffer doucement jusqu'à ce que le fromage fonde. Garnir de ciboulette ciselée et servir immédiatement.

POTIRON

TARTE AU POTIRON

★ ★ **Préparation :** 20 minutes + 30 minutes de repos

Cuisson : 55 minutes

Pour 8 personnes

1 tasse ¼ de farine	¾ de tasse de sucre roux
100 g de beurre coupé en morceaux	500 g de potiron, cuit, réduit en purée et refroidi
2 cuil. à café de sucre en poudre	⅓ de tasse de crème liquide
4 cuil. à soupe d'eau froide	1 cuil. à soupe de xérès
1 jaune d'œuf, légèrement battu	1 cuil. à café de cannelle en poudre
1 cuil. à soupe de lait	½ cuil. à café de muscade en poudre
	½ cuil. à café de gingembre en poudre

Garniture

2 œufs légèrement battus

1 Préchauffer le four à 180 °C. Tamiser la farine dans une grande jatte. Incorporer le beurre et travailler la pâte jusqu'à obtention d'une texture granuleuse. Incorporer le sucre, verser presque toute l'eau (en ajouter si nécessaire) et mélanger pour obtenir une pâte ferme. La pétrir sur un plan de travail légèrement fariné, 1 minute environ, jusqu'à ce qu'elle soit lisse. Couvrir d'un film plastique et réfrigérer au moins 30 minutes.

2 Étaler suffisamment la pâte, entre 2 films plastiques, pour chemiser un moule à tarte de 23 cm de diamètre environ. Le foncer ; enlever l'excès de pâte et l'étaler pour obtenir une couche de 2,5 mm d'épaisseur. Avec un couteau aiguisé, y découper des morceaux de pâte en forme de feuille ; les inciser en diagonale pour imiter le dessin de nervures. Mélanger le jaune d'œuf et le lait et en badigeonner le bord de la tarte. Disposer les feuilles préparées tout autour, en pressant légèrement pour qu'elles adhèrent. Les badigeonner avec le même mélange.

3 Découper un cercle de papier sulfurisé assez grand pour couvrir la pâte. Le recouvrir uniformément de riz ou de haricots secs et enfourner 10 minutes. Enlever le papier et le riz (ou les haricots), et cuire encore 5 minutes environ, jusqu'à ce que la pâte soit légèrement dorée. Laisser refroidir.

4 Garniture : battre les œufs et le sucre dans une grande jatte. Ajouter le potiron, la crème liquide, le xérès et les épices et bien mélanger.
Verser sur la pâte et enfourner 40 minutes environ, jusqu'à ce que la garniture ait pris. Lors de la cuisson, si les bords de la pâte tendent à devenir trop foncés, couvrir de papier-aluminium. Servir à température ambiante.

À PROPOS DES POTIRONS

■ Les potirons se conservent plus longtemps entiers que coupés en morceaux. Ceux-ci doivent être couverts d'un film plastique et gardés au réfrigérateur.

■ Pour éviter qu'un potiron coupé ne ramollisse, couvrir la surface des morceaux, épépinés, de poivre noir grossièrement moulu.

■ Les potirons sont difficiles à congeler.

CI-DESSUS : TARTE AU POTIRON. PAGE CI-CONTRE, EN HAUT : VELOUTÉ AU POULET ET AUX LÉGUMES ; EN BAS : SOUPE AU MAÏS ET AU FROMAGE.

Pommes duchesse
Purée de pommes de terre mélangée avec du beurre, du jaune d'œuf, et assaisonnée, à laquelle on donne diverses formes à l'aide d'une poche à douille. On en garnit des rôtis, ou on en agrémente des plats de poisson. La préparation est recouverte de jaune d'œuf, puis dorée au four ou au gril. Ce plat aurait été spécialement créé pour la Duchesse de Bedford.

Pop-corn Confiserie préparée en chauffant des grains de maïs. L'eau contenue dans le grain se transforme en vapeur,

faisant gonfler l'intérieur rigide jusqu'à ce qu'il éclate à travers la peau et se transforme en une petite balle blanche soufflée. On mange le pop-corn avec du beurre fondu et du sel, ou encore caramélisé.

Porc Viande blanche, très grasse, longtemps appréciée pour sa richesse et sa saveur. La viande de porc de première qualité doit être rose pâle, douce et finement marbrée de graisse blanche (la graisse doit être fine). On en prépare des rôtis, des grillades, des côtelettes, des sautés et des jambons.

C'est la viande principale des cuisines chinoise et du sud-est asiatique. En Chine et au Vietnam, le porc engraissé est symbole de prospérité.

Des siècles durant, le porc fut pratiquement la seule viande mangée par les communautés paysannes d'Europe, et rien n'était perdu, des oreilles jusqu'au pieds ! Le chroniqueur gastronomique du XIXᵉ siècle Charles Monselet, vantait les délices de la viande de porc.

La chair de cette viande est rehaussée par la sauge et les baies de genièvre.

Porridge Flocons d'avoine cuits dans l'eau ou dans le lait jusqu'à ce qu'ils deviennent épais et crémeux. Le porridge est habituellement servi chaud avec du lait et du sucre, mais on peut également

le manger froid, avec du sel. Le porridge est le successeur du gruau - qui était la base de l'alimentation des paysans.

Port Salut Fromage pasteurisé fabriqué avec du lait de vache, de saveur douce et salée, de texture crémeuse, une croûte rouge-orange et un intérieur doré.

Le Port Salut est originaire de Bretagne. Il fut créé par les moines trappistes qui trouvèrent refuge dans une abbaye locale après des années d'exil en Suisse, à la suite de la Révolution

SOUPE DE POTIRON AU CURRY

✳ **Préparation :** 15 minutes
Cuisson : 45 minutes
Pour 6 personnes

1 oignon, haché
1 gousse d'ail, écrasée
60 g de beurre
750 g à 1 kg de potiron, pelé, coupé en cubes, cuit à la vapeur et réduit en purée
1 pincée de sucre en poudre
1 pincée de muscade en poudre

1 cuil. à soupe de curry en poudre
1 feuille de laurier
1 l de bouillon de volaille
2 tasses de lait (écrémé, à votre goût)
1/4 de tasse de crème liquide
Poivre noir fraîchement moulu et ciboulette fraîche pour la garniture

1 Chauffer le beurre dans une marmite. Faire revenir l'ail et l'oignon, 5 minutes environ, jusqu'à ce qu'ils soient bien fondants. Ajouter le potiron en purée, le sucre, la muscade, le curry et le laurier. Assaisonner à votre goût, incorporer le bouillon de volaille et porter à ébullition.
2 Baisser le feu et laisser mijoter doucement 30 minutes. Retirer du feu et enlever le laurier.
3 Ajouter le lait et chauffer 2 à 3 minutes. Servir avec un peu de crème, du poivre et de la ciboulette ciselée.

EMINCÉ DE POTIRON FRIT

Peler 500 g de potiron. À l'aide d'un épluche-légumes, le découper en lamelles très fines. Remplir à moitié une casserole d'huile et chauffer. Y frire le potiron préparé en plusieurs fois, jusqu'à ce qu'il soit croustillant et doré. Égoutter, assaisonner et servir chaud.

SCONES AU POTIRON

✳ **Préparation :** 35 minutes
Cuisson : 12 minutes
Pour 12 scones

30 g de beurre
2 cuil. à soupe de sucre en poudre
1/2 tasse de potiron réduit en purée

1 œuf, légèrement battu
1/2 tasse de lait
2 tasses 1/2 de farine tamisée

1 Préchauffer le four à 220 °C. Battre le beurre ramolli et le sucre. Ajouter le potiron, l'œuf et le lait.
2 Incorporer la farine et mélanger jusqu'à obtention d'une pâte lisse.
3 La pétrir sur un plan de travail fariné. Aplatir pour former une galette de 2 cm d'épaisseur.
4 La découper en cercles avec un emporte-pièce fariné. Disposer sur une plaque de four graissée et badigeonner d'un peu de lait. Enfourner 10 à 12 minutes. Servir tiède avec du beurre.

POTIRON SUCRÉ AUX ÉPICES

Peler 500 g de potiron et le couper en tranches fines. Les placer sur une plaque de four, couverte de papier-aluminium graissé.

Badigeonner les tranches de potiron avec 40 g de beurre fondu. Mélanger 1 cuil. à café de sucre roux et 1/2 cuil. à café des ingrédients suivants : cumin, coriandre et gingembre moulus. Saupoudrer cette préparation sur les tranches de potiron. Enfourner à 180 °C, 35 minutes environ, jusqu'à ce qu'elles soient bien cuites. Servir chaud.

POULET

POULET RÔTI FARCI À LA MIE DE PAIN

☆ ☆ **Préparation :** 25 minutes + 5 minutes de repos
Cuisson : 1 heure 30
Pour 6 personnes

3 tranches de bacon, finement hachées	*1/2 de tasse de lait*
6 tranches de pain complet, croûtes enlevées	*1,4 kg de poulet*
3 oignons nouveaux, hachés	*Sel et poivre noir fraîchement moulu*
2 cuil. à soupe de noix de pécan, pilées	*45 g de beurre fondu*
2 cuil. à café de raisin de Corinthe	*1 cuil. à soupe d'huile*
1/4 de tasse de persil ciselé	*1 cuil. à soupe de sauce de soja*
1 œuf légèrement battu	*1 tasse 1/2 d'eau*
	1 gousse d'ail, écrasée
	1 cuil. à soupe de farine

1 Préchauffer le four à 210 °C. Faire revenir le bacon. Détailler le pain. Mélanger avec le bacon, les oignons nouveaux, les noix de pécan, les raisins, le persil ainsi que les œufs et le lait préalablement mélangés. Saler et poivrer à votre goût.

2 Farcir la volaille et refermer l'orifice avec une brochette. Lier les ailes et les pilons. Bien enrober le poulet de sel et de poivre.

3 Le déposer sur une grille placée dans un plat à four, profond.
Badigeonner le poulet avec le beurre, l'huile et la sauce de soja préalablement mélangés.
Mettre le reste de cette préparation, la moitié de l'eau et l'ail dans le plat. Enfourner 1 heure 15 environ, jusqu'à ce que le poulet soit tendre et doré.
Lors de la cuisson, l'arroser de jus de temps en temps. Disposer sur un plat de service, couvrir de papier-aluminium et laisser reposer 5 minutes dans un endroit tiède avant de le découper sur le plat de service. Servir avec des légumes et la sauce.

4 Sauce : chauffer dans une poêle le jus de cuisson. Ajouter 1 cuil. à soupe de farine et mélanger à feu doux, jusqu'à ce que la préparation soit dorée.
Verser le reste d'eau (plus si nécessaire) et mélanger jusqu'à épaississement.
Saler et poivrer à votre goût, et tamiser dans une saucière.
Servir chaud.

CI-DESSUS : POULET RÔTI FARCI À LA MIE DE PAIN.
PAGE CI-CONTRE, EN HAUT : SCONES AU POTIRON;
EN BAS : ÉMINCÉ DE POTIRON FRIT.

Française. Le fromage devint populaire dès qu'il fit son apparition sur les marchés parisiens dans les années 1870. Après la seconde Guerre Mondiale, les moines, incapables de satisfaire la demande, vendirent la marque Saint Paulin à des laiteries commerciales pour la production d'un fromage similaire.

Le Port Salut est meilleur servi à température ambiante, accompagné de fruits secs ou frais. On l'apprécie aussi avec des petits fours et bien sûr en sandwich. Il s'utilise aussi pour des préparations salées.

Porto Vin cuit. On l'emploie pour parfumer le canard, le gibier, certaines sauces, les pâtés, les desserts tels que les gelées, les crèmes et les sirops pour les fruits pochés.
Le porto authentique est préparé avec une variété de raisins cultivés dans le nord du Portugal, et transportés jusqu'à la ville de Porto.

Potiron (ou citrouille) Légume de la famille des cucurbitacées, à peau dure, à chair dorée et

au goût de noisette, avec une cavité centrale emplie de graines plates et ovales. Il existe de nombreuses variétés de potirons, de toutes tailles et formes. Il est peu calorique et contient un peu de vitamine C et du fer.

On peut le servir en légume - à la vapeur, bouilli (et réduit en purée) ou cuit au four ; on peut également le farcir, l'utiliser pour des soupes, des veloutés, des tourtes, et le préparer en

condiment. Les fleurs parfumées sont délicieuses émincées en salade, ou frites dans du beurre. On peut griller les graines de potiron, les passer dans le sel et les manger en amuse-gueule.

Le potiron est originaire d'Amérique et serait cultivé depuis 10 000 ans, précédant de quelques milliers d'années la culture du maïs et des haricots. Il fut introduit en Europe au XVIIᵉ siècle, mais ne fut pas beaucoup cultivé avant le XVIIIᵉ ou le XIXᵉ siècle. Facile à produire et à conserver, le potiron fut alors très apprécié, notamment durant l'hiver.

Poulet C'est l'une des viandes les plus consommées dans le monde. Toutes les espèces descendraient d'un gallinacé sauvage de l'Inde. La volaille fut

POULET AU VIN

✳ **Préparation :** 20 minutes
Cuisson : 1 heure
Pour 6 personnes

2 kg de morceaux de poulet
Farine
Sel et poivre
2 cuil. à soupe d'huile + 1 cuil. à soupe supplémentaire
4 tranches de bacon, hachées
10 petits oignons marinés, en bocal
1 gousse d'ail, écrasée

1 tasse ¹/₂ de vin rouge de bonne qualité
1 tasse ¹/₂ de bouillon de volaille
¹/₄ de tasse de concentré de tomates
250 g de petits champignons de Paris
Herbes fraîches pour la garniture (facultatif)

1 Saler et poivrer la farine et en enrober les morceaux de poulet. Les secouer pour enlever l'excès. Chauffer 2 cuil. à soupe d'huile dans une sauteuse. Cuire rapidement de petites quantités de poulet jusqu'à ce qu'il soit bien doré. Égoutter sur du papier absorbant.
2 Chauffer 1 cuil. à soupe d'huile dans un faitout. Y faire revenir le bacon, l'ail et les oignons en remuant jusqu'à ce que ceux-ci soient dorés. Ajouter le poulet, le vin, le bouillon de volaille et le concentré de tomates. Porter à ébullition, baisser le feu, couvrir et laisser mijoter 30 minutes.

Ci-dessus : Poulet au vin. Page ci-contre : Barbecue d'ailes de poulet au miel.

3 Incorporer les champignons et faire mijoter à découvert, 10 minutes environ, jusqu'à ce que le poulet soit très tendre et la sauce légèrement réduite. Garnir d'herbes fraîches ciselées et servir.

SOUPE AU POULET ET AU MAÏS
Pour 4 personnes

Retirer la peau d'un poulet cuit et découper sa chair en lanières. Chauffer 3 tasses de bouillon de volaille dans une casserole de taille moyenne. Ajouter la chair du poulet, 440 g de maïs en boîte réduit en purée, 270 g de grains de maïs en boîte et ¹/₂ cuil. à café de sauce de soja. Bien mélanger et porter à ébullition. Baisser le feu et laisser mijoter doucement 4 minutes. Incorporer 2 oignons nouveaux coupés en tranches fines. Saler et poivrer à votre goût.

BOUILLON DE POULET

Pour 1 litre : placer 500 g d'os de poulet et 1 gros oignon émincé dans un plat à four. Enfourner à 180 °C, 50 minutes environ, jusqu'à ce que la préparation soit bien dorée. La mettre dans un faitout. Préparer un bouquet garni en enveloppant 2 feuilles de laurier et 6 grains de poivre dans de la mousseline.

Hacher 1 carotte et 1 branche de céleri (feuilles comprises). Mettre dans le faitout avec le bouquet garni et 1,25 litre d'eau. Porter à ébullition, et laisser mijoter 40 minutes à découvert, en ajoutant un peu d'eau si nécessaire. Filtrer le tout, enlever les os et les légumes. Laisser refroidir un peu, réfrigérer et écumer. Utiliser en tant que bouillon de volaille.

POULET CHOW MEIN

✫ **Préparation** : 20 minutes
Cuisson : 10 minutes
Pour 4 personnes

*60 g de champignons
chinois séchés*

*500 g de blancs de poulet,
coupés en lamelles fines*

1 cuil. à soupe de xérès sec

2 cuil. à café de Maïzena

*1/3 de tasse d'huile
d'arachide*

1 gousse d'ail, écrasée

*2 cuil. à café de gingembre
frais râpé*

2 tasses de chou râpé

*1/2 tasse d'oignons
nouveaux émincés*

*1 tasse de haricots verts,
détaillés en morceaux*

*1 tasse de céleri coupé en
tranches*

1 tasse de pousses de soja

*1/2 tasse de bouillon de
volaille*

*2 cuil. à café de sauce de
soja*

*1 cuil. à café de sucre en
poudre*

*Nouilles asiatiques, frites et
croustillantes, pour servir*

1 Laisser tremper les champignons dans de l'eau 20 minutes. Dans une jatte, bien mélanger le poulet, le xérès et la moitié de la Maïzena puis laisser reposer 10 minutes.

2 Chauffer la moitié de l'huile dans un wok ou une sauteuse. Frire le poulet jusqu'à ce qu'il soit presque cuit. Retirer et réserver.

3 Verser le reste d'huile dans le wok ou la sauteuse. Faire revenir l'ail et le gingembre quelques secondes. Ajouter les champignons, égouttés et coupés en tranches, et les légumes préparés.

Les faire revenir jusqu'à ce qu'ils soient croustillants. Par ailleurs, mélanger le reste de Maïzena, le bouillon de volaille, la sauce de soja et le sucre.
Verser sur les légumes et remuer jusqu'à ébullition et épaississement.
Incorporer le poulet et cuire jusqu'à ce qu'il soit bien chaud. Servir avec des nouilles asiatiques, frites et croustillantes.

BARBECUE D'AILES DE POULET AU MIEL

✫ **Préparation** : 10 minutes + 2 heures
de marinade
Cuisson : 15 minutes
Pour 4 personnes

12 ailes de poulet

1/4 de tasse de sauce de soja

1 gousse d'ail, écrasée

2 cuil. à soupe de xérès

2 cuil. à soupe d'huile

2 cuil. à soupe de miel

1 Disposer les ailes de poulet dans un plat peu profond en verre ou en céramique.
Dans une petite jatte, mélanger la sauce de soja, l'ail, le xérès et l'huile, puis verser sur le poulet.

2 Couvrir d'un film plastique et réfrigérer 2 heures, en retournant les ailes de temps à autre. Les égoutter et les cuire au gril ou au barbecue, 12 minutes environ. Tiédir le miel.

3 Les badigeonner de miel, les griller encore 2 minutes et servir immédiatement.

domestiquée il y a environ 5 000 ans et consommée d'abord en Chine et dans les îles du Pacifique, puis dans les contrées méditerranéennes. Au début, on gardait les œufs plutôt que la chair, que l'on trouvait dure, mais les Romains découvrirent que les oiseaux nourris à bon escient produisaient une chair plus tendre et plus savoureuse.

Le découpage de base suit les pattes et cuisses, puis les ailes. Le blanc de poulet est assez maigre.

Poulpe Mollusque marin à chair tendre doté de huit tentacules et d'un corps en forme de sac. Les espèces les plus petites sont meilleures à la consommation.

Le poulpe se prépare soit mijoté dans du vin, ou dans son propre jus, soit farci et cuit au four, ou encore poêlé rapidement à feu vif.

Le poulpe est très répandu dans les pays méditerranéens ainsi qu'en Asie, et au Japon. Les poulpes frais sont généralement vendus entiers ; on les trouve également congelés, séchés et pré-cuits en conserve.

Pralin Préparation à base d'amandes cuites dans du caramel, puis refroidies et écrasées en poudre. On emploie le pralin en pâtisserie et en confiserie.

Praline Confiserie préparée avec des amandes rissolées dans du sucre très chaud. En Belgique, c'est un bonbon au chocolat.

Profiterole Petit chou rempli d'une garniture salée et sucrée. On connaît mieux les profiteroles en dessert, remplies de crème

pâtissière ou de crème Chantilly, recouvertes de chocolat fondant, de caramel ou de crème au café.

Prosciutto Type de jambon italien frotté avec du sel et d'autres condiments secs. On le laisse parvenir à maturité pendant huit ou dix mois. Il est rose foncé et légèrement brillant ; on le sert généralement en tranches fines en entrée ; mais on peut aussi le cuire. Les variétés les plus connues sont le jambon de Parme et le jambon de San Daniele provenant de la région de Friuli, dans le nord-est, reconnu par beaucoup comme étant le plus fin.

Provençale (à la) Terme employé pour désigner des plats, des sauces et des garnitures contenant de l'huile d'olive, de l'ail et des tomates, spécialité de la Provence.

POULET CACCIATORE

❋   **Préparation :** 15 minutes
      Cuisson : 55 minutes
      Pour 6 personnes

125 g de champignons de Paris

12 pilons de poulet (soit 1,2 kg environ)

1 cuil. à soupe d'huile + un peu d'huile

1 oignon, haché

1 gousse d'ail, écrasée

410 g de tomates pelées en boîte, réduites en purée

½ tasse de vin blanc

½ tasse de bouillon de volaille

1 cuil. à café d'origan séché

1 cuil. à café de thym séché

Sel et poivre à votre goût

1 Préchauffer le four à 180 °C. Couper les champignons en quatre.

2 Chauffer l'huile dans une sauteuse. Y faire revenir quelques pilons à la fois, à feu vif puis moyen, jusqu'à ce qu'ils soient bien dorés. Les placer dans un grand plat à four.

3 Chauffer un peu d'huile dans une casserole. Y dorer l'ail et l'oignon à feu moyen, et en recouvrir le poulet. Ajouter les ingrédients restants dans la casserole. Saler et poivrer à votre goût, puis porter à ébullition. Baisser le feu, laisser mijoter 10 minutes et verser cette préparation sur le poulet.

Enfourner 35 minutes environ, jusqu'à ce qu'il soit bien tendre.

CI-DESSUS : POULET CACCIATORE ; CI-CONTRE : POULET À L'ESTRAGON ET AUX CHAMPIGNONS. PAGE CI-CONTRE : CUISSES DE POULET GRILLÉES À L'AIL ET AU ROMARIN.

POULET À L'ESTRAGON ET AUX CHAMPIGNONS

❋   **Préparation :** 10 minutes
      Cuisson : 50 minutes
      Pour 6 personnes

6 beaux blancs de poulet (soit environ 750 g), peau enlevée

¼ de tasse d'huile d'olive

3 tranches de bacon, détaillées en lamelles

315 g de champignons de Paris, coupés en tranches

½ tasse de vin blanc

2 cuil. à soupe de concentré de tomates

1 cuil. à café d'estragon séché

½ tasse de crème liquide

3 oignons nouveaux hachés

Sel et poivre noir fraîchement moulu, à votre goût

1 Parer le poulet. Préchauffer le four à 180 °C. Chauffer l'huile dans une grande cocotte.

Saisir les blancs à feu vif puis moyen, 2 minutes par face. Retirer et égoutter.

2 Dans la cocotte, faire revenir le bacon, 2 minutes, en remuant.

Ajouter les champignons et cuire 5 minutes. Incorporer le vin, le concentré de tomates et l'estragon et mélanger jusqu'à ébullition.

Baisser le feu, verser la crème dans la cocotte et laisser mijoter 2 minutes. Retirer du feu, incorporer les oignons nouveaux, puis saler et poivrer à votre goût.

Disposer les blancs dans un plat à four, peu profond, et les napper avec cette sauce.

Couvrir et enfourner 30 minutes environ, jusqu'à ce que le poulet soit bien tendre.

POULET AU CURRY

✲ **Préparation :** 10 minutes
Cuisson : 45 minutes
Pour 4 personnes

8 cuisses de poulet coupées en morceaux	1/2 cuil. à café de coriandre en poudre
2 cuil. à soupe d'huile d'arachide	1 tasse d'eau
3 gousses d'ail, écrasées	155 g de crème de noix de coco en boîte
3 piments verts, finement hachés	1/2 tasse de coriandre fraîche, ciselée
1 cuil. à soupe de gingembre râpé	3 cuil. à café de sauce de poisson thaïlandaise (nam pla)
3 oignons nouveaux, finement émincés	2 tomates épépinées, hachées
3 feuilles de curry	Sel à votre goût
1/2 cuil. à café de cumin en poudre	

1 Parer le poulet. Chauffer l'huile dans une cocotte de taille moyenne. Y mélanger à feu moyen, pendant 1 minute, l'ail, les piments, le gingembre, les oignons nouveaux et le curry.
2 Ajouter les épices et les morceaux de poulet. Les cuire à feu moyen, 5 minutes par côté. Verser l'eau dans la cocotte et porter à ébullition. Couvrir et laisser mijoter 15 minutes.
3 Incorporer la crème de noix de coco, la coriandre, la sauce de poisson, les tomates et le sel. Laisser mijoter à découvert 10 minutes environ. Ne pas couvrir après avoir ajouté la crème à la noix de coco pour éviter que le lait ne se dissocie. Servir avec du riz vapeur.

CUISSES DE POULET GRILLÉES À L'AIL ET AU ROMARIN

✲ **Préparation :** 10 minutes + 3 heures de marinade
Cuisson : 20 minutes
Pour 4 personnes

4 belles cuisses de poulet (soit 1,75 kg environ)	1 cuil. à soupe de thym frais, haché
1 orange	1 cuil. à café de moutarde de Dijon
1/2 tasse de jus d'orange	Sel à votre goût
2/3 de tasse d'huile d'olive	Brins de romarin pour la garniture
3 gousses d'ail écrasées	
2 cuil. à soupe de romarin frais, haché	

1 Parer le poulet. Couvrir une plaque de four de papier-aluminium et le badigeonner d'huile ou de beurre fondu.
À l'aide d'un couteau aiguisé, faire 3 ou 4 incisions profondes dans la partie la plus épaisse des morceaux de poulet.
2 Peler la moitié de l'orange, avec un épluche-légumes, pour obtenir de longues lamelles de zeste.
3 Dans une petite jatte, mélanger le zeste et le jus d'orange, l'huile d'olive, l'ail, le romarin, le thym, la moutarde et le sel. Disposer les cuisses de poulet dans un grand plat peu profond et les napper avec cette préparation.
Couvrir d'un film plastique et réfrigérer 3 heures (une nuit si possible) en retournant les morceaux de temps en temps. Les retirer et réserver la marinade.
4 Placer les cuisses de poulet sur la grille préparée. Les passer au gril à feu moyen, environ 10 minutes par côté, jusqu'à ce qu'elles soit tendres et bien cuites. Lors de la cuisson, les badigeonner plusieurs fois avec la marinade.
Garnir de tranches d'orange et de brins de romarin.

À PROPOS DU POULET

■ Il convient de garder la volaille, fraîche et crue, dans la partie la plus froide du réfrigérateur, 1 ou 2 jours maximum. Veiller à ce que du jus ne coule pas sur les autres aliments, et ne pas placer la volaille près d'aliments dégageant une odeur forte.
■ Les poulets congelés, entiers ou en morceaux, peuvent être complètement décongelés au réfrigérateur. On peut aussi décongeler les morceaux au four à micro-ondes, en les séparant au fur et à mesure qu'ils ramollissent. Toutefois, ce type de décongélation est déconseillée pour les poulets entiers, car ils ne décongèleraient pas uniformément.
■ Le poulet doit cuire complètement. Piquer avec un couteau l'endroit où la chair est la plus épaisse. S'il en sort du jus rose, poursuivre la cuisson jusqu'à ce qu'il soit incolore.

Provolone Fromage doux et jaune, fabriqué avec du lait de vache. Son goût peut être léger ou plus prononcé en fonction de son âge ; l'intérieur est de texture moelleuse et sans trous. Le provolone est fabriqué par la méthode de *pasta filata* : la croûte est pétrie et manipulée dans de l'eau chaude ou dans du lactosérum.

Le provolone est originaire de Campania, en Italie du Sud. Il est dans la lignée de fromages similaires fabriqués au temps des Romains.

Très apprécié à la fin d'un repas, notamment avec des fruits, le provolone est aussi un excellent fromage pour la cuisine.

Prune Fruit rond à peau lisse et brillante, de couleur allant du violet foncé au vert, jaune ou rouge selon la variété ; sa peau juteuse et sucrée renferme un noyau plat.

On peut manger les prunes crues avec la peau, évidées et tranchées dans des salades de fruits, réduites en purée pour les sauces, les glaces et les desserts.

On peut cuire les prunes à feu doux ou les pocher, les utiliser pour garnir des tourtes et des tartes, les cuire pour les cakes, puddings aux fruits et gâteaux, ou en préparer des confitures. La prune épicée accompagne parfaitement les viandes rôties (particulièrement le porc) et les volailles.

On pense que la prune est originaire d'Asie occidentale. Elle poussait dans les jardins suspendus de Babylone. Les Romains importèrent des pruniers de Damas et améliorèrent la qualité du fruit par des greffes et pollinisations croisées.

La saison des prunes est l'été et le début de l'automne.

Prune de Damas Petit fruit, violet foncé et à peau épaisse. C'est une variété de prune européenne.

La prune de Damas est trop acide pour être mangée crue, mais elle est délicieuse cuite en compotes, en confitures, en gelées, en garniture de tartes et tourtes.

Pruneau Fruit sec de certaines variétés de pruniers. Les pruneaux sont de couleur foncée, leur peau est fripée et ils sont sucrés. On les fait généralement tremper avant de les cuire à feu doux. On les sert en dessert ou au petit déjeuner avec des céréales ou en garniture de tartes. Les pruneaux peuvent être enroulés de bacon et grillés, puis servis en amuse-gueule. Ils peuvent aussi accompagner des plats

POULET - FOIE

PÂTÉ AU PORTO ET POIVRE VERT

✷ **Préparation :** 40 minutes + 1 nuit de réfrigération
Cuisson : 20 minutes
Pour 8 personnes

60 g de grains de poivre vert en conserve
90 g de beurre
470 g de foies de poulet, hachés
1 oignon haché
2 gousses d'ail écrasées
1/3 de tasse de porto

1/3 de tasse de crème liquide
1 cuil. à soupe de ciboulette ciselée

Toasts en forme de croissants

10 tranches de pain
Poivre noir concassé

1 Préchauffer le four à 180 °C.
Couvrir une plaque de four de papier-aluminium. Égoutter le poivre vert.
Chauffer le beurre dans une grande sauteuse. Y mélanger à feu moyen les foies, l'oignon, l'ail et le porto jusqu'à ce que les foies soient presque cuits et l'oignon fondant.
Retirer du feu et laisser légèrement refroidir.
2 Hacher le tout au robot par petits coups brefs, 30 secondes environ, jusqu'à obtention d'une pâte lisse. Ajouter la crème liquide et mixer encore 15 secondes.
3 Verser le tout dans une jatte de taille moyenne et incorporer la ciboulette et le poivre vert.
Remplir de cette préparation des ramequins individuels (ou une terrine). Réfrigérer une nuit, ou jusqu'à ce que le pâté soit ferme.

4 Toasts en forme de coissants : découper les tranches de pain avec un emporte-pièce en forme de croissant. Les poser sur une plaque de four préparée, et saupoudrer de poivre. Enfourner 5 minutes environ, jusqu'à ce qu'elles soient croustillantes. Laisser refroidir sur une grille à pâtisserie.

PÂTES AUX FOIES DE POULET

✷ **Préparation :** 15 minutes
Cuisson : 20 minutes
Pour 4 à 6 personnes

250 g de pâtes (penne, pâtes roulées ou rigatonis)
1/4 de tasse d'huile d'olive
1 gros oignon, haché
1 à 2 gousses d'ail, écrasées
1/2 tasse de bacon maigre, finement haché
500 g de foies de poulet parés

1 cuil. à soupe de marjolaine ou d'origan, hachée
1 cuil. à soupe de persil haché
2 cuil. à soupe de vinaigre de vin rouge
2 tasses de feuilles d'épinards, découpées
Poivre fraîchement moulu

1 Cuire les pâtes dans une grande casserole d'eau bouillante ; les égoutter.
2 Chauffer l'huile dans une grande poêle. Y faire revenir l'oignon. Ajouter l'ail, le bacon et les foies et remuer jusqu'à ce que les foies soient presque cuits (ils doivent être rose pâle à l'intérieur).
3 Incorporer les herbes, le vinaigre, les épinards, le poivre et les pâtes tièdes. Bien mélanger le tout à feu moyen jusqu'à ce que les épinards aient complètement ramolli. Servir immédiatement.

POULET
(PRÉCUIT)

POULET À LA PROVENÇALE

✻ **Préparation :** 15 minutes
Cuisson : 15 minutes
Pour 4 personnes

1 gros poulet grillé
1 cuil. à soupe d'huile d'olive
1 oignon émincé
2 gousses d'ail, écrasées
2 gros poivrons rouges, détaillés en tranches fines
425 g de tomates pelées en boîte avec leur jus
1 cuil. à soupe de concentré de tomates

¹/₄ de tasse de xérès
¹/₂ cuil. à café de sucre en poudre
¹/₃ de tasse de feuilles de basilic frais, ciselées
¹/₂ tasse d'olives noires dénoyautées et coupées en deux
Sel et poivre noir fraîchement moulu

1 Préchauffer le four à 160 °C. Découper le poulet en 8 morceaux. Le garder tiède.
2 Chauffer l'huile dans une sauteuse de taille moyenne. Y faire revenir à feu moyen le poivron, l'ail et l'oignon jusqu'à ce que celui-ci soit juste fondant.
Ajouter les tomates, les écraser puis verser leur jus, le concentré de tomates, le xérès et sucre en poudre. Porter à ébullition et laisser mijoter, à découvert, 10 minutes environ, jusqu'à épaississement.
3 Incorporer les morceaux de poulet, le basilic et les olives. Mélanger.
Saler et poivrer à votre goût.

SALADE DE POULET FUMÉ, SAUCE AIGRE-DOUCE

✻ **Préparation :** 25 minutes
Cuisson : aucune
Pour 4 à 6 personnes

155 g de petites feuilles de salade en sachet
1 carotte pelée et coupée en fines lamelles
155 de pleurotes
155 g de pois mange-tout
¹/₄ de tasse de noix de cajou
1 kg de poulet fumé, peau enlevée, coupé en cubes

Assaisonnement
¹/₄ de tasse d'huile d'olive
2 cuil. à soupe de vinaigre de vin blanc
2 cuil. à soupe de sauce aigre-douce, en bocal
Quelques gouttes de sauce Tabasco

1 Former un lit de salade sur un plat de service. Recouvrir de carotte, champignons, pois mange-tout, noix de cajou et poulet fumé.
2 Assaisonnement : mettre tous les ingrédients dans un récipient fermé hermétiquement, et bien secouer.
3 Verser sur la salade juste avant de servir.

SALADE TIÈDE AU POULET

✻ **Préparation :** 35 minutes
Cuisson : 10 minutes
Pour 4 personnes

1 petit oignon, coupé en tranches fines
2 cuil. à soupe d'huile d'olive
2 gros poivrons épépinés et détaillés en lamelles fines
1 kg de poulet cuit, peau enlevée, coupé en cubes
1 cuil. à soupe de sauce de soja

¹/₄ de cuil. à café de 5 épices chinoises, en poudre
1 pincée de sucre en poudre
Poivre noir fraîchement moulu

Assaisonnement
1 cuil. à soupe de vinaigre
¹/₄ de tasse d'amandes blanchies et grillées

1 Chauffer la moitié de l'huile dans une poêle et y dorer l'oignon.
Ajouter les poivrons détaillés et cuire 5 minutes environ, jusqu'à ce qu'ils soient à la fois tendres et croustillants.
2 Incorporer les morceaux de poulet, la sauce de soja, le mélange aux 5 épices et le sucre. Poivrer et assaisonner à votre goût. Bien chauffer et servir.
3 Assaisonnement : mélanger le vinaigre et le reste d'huile.
Verser sur la salade, la garnir d'amandes et servir.

CI-DESSUS : POULET À LA PROVENÇALE.
PAGE CI-CONTRE : PÂTÉ AU PORTO ET POIVRE VERT, ET TOASTS EN FORME DE CROISSANTS.

salés tels que le porc, le lapin et le gibier. On peut aussi les manger tels quels (sans les faire tremper auparavant).

Les prunes séchées étaient connues des Romains. De nos jours la déshydratation est obtenue par un chauffage artificiel.

Pudding Spécialité britannique, le pudding est cuit au bain-marie, dans un grand récipient couvert. La préparation de base contient généralement de la farine, de la graisse, du sucre et des œufs ; on peut y ajouter des fruits secs ou frais, des épices et des arômes comme du café, de la vanille et du chocolat. Le fameux Christmas Pudding est traditionnellement préparé à Noël. Il existe aussi des puddings soufflés. Le Ginger Pudding

(pudding au gingembre), apprécié en hiver, est sans doute une variante moins onéreuse du Christmas Pudding ; il est garni d'une couche de miel ou de sirop de mélasse (parfois remplacé par du sirop de maïs léger).

Pumpernickel Pain compact, de couleur sombre, très parfumé, préparé avec un mélange composé de farine de seigle et de grains de seigle concassés.

Punch Boisson chaude ou froide composée d'un mélange de jus de fruit, d'eau (souvent gazeuse), et parfois d'alcool. Hormis les jus de fruits, les autres ingrédients peuvent être du champagne, du vin, des spiritueux, de la limonade, du soda ou de l'eau minérale.

On prépare aussi du punch à base de rhum blanc et sirop de canne, agrémenté de citron vert.

Traditionnellement, le punch, boisson d'origine anglaise, est un mélange d'eau (ou de lait chaud) et d'eau-de-vie, sucré, et parfumé de citron et d'épices.

Le Ti-Punch, qui fait partie du patrimoine culinaire et culturel des Antilles, est préparé avec du rhum blanc additionné de sirop de canne et de zeste de citron vert. On peut également le préparer avec du rhum vieux, sans citron. On le déguste avec, par exemple, des bananes plantain frites, ou des acras de morue (boulettes de pâte faites de chair de morue dessalée et cuite, de farine, d'œufs, de lait, assaisonnées et épicées, et frites). Aux Antilles, le petit punch (Ti-Punch) est également surnommé "feu", "macata", "pétard"… Car, et il convient de le consommer avec modération, c'est un mélange qui monte vite à la tête !

POULPE

SALADE DE PETITS POULPES MARINÉS

★   **Préparation :** 25 minutes + 1 heure de marinade
Cuisson : 10 minutes
Pour 4 personnes

800 g de petits poulpes
1/3 de tasse d'huile d'olive
2 gousses d'ail écrasées
1 cuil. à soupe de sauce douce pimentée thaïlandaise
1 poivron rouge, coupé en petits morceaux
2 cuil. à soupe de coriandre fraîche, hachée
2 cuil. à soupe de jus de citron vert

1 Nettoyer chaque poulpe avec un petit couteau aiguisé : couper ou ouvrir la tête et vider le poulpe.
2 Retourner chaque poulpe et pousser le bec vers le haut avec l'index. L'enlever et le jeter. Bien laver les poulpes sous l'eau courante. Les sécher avec du papier absorbant. Les mélanger avec l'huile et l'ail. Couvrir d'un film plastique et laisser mariner 1 à 2 heures.
3 Chauffer le gril du four ou un barbecue. Quand il est bien chaud, griller les poulpes 3 à 5 minutes, jusqu'à ce qu'ils soient tendres. Bien les égoutter sur du papier absorbant. Dans un saladier, mélanger la sauce au pi-

ment, le poivron, la coriandre et le jus de citron vert. Ajouter les poulpes et bien remuer. Servir tiède ou froid.

POULPES AU VIN ROUGE

★ ★   **Préparation :** 20 minutes
Cuisson : 35 minutes
Pour 4 personnes

1 kg de petits poulpes
1/3 de tasse d'huile d'olive
1 gros oignon, finement émincé
2 feuilles de laurier
2 cuil. à soupe de vin rouge
2 cuil. à soupe de vinaigre brun
1/2 cuil. à café de poivre noir concassé
1/2 cuil. à café de feuilles d'origan séché

1 Nettoyer chaque poulpe à l'aide d'un petit couteau aiguisé : ouvrir la tête et vider le poulpe. Le retourner et pousser le bec vers le haut avec l'index. L'enlever et le jeter. Laver le poulpe et le sécher.
2 Dans une grande sauteuse, réunir les poulpes préparés, l'huile, l'oignon et le laurier. Cuire à découvert en remuant de temps en temps, 20 minutes environ à feu moyen.
3 Ajouter les ingrédients qui restent. Porter à ébullition, baisser le feu, couvrir et laisser mijoter 15 minutes environ, jusqu'à ce que les poulpes soient juste tendres. Servir tiède ou froid, avec une salade grecque.

PRUNEAUX

MÉDAILLONS DE PORC BRAISÉS AUX PRUNEAUX

✶ **Préparation :** 15 minutes
Cuisson : 30 minutes
Pour 4 personnes

4 médaillons de porc dans le filet, d'environ 180 g chacun	2 gousses d'ail écrasées
	1 cuil. à soupe de feuilles de thym frais
2 tasses de bouillon de volaille	1 grosse tomate pelée, épépinée et hachée
2 cuil. à soupe d'huile	½ tasse de crème liquide
1 gros oignon coupé en quartiers	16 pruneaux dénoyautés

1 Parer la viande. Avec du fil de cuisine, ficeler chaque tranche pour lui donner une forme arrondie. Attacher avec un nœud facile à défaire. Dans une casserole de taille moyenne, porter le bouillon à ébullition. Baisser le feu et faire réduire à découvert, 5 minutes environ, jusqu'à ce qu'il n'en reste que ¾ de tasse.
2 Chauffer l'huile dans une sauteuse. Y saisir la viande à feu vif, 2 minutes par côté. Égoutter sur du papier absorbant.
3 Faire revenir l'ail et l'oignon dans la sauteuse en remuant 2 minutes. Ajouter la viande réservée avec le thym, la tomate et le bouillon. Couvrir, mettre à feu doux et laisser mijoter 10 minutes environ en retournant la viande une fois. Ajouter la crème liquide et les pruneaux. Faire mijoter encore 5 minutes et servir.

PAGE CI-CONTRE : SALADE DE PETITS POULPES MARINÉS.
CI-DESSUS : PAIN AUX PRUNEAUX ET AUX NOIX.

PAIN AUX PRUNEAUX ET AUX NOIX

✶ **Préparation :** 40 minutes
Cuisson : 1 heure
Pour un pain

1 tasse de farine complète, tamisée	125 g de beurre coupé en morceaux
1 tasse de farine tamisée	2 œufs
1 tasse d'avoine pour porridge	½ tasse de crème fraîche
	¼ de tasse de lait
½ tasse de sucre en poudre	1 tasse de pruneaux dénoyautés et coupés en morceaux
1 cuil. à café de bicarbonate de soude	
1 cuil. à café de mixed spice (mélange de muscade, cannelle, clous de girofle, gingembre)	⅓ de tasse de moitiés de cerneaux de noix

1 Préchauffer le four à 190 °C. Dans une grande jatte, bien mélanger les farines, l'avoine, le sucre, le bicarbonate de soude et les épices. Du bout des doigts, incorporer le sucre jusqu'à ce que la préparation soit friable. Former un puits au centre.
2 Dans une petite jatte, battre les œufs et la crème. Verser dans le puits ainsi que le lait et mélanger pour obtenir une pâte ferme et un peu humide. Incorporer les pruneaux et les noix.
3 Verser le tout dans un moule à pain graissé de 14 x 21 cm environ. Lisser la surface et la garnir éventuellement de cerneaux de noix. Enfourner 1 heure environ.
4 Attendre 5 minutes avant de démouler le pain sur une grille à pâtisserie. Laisser refroidir complètement puis conserver dans un récipient bien fermé.

PRUNEAUX AU PORTO

✶ **Préparation :** 10 minutes
Cuisson : 5 minutes
Pour 1 litre environ

750 g de pruneaux à dessert, soigneusement dénoyautés	2 bâtons de cannelle
	1 zeste de citron et 1 d'orange coupés en fines lamelles
3 tasses de porto	
¼ de tasse de cassonade	

1 Placer les pruneaux dans une jatte. Dans une casserole, porter à ébullition le porto, la cassonade, la cannelle et les zestes.
2 Verser sur les pruneaux. Laisser refroidir complètement et ôter les bâtons de cannelle.
3 Mettre les pruneaux dans des bocaux stérilisés et recouvrir de sirop. Fermer hermétiquement les bocaux et les étiqueter. Les garder dans un endroit frais. Attendre environ une semaine avant de les ouvrir.

Outre le fameux Ti-Punch, la composition du punch varie beaucoup selon les lieux et les époques.
Le mot anglais, *punch* provient de l'hindi *panch* signifiant *cinq* à cause des cinq composants traditionnels de cette boisson : le punch consommé aux Antilles se prépara longtemps avec du rhum adouci de sucre raffiné, de cannelle, de girofle moulue, de muscade, et épaissi avec un jaune d'œuf et parfois du pain grillé. Ensuite, on l'allongeait avec du lait ou de l'eau.
L'encyclopédie de Diderot et d'Alembert cite la préparation du punch telle qu'elle était concoctée en Europe au XVIIIe siècle : le punch simple était composé de rhum ou de taffia, et de trois parties de limonades avec de l'eau claire, du sucre et du citron, additionné d'une petite croûte de pain grillé, de muscade moulue, et de zeste de citron.

Puri Pain indien sans levain fabriqué avec de la farine complète et frit. La pâte est travaillée en fins rouleaux, coupée en rondelles puis frite jusqu'à ce qu'elle devienne gonflée et dorée.

Quark Fromage blanc à 0, 20 ou 40 pourcent de matières grasses,

fabriqué en Autriche et en Allemagne. Il est de texture lisse.

Quatre-épices Mélange d'épices composé de grains de poivre blanc, de noix de muscade, de clous de girofle et de

gingembre, employé pour parfumer des pâtés, des terrines et quelques plats mijotés à base de viande ou de volaille.
Les Espagnols introduisirent ce mélange en Europe au XVIe siècle. On fait sécher au soleil les baies vertes. Lorsqu'elles deviennent brunes, elles sont alors réduites en poudre avec un mortier ou un pilon.

Quenelle Boulette salée, légère, fabriquée avec de

QUICHES ET TARTES SALÉES

QUICHE LORRAINE

✱   **Préparation :** 30 minutes + 20 minutes de réfrigération
Cuisson : 1 heure 10
Pour 10 à 12 personnes

Pâte
1 tasse ½ de farine
100 g de beurre coupé en morceaux
1 œuf
1 cuil. à soupe d'eau, environ

Garniture
10 tranches de lard, coupées en lamelles
6 œufs
2/3 de tasse de lait
1 tasse ½ de crème fraîche épaisse
Sel et poivre
½ tasse de fromage râpé

1 Pâte : travailler la farine et le beurre jusqu'à obtention d'une pâte granuleuse (à la main ou au robot). Ajouter l'œuf et presque toute l'eau. Mélanger jusqu'à ce que la pâte devienne compacte. Ajouter de l'eau si nécessaire. Sur un plan de travail légèrement fariné, pétrir la pâte doucement jusqu'à ce qu'elle soit lisse. Couvrir d'un film plastique et réfrigérer 20 minutes. Préchauffer le four à 210 °C.

2 Sur un plan de travail fariné, étaler la pâte pour foncer un moule à fond amovible, de 32 cm environ. Placer la pâte dans le moule et ôter l'excès avec un couteau affûté. Découper un cercle de papier sulfurisé et le placer sur la pâte. Le recouvrir uniformément de riz ou de haricots sec. Enfourner 15 minutes. Retirer, ôter le papier et le riz ou les haricots. Cuire encore 15 minutes, jusqu'à ce que la pâte soit légèrement dorée. Laisser refroidir. Baisser le four à 180 °C.

3 Garniture : réserver 4 tranches de lard. Couper le reste en dés. Chauffer une poêle et y faire rissoler le lard jusqu'à ce qu'il soit croustillant. L'égoutter sur du papier absorbant. Dans une jatte, bien battre les œufs, le lait, la crème, le sel et le poivre. Éparpiller le lard sur la pâte, puis verser la préparation aux oeufs. Détailler en dés les tranches de lard réservées. Les déposer sur la garniture et saupoudrer de fromage râpé.
Enfourner 40 minutes environ, jusqu'à ce que la quiche soit bien cuite et dorée.
Servir chaud ou froid.

Remarque : si vous utilisez un robot ménager pour préparer la pâte, ne pas trop la travailler car elle perdrait en malléabilité.

CI-DESSUS : QUICHE LORRAINE.
PAGE CI-CONTRE : QUICHE AU POULET ET AU MAÏS.

QUICHE AU POULET ET AU MAÏS

★ ★ **Préparation** : 35 minutes + 20 minutes de réfrigération
Cuisson : 1 heure
Pour 4 personnes

1 tasse de farine	1 tasse 1/2 de poulet cuit, finement détaillé
60 g de beurre coupé en morceaux	125 g de grains de maïs en boîte, égouttés
1 jaune d'œuf	1/2 poivron rouge, haché
1/2 tasse de fromage râpé	2 œufs
1 à 2 cuil. à soupe d'eau glacée	1/2 tasse de crème liquide
	1/2 tasse de lait
Garniture	1/4 de tasse de fromage râpé
25 g de beurre coupé en morceaux	1 cuil. à soupe de ciboulette fraîche ciselée
1 oignon, finement émincé	

1 Tamiser la farine dans une grande jatte et ajouter le beurre coupé en morceaux. Du bout des doigts, le mélanger à la farine jusqu'à obtention d'une pâte granuleuse.

Incorporer le jaune d'œuf, le fromage râpé et suffisamment d'eau pour obtenir une pâte ferme. Sur un plan de travail légèrement fariné, la pétrir légèrement 30 secondes, jusqu'à ce qu'elle soit lisse. Couvrir d'un film plastique et réfrigérer 20 minutes.

2 Préchauffer le four à 210 °C. Badigeonner de beurre fondu ou d'huile un moule à tarte, profond, d'environ 20 cm de diamètre. Étaler la pâte entre deux films plastiques, pour recouvrir le fond et les bords du moule. Le foncer et ôter l'excès avec un couteau aiguisé.

3 Découper un cercle de papier sulfurisé et le placer sur la pâte. Le recouvrir uniformément de riz ou de haricots sec.

Enfourner 10 minutes. Retirer, ôter le papier et le riz ou les haricots. Cuire encore 7 minutes, jusqu'à ce que la pâte soit légèrement dorée. Laisser refroidir.

4 Garniture : baisser le four à 180 °C. Chauffer le beurre dans une petite casserole. Y faire revenir l'oignon jusqu'à ce qu'il soit juste fondant. L'égoutter sur du papier absorbant. L'étaler ainsi que le poulet, le maïs et le poivron sur la pâte.

Dans une grande jatte, bien mélanger les ingrédients qui restent et verser dans le moule.

Enfourner 35 minutes environ, jusqu'à ce que la garniture soit légèrement dorée. Laisser la quiche 5 minutes dans le moule avant de la couper.

Servir chaud ou froid, avec une salade verte.

PETITES QUICHES AUX FRUITS DE MER

★ **Préparation** : 30 minutes
Cuisson : 30 minutes
Pour 8 personnes

8 feuilles de pâte phyllo	1/2 tasse de lait
60 g de beurre fondu	4 oignons nouveaux, hachés
155 g de petites crevettes cuites et décortiquées	1/4 de tasse de fromage râpé
155 g de noix de Saint-Jacques, coupées en deux	2 cuil. à soupe de farine
3 œufs	1 cuil. à soupe de thym-citron, frais, haché
3/4 de tasse de crème liquide	

1 Préchauffer le four à 180 °C. Badigeonner d'huile ou de beurre fondu 8 moules à tartelettes de 8 cm de diamètre. Superposer 4 feuilles de pâte phyllo après les avoir enduites de beurre fondu. Couper la pile en deux, puis chaque moitié en 4 carrés. Recommencer avec les feuilles et le beurre qui restent.

Foncer chaque moule avec 4 carrés placés à angles droit les uns par rapport aux autres. Badigeonner avec le reste de beurre fondu.

2 Répartir les crevettes et les noix de Saint-Jacques dans les moules. Dans une grande jatte, bien mélanger les œufs, la crème, les oignons nouveaux, le fromage et la farine. Verser sur les fruits de mer et parsemer de thym-citron.

Enfourner 30 minutes environ, jusqu'à ce que la garniture soit légèrement dorée. Laisser refroidir dans les moules 5 minutes.

Servir chaud, avec de la salade verte et du pain croustillant.

la purée ou de très fins morceaux de poisson, de viande ou de volaille, liés avec de l'œuf et de la farine, à laquelle on donne la forme d'une saucisse et que l'on fait pocher. Les quenelles sont généralement servies en entrée avec une sauce ; les petites quenelles peuvent aussi garnir une soupe. Le nom vient du nom allemand *Knödel*, signifiant boulette.

Quiche Tarte avec un fond de pâte fine (habituellement de la pâte brisée) garnie d'une crème salée aux œufs, avec du jambon, des lardons et du fromage. On peut également préparer des quiches avec des oignons, des poireaux, des épinards, des champignons, des asperges ou des fruits de mer. La quiche est originaire de Nancy, en Lorraine, à la frontière franco-allemande, où on la fabrique depuis le XVIe siècle . La vraie quiche lorraine ne contient jamais de fromage ; on pense qu'il fut ajouté par les Parisiens. Le nom provient de l'allemand *kuchen*, signifiant gâteau.

R

Radicchio Légume-salade à feuilles rouge-pourpre croquantes et à saveur poivrée.

On distingue entre autres la Verona (petite et ronde avec des feuilles serrées et frisées), et la Trévise (longues feuilles). C'est une variété de chicorée, aussi bonne cuite (braisée ou grillée) que crue, mélangée à d'autres salades.

Radis Légume-racine au goût poivré et à chair blanche et croquante. Les racines varient en taille, forme et peau : les radis peuvent être petits, ronds et roses, ou longs, fins, blancs ou noirs. Le radis se mange cru avec des sauces froides, en salades et en garniture ; on peut également les faire bouillir ou les cuire à la vapeur comme un légume.

Le daikon, grand radis blanc, est un ingrédient important des cuisines japonaise et chinoise. Le radis est cultivé en Chine depuis plus de 3 000 ans, et il était très apprécié dans l'antiquité.

RAISIN

FRISÉE AUX RAISINS

✳ **Préparation :** 15 minutes
Cuisson : aucune
Pour 4 à 6 personnes

½ frisée
220 g de raisins blancs sans pépins
220 g de raisins noirs
1 gros oignon rouge, haché

Assaisonnement
3 cuil. à soupe de vinaigre de vin rouge
3 cuil. à soupe d'huile d'olive
1 cuil. à café de moutarde
Poivre noir fraîchement moulu

1 Laver et essorer la salade. Couper les feuilles en morceaux et les placer dans un grand saladier avec les raisins et l'oignon.
2 Assaisonnement : réunir le vinaigre, l'huile d'olive et le poivre dans un petit récipient hermétiquement fermé, et bien secouer. En napper la salade.

RAISINS GIVRÉS

Dans une jatte de taille moyenne, battre légèrement 1 blanc d'œuf. Laver des raisins et les sécher soigneusement avec du papier absorbant. Les enrober délicatement de blanc d'œuf. Les rouler dans du sucre en poudre ou les en saupoudrer. Secouer pour enlever l'excès. Laisser sécher sur une plaque couverte de papier absorbant. À utiliser pour garnir gâteaux, desserts et boissons.

SAUCE ÉPICÉE AUX RAISINS

✳ **Préparation :** 15 minutes
Cuisson : 40 à 50 minutes
Pour 1 litre

2 kg de raisin blanc ou noir, lavé
2 tasses de vinaigre
2 tasses de sucre roux
1 cuil. à café de gingembre en poudre

½ cuil. à café de clous de girofle en poudre
6 grains de poivre
¼ de cuil. à café de piment en poudre
2 gousses d'ail

1 Réunir le raisin et le vinaigre dans une grande casserole ou dans un chaudron. Écraser le raisin. Faire mijoter 20 minutes environ, jusqu'à ce que la peau des grains soit tendre. Presser les raisins à travers un tamis. Jeter pépins et peaux.
2 Remettre le raisin dans la casserole et le mélanger avec le reste des ingrédients jusqu'à ébullition, puis laisser mijoter 20 à 30 minutes. Retirer du feu et tamiser de nouveau. Verser dans des bocaux stérilisés, encore tièdes, et les fermer. Étiqueter et dater.
Servir avec du porc ou du canard.

RAISINS ET FROMAGES

Il est facile de composer un plateau de fromages, simple mais plaisant, avec des raisins noirs et du fromage à pâte molle. Choisir des fromages de chèvre, du brie ou du camembert, ou encore un fromage frais crémeux mélangé avec de la crème fraîche ou fouettée. Servir avec des tranches de pain aux fruits, des noix ou des noix de pécan.

RATATOUILLE

RATATOUILLE

✻ **Préparation :** 30 minutes + 30 minutes
de repos
Cuisson : 45 minutes
Pour 4 à 6 personnes

2 grosses aubergines	2 cuil. à soupe de vinaigre
Sel	de vin rouge
2 courgettes	2 tomates mûres, pelées,
½ tasse d'huile d'olive	épépinées et coupées en
1 gros oignon jaune, haché	morceaux
2 gousses d'ail, écrasées	¼ de tasse de vin blanc
2 cuil. à café de sucre	¼ de tasse de parmesan
Poivre moulu, à votre goût	râpé

1 Laver les aubergines et les courgettes. Les couper respectivement en tranches d'1 cm et de 5 mm d'épaisseur. Saler et faire dégorger 30 minutes.
Rincer et sécher avec du papier absorbant.
2 Chauffer l'huile dans une poêle à frire. Y faire revenir l'oignon, puis l'ail et les tranches d'aubergines. Retirer le tout, puis faire dorer les rondelles de courgettes.
3 Mettre tous les légumes dans une cocotte.
Incorporer le sucre, le poivre et le vinaigre, puis les tomates et le vin.
Couvrir et laisser mijoter environ 30 minutes.
4 Saupoudrer de parmesan et servir.

CI-DESSUS : RATATOUILLE ; CI-CONTRE : FRIANDS À LA RATATOUILLE. PAGE CI-CONTRE : FRISÉE AUX RAISINS.

FRIANDS À LA RATATOUILLE

✻ **Préparation :** 15 minutes
Cuisson : 45 minutes
Pour 4 friands

2 rouleaux de pâte feuilletée préétalée	2 courgettes détaillées en rondelles d'1 cm
1 œuf légèrement battu	1 poivron rouge coupé en carrés de 2 cm
1 cuil. à soupe d'huile d'olive	1 poivron vert détaillé en carrés de 2 cm
1 oignon finement émincé	
2 gousses d'ail écrasées	2 tomates mûres, grossièrement hachées
2 aubergines, pas trop grosses, coupées en tranches d'1 cm	

1 .Préchauffer le four à 180 °C. Badigeonner d'œuf une feuille de pâte, la recouvrir avec la seconde feuille et couper le tout en 4 carrés. Les placer sur une grande plaque de four et enfourner 20 minutes environ, jusqu'à ce qu'ils soient gonflés et dorés. Laisser refroidir.
2 Chauffer l'huile dans une grande poêle à fond épais. Faire revenir l'ail et l'oignon à feu moyen, 5 minutes. Ajouter les aubergines, les courgettes et les poivrons. Couvrir et cuire 10 minutes, en remuant de temps en temps.
3 Incorporer les tomates et cuire à découvert 10 minutes, en mélangeant de temps en temps, jusqu'à ce que le jus se soit presque entièrement évaporé. Creuser, en découpant, un cercle de 8 cm de diamètre à la surface de chaque carré de pâte. Enlever la pâte tendre se trouvant au centre. Remplir de ratatouille et servir immédiatement.

Raifort Plante appartenant à la famille des crucifères (moutarde), originaire d'Europe de l'Est, et maintenant cultivée partout dans le monde pour sa racine au goût très piquant. On le râpe juste avant de l'utiliser car il perd vite sa saveur, pour parfumer notamment les sauces (comme celles servies avec du bœuf rôti ou des fruits de mer), et les soupes.

On trouve du raifort frais ou en conserve, et aussi en condiment. La crème de raifort est une préparation de raifort râpé, d'huile, de vinaigre blanc et de sucre. Les jeunes feuilles de la plante du raifort peuvent être ajoutées aux salades.

Raisin Petit fruit à pulpe sucrée et à peau lisse qui pousse en grappes serrées dans les vignes. Les différentes espèces varient en couleur, du vert pâle au violet foncé ; quelques-unes ont des pépins, d'autres n'en ont pas. On le consomme frais, au dessert, ou avec du fromage, sec, ou en boisson alcoolisée.

Raisin de Corinthe Fruit sec d'un petit raisin pourpre sans pépins que l'on utilise pour les gâteaux, biscuits et autres pâtisseries, pour farcir gibier ou poisson, avec des sauces salées et des plats à base de riz.

Raisin de Smyrne Fruit sec d'un raisin blanc, plus doux et plus sucré que les raisins secs et les raisins de Corinthe. Les raisins de Smyrne peuvent être cuits au four dans les gâteaux, les biscuits, les puddings et les bouchées, ajoutés aux farces, aux plats mijotés et aux currys, saupoudrés sur les céréales au petit déjeuner ou incorporés aux salades. Ils sont originaires de Crète où, dans l'antiquité, les raisins sucrés et sans pépins étaient exportés dans toute la mer Égée.

Ramboutan Petit fruit ovale enfermé dans une peau épaisse et rouge, recouverte d'épines douces. La saveur de sa pulpe pâle et transparente est semblable à celle du

raisin. Pelé et dénoyauté, on ajoute le ramboutan à une salade de fruit, une salade verte ou une salade de poisson. On peut également le présenter sur un plateau de fromages.

Le ramboutan appartient à la famille du litchi et du longane.

Raviolis Petits carrés de pâte alimentaire remplis de mélanges de viande, de fromage ou de légumes, puis cuits dans de l'eau bouillante, servis avec une sauce (saupoudrés de parmesan râpé).

RHUBARBE

FONDANT ÉPICÉ À LA RHUBARBE ET AUX POIRES

✱   ***Préparation :*** 25 minutes
    Cuisson : 35 minutes
    Pour 4 personnes

410 g de rhubarbe
3 grosses poires pelées
1 cuil. à soupe de zeste d'orange finement râpé
1 cuil. à soupe de zeste de citron finement râpé
1/2 cuil. à café de mixed spice (mélange de muscade, cannelle, clous de girofle, gingembre)
1/3 de tasse de cassonade
2 cuil. à soupe de marsala
2 cuil. à soupe de jus d'orange

Pâte
1/4 de tasse de noix de coco déshydratée

2 cuil. à soupe de farine
1/3 de tasse de farine avec levure incorporée
2 cuil. à soupe de sucre en poudre
2 œufs légèrement battus
2 cuil. à soupe de lait
30 g de beurre fondu

Garniture
1 tasse de mie de pain fraîche
1/2 tasse de cassonade
4 cuil. à soupe de noix de coco déshydratée ou râpée
60 g de beurre fondu

1 Préchauffer le four à 180 °C. Badigeonner d'huile ou de beurre fondu un plat à four, rectangulaire et profond. Laver la rhubarbe et couper les tiges en tronçons de 3 cm. Détailler les poires en cubes de 2 cm. Mélan-

CI-DESSUS : FONDANT ÉPICÉ À LA RHUBARBE ET AUX POIRES ; CI-CONTRE : COMPOTE DE RHUBARBE.

ger dans une grande casserole, la rhubarbe, les poires, les zestes, les épices, la cassonade, le marsala et le jus d'orange.

Couvrir et laisser mijoter 10 minutes en remuant de temps en temps. Retirer du feu et garder tiède.

2 Pâte : dans une jatte de taille moyenne, tamiser la noix de coco, les farines et le sucre ; former un puits au centre. Y verser en une fois les œufs, le lait et le beurre mélangés.

Battre jusqu'à ce que tout le liquide soit incorporé et que la pâte soit lisse et sans grumeaux.

3 Verser la préparation aux fruits, encore chaude, dans le plat. Recouvrir uniformément avec la pâte.

4 Garniture : dans une petite jatte, mélanger la mie, le sucre, la noix de coco et le beurre. Parsemer sur la pâte puis enfourner le gâteau 25 minutes environ. Vérifier s'il est cuit en le piquant au centre avec une brochette (elle doit ressortir propre). Servir immédiatement.

COMPOTE DE RHUBARBE

Couper un bouquet de rhubarbe en morceaux d'1 cm. Bien les rincer dans une passoire. Mettre la rhubarbe dans une casserole avec un peu d'eau (juste assez pour l'empêcher d'accrocher), 3 cuil. à soupe de sucre et 1 pincée de cannelle en poudre. Couvrir et laisser mijoter 15 à 20 minutes, jusqu'à ce que la rhubarbe soit bien tendre. Retirer du feu et battre avec une cuillère en bois jusqu'à ce qu'elle soit lisse. Laisser refroidir ; ajouter 150 ml de crème légèrement fouettée et bien mélanger. Servir éventuellement avec un croissant chaud.

RICOTTA
(FROMAGE ITALIEN)

PIZZAS À LA RICOTTA ET AU PESTO

✳ ✳   **Préparation :** 1 heure
        Cuisson : 15 minutes
        Pour 6 pizzas individuelles

Pâte
7 g de levure chimique
1 tasse ³/₄ d'eau tiède
4 tasses de farine complète
2 cuil. à soupe d'huile
   d'olive

Garniture
2 gousses d'ail
1 tasse de feuilles de basilic
   frais

½ tasse de brins de persil
   frais
⅓ de tasse de noix
¾ de tasse de parmesan
   râpé
½ tasse d'huile d'olive
250 g de ricotta
250 de tomates séchées,
   coupées en tranches

1 Dans un bol, mélanger l'eau et la levure. Laisser reposer 10 minutes dans un endroit tiède. Tamiser la farine dans un grand récipient. Former un puits au centre et y verser le levain et l'huile. Bien mélanger avec une cuillère en bois jusqu'à obtention d'une boule de pâte souple.
2 Pétrir la pâte, sur un plan de travail légèrement fariné, jusqu'à ce qu'elle soit lisse et bien élastique au toucher. La placer dans un grand saladier, légèrement huilé. Couvrir d'un film plastique et laisser lever dans un endroit tiède jusqu'à ce qu'elle ait doublé de volume.
3 Préchauffer le four à 200 °C. Graisser deux plaques de four.

4 Pesto : hacher, au mortier ou au robot ménager, l'ail, le basilic, le persil, les noix et le parmesan. Ajoutant l'huile en un filet fin, tout en continuant à travailler le mélange, jusqu'à obtention d'une pâte épaisse.
5 Aplatir la pâte à pizza en la frappant avec le plat de la main. La diviser en 6 parts égales et former avec chacune d'elles une galette plate de 13 cm de diamètre.
6 Étaler de la ricotta sur chaque pizza. Recouvrir de pesto, puis garnir avec les tranches de tomates séchées. Enfourner 15 minutes environ.

GÂTEAU À LA RICOTTA ET AU CHOCOLAT

✳   **Préparation :** 30 minutes
✳ ✳   **Cuisson :** 40 minutes
       Pour 8 personnes

Pâte
125 g de beurre, ramolli
1 tasse de sucre en poudre
2 œufs
1 tasse ¼ de farine avec
   levure incorporée
½ tasse de cacao
¾ de tasse d'eau

Garniture
200 g de ricotta
2 cuil. à soupe de sucre en
   poudre

30 g de fruits confits variés,
   en petits morceaux
30 g de cerises confites, en
   petits morceaux

Décoration
2 cuil. à café de café
   instantané en poudre
1 cuil. à café d'eau chaude
300 ml de crème liquide
¼ de tasse de cognac
¾ de tasse d'amandes
   effilées et grillées

1 Préchauffer le four à 180 °C. Dans une petite jatte, réunir le beurre, le sucre, les œufs, la farine tamisée, le cacao et l'eau. Mélanger le tout au batteur électrique, 3 minutes environ.
2 Graisser un moule à manqué de 23 cm de diamètre, et le chemiser de papier sulfurisé.
Y verser la pâte et enfourner 40 minutes ; démouler sur une grille à pâtisserie (au besoin, égaliser au couteau le dessus du gâteau avant de le retourner pour qu'il soit bien stable). Couper le gâteau horizontalement en 3 couches.
3 Garniture : mélanger la ricotta, le sucre, les fruits confits et les cerises confites.
4 Nappage : délayer le café instantané dans l'eau. Incorporer la crème liquide et monter le tout en neige.
5 Placer une couche de gâteau sur un plat de service. L'arroser avec un tiers du cognac puis la recouvrir avec la moitié de la garniture.
Superposer une deuxième couche de gâteau et recommencer l'opération (cognac et garniture). Finir avec une couche de gâteau.
L'imprégner avec le cognac restant, l'enduire de nappage et parsemer d'amandes.

CI-CONTRE : PIZZAS À LA RICOTTA ET AU PESTO.

Reine-claude Variété de prune à peau jaune-vert pâle, à pulpe jaune, parfumée et sucrée. On la mange fraîche, cuite en confiture ou en compote pour garnir les tartes.

Rendang Curry sec fort et épicé d'origine indonésienne, composé de bœuf, de mouton ou de poulet coupés en cubes, frits avec des épices, puis cuits à feu doux dans du lait de coco jusqu'à ce que la viande devienne moelleuse et que la sauce épaisse prenne une consistance pâteuse.

Rhubarbe Tiges roses et moelleuses d'une plante feuillue. On les consomme saupoudrées de sucre. Les tiges ébarbées sont coupées en petits morceaux puis cuites à feu doux, pochées ou cuites au four dans du sirop de sucre jusqu'à ce qu'elles deviennent moelleuses. On les sert chaudes ou froides, ou on les utilise pour garnir les tourtes, les tartes et charlottes. Les feuilles ne doivent pas être mangées car elles contiennent de l'acide oxalique toxique. La saison de la rhubarbe est le printemps et le début de l'été.

Rhum Alcool distillé à partir du sucre de canne et employé en cuisine pour parfumer les aliments sucrés tels que les cakes aux fruits, la pâte à crêpe, les crèmes desserts et les mousses. Le rhum se marie bien avec les légumes comme la patate douce et le plantain.

Ricotta Fromage frais italien, lisse, humide, à saveur douce et sucrée. La ricotta traditionnelle est fabriquée avec du petit lait qui, lorsqu'il est chauffé, coagule de la même façon que le blanc d'œuf. On y ajoute parfois du lait de vache entier ou écrémé, ce qui donne au fromage une consistance plus crémeuse et renforce sa saveur.

La ricotta peut être servie en dessert avec des fruits ou du miel chaud,

utilisée en garniture de cheese cake ou mélangée avec un fromage lisse au goût plus prononcé comme pâte salée ou comme garniture de cannelloni.

Rigani Variété d'origan qui s'utilise plutôt sèche que fraîche. Très employé dans la cuisine grecque, le rigani est disponible sec, en branches ou en feuilles écrasées, en petits paquets.

Ris Classés parmi les abats, les ris sont composés soit du thymus (glande située dans la

RIZ

RIZ FRIT À LA BALINAISE

✷ ✷　**Préparation :** 30 minutes
Cuisson : 20 minutes
Pour 6 personnes

2 cuil. à café d'huile +
　3 cuil. à soupe
　supplémentaires
2 œufs légèrement battus,
　salés et poivrés
2 oignons jaunes, hachés
2 gousses d'ail
¼ de cuil. à café de pâte
　de crevette séchée
250 g de crevettes crues,
　décortiquées
125 g de rumsteck, coupé
　en tranches fines
1 blanc de poulet cuit,
　détaillé en tranches fines

5 tasses de riz cuit, froid
1 cuil. à soupe de sauce de
　soja
1 cuil. à soupe de sauce de
　poisson (nuoc-mâm)
1 cuil. à soupe de sambal
　oelek
1 cuil. à soupe de concentré
　de tomates
6 oignons nouveaux,
　finement hachés
Oignons nouveaux,
　concombre à peau fine,
　2 à 3 longs piments
　rouges pour la garniture

1 Chauffer 2 cuil. à café l'huile dans un wok ou une grande poêle à fond épais. Avec les oeufs battus, faire une omelette en ramenant les bords cuits vers le centre. La laisser refroidir sur une assiette, la couper en lamelles fines et réserver.
2 Hacher finement l'ail et les oignons jaunes. Chauffer 3 cuil. à soupe d'huile dans le wok. Faire réduire la préparation à l'oignon, en remuant souvent, jusqu'à transparence. Incorporer la pâte de crevette et chauffer 1 minute.

3 Ajouter les crevettes et la viande et mélanger à feu vif. Incorporer le poulet et le riz, et mélanger jusqu'à ce qu'ils soient bien chauds.

Dans une jatte, mélanger la sauce de soja, le nuoc-mâm, le sambal oelek, le concentré de tomates et les oignons nouveau hachés. Verser dans le wok et bien mélanger. Placer dans un plat de service et garnir d'oignons nouveaux détaillés en palmiers, d'omelette détaillée, de concombre en lamelles dentelées et de piments détaillés en fleurs.

4 Oignons nouveaux en palmiers : prendre un bâtonnet d'oignon de 7 cm de long ; couper une rondelle de piment. Enfiler l'oignon dans la rondelle ; former des incisions fines et parallèles, depuis les extrémités vers le centre du bâtonnet d'oignon. Laisser tremper dans l'eau glacée jusqu'à ce que l'oignon s'ouvre.

5 Concombre : le denteler sur la longueur avec une fourchette ; l'émincer finement.

6 Piment en fleurs : à l'aide d'un couteau très aiguisé, faire 5 incisions le long de chaque piment en s'arrêtant juste avant l'extrémité. Laisser tremper dans un bol d'eau glacé, 30 minutes environ, jusqu'à ce que la "fleur" s'ouvre.

SALADE AU RIZ SAUVAGE ET AU RIZ COMPLET

✷　**Préparation :** 10 minutes
Cuisson : 40 minutes
Pour 6 personnes

½ tasse de riz sauvage
1 tasse de riz complet
¼ de tasse d'amandes
　effilées
1 cuil. à soupe de persil
　frais ciselé
1 cuil. à soupe de ciboulette
　fraîche hachée

1 cuil. à soupe de basilic
　frais haché
3 cuil. à soupe d'huile
　végétale légère
2 cuil. à café de vinaigre de
　vin blanc

1 Cuire séparément les riz, dans des grandes casseroles d'eau bouillante, jusqu'à ce qu'ils soient juste tendres. Égoutter, rincer sous l'eau froide et bien égoutter de nouveau.

Réfrigérer le riz pour qu'il soit relativement froid et sec avant d'être incorporé à la salade.

2 Préchauffer le four à 180 °C. Couvrir une plaque de four de papier-aluminium.

Y répandre les amandes et enfourner 3 minutes environ, jusqu'à ce qu'elles soient dorées.

3 Mélanger le riz froid, le persil, la ciboulette, le basilic, l'huile et le vinaigre de vin blanc dans un saladier. Parsemer d'amandes juste avant de servir.

CI-DESSUS : RIZ FRIT À LA BALINAISE.
PAGE CI-CONTRE, EN BAS : RIZ À L'OIGNON ; EN HAUT : RIZ À LA VALENCIENNE.

RIZ À LA VALENCIENNE

✳ **Préparation :** 10 minutes
Cuisson : 15 minutes
Pour 4 à 6 personnes

1 tasse ¼ de riz à grains
longs
1 cuil. à soupe d'huile
d'olive
15 g de beurre
1 oignon émincé

2 cuil. à café de zeste
d'orange finement râpé
½ tasse de jus d'orange
½ tasse de xérès sec
1 tasse ½ de bouillon de
volaille

1 Laisser tremper le riz 10 minutes dans l'eau froide.
L'égoutter, le rincer à l'eau froide et l'égoutter à nouveau.
2 Chauffer l'huile et le beurre à feu doux dans une casserole de taille moyenne. Y faire revenir l'oignon jusqu'à ce qu'il soit fondant et bien doré. Ajouter le riz et
cuire en remuant, 2 minutes.
3 Incorporer le zeste et le jus d'orange, le xérès et le
bouillon. Couvrir hermétiquement la casserole et porter à ébullition ; remuer une fois. Baisser le feu et laisser mijoter 8 à 10 minutes, jusqu'à ce que le liquide
soit presque entièrement absorbé. Retirer du feu et laisser reposer, couvert, 5 minutes environ, jusqu'à absorption complète du liquide. Détacher les grains de
riz en remuant avec une fourchette et servir.

RIZ À L'OIGNON

✳ **Préparation :** 10 minutes
Cuisson : 20 minutes
Pour 4 personnes

1 cuil. à soupe de ghee ou
d'huile
1 oignon coupé en tranches
fines

1 tasse ½ de riz à grains
longs
1 cuil. à café de sel
3 tasses d'eau bouillante

1 Chauffer le ghee ou l'huile dans une casserole de taille
moyenne. Y faire blondir l'oignon ; retirer et réserver
sur une assiette.
Frire légèrement le riz, en remuant 2 minutes.
2 Ajouter le sel et l'eau bouillante, et cuire à découvert, jusqu'à ce qu'il n'y ait plus de liquide à la surface
du riz.
Couvrir hermétiquement et cuire 15 minutes à feu très
doux.
3 Enlever le couvercle, remuer et aérer le riz avec une
fourchette.
Disposer dans un plat de service, garnir avec les oignons
réservés et servir immédiatement.

À PROPOS DU RIZ

■ Le riz, brun ou blanc, est classé en 3 grandes
catégories : le riz à grains longs, à grains moyens ou à
grains courts. Le riz brun (complet) met au moins deux
fois plus de temps à cuire que le riz blanc.
■ Pour préparer du riz blanc "aéré" (dont les grains se
détachent bien), porter 8 tasses d'eau à ébullition.
Ajouter une tasse de riz et laisser bouillir à découvert
12 à 15 minutes, puis égoutter dans une passoire. Pour
du riz blanc "collant", mettre 1 tasse de riz dans une
casserole.
Recouvrir de 2,5 cm d'eau au-dessus du niveau du riz,
et porter à ébullition. Mettre à feu très doux, couvrir
hermétiquement et cuire 20 minutes environ, jusqu'à
ce que toute l'eau soit absorbée.
■ Le riz cuit, couvert, peut se conserver quelques jours
au réfrigérateur.
Il peut être surgelé et réchauffé au four à micro-ondes,
ou dans une passoire placée au dessus d'une casserole
d'eau bouillante.

gorge) soit du pancréas
(près de l'estomac)
d'agneau ou de veau. Les
ris sont appréciés pour
leur saveur délicate. On
doit les tremper dans de
l'eau plusieurs fois, et les
blanchir avant de les
utiliser. On peut les
pocher, les poêler, les
griller et les servir avec
une sauce.

Riz Céréale provenant
d'une herbe semi-
aquatique cultivée dans
les pays chauds. Aliment
important (il est la base
de l'alimentation de plus
de la moitié de la
population mondiale), on
le mange toujours cuit,
chaud ou froid. Le *riz
brun*, ou *riz complet*, est
constitué du grain que
l'on retire juste de
l'enveloppe non
comestible ; il a une
texture de pâte à mâcher
et un léger goût de
noisette. Le *riz blanc*
(poli) est constitué par
l'intérieur du
grain.

Les
différentes sortes
comportent le riz à long
grain (longs grains
étroits), parfois appelé riz
indien (il comprend les
variétés parfumées telles
que le *basmati*) ; c'est la
variété employée en
Chine et en Asie du Sud-
Est. Lorsqu'ils sont cuits,
les grains restent séparés.
Le *basmati* est cultivé
depuis des milliers
d'années sur les

contreforts de l'Himalaya. On l'utilise simplement bouilli, en salades de riz et en farces. Le riz à grains moyens a des grains ovales et rebondis qui tiennent ensemble lorsqu'ils sont cuits mais qui ne collent pas ; on peut l'utiliser pour remplacer le riz à longs grains. Le riz à grains courts, également appelé perles ou riz rond, a des grains pratiquement ronds

qui collent lorsqu'ils sont cuits ; c'est le riz cultivé à l'origine dans la vallée du Po, en Italie, et qui comprend le *riz arborio*, utilisé pour cuisiner le risotto ; on l'emploie en Espagne pour la paella. Il est parfait pour les gâteaux de riz, puddings et couronnes moulées. Une variété de riz à grains courts asiatique, appelé *riz gluant*, est le riz employé pour les plats sucrés asiatiques. Le riz est d'abord bouilli puis séché, l'amidon qu'il contient est réduit et le grain cuit est particulièrement doux. Le *riz sauvage* est la racine d'une herbe aquatique originaire des Lacs du Minnesota, Amérique du Nord. On y ajoute parfois des oignons sautés, des champignons ou des noix pour le parfumer. À cause de son prix élevé, il est très souvent mélangé à du riz brun ou du riz blanc.

TOMATES FARCIES AU RIZ

✶ ✶   **Préparation** : 30 minutes
        Cuisson : 1 heure 30
        Pour 4 personnes

8 grosses tomates mûres (environ 1,5 kg)
⅓ de tasse d'huile d'olive + 2 cuil. à soupe supplémentaires
3 gros oignons, finement hachés
⅔ de tasse de riz à grains courts

¼ de tasse de concentré de tomates
1 tasse de persil plat grossièrement ciselé
Sel et poivre noir fraîchement moulu
½ tasse d'eau

1 Préparer les tomates : couper les pédoncules (les réserver), vider et hacher la pulpe, en ôtant les pépins.
2 Chauffer ⅓ de tasse d'huile dans une poêle à fond épais.
Faire revenir l'oignon à feu doux, 20 minutes environ, en remuant de temps en temps.
Ajouter le riz et mélanger pendant 3 minutes.
Incorporer la pulpe et le concentré de tomates. Porter à ébullition, couvrir et laisser mijoter 7 minutes. Retirer du feu, laisser refroidir un peu et incorporer le persil. Saler et poivrer à votre goût.
3 Préchauffer le four à 180 °C.
Remplir les tomates de préparation au riz et recouvrir avec les parties supérieures de tomates réservées. Disposer dans un plat à four profond.
4 Verser l'eau dans le plat. Arroser les tomates avec 2 cuil. à soupe d'huile et couvrir de papier-aluminium. Enfourner 30 minutes, ôter le papier, et cuire encore 30 minutes. Arroser avec le jus de cuisson et servir.

DOLMAS (FEUILLES DE VIGNE FARCIES AU RIZ)

✶ ✶   **Préparation** : 1 heure + 1 heure de repos
        Cuisson : 55 minutes
        Pour 35 dolmas

250 g de feuilles de vigne en saumure
¾ de tasse d'huile d'olive
2 gros oignons, finement hachés
¾ de tasse de riz à grains courts
6 oignons nouveaux, hachés

⅓ de tasse d'aneth frais, grossièrement coupé
1 cuil. à soupe de menthe fraîche, hachée
Sel et poivre noir
1 tasse ½ d'eau
1 cuil. à soupe de jus de citron

1 Rincer les feuilles de vigne à l'eau froide ; les laisser tremper 1 heure dans de l'eau tiède, puis les égoutter. Chauffer ½ tasse d'huile dans une casserole. Y dorer l'oignon à feu doux, 5 minutes.
2 Ajouter le riz, les oignons nouveaux, les herbes, le sel et le poivre ; bien mélanger. Sur le plan de travail, étaler une feuille de vigne, nervures vers le haut.
3 Déposer au centre de la feuille 3 cuil. à café de préparation au riz. L'envelopper en rabattant les côtés et rouler la feuille. Recommencer l'opération.
4 Placer 5 feuilles de vigne au fond d'une casserole de taille moyenne à fond épais. Au-dessus, disposer les feuilles farcies, en deux couches. Arroser avec le reste d'huile. Couvrir d'eau, porter à ébullition, et laisser mijoter 45 minutes, couvert.

CI-CONTRE : TOMATES FARCIES AU RIZ ;
CI-DESSUS : DOLMAS. Page CI-CONTRE : KEDGEREE.

SALADE TIÈDE AU RIZ ET AUX DATTES

* **Préparation :** 25 minutes
Cuisson : 1 heure
Pour 4 à 6 personnes

½ tasse de riz sauvage	**Assaisonnement**
¾ de tasse de riz basmati ou de riz parfumé	¼ de tasse d'huile d'olive
	¼ de tasse de jus de citron
1 tasse de dattes fraîches, finement détaillées	2 cuil. à café de sucre roux
	1 cuil. à café de moutarde à l'ancienne
1 banane coupée en rondelles	⅓ de tasse de noix de macadamia grillées et pilées

1 Laver le riz sauvage, l'égoutter et le plonger dans 450 ml d'eau bouillante. Couvrir et laisser mijoter 45 minutes environ, jusqu'à ce qu'il soit tendre.
2 Bien rincer le riz basmati, le mettre dans une casserole et recouvrir d'1 cm d'eau froide au-dessus de la surface du riz. Porter à ébullition, couvrir hermétiquement et cuire 10 à 15 minutes, jusqu'à ce que le riz soit tendre.
3 **Assaisonnement :** bien mélanger l'huile, le jus de citron, le sucre roux et la moutarde.
4 Mélanger les riz, les dattes et les bananes, assaisonner et remuer délicatement. Garnir de noix de macadamia.

KEDGEREE (GRATIN DE RIZ AU HADDOCK)

* **Préparation :** 15 minutes
Cuisson : 30 minutes
Pour 4 personnes

500 g de haddock fumé	1 pincée de poivre
1 cuil. à café de zeste de citron râpé	Sel à votre goût
1 feuille de laurier	1 cuil. à soupe de jus de citron
1 tasse ½ de riz à grains longs, cuit	45 g de beurre, finement détaillé
3 œufs durs, hachés	¾ de tasse de crème liquide
¼ de cuil. à café de muscade en poudre	

1 Préchauffer le four à 180 °C. Badigeonner d'huile ou de beurre fondu un plat à gratin (contenance 1,5 l). Détailler le haddock en cubes de 3 cm. Les placer dans une grande casserole avec le zeste et le laurier. Couvrir d'eau et laisser mijoter 6 à 8 minutes.
2 À l'aide d'une écumoire, retirer les morceaux de haddock ; les émietter avec une fourchette.
3 Dans une grande jatte, mélanger le riz cuit, les œufs, le poisson, la muscade, le sel, le poivre et le jus de citron.

4 Verser le tout dans le plat préparé. Parsemer de petits morceaux de beurre et napper de crème liquide. Enfourner 20 minutes. Servir avec des toasts beurrés et des tranches de citron.

GÂTEAU DE RIZ À LA CRÈME ANGLAISE

* **Préparation :** 20 minutes
Cuisson : 1 heure
Pour 4 personnes

¼ de tasse de riz à grains courts	1 à 2 cuil. à café de zeste de citron râpé
2 œufs	¼ de tasse de raisins de Smyrne ou de Corinthe (facultatif)
¼ de tasse de sucre en poudre	
1 tasse ½ de lait	¼ de cuil. à café de muscade ou de cannelle en poudre
½ tasse de crème liquide	
1 cuil. à café d'essence de vanille	

1 Préchauffer le four à 160 °C. Badigeonner d'huile ou de beurre fondu un plat rond résistant à la chaleur, de 20 cm de diamètre environ. Cuire le riz à l'eau bouillante.
2 Dans une jatte assez grande, battre 2 minutes environ les œufs, le sucre, le lait, la crème, l'essence de vanille et le zeste de citron. Incorporer le riz cuit et les raisins secs et verser le tout dans le plat. Saupoudrer de muscade et de cannelle.
3 Poser le plat préparé dans un grand plat à four. Remplir celui-ci d'eau, à moitié. Enfourner 50 minutes environ (vérifier la cuisson avec la lame d'un couteau : elle doit en ressortir sèche). Retirer immédiatement le gâteau de riz ; laisser refroidir 5 minutes avant de servir, avec de la crème liquide ou des fruits en compote.

Rollmops Filet de hareng sans arête roulé autour d'un oignon ou d'un

cornichon, tenu fermé avec des cure-dents et plongé dans du vinaigre épicé. On trouve les rollmops en bocaux.

Romaine Salade verte à longues feuilles croquantes et douces. Les feuilles externes sont foncées et piquantes, les feuilles internes pâles et douces.

Romano Fromage à râper, généralement préparé avec du lait de vache, semblable en goût et en texture au parmesan. Lorsqu'il est fabriqué avec du lait de brebis, on lui donne le nom de *pecorino romano*.

Romarin Feuilles aromatiques longues et fines d'un arbuste persistant, utilisées comme herbe aromatique fraîche ou sèche. Le romarin accompagne parfaitement l'agneau, le veau, le cochon de lait, la volaille et le lapin. Les jeunes feuilles fraîches peuvent être hachées et ajoutées aux farces. On peut aussi parfumer de brins de romarin une préparation à rôtir ou à cuire au barbecue. Une brindille de romarin dans une bouteille de vinaigre parfume les sauces de salades. On peut cristalliser les minuscules fleurs bleues ou les ajouter aux salades. Le romarin pousse facilement.

Roquefort Fromage à pâte persillée fabriqué avec du lait de brebis, de texture crémeuse, au parfum prononcé et au goût salé et fort. Le fromage est affiné dans les caves calcaires humides de Roquefort-sur-Soulzon, dans le sud-est de la France. Il est meilleur servi à température ambiante.

Roquette Salade verte à minces feuilles vert foncé, de forme similaire à celles des radis. Son goût amer et épicé complète celui d'autres feuilles dans les salades vertes mélangées.

Plus les feuilles sont anciennes et grandes, plus elles sont amères.

Roses (eau de) Liquide distillé à partir de pétales de roses parfumés. L'eau de roses est particulièrement utilisée dans les cuisines indienne et du Moyen-Orient. Elle parfume les desserts indiens comme le *gulab jamun* (boulettes frites trempées dans du sirop à l'eau de roses), ainsi que les crèmes, les gelées et les glaces. L'essence d'eau de roses est beaucoup plus forte que l'eau de roses,

RIZ PILAF AUX CAROTTES

✻   **Préparation :** 15 minutes
      Cuisson : 30 minutes
      Pour 4 à 6 personnes

2 tasses de riz à grains longs
2 cuil. à soupe de beurre
2 cuil. à soupe d'huile d'olive
2 tasses de carotte grossièrement râpée
Poivre noir finement moulu
1 cuil. à soupe de mélasse raffinée
2 tasses ¹/₂ de bouillon de volaille
1 tasse de vin blanc
¹/₂ tasse de pistaches, pilées

1 Laver le riz jusqu'à ce que l'eau soit claire, puis bien l'égoutter.
2 Chauffer le beurre et l'huile dans un faitout. Faire revenir le riz 3 à 4 minutes. Ajouter la carotte et le poivre et remuer pendant 5 minutes. Verser la mélasse raffinée et bien mélanger.
3 Incorporer le bouillon et le vin. Porter à ébullition, baisser le feu, couvrir hermétiquement et cuire 20 à 25 minutes, jusqu'à ce que le riz soit tendre.
4 Présenter dans un plat de service et parsemer de pistaches pilées.

RIZ COMPLET AU PERSIL

Verser et mélanger 1 tasse ¹/₂ de riz complet à cuisson rapide dans une grande quantité d'eau bouillante. Cuire selon les instructions indiquées sur le paquet et égoutter. Incorporer un bouquet de persil haché, 1 ¹/₂ cuil. à soupe de zeste de citron râpé et ¹/₂ cuil. à café de grains de poivre noir concassés.

RIZ PILAF AUX LÉGUMES

✻   **Préparation :** 20 minutes
      Cuisson : 35 minutes
      Pour 4 personnes

3 cuil. à soupe d'huile d'olive
1 oignon coupé en tranches
2 gousses d'ail écrasées
2 cuil. à café de cumin en poudre
2 cuil. à café de paprika
¹/₂ cuil. à café de poivre de la Jamaïque
1 tasse ¹/₂ de riz à grains longs
1 tasse ¹/₂ de bouillon de légumes
³/₄ de tasse de vin blanc
3 tomates, finement détaillées
155 g de champignons de Paris, émincés
2 courgettes détaillées en rondelles
155 de brocolis, détaillés en bouquets

1 Chauffer l'huile dans un grand faitout.
Y dorer l'oignon à feu moyen, 10 minutes environ. Ajouter l'ail et les épices et cuire encore 1 minute.
2 Incorporer le riz, puis ajouter le bouillon, le vin, les tomates et les champignons ; bien mélanger.
Porter à ébullition, baisser le feu et couvrir hermétiquement. Laisser mijoter 15 minutes et ôter du feu.
3 Ajouter les courgettes et les brocolis.
Couvrir et cuire 5 à 7 minutes, pour qu'ils soient juste tendres. Servir.

CI-DESSUS : RIZ PILAF AUX LÉGUMES.
PAGE CI-CONTRE, EN HAUT : RISOTTO AUX LÉGUMES ; EN BAS : RISOTTO AUX CÈPES ET À L'OIGNON.

RISOTTO AUX LÉGUMES

✶ ✶   **Préparation :** 15 minutes
Cuisson : 30 minutes
Pour 6 personnes

1,25 l de bouillon de volaille	2 cuil. à soupe d'huile d'olive
1 botte d'asperges, coupées en morceaux de 3 cm	1 oignon, finement haché
2 courgettes, détaillées en rondelles de 2 cm d'épaisseur	1 tasse ¹/₂ de riz à grains courts
100 g de pois mange-tout, coupés en morceaux de 2 cm	2 petites tomates, finement détaillées
	¹/₂ tasse de parmesan râpé

1 Verser le bouillon de volaille dans une casserole de taille moyenne. Couvrir, porter à ébullition puis baisser le feu et laisser mijoter. Dans une jatte résistant à la chaleur, réunir les asperges, les courgettes et les pois, et couvrir d'eau bouillante. Laisser tremper 2 minutes et égoutter. Passer sous l'eau froide et bien égoutter.
2 Chauffer l'huile dans un faitout. Y dorer l'oignon en remuant. Ajouter le riz, mélanger à feu doux, 3 minutes environ, jusqu'à ce que les grains soient légèrement dorés. Verser ¹/₄ du bouillon et mélanger pendant 7 minutes jusqu'à absorption du liquide.
3 Après avoir réservé ¹/₂ tasse de bouillon, recommencer l'opération avec le bouillon restant, jusqu'à ce que le riz soit presque tendre. Ajouter les légumes et le bouillon réservé et remuer, 5 minutes environ, jusqu'à ce que le liquide soit absorbé et que les légumes soient tendres. Incorporer le parmesan et servir.

RISOTTO AUX CÈPES ET À L'OIGNON

✶ ✶   **Préparation :** 10 minutes + 45 minutes de trempage
Cuisson : 30 minutes
Pour 4 personnes

1 paquet de 15 g de cèpes séchés, en tranches	155 g de champignons frais, émincés
1 l de bouillon de volaille	2 cuil. à soupe de persil ciselé
60 g de beurre	¹/₄ de tasse de parmesan râpé
2 oignons, émincés	
1 gousse d'ail écrasée	
1 tasse de riz arborio	

1 Laisser gonfler les cèpes, 45 minutes, dans une tasse d'eau chaude. Egoutter.
Porter à ébullition le bouillon de volaille. Pendant ce temps, faire fondre le beurre dans une casserole. Y dorer l'ail et l'oignon à feu doux.
2 Bien incorporer le riz à l'oignon, puis verser 1 tasse de bouillon frémissant et porter à ébullition.
Cuire en remuant souvent jusqu'à absorption presque complète du liquide.
Recommencer alors l'opération avec une autre tasse de bouillon. Incorporer tous les champignons et continuer à ajouter le bouillon, tasse après tasse, comme indiqué ci-dessus. Pour cette préparation, compter 20 minutes environ.
3 Baisser le feu, incorporer le persil et le parmesan. Couvrir, cuire 2 minutes et servir immédiatement.

et doit être utilisée en petites quantités.

Rouille Mayonnaise au goût piquant, préparée avec un mélange de piments rouges, d'huile d'olive, d'œufs et parfois parfumée de safran. La rouille est servie avec la bouillabaisse ou le poisson grillé.

Roux Mélange de beurre et de farine cuit à feu doux et utilisé pour épaissir de nombreuses sauces.

En y ajoutant du lait, on retrouve la base de la sauce béchamel ; en y ajoutant du bouillon de veau ou de poulet, on obtient une sauce veloutée. Le roux brun, employé pour épaissir les sauces espagnole et demi-glace, est préparé en faisant cuire un mélange de farine et de beurre jusqu'à ce qu'il devienne brun.

Rutabaga Légume-racine charnu, plus grand que le navet, au goût plus prononcé rappelant celui du choux. Les rutabagas peuvent être bouillis, cuits au four ou rôtis ; ils sont souvent réduits en purée pour les puddings et tourtes salés.

S

Sabayon Sauce dessert italienne, mousseuse, composée d'œufs entiers, de jaunes d'œufs, de sucre et de marsala. Ces ingrédients sont ensuite battus dans un récipient au bain-marie ou à feu très doux. Le sabayon peut être servi chaud avec des biscuits croustillants, versé sur des fraises ou refroidi. Il peut entrer dans la composition de quelques versions du tiramisu. Le sabayon peut être préparé avec d'autres vins ou alcools ; en Espagne, on utilise du xérès. Il existe en France une préparation similaire préparée avec du vin blanc doux ou du champagne, et qui porte le même nom. Le nom italien du sabayon (zabaglione) provient d'un mot du dialecte napolitain signifiant *mousser*.

Sacher Torte Épais gâteau au chocolat composé de deux couches séparées par une fine garniture de confiture d'abricot, le tout recouvert de chocolat lisse. Créé par Franz Sacher, chef pâtissier de l'homme politique autrichien Metternich pendant le Congrès de

SABLÉS ET SHORTBREADS

SHORTBREAD TRADITIONNEL

✳ **Préparation :** 20 minutes
Cuisson : 40 minutes
Pour 8 parts

250 g de beurre, ramolli
½ tasse de sucre glace tamisé
1 tasse ⅔ de farine
¼ de tasse de farine de riz

1 Dans une jatte, battre le beurre et le sucre glace jusqu'à obtention d'une préparation légère et mousseuse. Tamiser les farines et bien les incorporer avec une cuillère en bois. Former une boule avec la pâte et la pétrir légèrement jusqu'à ce qu'elle soit lisse. En foncer, en l'aplatissant, un moule rond, graissé, de 23 cm de diamètre.

2 Festonner les bords en les pinçant entre les doigts farinés, comme montré ci-dessous.

3 Inciser légèrement le dessus, pour tracer la découpe de parts, puis le piquer avec une fourchette. Enfourner à 140 °C pendant 35 à 40 minutes ou jusqu'à ce que gâteau ait pris et soit doré. Laisser refroidir 2 à 3 minutes puis déposer sur une grille à pâtisserie. Quand le gâteau est presque froid, le diviser selon le tracé en parts bien nettes. Laisser refroidir complètement et conserver dans un récipient hermétiquement fermé.

À PROPOS DU SHORTBREAD

■ Le shortbread connaît de nombreuses variantes. Ainsi, en Écosse, à l'heure du thé, on apprécie beaucoup les "petticoat tails" (ou "crinolines", car leur forme ronde évoque les tenues que les femmes portaient au siècle dernier), les shortbreads Ayrshire (préparés avec de la crème), et ceux à la farine d'avoine. Pour réussir les shortbreads, il convient d'employer des produits très frais et de bonne qualité.

■ Travailler la pâte légèrement, sinon elle deviendrait dure et collante.

■ On décore traditionnellement les shortbreads de fruits confits et d'amandes.

SABLÉS À LA GRECQUE

✻ **Préparation :** 20 minutes
Cuisson : 15 minutes
Pour 38 sablés environ

200 g de beurre	2 tasses ½ de farine
1 tasse de sucre glace tamisé + du sucre glace pour la garniture	1 cuil. à café ½ de levure chimique
1 cuil. à café de zeste d'orange râpé	1 cuil. à café de cannelle en poudre
1 œuf	250 g d'amandes blanchies, grillées et effilées
1 jaune d'œuf	

1 Préchauffer le four à 160 °C. Recouvrir une plaque de papier sulfurisé. Dans une petite jatte, battre le beurre, 1 tasse de sucre glace et le zeste jusqu'à obtention d'un mélange léger et mousseux. Bien incorporer en continuant de battre l'œuf et le jaune d'œuf.
2 Verser le tout dans une grande jatte. Ajouter la farine tamisée, la levure, la cannelle et les amandes. Bien mélanger le tout avec une cuillère métallique. Prélever des cuillerées à soupe rases de la préparation, et leur donner la forme de croissants. Les placer sur la plaque préparée. Enfourner 15 minutes environ, jusqu'à ce que les sablés soient légèrement dorés. Attendre 5 minutes avant de les mettre à refroidir sur une grille à pâtisserie. Les saupoudrer de sucre glace quand ils sont encore tièdes. Saupoudrer à nouveau, largement, juste avant de servir.

CI-DESSUS : SABLÉS À LA GRECQUE.
CI-CONTRE : SABLÉS AU GINGEMBRE ET À LA CRÈME.
PAGE CI-CONTRE : SHORTBREAD TRADITIONNEL.

SABLÉS AU GINGEMBRE ET À LA CRÈME

✻ **Préparation :** 25 minutes
Cuisson : 15 minutes
Pour 22 sablés

½ tasse de farine	**Garniture**
½ tasse de farine avec levure incorporée	60 g de beurre
2 cuil. à soupe de Maïzena	⅓ de tasse de sucre glace
105 g de beurre coupé en morceaux	1 cuil. à soupe de gingembre confit, coupé en petits morceaux
2 cuil. à soupe de sucre roux	

1 Préchauffer le four à 180 °C. Recouvrir de papier sulfurisé deux plaques de four. Travailler au robot ménager les farines, le beurre et le sucre, jusqu'à ce que la pâte soit homogène.
2 Prélever des cuillerées à café rases de pâte et former des boules. Les placer sur les plaques préparées ; tracer un damier sur chaque sablé en pressant avec une fourchette. Enfourner 15 minutes. Laisser refroidir sur une grille à pâtisserie avant de les garnir.
3 Garniture : battre le beurre et le sucre jusqu'à obtention d'une texture légère et crémeuse. Ajouter le gingembre et bien mélanger. En garnir la face lisse d'un biscuit, et couvrir avec un autre biscuit pour former un sablé fourré.

Vienne (1814-1815), ce gâteau fut ensuite la cause d'une longue querelle entre les descendants de Franz Sacher et la célèbre pâtisserie viennoise Demel pour savoir si, dans sa forme originale, le gâteau était composé de deux couches ou si c'était simplement un gâteau recouvert de confiture puis glacé !

Safran Épice obtenue à partir des stigmates séchés de la fleur de crocus, très parfumée et de couleur orange foncé. Le safran est très cher car la petite fleur de crocus ne possède que trois stigmates qui doivent être cueillis à la main. Il faut plus de 150 000 fleurs fraîches pour obtenir un kilo de safran sec. Heureusement, des quantités infimes sont nécessaires pour répartir son unique saveur et sa couleur. On utilise le safran pour les plats de poisson comme la bouillabaisse, avec le riz (pour la paella espagnole, et le riz au safran, populaire dans les cuisines indienne et asiatique), avec les volailles et les ragoûts de bœuf, les currys, les sauces à base de tomates, les pains sucrés et les biscuits. Il est préférable d'acheter du safran en filaments : pour l'utiliser, l'écraser dans un mortier et le faire tremper dans de l'eau chaude pour faire ressortir son parfum.

Sagou Fécule extraite de la moelle du sagoutier, arbre originaire des marais de Malaisie, des Philippines et d'Inde qui, juste avant la floraison à l'âge de 15 ans, constitue une énorme réserve de fécule. On utilise principalement le sagou en dessert : on le cuit dans du lait sucré, de l'eau parfumée ou du lait de coco jusqu'à ce qu'il devienne translucide.

Saint-Paulin Fromage pasteurisé, à pâte pressée, fabriqué avec du lait de vache, de texture moelleuse, au goût onctueux, légèrement sucré et parfois un peu piquant. Il est maintenant préparé industriellement partout en France. C'est un dérivé du Port Salut, fromage d'abord fabriqué au début du XIXᵉ siècle au monastère de Port-du-Salut, en Bretagne.

Saké Boisson alcoolisée japonaise fabriquée à partir de riz fermenté. Le saké doux, *mirin*, est très utilisé pour parfumer la cuisine japonaise.

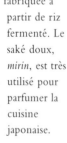

Salade Terme générique désignant un légume feuillu peu calorique, assez riche en fibres et en vitamine A.
Les principales variétés de salade sont la scarole, la mâche, la batavia, la romaine, les feuilles de chêne, les chicorées, et la laitue.

SALADES

SALADE CÉSAR

※   **Préparation :** 20 minutes
      Cuisson : 15 minutes
      Pour 4 à 6 personnes

1 gousse d'ail
1 cuil. à soupe d'huile d'olive + 3 cuil. à soupe supplémentaires
3 tranches de pain, épaisses
2 tranches de bacon
1 romaine
1 cuil. à soupe de jus de citron
1 cuil. à soupe de crème fraîche
1/2 cuil. à café de sauce Worcestershire
4 anchois, finement détaillés
100 g de parmesan, coupé en fins copeaux

1 Préchauffer le four à 180 °C. Dans une petite jatte, mélanger la gousse d'ail coupée en quatre et 1 cuil. à soupe d'huile. Laisser reposer 10 minutes en remuant de temps en temps, puis ôter l'ail. Enlever la croûte des tranches de pain. Les badigeonner d'huile et les découper en petits carrés. Les disposer sur la plaque du four et cuire 10 minutes environ, jusqu'à ce qu'ils soient dorés. Laisser refroidir.
2 Enlever la couenne et l'excès de gras du bacon. Le découper en petites tranches et cuire à feu moyen jusqu'à ce qu'il soit croustillant.
3 Laver et bien sécher la salade. Tapisser un saladier avec les grandes feuilles et ajouter les autres coupées en petits morceaux.
4 Réunir 3 cuil. à soupe d'huile, le jus de citron, la crème fraîche et la sauce Worcestershire dans un récipient fermant hermétiquement. Bien secouer et verser sur la salade. Ajouter le bacon, les anchois, les croûtons et le parmesan. Remuer délicatement et servir.

COLESLAW

※   **Préparation :** 15 minutes
      Cuisson : aucune
      Pour 6 personnes

1/4 de petit chou, finement râpé
2 carottes râpées
1 branche de céleri, hâché
1 gros oignon blanc, finement émincé
1 petit poivron rouge émincé

Assaisonnement
1/2 tasse de mayonnaise
2 cuil. à soupe de vinaigre de vin blanc
1 cuil. à café de moutarde

1 Réunir les légumes dans un saladier.
2 Assaisonnement : dans une jatte, bien mélanger la mayonnaise, le vinaigre et la moutarde. Verser sur la salade et remuer.

CI-DESSUS : SALADE CÉSAR. PAGE CI-CONTRE, EN HAUT : SALADE NIÇOISE ; EN BAS : SALADE WALDORF.

SALADE NIÇOISE

✳ **Préparation :** 20 minutes
Cuisson : aucune
Pour 4 à 6 personnes

140 g de haricots verts
2 tomates coupées en huit quartiers
1 petit oignon rouge, détaillé en rondelles
3 œufs durs coupés en quatre
425 g de thon en boîte égoutté
2/3 de tasse d'olives noires dénoyautées

45 g d'anchois en conserve, égouttés
1/4 de tasse d'huile d'olive
1 cuil. à soupe de vinaigre de vin blanc
1 gousse d'ail écrasée
1/2 cuil. à café de moutarde

1 Équeuter les haricots et les blanchir, 1 minute, dans une grande casserole d'eau bouillante. Les égoutter, les plonger dans de l'eau glacée et bien les égoutter de nouveau.
2 Disposer les haricots, les tomates, l'oignon, les œufs, des morceaux de thon, les olives et les anchois sur un grand plat de service ou dans un saladier peu profond.
3 Réunir l'huile d'olive, le vinaigre, l'ail et la moutarde dans un petit récipient fermant hermétiquement. Bien secouer et verser sur la salade. Servir immédiatement avec du pain croustillant.

SALADE AUX FRUITS DE MER

✳ **Préparation :** 20 minutes
Cuisson : 2 minutes
Pour 4 personnes

200 g de calamars, coupés en rondelles
500 g de grosses crevettes cuites
200 g de moules en conserve
4 grandes feuilles de salade

· 1/3 de mayonnaise à la tomate et au câpres
1 cuil. à soupe de crème liquide
1 cuil. à café de persil frais ciselé

1 Dans une grande casserole, porter à ébullition 3 cm d'eau. Y cuire les rondelles de calamars 2 minutes en les retournant une fois (laissés plus longtemps, ils deviendraient élastiques). Les retirer avec une écumoire et laisser refroidir.
2 Décortiquer et ôter la veine des crevettes. Egoutter les moules.
3 Disposer les fruits de mer dans des coquilles de feuilles de salade. Mélanger la mayonnaise, et la crème, puis verser sur les fruits de mer. Garnir de persil et servir immédiatement.

SALADE WALDORF

✳ **Préparation :** 15 minutes
Cuisson : aucune
Pour 6 personnes

3 pommes rouges
2 pommes vertes
2 branches de céleri, émincées
1/4 de tasse de moitiés de cerneaux de noix

1/4 de tasse de mayonnaise
2 cuil. à soupe de vinaigrette
1 cuil. à soupe de crème fraîche
Feuilles de salade pour la présentation

1 Couper les pommes en quatre, les évider et les détailler en morceaux de 2 cm.
2 Les réunir avec le céleri et les noix dans un grand saladier de service, tapissé de feuilles de salade.
3 Dans une jatte, bien mélanger la mayonnaise, la vinaigrette et la crème fraîche. Napper la salade.

On distingue les salades rondes, come la batavia et la laitue ; les salades longues, comme la romaine. Les salades comme la frisée, la lollo, et les feuilles de chêne rouges n'ont pas de coeur. La variété des chicorées comprend essentiellement la scarole, et la frisée.
Les salades de feuilles telles que la roquette (arugula), la mâche et le cresson sont délicieuses mêlées aux variétés plus traditionnelles.

Salami Saucisson sec salé composé de viande de porc hachée et assaisonné avec de l'ail et d'autres herbes et épices. Il est parfois fumé et peut être parfumé avec du vin rouge. Le salami est servi en très fines tranches. On l'utilise aussi pour les pizzas. On pense que le salami est originaire de la cité antique Salamis, à Chypre, mais on l'associe de nos jours à l'Italie. D'autres variétés de salami sont fabriquées au Danemark, en Hongrie, en Autriche, en Espagne et en Allemagne.

Salsa Terme espagnol désignant une sauce épaisse, très assaisonnée, à base de tomates, de piment, d'ail et d'oignons, servie en accompagnement de plats mexicains et tex-mex. Les salsas peuvent être fraîches ou cuites, et elles sont douces ou piquantes.

Salsifis Légume-racine
long et fin, à saveur
délicate. La variété la plus
commune est à chair pâle,
presque blanche, et à peau
marron clair. La chair de
la variété à peau noire,
scorzonera, est de couleur
crème. Le salsifis peut
être bouilli ou sauté à la
poêle, et servi avec du
beurre et du persil, ou
avec une sauce à la crème
ou de la béchamel.
Le salsifis est riche en
fibres et en fer.

Saltimbocca Plat
composé de fines tranches
de veau sautées dans le
beurre, puis recouvertes
de jambon ou de
prosciutto et de sauge,
braisé à feu doux dans du
vin blanc (roulé, fermé
avec un pic à cocktail, ou
laissé plat).

Sambal

Accompagnement
de riz ou de curry
indonésien. Les
sambals sont
préparés
avec des
piments,
des
oignons
émincés,
de l'huile
et du jus
de citron
vert, et
sont
souvent
variés par
l'ajout
d'autres
ingrédients
comme de la pâte de
crevette fermentée ou des
tomates.

Sambal olek Condiment
au piment fort utilisé dans

FRISÉE AU JAMBON DE PARME ET AUX CROÛTONS À L'AIL

☆ **Préparation** : 20 minutes
Cuisson : 5 minutes
Pour 4 à 6 personnes

1 belle frisée
½ salade de feuilles de chêne
2 oignons rouges
4 tranches de pain blanc ou complet
2 grosses gousses d'ail écrasées
55 g de beurre, ramolli
35 g de feta écrasée
4 à 6 fines tranches de jambon de Parme
1 gros avocat

Assaisonnement

2 cuil. à soupe d'huile d'olive
¼ de tasse de sucre en poudre
¼ de tasse de sauce tomate épicée
1 cuil. à soupe de sauce de soja
⅓ de tasse de vinaigre de vin rouge

1 Laver à l'eau froide la frisée et les feuilles de chêne.
Les essorer en les secouant légèrement dans un torchon et les couper en morceaux. Peler les oignons, et
les émincer. Mélanger la frisée, la salade et l'oignon
dans un saladier ou un grand plat peu profond.
2 Griller les tranches de pain sur une face seulement.
Sur l'autre, étaler une pâte composée d'ail, de beurre
et de feta écrasés.
Retirer les croûtes et passer les tranches au gril, face
tartinée vers le haut, jusqu'à ce qu'elles soient crous-

*PAGE CI-CONTRE, EN HAUT : SALADE ORIENTALE DE
NOUILLES ET LÉGUMES ; EN BAS : SALADE AUX ASPERGES
ET AU JAMBON DE PARME. CI-DESSUS : FRISÉE AU
JAMBON DE PARME ET AUX CROÛTONS À L'AIL.*

tillantes et dorées. Les couper alors en cubes d'1 cm.
3 Passer le jambon au gril très chaud, quelques
secondes, jusqu'à ce qu'il soit croustillant. Le couper
en lamelles de 5 cm et le réserver. Peler l'avocat et le
détailler en quartiers fins.
4 Assaisonnement : mélanger l'huile, le sucre,
la sauce tomate, la sauce de soja et le vinaigre dans
une petite jatte. Ajouter le jambon et l'avocat à la
salade, arroser avec la moitié de l'assaisonnement et
parsemer de croûtons. Servir le reste de la sauce
séparément.

SALADE DU CHEF

☆ **Préparation** : 15 minutes
Cuisson : aucune
Pour 6 personnes

Environ 6 grandes feuilles de laitue pour la décoration
60 g de gruyère
4 fines tranches de jambon
3 tomates
¾ de tasse de poulet cuit, émincé

2 cuil. à soupe de pimiento émincé (facultatif)
2 œufs durs coupés en quatre
½ tasse de vinaigrette

1 Former un lit de feuilles de laitue, préalablement
lavées et séchées, sur chaque assiette. Détailler le
gruyère et le jambon en fines lamelles de même taille.
Couper les tomates en six.
2 Bien mélanger le fromage, le jambon, les tomates, le
poulet, le pimiento et les œufs.
Garnir les assiettes préparées. Assaisonner la salade,
remuer légèrement et servir.

SALADE ORIENTALE DE NOUILLES ET LÉGUMES

✳ **Préparation :** 30 minutes
Cuisson : 15 minutes
Pour 4 à 6 personnes

6 oignons nouveaux
500 g de nouilles
asiatiques de riz ou aux
œufs, épaisses
4 tomates olivettes, mûres
1 carotte
12 pois mange-tout
125 g de petits épis de
maïs en boîte (ou frais),
égouttés et coupés en
deux
155 g de pousses de soja
fraîches
45 g de cacahuètes grillées
Sauce de soja (facultatif)

Assaisonnement
2 cuil. à café d'huile de
sésame
1/4 de tasse d'huile d'olive
5 cuil. à café de vinaigre de
riz blanc
1 1/2 cuil. à café de sucre en
poudre
Sel et poivre noir concassé
1 cuil. à café de piment
rouge, frais, haché
1 à 2 cuil. à soupe de
coriandre fraîche, hachée

1 Couper les extrémités des oignons nouveaux, puis les émincer finement en diagonale. Cuire les nouilles dans une grande casserole d'eau bouillante, 3 à 4 minutes, jusqu'à ce qu'elles soient juste tendres. Les égoutter ; les rincer sous l'eau froide et les égoutter à nouveau.
2 Inciser en croix le haut de chaque tomate. Les plonger 1 à 2 minutes dans l'eau bouillante, puis dans de l'eau froide. Les égoutter et les peler à partir de la croix. Les couper en deux et les épépiner. Découper la pulpe en fines lamelles. Peler la carotte et la détailler en fins bâtonnets. Équeuter les pois et les découper en lanières.

3 Si vous utilisez du maïs frais, blanchir les petits épis 3 minutes dans de l'eau bouillante, légèrement salée. Les égoutter et les plonger dans de l'eau froide. Les égoutter de nouveau et réserver. Faire bouillir les pousses de soja 1 à 2 minutes et les égoutter. Mélanger tous les légumes et les cacahuètes dans un saladier. Verser l'assaisonnement et bien remuer. Laisser refroidir un peu avant de servir. Arroser éventuellement de sauce de soja.
4 Assaisonnement : réunir les huiles, le vinaigre, le sucre, le sel, le poivre, le piment et la coriandre dans un petit récipient fermant hermétiquement, et bien secouer.

SALADE AUX ASPERGES ET AU JAMBON DE PARME

✳ **Préparation :** 20 minutes
Cuisson : 3 minutes
Pour 4 personnes

2 bottes d'asperges (ou
compter environ
6 asperges par personne)
4 tranches de jambon de
Parme
3 cuil. à soupe d'huile
d'olive

3 cuil. à café de vinaigre à
l'estragon
2 cuil. à café de graines de
pavot
30 g de parmesan, en
copeaux

1 Couper et jeter les extrémités dures des asperges. Les blanchir 1 minute dans une grande casserole d'eau bouillante. Les égoutter.
2 Passer le jambon au gril chaud, 2 minutes environ, jusqu'à ce qu'il soit très croustillant. Le laisser refroidir.
3 Bien mélanger l'huile, le vinaigre et les graines de pavot. Napper les asperges et le jambon, détaillé en lamelles. Garnir la salade de parmesan.

la cuisine indonésienne. On peut acheter du sambal ulek tout fait, mais on peut également le préparer soi même, au mixeur, en mélangeant environ 20 piments rouges frais, grossièrement hachés, avec une ou deux cuillères à soupe de vinaigre. Verser ce mélange dans un bocal stérilisé, le conserver au réfrigérateur pendant un mois. On peut l'employer pour remplacer le piment frais dans de nombreux plats. Lors de la manipulation des piments, porter des gants, éviter tout contact avec les yeux.

Samosa Petit friand d'origine indienne composé d'un mélange épicé et assaisonné de viande hachée et de légumes coupés en morceaux, enveloppé dans de la pâte et frit au ghee ou à l'huile. Les samosas se servent chauds, accompagnés de chutney à la menthe ou à la coriandre.

Sandwich Tranches de pain garnies d'aliments froid, à teneur calorique élevée.
Le nom anglais "sandwich" fut attribué au XVIIIe siècle à ce

genre d'aliment par le cuisinier du comte de

Sandwich, afin que ce dernier puisse manger tout en restant à sa table de jeu.

Sansho Épice utilisée en cuisine japonaise, extraite de la cosse de frêne épineux, d'une couleur sombre, et au goût relevée. On la consomme en poudre.

Sapote Fruit tropical d'Amérique centrale. Le sapote noir est de taille et de forme semblables au kaki. Sa peau est verte et lisse, sa chair, d'un brun foncé, est sucrée. On peut le manger à la cuillère dans la peau, le réduire en purée ou l'ajouter à de la glace. La chair du sapote blanc, également à peau verte, est jaune pâle, crémeuse et sucrée.

Sapotille Fruit rond à peau fine, à peau dure allant du vert au marron, à chair pâle et sucrée, crémeuse, au goût de caramel. On peut manger la sapotille à la cuillère sans la peau, la couper en morceaux pour l'ajouter à une salade de fruits, ou la réduire en purée pour l'ajouter à une glace. Le sapotillier est originaire d'Amérique centrale et des Caraïbes. Il fut introduit aux Philippines par les Espagnols. On extrait du sapotillier un latex laiteux qui constitue le principal ingrédient du chewing-gum.

Sardine Petit poisson de mer, argenté, moelleux, très parfumé, à chair foncée et huileuse. Les sardines fraîches sont

SALADE DE THON À L'AÏOLI

✻ **Préparation** : 25 minutes
Cuisson : 15 minutes
Pour 6 personnes

6 petites pommes de terre rouges, pelées
155 g de pois mange-tout
1 botte d'asperges
250 g de tomates cerises
850 g de thon en boîte, égoutté

Aïoli
3 jaunes d'œufs
1 gousse d'ail écrasée
½ cuil. à café de moutarde
2 cuil. à soupe de jus de citron
1 tasse d'huile d'olive

1 Couper les pommes de terre en cubes de 2 cm. Les cuire dans une grande casserole d'eau bouillante jusqu'à ce qu'elles soient juste tendres. Égoutter et réserver. Blanchir les pois 1 minute dans de l'eau bouillante. Les égoutter ; les plonger dans de l'eau glacée, les égoutter de nouveau et réserver. Faire de même avec les asperges après en avoir enlevé les extrémités dures.
2 Aïoli : réunir les jaunes d'œufs, l'ail, la moutarde et le jus de citron dans une jatte.
Mélanger 1 minute au batteur électrique. Sans cesser de battre, ajouter 1 cuil. à café d'huile à la fois, jusqu'à obtention d'une texture épaisse et crémeuse. Incorporer de plus en plus d'huile au fur et à mesure que la sauce épaissit. Continuer à battre jusqu'à ce qu'il ne reste plus d'huile.
3 Disposer les pommes de terre, les pois, les asperges, les tomates et les morceaux de thon sur des assiettes individuelles. Garnir de cuillerées d'aïoli, ou présenter la sauce séparément. Servir immédiatement.

SALADE AU RIZ PARFUMÉ

✻ **Préparation** : 25 minutes
Cuisson : 15 minutes
Pour 4 personnes

1 tasse de riz basmati ou de riz parfumé thaïlandais
2 carottes, émincées en diagonale
1 poivron vert, détaillé en tranches fines et courtes
200 g de petits épis de maïs en boîte, coupés en morceaux de 2 cm
2 oignons nouveaux, émincés

155 g de porc grillé à la chinoise, en tranches fines
2 cuil. à soupe d'huile d'arachide
1 cuil. à soupe d'huile de sésame
2 cuil. à café de jus de citron vert
2 cuil. à café de sauce de soja

1 Porter une grande casserole d'eau à ébullition. Ajouter le riz progressivement et cuire 12 à 15 minutes, jusqu'à ce qu'il soit juste tendre. Égoutter, rincer sous l'eau froide et bien égoutter de nouveau.
2 Dans un saladier, bien mélanger le riz, les carottes, le poivron, le maïs, les oignons nouveaux et le porc.
3 Réunir les huiles, le jus de citron vert et la sauce de soja dans un petit bocal fermant hermétiquement et bien secouer. Verser sur la salade et mélanger.

Remarque : on trouve du porc à la chinoise dans les magasins d'alimentation asiatique.

DINDE SAUCE AUX AIRELLES EN SALADE

✻ **Préparation** : 15 minutes
Cuisson : aucune
Pour 4 personnes

125 g de cresson
500 g de dinde cuite, coupée en tranches
2 petites oranges
2 cuil. à soupe de sauce aux airelles

1 cuil. à soupe d'huile
1 cuil. à café de vinaigre de vin blanc
2 cuil. à soupe de pistaches, pilées

1 Bien laver et sécher le cresson. Le couper en gros morceaux, en jetant tous les brins durs. Disposer sur le plat de service.
2 Déposer les tranches de dinde au centre du lit de cresson. À l'aide d'un couteau aiguisé, peler les oranges en ôtant entièrement l'enveloppe blanche. Couper la pulpe en tranches et les disposer autour des tranches de dinde.
3 Mélanger au fouet la sauce aux airelles, l'huile et le vinaigre dans une petite jatte. Assaisonner les tranches de dinde, et parsemer de pistaches.

ÉMINCÉ DE BŒUF GRILLÉ ET AUBERGINES EN SALADE

✳ **Préparation :** 25 minutes + 30 minutes de marinade
Cuisson : 20 minutes
Pour 4 personnes

2 aubergines	1 cuil. à soupe de jus de
2 cuil. à soupe de sel	citron
3 courgettes	750 g d'aloyau ou de
2 poivrons rouges	rumsteck
100 g de champignons de	45 g de pois mange-tout
Paris	1/4 de tasse de basilic frais,
2 oignons	ciselé
1/4 de tasse d'huile d'olive	

1 Couper les aubergines en deux, dans le sens de la longueur ; côté pulpe sur la planche à découper, les détailler en longues lamelles d'1 cm d'épaisseur.
Les disposer en une couche sur un plat et les saupoudrer de sel.
Les laisser dégorger 15 minutes et les rincer sous l'eau froide, dans une passoire.
Bien les sécher avec du papier absorbant.
2 Détailler les courgettes en rondelles de 2 cm d'épaisseur. Détailler les poivrons en lamelles de 2 cm de large. Couper les champignons en deux, et les oignons en tranches épaisses.
Mélanger tous les légumes, l'huile et le jus de citron dans un grand saladier.

Couvrir d'un film plastique et laisser mariner 30 minutes à température ambiante.
3 Parer la viande. La saisir dans une poêle légèrement huilée, à feu vif, 2 minutes par côté pour une viande saignante, et à feu moyen, encore 2 minutes par côté pour qu'elle soit à point.
La placer sur une assiette, couvrir de papier-aluminium et laisser refroidir. La détailler en fines tranches avec un couteau aiguisé.
4 A l'aide d'une écumoire, retirer les légumes de la marinade.
Les cuire en deux fois au gril, 5 minutes environ, jusqu'à ce qu'ils soient juste tendres et légèrement dorés. Laisser refroidir.
5 Disposer les pois sur les assiettes individuelles. Garnir de viande et de légumes, de basilic ciselé ; servir à température ambiante.

Remarque : les aubergines, surtout les plus mûres, contiennent un jus amer.
Lorsqu'on les saupoudre de sel, elles dégorgent et perdent donc de leur amertume.
En outre, elles absorbent ainsi moins de matières grasses lors de la cuisson.
Ne pas oublier de les rincer et de bien les sécher avant de les cuire.

CI-DESSUS : ÉMINCÉ DE BŒUF GRILLÉ ET
AUBERGINES EN SALADE.
PAGE CI-CONTRE : SALADE DE THON À L'AÏOLI.

meilleures grillées ou farinées et frites à la poêle, servies avec des pommes de terre à l'eau et un zeste de citron. La sardine appartient à la famille du hareng. Dans l'antiquité, en Europe du Sud, on la salait pour pouvoir la consommer après la pêche, à terre. Dans la France médiévale, les sardines conservées dans de l'huile ou du vinaigre étaient disposées dans des jarres en terre avant d'être distribuées dans les terres éloignées de la mer. Le poisson doit son nom à l'île méditerranéenne Sardinia, autrefois centre d'une industrie poissonnière basée sur ce petit poisson.

Sarrasin Céréale aux graines triangulaires d'une plante originaire d'Asie centrale, parfois appelée blé noir. Le sarrasin n'apparut en Europe qu'au Moyen-Âge, probablement introduit par les Arabes, car on le connaissait dans de nombreuses régions sous le nom de "farine sarrasine". Les graines sont grillées et transformées en farine.

Sarriette Herbe aromatique, originaire de la Méditerranée, dont le parfum poivré évoque celui du thym. La sarriette vivace (sarriette des montagnes) a des feuilles persistantes, des fleurs rose pâle, et un arôme épicé.

La sarriette des jardins a des feuilles plus rondes et plus grandes, et légèrement huileuses. Son parfum rappelle celui de la menthe.

On marie la sarriette avec l'origan, le thym, le romarin, et la marjolaine, notamment pour préparer des Herbes de Provence.

Sashimi Plat d'origine japonaise composé de tranches de poisson cru et très frais coupés en dés (thon ou saumon), ou en tranches très fines (carrelet ou brème de mer), garni avec du daikon râpé, de la laitue finement détaillée, du concombre, de fins bâtonnets de carottes, du gingembre émincé, et accompagné d'une sauce froide de wasabi (sauce au raifort), et d'une sauce au soja et de vin cuit. On dit que le sashimi est l'essence de la cuisine japonaise. On en sert aux cérémonies, aux repas traditionnels, et en entrée, et sans avoir rien mangé auparavant afin d'en apprécier toute la délicatesse. La cuisine japonaise obéit à deux règles fondamentales : une très grande fraîcheur des produits choisis, et un

SALADE DE PÂTES AUX TROIS COULEURS

✳ ***Préparation :*** 20 minutes + 1 heure de repos
Cuisson : 10 minutes
Pour 6 personnes

2 cuil. à soupe d'huile d'olive + 1 cuil. à soupe supplémentaire
2 cuil. à soupe de vinaigre de vin blanc
1 petite gousse d'ail, coupée en deux
375 g de fusillis tricolores
½ tasse d'olives noires dénoyautées

¾ de tasse de tomates séchées en marinade à l'huile, égouttées
100 g de parmesan
1 tasse de cœurs d'artichauts, coupés en quatre
½ tasse de feuilles de basilic frais, ciselées

1 Réunir 2 cuil. à soupe d'huile d'olive, le vinaigre et l'ail dans un petit récipient fermant hermétiquement. Bien secouer.
Laisser mariner 1 heure pour que l'ail diffuse tout son arôme.
2 Cuire les fusillis à l'eau bouillante. Égouter et mélanger avec 1 cuil. à soupe d'huile d'olive. Laisser refroidir.
3 Couper les olives en deux, et les tomates séchées au soleil en tranches fines. Détailler le parmesan en lamelles très fines. Retirer l'ail de l'assaisonnement. Mélanger tous les ingrédients.

PAGE CI-CONTRE : SALADE MÉDITERRANÉENNE.
CI-DESSUS : SALADE DE PÂTES AUX TROIS COULEURS.

SALADE DU JARDIN

✳ ***Préparation :*** 15 minutes
Cuisson : aucune
Pour 8 personnes

200 g de feuilles de salades vertes variées
125 de chou rouge
1 carotte

1 grosse branche de céleri
1 petit poivron vert
¼ de tasse de vinaigrette

1 Bien laver et sécher les feuilles de salade puis les couper en petits morceaux.
2 Émincer finement le chou rouge, râper la carotte et couper le céleri et le poivron en tranches fines. Mélanger salade et légumes dans un grand saladier. Assaisonner et remuer délicatement.

SALADE À FEUILLES ROUGES

✳ ***Préparation :*** 15 minutes
Cuisson : aucune
Pour 6 personnes

155 g de feuilles de lollo, de chêne, et de trévise rouges
100 g de fenouil, émincé

1 petit oignon rouge, émincé
2 cuil. à soupe d'huile d'olive
1 cuil. à soupe de vinaigre balsamique

1 Laver et sécher les feuilles de salade ; les couper en petits morceaux.
2 Mélanger la salade, le fenouil et l'oignon dans un saladier. Verser l'huile d'olive puis le vinaigre et remuer délicatement.

SALADE MÉDITERRANÉENNE

✳ **Préparation** : 40 minutes
Cuisson : 2 minutes
Pour 8 personnes

1 aubergine
Sel
2 cuil. à soupe d'huile
250 g de tomates cerises,
coupées en deux
2 petits concombres, coupés
en deux, et émincés
1 oignon rouge détaillé en
tranches très fines
250 g de feta coupée en
cubes de 2 cm
²/₃ de tasse d'olives noires
dénoyautées

1 à 2 cuil. à soupe de
feuilles de basilic frais,
ciselées

Assaisonnement
²/₃ de tasse d'huile d'olive
1 cuil. à soupe de vinaigre
balsamique
1 gousse d'ail écrasée
1 cuil. à soupe de feuilles
d'origan frais, ciselées

1 Couper l'aubergine en cubes de 2,5 cm environ et les
étaler sur une assiette. Les saupoudrer d'un peu de sel
et laisser dégorger 30 minutes. Rincer à l'eau froide et
sécher avec du papier absorbant.
2 Chauffer l'huile dans une casserole peu profonde.
Faire revenir l'aubergine à feu moyen, 2 minutes environ, jusqu'à ce qu'elle soit tendre et légèrement dorée.
Égoutter sur du papier absorbant et laisser refroidir.
Dans un saladier, mélanger l'aubergine, les tomates, les
concombres, l'oignon, la feta, les olives et le basilic.
3 **Assaisonnement** : bien mélanger les ingrédients et
les déposer sur la salade.

SALADE AU SAUMON FUMÉ

✳ **Préparation** : 20 minutes
Cuisson : aucune
Pour 4 personnes

60 g de cresson
200 g de saumon fumé en
tranches
1 avocat coupé en tranches
dans le sens de la
longueur
1 petit oignon, détaillé en
fines rondelles
1 branche de céleri
¹/₃ de tasse d'huile d'olive

1 cuil. à soupe de jus de
citron
¹/₃ de tasse de fromage frais
crémeux (type cream
cheese)
2 cuil. à soupe de crème
liquide
1 cuil. à soupe d'aneth
frais, ciselé

1 Bien laver et sécher le cresson. Le couper en morceaux et disposer sur des assiettes individuelles ou un
plat de service. Placer le saumon, l'avocat et l'oignon sur
le lit de cresson. Détailler le céleri en morceaux de
5 cm, puis en lamelles. En garnir la salade.
2 Battre l'huile d'olive, le jus de citron et le fromage
frais jusqu'à obtention d'une texture lisse. Incorporer
la crème liquide et l'aneth ciselé.
Napper la salade de cette sauce et servir.

SALADE AUX AGRUMES
ET AUX NOIX

✳ **Préparation** : 20 minutes
Cuisson : aucune
Pour 8 personnes

2 oranges
2 pamplemousses
125 g de pois mange-tout
¹/₂ salade roquette, coupée
en morceaux
¹/₂ salade de feuilles de
chêne, détaillée en
morceaux
1 gros concombre, émincé
¹/₃ de tasse de cerneaux de
noix

**Assaisonnement parfumé
à la noix**
2 cuil. à soupe d'huile de
noix
2 cuil. à soupe d'huile
2 cuil. à café de vinaigre à
l'estragon
2 cuil. à café de moutarde à
l'ancienne
1 cuil. à café de sauce
pimentée douce

1 Peler les oranges et les pamplemousses avec un couteau ; ôter l'enveloppe blanche. Couper la pulpe
en morceaux et les épépiner.
Couvrir les pois d'eau bouillante, les laisser tremper
2 minutes puis les plonger immédiatement dans de l'eau
glacée. Les égoutter et les sécher avec du papier absorbant. Dans un grand saladier, mélanger les fruits, le pois,
les salades coupées en morceaux, le concombre et les
noix.
2 **Assaisonnement** : bien mélanger les huiles, le vinaigre, la moutarde et la sauce pimentée.
3 Verser sur la salade et mélanger délicatement.

esthétisme qui ravit les
yeux autant que le palais.
Ainsi, la préparation des
sashimis nécessite
beaucoup d'attention.
Avant tout, il convient
d'acheter du poisson
d'une fraîcheur parfaite.
Au Japon, le poisson est
parfois tué juste avant
d'être préparé en cuisine.
Certaines recettes de
sashimi requièrent
l'utilisation de poissons
encore vivants.
Le *sumi-ika* est un sashimi
à base de seiches, garni de
feuilles d'algue sèche et
de ciboule.
On prépare aussi des
sashimis avec des carpes
ou des carpeaux, que l'on
a préalablement trempés
dans de l'eau glacée pour
en affermir la chair.
Le poulpe est également
très apprécié : on le cuit
dans de l'eau et du
vinaigre, puis on le sert
sur des algues finement
détaillées ; on peut en
outre le faire mariner
dans du *sunomono*
(vinaigre à l'aigre-douce).
Le thon, et les
maquereaux sont aussi
délicieux en sashimi.
On peut également
préparer du filet de bœuf
finement émincé en
suivant la technique du
sashimi.

Saté Petits morceaux de
bœuf, d'agneau, de porc,
de volaille

ou de fruits de
mer marinés, enfilés sur
des brochettes en bambou
ou en bois. Les satés sont
servis chauds, en entrée,

accompagnés d'une sauce aux cacahuètes et de dés de concombre. On trouve des satés dans les cuisines de l'Asie du Sud-Est, principalement en Indonésie, en Malaisie et à Singapour, où ils sont souvent cuits sur de petits fourneaux par les marchands ambulants.

Sauce Liquide assaisonné chaud ou froid servi avec un plat pour lui ajouter de la saveur.
Une sauce peut être épaisse ou liquide, filtrée ou avec des ingrédients en morceaux. Les sauces classiques sont à base de roux composé de beurre et de farine (béchamel, sauce blonde), sur une émulsion au beurre (béarnaise, hollandaise), ou sur une émulsion froide d'huile et de jaunes d'œufs (mayonnaise).
De multiples variantes sont dès lors possibles. D'autres sauces sont à base de purées de légumes ou de fruits (coulis), de noix concassées (sauces saté), de tomates cuites (ketchup), de crème, yaourt, fromages crémeux et huiles.
On trouve de nombreuses sauces prêtes à l'emploi, en bocaux, en conserves ou déshydratées, en paquets, à mélanger avec de l'eau, du lait ou du bouillon.

SALADE DE POMMES DE TERRE À LA THAÏLANDAISE

✴ **Préparation :** 15 minutes
Cuisson : 5 minutes
Pour 8 personnes

1 kg de petites pommes de terre

Assaisonnement
1 gousse d'ail écrasée
¼ de tasse de jus de citron vert
2 cuil. à soupe d'huile
2 cuil. à soupe de menthe fraîche, hachée

2 cuil. à soupe de coriandre fraîche, ciselée
1 cuil. à soupe de nam pla (sauce de poisson thaïlandaise)
2 cuil. à café de sauce pimentée douce, thaïlandaise
1 cuil. à café de sucre en poudre

1 Brosser les pommes de terre sous l'eau froide. Les couper en deux et les faire bouillir, 5 minutes environ, jusqu'à ce qu'elles soient juste tendres.
Les égoutter, les rincer sous l'eau froide et laisser refroidir.
2 Assaisonnement : dans une jatte, bien mélanger l'ail, le jus de citron vert, l'huile, la menthe, la coriandre, le nam pla, la sauce pimentée et le sucre.
3 Verser l'assaisonnement dans un petit récipient fermant hermétiquement et bien secouer.
Placer les pommes de terre dans un saladier, les arroser de sauce et bien mélanger.

HARICOTS VARIÉS EN SALADE

✴ **Préparation :** 10 minutes
Cuisson : aucune
Pour 6 personnes

155 g de haricots verts
315 g de fèves en conserve
315 g de haricots beurre en boîte
440 g de haricots rouges en boîte

1 petit oignon rouge, finement émincé
2 cuil. à soupe de persil frais, ciselé
2 cuil. à soupe de vinaigrette

1 Équeuter les haricots verts. Les couper en morceaux de 4 cm et les blanchir 1 minute dans une petite casserole d'eau bouillante. Les égoutter, les plonger dans de l'eau glacée, puis bien les égoutter de nouveau.
2 Verser dans une passoire les fèves et les haricots en conserve. Les rincer soigneusement, et les laisser égoutter. Réunir dans un saladier les haricots, les fèves, l'oignon et le persil. Verser la vinaigrette et bien mélanger.

Remarque : on peut préparer cette salade avec d'autres mélanges de haricots. Pour une présentation réussie, utiliser des variétés de taille et de couleur différentes.

CI-DESSUS : SALADE DE POMMES DE TERRE À LA THAÏLANDAISE. PAGE CI-CONTRE, EN BAS : SALADE AU POULET ; EN HAUT : SALADE PARFUMÉE À LA CORIANDRE.

SALADE AU POULET

☆ **_Préparation_** : 20 minutes
Cuisson : aucune
Pour 4 personnes

_1 salade de feuilles de
  chêne ou une lollo rouge_
1 poulet rôti
1 avocat, émincé
_2 branches de céleri, coupées
  en morceaux d'1 cm_
_1/4 de tasse de mayonnaise
  en conserve_

_1/4 de tasse de lait ribot
  (lait fermenté)_
_2 cuil. à café de vinaigre à
  l'estragon_
_1/3 de tasse de noix de
  pécan ou de noix, pilées_

1 Laver et sécher la salade. La couper en petits morceaux et en garnir un plat de service ou des assiettes individuelles.
Découper le poulet en morceaux (avec la peau si possible) de même taille.
2 Sur le lit de salade, disposer la moitié du poulet coupé, puis la moitié de l'avocat.
Recommencer avec le reste de poulet et d'avocat puis garnir de morceaux de céleri.
3 Réunir la mayonnaise, le lait ribot et le vinaigre à l'estragon dans un petit récipient fermant hermétiquement ; bien secouer.
Verser sur la salade et garnir avec des bris de noix ou de noix de pécan.
Servir avec du pain complet et tiédi.

SALADE PARFUMÉE
À LA CORIANDRE

☆ **_Préparation_** : 15 minutes + 20 minutes
de trempage
Cuisson : 1 minute
Pour 6 personnes

_1/3 de tasse de boulgour (ou
  de semoule de couscous)_
1/2 tasse de jus d'oranges
_1 tasse de feuilles de
  coriandre fraîche_
_200 g de chou rouge, coupé
  en tranches fines_
_1 petit oignon rouge,
  finement émincé_

1/2 cuil. à café de miel
_2 cuil. à soupe de vinaigre
  balsamique_
1/4 de tasse d'huile d'olive
1 petite gousse d'ail écrasée
_1/4 de cuil. à café de
  moutarde de Dijon_

1 Placer la semoule dans une petite jatte. Chauffer le jus d'orange dans une petite casserole et le verser sur la semoule. Laisser tremper 20 minutes environ, jusqu'à absorption complète du jus.
2 Dans un grand saladier de service, bien mélanger la semoule, la coriandre, le chou et l'oignon.
3 Réunir le miel, le vinaigre, l'huile, l'ail et la moutarde dans un petit récipient et bien mélanger.
4 Napper la salade. Cette salade parfumée est délicieuse avec des grillades.

Sauce aigre-douce Sauce d'origine chinoise qui associe des ingrédients doux à des ingrédients aigres, tels que le sucre et le vinaigre, généralement épaissie avec de la farine de maïs, et contenant souvent du jus de fruits, des morceaux d'ananas ou de poivron.

Sauce béarnaise Sauce crémeuse composée de beurre et de jaune d'œuf que l'on sert chaude avec de la viande, du poisson et du poulet grillés ou rôtis. La sauce béarnaise fit son apparition en France sous le règne d'Henri IV. Elle fut créée dans le Béarn, dans les Pyrénées.

Sauce béchamel Sauce crémeuse composée de farine, de beurre et de lait, servie chaude. La sauce béchamel originale doit son nom au Marquis de Béchameil, financier français, connu pour être grand amateur d'art et fin gourmet, qui devint à la fin des années 1660 intendant dans la maison de Louis XIV. Cette sauce fut un départ significatif des mélanges bruts en usage à cette époque, elle est devenue la base de nombreuses autres sauces. La béchamel est également connue sous le nom de sauce blanche.

Sauce bigarade Sauce parfumée à l'orange servie avec du canard rôti. Bigarade est le terme français désignant l'orange amère de Séville.

Sauce blanche Sauce à base d'un roux composé de beurre et de farine mélangés à du lait (sauce béchamel), ou à du bouillon de volaille, de veau ou de poisson (sauce veloutée).

Sauce bolognaise Sauce épaisse composée de viande et de tomates, servie avec des pâtes alimentaires (généralement des spaghettis), originaire de la ville de Bologne, Italie du Nord. Cette sauce est connue en Italie sous le nom de *ragù*, et elle contient traditionnellement du jambon, du bœuf, du porc maigre, des foies de poulet détaillés en morceaux, quelques légumes et du vin blanc.

Sauce Cumberland Sauce composée de gelée de baies rouges et de porto, servie froide avec du jambon, de l'agneau, du bœuf ou du gibier.

Sauce d'huîtres Sauce brune épaisse, à l'origine préparée avec des huîtres fermentées dans la saumure puis écrasées pour obtenir une pâte. Elle est épaissie avec de la maïzena et colorée avec du caramel. Elle a un goût fort salé, légèrement poissonneux, et est couramment utilisée pour assaisonner la cuisine chinoise, particulièrement les fritures et les plats braisés. C'est aussi un assaisonnement populaire

SANDWICHS

GARNITURES POUR SANDWICHS COMPLETS

Ce sont des sandwichs sans double tranche et complet car garnis de plusieurs couches d'ingrédients. Pour des raisons de commodité, il est préférable d'utiliser couteau et fourchette pour les manger ! Délicieux néanmoins, voici quelques idées pour varier menus et plaisirs...

■ Beurrer les tranches de pain de seigle ou de pain de seigle noir. Mélanger une quantité égale de mayonnaise et de crème fraîche épaisse, puis incorporer des œufs durs coupés en morceaux. Garnir de cette préparation. Couvrir de tranches de saumon fumé puis d'une cuillerée d'œufs de poisson. Décorer de brins d'aneth.

■ Beurrer des tranches de pain complet. Les garnir de feuilles de laitue et de tranches de rosbif pas trop cuit. Ajouter des lamelles de mangue (ou de papaye) mûre, et une bonne cuillerée de moutarde à l'ancienne. Décorer de cresson.

■ Beurrer des bagels coupés ou des croissants, et les tapisser de feuilles de roquette. Garnir de morceaux de poulet cuit, de pommes, de céleri et de ciboulette mélangés à de la mayonnaise. Décorer de noix de pécan avant de servir.

■ Beurrer des tranches de pain de seigle ou de seigle noir. Garnir d'une feuille de salade, puis de plusieurs tranches de truite fumée. Ajouter une cuillerée de

crème de raifort et décorer d'une fine tranche de citron et d'un brin de persil.

■ Beurrer des tranches de pain de seigle. Garnir de laitue, de tranches de tomates et de fines rondelles de concombre. Ajouter des crevettes entières décortiquées, de fines rondelles d'oignon rouge et une cuillerée de sauce tartare.

■ Beurrer un morceau de baguette coupé en biais. Garnir de cresson, de pointes d'asperges, de fines tranches de jambon de Parme et d'œufs durs. Décorer d'une cuillerée de mayonnaise et saupoudrer de paprika.

■ Étaler une couche épaisse de cottage cheese sur une tranche de pain complet. Garnir de carottes râpées, de tranches de pastrami (ou de corned beef), de rondelles de concombres marinés à l'aneth et de morceaux de poivron rouge.

■ Beurrer des petits pains coupés en deux. Les garnir de feuilles de laitue, de tranches d'avocats et de tomates, puis de bacon frit et croustillant.

■ Tartiner généreusement de fromage frais crémeux (type cream cheese), ou de ricotta, des tranches de pain aux noix ou au blé concassé. Ajouter des tranches de figues et de poires fraîches, et des petits morceaux de gingembre confit. Décorer d'une ou deux moitiés de noix.

■ Tartiner des tranches de pain de seigle ou de seigle noir de fromage bleu crémeux. Garnir de tranches de pommes et de morceaux de céleri, et décorer d'oignons nouveaux émincés.

■ Beurrer des biscottes de seigle scandinaves et les garnir de laitue ciselée. Ajouter des tranches de jambon, de gruyère et de tomates. Décorer de ciboulette ciselée.

PAGE CI-CONTRE : SARDINES À LA SAUCE TOMATE.
CI-DESSUS : GARNITURES POUR SANDWICHS COMPLETS.

SARDINES

SARDINES À LA SAUCE TOMATE

✳ **Préparation :** 30 minutes
Cuisson : 15 minutes
Pour 4 à 6 personnes

Sauce tomate
1 cuil. à soupe d'huile d'olive
2 gousses d'ail, écrasées
440 g de tomates pelées en boîte, écrasées
1/4 de tasse de vin blanc
2 cuil. à soupe de concentré de tomates
1/4 de tasse de basilic frais, ciselé

500 g de petites sardines fraîches
1/2 tasse de farine
1/2 cuil. à café de poivre moulu
1/3 de tasse d'huile d'olive
Quartiers de citron ou de citron vert (facultatif)

1 Sauce tomate : chauffer l'huile dans une casserole de taille moyenne. Faire revenir l'ail à feu doux pendant 2 minutes. Ajouter la tomate, le vin blanc, le concentré de tomates et le basilic. Laisser mijoter à découvert 10 minutes.
2 Couper et jeter la tête des sardines. Les vider et les rincer à l'eau froide. Les sécher.
3 Mélanger la farine et le poivre dans une jatte. Y retourner les sardines et les secouer pour ôter l'excès de farine. Chauffer l'huile dans une poêle. Y cuire les sardines à feu moyen, 2 minutes par côté. Les égoutter sur du papier absorbant.
4 Disposer les sardines dans un plat de service. Napper de sauce tomate et garnir de quartiers de citron.

SARDINES AUX HERBES

✳ **Préparation :** 10 minutes
Cuisson : 5 minutes
Pour 2 à 4 personnes

200 g de sardines en boîte
60 g de beurre
2 cuil. à soupe de fines herbes fraîches (persil, cerfeuil, citron, thym, ciboulette)

1 gousse d'ail écrasée
2 cuil. à café de jus de citron
Poivre noir fraîchement moulu
4 grandes tranches de brioche, ou de la baguette

1 Bien égoutter les sardines et ôter l'excès d'huile avec du papier absorbant.
2 Battre le beurre dans une petite jatte jusqu'à ce qu'il soit bien mou. Ajouter les fines herbes ciselées, l'ail, le jus de citron et le poivre.
3 Griller les tranches de brioche ou de pain sur une face. Poser les sardines sur la face non grillée et les recouvrir délicatement avec la préparation au beurre. Griller jusqu'à ce que le beurre soit fondu et les sardines chaudes. Servir immédiatement.

SARDINES FRITES AU SAMBUCA

✳ **Préparation :** 15 minutes
Cuisson : 3 minutes
Pour 4 personnes

8 belles sardines
Farine pour saupoudrer
2 œufs légèrement battus
2 cuil. à soupe de sambuca
2 cuil. à soupe de persil frais ciselé

2 cuil. à soupe de parmesan râpé
Poivre noir fraîchement moulu
60 g de beurre
Quartiers de citron

1 Couper la tête des sardines.
Les couper dans la longueur et par en dessous, les ouvrir et les aplatir, peau vers le haut. Appuyer le long de l'arête centrale, retourner les sardines et ôter l'arête. Laver et sécher les sardines.
2 Saupoudrer les sardines de farine.
Mélanger les œufs, le sambuca, le persil, le fromage et le poivre. Ajouter les sardines et remuer pour les enrober.
3 Faire fondre le beurre dans une poêle et y placer les sardines en une couche.
Les frire 1 minute par côté, jusqu'à ce qu'elles soit légèrement dorées.
Les égoutter sur du papier absorbant et servir avec des quartiers de citron.

Remarque : le sambuca est une liqueur italienne au goût anisé.
On la sert généralement dans un verre garnie de deux grains de café.

des légumes chinois cuits à la vapeur ; elle est souvent employée avec d'autres sauces, principalement la sauce de soja. La sauce d'huîtres est originaire de Guangzhou (Canton), port maritime du sud-est de la Chine.

Sauce de poisson Voir Nuoc Mâm.

Sauce dijonnaise Sauce préparée avec de la moutarde de Dijon. Ce condiment crémeux, plus pâle que les autres moutardes, est préparé avec des graines de moutarde trempées dans du jus fermenté et acide de raisins verts.

Sauce espagnole Sauce préparée avec du bouillon de bœuf épaissi avec de la farine et du beurre, parfumée avec des oignons, des champignons et des tomates. Elle est la base de nombreuses sauces telles que la sauce bordelaise et la sauce madère.

Sauce gribiche Sauce froide semblable à la mayonnaise, mais utilisant le jaune d'un œuf dur au lieu d'un œuf cru, des câpres et des cornichons. On peut y ajouter du blanc d'œuf coupé en morceaux et des fines herbes. On sert la sauce gribiche avec du poisson et de la viande froide.

Sauce hollandaise Sauce riche, dorée, préparée avec du beurre, du jaune d'œuf, du jus de citron ou du vinaigre et des condiments. On la sert chaude avec du poulet et du poisson pochés ou cuits à la vapeur, avec des œufs et avec des légumes cuits à la vapeur ou par ébullition.

Sauce Mornay Sauce béchamel aromatisée avec

du gruyère ou du parmesan, employée pour recouvrir les plats de fruits de mer, d'œufs et de légumes dorés au gril ou au four.

Sauce ravigote La sauce ravigote froide est une vinaigrette à base de câpres, herbes et oignons hachés, servie notamment avec de la viande ou du poisson froid. La sauce ravigote chaude est composée d'échalotes hachées cuites dans du vinaigre, mélangées à du vin blanc et des herbes (persil, estragon, ciboulette et cerfeuil hachés). Le beurre ravigote est parfumé avec des échalotes coupées en morceaux, des herbes et parfois de la moutarde.

Sauce rémoulade Sauce froide à base de mayonnaise parfumée avec de l'estragon, du cerfeuil, du persil, des cornichons, des câpres et parfois des anchois hachés. La sauce rémoulade est servie avec

SATÉS

SATÉ DE PORC

✳ **Préparation :** 30 minutes + 1 nuit de marinade
Cuisson : 8 minutes
Pour 8 satés

750 g de porc dans le filet
1 gros oignon, grossièrement détaillé
2 gousses d'ail
1 tige de citronnelle : la base uniquement, coupée en morceaux (à défaut, utiliser 2 lamelles de zeste de citron)
2 tranches épaisses de galanga (facultatif)
1 cuil. à café de morceaux de gingembre frais
1 cuil. à café de cumin en poudre

½ cuil. à café de fenouil en poudre
1 cuil. à soupe de coriandre en poudre
1 cuil. à café de curcuma
½ cuil. à café de sel
1 cuil. à soupe de cassonade
1 cuil. à soupe de jus de citron
Vinaigre de malt ou tamarin liquide

1 Placer la viande 30 minutes au congélateur, jusqu'à ce qu'elle soit assez ferme pour être tranchée facilement. La parer et la couper en travers du grain en tranches très fines et régulières. Hacher l'oignon. Ajouter l'ail, la citronnelle et hacher jusqu'à obtention d'une texture lisse, en ajoutant un peu d'eau si nécessaire. Verser le tout dans une grande jatte.
2 Incorporer le galanga, le gingembre, le cumin, le fenouil, la coriandre, le curcuma, le sel, le sucre et le jus de citron. Ajouter la viande et bien mélanger. Couvrir

et réfrigérer une nuit, en remuant de temps en temps. Retirer la viande et réserver la marinade.
3 Enfiler la viande sur de longues brochettes en bambou, et recouvrir les extrémités de papier- aluminium. Passer au gril, à feu vif puis moyen, jusqu'à ce que la viande soit tendre. Arroser de marinade en cours de cuisson.

SATÉ D'AGNEAU À LA NOIX DE COCO

✳ **Préparation :** 10 minutes + 2 heures de marinade
Cuisson : 3 minutes
Pour 4 personnes

4 morceaux de gigot d'agneau (soit environ 800 g)
1 petit oignon émincé
1 gousse d'ail écrasée
1 cuil. à soupe de sauce de tamarin
1 cuil. à soupe de vinaigre

1 cuil. à soupe de sauce de soja légère
1 cuil. à café de sambal oelek
¼ de tasse de noix de coco déshydratée
2 cuil. à soupe d'huile
1 cuil. à café d'huile de sésame

1 Parer la viande et la désosser. La couper en cubes.
2 Dans une jatte, mélanger la viande, l'oignon, l'ail, la sauce de tamarin, le vinaigre, la sauce de soja, le sambal oelek et la noix de coco. Couvrir et laisser mariner 2 heures au réfrigérateur.
3 Enfiler la viande sur des brochettes. Badigeonner avec les huiles mélangées et passer 3 minutes au gril préchauffé, en retournant les brochettes de temps en temps.

STROGANOFF

BŒUF STROGANOFF

✻ **Préparation :** 25 minutes
Cuisson : 15 minutes
Pour 6 personnes

1 kg de filet de bœuf (en un morceau)	*1 cuil. à soupe de concentré de tomates*
1/3 de tasse de farine	*2 cuil. à café de moutarde*
1/4 de cuil. à café de poivre noir moulu	*1/2 tasse de vin blanc sec de bonne qualité*
1/4 de tasse d'huile d'olive	*1/4 de tasse de bouillon de volaille*
1 gros oignon émincé	*3/4 de tasse de crème fraîche*
500 g de petits champignons	*1 cuil. à soupe de persil frais, ciselé*
1 cuil. à soupe de paprika doux en poudre	

1 Parer la viande et la couper, en travers du grain, en petites tranches fines et régulières. Mélanger la farine et poivre sur du papier sulfurisé. Fariner la viande et la secouer pour ôter l'excès.
2 Chauffer 2 cuil. à soupe d'huile dans une sauteuse. Bien dorer la viande par petites quantités, en remuant à feu moyen. Égoutter sur du papier absorbant.
3 Verser le reste d'huile dans la sauteuse. Cuire l'oignon à feu moyen 3 minutes environ, jusqu'à ce qu'il soit fondant. Ajouter les champignons et remuer 5 minutes. Incorporer le paprika, le concentré de tomates,

la moutarde, le vin et le bouillon ; porter à ébullition. Baisser le feu et laisser mijoter à découvert 5 minutes, en remuant de temps en temps.
4 Ajouter la viande, la crème fraîche et mélanger jusqu'à ce que la préparation soit bien chaude. Garnir de persil juste avant de servir.

POULET STROGANOFF

✻ **Préparation :** 20 minutes
Cuisson : 15 minutes
Pour 6 personnes

30 g de beurre	*2 cuil. à café de paprika doux*
2 cuil. à soupe d'huile	*1 tasse de crème fraîche*
2 oignons, finement émincés	*1/4 de tasse de concentré de tomates*
2 gousses d'ail, écrasées	*Poivre noir fraîchement moulu*
8 cuisses de poulet, coupées en tranches	*2 cuil. à soupe de persil ciselé*
250 g de champignons, émincés	

1 Chauffer le beurre et l'huile dans une grande poêle. Y fondre l'ail et l'oignon à feu moyen, 3 minutes environ.
2 Ajouter les tranches de poulet et les cuire en remuant, jusqu'à ce qu'elles soient tendres. Incorporer le paprika et les champignons ; cuire jusqu'à ce qu'ils soient tendres.
3 Dans une jatte, mélanger la crème fraîche, le concentré de tomates et le poivre. Incorporer et laisser mijoter doucement jusqu'à ce que la préparation soit bien chaude. Parsemer de persil ciselé et servir avec du riz vapeur ou des pâtes.

CI-DESSUS : BŒUF STROGANOFF. PAGE CI-CONTRE, EN BAS : SATÉ D'AGNEAU À LA NOIX DE COCO ; EN HAUT : SATÉ DE PORC.

de la volaille, du poisson, des fruits de mer (particulièrement crabe et homard), de la viande et des œufs froids.
Sauce sabayon Sauce mousseuse légère composée de jaunes d'œufs battus, de sucre et de liquide (habituellement du vin blanc sec ou doux), servie chaude et mousseuse avec des puddings, des gâteaux ou des fruits. C'est une variante française du dessert italien zabaglione.
Sauce tartare Sauce froide à base de mayonnaise avec de la moutarde, de la ciboulette, des oignons nouveaux, du persil, des cornichons et des câpres finement hachés. On la sert notamment avec des fruits de mer.
Sauce verte Mayonnaise contenant un mélange d'herbes et de feuilles de légumes (épinards, cresson, estragon, persil et cerfeuil) finement hachées. La sauce verte est servie avec du poisson froid, des œufs et des légumes.

Saucisse Viande ou poulet hachés, assaisonnés et mélangés avec un peu de céréales broyées ou de la chapelure, enfermés dans

une membrane en forme de long tube. À l'origine, on préparait des saucisses pour utiliser toutes les parties

SAUCES CLASSIQUES

L es sauces parfument, nappent ou accompagnent les mets. Certaines permettent aussi de lier
des ingrédients. Onctueuses et savoureuses, elles rehaussent les saveurs et agrémentent joliment les plats servis.

Voici six sauces classiques. Une fois que vous connaissez les bases, vous pouvez préparer de multiples variantes au gré de votre imagination et de votre goût.

SAUCE BLANCHE

Pour 300 ml : faire fondre 30 g de beurre dans une petite casserole à fond épais. Ajouter 30 g de farine et remuer 1 minute à feu doux. Hors du feu, incorporer progressivement 300 ml de lait tiède. Porter lentement à ébullition en mélangeant continuellement jusqu'à ébullition et épaississement. Laisser mijoter à feu très doux encore 2 à 3 minutes. Ajouter du sel et du poivre blanc moulu. En agrémenter des légumes (comme le chou-fleur ou les brocolis), ou servir avec du poisson ou des crustacés.

VARIANTES

◼ **SAUCE MORNAY (AU FROMAGE)** : suivre la recette de base mais, avant de saler et de poivrer, incorporer 60 g de gruyère ou de cheddar râpé, 1 cuil. à café de moutarde de Dijon et une pincée de poivre de Cayenne.

◼ **SAUCE AUX CÂPRES** : suivre la recette de base et remplacer la moitié du lait par du bouillon de viande. Avant de saler et de poivrer, ajouter 1 cuil. à soupe de câpres et 1 ou 2 cuil. à café de jus de citron. Réchauffer doucement.

◼ **SAUCE BÉCHAMEL** : dans une casserole, réunir du lait, 1 rondelle d'oignon, 1/2 branche de céleri et 1/2 carotte hachées, 1 feuille de laurier et 3 grains de poivre noir. Porter lentement à ébullition, ôter du feu, couvrir et laisser reposer 30 minutes. Filtrer, réserver le lait et l'utiliser en procédant comme dans la recette de base.

SAUCE BÉARNAISE

Pour 200 ml : dans une casserole, réunir 4 cuil. à soupe de vinaigre de vin blanc, 2 oignons nouveaux finement émincés et quelques brins d'estragon ciselés. Faire bouillir doucement jusqu'à ce que le liquide ait réduit d'un tiers. Laisser refroidir et filtrer dans une jatte résistant à la chaleur. Incorporer 2 jaunes d'œufs et cuire au bain-marie, en battant jusqu'à obtention d'une sauce épaisse et lisse. Ajouter 125 g de beurre ramolli, coupé en morceaux, en les incorporant un par un jusqu'à épaississement. Saler et poivrer. Servir tiède avec un steak, du poulet ou du poisson frit.

SAUCE HOLLANDAISE

Pour 250 ml : faire fondre 185 g de beurre dans une petite casserole et l'écumer. Laisser refroidir un peu, en veillant à ce que le beurre reste liquide. Dans une petite casserole à fond épais, battre 2 cuil. à soupe d'eau et 4 jaunes d'œufs, 30 secondes environ, jusqu'à obtention d'une texture pâle et crémeuse. Mettre à feu doux et battre encore 3 minutes jusqu'à épaississement. Hors du feu, incorporer progressivement le beurre refroidi, en battant après chaque ajout (jeter le petit lait qui s'est formé au fond de la casserole). Incorporer 2 cuil. à soupe de jus de citron, saler et poivrer à votre goût. Servir tiède avec des asperges, des brocolis, des œufs pochés (œufs Bénédicte), du poisson poché ou grillé.

VARIANTES

■ **SAUCE MOUSSELINE** : juste avant de servir, incorporer à la sauce hollandaise 3 cuil. à soupe de crème fraîche épaisse.

■ **SAUCE HOLLANDAISE LÉGÈRE** : incorporer 2 blancs d'œufs montés en neige juste avant de servir.

■ **SAUCE MALTAISE** : incorporer 1 zeste d'orange râpé et 4 cuil. à soupe de jus d'orange à la place du jus de citron.

SAUCE AU BEURRE BLANC

Pour 250 ml : dans une petite casserole à fond épais, mélanger 1 tasse de vin blanc et 1 cuil. à soupe d'oignon nouveau finement émincé. Porter ébullition, réduire pour qu'il n'en reste que 2 cuil. à soupe et ôter du feu. Couper 250 g de beurre, bien froid, en petits dés. Incorporer 2 dés à la sauce en battant énergiquement, remettre à feu doux et ajouter le beurre, morceau par morceau, sans cesser de mélanger. La sauce doit épaissir pour avoir la consistance d'une crème liquide. Servir avec du poisson grillé ou des asperges.

SAUCE TOMATE ONCTUEUSE

Pour 375 ml : chauffer 2 cuil. à soupe d'huile d'olive dans un faitout. Y dorer à feu moyen, 1 oignon finement émincé, en remuant de temps en temps, pendant 5 minutes. Ajouter 2 gousses d'ail écrasées et cuire encore 1 minute. Incorporer 1 cuil. à soupe de vinaigre de vin rouge et 1 kg de belles tomates mûres, pelées et hachées. Porter à ébullition, mettre à feu doux et laisser mijoter à découvert, 25 minutes, en remuant de temps en temps. Ajouter ¼ de tasse de concentré de tomates, 1 cuil. à café de sucre, 1 cuil. à café de feuilles de basilic séché et 1 cuil. à café de feuilles d'origan séché. Laisser mijoter 15 minutes en remuant souvent. En garnir pizzas ou pâtes, ou servir tiède avec des saucisses ou des steaks.

SAUCE ESPAGNOLE

Pour 500 ml : faire fondre 125 g de beurre dans une grande casserole. Ajouter 60 g de chacun des ingrédients suivants : céleri, carotte, oignon et bacon hachés. Mélanger à feu moyen, 10 minutes environ, jusqu'à ce qu'ils soient bien saisis. Incorporer 2 cuil. à soupe de farine en remuant bien à feu doux, 8 à 10 minutes. Hors du feu, verser 2 litres de bouillon de bœuf, 2 à 3 cuil. à soupe de concentré de tomates et mélanger. Ajouter un bouquet garni, couvrir à moitié et laisser mijoter à feu doux, 1 heure 30, en écumant la surface régulièrement jusqu'à ce que la sauce ait réduit environ de moitié. Hors du feu, saler et poivrer à votre convenance. Filtrer, réchauffer et servir avec des steaks et des côtelettes grillées, du gibier rôti ou des légumes. Pour une sauce plus riche, incorporer 1 cuil. à soupe de madère.

PAGE CI-CONTRE, EN HAUT, PUIS DANS LE SENS DES AIGUILLES D'UNE MONTRE : SAUCE BÉARNAISE, SAUCE TOMATE ONCTUEUSE, SAUCE BÉCHAMEL, SAUCE MALTAISE, SAUCE HOLLANDAISE. AU CENTRE : SAUCE ESPAGNOLE.

comestibles. On conservait souvent ce mélange par salage : le mot *saucisse* provient du latin *salsus*, salé.

Sauerbraten Plat d'origine allemande composé de bœuf ou de porc mariné (un à trois jours) dans du vinaigre épicé ou dans du vin rouge, puis cuit à feu doux dans la marinade. On le sert chaud et finement tranché, traditionnellement accompagné de la marinade épaissie, de boulettes de pâte et de chou rouge.

Sauerkraut Chou blanc coupé en fines lamelles, salé pour faire ressortir l'eau qu'il contient, puis fermenté dans la saumure pendant quatre à six semaines. Braisé ou mijoté (parfois avec d'autres ingrédients tels que des tranches de pommes, d'oignon ou des baies de genièvre), le sauerkraut est l'accompagnement classique de l'oie rôtie, du porc

bouilli, des saucisses de Francfort et des saucisses fumées. Il y a 2 000 ans, les constructeurs de la Grande Muraille de Chine mangeaient du chou fermenté. Dans la Gaule ancienne, les aliments, dont le chou, étaient salés pour l'hiver. Au Moyen Âge, le chou salé fermenté constituait

SAUCE AU RAIFORT

TRUITE BARBECUE À LA CRÈME AU RAIFORT ET À LA SAUCE AU CITRON

✳ **Préparation** : 20 minutes
Cuisson : 15 minutes
Pour 4 personnes

1/4 de tasse d'aneth frais, haché

2 cuil. à soupe de romarin frais, haché

1/3 de tasse de persil plat frais, grossièrement coupé

2 cuil. à café de thym frais, haché

6 cuil. à café de grains de poivre vert, écrasés

1/3 de tasse de jus de citron

Sel et poivre

4 truites fraîches, entières

1/3 de tasse de vin blanc sec

Crème au raifort

1 cuil. à soupe de crème au raifort

1/2 tasse de crème fraîche

2 cuil. à soupe de crème liquide

Sel et poivre

Sauce au citron

2 jaunes d'œufs

155 g de beurre fondu

3 à 4 cuil. à soupe de jus de citron

Sel et poivre

1 Préparer et chauffer le barbecue. Graisser légèrement 4 grandes feuilles de papier aluminium, pliée chacune en deux. Dans un bol, bien mélanger les herbes, les grains de poivre, le jus de citron, le sel et le poivre. Découper les citrons en 8 tranches, puis chacune en deux. Farcir les truites avec deux morceaux de citron et une quantité égale de préparation aux herbes.

2 Poser chaque poisson sur une feuille d'aluminium et l'arroser d'1 cuil. à soupe de vin. L'envelopper dans l'aluminium pour former une papillotte. Cuire au barbecue 10 à 15 minutes, jusqu'à ce que les truites soient cuites (vérifier en détachant doucement la chair avec une fourchette). Laisser reposer les poissons en papillote pendant 5 minutes et servir avec la crème au raifort et la sauce au citron.

3 Crème au raifort : dans un bol, bien mélanger les crèmes, le sel et le poivre.

4 Sauce au citron : battre les jaunes d'œufs, 20 secondes environ, jusqu'à ce qu'ils soient mélangés. Sans cesser de battre, verser lentement le beurre fondu en un filet fin et régulier. Continuer de battre jusqu'à ce que tout le beurre soit incorporé, et que la sauce soit épaisse et crémeuse. Ajouter le jus de citron, le sel et le poivre.

RAIFORT FRAIS

✳ **Préparation** : 5 minutes
Cuisson : aucune
Pour 200 ml

6 cuil. à soupe de racine de raifort râpée

2 cuil. à café de sel

2 cuil. à soupe de cassonade

3 cuil. à soupe de vinaigre

Placer le raifort dans une petite jatte. Incorporer le sel, le sucre et le vinaigre. Mettre le tout dans des bocaux stérilisés et réfrigérer jusqu'à utilisation.

Remarque : le raifort accompagne délicieusement le rosbif, les poissons gras et les viandes grillées. Ajouté à du fromage frais crémeux (type cream cheese) ou à du cottage cheese, on le consomme aussi comme pâte à tartiner ou comme sauce froide (dip).

À PROPOS DU RAIFORT

■ Le raifort râpé mariné dans du sel et du vinaigre est vendu en bocaux dans la plupart des supermarchés et des magasins d'alimentation.

■ Pour le raifort frais, veiller à ce que les racines soient fermes, sans germes ou traces vertes, car le goût serait alors très amer.

■ Peler soigneusement les racines et les râper ou hacher la chair très finement. Ne préparer que la quantité nécessaire car le raifort râpé perd rapidement sa fraîcheur piquante.

■ Le raifort frais se conserve dans un endroit sombre et frais pour que les racines ne verdissent pas. On trouve aussi, dans le commerce, du raifort râpé ou encore de la poudre de raifort séché à laquelle on ajoute de l'eau.

■ En tant que condiment, le raifort râpé peut se mélanger à de la crème légèrement fouettée, à une bonne mayonnaise, à de la crème fraîche ou à du vinaigre blanc de qualité.

la base de l'alimentation en Europe centrale et Europe de l'Est.

Sauge Herbe à feuilles aromatiques de couleur gris-vert, au goût relevé et légèrement amer. La sauge était, à l'origine, employée en médecine, mais on l'utilise maintenant en cuisine, notamment pour farcir les volailles et le porc. Dans la cuisine italienne, la sauge parfume le veau et d'autres viandes ; en Grèce, le thé à la sauge est une boisson populaire. La sauge est originaire des côtes du nord de la Méditerranée.

Saumon Gros poisson qui passe une grande partie de l'année dans les océans froids, mais qui remonte les rivières pour frayer en eau douce. Le saumon peut être grillé, cuit au four ou poché ; la chair peut aussi être fumée ou salée. On l'emploie pour de nombreux plats traditionnels tels que le *gravlax* scandinave (saumon cru salé et mariné dans de l'aneth et du poivre), et le *koulibiac* russe (tourte de saumon et de

légumes). Le saumon fumé est servi froid, finement tranché, avec du citron et des câpres, ou avec de la crème fraîche ou une sauce au raifort, et souvent accompagné de pain, de pain grillé ou de

SPARERIBS (TRAVERS ET CÔTES DANS LE CARRÉ)

BŒUF À LA MEXICAINE

⭐ **Préparation :** 15 minutes
Cuisson : 1 heure
Pour 4 personnes

1,5 kg de bœuf dans le carré
2 feuilles de laurier
1 tasse ½ d'eau
¼ de tasse de sucre roux
1 gousse d'ail, écrasée

Sauce
1 cuil. à soupe d'huile
½ tasse d'oignon émincé
1 gousse d'ail écrasée
1 cuil. à soupe de sucre blanc

2 cuil. à soupe de vinaigre de cidre
425 g de purée de tomates en boîte
1 cuil. à soupe de piment mexicain en poudre
1 cuil. à café d'origan séché
1 cuil. à café de cumin en poudre
Sauce pimentée, à votre goût

1 Placer la viande et le laurier dans une grande casserole. Ajouter l'eau, le sucre roux et l'ail mélangés. Porter à ébullition, baisser le feu et couvrir. Laisser mijoter doucement, 30 à 40 minutes.
2 Sauce : chauffer l'huile dans une petite casserole. Faire revenir l'ail et l'oignon jusqu'à ce qu'ils soient fondants. Incorporer le sucre, le vinaigre, la purée de tomates, le piment en poudre, l'origan, le cumin et la sauce pimentée. Porter à ébullition, baisser le feu et laisser mijoter 5 minutes.
3 Égoutter la viande. La cuire 10 à 15 minutes dans une poêle très légèrement huilée ; arroser fréquemment de sauce. Servir avec le reste de sauce.

TRAVERS DE PORC AU BARBECUE

⭐ **Préparation :** 5 minutes + 2 heures de marinade
Cuisson : 20 minutes
Pour 6 à 8 personnes

1 kg de travers de porc
2 cuil. à soupe de concentré de tomates
¼ de tasse de jus de citron
2 cuil. à soupe de sauce hoisin

2 cuil. à soupe de sauce pimentée
2 cuil. à soupe de graines de sésame, grillées
¼ de tasse de miel

1 Retirer la couenne et l'excès de gras des travers. Dans une jatte, mélanger le concentré de tomates, la sauce hoisin, la sauce pimentée, le jus de citron et le miel. Placer la viande dans un grand plat peu profond et y verser la marinade. Couvrir d'un film plastique et réfrigérer 2 heures.
2 Les égoutter et réserver la marinade. Les placer sur la grille ou la plaque du barbecue, préchauffée et légèrement huilée. Cuire à feu moyen, 20 minutes environ, en retournant la viande de temps en temps.
3 Chauffer la marinade à feu doux dans une petite casserole (elle ne doit pas bouillir). En napper les travers de porc juste avant de servir.
4 Parsemer la viande de graines de sésame grillées. Accompagner de riz vapeur ou frit, et de légumes verts cuits à la vapeur.

CI-DESSUS : TRAVERS DE PORC AU BARBECUE.
PAGE CI-CONTRE : TRUITE BARBECUE À LA CRÈME AU RAIFORT ET À LA SAUCE AU CITRON.

blinis. Il peut également entrer dans la composition de nombreux plats chauds et froids, comme les mousses, les sauces froides, les crêpes, les omelettes et les œufs brouillés, ou mélangé à des pâtes fraîches.

Autrefois, le saumon

était en abondance dans les eaux de l'Atlantique ; il était le poisson le plus couramment mangé dans l'Europe médiévale. Il était encore si abondant en Écosse au XVIIe siècle qu'une loi interdisait aux employeurs de nourrir leurs domestiques avec du saumon plus de trois fois par semaine !

Saumure Solution fortement salée utilisée pour conserver la viande, le poisson et les légumes.

Savarin Grand gâteau en forme de couronne fabriqué avec de la pâte à baba sans raisins. Après la cuisson, il est humecté avec un sirop parfumé au rhum, et empli à cœur de crème pâtissière ou Chantilly, et de fruits.

Scaloppine Plat originaire d'Italie du Nord composé d'escalopes recouvertes de farine, frites au beurre ou à l'huile, servies avec une sauce tomate ou une sauce au vin.

SAUCES FROIDES - DIPS

SAUCE FROIDE AU SAUMON

✻   **Préparation :** 10 minutes
     Cuisson : aucune
     Pour 750 ml

410 g de saumon en boîte, égoutté
250 g de fromage frais crémeux (type cream cheese)
1/2 tasse de mayonnaise préparée
1 citron en jus
1/4 de tasse de crème fraîche
3 à 4 cornichons émincés
1 cuil. à soupe de ciboulette ciselée
Poivre noir fraîchement moulu

1 Hacher tous les ingrédients jusqu'à obtention d'une sauce lisse.

2 Verser dans un plat de service. Réfrigérer jusqu'à utilisation, et servir avec des crackers.

SAUCE FROIDE AU COTTAGE CHEESE ET AU LEBERWURST

Pour environ 10 personnes
1 Hacher 250 g de cottage cheese, 125 g de leberwurst (pâté de foie), 1/2 tasse de mayonnaise, 2 concombres marinés dans de l'aneth en bocal, émincés, 1 oignon émincé, 1 cuil. à soupe de câpres (facultatif) et 1 cuil. à soupe de moutarde.
Hacher jusqu'à obtention d'une sauce lisse.
2 Verser dans un plat de service, couvrir et réfrigérer. Servir avec des chips de maïs (mini-tortillas), et un assortiment de crackers.

SAUCE FROIDE AUX TOMATES SÉCHÉES, AVEC GRESSINS ET CRUDITÉS

✻   **Préparation :** 10 minutes
     Cuisson : aucune
     Pour 6 personnes

155 g de tomates séchées, en bocal
2 gousses d'ail
1 cuil. à soupe de chutney à la mangue
2 oignons nouveaux, émincés
6 filets d'anchois
2 cuil. à soupe de feuilles de basilic frais, ciselées
2 cuil. à soupe de parmesan râpé
1 tasse de crème fraîche
6 tranches de jambon de Parme
12 gressins (bâtonnets de pain-biscotte)
Crudités : petites carottes, céleri, brocolis, concombre, poivron rouge

1 Égoutter les tomates séchées, et les mélanger avec l'ail, le chutney, les oignons nouveaux, les anchois, le basilic, le parmesan et la crème fraîche. Hacher jusqu'à obtention d'une texture lisse.
2 Couper les tranches de jambon en deux, dans le sens de la longueur. Enrouler chaque morceau autour d'un gressin.
3 Couper en bâtonnets les carottes, le céleri, le concombre, le poivron ; détailler les brocolis en petits bouquets. Verser la sauce dans un bol. Le disposer sur un plat de service, entouré d'une garniture de gressins préparés et de crudités.

CI-DESSUS : SAUCE FROIDE AUX TOMATES SÉCHÉES.
PAGE CI-CONTRE : SAUCE FROIDE À LA ROQUETTE ET AUX PIGNONS.

SAUCE FROIDE À L'AVOCAT

Hacher 1 gros avocat mûr, pelé et dénoyauté, jusqu'à obtention d'une texture lisse. Ajouter ¹/₂ cuil. à café de zeste de citron râpé fin, 1 petite gousse d'ail écrasée, 1 tasse de yaourt nature, du sel et du poivre fraîchement moulu. Mélanger jusqu'à obtention d'une sauce lisse. Incorporer ¹/₄ de tasse d'oignon rouge haché, et 2 cuil. à café de persil haché. Servir avec des crackers, des chips de maïs (mini-tortillas), des crevettes cuites décortiquées, de petites pommes de terre cuites, des champignons de Paris crus, des bâtonnets de céleri, de carotte ou de poivron, ou avec des tomates cerises.

SAUCE FROIDE À LA ROQUETTE ET AUX PIGNONS

Hacher, mais pas trop finement, 1 tasse de feuilles de roquette avec ³/₄ de tasse de crème fraîche légère, et ¹/₄ de tasse de mayonnaise. Ajouter du sel et du poivre fraîchement moulu. Incorporer 2 cuil. à soupe de pignons. Servir avec des crevettes cuites décortiquées, de petits satés (brochettes) d'agneau ou de bœuf, des ailes de poulet rôti, des dolmas (feuilles de vignes roulées), des champignons de Paris crus, de fines tranches de poivron rouge ou d'aubergine frite.

SAUCE FROIDE AU SAUMON FUMÉ

Battre 250 g de fromage frais crémeux (type cream cheese) léger jusqu'à ce qu'il soit lisse. Incorporer ¹/₄ de tasse de crème, ¹/₄ de tasse de petits morceaux de saumon fumé, 1 cuil. à soupe de ciboulette ciselée et du poivre blanc, fraîchement moulu. Servir avec des crackers, des gressins, des crudités détaillées.

SAUCE FROIDE ÉPICÉE À LA NOIX DE COCO

Mélanger 1 tasse de yaourt nature et ¹/₄ de tasse de poudre de noix de coco instantanée. Incorporer 1 cuil. à soupe de chacun des ingrédients suivants : sauce pimentée douce, jus de citron vert et coriandre hachée. Réfrigérer 30 minutes. Servir avec des huîtres, des noix de Saint-Jacques grillées, des crevettes cuites décortiquées, des morceaux de poisson grillés, des brochettes de poulet ou d'agneau, des pois mange-tout, des bâtonnets de céleri, des quartiers de melon ou de mangue.

SAUCE FROIDE MÉDITERRANÉENNE

Mélanger 250 g de fromage frais crémeux (type cream cheese) léger et ¹/₂ tasse de yaourt nature, jusqu'à obtention d'une texture lisse. Ajouter 1 petite gousse d'ail écrasée, 1 cuil. à soupe de rondelles d'olives noires, 1 cuil. à soupe d'olives farcies coupées en rondelles, 2 cuil. à soupe de parmesan râpé, 1 cuil. à soupe de basilic ou d'origan frais haché, et du poivre noir fraîchement moulu.
Bien mélanger et servir avec des gressins, des crackers, des boulettes de viande et des crudités détaillées.

Scampi Nom italien désignant une langoustine. Lorsqu'elles sont cuites, leur chair blanche est délicatement parfumée. On les prépare souvent dans du beurre, de l'ail, du vin blanc et des herbes, ou en beignets (*scampi fritti*).

Scarole Chicorée à longues feuilles vert pâle, plates, de forme irrégulière. Son goût est légèrement amer. On la mange en salade, mélangée à d'autres salades vertes au goût plus doux, ou chaude et servie en chiffonnade, ou encore cuite.

Scone Terme anglais désignant un petit pain à la fois compact et légèrement brioché. Aux États-Unis, on l'appelle "biscuit", et le terme "scone" fait référence à un pain plat à base d'œufs.

Traditionnellement, on sert les scones quand ils sont encore tièdes, ouverts en deux, avec du beurre ou de la crème et de la confiture ou du miel. Dans la tradition britannique, l'appellation *Devonshire tea* est une invitation à déguster du thé avec des scones garnis de crème caillée et de confiture de fraises.

On peut ajouter des

SAUCES POUR SALADES ET MAYONNAISES

Que ce soit pour les salades, les poissons ou les crustacés, sauces et mayonnaises rehaussent les saveurs, et ajoutent un goût unique aux ingrédients. Ainsi, bien assaisonnée, une simple laitue est délicieuse !

La sauce d'une salade ne doit pas masquer celui des autres ingrédients. Pour la réussir, il faut harmoniser les doses avec subtilité, et choisir des produits de qualité.

■ Une bonne huile d'olive, pas trop fruitée, est un produit de base.

■ Les huiles végétales ou de noix peuvent être mélangées à l'huile d'olive. Le goût particulier de l'huile de sésame et de l'huile pimentée convient bien aux salades orientales.

■ Les vinaigres de vins sont élaborés à partir de vin rouge ou blanc. Les vinaigres aux herbes ou de fruits sont délicieux s'ils sont utilisés avec modération.

■ Le jus de citron peut remplacer tout ou une partie du vinaigre.

■ Les vinaigres de riz, originaires de Chine et du Japon, sucrés et doux, se marient bien avec le chou et les carottes.

■ Pour éviter que les feuilles de la salade ne se flétrissent, assaisonner juste avant de servir, avec légèreté : la salade ne doit pas être noyée de sauce, mais simplement humidifiée.

VINAIGRETTE

VINAIGRETTE CLASSIQUE

Pour ¹/₂ tasse : dans un petit récipient doté d'un couvercle hermétique, réunir ¹/₄ de tasse d'huile, 2 cuil. à soupe de vinaigre de vin blanc, 1 cuil. à café de moutarde à l'ancienne et du poivre noir fraîchement moulu, à votre goût. Bien secouer jusqu'à obtention d'un mélange

homogène. On peut mélanger les ingrédients dans un bol, à la fourchette ou au fouet. Servir immédiatement.

VARIANTES

■ On peut atténuer le goût piquant de la vinaigrette en y ajoutant ¹/₂ cuil. à café de sucre.

■ Remplacer le vinaigre par du jus de citron, notamment pour les salades à base de volaille ou gibier.

■ Ajouter 1 cuil. à soupe d'herbes fraîches finement ciselées comme la ciboulette, le persil, la marjolaine et le thym.

■ Pour assaisonner les légumes verts crus détaillés en petits morceaux, comme le chou et les épinards, ajouter 1 cuil. à soupe de parmesan fraîchement râpé.

■ L'ajout d'œuf dur haché (jaune et blanc) rend la vinaigrette plus épaisse et plus lisse.

MAYONNAISE

MAYONNAISE CLASSIQUE

Pour 1 tasse ¹/₂ environ : battre 2 jaunes d'œufs, 2 à 3 cuil. à café de vinaigre blanc et du poivre blanc, à votre goût (utiliser de préférence un robot ménager). Sans cesser de battre, verser lentement 1 tasse d'huile d'olive en un filet fin et régulier. Mélanger jusqu'à ce que la sauce soit épaisse et crémeuse. Relever éventuellement en augmentant un peu la quantité de vinaigre. Si la mayonnaise est trop épaisse, l'alléger en ajoutant un peu d'eau chaude.

VARIANTES

■ Pour une mayonnaise plus légère, utiliser en quantité égale de l'huile d'olive et de l'huile végétale de bonne qualité.

■ Incorporer délicatement à la mayonnaise la chair d'un avocat réduite en purée.

■ Pour une mayonnaise moins riche, ajouter 2 à 3 cuil. à soupe de yaourt nature.

■ Incorporer 2 cuil. à soupe de concentré de tomates et 1 cuil. à soupe de basilic frais haché.

■ Pour assaisonner les salades contenant des fruits, mélanger 2/3 de tasse de crème fraîche épaisse à 2 cuil. à soupe de mayonnaise.

MAYONNAISE À LA TOMATE ET AUX CÂPRES

Cette sauce est délicieuse avec une laitue. Dans une jatte contenant la mayonnaise, incorporer 2 cuil. à café de purée de tomates, 1 cuil. à café de moutarde, 1 pincée de poivre de Cayenne, 1 à 2 cuil. à café de sauce Worcestershire, 1 cuil. à soupe de céleri haché, 1 cuil. à soupe de purée de condiments doux, 1 cuil. à café de câpres hachées, 1 œuf dur haché, du sel et du poivre noir fraîchement moulu.

SAUCES À BASE DE MAYONNAISE

Les variantes de la mayonnaise agrémentent délicieusement poissons, crustacés, viandes et certains légumes.

AÏOLI

Cette sauce méditerranéenne est exquise avec les soupes de poisson et les légumes. Battre les jaunes d'œufs avec 3 gousses d'ail écrasées et 1/2 cuil. à café de sel, puis procéder comme pour la recette de base. Une fois l'huile ajoutée, relever éventuellement avec 3 à 4 cuil. à café de jus de citron.

SAUCE TARTARE

Dans une jatte contenant 1 tasse de mayonnaise classique, incorporer 4 cuil. à soupe de câpres hachées, 6 cuil. à soupe de cornichons hachés, 2 cuil. à soupe de persil frais haché, et la même quantité de crème liquide ou de crème fraîche. Saler et poivrer à votre goût, et servir avec du poisson frit ou grillé.

SAUCE VERTE

La sauce verte est savoureuse avec le saumon et la truite, ainsi que les plats froids à base d'œufs.
Blanchir 10 brins de cresson dans de l'eau bouillante. Incorporer à 1 tasse de mayonnaise classique : 1/4 de tasse d'épinards cuits, bien égouttés et hachés, le cresson très finement ciselé, 4 brins d'estragon frais et autant de persil frais.

MAYONNAISE AUX ANCHOIS ET À L'AIL

Cette sauce se sert souvent avec les fruits de mer. Dans une jatte contenant une mayonnaise classique, incorporer 3 à 4 anchois hachés, 1 gousse d'ail hachée, 1/4 de tasse de crème fraîche, et la même quantité de fines herbes fraîches, hachées.

EN PARTANT DE LA GAUCHE : SAUCE TARTARE, VINAIGRE DE FRAMBOISES, HUILE D'OLIVE VIERGE, VINAIGRETTE AUX HERBES FRAÎCHES, VINAIGRETTE AUX AGRUMES, HUILE À L'ESTRAGON.

fruits secs à la pâte ou, pour des scones salés, des oignons, du fromage ou des herbes aromatiques. Aux États-Unis, on propose des scones en accompagnement des plats, ou on en fait des sandwichs farcis de dinde ou de jambon fumé.

Les scones sont originaires d'Écosse, où on les cuisait sur une grille épaisse dotée d'une poignée.

Scotch egg Terme anglais désignant un œuf mollet, écalé, enveloppé dans de la

chair à saucisse recouverte de chapelure, puis plongé dans la friture. On le mange chaud ou froid.

Seiche Mollusque marin très proche du calamar, mais avec un corps ovale plus épais et plus large. On a mangé de la seiche pendant des siècles sur les bords de la Méditerranée, soit farcie, soit coupée en anneaux et frite en beignets.

Seigle Céréale riche en gluten, principalement utilisée pour préparer du pain, des gâteaux et des biscuits.

Sel Terme général désignant le chlorure de sodium, employé pour assaisonner et conserver les aliments. On distingue le *sel marin*, obtenu par

SAUCISSES

BOUDIN NOIR AU CHOU ET AUX POMMES

✳ ***Préparation :*** 15 minutes
Cuisson : 20 à 25 minutes
Pour 4 personnes

2 tranches de bacon (ou de lard)
500 g de boudin noir
30 g de beurre
1 petit oignon, coupé en dés

3 tasses de chou, émincé
2 pommes vertes, pelées et émincées
2 cuil. à soupe de bouillon
Poivre moulu
Toasts beurrés pour servir

1 Enlever la couenne du bacon et le détailler en bandes. Retirer la peau du boudin ; l'émincer en diagonale, en rondelles d'1,5 cm d'épaisseur.
2 Chauffer le beurre dans une poêle. Y cuire le bacon, 2 à 3 minutes ; le retirer. Frire le boudin 5 minutes ; le retirer et le réserver au chaud.
3 Dorer l'oignon 1 minute, puis ajouter le bacon, le chou, les pommes, le bouillon et le poivre. Couvrir et cuire doucement 10 à 15 minutes.
4 Disposer la préparation au chou sur un plat de service. Garnir de rondelles de boudin et servir avec des toasts.

GRATIN DE SAUCISSES ET DE POMMES DE TERRE

✳ ***Préparation :*** 10 minutes
Cuisson : 1 heure
Pour 4 personnes

8 à 10 saucisses bratwurst ou épicées
4 pommes de terre, pelées et émincées
425 g de soupe aux poireaux et aux pommes de terre (prête à l'emploi)
1 tasse ½ d'eau

½ cuil. à café de piment en poudre

Garniture gratinée
2 tasses de mie de pain
30 g de beurre fondu
1 tasse de fromage râpé

1 Préchauffer le gril. Piquer les saucisses de toutes parts avec une fourchette ou une brochette. Les passer au gril 5 minutes environ, en les retournant souvent jusqu'à ce qu'elles soient cuites. Les égoutter sur du papier absorbant.
2 Préchauffer le four à 180 °C. Déposer les rondelles de pommes de terre dans un grand plat à gratin légèrement beurré. Garnir de saucisses.
3 Dans une jatte, mélanger la soupe, l'eau et le piment. Verser sur les saucisses, couvrir le plat, et enfourner 45 minutes.
4 Garniture : dans une jatte, mélanger la mie, le beurre et le fromage râpé. En parsemer le gratin. Enfourner

(sans couvrir) encore 10 minutes environ. Servir avec des légumes de saison, cuits à la vapeur.

GRILLADE DE SAUCISSES DE BŒUF PARFUMÉES À LA MENTHE

✳ ***Préparation :*** 15 minutes
Cuisson : 10 minutes
Pour 12 saucisses

750 g de bœuf haché
250 g de chair à saucisse
2 cuil. à soupe de Maïzena
1 œuf légèrement battu
1 oignon, finement émincé
2 gousses d'ail, écrasées
2 cuil. à soupe de menthe fraîche, hachée
1 cuil. à café de cumin en poudre

1 cuil. à café de sambal oelek (piments rouges en bocal)
1 cuil. à café de garam masala
½ cuil. à café de cardamome en poudre
½ tasse de chutney à la mangue

1 Mélanger le bœuf haché et la chair à saucisse dans une jatte. Bien incorporer la Maïzena, l'œuf, l'oignon, l'ail, la menthe, le sambal oelek, le cumin, le garam masala et la cardamome.
2 Diviser cette préparation en 12 parts. Avec les mains humides, rouler chacune d'elle pour former une saucisse.
3 Cuire les saucisses au gril ou au barbecue, sur une plaque préchauffée et légèrement huilée. Compter 10 minutes environ, à feu moyen. Servir avec du chutney à la mangue, et accompagner, à votre goût, de petits pois ou de purée.

SAUCISSES AU POULET ET AU MAÏS, ET SALSA CRUDA

★ **Préparation** : 20 minutes
+ réfrigération
Cuisson : 35 minutes
Pour 12 personnes

*800 g de chair de poulet,
hachée*
*1 tasse de mie de pain
fraîche*
*125 g de maïs en boîte,
réduit en purée*
*1 cuil. à soupe de ciboulette
fraîche, hachée*
¼ de tasse de Maïzena

Salsa cruda
2 grosses tomates, hachées
1 oignon, haché
1 gousse d'ail, écrasée
*2 cuil. à soupe de coriandre
fraîche, hachée*
*1 cuil. à soupe de jus
d'oranges*

1 Préchauffer le four à 180 °C. Couvrir une plaque de four de papier-aluminium et le badigeonner légèrement d'huile. Dans une grande jatte, mélanger le poulet, la mie de pain, le maïs, la ciboulette et la Maïzena. Partager le tout en 12 parts égales et rouler chacune d'elles pour former une saucisse d'environ 13 cm de long. La préparation doit être relativement humide.
2 Salsa cruda : mélanger tous les ingrédients dans une jatte. Réfrigérer au moins 1 heure et servir à température ambiante.
3 Placer les saucisses sur la plaque préparée et enfourner 35 minutes. Servir avec la salsa cruda.

HOT-DOGS À LA CRÈME MOUTARDE

★ **Préparation** : 20 minutes
Cuisson : 10 minutes
Pour 6 personnes

1 kg de chair à saucisse
*1 petit oignon, finement
émincé*
*1 tasse de mie de pain
fraîche*
2 gousses d'ail, écrasées
1 œuf légèrement battu
*1 cuil. à café de sauge
séchée*

*Ciboulette ciselée pour la
garniture*
3 baguettes

Crème moutarde
½ tasse de crème fraîche
*1 cuil. à soupe de moutarde
à l'ancienne*
*2 cuil. à café de jus de
citron*

1 Préchauffer le gril du four. Placer la chair à saucisse dans une grande jatte. Ajouter l'oignon, la mie, l'ail, l'œuf et la sauge ; bien mélanger à la mains. Diviser la préparation en 6 parts égales et rouler chacune d'elles pour former une saucisse d'environ 15 cm de long.
2 Cuire les saucisses au gril, sur une plaque chaude et légèrement huilée. Compter 5 à 10 minutes en les retournant de temps en temps.
3 Crème moutarde : dans une petite jatte, mélanger la crème fraîche, la moutarde et le jus de citron.
4 Partager les baguettes en 6 portions. Les garnir de saucisses et de crème moutarde, décorer de ciboulette ; accompagner éventuellement d'une salade.

évaporation de l'eau de mer dans les marais salants, et le *sel gemme* provenant des mines souterraines, porté à ébullition et cristallisé. Le sel marin contient moins de chlorure de sodium que le sel gemme, et est riche en oligo-éléments (magnésium, sulfate de calcium, potassium...). Le sel de table se présente sous forme d'une poudre très fine.

On trouve souvent du sel fin iodé et fluoré. Le gros sel, quant à lui, est réservé aux préparations telles que la salaison. Le sel kasher, obtenu par évaporation, se présente sous forme de grands cristaux irréguliers sans additifs, ni iode.

Le sel est important depuis la préhistoire pour conserver et assaisonner les denrées alimentaires. Les Chrétiens, les Hébreux, les Grecs et les Romains l'employaient beaucoup pour leurs rites religieux.
Il fut également un moyen d'échange et une monnaie.

Semoule Aliment préparé en broyant grossièrement de la farine de blé dur. On utilise la semoule pour confectionner des entremets sucrés au lait, des crèmes anglaises et des biscuits.
La farine de semoule, extraite du cœur de la

farine de blé dur, est utilisée dans la fabrication des pâtes alimentaires.

Sésame (graines)
Petites graines ovales d'une plante semi-tropicale.
On peut ajouter des graines légèrement grillées à des salades, des légumes, des farces et des ragoûts. On parsème souvent de graines crues des pains, brioches et biscuits avant leur cuisson.

Au Moyen Orient, les graines de sésame moulues sont employées pour préparer la *halva*, pâte sucrée, et le *tahini* qui relève sauces, brochettes et plats salés. En Afrique, on grille les graines et on les mange comme des cacahuètes ; on en fait également de la farine.
Au Japon et en Corée, les graines fraîchement grillées et légèrement écrasées sont ajoutées aux sauces froides et aux assaisonnements.
En Chine, on utilise les graines entières grillées en garniture ou encore hachées pour préparer une pâte marron au goût de noisette.

Shashlik Terme russe désignant des cubes de viande de mouton ou d'agneau marinés dans de l'huile et du vinaigre, aromatisés de thym, de noix de muscade, d'oignons et de feuilles de laurier, puis grillés. Le shashlik ressemble aux *kebabs* du Moyen-Orient.

Shish kebab Voir Kebab.

SAUMON

DARNES DE SAUMON POCHÉES

✳ **Préparation :** 5 minutes
Cuisson : 15 minutes
Pour 4 personnes

¹/₂ tasse de persil frais	1 pincée de muscade en
1 tasse ¹/₂ de bouillon de	poudre
poisson	¹/₂ tasse de vin blanc sec
¹/₂ cuil. à café de sel	2 oignons nouveaux,
¹/₂ cuil. à café de poivre	finement hachés
noir concassé	4 darnes de saumon

1 Hacher le persil.
2 Dans une casserole peu profonde, de taille moyenne, mélanger le bouillon de poisson, le sel, le poivre, la muscade, le vin et les oignons.
Porter lentement à ébullition et laisser bouillir 1 minute.
3 Disposer les darnes de saumon en une couche dans la casserole.
Couvrir et laisser mijoter 10 minutes. À l'aide d'une écumoire, retirer les darnes et les déposer sur des assiettes de service. Réserver au chaud.
4 Faire bouillir le bouillon encore 1 minute. Ajouter le persil (en réserver 2 cuil. à soupe) ; verser le tout sur le poisson et servir immédiatement, garni de persil.

SAUMON ET MAYONNAISE À L'ANETH

✳ **Préparation :** 30 minutes
Cuisson : 15 à 20 minutes
Pour 4 personnes

1 saumon d'1,5 kg, entier	2 cuil. à soupe d'aneth
2 tasses de bouillon de	frais, haché
poisson	Poivre
1 tasse de mayonnaise	

1 Écailler, laver et préparer le saumon (voir la remarque). Le placer dans une poissonnière, ou une grande casserole, et y verser le bouillon. Le pocher environ 15 minutes, jusqu'à ce que la chair se détache. Ne pas retourner le saumon.
2 Le retirer et le laisser refroidir.
3 Dans un bol de service, mélanger la mayonnaise, l'aneth et le poivre et garnir avec un brin d'aneth frais.
4 Pour servir le saumon, enlever la peau sur un des côté, et découper les filets, de part et d'autre de l'arête centrale, à l'aide d'une cuillère et d'une fourchette.

Remarque : utiliser une paire de bons ciseaux de cuisine pour préparer le saumon.

CI-DESSUS : DARNES DE SAUMON POCHÉES.
PAGE CI-CONTRE : CROQUETTES DE SAUMON AU CAMEMBERT.

CROQUETTES DE SAUMON AU CAMEMBERT

✷ ✷ **Préparation :** 40 minutes + 3 heures de repos
Cuisson : 30 à 35 minutes
Pour 16 croquettes

3 grosses pommes de terre (soit 1 kg environ), pelées et hachées
1 petit oignon, finement émincé
430 g de saumon rose en boîte, égoutté et émietté
1 cuil. à soupe de persil frais, haché
2 cuil. à café de zeste de citron râpé
¼ de tasse de jus de citron
1 cuil. à soupe de vinaigre
1 œuf légèrement battu + 2 oeufs supplémentaires
Poivre fraîchement moulu
60 g de camembert coupé en dés
¼ de tasse de farine
½ tasse de chapelure
Huile pour la friture

1 Cuire les pommes de terre à l'eau bouillante jusqu'à ce qu'elles soient tendres. Les égoutter et les réduire en purée.
Les placer dans une grande jatte et ajouter l'oignon, le saumon, le persil, le zeste et le jus de citron, le vinaigre, 1 œuf légèrement battu et du poivre.
Bien mélanger. Partager cette préparation en 16 parts égales. Rouler chacune d'elles en une petite saucisse d'environ 7 cm de long, fourrée de camembert (compter un morceau par saucisse).

2 Sur une feuille de papier sulfurisé, mélanger la farine et le poivre. Rouler les croquettes et secouer pour ôter l'excès de farine. Les tremper dans 2 œufs légèrement battus puis les rouler dans la chapelure. Secouer pour ôter l'excès. Les placer dans un récipient, couvrir et réfrigérer au moins 3 heures.

3 Chauffer l'huile dans une friteuse, à feu doux (elle ne doit pas être trop chaude). Plonger délicatement quelques croquettes à la fois. Les frire 5 minutes environ, jusqu'à ce qu'elles soient dorées. Les retirer délicatement avec des pinces.
Les égoutter sur du papier absorbant et garder au chaud. Recommencer l'opération. Servir en entrée, en accompagnement, ou comme plat principal avec des légumes ou de la salade.

À PROPOS DU SAUMON

■ On peut acheter du saumon frais entier, en darnes ou en filets. Sa chair, d'un rose soutenu, est appréciée pour son goût délicieux.
■ Le saumon entier est succulent, qu'il soit poché, ou cuit au four et servi chaud ou froid.
■ Le saumon frais est excellent mariné et relevé avec du gingembre frais et des herbes.
■ Le saumon peut entrer dans la composition de terrines auxquelles il donne une belle couleur et un goût exquis.
■ Très apprécié, le saumon en boîte est employé dans diverses recettes et garnitures de sandwichs.

Shortbread Terme anglais désignant un biscuit sablé, épais et goûteux, préparé avec de la farine, du sucre et du beurre.

Sirop Liquide sucré, généralement un mélange de sucre et d'un liquide. Le sirop de maïs est la forme liquide du sucre raffiné à partir du maïs. Le sirop de maïs léger est moins doux que le sucre ; le sirop de maïs foncé a une couleur caramel, son goût et son odeur ressemblent à la mélasse.
Tous les fruits peuvent servir de base à la préparation de sirop : coings, ananas, oranges, mandarines, citrons, fruits rouges... On peut également préparer du sirop de thé en mélangeant du thé longuement infusé à du sirop de sucre refroidi. De même, en procédant de la même manière, on peut faire du sirop de café (utiliser de préférence du café moka fraîchement torréfié).

Sirop d'érable Sève de différentes espèces d'érables, bouillie pour en obtenir un sirop qui varie en couleur, allant de l'ambre pâle (le plus fin) à l'ambre foncé (utilisé principalement en cuisine). Il est très populaire en Amérique du Nord, notamment au Canada. On en aromatise les crêpes, pancakes, gaufres, glaces et autres desserts. Le sirop parfumé à l'érable est un mélange de sirop d'érable pur et de sirop de maïs.

Soja (haricots de)

Graine ovale, de la taille d'un petit pois, poussant dans des cosses duveteuses sur un arbuste originaire de Chine. La variété la plus commune est jaune crème, mais il en existe des rouges, violettes, marrons ou noires. On apprécie les haricots de soja pour leur forte teneur en protéines végétales ; on peut les manger frais, secs, germés (pousses de soja), pilés, en pâte (tofu), ou en lait. Le *miso*, très utilisé dans la cuisine japonaise, est une pâte composée de haricots de soja fermentés et salés.

On emploie les haricots de soja secs dans des soupes, ragoûts et plats mijotés.

Soja (sauce de)

Sauce foncée, salée, d'origine chinoise, préparée à partir de haricots (graines) de soja grillés et fermentés, d'une autre graine (généralement du blé), et de saumure ; lorsque le mélange a deux ans d'âge, il est filtré puis mis en bouteille. La sauce de soja foncée est plus ancienne ; vers la fin de sa

GRAVLAX
(SAUMON MARINÉ)

✳ **Préparation :** 20 minutes + 2 jours de marinade
Cuisson : aucune
Pour 8 personnes

2 filets de saumon d'environ 300 à 500 g chacun

3 cuil. à soupe de sel de mer

1 ½ cuil. à soupe de sucre en poudre

1 cuil. à café de poivre blanc

1 tasse d'aneth, grossièrement haché (tiges comprises)

1 Bien laver les filets sans enlever la peau.
2 Dans une jatte, mélanger le sucre, le sel et le poivre. Bien recouvrir chaque face des filets de cette préparation.
3 Disposer un filet, la peau vers le bas dans un plat peu profond et le parsemer d'aneth. Recouvrir avec l'autre filet, la peau vers le haut. Poser un plat lourd sur le saumon pour l'aplatir et couvrir le tout d'un film plastique.
4 Réfrigérer 48 heures en retournant le saumon toutes les 12 heures. L'arroser de temps en temps avec son jus.
5 Pour servir, enlever l'aneth et le sel. Éponger le poisson et le détailler en biais, en tranches fines (comme pour un saumon fumé). Avant de le couper, presser sur les contours de l'aneth finement ciselé, pour décorer (facultatif).
Servir avec une sauce à la moutarde, des toasts fraîchement grillés et une salade verte.

DARNES DE SAUMON, ET MAYONNAISE ORIENTALE

✳ **Préparation :** 10 minutes
Cuisson : 5 minutes
Pour 4 personnes

Mayonnaise orientale

1 tasse de mayonnaise de bonne qualité (ou faite maison)

2 cuil. à soupe de feuilles de coriandre fraîche, hachées

2 cuil. à café de gingembre frais, râpé

2 cuil. à café de miel tiédi

1 cuil. à café de sauce de soja

½ cuil. à café d'huile de sésame

3 cuil. à soupe d'huile

2 cuil. à café de vinaigre balsamique

poivre fraîchement moulu

4 darnes de saumon de 160 g chacune

1 Mayonnaise orientale : la préparer 30 minutes à l'avance. Dans une petite jatte, bien mélanger la mayonnaise avec les ingrédients.
2 Battre l'huile, le vinaigre et le poivre dans un plat peu profond. En badigeonner les darnes.
3 Chauffer l'huile dans une sauteuse jusqu'à ce qu'elle soit très chaude. Y cuire les darnes à feu vif, 2 à 3 minutes par face, pour qu'elles soient rose pâle et encore moelleuses au centre. Servir avec la mayonnaise.

TERRINE DE PÂTES FRAÎCHES AU SAUMON

✳ **Préparation :** 10 minutes
Cuisson : 45 à 50 minutes
Pour 4 à 5 personnes

250 g de pâtes fraîches

200 g de saumon rouge en boîte, non égoutté

1 tomate pelée, hachée

2 cuil. à café d'aneth frais, finement ciselé

1 cuil. à soupe de jus de citron

1 tasse de brocolis, finement détaillés

2 œufs légèrement battus

200 g de ricotta (fromage italien), égouttée

3 oignons nouveaux, hachés

⅔ de tasse de fromage râpé

1 Cuire les pâtes "al dente" dans de l'eau bouillante. Les égoutter et les laisser refroidir. Préchauffer le four à 180 °C.
Retirer les arêtes du saumon ; l'écraser dans une jatte à l'aide d'une fourchette. Bien incorporer la tomate, l'aneth, le jus de citron et les brocolis.
2 Mélanger les pâtes avec les œufs, la ricotta écrasée et les oignons nouveaux. Couvrir de papier-aluminium le fond d'une grande terrine. Y tasser la moitié des pâtes. Recouvrir avec la préparation au saumon le reste de pâtes, parsemer de fromage râpé et enfourner 35 minutes environ.

SCONES
(PETITES BRIOCHES)

SCONES À LA CIBOULETTE, ET BEURRE AU BACON

☆ **Préparation :** 12 minutes + 30 minutes de repos
Cuisson : 25 minutes
Pour 32 scones

Beurre au bacon
90 g de beurre ramolli
2 cuil. à café de copeaux de bacon

Scones à la ciboulette et à l'oignon
3 tasses de farine avec levure incorporée

40 g de soupe à l'oignon en sachet
60 g de beurre
1 tasse de lait + 2 cuil. à soupe supplémentaires
1 jaune d'œuf
2 cuil. à soupe de ciboulette fraîche, hachée

1 Beurre au bacon : dans une jatte, bien mélanger le beurre et les autres ingrédients. Couvrir d'un film plastique et réfrigérer 30 minutes.
2 Préchauffer le four à 240 °C. Recouvrir de papier sulfurisé une plaque de four. Mixer au robot, par petits coups brefs, pendant 15 secondes, la farine, la soupe en sachet et le beurre. Ajouter 1 tasse de lait, le jaune d'œuf et la ciboulette et mixer 5 secondes environ, jusqu'à obtention d'une pâte.
3 La pétrir 30 secondes sur un plan de travail légèrement fariné. La placer dans un moule peu profond de 30 x 20 cm environ, et l'aplatir uniformément. La retourner sur une planche farinée et la découper en 32 morceaux avec un couteau aiguisé. Les badigeonner avec 2 cuil. à soupe de lait.
4 Disposer les morceaux, en les espaçant suffisamment, sur la plaque préparée. Enfourner 10 minutes puis

mettre à 210 °C et cuire encore 15 minutes environ, jusqu'à ce que les scones aient bien levé et qu'ils soient dorés. Les servir tièdes avec le beurre au bacon froid.

SCONES À LA DEVONSHIRE

☆ **Préparation :** 15 minutes
Cuisson : 15 à 20 minutes
Pour 15 scones

3 tasses de farine avec levure incorporée
2 cuil. à soupe de sucre en poudre
1 tasse de lait

55 g de beurre coupé en morceaux
Œuf battu pour le glaçage
Confiture de fraises et crème fouettée pour servir

1 Préchauffer le four à 210 °C. Badigeonner d'huile une plaque de four. Tamiser la farine dans une jatte et ajouter le sucre. Du bout des doigts, incorporer le beurre jusqu'à ce que la préparation soit granuleuse. Former un puits au centre et y verser le lait. Mélanger pour obtenir une pâte souple et légèrement collante.
2 Sur un plan de travail fariné, pétrir légèrement la pâte puis l'étaler (à la main ou au rouleau) pour qu'elle fasse 2 cm d'épaisseur. Y découper à l'emporte-pièce des ronds des cercles de 6 cm de diamètre ; les placer les uns contre les autres sur la plaque préparée.
3 Badigeonner les scones d'œuf battu et enfourner 15 à 20 minutes. Servir chaud avec la confiture et la crème fouettée.

Ci-contre : Scones à la Devonshire. Ci-dessus : Scones au citron. Page ci-contre : Gravlax.

fabrication, elle est teintée et parfumée avec de la mélasse. La sauce de soja est un ingrédient essentiel de la cuisine asiatique, qui l'emploie en assaisonnement et en marinade, pour aromatiser ou colorer les préparations.

Dans la cuisine chinoise, on emploie les deux sortes de sauce de soja, la claire et la foncée. La sauce claire est utilisée pour les fruits de mer, le poulet, les légumes et les sauces froides ; la sauce foncée est employée pour les plats de viande rouge.

La sauce de soja japonaise, le *shoyu*, est généralement plus douce et moins salée que la chinoise. En Indonésie, on utilise souvent le *kecap manis*, une sauce de soja épaisse, foncée et sucrée.

Un assaisonnement fabriqué à partir de haricots de soja fermentés, connu sous le nom de *shih*, était consommé en Chine il y a plus de 2 000 ans. Une sauce semblable à celle employée de nos jours existe depuis le VIe siècle.

Son Enveloppe des graines de blé et d'autres céréales, ôtée lors du raffinage de la farine blanche. Le son est une source de fibres naturelles et a une forte teneur en vitamines B et en phosphore.

SCONES AU CITRON

✳ **Préparation :** 20 minutes
Cuisson : 20 minutes
Pour 8 parts

2 tasses de farine avec levure incorporée
60 g de beurre
1 œuf légèrement battu
2 cuil. à soupe de fruits confits variés, hachés
1 cuil. à soupe de sucre en poudre

2 cuil. à café de zeste de citron râpé
1/3 de tasse de germes de blé
1 cuil. à soupe de jus de citron
3 cuil. à soupe de lait

1 Préchauffer le four à 220 °C. Tamiser la farine dans une grande jatte et y incorporer le beurre du bout des doigts. Ajouter les fruits confits, le sucre, le zeste de citron et les germes de blé ; bien mélanger.

2 Former un puits au centre de la farine, et y verser en une fois l'œuf, le jus de citron et le lait mélangés au préalable. Battre rapidement pour obtenir une pâte souple. La pétrir légèrement sur un plan saupoudré de farine avec levure incorporée.

3 Étaler la pâte en un cercle de 23 cm de diamètre et la placer sur une plaque de four graissée. Avec un couteau fariné, la trancher en 8 parts égales et badigeonner avec un peu de lait.

4 Enfourner 20 minutes. Laisser refroidir 5 minutes et servir avec du beurre et de la marmelade.

SCONES À LA POMME DE TERRE

✳ **Préparation :** 20 minutes
Cuisson : 15 à 20 minutes
Pour 8 gros scones

1 tasse 1/2 de farine avec levure incorporée
1 tasse de pommes de terre, réduites en purée, froides
30 g de beurre

3/4 de tasse à 1 tasse de lait
1/2 tasse de fromage au goût prononcé, grossièrement râpé

1 Préchauffer le four à 200 °C. Badigeonner une plaque de four de margarine ou de beurre fondu et la saupoudrer de farine. Tamiser la farine dans une jatte. Incorporer la purée de pommes de terre. Ajouter le beurre et le lait et travailler jusqu'à obtention d'une pâte souple. La poser sur un plan de travail légèrement fariné.

2 Pétrir la pâte légèrement et la diviser en 8 parts. Former un fin rouleau d'environ 25 cm de long avec chaque part, et l'enrouler sur lui-même (voir la photo) ; Disposer sur la plaque préparée.

3 Badigeonner les brioches roulées avec le reste de lait et les parsemer de fromage râpé. Enfourner 15 à 20 minutes, jusqu'à ce que les scones soient dorés et bien cuits. Les servir tièdes et beurrés.

Remarque : les scones à la pomme de terre accompagnent à merveille les ragoûts.

LÉGUMES BRAISÉS AU MIEL ET AU TOFU (PÂTE DE SOJA)

✳ **Préparation** : 30 minutes
Cuisson : 15 minutes
Pour 6 personnes

8 champignons chinois séchés	45 g de tofu frit, détaillé en lamelles
3 tranches fines de gingembre	1 cuil. à soupe de miel
20 boutons de lis séchés (facultatif)	2 cuil. à café d'huile de sésame
2 cuil. à soupe d'huile d'arachide	2 cuil. à café de Maïzena
250 g de patates douces, coupée en deux, et émincées	4 oignons nouveaux, émincés en lamelles de 4 cm
2 cuil. à soupe de sauce de soja	410 g de petits épis de maïs en conserve
	230 g de châtaignes d'eau en boîte, égouttées

1 Couvrir les champignons d'eau chaude et les laisser tremper 30 minutes. Égoutter et réserver ¾ de tasse de liquide. Presser les champignons pour enlever l'excès de liquide. Couper les champignons en lamelles après en avoir ôté le pied. Détailler le gingembre en tranches fines. Pour les boutons de lis, les faire tremper 30 minutes dans de l'eau tiède puis les égoutter.
2 Chauffer l'huile dans un wok ou dans une sauteuse, en remuant doucement pour couvrir le fond et les bords. Faire revenir le gingembre 1 minute à feu moyen. Ajouter les champignons (et les boutons de lis le cas échéant) et cuire 30 secondes. Incorporer patates douces, sauce de soja, tofu frit, miel, huile de sésame et le jus des champignons. Laisser mijoter 15 minutes à découvert.
3 Dissoudre la Maïzena dans un peu d'eau; verser dans la sauteuse et mélanger jusqu'à épaississement. Ajouter les oignons nouveaux, le maïs et les châtaignes d'eau et laisser mijoter 1 minute.

Remarque : on trouve des boutons de lis séchés dans les magasins d'alimentation asiatiques. On les utilise pour leur délicate saveur et leur texture.

À PROPOS DU TOFU

■ Le tofu est une pâte de soja frais. Il est vendu conservé dans de l'eau (sous plastique) au rayon frais de certains supermarchés, commerces asiatiques et magasins de diététique. Une fois ouvert, il peut se garder 4 jours au réfrigérateur, à condition de changer l'eau tous les jours. Le tofu compact, sous forme de blocs carrés, est plus facile à couper (en tranches ou en cubes) et à frire. Le tofu souple est idéal pour enrichir les plats car il se mélange bien aux autres ingrédients. On peut parfois acheter du tofu frit emballé sous vide. À défaut, frire du tofu ferme dans de l'huile.
■ Le tofu longue conservation peut se garder 6 mois sans être réfrigéré.

CI-DESSUS : LÉGUMES BRAISÉS AU MIEL ET AU TOFU.
PAGE CI-CONTRE : SCONES À LA POMME DE TERRE.

l'avocat ou à l'olive) pour accompagner un plat de viande.

Le sorbet fut introduit en Europe par les Perses ; le nom provient du turc *chorbet*, et de l'arabe *chourba*, signifiant "boisson". Toutefois, les boissons aux fruits glacés pourraient trouver leur origine dans la Chine ancienne.

Sorgho Céréale qui constitue la base de l'alimentation dans certaines régions d'Afrique et d'Asie, où elle est cuite comme le riz ou réduite en farine et transformée en porridge et en galettes. On fabrique aussi une boisson fermentée à partir de ses grains.

Spaghetti Pâte alimentaire en forme de longs brins fabriqués avec une pâte composée de farine et d'eau. Les spaghettis existent dans le sud de l'Italie depuis des centaines d'années.

Spéculos Fins biscuits croustillants, épicés avec du gingembre, de la cannelle, du poivre de la Jamaïque et recouverts d'amandes mondées, souvent en forme de personnages légendaires ou historiques. Les spéculos sont populaires en Hollande et dans le sud de l'Allemagne, d'où ils sont originaires.

Spotted Dick Pudding anglais traditionnel, cuit à la vapeur ou bouilli, farci de raisins, de raisins de Smyrne ou d'autres fruits secs, habituellement servi chaud.

Spumone Dessert italien glacé composé de couches de glace disposées dans un moule puis congelé : en général, il y a une couche de glace au chocolat, une couche de glace à la fraise ou à la framboise, et une couche de glace à la pistache. Les couches internes peuvent aussi être composées de crème fouettée ou de fruits trempés dans l'alcool. Ce dessert est servi en tranches.

Steak Tranche de viande, généralement du bœuf, située à

l'arrière de l'animal, après le faux-filet. La partie la plus tendre touche le faux-filet.

Stilton Fromage anglais à pâte persillée de texture crémeuse, fabriqué avec du lait de vache. Sa couleur peut aller du blanc-crème au jaune doré, et il a un fort arôme rappelant la poire. Le stilton fit son apparition au XVIIᵉ siècle, où il était servi aux passagers des

POULET, SOJA ET NOUILLES À LA CHINOISE

✱ **Préparation :** 10 minutes
   Cuisson : 15 minutes
   Pour 4 personnes

6 cuisses de poulet désossées (soit environ 660 g)
⅓ de tasse de sauce saté
2 cuil. à soupe de sauce de soja
2 cuil. à soupe de xérès
2 cuil. à soupe d'huile
1 oignon coupé en huit
2 carottes, détaillées en tranches fines

125 g de pois mange-tout
4 tasses de chou chinois (bok choy), émincé
2 tasses de pousses de soja
2 cuil. à soupe de Maïzena
1 tasse de bouillon de volaille léger
Sel à votre goût
100 g de nouilles chinoises, fraîches et aux œufs

1 Parer le poulet et le couper en cubes de 2 cm. Dans une grande jatte, les mélanger à la sauce saté, à la sauce de soja et au xérès.

2 Chauffer l'huile dans une grande poêle à fond épais. Faire revenir l'oignon et la carotte, 2 minutes à feu vif, en remuant de temps en temps. Ajouter les pois et le chou chinois, et mélanger 1 minute. Retirer de la poêle et réserver.

3 Dans la même poêle, chauffer la préparation au poulet 4 minutes, en remuant de temps en temps jusqu'à ce que le poulet soit tendre et bien cuit.

4 Incorporer les légumes réservés, puis les pousses de soja et la Maïzena mélangée au bouillon. Saler et remuer 2 minutes jusqu'à épaississement et ébullition.

Porter à ébullition une casserole de taille moyenne remplie d'eau. Y cuire les nouilles 2 minutes environ, jusqu'à ce qu'elles soient tendres. Les égoutter et les placer dans des assiettes à soupe individuelles. Garnir de poulet et des légumes ; servir immédiatement.

À PROPOS DES POUSSES DE SOJA

■ Pour faire pousser des germes de soja : placer ¼ à ½ tasse de haricots de soja dans un grand récipient en verre (ils seront dix fois plus volumineux une fois germés). Bien les rincer et les laisser tremper 12 heures dans de l'eau froide.

■ Vider l'eau et couvrir le récipient d'un morceau de tissu retenu par du fil ou un élastique. Coucher le récipient sur le côté et le laisser dans un endroit tiède et bien éclairé (pas directement exposé au soleil). Rincer et égoutter les haricots deux fois par jour pendant 3 ou 4 jours. Ne pas les laisser se dessécher. Les pousses sont bonnes à être consommées lorsqu'elles mesurent environ 2,5 cm de long.

■ Les placer dans une grande jatte d'eau et agiter pour enlever les gousses. Retirer les gousses avec une écumoire (elles sont comestibles mais les pousses de soja sont plus appétissantes ainsi).

SON

MUFFINS AU SON ET À LA BANANE

✲ **Préparation :** 20 minutes + 1 heure de repos
Cuisson : 15 à 20 minutes
Pour 12 muffins

1 tasse d'eau bouillante
1 tasse de son naturel
½ tasse de banane mûre, réduite en purée
1 œuf battu
2 cuil. à soupe d'huile
⅓ de tasse de cassonade, bien tassée
1 cuil. à café d'essence de vanille
1 tasse de farine
⅓ de tasse de lait écrémé, en poudre
1 ½ cuil. à café de levure chimique
1 ½ cuil. à café de bicarbonate de soude

1 Placer le son dans une jatte et l'arroser avec l'eau bouillante. Mélanger et laisser reposer 1 heure.
2 Préchauffer le four à 200 °C. Badigeonner d'huile le fond (uniquement) de 12 moules à muffins. Bien incorporer, la banane, l'œuf, l'huile, la cassonade et l'essence de vanille avec le son.
3 Dans une jatte de taille moyenne, tamiser la farine, le lait en poudre, la levure et le bicarbonate de soude. Ajouter en une fois la préparation au son et à la banane. Mélanger doucement avec une fourchette jusqu'à ce que tous les ingrédients soient légèrement humidifiés.
4 Remplir les moules aux deux-tiers et enfourner 15 à 20 minutes, jusqu'à ce que les muffins soient dorés. Servir tiède avec du beurre.

PAIN DE SON AUX FRUITS

✲ **Préparation :** 15 minutes
Cuisson : 50 minutes
Pour 8 personnes

1 tasse ½ de farine
2 cuil. à café de levure chimique
2 cuil. à café de mixed spice (muscade, cannelle, clous de girofle, gingembre)
1 tasse de son non traité
½ tasse de sucre roux
½ tasse d'huile
2 œufs battus
¾ de tasse de lait
½ tasse de raisins de Smyrne
½ tasse d'abricots secs, hachés
2 pommes pelées et râpées

1 Préchauffer le four à 180 °C. Badigeonner d'huile ou de beurre fondu un moule à pain de 20 x 15 x 7 cm. Couvrir le fond de papier et beurrer celui-ci. Tamiser la farine, la levure et les épices dans une grande jatte. Incorporer le son et le sucre puis former un puits au centre. Dans une petite jatte, battre l'huile, les œufs et le lait.
2 Verser dans le puits et bien mélanger avec une cuillère en bois, sans trop remuer. Incorporer les fruits secs et les pommes.
3 Verser le tout dans le moule préparé. Enfourner 50 minutes environ : vérifier la cuisson en piquant le centre du pain avec une brochette (elle doit ressortir sèche). Attendre 10 minutes avant de démouler.

CI-DESSUS : PAIN AU SON ET AUX FRUITS.
PAGE CI-CONTRE : POULET, SOJA ET NOUILLES À LA CHINOISE.

diligences qui faisaient étape à Bell Inn dans le village de Stilton, à l'est de l'Angleterre. On sert ce fromage à température ambiante, à la fin du repas.

Stollen Gâteau allemand à pâte levée composé de fruits secs, de zestes confits, et d'amandes, saupoudré avec du sucre avant la cuisson au four. C'est un gâteau de Noël traditionnel.

Stroganoff Plat russe traditionnel composé d'émincé de filet de bœuf, légèrement revenu à la poêle et recouvert d'une sauce à la crème fraîche. On y ajoute parfois des champignons et des oignons. Ce plat fit son apparition au XVIIIᵉ siècle, et on dit qu'il fut créé en l'honneur d'un membre de la famille Stroganov, riches marchands originaires de Novgorod.

Strudel Plat salé ou dessert composé d'une fine pâte feuilletée enroulée autour d'une garniture (traditionnellement en forme de croissant ou de fer à cheval), puis cuite au four.

Le strudel est généralement servi chaud. Les garnitures sucrées peuvent être des pommes, des cerises aigres, des

SOUFFLÉS

Les soufflés sont préparés avec un mélange de sauce riche, ou de purée et de blancs d'œufs montés en neige. On les cuit au four dans un moule spécial, profond, à bord droit. Lorsqu'on les retire du four, ils sont gonflés et dorés et dépassent largement du moule. Il faut les servir immédiatement, avant qu'ils ne retombent !

CI-DESSOUS, RANGÉE CENTRALE DE GAUCHE À DROITE : SOUFFLÉ AU CAFÉ, SOUFFLÉ AUX MYRTILLES, SOUFFLÉ AUX ÉPINARDS. EN BAS, À GAUCHE : SOUFFLÉ AUX HERBES.
PAGE CI-CONTRE, EN HAUT À DROITE : SOUFFLÉ AU CHOCOLAT ; RANGÉE CENTRALE DE GAUCHE À DROITE : SOUFFLÉ AUX FRAMBOISES, SOUFFLÉ AU MOKA, SOUFFLÉ AU FROMAGE ; EN BAS À DROITE : SOUFFLÉ AU SAUMON.

Les soufflés, sucrés ou salés, peuvent être cuits dans un grand moule ou dans des ramequins individuels. Lorsque vous achetez un plat à soufflé, choisissez-en un qui soit attrayant car les soufflés chauds sont généralement servis dans leur plat de cuisson. Pour les réussir, il est important de battre les œufs en neige juste avant la cuisson. Si vous attendez avant de les incorporer à la sauce (ou à la purée), ou si vous n'enfournez pas la préparation immédiatement, les blancs retomberont et deviendront aqueux. Les soufflés chauds s'accompagnent très bien d'une simple salade. Les soufflés sucrés sont délicieux servis avec de la glace ou de la crème.

Ajouter 125 g de fromage râpé, du sel, du poivre et ½ cuil. à café de moutarde de Dijon. Laisser refroidir un peu.
Pendant ce temps monter 4 blancs d'œufs en neige. En incorporer d'abord ⅓ avec une cuillère en métal, puis le reste avec délicatesse. Verser aussitôt, avec soin, dans le plat préparé en le remplissant jusqu'à 1 cm du bord.
Saupoudrer d'1 cuil. à soupe de parmesan fraîchement râpé. Enfourner 40 à 45 minutes pour un grand plat, 25 à 30 minutes pour des ramequins. Servir immédiatement.

SOUFFLÉ AU FROMAGE

Préchauffer le four à 180 °C.
Beurrer généreusement puis saupoudrer de chapelure un plat à soufflé de 18 cm de diamètre ou 4 petits ramequins (contenance : 250 ml). Faire fondre 125 g de beurre dans une casserole, incorporer 1 tasse de farine et chauffer à feu doux en remuant pendant 1 minute.
Hors du feu, verser 1 tasse de lait tiède et mélanger jusqu'à obtention d'une texture lisse.
Remettre sur le feu, remuer jusqu'à ébullition et épaississement. Hors du feu, incorporer 4 jaunes d'œufs bien battus sans cesser de remuer.

VARIANTES

■ **SOUFFLÉ AUX HERBES :** ajouter 1 oignon nouveau finement émincé et 1 cuil. à soupe d'herbes fraîches hachées (cerfeuil, persil, marjolaine ou ciboulette) en même temps que le fromage.
■ **SOUFFLÉ AUX ÉPINARDS :** remplacer le fromage par ½ tasse d'épinards cuits et hachés (après les avoir hachés, les presser entre vos mains pour en extraire le plus de jus possible), 1 pincée de noix de muscade râpée, 1 cuil. à soupe de parmesan râpé et 2 cuil. à soupe de gruyère râpé.
Ajouter le tout à la sauce cuite avant d'incorporer les blancs d'œufs.
■ **SOUFFLÉ AU SAUMON :** remplacer le fromage par 250 g de saumon rouge en boîte, égoutté et émietté, et 2 cuil. à soupe de ciboulette fraîche ciselée. Incorporer le tout à la sauce avant d'ajouter les blancs d'œufs.

SOUFFLÉ SUCRÉ CLASSIQUE

Préchauffer le four à 190 °C. Graisser un moule à soufflé de 20 cm de diamètre et le saupoudrer de sucre en poudre. Fondre 45 g de beurre dans une petite casserole. Ajouter 45 g de farine et remuer 1 minute à feu doux, jusqu'à obtention d'une texture lisse. Hors du feu, incorporer progressivement 1 tasse de lait tiède, en remuant continuellement. Ajouter $\frac{1}{4}$ de cuil. à café de sel, $\frac{1}{2}$ tasse de sucre et 1 cuil. à café d'essence de vanille. Remettre sur le feu et mélanger constamment jusqu'à obtention d'une préparation lisse et épaisse. Laisser refroidir. Battre 4 jaunes d'œufs et les incorporer petit à petit à la préparation froide, en remuant bien après chaque ajout. Monter 5 blancs d'œufs en neige, puis les incorporer délicatement à l'aide d'une cuillère en métal. Verser soigneusement dans le moule en le remplissant jusqu'à 1 cm du bord. Poser le moule dans un plat à four, profond, à moitié rempli d'eau chaude. Enfourner 15 minutes, baisser à 180 °C, et laisser cuire encore 25 minutes. Servir immédiatement.

LES CLÉS DE LA RÉUSSITE

■ Ajouter les ingrédients parfumant le soufflé avant d'incorporer les blancs en neige.

■ Les œufs doivent être à température ambiante.

■ Pour que les blancs montent bien en neige, ils ne doivent comporter aucune trace de jaune. La jatte et les fouets du batteur doivent être secs, sans la moindre trace de gras. Si du jaune glissait dans le blanc lorsqu'on les sépare, le retirer soigneusement avec la moitié d'une coquille d'œuf ou une cuillère à café.

■ Pour un meilleur résultat, monter les blancs en neige au fouet métallique, plutôt qu'au batteur électrique.

■ Les blancs battus en neige sont prêts lorsque se forme un pic lorsqu'on retire le fouet. Ne pas trop les battre sinon ils retomberaient lorsqu'on les incorpore à la sauce, et le soufflé ne lèverait pas bien.

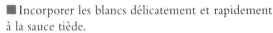

VARIANTES

■ **SOUFFLÉ AU CAFÉ :** remplacer la moitié du lait par $\frac{1}{2}$ tasse de café noir, fort.

■ **SOUFFLÉ AU CHOCOLAT :** faire fondre au bain-marie 60 g de chocolat noir (semi-amer) et l'incorporer à la sauce avant d'y ajouter les jaunes d'œufs.

■ **SOUFFLÉ AUX MYRTILLES :** hacher 200 g de myrtilles fraîches jusqu'à obtention d'une texture lisse et l'incorporer à la sauce avec les jaunes d'œufs.

■ **SOUFFLÉ AUX FRAMBOISES :** hacher 250 g de framboises, les filtrer pour enlever les grains, et les incorporer à la sauce en même temps que les jaunes d'œufs.

■ **SOUFFLÉ AU MOKA :** délayer 1 à 2 cuil. à soupe de café instantané dans 1 cuil. à soupe d'eau chaude. Faire fondre au bain-marie 60 g de chocolat noir (semi-amer) et mélanger au café. Laisser refroidir et incorporer à la sauce avant d'ajouter les jaunes d'œufs.

■ Incorporer les blancs délicatement et rapidement à la sauce tiède.

■ Pour que le soufflé cuise uniformément, poser le moule sur une plaque de four préchauffée.

■ Retirer les autres grilles ou plaques du four pour que le soufflé puisse lever.

■ Si vous ouvrez la porte du four lors de la cuisson, faites-le avec précaution, pour éviter tout appel d'air.

■ Un bon soufflé doit être légèrement moelleux au centre, et jamais desséché. Servir à chaque convive une partie croustillante et une partie crémeuse du soufflé.

mélanges de crèmes et fromages crémeux aromatisés. Les strudels salés garnis de bœuf, bacon et oignons hachés sont populaires en Autriche.

Succotash Plat originaire d'Amérique du Nord, composé d'un mélange de grains de maïs et de haricots de Lima. On le sert en accompagnement d'un plat de viande ou de volaille. L'ancêtre du succotash est le *misickquatash* des Indiens Narraganset, composé de maïs et de haricots rouges.

Sucre Le sucre est extrait de nombreuses plantes, principalement la canne à sucre (dans les régions tropicales) et de la betterave à sucre (dans les régions plus froides) ; de plus petites quantités sont extraites de certains érables et palmiers, ainsi que du sorgho. La canne à sucre, plante vivace, est probablement originaire du sud de l'Inde. La plante s'est répandue vers

la Malaisie, l'Indonésie ainsi qu'au nord et à l'ouest de la Perse. Le sucre fut connu en Europe avec les Croisés revenant d'Asie du Sud-Ouest au XIIIᵉ siècle, mais il ne détrôna le miel,

STEAK

STEAKS SAUCE COGNAC

✳ **Préparation :** 15 minutes
Cuisson : 15 à 20 minutes
Pour 6 personnes

6 steaks de bœuf dans le filet (d'environ 125 g chacun)

½ cuil. à café de poivre noir moulu

45 g de beurre + 15 g supplémentaires

2 oignons nouveaux, finement émincés

4 gousses d'ail écrasées

2 cuil. à soupe de sauce Worcestershire

1 cuil. à soupe de cognac

½ tasse de crème liquide

2 cuil. à soupe de persil frais, finement ciselé

1 Parer les steaks et les aplatir pour qu'ils aient la même épaisseur. Entailler les bords pour éviter qu'ils ne se recourbent et poivrer la viande.
Chauffer 45 g de beurre dans une poêle. Saisir les steaks à feu vif, 2 minutes par côté. Pour qu'ils soient saignants, cuire 1 minute de plus par côté. Mettre à feu moyen et cuire encore 2 à 3 minutes par côté pour qu'ils soient à point, 4 à 6 minutes pour qu'ils soient bien cuits.
Égoutter sur du papier absorbant.
2 Chauffer 15 g de beurre dans la poêle. Faire revenir l'ail et l'oignon, 3 minutes environ.
Verser la sauce Worcestershire et le cognac et mélanger

CI-DESSUS : STEAKS SAUCE COGNAC ; CI-CONTRE : STEAKS AU BEURRE À LA CORIANDRE. PAGE CI-CONTRE : BŒUF ET ROGNONS D'AGNEAU EN CROÛTE.

en détachant les dépôts au fond de la poêle. Incorporer la crème liquide et laisser mijoter 5 minutes. Remettre les steaks dans la poêle avec le persil et bien chauffer le tout.

STEAKS AU BEURRE À LA CORIANDRE

✳ **Préparation :** 20 minutes
Cuisson : 5 à 15 minutes
Pour 8 personnes

8 steaks dans le filet

Beurre à la coriandre
155 g de beurre ramolli

2 cuil. à soupe de coriandre fraîche, hachée

1 cuil. à soupe de menthe fraîche, hachée

1 cuil. à café de zeste d'orange râpé

2 cuil. à café de gingembre râpé

1 Parer la viande.
2 **Beurre à la coriandre :** battre le beurre dans une jatte jusqu'à ce qu'il soit crémeux.
Bien incorporer la coriandre, la menthe, le zeste et le gingembre. Rouler la préparation sur du papier-aluminium pour former une bûche.
Envelopper et réfrigérer jusqu'à ce que le beurre soit ferme.
3 Saisir les steaks dans une poêle légèrement huilée, à feu vif, 2 minutes par côté. Compter 1 minute supplémentaire pour une cuisson saignante ; encore 2 minutes par côté pour qu'ils soient à point, à feu moyen ; encore 4 minutes pour qu'ils soient bien cuits.
Détailler le beurre à la coriandre en rondelles d'1 cm d'épaisseur.
En garnir les steaks et servir.

BŒUF ET ROGNONS D'AGNEAU EN CROÛTE

☆ **Préparation :** 30 minutes
☆ ☆ **Cuisson :** 4 heures 10
  Pour 4 personnes

500 g de rumsteck
200 g de rognons d'agneau
2 cuil. à soupe de farine
30 g de beurre
1 cuil. à soupe d'huile
1 oignon, émincé
1 gousse d'ail, écrasée
125 g de champignons de
 Paris, coupés en quatre
1/2 tasse de vin rouge
1 tasse de bouillon de bœuf
2 cuil. à soupe de persil
 frais, haché

1 feuille de laurier

**Pâte à la graisse de
rognons**

1 tasse 1/2 de farine avec
 levure incorporée
90 g de graisse de rognons,
 sans peau et râpée
1/2 tasse d'eau (environ)

1 Parer la viande et la couper en cubes de 3 cm. Enlever la peau des rognons, les couper en quatre, et les parer. Verser la farine dans un sac en plastique. Ajouter la viande et les rognons et remuer pour les enrober. Les secouer pour enlever l'excès de farine.

2 Chauffer le beurre et l'huile dans une sauteuse. Faire fondre l'ail et l'oignon en remuant ; les retirer et réserver.
Saisir rapidement de petites quantités de viande et de rognons, à feu vif puis moyen, jusqu'à ce qu'ils soient bien dorés de toutes parts. Égoutter le tout sur du papier absorbant.

3 Remettre dans la sauteuse l'oignon, l'ail, la viande et les rognons. Ajouter les champignons, le vin, le bouillon, le persil et le laurier. Porter à ébullition, baisser le feu, couvrir et laisser mijoter 1 heure environ, en remuant de temps en temps jusqu'à ce que la viande soit tendre. Laisser refroidir.

4 Pâte à la graisse de rognons : tamiser la farine dans une jatte et incorporer le graisse râpée. Ajouter suffisamment d'eau et mélanger afin d'obtenir une pâte ferme.
La pétrir sur un plan de travail légèrement fariné jusqu'à ce qu'elle soit lisse. En étaler les deux-tiers ; en foncer un moule à pudding (contenance : 2 litres). Badigeonner le bord avec de l'eau.

5 Verser la préparation froide dans le moule. Étaler le reste de pâte sur le dessus pour former un couvercle. Couvrir et bien appuyer tout autour pour coller les bords de pâte.
Graisser un cercle de papier sulfurisé dépassant la circonférence du couvercle de 5 cm. Le déposer sur la préparation.

6 Recouvrir le tout d'une feuille de papier-aluminium et la maintenir avec du fil de cuisine. Placer le moule sur un trépied dans une cocotte. Remplir d'eau jusqu'à mi-hauteur du moule. Porter à ébullition, baisser le feu et laisser cuire 3 heures. Jeter les papiers et démouler sur un plat de service. Couper en tranches et servir.

STEAK TARTARE

 Préparation : 15 minutes
 Cuisson : aucune
 Pour 4 personnes

500 g de bœuf dans le filet
Sel et poivre
4 jaunes d'œufs
1 oignon, finement émincé
2 cuil. à soupe de câpres,
 finement détaillées

2 cuil. à soupe de persil
 frais, haché
Pain de seigle noir, ou
 toasts pour servir

1 Parer la viande. La hacher finement ; elle doit néanmoins rester ferme. Saler et poivrer généreusement.

2 Séparer la préparation en 4 portions.
Former 4 médaillons de steak ; les disposer sur les assiettes de service.
Avec le dos d'une cuillère à soupe, creuser légèrement le dessus de chaque médaillon et y faire glisser 1 jaune d'œuf entier.

3 Présenter chaque steak tartare garni d'un peu oignons, de câpres et de persil. Accompagner de pain de seigle noir, ou de toasts découpés en triangles.

Remarque : on peut aussi assaisonner le steak tartare de Tabasco ou de sauce pimentées.

ingrédient couramment utilisé, qu'au XVIIIe siècle.

Pour obtenir du sucre à partir de la canne à sucre, on en extrait le jus, puis on le fait bouillir jusqu'à ce qu'il cristallise ; on emploie ensuite des centrifugeuses pour séparer les cristaux de sucre brut de la mélasse liquide. Pour la betterave à sucre, le jus est extrait de la racine.

Il existe de nombreuses variétés. Le *sucre brut*, obtenu directement du jus clarifié de la canne à sucre, a des cristaux grossiers, de la couleur de la paille. La *cassonade* est un sucre brut cristallisé. Le *sucre roux* est doux et humide, avec un goût caractéristique provenant de la fine pellicule de mélasse qui enveloppe chaque cristal. On l'emploie en pâtisserie. Le *sucre blanc* ou *cristallisé*, avec des cristaux de taille moyenne, est raffiné à partir du sucre de canne. On l'utilise pour adoucir mets et préparations. Le *sucre semoule* ou *sucre en poudre*, a des cristaux plus fins, et est dès lors pratique en pâtisserie. Le sucre glace est obtenu à partir du sucre cristallisé réduit en une fine poudre. Le *sucre de palmier*, extrait d'une espèce de palmier à branches basses, a un fort goût de mélasse ; il donne une couleur foncée et parfume de nombreux plats indiens, malaysiens et indonésiens, sucrés et salés. Le *sucre candi* est préparé à partir d'un sirop concentré, ayant refroidi lentement, et cristallisé autour de fils.

Il existe aussi des sucres aromatisés, notamment le sucre vanillé, et des sucres colorés.

Sukiyaki Plat japonais ressemblant à un ragoût, composé de viande finement tranchée (généralement du bœuf, mais on peut également employer du porc, du poulet et des fruits de mer), de légumes, de sauce de soja et de saké. Traditionnellement, chaque convive casse un œuf dans un bol individuel, le bat avec des baguettes et y trempe les aliments chauds avant de les manger.

Sushi Plat japonais composé de petits rouleaux d'algues contenant du riz cuit et des garnitures salées telles qu'une fine tranche de poisson cru (en général du thon), de l'omelette ou un légume. Les sushi avec des algues sont appelés *maki*, ceux préparés avec du poisson ou des fruits de mer, *nigri*, et ceux avec de l'omelette, *fukusu*. Au Japon, les sushi sont vendus dans des restaurants spécialisés, ou à un comptoir séparé d'un restaurant classique.

STRUDELS (FOURRÉS SALÉS OU SUCRÉS À LA VIENNOISE)

STRUDEL CRÉMEUX AU POULET

★ ★   **Préparation :** 30 minutes
        Cuisson : 40 minutes
        Pour 4 personnes

1 cuil. à soupe d'huile	*90 g de beurre fondu*
1 gros oignon, haché	*1 branche de céleri,*
2 gousses d'ail, écrasées	*finement détaillée*
250 g de poulet haché	*1 petit poivron rouge,*
1 cuil. à soupe de curry en	*détaillé en petits*
poudre	*morceaux*
1/3 de tasse de ricotta	*1 petit avocat, émincé*
(fromage italien)	*1 cuil. à soupe de graines*
1/4 de tasse de crème fraîche	*de sésame*
10 feuilles de pâte phyllo	

1 Préchauffer le four à 180 °C. Badigeonner d'huile ou de beurre fondu une plaque de four. Chauffer l'huile dans une poêle à fond épais. Y dorer légèrement l'ail et l'oignon à feu moyen, 2 minutes environ. Ajouter le poulet haché et cuire à feu vif, 4 minutes environ, jusqu'à ce qu'il soit bien doré et que le jus se soit évaporé. Lors de la cuisson, émietter les blocs de poulet avec une fourchette. Incorporer le curry et chauffer encore 1 minute. Retirer du feu, laisser refroidir puis mélanger cette préparation avec la ricotta et la crème fraîche.
2 Couvrir la pâte phyllo avec un torchon humide. Retirer une feuille et la badigeonner entièrement de beurre fondu. Recouvrir avec une autre feuille et la badi-

geonner de beurre. Recommencer l'opération avec les autres feuilles et presque tout le beurre.
3 Étaler le poulet le long du grand bord de la pâte. Le garnir de céleri, de poivron et d'avocat.
4 Rouler la pâte en rentrant les extrémités. Poser le strudel, partie lisse vers le haut, sur la plaque préparée. Le badigeonner de beurre fondu, le parsemer de graines de sésame et enfourner 30 minutes environ, jusqu'à ce qu'il soit bien doré. Couper en tranches et servir.

STRUDEL AU FROMAGE FRAIS CRÉMEUX

★   **Préparation :** 15 minutes
  Cuisson : 25 minutes
  Pour 6 personnes

250 g de fromage frais	*1/4 de tasse de farine*
crémeux (type cream	*1/3 de tasse de raisins de*
cheese)	*Smyrne*
1 cuil. à soupe de jus de	*2 rouleaux de pâte*
citron	*feuilletée préétalée*
3 cuil. à soupe de sucre en	*2 cuil. à soupe de lait*
poudre + 1 cuil. à soupe	
supplémentaire	

1 Préchauffer le four à 180 °C. Battre le fromage frais, le jus de citron et 3 cuil. à soupe de sucre jusqu'à obtention d'une texture lisse. Incorporer délicatement la farine tamisée et les raisins.
2 Placer la moitié de la préparation à environ 5 cm du bord de chaque feuille. Les rouler comme pour former une bûche et pincer les extrémités pour fermer.
3 Les badigeonner de lait et les saupoudrer avec le sucre restant. Enfourner 25 minutes environ.

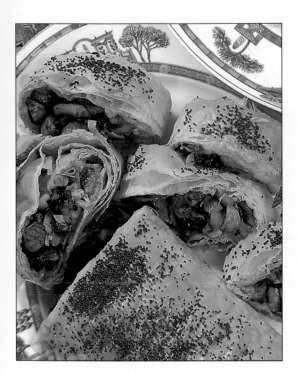

STRUDEL AUX CHAMPIGNONS

★ **Préparation :** 20 minutes
Cuisson : 25 minutes
Pour 4 à 6 personnes

15 g de beurre + 90 g de beurre fondu	Poivre noir fraîchement moulu
1 gousse d'ail, écrasée	8 feuilles de pâte phyllo
2 cuil. à café de jus de citron	½ tasse de pecorino (fromage italien) râpé
500 de chapeaux de champignons, émincés	6 oignons nouveaux, émincés
2 cuil. à café de zeste de citron, râpé	2 cuil. à café de graines de pavot

1 Faire fondre le beurre dans une casserole de taille moyenne. Ajouter l'ail et le jus de citron et chauffer à feu doux 2 minutes. Incorporer le zeste, le poivre et les champignons et cuire jusqu'à ce qu'ils soient juste tendres. Laisser refroidir.
2 Couvrir la pâte phyllo avec un torchon humide. Retirer une feuille de pâte et la badigeonner complètement de beurre fondu. Recouvrir avec une autre feuille et la badigeonner de beurre fondu. Recommencer l'opération avec les autres feuilles et presque tout le beurre.
3 Placer la préparation au centre de la pâte, en une bande parallèle au côté le plus long. Saupoudrer de pecorino et d'oignons nouveaux. Rouler la pâte en rentrant les extrémités. La poser, face lisse vers le haut, sur une plaque de four bien huilée. Badigeonner le dessus et les côtés de beurre fondu, et parsemer de graines de pavot.
4 Enfourner 8 minutes à 200 °C, puis 15 minutes à 180 °C.

STRUDEL AUX POMMES

★ ★ **Préparation :** 20 minutes
Cuisson : 30 minutes
Pour 8 personnes

½ tasses de noix en poudre	60 g de beurre fondu
1 cuil. à soupe de sucre roux	470 g de compote de pommes
1 cuil. à café de cannelle en poudre	½ tasse de raisins de Smyrne
6 feuilles de pâte phyllo	

1 Préchauffer le four à 210 °C. Mélanger les noix en poudre, le sucre et la cannelle.
2 Travailler une feuille de pâte à la fois, en gardant les autres sous un torchon humide pour qu'elles ne sèchent pas. Badigeonner la première feuille d'un peu de beurre fondu. La saupoudrer de la préparation à base de noix. Recommencer l'opération avec les autres feuilles de pâte en les superposant ; ne pas saupoudrer la dernière feuille de la préparation aux noix .
3 Mélanger la pomme et les raisins. Étaler le tout au centre de la pâte. Replier les petits côtés pour qu'ils se rejoignent et rabattre les grands côtés pour former une enveloppe. Placer le strudel, partie lisse vers le haut, sur une plaque de four légèrement graissée. Badigeonner la surface et les côtés de beurre fondu. Inciser le strudel en diagonale tous les 3 cm.
4 Enfourner 15 minutes à 210 °C, puis 15 minutes à 180 °C, jusqu'à ce que le strudel soit croustillant et doré. Servir tiède.

STRUDEL AUX CERISES

Égoutter 470 g de cerises en conserve. Les couper en deux, les dénoyauter et les laisser égoutter dans une passoire. Dans une grande jatte, mélanger ¾ de tasse de noix pilées, ½ tasse de sucre, 1 cuil. à soupe de zeste de citron râpé et 1 cuil. à café de cannelle en poudre et 1 cuil. à café de poivre de la Jamaïque en poudre. Dans une autre jatte, mélanger ¾ de tasse de mie de pain moelleuse et 60 g de beurre fondu. Incorporer cette préparation à celle aux noix.
Poser une feuille de pâte feuilletée sur un plan de travail et la badigeonner d'un peu de beurre fondu. Étaler la préparation jusqu'à 5 cm de chaque côté et recouvrir de cerises. Rabattre les bords longs et bien appuyer pour qu'ils adhèrent, puis replier les côtés. Badigeonner tout le strudel de beurre fondu, saupoudrer éventuellement de graines de pavot et placer sur une plaque de four graissée. Cuire 10 minutes dans un four préchauffé à 200 °C. Baisser le feu à 180 °C et laisser encore 25 à 30 minutes, jusqu'à ce que le strudel soit doré. Servir tiède avec de la crème fouettée.

PAGE CI-CONTRE : STRUDEL AU FROMAGE FRAIS CRÉMEUX. CI-DESSUS : STRUDEL AUX CHAMPIGNONS.

Les sushi sont servis froids, agrémentés de gingembre mariné émincé. À l'origine, ce mets, si prisé de nos jours, était un simple en-cas de pêcheurs. Le sushi est très populaire aussi bien chez les Japonais qu'en Occident. Il existe de nombreuses variétés de sushi, mais toutes nécessitent l'utilisation d'un riz subtilement vinaigré, et toutes se présentent sous la forme de bouchées. Le sushi se prépare avec des feuilles d'algues sèches, que l'on coupe en deux, et que l'on roule autour de la garniture : œufs de saumon, ou œufs de lump, ou encore lamelles de thon frais, anguille de mer, seiche, omelette émincée, concombre...

Le riz sushi est soit à grains courts et ronds, soit à grains fins et longs. Pour le préparer, il convient de le laver soigneusement, et on le fait cuire à l'eau bouillante ; ensuite, on le fait mariner dans un mélange à base de *mirin* (vinaigre de riz), avec un peu de sucre en poudre. On déguste le sushi à la main, ou avec des baguettes japonaises, trempé dans de la sauce de soja, et agrémenté de gingembre préalablement mariné dans du vinaigre et très finement émincé. On peut se procurer du gingembre prêt à l'emploi dans les magasins d'alimentation asiatique.

Tabasco Sauce rouge, de texture légère, au goût piquant, préparée avec des piments fermentés avec du sel dans des fûts de chêne pendant quatre ans, puis filtrée et additionnée de vinaigre. Le tabasco s'utilise, avec modération, pour ajouter une saveur très épicée aux sauces, aux assaisonnements de salade, au jus de tomates, aux préparations à base de crabe et de homard. C'est un élément

essentiel de la cuisine cajun.

Le tabasco fut d'abord créé en Louisiane, mais il doit son nom à la région de Tabasco, au Mexique, où l'on trouve les piments employés pour sa fabrication. On trouve cette sauce partout dans le monde, dans de petits flacons caractéristiques.

Taboulé Salade originaire du Moyen-Orient, composée de *bourgoul* (blé concassé), de persil plat frais finement ciselé, de tomates coupées en dés, d'huile d'olive, de menthe et de jus de citron.

THON

STEAKS DE THON À LA TAPENADE

✳︎ **Préparation :** 15 minutes + 1 heure de marinade
Cuisson : 4 minutes par steak
Pour 6 personnes

Marinade
¹/₃ de tasse d'huile d'olive
2 cuil. à soupe de vin blanc sec
2 cuil. à soupe de jus de citron
6 steaks de thon d'environ 200 g chacun

Tapenade
1 tasse d'olives noires, dénoyautées
2 cuil. à café de câpres
1 gousse d'ail écrasée
1 cuil. à soupe d'huile d'olive
1 cuil. à soupe de persil ciselé
6 cuil. à café de crème fraîche

1 Réunir l'huile d'olive, le vin blanc et le jus de citron dans un petit récipient fermant hermétiquement ; secouer pendant 30 secondes.
Disposer les steaks de thon en une couche, dans un plat peu profond, en verre ou en céramique. Y verser la marinade et réfrigérer 1 heure en retournant le thon après 30 minutes.
2 Tapenade : Bien mélanger les olives, les câpres, l'ail et l'huile; les hacher finement. Réfrigérer jusqu'à utilisation.
3 Retirer le thon du plat et réserver la marinade. Le cuire au gril ou au barbecue, sur une plaque (ou une grille recouverte de papier-aluminium), préchauffée et

légèrement huilée. Compter, à feu vif, 2 à 3 minutes par côté, en l'arrosant de temps en temps de marinade. Incorporer le persil à la tapenade et garder 10 minutes à température ambiante.
4 Présenter chaque steak de thon sur une assiette. Garnir d'1 cuil. à soupe de tapenade, et d'1 cuil. à café de crème fraîche. Servir immédiatement.

THON TERIYAKI

✳︎ **Préparation :** 10 minutes + 30 minutes de marinade
Cuisson : 10 minutes
Pour 4 personnes

500 g de filet de thon

Marinade teriyaki
1 morceau de gingembre vert de 2 cm, râpé
2 cuil. à soupe de sauce de soja

1 cuil. à soupe de jus de citron
2 cuil. à soupe de xérès sec
¹/₂ tasse de bouillon de poisson

1 Enlever toute la peau du filet et le couper en 4 morceaux égaux.
2 Mélanger tous les ingrédients de la marinade dans un plat peu profond.
3 Y placer les morceaux de thon et laisser mariner au moins 30 minutes. Les retourner de temps en temps.
4 Cuire le poisson au gril, sur une plaque ou une grille recouverte de papier-aluminium, environ 2 à 3 minutes par côté, jusqu'à ce que la chair se détache.
Au cours de la cuisson, l'arroser avec la marinade jusqu'à ce qu'il n'en reste plus.
Servir immédiatement.

THON FRAIS AUX HERBES ET AU VINAIGRE BALSAMIQUE

✳   **Préparation** : 5 minutes
       Cuisson : 10 minutes
       Pour 4 personnes

2 cuil. à soupe d'huile d'olive	1 cuil. à soupe de basilic, ciselé
4 steaks de thon	2 cuil. à soupe de vinaigre balsamique
1 cuil. à soupe de persil, ciselé	

1 Chauffer l'huile dans une grande poêle.
Y disposer les steaks de thon en une couche et les cuire sur les deux faces, à feu moyen, 10 minutes environ (le temps de cuisson dépend de l'épaisseur des steaks).
2 Présenter le thon sur un plat de service. Parsemer de persil et de basilic ciselés, et arroser de vinaigre balsamique.

Remarque : le thon est un poisson gras qui doit être consommé aussi frais que possible.
Les steaks de thon sont généralement cuits avec la peau.

PAGE CI-CONTRE : STEAKS DE THON À LA TAPENADE. CI-DESSUS : THON FRAIS AUX HERBES ET AU VINAIGRE BALSAMIQUE.

RISSOLES DE THON FRAIS

✳   **Préparation** : 20 minutes
       Cuisson : 10 à 15 minutes
       Pour 4 personnes

500 g de filet de thon frais	2 cuil. à soupe de persil ciselé
1 oignon, finement émincé	
1 tasse ½ de purée de pommes de terre	Farine salée et poivrée
	1 œuf battu
1 cuil. à soupe de pimiento, haché (ou de paprika en poudre)	Chapelure
	Huile pour la friture
Poivre	

1 Retirer la peau du filet ; le hacher finement.
2 Dans une jatte, bien mélanger le poisson, l'oignon, la purée, le pimiento, le poivre et le persil.
Prélever des cuillerées de cette préparation et former des rissoles (petits chaussons).
3 Enrober les rissoles de farine, les tremper dans l'œuf battu et les rouler dans la chapelure.
4 Frire quelques rissoles à la fois dans l'huile chaude. Égoutter sur du papier absorbant et servir.

FETTUCCINE AU THON FRAIS

✳ ✳   **Préparation** : 15 minutes
         Cuisson : 15 à 20 minutes
         Pour 6 personnes

750 g de pâtes fettuccine	3 gousses d'ail, écrasées
2 belles tomates mûres	2 oignons, détaillés en lamelles
125 g d'asperges fraîches, coupées en morceaux de 3 cm	¼ de tasse de feuilles de basilic, ciselées
½ tasse d'huile d'olive	¼ de tasse de câpres, hachées
500 g de steaks de thon	

1 Cuire les fettuccine à l'eau. Les égoutter et mélanger avec un peu d'huile.
2 Peler et couper les tomates en morceaux. Blanchir les asperges. Les égoutter, rincer à l'eau froide et les égoutter à nouveau.
3 Chauffer 1 cuil. à soupe d'huile dans une grande poêle.
Cuire les steaks de thon, 2 minutes par face, jusqu'à ce qu'ils soient bien dorés en surface mais moelleux à cœur. Émietter et ôter les arêtes.
4 Chauffer le reste d'huile dans la poêle.
Faire revenir l'ail et l'oignon à feu moyen, 3 minutes environ, jusqu'à ce que l'oignon soit tendre.
Ajouter les fettuccine cuites, les asperges, le thon, les tomates, le basilic et les câpres.
Mélanger à feu moyen.

Le taboulé est traditionnellement enroulé dans des feuilles de salade romaine et on le mange avec les doigts ; il est souvent servi en accompagnement de viande grillée et de volaille.

Taco Aliment d'origine mexicaine. C'est une *tortilla* (galette de maïs) repliée et frite jusqu'à ce qu'elle devienne croustillante, traditionnellement servie avec une garniture de viande épicée. On peut y ajouter une purée de haricots préparés à la mexicaine, du fromage râpé, des tomates finement coupées, de la laitue émincée et une sauce pimentée.

Tagliatelle Pâtes alimentaires en forme de ruban long et plat, souvent parfumées à la tomate ou aux épinards, bouillies dans l'eau et servies avec une sauce. C'est une spécialité du nord et du centre de l'Italie. Une légende raconte que la création des tagliatelles fut inspirée par la chevelure blonde de Lucrèce Borgia.

Tahini Pâte épaisse, douce, fabriquée avec des graines de sésame pilées et grillées.

Au Moyen-Orient, on la mélange avec du jus de citron, de l'ail et des pois chiches pour obtenir une sauce froide que l'on sert avec du pain plat. On utilise aussi le tahini pour les gâteaux, les biscuits et la *halva*. On l'appelle également *tahina*.

Tajine Plat mijoté marocain très épicé, composé de viande, de légumes ou de fruits.

Tamale Préparation à base de semoule de maïs sucré ou salé, cuit à la vapeur dans une feuille de maïs. C'est une spécialité mexicaine, souvent servie chaude en entrée. Le tamale est préparé en saupoudrant une pâte composée de maïs séché et écrasé, et d'eau (appelée *masa*), sur une feuille de maïs, à laquelle on ajoute une garniture sucrée ou salée. On enveloppe le tout dans la feuille de maïs, et on cuit la préparation à la vapeur. À défaut de feuille de maïs, on peut utiliser une feuille de banane, ou simplement de papier-aluminium.

Traditionnel plat de fête, le tamale était autrefois considéré comme une offrande des dieux.

Tamarille Fruit en forme de prune avec une peau brillante rouge foncé et douce, et une chair

TOFU (PÂTE DE SOJA)

SALADE ORIENTALE AU TOFU

✳ **Préparation :** 20 minutes + 1 heure de marinade
Cuisson : aucune
Pour 4 personnes

2 cuil. à café de sauce pimentée douce, thaïlandaise	100 g de pois mange-tout, coupés en morceaux de 3 cm
½ cuil. à café de gingembre râpé	2 petites carottes, détaillées en bâtonnets
1 gousse d'ail, écrasée	100 g de chou rouge, finement émincé
2 cuil. à café de sauce de soja	2 cuil. à soupe de cacahuètes, concassées
2 cuil. à soupe d'huile	
250 g de tofu ferme	

1 Réunir la sauce pimentée, le gingembre, l'ail, la sauce de soja et l'huile dans un petit récipient fermant hermétiquement ; bien secouer. Détailler le tofu en cubes de 2 cm. Les placer dans une jatte de taille moyenne, verser la marinade et mélanger. Couvrir d'un film plastique et réfrigérer 1 heure.
2 Placer les pois dans une petite casserole. Les arroser d'eau bouillante et laisser reposer 1 minute. Les égoutter, les plonger dans l'eau glacée puis bien les égoutter.
3 Les incorporer délicatement au tofu ainsi que les carottes et le chou. Présenter dans un saladier de service ou des assiettes individuelles. Parsemer de cacahuètes et servir.

TOFU FRIT AUX ÉPICES

✳ **Préparation :** 10 minutes
Cuisson : 10 minutes
Pour 4 personnes

375 g de tofu ferme, en bloc	1 gousse d'ail, écrasée
½ tasse de farine de riz	½ tasse d'eau
2 cuil. à café de coriandre en poudre	Huile pour la friture
1 cuil. à café de cardamome en poudre	Condiment épicé à la tomate pour servir

1 Égoutter le tofu et le détailler en tranches d'1 cm d'épaisseur.
2 Mélanger la farine de riz, la coriandre, la cardamome et l'ail dans une jatte.
Ajouter de l'eau et remuer jusqu'à obtention d'une texture lisse.
3 Chauffer l'huile dans une poêle. Plonger les tranches de tofu dans la préparation épicée pour bien les enrober.
4 Les frire en petites quantités à la fois, environ 1 minute par côté, jusqu'à ce qu'elles soient croustillantes et bien dorées.
Les égoutter sur du papier absorbant au fur et à mesure. Servir chaud avec un condiment épicé à la tomate, à votre goût.

À PROPOS DU TOFU

■ Le tofu est parfois appelé pâte de soja ou fromage de soja. Comme le tempeh (à base de pâte de pousses de soja cuites et fermentées), c'est un aliment riche en protéines qui remplace la viande dans maintes recettes.
■ Le tofu doit être conservé au réfrigérateur, couvert d'eau. Il restera frais jusqu'à une semaine si l'on change l'eau régulièrement.

TOMATES

SALADE DE TOMATES TIÈDES AUX HERBES

☆ **Préparation :** 20 minutes
Cuisson : 15 minutes
Pour 6 personnes

1 gousse d'ail, écrasée
1 cuil. à soupe d'huile d'olive + 1 cuil. à soupe supplémentaire
12 tranches de pain, de 2 cm d'épaisseur
250 g de tomates cerises
250 g de petites tomates jaunes (ou de tomates ordinaires)

¼ de tasse de feuilles de basilic, ciselées
1 cuil. à soupe d'estragon frais, haché
¼ de tasse de persil frais, haché
Sel et poivre noir fraîchement moulu

1 Préchauffer le four à 180 °C. Dans une petite jatte, mélanger l'ail et 1 cuil. à soupe d'huile d'olive. Badigeonner les tranches de pain, sur une face, avec cette préparation. Les poser sur une plaque de four et cuire 7 minutes. Les retourner, badigeonner l'autre face et enfourner encore 5 minutes. Laisser refroidir.

PAGE CI-CONTRE, EN HAUT : SALADE ORIENTALE AU TOFU ; EN BAS : TOFU FRIT AUX ÉPICES.
CI-DESSUS : SALADE DE TOMATES TIÈDES AUX HERBES.

2 Chauffer 1 cuil. à soupe d'huile d'olive dans une poêle. Frire les tomates à feu moyen, 2 minutes environ, jusqu'à ce qu'elles soient juste tendres.
3 Ajouter les herbes, le sel et le poivre et cuire encore 1 minute en mélangeant bien les ingrédients. Servir tiède avec le pain grillé à l'ail.

TOMATES CERISES GARNIES DE PESTO

☆ **Préparation :** 35 minutes
Cuisson : aucune
Pour environ 50 tomates cerises garnies

1 tasse de persil frais haché, bien tassé
2 gousses d'ail
2 cuil. à soupe de pignons
¼ de tasse d'huile d'olive
⅔ de parmesan râpé

¼ de tasse de feuilles de basilic frais
15 g de beurre à température ambiante
Poivre fraîchement moulu
500 g de tomates cerises

1 Hacher le persil, l'ail, les pignons et l'huile jusqu'à obtention d'une purée.
2 Ajouter les autres ingrédients, sauf les tomates, et hacher jusqu'à ce qu'ils soient bien mélangés.
3 Découper le haut des tomates cerises et les garnir de cette préparation (si on veut les garnir plus, les vider légèrement). Réfrigérer jusqu'à utilisation.

acidulée renfermant de minuscules graines. On enlève la peau amère après pochage ; la pulpe peut être ajoutée à des salades salées, mais elle peut aussi être sucrée et cuite pour la confection de tartes ou de puddings chauds. La tamarille est originaire du Pérou. Il en existe également des variétés de couleur jaune.

Tamarin Pulpe aigre-douce provenant des graines d'une cosse d'un arbre tropical. On l'emploie pour donner un goût amer aux currys, aux ragoûts et aux chutneys. C'est un des ingrédients de la sauce Worcestershire.

Tandoori Méthode de cuisson indienne traditionnelle dans laquelle le poulet ou l'agneau sont marinés dans une pâte rouge épicée, enfilés sur de longues brochettes et cuits dans un *tandoor*, four en terre argileuse.

Tangelo Agrume à chair juteuse, de couleur pâle jaune à orange, au goût acidulé.

La peau du tangelo est orange et se retire facilement. Ce fruit provient d'un croisement de pamplemousse et de mandarine.

Tapas Terme espagnol désignant des amuse-gueules salés, chauds ou froids, de la taille d'une bouchée : olives, noix, pickles, légumes farcis ou grillés, tranches de viande et saucisses sèches notamment.
Les tapas sont très populaires en Espagne.

Tapenade Pâte à tartiner salée préparée avec une purée d'olives noires dénoyautées mélangée à des anchois, des câpres, de l'ail, du jus de citron et de l'huile d'olive.

On la sert avec du pain croustillant, mais on peut également la diluer avec de l'huile d'olive et l'employer en sauce pour accompagner des poivrons ou des aubergines grillées.
La tapenade est originaire de la Provence ; son nom provient du provençal *tapeno* signifiant "câpres".

Tapioca Minuscules billes d'amidon préparées avec la racine du manioc (qui pousse en Amérique tropicale, dans les îles du Pacifique, en Indonésie, aux Philippines et en Afrique).
On le prépare dans du lait ou dans de l'eau, avec du sucre, pour le manger en dessert, et on l'emploie également pour épaissir les soupes et les ragoûts.

Tarama Sauce froide crémeuse préparée en

SAUCE AUX TOMATES FRAÎCHES

✳ **Préparation :** 20 minutes
Cuisson : 20 minutes
Pour 6 personnes

1 cuil. à soupe d'huile d'olive
1 petit oignon rouge, haché
3 tomates mûres, pelées et coupées en morceaux
1/2 tasse de vinaigre de vin rouge
2 cuil. à café de sucre roux
2 courgettes, hachées

1 poivron vert coupé en morceaux
1/2 tasse d'olives noires, dénoyautées et hachées
1 cuil. à soupe de câpres
2 cuil. à soupe de pignons
2 cuil. à soupe de persil plat, ciselé

1 Chauffer l'huile dans une grande casserole, ajouter l'oignon, couvrir et chauffer 1 minute à feu doux. Incorporer les tomates, couvrir et cuire jusqu'à ce qu'elles soient fondantes. Verser le vinaigre et le sucre roux et laisser mijoter à découvert, 10 minutes environ, jusqu'à ce que la sauce ait réduit et épaissi.
2 Ajouter les courgettes et le poivre. Couvrir et cuire jusqu'à ce que les légumes soient juste tendres. Laisser refroidir 10 minutes puis incorporer les olives, les câpres, les pignons et le persil.

CI-DESSUS : TOMATES FARCIES À LA BRUSCHETTA.
PAGE CI-CONTRE, EN HAUT : MITONNÉE DE TOMATES ET POIVRONS ; EN BAS : PAIN AUX TOMATES ET AUX OLIVES.

TOMATES GRILLÉES À LA BRUSCHETTA

✳ **Préparation :** 15 minutes
Cuisson : 35 minutes
Pour 4 personnes

1 miche de pain italien
4 belles tomates mûres
1/2 cuil. à café de feuilles de marjolaine séchée
Sel et poivre noir fraîchement moulu
2 cuil. à soupe d'huile d'olive + 2 cuil. à soupe supplémentaires
2 cuil. à soupe de vinaigre de vin rouge

1 cuil. à café de sucre roux
1 gousse d'ail coupée en deux
1/2 tasse d'artichauts marinés en bocal, égouttés et émincés
1 cuil. à soupe de persil plat, ciselé

1 Détailler le pain en tranches épaisses. Préchauffer le gril. Couper les tomates en deux, et les presser délicatement pour enlever les pépins. Les placer, côté coupé vers le haut, dans un plat à gratin. Réunir 2 cuil. à soupe d'huile d'olive, la marjolaine, le sel, le poivre, le vinaigre et le sucre dans un petit récipient fermant hermétiquement. Bien secouer et verser sur les tomates.
2 Les passer au gril 30 minutes en les retournant à mi-cuisson. Retirer et garder au chaud.
3 Badigeonner généreusement d'huile les tranches de pain, des deux côtés. Les passer au gril jusqu'à ce qu'elles soient dorées et les frotter à l'ail. Les garnir de tomates, puis d'artichauts émincés, et de persil. Servir.

MITONNÉE DE TOMATES ET POIVRONS

✻   *Préparation :* 15 minutes
      Cuisson : 15 minutes
      Pour 4 à 6 personnes

2 cuil. à soupe d'huile d'olive

1 gros oignon rouge, émincé

2 gros poivrons rouges, finement détaillés

1 gros poivron vert, finement détaillé

4 belles tomates mûres, pelées et hachées

2 cuil. à café de sucre roux

1 Chauffer l'huile dans une casserole de taille moyenne. Y faire fondre l'oignon à feu doux.
2 Ajouter les poivrons en morceaux et cuire à feu moyen, 5 minutes environ, en remuant constamment.
3 Incorporer les tomates et le sucre roux. Baisser le feu, couvrir et laisser mijoter 6 à 8 minutes jusqu'à ce que les légumes soient tendres.

PAIN AUX TOMATES ET AUX OLIVES

✻   *Préparation :* 20 minutes
      Cuisson : 20 à 25 minutes
      Pour 8 personnes

15 g de beurre

2 cuil. à café d'huile d'olive

2 gros oignons, coupés en rondelles

1/3 de tasse d'olives farcies au pimiento

1/3 de tasse de tomates séchées, en bocal, égouttées

2 feuilles de pain lavash (pain scandinave)

1 Préchauffer le four à 180 °C. Recouvrir de papier-aluminium 2 plaques de four. Chauffer le beurre et l'huile dans une sauteuse. Faire revenir l'oignon, à feu vif puis moyen, jusqu'à ce qu'il soit bien doré. Égoutter.

2 Hacher les olives et les tomates jusqu'à obtention d'une texture assez lisse. L'étaler uniformément sur le pain et garnir de rondelles d'oignons. Placer sur les plaques préparées et enfourner 20 minutes environ, jusqu'à ce que le pain soit bien doré et croustillant.
3 Laisser reposer 5 minutes sur les plaques. Couper en tranches ou en carrés et servir.

SALADE DE TOMATES RÔTIES

✻   *Préparation :* 15 minutes
      Cuisson : 20 minutes
      Pour 6 personnes

6 tomates mûres

1 cuil. à soupe d'huile d'olive + 1/4 de tasse supplémentaire

2 cuil. à soupe de vinaigre de vin blanc

1/2 cuil. à café de moutarde

12 feuilles de basilic, finement ciselées

1 Préchauffer le four à 180 °C. Badigeonner d'huile une grande plaque de four. Enlever le pédoncule des tomates avec un couteau d'office. Les retourner sur la plaque et faire une grande incision en croix dans la peau, sans entailler la pulpe. Badigeonner avec 1 cuil. à soupe d'huile d'olive et enfourner 20 minutes. Laisser refroidir.
2 Réunir 1/4 de tasse d'huile d'olive, le vinaigre et la moutarde dans un petit récipient fermant hermétiquement et bien secouer. Peler les tomates et les disposer sur un plat de service ou des assiettes individuelles. Assaisonner légèrement chacune d'elles et garnir de basilic.

réduisant en purée le tarama, laitance séchée, salée et pressée d'un poisson (le mulet),

avec du pain, de l'ail, de l'oignon, de l'huile d'olive et du jus de citron. Spécialité grecque et turque, le tarama est servi frais sur de fines tranches de pain grillé ou sur du pain pita.

Taro Fécule d'une plante tropicale à peau rêche, marron, velue, et à chair pâle et ferme. Le taro est très utilisé dans les cuisines du Pacifique et de l'Asie du Sud-Est, bouilli ou cuit au four et servi en légume. On peut aussi le cuire à la vapeur, et le sucrer pour l'incorporer à certains puddings.

Tempura Plat japonais composé de beignets de fruits de mer et de légumes frits. On le sert chaud, accompagné d'une sauce de soja.

Teriyaki Plat japonais composé de viande, de volaille ou de poisson marinés dans du *mirin* (vin de riz sucré, de couleur ambrée) et de la sauce de soja, puis cuits au gril ou au barbecue.

Thaïlandaise (cuisine) La cuisine thaïlandaise se caractérise par son harmonie subtile de saveurs piquantes, sucrées, salées, amères et aigres. Elle fait ressortir les influences de la Chine (principalement par l'utilisation des ingrédients), de l'Inde, de Java, du Cambodge et du Sri Lanka. Le piment, originaire d'Amérique, ne parvint en Thaïlande qu'au XVIᵉ siècle ; il y fut introduit par les Portugais. De nos jours, avec la menthe, le basilic, l'oignon nouveau, la ciboule, la coriandre

et le lait de coco, il est l'un des principaux ingrédients de la cuisine thaïlandaise.

Un repas thaïlandais traditionnel est composé de nombreux plats (généralement une soupe, un curry, un plat cuit à la vapeur, un plat frit, et une salade) sélectionnés pour leurs saveurs, textures, et couleurs. Ils sont tous servis en même temps, mangés chauds ou à température ambiante. On sert toujours du riz en accompagnement. Le repas principal est suivi de fruits tropicaux frais, de gâteaux et desserts à base de haricots de soja, farine, riz, noix de coco, sucre de palmier et œufs. On boit de l'eau ou du thé.

Thé Boisson préparée avec des feuilles de thé macérées (feuilles séchées provenant d'un arbuste de la famille des théacées) dans de l'eau frémissante.

TOMATES FARCIES

✻ **Préparation** : 20 minutes + 15 minutes de repos
Cuisson : 40 minutes
Pour 6 personnes

¼ de tasse de boulgour (blé concassé ; ou semoule de couscous)
⅓ de tasse d'eau chaude
1 cuil. à soupe d'huile
1 petit oignon, haché
500 g de bœuf haché
60 g de tomates séchées, en bocal, émincées
6 belles tomates fermes
2 cuil. à soupe de concentré de tomates
1 cuil. à soupe de sauce barbecue
1 cuil. à café d'origan séché
1 cuil. à soupe de persil, ciselé
2 cuil. à café d'huile d'olive

1 Préchauffer le four à 180 °C. Badigeonner d'huile un plat à four profond. Placer le boulgour dans une petite jatte, y verser l'eau chaude et laisser reposer 15 minutes ; le presser pour en extraire l'eau. Chauffer l'huile dans une sauteuse. Y cuire l'oignon et le bœuf haché, 5 minutes, en émiettant les blocs de viande avec une fourchette. Hors du feu, enlever l'excédent de jus et placer la préparation dans une jatte.
2 Y incorporer le boulgour, les tomates séchées, le concentré de tomates, la sauce barbecue et les herbes.
3 Découper le pédoncule de chaque tomate pour former un couvercle de 2 cm d'épaisseur. Enlever les pépins et la membrane, farcir les tomates, et couvrir avec le pédoncule ôté.
4 Badigeonner entièrement les tomates d'huile d'olive. Enfourner 35 minutes.

SOUPE AUX TOMATES ET AUX LENTILLES BRUNES

✻ **Préparation** : 10 minutes
Cuisson : 40 minutes
Pour 4 personnes

1 gros oignon
1 tasse de lentilles brunes
¼ de tasse d'huile d'olive
1 gousse d'ail, écrasée
¼ de tasse de concentré de tomates
2 petits piments secs
1 feuille de laurier
1 l d'eau
Sel et poivre noir fraîchement moulu

1 Hacher finement l'oignon. Rincer les lentilles à l'eau froide et bien les égoutter.
2 Chauffer l'huile dans une grande sauteuse. Y faire revenir l'ail et l'oignon à feu doux, 10 minutes.
3 Ajouter le concentré de tomates, les piments, le laurier, les lentilles et l'eau. Porter à ébullition, baisser le feu, couvrir et laisser mijoter 30 minutes environ, jusqu'à ce que les lentilles aient ramolli.
4 Retirer les piments et le laurier. Saler et poivrer à votre goût, puis servir avec du pain frais et croustillant.

CI-DESSUS : SOUPE AUX TOMATES ET AUX LENTILLES BRUNES. CI-CONTRE : TOMATES FARCIES. PAGE CI-CONTRE, EN HAUT : PAIN CHAUD À LA TOMATE ET AU FROMAGE ; EN BAS : SALADE DE TOMATES AUX PÂTES.

SALADE DE TOMATES AUX PÂTES

✳ **Préparation :** 20 minutes
Cuisson : 12 minutes
Pour 10 personnes

½ tasse de tomates séchées
  marinées dans de l'huile,
  égouttées
1 à 2 gousses d'ail, écrasées
1 cuil. à soupe de vinaigre
  balsamique
2 cuil. à soupe d'huile de
  marinade des tomates
  séchées
½ tasse d'huile d'olive
500 g de pâtes papillons

1 botte d'asperges fraîches
250 g de tomates cerises
250 g de tomates jaunes
  (ou, à défaut, des
  tomates ordinaires)
⅓ de tasse de persil plat,
  ciselé
Sel et poivre
Feuilles de basilic frais pour
  la garniture

1 Hacher les tomates séchées, l'ail, le vinaigre et les huiles jusqu'à obtention d'une sauce.

2 Cuire les pâtes dans une grande casserole d'eau bouillante, salée, pendant 12 minutes environ, jusqu'à ce qu'elles soient "al dente". Les égoutter.

3 Plonger les pointes d'asperges, dans une jatte d'eau bouillante, 2 minutes environ, jusqu'à ce qu'elles deviennent bien vertes et légèrement tendres. Les égoutter et les plonger dans une jatte d'eau glacée. Lorsqu'elles sont froides, les égoutter et les sécher avec du papier absorbant. Les couper en morceaux de 3 cm. Couper en deux les tomates cerises et les tomates jaunes.

4 Dans un grand saladier de service, mélanger les pâtes, encore tièdes, les tomates, les asperges, le persil et la sauce tomate. Saler et poivrer à votre goût, garnir de feuilles de basilic et servir.

PAIN CHAUD À LA TOMATE ET AU FROMAGE

✳ **Préparation :** 15 minutes
Cuisson : 15 minutes
Pour 10 personnes

60 g de beurre ramolli
⅓ de tasse de parmesan,
  râpé
2 cuil. à soupe de concentré
  de tomates séchées au
  soleil

1 cuil. à soupe de basilic,
  ciselé
2 baguettes

1 Préchauffer le four à 210 °C. Dans une petite jatte, mélanger le beurre, le fromage, le concentré de tomates séchées et le basilic.

2 Trancher les baguettes, sans couper la base, en rondelles d'1,5 cm. Étaler la préparation entre les tranches ; les resserrer pour donner aux baguettes leur forme initiale.

3 Envelopper chacune d'elles de papier-aluminium. Enfourner 10 minutes, ôter l'aluminium, et cuire encore 5 minutes environ, jusqu'à ce que le pain soit croustillant.

Remarque : les baguettes peuvent être préparées plusieurs heures avant la cuisson. On peut aussi les congeler jusqu'à 2 mois, non cuites. Le concentré de tomates séchées se trouve facilement dans le commerce.

On sert le thé chaud, avec ou sans lait, ou glacé.

On pense que la culture du thé est originaire de Chine, et remonte à environ 5000 ans. Les tisanes sont des infusions préparées avec des feuilles ou des fleurs fraîches ou séchées, notamment la menthe, l'églantine, la sauge et la camomille.

Thé glacé Infusion de thé très forte, mélangée, sucrée selon les goûts, filtrée et refroidie. On la sert dans un grand verre avec des glaçons, et on l'agrémente d'une tranche de citron et d'un peu de menthe.

Thon Gros poisson de mer à chair grasse, compacte et foncée, qui devient rose à la cuisson, au goût fort. Le thon frais peut être poché, cuit au four, au gril ou au barbecue ; on peut aussi le servir cru - tranché en fines lamelles - en *sashimi* (préparation japonaise).

Dans l'antiquité, le thon était le poisson favori des Phéniciens, voyageurs maritimes qui le fumaient et le salaient. Dans la Rome et la Grèce antiques, le thon était grillé et saupoudré de sel et d'huile. Le thon mariné était une denrée courante au Moyen Âge.

Thym Herbe aromatique aux petites feuilles ovales de couleur gris-vert, très parfumées, avec un arrière-goût de clou de girofle. On emploie le thym pour aromatiser les

marinades, notamment avec les viande d'agneau, de bœuf et de volaille. Avec le laurier et le persil, le thym entre dans la composition du bouquet garni. On l'ajoute à des farces et à des sauces à base de tomates.

Tilsit Fromage fabriqué avec du lait de vache, doux, à pâte mi-dure, de couleur jaune pâle, avec une saveur fruitée pouvant être très douce, douce ou forte. C'est un fromage apprécié pour les sandwichs, salades, et sauces.

Timbale Mélange onctueux de viande, de volaille, de fruits de mer ou de légumes cuits dans des moules individuels, généralement servis avec une sauce en entrée.

Tiramisù Dessert italien composé de biscuits à la cuillère trempés dans du marsala ou dans du cognac, recouverts de couches de sabayon, de mascarpone aromatisé au café et de crème fouettée. Le tiramisù est servi froid. Il fut créé à Sienne, où

TOURTES

TOURTE AUX LÉGUMES, AU BACON ET AUX HERBES

✴ ✴ **Préparation :** 25 minutes
Cuisson : 55 minutes
Pour 6 personnes

30 g de beurre
1 gousse d'ail, écrasée
1 oignon, haché
1 cuil. à soupe de farine
105 g de champignons de Paris, coupés en deux
155 g de bacon désossé, haché
1 belle carotte, finement détaillée
1 navet, émincé
2 poireaux, émincés
1 tasse 1/4 de crème liquide
1 cuil. à soupe de romarin frais, ciselé
2 rouleaux de pâte feuilletée préétalée
1 œuf légèrement battu

1 Préchauffer le four à 180 °C. Chauffer le beurre dans une sauteuse. Y dorer l'ail et l'oignon à feu moyen, 3 minutes environ. Verser la farine et mélanger.
2 Incorporer les champignons et le bacon et cuire 5 minutes. Ajouter la carotte, le navet et les poireaux. Verser progressivement la crème liquide et parsemer de romarin. Porter à ébullition, baisser le feu, couvrir et laisser mijoter 15 minutes environ.
3 Verser le tout dans un moule à tarte de 23 cm de diamètre. Découper chaque feuille de pâte en 12 bandes de même taille. Les entrecroiser pour former un damier serré. Le badigeonner d'œuf, et le poser sur la garniture. Couper l'excédent de pâte. Badigeonner d'oeuf le dessus de la tourte. Enfourner 25 minutes environ, jusqu'à ce que la tourte soit dorée.

TOURTE AU POULET

✴ ✴ **Préparation :** 40 minutes
Cuisson : 1 heure
Pour 6 à 8 personnes

Pâte
2 tasses de farine
1/2 cuil. à café de sel
140 g de beurre
1 cuil. à café d'eau

Garniture
1 kg de cuisses de poulet, désossées
200 g de jambon
Poivre moulu
2 cuil. à soupe de farine

1/2 cuil. à café de muscade en poudre
2 gros poireaux, coupés en petits morceaux
1 oignon détaillé en tranches fines
75 g de beurre fondu
1/2 tasse de bouillon de volaille
1 œuf pour le glaçage
1/2 tasse de crème liquide

1 Pâte : tamiser la farine dans une jatte et ajouter le sel. Incorporer le beurre jusqu'à ce que la préparation ressemble à de petites miettes de pain. Verser l'eau et mélanger pour obtenir une pâte ferme, pétrir légèrement et réfrigérer.
2 Garniture : enlever les os et le gras des cuisses de poulet. Les détailler en morceaux d'environ 2,5 cm. Couper le jambon en bandes d'1 cm.
3 Préchauffer le four à 200 °C. Badigeonner de beurre fondu un grand plat à four peu profond. Dans un sac en plastique, mélanger le poivre, la farine et la muscade. Y retourner les morceaux de poulet pour les enrober. Les secouer pour ôter l'excès de farine.

CI-DESSUS : TOURTE AUX LÉGUMES, AU BACON ET AUX HERBES. PAGE CI-CONTRE : TOURTE AU POULET.

4 Tapisser le fond du plat avec la moitié des poireaux et de l'oignon émincés. Couvrir avec la moitié du jambon et du poulet. Superposer encore une couche de poireaux et d'oignon, puis une de jambon et de poulet. Arroser de beurre fondu puis de bouillon.

5 Pétrir la pâte légèrement. L'étaler à la taille du moule (garder suffisamment de pâte pour un pourtour décoratif). Badigeonner le rebord du moule d'un peu d'œuf battu. Y presser la pâte, décorer le bord en le scellant au moule ; le badigeonner d'un peu d'œuf battu. Faire 3 grandes incisions dans la pâte pour permettre à la vapeur de sortir (on versera la crème par ces fentes ultérieurement). Enfourner 1 heure environ, jusqu'à ce que la pâte soit bien dorée et le poulet cuit. Retirer, laisser refroidir 5 minutes et verser la crème par les fentes. Attendre 10 minutes avant de servir.

TOURTE AUX MÛRES SAUVAGES

★ ★   **Préparation :** 45 minutes
      Cuisson : 45 minutes
      Pour 6 à 8 personnes

Garniture

1/4 de tasse de Maïzena	2 cuil. à soupe de
850 g de mûres sauvages	préparation pour crème
en conserve, égouttées	anglaise en poudre
2 cuil. à soupe de sucre	250 de beurre froid, coupé
1 cuil. à café de zeste	en morceaux
d'orange, râpé	1 œuf légèrement battu
2 tasses de farine avec	+ 1 œuf supplémentaire
levure incorporée	légèrement battu
2 cuil. à soupe de sucre	1/4 de tasse d'eau
glace	1 cuil. à soupe de vergeoise
	brune

1 Préchauffer le four à 180 °C. Badigeonner d'huile ou de beurre fondu un moule à tarte de 23 cm de diamètre.

2 **Garniture :** dans une petite jatte, mélanger la Maïzena et un peu du jus (réservé) des mûres jusqu'à obtention d'une texture lisse.

Dans une casserole de taille moyenne, réunir la préparation à la Maïzena, le reste du jus, le sucre en poudre et le zeste d'orange. Remuer à feu doux, 5 minutes environ, jusqu'à ébullition et épaississement. Retirer du feu et laisser refroidir.

3 Réunir dans un robot la farine, le sucre glace, la crème anglaise en poudre et le beurre.

Mixer 15 secondes environ, jusqu'à ce que la préparation soit granuleuse.

Ajouter un œuf, l'eau, et mixer 15 secondes environ, jusqu'à obtention d'un mélange homogène (ajouter un peu d'eau si nécessaire). Sur un plan de travail bien fariné, pétrir la pâte 2 minutes environ, jusqu'à ce qu'elle soit lisse.

Couvrir d'un film plastique et réfrigérer 15 minutes environ.

4 Sur le plan de travail bien fariné, étaler les deux-tiers de la pâte ; foncer le moule.

Garnir uniformément de préparation à la Maïzena, puis de mûres. Étaler le reste de pâte ; en recouvrir la tourte.

Badigeonner les bords d'oeuf pour qu'ils adhèrent. Couper l'excès ; badigeonner d'œuf le dessus de la tourte. À la fourchette, décorer le pourtour. Saupoudrer de vergeoise, et enfourner 35 minutes environ, jusqu'à ce que la pâte soit dorée.

Laisser refroidir 5 minutes avant de trancher en parts. Servir chaud avec de la crème liquide ou de la glace.

avec lesquels il cuit. Voir Pâte de soja.

Tomate Fruit rond, juteux, à peau douce, empli de graines comestibles, au goût légèrement sucré, employé comme légume, assez riche en vitamine C. On mange la tomate crue en salade, cuite dans de nombreuses sauces et plats, et on en fait aussi du jus. Les grosses tomates rondes conviennent parfaitement à la cuisson, à la confection des sauces, et elles peuvent aussi être farcies. La tomate en grappes convient pour les salades ; la tomate cerise est servie en amuse-gueules.

Torte Gâteau consistant, souvent composé de couches de crème anglaise, fruits, crème fouettée et noix pilées.

Tortellini Petits anneaux de pâtes alimentaires, généralement farcis avec de la viande assaisonnée et hachée, souvent servis avec une sauce à la crème ou à la tomate.

Tortilla Galette mexicaine, très fine, préparée avec de la farine de maïs ou de blé, saisie (mais non brunie) sur une grille ou à la poêle. On peut consommer les tortillas farcies, ou s'en servir comme contenant. Voir Taco.

TOURTE À LA VIANDE

✷ **Préparation :** 20 minutes
Cuisson : 1 heure 10
Pour 4 à 6 personnes

1 cuil. à soupe d'huile	2 cuil. à soupe de farine
1 oignon, émincé	2 rouleaux de pâte brisée préétalée
750 g de bœuf haché	
90 g de champignons de Paris, émincés	1 rouleau de pâte feuilletée préétalée
2 cuil. à soupe de concentré de tomates	1 œuf légèrement battu
1 tasse de bouillon de volaille	

1 Préchauffer le four à 240 °C. Chauffer l'huile dans une grande poêle à fond épais. Y faire revenir l'oignon et la viande à feu moyen

2 Ajouter les champignons, le concentré de tomates et le bouillon de volaille. Laisser mijoter à découvert 15 minutes. Mélanger la farine avec un peu d'eau froide pour obtenir une pâte lisse. L'incorporer la viande, porter à ébullition et chauffer jusqu'à épaississement. Laisser refroidir.

3 Foncer un moule à tarte de 23 cm avec la pâte brisée (en les raccordant si nécessaire). Garnir de préparation à la viande. Badigeonner d'eau le pourtour de pâte; recouvrir le tout de pâte feuilletée ; presser les bords pour qu'ils adhèrent. Couper l'excès de pâte.

4 Badigeonner d'œuf battu et percer quelques trous pour laisser sortir la vapeur. Placer sur une plaque de four et enfourner 10 minutes. Baisser la température à 180 °C et cuire 30 minutes environ, jusqu'à ce que la tourte soit dorée.

TOURTE AUX LÉGUMES

✷ **Préparation :** 40 minutes + 40 minutes de réfrigération
Cuisson : 55 minutes
Pour 4 à 6 personnes

Pâte

1 tasse ½ de farine complète	1 petit oignon, finement émincé
125 g de beurre, coupé en dés	6 feuilles d'épinard, lavées et finement détaillées
1 cuil. à soupe d'eau glacé	½ cuil. à café de muscade en poudre
1 jaune d'œuf légèrement battu	315 g de pommes de terre cuites, réduites en purée
2 cuil. à café de jus de citron	200 g de potiron cuit, réduit en purée
	2 grosses tomates fermes, émincées

Garniture

30 g de beurre	1 tasse de parmesan, râpé

1 Pâte : tamiser la farine dans un grand saladier ; incorporer la balle, puis le beurre ; travailler du bout des doigts, pendant 4 minutes, jusqu'à obtention d'une pâte granuleuse.

Mélanger le jaune d'oeuf et le jus de citron. Former un puits au centre de la pâte, et incorporer l'eau, puis le mélange à l'œuf ; pétrir sur un plan de travail fariné jusqu'à ce que la pâte forme une boule. Couvrir d'un film plastique et réfrigérer 30 minutes.

2 Préchauffer le four à 210 °C. Badigeonner d'huile ou de beurre fondu un plat à tourte, profond, de 20 cm de diamètre environ.

Sur le plan de travail, étaler la pâte entre deux feuilles de papier sulfurisé. Foncer le moule en veillant à ne pas déchirer la pâte. Découper l'excès. Réfrigérer 10 minutes.

3 Couvrir la pâte d'une feuille de papier sulfurisé ; parsemer de riz ou de haricots secs. Enfourner 12 minutes environ.

Retirer le papier et le riz (ou les haricots). Cuire la pâte encore 15 minutes, jusqu'à ce qu'elle soit bien dorée. Laisser refroidir 5 minutes.

4 Garniture : fondre le beurre dans une casserole de taille moyenne. Y dorer l'oignon 2 minutes à feu moyen.

Ajouter les épinards détaillés, et la muscade. Couvrir et laisser cuire à petit feu jusqu'à ce que les épinards soient tendres.

5 Étaler la purée de pommes de terre sur la pâte. Garnir de préparation à l'épinard, de purée de potiron, de tranches de tomate et de fromage.

Enfourner environ 20 minutes à température moyenne. Servir chaud ou froid.

CI-DESSUS : TOURTE À LA VIANDE.

PAGE CI-CONTRE : TARTE VÉGÉTARIENNE.

TARTE VÉGÉTARIENNE

✶✶　**Préparation :** 40 minutes + 20 minutes
de réfrigération
Cuisson : 50 minutes
Pour 4 à 6 personnes

³/₁ de tasse de farine
½ tasse de farine complète
100 g de beurre, coupé en
　morceaux
1 à 2 cuil. à soupe de jus
　de citron

Garniture
100 g de brocolis détaillés
　en petits bouquets
2 petites courgettes, coupées
　en rondelles de 2 cm
　d'épaisseur
155 g de potiron, détaillé
　en cubes de 2 cm

2 cuil. à café d'huile
1 petit poivron rouge, coupé
　en carrés de 2 cm
1 oignon, émincé
55 g de beurre
3 cuil. à soupe de farine
1 tasse de lait
2 jaunes d'œufs
1 tasse de fromage râpé
　(cheddar ou mimolette)
Poivre noir fraîchement
　moulu
125 g de grains de maïs en
　boîte, égouttés

1 Tamiser les farines dans grand saladier ; incorporer
la balle, puis le beurre. Travailler du bout des doigts,
2 minutes environ, jusqu'à obtention d'une pâte granuleuse. Verser presque tout le jus de citron et mélanger jusqu'à ce que la pâte soit ferme (ajouter du jus de
citron si nécessaire). La pétrir sur un plan de travail légèrement fariné, jusqu'à ce qu'elle soit lisse. Huiler un
moule à tarte cannelé de 20 cm de diamètre. Étaler la
pâte, et en foncer le moule. Couper l'excédent. Couvrir d'un film plastique et réfrigérer 20 minutes.
2 Préchauffer le four à 180 °C. Couvrir la pâte de pa-

pier sulfurisé, et parsemer de riz ou de haricots secs.
Enfourner 10 minutes, ôter du four et enlever le papier et le riz (ou les haricots). Cuire la pâte encore
10 minutes, jusqu'à ce qu'elle soit légèrement dorée.
Laisser refroidir.
3 Garniture : cuire les brocolis, les courgettes et le
potiron à la vapeur jusqu'à ce qu'ils soient tendres ; les
égoutter. Chauffer l'huile dans une sauteuse. Y faire
fondre le poivron et l'oignon, à feu moyen ; réserver.
Chauffer le beurre dans une petite casserole. Ajouter la
farine et remuer à feu doux, 2 minutes environ, jusqu'à ce que la préparation soit légèrement dorée. Verser le lait progressivement, en tournant jusqu'à obtention d'une préparation lisse. Mettre à feu moyen et mélanger jusqu'à épaississement. Laisser bouillir 1 minute
et ôter du feu. Ajouter les jaunes d'œufs, et bien mélanger puis incorporer le fromage.
4 Mélanger les légumes cuits, le maïs, le poivre, et la
sauce chaude. Verser dans le moule et enfourner 20 minutes environ, jusqu'à ce que la garniture soit dorée.
Servir chaud.

QUICHE AU FROMAGE BLEU

✶✶　**Préparation :** 50 minutes + 20 minutes
de réfrigération
Cuisson : 50 minutes
Pour 4 à 6 personnes

1 tasse de farine
½ tasse de noix en poudre
60 g de beurre, coupé en
　morceaux
1 à 2 cuil. à soupe d'eau

Garniture
155 g de fromage bleu
½ tasse de crème liquide
2 œufs légèrement battus
1 cuil. à soupe de persil
　frais, ciselé

1 Tamiser la farine dans une jatte. Incorporer du bout
des doigts les noix en poudre et le beurre jusqu'à obtention d'une pâte granuleuse.
Verser 1 cuil. à soupe d'eau et mélanger jusqu'à ce que
la pâte soit ferme (ajouter un peu d'eau si nécessaire).
L'étaler sur un plan de travail légèrement fariné. En foncer un moule à tarte de 20 cm de diamètre ; couper
l'excédent. Réfrigérer 20 minutes.
2 Préchauffer le four à 180 °C.
Recouvrir la pâte de papier sulfurisé, et parsemer de
riz ou de haricots secs. Enfourner 10 minutes, puis ôter
le papier et le riz (ou les haricots). Cuire la pâte encore 10 minutes, jusqu'à ce qu'elle soit légèrement dorée. Laisser refroidir.
3 Garniture : écraser légèrement le fromage dans une
jatte. Incorporer la crème liquide, les œufs et le persil.
Verser le tout dans le moule et enfourner 30 minutes
environ, jusqu'à ce que la garniture soit gonflée et dorée. Servir chaud.

Tournedos Tranche
ronde et épaisse de filet
de bœuf, cuite à la poêle.
On peut l'accompagner
d'une sauce au poivre. Le
tournedos rossini est garni
d'une tranche de foie gras
rapidement cuite à la
poêle.

Tournesol (graines de)
Petites graines plates et
ovales provenant du cœur
de la fleur de tournesol.
Les graines peuvent être
utilisées crues dans une
soupe, des fritures, des
pâtes et du riz. Grillées,
elles ajoutent du croquant
aux salades et aux
légumes cuits. On peut
aussi les ajouter aux
gâteaux, aux biscuits et
aux puddings. On peut
trouver de la farine à base
de graines de tournesol
dans les magasins
d'alimentation
diététiques. On utilise
l'huile extraite des graines
de tournesol en cuisine,
pour les sauces salades, les
margarines et les matières
grasses.
　On pense que la fleur
de tournesol est
originaire d'Amérique
centrale. Elle fut
introduite en Espagne au
XVIᵉ siècle, puis dans
toute l'Europe.

Tourte Mélange sucré ou
salé recouvert de pâte et
cuit

au four ; bien souvent les
tourtes ont également un
fond de pâte.

Trifle Dessert traditionnel anglais composé de couches de génoise, arrosées de sherry doux, séparées par des fruits ou de la confiture de fruits, de la crème, de la crème anglaise et des noix pilées.

Tripe Boyau des animaux. Leur texture peut être douce ou râpeuse. Les tripes sont blanchies puis bouillies dans de l'eau et du lait. On peut les servir avec des oignons dans une sauce persillée, ou dans une sauce tomate, ou encore les poêler avec des oignons.

Truffe (au chocolat) Petite confiserie préparée avec un mélange composé de chocolat, de beurre, de crème et de liqueur, en forme de boulettes roulées dans de la poudre de cacao ou des noix en morceaux. On sert habituellement les truffes avec le café. Elles doivent leur

nom à leur ressemblance avec le champignon noir portant le même nom.

Truffe (champignon) Champignon souterrain comestible qui pousse dans les forêts de France et d'Italie. Les truffes sont très appréciées pour leur parfum musqué et leur goût délicat. On les

TRUITE

TRUITES AUX AMANDES

☆   **Préparation :** 15 minutes
      Cuisson : 15 minutes
      Pour 4 personnes

4 truites d'environ 200 g chacune, vidées et écaillées
¼ de tasse de farine
Poivre moulu
½ cuil. à café d'aneth séché
¼ de cuil. à café de moutarde en poudre
5 cuil. à soupe de jus de citron

90 g de beurre
½ tasse d'amandes blanchies, coupées en deux
½ tasse de vin blanc sec
Tranches de citron et brins d'aneth ou de persil pour la garniture

1 Avec des ciseaux, ôter les nageoires et la queue des truites. Les essuyer avec du papier absorbant, humide, pour finir de les écailler. Mélanger la farine, le poivre, l'aneth et la moutarde en poudre.
2 Badigeonner la surface des truites de jus de citron et réserver le jus en trop. Enrober les poissons de farine pour former une croûte. Les secouer pour ôter l'excès.
3 Chauffer le beurre dans une grande poêle. Ajouter les amandes, mélanger jusqu'à ce qu'elles soient dorées et les égoutter sur du papier absorbant. En ajoutant un peu de matière grasse si nécessaire, cuire les truites dans la même poêle, à feu vif puis moyen, jusqu'à ce qu'elles soient tendres. Lors de la cuisson, les retourner une fois,

délicatement. Bien les égoutter sur du papier absorbant.
4 Verser dans la poêle le jus de citron restant et le vin. Laisser mijoter à découvert, à feu vif, jusqu'à ce que le liquide ait réduit de moitié. Ajouter les amandes réservées puis verser le tout sur les truites. Garnir de tranches de citron et de brins d'aneth (ou de persil).

TRUITES FUMÉES, ET KIWIS EN SALADE

☆   **Préparation :** 20 minutes
      Cuisson : aucune
      Pour 4 personnes

3 belles truites fumées, entières
2 kiwis
1 gros avocat mûr
1 citron vert (le jus et le zeste)
1 cuil. à soupe de vinaigre de vin blanc

2 cuil. à soupe d'huile de noisette
Assortiment de laitue, romaine, frisée, lollo verte
¼ de tasse de noisettes, finement émincées

1 Enlever la peau des truites. Lever délicatement les filets de par et d'autre de l'arête centrale et les couper en morceaux. Peler et émincer les kiwis et l'avocat.
2 Mélanger le zeste et le jus de citron vert, l'huile et le vinaigre.
3 Laver les feuilles de salade et en tapisser un grand plat de service ou des assiettes individuelles.
4 Disposer les morceaux de poisson, de kiwis et d'avocat sur la salade. Arroser légèrement de sauce au citron vert. Parsemer de noisettes et servir immédiatement.

TRUITES AUX DATTES À LA MAROCAINE

★ **Préparation :** 30 minutes
Cuisson : 20 minutes
Pour 2 personnes

2 truites de taille moyenne
1 tasse de dattes, finement détaillées
1/4 de tasse de riz cuit
1 oignon, haché
1/4 de tasse d'amandes, pilées
2 cuil. à soupe de coriandre fraîche, ciselée
30 g de beurre fondu

1/2 cuil. à café de cannelle en poudre + 1/4 de cuil. à café supplémentaire
1/4 de cuil. à café de poivre moulu
1/4 de cuil. à café de gingembre moulu
1 cuil. à café de sucre en poudre

1 Préchauffer le four à 160 °C. Vider les truites et bien les rincer sous l'eau froide. Les sécher avec du papier absorbant.
2 Dans une jatte, mélanger les dattes, le riz cuit, l'oignon, les amandes, la coriandre et 1/2 cuil. à café de cannelle.
3 Farcir les truites de cette préparation et refermer l'orifice avec des brochettes en métal. Les placer sur une grille de four.
4 Badigeonner les truites de beurre fondu et les saupoudrer de poivre, de gingembre et de sucre mélangés. Enfourner 20 minutes environ, jusqu'à ce qu'elles soient dorées. Saupoudrer de cannelle et servir.

À PROPOS DES TRUITES

■ La truite a un goût très fin qui peut être facilement masqué par des saveurs plus fortes.
Généralement servie entière, elle a une chair légèrement sèche qui ne doit pas trop cuire.
■ La couleur de sa chair dépend de son alimentation (il en va de même pour le saumon). On peut donc, par un régime approprié, varier la teinte de la chair des truites d'élevage.
■ Simplement frite à l'huile d'olive, la truite est savoureuse.
Choisir un poisson bien frais.
Le vider, puis rincer l'intérieur et l'extérieur sous l'eau froide. Bien le sécher avec du papier absorbant ; ôter les nageoires et la queue avec des ciseaux.
Enrober la truite de farine salée et poivrée, puis la secouer pour enlever l'excès.
Verser une fine couche d'huile d'olive dans une poêle. Chauffer, et cuire à feu vif pour bien saisir la peau. Baisser légèrement le feu, laisser 3 minutes, puis retourner la truite. La saisir à feu vif quelques secondes, puis baisser de nouveau le feu, et laisser encore 3 minutes environ.
Retirer la truite et l'égoutter sur un plat couvert de papier absorbant.
Servir avec des quartiers de citron et un mélange de mayonnaise et de crème fraîche.

PAGE CI-CONTRE : TRUITES AUX AMANDES.
CI-DESSUS : TRUITES AUX DATTES À LA MAROCAINE.

utilise pour les pâtes, ou on peut en garnir une omelette, ou encore les saupoudrer sur des pâtes. Il existe deux types de truffes : la truffe noire, disponible fraîche (en France), en bocaux ou en conserve, et la truffe blanche que l'on trouve en Italie.

Truite Poisson d'eau douce appartenant à la famille du saumon, à chair délicatement parfumée, maigre et riche en minéraux.
On trouve des truites fraîches, congelées ou fumées.

Tuile Fin biscuit croustillant, recourbé, composé de sucre, d'amandes effilées, de beurre et d'œufs.
On lui donne sa forme en repliant la pâte encore chaude sur un rouleau à pâtisserie, ou dans un moule à savarin.

Tzatziki Sauce froide d'origine grecque préparée avec du yaourt et du concombre.
On la sert en apéritif ou en entrée avec des tranches de pain grillé, des crudités, en sauce pour salades, en accompagnement du poisson frit ou grillé, ou de viandes cuites au barbecue.

Vanille Gousse fine et parfumée provenant d'une orchidée grimpante. On utilise la vanille pour parfumer des crèmes, des glaces, des sauces sucrées, des crèmes anglaises, des sirops, des gâteaux et des boissons (en particulier les boissons chocolatées à base de lait). On peut employer les gousses de vanille plus d'une fois : elles sont infusées dans un liquide chaud jusqu'à obtention du parfum désiré, puis ôtées, rincées et séchées pour une prochaine utilisation. On obtient du sucre vanillé en mettant une gousse de vanille dans un pot de sucre, laissée en fonction du degré de saveur souhaité.

L'orchidée vanille est originaire d'Amérique centrale. Les gousses sont rassemblées, trempées plusieurs fois dans de l'eau chaude, laissées au soleil, puis séchées. Elles se dessèchent, foncent et produisent un enrobage de vanilline, la substance cristalline fortement parfumée qui donne à la vanille son arôme et son goût particuliers. Les meilleures gousses sont

VEAU

ESCALOPES SCHNITZEL (ESCALOPES PANÉES)

✤ **Préparation :** 20 minutes + 30 minutes de réfrigération
Cuisson : 8 minutes
Pour 4 personnes

4 escalopes de veau
1/4 de tasse de farine
Poivre fraîchement moulu
1 œuf battu
1 tasse de chapelure

Huile d'olive légère pour la friture
4 tranches de citron
2 cuil. à café de câpres
Persil frais, ciselé

1 Placer les escalopes entre deux films plastique et les aplatir délicatement au rouleau à pâtisserie.
Entailler les bords avec des ciseaux, tous les 5 cm, pour qu'ils ne se recourbent pas lors de la cuisson.
2 Mélanger la farine et le poivre sur du papier sulfurisé.
Y retourner les escalopes puis les secouer pour enlever l'excès de farine.
Les passer dans l'œuf battu, puis dans la chapelure en appuyant bien pour les enrober.
Les réfrigérer 30 minutes.
3 Chauffer l'huile dans une poêle. Y frire 2 escalopes, 2 minutes par face, jusqu'à ce qu'elles soient bien dorées.
Les égoutter sur du papier absorbant et cuire les autres escalopes.
4 Servir les escalopes chaudes, garnies d'une tranche de citron, de quelques câpres et de persil ciselé.

ESCALOPES AU VIN BLANC SAUCE MOUTARDE

✤ **Préparation :** 10 minutes
Cuisson : 20 minutes
Pour 6 personnes

6 escalopes de veau (140 g chacune, environ)
1/2 tasse de farine
1 cuil. à café de graines de moutarde en poudre
45 g de beurre
2 cuil. à café d'huile

1 tasse de vin blanc de bonne qualité
2/3 de tasse de bouillon de volaille
3 cuil. à café de graines de moutarde

1 Parer la viande. Mélanger la farine et la moutarde en poudre sur du papier sulfurisé. Y retourner la viande et la secouer pour enlever l'excès de farine.
Réserver 3 cuil. à café de farine à la moutarde.
2 Chauffer le beurre et l'huile dans une grande poêle à fond épais. Y cuire quelques escalopes à la fois, à feu vif puis moyen, 3 à 4 minutes par face. Les égoutter sur du papier absorbant et les réserver au chaud au fur et à mesure.
3 Réunir dans la poêle le vin, le bouillon de volaille, les graines de moutarde et la farine réservée. Mélanger en détachant les dépôts jusqu'à ébullition et épaississement. Disposer les escalopes sur les assiettes, et napper de sauce.

CI-DESSUS : ESCALOPES AU VIN BLANC SAUCE MOUTARDE. PAGE CI-CONTRE : ESCALOPES AU MARSALA.

ESCALOPES AU MARSALA

⚹ **Préparation :** 10 minutes
Cuisson : 10 minutes
Pour 4 personnes

*4 escalopes de veau (180 g
chacune, environ)*
2 cuil. à soupe de farine
2 cuil. à soupe d'huile
1/3 de tasse de marsala
*1/3 de tasse de bouillon de
volaille*

*1 cuil. à soupe de sauce de
soja*
*2 cuil. à café de confiture
de prunes*
*1 oignon nouveau,
finement émincé*

1 Parer la viande.
À l'aide d'un rouleau à pâtisserie, l'aplatir délicatement
entre deux films plastique.
Verser la farine sur du papier sulfurisé. En enrober la
viande et la secouer pour enlever l'excès.
2 Chauffer l'huile dans une grande poêle.
Y cuire la viande à feu moyen, 2 à 3 minutes par face.
L'égoutter sur du papier absorbant.
Couvrir de papier-aluminium et réserver dans un endroit tiède.
3 Verser le marsala et le bouillon de volaille dans la
poêle.
Faire bouillir 1 minute à découvert, en remuant
constamment.
Ajouter la sauce de soja, la confiture de prunes, et mélanger. Remettre les escalopes, et les réchauffer dans la
sauce, 1 minute environ.
Parsemer d'oignon nouveau, et servir immédiatement.
Accompagner de pommes de terre nouvelles.

EMINCÉ DE VEAU AUX CHAMPIGNONS

⚹ **Préparation :** 20 minutes
Cuisson : 2 heures
Pour 4 personnes

750 g d'escalopes de veau
1/4 de tasse de farine
30 g de beurre
1 gousse d'ail écrasée
*1 cuil. à soupe de moutarde
de Dijon*
1 tasse de crème liquide
*1/2 tasse de vin blanc de
bonne qualité*

*1 cuil. à soupe de thym
frais, ciselé*
*1 tasse de bouillon de
volaille*
*375 g de champignons de
Paris, coupés en deux*

1 Parer la viande et la détailler en lamelles d'1 cm de
large. Verser la farine dans un sac en plastique et y retourner la viande pour l'enrober. La secouer pour ôter
l'excès.
Chauffer le beurre et l'ail dans une cocotte. Y saisir rapidement de petites quantités de viande à la fois, à feu
moyen, jusqu'à ce qu'elle soit bien dorée. Égoutter sur
du papier absorbant.
2 Remettre la viande dans la cocotte. Ajouter la moutarde, la crème liquide, le vin, le thym et le bouillon
de volaille. Porter à ébullition, baisser le feu, couvrir et
laisser mijoter 1 heure 30 environ, en remuant de temps
en temps.
3 Incorporer les champignons. Cuire encore 15 minutes environ, jusqu'à ce que la viande soit juste tendre.
Servir éventuellement avec des pâtes et une julienne de
légumes vapeur.

marron foncé, pliables et
recouvertes d'un glaçage
de vanilline. La meilleure
vanille est la vanille
Bourbon, que l'on cueille
à Tahiti.

On trouve aussi du
sucre vanillé et de
l'essence de vanille
préparée à partir de la
gousse de vanille, très
forte, et à utiliser avec
modération. L'essence de
vanille artificielle résulte
d'une synthèse chimique
du parfum de la vanille.

La vanille aurait été
découverte par les
Aztèques, qui offraient à
leurs divinités une
boisson composée de
cacao, miel et vanille.

Vapeur (cuire à la)
Méthode de cuisson
employant la vapeur
concentrée de l'eau en
ébullition. Ce type de
cuisson permet
notamment de conserver
toutes les vitamines des
aliments.

Veau Viande de
l'animal jeune, non
sevré ou juste
sevré, élevé
pour la
boucherie.

Velouté
Sauce blanche de base,
préparée avec un roux
légèrement bruni, et un
bouillon réduit parfumé
de veau, poulet ou
poisson.

Ce terme désigne
également un potage
crémeux.

Venaison Viande
provenant des gros gibiers

(cerf, sanglier, chevreuil), de couleur foncée, avec un grain fin. La venaison doit être lardée avant d'être rôtie ; elle peut également être braisée et mijotée. Il faut prendre garde à ne pas trop cuire la viande car elle risque de sécher. La basse venaison désigne le petit gibier (lièvre, lapin). Il existe en outre une sauce venaison.

Vermouth Vin bu en apéritif, ou ingrédient d'un cocktail, préparé en faisant macérer des herbes et des épices, par exemple de l'anis, des écorces d'oranges, de la quinquina, de la gentiane, puis en fortifiant le mélange avec un alcool distillé. On peut l'utiliser pour parfumer des farces, des sauces et des bouillons destinés à pocher des aliments, et en remplacement du vin dans quelques plats à base de poulet.

Vin Boisson alcoolisée provenant de la fermentation du raisin. La vinification désigne les opérations de préparation, conservation et d'amélioration du vin : une fois le raisin vendangé, on l'égrappe à la rafle, on le foule, on le et en cuve, en fonction du vin recherché, on le laisse macérer entre 15 jours et 3 semaines. Le vin blanc est élaboré à partir de la

VEAU FARCI À L'ITALIENNE

✳ ✳   **Préparation** : 30 minutes
      Cuisson : 1 heure 50
      Pour 4 à 6 personnes

1,5 kg de veau dans le filet, roulé pour être farci
1 cuil. à soupe d'huile d'olive + 1 cuil. à soupe supplémentaire
1 oignon, râpé
1 gousse d'ail écrasée
1/2 petit piment rouge, haché
1 belle carotte râpée
1/2 tasse de poudre d'amandes
1/4 de tasse de pignons
1/3 de tasse de raisins secs, hachés
1 jaune d'œuf
1 cuil. à soupe de chutney
2 tasses de vin rouge de bonne qualité
1 tasse de bouillon de bœuf
Petites pommes de terre entières et oignons cuits pour la garniture (facultatif)

1 Parer la viande. Chauffer 1 cuil. à soupe d'huile d'olive dans une casserole. Faire revenir l'oignon, l'ail et le piment 2 à 3 minutes. Ajouter la carotte râpée et remuer pendant 2 minutes. Hors du feu, incorporer la poudre d'amandes, les pignons et les raisins secs. Laisser légèrement refroidir, verser le jaune d'œuf et le chutney et bien mélanger.
2 Farcir la viande. La lier avec du fil de cuisine.
3 Chauffer le reste d'huile dans une cocotte. Faire rissoler la viande de toutes parts. Verser le vin et le bouillon et porter à ébullition. Baisser le feu, couvrir et laisser mijoter 1 heure 30 environ, jusqu'à ce que la viande soit tendre.
4 Retirer la viande de la cocotte. Porter le jus à ébullition et laisser mijoter doucement jusqu'à épaississement. Couper la viande en tranches, napper de sauce et servir.

OSSO BUCCO

✳   **Préparation** : 10 minutes
   Cuisson : 1 heure 35
   Pour 4 à 6 personnes

8 morceaux de veau dans le jarret (avec de l'os à moelle)
1/2 tasse de farine
1/3 de tasse d'huile d'olive
1 gros oignon, finement émincé
1 belle carotte, détaillée en rondelles
1 gousse d'ail écrasée + 1 gousse d'ail finement émincée
1 tasse de bouillon de volaille
1/2 tasse de vin blanc de bonne qualité
440 g de tomates pelées en boîte, écrasées
2 cuil. à soupe de persil frais, ciselé
1 cuil. à soupe de zeste de citron, râpé

1 Préchauffer le four à 180 °C. Fariner les morceaux de viande.
2 Chauffer l'huile dans une sauteuse. Y saisir la viande.
3 La placer dans un grand plat (contenance 1,5 l). Ajouter 1 gousse d'ail écrasée, l'oignon, la carotte, le bouillon, le vin, les tomates pelées et leur jus. Couvrir et enfourner 1 heure 30 environ, jusqu'à ce que la viande soit tendre.
4 Servir et parsemer de Gremolata (mélange composé d'une gousse d'ail émincée, de persil ciselé et de zeste de citron).

CI-DESSUS : OSSO BUCCO; CI-CONTRE : VEAU FARCI À L'ITALIENNE. PAGE CI-CONTRE : PAUPIETTES DE VEAU À LA SAUCE TOMATE.

PAUPIETTES DE VEAU À LA SAUCE TOMATE

✶ ✶ **Préparation :** 12 minutes
Cuisson : 40 minutes
Pour 6 personnes

6 escalopes de veau (100 g
  chacune, environ)
12 fines tranches de
  jambon de Parme
1 tasse de mozzarella,
  râpée
90 g d'anchois à l'huile,
  égouttés
2 cuil. à soupe de farine
1/4 de cuil. à café de poivre
  noir moulu

2 cuil. à soupe d'huile
1/3 de tasse de vin blanc sec
1/3 de tasse de bouillon de
  volaille
1/2 tasse de sauce tomate,
  avec morceaux, en
  conserve
1 cuil. à café de câpres
1 cuil. à soupe de persil
  frais, ciselé

1 Préchauffer le four à 180 °C. Placer les escalopes entre deux film plastiques et les aplatir au rouleau à pâtisserie, délicatement. Poser 2 tranches de jambon de Parme sur chaque escalopes. Parsemer de 2 cuil. à soupe de fromage et garnir avec 3 anchois.

2 Enrouler les escalopes et les ficeler à intervalles réguliers, pour qu'elles gardent leur forme lors de la cuisson. Mélanger la farine et le poivre sur du papier sulfurisé.
Y rouler les paupiettes ; les secouer pour enlever l'excès de farine.

3 Chauffer l'huile dans une sauteuse. Y saisir les paupiettes à feu moyen, jusqu'à ce qu'elles soient bien dorées de toutes parts.
Les disposer en une couche dans un plat peu profond. Réunir le vin, le bouillon, la sauce tomate et les câpres dans la sauteuse ; porter à ébullition.
Verser cette sauce sur la viande, couvrir et enfourner 35 minutes. Retirer le fil de cuisine et parsemer de persil juste avant de servir.

À PROPOS DU VEAU

■ C'est une viande au goût léger, d'où l'intérêt de l'accommoder avec des ingrédients comme les anchois et les câpres.

■ Les sauces à base de citron, de vin, de marsala ou de tomate, ainsi que certaines herbes, rehaussent sa saveur, et lui permettent de garder son moelleux.

1 2 3

fermentation de raisin rouge séparé des peaux et des rafles (la partie végétale de la grappe qui forme la charpente du grain de raisin, et qui donne au vin des tannins astringents), ou à partir de raisin blanc.
Le vin rosé est élaboré à partir de raisin rouge légèrement foulé ; ensuite, on vinifie le jus seul en blanc. On peut aussi faire macérer du raisin rouge pendant une courte période, puis pratiquer une saignée.
Le vin rouge est élaboré à partir des raisins écrasés puis macérés avec leur peau, et le jus, pendant la fermentation.
L'harmonie des mets et des vins détermine la réussite d'un repas.

Vin de dessert Vin doux servi à la fin d'un repas et avec le dessert. Les vins de dessert comprennent le muscat, le madère, le sauternes, le tokay. Le champagne peut aussi être servi avec un dessert.

Vinaigre Liquide à goût piquant produit lorsque l'alcool contenu dans le vin, ou lorsque les solutions alcoolisées de graines, de pommes ou autres sources, sont transformées en acide acétique après fermentation.

W

Wasabi Racine piquante très parfumée, utilisée dans la cuisine japonaise comme ingrédient pour le *sushi*, et mélangée avec de la sauce de soja, en accompagnement du *sashimi*. On trouve du wasabi en poudre (à reconstituer avec un peu de saké ou d'eau froide), ou en tubes sous forme d'une pâte vert pâle. On trouve parfois du wasabi frais dans les magasins d'alimentation spécialisés.

Wonton Ravioli chinois composé d'une farce salée

dans un petit carré de pâte fine comme du papier. Les wontons peuvent être cuits à la vapeur ou en friture.

Worcestershire (sauce)
Sauce anglaise relevée, fine, de couleur marron foncé, préparée d'après une recette originale gardée secrète. On sait cependant qu'elle contient de la sauce de soja, de la sauce d'anchois, du vinaigre, de la mélasse, du piment, du gingembre, du tamarin, des échalotes et de l'ail. On l'apprécie avec les viandes, le steak tartare,

WONTONS (RAVIOLIS CHINOIS)

WONTONS ET SAUCE FROIDE AU GINGEMBRE

★ ★ **Préparation :** 40 minutes
Cuisson : 10 à 15 minutes
Pour 48 raviolis

250 g de porc maigre
105 g de crevettes vertes (crues), décortiquées
60 g de pousses de bambou, égouttées
3 oignons nouveaux, émincés
1 cm de gingembre frais, pelé
Sel et poivre blanc
1/4 de tasse de cacahuètes non salées, pilées
1/2 cuil. à café de sucre
1 cuil. à soupe de coriandre fraîche, ciselée

48 feuilles de pâte pour wontons (rondes)
Huile pour la friture

Sauce froide au gingembre
1/4 de tasse de miel
1/4 de tasse de sauce pimentée douce
1 cuil. à café de gingembre frais, émincé
1 cuil. à café de vinaigre de riz

1 Hacher la viande avec les crevettes, les pousses de bambou, les oignons nouveaux, et le gingembre. Ajouter le sel, le poivre, les cacahuètes, le sucre et la coriandre.
2 Former des raviolis avec chaque feuille de pâte, et 1 cuil. à café de préparation.
3 Les frire dans une huile pas trop chaude, en plusieurs fois, jusqu'à ce qu'ils soient croustillants. Égoutter.
4 Sauce froide au gingembre : dans un bol, bien mélanger les ingrédients.
On y trempe les wontons servis.

WONTONS VAPEUR AUX CREVETTES

★ ★ **Préparation :** 40 minutes
Cuisson : 20 à 30 minutes
Pour 12 raviolis

8 grosses crevettes
250 g de porc haché
45 g de châtaignes d'eau en boîte, égouttées et finement émincées
45 g de pousses de bambou en boîte, égouttées et hachées
1 cuil. à soupe de sauce d'huître
1 cuil. à soupe de sauce hoi sin

1 cuil. à soupe de sauce de soja
1 cuil. à soupe de vin de riz chinois ou de xérès sec
1 cuil. à soupe d'huile de sésame
1 blanc d'œuf, légèrement battu
1 cuil. à soupe de farine de riz (ou de Maïzena)
12 feuilles de pâte pour wontons

1 Décortiquer et émincer finement les crevettes. Les mélanger avec le porc haché, les châtaignes d'eau, les pousses de bambou, la sauce d'huître, la sauce hoi sin, la sauce de soja, le vin de riz (ou le xérès), l'huile de sésame, le blanc d'œuf et la farine de riz (ou la Maïzena).
2 Déposer 1 cuil. à café de cette préparation au centre de chaque feuille de pâte. Badigeonner les bords avec un peu d'eau, les joindre pour former des raviolis, et bien les presser pour qu'ils ne s'ouvrent pas.
3 Couvrir de papier-aluminium le fond d'un cuiseur vapeur ; le badigeonner d'huile et y disposer les wontons. Cuire 20 à 30 minutes.

CI-DESSUS : WONTONS ET SAUCE FROIDE AU GINGEMBRE. PAGE CI-CONTRE : WONTONS DE LÉGUMES, SAUCE PIMENTÉE AU SOJA.

WONTONS DE LÉGUMES, SAUCE PIMENTÉE AU SOJA

✱ ✱ **Préparation :** 40 minutes + 30 minutes de trempage

Cuisson : 20 minutes

Pour 25 raviolis

8 champignons chinois séchés
1 cuil. à soupe d'huile d'arachide
1 cuil. à café d'huile de sésame
1 cuil. à café de gingembre, râpé
2 oignons nouveaux, hachés
1 carotte, finement détaillée
1 panais, haché
90 g de brocolis, coupés en petits bouquets
2 cuil. à soupe de miettes de pain
1 cuil. à soupe de sauce de soja
2 cuil. à soupe d'eau

200 g de feuilles de pâte pour wontons
Huile pour la friture

Sauce pimentée au soja
1 cuil. à soupe d'huile d'arachide
1 gousse d'ail écrasée
¼ de tasse de sauce pimentée douce
2 cuil. à soupe de sauce de soja
2 cuil. à soupe de xérès
1 cuil. à soupe de jus de citron

1 Laisser tremper les champignons 30 minutes dans de l'eau chaude. Les égoutter et les presser pour extraire l'eau. Enlever les pieds et émincer les chapeaux.

2 Chauffer les huiles dans un wok ou une sauteuse. Faire revenir le gingembre et les oignons nouveaux 1 minute à feu moyen. Ajouter les champignons, la carotte, le panais et les brocolis. Cuire 3 minutes environ. Incorporer les miettes de pain, la sauce de soja et l'eau. Retirer du feu et laisser refroidir.

3 Placer une bonne cuillerée à café de cette préparation au centre de chaque feuille de pâte. Badigeonner les bords d'eau ; les joindre pour former des raviolis, en pressant bien pour les fermer. Chauffer l'huile dans un wok ou une sauteuse. Cuire les wontons en plusieurs fois (pas plus de 4 à la fois), 2 minutes environ, jusqu'à ce qu'ils soient dorés. Les égoutter. Servir avec la sauce pimentée.

4 Sauce pimentée au soja : chauffer l'huile dans une casserole. Faire revenir l'ail jusqu'à ce qu'il soit doré. Ajouter la sauce pimentée, la sauce de soja, le xérès et le jus de citron.
Mélanger jusqu'à ce que la sauce soit chaude.

les ragoûts et les plats exotiques, de même que dans certains cocktails.

Yakitori Plat japonais composé de petits morceaux de poulet enfilés

sur des brochettes en bambou que l'on fait griller traditionnellement sur des charbons incandescents, tout en les arrosant d'une marinade à base de sauce de soja.

Yaourt Produit laitier écrémé ou non, fermenté, et préparé avec des laits ensemencés de bactéries spécifiques. Les yaourts contenant des bactéries *Lactobacillus acidophilus* ou *Bifidobacteria bacterium* sont considérés comme ayant un effet bénéfique sur le système digestif. Ainsi, la consommation du yaourt est conseillée lorsqu'on prend des antibiotiques. On évoque ses propriétés thérapeutiques comme étant la raison de la longévité des peuples du Caucase.

Yorkshire pudding
Boulettes de pâte ressemblant à des brioches, cuites au four, légères et croustillantes, servie avec du rôti de bœuf et, souvent, des petits pois. Dans le Yorkshire, au nord de l'Angleterre, d'où il est originaire, le Yorkshire pudding est traditionnellement mangé avant le rôti.

INDEX

Les numéros de page en **gras** renvoient aux recettes et illustrations principales.
Le symbole ★ indique une entrée dans le lexique culinaire (classé par ordre alphabétique).

INDEX

REMERCIEMENTS

ART CULINAIRE ET RECETTES : Tracy Rutherford, Tracey Port, Jo Forrest, Maria Sampsonis, Melanie Mc Dermott, Dimitra Stais , Donna Hay, Jodie Vassallo, Jo Kennedy, Kerrie Carr, Cherise Koch, Denise Munro, Voula Mantzouridis, Anna Paoloa Boyd, Christine Sheppard.

PHOTOGRAPHIES : Luis Martin (articles encyclopédiques), Andre Martin (couverture), Reg Morrison, Jon Bader, Joe Filshie, Peter Scott, Andrew Furlong, Ray Joyce, Phil Haley, Hans Schlupp.

AGENCEMENT ARTISTIQUE : May Harris (articles encyclopédiques), Carolyn Fienberg (couverture), Rosemary De Santis, Suzie Smith, Wendy Berecry, Anna Phillips, Georgina Dolling.

CONCEPTION ARTISTIQUE : Jackie Richards, Wing Ping Tong, Joanne Morris, Southida Vongsaphay.

Sydney Market Authority, The Sharp Home Library of Microwave cooking (pour les informations concernant la cuisine au micro-ondes)

Pour les accessoires : Pacifs East India Co. ; Barbara's Storehouse.